건강 불평등을 어떻게 해결할까?
근거에 기반을 둔 생애 주기별 건강 불평등의 경로와 정책 및 사업이 도서의 국립중앙도서관 출판시도서목록(CIP)은 e-CIP홈페이지(http://www.nl.go.kr/ecip)에서 이용하실 수 있습니다.(CIP제어번호 : CIP2009002738)

근거에 기반을 둔 생애 주기별 건강 불평등의 경로와 정책 및 사업

건강 불평등을 어떻게 해결할까?

What works in tackling health inequalities?
Pathways, policies and practice through the lifecourse

S. 아스타나·J. 할리데이 지음 | 신영전·김유미·김기랑·홍서아 옮김

한울
아카데미

What works in tackling health inequalities?
: Pathways, policies and practice through the lifecourse
by Sheena Asthana and Joyce Halliday

Copyright ⓒ 2006 by Sheena Asthana and Joyce Halliday
Korean Translation Copyright ⓒ 2009 by Hanul Publishing Group
All rights reserved. This Korean edition was published by arrangement with The Policy Press.

이 책의 한국어판 저작권은 The Policy Press와의 독점계약으로 도서출판 한울이 소유합니다.
저작권법에 의해 한국 내에서 보호를 받는 저작물이므로 무단전재 및 복제를 금합니다.

한국어판 서문

한 국가 내 그리고 국가 간 수명과 건강상태의 차이가 크게 차이를 보이는 문제에 대한 국제적 관심이 커가고 있다. 이에 따라 세계보건기구는 건강 불평등의 근본적인 원인에 대해 더 많은 이해가 필요하고, 일상적인 삶의 조건을 향상시키려는 노력이 필요함을 강조하고 있다. 건강 불평등 완화를 위한 정책 및 사업 유럽 네트워크(the European Network on Interventions and Policies to Reduce Inequalities in Health)에 따르면, 영국은 건강 불평등 해소정책을 운영하는 데 다른 나라에 비해 상대적으로 앞서 있는 나라이다. 이와 같은 결론에 이의를 제기하는 이도 있을 것이다. 하지만 건강 불평등이 영국에서 중요한 정책 중 하나가 되었고 영국정부가 피할 수 있는 건강 불평등을 줄이려고 다양한 시도들을 해 왔다는 사실만큼은 분명하다.

이러한 배경에서 이 책은 건강 불평등을 야기하는 경로와 과정을 탐색하여 핵심적인 목표를 확인하고 영국의 국가 차원의 정치적 맥락과 지방 수준 사업들 모두를 점검하였다. 따라서 이 책은 건강 불평등의 해소를 위해 어떤 사업들을 어떻게, 왜 해야 하는지를 모색하는 다른 나라들에 유용한 교훈을 제공할 수 있을 것이다. 그런 의미에서 우리는 이 책의 한국어판이 출간되는 것을 진심으로 환영한다. 아울러 한국건강형평성학회에 감사하고, 특별히 이 일들이 가능하게 해 준 신영전 교수와 옮긴이들에게 진심으로 감사를 표한다.

시나 아스타나(Professor Sheena Asthana)
조이스 할리데이(Dr. Joyce Halliday)

건강 불평등을 어떻게 해결할까?

"달성 가능한 최고 수준의 건강을 향유하는 것은 인종, 종교, 정치적 입장, 경제적·사회적 조건에 상관없이 모든 인류의 기본적 권리 중 하나이다."

— 세계보건기구 헌장(Constitution of the WHO), 1946

"모든 형태의 불평등 중에서 건강의 불공평이 가장 충격적이고 가장 비인간적입니다."

— 마틴 루서 킹 주니어

(The Rev. Martin Luther King, Jr., at the Second Annual Convention of the Medical Committee for Human Rights, Chicago, March 25, 1966)

주민 400명을 태운 비행기의 추락?

해외 관광을 떠났던 서울시 **구 주민 400명을 태운 비행기가 추락하여 전원 사망하는 비극적인 상황이 벌어진다면? 그것도 한 번이 아니라 한 해 한 번꼴로 그런 일이 일어난다면 어떻게 될까? 아마 한국 사회는 발칵 뒤집히고 방송들은 하루 종일 이 비극적인 소식을 전하느라 정신이 없을 것이다. 또 정부는 비상대책본부를 꾸려 그 원인과 대책을 세우느라 동분서주할 것이다. 이런 일이 일어날 확률은 거의 없지만, 2006년 한국건강형평성학회는 성과 연령구성을 보정하고도 지난 5년간 서울시 강북구의 주민(36만 명 기준)이 서초구 주민에 비해 2,023명(한 해 약 400

명)이 더 많이 죽었다는 분석 결과를 내놓았다. 하지만 그 결과는 한 일간지의 일부 지면을 채웠을 뿐 이를 보도한 TV도 없었고, 정부는 비상대책본부를 꾸리지도 않았다. 적어도 이런 한국 사회의 반응은 1980년에 유사한 내용을 담은 「블랙 보고서(Black Report)」에 대해 영국 사회가 보였던 충격적인 반응과는 사뭇 다른 것이었다.

"건강 불평등을 어떻게 해결할까?"

이 책은 아스타나(S. Asthana) 교수와 할리데이(J. Halliday) 박사가 쓴 *What works in tackling health inequalities? pathways, policies and practice through the lifecourse*(The Policy Press, 2006)의 번역서이다. 이 책의 한국어판 제목을 무엇으로 할까 고민하다 "건강 불평등을 어떻게 해결할까?"로 정했다. 이 질문이야말로 두 저자가 이 책을 쓴 주된 동기이자, 이 책 전반을 관통하고 있는 주제라고 생각했기 때문이다. 하지만 한국 사회는 "건강 불평등을 어떻게 해결할까?"라는 질문에 체계적인 준비와 대응을 거의 하지 못하고 있다. 문제의 특징과 심각성을 제대로 파악하지 못한 탓이다. 간혹 한국 사회 건강 불평등의 심각성을 보여주는 연구결과들이 발표되어도 "가난한 사람이 더 많이 아프고 더 많이 죽는 것은 당연한 것 아닌가?" 하는 반응을 흔히 접할 수 있을 만큼 아직 한국 사회에서 건강 불평등과 관련한 논의의 수준은 초보 단계에 불과하다. 심각한 건강 불평등의 현실과 건강 불평등에 대한 우리 사회의 무지와 낮은 인식 수준이 결합할 때 문제의 심각성은 증폭한다. 1997년 경제위기 이후 한국 사회가 보여주고 있는 친시장적 지향은 급속히 우리 사회의 건강 불평등을 심화시키고 있으며 작금의 세계적 경제침체와 국내 정치구도는 이러한 건강 불평등을 더욱 가속화시킬 것으로 보인다. 시장은 필연적으로 승자와 패자를 만들어 내며, 이렇게 해서 만들어진 사회의 양극화는 궁극적으로 우리의 몸에 축적되어 건강의 불평등으로 나타난다. 따라서 우리 사회는 가능한 빠른 시간 안에 "건강 불평등을 어떻게 해결할까?"라는 질문에 대한 효과적인 답을 만들어 내야 한다.

심화된 건강의 불평등은 그것을 만들어 낸 정치, 경제 구조에 역으로 정책적 도전을 제기한다. 바로 이 책의 배경이 되는 영국이 그 좋은 예이다. '대처리즘'으로 대변되는 신자유주의 노선은 영국 사회의 양극화로 이어졌고, 이것은 영국 보수당의 아킬레스건이 되었으며, 이러한 정치적·사회적 상황에서 집권한 노동당은 '건강 불평등의 해소'를 국영 의료 서비스(NHS)의 10대 핵심과제 중 하나로 설정하였다. 지난 10년간 노동당정부하에 실행된 건강 불평등 정책에 대한 다양한 평가가 최근 이루어지고 있다. 이 책 역시 그러한 영국의 건강 불평등 정책이 만들어 낸 성과들에 대한 점검서인 셈이기도 하다.

건강 형평에 대한 연구와 정책에 관한 한 한국은 영국보다 약 10년에서 15년 뒤늦은 출발을 하고 있다(1998년 나온 「애치슨 보고서(Acheson Report)」를 기준으로 하면 10여 년 늦은 것이지만, 1980년에 나온 「블랙 보고서」를 기준으로 한다면 30년이나 늦은 셈이다). 한국 사회가 아무리 압축적 따라잡기의 선수라 할지라도 이 10~15년을 따라잡기란 쉬운 일이 아니다. 더욱이 불평등과 형평의 이슈를 제기하는 것조차 금기시하는 한국 사회의 현실을 생각하면 더욱 암담하다. 하지만 건강 불평등으로 고통 받는 이들의 아픔이 있는 한 "모든 이에게 건강을(Health for all)!"이라는 구호는 포기할 수 없는 꿈이며, 그 이상을 하루라도 단축하기 위해서 우리가 해야 할 일은 앞서간 이들의 경험에서 배우는 것이다. 다양한 논쟁이 이루어지고 있지만, 영국은 스웨덴, 네덜란드, 노르웨이 등과 함께 건강 불평등 정책에 관한 한 가장 적극적인 노력을 해 오고 있는 나라이다. 우리는 그들의 경험에서 배워야 한다. 구체적으로 건강 불평등의 해소라는 목표를 성공적으로 달성하려면 저자들의 말처럼 건강 불평등의 원인들에 대한 충분한 이해, 그러한 원인들을 해소할 수 있는 효과적인 정책과 개입방식들에 대해 확립된 지식, 그리고 이러한 정책들에 투자할 정치적 의지가 필요하다. 특별히 우리는 이 책에서 풍부하고 체계적인 지식을 제공받을 수 있을 것이다.

책의 구성과 주요 개념

총 3부 14장으로 구성되어 있는 이 책은 영국, 그중에서도 잉글랜드를 중심으로 한 건강 불평등의 양상과 이를 해소하기 위한 사업에 어떤 것들이 있으며 그중 효과가 있는 것으로 판명된 사업들은 어떤 것인지를 꼼꼼히 정리하고 있다. 제1부에서는 건강 불평등 연구 및 정책 배경을, 제2부에서는 생애 과정에 걸친 건강 불평등의 경로, 정책과 실천을 다루고 있다. 그리고 마지막 제3부는 건강 불평등 완화를 위한 공중보건 영역의 근거에 기반을 둔 개발이라는 주제로 마무리하고 있다(책의 구성에 대한 설명은 저자들이 제1장에서 잘 정리해 놓았으므로 특별한 추가설명은 피한다). 특별히 마지막 장에 대해서는 조금 부연설명을 할 필요가 있다. 저자들이 제14장에서 제안하는 '공중보건 레짐(public health regimes)'이라는 개념은 다소 생소할 수 있기 때문이다. 서문에서 밝힌 바와 같이 저자들은 건강 불평등을 줄이기 위한 기존 접근방식에 대해 다음과 같은 이유를 들어 비판한다. 첫째, 지역사회 또는 사회보다는 개인이나 의학적 접근에 집중하는 소위 '하위흐름(downstream)' 개입에 초점을 두고 있고, 둘째, 건강, 건강 관련 행동, 보건사업에 대한 대응이 이루어지는 맥락을 과소평가하고 있으며, 셋째, 프로그램의 성공을 측정하는 데 사실상 비현실적으로 완고한 기준을 제시하고 있기 때문에 문제가 있다는 것이다. '공중보건 레짐'은 이러한 기존 접근방식의 한계를 극복하고, 한편으로 효과에 대한 기준을 충분히 만족시키면서 보다 폭넓은 건강의 결정인자들을 목표로 하는 '상위흐름(upstream)' 사업들을 어떻게 설계할 수 있을 것인지에 대한 저자들의 고민이 담겨 있는 제안이다. 그러니만큼 진지한 추가 검토와 논의가 필요할 것이다.

건강 불평등과 관련한 문제를 처음 접하는 독자들을 위해 건강 불평등 해소를 위한 접근에서 저자들이 강조하고 있는 중요한 개념들을 부연설명하면 다음과 같다.

첫째는 포괄적 접근이다. 이 책의 저자들은 기존의 질병과 질병의 위험요인을 둘러싼 접근 전략이 사회적인 것보다는 의학적인 것에, 지역사회나 인구집단보다는 개인에 초점을 맞추는 경향이 있었으며, 광범위한 복지영역과 개인의 건강결과들을 연계하는 매개요인들에 대해서는 관심을 덜 가졌다는 이유로 비판한다. 따라서 저자들은 건강 형평 정책에 교육, 노동, 주거, 재정, 운송 정책 등을 모두 포함시키고 있다. 이러한 접근은 최근 세계보건기구 '건강의 사회결정요인위원회(The Commission on Social Determinants of Health: CSDH)'가 내놓은 결론과도 일치하는데, 이 위원회는 건강 불평등을 해소하려면 "모든 정책에 건강 형평을 포함(Health equity in all policies)"하는 것이 필요하다고 권고하였다.

둘째는 다수준 접근(multi-level approach)이다. 기존의 고식적 위험요인 역학(risk factor epidemiology)의 주된 방식인 개인수준 위험요인의 독립적인 분석만으로는 문화, 정책 또는 환경이 어떻게 건강에 영향을 미치는지를 분명히 밝혀내지 못한다. 사회과학 분야에서 개발된 다수준 분석은 다양한 수준, 예를 들어 개인, 작업장, 이웃, 국가 또는 지리적 지역 등과 같은 다른 수준에서 측정되는 결정인자들과 건강과의 관련성을 동시에 살펴볼 수 있는 방법을 제공하고 있다(Blalock, 1984; Diez-Roux, 1998). 다수준 접근에 대한 다양한 논쟁이나 구분이 존재하지만, 이 책에서는 통상적으로 중앙정부에 의해 주도되는 임금, 노동, 연금, 주택, 교육 정책들을 상위흐름 사업(Upstream initiatives)으로 설정하고 있고, 헬스액션존, 슈어 스타트, 지역 재건사업 등과 같이 지역을 단위로 하는 사업을 중위흐름 사업들(Mid-stream initiatives)로, 기존의 개인을 대상으로 하는 사업을 하위흐름 사업들(Downstream initiatives)로 분류하여 설명하고 있다. 이러한 다수준적 접근은 질병의 원인론과 그에 대한 대응에 관한 중요한 입장의 표현이며, 아울러 기존의 하위흐름 중심의 접근 방법에 더하여 중요 흐름, 특별히 상위흐름 접근의 중요성을 강조하고 있다. 특별히 저자들은 목표설정 의제에 대한 이러한 대응에 더하여, 건강 불평등 해소에 책임을 지고 있는 지방정부는 어떤 사업들이 효과적으로 '작동하고 있는지' 확보 가능한 근거들에 더욱 집착하기 때문에 (아직 많은 근거들이 축적되어 있지 않은) '상위흐름'보다는 정책들의 효과에 대해 더 쉽게 명확한 정보들을 얻을 가능성이 높은 '하위흐름'에 더 집중함으로써 지방정부의 정책 수립이 좁은 초점을 가지는 것을 지속적으로 비판하고 있다.

셋째는 생애 주기적 접근방식(lifecourse approach)이다. 생애 주기적 접근은 건강을 생애 주기 속에서 파악하는 접근방식이다. 따라서 이 접근방식에서는 생애 초기 노출의 동시적 또는 지연효과, 노출의 시간적 연쇄, 그리고 축적을 중요하게 고려한다. 저자들은 이 책의 구성에서 그 이유가 생애 주기적 접근이 최근 건강 불평등 연구의 이론적 지향을 반영할 뿐 아니라, 우리로 하여금 건강의 사회적 결정요인, 생물학적 매개변수와 넓은 영역의 건강결과 간의 연계를 탐색하는 기회를 제공하고, 사회적, 의학적 개입 방식들의 역할에 대한 연구근거들을 평가할 수 있도록 하며, (취약한 시기 또는 개입이 필요한 가장 중요한 시기가 언제인가와 같은) 논쟁점을 세밀히 살펴볼 수 있게 하기 때문이라고 하였다.

근거 기반 접근

이러한 주요 접근 원칙과 함께 이 책에서 강조하는 것은 '근거 기반 접근'이다. 우리가 행하는 수많은 사업과 시도 중 그에 합당한 근거를 가지고 있는 경우가 얼마나 될까? 공식적인 논문뿐 아니라 각종 보고서,

활동가들을 대상으로 하는 질적 접근까지 꼼꼼히 동원하여 정리한 저자들의 결론은 건강형평사업과 관련하여 그 효과가 분명한 것으로 보이는 것이 그다지 많지 않다는 것이다. 이러한 결론은 우리를 당황하게 만든다. 우리가 해야 한다고 목소리를 높여 오던 많은 일들이 실제로는 충분한 근거를 가지고 있지 못하다니! 하지만 이러한 결과에 대한 우리의 태도는 보다 정교해질 필요가 있다. 이와 관련하여 무엇보다 중요한 것은 '근거가 없다'는 말의 의미에 대한 정확한 이해이다. '근거가 없다'는 표현은 사실상 두 가지 의미가 구별되지 않고 혼란스럽게 사용되고 있다. 하나는 수많은 연구 결과를 종합해 보았음에도 그 사업의 효과가 없는 경우로 판명된 경우이다. 또 하나는 관련된 사업의 효과를 검정할 만한 연구 자체가 거의 되어 있지 않거나 부족하여 근거가 있다는 판단을 할 수 없는 경우이다. '근거가 없다'는 의미가 전자일 경우, 우리는 다른 특별한 이유가 없는 한 더 이상 그 사업을 계속하지 말아야 한다. 후자일 경우 역시 사업의 지속 여부에 대한 보다 신중한 고려가 진행되어야 하는 것은 맞지만, 이와 함께 그 사업의 효과에 대한 추가적인 근거들을 확인하는 작업들이 병행되어야 한다. 이 책에서 사업의 효과가 있다는 근거를 확보하지 못한 사업들의 상당수는 전자보다는 후자에 해당한다. 취약계층은 수가 적은 경우가 많고, 접근이 어려운 경우가 많으며, 사회적인 관심에서 배제되어 있는 경우가 많기 때문에 이들과 관련한 연구 역시 적은 경우가 많다. 그래서 이러한 정교한 이해와 취약계층을 대상으로 한 사업효과의 근거를 확인하기 위한 추가적인 노력은 더욱 절실하다. 우리는 근거 없는 사업을 해서는 안 되지만, 충분한 연구가 부족한 상태에서 근거를 확보하지 못한 이상 사업을 진행할 수 없다는 근본주의적 태도에 대해서도 신중해야 한다. 또한 무엇보다 지속적으로 근거를 점검하려는 노력들이 경주되어야 하며, 그 과정에서 특정 집단이 소외되어서는 안 된다.

감사

이 책의 번역은 본인이 연구 책임을 맡았던 "건강 불평등 완화를 위한 건강증진전략 및 사업개발" 프로젝트가 계기가 되어 이루어졌다. 이 프로젝트는 전례 없이 3년이라는 기간을 두고 정부의 공식적인 지원을 받아 이루어진 우리나라 최초의 본격적인 건강 불평등 전략개발 연구였다. 이 연구에는 건강 불평등에 관심을 가진 많은 열성적인 연구자와 지역 활동가들이 참여하였다. 건강 불평등 관련 자료나 연구가 턱없이 부족한 불모지에서 3년이라는 제한된 시간 동안 이루어진 작업인지라 여러 가지로 부족한 점이 많고, 향후 그 연구 결과가 얼마나 유용하게 활용될 것인지는 조금 더 지켜보아야 할 것이다. 하지만 많은 이의 노력이 깃든 만큼 이 프로젝트는 한국 건강 불평등 연구와 정책사에 의미 있는 작업으로 남으리라 생각한다.

아스타나와 할리데이의 책은 이 프로젝트를 진행하는 데 많은 도움을 주었다. 그래서 이 프로젝트 계획에 포함되어 있지 않지만 별도의 노력을 들여 번역을 진행하기로 몇 사람이 의기투합했다. 번역작업은 참여한 이들이 일부를 나누어 맡아 번역한 후 서로 돌려 보며 원고를 교정하는 방식으로 이루어졌다. 몇 차례 세미나를 열어 번역 용어를 통일했고, 글 전체에 일관성을 높이기 위한 작업을 진행하였다. 따라서 이 책에 오역이 있다면 그것은 옮긴이 모두의 공동책임이다.

번역을 결정하고 작업을 진행한 지 거의 3년이 지나서야 비로소 출간을 하게 되었다. 도중에 몇 차례나 번역을 결정했던 당시의 선택, 특히 이렇게 두꺼운 책을 고른 무모함을 후회하기도 했다. 그러나 출간을 앞둔 지금, 그간 고생의 기억은 어느새 잊었고 번역을 하면서 함께 지새웠던 밤과 수없이 이루어졌던 토론의 시간들이 행복한 추억으로 남았다.

옮긴이들의 고생이 있었다 할지라도 다른 많은 이들의 도움이 없었다면 한국어판의 출간은 불가능했을 것이다. 도서출판 한울의 김종수 사장

님과 윤순현 과장님을 비롯한 편집진, 함께 세미나를 진행하며 교정을 도와준 서제희를 비롯한 한양의대 예방의학교실 연구원들에게 감사드린다. 특별히 이렇게 방대한 자료들을 꼼꼼히 모아 정리해 책을 발간하고 또한 기꺼이 한국어판 서문을 써 준 두 분의 저자들에게도 감사의 마음을 전한다.

이 책은 건강형평에 관심을 가지고 있는 연구자, 학생, 지역 활동가, 보건소의 지역사업 담당자, 복지요원, 그리고 보건의료부문 정책가들에게 건강형평정책과 사업에 관한 매우 실용적이며 구체적인 정보들을 제공할 수 있을 것이다. 무엇보다 지금 이 시간에도 여러 현장에서 가난한 주민들, 비정규직 노동자들, 이주 노동자들을 비롯한 취약집단들의 건강을 위해 열악한 조건 속에서도 헌신하고 있는 많은 보건의료·복지·노동활동가들, 그리고 자신과 공동체의 건강을 지키기 위해 함께 힘을 모으고 있는 주민, 노동자들에게 이 번역서가 조그마한 도움이 되기를 진심으로 바란다.

이 책을 처음 펼친 보건의료부문 전문가들은 노동, 임금, 교육, 주택정책과 같이 평소 보건의료인이 알아야 할 내용의 바깥에 있다고 여겨지던 정책들을 보면서 적잖이 당황할지도 모른다. 하지만 건강은 고식적인 보건의료정책과 사업으로 해결할 수 없는 총체성의 산물이다. 따라서 그것이 건강의 증진이든 건강 불평등의 해소이든 이러한 목표달성에 실질적인 역할을 하기를 바라는 이들은 이 책이 제공하는 틀처럼 더 폭넓은 시각과 지식을 습득하고 이를 현장에 적용하는 것에 익숙해져야 할 것이다. 레빈스(Levins)의 말처럼 지구온난화, 에이즈, 신종 인플루엔자와 같은 대규모 재난 앞에 기존의 통상적 보건의료체계가 적절히 대응하지 못하고 있는 것은 "많은 경우, 실패는 문제를 너무 협소하게 이해하는 데서 비롯된" 것이기 때문이다. 그런 점에서 어쩌면 이 책은 건강 불평등을 해결하기 위한 노력 이상의 메시지를 담고 있는지도 모른다. 또한 이 책에는 노인들의 느린 걸음 속도까지 고려하여 신호등의 점멸시간을 조정하는 정책과 같이 취약계층을 배려하는 '섬세한' 건강정책 사례들이 많이 들어 있다. 그런 섬세하고 따뜻한 정책들이 많이 만들어지고 다양한 사회정책들이 서로 긴밀히 연결됨으로써 '모든 이들의 건강'을 위한 노력들이 성공적으로 작동하는 사회가 하루 속히 도래하기를 기대해 본다.

2009년 여름 深淨風軒에서
옮긴이들을 대표하여 신영전

| 차례 |

한국어판 서문 5
옮긴이 서문 7

    제1장_ 서론 19

제1부 | 건강 불평등 연구 및 정책 배경
    제2장_ 건강 불평등 연구 43
    제3장_ 국가 정책의 배경과 맥락 83

제2부 | 생애 과정에 걸친 건강 불평등의 경로, 정책과 실천
    제4장_ 생애 초기의 건강 불평등: 연구 근거 153
    제5장_ 생애 초기의 건강 불평등: 정책과 사업 195
    제6장_ 아동·청소년기의 건강 불평등: 연구 근거 263
    제7장_ 아동·청소년기의 건강 불평등: 정책과 사업 301
    제8장_ 아동·청소년 건강 행위에서의 불평등: 연구 근거 339
    제9장_ 아동·청소년 건강 행위에서의 불평등: 정책과 사업 387
    제10장_ 성인기의 건강 불평등: 연구 근거 449
    제11장_ 성인기의 건강 불평등: 정책과 사업 493
    제12장_ 노년기의 건강 불평등: 연구 근거 559
    제13장_ 노년기의 건강 불평등: 정책과 사업 593

제3부 | 건강 불평등 완화를 위한 공중보건 영역의 근거 기반 개발
    제14장_ 근거 기반 공중보건의 새로운 틀을 향해 661

참고문헌 704
찾아보기 844

1
서론

　최근 영국의 핵심 정책 목표 중 하나는 건강 불평등의 해소이다. 1980년 「블랙 보고서(Black Report)」의 출간이 국제적인 관심을 받았으나 영국 정책에 미친 영향은 제한적이었던 반면, 1998년 「건강 불평등에 대한 애치슨의 독립적 조사(Acheson Independent Inquiry into Inequalities in Health)」(일명 「애치슨 보고서」)는 광범위한 정책적 대응을 만들어 냈으며 역사상 최초로 국영 의료 서비스(National Health Service: NHS)의 우선 과제로 건강 불평등을 설정하기에 이르렀다. 노동당 정부는 국영 의료 서비스 플랜(National Health Service Plan: NHS Plan)의 10대 핵심 과제 중 하나로 "국영 의료 서비스는 국민이 건강한 상태를 유지하도록 하고 건강 불평등을 줄이기 위해 노력해야 한다"는 원칙을 정립했다(Department of Health: DH, 2000).

　영국 정부가 이런 정책 목표를 성공적으로 달성하려면 건강 불평등의 원인에 대한 충분한 이해, 그 원인을 효과적으로 해소할 수 있는 정책과 개입방식에 대한 지식의 확립, 그리고 정책에 투자할 정치적 의지가 필요하다. 건강 형평성 연구에서 얻은 광범위한 정책적 권고를 실제 시행으로 전환하는 방법은 무엇이고, 국영 의료 서비스와 다양한 사회경제적 개입이 만들어 내는 각각의 건강 결과가 어떠할 것인지 여전히 불확실한 현실에서, 이 책은 이 세 가지 이슈들 - 충분한 이해, 지식, 정치적 의지 - 에 초점을 맞추고 있다.

불확실한 핵심 영역 중 하나는 지역 수준에서 이루어지고 있는 여러 가지 사업들이다. 많은 이들이 건강 불평등은 소득과 부의 의미 있는 재분배를 통해서만 해결할 수 있다고 주장한다. 이것은 세금과 급여 개혁을 통한 정부 의제와 같은 형태로 나타난다. 그러나 지역 기반 사업에 대한 강조와 보건의료 의제를 달성하기 위해 일차 의료 트러스트(primary care trusts: PCTs),1) 지방 당국, 지역사회 조직에 기대하는 역할의 근거인 건강 불평등 정책은 기본적으로 지역을 목표로 설정하고 있다. 이 책의 목적 중 하나는 실제 그 수단이 무엇인지를 검증하는 것이다. 우리가 알고 있는 건강 불평등의 원인 중 지역 정책가, 활동가, 단체 들이 대다수 사람들과 취약계층 간의 격차를 줄이기 위해 할 수 있는 일은 무엇일까? 지역 수준의 사업이 건강의 결과에 미치는 영향에 대한 근거는 무엇이고 어떤 요소가 그런 개입을 효과적으로 만드는가? 과연 정부 전략이 가지는 효과의 불확실성은 극복할 수 있는 것일까? 이론적 근거, 국가 정책, 지방정부의 사업에 대한 정교한 검증을 통해 이 책은 건강 불평등 영역에서 가장 다루기 어려운 문제를 해결하는 것을 목적으로 한다.

[관상동맥 질환(coronary heart disease: CHD), 암, 당뇨병과 같은] 주요 건강 결과들, (흡연, 식이와 성 건강과 같은) 건강 위험 요인들, (교육, 고용, 교통 등의) 정책 영역 등을 주제로 한 책을 구성하는 방법은 수없이 많다. 1991년 보수당 정부하에서 발간된 보고서인 「국가의 건강(The Health of the

---

1) 일차 의료 트러스트(primary care trusts)는 영국 국영 의료 서비스(NHS)에서 일차 의료를 담당하는 조직이다. 약 330개가 존재하며 영국 국영 의료 서비스 예산의 약 80%를 사용한다. 이들은 일차 진료, 치과 서비스, 안경점, 약국, NHS 상설 진료소(NHS Walk-in Center), 의료 상담, 환자 수송 등의 기능을 수행한다(옮긴이 주). 이하 모든 주는 옮긴이가 붙였다.

Nation)」(DH, 1992)에서부터 영국 재무성의 2000년 합동 검토(HM Treasury's 2000 Cross-Cutting Review)[2] 중 하나인「건강 불평등 해소(Tackling Health Inequality)」(HM Treasury and DH, 2002)에 이르기까지 핵심적인 공중보건 의제와 정책은 이 세 가지 차원의 접근방식을 취해 왔다. 하지만 실제로 질병과 질병의 위험 요인을 둘러싼 접근 전략은 사회적인 것보다는 의학적인 것에, 지역사회나 인구집단보다는 개인에 초점을 맞추는 경향이 있었다. 반대로 부문별 접근에서는 확연히 건강의 결정 요인에 집중했고, 광범위한 복지 영역과 개인의 건강 결과를 연계하는 매개 요인에 대해서는 관심을 덜 가졌다.

우리는 이런 문제의식에서 보건의료 부문을 범주화하는 기존의 전통적 방식을 거부하고 생애 과정 관점(lifecourse perspective)을 채택했다. 이것은 최근 건강 불평등 연구의 이론적 지향을 반영할 뿐 아니라, 건강의 사회적 결정 요인, 생물학적 매개 변수와 넓은 영역의 건강 결과 간의 연계를 탐색하는 기회를 제공하고, 사회적·의학적 개입방식의 역할에 대한 연구 근거를 평가할 수 있도록 하며, (취약한 시기 또는 개입이 필요한 가장 중요한 시기가 언제인가와 같은) 논쟁점을 세밀히 살펴볼 수 있게 한다. 우리는 생애 주기의 틀 안에서 건강 불평등과 관련한 이론·정책·사업 사이의 확실한 연계를 만들어 낼 수 있다. 우선 생애 과정의 각 시기에서 건강 불평등을 야기하는 경로와 과정을 살펴본 후, 이런 경로를 차단하기 위해 고안한 각 시기별 정부의 핵심 전략과 사업의 예를 살펴볼 것이다. 생애 주기적 접근의 틀은 표준적인 보건 분야의 범주를 끌어안을 수 있을 만큼 충분히 포괄적이기 때문에 다른 정책 영역 — 예를 들면 특별한 위험 인자와 건강 결과의 잠재적 영향을 목표로 하는 전략 — 의 역할을 일관되게 탐구하도록 해 준다.

---

[2] HM Treasury는 Her Majesty's Treasury의 약자로 영국 재무성을 말한다.

책의 구성과 내용

 이 책은 크게 세 부분으로 나뉜다. 제1부(제2장과 제3장)에서는 건강 불평등 연구와 정책적 맥락을 살펴본다. 제2장에서는 「블랙 보고서」 출간 이래 건강 불평등에 대한 관심이 어떻게 확장했는지를 논의한다. 이 보고서가 연구와 정책적 측면에 미친 영향을 살펴봄으로써 이 보고서가 이론적으로 혁신적일 뿐 아니라, 연구에서 견고하고 주목할 만한 도약의 발판을 실제적으로 제공했음을 확인할 수 있다. 제2장의 후반부에서는 1990년대 이후의 중요한 이론적 '분수령'을 살펴보고 건강 불평등의 기원에 대한 서로 다른 설명방식과 이에 따른 정책적 대응방식을 탐색한다. 제3장에서는 이를 실제적으로 점검하며, 새로운 노동당 정부하에서 이루어진 건강 불평등 연구에 대한 정책적 대응의 진화를 추적한다.

 이 책에서 가장 많은 분량을 할애한 제2부(제4장부터 제13장)에서는 생애 과정에 걸친 건강 불평등의 경로·정책·사업을 점검한다. 네 가지 주요 시기(생애 초기, 아동·청소년기, 성인기, 노년기)를 검토하는데, 각 시기마다 연구 근거, 정책과 사업의 근거를 제시한다. 연구 관련 장들에서는 건강 불평등을 야기하는 경로를 살핀다. 핵심적인 위험 인자의 역학적 근거를 위험의 사회맥락적 근거와 연결시킴으로써 건강 불평등을 해소하기 위해 정책적 개입이 필요한 영역을 이론적으로 명확히 밝힌다. 이들 영역들을 찾아내면서 해당 정책 관련 장들에서는 어떤 정책이 효과적이었는지에 대한 연구 근거를 평가하는데, 현재 존재하는 근거 기반의 한계를 점검하고 최근 개발되고 있는 핵심적 정책과 그 시도를 기술한다. 이 책에서는 정책적 권고가 실제 정책으로 전환되는 과정에서 야기하는 긴장의 탐색, 그리고 내용·과정·맥락·개입집단의 성격 등과 같은 요인의 변이에 따른 결과의 다양함을 중요한 주제로 다루고 있다.

 우리가 제2부에 포함시킨 것이 무엇인지 밝히는 것뿐 아니라 무엇을 포함시키지 못했는지 분명히 밝히는 것이 중요할 것이다. 건강 불평등과 건강 불평등을 야기하는 경로에 대한 연구 근거에 관한 각 장의 논의에서 그것이 무엇으로 측정됐든지 간에, 즉 사회계급이든, 주택 보유 여부 또는 교육 수준 같은 변수이든, 아니면 새로운 '국가 사회경제적 범주 통계(National Statistics Socioeconomic Classification: NS-SEC)'이든, 관심의 초점은 분명히 사회경제적 지위(socioeconomic status)였다. 이 책 전반에 걸쳐 사회인구학적 집단 간의 건강 수준 차이는 상대적으로 덜 조명됐다(10대 출산모, 흑인, 소수 민족, 여성이 당면하고 있는 건강 배제 문제는 확실한 근거를 필요로 하고 있는 영역이지만, 우리는 아직 참고자료를 만들어 가고 있는 중이다). 우리는 건강 불평등 연구와 정책에서의 사회경제적 차이에 초점을 맞추고 이를 실용주의적 원칙에서 고찰했다. 이 책은 생애 과정에 따른 빈곤 또는 박탈이 건강 불평등과 연결되는 요인의 총괄적 영향에 대한 설명을 제공하는데, 이는 취약성을 야기할 수 있는 근원 중 대다수에 대한 정교한 점검을 포함한다.

이 책은 지리적 한계를 가지고 있다. 우리의 목적 중 하나는 영국 정부가 건강 불평등에 대해 어떻게 정책적·실천적으로 대응했는지 점검하는 것이다. 스코틀랜드 행정부, 웨일스 국회, 북아일랜드 국회가 따로 설립되어 있는 영국은 지역에 따라 입법·행정 및 재정적 책임이 다르고 이들 지역 간의 정책과 사업 내용에서 큰 차이를 보인다. 이 책에서는 이런 차이를 모두 기술하지 못했고, 기본적으로 잉글랜드의 정책에 초점을 두었다.

제3부(제14장)에서는 이 책의 전반에 걸친 정책과 사업에 대한 토론을 통해 익숙해진 주제, 즉 현재 건강 불평등 정책에 존재하는 수많은 제한점에 대해 새로운 연구 방법을 개발하고자 시도하고 있다. 많은 전문가들은 현재의 접근방식 - ① 지역사회 혹은 사회보다는 개인이나 의학적 접근에 집중하는 '하위흐름(downstream)' 개입에 초점을 두며, ② 건강, 건강 관련

행동, 보건사업에 대응으로 이루어지는 맥락을 과소평가하며, ③ 프로그램의 성공을 측정하는 데 사실상 비현실적으로 완고한 기준을 제시하는 접근방식 - 에 의문을 제기한다. 하지만 한편으로는 기본적으로 효과에 대한 기준을 충분히 만족시키면서 보다 폭넓은 건강의 결정 인자를 목표로 하는 '상위흐름(upstream)' 사업을 어떻게 설계할 수 있을지에 대해서도 의문을 제기한다. 제14장에서는 이런 의문에 대해 근거 중심 공중보건을 위한 새로운 연구 의제의 수립을 모색하는데, 그중 하나는 사회정책을 비롯한 여러 전통을 포함하는 공중보건 레짐(public health regimes)의 분석이다. 우리는 영국 공중보건체계의 의미 있는 차원을 검증하면서 건강 불평등을 감소시키기 위한 정부의 전략이 정치적 수사에 불과한 것이 아닌가 하는 의구심을 갖게 됐다. 구조 개혁에 따른 지표의 변화에 주의를 기울이면서 국제적 근거를 중심으로 평가할 때, 영국은 건강 형평성을 진작시키기 위해 아직도 사회·정치·문화·경제적 구조를 발전시켜야 한다는 결론에 도달했다.

 이런 결론이 독자로 하여금 그저 논쟁을 벌이거나 정부의 건강 불평등 정책이 시행되는 일상의 현실과 싸우는 주체를 무시하라는 의미는 아니다. 우리는 포괄적이고, 엄격하고, 적절하며, 시대에 뒤떨어지지 않은 책을 만들려고 열심히 노력했다(특별히 빠른 시간 안에 출간해 준 출판사의 노력에 감사한다). 이 책은 연구자와 학생뿐 아니라 사업기획자, 관리자, 전문가에게 실용적으로 활용될 수 있을 것이다. 전문가들은 지방 조직이 정부의 건강 불평등 의제를 진전시킬 수 있는 방법에 대한 보다 분명한 지침이 절실하게 필요하다고 말한다. 학술 영역이 정책 연구에 참여하는 목적과 같이, 국가 정책의 실행을 가능케 하거나 제약하는 조건 속에서 지역에서 이루어 낼 수 있는 것이 무엇인지를 알고자 하는 사업기획자에게 이 책이 도움이 되기를 진심으로 바란다.

건강 불평등의 속성과 문제의 규모

이 책은 주로 건강 불평등을 야기하는 경로와 그것을 해결할 수 있는 정책적 개입 수단에 초점을 두고 있지만, 건강 불평등이라는 '문제' 자체의 속성과 규모도 개략적으로 기술하고 있다. 「블랙 보고서」가 출간된 이후(제2장 참조), 건강의 사회경제적 차이의 정도와 규모에 대한 광범위한 연구들이 진행됐다. 건강 불평등을 측정하는 능력이 향상됨에 따라 근거도 어느 정도 늘어나고 있다. 초기 연구들은 많은 부분 동태통계(動態統計, vital registration) 자료에 의존했고, 건강 불평등의 근거는 대부분 [인구통계조사국(Registrar General)에 등록된 자료에 의해 결정되는] 사회계급에 따른 사망률의 차이와 관련된 것이었다. 반면 질병의 변이를 다루는 연구는 거의 없었으며, 소아와 청소년(이들은 사망률이 낮기 때문에 통계적으로 사회적 변이를 확인하기 어려웠다), 소수 민족 집단, 노인 등 특정 집단에 대한 연구는 간과됐다.

1980년 이래로 건강 불평등을 분석할 수 있는 자료들이 크게 증가했다. 현재 센서스에는 자가 보고 건강 수준(self-reported health)이 포함되어 있고, 1991년 이후 '잉글랜드 건강 조사(Health Survey of England: HSE)'는 상세한 건강 자료를 수집하고 있다. '일반 가구 조사(General Household Survey: GHS)'는 자가 보고 건강 수준과 의료 이용에 관한 정보뿐 아니라, 특수한 집단에 대한 조사 ─ 예를 들면 '에이번 부모-아동 추적 연구 조사(Avon Longitudinal Study of Parents and Children: ALSPAC)' ─ 나 특수한 질병에 대한 조사 ─ 예를 들면 '영국 지역 심장 조사(British Regional Heart Survey)' ─ 등 보다 상세하고 다양한 지역 조사를 진행해 왔다. 이 자료들은 사회인구학적·사회경제적 지위에 대한 정보 및 이와 직접 연계되어 있는 건강에 대한 정보를 제공한다. 또한 이러한 연구 설계는 사회경제적 지위를 포착하는 방법에 대한 관심도 불러일으켰다. 그동안 사회경제적 분류로 사용한 '공인 일반 사회계급(Registrar General's Social Classes: RGSC)'3)을 2001년 국가 사회경제적 범주 통계로 대체한 것과 사회경제적 지위에 대한 대체 지표(예를 들어, 소득, 주택 보유, 교육 수준 등)의 사용은 임금노동자가 아닌 집단의 사회적 지위를 나타내는 데 여전히 한계가 있었지만, 논쟁이 진행됐다는 점에서 의미 있는 발전이었다(제6장 소아와 청소년의 사회적 지위 측정과 관련된 논쟁 참조).

건강과 사회적 지위에 대한 지표와 조사 자료의 축적은 영국 내 건강 불평등의 속성과 규모를 기술하는 대규모 연구를 가능하게 했다. 이런 대규모 연구는 건강 불평등이 사회 전반에 걸쳐 존재하고, 다양한 질병과 건강 상태에 관계되며, 그것이 어떤 것이든 시간에 따라 불평등이 커지고 있음을 보여 주고 있다.

인구 특성과 건강 불평등

사회경제적 지위에 따른 건강 수준의 차이는 생애시기에 따라 절대적인 또는 상대적인 정도의 차이는 있으나 신생아에서 노년에 이르는 모든 연령군에서 발견된다. 2002년 잉글랜드와 웨일스에서 고위 관리직과 전문직의 아버지를 둔 아동이 저체중으로 출생하는 비율은 6.0%인 반면, 일반직(routine) 또는 반일반직(semi-routine)의 아버지를 가진 아동의 저체중 출생 비율은 12.1%였다(국가 통계사무국, Office for National Statistics:

---

3) 공인 일반 범주(Registrar General's Classification)라고도 한다. 공인 일반 사회계급(RGSC)은 영국의 사회계급을 크게 다섯 그룹으로 나눈다. I은 회계사·의사·법률가 등의 전문가(professional)계급이고, II는 관리자·간호사·교사 등의 중간(intermediate)계급이다. 또한 숙련 비육체노동자(skilled non manual)인 사무원·비서·상점종사자 등은 IIIN계급이고, 숙련 육체노동자(skilled manual)인 버스운전사·목수 등은 IIIM계급이다. IV계급은 부분 숙련(partly skilled) 노동자인 농부·우편배달부 등이고, V계급은 청소부·항만노동자·노동자 같은 비숙련(unskilled) 노동자이다.

ONS, 2004). 이는 출생 전이라 할지라도 상대적으로 취약한 가구주의 자녀가 신체적 발달에서 불이익을 받을 위험이 높다는 것을 보여 준다(제4장 참조). 신생아가 저체중일수록 생의 첫 몇 주나 몇 달 내에 사망할 가능성이 더 크다. 따라서 영아 사망률의 사회적 불평등은 저체중 출생의 불평등을 반영한다. 2002년 조사에 따르면, 아버지가 고위 관리직 또는 전문직인 경우 추정 영아 사망률은 출생 1,000명당 3.1명으로 아버지가 일반직이나 반일반직에 종사하는 아동의 영아 사망률 9.2명보다 훨씬 낮았다(ONS, 2004).

영아와 유아 초기 이후 사망률은 점차 감소해 5~14세에 이르면 가장 낮아진다. 그렇지만 아동의 사망 위험에서 나타나는 사회적 차이는, 건강 불평등에 관한 1997년 「10년 주기 증보 자료(Decennial Supplement)」에서 명확히 관찰된다(Botting, 1997). 1991년과 1992년 사이 사회계급 V(비숙련 노동자)에 속하는 5~9세의 남아와 여아의 사망률은 사회계급 I(전문가)에 비해 두 배 높았으며, 10~14세에서 여아 사망률은 크게 차이 나지 않은 반면 남아 사망률은 사회계급 I에 비해 사회계급 V가 2.7배에 달했다. 아동·청소년기 사망률의 계급 간 격차는 사고와 손상 부문에서 확연한 차이를 보인 반면, 다른 원인으로 인한 사망에서는 상대적으로 작았다. 또한 아동·청소년기 정신 건강은 사회경제적 수준, 젠더, 민족에 따라 의미 있는 차이를 보인 반면, 신체건강의 차이를 가져오는 사회경제적 변이의 근거는 다소 모호했다(제6장 참조). 예를 들어 저소득 가구의 아동이나 임대주택에서 교육 수준이 낮은 부모와 함께 사는 아동은 행동 장애, 정서 장애, 주의력 결핍 장애 등에 걸릴 위험이 높다. 아동의 정신 건강은 어린 시절의 곤경으로 흠집이 생기고 어른이 되어서도 이어지기 때문에, 청소년의 정신 건강을 나쁘게 하는 경로를 어떻게 차단할 것인가는 건강 불평등 정책의 핵심 이슈 중 하나이다.

조기 사망의 사회계급 간 차이는 상대적으로 성인 초기에 가장 크게 나타나다가 퇴직 연령에 다가갈수록 적어졌다(Blane, 1999: 23). 1991년에서 1993년까지 사회계급 V의 30~34세 남성 사망률은 사회계급 I의 그것보다 4.7배나 높았고, 35~39세 남성에서는 4.1배, 60~64세에서는 2.5배로 나타났다(Drever and Bunting, 1997: 98). 이것은 젊은 나이의 자살과 미확인 사고로 인한 사망률이 사회계급 간에 심각한 차이를 보이는 데 기인한다(제6장 참조). 반면, 다른 원인에 의한 사망은 상대적으로 크지 않았다.

조기 사망자의 숫자만 볼 때 건강 불평등은 45~64세 사이에서 가장 크다. 이는 주로 조기 만성 퇴행성 질환 위험의 사회적 차이에 기인한다(Hertzman, 1999: 25). 최근 심장질환, 뇌졸중, 관절염, 암 같은 만성적 질병이 만연한데, 많은 이들이 만성 퇴행성 질환을 노령화 과정의 자연스러운 결과로 기술하고 있다. 이러한 질환은 산업화한 서구의 중요한 질환이자 사망 원인이기 때문에 최고령층에서 가장 높은 유병률과 사망률을 보인다. 예를 들어 2002년 모든 원인에 의한 사망률은 65~84세(10만 명당 4,427명)나 45~64세(10만 명당 654명)에 비해 85세 이상 남성(10만 명당 1만 8,806명)에게서 가장 높았다(ONS 자료). 만성 질환은 연령이 많아짐에 따라 빠르게 증가하는데, 65세 이전의 사망을 일반적으로 '조기' 사망으로 분류한다. 조기 사망은 단순한 노령화 과정이 아니라 위험 요인과 관련이 있으며, 그 위험 요인은 사회경제적 지위와 매우 밀접하게 연관되어 있다.

노인군에서 (사회경제적) 건강 차이가 줄어드는 것은, 저소득 집단의 조기 사망, 연령 증가에 따른 인구학적 특성의 증가에 기인한다. 물론 사회적으로 매개하는 위험 인자가 노년기 이환과 사망에 영향을 미치지 않는다는 뜻은 아니다. 건강 불평등은 퇴직 후에도 지속되는데, 이때는 아동·청소년기에서와 마찬가지로 신체적 건강보다 정신적 건강에서 차이가 두드러진다. 또한 사망률에서도 큰 격차를 보인다. 한 추적 연구[4])에서 1971~1992년간 60~74세의 표준사망비(Standardized Mortality Ratio:

SMR)5)는, 자가 거주자 77, 공영 주택 거주자 115(74세 이상은 91~104)였다. 또한 자동차를 두 대 이상 가진 이들의 표준사망비는 77인 반면, 자동차 비소유자는 115(74세 이상은 91~104)였다(Smith and Harding, 1997).

사회적 불평등은 연령뿐 아니라 성에 따라 차이를 보인다. 연령에 따른 사망률의 격차는 남성에 비해 여성에게 작게 나타난다. 이는 부분적으로 모든 연령대에서 여성의 사망률이 남성보다 낮은 것에 기인하며, 생물학적·물질적·행동적·심리사회적 요인이 다양한 방식으로 영향을 미치기 때문이다(Carpenter, 2000; Graham, 2000). 하지만 건강 불평등의 근거는 이용한 건강 수준의 측정치에 따라 여러 가지 양상을 보이며, 심각한 사회적 격차는 여성들 사이에서 유병률의 유의한 차이로 나타난다. 즉, 낮은 사회경제적 지위는 자가 보고 질환과 장애의 위험을 높인다. 젠더와 관련된 사회적 변화는 성 간 건강 불평등의 규모에서 중요한 결과를 야기할 수 있다. 여성이 좀 더 높은 수준의 능력을 갖게 되고 노동시장에서의 역할이 점차 더 중요해짐에 따라 여성 사이에서 교육적·직업적 계급 격차가 더 벌어지는 양상을 보인다. 가족과 노동시장에서의 여성 역할 변화는 건강 불평등에서 의미 있는 역할을 해 온 핵심 위험 인자(과음, 흡연, 직업 스트레스에의 노출 등)의 젠더 간 차이에 중요한 결과를 야기할 수 있다.

민족(ethnicity) 또한 사회경제적 지위와 건강 간의 관계에 영향을 미친다. 사회계급에 따른 차이와는 대조적으로 민족 간 건강의 차이는 연령과 함께 좀 더 두드러진다. 1999년 '잉글랜드 건강 조사'와 '소수 민족에

---

4) longitudinal study는 종단적(縱斷的) 연구 또는 추적 연구라고 번역된다. 어떤 대상을 일정 시간 관찰·연구하는 방법이다. 특정 위험 요소를 가진 집단을 일정 기간 추적하면서 그 위험 요소가 어떤 결과를 낳는지 관찰하는 코호트 연구(cohort study), 특정 질환이 발병해서 사망할 때까지 기록·분석하는 생존 연구(survival study) 등이 있다.
5) 실제 관찰 사망수/표준인구의 사망률로부터 계산한 기대사망수. SMR이 121이라면 표준인구에 비해 사망률이 21% 더 높다는 것을 의미한다[리사 F. 버크먼·이치로 가와치 엮음, 『사회 역학』, 신영전 외 옮김(도서출판 한울, 2003), 168쪽 재인용].

대한 제4차 국가 조사(Fourth National Survey of Ethnic Minorities)'에 따르면, 아프리칸-캐러비언인과 인도인의 자가 보고 건강 수준은 서로 비슷하지만 30·40대 백인 영국인에 비해 나쁜 것으로 나타났고, 파키스탄과 방글라데시 집단은 모두 낮은 건강 수준을 보였다(Nazroo et al., 2004). 이는 전 생애에 걸쳐 소수 민족이 경험하는 불행이 출생 시 사회적 수준에 기초해 예측할 수 있는 것보다 더 클 수 있음을 알려준다. 불이익의 축적은 소수 민족이 사회경제적 배제를 경험하는 정도를 반영한다. '사회적 배제과(Social Exclusion Unit)'에 따르면, 1994년 잉글랜드와 웨일스인의 28%가 전국 평균 소득의 1/2보다 낮은 소득으로 살아가는 반면, 아프리칸-캐러비언인과 인도인의 40% 이상, 파키스탄인과 방글라데시인의 80% 이상이 그런 소득으로 생활하고 있었다. 이것은 기술이나 교육 수준의 차이보다 고용률의 차이를 반영한다. 따라서 사회적 배제와 차별은 물질적 이익이라는 형태를 통해, 또한 심리사회적 기전(mechanism)을 통해 건강의 변이에 영향을 미칠 가능성이 크다.

유감스럽게도 사회경제적 지위, 민족과 건강 간 관계의 방식에 대한 이해는 아직 미흡한 상태이다. 이것은 부분적으로 유용한 자료의 제한에 기인한다. 예를 들어 건강 불평등에 대한 「10년 주기 증보 자료」에서 민족 관련 자료는 출생에 기초하고 있기 때문에 영국과 웨일스에서 태어난 소수 민족은 배제되어 있다. 1990년대 초기 소수 민족 집단은 백인에 비해 젊은 사람의 비율이 높아서, 사망 자료를 이용한 건강의 변이를 적절히 포착하기가 쉽지 않다. 그렇지만 「10년 주기 증보 자료」에서는 인도에서 태어난 남성의 허혈성 심장질환으로 인한 사망률이 상대적으로 높고, 뇌혈관계 질환의 위험은 서남아프리카, 아프리칸-캐러비언계에서 더 높은 것이 관찰됐다(Harding and Maxwell, 1997). 정신 건강은 민족 간 변이에서 흥미로운 영역이다. 아프리칸-캐러비언계 남성의 높은 정신분열증 유병률은 특별히 많은 논란을 불러일으켰는데, 높은 유병률이 실재한다고 생각하는 사람들이 있는 반면, 진단과 관리의 오류 때문이라고 의심하는 사람들도 있다(Fernando, 1995). 유사하게 정신보건 조사에서 파키스탄과 방글라데시 소년에게서 평균보다 높은 정서 장애가 관찰되는 반면, 흑인 10대에게서는 상대적으로 높은 행동 장애가 관찰된다(제6장 참조). 하지만 민족에 따라 물질적 불이익, 차별과 인종주의(racism)에의 노출, 스트레스원에 대한 심리적 대응에서 차이가 있는지는 일치된 의견에 도달하지 못하고 있다.

원인별 사망률과 유병률에서의 사회적 차이

건강 불평등의 정도가 연령·성별·민족에 따라 다른 반면에, 건강의 사회적 격차는 질병과 건강 상태의 범주에 따라 상당히 만연되어 있다. 1997년 「10년 주기 증보 자료」는 국제질병분류(International Classification of Disease: ICD)를 이용해서 20세에서 64세 남성 사망률의 뚜렷한 사회적 격차를 제시했다(Drever et al., 1997). 사회계급적 차이는 정신질환에 의한 사망에서 가장 두드러진다. 약물, 알코올 의존과 상당히 관계있는 사망을 나타내는 ICD V(정신 및 행동 장애 분류)에서의 표준사망비는 사회계급 I보다 사회계급 V에서 12배나 높았다. 그러나 정신질환은 전체 사망률의 1% 미만으로, 상대적으로 중요한 사망 원인은 아니다.

사고와 상해를 포함하는 사망의 외부적 요인과 호흡기 질환·소화기 질환 또한 사회적 지위에 따라 매우 다르게 나타나는데, 정신질환보다 사망의 상당 부분을 차지한다(1991년부터 1993년까지 20~64세 남성 사망에 각각 12%, 5.5%, 3.6%를 차지했다). 「10년 주기 증보 자료」는 폐쇄성 호흡기 질환, 기관지염·폐기종·폐렴·천식을 포함하는 호흡기 질환의 범주에서 심한 불평등이 있다고 밝히고 있다. 전체적으로 호흡기 질환에서의 표준사망비는 사회계급 I에 비해 사회계급 V에서 5.9배 높았고, 외부적 요인에 의한 사망의 표준사망비는 5배 높았으며, 절반가량 차지하는 만성 간 질환이나 간경화에서 기인한 소화계 질환에 의한 사망은 3.6배 높았다.

사망의 가장 주요한 원인(순환기 질환과 암)에 의한 조기 사망은 앞에서 언급한 원인에 비해 연관성이 적다는 보고가 있는데, 아직 불확실하다. 1991~1993년 20~64세 남성의 사망 원인 중 40%가량을 순환기 질환이 차지한다. ICD VII에서 사회계급 V의 표준사망비는 사회계급 I보다 2.9배 높으며, 사망의 두 가지 중요한 요인(허혈성 심장질환과 뇌혈관질환)에서 사회계급 V와 사회계급 I의 차이는 약 3 정도였다. 반면에 암(전체 사망의 32%)에 의한 사망에서 사회적 계층 차이는 사망의 특이적 원인에 따라 매우 다양했다.

모든 악성 신생물(암)에서 사회계급 I과 사회계급 V의 표준사망비의 차이는 2.1이었다. 1991~1993년 20~64세 남성 사망의 10% 가까이 차지하는 호흡기 암은 사회적 격차에서 매우 큰 역할을 했다. 폐, 기관, 기관지 악성 신생물에 의한 사회계급 V의 표준사망비는 사회계급 I보다 4.6배 높았다. 위암과 식도암에서도 낮은 사회적 계층에서 표준사망비가 증가했는데, 사회계급 I과 사회계급 V의 차이는 각각 3.0과 2.2이었다. 직장암과 췌장암도 낮은 사회적 계층에서 사망률이 증가하는 경향을 보였다(사회계급 I과 사회계급 V의 차이는 1.5~1.6 정도). 반면에 대장암, 전립선암, 비호지킨스림프종은 명확한 패턴이 없었고, 뇌종양은 사회계급 I과 사회계급 IIIN에서 사망률이 현저히 증가해 다른 조건에서와는 다른 경향을 보였다(Drever et al., 1997).

암 발생률의 사회적 차이는 암 사망률의 차이보다 다소 일관되지 않은데(Rosengren and Wilhelmsen, 2004), 이는 효과적 의료 서비스에 대한 접근성이 건강 결과에 미치는 역할에 의문을 던진다. 여러 암 등록 사업은 높은 사회계층의 남성은 대장암과 전립선암에 걸릴 확률이 매우 높고, 췌장암은 사회경제적 지위에 별로 영향 받지 않음을 보여 준다(Rimpela and Pukkala 1987; Sharp et al., 1993; van Loon et al., 1995; Smith et al., 1996; Brown et al., 1998). 또한 간암과 직장암의 발생률에서 사회적 격차의 근거는 분명하지 않다(van Loon et al., 1995; Faggiano et al., 1997). 그러나 암 발생률과 사망률의 국제적 연구 대부분은 더 낮은 사회계층의 남성에게 위암, 식도암, 인두암, 구강내암, 모든 호흡기계 암(비, 후두, 폐)의 위험이 높음을 비교적 일관되게 보여 준다. 여성의 경우 낮은 계층에서 식도암, 위암, 자궁경부암의 위험이 높다. 또한 높은 사회계층의 남성에게 피부 흑색종과 뇌종양이 더 많이 나타나고, 높은 사회경제적 계층의 여성에게는 대장암, 난소암, 피부흑색종이 더 많이 발생한다(Faggiano et al., 1997). 또한 선행 연구들은 여성의 유방암이 높은 사회경제적 계층에서 발생한다고 제시했다. 그러나 이는 어디까지나 나이 든 여성에서의 근거이며, 어린 나이에서의 유방암 발생 패턴은 다를 수 있다(Harding et al., 1999).

유병률의 사회경제적인 불평등은 암에만 국한되지 않고 국제질병분류상 다른 범주에서도 나타난다(Eachus et al., 1996; Saul and Payne, 1999). 사회경제적인 불이익과 제2형 당뇨병의 발생 위험(Meadows, 1995; Ismail et al., 1999), 우울증과 다른 정신질환(Payne et al., 1993; McCormick et al., 1995; Kind et al., 1998; Stansfeld et al., 1998), 허혈성 심장질환과 뇌혈관질환(Marmot et al., 1991; Woodward et al., 1992; Lampe et al., 1994; Morrison et al., 1997; Gibson et al., 2002), 심한 천식, 기관지염과 폐기종(Liitlefohns & Macdonald, 1993), 근골격질환(McCormick et al., 1995) 사이에 명확한 관계가 보고됐다. 유병률의 불평등이 항상 일관되거나 일반적이지는 않다. 유병률과 빈곤의 상관관계가 약하게 나타나거나 모순된 근거가 존재하는 질환은 고혈압(Dong et al., 1994), 제1형 당뇨병(Meadows, 1995; Ismail et al., 1999), 류머티스 관절염(Bankhead et al., 1996)이다. 최종적으로 일부 암과 염증성 장질환 같은 특정 질환은 더 풍요로운 집단에서 더 많이 발생하는 것으로 나타난다.

단계적 격차

여러 가지 원인에 따른 사망률과 유병률에서 건강 불평등 정도의 다양함을 증명하는 것은 건강 불평등의 원인에 대한 가설 생성을 위한 중요한 정보를 제공한다. 건강 결과의 차이가 전체 사회적 계층에 걸쳐 일관되게 나타난다는 사실은 인과적 경로에 대한 다수의 주요 학설의 발전에 중요한 정보를 제공했다. 새로운 국가 사회경제적 범주 통계 분류를 1991~1993년 남성의 사망률 자료에 적용하면, 표준사망비는 사회경제적 집단 1.1의 55에서 사회경제적 집단 7의 155까지 계단식으로 증가한다(Donkin et al., 2002). 비교적 최근까지 불리한 조건에 놓인 소수의 요구를 강조하면서, 가장 낮은 사회경제적 계층과 가장 높은 사회경제적 계층의 사망률 간의 상당한 차이에 더 많은 관심이 집중됐다. 그러나 연구 관점에서 사회적 격차의 단계적 특징은 특별한 의미를 가진다. 왜 고위 전문직의 사망률보다 고위 관리직에서 일하는 남성과 대기업 고용주의 사망률이 더 낮아야만 하는가? 왜 노동 계약과 서비스 관계에서 어느 정도 안전이 보장되고 출세의 기회를 가진 중간급 고용인이 하위 관리직과 전문직보다 더 높은 사망률을 보이는 반면에, 소규모 자영업자보다 더 낮은 사망률을 보일까? 제2장에서 논의하겠지만 사회적 지위가 정교하게 조율된 영향력을 발휘함을 보여 주는 과정에 대한 탐색은 성인 건강의 불평등을 설명하고자 노력하는 연구의 중요한 주제가 되어 왔다.

질병의 지리적 분포

영국에서 건강의 지리적 편차에 대한 분석은 오래된 전통이며(Joshi et al., 2000), 여러 근거들은 사망률의 지리적 양상에서 상당한 역사적인 연속성을 보여 준다. 예를 들어 영국은 과거 150년 동안 북쪽과 서쪽의 사망률이 남쪽과 동쪽의 아주 도시화된 지역보다 지속적으로 높음을 제시했다(Britton, 1990; Macintyre, 1999). 사망률의 남북 간 차이는 현저하게 나타나는데, 잉글랜드 남쪽 지방의 사망률이 낮은 반면 스코틀랜드, 북아일랜드, 웨일스, 잉글랜드 북쪽 지방의 사망률이 현저하게 높다(Fitzpatric et al., 2001).

건강상 차이 분석을 위해 의회에서 지정한 선거구들을 이용한 연구에서, 쇼 등은 영국에서 (지원자 대부분 조기 사망의 위험에 놓인) '가장 좋지 않은 건강'을 보이는 15개 지역 중 8개 지역이 글래스고에 있음을 발견했는데(Shaw et al., 1999), 이들 지역 주민은 65세 이전에 사망할 가능성이 국가 평균의 1.6~2.3배였다. 또한 영국에서 열악한 생활 상태의 사람들 중 52%가 스코틀랜드에 살고 있었으며, 추가적으로 40% 이상이 잉글랜드의 북쪽에 있었다. 65세 이하에서 사망률이 가장 높은 15개 지역 중 단 한 곳만 잉글랜드의 남쪽에 위치했는데, 그곳은 런던 도심 안쪽 선거구인 서더크(Southwark)와 버몬지(Bermondsey)였다.

이 연구와 다른 연구들이 보여 주듯이(Drever and Whitehead, 1995; Charlton, 1996; Dorling, 1997), 가장 높은 사망률을 보인 지역은 도심이나 쇠퇴하는 산업지구에 위치하는 경향을 보인다. 즉, 사회적 박탈이 시골 지역보다 부유한 사람들 사이에서 혜택 받지 못하고 사는 도심 안쪽에 지리적으로 집중되는 경향이 있다. 건강 상태에서 관찰된 도시와 시골 간의 차이는 보다 명확하게 '도시' 문제로서의 건강 불평등 경향을 보여 주고 있다. 그러나 시골 지역에 사는 사람들의 건강 배제 문제 또한 관리가 이루어져야 한다(Asthana et al., 2002). 첫째, 시골의 가난한 사람들은 도심의 가난한 사람들과 건강 불평등으로부터 고통 받는 위험도가 같을 것이다. 하지만 그들의 더 좋지 않은 건강 결과들은 그들이 속한 집단의 평균에 의해 감추어진다. 둘째, 시골 지역의 뚜렷한 특징은 시골 지역 특성 간의 차이에서 얻어야 한다. 즉, 도심 근교와 반농촌 지역(특히 영국의 남동쪽 지역)에 사는 사람들은 일반적으로 부유하고 풍요로운 인구집단으로 받아들여지는 반면, 멀리 떨어진 시골 지역(오지)은 뚜렷한 불이익으로 고통 받는다. 예를 들어 유병률의 U자 경향의 영향을 받기 쉬운 긴 유병 기간을 가진 질병에 국한하면, 대부분의 도심과 시골 주변 지역에서 가장 높은 사망률을 보인다(Barnett et al., 2001). 사고, 자살, 원인 미상의 상해에 의한 높은 사망률 또한 시골 오지 지역에서 관찰된다(Fitzpatrick et al., 2001).

1991~1997년간 원인별 사망률 분석은 건강의 지리적인 불평등이 사망의 다양한 원인과 전적으로 일치하는 것이 아님을 보여 준다. 영국에서 사망의 큰 부분을 차지하는 뇌졸중과 허혈성 심장질환의 경우, 이들 원인에 의한 사망률의 지리적 분포가 다른 원인에 의한 사망률의 지리적 분포와 비슷했다는 것은 놀라운 일이 아니다. 폐암 사망률의 경향과 호흡기 질환에 의한 사망의 양상 또한 도심과 초기 산업 지역에 집중되어 있으며 남북으로 나뉘었다. 그러나 다른 암들(예를 들어 전립선암, 유방암, 대장암, 직장암)의 높은 사망률과 이미 보고된 바 있는 사고에 의한 사망은, 지역적 경향이 뚜렷한 다른 원인에 의한 사망과는 달리 도심 지역에 덜 집중됐다. 런던은 특징적으로 감염성질환에 의한 사망률이 높고, 스코틀랜드·런던·맨체스터 지역은 알코올 또는 약물 중독에 의한 사망률이 높다(Fitzpatric et al., 2001).

질병 분포의 역사적 양상

영국에서 사망률의 지리학은 빈곤과 부의 분배에서 오래된 불평등을 보여 주는 상당히 긴 역사적인 연속성을 지닌다. 도시 빈곤층의 곤경은 도시 건강에 대한 왕립위원회(Royal Commission on Health of Towns)가 극빈층 주거 지역의 열악한 위생 환경을 묘사했던 1840년대 초기에 가장 심했다. 1843년 《란셋(Lancet)》에 실린 글을 보면, 시골 지역과 도심의 다양한 구역에 따라 평균 사망 연령에 큰 차이가 있음을 보여 주었다. 바스(Bath) 시의 상류계급 사람과 전문가의 평균 기대수명이 52세였던 반면, 리버풀, 베스날 그린(Bethnal Green), 맨체스터에 사는 노동자의 기대수명은 15~17세였다(Whitehead, 1997).

19세기 말과 20세기 초 사이에 성인 사망률이 현저하게 감소했고, 영아 사망률이 감소한 20세기 초부터 감염성 질환이 두드러지던 과거의 건강 양상은 만성 퇴행성 질환이 두드러지는 양상으로 변화했다. 20세기의 첫 30년 동안 이런 전환은 절대적·상대적 측면에서 모두 성인과 영아 사망률의 계층 간 불평등을 감소시키는 결과를 가져왔다. 그러나 사망률이 지속적으로 감소함에도 불구하고, 사회적 계급의 차이는 1940년대부터 증가했다(Pamuk, 1985. cited by Whitehead, 1997).

최근 몇 십 년 동안 사망률의 차이는 점차 확대됐다. 1950년대 초반부터 1990년대 후반까지 65세 미만의 표준사망비의 경향을 조사한 도링 등은 가장 높은 사망률을 보인 지역에 사는 사람 10%의 상대적인 표준사망비가 1950~1953년 131에서 1996~1998년 150까지 점진적으로 증가해 왔음을 발견했다(Dorling et al., 2001). 반면에 가장 사망률이 낮은 지역에 사는 인구집단의 표준사망비는 82에서 75로 감소했다. 따라서 그 기간에 걸쳐 가장 나쁜 지역과 좋은 지역 사이의 표준사망비 간의 차이는 1.6에서 2.0으로 증가했다. 화이트 등은 원인별 사망률의 사회계층적 차이 분석을 지속적으로 갱신하면서 관찰한 결과(White et al., 2003), 1980년대 중반 이래 건강 불평등이 지속적으로 커지고 있음을 확인했다. 첫째, 젠더 간 차이를 보였는데, 1986년과 1999년 사이에 남성 사망률의 불평등은 증가했지만 여성에서는 감소했다. 남성 사망률에서 사회계층적 차이의 증가에 중요하게 기여한 것은, 사회계급 I과 사회계급 II에서는 크게 감소했으나 낮은 사회계층에서는 그렇지 않았던 허혈성 심장질환과 뇌혈관질환, 호흡기 질환이었다. 둘째, 최소한 허혈성 심장질환에서 사망률의 사회계층적 차이는 시간이 지나면서 변화해 왔다. 남성 비육체노동자의 사망률 감소는 대부분 1986~1992년과 1993~1996년 사이에 발생했고, 1993~1996년과 1997~1999년 사이의 감소 속도는 현저하게 느려졌다. 반면에 남성 육체노동자의 허혈성 심장질환에 의한 사망률 감소는 오랜 시간에 걸쳐 서서히 이루어졌다. 결과적으로 허혈성 심장질환의 사회계층적 차이는 1993~1996년에 증가했으나 1997~1999년 다시 감소했다(White et al., 2003). 사회계급 I과 사회계급 II에서 두 기간 모두에서 사망률이 크게 감소했지만, 뇌혈관질환이나 호흡기 질환에서는 이러한 양상이 관찰되지 않았다.

허혈성 심장질환 사망률에서 사회계급 V의 남성이 따라잡기 시작하고 있으며, 그것은 사망률의 차이가 좁아질 것임을 암시한다고 할 수 있다. 그러나 아직까지 그런 현상의 징후는 보이지 않는다. 쇼 등에 의한 최근 분석은 특히 남성에게서 1990년대 동안 건강 불평등이 확대되어 왔음을 보여 준다(Shaw et al., 2005). 지방 당국의 지역구 기대수명 자료를 보면 1992~1993년과 2001~2003년 사이 기대수명이 가장 낮은 지역(글래스고 시)과 가장 높은 지역(켄징턴 첼시 지역)의 차이가 8.9년에서 9.4년 증가했고, 최상위와 최하위 빈곤 그룹 사이 기대수명의 절대적 차이는 3.91년에서 4.06년으로 증가했다. 남성에게서 그 차이는 특히 증가했는데, 최상위와 최하위 빈곤 그룹 사이 기대수명의 차이는 4.73년에서 4.97년으로 커졌다. 남성 기대수명이 가장 높은 지역(이스트 도어셋)과 가장 낮은 지역(글래스고 시)의 차이는 11년까지 커졌으며, 해당 지역의 당국자들은 빅토리아 시대 이래로 불평등이 이렇게 높았던 적은 없었다고 말했다.

사망률 차이의 시간적 경향 분석은 건강 불평등의 파생 과정을 밝힐 수 있기 때문에 중요하다. 보수당 집권 기간 동안 사회적으로 가장 혜택 받은 사람과 그렇지 못한 사람 사이에 벌어진 사망률의 차이는 사회경제적 양극화를 촉진시키는 정부 정책의 결과로 나타났다. 소득 불평등은 1990년대에서 2000년대에 이르는 동안 지속됐고(이런 양상은 급여와 세금 제도 변화가 조금 더 분배적으로 변화한 가장 최근까지도 마찬가지이다), 부의 불평등은 더욱 심화됐다(제3장 참조). 무엇보다 먼저 이런 경향이 건강 양극화에 동반된다는 사실은 사망률의 사회경제적 차이가 핵심적인 자원 배분의 단기 변화에 민감하다는 것을 보여 준다. 사실 그러한 결론에 도달하기 전에 우선 보호가 이루어져야 한다. 건강 변이에 상대적으로 단기간의 사회경제적인 경향을 연결하는 것은 건강 결과에 대한 생의 초기와 후기 결정인자의 상대적인 기여에 대한 어떤 가설에 기반하고 있다.

제2장과 제4장에서는 생물학적 프로그래밍 이론(biological programming)을 소개할 것이다. 이것은 성인의 삶에서 일어나는 불평등이 삶의 아주 초기에 생기는 것임을 암시한다. 만약에 이 이론이 내포한 의미를 끝까지 따른다면 1980년대에서 1990년대에 증가한 건강 불평등은 이 시기에 이루어졌던 사회적·공간적 양극화 확장의 직접적인 결과가 아닐지도 모른다. 그보다는 전쟁이 있었던 시기 동안 사회집단에 따라 건강 위험 요인에 다르게 노출됐던 것의 장기적 효과에 기인한 것인지도 모른다. 그러므로 최근 몇 년간 소득과 건강의 양극화 사이에 관찰되는 연관성은 원인적 관계라기보다 동시에 일어난 것일 수 있다. 이와는 반대로 만약 생애 후반기의 인자가 건강 불평등 생산에 더 중대한 역할을 한다면, 사망률 차이의 증가는 소득과 부의 불평등을 조장하는 최근의 정부 정책을 반영한다고 할 것이다. 만성 질환의 위험성은 시간에 따른 불이익의 축적을 반영하기 때문에 세 번째 설명은 오늘날 관찰되는 건강 양상에는 생의 초기와 이후 생애의 결정 요소가 모두 역할을 한다는 것이다. 만약 이것이 사실이라면, 소득과 부의 불평등의 만연은 현 세대의 불평등 확대를 초래할 뿐 아니라 21세기의 건강 불평등을 낳을 것이다.

현재와 미래의 건강 불평등 해소를 위한 사회경제 정책의 함의를 적절히 이해하려면, 생애 초기와 후기에 이루어지는 건강 결정 요인의 상대적 기여를 보다 심층적으로 이해해야 한다. 생애 과정 역학은 이런 부분을 주로 연구하고 있으며, 우리가 이 책에서 건강 불평등의 원인 경로와 정책 간의 연계를 검증하는 데 사용한 결정 방식에 영향을 주었다. 생애 과정 역학 범위 내에서 나온 중요한 이론은 제2장에서 세부적으로 논의할 것이며, 이 책 전체에서 이 이론들을 지지하는 근거에 대해 토의할 것이다.

제1부
건강 불평등 연구 및 정책 배경

영국에서 21세기 초반의 건강 불평등 수준이 국영 의료 서비스(NHS)가 시작된 1948년보다 악화된 것은 놀라운 일이다. 물론 일반적으로 의료 서비스는 건강과 안녕에 상대적으로 작은 역할을 하고 있다고 알려져 있다. 그러나 국영 의료 서비스는 사회 정의에 대한 욕구 건강이 인간의 기본적인 권리이며 개인의 부에 따라 달라지지 않아야 한다는 희망을 반영하는 것이었다.

국영 의료 서비스가 사회적 층위의 서로 다른 끝에 위치한 계층의 건강 격차에 괄목할 만한 영향을 끼치지 못했다는 인식이 1970년대 후반에 팽배해졌다. 1980년 「블랙 보고서」의 발간은 각종 지표를 통해 영국 사회의 가장 부유한 사람과 가장 가난한 사람 사이에 건강 격차가 더욱 커지고 있음을 보여 주었다. 제2장에서 논의하겠지만, 「블랙 보고서」가 1980년대와 1990년대 정책 과정에 미친 영향은 제한적이었다. 그러나 이 보고서는 사회과학자와 역학자들의 건강 불평등 연구를 진작시켰으며, 유럽의 여러 나라에서 비슷한 연구가 수행될 수 있도록 영감을 주었다. 그뿐 아니라 영국에서 건강 불평등이 공중보건 의제의 최전선에 자리매김되도록 했다.

제2장에서는 근래의 건강 불평등 연구의 발전 방향을 「블랙 보고서」와 그 영향을 통해 살펴보고, 생애 과정 역학 연구를 비롯한 1990년대와 2000년대의 주요 연구의 발전을 살펴보고자 한다. 건강의 근원적 결정 요인을 목표로 하는 '상위흐름' 정책과, 협소한 임상적 요인이나 행동적 요인을 주로 개인 단위에서 다루는 '하위흐름' 정책의 구분에 따라, 각각의 건강 불평등 설명 이론에서 각각 다른 건강 정책으로 이어지는 과정을 토론할 것이다.

건강 불평등 연구가 정책의 발전으로 이어지는 것에 대한 실질적인 논의는 제3장에서 다룬다. 신노동당(New Labour) 집권 이후의 정책에 특별히 주의를 둔다면, 건강 불평등의 원인에 대한 연구 결과에 민감하게 반응하는 정치적 레토릭을 발견할 수 있다. 그러나 이론적 근거를 가진 정책 권고가 실제 정책 과정에 녹아든 수준을 통해 볼 때, 건강 불평등 연구의 정책 함의에 대한 현재의 반응은 급진적이기보다는 보수적이라고 볼 수 있다. 이는 의학 연구의 질적 수준에 만족하는 근거 기반 정책(evidence-based policy)의 필요를 강조하는 경향에 부분적으로 기인한다. 그러나 새로운 사회정책의 개인화 경향은 노동당 안에서 일어난 이념 변동의 산물이기도 하다. 어떤 논평에 의하면, 구조적 개혁을 위한 폭넓은 요구를 담은 정책이 실패함에 따라 건강 불평등이 21세기 초에도 지속적으로 커지고 있다고 한다(Shaw et al., 2005). 제3장에서 건강 결정 요인으로 서술되는 주요 영역에서의 양극화에 따른 논란에 대해 다룰 것이다. 또한 건강 불평등을 다루는 혁신적인 방법으로 간주됐던 영역적 접근(territorial approach)이나 지역 기반 사업(area based initiatives: ABIs) - 예를 들어 영국의 헬스액션존(Health Act Zone: HAZs)의 역할 - 에 대해 평가할 것이다(Mackenbach and Bakker, 2003).

2

건강 불평등 연구

서론

건강 불평등 연구는 1980년 「블랙 보고서」의 출간 이후 괄목할 만하게 신장했다. 이는 건강의 변이가 (사회적·지리적·역사적으로) 다양한 견지에서 분석되고 있다는 것을 반영한다. 생애 전 과정에서 관찰되며 질병과 건강의 넓은 범위에 걸쳐 있는 건강의 변이는 분명한 사실이고 정책 결정 과정의 중요한 주제가 되어 왔다. 때문에 건강 불평등 연구는 사회학, 지리학, 심리학, 역학, 의학 등과 같은 다양한 학문 분야로부터 관심을 받아 왔고, 다학제적 속성에 의해 경험적으로 견고하고 이론적으로 혁신적인 연구를 수행할 수 있었다. 또한 건강 불평등은 효과적인 정책과 중재를 개발하기 위해 특히 국제적 협력이 필요한 분야이기도 하다.

이 책의 골자를 세우고 조직하는 데 생애 과정 관점을 적용하고 주요한 생애 과정 연구를 평가함으로써, 우리는 역학과 공중보건 분야에서 근래에 가장 중요한 발전의 하나로 무엇이 제시되고 있는지 설명할 것이다. 예를 들어 제4장에서는 생애 초기 이후 연속된 생애 경험과는 독립적으로 생애 초기 환경이 성인기 건강에 영향을 미치는 잠재 효과(latent effect)를 다룬다. 제8장에서는 건강에 좋은 영향을 줄 수도 있고 나쁜 영향을 줄 수도 있는 개인의 각각 다른 삶의 궤적에서 발생하는 경로 효과(pathway effect)의 개념을 제시한다. 제10장과 제12장에서는 누적 효과(cumulative effect) 모형의 의의를 살펴보면서, 불건강에의 노출은 차츰 시간이 지남에 따라 축적되어 만성 질환의 위험을 높이기 때문에 성인기뿐 아니라 더 높은 연령대에서 보다 나은 환경을 통해 초년기의 열악한 효과가 개선될 수 있음을 보여 줄 것이다.

각각 다른 생애 시기의 중요성을 다루고 있는 생애 과정 모형에 대한 논의와 더불어, 생애 과정 모형의 연구 경향을 큰 맥락에서 짚어보는 것이 중요하다. 결과적으로 이 장에서는 1980년 이후의 건강 불평등 연구에 나타난 발전, 즉 건강 불평등의 문제를 다양한 방식으로 좀 더 복잡하고 정교하게 설명하는, 「블랙 보고서」의 영향을 받은 생애 과정 역학 연구를 다루게 될 것이다. 발달적 관점(developmental perspectives)은 건강 불평등 연구에 존재하고 있는 어떤 종류의 연속성을 설명하고 있다. 또한 사회구조적 요인이 행하는 건강 불평등에서의 역할도 중요한데, 이는 향후 연구가 더 수행되어야 할 것이다.

「블랙 보고서」와 그 영향

영국에서 방대하고 정교한 건강 불평등 연구가 수행된 것은 1980년 「블랙 보고서」의 출간에 큰 수혜를 입었다. 1977년 노동당에 의해 지원을 받았으나 이후 새로 선출된 마가렛 대처의 보수당에 의해 제대로 채택되지 못한 이 보고서는 후발 연구를 자극했고, 건강 불평등의 존재에 대한 설명 틀을 만드는 데 큰 영향을 주었다. 「블랙 보고서」는 ① 유병과 사망 및 의료 이용에서 직업 계급별 차이에 대한 설명, ② 이러한 불평등을 설명하고자 하는 이론, ③ 향후 연구 과제와 건강 불평등을 완화하기 위한 광범위한 제안 등 세 가지 요소로 구성됐다(Macintyre, 1997: 726). 이 장에서는 「블랙 보고서」의 설명적·분석적·정책적 작업의 영향에 대해 다루고자 한다.

건강 불평등의 기술

「블랙 보고서」는 1977년의 사망 자료를 통해 사회적 스펙트럼 양극단에 있는 사람들 간의 확연한 건강상 차이를 보여 주었다. 예를 들면 비숙련 육체노동자 가구 남아의 사망 위험은 전문가 가구보다 세 배가 높았으며, 여아의 차이는 더욱 컸다. 사회계급 V(비숙련노동자)의 남성 사망률은 사회계급 I(전문가)보다 약 두 배 정도 높았다. 건강의 사회적 격차는 특정 질병의 사망률에서도 광범위하게 관찰됐다(Black report, 1980).

1980년 이후 확대된 연구는 주로 건강의 사회경제적 차이의 범위와 크기에 대해 다루고 있다. 제1장에서 지적한 바와 같이 전통적인 사회계급을 이용한 연구는 건강 수준과 사회경제적 지위의 대안적 측정 — 수입, 교육, 주거 및 차량 소유 — 간 연관을 탐구하는 연구로 전환됐다(Moser et al., 1984, 1988; Davey Smith et al., 1990, 1998a; Macintyre and West, 1991; Wannamethee and Shaper, 1997).

유명한 '화이트홀 연구(Whitehall Study)'[1]에서 공무원 직급을 이용한 것과 같이 사회적 계층 구분을 위한 대안적인 지표가 사용됐다(Marmot et al., 1984, 1991). 1980년대 이후에도 센서스 자료에서 도출된 복합적 박탈 지표를 이용해 박탈 정도에 따른 지역 간 사망과 유병의 차이를 규명하고자 하는 소규모 지역 연구가 활발히 진행됐다(Carstairs, 1981;

---

1) 화이트홀은 왕궁과 수상 관저, 관청 등이 있는 영국 런던의 중심가이며, '화이트홀 연구'는 영국 공무원의 건강에 관한 전향적 코호트 연구이다.

Towensend et al., 1988; Phillimore et al., 1994; Sloggett and Joshi, 1998). 제1장에서 설명한 쇼 등의 연구(Shaw et al., 1999) 같은 건강의 지역적 격차를 분석하고자 하는 강력한 전통이 발전했다. 이 연구는 가장 높은 사망률을 보이는 십만 명 규모의 선거구와 가장 낮은 사망률을 보이는 선거구를 비교함으로써 건강의 격차를 지리적으로 잘 설명했다. 65세 이하의 표준사망비(Standardized Mortality Ratio: SMR)는 건강 수준이 가장 낮은 선거구가 건강 수준이 가장 높은 선거구에 비해 2.6배나 높았고, 표준 유병 비율(Standardised Illness Ratio: SIR)은 2.8배 높았다. 또한 한 살에서 네 살까지의 영아와 소아 사망률은 2.6배 높았다.

사망률 지표를 집중적으로 다루었던 「블랙 보고서」의 발간 이후 연구자들은 사망 이외의 다양한 범위의 건강 수준을 다루고 있다(Macintyre, 1997). 즉 신체 적합성(Blaxter, 1987), 자가 평가 건강 수준(Wannamethee and Shaper, 1991), 잠재수명 손실 연수(Blane et al., 1990) 등 다양한 범위에서 건강 수준을 다루는 연구가 진행됐다. 1980년 이후 행해진 건강 조사의 양적인 팽창과 더불어 건강 불평등 영역에서 사용 가능한 다양한 측정에 대한 관심이 크게 증가했다. 예를 들어 '잉글랜드 건강 조사(Health Survey of England: HSE)'는 각 조사 시기의 특정한 목적에 따라 다른 질환을 조사했지만, 광범위한 질환, 건강 관련 상태, 의료 이용 등을 주기적으로 보고함으로써 건강 불평등 연구의 유용한 자료원이 되고 있다(Gibson et al., 2002; Saxena et al., 2002; Grundy and Sloggett, 2003). 지역 기반 조사도 유병 상태의 격차를 분석할 수 있는 유용한 자원으로 사용된다(Saul and Payne, 1999). 예를 들어, '에이번 부모-아동 추적 연구 조사(Avon Longitudinal Study of Parents and Children: ALSPAC)'는 사회경제적 지위, 건강 위험 요인, 건강 결과의 격차에 대한 풍부한 정보를 제공한다. 이들 연구를 통해 질환과 장애의 불평등이 사망의 격차를 야기한다는 것을 확인할 수 있었으며, 다양한 질병과 건강 상태에서 사회적 격차가 존재하고, 주요 건강 위험 요인과 건강의 결과의 격차가 생애 전 과정에 걸쳐 일어난다는 것을 알 수 있었다.

후속 연구의 다양한 정보뿐 아니라 「블랙 보고서」에서 제안한 기술적인 정보가 정책적으로 사용됐다. 현재 노동당 정부는 불건강의 기저 원인을 표명하기 위한 성공적인 공중보건 활동의 근거로서 '대표 통계치(Headline Statistics)'를 사용하고 있다. 「수명 연장: 우리의 더 건강한 국가를 위해(Saving Lives: Our Healthier Nation)」(1999)라는 정부의 공중보건 전략을 담은 백서는 다양한 범위의 건강 불평등 지표를 제시하고 있다(DH, 1999). 이 보고서에는 영아 사망률, 출생 시 체중, 기대 여명, 순환기 질환 사망률 및 암 사망률, 정신질환 유병률, 사고 유병률, 생활습관 요인, 의료 이용 등의 지표가 사용되고 있으며, 교육·소득·직업을 포함하는 건강의 포괄적 결정 요인인 사회적 변수 등도 제시하고 있다. 이와 유사하게 영국 재무성의 「건강 불평등 해소」(2002)도 기대 여명, 출생 시 체중, 교육 성취에서의 인구사회학적 차이 등을 보고하고 있다. 이 보고서에서 사회계급 I과 사회계급 V 간 남성의 기대 여명 차이는 7년이었다(HM Treasury and DH, 2002). 그러나 2004년의 백서 「건강의 선택: 건강을 위한 보다 쉬운 선택(Choosing Health: Making Healthy Choices Easier)」에는 건강의 사회적 격차에 대해 적은 양의 통계를 제시했는데, 이는 본문에 사회적 건강의 격차에 대한 내용이 서술되어 있으며 '대표' 통계로 제시하기 어려웠기 때문이다. 국가에서 펴낸 백서에서 건강 불평등을 제시하는 방식의 변화는 형식의 변화에 대한 요구의 반영이기도 하지만, 기저 철학의 변화이기도 하다. 2004년 백서는 개인 행동의 변화를 강력하게 지지하고 있다. 그렇기 때문에 대표 통계치가 줄어들었다는 것은, 「블랙 보고서」가 국가적 차원의 대책을 요구하는 사회적 문제로서 건강 불평등을 제시하는 것(신노동당은 집권 초기에 이런 입장을 지지했다)에서 건강한 생활습관의 채택을 주로 개인적 자유 선택 문제로 국한하는 변화를 나타내는 징표이다. 최근 출간된 백서가 건강 불평등 영역의 최근 통계 자료를 다루고 있지 않은데, 이는 건강 불평등이 조금도 극복되지 못했다는 사실을 반증한다. 게다가 노동당 집권 이후 기대 여명과 영아 사망에서의 사회경제적 격차는 더욱 커진 것으로 나타났다(DH, 2005).

건강 불평등에 대한 해석

「블랙 보고서」가 열악한 삶의 조건, 위험한 노동 환경, 오염과 같은 물질적 박탈과 불건강 사이의 연관을 지지했으나, 계급과 건강의 관계를 설명하는 데 유물론적·구조적 설명(material/structural explanation) 외에도 간섭 이론(artifact explanation), 사회적 선택(social selection) 이론, 문화적·행동학적 이론(cultural/behavioral theory) 등을 사용했다. 이들 네 가지 이론은 건강 불평등에 대한 많은 학문적 활동의 근간이 됐으며(Carr-Hill, 1987) 현재에도 영향을 미치고 있다(Singh-Manoux and Marmot, 2005). 한편 맥킨타이어는 「블랙 보고서」의 네 가지 설명 모형 각각은 경험적 연구의 합당한 주제가 될 수 있는 온건한 해석(soft version)이었지만 (이 보고서에 대한) 초기의 반응은 쉽게 비판할 수 있는 강경한 특징을 가진 해석(hard version)에 주목했다고 지적했다(Macintyre, 1997). 1980년대와 1990년대 전반에 걸쳐 건강 불평등에 대한 '논란'의 결과는 양극화되고 정치적이 되었으며, 신랄하고 냉담한 정책적 반응을 낳았다.

간섭 이론

「블랙 보고서」의 네 가지 설명 모형은 건강 불평등에 대한 만족할 만한 설명틀이 아니라고 현재 널리 받아들여지고 있다. 이러한 이유 중 일부는 이 네 가지 모형을 상호 배타적인 분류로 다루는 것을 피하기 어렵기 때문이다. 그러나 「블랙 보고서」의 설명 모형에 근거한 연구들이 방법론적·이론적 진보를 촉진함으로써 건강 불평등 영역의 지속적인 진화에 크게 기여했다. 사회경제적 지위와 건강 수준의 대안적 측정이 모색됐고 종단적 연구 설계 등이 개발되어(Fox et al., 1985; Davey Smith et al., 1990; Goldblatt, 1990; Marmot et al., 1991), 건강의 사회적 격차는 수준이 낮은 데이터 때문이라고 주장하는 간섭 이론을 배격할 수 있었다. 다양한 연구의 근거를 통해 건강 불평등의 존재를 확증할 수 있었으며, 나아가 데이터의 오류 등 간섭 요인이 그간 사회적 불평등의 수준을 과장해 왔다는 가설과는 달리 오히려 전통적인 분석 방법을 통해 건강 불평등이 과소평가됐을 가능성이 제기됐다(Bloor et al., 1987). 또한 직업계층에 기반을 두고 분류하기가 어려워 기존의 연구에서 다루어지지 않았던 노인·여성·청소년 같은 인구집단의 건강 불평등에 대한 관심을 불러일으켰다(Moser et al., 1988; West, 1988; Ginn and Arber, 1991; Macintyre and West, 1991; Arber and Ginn, 1993; Marmot and Shipley, 1996). 건강 불평등의 원인에 대한 새로운 가설 수립도 고무됐다. 일례로 공무원 같은 비교적 동질한 집단에서도 관상동맥 질환의 사망이 직급에 따라 차이가 난다는 '화이트홀 연구'의 결과에 따라 심리사회적 요인이 건강의 사회적 격차에 대한 원인으로 작용한다는 가설이 제기되기도 했다(Marmot and Theorell, 1988). 또한 2001년 사회계급 분류로서 국가 사회경제적 범주 통계(NS-SEC)를 채택함으로써 공식 사회계급 분류 체계의 타당성에 의문을 제기한 작업의 결과가 공식적으로 수용되기에 이르렀다.

사회적 선택 이론

통계적 간섭에 의한 오류를 시정하는 것 외에도 종단적 연구 설계 등의 연구방법론적 발전에 따라 사망 불평등은 결국 사회적으로 선택된 질병 상태를 반영한다는 논리에 맞설 수 있었다(Goldblatt, 1988, 1989). 사회적 선택 이론은 건강 불평등을 건강 관련 유병 상태(또는 건강 상태)

의 사회적 분포의 과정으로 설명하는데, 건강이 나쁜 사람은 낮은 사회계급으로 옮겨 가고, 건강이 좋은 사람은 더 좋은 사회계급을 성취한다는 것이다. 건강 불평등에 대한 다른 해석들과 마찬가지로 사회적 선택 이론에도 온건한 해석과 강경한 해석이 있는데, 이는 건강 불평등을 만드는 사회적 선택의 기여 정도에 따라 달라진다. 온건한 해석은 질병이 있어서 사회적 계급이 하락하는 것은 받아들인다. 즉, 아프거나 장애가 있는 사람은 특정 직업이나 노동시장에서 제외될 수 있다고 가정한다. 그러나 대개는 그런 과정이 건강의 사회경제적 격차에 적게 기여한다고 주장한다. 반대로 강경한 해석에서는 아픈 사람이 낮은 사회적 계급으로 편입되는 것을 사회적 지위의 건강 영향보다 우선적으로 생각한다. 가장 극단적으로는 사회적 다윈주의(social Darwinism)인데, 불건강을 야기하는 낮은 지능이나 사회적 불이익 등은 생물학적으로 자연에서 그러하듯이 선택된 다음 세대로 전파되므로 건강 불평등이 불공정하지도 않고 정책적으로 중재할 필요도 없다고 주장한다.

사회적 선택 이론의 강경한 해석에 대해 논란이 분분한 것은 놀라운 일이 아니다. 이 해석이 많은 지지를 이끌어 낸 것은 분명히 아니지만, 「블랙 보고서」 출간 이후 건강 불평등의 논쟁은 주로 사회적 선택에 초점을 둔 것이었다(Illsley, 1986, 1987; Wilkinson, 1986, 1987). 이런 논쟁은 방법론과 이론 모두에 영향을 주었다. 종단적 연구는 같은 사람을 일정 기간 동안 관찰하기 때문에 건강과 사회적 지위 간의 시간적 선후관계를 해석할 수 있어서 선택의 역할에 대한 연구 수행에서 중요한 도구가 됐다(초기 저작의 예로, Fox et al., 1985; Wadsworth, 1986; Power et al., 1991). 여러 연구들을 통해 건강과 관련된 사회 이동의 근거가 확인됐지만, 사회적 원인이 건강 불평등에 미치는 영향에 비해 사회적 선택은 매우 영향이 적기 때문에 건강 불평등의 주요 설명으로 간주될 수 없음이 드러났다(Goldblatt, 1989; Blane et al., 1993; Hart et al., 1998, Chandola et al., 2003).

이런 연구 활동들은 단지 사회적 선택 이론의 논박에 머물지 않았다. 전 생애 과정에 걸쳐 건강과 사회적 지위의 상호관계를 추적하는 것의 타당성을 강조했으며, 사회적 선택의 개념이 필연적으로 사회 다원주의적 함의를 내포한다는 가정에 도전했다. 또한 이런 연구는 생애 초기에 불건강을 포함한 불운을 겪음으로써 한 개인이 어떻게 특정한 삶의 궤적을 그리게 되고 불리한 조건을 축적하게 되는지 보여 주었는데, 이런 경로는 건강에 대한 주요한 함의를 지닌다(Power et al., 1991; West, 1991; Manor et al., 2003). 이 책에서 우리는 종단적 연구 설계의 적용과 함께 이 주제를 다루는데, 이는 생애 과정 연구의 주된 핵심이다. 그러므로 건강 선택의 효과를 탐구한 연구는 현재 사회역학의 다양한 연구에서 볼 수 있는 주요한 접근방법을 유발한 주요 동인이었다.

문화적·행동학적 설명 모형

간섭 이론과 사회적 선택 이론에 대한 연구는 건강 불평등 연구 패러다임의 변화에 크게 기여했으나, 「블랙 보고서」에서 확인할 수 있는 또 다른 설명 모형인 문화적·행동학적 설명 모형에 대한 연구는 별다른 영향을 끼치지 못했다. 현재 문화적·행동학적 모형의 강경하거나 온건한 해석 모두는 1980년대의 연구와 비슷한 수준으로 남아 있다. 이 두 가지 해석은 모두 흡연, 나쁜 식생활, 운동 부족 같은 건강에 악영향을 주는 행동이 사회적으로 수혜 받은 집단에 비해 열악한 사람에게서 더 많이 존재한다는 관찰로 시작한다. 강경한 해석 모형에서는 이 같은 현상을 낮은 사회계층이 무지, 방만 또는 체념으로 건강한 생활습관을 적게 '선택한' 것에서 야기된 개인화된 현상으로 본다. 이는 정치적 자유와 연관된 자유주의적 견해의 핵심이기도 하다. 존 메이저 보수 내각의 보건복지부 차관인 에드위나 큐리(Edwina Currie)가 건강 불평등을 다음과 같이 설명한 것이 그 일례라고 하겠다.

정직하게 말하면, 나는 불건강이 가난과 관련 있다고 생각하지 않는다. (불건강한) 많은 사람들이 흔히 가지고 있는 문제는 단지 무지하거나, 자신의 삶을 스스로 통제할 수 있음을 모르기 때문이다(Townsend, 1993: 383 재인용).

물론 이런 종류의 이론은 사회적 맥락에서 행위를 분리함으로써 건강 불평등의 희생자를 단지 그가 경험한 불건강을 이유로 효과적으로 비난할 수 있게 해 준다. 문화적·행동학적 모형의 온건한 설명은 건강 관련 행동을 건강 불평등의 '원인(cause)'으로 간주하지 않고 사회경제적 집단 간의 물질적 환경 차이의 '결과(outcome)'로 생각한다. 주요 쟁점은 왜 건강 위험 행위가 열악한 집단에 지속적으로 빈번히 나타나는가이다.

건강 불평등에 대한 개인화된 설명 모형을 비판하는 다양한 논의가 이루어졌다. 그중 하나는 열악한 환경의 살림살이에서 물질적 제약의 직접적인 역할을 탐구하는 것이다. 예를 들어, 여러 연구자들은 산업화된 국가의 낮은 사회경제적 집단이 경제적 제약 때문에 불건강한 음식을 선택하게 되는 문제를 탐구했다(Dowler, 2002; Darmon et al., 2003). 그러나 식품 빈곤(food poverty)의 경험적 근거는 모순적이다(제4장과 제10장에서 논의할 것이다). 건강 불평등에 대한 다른 설명으로 빈곤과 관련된 심리사회적인 요인이 불건강한 생활습관에 미치는 영향을 탐구하는 접근방법이 있다. 그레이엄(Graham, 1993)의 자녀를 둔 노동계층 여성에 대한 흡연 연구 이후 진행된 여러 연구들은 불리한 환경에서 생활하는 여성에게 흡연은 불안과 스트레스를 극복할 수 있는 중요한 기제로서 받아들여지고 있다고 주장한다. 물질적 박탈, 심리사회적 건강과 생활습관 간의 관계를 탐색하는 연구는 제10장에서 상세하게 다룰 것이다.

그러나 건강 행동에서 사회경제적 차이를 야기하는 요인은 아직도 밝혀지지 않은 부분이 많다. 이는 문화적·행동학적 설명 모형을 다루는 연구가 부족하였음을 반영한다. 런던 대학의 역학 및 공중보건교실의 건강 행동과(Health Behaviour Unit)에서 수행된 연구와 같은 소수의 예외를 제외하고, 1990년대 이후 수행된 사회역학 영역의 학문적 노력은 대다수 생애 과정 관점을 중심으로 사회 선택의 역할에 대한 관심에서 출발해 발전해 왔다. 나중에 논의하겠지만, 미래의 건강 수준을 결정하는 생애 초기 환경의 역할에 대해 관심이 커짐에 따라서 성인기 생활습관에 관한 관심은 희석됐다. 결국 문화적·행동학적 설명 모형에서 말하는 건강 관련 행동은 사회 구조 내에 내재되기 때문에 이것은 역학보다는 사회학의 분야라는 암묵적인 가정이 성립됐다. 그러나 스크램블러가 지적했듯이 사회 역학(social epidemiology) 분야에서의 개척적인 연구들과 비교할 때 건강 불평등에 관한 사회학적 연구 문헌들은 실망스러운 것이었다. 이에 대해 스크램블러는 다음과 같이 말했다.

사회학적 상상력과 의욕의 빈곤 …… 그리고 설명 기전에 대한 관심의 부재로 드러나는 무능력함(Scrambler, 2001: 35).

사회적 불이익과 건강 위험 행동의 관계를 해석하는 설명 모형이 발전하지 못함으로써 건강 불평등 정책에 중요한 결과를 낳았다. 설명 모형 발전이 정체됨에 따라서 건강 행위와 중재의 개념이 건강한 행동을 증진하는 것으로 정의됐고, 개인적 문제로 한정된 것이다. 이 문제는 이 책에서 지속적으로 다룰 주제이다. 한편으로 개인적 선택이 개인의 통제를 넘어서는 요인에 의해 제약되고 있다는 인식이 있었지만, 이들 요인을 어떻게 규명하는 것이 가장 좋은 방법인지는 여전히 불분명하다. 이런 모호함은 「건강의 선택: 건강을 위한 보다 쉬운 선택」 백서가 국가의 개입과 개인의 자유 간 균형을 고려할 때 반드시 해결해야 하는 철학적 갈등을 해소하는 데 실패함으로써 더욱 분명히 드러났다. 일례로 정부가 아동에 대한 담배 판매 금지 입법 추진 등의 노력을 기울이는 반면, 청소년의 건강한 식생활 증진은 여전히 청소년의 선택 문제로 간주되고 있다. 최근의 공중보건 전략의 논리는 "최상이어도 어리석고, 나쁜 경우 실패이거나 모순"(McKee, 2005: 370)이라는 비난에 직면해 있다.

유물론적 · 구조주의적 모형

문화적·행동학적 설명 모형처럼 유물론적 설명 모형에서도 광범위한 사회적·경제적·정치적 맥락의 역할이 강조된다. 이 모형의 강경한 해석은 경제적 결정론의 입장에서 직업계층 지위에 의해 결정된 삶의 신체적·물질적 상황이 건강 수준을 결정하는 주요 인자라고 주장한다. 온건한 해석 모형에서는 물질적 불평등보다는 다른 요인들(예를 들어, 심리사회적 영향)을 인지하고 있으며 문화적·행동학적 설명 모형의 근간을 공유하고 있다. 물질적 박탈이 건강 불평등에 작용하는 역할을 광범위하게 지지하는 건강 불평등 연구자들이 많았지만, 「블랙 보고서」의 출간 이후 이 분야에서의 연구는 크게 진전되지 않았다(Shaw et al., 1999: 102). 역학연구들은 실업, 열악한 주거, 교육의 부재 같은 변수들이 개별적으로 건강의 사회경제적 격차를 설명할 수 있으며, 건강의 사회 격차에 대한 유물론적 연구로 생애 과정에 걸쳐 있는 다양한 요인의 축적을 설명할 수 있다고 제안했다(Shaw et al., 1999: 101). 이런 가정은 생애 과정을 연구하는 역학자들에 의해 수행된 기술적으로 훌륭한 연구에 내재되어 있다. 그러나 이러한 주장은 정책을 합법화하는 데 '견고한 근거'를 더욱 요구하는 정치 환경에서는 모호한 이론이라는 평가를 받는다.

이미 서술했듯이 건강 불평등에 미치는 사회구조적 요인의 역할에 대한 이해 부족은 최근에 진행된 연구에서 상대적인 사회적 자료의 부족으로 나타난다. 그러나 데이비드 코번(David Coburn), 그레이엄 스크램블러(Graham Scrambler) 등은 최근의 연구 경향에서 제외되며, 사회구조 모형에 대한 연구에 매진하면서 건강 불평등 기저의 사회적·경제적·정치적 맥락을 탐색하고자 했던 리처드 윌킨슨(Richard Wilkinson)의 작업들도 충분히 평가받지 못하고 있다.

코번은 자본의 세계화 과정이 권력(예를 들면, 경제와 국가)의 균형 변화를 야기하는 데 초점을 두고 관찰한 결과 권력 균형이 복지 수혜의 우선권 결정 같은 주요한 중재적 변수를 결정한다고 주장했다(Coburn, 2000). 그는 후속 논문에서 자신의 개념을 계급-복지 레짐 모형(class/welfare regime model)으로 정리한 후, 사회민주주의 국가에 비해 신자유주의 정책을 취하는 국가에서 왜 사회적 불평등과 건강 불평등이 더 심한지를 설명하는 데 적용하고 있다(Coburn, 2004). 우리는 복지 레짐에 대한 코번의 의견에 동의하며, 나아가 이 개념에 의지해 근거 중심 공중보건을 위한 우리의 연구 의제를 설정하고 공중보건 체계의 분석에 적용한다(제14장 참조).

그러나 건강 불평등의 사회구조적 맥락에 관한 많은 연구들과 같이 코번의 개념틀로도 건강 수준에 영향을 미치는 광범위한 맥락의 요인을 연관시킬 수 있는 가능한 경로를 충분히 제시할 수 없었다. 이런 관점에서 사회적 환경의 질이나 소득의 불평등과 주요 건강 결과 변수의 관련성을 설명하는 데 심리사회적 이론이 받아들여지고 있다(Wilkinson, 1996, 1999). 이 모형에 의하면 사회경제학적 구조와 개인의 건강을 연결하는 중간 변수로 직접적인 심리신경학적 경로(psycho-neurological pathway)와 사회 응집력의 결손에 의한 간접적인 경로로 불건강한 생활습관을 받아들이는 기전이 제시될 수 있다. 나중에 살펴보겠지만, 심리사회적 가설은 1990년 후반 일반적인 통념이 됐다. 그러나 이 모형도 중요한 비판에 직면하기도 했다.

코번과 윌킨슨에게 공통적으로 제기됐던 비판은, 그들이 복지와 소득 불평등의 역할에 관해 초점을 좁게 맞추고 있다는 것에 모아졌다. 두 개의 논문이 연구의 관점을 확장시켰다. 그중 하나는 부르디외의 아비투스(habitus) 개념에 근거하고 있다.

부르디외의 기본 주제는 (생애 과정에 걸친) 사회구조와 정신구조 사이의 조화이다. 그는 아비투스의 개념을 발전시켜 사회구조와 다양한 영역 - 개인적 삶의 경제, 정치, 사회, 문화 등 - 간의 균질한 관련을 설명했다. 아비투스는 사회화 과정(socialization)을 통해 사회구조가 개인의 삶에서 수용 가능한 체계로서 배태되며, 이를 통해 사회는 기존의 사회구조를 재생산한다(Bourdieu, 1984). 아비투스는 계급에 종속된 개인을 낳고, 생각·느낌·행동을 일으키는 방식이다(Singh-Manoux and Marmot, 2005: 2130).

싱마노(Singh-Manoux)와 마멋(Marmot)에 따르면, 사회화는 사회경제적 환경에 대한 태도와 믿음·행동에 영향을 미치며, 이에 따라 건강에서의 사회적 격차가 만들어지고 유지된다. 건강 행동, 심리적 안정, 사회관계를 맺는 능력, 미래에 대한 기대 등은 모두 습득되는 요소이며, 건강 불평등에서 분명한 의미를 가지고 있다. 따라서 부모나 형제, 친구가 흡연하는 것을 보면서 자란 아동은 흡연 가능성이 높다. 개인이 사회적으로 참여할 수 있는 자원은 가족의 사회경제적 지위에 의해 영향을 받으며, 사회적 관계와 사회적 기술을 배울 수 있는 능력도 대물림된다. 장기적인 인생 계획의 고상한 가치를 추구하는 것이나 결과를 설정하는 것도 일부분은 학습된다.

싱마노와 마멋은 자신의 이론이 물질적 환경의 중요성을 부정하고 있음을 인정하지 않았으나(Singh-Manoux and Marmot, 2005: 2131), 사회화 개념은 건강과 관련된 심리사회적 행동에 초점을 두는 방향으로 이끈다. 반면 스크램블러의 개념틀(Scrambler, 2001)은 사회적·문화적·물적 요인을 포괄하고 있다. 스크램블러는 영국 같은 국가에서는 계급적 연관이 건강 불평등의 주요 원인이지만, 자본 흐름(capital flow)을 통해 불평등한 사회관계뿐 아니라 성이나 민족에 기초한 관계에 불평등이 드러난다고 주장했다. 스크램블러는 자본 흐름을 생물학적(biological), 심리학적(psychological), 사회적(social), 문화적(cultural), 공간적(spatial), 물질적(material) 흐름 등 여섯 가지로 구분했다. 우리는 건강 불평등을 야기하는 경로를 연구하면서 스크램블러의 개념이 사회적 불이익과 부정적 건강 영향의 관련을 매개하는 주요 영역의 다수를 포괄하고 있음을 알게 됐다. 예를 들면 생물학적 자본의 흐름은 저소득계층 여성 가장의 자녀가 출생 이전에도 신체적 성장에서 불이익을 겪게 될 확률이 높다는 것을 알려준다(제4장 참조). 아동기 초기의 지지와 지원은 심리적 자본의 좋은 사례인데, 제4장과 제6장에서 사회경제적 격차가 심리적·행동적·인지적 발전과 관련 있다는 근거를 다룰 것이다. 사회화 과정을 통해 심리학적 자원과 문화적 자원이 연관을 맺는다. 그러나 생애 초기를 지나면서 가정 밖의 요인들, 즉 공식 교육의 기회나 또래집단은 삶의 방식과 건강 행동과 관련된 사회적 규범과 가치의 형성에 영향을 준다(제8장 참조). 사회 자본의 개념은 윌킨슨의 심리학적 이론(Wilkinson, 1996)에서 탐구된 것과 매우 유사하다. 이를 제3장에서 깊이 있게 논의할 것인데, 스크램블러의 공간적 자본이라는 정의를 건강의 지역사회 효과(neighborhood effect)에 대한 논의로서 다룰 것이다. 제10장과 제12장에서는 실업과 낮은 수입, 열악한 주거와 불건강의 관계를 평가함으로써 물적 자원에 대해 좀 더 직접적으로 탐색할 것이다.

스크램블러의 개념틀은 매우 포괄적이어서 그 개념틀의 방식으로부터 이 책에서 서술하는 생애 과정에 걸친 건강 불평등을 야기하는 요인의 대다수를 도출할 수 있다. 또한 광범위한 사회구조에서의 불평등은 본질적으로 존재하며, 이것이 중요하다. 그레이엄이 지적한 것처럼(Graham,

2004), 건강의 사회적 결정 요인을 설명하는 다양한 모형들은 일반적인 건강 증진 요인에 관심을 가졌을 뿐, 이들 요인의 불평등한 분포를 결정하는 사회적 과정을 다루지 않았다. 이를 돌파하기 위한 스크램블러의 접근은 개념적으로 매력적인 방법이긴 하지만, 역학 연구를 통해 우리가 더욱 명확하게 밝혀 가고 있는 개인 수준의 원인적 요소들과 이러한 요인이 내재되어 있는, 본질적으로 개념적인 도구이기 때문에 모호할 수밖에 없는 구조 간의 연관성의 관계를 재천명하는 것 이상이 될 수 있을지는 확실하지 않다. 다시 말해 이 개념틀도 건강 불평등의 광범위한 결정 요인이 어떻게 적절하게 정책의 목표가 될 수 있을 것인가 하는 이해에는 별 도움을 주지 못한다.

「블랙 보고서」의 정책 권고

「블랙 보고서」에 대한 정치적 반응은 이미 잘 알려져 있다. 실제로 이 보고서는 정부에 의한 은폐를 다루고 있는 교과서의 본보기로 거의 우상적 위치를 차지하고 있다(Berridge and Blume, 2002). 건강 불평등을 해소하는 병원 의료의 상대적 역할에 대해 실무 연구진의 과학자들이 합의에 도달하지 못해 보고서 발간이 연기되기도 했고, 노동당 정부의 지원을 받은 보고서이지만 사회구조적 변화에 대한 주장에 대해 특별히 적대적이었던 새 보수당 정권에 의해 채택됐다. 보고서 간행의 책임자였던 패트릭 젠킨(Patrik Jenkin)은 "공식적인 책임이 없는 당의 정치 성명서"(Berridge, 2003 발췌)라고 이를 기술하고 있다. 보고서를 정부가 읽지 못하도록 젠킨은 8월의 휴일에 260본의 타자본 사본을 배포했고, 사전에 보고서를 작성한 그룹의 권고를 인정하지 않는다는 것을 명확히 했다. "나는 토론을 위해 적절한 보고서를 만들었으며, 보고서의 제안 내용에 대해 정부는 그 어떤 책임도 없다"(Berridge, 2003 발췌).

정부는 보고서의 사회구조적 변화에 대한 권고를 무시했으나 많은 의료 제안은 정책적으로 실행됐다. 저자들은 국영 의료 서비스의 자원 배분 방식의 변화를 위한 자세한 예를 들었고, 정부는 1995년 박탈에 의해 생긴 의료 이용의 수요를 반영하기 위해 병원과 지역 보건의료의 새로운 가중 인두제를 고안했다. 블랙과 그의 동료에 의해 주창된 주요 지역 의료에 '최대 우선권'을 부여하자는 논리에 모두 동의하지는 않았지만, 외래와 지역의료의 역할 전환을 지지하는 다양한 정책이 1980년대와 1990년대 초반에 개발됐다. 독자적 진료의 감소와 예방적 사업에 경제적 인센티브 부여 등 일차 의원에 의한 의료의 구성에 주요한 변화가 있었다. 이는 일차 보건의료의 질에 대해 「블랙 보고서」가 서술했던 다양한 염려에 의해 동기 유발된 것이었다.

그러나 보고서의 주요 취지는, 정부가 국영 의료 서비스보다 지역에 중심을 둘 필요가 있다는 것이었다.

> 의료 서비스가 건강 불평등을 완화하는 중요한 기제이긴 하지만, 직장과 가정, 매일의 사회적·지역적 삶의 물질적 기준에서 차이를 완화할 수 있는 수단이 무엇보다 중요하다(Townsend and Davidson, 1982: 304).

건강 불평등에 대한 유물론적·구조주의적 결정 요인을 어떻게 목표로 삼을 것인지에 대해 선행된 명확한 서술이 없다고 해서, 「블랙 보고서」가 분명하고 특이한 사회정책적 권고를 개발하는 데 장애가 되지는 않았다. 이런 권고는 아동 빈곤 퇴치, 자원과 건강의 공정한 배분 달성, 공정한 고용 권리 증진과 더 나은 주거를 위한 삶의 표준 제정 등의 내용을 포함한다. 급여 확대, 취학 전 교육과 주간 탁아의 법제화, 무료 급식 제공 등을 통해 가족과 아동에 대한 우선권을 증진하는 방안이 마련됐다. 포괄적인 장애 수당으로 장애인에게 관심과 지지를 보내고자 했고,

담배 광고와 담배 관련 상품의 판촉에 대한 규제를 주장했다. 「블랙 보고서」의 실무 그룹은 자신들의 제안에 대한 소요 비용을 간략하게 산출했는데, 소아 급여 확대, 소아 수당 도입, 주간 탁아 시설 확대와 무료 학교 급식 실시에 약 15억 파운드가 필요했다.

이러한 권고에 따른 소요 비용은 정부가 「블랙 보고서」에 적대적인 반응을 보인 원인이었다. 젠킨은 다음과 같이 적고 있다.

> 나는 보고서의 권고 사항으로 인한 추가적인 비용 소요의 규모를 명확히 해야 했다. 해마다 20억 파운드 이상 드는 비용은 현재와 미래의 어떤 경제 상황에서도 비현실적이며, 발견된 문제를 해결하려고 그렇게 지출하는 것의 효과에 대한 어떤 판단과도 거리가 있었다(Jenkin, 1980).

정부가 후속적으로 시행한 분석도 세 가지 활동 – 가정과 아동 관련 사업, 장애인 관련 사업, 가장 높은 사망률을 보이는 10개 지역에 대한 특수 사업 – 을 지원하는 데 1982년 물가로 55억 파운드가 소요되며, 이는 GDP의 2.2% 규모에 이르는 것으로 나왔다(Towensend, 1999). 건강 불평등을 규명하는 데 소요되는 경제적 소요를 둘러싼 긴장이 「블랙 보고서」를 기각한 배경의 가장 중요한 요소였다.

그럼에도 불구하고 후속 정책 결정에서 「블랙 보고서」의 영향은 상당했다. 부분적으로 보고서가 상당히 근사한 것으로 받아들여졌기 때문에, 사회 정의를 주장하는 사람들에게 보고서는 다양한 상징을 가지게 됐다. 이는 유럽 국가들에서 비슷한 연구를 촉발시켰을 뿐 아니라 영국에서 불평등 문제가 공중보건 의제의 선두에 위치하게끔 했다. 실제로 1997년 노동당 정부의 출범에 따른 초기 사업 중 하나는 독립적인 건강 불평등 연구를 지원하는 것이었다. 이러한 연구로 건강 불평등의 근거를 다루고 정책적 권고 사안을 마련했다는 점에서 '제2의 블랙 보고서'로 불리는 「건강 불평등에 대한 애치슨의 독립적 조사」(이하 「애치슨 보고서」로 약칭)가 1998년 출간됐다(Exworthy, 2002). 「블랙 보고서」처럼 「애치슨 보고서」도 건강 불평등의 사회경제학적 설명 모형을 지지하면서 건강의 사회적 격차를 줄이는 데 의료가 비교적 적은 역할을 한다고 지적하고, 정책 활동을 펼쳐야 할 광범위한 사회정책의 영역 — 빈곤, 수입, 세금과 급여, 교육, 직업, 주거와 환경, 운송수단과 환경오염, 영양 등과 같은 영역 — 을 명확히 지적했다. 다시 한 번 아동이 더 나은 삶의 조건에서 인생을 시작해야 할 필요성이 강조됐고, 소득 불평등을 완화하고 열악한 주거에 대한 주거 표준을 증진하는 안이 제안됐다.

「애치슨 보고서」의 주요 권고 사항에 대한 정책적 반응은 제3장에서 다룰 것이다. 다만 여기에서는 「애치슨 보고서」와 정책적 대응이 선행 연구(「블랙 보고서」)에 의해 형성됐는지 살펴볼 것이다. 「블랙 보고서」와 달리 「애치슨 보고서」에서는 권고 사항에 대한 상세한 비용의 제시를 피했다. 이 연구를 수행했던 마이클 마멋은 다음과 같이 언급했다.

> 우리는 책임 있는 과학적 그룹으로서 '향후 개발되어야 할 우선 영역'을 규명해야 하지, 어느 수준에서 세금과 급여가 결정되어야 하는지 재정 관료에게 알려줄 필요는 없다(Marmot, 1999; Exworthy, 2002: 181 에서 재인용).

이런 견해는 「블랙 보고서」에 대한 정치적 반응에 따라 유발된 것으로 생각된다. 그러나 「애치슨 보고서」 작성 그룹의 정책적 제안이 너무 모호하고 자세한 비용에 대한 언급이 없기 때문에 어떤 정책이 타당하고 비용 효과적인지 알 수 없으며 투자되지 않은 다른 영역과 비교하는 데 한계가 있다는 비판을 받았다(Davey Smith et al., 1998b). 그리고 이런 모호함 때문에 정부는 어떤 일도 할 수 없었다.

현재와 향후의 정치 상황에서 보고서가 기술하고 있는 건강 불평등 해소를 위한 정부의 최선의(그리고 아마도 유일한) 진지한 활동은 구체적이고 비용이 산정된 제안을 산출하는 것이다. 나아가 정부의 사회적 의제와 가능한 최대한 연동되어야 한다. 이를 위해 이 제안서는 현재의 정책이 어디서 잘못됐는지 또는 건강 불평등을 완화하겠다는 정부의 공약과 상충되는 곳은 어디인지를 명확하게 보여 줄 만큼 분명해질 필요가 있다(Davey Smith et al., 1998c: 601).

보고서에 구체적이고 비용이 포함되어 있지 않다는 사실이 실제적으로 정책 결정을 가로막지는 않았다. 제3장에서 논의하겠지만 정부는 「애치슨 보고서」의 39개 권고에 대해 실질적으로 수용했음을 주장할 수 있다. 그러나 이 보고서가 지적한 광범위한 영역에 대한 정치적 반응은, 정책의 실제 수행 수준에 따라서 보수적일 수도 있고 급진적이기도 했다. 그리고 많은 사람들은 보고서가 파악한 유물론적·구조주의적 요인이 개인화된 정책으로 변화됐다고 논박했다. 제기된 권고 사항의 모호성은 확실히 정부에게 해석의 여지를 넓혀주었다. 아이러니하게도 비용 분석이 없다는 비판 또한 정책 방향에 영향을 미쳤을 것이다. 개인 단위에서 투입, 산출, 결과가 측정 가능한 임상적이나 행동학적인 중재처럼 구조적인 개혁의 경제학적 평가를 정확하게 한다는 것은 어려운 일이다. 따라서 비용-효과에 대한 정보가 요구되며, 질적 방법보다는 일반적으로 더 '과학적'인 엄격함을 가진 것으로 평가되는 '근거 중심 접근방법'이 요구되는 상황은 오히려 건강의 광범위한 결정 요인인 '상위흐름' 사업보다는 분절화된 '하위흐름' 사업에 초점을 두게 되는 영향을 주었을 것이다.
「블랙 보고서」가 장기간 영향을 주어 왔다는 것은 자명하다. 그러나 동시에 보고서의 설명 모형을 도입하는 양적인 숫자는 점진적으로 감소하고 있으며, 건강 불평등 연구에 대한 다른 접근방법에 대한 관심이 증대되면서 정책 입안자들도 「블랙 보고서」 작업 그룹이 강조했던 광범위한 사회정책 영역에 의지하는 경향도 감소됐고, 건강 불평등과 관련된 정책들은 임신 여성, 영아, 취학 전 아동, 청소년, 노인 등과 같은 중요 인구학적 집단을 대상으로 하는 경우가 많아졌다. 정책 구성에서의 이런 접근은 생애의 각각 다른 시기에 불건강을 야기할 수 있는 요인에 대한 근래의 사회역학적 관심이 반영된 것이다.

이제 이런 연구의 주요 부분과 1990년대와 2000년대의 이론적 중요 부분에 대한 논의를 시작해 보자.

「블랙 보고서」 이후의 건강 불평등 연구: 1990년대와 2000년대의 주요 이론

이 장의 서두에서 살펴보았듯이 건강 불평등 연구는 다학제적 속성, 현장에서 수행된 질 높은 경험적 연구, 연구의 이론적 혁신 등으로 흥미로운 연구 분야이다. 다음으로 우리는 1990년대 연구의 초점과 논쟁이 됐던 세 가지 주요한 주제를 다루고자 하는데, 이는 ① 심리사회적 효과, ② 맥락 효과(context effect), ③ 생애 과정의 각 시기에 미치는 건강 위험 요인의 상대적인 기여 효과이다. 일례로 건강 결과 변수에 따른 점진적인 사회적 격차에 대한 관찰은 심리사회적 가설의 창안에 기여한 많은 요인 중 하나이다. 다수준 분석 기법(multi-level modelling techniques)의 발전에 의해 촉발된 구성 효과(composition effect)와 맥락 효과의 상대적 중요성에 대한 관심은 개인의 사회경제적 지위 효과를 넘어, 건강이 광범위한 지역사회 효과의 영향을 받는다는 점을 제기한다. 생애 과정 역학은 종단적 연구 설계와 분석 방법의 영향으로 발전했다. 이론적인 발전은 적절한 연구 기금과 연구 제안의 수혜를 받아 왔는데, 경제사회연구위원회(Economic and Social Research Council: ESRC)의 '건강 변이 연구 프로그램(Health Variations Programme)'이 이런 종류의 연구를 진작하는 데 큰 역할을 한 것이 그 예가 되겠다.

건강 불평등과 심리사회적 환경

건강 불평등이 불평등한 사회에서 살아가는 데서 생기는 심리학적 영향을 반영한다는 가설은 리처드 윌킨슨(Richard Wilkinson)과 각별한 관련이 있다. 선진국에서 수입과 건강 간의 관련을 연구하면서 윌킨슨은 가장 부유한 국가에서 가장 높은 수준의 평균 수명이 관찰되지 않으며, 한 국가의 일인당 GDP와 평균 기대 여명 사이에 미약한 양의 관계가 있음에 반해 사회의 평등성과 응집력이 (기대 여명과) 높은 관계를 보이는 것을 관찰했다(Quick and Wilkinson, 1991; Wilkinson, 1992, 1996). 일단 한 국가의 주요 사망 원인이 전염병 질환에서 퇴행성 질환으로 역학적으로 변화하면 소득의 분포와 같은 부의 절대적인 수준과 건강 간의 관계는 적어진다. 윌킨슨은 심리사회적 경로로 이러한 관련성을 설명할 수 있다고 생각했다.

윌킨슨이 소득과 건강의 관계를 거시적 수준에서 탐색하고 있을 무렵 영국의 공무원을 대상으로 한 '화이트홀 연구'도 건강에 미치는 심리사회적 요인의 중요성을 다루고 있었다. 질병과 사망에서의 사회적 격차는 가장 높은 계급에서 가장 낮은 계급으로 이어지는 사회적 위계에 존재하는 것으로 밝혀졌다(Marmot et al., 1991; Marmot and Shipley, 1996). 화이트홀 공무원은 열악한 생활수준을 가지지는 않으므로 사회적 위계의 지위가 절대적 박탈보다 더욱 중요한 것으로 드러났다. '2기 화이트홀 연구'에서 관상동맥 질환의 생화학적·생리학적 위험 요인도 조사됐는데, 고밀도 지단백의 관상동맥 질환의 보호 효과는 공무원의 고용 등급에 따라 유의미한 관련을 나타냈다. 야생 비비원숭이 수컷의 사회적 위계에 대한 연구(Sapolsky and Mott, 1987; Brunner, 1996 재인용)에서 비슷한 결과가 도출됐다는 것은 심리사회적 요인의 중요성을 보여 준다. 때문에 인간과 영장류 모두에서 종속적 지위가 만성적인 스트레스로 작용하고 이런 스트레스가 우울이나 열악한 면역 상태처럼 콜레스테롤 대사와 관련 있는 코르티솔의 수준을 높임으로써 복부비만과 관상동맥 질환의 위험이 증가한다는 가설이 성립됐다(Brunner, 1996, 2001; Brunner and Marmot, 1999).

세 번째로 제기된 가설은 사람들의 사회적 관계망의 질과 종류가 건강에 영향을 미친다는 것으로, 긍정적인 사회적 관계는 보호 효과가 있고 부정적 관계와 사회적 소외는 불건강을 높인다는 것이다(Stansfeld, 1999). 시상하부-뇌하수체-부신 축과 코르티솔 분비 같은 신경내분비학적 반응이 사회적 지지와 건강-관상동맥 질환의 위험과 우울- 간의 가능한 기전(mechanism)으로 제시됐다. 사회적 소외와 높은 수준의 심리사회적 스트레스는 과다 음주와 약물 사용 같은 건강 위험 행위를 야기함으로써 나쁜 건강 결과를 직접 일으키기도 한다. 사회적 지지의 효과가 단지 개인적 수준에서만 작동하는 것이 아니라는 사실은 주목할 만하다. 높은 사회적 응집력을 가진 지역사회가 그렇지 않은 지역사회에 비해 건강 관련 지표가 우수했다는 많은 연구 근거에 의해서 지역사회 응집력의 역할은 주요한 연구의 관심 분야로 부상했다(Ellaway et al., 2001). 지역사회 응집력을 알 수 있는 요소로는 사회적·문화적 구성, 물리적 환경의 질적인 수준, 범죄에 대한 두려움, 공동 활동의 수준이 있다. 자세한 내용은 이 장의 뒷부분에서 서술할 것이다. 또한 광범위한 사회적 요인이 강조됐다. 일례로 동부와 중앙 유럽 지역의 높은 사망률은 일정 정도 상대적으로 불이익을 받고 있다는 느낌, 불만족스러운 직업, 생활습관에 대한 저조한 관리, 식품과 다른 부족한 생필품의 문제 등에 기인한다(Bobat and Marmot, 1996).

윌킨슨은 다양한 요소를 함께 연결하기 위해 보다 위계적인 사회일수록 낮은 사회적 지위의 심리사회적 영향과 빈곤한 수준의 사회적 관계를 가지기 때문이라고 가설을 세웠다(Wilkinson, 1999). 스트레스가 더 많이 생기고 건강 위해 행동이 많아지는 것이 건강 결과를 낳는 데 기여한다. 추가적으로 의료 서비스 접근의 어려움과 같은 정의롭지 않은 사회 분위기는 건강을 위한 사회적 대처능력이 저하되는 결과를 야기한다(Kawachi and Kennedy, 1999). 소득 불평등과 건강의 관계가 지연되는 것인지 즉각적인 것인지에 대해 논란이 있는데(Blakely et al., 2000), 소득 불평등이나 심리사회적 가설을 제기하는 사람들은 빈곤과 관련된 사회적 지지의 부족과 스트레스가 가난한 사람들의 부정적인 건강 결과(우울, 관상동맥 질환, 면역상태의 저하 등)를 낳고 다른 사회적 문제를 일으킨다는 데 일반적으로 동의한다. 때문에 소득 불평등과 자살, 폭력 범죄 간에 긴밀한 관련이 있다. 불평등은 이런 방식으로 가난한 사람뿐 아니라 지역사회 구성원 모두의 건강에 영향을 주는 것이다.

심리사회적 가설은 비교적 짧은 시간 내에 정설이 됐다. 이러한 대중성에도 불구하고 다양한 영역에서 비판이 있었다. 린치 등은 심리사회적 가설이 본질적으로는 보수적인 설명 모형이며 사회적 위계가 삶의 물질적인 조건을 제약한다는 점을 방기하고 있고, 사회적·정치적 응집력이 약한 소수자와 가난한 사람을 비판할 가능성이 있다고 지적했다(Lynch et al., 2000). 다른 비판은 방법론적인 영역에 초점을 둔 것으로, 맥콜레오드와 데비 스미스는 보고 오류(reporting bias)[2]가 잠재적으로 있을 수 있기 때문에 심리사회적 건강과 신체적 건강 간의 어떤 연관을 해석하는 것은 어렵다고 지적했다(Macleod and Davey Smith, 2003). 보다 많은 스트

---

[2] 알고 있는 사실과 지식을 상황 등의 이유로 있는 그대로 말할 수 없는 것을 뜻한다. 즉, 많은 스트레스를 받는 사람이 불건강을 더 잘 보고할 수 있어서 객관적 건강 차이가 없더라도 스트레스와 불건강 간의 관련이 나타날 수 있다.

레스를 보고하는 사람들은 객관적인 육체적 질환이 많다는 근거가 없어도 더 나쁜 건강을 보고할 수 있다. 상대적 박탈감을 조사하기 위해 비교 대상을 결정하는 문제도 제기됐다(Lynch et al., 2004). 개인 수준에서 소득과 기대 여명이 곡선 관계이기 때문에 인구집단 수준에서 관찰되는 소득 불평등과 건강 간의 관련성은 오류라는 비판도 있었다(Gravelle, 1998).

방법론적 반론 등에 의해서 심리사회적 건강과 신체적 건강 간의 경험적 근거는 논란이 되고 있다. 맥콜레오드와 데비 스미스는 노동자 안에서 '피해자 문화(victim culture)'의 전파가 있기 전, 높은 수준의 스트레스는 물질적인 이익과 관련 있고 불건강 행동의 비율이 높은 것과 관련 있지만, 심장질환의 발생은 낮다는 점을 지적했다(Macleod and Davey Smith, 2003). 린치 등은 하급 영장류에서 스트레스 호르몬 코르티솔의 수준이 낮은 것을 보고하는 여러 연구에도 불구하고 스트레스와 질병 간 양의 관계를 보이는 동물 대상 연구를 선택적으로 차용한다는 점에서 심리사회적 가설의 제안자들을 비판했다(Lynch et al., 2004). 소득불평등과 인구집단의 건강 간 연관성은 많은 논쟁을 일으켰는데(Judge et al., 1998; Lynch et al., 2001, 2004), 근래의 자료를 이용한 대다수의 국제적인 연구는 연관성이 없거나 복합적인 것으로 나타났다. 미국의 예외 가능성을 인정하고, 소득 불평등과 사망률 간에 국가 수준의 연관성의 존재에 대한 의혹이 제기됐으며(Lynch et al., 2004), 소득 불평등이 기간이 흐른 후 건강 상태와 유의하게 연관되는지에 대한 의문이 제기됐다(Mellor and Milyo, 2003). 마지막으로, 심리사회적 중재를 수행한 실험적 평가는 심리사회적 중재가 신체적 건강을 증진시키는 데 효과가 없었음을 시사하고(제11장 참조), 이는 심리사회적 노출과 질병 결과 사이의 인과관계를 의문시하게 한다(Macleod and Davey Smith, 2003).

이런 다양한 우려에 대해 강한 찬반론이 제기됐고(Marmot and Wilkinson, 2001), 이런 비판이 심리사회적 모형을 오해하고 있음을 보여 주는 근거를 제시했다. 첫 번째로 보수적인 모형과는 달리 심리사회적 가설은 근본적 소득 재분배를 지지한다. 심리사회적 가설의 제안자들은 사회민주주의 정책을 수용함으로써 코스타리카와 같이 국가적 부의 수준은 낮지만 상대적으로 건강 수준이 높은 국가의 예를 인용한다. 이는 경제적인 가치가 사회적 정책보다 우월하며, 기본적인 복지와 경제 성장에 따른 침투 효과로 서구 국가에서 빈곤이 더는 존재하지 않을 것이라고 가정하는 신자유주의 모형에 직접적으로 반대한다.

두 번째로, 성인기 스트레스와 질병 간의 원인적 경로는 생물학적으로 성립 가능하고, 다른 주요한 발달 단계에 작용하는 신경내분비적 경로의 역할에 대해 광범위하게 수용하는 형태로 논쟁적으로 발전했다(제4장 참조). 또한 심리사회적 가설은 전체 사회적 위계질서를 따라 건강 결과 변수의 점진적인 격차를 보여 주고, 맥락 효과 또는 지역사회 효과를 설명할 수 있는 모형이다. 건강 불평등의 이러한 측면은 설명하기 매우 어려운 부분이었다. 데비 스미스는 '화이트홀 연구'를 존중하면서, 공무원의 등급은 매우 강력하게 사회적 출신 배경에서 근원하며, 이는 공무원 집단의 사망 격차를 심리사회적 영향으로 설명할 수 있다고 해석했다(Davey Smith, 2003). 그러나 그는 정책입안자, 행정가, 사무원이라는 공무원의 등급 간에는 매우 큰 구분이 있다는 점을 강조했다. 제1장에서 기술했듯이, 심리사회적 가설은 사회적 격차에 대한 물질적 박탈보다 어떤 다른 요인이 중요하다는, 정밀하게 조정된 사회적 건강 격차의 성질을 설명하고 있다.

세 번째로, 심리사회적 건강에 대한 보다 객관적인 지표를 포함하는 질 높은 데이터를 통해 방법론적 우려에 대해 반론을 제기하고 있다. 결과적으로 행동 과학과 의학의 영역에서 심리사회적 가설을 지지하는 경험적인 근거가 증가하고 있다(Krantz and McCeney, 2002). 심리사회적 요인과 관상동맥 질환의 발생과 진전의 독립적인 관련에 대한 구조적인 연구를 고찰한 결과, 호주 국가심장재단의 전문가 연구 집단(Expert Working Group of the National Heart Foundation of Australia)은 "우울, 사회적 고립, 사회적 지지의 결핍과 관상동맥 질환의 원인과 예후에 독립적인 원인적 연관성이 강력하게 있다"(Bunker et al., 2003: 272)고 결론지었다. 제10장에서 논의하겠지만, 경제적 환경이 스트레스와 건강에 영향을 준다는 것은 오늘날 널리 받아들여지고 있다. 일례로 실업은 심리적 건강을 나쁘게 하고 질병을 증가시키고 사망률을 높인다.

서로 상충되는 근거에 대해 통찰을 가지기 위해 멜로와 밀요(Mellor and Milyo, 2001)는 직접적인 경제적 스트레스의 건강 결과에 초점을 둔 연구와 소득 불평등 가설 사이에 구분을 제안했는데, 소득 불평등 가설의 경우 건강에 영향을 주는 것이 경제적인 스트레스의 수준이 아니라 지역사회 내에 경제적 환경의 차이를 주장한다. 화이트헤드와 디더리첸도 이런 의견과 비슷하게 심리사회적 가설에 대한 혼란이 기인하는 어떤 이유는 인구집단의 효과에서 개인을 분리하는 실수를 범하기 때문이라고 했다(Whitehead and Diderichsen, 2001). 때문에 강력한 사회적 연결망과 직업에 대한 통제력 같은 개인적인 수준의 요인이 개인의 건강을 위해 좋다는 근거가 있지만, 이런 개인 수준의 연구 근거를 인구집단으로 외삽할 수는 없는 것이다. 소득 불평등과 건강의 연관에 대한 경험적 근거에 대한 반론이 천천히 수그러들고 있지만(Mackenbach, 2002; Subramanian et al., 2003 재인용), 윌킨슨 이론도 지지를 받고 있다. 서브라마니안 등은 국가 수준의 연관성을 보이지 않는 대다수 연구들은 평등주의적이고 일정 정도 복지 체계가 이루어진 나라에서 수행됐다고 주장했다(Subramanian et al., 2003). 이는 또한 왜 서구에서 불평등한 국가 중 하나인 미국에서 소득 불평등의 직접적인 건강 결과에 대한 강력한 근거가 도출되는지를 설명해 준다.

우리는 심리사회적 가설을 기각하기에는 아직 근거가 부족하다고 결론지었다. 그러나 근래의 역학 연구를 통해 제기된 반론들을 진지하게 다루어야 할 것이다. 어떤 사회경제학적 불이익이 건강으로 표현되는 특정한 기전에 대한 근거들은 맥락과 시간에 따라 다를 수 있으며, 건강과 사망률의 사회경제적 격차를 설명하는 어떤 단일 기전이 있을 것이라는 의견은 배격되어야 하는 것이 옳다(Lynch et al., 2004). 심리사회적 가설은 물질적인 환경이 질병의 취약성을 증가시키는 연결 지점에서 유용할 수 있다. 그러나 스트레스에 대한 생물학적 반응이 다양한 질환의 일반적인 기전을 구성하는지, 심리사회적 건강이 특정한 건강 결과에 기여하고 다른 질병에 대해서는 그렇지 않은 것인지 하는 의문은 여전히 남아 있다. 중재적 실험 연구는 실망스러운 결과를 나타내고 있기 때문에(Strike and Steptoe, 2004), 광범위 사회정책을 통해 낮은 사회경제적 지위 자체를 목표로 설정하기보다 개인적 수준의 매개 경로(개인 스트레스 극복 사업)를 활용하는 것이 논란이 되고 있다(Adler and Snibbe, 2003).

맥락 효과

제1장에서 설명했듯이 북서 영국의 퇴락하고 있는 산업 도시 지역의 사망률이 높은 것처럼 건강 불평등에는 명확한 지리적 구분이 존재한다. 영국에서 사망률의 지리학적 분포는 빈곤의 지리학적 분포의 반향이다. 일례로 쇼 등의 연구(Shaw et al., 1999)를 보면, '가장 건강이 나쁜' 15곳의 37%에 달하는 가구는 가난하게 살고 있었는데, 가장 '건강 상태가 좋은' 지역의 경우 13%에 불과했다. 자녀가 있는 가정의 경우 그 차이가 더욱 크며, 가장 건강이 나쁜 지역 가구 중 53%, 가장 건강 상태가 좋은 지역 가구 중 13%가 빈곤한 것으로 조사됐다.

사망과 박탈의 공간적 집중 간의 강력한 연관은 영국에서 지리적인 건강의 변이가 인구의 조성, 즉 개인 특성이 모여서 형성된 효과임을 보여 주고 있다. 그러나 순수하게 구성적인 설명에 따르면 어디에 사는지 상관없이 비슷한 종류의 사람은 비슷한 건강 경험을 하게 된다. 이러한 가설은 개인적인 차이를 고려한 이후에도 잔존하는 지역사회 효과가 있다는 연구 근거에 의해 비판받았다. 이 비판은 사람이 살고 있는 사회적·물리적 환경에 의해 주민의 건강에 영향을 미치는 추가적인 요인이 있음을 제기한다.

구성적 해설과 맥락적 해설의 상대적인 중요성은 1990년대 건강 불평등 연구에서 중요한 주제 중 하나로 부상했는데(Shaw et al., 1998), 이는 다수준 모형 분석 기술의 사용을 통해 개인적 수준의 변수와 상호작용을 하거나 추가되는 맥락 효과를 탐구할 수 있었기 때문이다(Duncan and Jones, 1995; Duncan et al., 1998). 다수준 연구들에 대한 고찰에 의하면 구성적 효과가 지역적 건강 변이에서 주요한 역할을 한다고 한다. 그러나 건강에 대한 중등도의 지역사회 효과에 대한 연구 근거도 있다(Curtis and Jones, 1998; Pickett and Pearl, 2001). 맥락의 영향은 연령, 성별, 민족, 건강 결과 등에 따라 상이하게 나타난다. 예를 들어 흡연, 식이, 지역 범죄 같은 건강 행동과 심혈관 질환과 사망 같은 신체적 건강 결과의 많은 부분에서 맥락 효과가 나타난다. 반면 거주 지역과 정신 건강 사이의 연관에 관한 증거는 미약했다(Duncan and Jones, 1995; Pickett and Pearl, 2001; Wainwright and Surtees, 2003; Weich et al., 2003). 또한 맥락과 구성의 상대적인 중요성은 지역사회의 종류에 따라서도 다르다. 예를 들어 사회적·경제적으로 피폐한 상황에서 살고 있는 경우, 건강의 불이익은 더욱 확대되어 나타난다(Curtis and Jones, 1998: 622). 일반적으로 풍족한 지역에서 가난하게 사는 경험은 더욱 추가적인 위험을 줄 수 있다고 주장됐는데(Shouls et al., 1996), '2기 화이트홀 연구'의 최근 분석 결과에 의하면 풍족한 지역사회에 사는 개인의 가난이 부정적인 건강 결과를 가져온다는 어떤 근거도 찾을 수 없었다(Stafford and Marmot, 2003).

개인의 건강에 영향을 미치는 지역사회의 효과를 설명하기 위해 다양한 원인적 기전이 제안됐다. 맥킨타이어는 타당한 다섯 가지 설명을 제시했는데, ① 환경의 물리적 특성, ② 가정에서의 건강 생활환경의 가용성, 노동과 여가, ③ 다양한 서비스의 공급, ④ 사회문화적 특성, ⑤ 지역의 평판 등이다(Macintyre, 1993). 박탈된 지역사회에 사는 것은 산업공해나 교통체증 등이 증가하는 것과 연관되는데, 이는 모두 건강을 직접적으로 위협할 수 있다. 담배를 용인하는 분위기와 같은 지역사회의 규범과 가치도 중요하며, 식품 시장, 공원, 스포츠 시설, 대중교통에 접근하기 어려운 점 등은 건강 행동에 영향을 줄 수 있다. 열악한 물리적 환경이나 지역사회에서의 평판, 사회나 지역사회 연결망에서의 소외 등은 공공 기물 파손, 범죄, 약물 오용, 낮은 자존감을 갖게 하며, 이는 간접적으로 심리사회적 건강, 생활습관 요인을 결정하는 동시에 아마도 면역 상태에도 영향을 줄 것이다(Halpern, 1995; Sooman and Macintyre, 1995; Kawachi et al., 1999; Gatrell et al., 2000; Macintyre et al., 2002). 맥락 효과를 탐구한 많은 연구를 통해 심리사회적 가설이 설명틀로 제안되었다. 그러나 심리사회적 안녕이 왜 (매우 적은 맥락 효과만이 발견된) 정신적 건강보다 (독립적인 지역 수준 변수가 발견된) 신체적 건강에 큰 영향을 미치는지는 불확실하다. 건강 불평등을 설명하기 위한 심리사회적 가설에 대해 앞서 기술한 최근의 광범위한 비판과 더불어, 맥락 효과의 문제를 일으키는 원인적 경로에 대해 여전히 이해가 부족한 형편이다.

생애 과정 역학 연구

「블랙 보고서」가 출간됐을 때 만성 질환의 위험 요인에 대한 역학 연구는 전형적으로 흡연, 식이, 신체 활동과 같은 '생활습관' 요인에 중점을 두었다. 몇몇 예외를 제외하고는(Stein et al., 1975; Forsdahl, 1978) 아동기의 요인이 성인기 생애의 질병 위험을 높이는 데 역할을 할 것이라는 것은 주목받지 못했다. 그러나 1980년대 바커 등이 제시한 연구의 근거에 따라 성인기 질병 위험에 대한 아동기의 역할이 재조명됐다(Barker and Osmond, 1986; Barker et al., 1989, 1990; Barker, 1994). 이러한 연구는 성인기 만성 질환의 생물학적 위험은 생애 초기에 결정된다는 것을 보여주었다(Wadworth, 1997). 아주 짧은 시간 내에 만성 질환의 원인으로 '생활습관 패러다임' 대신 '생애 초기 경험(early life experience)' 패러다임이 강력한 대안으로서 자리 잡았다(Robinson, 1992; Davey Smith and Kuh, 1996 재인용). 그러나 이 두 패러다임 간의 대립이 심화됨에 따라 아동기의 사회경제적 환경과 성인기의 건강 불평등 간의 연속성을 설명하려는 다른 해석들이 발전했고, 1990년대 후반에 이르러 세 가지 다른 생애 과정 모형이 서술됐다(Hertzman et al., 2001).

잠재 모형(latency model)은 생애 초기 환경이 중재적 경험과 독립적으로 성인기 건강에 영향을 미친다고 분석한 반면, 경로 모형(pathway model)과 누적 모형(accumulation model)은 생애 초기와 이후 생애 동안의 불이익이 상호작용적이거나 가산적으로 함께 작용한다고 주장했다. 이들 모형 각각은 건강 불평등을 줄이기 위한 중재 사업을 언제 어떻게 해야 할 것인지 결정하는 데 중요한 함의를 가진다(Evans 2002: 53). 나중에 다시 논의하겠지만 이들 모형을 상호 배제적인 범주로 간주하는 데는 주의가 필요하다. 일반적으로 오늘날 세 모형은 모두 여러 가지 건강 결과에 따라서 상대적으로 역할이 다양할 수는 있지만, 성인기 건강에 대한 신빙성 있는 이론으로 받아들여지고 있다.

생애 초기 사전계획 가설: 잠재 모형 또는 결정적 시기 모형

20세기 초반의 40년간 생애 초기의 영양 상태가 질병 감수성의 결정 요인으로 역할을 한다는 사실이 주요한 공중보건학적 관심이었다. 그러다가 1940년대부터 생애 초기 영양 상태에 대한 관심은 성인기 위험 요인에 대한 압도적인 주목으로 인해 쇠퇴했다(Davey Smith and Kuh, 1996). 때문에 「블랙 보고서」가 출간된 1980년에는 모태, 영아·유아기에서의 발달이 이후 생애에 미치는 중요성에 대한 연구가 거의 진척되지 않았다. 그러나 비교적 짧은 기간 동안 변화가 일어났는데, 1986년 바커와 오스몬드는 저체중으로 태어났거나 마르고 연약한 미숙아였던 사람들이 관상동맥 질환의 위험이 높으며, 뇌졸중·당뇨·고혈압의 발생률이 높고, 명백히 성장과 관련 없어 보이는 암·우울증·정신분열증도 더 많이 발생한다는 일련의 연구를 발표했다(Barker and Osmond, 1986; Barker et al., 1989; Law et al., 1991; Barker and Martyn, 1992; Barker, 1994; Martyn et al., 1995, 1996; Ravelli et al., 1998; Sayer et al., 1998; Forsen et al., 2000; Thompson et al., 2001; Wahlbeck et al., 2001).

중요하거나 민감한 발달 시기에 영양 공급이 적거나 다른 부정적인 영향에 노출되면 성장하고 있는 아기의 구조·생리·대사에 장기적인 변화를 일으킬 수 있다는 기본적인 개념이 제시됐다. 생애 과정 역학 분야에서 생물학적 프로그래밍 이론은 결정적 시기 모형(critical period model) 또는 잠재 모형이라는 용어로 사용되고 있다. 이 용어는 어떤 노출로 인해 발달에 해를 끼치거나, 보호 효과가 있는 제한된 일정 시기가 있다는 것을 의미한다(반면 이런 제한된 기간 이외의 노출과 관련되어 초과적인 위험은 없다). 결정적 시기 동안의 변화는 많은 시간이 지난 후 질병 위험 요인에 장기적인 효과를 끼친다. 엄격한 잠재 모형에 의하면 이 효과는 나중의 어떤 생애 경험에 의해서도 수정되지 않는다(Kuh et al., 2003). 다시 말해 부정적인 노출이 발달 중인 육체에 끼친 변화는 영원하며, 이런 변화에 의한 효과는 오랜 기간 동안 질병으로 나타나지 않고 잠복해 있다. 건강 불평등에 대한 이 모형의 중요성은 부정적인 태아 발달 요인으로 알려져 있는 영양 결핍, 임신 중 흡연, 모성 스트레스 같은 위험 요인이 낮은 사회경제적 지위와 관련되어 있다는 점에 있다. 따라서 이는 사회적 불이익이 문자 그대로 발달 중인 아동에게 '배태(embodied)'되는 과정이다(Krieger, 2001; Graham and Power, 2004).

태아기뿐 아니라 영아기와 초기 아동기에도 잠재적 효과가 관찰됐다(제4장 참조). 예를 들어 영아기의 모유 수유는 심혈관 건강과 관련되어 장기적인 효과가 있다고 하며(Forsyth et al., 2003), 태어날 때 말랐으나 유아기에 급격하게 체중이 증가한 경우는 당뇨와 심혈관 질환의 위험 요인으로 간주된다(Eriksson et al., 1999). 아동기의 과일과 채소의 섭취는 성인기의 발암 위험에 장기적인 보호 효과를 가진다(Maynard et al., 2003). 어린 시절 헬리코박터 파이로리 균에 노출되면 위암 발생의 주요한 위험 요인이 된다. 마찬가지로 아동기의 감염은 출혈성 뇌졸중의 발생 위험에 영향을 미친다고 한다(David Smith et al., 1998d; Hart and David Smith, 2003). 급격히 발전하고 있는 근래 연구는 생애 초기의 발달에서 생물학적 영향과 심리학적·행동학적 영향의 상호관계를 탐구한다. 6세까지 지속되는 뇌 발달에서의 결정적 시기(McCain and Mustard, 1999)는 단지 인지 발달과 사회감정의 건강뿐 아니라 신체적 건강 결과에도 장기적인 영향을 미친다고 한다.

1980년대 초반의 건강 불평등에 대한 기술적인 연구가 보다 설명적인 접근방법으로 전환된 것과 함께 생물학적 사전계획에 대한 바커의 연구는 일반적으로 생애 과정 역학 연구의 도약대라고 평가된다. 이 모형은 언론과 정치권으로부터 주목할 만한 관심을 받았으며, 정부가 영유아 지원을 강력히 강조하는 배경의 중요한 원인이 됐다. 그러나 이 모형에 대한 비판이 없지는 않다. 제4장에서 논의하겠지만 역학 연구에서 생애 과정에서의 노출과 각 개인이나 가족의 사회경제적 지위의 관련을 개념화하는 방식은 현실성이 떨어진다. 그런 연구들이 흡연, 영양, 임신 중 스트레스 같은 다양한 초기 생애의 요인이 장기적으로 나쁜 건강 결과와 연관된다는 점을 강조했지만, 개인을 다루는 연구는 하나 또는 두 개의 위험 요인에 초점을 두고 '순수 효과(pure effect)'를 분리해 내고자 하는 관점을 가진다. 결과적으로 능동적인 중재 요인이 혼란 요인으로 지적될 수 있다(Gillman, 2002). 동시에 대조군 연구에서 나타난 순수 효과는 실제 삶에서 그 영향력이 매우 강력하다는 것을 의미하지는 않는다.

역학적인 '단일 위험 요인(single-risk)' 접근에 대한 다른 비판은 구조적인 개혁보다 하위흐름 정책 권고로 이어지게 된다는 점과 관련되어 있다. 이런 종류의 연구가 중재 사업의 목표 대상이 될 수 있는 '명확한 (clear)' 생물학적·발달적 경로를 제시하고 있기 때문이다. 예를 들어 태아기와 영아기 영양이 성인기 질환의 감수성을 사전 계획하는 데 중요한 역할을 한다는 제안에 따라 상당한 연구가 임신 중 여성을 대상으로 한 영양 중재 사업의 효과를 검정했다. 모유 수유와 젖떼기 방법을 포함해 좋은 식이 공급 지침이 마련됐고, 다양한 모유 수유 증진 계획이 시작됐다(제4장 참조). 그러한 사업들은 일반적으로 개인적인 수준에서 실행하게 되고, 영양 보조가 식이를 전체적으로 보지 않고 단일 영양소에 초점을 두는 것처럼 개인적인 매우 단일화된 접근방식이다. 임신 여성을 대상으로 한 '복지 식품 계획(Welfare Food Scheme)'은 무료 우유 공급에서 시작되어 2005년 이후 과일·채소와 곡류 식품 같은 '건강식품'을 살 수 있는 상품권을 일주일 단위로 제공하는 것으로 확대됐다. 이런 사업과 같이 모유 수유 증진은 개개인 여성의 인식과 실질적 지원에 대한 접근성을 개선하고자 노력하고 있다. 그러나 협소하게 영양과 급여 수급자 개인의 영양 개선에 주안점을 두기 때문에, 직접적·간접적으로 태아 발달에 영향을 미치는 모성 스트레스라든지 여성의 모유 수유 가능성이 직장에서 짬을 얻을 수 있는 시간 등의 다양한 원인에 의해 영향을 받는다는 점과 같은 중요한 점이 전체 사업의 구상에서 누락되어 있다. 결과적으로 이런 종류의 분리된 중재 사업을 통해 상당한 긍정적 건강 결과를 얻었다는 근거가 없음은 그리 놀라운 일이 아니다.

어떻게 중재 사업을 할 것인가 하는 문제와 더불어 생물학적 사전 계획 가설에 따른 중재 시점에 대한 우려가 제기됐다. 잠재 효과 모형에 의해 제기된 것처럼 생애 초기의 특정한 생물학적·발달적 요인이 생애 전체에 걸쳐 건강과 안녕에 영향을 준다면, 건강 불평등을 없애고자 하는 중재 사업은 반드시 모성과 아동 건강을 목표로 해야 할 것이다. 그러한 중재 사업 없이는 생애 초기에 심각한 불이익을 받은 사람들의 건강이 제한될 것이기 때문이다. 아기와 유아의 건강한 발달의 중요성에 대한 반대는 거의 없다. 그러나 발달 기회를 증진하고자 생애 초기의 중재 사업의 필요성을 지나치게 강조할 경우 좀 더 나이 든 아동이나 성인이 이미 도움을 줄 수 없는 존재로 간주될 우려가 있다(Selwyn, 2000: 48).

1990년대 생애 초기와 이후 삶의 불이익이 함께 상가적으로 또는 상호작용적으로 작동되는지에 역점을 둔 두 가지의 대안적인 모형이 발전하면서, 결정론적인 잠재 모형에 대한 우려가 제기됐다. 따라서 위험 요인에 노출되는 것에 영향을 미치는 사회적 요인의 역할이 관심을 받았다. 때문에 생의학적 역학 모형에 기인한 바커의 업적은 생물학적인 기전을 자리매김한 것인 반면, 경로와 누적 효과를 연구하는 연구자들은 위험에의 노출이 사회적으로 양식화되는 방법에 대한 관심에서 출발했다. 잠재 모형이 모성과 아동 건강에 대해 단일적 관심을 갖고 있음에 반해, 경로와 누적 모형 연구자들은 생애 초기 불이익의 효과가 생애 경로 후반기에 개선될 수 있다고 주장했다.

경로 모형와 누적 모형

시간에 따라 전개되는 연쇄 효과의 개념과 비슷하게(Rutter, 1995, 1999), 경로 모형은 생애 초기의 환경의 차이가 직접적으로 아동을 다른 삶의 궤적으로 이끈다는 생각에 바탕을 두고 있다. 하나의 나쁜 경험이나 환경에 노출되는 사건이 다른 사건으로 이어지고, 다시 건강 상태에 영향을 미친다는 것이다(Hertzman et al., 2001; Kuh et al., 2003). 예를 들어 경제적인 어려움이나 결혼 문제를 겪고 있는 가정에서 성장하는 것은 아동이 인지적·행동적 어려움을 겪을 위험을 높이는 스트레스에 노출되어 있다는 것을 의미한다. 배울 준비가 되지 않거나, 학교에서의 행동이 나쁘다거나, 가정에서의 교육적 자원이 부족하거나, 초기 아동기의 박탈 효과를 겪고 있는 다른 많은 아동과 함께 학교를 다니는 것이 학습 성취를 결정할 수 있다. 이는 소외감의 증가를 유발할 수 있으며, 학교와 유대가 약한 청소년이 흡연이나 불법 약물의 오용 같은 건강 위해 행동을 취할 위험성을 높인다. 이 모든 문제들에 의해 미래의 기회가 제한되며, 청년들은 실업 상태에 처하거나 낮은 급료, 비숙련 또는 준숙련 기술 직종을 갖게 되어 그 지위가 취약해진다. 성인기의 경제적 불안정은 심리사회적 스트레스 요인 등 건강에 영향을 미치는 요인과 직간접적으로 연관되며, 불건강한 물리적 환경에 살게 될 가능성과도 관련된다.

경로 모형이 세대 간 연속성에 관심을 가지지만 유전이나 이른바 최하층의 문화적 태도 같은, 세대에 따른 가난의 전이와 혼동되어서는 안 된다. 부모와 아동 간, 아동기와 성인기 간의 불이익에 연속성이 있다는 것은 결정론보다 더욱 문제가 있는 해석을 낳을 수 있다. 또한 그들은 공공의 지원을 받는 복지 서비스에 의해 긍정적인 변화를 일으킬 수 있다(Graham and Power, 2004). 때문에 충돌을 줄일 수 있고, 긍정적 재강화를 고양하고 명확한 역할 범위를 설정하는 것과 같은 더 나은 보육 기술을 증진하는 활동은 어린 아동의 발달적 건강을 지원하는 데 핵심이다. 학교에서의 경험도 이익이나 불이익의 세대 간 전파에 중요하고, 불이익을 겪고 있는 아동에 대한 교육에 대한 투자와 교사의 지원도 마찬가지이다. 광범위한 지역사회과 관련된 사업은 지역사회 대표 집단, 어른, 사회에 나가기 전 태도를 고취시키는 기관에 대한 평가를 개선함으로써 박탈·범법·범죄의 '악순환'을 끊어내는 데 기여할 수 있다.

경로 모형 중 어떤 입장은 생애 초기 불이익이 성인기 건강에 미치는 영향은 간접적이라고 주장하지만, 또 다른 입장에서는 어떤 사회적 궤적을 경유하느냐에 따라 결과적으로 질병 위험이 증가될 수 있기 때문에 불이익에 노출되는 각각의 사건이 다른 불이익으로 이어질 위험도를 높일 뿐 아니라 질병 위험에 독립적인 효과를 가진다고 주장한다(Kuh et al., 2003). 이런 입장은 부정적인 건강 불평등의 누적 모형과 이론적으로 구분하기 어렵다. 누적 모형은 나쁜 환경의 부정적인 건강 영향이 시간에 따라 점차적으로 축적되어 일종의 양반응 관계를 통해 만성 질환의 위험과 성인기에 나쁜 건강 상태를 야기할 수 있는 환경적 위험을 증가시킨다는 것이다(경로 모형 연구는 아동기와 성인기의 사회적 교육적 궤적에 초점을 두는 경향인 데 반해 누적 효과를 다루는 연구는 성인기 환경의 역할에 좀 더 주목한다). 경로 모형과 누적 모형 사이에는 어느 정도 겹치는 부분이 있으며, 잠재 모형의 확장이라고도 할 수 있다. 발달의 결정적인 시기에 노출이 차후의 경험과 '무관하게(irrespective)' 장기적인 건강 결과를 낳는다는 생물학적 사전 계획의 극단적인 정의와 비교하면, 경로 모형과 누적 모형은 생애 초기 노출의 효과는 차후의 신체적·심리적 유해 요인에 의해 변동될 수 있다는 점을 인정한다.

내용이 겹치는 것뿐 아니라 잠재적·경로적·누적적 효과를 구분하는 데 방법론적 어려움이 있다(Hallqvist et al., 2004). 이러한 배경에서 생애 과정 역학 연구에서 이 모형을 상호 배타적인 패러다임으로 간주하는 것을 피하고자 극단적이지 않고 좀 더 연계된 접근방식을 취하는 예제가 있다. 질병의 원인에 대한 특정한 모형의 해석을 확장시키는 근거들을 통해 이런 사례가 일반적으로 받아들여지고 있다(Kuh et al., 2003). 때문에 오늘날 일반적으로 태아 시기의 자궁 내 환경, 아동기 환경, 아동과 청소년의 삶의 궤적과 성인기 환경은 연구대상과 건강 결과에 따라 상대적인 효과의 강도에 차이가 있을 수는 있으나 모두 성인기 건강에 영향을 미치는 것으로 인정되고 있다(Graham, 2002). 생애 과정 연구의 과제는 이러한 상대적인 강도를 구분해 내는 것이다. 이는 물론 질병의 원인론을 이해하는 것뿐 아니라 적절한 정책적 목표의 설정에서 핵심적이다. 또한 그 결과 우리가 이 책을 구조화하는 틀로서 생애 과정 모형을 채택하는 데 중요한 동기가 됐다.

결론

지난 25년 동안 건강 불평등 연구 분야에 대한 관심이 괄목할 만하게 신장됐고 질 높은 연구가 발전됐다. 강고한 건강의 격차에 대한 몇 가지 다른 설명 모형이 제시됐고 다양한 이론이 제시됐다. 어떤 이론은 경험적 분석을 통해 개인적 수준에서 건강 위험 요인과 사회경제적 지위의 관련성을 강조했다. 좀 더 개념적인 다른 모형은 기저의 구조적인 요인에 초점을 두었는데, 구조적 요인은 측정되기 어렵다는 문제가 있었다. 게다가 역학 분야에서 단일 위험 요인에 대한 연구가 번창한 반면 사회 구조적 요인의 역할에 대한 연구는 크게 발전되지 못했다. 부분적으로 이는 개인의 건강 결과의 광범위한 맥락적 특징을 연계하는 명확하고 개연성 있는 경로를 제시하는 심리사회적 가설의 대중성에 의한 것일지 모른다.

이론과 경험적 연구의 관련은 건강 불평등의 '근거'를 제공하는 데 중요하다. 순순한 효과를 분리·구명하고자 하는 노력을 통해 역학적 연구는 중재 사업이 목표 대상으로 삼을 수 있는 분명한 위험 요인을 규명할 수 있을 것이다. 이와 대조되게, 건강 불평등을 야기하는 기저의 작동 기전에 대한 사회학적 연구는 모호한 측면이 있다. 그러나 관찰 가능하고 측정 가능한 것에만 집중한다면, 건강 불평등의 원인과 이를 해소할 수 있는 가능성 있는 해법을 완전히 이해할 수 없다. 스크램블러가 제안한 것처럼(Scrambler, 2001) '표면의 아래에' 존재하고 있는 계급 관련성 같은 사회학적 연구 주제는 직접적으로 측정이 불가능하다. 그러나 '지속 가능하고 인식할 수 있는 경향'이나 역진료 법칙(inverse care law) 같은 '반규칙(半規則, demi-regularities)'3)의 존재는, 사회과학 연구를 통해 잠정적으로 수긍될 수 있는 기전이 작동하고 있음을 보여 주고 있다. 건강 불평등은 대조적인 반규칙들이 풍부한 연구 분야이다(Scrambler, 2001).

우리는 신실증주의 전통에 대해 노골적으로 반대하지 않는다. 이 책의 기술을 통해 명확해지겠지만, 사회역학자들에 의해 수행된 기술적으로 훌륭하고, 어떤 경우에는 이론적으로 매우 정교한 업적들이 풍부하다. 건강을 결정하는 요인의 불균등한 분포를 야기하는 기전에 대한 이해를 증진하기 위해서 현재 연구 분야의 신실증주의를 극복하고 건강 불평등 연구 분야의 더 나은 균형을 도모하는 것이 주요한 과제이다. 다른 이론적 설명틀이 각기 다른 정책적 함의를 가지고 있으며, 현재 역학적 연구의 우세를 점하고 있는 것은 '큰 수준의 문제'보다는 특정한 중재 사업을 통해 목표로 삼을 수 있는 요인을 찾는 것이기 때문이다. 하위흐름인 목표와 상위흐름인 목표의 상대적인 중요성은 제3장에서 보다 심도 있게 탐구할 예정이다.

---

3) 예를 들면, 의료적 필요가 더 높은 사회경제적으로 취약한 집단보다 풍족한 집단이 더 많이 외래 병원을 이용하는 현상 등이다. 즉, 필요 수준과 반대로(inverse) 사용이 이루어진다.

3

국가 정책의 배경과 맥락

서론

　제2장에서 「블랙 보고서」(1980)의 중요한 학술적 영향을 기술했고, 또한 이 보고서가 보수당 정권 시절 냉대를 받았지만 그 권고들은 일련의 정책을 형성해 왔음을 살펴보았다. 「블랙 보고서」는 제시된 권고들을 수행하기 위한 비용 측면에서 비판받은 반면, 그 후속작인 「애치슨 보고서」(1998)는 구체적인 비용을 제시하지 않은 것 때문에 비판받은 것이 아이러니하다. 「애치슨 보고서」의 제안들이 정치적 호응을 유도하는 데 필요한 부담 가능성이나 비용-효과에 대한 충분한 정보를 정부에게 제공하는 것이 본래의 주요 목적이 아니었다는 주장도 있다. 하지만 실제 노동당 정부는 「애치슨 보고서」가 제기한 많은 권고들에 부응하고 있다고 할 수 있다. 「애치슨 보고서」가 확인한 광범위한 영역들에서의 정치적 부응은 상투적이거나 지나치게 근본적이라고 할 수 있는데, 또 다른 이들은 보고서에서 확인되는 물질주의적·구조주의적 요소들에 대한 정부의 대응이 충분히 근본적이지 못하다고 주장하기도 한다.

　'건강 불평등의 기저 결정 요인'들을 해소하는 정부 부처 간 연계가 어떻게 강화될 수 있는지 검토하는 합동검토위원회(Commissioning of a Cross-cutting Review) 운영과 같은 정부의 노력이 「애치슨 보고서」의 제안에 부응한 것이고 보면, 필수적이고 구조적 개혁을 수행하려는 정부의 헌신에 전적인 의문을 제기하는 것은 너무 야박해 보이기도 한다. 하지만 실제로 '기저 결정 요인'을 정의하는 방식이 시간이 지나면서 점차 축소되고 있다. 예를 들어 정부는 가장 열악한 건강 수준과 빈곤 지표를 보이는 하위 5분위 지역을 선도 그룹(Spearhead Group)[1]으로 설정하고, 이것과 전체 인구집단 사이의 사망률과 기대 여명의 차이를 감소시키려는 목적으로 보건부(Department of Health: DH)의 공공 서비스 협약(Public Service Agreement: PSA)을 만들었다. 확실히 이것은 건강 불평등 해소의 확장된 내용을 담고 있는데, 흡연율, 아동 비만율, 18세 미만 임신율 등의 감소 등을 통해 '질병과 건강 불평등 기반 요인들'을 해소하겠다는 목표를 설정했다. 그러나 이는 건강 변이의 원인을 다소 협소하게 정의한 것이다(www.hm-treasury.gov.uk/media/4B9/FE/sr04_psa_ch3.pdf).

건강 불평등의 기저 요인들로서 일반적으로 기술하고 있는 것을 제거하거나 줄이려 하고 있는 정부의 선언들은 다른 공공 서비스 협약들에서도 확연히 드러난다. 예를 들어 교육 부문에서 취약 지역 학교들의 개선을 위해서 기존의 방식보다 더 도전적인 '기초 목표'[2]를 수립했고, 가장 취약한 노동시장의 성과를 보이고 있는 지역 당국들은 고용률을 평균 1% 올리는 것을 기대하고 있다. 협동적인 지역의 활동을 통해 공공 서비스 협약들이 제안하는 보다 넓은 범위의 건강 불평등 요인이 효과적으로

---

1) 헬스액션존의 시범 사업이 종료된 후 영국 정부는 선도그룹(spearhead group) 사업을 진행하고 있다. 이것은 취약 지역을 선정하고 이들 지역에서 일차 의료 트러스트(PCTs)와 지역 당국이 건강 불평등 완화를 위해 협력하는 방식이다.
2) 영국은 '사회적 배제에 대한 국가 행동 계획(2003~2005)'를 진행하면서 학교 출석률 격차 축소, 보건 격차 축소, 주거 격차 축소 등 기초 목표(floor target)에 집중했다. 이는 가장 취약한 계층에 대한 우선순위를 높이 설정하고 있음을 의미한다.

해소되어야 할 것이다. 하지만 실제로 목표 설정은 협동의 원칙에 어긋나게 이루어지며, 정책을 서로 연계 없이 '각각' 시행하도록 권장하는 경향이 있다. 예를 들어 일차 질환의 예방과 건강 결정 요인의 불평등한 분포를 감소시키면서 건강의 불평등을 줄이는 공공 서비스 협약의 목표를 달성하려는 일차 의료 트러스트(PCTs)의 지원을 위해 설계된 '최상 진료 지침서(best practice guidance) 사업'은 장기적이면서 큰 기여를 할 것이다. 하지만 이 사업 역시 암이나 심혈관 질환, 취약 집단이나 지역의 흡연에 대처하는 데 초점을 맞춘 서비스 위주 의제들이 2010년 목표 달성을 위해 필요할 것이라고 제안하고 있다. 따라서 이 사업들이 '건강 불평등에 크고 빠른 효과'를 가지며, 일차 의료 트러스트가 적절한 지방 전달 체계 계획 라인하에서 '강력한 성과' 달성에 기여할 것이며, 특히 선도 그룹을 구성하는 88개 일차 의료 트러스트의 '서비스 전달'을 확보할 수 있음을 강조한다. 이것들은 심장마비에 대한 효과적인 응급 및 치료 체계의 제공, 심방세동에 대한 향상된 관리 체계, 흡연의 감소, 불량한 식사나 낮은 신체 활동이나 비만과 같은 위험 인자에 대한 예방과 관리 등 심혈관계 질환자 또는 위험 요인을 가지고 있는 고혈압, 고콜레스테롤의 향상된 관리 체계를 포함한다(HIU, 2005).

이 책에서는 목표 설정 의제에 대한 대응뿐 아니라 건강 불평등 해소를 책임지고 있는 지방정부들이 어떤 사업들을 효과적으로 '작동하고 있는지' 확보 가능한 근거들을 찾을 것이다. '상위흐름'보다는 '하위흐름' 정책의 역할과 잠재적 영향에 대해 더 쉽게 명확한 정보를 얻을 가능성이 높다는 사실은, 지방정부 정책 수립이 좁은 초점을 가지는 경향을 강화한다. 이 책의 논의가 진행되면서 분명해지겠지만, 보건과 건강 불평등과 관련해 동원 가능한 '근거'의 대부분은 개인화된 행동 또는 임상적 개입에 관한 것이다. 이와는 반대로 주거, 범죄와 고용 등과 같이 좀 더 총체적인 개입에 대한 근거의 토대는 매우 약하다. 이는 사회적인 것에서부터 개인적인 것으로 초점이 전환됐을 뿐 아니라 중앙정부에서 나 다루어질 수 있는 '큰 이슈'보다 지방기관에 의해 수행되는 지방 정책의 역할을 좀 더 강조하고 있다. 이런 측면 역시 건강 불평등의 '기저 결정 요인'을 목표로 하는 '상위흐름' 사업들을 개념화하는 데 협소한 방식을 한층 강화시키고 있다.

그레이엄은 명확한 개념이 필요하다고 역설하면서, 불건강 결정 요인과 건강 불평등 결정 요인의 차이를 지적했다(Graham, 2004). 「애치슨 보고서」에서처럼 두 가지 현상 모두를 설명하는 데 단일 모형을 사용하는 경향은 "건강에 영향을 미치는 사회적 요인과 불평등한 분포를 결정하는 사회적 과정 간의 차이를 모호하게 만들 수 있다"(Graham, 2004: 109). 따라서 교육, 소득, 주거의 질 등과 같이 핵심적인 사회 결정 요인들을 증진시키고자 하는 전략은 건강에 긍정적 경향을 야기할 수 있지만 가진 자와 덜 가진 자 간 건강 분포의 차이에는 거의 영향을 미치지 못할 수 있다. 그레이엄은 사회적 위치가 건강 불평등의 근본 원인이며 건강 수준의 차이를 야기하는 기전은 권력과 부의 창출과 분포를 만들어 내는 기전과 동일하다고 강조한다. 이것은 건강 불평등을 해소하기 위한 '상위흐름' 사업의 개발과 평가에서 사회적 지위를 결정하는 교육, 노동시장, 자산과 부의 구조적 불평등에 관심의 초점을 두어야 함을 의미한다.

이러한 연구들을 바탕으로 정부의 주된 정책들이 얼마나 사회적 지위의 불평등을 감소시켰는가를 평가하는 것 또한 중요하다. 이 책의 제2부에서 「애치슨 보고서」의 권고를 정부가 어떻게 수용했는지 살펴보면서 이 문제를 언급할 것이다. 이 책의 제3부에서는 지역 기반 사업(Area-Based Initiatives: ABIs)의 '중위흐름' 정책이라 명명한 것들을 다루게 될 것이다. 이제 우리의 토론은 '근거 기반 정책'에 대한 헌신적 노력들이 어떻게 정책적 대응을 구성했으며, 특별히 얼마나 '하위흐름' 사업을 상대적으로 강조해 왔는지에 대한 논의로 시작할 것이다.

정책적 대응 구성에서 '근거'의 역할

이 책은 건강 불평등에 대해 '어떤 것들이 효과적으로 작동했는지'에 관심을 가지는 까닭에, 신노동당 정부가 중요하게 여기는 '근거에 기반을 둔' 정책의 필요성과 확연하게 맥을 같이하고 있다. 정부 백서인 「정부의 선진화(Modernising Government)」에 따르면, "정부는 정책을 하나의 지속적인 배움의 과정으로 간주해야 하며, 분절적인 사업의 나열로 여겨서는 안 된다"고 강조한다. 그러므로 "근거와 연구의 활용을 촉진해 우리가 해결하려고 천명한 문제들을 더 잘 이해하도록 해야 한다"(Cabinet Office 1999a: 17). 유사하게, 「21세기를 위한 전문적 정책 수립(Professional Policy Making for the Twenty-first Century)」(Cabinet Office, 1999b)에는 정책 수립의 현대적 특징을 9겹의 분류(nine-fold taxonomy)로 제시했는데, 다양한 영역의 자원들로부터 가장 좋은 가용 근거들을 사용, 정책 효과에 대한 체계적인 평가, 지속적인 검토를 통해 정책의 과잉이나 실패를 폐기, 그리고 교훈을 얻는 능력 등을 포함하고 있다(Bullock et al., 2001).

물론 정책 수립이 지지받지 못하는 의견들보다 '근거에 기반'을 두어야 한다는 생각에 반대하는 것은 어려운 일이다. 하지만 불가피하게 개인화되어 있는 개입에 초점을 맞추고 있는 협소한 과학적 모델에 근거해서는 안 된다. 각기 다른 학술 분야와 각기 다른 정부 부처 등 많은 분야에 걸쳐 일어나고 있는 근거 기반 정책에 대한 관심의 증가는 방법론적 접근에서 폭넓은 시야를 요구한다. 이것은 정부에 의해 적극적으로 권장되고 있다. 성과와 혁신 담당과(Performance and Innovation Unit: PIU)의 「더하기(Adding It Up)」 보고서(PIU, 2000)는 전 정부 부처에 걸친 정책 수립자들과 분석가들이 함께 일해야 하며 다양한 영역의 외부 전문 인력을 활용해야 한다는 명확한 지침을 만들었다. 정부는 아동과 청소년 담당과(Children and Young People's Unit)(제5장 참조), 10대 임신 담당과(Teenage

Pregnancy Unit)(제9장 참조), 지역사회 재개발과(Neighbourhood Renewal Unit) (제11장 참조), 합동검토위원회 같은 범부처적 성격의 담당 부서들을 설치해 오고 있다. 이런 노력은 기존의 전통적인 경계를 넘어서서 사고하도록 독려하고, 전문 자문관의 위촉을 통해 정책적 사고를 영역 밖으로 확장하며, 가용한 근거를 이용해 양질의 결과물을 만들어 내는 데 기여해 오고 있으며, 일련의 중요한 정책적 시도의 기반을 만들어 내고 있다. 예를 들어, 아동 진료에 대한 합동검토위원회는 정부의 '슈어 스타트 사업(Sure Start initiative)'을 시작하도록 만들었다(제5장 참조). 한편 정책 행동 팀(Policy Action Team)이 발견한 여러 사실들은 지역 재개발의 기반이 되는 근거들을 제공했다(제11장 참조).

정부 스스로 넓은 범위의 각기 다른 인식론적·방법론적 접근들에 대해 수용적이었다는 지표들이 있음에도 불구하고, 방법론적 다원주의는 보건과 건강 불평등과 관련한 근거 수집에서는 특별히 강력한 특징적 양상을 보이지 못했다. 대신 이것은 근거 기반 의학이 취한 접근방식들을 반영하는 경향이 있었다. 예를 들어 위험 요인, 치료, 결과 사이의 연관성의 분석에서, 또는 혼란 변수와 선택적 오류의 검정에서 무작위 할당 대조군 시험(Randomized Controlled Trials: RCTs) 같은 실험·준실험 기법이나 견고한 통계적 기준을 가진 관찰 실험이 다른 지식보다 가치 있는 것으로 여겨져 왔다. 정책에 대한 근거들을 만들기 위해서 그러한 기준에 부합하는 연구들의 결과는 전적으로 체계적 문헌 고찰(systematic reviews)로 통합된다. 이것은 특정 질문, 가능한 가장 적절한 연구의 확인, 질적 표준에 부합하는지 평가하고 종합하는 과정, 사업 과정을 이끌고 재현을 가속화하는 지침에 초점을 맞춘 합의된 기준 등에 따라 수행된다(Boaz et al., 2002). 체계적 문헌 고찰을 위해 사용하는 두 가지 중요하고 잘 알려진 방법은 메타 분석(meta analysis)과 구술 합성(narrative synthesis)이다. 일반적으로 상위의 기술로 간주되는 메타 분석은(Davey Smith and

Eggar, 1998) 특정 위험 요인, 치료, 또는 사업 효과의 산술적 요약을 제공하기 위해 해당 기준에 부합하는 연구 결과들을 결합 또는 통합하는 통계학적 과정을 말한다. 구술 합성은 평균 효과의 규모를 계산하지 않고 연구들과 그 결과 사이의 유사점과 차이점을 살펴보고, 정량화 방식이 아니라 실제 예제로 권고를 만들어 낸다.

근거 기반 의학(evidence-based medicine)은 1990년대 초기 영국에서 국영 의료 서비스의 구매자-공급자 분리(purchaser-provider split) 정책[3]과 함께 활발히 논의되기 시작했다. 근거 기반 의학의 목적은 보건의료 의사결정을 위한 임상행위에 대안적인 기반을 제공함으로써 정책의 결과 지표와 책임성을 향상시키고 보건의료 지출에 우선순위를 부여하는 것이었다(Eliott and Popay, 2000). 이후 국립 임상 연구소(National Institute for Clinical Excellence: NICE), 국영 의료 서비스 내 검토와 배포 센터(NHS Centre for Reviews and Dissemination), 건강개발기구(Health Development Agency: HDA), 코크란 협력 센터(Cochrane Collaboration)[4] 같은 의미 있는 제도적 기반이 만들어졌다. 이 센터들은 광범위한 검토를 통해 의학적 치료와 보건사업의 영향에 대한 근거들을 확인하고 배포하고 있다. 건강개발기구는 특별히 '공중보건 분야와 건강 증진 부분의 근거에 대한 지도(map)를 지속적으로 새롭게 업그레이드하고, 이와 관련한 권고들을 일선 종사자들에게 효과적으로 권위 있는 방식으로 배포하는 일'에 초점을 두고 있다(Kelly et al., 2004: 2). 2004년 건강개발기구는 국립 임상 연구소와 함께 국립 보건 임상 연구소(National Institute for Health and Clinical Excellence: NIHCE)로 통합됐다.

근거 기반 정책 결정의 황금 기준(gold standard)을 가지고 체계적 문헌

---

3) 정부가 의료 서비스의 제공과 구매를 동시에 하던 방식에서 이를 분리하는 정책을 말한다. 흔히 일부 민영화 또는 민간위탁 등의 형태로 나타난다.
4) 영국의 대규모 근거연구 연구소.

고찰이 이루어지도록 지원하는 것은 이제 더 이상 의학과 보건 부문에만 국한되지 않는다. 캠벨 협력 센터(Campbell Collaboration)는 코크란 협력 센터와 협력해 교육, 형사소송, 사회사업 등과 같은 사회정책 분야까지 활동을 확대하고 있으며, 경제사회연구위원회(Economic and Social Research Council: ESRC)가 재정을 지원하는 영국 근거 기반 정책 및 사업 센터(UK Centre for Evidence-Based Policy and Practice: CEBPP)는 사회과학 분야에서 근거 기반 정책과 사업의 개념을 발전시키고 있다. 근거 기반 정책과 사업정보 및 협력 센터(Evidence-Based Policy and Practice Information and Coordination Centre: EPPI-Centre)는 교육 영역과 건강 증진 영역에서 체계적 문헌 고찰을 원하는 이들에게 관련 자원을 제공하고 있고, 양질의 서비스를 위한 사회지원기관(Social Care Institute for Excellence: SCIE)은 이용자와 서비스를 제공하는 이들의 관점·경험·전문성 등을 포함하는 사회 서비스의 질과 지속성을 향상시키기 위한 작업을 진행해 오고 있다.

이러한 사회정책 영역들이 국민 건강의 증진에서 핵심적인 역할을 수행해 오고 있다는 것을 대부분의 사람들이 동의하는 것처럼, 체계적 문헌 고찰이 건강 불평등을 해소하는 '효과적으로 작동하는 정책과 사업'을 수립하는 데 중심적인 역할을 수행하고 있다. 이를 이 책의 제2부에 있는 정책 관련 장들에서 분명하게 볼 수 있을 것이다. 하지만 점차 중요하게 여겨지는 근거에 대한 위계적 접근방식에 문제가 없는 것은 아니다. 이와 관련해 두 가지 핵심적인 논쟁 영역이 떠오르고 있다. 첫 번째는 특별히 근거 기반 의학의 영역을 위해 개발한 방법을 광범위한 공공 정책의 근거를 종합하는 보다 복잡한 작업에 적용할 수 있겠는가 하는 문제이다(Petticrew et al., 2004). 두 번째는 "사회과학 또는 정치과학이 작동하는 과정이라기보다 '진흙 밭을 헤쳐 나가는 형태'로 이루어지는" (Parsons, 2002: 43) 실제 정책 결정 과정과 정의된 근거 사이의 넓은 간격과 관련된 논쟁이다.

체계적 문헌 고찰의 약점

건강 불평등 해소를 위한 정책에 대한 체계적 문헌 고찰 과정 확대의 약점은 크게 두 가지로 나눌 수 있는데, 첫째는 (여기서 고려하고 있는) 검토 과정의 위계와 논리에 관한 것이고, 둘째는 (제14장에서 다룰) 실행의 질에 대한 것이다.

체계적 문헌 고찰에 대한 핵심적인 반대는, 사업이 효과를 만들어 내는 방식, 이들 사업이 효과적인 상황, 또는 그것들이 효과적으로 작동하는 인구집단에 대해 관심을 가지기보다 통계학적으로 유의한 결과들을 만들어 내는 사업만을 강조함으로써 이론의 기능과 이론 개발을 저해한다는 것이다. 첫째, "무엇이 중요한 것인지에 대한 이론 없이 모든 것들을 단순히 복제하려고 노력하는 데 집착하고 있다"(Pawson and Tilley, 1997: 191; Haynes, 2003)는 것이다. 둘째, 건강과 관련 있는 수많은 잠재적 변수들은 통계적으로 유의하지 않은 경우가 흔히 발생하며, 체계적 문헌 고찰 연구자가 정책결정자의 정책 선택에 도움이 되기보다는 일관되지 않은 결과치를 나열하기만 하는 경우가 많다는 것이다. 예를 들어 1960년대와 1970년대 영국에서 널리 사용했던 무작위 할당 대조군 시험에서 재소자를 위한 소득수준의 유지, 작업환경의 개선, 주거급여와 지원은 정책결정자들의 기대와는 다르게 그 효과의 근거는 거의 제로에 가깝거나 오히려 유해한 결과를 보였다(Oakely, 1998; Petticrew, 2001).

이 책에서 고려하는 체계적 문헌 고찰들의 대부분은 메타 분석보다는 구술적 검토의 형태를 취했는데, 왜냐하면 고려하는 사업의 종류가 매우 다양하고 결과의 복잡성이 계량적인 축약을 어렵게 만들었기 때문이다. 예를 들어 제7장에서 살펴볼 아동과 청소년의 우발적 사고에 대한 타우너 등의 구술적 고찰(Towner et al., 2001)에는 자전거 헬멧 등과 같은 안전장치 관련 이슈에서 시작해 안전교육에 이르는 개인적이고 행동적 접근을 포함하고 있고, 교통 정온화(traffic calming) 정책5) 같은 환경적 변화, 그리고 다양한 접근의 범위와 관련한 법제 등을 포함하고 있다. 아동의 나이에 따라 훨씬 다양한 사업이 존재하며, 도로 문제에서 레저와 스포츠에 이르는 환경의 성격이나 사업의 목표가 한 가지인지 또는 여러 가지를 동시에 추구하는지에 따라 다양한 사업 유형이 존재할 수 있다. 이런 상황에서 매우 다른 작동 기전을 통해 다양한 사업을 비교하는 것보다 다른 상황 속에서 동일한 정책 아이디어를 점검하는 것이 더 논리적이라고 판단했다(제14장 참조). 사업들이 의학적 영역에서 사회적 영역으로 이동할 때 복잡성은 증가하고 그런 문제들은 점차 커지게 된다.

메타 분석을 시행할 때 당면하는 기본 문제는 요약된 통계치를 얻기 위해 필요한 단순화의 성격(nature)과 수(number)이다. 사실상 각기 개인적 차원의 사업은 "결국 단일한 효과의 측정치로 요약되고, 이것은 다시 유사한 프로그램이 만들어 낸 측정치와 함께 통합한 형태의 측정치로 전환된다. 그리고 이것은 다시 다른 사업 범주에서 얻어진 평균 효과와 비교된다"(Pawson, 2001: 8). 이러한 과정에서 생명력을 가진 설명 요소는 사라지고 결과치는 '사업의 이론, 대상, 상황 등의 차이에 민감하지 못한 것'으로 바뀌게 된다(Pawson, 2001: 4). 이와 반대로 구술적 검토는 유형, 목적, 대상 집단, 실행 환경 및 방법에 따른 사업의 특징을 잘 기술하고, 프로그램이 어떻게 작동하는지에 대한 많은 이해를 제공한다. 하지만 이 방법은 "개개의 시간과 공간을 넘어서 축약해 내는 공식적인 방법이 부족하고, 따라서 다른 이들에게 이전 가능한 교훈들(transferable lessons)을 만들어 내는 능력이 약하다"(Pawson, 2001: 4)는 비판을 받는다. 시험적인 프로그램은 주목받을 수도 있으며 어떤 사업은 성공적인 요소를 가질 수 있지만, 인과론적 분석이나 이론을 입증하는 기준(reference) 없이

---

5) 학교 근처나 주택가 등의 도로에서 제한속도를 낮추고 차량 통행을 줄이는 정책.

는 유의한 요소들이 다시 누락될 수 있다.

두 번째 근본적인 반대는 체계적 분석에 포함시키는 연구의 선택이 연구의 질에 기반을 둔 (다시 말해 기존에 구축된 것에 따라 정의되는) 기준에 따라 이루어지며 사업의 질에 의해 선택되지 않는다는 것이다(Speller et al., 1997). 따라서 주로 무작위 할당 대조군 시험에 의존해 이루어진 방법론적 강점들에 기반을 두고 체계적 문헌 고찰에 우수함을 부여하는 근거의 위계는 "사회적 초점보다는 의학적 초점에, 지역공동체나 인구집단보다는 개개 대상 집단을 선호하는 방식으로, 또한 건강의 궁극적인 결정 인자보다는 인접한 변수에 관심을 더 가지는 방식으로, 공중보건의 결정들을 순치시킬 가능성이 크다"(Rychetnik et al., 2002: 125).

또한 의약 산업에 의해 자금을 지원받는 경우와 같은 사업은 보다 양질의 근거에 의해 지지를 받는 것처럼 보이기 쉬운데, 이는 사업이 훌륭해서라기보다 단지 평가를 수행하고 근거를 만들어 내는 보다 많은 자원을 가졌기 때문이다. 무작위 할당 대조군 시험을 이용한 엄격한 연구들은 잘 알려지는 반면에 다른 기법을 이용한 연구들은 소외된다(Elliott and Popay, 2000). 결과적으로 공중보건과 예방적 정책의 효과 내지 비용-효과와 관련해 활용할 수 있는 근거를 찾기 어렵게 된다(Wanless, 2002). 이것은 전체 지역사회를 대상으로 하는 사업들이 효과적이지 않다는 것을 의미하는 것은 아니라 오히려 "좀 더 '상위흐름' 사업에 관한 양질의 연구가 희소함을 반영하는 것이다"(Macintyre et al., 2001: 224).

양질의 근거와 무작위 할당 대조군 시험을 동일시하는 경향은 또한 취약계층과 관련한 사업이 과학적 근거를 충분히 갖지 못하는 이유가 된다(Rychetnik et al., 2002: 125). 인구집단 중 일부분이 유사한 사업에 부분적으로 다르게 반응하는 방식에 대한 이해 부족으로 체계적인 연구는 종종 불평등이나 불형평에 대해 이야깃거리가 거의 없게 만든다(Petticrew et al., 2004). 핵심적인 보건 영역과 관련 있는 학술적·연구적 결과들에 대한 개괄적인 내용을 담고 있는 백서 「수명 연장」(DH, 1999a)과 「국영 의료 서비스 플랜」(DH, 2000)은 학술적·연구적 결과들의 0.4%도 안 되는 적은 수만이 불평등에 대해 연구하고 있다는 사실을 알려 준다. 이러한 제한은 특별히 코크란 협력 센터와 같은 대규모 연구기관도 마찬가지이다. 이것은 관련 있는 이슈의 복잡성, (공중보건 전문가 집단들이 방법론적 다원주의 방식에 안주하는 것에 대해 주저하는 양상을 가지는) 방법론, (장기간의 근거, 그래서 오랜 기간이 경과한 후에야 얻어지는 건강 이득 때문에 종종 근거로 거부되는) 시간척도·구조, 그리고 이론 등의 요소가 조합되어 나타난 결과이다(Millward et al., 2003: 31).

요약하면, 체계적인 연구는 주로 개인의 행동 또는 임상적 개입에 관심을 두고 있으며, 건강 불평등과 같이 주로 의학적 원인에 의해 야기되지 않고 국가 재정정책의 배분 효과 또는 반실업 정책을 위한 경제적 투자와 같은 다른 수준의 해결책을 요구하는 문제에 대해서는 제한적인 연구만 이루어지고 있다(Davey Smith et al., 2001: 185). 과학적 정설(scientific orthodoxy)이 요구하는 조건이 적은 연구 설계일수록 큰 문제에 적응하기 용이하고, 주요 사회정치적 변화를 직시하는 정책적 적용에 사용하기 용이하다는 주장이 있어 왔다(McKinlay, 1993). 우리는 이런 접근방식, 즉 공중보건 레짐의 분석을 위한 틀을 이 책의 마지막 장에서 살펴볼 것이다.

근거와 정책의 수립 과정

근거 기반 의학을 위해 개발된 방법을 보다 광범위한 사회정책을 위한 근거로 만들어 가는 작업에 활용하는 것이 적절한 것인가에 대한 논란에 더해, 근거 기반 정책 수립(evidence based policy-making process)은 단지 긍정적인 사실과 관찰 가능한 현상만 인지해 정책을 수립하는 관리 만능론적·기계적 방식에 기초한 낙관론적 입장을 견지하고 연구와 정책 수립이 선형적인 관계를 가진다는 가정에 기초해 있다는 이유로 비판의 대상이 되어 왔다. 연구의 가치는 전적으로 정책 효과로 판단되고(Black, 2001), 권력, 정치공학, 구조, 다양한 목표를 용인하거나 정책 수립자들이 활동하는 기전과 구조에 대한 이해를 필요로 하는 정책 수립의 규범적 기초는 점차 무시되고 있다는 것이다(Sanderson, 2002).

이런 연구들은 전형적으로 이데올로기적이거나 몰가치적(value-free)이며, 믿음(what you believe)이 아니라 효과가 있는 것(what works), 즉 '윤리적이라기보다 효율적이고 효과가 있으며 경제적인 것'에 기반을 둔다(Parsons, 2002: 54). 따라서 불가피하게 연구와 정책 결정 과정의 성격을 결정짓는 가치판단을 어떻게 다룰 것인가, 연구를 실제 사업에 활용하는 과정을 어떻게 관리할 것인가, 여러 연구와 보건의료 이용자(또는 임상자)로부터 얻어진 근거들을 어떻게 의사결정에 통합할 것인가에 관해 의문이 제기되어 왔다(Elliott and Popay, 2000). 이처럼 근거 기반 연구가 보건의료 서비스 정책 또는 거버넌스 정책에 미친 영향들에 의문을 제기하는 것은 그리 놀랄 만한 일이 아니다. 잉글랜드 지역 내 국영 의료 서비스 보건의료기관 관리자와 일반 개원의 기금관리자에 의해 주도된 사회연구 프로젝트에서는 '재정적 제약, 바뀐 시간척도와 의사결정자 자신의 경험적 지식' 같은 요소들이 의사결정 과정에 직접적인 영향을 끼치는 것으로 확인됐다(Elliott and Popay, 2000: 461). 유사하게, 블랙은 어떤 서비스가 지역적으로 시행 가능한지 결정하는 요인들로 사회 환경이 도움 되는지 여부(예를 들어 스태프의 의욕), 연구 근거들을 정책 수립에 적용하는 지식 전달자의 질 등을 꼽았다(Black, 2001). 연구는 정책적 논쟁의 틀을 만들고 서비스 공급자와 사용자 사이의 대화를 중재하는 등의 간접적인 방식으로 정책에 영향을 미칠 가능성이 크다.

근거의 사용 역시 그 영역이 무엇인가에 달려 있다. 일부 저자들은 연구에서 얻은 근거들이 "정책 수립 과정에서 협상과 불확실성이 두드러지는 지역 정책보다 중앙 정책에 더 영향력을 가진다"(Black, 2001: 277)고 지적했다. 한편 다른 연구자들은 지방 수준에서 연구·정책·실행 사이에는 분명한 연계가 존재한다고 말했고(Davis and Howden-Champman, 1996), 어떤 이들은 지방과 국가 수준에 따라 요구되는 근거의 유형이 다르다고 했다(Petticrew et al., 2004). 또한 근거의 사용은 정책 목표에 대한 동의의 정도에 달려 있다. 만약 전적인 동의가 존재하면 근거의 기반이 활용되는 경향이 있으며, 만약 동의가 부족하다면 선택적으로만 사용된다. 일부 저자들은 연구 근거가 건강 정책에 영향을 미칠 수 있는지(미쳐야 하는지), 문제 해결 수단 측면은 덜 고려하고 관심의 창출과 의제 수립 과정에 좀 더 치중해야 하는 것은 아닌지 등과 같은 의문을 제기했다. 아마도 연구의 가장 유용한 역할 중 하나는 '사람들에게 그들 자신의 믿음을 검토하고 정통적이지 않은 관점에 합법성을 부여하는 일'일 것이다(Black, 2001: 277). 이러한 논쟁은, 지식을 본질적으로 논쟁적인 것으로 간주하고 (사회·선거·윤리·문화·경제) 정책에 대한 합법적 영향력은 뛰어남에 달려 있다는 모델에 기초하고 있다. 또한 이것은 유용하고 신뢰할 만한 '견고한 토대'가 존재하는지에 의문을 갖는 모델이다. '소비자 또는 사회 전체에 상대적으로 별로 중요하지 않은 것'은 우위(high ground)에 선 경우가 많은 반면, 많은 사람이 관심을 가지는 것은 늪지대(swamp)에 있는 경우가 많다. 숀은 이것을 '정책의 늪'이라고 명명했다(Schön, 1983: 42~43; Parson, 2002에서 재인용).

어떤 이들에게 이런 딜레마는 근거 기반 정책 수립을 발전시키고, 관찰 소견을 널리 알리고, 근거를 정책과 실행에 통합시켜야 할 필요성을 보여 주는 것이다. 하지만 어떤 이들에게는 단지 모델의 결함을 명백히 드러내는 것일 뿐이다. 다시 말해, 근거 기반 정책 수립을 신뢰하는 사람과 그것의 시행 가능성 또는 그것의 가치에 의심을 가진 사람 간의 심각한 존재론적 차이가 존재한다. 따라서 이 책의 주제인 공중보건의 '근거'를 고려할 때 이 두 집단 간의 긴장관계를 마음에 두어야 한다.

이쯤에서 우리가 근거들을 수집하는 접근방식에 대해 개략적으로 설명할 필요가 있다. 이 책의 전 영역에 걸쳐 일반적인 방법론을 가지고 이른바 '체계적인' 방식, 즉 각 주제마다 추적 기준, 연구 또는 사업의 질을 평가할 수 있는 프로토콜을 정의하는 방식으로 정책과 사업에 대한 정보를 수집하는 것은 사실상 불가능했다. 우리는 이른바 연구보고서('grey' literature)들ㅡ보고서, 회의 발표문, 지방정부 평가 보고서, 사례 연구, 모범 사업 지침, 그리고 출판되지 않거나 리뷰 과정을 포함하지 않은 출판물 등ㅡ에 관심을 가졌다. 이 문서들은 인터넷을 통해 쉽게 접근이 가능하고 현장의 사업들을 기술하고 평가하며 대체로 과정을 상당히 강조하고 있어, 좀 더 학술적이고 임상을 강조하는 무작위 할당 대조군 시험에 대해 상대적 균형을 제공하고 있다. 예를 들어 우리가 접근할 수 있는 수많은 학술 논문과 정부, 자선단체, 전문가 조직, 국가평가기관이 발간하는 보고서와 연구논문 사이에서 균형을 제공한다. 많은 것들이 전자데이터베이스의 구조화된 검색의 결과이며, 다른 것들은 다소 우연히 발견한 것이다. 그리고 우리는 단지 어떻든 궁극적으로는 특별하게 통합한 것일 수밖에 없는 갖가지 전자 문헌과 접촉하고 있다는 한계를 잘 알고 있다. 또 다른 한계는 체계적인 리뷰를 통해 근거 있는 것으로 판명되어도 보다 확장되고 다양한 문헌들에 더 폭넓게 접근할 경우 오히려 의심스러운 결과를 만들어 낼 수 있다는 점이다. (하지만 폭넓은 검색의) 장점은 넓은 범위의 실용적이고 부분적 주해를 가진 대조적 문헌 고찰 수준의 근거를 제공하는 것이다.

각 정책 관련 장들에서 근거와 리뷰 근거에 대한 초점을 요약해 표로 제시했는데, 이는 유용할 것이다. 이것은 쉬운 과정이 아니었다. 대상 집단 또는 사업의 초점을 감안해 분류를 유지하는 것이 쉽지 않았고,

영역의 범위와 복잡성으로 체계적 문헌 고찰은 중복적이 되기 쉽고 일반화의 어려움이 따랐다. 따라서 무엇이 효과적으로 작동하는가보다는 '무엇이 효과적으로 작동할 수 있었나'에 머물렀다. 리뷰의 근거가 희박한 것이 분명한 영역은 표에 명확히 표시했다(제14장 참조). 한 가지 예외는 불평등 영역인데, 왜냐하면 이 영역에는 근거가 명확하지 않은 것이 너무 많기 때문이다. 모든 표에서 특별한 사회경제적 효과, 소수 민족 또는 취약집단에 대한 효과에 초점을 두는 평가와 중복 위험은 표시되지 않았다. 마찬가지로 비용-효과분석도 제시되지 않았다.

「애치슨 보고서」와 국가의 정책적 대응

공중보건과 관련 있는 많은 근거들이 인과적 고리의 매우 아랫부분에 위치하며 건강의 광범위한 사회적 결정 요인들보다 건강행태와 임상적 이슈를 다루는 '하위흐름' 제안에 초점을 맞추고 있기 때문에, 정부가 겉으로는 「애치슨 보고서」에 의해 만들어진 수많은 권고를 이행할 것이라고 천명해 왔지만 많은 이 정책들은 근본적으로 건강 불평등을 해소하기에 충분하지 못했다(Shaw et al., 1999, 2005). 이를 상세히 살펴보기에 앞서, 신노동당 정부하에서 건강 정책이 어떻게 진화했는지를 개략해 보는 것은 의미 있는 일일 것이다.

건강 불평등에 대한 노동당 정책의 개요

제2장에서 언급한 바와 같이, 「블랙 보고서」의 정책 권고는 1979년부터 1997년까지 보수당 정부에 의해 대부분 무시됐다. 하지만 이 보고서는 건강 불평등이 공중보건 분야의 대표적인 의제로 자리하는 데 도구적

역할을 수행해 왔다. 건강 불평등을 해소하려고 노력하는 노동당에 반대하는 시기가 있었으나, 다시 노동당이 정권을 잡자 이러한 반대를 누를 수 있는 중요한 결정들이 이루어졌다. 집권 1년도 채 못 되어 보건부장관은 '헬스액션존(Health Action Zones: HAZs)' 같은 선도적 정책을 발표했고 건강 불평등에 관한 독립조사위원회를 구성했다. 이 조사위원회의 결과는 「애치슨 보고서」(1998) 등의 저작물로 출간되어 이후 일련의 정책의 진화를 만들어 나갔다. 이 중 합동검토위원회의 설립은 특별히 중요하다. 이 위원회의 목적은 보건의료 부문뿐 아니라 지방과 중앙정부 부서들을 어떻게 건강 불평등의 해소에 참여하게 할 것인지를 탐구하는 것이었다. 합동검토위원회는 「애치슨 보고서」처럼 정부의 '행동을 위한 프로그램(Programme for Action: PfA)' 개발에 정보를 제공하고, 특별히 아동이 있는 가족의 지원과 질병 예방 및 효과적인 보건 의료 서비스를 제공하는 국영 의료 서비스의 중요함을 부각시켰다. 하지만 「애치슨 보고서」에서 확인된 향후 정책 개방을 위한 광범위한 영역들은 '행동을 위한 프로그램'의 남은 두 가지 주제, 즉 ① 지역사회와 개인들 참여의 필요성, ② '건강 불평등의 장기적 기저 요인'을 다루면서 '건강의 기저 결정 요인'을 해소하는 것에 포함됐다(DH, 2003: 4~5).

<표 3.1>은 건강 불평등 문제에 정책적 관심이 얼마나 큰지를 잘 보여 준다. 이러한 노력들에 대해 비판이 없는 것은 아니다. 쇼 등은 "교묘하고, 천천히 그리고 대부분 감지하기 어렵게, 건강 불평등 감소의 우선순위가 낮아져 왔다"(Shaw et al., 1999: 171)고 주장했다. 건강 불평등의 선도적 정책이었던 지역 기반 '헬스액션존'은 빈곤, 박탈, 건강 불평등을 해소하기 위한 접근에서 지역 기반 접근방식이 가지는 비효율성과 관련한 광범위한 근거들을 무시했다. 더욱이 '헬스액션존'에 투입된 재정 규모는 매우 부족한 것이었다. 건강 불평등을 해소하기 위해 파트너십을 강조하는 것은 사업의 책임을 너무 약하게 여러 협력기관에 걸쳐 놓는다

〈표 3.1〉 (노동당 집권 이후) 건강 불평등 관련 핵심 보고서들과 정책들(1997~2005)

1997년 5월	초대 보건부 장관으로 테사 조웰(Tessa Jowell) 임명
1997년 6월	프랭크 돕슨(Frank Dobson), 헬스액션존 시행 천명
1997년 7월	독립적인 건강 불평등 조사위원회(Independent Inquiry) 설립. 초대 위원장 도널드 애치슨(Donald Acheson) 경
1997년 9월	건강 불평등에 관한 「10년 주기 증보 자료」 발간
1998년 4월	1차 11개 헬스액션존 설립
1998년 8월	2차 15개 헬스액션존 시행선언
1998년 11월	「애치슨 보고서」 발간(Acheson, 1998)
1999년 7월	공중보건 백서 「수명 연장: 우리의 더 건강한 국가를 위해」(DH, 1999a), 행동지침보고서 「건강 불평등 감소(Reducing Health Inequalities)」(DH, 1999b) 발간
2000년 2월	광역 수준에 국영 의료 서비스 공중보건관측소 설립
2000년 7월	「국영 의료 서비스 플랜」(DH, 2000) 발간. 국가 수준, 지역 수준 건강 불평등 목표 천명
2001년 2월	국가 건강 불평등 목표 발표
2002년 6월	「건강 불평등 해소(Tackling Health Inequality: Consultation on a Plan for Delivery)」 발간. 건강 불평등 해소와 불평등 목표 달성을 위해 필요한 행동들에 대한 공적 자문의 결과물
2002년 11월	재정부와 보건부의 합동검토위원회가 건강 불평등 해소를 위한 정부 부처 간 합동 회의 결과를 출간
2003년 7월	'건강 불평등 해소: 행동을 위한 프로그램(Tackling Health Inequality: A Programme for Action: PfA)' 출범(DH, 2003)
2003년 12월	불평등의 근거 탐구를 국영 의료 서비스의 주된 활동으로 편입시키기 위한 노력의 일환으로 「건강 형평성 진단: 국영 의료 서비스를 위한 가이드(Health Equity Audit: A Guide for the NHS)」 출간
2004년 7월	건강 형평성을 위한 공공 서비스 협약 목표치 설정
2004년 11월	「건강의 선택: 건강을 위한 보다 쉬운 선택(Choosing Health: Making Healthy Choices Easier)」 발간
2005년 2월	지역 국영 의료 서비스 조직의 사업 시행 지침을 제공하기 위한 「건강 불평등 해소(Tackling Health Inequalities: What Works)」(HIU, 2005) 발간
2005년 3월	「건강한 지역사회 창조: 지역 파트너십을 위한 해결책 모음(Creating Healthier Communities: A Resource Pack for Local Partnerships)」 발간
2005년 8월	마멋(Michael Marmot) 경이 위원장으로 있는 건강 불평등에 관한 과학위원회(Scientific Reference Group of Health Inequalities)가 「건강 불평등 해소: 행동을 위한 프로그램 현황 보고(Tackling Health Inequalities: Status Report on the Programme for Action)」(DH, 2005) 발간. 2001년 공공 서비스 협약 목표치 달성을 위한 과정을 검토하는 내용의 책자

는 이유로 비판을 받았다. 또한 건강 불평등을 야기하는 수입·부·빈곤의 기저 불평등을 감소시키기 위한 핵심적인 재분배 정책이 우선순위에서 부의 창출이나 서비스 현대화 같은 다른 정책에 밀리는 양상을 보였다. 이것은 개인 책임성의 역할에 관심을 더 가지는 것과 같이 그간 건강 불평등 해소와 관련되어 기반을 제공해 온 철학의 변화와 함께 나타났다 (Shaw et al., 1999: 171~182).

그 밖의 수많은 비판들이 현재까지도 남아 있다. 나중에 다시 언급하겠지만, '헬스액션존' 같은 '선도 정책'은 슬그머니 정책 의제에서 빠져 나갔을 뿐 아니라 상대적인 애매함 속으로 사라져 갔다. 파트너십을 통한 건강 불평등의 해소와 관련한 문제도 여전히 해결되지 않은 채 남아 있다. 이미 언급한 바와 같이, 대상의 설정은 '개별적' 관리를 장려하는 경향이 있었다. 따라서 건강 불평등과 관련해 공공 서비스 협약 목표(PSA target)를 충족시킬 책임이 있는 국영 의료 서비스는 (심장병이나 암과 같은) 빈곤층 조기 사망의 주요 원인을 해결하기 위한 서비스 중심 의제에 주력하고 있고, 다른 영역들은 건강의 기저 결정 요인을 개선시키는 노력하고 있는 것으로 추정된다. 많은 정책들(<글상자 3.1> 참조)이 기저 결정인자를 개선시키기 위한 영역으로 보건부의 웹 사이트 목록에 올려져 있고, '행동을 위한 프로그램'은 아동과 근로세액 공제(Child and Working Tax Credits), 공공 및 사회부문 주거지의 질적 향상, 연료 부족 가구 수의 감소, 공공 교통수단의 일부 개선, 국가 성인 문맹 및 계산능력 향상 전략, 뉴딜과 같은 프로그램, 국가최저임금제도(National Minimum Wage)의 도입 등과 같은 프로그램에 의한 역할을 강조하고 있다(DH, 2003: 20~23). 하지만 건강 불평등의 감소에 국영 의료 서비스보다 어떤 활동들이 더 많이 기여하고 있는지 확인할 수 있는 연계된 기전을 가지고 있지는 못하다. 더욱이 전체적으로 개선을 가져온 많은 사업들이 사회경제적 불평등의 의미 있는 변화를 가져오지는 못했다(이에 대해서는 이 장의 뒤에서 다룬다).

〈글상자 3.1〉 중요한 기저 건강 결정 요인의 해소 방안

건강 불평등에 관한 폭넓은 영향력을 제시하기 위한 효율적인 개입의 필요성을 강조한 「애치슨 보고서」에 대한 반응으로 정부에서는 이러한 중요한 결정 요인을 줄이는 정책 사이의 연관성을 어떻게 강화할 수 있을지에 대해 합동검토를 의뢰했다. 여기에서는 건강 결과의 격차를 좁히는 방법이 부서 전반에 걸쳐 합동 정책입안 및 실행을 통해 협동작용을 실시하는 것임을 강조했다. 정부는 건강 불평등의 원인을 줄이는 데 효과를 보이는 분야의 사례로서 다음의 정책을 강조한다.

- 아동 세금 공제 및 근로소득 세금 공제(Child Tax Credit and Working Tax Credit)
- 지역사회 법률 서비스(Community Legal Service)
- 커넥션스(Connexions)
- 범죄 및 장애 파트너십(Crime and Disorder Partnerships)
- 건강 생활 센터(Healthy Living Centres)
- 직업센터 플러스(Jobcentre Plus)
- 학습 및 기술 위원회(Learning and Skills Councils)
- 저임금 위원회(Low Pay Commission)
- 연계 사업(Making the Connections): 운송 및 사회적 추방에 관한 최종 보고서
- 최저소득 보장(Minimum Income Guarantee)
- 국가최저임금(National Minimum Wage)
- 지역사회 관리(Neighborhood Management)
- 지역 재개발기금(Neighborhood Renewal Fund)
- 프로그램 뉴딜 정책(New Deal for Programmes)
- 새 기회 기금(New Opportunities Fund)
- 국영 의료 서비스 구매 및 공급 에이전시
- 지역개발 의제(Regional Development Agendas)
- 리뉴얼네트(Renewal.net)
- 삶의 기술(Skills for Life)
- 지속 가능한 지역사회(Sustainable Communities): 미래를 위한 구축
- 지속 가능 개발 위원회(Sustainable Development Commission)
- 영국 연료 빈곤 전략(UK Fuel Poverty Strategy)

자료: DH, 2003.

결국 중앙 집권화한 재분배의 정치공학에서 개인적 책임 역할에 대한 강조로의 이동은 정부 차원 복지에 대한 정치적 수사(rhetoric)의 상징이 됐다. 사회정의위원회(Commission of Social Justice)에 따르면, 일련의 제안들이 이른바 '제3의 길(Third Way)' 방식을 천명하고 있다.

> 우리는 경제적인 기회의 발판에 문제가 발생하는 시기에 안전망을 복지국가로 전환해야 하며 …… 복지국가는 사람들이 자기발전 및 자활을 달성할 수 있게 해 주어야 한다. 이것은 단순히 동냥하는 것이 아니라 적극적으로 삶에 나설 수 있는 기회를 제공하는 것이어야 한다(CSJ, 1994: 8; Baldock et al., 2003: 21에서 재인용).

이 비전의 핵심은 그들에게 제공된 최적의 기회를 활용하기 위한 개인의 의무와 기회의 평등에 관한 문제이다. 이러한 개별적인 입장은 공중보건 백서인 「건강의 선택: 건강을 위한 보다 쉬운 선택」(HM and DH, 2004)에 명확히 제시되어 있는데, 주요 주제는 생활습관 요인에 대한 개입에 초점을 맞추고 있다. 이것은 정부가 주요 빈곤 대책을 제시하는 방식에서도 명확하게 나타난다. 정부는 사람들이 정당한 노동의 대가를 받고 경제적 자급자족을 달성할 수 있는 기회를 빈곤과 사회적 소외로부터 사람들을 보호하는 주요 전략으로 간주한다(Baldock et al., 2003: 22). 이러한 정책안들은 보편주의와 재분배를 특정 집단에게 목표를 두는 것, 개인주의의 촉진, 결과적 불평등 수용으로 대체하는 경우가 많다. 이에 반해 나중에 다시 살펴볼 정부의 '아동 빈곤 전략(Child Poverty Strategy)'은 높은 평등성을 촉진하고자 하는 진지한 노력을 표방하고 있다. 하지만 아동 빈곤 근절에 대한 포부와 진전을 적극적으로 알리는 것을 제한하고 있어 일부 사람들은 '몰래 하는 재분배(redistribution by stealth)'[6]를 이루려는 것은 아닌가 하는 의혹을 갖고 있다(Dornan, 2005: 17).

여러 가지 관점에서 볼 때 복지 정책에 대한 신노동당 접근법은 자본주의 사회에서 불평등이 불가피한 특성이라는 것을 받아들이고 있음을 보여 준다. 복지의 역할이 권력과 자원의 전체적인 재분배가 아니라 목표로 정하거나 수단이 입증된 개입을 통해 특정 빈곤 한계치 이하의 수준에서 생활하는 사람들을 돕는 것이라는 견해 역시 함축적으로 표방하고 있다. 이러한 견해는 정치적 권리, 그리고 빈곤이 절대적인 현상이라는 가정과 관련되어 있다. 그러나 상대적 빈곤의 측정 수단(예를 들어 아동 빈곤 수준을 모니터하는 접근법)을 사용함으로써 정부 역시 최소 허용 생활기준이 사회 전반에 일반적인 생활기준과 연관을 가져야 한다는 점을 인정한다. 근본적으로 절대빈곤보다 상대빈곤 개념과 관련 있는 건강 불평등의 해소를 위한 공약을 천명할 경우, 이것은 부자와 빈자 사이의 사회경제적 격차를 좁히는 것을 받아들인다는 것일까? 재분배의 필요성은 건강의 사회적 결정 요인과 건강 불평등의 사회적 결정 요인 사이의 특징에 대한 그레이엄의 구분에 명시되어 있는데(Graham, 2004), 그는 사회적 지위의 분배가 변화되지 않는 한 최악의 사회경제적 조건에서 항상 최악의 건강 상태와 조기 사망을 보일 것이라고 주장했다. 이러한 상황에 반해, 정부 정책이 사회의 핵심 자원 분배에서 얼마나 의미 있는 변화를 만들어 내고 있는지를 검토하는 것은 중요하다. 우리는「애치슨 보고서」에 확인된 정책 분야에 대해 기준을 가지고 검토를 진행할 것이다.

「애치슨 보고서」의 권고 사항

1998년에 발표된「애치슨 보고서」는 상당한 연구 기반에 기초하고 있다. 교육 및 운송, 서로 다른 생애 기간, 소수 민족 집단을 포함한 사회

---

6) 중산층의 저항을 최소화하기 위해 신노동당이 빈곤 감소를 위한 재분배를 '조용히 또는 몰래(by stealth)' 추진하고 있다는 주장을 말한다.

집단 같은 정책 부문과 정신 및 구강 건강 같은 정책 분야를 다루는 총 19개의 기초 보고서를 근거로 삼아 조사위원회에 제출한 것이다(Gordon et al., 1999). 건강 불평등에 관해 기술한 이후 조사위원회는 이들 근거를 12가지 주요 미래 정책 개발 분야로 요약했다(<글상자 3.2> 참조). 이것

<글상자 3.2> 「애치슨 보고서」의 권고 사항

- 일반 권고 사항: 건강에 직간접적으로 영향을 미칠 가능성이 높은 모든 정책에 건강 불평등의 영향력과 관련해 건강 영향 평가를 실시하고, 가임여성·임산부·아동의 건강 불평등을 감소시키고 건강을 향상시키는 목적을 가진 정책에 높은 우선순위를 둔다.
- 빈곤, 수입, 세금, 연금: 연금을 받는 가구의 생활수준을 향상시키고, 고용기회를 증대시킨다.
- 교육: 장애아동 학교에 추가적인 자원을 제공하고, 특히 장애아 가정을 위해 수준 높은 미취학아동 교육을 개발하고, 건강 증진 학교(Health Promoting Schools)를 개발하고, 학교에서 제공하는 식품의 영양 상태를 개선한다.
- 고용: 일의 질을 향상시키고, 심리사회적 업무 위험성을 감소시키고, 작업장의 기술 통제, 다양성 적절한 이용 수준을 증가시킴으로써 비고용의 건강 결과를 개선하고 일할 기회를 늘린다. 소득 불평등을 감소시키고 연금을 받는 사람의 생활기준을 향상시키고 수준 높은 보육과 미취학아동 교육을 제공하는 정책을 통해 이 방법을 지원한다.
- 주택 및 환경: 부유하지 않은 사람들을 위한 사회적 주거 제공 능력을 개선하고, 집 없는 사람들을 위한 주거제공 및 건강관리 접근법을 향상시키고, 주거의 질을 개선하며, 범죄와 폭력의 위험성을 낮추고, 소득 불평등을 감소시키며 연금을 받는 사람들의 생활기준을 향상시키는 정책을 통해 이 방법을 지원한다.
- 이동성, 운송, 오염: 공공 운송을 개선하고, 걷기와 자전거타기를 촉진하고, 자동차류의 사용을 감소하고, 교통속도를 낮추며, 연금 수혜자와 경제적 혜택을 받지 못한 집단이 대중교통을 이용할 수 있도록 한다.
- 영양 및 일반농업정책(Nutrition and the Common Agricultural Policy: CAP): 건강 및 건강 불평등에 관한 영양 및 일반농업정책 효과를 포괄적으로 검토하고, 식량 부족을 줄이기 위해 식품 이용 가능성 및 접근 가능성을 키우고 (소득 불평등을 줄이고, 연금을 받는 사람들의 생활기준을 개선하고, 대중교통을 개선하는 정책을

통해 이 방법을 지원하고), 가공 식품의 나트륨 함량을 낮춘다.
- 어머니, 아동, 가족: 물질적 지원을 촉구하고, 업무 방해요인을 제거할 뿐 아니라 하루 종일 자녀양육만 하고자 하는 사람들을 지원하고, 혜택 받지 못한 지역사회를 위한 추가 자원으로 적절한 양질의 육아 및 미취학아동 교육을 제공하는 통합정책을 개발하고, 다른 방법(빈곤 감소, 식량 부족 제거, 학교 영양공급 개선) 뿐 아니라 모유 수유를 촉진하고, 물에 불소 처리를 하고, 임신기간 중 흡연율을 낮추고, 부모의 사회적·정서적 지원을 제공하는 방법을 통해 여성과 아동의 건강 상태를 개선한다.
- 취업 연령의 청년과 성인: 직업 기회와 업무의 질을 개선하고, 자살을 예방하고, 성 건강을 개선하고, 신체운동을 조장하고 흡연을 감소시키고 알코올 관련 위험성을 낮춤으로써 건강한 생활습관을 촉진한다.
- 노인: 소득 불평등을 줄이고 연금을 받는 사람들의 생활기준을 향상시키는 정책을 통해 노인의 물질적 행복을 증진하고, 가정의 질을 개선하고, 기동성, 독립성, 사회적 접촉 유지를 촉진하는 정책을 개발하고, 노인을 위한 건강 및 사회 서비스를 추가적으로 개발해 필요에 따라 이용하고 지원받을 수 있도록 한다.
- 민족: 사회경제적 불평등을 감소시키고 서비스를 개발하고 자원을 배치할 때 소수 민족 집단의 필요성을 특별히 고려한다. 소득 불평등을 감소시키고 연금을 받는 사람의 생활 기준을 개선하고, 일할 기회를 증가시키고 사회적 주택 공급 이용 가능성, 주택의 질, 환경 안전성을 개선하는 정책과 운송정책이 특히 여기에 관련된다.
- 젠더: 젊은 남성의 사고와 자살로 인한 다수의 사망을 감소시키고(고용, 주택 공급, 운송과 정신 건강 및 알코올 남용과 관련된 정책을 통해), 어린 자녀를 둔 혜택 받지 못한 여성의 심리사회적으로 악화된 건강을 개선하고(빈곤을 감소시키고, 사회적 주택 공급 이용 가능성을 개선하고, 일할 기회를 제공하고, 보다 나은 보육을 제공하고, 건강 및 영양공급을 촉진하며, 사회적·정서적 지원을 제공하고, 보다 나은 성 건강을 촉진하는 방법을 통해), 장애와 노인 여성의 장애로 인한 결과를 감소시킨다(빈곤 감소, 환경 개선, 운송 정책, 추후의 건강 및 사회 서비스 개발을 통해).
- 국영 의료 서비스: 요구 사항과 관련해 효율적인 관리를 위한 정당한 접근 권한을 제공하고, 좀 더 정당한 국영 의료 서비스 자원의 배치를 달성하고, 공중보건 척도와 관련해 인구에 대한 개요를 제시하며 건강 불평등을 해소하는 진행 상황을 정기적으로 검토하도록 보장한다.

은 ① 건강에 직·간접적 효과를 나타낼 가능성이 높은 모든 정책에 건강 불평등의 영향력과 관련해 건강 영향 평가(health impact assessment)를 실시하도록 보장하고, ② 가임여성, 임산부, 아동의 건강 불평등을 감소시키고 건강을 향상시키는 것을 목표로 하는 정책에 높은 우선순위를 제공하라는 일반적인 주제들과 함께 39가지 권고 사항의 기초를 제공했다.

보고서의 일부 권고 사항은 그 진행 과정에서 보다 상세하게 고려해야 하는 개별 집단이나 문제에 중점을 두었다. 예를 들어 어머니, 자녀, 가족의 경우, 모유 수유를 확산시키고 여성이 임신하기 전이나 임신기간 동안 담배를 피우지 않도록 도움을 주는 프로그램을 개발하는 정책과 부모와 자녀의 사회적·정서적 지원을 촉진하는 정책을 권장했다.

이러한 분야와 관련된 핵심 정책 사업들의 추후 개발은 '효과적으로 작동하는 것'의 연구 근거와 기존 근거 기반의 한계에 대한 평가와 함께 제5장에 설명할 것이다. 보고서에서 특별히 권고한 정책 중 취업 연령의 청년과 성인을 대상으로 하는 사업은 (자살 방지, 성 건강 촉진, 신체 운동을 조장함으로써 건강한 생활방식 촉진, 흡연 감소, 알코올 관련 위험성 감소를 포함해) 제9장과 제11장에서 다룰 것이며, 노인을 위한 물질적 행복 촉진, 가정의 질 개선, 기동성, 독립성, 사회적 접촉 유지를 촉진하는 정책 개발, 필요할 때 노인이 건강 및 사회 서비스를 이용하고 분배할 수 있도록 하기 위해 이러한 서비스를 추후 개발하는 것을 포함해 노인을 대상으로 한 정책에 대한 보고서 권고 사항은 제13장에서 다룰 것이다. 또한 전체 인구집단 범위에 속하는 영양 공급과 관련된 정책은 제14장을 포함한 몇몇 장에서 논의할 것이다.

독립적 조사위원회에서 작성한 다른 정책 권고 사항은 더 보편적이다. 예를 들어, '소득 불평등을 더욱 감소시키고 사회보장지원금을 받는 가계의 생활수준을 개선하는' 정책은 빈곤, 소득, 세금, 연금, 고용, 주택 공급 및 환경, 영양 및 일반농업정책, 노인, 민족 분야에서 권고된다. 수준 높은 미취학아동 교육을 개발하라는 권고 사항은 교육, 고용, 어머니, 자녀, 가족과 관련해 고려된다. 일할 기회를 증가시키고 비고용인의 건강 문제를 개선하고, 일의 질을 향상시키고 심리사회적 업무 위험성을 감소시키는 정책의 잠재적 영향력은 고용과 관련한 것뿐 아니라 빈곤, 소득, 세금 및 부과급부, 취업연령의 청년과 성인, 민족과 성별에 따라 어떠한지를 다룬다. 그러나 주택 공급 정책 사례는 노인·민족·성별에 따른 측면들을 검토한다. 이러한 주요 공공정책 부문의 국가적 정책 입안(회계, 교육, 고용, 주택 공급 정책)은 다음에 살펴본다.

빈곤, 소득, 세금 및 급여 정책

건강 불평등을 발생시키는 빈곤, 소득, 세금, 급여 등의 역할 근거를 논의하면서「애치슨 보고서」는 절대빈곤과 상대빈곤 모두를 정책 목표로 설정하는 것이 중요하다는 결론을 내렸다. 따라서 지원금에 의존해 생활하는 사람들의 생활수준을 향상시키고 그들의 생활수준과 평균 생활수준 사이의 격차를 좁히려면 급여(현물급여 또는 현금급여)를 증가시킬 필요가 있다(Acheson, 1998: 36).「애치슨 보고서」는 특히 아동과 연금 수혜자가 있는 가족 — 이들은 정부가 추진하는 노동 연계 개혁의 충분한 급여 혜택을 받지 못하는 것으로 알려져 있다 — 에게 혜택을 주는 정책의 필요성을 역설했다.

아동 빈곤 퇴치 전략

1997년 이전까지 20여 년 이상 아동은 영국에서 상대 소득 빈곤 발생률이 가장 높은 집단이었다. 중위 소득의 60% 수준을 빈곤선으로 정의할 때 1997·1998년 아동의 25%가 주거비 포함 소득(Before Housing Costs: BHC)에서 빈곤 상태로 분류됐고, 주거비 제외 후 소득(After Housing

Costs: AHC)을 보면 33%가 빈곤 상태로 살고 있었다. 가장 높은 빈곤 발생률은 한부모 가정에서 나타났다. 즉, 1996·1997년 주거비 포함 소득 분포에서 37.5%, 주거비 제외 후 소득에서 62%의 한부모 가정이 빈곤 상태로 분류됐다(Sutherland et al., 2003). 주거비용이 전체 지출에서 높은 비중을 차지하기 때문에, 주거비 포함 소득보다 주거비 제외 후 소득을 측정할 때 더 높은 빈곤율이 나타난다.

1999년 정부는 한 세대 내에 아동 빈곤을 없애겠다는 의지를 표명했다. 그 이후로 아동 빈곤 전략은 신노동당이 추구하는 사회보장제도의 가장 중요한 단일 정책이 됐다(Deacon, 2003). 2004년까지 아동 빈곤을 25%까지 감소시키고, 2010년까지는 그 절반으로 줄이며, 2020년까지 완전히 근절하는 것을 목표로 했다(HM Treasury, 2001). 아동 빈곤 전략은 특히 건강과 교육에서 부모에 대한 지원 확대와 아동 서비스에 대한 우선순위를 높임에 따라 가정 재정에 더 많은 지원을 제공하는 것(주요 세금 및 연금 개혁)에 입각해 진행됐다. 여기에서는 읽고 쓰기 능력과 숫자 읽기 능력, 건강 결과와 10대 임신을 포함한 효율성을 모니터하는 다양한 척도가 사용됐다(MacGregor, 2003). 이것은 자원 집약적이다. 정부에 따르면 세금 공제를 통한 아동 재정 지원 방식인 아동수당 및 기타 방식은 2004·2005년까지 104억 파운드까지 증가했으며, 이것은 1997년 수준에 비해 72% 증가한 것이다(HM Treasury, 2004a: 33).

직장공제(In-work Credit)는 저소득가정을 위해 오랫동안 계획된 지원 형태이다. 1971년 극빈가족에 대한 국가보조금(Family Income Supplement)이 도입됐으며, 1988년 저소득가구 공제(Family Credit)로 바뀌었다. 1999년 신노동당은 근로가족 세금 공제(Working Family Tax Credits)를 도입해 저소득가구 공제를 대체했다. 이것은 근로가족에 지불할 수 있는 세금 공제이며(일반적으로 봉급 봉투를 통해 직접 지불된다), 저소득가구의 생활수준을 향상시키고 자활을 권장하고 근로 유인을 제공하는 것을 목표로 한다. 이 제도가 폐지될 때까지 1주일에 16시간 이상 일하는 134만 저소득가구에 지원금을 제공했다. 이는 주간 평균 세금을 약 20파운드 감액한 것과 같은 효과를 갖는다(Evans and Cerny, 2003). 그러나 자격을 갖춘 가정의 1/3은 지원금을 청구하지 못했다. 아동양육 세금 공제(Child-care Tax Credit)의 지원 수준은 훨씬 낮았다. 16만 7,000가구만 아동양육 세금 공제를 요청했는데, 이는 평균적으로 가구의 2.5% 세금 삭감과 관련 있는 것으로 나타났다(가정의 최고 납세자, 특히 아버지에게 지불된다).

2003년 근로가족 세금 공제는 근로소득 세금 공제(Working Tax Credit: WTC)와 아동 세금 공제(Child Tax Credit: CTC)로 교체됐다. 전자는 저임금 노동을 하는 자녀가 있거나 없는 성인을 지지할 뿐 아니라 일부 노동 부모에게 특정 보육 경비 관련 보조금을 제공한다. 자산 조사를 통해 이루어지는 후자 역시 전일제 학교에 다니는 아동의 부모와 보호자에게 수당을 제공하는데, 가족수당과 아동수당으로 구성된다(각각의 아동에게 지급). 이 두 가지 공제액의 아동수당은 아동의 주요 보호자에게 지불될 수 있다. 현재 아동양육 세금 공제는 아동을 위한 정부 재정 지원의 큰 부분을 차지하고 있다. 이러한 누진적 구조는 가장 큰 범위로 가장 가난한 가정에 이익을 주는 것을 의미한다. 재정부에 따르면, 65% 이상의 중·저소득층 가정은 이전의 세금 공제 제도보다 아동 세금공제의 적용을 받으며, 세금 및 공제 개혁 결과로 인구의 1/5에 해당하는 가장 가난한 가정은 노동당이 처음에 집권했을 때보다 2004년에 실제적 가치로 연간 3,000파운드 더 부유해진 것으로 나타났다(HM Treasury, 2004a: 33).

근로소득 세금 공제 제도와 아동 세금 공제를 도입하기 전에도 이러한 정책은 국민보험기부금(National Insurance Contributions)과 저소득 노동자의 세금 수준을 낮추는 것과 함께 가난한 가정의 소득에 긍정적 영향을 미치는 것으로 나타났다. '가족 및 아동 연구(Families and Children Study: FAC)'의 일부로 실시된 조사에서 1999년과 2001년 사이에 노동가정과 비노동 가정 모두 가처분소득에서 순이익을 얻은 것으로 나타났다. 이 기간 동안 비노동 가정의 심각한 빈곤 상황 수준도 감소했다(Vegeris and Perry, 2003). 그럼에도 불구하고 재정적 어려움과 물질적 빈곤은 저소득 가정에서 일반적으로 나타났다. 중·저소득층 가정(사회보장지원금과 세금 공제를 받을 자격이 되는 소득을 가진 가정)에 중점을 둔 2000년 '가족 및 아동 연구'에서는 전체 가정의 56%가 물질적 생활의 9가지 영역에서 심각하거나 보통 수준의 어려움을 겪고 있는 것으로 나타났다. 비노동 가정은 특히 상황이 어려웠는데, 33%는 심각한 가난을 경험했고 42%는 보통 수준의 빈곤을 겪는 것으로 나타났다. 상당수의 저소득층 가정은 허름하고 비좁은 주거와 같은 어려운 문제로 고생하고 있는 것으로 나타났다. 한부모 가정은 특히 취약한 상태였다(67%가 어려운 생활을 하고 있었다). 주택 문제, 식량과 의류 수급의 어려움, 내구 소비재 확보의 어려움, 레저 활동, 돈 문제는 전체 한부모 가정의 1/4 정도에 각각 영향을 미치는 것으로 나타났다(Vegeris and McKay, 2002).

2001년 '가족 및 아동 연구'는 심각한 생활의 어려움은 감소했지만 극저소득층 가정에서 직면한 어려움을 확인했다. 저소득 한계치 이하 수준 가정(중간소득층의 60%) 가운데 22%는 한계치 이상의 가정 4%에 비해 심각한 생활의 어려움을 보였다. 영국의 네 가정 가운데 한 가정은 저소득 한계치 이하의 수준인 것으로 나타났다. 비노동 가정의 72%, 즉 한부모 가정의 47%, 부부로 구성된 가정의 15%가 공식적으로 가난한 것으로 나타났다. 가난한 가정에서 저소득으로 고생하는 범위는 부채액 수준에도 반영됐다. 2002년 중반 총소득이 연간 7,500파운드에서 1만 5,000파운드 사이인 가정의 34%는 재정적으로 채무가 남아 있는 것으로 나타났다. 그 다음으로 높은 채무 비율(26%)은 연간 소득이 7,500파운드 이하인 극빈곤 가정에서 나타났다(Kempson et al., 2004).

재정적 어려움과 물질적 부족이 저소득층 가정에서 공통적으로 나타난다는 사실은 빈곤선이 기초생계 보조 수준보다 위에 있음을 말한다. 그럼에도 정부가 자녀가 있는 가난한 가정의 절대소득을 증가시키기 위한 중요한 단계를 밟고 있는 것이 확실하다. 아동 빈곤에 관한 공공 서비스 협약 목표에 부합하기 위한 과정이 광범위하다는 사실은 (상대소득 측정을 기준으로 한) 정책이 재분배적인 성격을 가짐을 보여 준다. 1998·1999년과 2003·2004년 사이 주거비 비포함 기준 빈곤에서 생활하는 아동의 숫자가 310만 명에서 260만 명으로 감소하고 주거비 포함 기준 빈곤에서 생활하는 아동의 숫자가 410만 명에서 350만 명으로 감소했다(DSP, 2005c). 이런 장기적 경향의 반전은 실질소득이 급속히 증가하는 (그에 따라 빠르게 이동하는 빈곤 대상) 가운데 이루어졌으며, 전체 소득분포의 길이는 우측으로 이동하고 있다(Stewart, 2005).

이것은 매우 긍정적인 경향이며, 정부가 낮은 소득세에 지속적으로 중점을 두기 때문에 "과거 보수당보다 부자와 빈자 사이의 소득 재분배에 더 많은 관심을 보이지 않는다"(Brehony and Deem, 2003: 193)는 일부 주장과는 다름을 보여 준다. 가장 높은 소득자와 가장 낮은 소득자의 차이를 고려할 때 소득 분포의 상위 10%가 하위 10% 총액보다 4배 더 많이 벌어들였던 1990년 이후 그 격차가 좁혀지고 있다는 근거가 제시되고 있다(Church and Whyman, 1997). 2003년 상위 소득 십분위 수는 하위 소득 십분위 수 총액의 3.5배를 획득한 것으로 나타났다(ONS 자료). 그러나 전반적 소득 양극화가 감소하였으나 수많은 부정적인 경향이 나타났다. 인구의 1/10에 해당하는 가장 가난한 인구가 국가소득에서 차지하는 비율은 1994·1995년과 2001·2002년 사이에 2%로 지속된 반면 가장 부유한 1/10에 해당하는 인구가 차지하는 비율은 27%에서 29%로 증가했다(Flaherty et al., 2004). 자녀가 없는 노동 연령 가정의 상대빈곤율은 1997년 이후로 계속 증가했다. 결국 부는 소득보다 덜 공평하게 분배되며, 가장 부유한 10%의 인구는 2002년 국가 부의 56%를 소유하는 것으로 나타났다(1996년도 52%와 비교해서 노동당이 정권을 잡은 이후로 가장 높은 양극화 경향을 나타내고 있다). 추정치에서 주택 공급을 제외하는 경우 시장성이 높은 부는 훨씬 더 비대칭적이며, 2002년 가장 부유한 10% 인구는 국가 지분의 75%를 소유하는 것으로 나타났다(ONS 자료).

따라서 정부의 빈곤·소득·세금·연금 정책에 관해 대립되는 양상이 나타났다. 한편으로 자녀가 있는 극빈가정에 관한 지원에 크게 중점을 두고 있으며, 절대적 수준에서 저소득을 개선함으로써 소득의 격차를 줄이고 있다. 그러나 임금 불평등의 지속적 증가 같은 다른 요인으로 인해 (이에 따라 상위층의 소득이 지속적으로 급속도로 증가했다), 전반적인 소득 불평등 수준은 상당히 안정적으로 유지되고 있다. 더욱이 노동당이 정권을 잡은 이후로 부의 분배는 더욱 불평등해졌다. 또한 (절대빈곤은 감소하지만 불평등이 유지되거나 증가하는) 양상은 다른 연령 스펙트럼에서도 명확히 나타난다.

연금 정책

연금 수혜자의 지위는 1979년에서 1996·1997년 사이의 사회 상황보다 상대적으로 향상됐다. 그럼에도 불구하고 노년 시기에 상당한 소득 빈곤을 겪는다. 2002·2003년 연금 수혜자의 1/5은 (보통 수준 소득의 60% 이하 소득으로) 빈곤한 생활을 했으며, 15%는 이 수준을 겨우 넘겼다(Evandrou and Falkingham, 2005). 하위 3/10의 소득으로 적어도 3년간 소비해야 하는 연금 수혜자들은 노동 연령인구보다 가난한 생활이 지속될 위험성이 훨씬 높다. 1998년과 2001년 사이 연금 수혜자의 18%는 노동인구의 약 7%와 비교해서 지속적인 빈곤을 경험하고 있는 것으로 나타났다(Flaherty et al., 2004).

연금 수혜자의 전반적 지위는 보수당 집권 시기에 개선됐지만, 연금 수혜자 사이의 빈부 격차는 상당히 벌어졌다. 부의 분배는 노년기에 드러난다. '아동 빈곤 행동 집단(Child Poverty Action Group)'에 따르면, 소득 분포 하위 1/5에 속하는 연금 수혜자 부부는 2001·2002년 매주 평균 136파운드를 받았고, 상위 1/5에 속하는 부부는 498파운드를 받은 것으로 나타났다. 단일 연금 수혜자를 보면, 하위 1/5은 71파운드를 받고 상위 1/5은 238파운드를 받았다. 이런 차이는 주로 직업연금으로부터 받는 소득을 반영한다. 2001·2002년 소득 분포의 하위 1/5의 절반 이상은 직업연금을 전혀 받지 못했는데, 이는 전체 연금 수령 부부의 43%와 전체 단일 연금 수혜자의 27%에 이른다. 특정 집단은 특히 연금 수혜 권리를 잃기 쉽다. 여성은 육아의 책임으로 인해 노동시장에서 벗어난 기간이 남성보다 길다. 또한 최근에 은퇴한 사람이 개인연금을 받을 가능성이 높은데, 노인집단에는 여성이 더 많기 때문에 나이가 많은 연금 수혜자가 최근에 은퇴한 사람보다 소득이 더 낮다. 소수 민족 연금 수혜자도 노동 연령 기간 동안 무직으로 저임금을 받을 확률이 높고, 대다수는 노동 연령 중반에 영국에 왔기 때문에 빈곤할 가능성이 높으며, 이에 따라 완전한 권리를 받을 수 없다(Flaherty et al., 2004).

부를 고려할 때 (주택 공급을 제외한 절약 및 투자로 정의된) 부유한 노인과 가난한 노인 사이에 존재하는 틈이 더욱 두드러지게 나타난다. 회계 연구소(Institution of Fiscal Studies)의 '영국 가구 패널 조사(British Household Panel Survey: BHPS)'에 따르면 하위 5분위의 60세 이상 연령 가정의 순수 재정적 부는 상위 5분위의 부 수준의 겨우 1/8인 것으로 나타났다. 이 통계수치는 '영국 가구 패널 조사(BHPS)'의 평균 수치를 기준으로 한 것이다. 중앙값은 가장 부유한 1/5이 가장 가난한 1/5의 인구보다 25배 이상인 불평등 상태를 나타낸다(Brook Lyndhurst Ltd, 2004). 이런 양극화 수준은 1970년대와 1980년대 초반에 비해 현저하게 대조적인 것인데, 대다수 노인이 가난하기 때문에 영국은 다른 유럽 국가보다 노인 사이의 소득 불평등이 낮은 것으로 나타났다(Victor, 1991: 38). 1980년대 이후로 상당한 비율의 부유 노인층이 활동적으로 생활하고 삶을 즐기는 사람들로 부상했다. 이런 사회경제적 변화는 이 연령집단 내 건강 변화 수준에 중요한 의미를 갖는다.

빈곤을 퇴치하는 데 중점을 두는 일환으로 노동당 정부는 연금 수혜자에게 재정적으로 유리하고 연금 수혜자의 빈곤을 퇴치하기 위해 고안한 수많은 정책을 도입했다. 여기에는 겨울 연료수당, 75세 이상 노인의 무료 텔레비전 시청권, 연금 및 급여 변경 등이 포함된다. 1999년에는 연금 수혜자를 위한 소득지원(Income Support)이 노동기록을 가지고 있는 모든 연금 수혜자를 위한 최저소득보장제도(Minimum Income Guarantee: MIG)로 이름을 바꿔 시행됐으며, 그 급여 수준은 유의하게 증가했다. 예를 들어, 단일 연금 수혜자를 위한 지원이 1997년 68.80파운드에서 2003년 4월 100파운드로 증가했다. 또한 정부는 2000년 이후 가격보다 소득에 맞춰 지원을 증가시키고자 노력했다. 그러나 제한된 수혜 규모로 인해 효율성은 감소했다. 연금 수혜자의 최대 37%가 2001·2002년 자산 조사에 기반을 둔 지급액을 청구하는 데 실패했으며, 이들의 대다수는 75세 이상이고 소득 분배의 하위 1/5에 속하는 것으로 나타났다(Evandrou and Falkingham, 2005). 최저소득보장제도는 자신의 은퇴를 준비해 온 사람들이 불이익을 받도록 제도를 설계됐기 때문에 그들의 절약에 대한 의욕을 꺾는 것으로 나타났다(제7장 참조).

공공정책연구소(Institute for Public Policy Research)는 기본 연금을 최저소득보장제도 수준까지 증액해야 한다고 주장했지만, 이것은 2003년 연금 신용(Pension Credit)[7]으로 교체됐다. 이것은 자산 조사의 추가 확대적인 성격을 가지지만 소규모 절약에 약간의 보상을 제공한다. 따라서 새로운 시스템은 소득지원, 주택 급여(Housing Benefit), 지방세금 공제제도

---

7) 근로소득 및 기본 연금 등을 포함한 소득과 적정 소득의 차액만큼 지급.

(Council Tax Benefit)의 적용을 받을 자격이 있는 연금 수혜자의 수를 증가시키며, 완전한 연금을 받을 자격이 있고 적절한 저축을 지속해 온 연금 수혜자에게 추가 소득을 제공한다. 2004년 4월 한 개인에게 보장된 연금 신용은 매주 105.45파운드였는데, 이것은 평균 소득의 약 25%에 해당하고, 소득과의 연계가 유지되는 경우 기본 연금과 유사하다(Evandrou and Falkingham, 2005).

연금 신용의 도입에는 연금 인식 증가와 급여 청구에 관한 보다 순향적인(proactive) 접근방식에 대한 요구가 수반됐다. 예전에는 연금 수혜자의 상대적 빈곤이 유의하게 개선되지 않았지만, 절대적 빈곤수준에 따른 빈곤 생활자의 수는 감소했다. 연금 신용의 시행 이후 상대 빈곤도 감소했지만, 65세 이상 노인의 1/5에 미친 영향은 거의 없었다. 연금 수혜자들 사이에도 여전히 큰 격차가 존재하는 것으로 나타났는데, 여성과 소수 민족 수혜자는 심각한 빈곤에 직면해 있다. 노동연금부(Department for Work and Pensions: DWP)는 연금 신용을 받는 사람을 2006년까지 적어도 300만 명으로 늘린다는 목표를 가지고 있다. 그러나 제시한 대상 획득 비율 72%는 100만 명 이상의 저소득 연금 수혜자가 여전히 연금 신용의 혜택을 받지 못하고 있음을 의미한다(Evandrou and Falkingham, 2005).

요약하면, 정부는 연금 수혜자 사이의 절대 빈곤 수준을 감소시키기 위해 의미 있는 조치를 취해 왔으며, 상대소득 빈곤생활자 수도 최근 몇 년간 감소했다. 이에 반해 새로운 연금 자격의 취득자 수의 증가는 상대적으로 미미한 것으로 나타났다(일부에서는 자산 조사에 기반을 둔 방식보다 보편적 급여가 이 집단에 더 적합하다고 제안하고 있다).

일부 새로운 계획은 덜 부유하지만 가장 가난하지는 않은 연금 수혜자를 대상으로 실시되며, 세금면제와 같은 다른 계획은 이미 부유한 사람들에게 유리하도록 만들어졌다. 예를 들어, 연금 수혜자의 세금면제에 소비된 90억 파운드 가운데 절반 이상은 인구 가운데 가장 부유한 10%

가 수령하는 것으로 나타났다(Flaherty et al., 2004). 노인 사이의 소득 양극화 증가의 근본적인 원인(즉, 공공부문에서 개인부문으로 연금 제공 전환)은 블레어 노동당 정부하에서 가속화됐으며, 가난한 연금 수혜자를 지원하기 위한 개혁을 필요로 하고 있다. 특히 부유한 사람의 전반적인 소득 증가가 나타나고 있으며, 연금 수혜자와 취업 연령자 사이의 소득 격차를 좁히기보다 가난한 연금 수혜자의 소득이 전체 인구의 소득 대비 수준을 단순히 유지하는 것으로 나타났다. 따라서 기본적인 빈곤율을 줄이기 위한 과정이 진행되고 있지만 이 집단에서 소득 불평등의 감소는 별 진전을 보이지 못하고 있다.

교육 정책

1997년 총선 캠페인 기간 동안 토니 블레어는 신노동당 정부의 세 가지 최고 상위 우선과제를 '교육, 교육, 교육'이라고 거듭 강조했다. 정권을 계속 유지하기 위해 신노동당 정부는 교육이 최고의 우선과제이며 거의 모든 교육 분야에서 많은 정책과 변화가 나타나게 하겠다는 약속을 확실히 지켜 왔다(Walford, 2005). 교육 예산도 증가했다. 교육에 지출된 GDP 비율은 대다수 경제협력개발기구(OECD) 국가에 비해 여전히 낮았지만, 2007·2008년까지 GDP의 5.6% 수준으로 증가시키는 계획이 수립됐다. 하지만 이것은 스웨덴과 덴마크의 8% 수준에 비하면 여전히 낮은 수준이다(McKnight, 2005).

빈곤, 소득, 세금, 연금 등과 마찬가지로 정부의 교육전략은 건강 불평등을 해소하는 데 도움이 되는 복합적인 정책들로 구성되어 있다. 정부의 정책들은 명확히 불평등을 감소시키고 혜택을 받지 못한 사람들에게 더 나은 교육기회를 제공하는 것을 목표로 했다. 그러나 이 정책들은 선택과 경쟁을 강조하고 새로운 공공 관리 책임 방식을 활용하는 예전

보수당 정부의 교육정책 프레임과도 강한 연속성을 가지고 있다(Taylor et al., 2005). 이것은 불평등보다는 차별에, 그리고 사회정의보다는 경제적 경쟁력에 더 많은 관심을 가진다는 것을 의미한다(Brehony and Deem, 2003). 그러므로 정부의 선택 안건과 빈곤 및 궁핍의 영향을 제거하고자 하는 노력 사이에 긴장이 존재하는데, 이것은 신노동당의 교육정책에 대한 우리의 평가에서 관심을 가지고 볼 주제이다.

조기교육 및 보육

제4장에서 논의하겠지만, 심리학적·신경학적 연구를 통해 어린 시기의 긍정적 자극이 지속적으로 효과가 있다고 입증됐다. 이 연구 결과는 가정 외 보호(out-of home care)와 취학 전 아동 교육이, 특히 혜택을 받지 못한 환경에서 자라는 아동의 사회적·행동적·인식적 성과를 유의하게 개선할 수 있음을 보여 주는 몇 가지 유명한 국제적 연구 결과에 의해 지지되고 있다(제5장 참조). 이런 배경하에서 신노동당 정부는 개혁 안건에서 조기교육을 중요하게 다루었다. 재무부에서 주도한 어린 아동을 위한 서비스 현안 검토에서 '슈어 스타트 사업'의 개발을 제안했다(이 장 뒷부분 참조). 보육 재정 지원은 근로가족 세금 공제, 최근에는 근로소득 세금 공제와 아동 세금 공제를 통해 저소득가정에 적용 가능한 것으로 나타났다. 확실한 커리큘럼 지침에 따라 3세부터 5·6세 아동을 위한 기초 과정이 마련됐으며, 모든 3세와 4세 아동을 위한 무료 파트타임 보육원이 도입됐다. 이것은 법정 보육원, 초등학교의 보육 수업, 개인 및 자원 부문 탁아소와 보육원에서 이용 가능한데, 단 국가적으로 공인된 기준에 부합하는 것을 전제로 했다(Sylva and Pugh, 2005).

따라서 정부는 직접적인 국가 제공에 의존하기보다 규제 프레임워크 내에서 조기교육과 보육에서의 혼합경제방식(mixed economy)[8]을 권장했다. 재원 역시 민간과 정부 모두에 의해 이루어진다. 취학 전 교육은 연간 33주 동안 매주 12.5시간씩 모든 아동에게 실시됐다. 2002·2003년 지역 당국은 무료 보육원 교육 장소를 제공하는 데 25억 파운드를 지출했다. 이러한 제공 이외 조기 지원이 보육과 주로 개인적인 문제로 처리됐다. 2002·2003년 보육 서비스 개발을 지원하는 데에는 교육기술부(Department for Education and Skills: DfES)와 슈어 스타트 기금 6억 8,000만 파운드가 투자됐으며, 아동양육 세금 공제를 통해 3억 1,500만 파운드의 추가 기부금이 제공됐다. 하지만 큰 규모의 자금 제공은 부모들에 의해 이루어졌는데, 30억 파운드가 아동보육비용으로 지출됐다(NAO, 2004).

재원 조달과 서비스 제공에 혼합경제방식을 택한 정부 방침은 공공-민간 파트너십이 '선택과 융통성, 이용 가능성, 품질과 유지 가능성'을 얻는 최선의 수단을 제공한다는 믿음을 반영한다(HM Treasury, 2004b). 그러나 특히 혜택을 받지 못한 아동을 위한 서비스의 유지 가능성, 이용 가능성, 품질에 대한 이런 전략의 함축적 의미에 의문이 제기되어 왔다. 예를 들어, 상대적으로 적은 수의 저소득층 부모들은 육아 비용 지원을 통해 혜택을 얻어 왔다. 하지만 감사원(National Audit Office)에 따르면 자격이 있는 부부의 15%와 한부모의 4%만 근로소득 세금 공제 형태로 육아 지원금을 받는 것으로 나타났다(NAO, 2004; Sylva Pugh, 2005에서 인용). 근로소득 세금 공제의 육아 지원금을 통한 평균 보상금(주당 약 50파운드)은 2004년 주당 평균 128파운드를 지불해야 하는 보육원의 육아비용보다 훨씬 낮았다. 저소득가정의 부모들도 대부분의 다른 유럽 국가들보다 훨씬 높은 양육비용을 개인적으로 부담한다. 따라서 많은 사람들이 비공식적인 보육에 의존한다는 것은 전혀 놀랄 일이 아니다.

보육지원금의 증가로 근로소득 세금 공제의 지속 가능성이 문제로 제기되고 있으며(제5장), 이 방법은 일을 하지 않거나 제한된 시간만 일하

---

8) 기업이나 개인 같은 민간 경제주체의 역할과 국가의 역할을 혼합한 모형.

는 사람들을 돕는 데 여전히 실패하고 있다. 그리고 조기교육 시설의 이용 가능성에 대한 문제는 여전히 남아 있다. 또한 교육과 보육지원금을 구분할 필요가 있다. 정부 전략은 취학 전 교육의 확대를 조장한다. 1997년 지역 당국에서는 자체 예산으로 4세 아동의 82%를 위한 장소와 3세 아동의 34%를 위한 장소를 제공했다(NAO, 2004: 21). 2005년까지 4세 아동의 100%와 3세 아동의 98%는 지속적으로 지원자 또는 개인 제공자를 통해 일주일에 적어도 한 가지 무료 조기교육 수업을 받는 것으로 나타났다(DfES, 2005a). 그러나 대다수 설정은 2시간 반 동안의 무료 조기교육 장소 제공을 넘어서 서비스 제공을 확대하지 않는다는 점을 명심하는 것이 중요하다. 따라서 전일제 보육장소 규정에 따라 상당한 부족분이 존재한다.

예를 들어, 빈곤 지역과 빈곤하지 않은 지역의 서비스 제공 간에는 유의한 차이가 존재한다(NAO, 2004). 이 격차는 2001년 이후로 좁아졌지만, 정부의 지역보육사업(Neighbourhood Nursery Initiative)은 문제에 직면했다(가장 빈곤한 지역과 빈곤 지구 20%에 2004년까지 4만 5,000개의 새로운 보육장소를 만들기로 목표를 세웠지만, 2003년 10월까지 1만 700개의 장소만이 추가적으로 제공됐다). 이것은 부분적으로는 자금 지원 배정의 복잡성에 기인한다(NAO, 2004). 착수 자금만 제공하고 3년 이내에 자급자족할 것으로 예상된 여러 지역보육원(Neighbourhood Nurseries)은 재정적 지속 가능성 문제로 인해 민간 부문에서 대출받는 데 실패했다. 지속 가능한 서비스의 제공보다 새로운 서비스의 제공을 촉진하는 목표 설정 경향 역시 특히 보육 담당자 사이에서는 보육 부문의 높은 사업 중단율과 관련이 있는 것으로 인식되고 있었다.

여러 가지 도전 과제는 '아동 보호 10개년 전략(Ten-year strategy for childcare)'에서 확인할 수 있다(HM Treasury, 2004b). 총 3,500개의 아동 센터(Children' Center)가 설립될 예정인데, 이 센터들은 가장 혜택 받지

못한 지역의 통합 제공자(보다 직접적인 자본금 지원)와 다른 분야에서 조정자의 역할을 수행한다. 어쩌면 보편적인 조기교육이 질 낮은 서비스가 될 가능성을 염려해 2005년 주당 15시간의 무료 파트타임 조기교육 자격을 인정하는 것에서 2008년까지 38주 동안 주당 20시간의 자격을 인정하는 것으로 규정을 상향 조정했다. 하지만 이러한 서비스의 제공은 지속적으로 다양한 개인 및 자원봉사자에게 의존할 것이다. 제4장에서 논의하겠지만, 이 접근법이 최고 품질의 서비스를 나타내는 범위에 대해 문제가 제기된다. 조기교육은 전문적인 분야이며, 영국 외의 몇몇 교육 시스템에서는 학사 수준의 훈련과 전문적인 개발의 지원을 받는다. 그러나 영국의 경우 보육원 노동자의 절반 미만과 일일 보육원 직원의 50%만 (학사 수준에서 약간 떨어지는) 국가직업자격시험(National Vocational Qualification: NVQ) 수준의 자격이 있는 것으로 나타났다. 초등학교 내에 있는 리셉션 학급 내에서 완벽하게 자격을 갖춘 교사들조차 아주 어린 아동을 돌보는 교육을 받지 않았을 수도 있다. 따라서 미취학 아동(특히 혜택 받지 못한 아동)의 사회적·행동적·인식적 결과를 최상으로 향상시켜야 할 필요가 있는 교육은 반드시 선택 의제에 의해 수행될 필요는 없다.

조기교육 및 보육 서비스는 굉장히 발전했지만, 국제적인 근거는 양질의 지속 가능하고 이용 가능한 서비스가 공공-민간 파트너십에 의존하는 전략보다 높은 수준의 국가 개입과 더 밀접한 관련이 있음을 보여준다. 북유럽 복지국가는 조기교육과 보육을 개발하기 위해 영국 정부에서 사용한 접근법과 크게 대비되는 방식을 사용한다. 북유럽 국가에서는 육아휴가, 보육지원금에 대한 일반적인 권리, 발달상 적절한 관행에 대한 강조, 높은 수준의 공공 부문 서비스 제공이 복지 제도에 확실하게 포함되어 있다.

예를 들어 스웨덴의 경우, 양질의 육아 서비스는 보편적이며, 공공재로 간주된다(Quarmby, 2003). 2003년까지 미취학 아동을 담당하는 교사는 집중적인 3년 기간의 대학 수준 프로그램에 의해 훈련되고 있으며, 이를 통해 조기에 특정 전문지식을 갖춘 우수한 능력을 가진 노동력이 생성됐다(Lohmander, 2004). 또한 미취학 교육의 실질적인 실행률이 높다. 1세부터 5세까지의 보육은 부모가 직장에 다니거나 특별한 관리가 필요한 아동을 위해 하루 종일 제공되며, 부모가 직장이 없는 아동에게는 주당 최대 15시간 허용된다. 보육원은 많은 지원금을 받으며, 조기 보육이 아동 발달의 중요한 부분을 차지한다는 사실이 광범위하게 받아들여지고 또한 재정적으로도 충분히 지원이 이루어져, 그 결과 3세 미만의 아동도 높은 수준의 서비스를 받게 된다. 2000년 1세 아동의 36%와 2세 아동의 67%는 푀르스콜라(förskolar)9)에 다니고 있고 대다수는 공공 부문 서비스를 이용하는 것으로 나타났으며, 1세 아동의 6%와 2세 아동의 11%는 보육 담당자들의 보호를 받고 있다. 가정에서 혹은 보육 담당자들이 돌보는 아동은 교육 집단 프로그램에 참가하기 위해 개방형 푀르스콜라에 다닐 수도 있다(Swedish Institute, 2001). 영국의 경우, 직업이 없는 부모의 3세 이하 자녀는 현재 정식 보육을 받을 자격이 없다. 영국에는 스웨덴의 개방형 푀르스콜라에 해당하는 것이 없으며, 일부 사람들은 현재의 조기교육 서비스 제공의 확대가 조기교육 정책이 중요하다는 인식 때문이 아니라 부모들을 일자리로 돌아갈 수 있게 하려는 희망에 의해 추진되는 것은 아닌지 의문을 제기한다.

물론 영국은 전통적으로 스웨덴보다 아동 조기교육에 상당히 적은 비용－스웨덴은 GDP의 2%, 영국은 GDP의 0.3%－을 지출했다(Quarmby, 2003). 그러나 새로운 보육 전략은 조기교육과 보육에 현재의 99억 파운드에 추가적으로 연간 6억 파운드를 배정했으며(Burke, 2005), 조기교육 지출액을 GDP의 0.9%로 설정했다. 이것은 인상적인 증가이다. 그러나

---

9) 스웨덴 어로 'pre-school'을 뜻한다. 스웨덴의 취학 전 보육시설.

상대적으로 자금 지원금이 적은 시스템에서 (스칸디나비아에서와 같은) 변화를 나타내기에는 충분하지 않을 수도 있다. 데이케어 트러스트(Daycare Trust) 및 사회적 시장 재단(Daycare Trust and Social Market Foundation)의 연구는, 보편적이고 지속 가능하고 이용 가능한 조기교육과 보육이 부모의 취업과 아동의 장래 생산성의 향상을 통해 연간 GDP의 약 1~2%의 장기적인 경제적 혜택을 가져온다고 주장한다(Price Waterhous Coopers, 2004). 그러나 이것은 정부 지출을 2010년까지 200억 파운드로, 2020년까지 300억 파운드로 증가시키는 것을 필요로 한다. 현재의 제안서를 기준으로 할 때 이런 재정 투자가 이루어질 가능성은 없다.

초등학교 및 중등학교 교육

빈곤 및 사회적 어려움의 영향에 대항하고자 하는 희망과 선택 의제를 추구하는 일 사이의 긴장은 초등학교 및 중등학교 교육에서 더욱 심각하게 나타난다. 제8장에서 논의하겠지만, 사회경제적 수준에 따라 교육성과의 차이가 나타나고 있다. 더욱이 유사한 능력을 가지고 있는 아동이 사회경제적 배경에 따라 학교를 거치면서 분화되고, 교육제도가 높은 사회정의를 성공적으로 증진하지 않는 것으로 나타난다. 정부는 낮은 사회적 포부, 높은 학생 이동률, 심각한 빈곤 또는 결손 공동체와 같은 요인들이 교육의 성과에 미치는 제약을 인정한다(Barber, 2002; Brehony, 2005에서 인용). 혜택을 받지 못한 사람들에게 보다 나은 교육 기회를 제공하고자 하는 목표를 가진 정책은 학교자금 지원체계의 개혁을 포함하므로 가장 빈곤한 인구를 가진 지역 당국이 감당해야 할 몫이 더 증가하고, 이렇게 어려운 조건에서 중등학교에 대한 추가 지원금이 도입된다 (McKnight, 2005). 신노동당의 주요 지역 기반 사업 가운데 두 가지도 교육에 중점을 두고 있다(제9장 참조). 1998년 73개 '교육액션존(Education Action Zones: EAZs)'이 설립되어 혜택 받지 못한 지역의 성취도를 개선하기 위해 학교, 지역사회, 기업의 영향력을 한데 모았다. 그 이듬해 '교육 액션존'은 '지역 엑셀런스 프로그램(Excellence in Cities Programme)'으로 통합됐다. 이것은 지리학적으로 더 광범위하게 적용되며(지역 교육기관과 학교의 1/3에 해당), 더 큰 규모의 자금 지원을 받으며, 재능이 있는 아동을 위한 특별 프로그램을 포함한 더 규범적인 프로그램을 제공하며, 문제 학생에 대한 더 많은 학습 지원반(Learning Support Units)과 아동을 위한 학습 멘토 서비스 프로그램을 제공했다. 교육기술부는 이들 프로그램이 도심 내에서 성과를 높이는 데 도움이 됐다고 주장했지만, 다른 연구에 서는 프로그램의 영향력에 대해 보다 다양한 견해들을 밝히고 있다 (Tomlinson, 2005).

교육 문제를 해소하기 위한 사업의 잠재적 가능성을 제한하는 한 가지 요인은 지속적으로 진행되고 있는 교육의 시장화가 사회와 교육 영역의 양극화를 증가시킨다는 사실이다(Mortimore and Whitty, 1997; Lauder et al., 1999; Thrupp, 1999; Gibson and Asthana, 2000). 잉글랜드 정부 정책(스코틀랜드, 웨일스, 북아일랜드는 서로 다른 접근법을 채택했다)의 요점은 선택과 경쟁을 통해 학교 개선을 촉진하는 것이다. 이것은 보수당 정부에서 확립한 교육 프로젝트를 지속하면서 다양한 형태의 학교를 설립하는 동시에 학교별 성적순 발표, 학교 '선택', 전문가 육성 학교 프로그램 확장, 민간 자금과 영향력 확대 같은 방식으로 학교 간의 시장 경쟁을 만들어 오고 있다(Tomlinson, 2005: 156).

백서 「엑셀런스 인 스쿨(Excellence in Schools)」(DfEE, 1997)은 공립학교와 그래머 스쿨(grammar school)은 따로 두는 것으로 '선택'을 지속하면서 전문가 육성 대학의 설립을 통해 차별화를 지원했다(Brehony and Deem, 2003). 이것은 백서 「학교: 성공의 성취(Schools: Achieving Success)」(DfEE, 2001), 2003년 전략 문서 「신전문가 체계(A New Specialist System: Transforming Secondary Education)」(DfES, 2003a), 2005년 백서 「표준의 향상, 모두를 위한

좀 더 나은 학교(Higher Standards, Better Schools for All: More Choice for Parents and Pupils)」(DfES, 2005c) 등에서 더욱 확대됐다. 이것을 비롯한 다른 사업의 결과로 신노동당 정부는 학교 다양화를 이전의 보수당 정부에 의해 이루어진 범위 이상으로 확대했다. 행정적 조치를 통해 정부는 지역 교육부(Local Education Authority: LEA) 관할 종합학교(LEA-Controlled Comprehensive Schools), 재단, 자발적 지원학교, 그래머 스쿨 및 독립학교, 비컨학교(Beacon School), 훈련학교(Training School), 연합(Federations), 리딩 앳지 파트너십 학교(Leading Edge Partnership Schools), 전문가학교, 도시학교 등을 설립했다. 이 전략의 공통적인 특성은 민간 및 공공의 역할을 모호하게 하는 것이다. 따라서 지역 교육부의 역할은 감소했으며, 도시학교와 같이 일부의 경우 학교 통제는 상업 및 비영리 기관에 넘겨졌다(Taylor et al., 2005). 교육성과에 관한 전략이 어떤 영향을 야기할 것인지 불확실한데도 이러한 다양화 및 국가로부터의 독립 모델은 국가 전역으로 확대됐다. 따라서 2005년도 백서(DfES, 2005)는 학부모 집단, 자선단체, 대학, 종교집단, 기업을 통해 학교가 설립될 것이며, 지역 교육부의 역할은 제공자에서 조정위원으로 변경될 것임을 명시하고 있다.

다양화의 촉진은 국가 커리큘럼 도입과 목표, 검사, 테스트, 성과통계 발표와 관련한 제도를 통해 표준 수준을 달성하려는 노력과 병행해 시행되고 있다. 이것은 부모의 선택을 지도하며 학교 사이에 경쟁 요소를 도입함으로써 학교 개선에 효과적인 엔진 역할을 하고 있는 것으로 나타났다. 그러나 학교 성과는 주로 학교의 학군 수용인원 특성을 반영하기 때문에, 이 체계는 사회적으로 혜택을 받은 인구에 도움이 되는 학교에 경쟁적인 혜택을 제공한다. 이와는 반대로 빈곤 지역의 성취도가 낮은 학교는 부모들에게 가장 덜 적합한 곳으로 간주되는 경향이 있다. 이러한 체계는 여러 가지 방식으로 사회경제적 (그리고 민족적) 배제를 악화시킨다(Gewirtz et al., 1994; Tomlinson, 1997, 2005). 부모에 의한 선택이 촉진되지만, 가장 인기 있는 학교는 학생을 선택할 수 있으며, 선택 방식은 사회적으로 혜택을 받은 배경의 아동에게 유리한 경향이 있다. 선택 시스템이 작동하는 경우, 부유한 부모는 저소득층의 부모보다 더 많은 선택을 한다. 부동산에 의한 선택도 영국 학교의 사회적 구성에서 중요한 차이의 원인이 되고 있는데, 가장 인기 있는 학교의 학군 내 주택가격에 붙은 프리미엄이 반영되어 있기 때문이다. 다시 말해, 부자가 가난한 사람보다 부동산의 가격 차이에 더 잘 반응할 수 있다.

이러한 배경에 반해, 영국 교육에서 점증하는 시장화가 학생의 사회적 지위에 기인하는 학교 간 격차를 악화시킨다는 것은 전혀 놀랄 일이 아니다(Gibson and Asthana, 2000). 잉글랜드 학생의 40%만 순수한 비선택 학교(non-selective school)10)에 들어가는 것으로 나타났으며(Green, 2003), 이와는 대조적으로 웨일스에서는 중학교의 대부분이 지역 교육부 종합학교이고, 수업료를 내는 몇몇 선택 학교 또는 전문가학교가 존재한다. 따라서 웨일스의 사회경제적 배제는 잉글랜드에 비해 현저하게 낮게 나타난다(Taylor et al., 2005). 최고의 성과를 나타내는 학교가 점차 능력이 있는 학생을 끌어들일 수 있는 것처럼, 시장화는 교육성과의 양극화 증가를 촉진하는 것으로 나타났다. 교육성과의 학교 간 변이는 명목상 포괄적 체계를 갖춘 다른 국가들보다 영국에서 훨씬 높게 나타나는데, 이는 높은 정도의 선택 때문이다(Green, 2003).

포괄적인 체계의 시장화를 적극적으로 촉진하는 다른 국가와 마찬가지로, 영국은 상대적으로 교육 불평등 수준이 높다(하지만 출생국가에 따른 개별 수치는 확인할 수 없었다). 교육성과에 관한 국제 비교 자료를 분석한 결과, 영국은 '상대적인 교육적 불리함'(낮은 학업 성취도를 보이는 학생

---

10) 영국에서는 비선택 학교로 진학하는 것이 일반적이다. 그러나 시험 등의 기준을 통과해야 들어갈 수 있는 학교가 있는데, 이를 선택 학교(selective school)라 한다. 일반적으로 부자 학생이 가는 사립학교를 말한다.

들이 국가 평균 이하인 범위 측정)에서 24개 OECD 국가 가운데 16위에 올랐다. 유사한 정책적 틀을 갖고 있는 미국과 뉴질랜드는 각각 21위와 23위에 올랐다(UNICEF, 2002). 제8장에서 언급하겠지만, 교육적 불리함의 낮은 수준(즉, 높은 평등성)은 높은 절대 성취 표준과 맞지 않는다. 핀란드, 한국, 일본 등과 같은 나라들은 학업 성취도가 낮은 학생들이 평균 성취도 이하로 지나치게 떨어지도록 허용하지 않는 동시에 영국보다 높은 평균 표준을 생성함으로써 불평등을 억제하는 것으로 나타났다.

가장 평등 지향적인 교육제도 아래에서도 사회적으로 취약한 집단과 사회적으로 혜택을 받은 집단 간의 상대적 성취도에 차이가 있는 것으로 나타났다. 예를 들어, 핀란드에서도 고등교육에 접근할 수 있는 기회는 사회경제적 배경에 따라 크게 좌우된다. 즉, 대학교육을 받은 부모의 자녀가 기초교육만 마친 부모의 자녀보다 대학, 공예학교 또는 단과대학에 진학할 가능성이 9배 더 높은 것으로 나타났다(Parjanen and Tuomi, 2003). 스웨덴의 경우 1960년대 교육 개혁이 높은 평등성을 촉진했지만, 교육 성과의 계층적 불평등을 줄이는 효과는 제한적이었다(Hatcher, 1998). 교육성과에 영향을 미치는 요인의 범위가 확연하다면, 교육적 평등이 현실적인 목표라고 주장할 수 없을 것이다. 그럼에도 영국에서 사회적 배경이 교육과 미래의 직업을 결정하는 양상은 평등성을 더욱 진작시켜야 할 영역이 존재함을 보여 주고 있다.

의무 후 교육

대다수 아동은 (의무교육의) 졸업연령인 16세 이후에도 교육을 계속 받기 때문에 의무 후 교육은 사회적 불평등의 중요한 요인이다. 2004년 기준으로 16~18세 인구의 75.4%는 교육이나 훈련을 받았지만 10%는 교육과 훈련을 받지 않고 일자리도 없었으며, 이 비율은 1990년대 중반까지 광범위하게 지속됐다(DfES, 2005b). 평생교육이라는 정치적 수사에도 불구하고, 대부분의 정책은 의무 후 교육에 16~30세 연령의 참여를 중점적으로 다루고 있다. 그러나 취약한 배경을 가진 청년을 대상으로 하는 노력도 이루어져 왔다. 예를 들어, 2004년 도입된 교육유지수당(Education Maintenance Allowance: EMA)은 저소득가정의 청소년(16~19세)이 전일 교육을 지속할 수 있도록 고안된 주간 현금수당이다(제9장 참조).

추가적인 교육 불평등의 근원은 성인교육(Further Education: FE)과 고등교육(Higher Education: HE)의 지속적 분리에 있다. 성인교육은 의무 후 교육에 상당수 노동자 계층이 폭넓게 참여할 수 있게 하는 중심적인 역할을 한다. 더욱이 대표성을 가지지 못하는 집단[11]의 고등교육 진입은 2년 과정의 교육 집약적 대학(teaching intensive universities)과 성인교육 단과대학을 거쳐서 이루어진다. (16세 이후의 교육을 다룬) 백서 「성공을 위한 배움(Learning to Succeed)」(DfEE, 1999)은 모든 의무 후 교육을 위한 자금 분배 및 할당의 책임을 가지는 학습기술위원회(Learning and Skills Councils), 민간 부문 훈련기업협의회(Training and Enterprise Councils), 성인교육 재정협의회(Further Education Funding Council) 등의 설치를 제안했다. 그러나 고등교육에 대한 자금 지원은 직원-학생 비율과 직원의 질적 수준에서의 불평등 문제를 고려하지 않은 상태로 이루어지고 있다.

2001년 정부는 18~30세 인구의 50%가 고등교육의 혜택을 받을 기회를 가져야 한다고 발표했다. 참여를 확대하는 주요 대상은 사회경제적으로 혜택을 받지 못한 학생들이다. 그러나 이들의 비율은 지난 10년간 별 변화 없이 유지됐다(Taylor, 2005). 나이 많은 학습자보다 청년에게 중점을 두는 차별로 인해 성인 참가 경향은 훨씬 위축된다. 테일러는 2004년 현재 학습하고 있는 성인의 수가 19%로 1996년 이후 최저 수준이라고 보고했다(Taylor, 2005). 더욱이 1996년 이후 학습 구분이 확대됐으며,

---

11) 상대적으로 부유한 집단을 말한다.

최상위 사회경제 집단을 제외한 모든 집단에서 참가율이 감소했다. 일반 과세에서 학생들에게 지원되는 고등교육에 대한 재정 변화는 이런 경향을 강화할 가능성이 높다. 수입 조사에 기반을 둔 유지보조금 제도의 변화는 (예전에는 보조금을 받을 수 없었지만 현재는 저리의 대출을 받을 자격이 되는) 상대적으로 부유한 가정에 유리한 것으로 나타났다. 이와는 반대로 중퇴, 낮은 취업률, 저임금 등의 가능성이 높은 상황에서 가난한 사람들의 고등교육은 더 위험한 투자가 됐다. 이 정책은 (주로) 중산층 학생에게 제공되는 국가보조금 수준을 감소시키는 방식으로 알려졌지만, 수업료의 도입은 사회적으로 취약한 배경을 가지는 나이 많은 학생의 의욕을 더욱 저하시키고 있다.

고용 정책

「애치슨 보고서」는 스트레스와 위험한 작업환경뿐 아니라 실직이 건강과 관련 있는 잠재적으로 중요한 위험 인자임을 인정했다(제10장에서 자세히 설명할 것이다). 따라서 일단의 권고 사항은 일할 기회를 제공하고 실직의 영향력을 개선하는 데 중점을 두었다. 즉, 고용 창출, 적절한 보육 서비스 제공, 가정 친화적 고용 정책, 위험 집단을 위한 훈련 및 교육 기회 향상, 일하지 못하는 집단에 대한 적절한 소득수준 유지 방안 등을 포함하고 있다. 또한 「애치슨 보고서」는 제공된 업무의 질과 심리사회적 업무 위험성 감소에 중점을 두었다. 즉, 통제 수준, 노동력 기술의 다양성 및 적절한 이용, 건강 및 건강 불평등에 관한 고용 정책의 영향력 평가를 증가시키기 위한 고용주에 대한 권고와 노조 주도 관리 사업 향상 방안 등이 포함되어 있다.

이에 따라 정부는 취업률을 높이고 복지 혜택을 노동 인센티브와 밀접하게 연결함으로써 전자에 중점을 두었으며(Exworthy et al., 2003), 특히 취약한 사람과 지역에 중점을 두었다(고용에 대한 지역 기반 사업 논의는 제9장과 제11장 참조). 본래 이것은 직업을 창출하는 것이 아니라 사람들을 고용에 적합하도록 훈련하고, 일자리를 찾아 일을 계속할 수 있도록 도움을 주고, 적절한 일거리를 찾은 사람들(예를 들어, 청년과 한부모)에게 영향을 미치도록 고안된 공급 측면의 정책에 중점을 두었다. 또한 지원의 개인화와 강제적인 요소에 기반을 둔 복지 혜택 적용에 유의한 변화를 만들어 왔다. 이러한 경향은 고용을 위한 정부의 공공 서비스 협약에서 잘 관찰된다. 이것은 '가장 많은 도움을 필요로 하는 사람들의 지위를 보호하면서 취업 연령 인구에게 최고의 복지 혜택인 직업을 제공하는 것'이며, 취업률을 증가시킬 뿐 아니라 ① 혜택 받지 못한 지역과 집단(한부모, 소수 민족 집단, 50세 이상의 인구, 최저 자격을 가진 사람, 노동시장에서 가장 열악한 지위를 가지고 지역 당국 구역에서 생활하는 사람)의 고용률을 높이고, ② 혜택 받지 못한 집단의 고용률과 전체 비율의 차이를 유의미하게 감소시키는 것을 목표로 삼고 있다(HM Treasury, 2004c: 37).

최대 고용 정책 사업은 복지 급여 행정의 변화와 노동 연계 복지 프로그램에 대한 투자로 이어졌는데, 이는 정부의 최대 단일 공공 지출 부문이 됐다. 그 핵심은 국가의 뉴딜 정책 프로그램이다. 원래 민영화된 회사의 초과이득세(windfall tax)[12])에서 50억 파운드의 자금이 조달됐으며(McKnight, 2005), 현재 개인 상담에 중점을 두고 600만 명의 구직과 부가 급여 지불의 통합을 목표로 활동 중인 고용센터 플러스(Jobcentre Plus, 노동연금부의 한 부서)에 의해 운영되고 있다.

'청년 뉴딜 정책(New Deal for Young People: NDYP)'은 6개월 이상 일자리가 없이 지내는 18~24세의 청년을 대상으로 한다(제9장 참조). 청년

---

12) '횡재세'라고도 한다. 갑작스런 고이윤을 얻은 기업에게 추가적인 세금을 부과하는 것이다. 1997년 영국 정부가 석유기업의 소득세를 10%에서 20%로 올린 것이 그 예이다.

뉴딜 정책은 1998년 4월에 시작됐으며, 1998년에서 2000년 4월까지 다섯 그룹 - 25세 이상의 장기 실직자, 장애인, 한부모(편모에 대한 강제적 도입을 꺼리며 계속 정치적으로 거부하고 있기 때문에 자발적인 방식으로 운영된다), 50세 이상 인구, 실직자의 파트너 - 에 대한 추가적인 뉴딜 정책으로 이어졌다. 이러한 정책들은 고용을 원하는 사람들에게 도움을 주고 장기적으로 직업능력(직업을 지속하고 고용 수준의 진전을 이루는 능력을 포함)을 증가시키는 두 가지 목표를 가지고 있다. 연금 제재는 청년 뉴딜 정책 같은 강제 프로그램을 준수하지 않는 사람들에게 적용되는데, 연금을 이용하는 것을 더 어렵게 만든 강압적인 제도의 일부라고 비판을 받아 왔다. 국가의 뉴딜 정책 프로그램을 둘러싸고 벌어지는 상황은 노동시장의 효율성, 연금 지급의 관리, 실직자의 복지 향상이라는 상호 대립하는 목적이 공존하기 때문에 매우 복잡하다(Finn, 2003).

2000년 말까지 청년 뉴딜 정책은 일자리를 구하는 젊은 실직자 25만 명을 지원하고자 하는 초기 목표를 달성했으며(제9장 참조), 1년 이상 실직 상태로 등록된 사람들에게 매우 강력한 영향을 미쳐 95% 정도 실직이 감소한 것으로 기록됐다(1997년 4월부터 2002년 4월까지 9만 700명에서 5,100명으로 감소). 국가통계사무소는 순추가고용 영향(net additional employment impact)이 청년의 실직 수준에서의 25,000~45,000명 감소와 (여러 사람이 교육이나 훈련에 참여했기 때문에) 청년의 고용 수준에서의 8,000~20,000명 증가로 나타났다고 집계했다(NAO, 2002). 하지만 이러한 정책 범위 밖에서 이루어지는 16~17세의 실직률은 낮아지지 않았다(Hills and Stewart, 2005). 25세 이상 장기 실직자와 '한부모를 위한 뉴딜(New Deal for Lone Parents; NDLP)'은 보통 수준의 영향을 보였다(Finn, 2003). 예를 들어, 2000년 영국의 한부모 고용률은 경제개발협력기구 국가 중 최하위 그룹에 속했는데, 이것이 높은 빈곤 수준의 주요 원인이므로 정부는 2010년까지 한부모 고용률을 70%까지 높이려는 목표를 세웠다(미취학 아동이 있는 한부모의 취업률은 2002년 34%에 불과했다). 한부모의 고용률은 신노동당 정책이 실시되기 이전보다 약 5% 높아진 것으로 집계됐다. 이와는 반대로, 장애인 뉴딜 시범 사업의 고용률 증가는 3%에 불과한 것으로 나타났다.

뉴딜 정책은 특정 지역의 장기적 실직 감소를 목표로 하는 지역 기반 고용 사업을 시행했다(제11장 참조). '고용액션존(Employment Action Zone: EZ)'은 오랫동안 일자리가 없이 지낸 사람들(18개월 이상 일하지 않은 25세 이상의 구직자 수당 신청자)이 일자리를 찾는 데 도움을 주고 맞춤식 지원을 위한 개인 직업 계정(job account) 개념의 시험을 목표로 2000년 13개 지역에 도입됐다. 이것은 결과 연계 재원 체계를 통해 지불이 이루어지는 민간 부문 계약자에 의해 이루어졌다. 그러나 장애인에 대한 미흡한 성과와 신청자를 고용 적합자와 부적합자로 구분한 다음 전자에게 자원을 집중하는 경향을 포함해 차별적인 영향으로 인해 비판을 받고 있다. 정부의 뉴딜 정책 프로그램의 영향은 시행 첫 해에 가장 강했고 그 이후 약화됐다(McKnight, 2005). (자발적인 프로그램인) 고용액션팀(Employment Action Teams)은 특정 지역 문제와 고용 적합성 방해 요인을 처리하기 위해 20개 지역에 도입됐다. 또한 이 사업은 생활수준을 향상하려는 노력의 일환으로 국가최저임금을 도입해 지지를 받고 있다.

맥나이트는 전반적으로 유리한 경제적 분위기에 도움을 받아 2004년 5월 등록 실직자가 지난 30년 이래 가장 낮아지면서 "고용이 노동당의 가장 큰 성공 스토리 가운데 하나라는 주장을 반박하기가 어려울 것" (McKnight, 2005: 28)이라고 주장했다. 그러나 무능력자 급여에 대한 요구의 증가로 이 주장을 받아들이기 어려워졌다. 2005년 2월 영국에서 실직 지원금을 청구하는 사람 가운데 실직자가 1/5 이하를 차지했다. 484만 명의 취업 연령 인구는 핵심 급여를 청구했으며 452만 명이 실직 지원금을 청구했는데, 이들은 각각 취업 연령 인구의 13.5%와 12.6%를 차지했다. 이러한 수치의 가장 두드러진 특성은 환자와 장애인 신청자 집단(disabled claimants)이 유의하게 많이 신청한 점이다. 핵심 급여를 신청하는 사람 가운데 300만 명(노동 연령 인구의 8.6%) 이상이 환자와 장애인으로 분류되는데, 이는 1979년 70만 명과 비교되는 수치이다. 또한 81만 6,000명의 실직자(노동 연령 인구의 2.3%), 76만 1,000명의 한부모(노동 연령 인구의 2.1%), 그 외 19만 7,000명의 사람들과도 비교된다(DWP, 2005a: 9). 더욱이 이런 경향은 지속되고 있다. 전반적인 신청자 수가 증가함에 따라(2002년 2월과 2005년 2월 사이에 15만 명), 환자와 장애인으로 파악된 총 인원수가 증가했다(같은 기간에 전체의 60%에서 63%로 증가). 두 번째로 두드러진 특성은 지속적인 지역 변화이다. 북동 지역의 노동인구 가운데 18.4%가 핵심 급여를 요청했으며, 웨일스에서는 18.2%, 스코틀랜드에서는 16.8%가 요청한 반면 남동 지역에서는 8.8%만 요청한 것으로 나타났다. 세 번째로 중요한 사항은 연령이다. 즉, 18세 미만자의 4.3%만 핵심 급여를 신청했지만, 신청인의 연령이 5~9세의 18.5%와 60~65세의 30.2%로 연령(그리고 장애)에 따라 비율이 증가하는 것으로 나타났다.

녹서(綠書) 「고용으로 가는 길(Pathways to Work)」(DWP, 2002)에서 이러한 문제를 해결하고 무능력자 급여를 받는 사람들에게 일자리를 제공하는 방향으로 나가야 하며, 가장 혜택을 받지 못한 지역에 중점을 둘 것을 밝히고 있다. 이것의 전제는 무능력자 급여를 받는 대부분의 사람들이 결국에는 직장으로 돌아가게 될 것으로 기대되며 나쁜 건강 상태를 보이지 않았다는 것이다. 나쁜 건강 상태에 더해 장애 요인들은 그들이 직장을 갖게 되어도 계속 지원금을 받게 만든다(HM and DH, 2004 참조). 이에 따라 2003년 10월부터 영국에서 고용센터 플러스 지구에 기반을 둔 '고용으로 가는 일곱 가지 경로(Seven Pathways to Work)' 시범 사업이 시작됐다. 이것은 처음 8개월(사람들이 가장 쉽게 복직의 도움을 받는 기간) 동안 개인 상담사와 매달 접촉하면서 뉴딜 모델을 구축하고, 다양한 전문가 고용 프로그램(장애인 뉴딜 포함)과 재정 인센티브를 이용해 일자리를 구해 고용 상태로 변화하는 것을 내용으로 한다. 또한 이것은 지역 국영 의료 서비스 제공자가 참여하는 직업 중심 재활 지원 사업을 제공한다. 처음에는 새로운 무능력자 급여 신청인(그리고 자원한 기존의 신청인)에게 중점을 두었지만, 2005년 초부터 1년 이상 무능력자 급여를 받아 온 사람에게 중점이 확대됐다.

조기 평가(2004년 11월) 결과, 전년도에 비해 고용센터 플러스를 통해 직업을 얻은 인원이 두 배가 됐으며 시범 지역이 아닌 곳에 비해 4개월 동안의 요청 이후에 무능력자 급여를 받지 않게 된 인원의 비율이 8%에서 10%로 증가했고, 예전 방식의 고용센터와 비교할 때 장애인 뉴딜에 관련된 시범 사업 지역의 인원수보다 5배 더 많은 것으로 나타났다(DWP, 2004). 따라서 2005년 10월부터 이 계획은 가장 취약한 지역과 무능력자 급여 신청인 집중도가 가장 높은 지역 당국 영역에 중점을 두는 14개 고용센터 플러스 지구로 확대됐고, 장애인 뉴딜 지원금 3,000만 파운드 지원, 2006년까지 모든 고용센터 플러스 지구에 전문가 개인 상담사 배치, 2005년 10월부터 모든 신규 무능력자 급여 신청인이 신청 8주 후 업무 중심 인터뷰에 참가하도록 하는 규정, '허가된 업무' 규칙의 개정 등이 이루어졌다. 여기에는 환자의 효과적 복직을 지원하는 데 사용되는 의사의 교육 자료, 병원에 전문 고용 상담사 배치, 의사가 업무에 대한 적합성을 높이고 재활을 통해 환자에게 더 나은 조언을 하도록 하는 시범 사업 계획도 포함됐다. 정신 건강(불안감, 스트레스, 우울), 근골격 및 순환호흡 문제(직업과 관련해 가장 흔하게 나타나는 유형) 등을 다루는 전문 일반의와의 소통(ONS, 2004)과 (제공된 업무의 질을 유지하고 심리사회적 업무 위험 요인들을 감소시키는 데 정부가 가지는 한계를 극복하기 위한) 무능력자 급여 신청도 여기에 포함됐다. 2005년에 시작된 노동연금부의 '5개년 전략(Five-year Strategy)' (DWP, 2005b)은 두 가지 새로운 급여로 무능력자 급여를 대체하는 추가적인 계획을 진행할 예정이다. '재활지원수당(rehabilitation support allowance)'은 보다 관리가 용이한 조건을 가진 대다수 사람들의 확실한 고용에 중점을 둘 것이지만, 건강 상태가 가장 심각한 사람에게는 높은 비율의 '장애 및 질병 수당(disability and sickness allowance)'을 제공하고 이들이 빈곤 상태가 오래 지속될 수밖에 없는 상황을 인정한다. 그러나 이러한 정책이 개인의 건강 및 복지 문제를 해결할 수 있을지, 복지 급여에 대한 지출을 감소시킬 수 있을지에 대해 여전히 논쟁이 지속되고 있다.

주택 공급 정책

전후 오랜 기간 동안 (건강 및 교육과 마찬가지로) 주택 공급은 사회정책 부문에 속했고 일반적으로 강력한 국가의 개입이 허용됐다. 1977·1978년까지 위원회 주택(council housing)13) 공급이 지속적으로 증가해 전체 주택수의 32%를 차지했다. 따라서 위원회 주택 공급은 가장 빈곤한 소수 가정의 요구를 충족시키기는 의미를 넘어 광범위한 역할을 했던 것으로 나타났다. 그러나 1979에서 1997년 사이 주택 공급 분위기에 급진적인 변화가 나타났다. 보수당 정부의 '구매할 권리'(또는 위원회 주택의 민영화) 정책은 지역 당국 부문의 새로운 서비스 제공의 부족과 함께 이 부문의 유의한 감소(2001년 총 주택 공급량의 13%로 하락)와 소유주 거주 비율의 증가(1979년 56%, 2001년 69%)를 보였다. 위원회 주택은 공급 부문이 감소함에 따라 극빈층 가정에 대해 잔여적 역할을 하게 됐다. 따라서 2001년 잉글랜드 위원회 공급 주택 가구주의 69%가 소득이 없는데 비해 1962년에는 7%만 소득이 없었던 것으로 나타났다(Pickvance,

---

13) 시장가격 이하의 임대료로 제공되는 주택.

2003). 사회 주택 거주자와 국가 지원으로 살아가는 가구주의 증가는 주택 밀집 지역의 취약한 물리적 조건과 결합됐다. 보수당 집권 말기까지 지역 당국 수리 예산의 잔액은 190억 파운드를 넘는 것으로 집계됐다(Ford, 2003).

신노동당은 취약한 주택 공급 수량 문제를 해결하기 위해 위원회 주택 매매에서 생긴 8억 파운드를 사용해 정권 획득을 위한 즉각적인 몇몇 조치를 취했으며, 그 이후 1998년에도 포괄적인 지출 검토 결과에 따라 추가 자금이 유입됐다. 1996년에서 2002년 사이 주거 환경이 최소 기준 이하로 떨어진 사회적 주거 단위(social housing units)는 46%에서 33%로 낮아졌다(Barker, 2004). 집 없는 사람들, 사회적 소외와 가장 가시적으로 관련 있는 주택 공급 문제 또한 사회적 배제과의 최우선과제 가운데 하나가 됐다. 그 결과 노숙인 담당과(Rough Sleepers Unit)가 설립됐는데(제11장 참조), 이것은 2002년까지 영국의 집 없는 사람의 수를 2/3로 감소시키는 것을 초기 목표로 했다. 노동당에 따르면, 다른 광범위한 정책 분야에서 주택 공급의 중요성이 더욱 명확하게 나타났다. 예를 들어, 정부는 '지속 가능한 지역사회 계획(Sustainable Communities Plan)'으로 남동 지역 주택 공급 시장의 실패를 해결하려는 정책과 시도를 시행함으로써 사회적 포용을 향상시키고자 했다(Lupton and Power, 2005). 건강과 주택 공급 사이의 연관성은 "영국 정책의 의제로 자리 잡았다"(Marsh et al., 2000: 411). 「애치슨 보고서」는 건강 불평등을 줄이기 위해 정책 개발의 핵심 분야로 주택 공급과 환경의 중요성을 강조했으며, 「수명 연장: 우리의 더 건강한 국가를 위해」(DH, 1999)에 의해 더욱 심화됐는데, 이 백서에서도 주택 공급을 건강에 영향을 미치는 주요 환경 요인 가운데 하나로 인정했다. 지역 재개발을 지원하기 위해 확립된 최저 목표는 2010년까지 사회적 주택 공급을 적절한 수준으로 만들 뿐 아니라 취약한 집단에서 거주하기 좋은 조건의 민간 주택 공급 비율을 증가시키는 것을 목적으로 한다. 전체 국가 빈곤 관련 목표 가운데 이것은 명확한 개선 징후를 보이는 부문으로, 1995·1996년 이후 최저 생활수준 이하로 떨어진 가정은 230만 가구에서 160만 가구로 감소했다(Lupton and Power, 2005).

이러한 개발이 이루어짐에 따라 정부는 지속적으로 주택 공급 시장에 의존해 오고 있으며, 이로 인해 사회적 불평등에 대한 주택 공급 전략의 의미에 대해 심각한 의문을 제기한다. 영국에 지어진 사회 주택의 수는 1994·1995년 연간 약 4만 2,700가구에서 2002·2003년 약 2만 1,000가구로 감소했다(Barker, 2004). 기존 주택의 구매가 이루어짐에 따라 매년 총 약 3만 1,000개의 사회적 주거 단위가 제공된다(CPRE, 2004). 그러나 보호소(shelter)는 추가적인 사회 주택 공급에 대해 증가하는 요구사항에 부합하기 위해 연간 6만 7,000개의 단위 공간(units)이 필요하며, 나머지 주택 공급 요구를 충족 처리하기 위해서는 추가적으로 2만 2,000개의 단위 공간이 필요하다고 주장했다(Holmans et al., 2004). 바커 보고서(the Barker Report)는 보다 엄격한 요구 정의를 적용해 매년 4만 8,000개의 사회적 또는 지속 가능 주택이 필요하다고 주장했다. 그러나 이렇게 계산할 경우 적어도 1만 7,000 단위 공간이 매년 부족한 셈이다. 또한 시장 기전에 대한 지원은 다른 정책에서도 두드러지게 나타났다. 예를 들어, 지속 가능한 소유권은 개별 책임의 문제이며, 정부는 소득을 잃은 주택 소유자에게 이자에 대한 지불 책임을 지우는 것보다 부동산 지불 보증보험을 선호한다. 그럼에도 2002년에는 불과 22.5%만이 (부동산 지불보증보험에) 가입한 것으로 나타났다. 지방 당국 소유 가구를 등록한 사회적 집주인에 이전하는 것도 지속되어 오고 있다.

취약 주민을 위한 주택 공급 경향도 영국 내 주택 관련 부의 광범위한 불평등 증가라는 맥락 속에서 이루어지고 있다. 1971년부터 2002년 사이에 영국 사람들이 소유한 주택의 가치는 현재 가격으로 50배 증가해 440억 파운드에서 2조 4천 파운드로 증가했으며, 주택 형태로 보유한 국가 부의 지분은 22%에서 42%로 증가했다. 이 지분은 사회적으로 지리학적으로 더욱 양극화되며, 생활 형편이 열악한 지역의 가격을 초과해 부유한 지역에서 평균가격이 증가하고 있다. 결과적으로 가장 부유한 상위 10% 가구는 지역별로 가장 낮은 부를 가지고 있는 가구의 하위 10% 주택 재산의 5배 이상을 소유하고 있다(Thomas and Dorling, 2004). 이러한 수치에는 민간 또는 사회 부문에서 임대를 한 사람, 주택 재산이 없는 사람, 그에 따라 개인이 소유한 재산의 가장 큰 단일 저장소가 되어버린 주택을 가지고 있는 사람에서 제외된 이들은 포함되지 않는다는 점을 명심하는 것이 중요하다. 토마스와 도링에 따르면, 가장 가난한 가정의 아동이 이전 세대보다 자원에 대한 상대적인 이용에서 더 크게 혜택을 받지 못하며, 빅토리아 시대 이후로 어느 때보다 부자와 빈자 사이의 격차가 커졌다(Thomas and Dorling, 2004).

건강 불평등을 해소하기 위한 중위흐름 정책

국가 수준의 정책 입안은 의도가 다소 모호하며 일부 사업은 빈곤 감소에 확실하게 중점을 두지만, 다른 경우에는 시장의 역할을 촉진하며 사회경제적 양극화를 악화시키는 경향이 있다. 이와는 대조적으로 지역 기반 사업은 가장 혜택을 받지 못한 지역에 자원을 집중시키려는 정부의 일관된 시도를 보여 준다. 더욱이 이것은 개인보다는 커뮤니티를 대상으로 하기 때문에 개인화된 개입보다 사회적 배제에 대한 해결책과 원인의 폭넓은 이해를 허용한다.

지역 기반 사업은 복지 정책에서 긴 역사를 가지고 있지만(Crawshaw et al., 2004) 특히 신노동당에서 선호하며, 교육, 고용, 건강, 스포츠 활동 지역과 커뮤니티 뉴딜 정책, 슈어 스타트, 지역 재개발기금(Neighborhood

Renewal Fund)을 포함한 광범위한 범위의 수단을 도입했다. 본질적으로 기한을 한정하고 있는 이 정책들은 지역 거주자를 포함하는 계획 및 서비스 전달의 연합 접근법(joined-up approach)을 통해 특정 지역의 문제를 처리한다. 따라서 파트너십과 지역사회 참여의 활용이 (또는 상위흐름 접근법과 결합된 커뮤니티 개발이) 핵심 주제이며, 주요 프로그램에 영향을 미칠 수 있으며 주요 서비스 전달 체계를 더욱 강조하는 아이디어에 대한 검정의 성격도 가진다. 그러므로 지역 기반 재개발 사업은 점차 그 효과를 발휘할 것으로 기대되며 법정 서비스 제공자의 자원 사용에 영향을 미치고 있다(제11장 참조). 지역 기반 사업의 보완된 중점도 종래 전통적인 도시와 도심에 중점을 두던 것을 넘어 확대됐다. 예를 들어 콘월(Cornwall), 노섬버랜드(Northumberland), 노스 컴브리아(North Cumbria) 같은 전형적인 세 시골 지역이 헬스액션존으로 지정된 26개 지역에 포함됐고, 두 곳 또는 세 곳의 중등학교와 산하 초등학교가 교육액션존으로 지정됐다.

이러한 목표 설정의 배경이 되는 이론적 설명은 잘 요약되어 있다(Smith, 1999). 문제에 대한 집중 연구는 주요 프로그램과 서비스 전달에 압력을 가한다. 지역 기반 사업을 도입하면 상대적으로 많은 수의 빈곤자에게 중점을 두는 개선 사업이 생겨난다. 이것은 희귀 자원을 할당하는 기전, 잠재적으로 높은 영향력에 대해 자원을 집중하는 능력, 실험 기회를 제공한다. 또한 이것은 지역적 요구, 즉 주택 보유, 기술 부적합, 민족 및 우편번호 구별, 제한된 사회 네트워크 같은 지역 수준에서 작용하는 두드러진 요인에 대한 적절한 고려를 가능하게 한다. 여기에는 취약 집단, 열악한 물리적 환경, 부족한 서비스 등과 같은 요인들이 상호작용을 통해 개개인과 조직 및 하부구조에 축적적으로 그리고 질적으로 완전히 다른 영향을 미칠 수 있는 지역사회 효과의 가능성까지 포함한다(Tunstall and Lupton, 2003).

그러나 지역 기반 사업이 대규모의 향상을 이루어 내는 능력도 정의에 따라 제한을 가진다. 앞서 언급한 바와 같이 빈곤한 사람들 대부분은 빈곤 지역에서 생활하지 않으며, 이들이 직면한 대다수의 구조적 문제는 국가 또는 국제 수준에서 발생하므로 지역적 해결책으로는 해결할 수 없다(Oatley, 2000). 또한 지역 기반 사업은 (유사한 문제를 가진 다른 지역을 제외함으로써) 교활하고, 문제를 인근 다른 지역으로 미루며, 단기적인 해결책과 시간이 제한된 개입만을 제시하고, 비민주적인 파트너십 기반과 중앙 통제적 수단을 사용한다는 등의 이유로 비판을 받아 왔다. 향상된 통계치들은 2000년 다중박탈지표(Index of Multiple Deprivation)가 현재 '과거 지역 기반 목표 설정에 반대했던 이들이 주장했던 것보다 가난한 사람들에게 접근하는 보다 완벽한 방법'으로 인정받고 있음을 의미하지만(Tunstall and Lupton, 2003: iii), 여전히 연금 수혜자, 한부모, 장애인 같은 집단보다 가난한 가정의 아동과 실직자 같은 하위 집단에서 더 효과적인 것으로 나타나고 있다. 이와 유사하게 지역 기반 측정 수단들은 시골 지역의 빈곤을 파악하는 데 여전히 부적절한 것으로 남아 있다.

이 책의 내용에서 지역 기반 사업은 고용, 교육, 주택 공급 이용과 함께 부의 재분배와 관련된 국가 차원의 구조 해결책과 건강관리에 대한 개인적인 책임(그리고 행동적 해결책)에 관한 명확한 강조 사이의 중간 지점을 견지하고 있다. 그러나 지역 기반 사업은 "쇄신(regeneration), 재개발(renewal), 건강 향상의 책임을 국가에서 지역사회로 효과적으로 전환하고"(Crawshaw et al., 2004: 342), 궁극적으로 개인에게 돌린다는 비판을 받아 왔다. 1987년부터 시작된 세계보건기구 건강도시사업(Healthy Cities Initiative) 같은 일부 초기 선언이 있었지만, 지역과 빈곤의 관련성을 선언하고 있는 건강은 전략적인 파트너로 유일하게 부상하고 있는 영역이기도 하다.

헬스액션존

헬스액션존은 건강과 관련해 영국의 유일한 지역 기반 사업으로 남아 있다. 이것은 건강 부문의 선도 사업이었고, 건강 문제가 경제적·물리적 쇄신의 부가물보다 더 중요하게 간주된 최초의 쇄신 사업이었다(Matka et al., 2002). 또한 이것은 공간적으로 매우 광범위하고 지역에 기반을 둔 보건 당국과 지역 당국에 의해 이루어진다는 점에서 일반적이지 않다. 20만~140만 명의 인구를 가지고 있는 26개 지역(빈곤 지역과 건강 상태가 좋지 않은 지역)은 영국 인구의 1/3을 점하고 있다(Bauld et al., 2001). 1997년 처음 발표되고 1998년과 1999년에 지정된 헬스액션존은 신노동당에 의해 설립되는 최초의 지역 기반 사업 중 하나이다(Bauld and Judge, 2002). 국영 의료 서비스, 지역 당국, 커뮤니티·자원봉사집단과 기업 간의 파트너십을 통해 공중보건학적 요구와 건강 불평등 문제를 해소하고, (효율, 효과, 부응성에 중점을 두는 방식으로) 서비스를 현대화하며 건강을 위한 파트너십을 개발함으로써 서로 다른 기관 사이의 시너지를 만들어 내는 것이 이 사업의 목적이다.

활동을 기준으로 평가했을 때, 이 사업의 노력 가운데 약 1/5은 질병을 야기하는 근원적 요인에 집중됐으며, 교육, 실직, 소득 및 주택 공급량 개선 같은 분야로 확대됐다(Judge et al., 1999). 관련 주요 분야는 건강 및 사회적 케어(일차 의료 및 지역사회 서비스와 건강 증진 서비스 제공)의 재구성, 흡연(제5장 참조), 성행위, 약물 남용, 다이어트 및 운동과 같은 생활습관 문제 해결, 지역사회 권한 강화, 능력 개발 등이었다. 그러나 가장 주목할 만한 것은 아동과 청년으로부터 노인에 이르는, 서비스 제공에서 조직 개발과 지역사회의 권한 강화에 이르기는 넓은 활동 범위이다. 그러나 변화를 위한 7년 프로그램으로 제시했던 정책의 수명은 짧았다. 사업 초기에 발생한 보건부장관의 잦은 교체는 대기자 명단을 줄이고 암·관상동맥 질환·정신 건강과 같이 더 전통적인 건강 서비스 중심 과제로 초점을 돌아가게 했다(Bauld and Judge, 2002). 또한 건강 공동체 내 개혁에 의해 압도됐으며, 2002년 일차 의료 트러스트는 지역 건강관리 책임과 신노동당이 시작한 헬스액션존처럼 사회적 배제를 줄이기 위한 파트너십의 확산을 합리화하는 '지역 전략 파트너십(Local Strategic Partnerships: LSPs)'의 개발을 담당하게 됐다(Johnson and Osborne, 2003). 따라서 자금 지원은 다시 고유집행사업소(mainstream agencies)[14]로 돌아갔으며, 헬스액션존을 처음 3~4년 실시하는 동안 일차 의료 트러스트 또는 지역 전략 파트너십에 의해 많은 업무가 이루어졌다. 특히 국가 헬스액션존 평가에서는 헬스액션존이 파트너와 지역사회를 참여시키기 위한 지역적으로 성공적인 전략을 시범적으로 추진할 수 있었지만 자원 집약적이기 때문에 본 사업에서는 실패할 가능성이 높다고 지적했다. 또한 그들은 효율적인 새로운 시스템은 "단기부터 중기에 더 적은 자원이 아니라 사실상 더 많은 자원을 필요로 한다"(Matka et al., 2002: 106)고 강조했다.

슈어 스타트

헬스액션존과는 대조적으로 슈어 스타트는 0~4세 아동과 그들의 가

---

14) 행정 부문 개혁의 일환으로 만들어진 조직 중 하나. 개혁의 내용은 공공 조직이 제공하던 서비스와 기능을 사경제 부문이나 여타의 공공 조직과 경쟁할 것을 유도하기 위한 것이었다. 공개 입찰에 의한 계약으로 공공 서비스를 제공함으로써 효율적이고 효과적인 행정 서비스를 제공하기 위한 것이다. 집행에 상당한 재량권을 갖게 된 집행사업소는 기본 성격에 따라 크게 ① 행정부처의 고유 기능을 집행할 고유집행사업소(Mainstream Agencies), ② 고유 기능의 집행에서 부수적으로 발생하는 규제집행사업소(Regulatory and Other Statutory Agencies), ③ 각 행정부처에게 전문지식을 제공하는 전문집행사업소(Specialist Services and the Customer-Contractor Relationships), ④ 그 외 부수적인 업무를 담당하는 2차적 집행사업소(Peripheral Agencies)로 나뉜다(김순은, 『지방정부학술대회 발표 논문집』 1999.8 참조).

족인 특정 하위 집단에 대한 지역 기반 사업이다. "아동 빈곤과 사회적 소외를 해결하기 위한 정부 활동의 초석"(Tunstill et al., 2002: 1)인 슈어 스타트는 아동 건강을 확실히 중요한 요소로 간주하고 있고 개입이 확산적이며 생애 초기를 위한 광범위한 서비스를 포함하고 있다는 점에서 중요하다. 슈어 스타트는 아동의 건강뿐 아니라 학습 능력과 사회적·정서적 능력에 영향을 주며 더 나아가 가족과 지역사회를 강화하는 것을 목적으로 한다. 따라서 전 생애에서 이 단계의 건강 불평등이 얼마나 중요한지에 대한 근거 기반을 인정한다. 슈어 스타트는 헬스액션존보다 더 많은 초점을 둘 뿐 아니라 개입의 지리적 영역도 더 엄격하게 정의해 일반적으로 400~800명의 아동 수를 단위로 하는 지역으로 구성된다. 그러나 이것은 2004년까지 시행이 이루어진 500개 이상의 프로그램에 폭넓게 분포하고 있다. 헬스액션존과 마찬가지로 슈어 스타트는 파트너십을 통한 사업 진행과 지역사회 참여를 매우 강조하며, 슈어 스타트 지역 프로그램에 대한 관리는 아동과 가족에게 서비스를 제공하는 고유 집행사업소로부터 나온 파트너십 위원회와 국가 및 지역 자원봉사조직 및 지역사회단체 그리고 부모들에 의해 이루어진다.

　슈어 스타트 프로그램은 잉글랜드의 가장 빈곤한 지역 20%에서 운영되며 스코틀랜드, 웨일스, 북아일랜드는 자체적인 프로그램을 가지고 있다. 이것은 다음의 다섯 가지 핵심 서비스에 중점을 둔다. ① 가족 및 부모 지원, ② 양질의 조기학습 지원, 놀이 및 보육, ③ 건강 서비스 및 상담, ④ 봉사활동 및 가정 방문, ⑤ 특별 서비스를 이용하는 데 도움을 제공하는 것을 포함한 특별한 도움을 필요로 하는 아동과 부모에 대한 지원이 그것이다(Stewart, 2005). 따라서 지역 프로그램은 일반적으로 부모 교육과 함께 모유 수유와 건강한 식습관 지원을 제공하며, 금연을 지원하고 새로운 보육시설 서비스 제공을 제안하는 것으로 나타났다(제5장 참조). 또한 이런 활동은 (선택 기준에 부합한 지역사회의 모든 가정이)

낙인을 받지 않도록 하는 것을 목표로 한다. 그러나 이 사업은 소득, 아동 빈곤율, 실업률이 국가 평균의 두 배 이상인 지역에 분명히 중점을 두었다(Barnes et al., 2003). 헬스액션존 사업이 관심을 두지 못했던 부문에 대해서도 슈어 스타트는 네 가지 핵심적인 서비스, 즉 ① 아동의 사회적·정서적 발달의 개선, ② 임신 중 흡연하는 부모의 비율 감소, ③ 아동의 언어 및 의사소통 능력 향상, ④ 가장 최근에는 부모의 고용 가능성을 높이기 위한 지역 프로그램 실시 등을 추가적으로 시행했다.

현재 잉글랜드에서는 524개 지역 프로그램이 진행 중이며, 빈곤한 생활을 하는 4세 미만 아동의 1/3을 비롯해 취약 지역에서 생활하는 최대 40만 명의 아동을 포함하며(Meadows and Garber, 2004), 프로그램 기간 동안 한 아동당 약 1,000파운드를 제공하고 있다(Stewart, 2005). 그러나 이것은 의무 취학 연령 이하인 290만 명의 아동들과 비교된다. 대상 아동의 경우, 교육기술부의 평가 결과는 양육 및 가정 지원(그리고 그로 인한 아동의 사회적·정서적 발달)(NESS, 2004 참조), 아동 보호 등록에 관한 재등록, 놀이 및 학습 기회 서비스 제공에서 상당한 발전이 이루어지고 있음을 보여준다. 그러나 아동 건강 목표 달성 여부는 확인이 어렵다(DfES, 2003b).

슈어 스타트 국가평가(National Evaluation of Sure Start: NESS)는 ① 사회적 문제의 특성 및 범위, ② 장기적인 자금 지원 전략 제공, ③ 전문가, 부모, 다른 커뮤니티 구성원과의 새로운 관계 확립, ④ 가족의 관점에서 문제에 대한 지속적인 집중, ⑤ 서비스가 전달되는 방식의 유연성 등이 필요하다고 평가했다(Myers et al., 2004: 10). 그러나 헬스액션존에 대한 국가적 평가는 국가가 설정한 목표와 지역적으로 정의된 요구 사항 사이에 일부 긴장을 드러냈다(고용 가능성 목표와 관련한 제5장 내용 참조). 더 중요한 점으로, 슈어 스타트의 상황 설정은 이후 몇 년 동안 슈어 스타트 아동 센터가 운영되고 2010년까지 모든 지역사회에 이것이 설치되는 것을 기대했다. 이 과정에서 사업의 핵심인 중앙정부의 자금 지원과 지방

자치권이 사라지고 아동에 대한 초점과 지역사회 개발 원칙에 대한 관심이 보육의 중요성에 대한 강조로 대치됐다(Glass, 2005).

지역 재개발

슈어 스타트가 현재 특정 대상 집단의 건강과 행복에 관한 지역 기반 사업을 대표한다면, '지역사회를 위한 뉴딜(New Deal for Communities: NDC)'과 '지역사회 재개발을 위한 국가 전략(National Strategy for Neighbourhood Renewal: NSNR)'은 주로 고용, 주택 공급, 물리적 환경에 중점을 둔 장기간에 걸친 폭넓은 쇄신 의제(제11장 참조) 내에 건강을 포함시키고자 하는 시도를 보여 준다. 지역사회를 위한 뉴딜 정책은 1998년 지역 재개발을 위한 국가 전략을 위한 개척 프로그램으로 확립됐다. 초기에 17개 선도 지역이 지정됐으며, 최대 4,000가구의 지역사회를 다루었고 1999년 4월 22개 지역이 추가 지정됐다.

건강은 범죄, 교육, 실직, 주택 공급과 함께 다섯 가지 성과 분야 중 하나에 포함됐으며, 39개 지역과 국가 표준 사이의 격차를 좁히도록 고안된 개입이 실시됐다. 이러한 포괄적인 일련의 문제를 처리하기 위해 10년 이상 동안 20억 파운드가 사용됐다. 그러나 공간 집약적인 개입에도 불구하고 지역사회를 위한 뉴딜 정책 지정에서 해당 10년 동안 제시된 5,000만 파운드보다 더 많은 금액이 1년 안에 고유집행사업소를 통해 대부분의 지역사회를 위한 뉴딜 정책으로 들어갔으며, 대다수 기관에서는 이러한 지정으로 인해 그만큼 고유집행 자금에 대한 지원이 감소하게 됐다고 생각했다(Lawless, 2004).

이에 대한 반응으로 지역 재개발을 위한 국가 전략은 가난한 모든 지역에 대한 목표를 확립하고 고유집행사업소에 의한 정책 개입(그리고 자금 지원)이 어떻게 지역 불평등을 해소하고 지역 기반 사업 업무를 강화할 것인지에 대한 계획을 수립했다. 이 활동은 규모는 크지만 재정적으로는 집약도가 낮은 지역 재개발기금에 중점을 두었고, 2001년 88개의 가장 빈곤한 지역에서 실시했다. 초기에는 핵심 서비스를 개선하기 위해 3년간 총 9억 파운드의 자금 지원을 제공했지만 2002년 종합지출평가(Comprehensive Spending Review: CSR)에 따라 이후 3년 동안 9억 7,500만 파운드로 추가 제공됐다(Atkinson, 2003). 지역사회를 위한 뉴딜 정책과 마찬가지로 지역 재개발을 위한 국가 전략은 명확히 인종적 차원을 가졌으며, 가장 빈곤한 지역에 소수 민족 집단의 약 70%가 거주하고 있는 것으로 나타났다. 지역사회를 위한 뉴딜 정책과 마찬가지로 적용 범위도 '기본적인 실직, 범죄, 미흡한 공공 서비스 문제'를 포함하며(SEU, 2001: 5), 고용, 범죄, 교육, 주택 공급과 함께 다섯 가지 주요 성과 분야 중 하나인 건강 부문도 포함했다.

그러나 이러한 정책의 시행에 대해 비판이 없을 수 없다. 지역 의제의 추구와 국가 표준과 대상을 통해 추구된 최소 국가 표준에 관한 정부의 주장 사이에는 긴장이 존재했다(Painter and Clarence, 2001; Powell and Moon, 2001). 신속하고 명백한 개선의 필요성(그리고 파트너십의 압력)도 개입을 왜곡할 수 있다(제11장 참조). 빠른 성공의 필요성은 때때로 "의미 있고 지속적인 커뮤니티 관련성을 획득하기 위해서는 몇 년이 걸릴 수 있다…… 풍부한 근거"(Foley and Martin, 2000: 487)와 불화를 이루기도 하고, 직접적인 공공 참여에 관한 강조는 지역 대표 민주주의의 전통과 동거를 어렵게 만들었다. 그리고 핵심 정부의 강력한 세분화 구조에 반해 총체적 서비스를 여전히 강조하고 있다. 또한 "지역 유연성 촉진을 추구함으로써 장관들은 새로운 레짐 내에서 모순을 해결하기 위한 상당한 책임을 지역 정책입안자에게 이양할 수 있다"(Foley and Martin, 2000: 488)고 주장해 왔다. 사실상 지역협력과(Regional Coordination Unit)가 만들어지고 '지역사회 결속 보고서[community cohesive (cantle) report]'(Independent

Review Team, 2001)가 출간되면서 다시 한 번 주된 강조점이 특정 지리학적 지역에서 좀 더 보편적인 접근방식을 통한, 또는 지역 전략 파트너십과 명확하게 관련 있는 지역 차원의 개입에 중점을 두는 주제 프로그램으로 이동하고 있다(Lawless, 2004). 이런 상황에서 공통적인 정부 목표이자 지역사회 전략 중점이 되는 지속 가능한 지역사회를 주장하는 「이건 리뷰(The Egan Review: Skills for Sustainable Communities)」는 지속 가능한 지역사회의 일곱 가지 기여 요소에 건강을 포함시키지 않고 있는 것에 유의해야 한다(ODPM, 2004).

결론

상당수 건강 불평등 연구의 공통 주제는, 소득이나 재산의 의미 있는 재분배로 건강 불평등을 해결할 수 있다는 생각이다. 그레이엄이 제시한 바와 같이 이런 생각은 건강 결과의 불평등한 분배가 건강에 영향을 미치는 사회적 요인의 불평등한 분배를 반영하기 때문이다(Graham, 2004). 정부는 저소득층이나 취약 집단을 빈곤이나 사회적 소외로부터 보호하려고 열심히 노력해 왔지만, 상대적 빈곤이나 불평등 문제는 훨씬 불확실해졌다. 아동 빈곤 전략을 제외하고, (수입 조사에 기반을 둔) 개인이나 지역사회를 기준으로 한 사업의 목표를 설정하면서 결과치의 질보다 기회의 질을 더욱 강조하고 절대적 빈곤의 감소에 초점을 두는 경향이 있어 왔다. 사실상 불평등을 감소시키는 것보다 사회정책에 대한 시장 기반 접근법을 촉진하는 정부의 노력으로 인해 여러 부문의 사회경제적 양극화가 심화되고 있다.

체계적 문헌 고찰이 큰 영향력을 발휘하고 있는 것을 포함해 여러 이유로 인해 '상위흐름' 정책보다 '하위흐름' 개입의 역할과 잠재적 영향력에 대한 '근거'가 훨씬 많이 존재한다. 그로 인해 건강 불평등 문제를 해소하는 책임은 지역적 차원으로 미뤄지는 경향이 있다. 폭넓은 사회구조적 변화가 없는 상황에서 지역의 정책입안자·실무자·기관이 어떤 변화를 만들어 낼 수 있을지 모색하는 것이 중요하다. 정부의 전략은 전반적인 불평등 수준을 변화시키지 않고 건강 불평등을 감소시킬 수 있다는 절대적인 가정에 기초하는 경우가 대부분이다. 이것은 가장 가난한 개인을 사업의 주 대상으로, 지역 기반 사업에서 지역사회를 확실한 대상으로 설정하는 개입을 통해 이루어진다. 이 가정은 검증될 필요가 있다. 따라서 개인과 지역에 대한 개입의 효과에 대해 현재 존재하는 근거들을 평가하는 일이 중요하다. 이것은 이 책 후반부의 핵심 주제이기도 하다.

제2부

생애 과정에 걸친 건강 불평등의 경로, 정책과 실천

이 책의 주요 부분을 구성하는 제2부에서 생애 과정에 걸친 건강 불평등의 경로, 정책과 실천을 다루고자 한다. 제1장에서 살펴보았듯이 이런 구성은 근래 건강 불평등 연구의 이론적 방향을 반영한다. 건강의 사회적 결정 요인, 생물학적 매개 변수와 건강의 결과 간의 연관성을 탐색하고 이런 연관을 목표로 하는 중재 사업의 역할을 평가할 것이다. 이러한 내용은 다른 위험 요인, 인구집단, 정책 및 건강의 결과에 초점을 두는 공중보건의 좀 더 일반적인 접근방법을 포괄하기에 충분하다.

우리는 중요한 네 가지 생애, 즉 생애 초기(early life), 아동·청소년기(childhood and youth), 성인기(adulthood), 노년기(older age)를 다룬다. 제2부의 각 장은 각각의 생애시기에 따라 건강 불평등의 근거와 이를 야기하는 경로, 그리고 건강 불평등을 제거하는 데 어떤 중재 사업이 효과적인가에 대한 근거를 살펴본다. 예를 들어 제4장에서는 건강 결과들을 나쁘게 하는 생애 초기 요인(임신 기간, 영아기, 초기 유아기)과 연관된 연구 결과를 조망한다. 또한 건강 불평등에서 생애 초기 경험의 중요성을 논의한다. 주요 위험 요인에 초점을 맞추는 역학적 근거와 위험 요인의 사회적·맥락적 근거를 연계함으로써 열악한 환경에서 아동이 건강한 성장을 도모할 수 있는 정책적 중재를 이론적으로 확인할 수 있다. 그리고 근거에 기반을 두고 중재 사업의 중요한 영역으로 금연, 질 좋은 영양, 부모 교육, 초기 교육 등을 다룬다. 제5장은 건강행동을 중심으로 한다. 각 영역에서 어떤 사업이 효과적으로 작동하는가에 대한 근거들이 상세히 평가되고, 기존 근거들의 한계와 주요 정책 도입 과정의 최근 발전 경향 등이 기술된다. 정책 제안을 실제 정책 과정으로 전환하는 과정의 긴장을 탐구한다. 내용, 과정, 맥락, 중재 집단의 성격 같은 넓은 범위의 요인들에 따라 다양할 수 있지만 효과적인 중재 사업을 찾는 것이 가능하며, 이런 중재 사업들이 다양한 모습을 띠는 경향이 있다는 점을 보여 줄 것이다.

아동기·청소년기가 상대적으로 건강에서 평등한 시기라는 주장이 있으나 최근의 연구는 명확한 사회적 격차를 강조한다. 제6장은 아동·청소년의 건강 불평등을 탐구하는 것을 포함하는 연구 방법적인 문제와 유병률과 사망률에서의 사회적 편차를 다룬다. 사고, 상해, 정신 건강의 영역에서 유의한 격차가 존재하는데, 제7장에서는 이 같은 영역에 초점을 둔다. 제5장과 마찬가지로 기존 근거의 한계와 최근의 주요한 정책적 시도가 기술된다. 다시 한 번 근거와 정책, 실천에서의 비동질적인 형태가 강조될 것이다. 예를 들어 아동·청소년기를 의미하는 넓은 연령 범위 내에서 중재, 정책이 동일한 중요성을 갖지 않는다. 사고와 상해에 대한 관심은 아동기에 더 강조되는 반면, 물질 남용이나 건강한 성행동에 대한 관심은 초기 청소년기를 중심으로 일어난다. 반면 아주 적은 수의 정책이 후기 청소년기를 목표로 하고 있다. 후기 청소년기나 그 이후의 청년 또한 차별화된 접근을 필요로 한다는 추가적 지적이 있으며, 정신 건강과 같은 영역에서 아동에 대한 적절한 의료의 부족은 오랫동안 문제로 제기됐다.

유병률과 사망률의 격차와 더불어 '생활습관'은 아동·청소년기에 형성된다. 때문에 이 시기의 건강 행동의 불평등은 이후 삶에서 건강의 격차가 생기는 중요한 기전이다. 사회경제적 환경의 연속성은 왜 아동기의 불리한 처지가 성인기의 나쁜 건강을 예상할 수 있는지 설명해 준다. 이 문제들은 제8장에서 다루게 되는데, 청소년 문화 같은 영향이 사회적 격차에 의한 건강 행동에서의 격차를 역전시키고 있다는 근거는 많지 않다. 식이와 영양, 신체 활동, 물질 오용과 성행동을 주로 논의한다. 제9장에서 이 영역에 중심을 둔 중재 활동의 근거 배경과 근래의 정책 및 중재 사업의 발전에 대해 논의한다.

아동기의 불리한 위치와 성인기의 건강 사이의 관련성에 대한 관심을 통해 만성적인 성인기 질환의 위험 요인을 주로 다루어 왔던 기존의 문헌에서 생애 초기의 영향을 부정했던 것을 알 수 있다. 그러나 성인기 위험 요인에 대한 관심에서 생애 초기 영향에 대한 과다한 관심으로 아직 변화한 것은 아니라는 점이 중요하다. 제10장에서 논의하겠지만, 생활습관 요인, 심리사회적 건강, 모성의 생활환경, 성인기의 의료 접근성 등이 건강의 격차에 중요한 요인이다. 제11장에서 주로 이들 취약 요인을 다룰 것이다. 그러나 심리사회적 건강과 모성 건강의 박탈에 관심을 두는 중재의 근거는 생활습관 개선을 목표로 하는 행동학적 중재의 근거보다 미약하다. 개인화된 중재에 주된 관심을 가지고 있는 공중보건의 근거의 기반과 건강 불평등에 대한 지속적인 구조적 해결 방안을 요구하는 것 사이의 부조화는 이 책의 마지막 장에서 논의한다.

제2부의 마지막 두 장은 노년기 건강 불평등의 문제에 관심을 가지고 있다. 나이 많은 사람은 더 가난하게 살 가능성이 있기 때문에 젊은 연령 그룹의 현재 건강 위험 요인 중 다수(예를 들어 영양, 주거의 질, 이동)가 노년기의 건강 불평등에 영향을 미칠 것으로 예상된다. 그럼에도 건강 불평등 연구에서 노년기는 상대적으로 소외된 분야였다. 노년기 건강 격차의 근거들을 다루는 제12장은 이러한 관심의 부족이 정당하지 않음을 보여 준다. 중년 이후 건강의 격차가 떨어지지만, 낮은 사회경제적 지위가 더 많은 사망과 더 나쁜 정신 건강과 더 높은 장애의 유병률과 관계된다는 많은 근거가 있다. 이는 부분적으로 불리함의 생애 과정의 축적을 반영하기도 하고, 현재의 사회경제적 지위가 노년기의 건강에도 영향을 미친다는 것을 의미하므로 노년기 역시 생활습관과 환경에 대한 중재가 중요한 시기라는 것을 나타낸다. 만성적인 퇴행성 질환은 주로 노년기에 나타나기 때문에 의료의 접근성이 중요한 격차를 일으킬 수 있다. 생활습관, 행동학적 중재, 주거와 생활의 표준을 설정하고자 하는

제안, 건강과 복지의 접근성을 증진시키고자 하는 의제 설정 등을 통해 노년층의 건강과 안녕을 증진하고자 하는 많은 노력들을 제13장에서 살펴본다. 영아, 아동, 청소년을 다루는 정책과 중재 사업과는 달리 노년기를 다룬 연구 자체가 상대적으로 적어, 이러한 연구 자체가 나이 차별에 노출되어 있음을 반증하고 있다.

4

생애 초기의 건강 불평등: 연구 근거

서론

제2장에서 언급했듯이, 생애 초기는 건강 불평등 연구와 정책 모두에서 중요한 시기이다. 생애 후기에 생기는 질병의 위험 인자들이 생애 과정 초기에서 비롯된다고 인식하는 것이 한 이유이다. 최근의 세금과 급여 시스템이 긍정적인 영향을 주는데도 영국의 아동 빈곤율이 여전히 높음을 볼 때 생애 초기 건강 증진의 중요성에 대해 다시 생각하게 된다. 중앙값의 60%를 빈곤선으로 책정하고 주거비용을 고려한 후에도 2003·2004년 25%의 영국 아동이 여전히 빈곤 속에 살고 있다(Piachaud and Sutherland, 2002). 따라서 빈곤과 관련 있고 건강한 성장 발달의 위험 요인으로 알려져 있는 요소를 주요 사업의 대상으로 삼는 것이 중요하다.

사회적 불이익이 성인 건강에 영향을 미치는 과정을 개선시키는 것보다 아동 건강을 위한 중재를 계획하고 시행하는 것이 좀 더 효과적이고 실천적인 영역이라는 점에서 아동에 대한 깊은 관심을 인식해야 한다. 적어도 아동 발달에 악영향을 미치는 몇 가지 요인은 저임금, 실업, 열악한 주거 같은 문제들을 타파하기 위한 정책과 비교해 볼 때 의료, 행동,

교육 중재에 '이미 포함되어' 기여하는 것처럼 보인다. 인지력, 효과적인 대응력, 향상된 자존감을 발전시키는 데 성인보다 아동이 훨씬 가능성이 큰 것으로 보인다(Wadsworth, 1999). 지금까지 아동과 어머니가 건강 및 지역사회 서비스의 주된 대상자였기 때문에, 접근성과 프로그램 불참의 문제를 고려해야 하지만 이미 이들을 중재 프로그램에 노출된 인구집단으로 생각한다. 이러한 지역사회 서비스는 '배제된' 집단에 특별히 초점을 둔 새로운 프로그램에서 낙인을 수반할 가능성이 적은 아동 발달 사업을 시작해 지역사회 서비스의 기본틀을 제공할 수 있다.

생애 초기 건강 불평등 경험의 중요성을 평가할 때 잠재 효과, 경로 효과, 누적 효과 간에 차이가 있다(제2장 참조). 이러한 구분은, 건강 불평등을 줄이기 위해 언제 어떻게 중재하는가에 대한 선택과 관련이 있기 때문에 중요하다(Evans, 2002: 53). 잠재 효과 모델의 관점에서 볼 때 생애 초기의 특이한 생물학적이고 발달적인 요소들은 건강과 행복에 평생 효과를 가질 것이다. 그러므로 건강 불평등을 타파하기 위한 중재는 강력하게 모자 건강에 초점을 두어야 한다. 생애 초기의 프로그래밍이 성인 질병에 대한 민감도의 주된 영향 요인이라면, 생애 과정 중 나중에 중재하는 것은 정말로 의미가 없는 것처럼 보인다. 그러나 누적과 경로 모델은 다른 메시지를 전달한다. 「잠자는 숲속의 공주」의 착한 공주와 같이 생애 초기의 불이익 영향은 개선될 수 있다. 그러나 이 같은 모델들이 생물학적 인자가 사회 위험 과정과 결합되는 과정을 강조함에 따라 이와 관련된 정책이 더욱 요구된다.

이 모델들을 서로 독립적인 패러다임으로 다루지 않도록 하기 위해 생애 과정 연구자들 스스로 덜 극단적인 접근을 요청하고 있지만, 잠재 효과에 초점을 맞춘 (그리고 중재에 사용될 수 있는 생물학적이고 발육상의 과정들을 기술하는 것처럼 보이는) 연구는 다른 생애 과정 모델보다 더 강력한 정책 반응을 이끌어 왔다. 이 장은 생애 초기 요인들을 나쁜 건강 결과에 관한 연구 근거에 초점을 두고 이를 살펴보는 것으로 시작할 것이다. 그런 다음 건강 불평등에 대한 생애 초기 경험의 중요성을 토론할 것이다. 주요한 위험 인자에 역점을 둔 역학적 근거를 위험의 사회적 맥락 근거와 연결시킴으로써 열악한 배경을 가진 아동의 건강 증진을 도모할 수 있는 정책 중재의 종류를 파악하는 것이 이론적으로 가능하다고 주장하고자 한다. 아마 이 장을 마칠 때쯤이면 이론적 정책 권고들을 끌어내고 실행하는 것이 가능해질 것이다.

생물학적 위험 요인

출생 전 위험 요인

많은 만성 질병의 위험이 부분적으로나마 생애 과정 중 매우 초기에 생성된다고 제안하는 근거가 많다(Marmot and Wadsworth, 1997). 바커와 그의 동료들은 어린 시절 신체적 발달과 성인기 건강 결과의 관련성을 폭넓게 조사해 왔다. 바커에 의하면 "태아 때나 출생 직후의 영양 부족과 다른 나쁜 영향들이 신체 구조, 생리, 그리고 대사에 영구적 영향을 미친다"(Barker, 1994: 21). 예를 들면, 칼로리나 산소를 공급받지 못한 태아의 폐는 기도와 폐포의 성장 장애를 일으킬 수 있고, 이것은 아동기 호흡기 질환과 이후의 만성기관지염의 발병에 큰 영향을 미친다(Dezateux and Stocks, 1997). 임신 중 단백질 섭취량이 적을 경우는 신장의 발달 장애와 관련되며 성인기의 혈압 상승으로 이어질 수 있다. 뇌가 다른 기관들과 비교해 '영향을 덜 받는' 경향이 있을지라도, 초기의 영양 부족은 정상적 뇌 발달에 나쁜 영향을 미친다. 대부분의 사람 뇌세포가 임신 4~7개월 사이에 생성되고, 시냅스와 신경경로의 생성이 생후 초기 이후까지 진행될지라도 자궁 내에서나 생후 첫해 동안 특히 활발한 진행이 계속된다 (McCain and Mustard, 1999: 26~27).

자궁 내 성장 지연은 중요한 기관들의 발달을 늦출 뿐 아니라 이후의 비만, 순환기 질환, 고혈압, 당뇨병의 위험을 증가시키는 중요한 대사 변화와 관련이 있다(Remacle et al., 2004). 예를 들어 바커는 간 발달 장애가 중요한 관상동맥 심혈관 질환의 특징인 콜레스테롤 대사와 혈액응고를 방해한다고 주장했다(Barker, 1997: 100). 또한 태아기의 불충분한 영양 상태는 글루코오스-인슐린 대사에 영향을 미친다(Hales et al., 1991; Hales and Barker, 2001). '절약 형질(thrifty phenotype)' 가설에 따르면, 영양 부족 상태를 통해 태아의 생후 영양 환경을 예측할 수 있다. 즉, 생후 부족한 영양의 조건에서 살아남기 위해 대사 능력을 적응시킨다. 그러나 생후 풍부한 영양 상태에 있다면 인슐린 저항성과 당 불내증으로 급속한 체중 증가와 이에 수반되는 대사증후군(복부 비만, 고혈압, 혈중지질 장애, 인슐린 저항성을 포함한, 순환기 질환과 조기 사망의 위험을 유의적으로 증가시키는 위험 요인들의 집합이다)이 나타나는 것처럼, 풍부한 영양 상태에서의 이러한 적응은 해롭다.

바커의 '생물학적 프로그래밍' 가설(Barker, 1994)은 미디어와 정치집단에게서 상당한 관심을 받았고, 이는 「애치슨 보고서」의 여아와 성인 여성의 식이 향상을 위한 정책 권고에 영향을 미쳤다(Acheson, 1998: 70). 단백질과 탄수화물 같은 영양소의 균형과 미량 영양소 수준은 태아 성장과 이후의 질병 위험 프로그래밍에 중요한 영향을 미칠 수 있다고 한다. 예를 들어, 임신 초기의 고탄수화물 섭취는 특히 임신 말기의 낮은 우유 단백 섭취와 동반될 때 태반 성장을 억제한다(Godfrey et al., 1996). 저조한 태아 성장과 (성인의 장애를 예측하는 요인인) 태반 대비 출생 시 몸무게의 높은 비율은 철분 결핍 빈혈을 보이는 여성에게서 나타난다(Godfrey et al., 1991). 심한 엽산 결핍은 신경관 결함과 같은 많은 문제와 관련 있다

(MRC Vitamin Study Research Group, 1991). 그리고 임신 중 n-3 지방산의 결핍은 저조한 태반 기능(Nelson, 1999)이나 태아기 뇌 발달 감소(Helland et al., 2003; Daniels et al., 2004)와 관련 있다. 셀레늄과 철분의 역할은 유아 초기의 천식과 습진에 영향을 미치는 위험 요인으로 가설적으로 제시되어 왔다(Shaheen et al., 2004).

이에 반해 영국 같은 나라들의 여러 연구들은, 태아 성장과 관련된 모체의 음식물 섭취 중요성에 의문을 제기했다. 매슈 등은 영국 여성 코호트에서 태내 또는 출생 시의 영아 체중과 모체의 음식물 섭취 사이에 관련성은 적으며, 산업화된 나라에 사는 비교적 영양 상태가 좋은 여성에게서는 모체의 음식물 섭취가 영아의 건강에 영향을 미친다고 말하기 어렵다고 결론지었다(Mathews et al., 1999). 마찬가지로, '에이번 부모-아동 추적 연구 조사(Avon Longitudinal Study of Parents and Children: ALSPAC)'는 임신 중 모체의 음식물 섭취가 자녀의 키, 앉은키, 다리길이 (Leary et al., 2005a), 또는 혈압(Leary et al., 2005b)에 중요한 영향을 미친다는 근거가 없다고 발표했다. 바커는 태아에게 영양을 공급하는 모체의 생리적 능력은 그녀가 태아기일 때 자궁 내에서 확립된다고 주장하면서 (Barker, 1994: 124), 현재의 출생 시 체중 불평등이 과거의 좋지 않은 모자 건강 상태를 부분적으로나마 반영한다고 말했다.

태아 성장 조절에 작용하는 영양의 역할, 모체의 음식물 섭취와 영아 출생 시 체중 간의 관련성 부족에 대한 서로 다른 주장들을 조정하기 위해서, 하딩은 태아 영양과 모체의 영양을 구분할 필요가 있다고 지적했다(Harding, 2001). 건강하지 못한 모체의 식습관에 기인한 미량 영양소 결핍 같은 요인들이 생물학적 프로그래밍에 작용하는 반면, 태아 성장은 다른 요인의 영향을 받는다. 여기에는 중요한 영양소들을 대사하고, 성장하는 태아에게 영양소를 운반하며, 태아와 모체의 영양 공급에 영향을 끼치는 호르몬을 생산하기 위한 자궁 내 혈액 유입과 태반의 기능을 포함한다. 흥미롭게도 모체의 스트레스는 이 많은 기능들에 영향을 미치는 것처럼 보인다. 예를 들어 스트레스 관련 호르몬은 태반으로의 혈액 유입을 억제할 수 있다. 따라서 태아는 정상적인 성장을 위해 필요한 산소와 영양소를 공급받지 못할 수 있다. 고도의 스트레스는 조산과 관련해 임신 결과에 영향을 주는 '부신피질자극호르몬 유리 호르몬(Corticotropin-Releasing Hormone: CRH)'의 증가와 관련된다(Hobel et al.,1999; Schulkin, 1999). 조산아는 대개 저체중이지만 부신피질자극호르몬 유리 호르몬의 증가로 고통 받는 여성의 아기는 만삭으로 태어났을 때조차 저체중이 되는 경향이 더 컸다(Wadhwa et al., 2004).

이런 '직접적' 영향뿐 아니라, 스트레스는 흡연과 같은 행동에 영향을 줌으로써 자궁을 위험에 노출시킬 가능성을 간접적으로 증가시킬 수 있다. 부적절한 흡연과 알코올의 태아 발육에 대한 직접적 영향에 더 많은 관심이 기울여지고 있으나, 영양의 부차적인(간접적인) 영향에 대한 근거도 존재한다. 니코틴은 바로 태반을 통과해 태반 영양 운반체를 놓고 영양소와 경쟁함으로써 영양 공급과 태아 성장을 저해한다(Blackburn, 2003: 322). 알코올은 비타민 A나 아연 같은 영양소가 위장에서 흡수되고 대사되는 작용을 방해하면서 그 수준을 감소시킬 수 있다(Hannigan and Abel, 1996: 87).

모체의 물질 오용은 태아 성장과 발육에 많은 직접적인 영향을 미친다. 흡연은 저체중, 자궁 내 성장 저해, 태반 조기 박리, 조기 양막 파수, 조산 등과 관련이 있다. 폐 기능의 변화는 자궁이 흡연에 노출되는 것과 관련 있으며, 흡연자의 자녀에게서 천식·폐렴·기관지염의 위험이 증가한다고 보고됐다. 흡연은 태반의 혈관에 직접적인 손상을 초래해 태아에게 가는 산소의 유입에 나쁜 영향을 미친다. 발암 물질은 태반을 통과해 운반되고 태내에서 흡연에 노출된 사람은 비호지킨림프종, 급성림프아구성백혈병, 중추신경계종양 같은 암이 발병할 위험 확률이 높다(Filippini et al., 2000; Blackburn, 2003: 321). 또한 흡연은 난소와 고환의 발달에 영향을 미치는 것으로 보고됐다. 흡연을 하는 어머니를 둔 여성은 초경을 일찍 시작하고 유산할 가능성이 더 크며, 남아는 고환이 정류하는 경향이 더 크게 나타난다. 따라서 흡연하는 어머니의 효과는 한 세대 이상에 걸쳐 계속적으로 영향을 미친다(Selwyn, 2000: 27).

알코올은 정상적인 태아 발육을 방해할 수 있다. 저조한 성장, 비정상적 안면형, 인지 장애가 주된 특징인 태아알코올신드롬(Foetal Alcohol Syndrome: FAS)은 전체 임신 기간에 걸쳐 꾸준히 폭음한 임신부 중 소수에서 생기는 것처럼 보인다. 그러나 태아는 발달 과정을 통해 알코올 독성에 취약해지고, 중요한 시기 동안 많은 양의 알코올(특히 폭음)에 대한 노출은 나쁜 임신 결과와 관련 있다(Whitty and Sokol, 1996). 임신 기간 중 약물 사용이 지속적으로 악영향을 미친다는 것에 관심이 높아졌고 (Arendt et al., 1999; Chiriboga et al., 1999), 이것은 불법적인 약물의 사용에만 한정되지 않는다. '에이번 부모-아동 추적 연구 조사'는 임신 말기에 파라세타몰(paracetamol)의 복용은 천식과 학령기 아동에게서 면역글로빈 E를 증가시킬 위험이 높다는 결과를 보여 준다(Shaheen et al., 2005).

바커의 생물학적 프로그래밍 가설과 이에 관련된 연구들은 생물학적 위험 요인에 특히 초점을 맞추고 있는데, 태아 발육에서 생물학적 영향과 심리적·행동적 영향 사이의 상호작용을 알아내려는 연구들이 점점 증가하고 있다(Mancuso et al., 2004; Pike, 2005). 앞에서 언급했듯이, 모체의 스트레스는 미숙아 및 저체중 위험과 관련 있으며, 성인기의 나쁜 신경발달과 만성퇴행성질환 위험 증가와도 관련 있다(Wadhwa et al., 2002; Hobel and Culhane, 2003; Huizink et al., 2003; O'Connor et al., 2003). 자궁에서 성장 저해 및 생리적인 변화를 일으키는 요인과 태아 발육을 돕는 영양적 요인의 상대적 역할에 대해 이해를 돕는 연구들이 앞으로 중요한 분야가 될 것이다.

영아기의 발육

바커에 따르면, 정상적인 아동의 발육은 자궁 내에서 결정되며 생후 1년까지 위험이 남아 있다(Barker, 1994). 몇몇 연구에 따르면, 태어날 때 작거나 말랐지만 출생 후 한두 해 동안 중요한 '따라잡기(catch-up)' 성장을 보이는 아동은 성인기 질병의 위험이 증가한다고 한다(Bavdekar et al., 1999; Eriksson et al., 1999; Forsen et al., 1999; Ong et al., 2000; Barker et al., 2001). 이는 태어날 때 마른 아동이 근육이 손실됐기 때문일 수도 있다. 만약 아동기에 체질량지수(Body Mass Index: BMI)가 계속 높은 상태라면, 그들은 당뇨와 관상동맥 질환의 높은 위험 요인인 불균형 고지방질량을 가질지도 모른다. 대신에 따라잡기 성장과 관상동맥 질환의 연관성은 영양 부족으로 (또는 다른 악영향으로) 자궁에서 분비되는 아동기 성장과 성인병의 발달 모두에 영향을 미치는 호르몬 분비의 지속적 변화를 반영할지도 모른다. 앞에서 언급했듯이, '절약 형질' 가설은 자궁 내 영양이 부족한 상태에서 생존하기 위해 순응하는 방향으로 생후 대사를 유도하는 쪽으로 진행한다고 제시한다. 따라서 출생 후의 충분한 영양은 급속한 체중증가를 초래한다(Hales and Barker, 2001).

상승된 식욕과 영양은 급속한 따라잡기 성장과 관련 있는 것처럼 보이며, 이로써 영아기의 적절한 음식물 섭취의 보호 작용 역할에 대한 의문이 제기된다. 모유는 정상적인 성장과 발육을 향상시키는 다양한 영양소와 생리활성물질을 포함하는 복합체로서, 일반적으로 영아에게 충분한 영양의 좋은 공급원으로 묘사된다. 그러나 영아기의 급속한 따라잡기 성장과 그 후의 비만에 대한 모유 수유의 보호 효과에 대한 근거는 결론에 이르지 못했다(Parsons et al., 1999). 장기간 동안 모유만 수유하면 분유 수유에 비해 영아의 체중이 적게 증가하는 경향이 있다는 이전의 가설이 있지만, 최근 연구들은 일찍 이유한 아이와 늦게 이유한 아이 사이에

12개월까지의 체중 증가에서 유의한 차이가 없다고 제시한다(Kramer et al., 2002, 2003). 게다가 모유 수유는 자궁에서의 저조한 성장을 보상하고자 하는 유아기의 빠른 성장을 촉진할지도 모른다(Lucas et al., 1998).

1958년 '영국 출생 코호트(British Birth Cohort)'에서 모유 수유는 아동기의 체질량지수와 관련이 없다(Parsons et al., 2003). 그러나 '스코틀랜드 아동 건강 감시 프로그램(Scottish Child Health Surveillance Program: SCHSP)'의 자료는 모유 수유가 아동기 비만 위험을 약간 감소시켰음을 시사한다(Armstrong et al., 2002). '에이번 부모-아동 추적 연구 조사' 표본에서 모유 수유는 아동 비만의 위험 감소와 관련 있는 것으로 보이나, 임신 기간 중 흡연하지 않는 여성의 자녀에게만 국한됐다(Reilly et al., 2005). 최근의 체계적 문헌 고찰에서는 모유 수유가 아동 비만에 대해 작지만 일관된 보호 효과를 보인다(Arenz et al., 2004). 그러나 많은 연구에서 성인기로 올라가면 모유 수유와 이후 비만 사이의 관련성이 없는 것으로 나타났다(Power and Parsons, 2000; Eriksson et al., 2003; Parsons et al., 2003).

비만에 대한 모유 수유의 보호 효과에 대해 논쟁 중일지라도, 모유는 여러 가지 중요한 이로운 점들을 제공하는 것으로 알려져 있다. 이것은 (외부 병원체에 대한 노출을 줄이는) 위생적인 '그릇'으로 설명될 수 있다. 모유는 위의 성숙을 촉진하고 영아의 면역 체계를 활발하게 자극함으로써 감염에 효과적으로 방어한다. 모유 수유는 호흡기 유병률(Oddy et al., 2003a)과 알레르기성 질환으로의 발전을, 특히 위험률이 높은 영아들(Hanson et al., 2002, 2003; van Odijk et al., 2003)에게서 보호 작용을 나타낸다. 영아 수유 방법과 혈압 및 콜레스테롤 수준 간의 관련 연구들은 모유 수유가 순환기 건강에 대한 장기적 이익을 제공한다고 제시한다(Forsyth et al., 2003; Owen et al., 2003). 그러나 '에이번 부모-아동 추적 연구 조사' 자료는 이것에 의문을 제기한다(Martin et al., 2005). 시각 및 인지 발달을 향상시키는 점에서 모유의 '긴 사슬 다불포화 지방산'의 역할에 관심이 있다(Makrides et al., 2000, Oddy et al., 2003b).

영양적인 이익 외에도 모유 수유는 보고, 만지고, 듣고, 맛보고, 냄새 맡고, 따뜻함을 느끼는 것 등을 통해 긍정적인 감각 자극을 제공하는 방법으로 가치가 있다. 생후 초기 감각 자극의 질은 뇌의 신경세포(뉴런)와 신경경로의 '조직망'에 영향을 미치고 "아동의 뇌 발달에 직접적이고 중대한 영향을 미친다"(McCain and Mustard, 1999: 26). 지금까지의 많은 연구들은 학대, 방치, 사회적 박탈 등을 포함하는 영아기의 부정적인 경험이 그대로 정서적·행동학적·인지적·생리적 발달에 영향을 미치는 신경생물학적 사건의 단계적 반응을 생성한다고 주장했다(Glaser, 2000; Bremner and Vermetten, 2001; Sanchez et al., 2001, Teicher et al., 2003; Shea et al., 2005). 특히 중뇌와 변연계의 구조적·기능적 변화와 수반된 신경체액이 시상하부-뇌하수체-부신 축에 변화를 일으킬 경우 나중에 회복하기 힘든 장기적 영향을 수반한다(McCain and Mustard, 1999). 따라서 어릴 때의 나쁜 경험은 사회적·정서적 문제, 노년기의 우울증 같은 정신 장애의 위험 증가와 관련된다(Mullen et al., 1996; Bremner and Vermetten, 2001). 적절한 자극을 받지 못하는 가난한 아동은 인지적·행동적 어려움을 갖는 경향이 크고, 청소년 시기에 반사회적이 되거나 범죄 행위에 가담할 위험이 더 크다(McCain and Mustard, 1999: 35). 시상하부-뇌하수체-부신 축의 기능 변화는 노년기에서 순환기 질환의 위험을 증가시키며, 손상된 면역 기능과 당뇨 및 근골격 장애의 발달에 기여하는 대사 변화를 야기할 수 있다(Lundberg, 1999; Charmandari et al., 2003).

따뜻한 보살핌과 긍정적인 자극은 전 생애에 걸쳐 학습·행동·건강에 중요한 영향을 준다는 많은 연구들에도 불구하고, 영아기의 감각 자극과 뇌 발달 사이의 관련성에 대한 중요한 의문들이 남아 있다. 이것은 유아 발달의 생물사회적 모델에서 '생물적인(bio)' 것만큼 '사회적인(social)' 것과 관련이 깊다(Granger and Kivlighan, 2003). 예를 들어, 연구자들은 부신에서 분비되는 다른 호르몬의 잠정적인 보호 역할을 간과할 수 있기 때문에 시상하부-뇌하수체-부신 축의 특징과 기능을 측정하기 위해 타액의 코르티솔만을 이용하는 것에 의문을 제기해 왔다. 너무 많거나 너무 적은 양보다 적당한 호르몬의 양이 적절한 기능을 하는 것처럼, 호르몬과 행동 간 관련성이 아마도 선형보다는 U형이기 때문에 발달심리학에서 선형 분석을 사용하는 것에 대해 우려한다(Granger and Kivlighan, 2003).

영아기 발달의 생물학적 요인에 대한 논의를 벗어나 다시 사회적 요인에 대해 토론해 보자. 만성피로와 심한 외상 경험의 상대적인 영향이나 장기 손상과 관련된 불행의 정도에 대한 연구는 매우 적다. 몇몇 연구자들은 극도의 방치, 육체적·성적 폭행 같은 심각한 형태의 학대와 그 이후의 부정적 결과 사이의 관련성에 초점을 둔다(Rutter et al., 1998; O'Connor et al., 2000). 반대로, 어떤 연구자들은 어머니의 정서적 위축 같은 학대의 미세한 형태(예를 들면, 어머니가 우울증에 걸린 경우) 또는 자라는 영아를 섬세하게 돌보지 못했을 때 사회적·정서적 건강, 인지적 발달과 면역 장애에 장기적으로 부정적인 결과들을 초래한다는 데 초점을 둔다(Bugental et al., 2003). 취약성에 대한 개인적 변이와 어린 시절의 저조한 발달을 보완하는 뇌의 능력은 아직까지 의문으로 남아 있다. 몇몇 연구는 그런 불행을 겪은 아동이 엄청난 고난을 극복할 수 있고 또한 극복한다고 보고한다(Werner and Smith, 1992). 다른 연구들은 나이가 듦에 따라 뇌가 적응력을 잃어감으로써 기능 장애를 전환할 수 있는 기회가 제한된다고 주장한다. 발달의 기회를 활용하려고 매우 어린 시기에만 중재하는 것은 아동에 대해 소홀해질 수도 있다는 우려를 불러일으킨다(Selwyn, 2000).

영아 보육에 대한 최근의 관심은 대부분 사회적 환경에 맞춰지지만, 최적의 영아 발달은 안전한 물리적 환경의 제공에 의해 결정된다. 비위생적인 환경에서 병원체에 노출될 위험은 매우 취약한 영아에게 영양 불량과 반복되는 감염 발병 간의 상승효과가 존재하는 저소득 국가에서 잘 나타난다. 그러나 산업화된 국가에서 비교적 영양을 잘 섭취한 영아에서의 반복적인 감염에 기인한 성장 지체는 중요한 문제로 보이지 않는다. 분명히 깨끗한 위생 환경은 병원체와의 해로운 접촉 가능성을 줄이고, 위장질환의 위험 감소와 연관된다. 그러나 서방 세계에서는 과도한 청결과 관련된 건강 위험에 더 많은 관심이 표명되고 있다. 이것은 면역 반응을 자극하는 어떤 형태의 감염체에 대한 노출이 감소될 수 있고, 천식이나 아토피성 습진 같은 아토피 질환의 발병으로 이끈다(Rook and Stanford, 1998; Sherriff et al., 2002).

영아의 호흡기 건강은 많은 환경적인 위험 인자에 매우 민감하며, 집 안 습기, 적은 통풍, 흡연에 대한 노출을 포함한다(Lodrup Carlsen, 2002). 담배연기에의 노출은 하기도 감염, 만성중이질환, 천식 등의 위험 증가와 관련 있으며(Gaffney, 2001; Rushton et al., 2003), 영아기의 하기도 감염은 성인기에 만성기관지염의 발병 위험을 높일 수 있다(Barker, 1994: 103). 아동기 말기와 비교해 영아기 초기는 기도가 담배연기에 매우 취약한 시기이다(Nuesslein et al., 2002).

대기 오염물질은 영아의 급성호흡기 질환, 천식 악화 및 폐 기능 저하 같은 호흡기 유병률에 영향을 미친다(Bates, 1995; Pershagen et al., 1995). 그러나 이산화질소 같은 주요 오염물질과 영아 건강 간 관련성의 통계적 근거는 약하거나 결론에 이르지 못한 상태이다(Farrow et al., 1997; Brauer et al., 2002). 예외로 교통 관련 공기오염에 대한 노출은 호지킨병 가능성과 함께 아동기 암의 발병 위험을 증가시킨다(Raaschou-Nielsen et al., 2001).

유아기의 발육

영아기에서와 마찬가지로 자궁 내 성장 저해로 인한 대사 변화에 기인하는 유아기의 과도한 체중 증가는 노년기의 질병 위험 증가를 반영할 수 있다(Ong and Dunger, 2002; Power and Jefferis, 2002; Singhal et al., 2003). (예를 들면, 정서적 빈곤이나 심리사회적 스트레스에 의한) 호르몬 불균형으로 인한 시상하부-뇌하수체-부신 축의 기능 변경은 복부 비만을 유발할 수 있다는 연구 결과가 있다(Power and Parsons, 2000). 또한 아동기 비만은 유전적 원인에 의한 것으로 이해되고 있다(Kiess et al., 2001). 근래 주목되고 있는 한 분야는 어떤 유전적 요인이 자궁 내 성장 지연과 상호 작용을 해 내당능 장애[1]와 대사증후군의 차별적 위험을 나타내는가 하는 것이다(Ong and Dunger, 2004).

생애 초기의 어떤 요인이 생애 후기 비만의 위험을 결정하는 데 역할을 하는지 밝히려는 수많은 근거들과 함께, (운동 부족, 패스트푸드·사탕·설탕음료·스낵류의 과잉 섭취 같은) 급증하는 아동 비만의 일반적 원인의 역할은 아직 밝혀지지 않았다. 그러나 음식물 섭취와 신체 활동의 작용에 대해서는 일반적으로 받아들여지는 연구들이 있다. '에이번 부모-아동 추적 연구 조사' 자료 분석에서 3세 때 정크푸드 같은 식이 패턴과 비만 위험이 관련 있을지라도 학령 전기의 식이 패턴이 일반적으로 7세 때의 비만 위험과는 유의한 관련성이 없다고 조사됐다. 비만 가능성은 유아의 TV 보는 시간이 증가함에 따라 증가하고 수면 시간이 짧을수록 증가한다. 그러나 다른 관점에서 이 연구는 에너지 균형 조절을 진행하는 데 생후 초기 환경의 역할을 중요시한다. 출생에서 2세까지의 따라잡기 성장에서 첫 12개월 동안 체중 증가가 심했던 영아는 아동 비만의 위험이 유의미하게 높다(Reilly et al., 2005). 비만 발달에서 다른 요인의 상대적인 역할에 대해서는 불확실하다(Power and Parsons, 2000). 저체중이 보통 비만의 위험 증가 요인 및 대사증후군을 일으키는 다른 위험 요인과 관련 있고, '에이번 부모-아동 추적 연구 조사'의 출생 시 체중은 명백하게

---

[1] 내당능 장애란 혈당이 정상치보다 높지만 당뇨병으로 진단을 내릴 만큼 충분히 높지 않은 상태이다.

선형적으로 위험과 관련 있다. 유사하게 윌킨 등은 출생 시 체중과 5세의 체중이 거의 관련 없다고 보고하면서, 저체중으로 표현되는 임신 기간 중 불충분한 영양은 더는 생애 후기의 질병 위험의 명백한 지표가 아닐 수도 있다고 주장했다(Wilkin et al., 2004).

아동기의 비만을 단기간 및 장기간으로 부정적인 결과를 초래하는 주요한 국민 건강 문제로 인식해 왔을지라도(Reilly et al., 2003), 예방과 치료를 위한 중재, 건강에 미치는 영향 및 아동기에서의 비만 유병률에 대한 많은 연구들은 학령기 아동과 청소년에 집중됐다. 비만 유병률은 나이와 비례해 증가하며(Kinra et al., 2000), 시간이 흐르면서 과체중의 분포가 점점 커진다고 제안하는 근거에서처럼(Livingstone,2001), 이미 나쁜 건강 효과를 보이는 아동에게 더 특별한 관심이 집중됐다(제8장 참조). 그러나 더 어린 유아의 비만이 중요한 문제가 아니라고 단정해서는 안 된다. '스코틀랜드 아동 건강 감시 프로그램'에 따르면, 3~4세 아동의 8.5%가 비만이었는데 그중 4.3%는 심각한 상태였다(Armstrong et al., 2003). 위럴(Wirral) 지역에서 4세 이하 유아의 체중과 체질량지수를 10년 동안 관찰한 후 번드레드 등은 과체중과 비만 유아의 비율이 매우 유의미하게 증가하고 있다고 보고했다(Bundred et al., 2001). '잉글랜드 건강 조사(Health Survey for England: HSE)' 분석 결과도 비슷하게 3세 여아의 비만 비율이 1995년 4.5%에서 2000년 9.1%(남아는 2.9%에서 5%)로 증가했다고 보고했다(Nessa and Gallagher, 2004). 이 연구들은 유아 비만 유병률의 측정 방법에서 논란을 일으켰지만(제8장 참조), 이들의 발견은 많은 이들의 관심을 불러일으켰다.

앞서 말했듯이, 아동 비만에 대한 식이의 역할은 불확실하다. 그러나 단 음식, 스낵, 탄산음료 등의 섭취가 치아 건강을 해롭게 한다는 것에는 의심의 여지가 없다(Watt et al., 2000; Eckersley and Blinkhorn, 2001; Freeman et al., 2001). 치아 건강 문제는 매우 어린 유아에게서 관찰되어 왔다. 영국의 한 연구는, 12개월 유아의 18%와 18개월 유아의 25%에게서 눈에 보이는 치석이 발견됐다고 보고했다(Habibian et al., 2001). '영국 지역사회치과연구협회(British Association for the Study of Community Dentistry)'의 2001·2002년 여론조사에서 잉글랜드와 웨일스에 사는 5세 아동의 40%가 충치를 경험한 흔적을 지닌 것으로 나타났다(Pitts et al., 2003).

1세 이후의 유·아동은 점점 활발하게 움직이기 때문에 사고에 의한 손상 위험도 증가한다. 5세 이하의 유아는 집에서 보내는 시간이 가장 많으므로 집에서 가장 많이 다친다. 1999년 15세 이하 영국 아동 중 100만 명 이상이 집에서 생긴 사고로 병원을 방문했다. 물론 이들 중 57만 9,000명은 5세 이하였다. 1999년 3만 명이 중독(poisoning)으로 추정되는 증상으로 병원을 찾았으며, 화상으로 6,500명, 질식으로 2,500명 이상이 내원했다. 그러나 유아가 병원을 찾는 가장 큰 원인은 추락 사고였다(CAPT, 2002a).

신체의 위험뿐 아니라 사회적 환경도 유아의 건강과 행복을 좌우한다. 영아에서와 같이 유아의 발달에서도 양육과 긍정적인 자극이 요구된다. 뇌 발달의 상당 부분은 1세 이전에 이루어지지만, 주요 신경망 형성과 두뇌 골 발달은 6세 미만까지 계속되며 특히 초기 3년이 중요하다. 각 뇌의 기능에 따라 적응력의 차이가 있는 것처럼 보이지만, 정서 조절과 자극에 가장 중요한 기간은 2~5세이며, 추상적 인지와 언어를 담당하는 뇌의 한 부분은 학령기 이전 및 그 이후에도 긍정적 자극에 민감하다(McCain and Mustard, 1999).

그러나 이러한 근거들은 어릴 때의 불이익으로 인한 부정적 영향을 최소화하기 위한 중재 시기에 대한 의문을 설명하지는 못한다. 뇌 발달의 상당 부분이 3세까지 일어난다면, 어린 시기의 중재 프로그램이 주로 3~5세인 것에 의문이 제기될 수 있다(제5장 참조). 스트레스에 대한 반응과 자제력을 조절하는 신경 조직망의 중요한 발달 과정이 3세 이전에 이루어진다. 스트레스나 새로운 감각 자극을 견디는 능력의 감퇴는 인지력뿐 아니라 정신 건강, 반사회적 행동, 그리고 잠정적 만성 질환 위험에 영향을 미치므로 정상적인 아동 발달을 촉진하기 위한 노력은 학령전 시기 이전에 시작되어야 한다(Dawson et al., 2000; Dipietro, 2000).

교육적 성취, 태도, 인성 등에서 학교 간 차이를 초래할 수 있다는 데 대해 의문이 제기될 수 있다(제8장 참조). 분명히 사회경제적 지위 같은 학교 밖의 요인이 교육적 성취에서 매우 중요한 변이의 근원이라고 말할 수 있다(Gibson and Asthana, 1998a, 1998b). 그러나 '영국 코호트 연구(UK British Cohort Study)'의 최근 분석에서 아동기 중기(5~10세)에서의 인지력 변화는 소득, 교육적 성공, 실업, 범죄 행위, 10대 부모, 흡연과 우울증 등과 같은 성인의 결과를 매우 강력하게 예측하게 하며, 대체로 5세 이전의 인지 발달 영향보다 더 중요하다(Feinstein and Bynner, 2004). 학교가 생애 전 기간에 걸친 배움과 행동의 근간이라는 점에서 학교 간 차이가 있고 학업 성취(또는 성과)에서 학교가 독립적인 영향을 가진다면 중고등학교 교육보다 초등교육에서 더욱 큰 영향을 미칠 것이다(Sparkes, 1999).

유아기의 발육과 건강 불평등의 관련성

생애 초기 경험과 생애 후기의 건강 결과에 대한 관련성 연구들은 과학적 타당성을 명백히 갖추었지만 건강 불평등에 대한 목적 있는 설명이나 정확하고 확실한 정책에 적합하지는 않다. 서로 밀접하게 관련될 뿐 아니라 비슷한 건강 결과를 보이는 변수들의 독립적인 영향을 구분하고자 할 때 방법론적 어려움이 문제로 대두된다. 예를 들어 모체의 흡연·식이·만성피로, 저체중, 출생 후 빠른 따라잡기 성장, 영아 수유 방법과 영양, 적절한 자극의 결여나 정서적 빈곤 등과 같은 수많은 생애 초기

인자들은 노년기의 관상동맥 질환과 관련 있다. 그런데 역학 연구들은 이들 요소 중 하나 또는 두 가지 요인과 나쁜 건강 결과 사이의 관련성에 초점을 맞추는데, 그렇게 선택된 독립변수와 혼란변수에 중점을 둠으로써 편향성(또는 편견) 문제가 제기된다. 예를 들어 생물학적 프로그래밍이 심리적 상태를 조절한다고 보기 어려우면서도 생물학적 프로그래밍을 통해 흡연을 조절한다는 것이 과연 의미 있는 것일까?

통계적 기법으로 관심 있는 변수들을 고립시킴으로써 역학 연구들은 위험에 영향을 미치는 변수를 혼란변수로 잘못 취급하는 위험을 초래한다(Kramer et al., 2000). 예를 들면, 최근 연구는 출생 후 4년 6개월 동안 '어머니 없는 보육(non-maternal care)'으로 지낸 시간이 많은 아동에게서 문제 행동이 많았다는 것을 증명했다. 보육의 영향을 연구할 때 소득과 어머니의 우울증을 포함한 많은 잠정적인 혼란변수들은 보정된다(Early Child Care Research Network, 2003). 뉴콤은 보육의 '순수 효과'에 집중함으로써 일하는 어머니들의 소득이 높을 가능성, 우울증이 적을 가능성 같은 아동에게 미치는 긍정적인 효과를 연구에서 제거했다(Newcombe, 2003). 이러한 긍정적 요인들은 현실 세계에서 '어머니 없는 보육'의 부정적인 효과를 벌충시킬 수도 있다.

'단일 위험' 접근방법에 대한 세 번째 비판은, 개인 수준의 노출과 행위에 초점을 맞췄다는 것이다. 이것은 곧 실패를 개별적으로 취급하는 쪽으로 이끌고 무책임에 대한 죄책감이나 생각을 느끼도록 자극한다. 그리고 부적절한 어머니에게 자녀의 성장과 신경인지적 성과의 저조에 대한 책임을 지운다. 이것은 '피해자 탓하기(victim blaming)'라고 비판받아 왔다. 최근 연구자들은 건강 위해 행동을 건강 불평등의 원인으로 설명하기보다 열악한 양육, 고지방·설탕 식이, 흡연 같은 요인을 사회경제적 불이익의 결과로 보는 경향이 더 많다. 그러나 위험의 사회적 배경을 주의 깊게 봄으로써 개인의 잘못만을 탓하는 일을 피할 수 있다 하더라도, 이 경우는 여전히 개별적인 것을 일반화해 비난하는 우를 범할 수 있다. 예를 들어, 열악한 부모 역할이 부모 개인의 잘못이라기보다 오히려 사회적 배제와 빈곤의 산물이라고 보는 것과 일반적으로 가난한 사람들이 중간층보다 부족한 부모가 될 확률이 더 높다고 단정하는 것은 전혀 다른 문제인 것이다.

위험의 사회적 배경

출생 전 위험 요인의 사회적 배경

이런 점들을 염두에 두고 볼 때 풍요로운 사람보다 가난한 사람에서 명백한 위험 요인들이 더 많으며, 이것들이 저체중 같은 중요한 결과들과 관련이 있다. 즉, 사회경제적 지위가 건강 불평등에 직접적으로 기여한다고 제안하는 근거들이 많다. 자궁 내 성장 지체에 밀접하게 영향을 미치는 위험 요소인 임신 기간 중 흡연의 유병률은 사회경제적 불이익과 매우 깊은 관련이 있다. 휴식 및 여가 생활의 기회가 제한되어 있으며, 흡연 습관을 버릴 수 있도록 돕기보다 더 부추기는 환경에서 살고 있는 '지역 효과(area effect)' 등에 의해 가난한 사람들은 더욱 높은 흡연율을 보인다(Jarvis and Wardle, 1999; Stead et al., 2001). 개인 수준에서도 흡연은 스트레스 및 나쁜 정신 건강과 관련 있다(Graham and Der, 1999; Copeland, 2003). 예를 들어 그레이엄은 가난한 여성의 흡연은 그들 스스로 할 수 있는 유일한 것이고, 빈곤 속에서 자녀를 돌보는 힘든 가사일로부터의 여유를 갖게 한다고 지적했다(Graham, 1994).

이런 일반적인 사회경제적 관계를 반영해 임신 기간 중 흡연 비율은 뚜렷한 계층 격차를 나타낸다. 2002년 '잉글랜드 건강 조사'에서 반일반직(semi-routine) 및 일반직 가구의 어머니 중 29%가 임신 중 흡연한 데 비해 경영직이나 전문직 종사자 가구의 어머니는 6%가 임신 중에 흡연했다. 지역적 빈곤(area deprivation)이나 소득도 흡연 습관과 깊이 관련된다. 상위 5분위 소득 계층 어머니의 6%가 임신 중 담배를 피운 반면 하위 5분위 소득 계층 어머니의 1/3 이상(36%)이 임신 중 담배를 피웠고, 가장 가난한 지역에 사는 어머니의 임신 중 흡연율(25%)은 가장 부유한 지역에 사는 어머니의 흡연율(12%)보다 2배가량 높다. 나이와 가족 구조도 임신 중 흡연 유병률과 관련 있다. 한부모 가구 어머니(42%)가 양부모 가구 어머니(13%)보다 임신 중 더 많이 흡연한다고 보고됐다(Herrick and Kelly, 2003). 젊은 어머니가 더 많이 담배를 피우는 것으로 나타났는데, 35세 이상 어머니는 12%의 흡연율을 보인 반면 16~24세 어머니의 흡연율은 34%였다. 임신 중 흡연율은 10대 어머니에게서 가장 높았는데, 임신 기간 중 담배 피우는 10대 어머니는 거의 50%에 이르렀다(DH, 2002).

음주 행위에 영향을 주는 사회적·문화적 요인의 급격한 변화가 알코올 섭취에 영향을 미칠 수 있지만, 영국 여성에게서 흡연과 비교해 빈곤이 알코올 소비와 밀접하게 관련 있는 것처럼 보이지는 않는다(Marmot, 1997). 가난한 여성이 부유한 여성에 비해 완전히 금주하거나 낮은 빈도로 음주한다는 보고가 있었으며, 부유 계층의 여성이 권장 수준 이상으로 술을 마시는 경향이 더 크다. 그러나 그들이 술에 취한다거나 음주 문제를 경험했다고 말하는 경우는 거의 없었다(Wardle et al., 1999). 임신 전 음주를 많이 한 어머니에게서 임신 중 알코올의 섭취가 가장 높은 경향을 보이나(Waterson and Murray-Lyon, 1989), 빈곤과 어머니 음주 사이의 관련성은 반대되는 경향이 있다. 스웨덴(Dejin-Karlsson et al., 1997)과 뉴질랜드(McLeod et al., 2002)의 경우 교육 수준이 높은 임신부의 음주 비율이 높다는 명백한 보고가 있다. 그러나 2002년 '잉글랜드 건강 조사'에서 임신 중 일주일에 14잔 이상 술을 마신다는 어머니는 없었다.

보고 오류가 있을지 몰라도 일주일에 7~14잔을 마신다는 비율이 1% 이내이고 2%가 2~7잔을 마신다고 보고했다. 따라서 어머니들의 97% 가 임신 중 일주일에 2잔 이상 마시지는 않는 것으로 조사됐다(Herrick and Kelly, 2003).

    앞에서 말한 바와 같이, 산업화된 서구 사회에서 나쁜 임신 결과를 일으킬 수 있는 어머니 영양의 중요성이 부분적으로 상반되는 근거들 때문에 논쟁 중에 있다(Mathews et al., 1999). 런던 여성의 식이 조사에서 계층 간 차이는 있었으나, 이는 단지 임신 중 몇 가지 영양소의 섭취와 관련이 있었다(Wynn et al., 1994). 따라서 총열량 섭취나 탄수화물이나 지방 같은 열량 물질의 섭취에서는 사회계층적 격차가 발견되지 않았다. 그러나 단백질 섭취, 7가지 미네랄과 6가지 비타민 B 섭취는 사회계층 간 격차에서 통계적 유의성이 매우 높았고, 이는 생후 몸무게와 매우 유의하게 관련 있었다. 이들 14가지 식이 구성 요소의 섭취는 출생 시 몸무게가 가벼울수록 점차 떨어졌으나 보통 이하의 몸무게로 태어난 영아의 어머니에서만 해당됐다. 이 연구에 대한 질적인 분석을 통해 소수 여성에서만 불충분한 영양 상태가 관찰됐다. 이들은 모든 사회계층에 걸쳐 분포하지만, 사회계층 I에서 사회계층 V로 갈수록 많아졌으며 편모 는 특히 기본적인 임신부 영양 조건을 충족할 만큼 식품을 섭취하지 못한다고 조사됐다. 통밀, 채소류, 과일 및 유제품 같은 식품에 존재하는 영양소의 불충분한 섭취는 일부분 이들 식품의 비싼 가격 때문으로 설명될 수 있다고 연구자들은 주장한다.

    이들 연구 결과는 영국 성인과 중년 여성을 대상으로 한 일반 연구들과 유사한데, '건강한 식이'가 기혼이나 높은 경제사회집단 같은 특성을 반영하는 고학력과 유의한 관련성을 보였다(Billson et al., 1999; Pollard et al., 2001; Lang et al., 2003). 나이와 흡연도 중요한 변수로 작용한다. 젊은 임신부는 미량 영양소를 부족하게 섭취할 위험이 있으며, 흡연 여성은 비타민 C와 카로티노이드를 적게 섭취하는 것으로 나타났다(Mathews et al., 2000). 나이, 사회경제적 지위, 교육 수준, 결혼 상태, 흡연 상태 등은 임신 이전과 이후 한 달 동안의 엽산 보충제 복용과 관련 있는 것으로 나타났는데, 이에 따른 중재 사업은 신경관 결함의 위험을 줄이기 위해 계획됐다(Sen et al., 2001). 2002년 '잉글랜드 건강 조사'에서 35세 이상 여성(60%)은 16~24세 여성(32%)보다 임신 전에 엽산 보충제를 더 섭취하는 경향이 있는데, 이는 계획된 임신이 많다는 것을 반영한다. 상위 5분위 소득계층에 속하는 여성의 65%는 산전에 엽산을 섭취했으나, 하위 5분위 소득계층에 여성은 25%만이 산전에 엽산을 섭취했다. 가족 구조에 따라서도 엽산의 보충이 다른데, 양부모 가족의 여성(58%)이 한부모 가족의 여성(25%)보다 엽산을 더 많이 섭취했다(Herrick and Kelly, 2003).

위험 행동의 사회경제적 차이를 조사하는 연구와 더불어 임신 결과에 영향을 미치는 모체의 정신 건강에 많은 관심이 쏠리고 있다. 미국인과 캐나다인에 대한 연구에서 크래머 등은 낮은 사회경제적 지위의 여성이 임신 중에 더 많은 스트레스를 경험한다고 주장했다(Kramer et al., 2000). 재정적 불안정에 의해 만성적 스트레스가 일어난다는 것은 명백한 관련성이 있는데, 가난은 열악하고 혼잡한 주거 환경, 배우자 없이 사는 것, 결혼생활의 불만족, 가정 폭력, 열악한 작업환경 등과 관련되어 있었다. 계획하지 않거나 원하지 않는 임신은 낮은 사회경제적 지위의 여성에게서 더 흔하고, 임신에 대한 낮은 책임감은 흡연과 음주 및 약물 사용과 관련 있었다. 급성 또는 만성 스트레스의 요인에 더 노출되는 것 외에도, 가난한 임신 여성은 스트레스의 영향을 조절할 수 있는 사회적인 자원을 훨씬 적게 가지고 있다고 크래머 등은 주장했다(Kramer et al., 2000). 특히 스트레스 완충물로서 작용하는 친밀한 인간관계의 질과 존재가 매우 중요하다(Kramer et al., 2000).

임신부의 스트레스와 불안은 태아에 프로그래밍 효과를 가지며 생애 후기에서 행동과 감정의 문제를 초래한다는 근거가 있지만(O'Connor et al., 2003), 영국에서는 임신 중 우울증에 대한 관심이 출산 직후 우울증보다 훨씬 적다. 임신 중 우울증은 일반적으로 생각하는 것보다 훨씬 많다는 주장이 있다. 게다가 출산 후 우울증의 증상들은 임신 중보다 더 흔하거나 심각하게 나타나지 않는다(Evans et al., 2001). 임신 중 우울 증상의 범위를 모니터하는 연구들이 많지만 사회경제적 지위에 따른 임신 중 우울증 비율의 차이를 조사한 연구들은 거의 없다. 그러나 런던에서 산전 진찰 클리닉(antenatal clinic)에 참석하는 여성에 대한 연구는 국제적 연구(Seguin et al., 1995; Marcus et al., 2003)와 유사한 결과를 보고했다. 우울 증상은 교육 수준이 낮거나, 미혼이거나, 직업이 없는 여성이거나, 배우자가 있지만 거의 도움을 받지 못하거나, 두 번째 또는 출산 후 바로 이어진 임신 등과 관련이 있었다(Bolton et al., 1998). 2002년 '잉글랜드 건강 조사'는 명확하게 임신 중 우울 증세를 측정하려고 노력하지 않았지만, 임신부에게 임신에 대한 감정과 당면한 위험 요인에 대해 질문했다. 상위 5분위 소득계층 여성의 1%, 하위 5분위 소득계층 여성14%가 행복하지 않거나 매우 불행하다고 대답했다. 양부모 가족의 여성(5%)보다 한부모 가정의 여성(22%)이 불행하다고 느끼는 경향이 유의하게 높았다. 임신에 대한 느낌은 연령에 따라 다양하게 나타났다. 35세 이상 여성의 6%, 16~24세 여성의 16%가 불행하다고 표현했다(Herrick and Kelly, 2003). 임신 중 우울증과 산후우울증은 일반적인 상담으로는 그 증상을 놓치기 쉽기 때문에(Johanson et al., 2000) 더 많은 연구가 필요한 건강 변이의 영역이다.

 10대 임신을 국민 건강 '문제'로 묘사하는 데 많은 비판들이 쏟아지고 있다(제8장 참조). 그러나 10대 임신은 산전 우울이나 불안과 연관되며, 스트레스에 대한 누적된 생애 과정의 노출일 뿐 아니라 현재의 상황을 반영하는 위험 요인과 관련되어 있다. '에이번 부모-아동 추적 연구 조사' 자료는 10대 어머니가 대부분 가족 내에서 이별, 이혼, 계부 또는 계모, 재정적 어려움, 부모의 정신 건강이나 알코올 중독 등을 경험했고, 자주 이사나 전학을 했으며, 어린 나이에 성적(sexually)으로 활발해졌고, 자신의 아동기를 행복하지 않았다고 기술한다(Meadows and Dawson, 1999). 2002년 '잉글랜드 건강 조사'에서 나이 어린 어머니는 나이 든 어머니보다 임신에 대해 덜 계획적인 경향이 있고(25~35세 어머니의 75%가 계획에 의해 임신한 것과 비교해 16~24세의 어머니는 43%의 비율을 보였다), 어린 어머니는 임신 중 부정적인 감정을 가지며 흡연하는 경향이 큰 것으로 보고됐다(Herrick and Kelly, 2003).

나쁜 임신 결과를 만드는 여러 위험 요인의 상대적 중요성을 찾으려고 노력한 크래머 등은 현재 밝혀진 근거 중에서 흡연이 아마도 자궁 내 성장 지체에서 사회경제적 불균형을 중재하는 가장 중요한 변수일 것이라고 주장했다(Kramer et al., 2000). 그러나 크래머 등은 독립된 효과를 만들 뿐 아니라 임신 중 흡연이나 알코올과 약물의 사용 같은 행동에 영향을 주는 심리적 요소의 역할도 강조했다. 예를 들면 (아기를 가지려는 의도와 갈망을 포함하는 생각인) 임신 책임(pregnancy commitment)은 임신 중 건강한 행동과 관련 있다. 반대로 현재 상태에 대한 우울, 삶에 대한 불만족, 절망, 미래에 대한 낙관의 결여는 건강하지 않은 행동을 야기할 수 있다(Kramer et al., 2000: 201).

모체의 흡연 같은 개별적 위험 요인은 독립적으로 영향을 행사하는 것이 아니라 다른 요인들과 상호작용을 통해 영향을 미친다. 단순화되고 개별적으로 초점을 맞추면서 크게 효과가 없는 정책을 피하려면, 나쁜 임신 결과가 복합적인 장해 축적의 반영이라는 사실을 인정하고 위험을 설명하는 것이 중요하다. 그러나 앞에서 언급했듯이 일반화를 낙인화하지 않도록 하는 것 또한 중요하다. 10대 어머니가 경험하는 낮은 교육적 성취와 직장 기회의 부족 같은 문제들을 살펴본다면, 10대 임신에 초점을 맞춘 현재의 정책은 매우 적절하다고 말할 수 있다. 그러나 많은 어린 어머니가 계획적으로 임신하고 있고, 자녀와 행복하고 배우자와 안정된 관계를 가지며, 정부의 구제 상태에 있지 않고 자기 소유의 집에서 살고 있다는 것을 기억하는 것 역시 중요하다(Allen and Bourke Dowling, 1998).

영아기 위험 요소의 사회적 배경

임신 중 관찰되는 위험 요소의 심한 사회적 격차는 아기의 출생 이후로 이어진다. 많은 여성에게 임신이 자발적인 금연의 중요한 계기로 작용하기 때문에 임신 중 금연 충고에 응하지 않던 여성이 아기가 태어난 후 금연하게 되지는 않을 것이다. 임신 기간에 성공적으로 금연한 여성에게 산휴 기간은 위험할 수 있다. 임신 중 금연한 여성 중 출산 후 6개월 이내에 70% 이상이, 출산 후 6주 이내에 약 50%가 다시 흡연하는 것으로 추정된다(Bull et al., 2003). 흡연하는 배우자가 있다는 것은 여성 흡연 행동의 결정적인 요소 중 하나이다. 따라서 금연하고 이를 유지할 수 있는 여성의 능력은 남성 흡연의 사회경제적 불평등과 관련 있다. 출산과 부모가 됨에 따른 변화 자체가 사회적·심리학적 스트레스가 된다면, 가난하게 사는 여성이 경험하는 스트레스가 출산 후에 감소하지는 않을 것이다. 임신 중 불안과 우울로 고통 받는 여성에게 임신 기간의 나쁜 정신 건강의 사회경제적 차이가 출산 이후 기간까지 계속된다는 관련성을 고려해 볼 때(Johanson et al., 2000; Honey et al., 2003), 이러한 여성은 지속적으로 산후우울증으로 고통 받을 가능성이 높다. 출산 후 정신 건강의 사회적 불평등을 조사한 영국의 연구들은 거의 없는데, 산후우울증을 포괄적인 사회적 배경에 속하는 문제로 간주하기보다 정신적 장애로서 다루는 경향에 부분적으로 기인한다(Lee, 1997). 701명의 잉글랜드 여성을 대상으로 한 연구가 어머니의 우울증이 교육 수준, 주택, 취업 상태,

정부 급여에 대한 의존 등과 유의미하게 관련 있다고 보고한 유일한 연구이다(Sheppard, 1998). 그러나 산후우울증의 정도를 측정하기 위한 '에든버러 산후우울증 척도(Edinburgh Postnatal Depression Scale: EPNDS)'를 포함한 2002년 잉글랜드 건강 조사에서 우울증의 유병률과 어머니의 나이, 수입, 지역적 빈곤 사이에서 어떤 관련성도 관찰되지 않았다. 다만 가족 구조는 산후우울증과 관련성을 나타냈다. 배우자가 있는 어머니(21%)에 비해 편모(41%)가 우울증을 더 많이 앓고 있었으며(Herrick and Kelly, 2003), 배우자가 있는 어머니(23%)보다 편모(51%)가 더 많이 사회적 지지가 부족하다고 언급했다.

보통의 어머니가 예민하지 않고, 참견하고, 가끔 화내는 반면, 우울증을 가진 어머니는 자녀와의 유대 관계를 분열시키거나 위축시킬 수 있다(Glaser, 2000). 앞에서 서술한 바와 같이, 초기 영아기 동안 섬세한 상호 유대 관계가 결여되면 아동의 심리적 적응과 학습 능력에 지속적인 영향을 미칠 수 있다. 산후우울증에 대한 노출은 아동기에 수반되는 정서적·행동적·인지적 장애의 중요한 예후 인자로 인식된다(Beck, 1998; Murry et al., 1999; Hay et al., 2001). 분명히 어머니의 우울증은 사회경제적 불이익이 있는 경우 더 분명한 요인으로 나타난다(Kurstjens and Wolke, 2001). 또한 어머니의 우울증에 대한 아동의 취약성은 성별에 따라 다를 수 있는데, 남아가 더 나쁜 영향을 받는다(Weinberg et al., 1999).

물론 산후우울증이 (단기적이고 한시적인 것이라면) 나쁜 심리적 상태의 유일한 징후이거나 부모 역할의 어려움에 대한 단 하나의 위험 요인도 아니다. 만성 우울과 불안은 자녀와의 부정적인 상호 유대 관계 및 부족한 부모 역할과 관련 있다. 부모 자신의 힘들었던 어린 시절의 경험이 나중에 배우자의 도움 같은 보호 인자들에 의해 보완될지라도, 부모의 양육은 잘못된 부모 역할의 기초가 될 수 있다(Bifulco et al., 2002: 1077). (우울증의 발현 등과 같은) 개별적인 부모의 취약성과 부모 역할 사이의 관련성에 대한 많은 연구가 이루어졌지만, 어떤 비평가들은 그런 취약성의 사회적·경제적·정치적 배경에 대한 검토가 충분히 이루어지지 않았다고 반박했다(Taylor et al., 2000). 예를 들어, 재정 문제로 고심하는 부모가 불안과 우울증으로 고통 받는 위험 수위가 높다는 것을 보여 주는 명백한 경험적 근거들이 존재한다(Reading and Reynolds, 2001). 이는 결혼 관계에서 부모 역할의 질에 부정적 영향을 미치는 주된 스트레스 요인인 적개심과 협조 부족을 야기할 수 있다(Leinonen et al., 2002). 테일러 등은 가중되는 경제적 어려움은 부모의 양육 감소, 부모의 일관성 없고 가혹한 징벌의 증가 등과 관련 있음을 보여 준다(Taylor et al., 2000). 아동 보호 등록부에 등재되거나 학대를 받는 아동에 초점을 맞춘 심각한 형태의 아동 학대를 조사하는 영국의 연구들을 보면, 남성의 실업 상태와 공영주택에서의 기거 여부가 아동 학대와 명백히 관련되어 있었다(Creighton, 1985; Gillham et al., 1998; Sidebotham et al., 2002).

독신 부모가 갖는 재정적 불안정에 대한 스트레스는 배우자 협조의 결핍에 의해 악화될 수 있다. '에이번 부모-아동 추적 연구 조사'를 보면, 10대 어머니는 일반적으로 관계의 분열을 포함한 배우자와 관련된 어려움을 겪고 있으며, 지역사회에서 보다 포괄적인 도움이 부족하다고 느끼고 있었으며, 비밀을 터놓을 만한 사람이 없다고 말했다. 이 연구에서 우울과 불안을 호소하는 비율이 높은 것으로 나타났으며, 10대들은 부모 역할에 긍정적 느낌보다 부정적인 느낌을 더 많이 갖는다고 말했다. 또한 10대 어머니는 자녀 중심적으로 양육하지 않고 있었다. 그들은 자신감이 결여되어 있었고, 자녀가 어지럽히고 부수는 것을 거의 참지 못했고, 자녀의 발달에 필요한 여러 도구를 거의 갖추지 않았고, 책읽기·노래·대화 등과 같은 자녀 발달에 긍정적인 활동을 거의 하지 않았으며, 자녀가 무방비 상태로 텔레비전을 보도록 방치하고 있었다(Meadows and Dawson, 1999).

이런 연구들에서 가난의 스트레스가 부모의 행복에 그리고 부모와 자녀의 상호 유대 관계에 영향을 준다는 것이 많은 부분 밝혀진 반면, 부모 역할 행동에서의 사회경제적 차이는 여전히 잘 설명되지 못하고 있다. 부분적으로 이 문제는 부모 역할이 복잡 다양한 행동을 포함한다는 사실에서 비롯된다. 어떤 양육 수준에 대한 사회경제적 지위의 직접적인 영향을 인식하는 것이 가능할지라도, 이것이 항상 다른 것에도 적용되지는 않는다. 예를 들어, 호거이와 스페이트는 자녀의 발달을 촉진하는 것이 '바람직하고 충분한 부모 역할'의 세 가지 요소 중 하나(나머지 두 요소 중 하나는 사랑이며, 다른 하나는 보육과 헌신과 절제되고 일관된 제지의 합이다)라고 말했다(Hoghughi and Speight, 1998). 가난(그리고 경제적·사회적·교육적 자질의 부족)은 풍부하고 다양한 자극을 제공하는 가족의 능력을 손상시키지만(Taylor et al., 2000), 위험과 사회경제적 지위 사이의 관계가 직접적으로 분명하지 않은 부모 역할의 다른 측면(예를 들면, 사랑 같은)도 있다. 테일러 등은 어머니의 무능력으로 가난과 올바르지 않은 부모 역할이 융합된다는 과거의 개념으로 회귀하는 것을 경고했다(Taylor et al., 2000). 그러나 테일러 등은 낮은 사회경제적 여건이 긍정적인 부모 역할을 방해한다는 것을 강조함으로써 "경제적으로 가난한 부모의 자녀를 절망적인 상황에 빠뜨렸다"(Speight and Hoghughi, 2000: 119)는 비난을 불러일으켰다.

사회경제적 지위와 부모 역할 사이의 관계를 다루면서 발생한 부가적인 문제는 부유한 가족보다 저소득 가족에서의 부모 역할에 좀 더 초점을 맞췄다는 점이다. 이러한 편향은 불이익을 받는 지역에서 가족을 선택하고 심사해 선발하기보다 기관 등에 위탁된 사람들(특히 나이가 많은 아동을 고려할 때) 중 연구 대상을 채택한 여러 연구들에서 비롯됐다. 따라서 부주의, 비일관성, 긴밀한 유대 및 애정의 결여, 결혼생활의 충돌에 대한 노출 등과 같은 형편없는 부모 역할의 지표들이 부유한 가구들에서는 관찰되지 않는다고 가정해서는 안 된다. 부유층의 부적당한 부모 역할은 문헌에서 매우 간과되어 왔다. 풍요로운 삶을 살수록 폭넓은 사회적·물질적인 자원(훌륭한 자격을 갖춘 대리 보호자를 포함)을 사용할 수 있다는 사실은 부유한 집단에서 부모 역할 결손의 영향을 보완할 수 있다는 점에서 중요할 수 있다.

부모 역할은 사회적이고 정서적인 상호 관계뿐 아니라 이유법과 같은 영아 보육의 신체적 양상들을 포함한다. 앞에서 말했듯이, 모유 수유가 단기간 및 장기간 건강 혜택에 기여한다고 보는 근거들이 있다. 세계보건기구(World Health Organization: WHO)는 영아가 태어나서 6개월까지 온전히 모유 수유를 해야 한다고 권장한다. 그러나 영국에서 영아 출생시 모유 수유 비율은 잉글랜드와 웨일스 71%, 스코틀랜드 63%, 북아일랜드 54%로 비교적 낮다. 6주 후의 비율은 잉글랜드와 웨일스에서 약 43%로 감소했다(Hamlyn et al., 2002). 모유 수유 행위에서 중요한 사회경제적 변이가 존재하는데, 높은 연령층의 교육 수준이 높은 여성이 더 많이 모유 수유를 시작하고 계속하는 경향을 보인다. 2002년 잉글랜드 건강 조사에서 상위 5분위 소득계층 어머니의 모유 수유는 태어나서 91%를 보이다가 2개월까지 65%로 감소하고 6개월에 이르면 28%로 떨어진다. 반대로 하위 5분위 소득계층의 모유 수유율은 태어날 때 53%, 2개월까지 28%, 6개월에 이르면 8%로 떨어졌다(Blake, 2003).

모유 수유 행위에 따른 차이는 지식의 차이보다 문화적 태도에 더 기인한다고 할 수 있다. 어머니가 되는 과정의 경험과 기대를 조사한 한 연구에서 임신하기 훨씬 이전에 영아 수유법의 선호가 정해지는 것으로 조사됐다. 분유에 대한 문화적인 선호가 있거나 일정 정도 모유 수유에 대한 부끄러움이 있는 경우 모유의 건강 이점에 대해 잘 알고 있는 여성조차 분유 수유에 대해 확고한 의지를 표명했다. 어렸을 때부터 소녀들은 '야만적'이거나 '아이에게 최상'이라는 식으로 모유 수유에 대한 견해를 형성한다(Gregg, 1989). 수유에 대한 태도는 부분적으로 여성의 어머니가 자녀들에게 어떻게 수유했는가에서 비롯되기도 하고(White et al., 1992), 넓게는 지역사회의 규범에 의해 형성되기도 한다.

직장으로 복귀하는 기간도 모유 수유 행위에 영향을 미치는 또 다른 인자이다(Noble et al., 2001; Galtry, 2003). 영국에서 여성이 법적 산휴 수당을 받는 기간이 2003년 18주에서 26주로 늘었고 12개월까지 연장하도록 권고되고 있지만(HM Treasury et al., 2004), 유급 출산 휴가에 대한 영국의 정책은 서방 세계에서 가장 관대하지 않은 편이다. 영국에서 산휴 수당은 6주 동안 이전과 같은 급액이 지급되고, 그 이후에는 (평균 임금보다) 낮은 일정 금액으로 지급된다. 산후 휴가 기간은 만약 여성이 임신과 관련된 질병으로 직장에 결근하거나 예정일 전에 산후 휴가를 사용했는데 아이가 늦게 태어난 경우라면 더 짧아질 수 있다. 이러한 요소(특히 '6주 산후 휴가')는 영국에서 모유 수유를 빨리 그만두게 하는 중요한 결정 요인이 될 수 있다. 그러나 매우 낮은 임금을 받고 일하거나 일주일에 비교적 적은 시간 일하는 여성(일정 비율의 출산 수당을 받을 수는 있다)에게는 법정 산휴 수당이 지급되지 않으므로, 저소득 여성이 모유 수유를 중단하고 직장에 복귀하도록 만드는 낮은 정부 급여 수준(benefit level)에 대해 논쟁의 여지가 있다.

유아기 위험 요인의 사회적 배경

영아기에서와 마찬가지로 유아의 발달에 영향을 미치는 많은 위험 요인이 유아에서 학령전 시기 아동으로 자라기 이전에도 존재한다. 예를 들어, 중재와 도움이 없다면 영아기 동안 발달한 부정적인 부모 역할 방법이 깊이 배어들 수 있다. 특히 활동성과 독립심이 생기면서 유아가 반항적이거나 까다로울 경우 더욱 그렇다. 사고와 같은 신체적 위험에 노출된 유아는 활동이 많아짐에 따라 더 취약해질 것이다. 사고의 위험은 밀접하게 사회경제적 지위와 관련이 있고(Alwash and McCarthy, 1998; Ramsay et al., 2003), 유아가 생활하고 놀 수 있는 물리적 환경의 안전성과 질을 반영한다. 예를 들어, 높은 아파트의 발코니와 차단 문이 없는 계단 또는 안전하게 놀 만한 공간의 부족은 사고 위험의 가능성을 증가시킬 수 있다(CAPT, 2002b).

영아기에 시작된 나쁜 식사법은 아동기까지 계속되는 경향이 있다. 이유법에서의 사회계층적 차이가 생후 1년 동안 관찰됐는데, 낮은 사회계층이나 낮은 소득층의 생후 1년 영아는 부유한 가정의 영아보다 감자, 비스킷, 사탕과자, 소프트드링크를 더 많이 섭취하고, 모유·우유·과일의 섭취가 적은 경향이 있다. 걷기 시작하고 좀 더 다양한 음식을 섭취하는 유아기 때 유아의 소비 형태에서 사회경제적 차이는 명백하게 드러난다. 가난한 가구의 유아는 (설탕, 소금, 지방 및 전분이 많이 포함된) 가공된 식품을 주로 섭취하는 반면, 과일과 채소 같은 고식이섬유 식품의 섭취는 낮은 경향이 있다(Nelson, 2000). 사회경제적 차이는 탄산음료의 소비와 관련이 많다(Northstone et al., 2002). 사회경제적 지위가 낮은 가정의 영아가 부유한 계층의 영아에 비해 영양 보충을 받는 경우가 적기는 하지만(Bristow et al., 1997), 이 연령대의 나쁜 식사법은 중요한 영양소 결핍에서의 사회경제적 변이와 관련이 있다(Watt et al., 2001). 어린 시기에 채소와 과일을 섭취한 경험은 좀 더 성장한 후에 아동이 그 식품을 받아들이는 것에 영향을 미치는 것으로 보인다(Skinner et al., 2002).

영아의 과체중과 비만을 결정하는 식이의 역할이 불분명할지라도 식이 형태의 사회경제적 차이는 체중에서의 사회경제적 차이와 일치한다. '스코틀랜드 학령전 아동 건강 감시 시스템(Scottish National Preschool Child Health Surveillance System)'의 자료 분석에서 가장 빈곤한 지역에 사는 3~4세 유아의 비만율은 가장 부유한 집단의 유아에 비해 30% 더 높았다. 출생 시 몸무게로 보정한 후에도 영양 부족은 사회적 박탈과 유의하게 관련 있다(Armstrong et al., 2003). 국가 조사에서 치아 건강에서의 유의미한 지리적·사회경제적 변이가 발견됐다(Pitts et al., 1999, 2003; Nunn et al., 2003). 예를 들어, 글래스고의 빈곤한 도시 지역사회에 대한 연구는 4년 6개월부터 5세까지의 유아 중 86%가 충치를 갖고 있다고 발표했는데, 몇몇 경우는 손상이 심해 회복이 불가능한 정도였다(Sweeney and Gelbier, 1999). 치아 건강의 차이는 단 음식, 스낵과 음료수 소비에서의 사회적 차이를 반영한다. 그러나 식이와 치아 부식 사이의 통계적 관련성은 사회경제적 지위와 치아 건강 사이의 관련보다 다소 약하다(Nunn et al., 2003).

식이의 사회경제적 차이에 대한 원인은 아직 논쟁 중이다. 정치 스펙트럼상 우파 평론가들은 개별적 식품 선호도 또는 살림을 훌륭히 꾸리는 것을 식이 섭취 패턴과 관련짓는 경향이 있고, 영양가 있는 식품이 바로 구할 수 있고 저렴할 경우 가난한 아동의 식생활 건강을 향상시키는 데 저소득이 장애가 되지 않는다고 주장했다. 반대의 의견을 가진 사람들은 "영양 부족이 식품에 대한 불충분한 소비의 결과이며, 이는 많은 저소득 가족이 건강하고 풍부한 식품을 공급받기가 쉽지 않고 돈이 부족하기 때문"(Nelson, 2000: 314)이라고 주장했다. '식품 사막(food desert)'이라는 개념은 타운 밖에 있는 슈퍼마켓으로의 접근이 어려워 집 근처 조그만 가게에 의존해 생활하기 때문에 값싸고 영양가 높은 식품을 접할 수 없는 대도시 중심부 저소득층 거주 지역의 생활을 묘사하는 것으로 제시됐다. 전형적인 '식품 바구니'의 비용을 계산한 몇몇 연구들은 저임금이나 정부 급여로 건강한 식이 지침에 맞는 충분하고 적당한 식품을 구입하는 일이 여유롭지 않다고 주장했다(Dowler, 2002). 그러나 이 결과들에는 모순이 있다. 예를 들어, 교외를 포함하는 글래스고 지역에서 행해진 식품 가격과 이용 가능에 대한 대규모의 조직적인 조사를 보면, 부유한 지역과 그렇지 않은 지역 간 가격 차이는 거의 없었고, 가격 차이가 있는 식품은 가난한 지역에서 더 저렴한 것으로 나타났다. 예를 들어, 통밀빵, 당근 주스와 오렌지 주스 같은 몇 가지 건강에 좋은 식품의 가격이 빈곤한 지역에서 더 낮았을지라도, 질이 낮은 고지방 식품은 특히 싼 가격으로 구할 수 있었다(Cummins and Macintyre, 2002).

이런 결과들이 저소득 집단의 나쁜 식사법에 대한 개인주의적 변명을 결코 지지하지는 않는다. 그러나 가난에만 초점을 맞춘 제한적인 설명에 대비할 필요가 있다. 예를 들면 머콧은 영양의 불평등은 가난의 직접적인 영향뿐 아니라 식이와 건강에 대한 기본적 지식, 태도 및 사회경제적 지위에 따른 먹는 양식의 차이에 영향을 받는다고 강조했다(Murcott, 2002). 이런 지속적인 견해들이 사회경제적 수준에 영향을 미치는 가정의 사회조직과 일정한 관련성이 있어 식사법뿐 아니라 건강에 영향을 미치는 다른 문제들과도 관련이 있다. 예를 들면, 위생적인 생활습관은 사회적 요소의 영향을 받는 것처럼 보이고, 사회적으로 불평등한 어머니는 가정 내에서 화학약품을 사용하고 좀 더 부유한 사람들보다 더 높은 위생 상태를 소망하는 경향이 있다(Sherriff and Golding, 2002). 과도한 청결은 면역계 질환의 유병률 증가와 관련이 있다.

앞에서 말했듯이, 가난과 매우 어릴 때 부모가 되는 것에서 오는 스트레스는 학습 능력과 정서적·행동적 적응을 해칠 수 있는 긍정적이지 못한 부모 역할 방법과 관련 있다. 행동적인 문제의 사회적 차이가(Galboda-Liyanage et al., 2003; Spencer and Coe, 2003) 3세 정도의 유아에게서 발견된다. 볼 수 있는 책들이 항상 있고 언어 습득에 도움이 되는 활동을 즐길 수 있는 집에서 언어 사용 능력은 더욱 발전하는 경향이 있다. 물질 자원과 부모의 교육(그리고 관련된 목표)은 초기 언어 환경을 만든다. 그리고 이 두 요소들도 물론 사회경제적 지위와 깊은 관련이 있다.

이러한 상황과 달리 집 밖에서의 보육(탁아소나 보육원)은 유아의 사회적 및 인지적 발달에 긍정적으로 기여할 수 있다. 미국의 사회경제적 불이익 인구집단에서 행해진 몇 가지 무작위 할당 대조군 시험에 의하면 보육(day care)이 아이들의 행동 발달과 학교성취도에 좋은 효과만을 가지지는 않는다. 장기적으로 보면, 학령전기의 높은 출석률은 높은 고용 상태, 낮은 10대 임신율, 낮은 범죄 행위와 관련 있다(Zoritch et al., 1998). 영국의 국가 교육 과정(National Curriculum) 평가 결과에 의하면, 학령전기 경험의 노출은 읽기·쓰기·산수·과학에서 7세 아동의 성적에 유의한 긍정적 효과가 있었다(Daniels, 1995). '효과적인 학령전기 교육 제공 프로젝트(Effective Provision of Pre-School Education Project: EPPE)'는 3~7세 아동의 발달에 관한 첫 번째 주요한 유럽 종단 조사에서 특히 불이익 아동에게서 지적·사회행동적 발달에 대한 수준 높은 학령전기의 긍정적 효과를 유사하게 나열했다(Sylva et al., 2003; Sammons et al., 2004). 불이익의 배경을 가진 아동이 초년기 준비를 통해 많은 이득을 얻을 수 있다는 점에 여러 연구들은 동의했다(Melhuish, 2004). 그러나 미국 '국가 아동 건강 인간 개발기구(NICHD)' 유아 보육 연구 네트워크의 최근 연구는 생후 4세 6개월이 될 때까지 어머니가 없는 보육시설에서 보내는 시간과 행동적·사회적 적성 사이에서 긍정적인 관련성을 발견했다(US NICHD Early Child Care Research Network, 2003).

러브 등은 국가 아동 건강 인간 개발기구 표본 집단에서 서비스 질이 보육원에서 보내는 시간의 영향을 보완하는 정도를 잘 측정하기 위해 충분히 다양한 아동 보호시설을 포함하지 않았을 것이라고 비판했다(Love et al., 2003). 이를 보완하려면 좀 더 다양한 표본의 아동과 가족 및 아동 보호시설을 얻어야 하며, 이를 위해서 다른 연구 자료와 국가 아동 건강 인간 개발기구 자료를 통합해야 할 것이다. 아동 수에 대한 직원 수의 비율, 충분한 자격을 갖춘 직원의 고용, 교육 과정, 공간 및 도구의 규제 기준을 반영하는 좀 더 많고 다양한 표본을 가지고 아동 보호의 질이 보육원에서 보내는 시간보다 아동의 발달에 현저한 영향을 준다는 것을 밝혀냈다(Love et al., 2003). '효과적인 학령전기 교육 제공 프로젝트'는 학령기 이전의 질적인 준비가 아동기 초기에 지적·인지적·사회행동적 발달 결과와 직접적으로 관련 있다고 관찰했다(Sylva et al., 2003).

제3장에서 살펴보았듯이, 1997년 이후 초년기 교육과 보육에서 3~4세를 위한 무료 시간제 보육시설의 도입, 기초 과정의 설립, 슈어 스타트 사업의 진전, 아동 세금 공제(Child Tax Credit: CTC)를 통한 저소득 가족에 대한 재정적 후원 등에 상당한 투자를 했다. 아동 보호 10개년 전략의 출판과 함께(HIM Treasury et al., 2004), 정부는 아동기를 위한 좀 더 확대된 대책을 마련했다. 그러나 이것에 대한 접근은 정부가 후원하는 보육원의 수를 늘리는 것이 아니라 규제 체제 안으로 사립 및 기부제로 운영되는 기구의 참여를 유도하는 것이었다.

이런 전략에 대한 염려가 당연할 수 있다. '효과적인 학령전기 교육 제공 프로젝트'에 따르면, 다른 보육 환경의 질과 긍정적인 아동 결과를 증진시킬 수 있는 정도에서 유의미한 차이가 있었다(Sylva and Pugh, 2005). (보육과 교육을 결합하고 훈련된 교사들을 많이 보유한) 통합 센터와 보육학교는 최상의 지적 성과를 이끌어 내고, 통합된 시설과 보육 수업으로 더 나은 사회적 발달을 도모하고 있다. 법으로 규정된 이런 시설들이 자격을 제대로 갖춘 교사들을 더 많이 고용하는 것은 당연하다. 반대로, 기부제로 운영되는 보육원에서는 50% 이하의 직원이, 주간 탁아소에서는 50%의 직원만이 (어떤 면에서는 대학 수준 이하인) 국가 직업 자격시험 (National Vocational Qualification: NVQ)을 통과한 사람들이다. 초년기 교육은 몇몇 유럽 교육 시스템에서 대학 수준의 훈련과 전문적 개발과정에 의해 후원되는 전문 영역이다. 그러나 학령전 시기 아동을 교육하는 영국 대부분의 시설들은 직원에게 매우 적은 임금을 지급하기 때문에 제대로 자격을 갖춘 초년기 교육 전문가를 고용하기 어렵다(기부제로 운영되는 학령전 시기 시설의 직원 임금은 통상 5.5~6.5파운드 수준으로 낮다). 재정적 어려움은 직원 변동률을 심화시키고, 이것이 다시 전반적인 서비스의 질을 깎아내리게 된다. 예를 들어, 높은 이직률은 사립 보육원의 문제로 인식되어 왔다(NAO, 2004).

제대로 자격을 갖춘 교사조차 초등학교에 위치한 보육원과 입학준비반의 매우 어린 아이들을 돌보는 것에 훈련되지 않았을 수 있다(Aubrey, 2004). 이는 발달상 초년기에 제공하는 내용의 적절성 정도에 대해 의문을 갖게 한다. 한 연구는 발달학적으로 적절한 활동을 통해 유아기의 사회정서적·인지적 발달(예를 들어, 창의력과 언어 발달)을 돕는 것이 학문적 연구에 초점을 맞추는 것보다 장기간에 걸쳐 더 나은 성과를 얻는다고 주장했다(Locke et al., 2002; Maccoby and Lewis, 2003). 실제로 유아기 교육 과정에 학문적인 공부를 도입하는 것은 궁극적으로 기대하지 않은 효과를 초래할 수 있고 유아의 학업에 대한 자신감과 기질을 손상시킬 수 있다. 정식으로 학문적 공부를 영아에게 시키는 것의 또 다른 위험은 요구되는 공부를 잘 성취하지 못하는 영아가 스스로 무능력하다고 느끼고, 자신을 나쁜 학생으로 표현하고, 그런 행동을 하는 경향이 있다는 것에서 드러난다. 로크 등은 유아가 말하는 능력이 충분히 발달되지 않은 상태에서 독서 능력과 쓰기 능력을 발달시키기를 요구받을 때, 교육적 성과가 더디어지거나, 정상적인 언어 발달을 위한 잠재력을 가지고 있을지라도 특별한 교육이 필요한 상태로 분류될 위험이 있다고 말했다(Locke et al., 2002). 영국에서 학교 입학의 연령대가 유럽의 다른 나라들보다 더 낮지만(Sharp, 2002), 초등학교 환경에서 3~4세 유아를 교육하는 것이 일찍 들어온 학생과 늦게 시작한 학생 간의 양극화 심화에 기여하지는 않는다는 사실은 매우 중요하다.

이러한 추세가 불리한 조건을 가진 아이들에게 어떠한 영향을 미칠지는 아직 잘 알려지지 않았다. 좋은 시설에 높은 수준의 질과 통합된 서비스를 갖춘 학교 중 매우 빈곤한 도시 지역에 기반을 둔 곳들이 있다. 정부의 '조기 우등 센터(Early Excellence Centre)'와 '지역사회 보육 사업(Neighbourhood Nurseries)'은 지역 정부로부터 후원을 받음으로써 일 년 내내 하루 종일 부모를 위한 훈련과 후원, 탁아소 보육을 포함하는 폭넓은 활동들을 제공한다. 그러나 '매우 선도적인' 법적 규제 시설들은 매우 적다. 제3장에서 논의했듯이, 가난한 지역과 그렇지 않은 지역 간 학습 제공의 격차가 좁혀질지라도 가장 가난한 지역에서 정식 아동 보육시설을 하루 종일 운영하는 것에는 명백한 어려움이 존재한다. 20% 최빈곤층을 빈곤에서 해방시킬 필요가 있다. 3~4세 유아의 대부분이 자유롭게 이용할 수 있는 시간제 학습 이상의 보육을 원한다면 개인적으로 비용을 지불해야 하는데, 근로세액 공제를 통한 후원이 있을지라도 현재의 보상금은 평균 보육에 필요한 비용보다 유의하게 낮다. 결론적으로 저소득 가족과 한부모는 여전히 비공식적 보육에 매우 의존한다.

가난한 배경을 가진 아동은 사회적 혜택을 받고 자란 아동에 비해 언어와 다른 중요한 능력에서 뒤떨어지는 경향이 크기 때문에 대개 발달에 적합한 교육으로 대부분을 충당해야 한다. 학교는 여러 이유로 그런 교육을 제공하는 데 실패할 수 있다. 학령전 시기에 입학할 때 언어 발달이 뒤떨어져 보이는 영아에게 언어 향상을 위한 집중 교육을 제공할 수 있는 자격을 제대로 갖춘 교사가 부족할 수 있다(Sammons et al., 2004). 그들은 지나칠 정도로 체계가 없는 놀이(기부제로 운영되는 보육원에 대한 비판이다)를 조장할 수 있다. 또는, 사회 발달 이상으로 학문적 발달을 강조할 수 있다(초등학교에서 초년기 교육의 준비와 연관된 경향의 문제이다). 불리한 배경을 가진 아동, 특히 아직 어린 남아에 대한 정식 학교교육의 장기적 효과는 오랫동안 논쟁을 불러일으켰던 문제이다. 4세에 이르면 초등학교 입학준비반에 62%의 유아가 입학하지만, 30명 학생에 자격을 제대로 갖춘 교사 단 한 명이 배정될 뿐이다(DfES, 2005).

앞에서 서술했듯이, 일찍 들어온 학생과 늦게 시작한 학생 간의 극대화에 대해 염려가 증가하고 있다. 영국은 이미 읽기·수학·과학에서 상대적 교육 불이익(낮은 성적과 중간 성적 학생 간의 격차)의 수준에서 OECD 국가 중 끝에서 세 번째 순위에 있다. 따라서 핀란드, 프랑스, 스웨덴, 이탈리아 등은 불평등을 견제하고 국가 평균 성적에서 너무 멀어지지 않도록 성적이 낮은 학생들을 미리 방지하는 점에서 영국보다 훨씬 잘하고 있다(UNICEF Innocenti Research Centre, 2002: 9). 이 나라들은 6~7세까지 학교 입학을 연기하고, 영국에서 명백하게 반대해 온 전략이었던 학령전 보육의 강력하고 보편적인 관례를 발전시켰다. 이것은 앞으로도 계속 교육적 불평등의 감소를 가져올 것이다.

정책적 함의

이 장이 제시했던 근거들은 생애 초기를 열악한 사회경제적 환경이 건강 위험에 지속적으로 영향을 미칠 수 있는 중요하고 취약한 시기라고 지적한다. 잠재적 효과의 역할을 강조하고 예방적 건강 프로그램의 목표로 삼을 수 있는 수많은 특별한 생물학적 발달 요소들을 인식하는 데 생애 초기 프로그래밍에 대한 연구는 강력한 영향을 미친다. 예를 들어, 크래머 등은 자궁 내 성장 지체에서 흡연은 사회경제적 불균형을 조절하는 가장 중요한 변수일 것이라고 주장했다(Kramer et al., 2000). 바커는 소녀와 젊은 여성의 식이를 향상시킬 수 있는 영양 프로그램이 필요하다고 강조하면서, 가난 속에 살거나 심리적으로 스트레스가 많은 가족 환경에 사는 아동의 인지적 및 사회정서적 기능을 향상시키는 부모 역할에 대한 지지와 학령기 이전 교육 역할에 초점을 맞추었다(Barker, 1994).

지금까지 연구 근거는 이들 몇 가지 요인들과 나쁜 건강 결과 사이의 연관성을 지지하는 건강 중재 프로그램을 위한 중요한 요점들로, 그 요인들을 선별하는 발판이다. 예를 들어, 임신 중 흡연은 저체중 출산, 조산, 손상된 폐 기능의 위험 증가와 관련 있다. 자궁에서 흡연에 노출되면 주의력 결핍 과잉 행동 장애(Attention Deficit/Hyperactivity Disorder: ADHD)의 발병과 증상을 보이는 것으로 의심되어 왔다(제6장 참조). 또한 암의 위험을 증가시키는 것과도 관련 있다. 사회적으로 불리한 배경을 가진 1/4~1/3의 여성은 임신 중에도 계속 흡연했으며, 임신 기간 동안 금연한 여성 중 70%로 정도는 출산 후 6개월 안에 다시 흡연을 시작했다. 영아기 중 흡연에 노출되면 하기도염, 만성 중이질환, 천식 등의 위험 증가와 관련되는데, 정책 사업들은 임신부의 금연을 돕는 데만 그치지 말고 어떻게 계속 금연을 유지시킬지에 초점을 맞춰야 한다.

자궁 내 영양 부족은 관상동맥성 심장질환, 당뇨병, 고혈압을 포함한 많은 만성질병의 장기간 위험과 관련 있는 것으로 알려져 있다. 임신 중 특정한 영양 결핍증은 신경관 결함, 뇌 발달 감소 같은 많은 문제의 위험을 증가시키고, 영아기와 유아기 동안의 빠른 체중 증가는 (특히 출생 시 저체중아의 경우) 아동기와 노년기의 비만 및 관련 질환의 위험을 증가시킨다. 많은 영양 지표들과 관련해 사회경제적 지위에 따른 유의한 차이가 있다. 예를 들어, 몇몇 연구는 젊고 사회적으로 불리한 조건에 있는 임신부가 미량 영양소 결핍증에 걸릴 위험이 높다고 제시했다. 영아기의 모유 수유의 시작과 기간에 유의미한 사회적·경제적 변이가 있었다. 아기의 출생 첫 해 동안 관찰된 이유법의 중요한 사회적 차이는 저소득 집단의 영아는 특전을 더 많이 가진 영아보다 정제된 식품, 전분 탄수화물 등을 더 많이 섭취하고 과일은 적게 섭취하는 경향으로 나타났는데, 이후 학령전기까지 유아의 소비 유형 차이는 점점 더 분명해졌다. 이러한 근거들은 임신과 영아기의 모유 수유, 이유 및 식이를 포함한 중재의 중요한 대상인 저소득 집단에서 생애 후기에 걸친 영양 결과들을 향상시킬 필요가 있음을 보여 주고 있다. 그러나 임신기와 아동기의 식이가 비만의 발전과 만성 질환의 위험에 작용한다는 데 대해서는 논란이 있다. 몇몇 연구는 모체의 식이와 영아의 출생 시 몸무게 사이에서 별다른 관련을 찾기 어렵고 영아기의 식이와 비만 사이에서도 관련성이 부족하다고 강조했다. 비만과 대사증후군의 발달에 대해 여전히 많은 부분이 알려지지 않은 상태이다. 따라서 영양 중재가 질환으로의 발전을 효과적으로 얼마나 감소시킬 수 있는지는 논쟁의 여지가 있다.

생물학적 위험 요인과 더불어, 많은 진행 연구들이 생물학적인 영향과 심리적·행동적 영향 간의 상호 작용을 탐구 중이다. 이것은 만성 스트레스가 인생의 맨 첫 단계에서 신체적 및 심리적 건강에 장기적인 영향을 미치며, 태아 성장과 변화된 태아 생리에 매우 중요하게 작용할지도 모른다는 것을 함축하고 있다. 예를 들어, 어머니의 스트레스는 성인기의 미성숙, 해로운 신경 발달과 만성 퇴행성 질환 위험과 관련 있다. 영아기 및 유아기 동안의 방치, 학대, 사회적 박탈은 심리적·행동적·인지적·생리적 발달에 영향을 미치는 것 이상으로 신경생물학적 사건의 연속적·단계적 반응을 만들 수 있다. 따라서 충분한 사랑과 자극의 결여는 아동의 사회정서적 및 심리적 문제의 위험 증가로만 그치지 않는다(제7장 참조). 중요한 신경생물학적 변화는 인지 능력 감소, 손상된 면역 기능 및 심혈관 질환, 당뇨의 위험 증가와도 관련 있다.

열악한 부모 역할과 가난이 복합되는 것을 피하기 위해 보육이 필요하며, 재정적 어려움과 사회 지지의 결핍으로 고민하는 부모는 불안 및 우울증을 가질 위험이 높다고 제시하는 강력한 근거가 있다. 임신 중 나쁜 심리사회적 건강은 강력하게 사회적 불이익과 관련되며, 출생 후의 우울증과 사회경제적 지위를 연결하는 연구 결과들과 일맥상통하는데, 특히 편모가 취약한 것으로 나타났다. 우울증과 불안은 어머니와 자녀 간의 부정적이고 발달하지 못한 상호 유대와 관련 있다. 정보와 교육의 결여와 함께 부모의 어린 시절 경험이 자녀의 행동과 발달에 대한 기대와 태도에 영향을 미칠 수 있다. 또한 가난은 교육적 자료 제공을 어렵게 함으로써 양육 방법에 직접 영향을 미친다. 이런 모든 요인들은, 불이익의 영향에서 아동을 벗어나게 하려면 불리한 환경에서 자녀를 키우는 부모에게 추가적인 가족 후원이 필요하다고 알려주고 있다.

물론 부모가 학령전 기간에 인지적 및 사회정서적 기능에 영향을 주는 유일한 관련자는 아니다. 탁아소나 다른 어른이 발달상 적절한 자극과 긍정적 역할 모델을 제공할 수 있다. 많은 연구에서 높은 질의 보육에 대한 접근이 불리한 배경의 아동에게 매우 이로울 수 있고 미래의 건강 불평등을 감소시키는 것과 관련해 잠정적으로 중요한 중재가 될 수 있다고 강조했다. 앞에서 언급했듯이, 영국은 최근 학령기 이전의 교육을 확대했다. 그러나 영국 내의 초년기 교육과 보육의 질에 대해 적지 않은 염려가 표출됐다. 초년기 교육 종사자의 대부분이 자격이 부족하거나 낮은 임금을 받으며, 자격 조건의 수준이 높은 시설에서조차 초년기 교육 과정에 학문적 발달을 강조하는 것에 대해 우려하고 있다. 따라서 초년기의 교육과 보육이 중재의 중요한 영역이라는 주장에 대해서는 많은 부분 동의하지만, 이상적인 철학과 그 교육적 배경은 여전히 논쟁의 대상이다.

불리한 배경을 가진 유아의 건강 증진을 향상시킬 수 있는 정책 중재의 종류를 파악하는 것이 이론적으로 가능하다. 제5장에서는 금연과 영양, 부모 역할 교육과 초년기 교육과 보육에 맞춘 중재 효과의 근거들을 검토하고 현재 '근거에 기반을 둔' 적절한 정부의 전략들을 검토할 것이다. 그러나 하위흐름 시도들에 대부분 국한되고, 건강, 건강 관련 행태, 건강 중재에 대한 반응을 결정하는 배경의 역할을 과소평가하고, 프로그램 성공을 측정하기 위해 불가능한 엄격한 기준을 세운다면, 근거 기반 정책의 중요성에 모든 논평자들이 동의하는 것은 아니라는 것을 주목할 필요가 있다. 이들 중 몇 가지 문제는 제3장에서 거론됐고, 제5장에서 더 다뤄질 것이다. 제5장에서는 현재의 근거들이 정책과 사업에 대한 탄탄한 기초를 제공하지 못하는 중요 영역을 살펴볼 것이다.

5

생애 초기의 건강 불평등: 정책과 사업

서론

제4장에서 다루었듯이, 생애 초기는 건강 불평등을 줄이는 중재를 시행하는 데 중요한 시기이다. 불평등 그 자체가 명백한 사실이고 불이익에의 노출이 이후의 건강과 사회경제적 지위에 지속적인 영향을 미치며, 다양한 중재 활동을 통해 아동기 건강 불평등을 감소시킬 수 있다는 강력한 근거도 있다(Mielck et al., 2002). 「애치슨 보고서」(Acheson, 1998)는 이들 전략의 중요성을 강조했다. 「애치슨 보고서」는 시간의 경과에 따라 가장 큰 효과를 가질 것으로 기대되는 다섯 가지 활동 중 하나로 아동과 가족을 대상으로 한 어린 시절의 지원을 꼽았고, 이 활동에서 발전이 있었음을 확인하면서 지속적으로 강조했다. 백서 「건강 불평등 해소」(DH, 2003a)는 가족·어머니·아동에 대한 지지를 네 가지 중심 주제의 하나로 정하면서 국영 의료 서비스 플랜(DH, 2000)에서 예시된 건강 불평등을 위한 국가적 목표로 2010년까지 사회계층 사이의 영아 사망률 차이를 감소(평균 여명에서의 불평등 감소와 함께)시키는 것에 초점을 두었다. 따라서 정부는 장기적 정책의 전반기에 아동 빈곤을 완전히 뿌리 뽑는

것과 함께 '빈곤의 악순환'을 중단시키고, 빈곤 아동의 '삶의 기회 개선'에 기여하는 중요 공공 서비스(초년기 사업, 부모 역할 지지와 교육, 복지 제도 개혁 같은 서비스)를 확실히 감독하는 것을 목표로 삼았다(HM Treasury et al., 2004: 12).

이 장에서는 제4장의 연구 근거들이 제안했던, 중재의 중요한 목표가 되는 흡연 중단, 영양, 부모 역할 교육 등과 같은 건강 행동을 중점적으로 살펴볼 것이다. 임의대로 효과적인 중재의 범위를 정하고, 정치적 및 실천적 반응을 살펴보고, 초년기 교육과 아동 보호라는 두 가지 중요한 구조적 목표의 지역적 시행에 대해 고찰할 것이다. 또한 아동 빈곤이라는 중요한 문제를 토의할 것이다. '아동·청소년·가족부'를 신설해 장관(Minister for Children, Young People and Families)을 임명했음에도 어머니의 고용률을 높이는 정책과 초년기에 부모 역할의 중요성을 강조하는 정책 사이에 지속적인 긴장이 여전히 존재한다. 직업을 가지는 것과 자식을 돌보는 것 사이의 균형을 이룰 수 있는 부모·자식 관계에 대한 정책들이 요구되는데(Moss, 1999), 여기에는 시간과 성별에 대한 주요한 문제들을 포함한다. 중재에서 사회적 모델과 상반되는 의학적 근거들의 문제점과 평가방식의 상이함 때문에 중재 사업의 효과성이나 정책 결과의 적절성을 평가하는 데 어려움이 있다. 혁신적인 활동 중 상당히 많은 활동들이 체계적 문헌 고찰의 엄격한 기준에 부합하지 않기 때문에 정책과 사업의 비주류로 취급됐는데, 이 문제는 제14장에서 다룰 것이다.

중재 사업의 유기적인 구조를 형성하는 것도 중요한 과제이다. 초년기의 불평등을 줄이기 위해 고안된 전략들이 단독으로 유아에 초점을 맞출 수 없고 다양한 표명으로 가족 전체를 고려해야 한다는 의식이 점점 더 강해지고 있다. 따라서 초년기에 다루어야 할 내용은 임신과 학교 다닐 때의 가족생활에 대한 준비에서 임신기의 건강 행동을 통한 출생 후와 학령전 시기에 걸친 부모의 지지까지 다양하다. 따라서 영아와 유아만을 대상으로 하는 중재보다는 가족에게 정보를 제공하고, 교육시키며, 지지하는 것을 목표로 하는 중재가 더 중요시되는 경향이 있다. 자녀를 키우는 일은 복합적이고 다양한 면을 가지기에, 정치적 접근도 다차원적일 필요가 있다는 것이 점점 받아들여지고 있다(Einzig, 1999). 이른바 '다루기 힘든 문제'를 개선하기 위한 시도로 꾸준히 지속되는 사업과 협력 활동이 강조된다. 슈어 스타트 같은 최근의 사업은 일반적으로 광범위하게 이루어지는데, 잠정적으로 초년기 사업을 포함하며 교육, 건강, 사회적 통합 및 지역사회 발전과 관련된 결과를 생산하는 데 목표를 둔다. 결론적으로 이런 중재 사업에서 대상 집단이나 중재의 초점을 명백하게 구분하는 것은 어렵다.

금연

제4장에서 살펴보았듯이, 임신 중 흡연은 태아 성장과 발달에 매우 위험한 요인 중 하나이다. 산전 진찰 병원을 처음으로 방문하기 전에 이미 흡연을 중단한 여성이 가장 많았다(1/4 정도)는 것에서 알 수 있듯이, 많은 여성이 임신 중에 별다른 도움 없이 금연한다(Lumley et al., 2001). 그러나 그들은 경한 정도와 중간 등급 정도의 흡연자인 경우가 많았다(Jane et al., 2000). 흡연 임신부의 비율은 상당히 높을 뿐 아니라 임신 중 흡연은 사회경제적 불이익과 매우 관련 있다. 산욕기 중 흡연 재발률 또한 높다(Dolan-Mullen, 1999). 대략 1/3의 영아가 집안에서 흡연에 노출되는데(Hofhuis et al., 2003), 아동기에는 50%까지 노출된다(Hovell et al., 2000, cited in Taylor et al., 2005)고 추정된다. 다시 말해, 불평등 수준이 명백하다. 예를 들어, 사회보장연금에 의존해 셋집에서 사는 한부모에 대한 연구에서 75% 이상이 흡연한다고 보고되었다(Dorsett and Marsh,

1998). 잉글랜드와 웨일스에서는 생애 초기의 부모 흡연으로 인해 매해 5세 미만의 유아 1만 7,000명이 병원을 찾는다고 추정했다(RCoP, 1992).

건강 불평등 완화에 효과적인 근거와 사업

조언과 지지는 임신 여성의 금연율을 높이는 데 효과가 크지 않으며, 이 중재 사업이 흡연 위험이 큰 여성에게 잘 전달되지 않는 경향이 있다. 여성 중 10%는 첫 산전 진찰 병원 방문 때 일반적인 관리만으로 금연하는 경향이 있으나, 공식적 중재를 통해 추가로 6~7%를 금연으로 이끌 수 있다고 한 체계적 문헌 고찰에서 보고됐다(Lumley et al., 2001). 스스로 학습할 수 있도록 돕기 위한 책자들이 비효과적인 경향이 있을지라도 (Moore et al., 2002), 최소 10분 정도의 개인적 접촉과 임신에 관련된 책자를 함께 제공하는 임신 기간 중 상담으로 금연율이 두 배로 증가하는 것으로 나타났다(NHS CRD, 1998).

임신기에 의료 종사자와의 잦은 접촉은 분명히 이런 중재에 참여할 수 있는 더 많은 기회를 제공한다. 적어도 과거에는 이런 잠재적 기회를 충분히 활용하지 못했다. 일반의가 이 문제에 대해 정기적으로 조언하는 역할을 수행해 오지 않았으며(Dawe and Goddard, 1997), 임신부와 보다 친밀한 접촉이 가능한 제1차 진료기관 전문가들도 마찬가지였다. 예를 들어, 뉴질랜드의 한 연구(<글상자 5.1> 참조)는 대부분의 조산사가 금연을 직무의 중요한 부분으로 간주했음에도 겨우 반 정도만이 임신 중 흡연자에게 조언한다고 조사했다. 주요한 걸림돌은 환자의 흡연 저항에 대한 인식과 시간의 부족이었다(McLeod et al., 2003).

최근에 수행된 대규모 연구는 임상 시험에서 수행되는 것보다 실제의 삶을 바탕으로 수행되는 연구 결과의 성과가 좋지 않았음을 보여 주고 있다(Bull et al., 2003). 흡연 감소율은 저소득층과 젊은 청소년에서 가장

〈글상자 5.1〉 제1차 진료기관을 위한 훈련

> 뉴질랜드의 흡연 여성 대상 조산사 교육(Midwifery Education for Women who Smoke, MEWS) 연구에서 (흡연 중단 및 감소를 지지하도록 훈련받은) 흡연 교육 집단과 (흡연과 모유 수유 지지 프로그램 모두를 실행하도록 훈련된) 통합 집단을 포함한 4개 집단으로 나누어 한 집단에 60명 이상의 조산사들을 무작위로 배치시켰다. 조산사들은 여성의 흡연 실태를 조사하거나, 금연할 만한 여성을 찾아내 금연할 수 있도록 여성을 지지하는 데 어려움을 호소했다. 또한 금연에 대한 조언이 환자와의 관계를 훼손하는 것은 아닌지, 죄책감을 불필요하게 부과하는 것은 아닌지 우려했다(McLeod et al., 2003). 능력과 자신감이 훈련을 통해 증가됐다.
>
> 빈번하고 끊임없는 중재를 통해 여성이 금연에 대해 관조적 단계에서 행동 단계로 나아간다. 현실적으로 금연 하나에만 초점을 맞추기보다 오히려 각 여성이 달성할 만한 목표를 정한다. 이는 집안에 금연방을 만들거나 담배 수를 줄이는 것을 포함한다. 임신과 관련된 자원을 사용하는 것이 조산사들이 건강 증진 메시지를 효과적으로 전달하도록 돕기 때문에 여성이 더욱 적극적으로 참여하도록 하는 데 이들 자원의 개발이 중요한 역할을 한다(Pullon et al., 2003).

높았다(Lumley et al., 2001). 여성 흡연의 기여 요인은 여성 흡연자의 60%가 경험하는 하나 또는 그 이상의 불이익(Graham, 1998), 스트레스(Ludman et al., 2000), 흡연이 여전히 대중화된 문화로 인정되는 분위기 등이다. 이런 사회적 배경의 중요성은 흡연 중단을 따로 분리해 다루지 말고 가난, 불평등, 건강을 개선하기 위한 더 폭넓은 배경의 전략 안에서 수행되어야 함을 의미한다. 이는 부모의 자존감과 자부심을 높이고 가족과 지역사회 지지를 증가시키도록 계획된 폭넓은 건강 증진사업들을 포함한다.

헬스액션존(Health Action Zones: HAZs) 프로그램에서 금연은 이론적으로 폭넓은 배경을 가진 건강 증진 사업으로 수행됐다. (나중에 토론될) 흡연 중단 전략을 위한 펀드는 처음에 저소득과 다중 박탈로 고통 받는 지역사회에서 건강 불평등을 개선하기 위한 폭넓은 프로그램으로 시행됐다(제3장 참조). 그러나 초기 연구 결과의 엄숙성과 정부 목표 달성에 대한 요구로 헬스액션존은 위험에 놓인 집단을 위한 최상의 방법을 전략적으로 고려하는 가능성보다 가능한 많은 흡연장에 접근했다. 금연 중단을 위한 특성이 여성에게 더 많음에도 불구하고 임신 여성을 대상으로 효과적인 중재 사업을 펼치는 데 많은 어려움이 증명됐다. 또한 헬스액션존의 폭넓은 활동과 늦게 자금이 지원된 (그리고 종종 나중에 직원이 충원된) 흡연 중단 프로그램을 통합하는 것에 어려움이 있었다. 게다가 촉진자들이 훈련을 받을 필요가 있다는 양질의 고찰 수준의 근거들에도 불구하고(Dolan-Mullen, 1999), 대부분의 사업은 이전에 임상 흡연 중단 활동의 경험을 가진 많은 상담자를 고용하는 데 어려움이 있었고, 이런 부족을 개선하기 위한 훈련도 미흡했다(Coleman et al., 2002, 2005). 그러나 성공 사례도 있었다. 북스태퍼드셔 헬스액션존에서 시작된 '당신도 끊을 수 있다(You Two Can Quit)' 사업은 확실한 접촉을 제공하기 위해 임신 여성, 그들의 배우자, 가족을 대상으로 추천된 사람들을 예약 받고, 정식 조산사를 고용해 6~8주 동안 지지했다(West et al., 2003).

정책의 중심 요소로서 (여러 헬스액션존에 의해 보충되는 특별 프로그램인) 일주일간 무료 니코틴 대체 요법(Nicotin Replacement Treatment: NRT)을 제공했다. 이것은 국영 의료 서비스 플랜(DH, 2000)의 지원을 받을 수 있었고, 국영 의료 서비스에서 이용 가능해짐에 따라 복지 급여를 받는 사람이 무료로 이용 가능했다. 임신 여성이 니코틴 중독으로 인해 담배를 끊는 것이 어렵다는 것은 잘 알려져 있지만 임신 중 흡연 중단을 위한 니코틴 대체 요법의 안전성과 효능에 대해서는 잘 연구하지 않았다(Bull et al., 2003). 따라서 국립 임상 연구소(National Institute for Clinical Excellence: NICE)가 "18세 미만의 임신했거나 모유 수유 중인 흡연자는 처방받기 전에 적절한 의료 관리 전문가와 니코틴 대체 요법의 사용에 대해 상의해야 한다"(NICE, 2002: para 1.3)고 권장한 것처럼, 정책 요소에 몇 가지 고려할 요소가 여전히 존재한다. 템시와 비노위츠는 태아에 전달되는 니코틴의 총량을 줄이기 위해 (껌, 스프레이, 흡입기 같은) 니코틴 대체 요법의 간헐적 사용을 공식화하는 것에 초점을 둔 연구가 많이 행해져야 한다고 주장했다(Dempsey and Benowitz, 2001). 그들이 제안하는 니코틴 대체 요법의 한 가지 잠정적 이점은 태어나지 않은 아기에게 담배에 포함된 수천 가지 독성 화합물보다 신체적 악영향을 니코틴에 한정시킬 수 있다는 것이다.

배우자가 흡연하지 않는 것과 마찬가지로 임신부터 산욕기까지의 과정이 재발을 예방하는 데 중요하다는 것에 의견이 일치한다. 임신 중 흡연을 중단하는 어머니의 반 정도는 6주 이내에 다시 시작하는데, 6개월에 이르면 70% 이상으로 수치가 올라간다고 추정된다(Dolan-Mullen, 1999). 그런데도 흡연 중단 상태를 계속 유지하거나 중단하도록 종용하는 다른 가족 구성원의 협조에 대한 강조가 적고, 이런 영역에 대한 고찰 수준의 근거도 적다(Bull et al., 2003; Park et al., 2004).

임신 중 흡연 중단에 대한 더 많은 지지와 그에 따른 유지가 모유 수유율에 영향을 미칠 수 있고, 따라서 금연 중재 사업이 모유 수유 지지 프로그램들에 적절한 요소임을 제안하는 연구들도 있다. 많은 연구 근거를 고찰한 아머와 도나스는 흡연하는 여성은 비흡연자보다 모유 수유를 계획하거나 시작하는 경우가 더 낮고 모유 수유 기간도 더 짧다고 보고했다(Amur and Donath, 2002). 흡연 여성이 모유 수유 어려움에 협조를 요청하는 경우도 비흡연자보다 적었다. 예를 들어, 랫트너 등은 매일 흡연하는 것과 이유를 빨리 시작하는 것 사이의 강한 관련성과 함께 흡연 여성이 모유 공급이 불충분하다고 인식하거나 모유의 질에 대해 의문을 갖는 경향이 더 컸다고 조사했다(Ratner et al., 1999). 또한 그들은 어머니가 니코틴에 의해 유발된 영아의 성냄을 모유가 영아에게 부족한 것으로 해석하며, 흡연이 영아가 모유를 거부하도록 하며 모유 맛을 변화시키는 등의 기여 요소라고 강조했다.

아동의 간접흡연(passive smoking) 노출을 줄이기 위해 고안된 중재 연구의 발표 결과를 종합해 볼 때 가장 효과적인 전략은 금연 환경을 만들 수 있다는 부모의 믿음을 굳건히 하는 것과 함께 금연에만 중점을 두기보다 금연 목적을 달성하기 위한 (외부에서의 흡연 같은) 행동적 전략에 중점을 두는 것이었다(Arborelius et al., 2000). 이는 가정과 병원에서 (정보, 조언 및 상담을 포함한) 임상의 중재를 반기는 근거들에 대한 최근의 메타 리뷰(meta-review)에서 지지된다. 그러나 그 결과의 유의성은 중재가 자기보고 조사인지 (니코틴의 대사산물인 코티닌 수준이나 공기 중의 니코틴 수준 같은) 생화학적 방법으로 측정되는지에 따라 좌우되어 달라지는 경향이 있다(Taylor et al., 2005). 지식의 변화와는 달리 태도와 행위 관점 그리고 환경 중 담배연기(Environmental Tobacco Smoke: ETS)에의 노출에서 통계적으로 유의한 중재 효과가 소수 연구에서 보고됐음에도 불구하고 금연에 이르는 가능성 있는 경로인 집중적 상담에 대한 지원 수준이 최근 코크란 리뷰(Cochrane Review)에서 다루어졌다(Roseby et al., 2004). 이 아동의 환경 중 담배연기에서 일반적으로 주목할 만한 감소가 관찰됐는데, 이는 대조군보다 비교군의 폭넓은 사용에 따라 대상자 모두가 적어도 제한된 중재에 참여하고, 부모의 흡연이 자연스럽게 중단된 점 등 두 가지로 설명이 가능하다. 이런 관점에서 금연운동 단체인 '흡연과 건강 행동(Action on Smoking and Health: ASH)'은 대중의 견해의 중요성을 강조하고, 폭넓은 국민 후원을 동반한 흡연 금지는 가정에서의 흡연을 제한하도록 돕는 필요조건이라고 제안했다. 다시 말해 이것은 고찰 수준의 근거(미국에서의 결과이긴 하지만)에 의해 지지되는데, 그 근거들은 간접흡연에 대한 노출을 줄이기 위한 중재들이 "'흡연이 비정상적 행위'임을 알리기 위한 역할을 수행하므로 결과적으로 흡연이 감소할 것"(Taylor et al., 2005: 2)이라 강조했다. 금연 교육은 독립적 도구로서는 제한된 효과를 가지지만 좀 더 넓은 의제에서 매우 중요하다.

근거의 제한점

불 등은 현재로서는 정책과 사업들을 위한 근거가 충분하지 않지만 매우 중요한 영역들을 제안했다(Bull et al., 2003). 그 영역들은 (다른 환경에서 다른 의료인에 의해 전달되는 중재의 유효성을 포함해) 개개 프로그램 요소들의 효능, (골초와 낮은 사회경제적 계층의 여성 같은) 특정 위험 집단의 금연을 증가시킬 수 있는 특징, 재발을 막는 효과적인 전략, 전체로서 가족을 포함하는 중재, 그리고 문화적 적합성 등을 포함한다. 특히 산부인과 치료 동안 병원에서 실시하는 자기보고 조사법의 비신뢰성을 보고하는 근거들이 최근의 시험에서 매우 우세해짐에 따라 흡연 상태를 확인할 수 없는 연구의 잠정적 기여도가 줄어들고 있다(Lumley et al., 2001). 흡연 중단과 그것이 모유 수유에 미치는 영향에 대한 고찰은 연령, 사회경제적 지위 같은 혼란 변수를 설명하지 못했고 흡연을 양분된 변수로 취급하는 경향 ― 흡연과 비흡연의 두 가지로 양분해 구분하는 경향 ― 에 따라 흡연의 정도가 고려되지 못하기 때문에 고도 흡연자와 경증 흡연자의 매우 다른 경험의 차이를 고려하는 데 실패했다(Amir and Donath, 2002).

정책

흡연을 저지하려는 정책 사업을 크게 두 가지 형태로 인식할 수 있다. 청소년의 담배 구매 제한 같은 담배제품의 공급과 관련된 것, 그리고 담배에 붙이는 세금, 광고와 판매 촉진에 대한 금지, 흡연 제한 등과 관련된 것 등이다(Platt et al., 2002). 1998년 백서 「스모킹 킬(Smoking kills)」 (DH, 1998)에서 처음으로 이 영역들을 연결하는 포괄적인 국가 담배 관리 전략을 소개했는데, 광고와 밀수에 대한 관리부터 깨끗한 공기 만들기 사업, 건강 교육, 미디어 캠페인 등이 포함됐다.

건강 불평등에 대한 백서의 초점은 특히 불리한 성인과 중요한 두 위험군(청소년과 임신 여성)을 위한 흡연 중단 전략을 포함시키면서 더 확대됐다. 이에 따라 새로운 흡연 중단 서비스를 설립하기 위한 기금으로 1999~2002년 보건당국은 6,000만 파운드 이상을 사용했다. 이러한 재원의 확대에 따라 새로운 임상 서비스의 개발과 니코틴 중독 환자에 대한 초기 치료가 가능해지게 됐다(Coleman et al., 2005). 1999년 4월부터 첫해에 잉글랜드에서 흡연율이 가장 높은 지역의 헬스액션존에만 이 기금을 사용했고, 1,000만 파운드가 가장 불리한 흡연자들에게 사용됐다. 근거 기초에서 제안했듯이, 이 사업들은 (흡연 중단 서비스에 기회주의적 중재를 제안하는 지침과 함께) 행동적 지지와 약물의 복합적 사용에 초점을 맞췄다(McNeill et al., 2005). 2000년과 2001년 의료 종사자들이 전문적 상담, 조언 및 지지가 필요한 흡연자에게 관심을 가질 수 있도록 하기 위해 기금이 전국적으로 폭넓게 분포됐다.

잇따라 특정 집단을 대상으로 한 목표가 설정되면서 강화된 이러한 정책은 최근에는 '2003~2006년 우선순위와 계획 프레임(Priorities and Planning Framework 2003~2006)'에 포함됐다. 이 프레임은 국영 의료 서비스 플랜에서 서비스 전달 목표를 정하는 역할을 수행하며, 국영 의료 서비스의 우선순위로 건강 불평등에 목표를 두고 있다. 여기서 임신 중 흡연 감소가 국가적 건강 불평등 목표를 달성하기 위한 주요한 국영 의료 서비스 중재들 중 하나로 인식되고 있다. 이는 임신기에 걸쳐 계속적으로 흡연하는 여성의 비율을 연간 1% 감소시키고 불이익 집단의 흡연자에 대한 특별한 관심을 요구한다. 그러나 정부의 계획에서 관상동맥 질환과 암으로 인한 사망을 줄이기 위한 목적으로 금연 정책에 집중함으로써 임신과 생애 초기에서의 중요성을 무색하게 했다. 이와 동시에 임신 기간의 금연에서 증명된 어려움들은 전체 지역사회를 대상으로 한 지원 전략의 필요성을 강조하고 있는데, 이런 정책에는 청소년이 흡연을 시작하지 않도록 하는 것을 포함한다(Lumley et al., 2001).

2003년 4월 전체 흡연 중단율과 관련된 평가 지표의 도입 및 기금의 광범위한 투입에 따라서 새로 추진된 흡연 중단 사업의 책임이 보건 행정 당국에서 일차 의료 트러스트로 옮겨졌다. 일차 의료 트러스트 수준의 (또는 더 큰) 서비스는 집단 및 개인 수준의 중재들을 시행하고, 영구적으로 기금을 지원하며, 평균 크기 일차 의료 트러스트의 3인 전일등가지표(Full-Time Equivalent: FTE)[1]의 핵심 인력 및 조정자에 의해 추진되며, 일차 의료 팀과 3차 서비스를 연결시킬 것으로 기대되며, 헬스액션존의 평가를 포함한 근거 기초의 권고를 계속적으로 반영한다(West et al., 2003). 또한 저소득층과 임신 여성을 주요 대상으로 유지하면서 모든 흡연자를 겨냥하는 것을 전략으로 한다. 그러나 연구 결과에서 알려진 바와 같이 모든 흡연자에게 금연 중재 사업을 전달하기는 어려우며, 일인당 기준에서 비용이 상승하게 된다(Taylor and Hajek, 2001). 그럼에도 불구하고 건강개발기구(Health Development Agency: HDA)는 성공 가능성 있는 국민 건강 중재에 대해 강조하면서 "공식적 흡연 중단이 저체중 출산을 막기 위한 산전 진단의 일부가 되어야 한다"고 강조한다(Kelly, 2004: 2). 이는 '아동·청소년·모성 서비스를 위한 국가 서비스 프레임(National Service Framework for Children, Young People and Maternity Services)' 내의 모성 보호를 위한 기준 제정으로 더욱 강화되고(DH, 2004b: 5), 성공적 사업의 한 지표로써 흡연을 중단하기 위해 협조를 요청하는 여성과 그 배우자를 위한 사업을 포함한다.

대부분의 초년기 정책과 마찬가지로 슈어 스타트도 여기에 잠정적으로 중요하게 작용한다. 네 가지 공공 서비스 협약의 하나가 아동 건강과 관련 있으며, 2000년 임신 중 계속적으로 흡연하는 어머니의 비율을 10% 감소시킬 것을 요구했고, 2002년 6%포인트까지 하향 변경했다. 그

---

[1] 전일등가지표(Full-Time Equivalent: FTE)는 근무자의 생산성이나 프로젝트 관여도를 측정하는 단위로서, 1FTE는 전임 근무자 1인을 말한다.

러나 이런 변화 과정이 명확하지 않다. 프로그램은 2000~2001년과 2001~2002년 사이에 40%에서 42%로 흡연 어머니가 증가했음을 보고했으나(DfES, 2003a), 2002~2003년 기본 자료를 연구한 결과 슈어 스타트 지역 프로그램(Sure Start Local Programme: SSLP)이 실시되는 곳에서는 겨우 29% 아기들의 어머니가 임신 중 흡연했던 경험이 있고, 2000~2001년에서 2002~2003년 기간에 임신 중 흡연한 어머니가 6%포인트 감소했다고 보고했다. 그러나 2002년 목표에 대한 공식적인 성과가 아직 측정되지 않았다(DfES, 2004).

대부분의 중재가 계속적으로 임신기에 맞춰지고 있다는 사실은 한편으로 일차 의료 이용의 기회가 광범위하게 손실되고 흡연 재발 및 가족 흡연 문제가 다루어지지 못하고 있음을 의미한다. 홀과 엘리만이 지적했듯이(Hall and Elliman, 2003) 아동의 호흡기, 귀, 코, 목 질환이 흡연을 둘러싼 문제를 다룰 좋은 기회를 제공하지만, 그 기회를 활용하기 어렵고(Winickoff et al., 2003a, 2003b), 임신 전과 산욕기 기간의 생애 초기에 대한 중요성이 정책 기간에서 암묵으로 남아 있다. 한 가지 잠정적 수단으로는 국민 건강 백서「건강의 선택: 건강을 위한 보다 쉬운 선택」이 가능할 수 있는데, 이는 무엇보다 중요한 6가지 우선순위 중 하나로 흡연자의 수를 감소시키는 것을 포함할 뿐 아니라 2008년까지 모든 주변 공공장소와 일터에서 흡연을 금지하는 것과 함께 특별히 금연 환경을 조성할 것을 목표로 하고 있다(HM Government and DH, 2004).

영양 중재

'복지 식품 계획(Welfare Food Scheme)' 제도가 1940년에 소개된 이후 생애 초기를 위한 영양 중재는 임신한 어머니의 건강과 수반되는 식이의 적합성에 초점을 맞추는 경향이 있었고, 임산부의 건강은 우선적으로 영아 몸무게 증가를 통해 측정했다. 그러나 생애 과정 접근을 인정하면서 현재 장기적인 건강에 대한 영양 상태의 영향에 관심이 증가하고 있다. 예를 들어, 국가심장재단(National Heart Foundation)은 오늘날 태어난 영아가 노년기까지 관상동맥성 심장질환을 미리 막아 질병으로부터 자유로운 상태를 보장하기 위해 제안된 국가적 전략의 한 부분으로 임신부의 식이 상태와 모유 수유, 건강에 대해 매우 강조하고 있다(National Heart Forum, 2002). 이것은 제4장에서 기술했듯이 생애 초기에서의 생물학적 프로그래밍 가설과는 달리 식이와 활동이 체중 증가에 미치는 상대적 중요성에 대해서는 논쟁의 여지가 있다. 이어서 영양 중재의 중요한 영역의 발전과 불확실성에 대해 설명할 것이다.

건강 불평등 완화에 효과적인 근거와 사업

모성에 대한 영양 보충

우리가 이미 살펴봤듯이, 금연과 함께 임신 여성에서 영양 중재는 저체중 출산을 예방하기 위한 주된 부분으로 오랫동안 여겨졌고, 식이의 일반적 적합성을 고려해 영양소 보충제의 효과를 주목해 왔다. 그러나 영양과 저체중 출산에 관한 양질의 체계적 문헌 고찰은 적다. 한 연구자는 특히 고혈압성 질환의 위험에 있는 여성에게서(Atallah et al., 2001) 조산과 저체중 출산의 발생 감소에 칼슘이 유일한 영양적 중재라고 주장하기도 했다(Bull et al., 2003). 드 오니스 등은 체계적 문헌 고찰의 근거들에서 비슷한 애매함을 인식하면서도, 균형적인 단백질과 에너지에 기초한 식이 보충만이 지속적으로 태아 성장을 향상시킨다고 결론지었다(De Onis et al., 1998). 임신 초기 어머니의 빈혈이 조산율의 32% 증가와 관련 있는 것으로 알려져 왔지만(Xiong et al., 2000), 여러 보충제들은 논쟁 중(비타민 D, 생선유, 엽산 보충제 등)이거나 아직 자료가 부족한 상태(마그네슘, 철분, 철분과 엽산복합제, 아연 등)이다. 또한 어떤 중재들은 출생 시 저체중 예방에 비효과적일 뿐 아니라 매우 해로울 수도 있다. 따라서 임신 기간 동안 영양적 조언의 효과에 여전히 의문이 제기되는 형편이다.

불 등이 강조하듯이, 결과의 확실성이 낮고 왜 여전히 논쟁 중인지에 대한 매우 설득력 있는 이유들이 많다(Bull et al., 2003). 그중 하나가 흡연, 부적절한 식이, 부정적인 정서사회적 요인의 복합적 위험에 처한 특정 사회경제적, 민족적, 또는 취약집단에 초점을 맞춘 평가의 부족 때문이다. 한 인구집단에 대한 정책을 위한 철분 보충제의 일상적 사용에 대한 근거가 부족할지라도, 철분 보충제가 임신 초기 어머니의 빈혈과 조산 사이에서 전혀 관련성이 없다는 것은 아니다(Kramer, 1987; Xiong et al., 2000). 나중에 제8장에서 살펴보겠지만, 15~18세 소녀의 50%가 최소 영양소 권장량(Lower Reference Nutrient Intake: LRNI)보다도 더 적은 양의 철분을 섭취하는 것과 관련해 보충제가 잠정적으로 10대 어머니에게 중요할 수 있다고 제시됐다. 중재가 효과적이었던 영국의 여성인구집단에서 오히려 식이 칼슘 섭취가 현저히 낮았다. 그러나 제8장에서 서술하듯이 15~18세 5명 중 1명이 권장 섭취량보다 적게 섭취하고 있다는 근거로 미루어볼 때 젊은 여성에게 현저히 부족하다고 예측할 수 있었다. 잭슨과 로빈슨은 보충제의 효과를 정확히 측정 가능하다면, 여성들 간의 대사적 차이를 고려할 필요가 있다고 주장했다(Jack and Robinson, 2001).

두 번째 제한점은 중재 단계와 관련 있다. 대부분의 시험이 임신 중기에서 말기에 시행되며, 이는 장기적 영양실조를 보충하기엔 너무 늦었을 수 있다. 반대로, 임신 전과 임신 초기에 모체의 영양 변화는 태아 성장에 큰 영향을 미칠 수 있다. 나아가 생활주기 접근(lifecycle approach)에서 오스린과 드 엘 코스텔로는 영아에서 시작되는 다양한 단계에서의 식이 변화를 제시했다(Osrin and de L. Costello, 2000). 세 번째 장애는 자궁 내 성장 지체 같은 다원인적 결과의 비율을 감소시키는 것처럼 보이지 않고, 영양소 간 상호 작용의 가능성을 간과하고 있는 단일 중재에 대해 초점을 맞추고 있는 것이다. 단일 중재보다 통합된 중재가 필요한데(de Onis et al., 1998), 영양소에 기초한 중재보다 식품에 맞춘 중재를 함께 진행해야 한다는 주장이었다(이후 다시 논의할 것이다).

혼란을 야기하는 네 번째 요인은 제4장에서 거론된 어머니와 태아 영양의 관련성에 대한 최근의 논쟁일 수 있다. 이것은 영양 부족과 미량 영양소 결핍이 신체구조, 생리, 대사, 그리고 비만을 포함한 생애 후기의 많은 위험 요인들의 관점에서 중요할지라도 태아 영양 그리고 나아가서 출생 시 체중에 대한 좀 더 명백히 영향을 미치는 스트레스와 스트레스 행동 같은 다른 요소들이 있을 수도 있다고 주장했다. 이런 배경에서 (그리고 대체로 적당한 식이가 주어진) 출생 시 체중으로 측정할 경우 어머니의 영양 보충 상태와 향상된 건강 결과 사이의 관계는 여전히 빈약한 것으로 생각될 수 있다.

모유 수유 개시와 기간

제4장에서 강조했듯이 모유 수유는 영아와 어머니 모두에게 중요한 국민 건강 문제이다. 세계보건기구는 가능하다면 영아는 6개월까지 전적으로 모유 수유해야 한다고 제안했다(WHO, 2002). 보건부(Department of Health: DH)의 1년 미만의 영아를 위한 건강한 식사 지침은 어머니가 4~6개월간 완전 모유 수유하기를 권한다. 그러나 실제로 영국에서 대략 70%의 영아만이 모유 수유를 하고, 6개월 된 영아의 모유 수유는 5명 중 1명 정도이며, 모유 수유 기간도 짧다(Hamlyn et al., 2002).

모유 수유를 시작하도록 촉진시키기 위해 다섯 가지 중요한 중재가 고안됐다. 건강 교육 중재, 건강 부문 사업, 동료 지지 프로그램, 미디어 캠페인, 다양한 측면에 걸친 중재 등이 그것이다(NHS CRD, 2000; Protheroe et al., 2003). 대부분의 여성은 의료 종사자와 상의하기 전에 수유 방법을 결정한다. 이것은 지식에 의한 것이 아니고 비공식적 네트워크, 가족 경험, 모성에 대한 인식 및 공동 부모 역할 의지 같은 요소와 영아 수유에 대한 노출로 인해 형성된다(Earle, 2002). 모유 수유 대신 분유 수유를 결심한 여성을 설득하기 위해 일대일 교육 시간이 필요한데, 건강 교육에 대한 연구를 고찰한 근거들은 모유 수유의 이점을 강조하고 실천적 조언을 제공하는 건강 전문가에 의한 소규모의 비공식적 토론 교실이 모유 수유 개시율을 증가시킬 수 있다고 제안한다(Tedstone et al., 1998; Fairbank et al., 2000). 이 중재들이 출산 전후에 걸친 폭넓고 통합된 조언, 교육, 종사자 훈련과 전문가나 동등한 교육가와의 빈번한 접촉으로 이루어진다면, 더 큰 긍정적 효과를 가질 수 있으리라 예상된다.

건강 부문 사업은 모유 수유를 촉진하도록 보건 사업의 조직적 특성을 바꾸는 데 목표를 둔다. 즉, 출산 첫날밤에 어머니와 영아를 따로 떼어 놓지 않고 기력을 회복할 수 있는 유동식을 제공하고, 편안하게 모유 수유를 하고 어머니와 영아가 친밀하게 피부 접촉을 하도록 장려하고, 제왕절개 수술을 했어도 가능한 조기에 모유 수유를 할 수 있도록 장려하고, 유방염이나 유두동통을 예방하기 위한 조언과 치료를 제공하는 등 건강 전문가의 훈련과 함께 근거에 기초해 제시되는 폭넓은 실천들의 수행을 다룬다(Rowe-Murray and Fisher, 2002; Renfrew et al., 2004). 집중적 모유 수유 훈련을 의무화하고 최소 18시간 이상의 훈련 시간을 제공함으로써 모유 수유 개시율의 증가를 보일 수 있음이 보고됐으나, 의료인을 위한 모유 수유 훈련에 대한 공식적인 평가는 거의 없다(Vallenas and Savage, 1999). 집중적 모유 수유 훈련이 특히 의무화되고 18시간의 최소 훈련 시간을 가짐으로써 개시율을 증가시킬지라도(Vallenas and Savage, 1999) 훈련만으로는 비효과적이라는 것이 현재의 연구(Protheroe et al., 2003)에서 지적됐다. '아기에게 친근한 병원 만들기 사업(Baby Friendly Hospital Initiative: BFHI)'과 같이, 전체 프로그램의 한 부분이 된다면, 의료 종사자에 대한 훈련이 더 많은 효과를 나타낼 것이다(<글상자 5.2> 참조).

특별 영양 보충을 위한 '모성과 영유아 영양 지원 사업 프로그램(Women, Infants and Children Program)'은 특히 그들이 동료 간 지지 요소를 포함할 경우 저소득 여성의 모유 수유 개시율을 증가시킬 수 있음을 제안하고 있다(NHS CRD, 2000). 촉진자와 지지자 같은 동료를 포함하는 것도 많은 다면적 프로그램의 중요한 부분이다. 이들은 성공적으로 모유 수유한 여성과 계속적으로 연락하기 때문에 가난한 지역사회에서는 부족한 효과적인 역할 모델이 되는 것처럼 보인다(Hoddinott and Pill, 1999; Taylor et al., 2000; Raine, 2003). 또한 비전문직 여성이 전문가로부터 조언을 구할 때 여러 문제가 발생할 수 있다. 그러나 분유 수유를 원하는 사람

<글상자 5.2> 모유 수유: 건강 분야 사업

'아기에게 친근한 병원 만들기 사업(BFHI)'은 전 세계에 걸친 유니세프와 세계보건기구의 프로그램이다. 시행을 향상시키기 위해 보건 사업과 함께 진행되며, 부모는 '자녀를 어떻게 먹이고 돌보는가에 대한 정보에 기초해 선택을 할 수 있다' (www.babyfriendly.org.uk). 영국의 '아기에게 친근한 병원 만들기 사업'은 1994년에 시작되어 현재 53개의 아기에게 친근한 병원과 지역사회 시설이 완전히 승인됐고, 68개 산부인과와 지역사회 서비스가 위임서(Certificate of Commitment)를 받았다. 승인된 시설은 모유 수유에 대한 확정된 정책에 기초해, 직원을 훈련시키고, 여성들에게 정보를 제공하며, 지지적 환경을 제공해야 한다. 또한 모유 수유율에 대한 통계를 수집한다.

무작위 집단 시험의 한 부분으로 모성 병원이 무작위로 아기에게 친근한 병원 만들기 사업을 하도록 배정됐고, 12개월 동안 어머니와 아기 1만 6,491쌍을 추적했다. 중재 병원에서 태어난 아기는 통계적으로 유의하게 3개월과 6개월 동안 완전 모유 수유하는 경향이 높았다. 또한 위장 감염과 아토피성 습진의 발생률이 유의하게 감소했다(Kramer et al., 2001). 과거에 전형적으로 모유 수유율이 낮았던 시내 병원에서 증가율을 높이는 데 크게 기여했다(UNICEF UK BFI, 2000). 사업의 근거에 기초한 문헌 고찰에서 모유 수유의 산전 교육, 모유 수유의 실천 지침, 병원에서 떠난 후의 지속적인 지지 측면에서 가장 분명하게 효과가 있었음이 조사됐다(Vallenas and Savage, 1999).

이 아닌 모유 수유를 희망하는 사람에게만 독립된 효과가 나타난다(Protheroe et al., 2003). <글상자 5.3>은 많은 조산사와 순회 보건관이 모유 수유를 희망하거나 개시율에 영향을 줄 만한 여성을 지지하는 데 시간의 제약이 있다는 사실과 의료 종사자가 가난한 지역에서 모유 수유를 중요한 부분으로 여기지 않는 것을 보상하도록 도울 수도 있다고 제안한다.

미디어 캠페인은 모유 수유 인식을 높이고 권장하는 데 사용될 수 있

<글상자 5.3> 모유 수유 권장 프로젝트

'모유 수유 권장(Breastfeeding Is Best Supporters: BIBS)' 프로젝트는 모유 수유하는 동료 지지 프로그램이다. 셰필드 북부 지역에서 사회 쇄신 예산(Social Regeneration Budget: SRB) 5와 슈어 스타트로부터 예산을 받아 시작된 이 사업은, 앞서 시행된 두 가지 보건부 영아 수유 프로젝트의 활동에 기반을 두고 있다. 이 사업의 목표는 모유 수유 개시율과 기간을 높이고, 지역 지지 네트워크를 통합하며, 지역적 역할 모델을 발전시키는 것이다. 유급 도우미와 자원 활동가는 모유 수유를 하고 있는 집단이 모유 수유를 쉽게 할 수 있도록 돕고, 산전 병원과 산후 가정 방문을 통해 개인에게 실천적인 방법을 제공한다. 학교 간호사, 탁아소 직원, 보육학교, 보육원 같은 집단에 목표를 둔 결연 프로그램은 기념일 운영과 지역 보건센터의 의료 종사자 훈련을 통해 모유 수유에 대해 인식을 높이는 데 목표를 두었다.

일반적으로 이용 가능한 영아 수유 통계의 부족 때문에 개시율과 기간의 평가는 슈어 스타트 지역에만 초점이 맞춰졌고, 채 200명도 안 되는 여성에 한정됐다. 이것은 1998년에 22%에서 2002년에 47%로 2배 이상의 개시율 증가를 보였다. 지속률은 (순회 보건관 담당 건수에 기초해) 4개월 2.5%에서 3개월 19%, 6개월 11%로 증가했다. 모유 수유 지지 네트워크의 수는 2개에서 6개로 증가했고, 23명의 여성이 모유 수유 집단(La Lèche League)의 모유 수유 동료 지지 프로그램에 참여해 역할 모델의 네트워크 수립을 제공했다.

이 프로그램은 모유 수유의 날에 대한 관심을 유도하는 것에 대한 어려움을 호소했고, 많은 조직의 협조를 얻는 데 실패했다. 지역 보건센터에 훈련 장소가 없었고, 프로그램 과정은 3개 지역 보건센터에서 제공되는 훈련을 통해서만 이루어졌다. 이러한 사업의 부정적 성과는 순회 보건관과 일반의의 모유 수유 이점에 대한 부정적 견해를 잘 보여 주고 있다(Battersby, 2002a, 2002b).

으나, 평가 근거가 적고 다소 오래된 근거이다(Kirk, 1980). 다시 말해 다양한 연구는 미디어 캠페인이 효과적인 다면적 다수의 중재 중 일부일 뿐이라는 것을 보여 주고 있다.

모유 수유 개시율이 98% 정도인 스칸디나비아에서는 지난 20년 동안 이러한 다면적 중재들을 기본으로 다뤄 왔다. 어떤 요소가 가장 효과적이라거나 어떤 통합 프로그램이 필요한지 평가하지 않았지만, 네 가지 요소가 다면적 모유 수유 사업 전략에서 중요하다(Protheroe et al., 2003). 이 요소들 중 세 가지, 즉 보건 교육, 산부인과 병동의 실천, (모유 수유의 경험 축적 증가 및 전문적 민감도와 결합된) 동료 지지 집단은 앞에서 강조한 문제를 반영한다. 그러나 네 번째 요소, 즉 유급산후휴가의 연장, 이전 직장으로의 복귀 보장은 특징적이다. 예를 들어, 베일리와 페인에 따르면 노르웨이의 경우 연간 산후휴가, 직장에서의 모유 수유를 위한 시설과 휴식 시간, 분유 판매에 대한 강력한 통제 등을 통해 1968년 12주에 30%에서 6개월에 75%로 모유 수유 지속률이 증가했다(Bailey and Pain, 2001). 세계보건기구의 보고서는 산과 병원에서 분유 수유를 중단하는 것이 가장 비용효과적인 건강 중재 중 하나라고 지적한다(Vallenas and Savage, 1999; Renfrew et al., 2004).

앞에서 말했듯이, 가장 성공적인 모유 수유 촉진 사업은 산전과 산후 기간에 걸쳐 장기적으로 이루어지고, 전문적 모유 수유 권장자나 동료 상담자와의 복합적 접촉을 포함하며, 많은 관련 요소들을 통합한다. 따라서 그 효과는 개시와 기간 모두와 관련 있다. 시코스키 등은 모유 수유 기간에 대한 전문가의 지지 효과와 완전 모유 수유를 권장하는 비전문인의 지지의 효과에 대한 명백한 근거를 발견했다(Sikorski et al., 2004). 특히 영아의 설사병 관리를 위한 완전 모유 수유 효과의 단기적 건강 이점이 잘 증명됐다. 따라서 그들은 일상적 보건 사업 제공의 일부로서 모유 수유 지지를 권장했다(Renfrew et al., 2004).

그러나 모유 수유 사업을 지속하는 데 장애물도 중요하다. '국가 영아 수유 조사(National Infant Feeding Survey)'2)는 생후 4개월 이전에 모유 수유를 중단한 80% 이상의 여성도 모유 수유를 더 오래 지속하기를 원했다는 결과를 얻었다(Hamlyn et al., 2002). 유방 울혈과 불충분한 모유 공급의 문제(일반적으로 지각 등) 등은 지지로 극복될 수 있으나, 지지를 할 수 있는 개인적(Scott and Binns, 1999) 환경과 사회적 환경의 심리사회적 요소, 어머니로서 집안일과 직장에서의 업무를 병행하는 상황은 변화시키기가 어렵다. 이탈리아, 포르투갈, 스페인, 프랑스에서는 어머니에게 새로운 휴식 기간을 제공하거나 근무일을 줄이는 데 이러한 휴식 기간을 사용할 수 있는 선택권을 제공한다(UNICEF UK BFI, 1999).

이유기와 이유 후기의 영양

보건부에서 1세 미만의 영아를 위해 만든 현재의 건강한 식사 지침서는 소금이나 설탕을 첨가하지 않은 적당한 첫 이유식품으로 밀을 함유하지 않은 시리얼, 채소류, 몇 가지 과일류를 권하면서 4개월 이전에는 고형식 이유를 시작하지 않도록 제안한다. 그러나 대부분의 영아는 이보다 일찍 고형식을 섭취하며, 낮은 철분 섭취, 가공되지 않은 원유의 사용, 우유에 첨가된 고농도의 설탕, 다양한 이유식품 등을 섭취하고 있어 우려되는 상황이다.

이 시기 따라잡기 성장의 잠재적 중요성에도 불구하고(제4장 참조), 이

---

2) 영아 수유 조사(Infant Feeding Survey)는 1975년부터 5년마다 실시됐으며, 영국의 네 지역 보건부에서 행해진다. 출생부터 약 9개월까지의 모유 수유 발생률, 보급률(prevalence), 기간율(duration) 및 다른 수유 실천에 대한 국가 추정치들을 제공한다. 또한 임신 중과 이후 어머니의 담배 및 음주 행동에 대한 정보도 조사한다. 영국의 네 지역의 개별적 추정치도 계산하며, 패널 디자인(wave 1: 6~10주, wave 2: 4~5개월, wave 3: 8~9월)을 사용한다(http://www.ic.nhs.gov/webfiles/publications/breastfeed2005/InfantFeedingSurvey190506_PDF.pdf).

유기와 그 이후의 올바른 섭취 행동을 장려·지지하는 것을 고찰한 근거는 제한적이다. 테드스톤 등은 소수 민족이나 저소득 가족 영아의 식이에 초점을 맞춘 연구는 겨우 여섯 개이며, 그중 겨우 두 연구에서만 중재가 성공적이었다고 보고했다(Tedstone et al., 1998). 한 연구에서 모유 수유 상담 프로그램에 의해 고형 식품의 섭취 시기가 지연됐음을 발견했고, 다른 연구는 영아의 첫해에 행해진 동료 지지 프로그램에 따라 식이가 향상되고 우유 섭취 시기가 늦어졌다고 보고했다. 영아 빈혈에 초점을 맞춘 세 가지 중재에서는 어떤 유의적인 효과도 얻지 못했다. 출산 후 산부인과를 퇴원하는 여성에게 주는 상품꾸러미의 내용을 바꿈으로써 일상적인 고형 식품의 섭취 시작 시기를 연기시킬 수 있었다.

어머니와 영아를 위한 식품에 기초한 중재들

가난은 식품 부족, 기아, 부적절한 식이와 관련 있으며, 최극빈층 가구 10% 정도는 소득의 가장 많은 금액을 식품에 소비하면서도 절대량에서는 적게 소비하고 있다(Dowler et al., 2001). 생계 보조를 받는 부모는 자녀를 먹이기 위해 자주 음식을 포기한다고 한 연구에서 밝히고 있지만(Dowler, 1998), 생계 보조 가구의 아동은 특히 위험한 처지에 놓여 있다. 건강하지 못한 식이가 단순히 자금 부족으로 비롯될 수 있다는 것에 모두 동의하지는 않는다. 소득 대책, 식품 접근성의 향상, 지역사회에서 값싼 식품을 장려하는 운동, 지역사회 카페가 영양을 향상시키는 데 높은 상관성을 가지며, 또한 이러한 활동들이 교훈적인 방법을 동원하는 영양 교육보다는 더 높은 상관성을 보인다는 것이 일반적인 견해이다.

영국의 식품 프로젝트는 전형적 건강 프로그램과 가장 최근의 지역사회 재생 필요성 모두에 속해 있다. 아침식사 클럽(Breakfast Clubs), '국가 과일 섭취 권장 정책(National Fruit Pilot Scheme and Five a Day)' 같은 대부분의 전형적 건강 프로그램은 우선 학교 아동에 초점을 맞추며(제9장 참조), 지역사회 재생이라는 관점에서 행해지는 프로젝트는 대부분 가족과 함께 여성에게 목표를 두고 있다. 따라서 <글상자 5.4>에 제시된 두 가지 대규모 미국의 프로그램과 같이 유아를 포함한 가족에 특별히 목표를 둔 영양 중재는 거의 없다.

근거의 제한점

구조적 평가의 부족, 가지각색의 변수, 기초 데이터의 부족 때문에 정확하게 어떻게 성공적인지 측정하는 데 어려움이 있다. 예를 들어, 모유 수유와 관련해 개시나 지속에 대한 일반적으로 수용되는 정의가 없다. 또한 어머니의 수유 선택을 무작위 배정하는 것과 관련된 윤리적 문제들

<글상자 5.4> 식품 기반 중재들

1972년 이후로 미국 농림부는 '모성과 영유아 영양 지원 사업' 프로그램(WCO)을 운영해 왔다. 이것은 저소득 임신부와 산후 여성, 영양 위험이 있다고 생각되는 5세 미만의 아동에게 식품 보충을 제공한다. '모성과 영유아 영양 지원 사업' 평가 결과는, 저체중 및 고도 저체중이 각각 25%, 44%로 감소하는 등 향상된 출생 상태와 식이 관련 결과를 보여 준다(Owen and Owen, 1997). 또한 가정 방문을 통한 아동 보호 및 영양 교육과 지역사회의 건강 부모 역할 실천이 아동 성장 결핍률을 줄일 수 있다고 제안한다(Reifsnider, 1998). 모성과 영유아 영양 지원 사업에 지출하는 1달러의 건강관리 비용으로 1.77달러에서 3.13달러의 건강 이로움이 있다고 추정된다.

비슷한 프로그램인 '확대된 식품과 영양 교육 프로그램(Expanded Food and Nutrition Education Program: EFNEP)'은 전문직 보조원과 자원봉사자를 통해 저소득 가족과 청소년에 대한 영양 조언과 교육을 제공한다. '확대된 식품과 영양 교육 프로그램'의 평가와 보고는 87%의 참여자가 (예를 들면, 건강식품 선택, 식사 계획, 영양 라벨을 읽는 것 같은) 영양 실천 중 하나 내지 그 이상을 실천하는 등 향상된 결과를 보여 준다. 버지니아 지역의 '확대된 식품과 영양 교육 프로그램'의 비용편익 분석에서 프로그램 실행에 1달러를 지출할 때마다 건강관리 비용의 감소로 10.64달러의 이익이 있었다고 조사됐다(Rajgopal et al., 2002).

로 인해 실험 설계로 환자- 대조군 연구와 코호트 연구만이 실천적으로 선택할 수 있는 방법론이 되는 경향이 있다(Nicoll and Williams, 2002). 따라서 무작위 할당 대조군 시험을 강조하는 과학적 고찰에서는 현재 수행된 연구 중 일부만을 인정하게 했다. 또한 연구가 지나칠 정도로 미국에서 이루어졌다. 그러나 초기 중재의 중요성, 폭넓은 영양 문제의 구성요소로서의 모유 수유 권장의 필요성, 저소득과 소수 민족 가족 같은 주요한 대상 집단에 대한 혁신적인 사업의 필요성, 초기 영양과 소득과 일 사이의 관련성 등에 대한 정책의 필요가 제기되고 있다.

정책

「애치슨 보고서」에서는 "영아의 장기적인 건강이 어머니의 영양, 체격과 관련 있다"고 지적하면서, "가임 연령 여성 및 그 자녀의 영양과 건강을 향상시키는 정책"을 제안했다(Acheson, 1998: 70). 앞에서 말했듯이, 이는 전체 인구집단과 노동자집단 사이의 영아 사망률 격차를 줄이는 데 목표를 둔 건강 불평등에 대한 주요한 국가 목표로 인해 전략적으로 강화되어 오고 있다. 이런 측면에서 저체중 출산은 주요한 요소이며 영국을 포함한 선진국에서 영아 사망률의 주요한 원인이다. 모유 수유 개시와 지속기간을 증가시키는 것과 함께 가임 연령 여성의 영양 상태 향상은 국가 건강 불평등 목표 중 하나이다.

앞에서 서술했던 네 가지 가능한 중재 영역 중에서 모유 수유 권장이 가장 정치적 주목을 받았다. 그러나 모유 수유는 가장 강력한 연구 근거를 가지고 있으나, 1980년대 이후 잉글랜드와 웨일스의 모유 수유 개시율은 여전히 고착 상태이다(NHS CRD, 2000). 모유 수유의 개시와 지속기간을 향상시키는 데 세 가지 주요한 실천적 장애물이 있는 것처럼 보인다. 첫 번째로 모유 수유에 대한 대중의 태도를 바꿀 필요가 있다. 모유 수유는 정상적이고 건강 증진 행동으로 집 밖에서도 꺼리지 않고 실천할 수 있는 것으로 받아들이게 해야 한다(Acheson, 1998). 두 번째는 건강관리 사업의 개선이고, 세 번째는 '상위흐름' 중재인 산후휴가 문제로, 이는 모유 개시와 지속기간 모두에 영향을 미친다.

「수명 연장: 우리의 더 건강한 국가를 위해」(DH, 1999)는, 건강을 향상시키는 것과 (개시율에서 명백한 계층 차이를 보이는) 건강 불평등을 줄이는 방법으로 모유 수유의 보급률을 늘리는 정책을 추천했다. 이것은 모유 수유의 이점을 일깨우고, 매년 '국가 모유 수유 주간(National Breastfeeding Awareness Week)'에 재정적 지원을 하며 잉글랜드에서 2명의 시간제 국가 영아 수유 조언자를 임명하는 내용을 포함한다. 또한 모유 수유율 증가가 국민 건강에 미칠 수 있는 2004년까지 모유 수유 지지를 증대시킨다는 공약이 식이와 영양을 개선하기 위한 전략의 일부로 구성된 영향은 정부의 국영 의료 서비스 플랜에도 나타난다(DH, 2000). 이는 보건부의 우선순위와 계획 프레임과 함께 국가 목표가 되면서(DH, 2002: 20), 모든 일차 의료 트러스트가 연간 2% 모유 수유 개시율을 증가시키며 특별히 불리한 집단의 여성에게 초점을 두어야 한다고 요구한다. 모유 수유 권장 사업을 모성병원 기준에서 강조함으로써 더욱 강화됐다(DH, 2004a).

모유 수유 정책에 대한 가장 흔한 비판 중 하나인 정확한 통계치의 부족은 중요한 대응 활동을 야기했다(Roberts, 2000). 앞에서 서술했듯이, 개시나 지속기간은 단순한 개념이 아니며, 단일 수유, 혼합 수유, 완전 모유 수유 연장에 대한 건강과 정책 용어에 뚜렷한 차이가 있다. 이전에는 잉글랜드와 웨일스에서 다양한 연령대의 모유 수유와 관련된 관리를 일정한 기준이나 방법 없이 진행했으나, 보건부는 국지적 시행 계획의 성과를 국가 차원에서 새롭게 관리하기 위해 개시율 계산의 근간이 되는 자료 수집 과정을 명확히 했다(DH, 2003b). 이런 상황은 예방주사 같은 다른 (매우 복잡하지 않은) 아동 건강 증진 전략과 명백히 대조된다(Nicoll and Williams, 2002). 또한 1994년 모유 수유에 대한 국가 목표가 세워지고, 출생 후 일주일이 될 때 관례적으로 자료가 수집되며 우편번호와 산과 병동에 의해 첫 모유 수유 유병률을 계산할 수 있는 스코틀랜드의 상황과도 대조된다.

이런 차이는 (어머니의 나이와 교육을 보정했을 때) 잉글랜드와 웨일스에서 유의한 변화가 미미했던 것과 비교해 1990년과 2000년 스코틀랜드의 모유 수유 유병률이 50%에서 63%로 증가한 것으로 부분적으로나마 설명할 수 있다. 다른 기여 인자들로는 1995년 스코틀랜드 모유 수유 집단(Scottish Breastfeeding Group)을 설립하고, 모유 수유 목표에 도달시키고 모유 수유 전략을 발전시킬 건강위원회를 돕는 임무를 가진 시간제 모유 수유 조언자를 다른 곳보다 먼저 채용한 것을 포함할 수 있다. 그러나 5년마다 실시되는 '국가 영아 수유 조사'의 수치도 산전 진찰 동안 영아 수유에 대한 충분한 토론과 병원에서 모유 수유 영아에게 분유를 주지 않는 것 같은 아기에게 친근한 사업에서 추천하는 실천이 확실한 기반을 가지며, 사회계층 V의 어머니 사이에서 모유 수유율이 7% 상승했음을 보여 준다(Hamlyn et al., 2002).

보건부의 영아 수유 사업(Infant Feeding Initiative: IFI)은 특별히 가장 적게 모유 수유를 하는 것으로 보이는 인구집단에서 모유 수유 개시와 지속기간이 증가하도록 노력했다. 또한 1999년과 2002년 사이 79개의 성공적으로 평가된 사업 프로젝트에 투자하고 평가했다. 연구 기초와 매우 밀접하게 관련 있는 성공적 프로젝트의 대부분이 모유 수유 지지 센터, 동료 지지 프로그램, 산전 워크숍과 교육 프로그램, 의료 종사자를 위한 교육과 훈련에 초점을 맞추었다(Dykes, 2003). 또한 그들은 모유 수유 여성을 후원하는 '모유 수유 어머니 협회(Association of Breastfeeding Mothers)', 모유 수유 네트워크(Breastfeeding Network), 모유 수유 연맹(La Lèche League),[3] 국가 아동 출생 트러스트(National Childbirth Trust) 같은 네 개의 주요한 자발적 기구에 참여의 기회를 제공했다. '모자 영양을 위한 건강개발기구 협력 센터(HDA Collaborating Centre)'는 현재 가임 연령대의 여성을 대하는 일반의의 재량을 지원함으로써 연구 근거의 지지 측면에서 활동하고 있다. 그러나 이것은 일반의의 세대 차이에 따른 사고와 행위에 깊게 관련된 실천을 감수해야 한다는 것을 의미한다(Renfrew et al., 2004). 똑같이 이는 현재의 미디어에도 적용된다. 영국 텔레비전과 신문 속의 모유 수유와 분유 수유 이미지에 대한 연구에서 분유 수유는 표준화되고 매우 빈번하게 이용될 뿐 아니라 보다 시각화되고 문제가 적은 기준으로 표현되고 있었다(Henderson et al., 2000).

고용 정책이 국민 건강 정책을 후원하는 쪽으로 강력하게 실행되지는 않고 있다. 노르웨이의 사례가 보여 주듯이, 산후휴가가 여성이 장기간 쉴 수 있도록 바뀜으로써 모유 수유의 개시와 지속기간 모두를 증가시킬 수 있었다. 2003년 4월 법정 산휴급여와 수당을 26주로 연장하고, 지급 비율을 올리며, 출산 전에 병가를 4주로 바꾸는 것과 같이 정부가 주도한 변화가 옳은 방향으로 바뀌었음을 말해 준다. 그러나 대부분의 여성이 첫 6주 휴가 후에 일주일당 106파운드를 받는 것에서 알 수 있듯이 산후수당을 정상 수입 수준으로 끌어올리는 데 여전히 권고는 효력을 발휘하지 못하고 있으며, 재정적 안정을 더 저해시킴으로써 건강 불평등을 악화시키는 경향이 있다. 그러나 유급 산후휴가가 2007년 4월부터 9개월로 더욱 확대될 것이고, 다음 의회 회기까지 12개월 유급휴가를 제공한다는 목표와 함께 아버지에게도 산후수당과 휴가의 비율을 적용

---

3) 모유 수유 연맹은 모유 수유를 원하는 여성에게 교육, 정보, 지지 및 격려를 제공하는 국제적이고 비영리적이며 무종파적인 기구이다. 1956년 미국 메리 화이트(Mary White)의 집에서 모임을 시작했다. 1964년 캐나다, 뉴질랜드, 멕시코에 있는 집단과 연합해 세계 모유 수유 연맹(La Lèche League International)으로 이름을 바꾸었다. 주요 출판물로는 The Womanly Art of Breastfeeding, Breastfeeding Abstracts, The Breastfeeding Answer Book 등이 있다(http://www.lalecheleague.org).

한다는 목표를 설정하고 있다(HM Treasury et al., 2004). 그러나 제4장에서 토론했듯이, 여전히 노동시장 밖의 여성이나 한시적으로 고용된 사람에게 미치는 영향은 아주 미미한 수준이다. 영국에서 가장 낮은 모유 수유 개시율(52%)은 일한 적이 없는 여성들에서 관찰됐다. 또한 직장에 복귀하도록 지지하는 것은 종종 형식에 그치고 있다. 예를 들면, 건강과 안전 집행부(Health and Safety Executive)는 사업자에게 모유 수유하는 어머니를 위해 젖을 줄 수 있는 개인적이고 위생적이며 안전한 환경 마련을 제안하나, 현장에 이런 시설이 제대로 갖추어지는 경우는 거의 없다.

다른 영양 중재들과 같이, 모유 수유 증진과 지지에서 상업적 관심과 이것에 귀속된 관심에 대항할 정치적 지원이 부족한 상황이다. 세계보건기구의 '모유 대체용품 판매 국제법전(International Code of Marketing of Breast-milk Substitutes)'[4)]은 정확한 정보가 부족한 것을 광고하거나 권장하지 말 것을 천명했다. 그러나 영국 정부는 이 법전의 일부만 법제화해 (UNICEF UK BFI, 1999), 영아 분유의 판촉을 막았을 뿐이다. 영아 분유 섭취 이후의 우유 섭취로 인해 영아 분유 섭취 기간이 짧아지고 있지만 '보호 전화(carelines)'와 병원 입원 꾸러미의 상표가 붙은 선물을 후원·제공하는 것에 의해 모유 수유 대체용품의 광고가 계속적으로 확장되고 있다(Baby Feeding Law Group, 2004). 만약 모든 영아가 모유 수유한다면, 국영 의료 서비스는 분유 수유 영아의 위장염을 치료하는 데 드는 비용을 잉글랜드와 웨일스에서 연간 35파운드 절약할 수 있다고 추정했다 (DH, 1995).

---

4) 모유 대체용품 판매 국제법전(International Code of Marketing of Breast-milk Substitutes) 은 1981년 영아 건강을 보호하기 위한 '최소한의 요구'로 세계보건위원회(World Health Assembly)에 의해 채택됐다. 모유 수유를 보호·증진하고 모유 대체용품, 분유병, 고무젖꼭지의 마케팅이 적절한지를 확실하게 하기 위한 것이다(http://www.ibfan.org/english/issue/code01.html).

「애치슨 보고서」(1998)는 식품 빈곤 퇴치를 우선하는 데 찬성한다. 그러나 모유 수유 외에 국가 수준에서의 영양과 관련된 최근 정책 변화는 우선적으로 학교 아동에게 목표를 두고 있다(제9장 참조). 영양은 국지적 수준에서 잘 다뤄지지 않는 정책 영역으로 간주된다. 영국의 88곳 보건 당국이 만든 '건강 향상 프로그램(Health Improvement Programme)'에 대한 '아동 학대 방지를 위한 전국 협회(National Society for the Prevention of Cruelty to Children: NSPCC)'의 조사는 단지 3곳만 명백한 영양 활동을 포함한다고 보고했다(Watt et al., 1999). 모자 영양을 향상시키는 활동이 잠재적인 긴박성을 가지면서도 정책이 부족한 것은 모순적인 측면이다. 한편으로 모유 수유와 이유에 대한 특별한 강조와 함께 슈어 스타트의 아동 건강 요소 강화를 요구해 왔다. 그러나 앞에서 서술했듯이, 아동을 위한 슈어 스타트 공공 서비스 협약 목표는 한 개뿐이며, 이것은 임신 중 흡연과 관련 있다. 이전의 (그리고 채워지지 않은) 목표들도 비슷하게 영아 영양을 간과하면서, 생후 첫 해 동안의 응급 치료와 저체중 출산에 초점을 두었다(DfES, 2003a). 이러한 주요한 부분에 대한 누락은 성과 중심적 환경 속에서 프로그램의 초점을 명확히 하는 데 기여할 수 있다. 또한 슈어 스타트 프로그램이 보건부보다 노동연금부와 교육기술부에서 주요하게 추진되는 것에서도 아동 건강에 대한 강조가 증진된 것으로 보이지는 않는다.

모성과 영유아 영양 지원 사업 프로그램 수준인 영국의 '복지 식품 계획'에 대한 재검토가 요구되었다(Nicoll and Williams, 2002). 저소득 가족에게 우선적으로 지원을 제공하는 현존 계획이 2003년 몇 개의 고찰에서 다뤄지면서, 우유나 분유였던 것이 오히려 과일, 채소, 다양한 이유 식품을 포함하는 영양적 주재료로 확대됐다. 또한 접근성을 증대시키고, 고정가격 식품 바우처를 사용할 수 있는 소매점을 소개함으로써 모유 수유 방해 요소를 제거하며, 유아 학교(nursery school)의 유아에게 우유나 과일을 선택할 수 있게 하는 것에 목표를 둔다. 세 번째 변화는 헬시 스타트(Healthy Start)[5]로 개명되면서 복지에서 건강에 더 중점을 두고, 수혜자가 의료 종사자를 통해 등록하게 함으로써 영양과 모유 수유에 대한 조언을 받도록 했다(DH, 2004b). 분유는 머지않아 보건센터에서 이용 가능하지 않게 되고(HM Government and DH, 2004), 정부 공식 정책과 사업 사이의 주된 모순이 사라지게 될 것이다. 그러나 이전 수준의 세출 (영국에서 1억 4,200만 파운드) 수준에서는 예산 한계가 있어 실질적 변화 수준이 제한적일 수 있다. 5세 미만 유아 4명 중 1명이 급여를 받는 가구에서 살고 있다고 가정한다면, 좀 더 확대된 국민 건강 프로그램이 필요하다. 근래 비만에 대한 우려가 증가하고 있기 때문에 초년기 영양에 대한 보다 총체적인 영양 접근이 긴요할 수 있다.

부모 역할 교육과 지지

영국에서는 어머니를 조언하고 교육시키고 지지하기 위한 정부 주도의 재정 지원 보건 사업이 1세기 이상 제공됐다(Patterson et al., 2002a: 468). 이런 보조가 부모 역할의 신체적 측면에 전형적으로 초점을 두었던 반면(Taylor et al., 2000), 아동기와 그 이후의 정신 건강과 반사회적 행동의 위험 요인으로 부모 역할을 인식하게 되면서 현재는 사회정서적 관점에 관심이 집중되고 있다(Oakley-Browne et al., 1995; Patterson et al., 2002b).

---

[5] '복지 식품 계획(Welfare Food Scheme)'을 대신하는 프로그램으로, 우유와 분유를 사도록 교환권을 제공해 신선한 과일과 채소를 살 수도 있으며, 무료 비타민제도 얻을 수 있다. 인환권은 2.8파운드로 자격이 주어진 임신 여성(18세 미만 임신 여성이나 급여를 받고 있는 여성으로 10주 이상부터)과 1~4세 미만에게 매주 한 장씩 주고, 1세 미만 영아에게는 일주일에 두 장씩 준다(http://www.healthystart.nhs.uk/).

전형적으로 2세 또는 3세에 시작하는 어린 시기의 문제행동은 친구로부터의 배제 경향, 학교 무단결석이나 청소년 비행, 높은 실업 확률을 포함한 어린 시기 이후의 행동장애와 관련이 있다고 알려져 있다(Farrington, 1996; Moffit et al., 1996; Rutter et al., 1998).

이러한 문제행동의 생애 초기 유병률은 높은 수준이다(제6장 참조). 유아의 7~12%가 주의력 결핍 과잉 행동 장애(Attention Deficit/Hyperactivity Disorder: ADHD) 같은 문제행동의 임상 기준에 포함된다(Campbell, 1995; Webster-Stratton, 1999; Zwi et al., 2003). 저소득이거나 실직 상태에 있는 가족, 한부모 가족, 교육 수준이 낮은 가족, 공영 주택에 살고 있는 가족에서 이런 행동장애의 비율이 높다(Meltzer et al., 2000). 그런데 아동 보호 문제가 저소득 집단에서 더 많이 발생할지라도, 도움이 필요한 아동과 부모의 총 수는 중간소득 집단에 훨씬 많으며(Newman and Roberts, 1999), 부모의 고립과 우울 같은 다른 위험 요인도 증가하고 있다.

개인과 사회에 대한 비용도 중요한 문제이다. 142명의 10세 아동을 성인기까지 추적한 한 연구에서 여섯 영역, 즉 ① 특별 교육 학습 제공, ② 양육과 주거 보호, ③ 유대 관계 분열, ④ 건강, ⑤ 범죄, ⑥ 성인기의 정부 급여 등에 걸쳐 문제행동에 장기적인 비용이 드는 것을 보여 주었다. 28세까지 소요되는 평균 비용은 문제 없는 아동이 7,423파운드인데 비해 문제행동을 가진 아동은 2만 4,324파운드, 행동장애를 가진 아동은 7만 19파운드 등 10배 정도의 차이를 보인다(Scott et al., 2001a). 부모 역할과 가족 상호 유대 관계 요인은 아동의 반사회적 행위에서 30~40% 정도로 많은 부분을 차지하는 것으로 추정된다(Gibbs et al., 2003). 따라서 부모 역할을 중요한 교육적·사회적 국민 건강 문제로 받아들이는 인식이 강해지고 있다(Hoghughi and Speight, 1998). 효과에 대한 근거는 초년기에 그치지 않고, 종종 유아기에서 사춘기 이전 시기로 확대된다.

건강 불평등 완화에 효과적인 근거와 사업

부모 역할 교육의 적절한 개념은 가능한 중재의 폭, 즉 '부모와 장래의 부모가 그들 자신과 자녀의 사회적·정서적·심리적·신체적 필요를 이해하고 그들 간의 관계가 강화되도록 돕는 교육적·협조적 활동의 범위'를 인정하는 것이다(Pugh et al., 1994: 66). 퓨 등은 계속해서 이런 활동이 지역사회 내 사업들의 협조적인 네트워크를 만들고 가족에게 이롭도록 돕는다고 말한다.

행위 중재

3~10세 아동을 대상으로 한 무작위 할당 대조군 시험, 양적 개요의 체계적 문헌 고찰(Barlow, 1997), 근거에 기초한 연구의 폭넓은 고찰(Newman and Roberts, 1999)을 유도한 로이드는 부모 교육 프로그램이 문제행동을 가진 사춘기 이전의 아동 행위를 개선시킬 수 있다고 결론지었다(Lloyd, 1999). 이 보고서는 전형적으로 행위적인 것에 맞춘 중재의 효과를 강조했다. 행동장애를 가진 아동, 아동 학대가 있는 가족 같은 특별한 '문제' 집단의 문제를 수정하는 것에 초점을 두었으며, 일차적으로 의료 환경 내에서 사업을 실행하고 평가하는 경향이 있었다(Webster-Stratton, 1999; Sanders et al., 2000; Bor et al., 2002). 이 분야의 많은 양적 연구가 미국에서 진행됐기 때문에 이러한 사업을 국가 전역에 확대 시행하는 것에 의문이 제기될 수 있다(Barlow and Stewart-Brown, 2000). 그러나 웹스터스트레이튼(Webster-Stratton) 프로그램(<글상자 5.5> 참조)의 지역적 적용은 이런 관점에서 중요한 선도적 활동이라고 볼 수 있다.

효과는 지속적이나 보편타당하지 않다. 전형적으로 1/3 정도의 부모가 계속적으로 어려움을 경험했다(Barlow, 1997). 이들은 어머니의 우울증, 알코올, 물질 오용으로 고통 받거나, 낮은 사회경제적 지위의 한부모

〈글상자 5.5〉 집단 기반 행위 중재

시애틀에 있는 워싱턴 대학의 부모 역할 클리닉에 근무하는 웹스터스트레이튼이 발전시킨 집단 기반 프로그램 시리즈는 비디오를 활용해 다양한 부모 역할 기술(parenting techniques)을 토론하게끔 한다. 주제로는 놀이, 칭찬, 보상, 장소 제한, 훈련을 포함한다. 아동의 문제행동을 고치고 사회적 능력을 향상시킨다는 초기 목표는 부모의 사회적 지지를 강화시키고 학교와 지역사회를 참여시키는 것으로 확대되어 왔다(Webster-Stratton, 1999).

관련 프로그램이 현재 영국에서 이용되고 있다. 여기에서 두 가지 주요한 적용 — 아동 정신 건강 서비스 내의 의료 종사자(Scott et al., 2001b)와 일차 진료기관의 순회 보건관(Patterson et al., 2002b)에 의한 적용 — 은 정기적 병원 치료(clinical practice)를 통해 그 프로그램의 가능성을 개발하는 것에 초점을 맞췄다. 2·3세와 8세 사이의 아동을 둔 부모를 목표로 하며, 프로그램은 10주와 13~16주 사이로 다양하고 집단 참여와 가정의 협력 모두를 요구한다.

두 연구 모두 긍정적 부모 역할의 발생률 향상과 아이들의 반사회적 행위에 대한 감소 측면에서 중재 집단과 대조 집단 간의 중요한 긍정적 차이를 발견했다. 비용은 대략 한 아동당 600파운드였다(Scott et al., 2001b). 그러나 낮은 참여율, 높은 탈락률, 사회적 성과의 차이에 대한 과제가 남아 있다(Spencer, 2003). 이 프로그램에 참여할 수 있는 최적의 나이는 2세와 3세 사이로 생각된다(Stewart-Brown et al., 2004). 프로그램은 부모의 정신 건강과 이것이 개선될 수 있는 방법에 대해 명백히 초점을 두진 않는다.

인 것처럼 보인다(Webster-Stratton and Hammond, 1990). 부모 역할 프로그램으로 인해 가난, 고도의 스트레스, 고도의 아동 행동장애, 소수 민족을 포함한 유사한 특성을 감소시킬 수 있으며(Danoff et al., 1994; Katz et al., 2001; Mielck et al., 2002; Gibbs et al., 2003), 초기에 개선시킬 수 있다. 이는 사업이 불리한 조건의 사람에게 목표를 두었을 때조차 가장 필요한 사람에게 혜택을 주는 것이 여전히 가장 어렵다는 것을 보여 주었다. 또한 복잡한 문제에 대한 접근이 극히 제한적이라고 볼 수 있다(Macdonald and Roberts, 1995).

그러나 개인과 사회에 대한 이익의 측면에서 참가자에 대한 영향을 정량화할 수 있다. 부모의 참여와 가정 방문, 학령전기 교육을 포함하는 30년에 걸친 하이/스코프 페리 학령전기 연구(High/Scope Perry Preschool Study)6)'는 건강 비용의 절약, 범죄 행위와 물질 오용의 감소, 복지, 특별 교육, 다른 공공사업의 낮은 요구 측면에서 측정했을 때 투자비용 대비 7배 정도의 성과가 있음을 보여 주었다(Schweinhart et al., 1993). 한편 '엘 마이라 가정 방문 연구(Elmira home visiting study)'는 건강관리와 복지 사 업의 감소로 4년간 비용 변화가 없었다고 추정했다(Olds et al., 1993; Leventhal, 1997). 중대하게도 이런 종단 연구에서 건강 저축의 역할은 범 죄 재판 시스템, 교육과 복지 서비스에 대한 비용 절감과 비교해 매우 작은 것처럼 보인다(Karoly et al., 1998; Scott et al., 2001a). 따라서 폭넓은 환경을 설명할 수 있는 통합된 정책 체계가 필요하다(Vimpani, 2002).

부모가 함께 참가한 프로그램은 어머니만 참가한 것보다 더 성공적이 고, 아동과 함께하는 직접적인 활동을 포함하는 부모 역할 프로그램은 그렇지 않은 것보다 더 효과적인 것처럼 보인다(Lloyd, 1999). 또한 집단 기반 프로그램은 아동의 행동을 더 많이 변화시킬 수 있고 개별적 프로 그램보다 훨씬 비용효율적이고 대상자에게 친근하며, 낙인이 없는 지지 를 제공한다(Cunningham et al., 1995). 어떤 독자적인 기술을 배우지 않아 도 프로그램 과정 자체를 통해 부모는 자신의 이야기가 공감되고 이해되 며 존중받는 것으로 느낀다고 평가된다. 그러나 제3자에 의해 측정될 때 중재 효과와 대상이 승인하는 강도 사이의 강한 상관관계가 반드시 존재하는 것은 아니다(Macdonald et al., 1992).

---

6) 하이/스코프(High/Scope)는 웨이카트(David P. Weikart)에 의해 1970년에 만들어졌 다. 원래 미국 입실란티 공립학교(Ypsilanti Pulic Schools)의 행정관이었던 웨이카트는 연구와 프로그램 활동을 위해 이 프로그램을 만들었다. 현재 하이/스코프 교육적 접근은 전 세계에 보급되어 교사 및 행정가의 훈련, 연구 진행, 교육 과정 발전, 컨퍼런스 운영, 교육 자료들의 출판, 모범 학령전기(Ypsilanti Perry Preschool) 운영 등 다양한 활동을 진행하고 있다(http://www.highscope.org/About/homepage.htm).

최근의 많은 연구들은 3세 미만 아동의 정서·행동 적응을 향상시키기 위한 집단 수준의 프로그램의 효과에만 초점을 뒀다(Barlow and Parsons, 2003). 독립적인 관찰에 의해 측정된 유의한 개선을 보인 프로그램의 역량 강화 효과가 시간에 따라 유지된다는 근거는 미약하며, 이는 추적된 자료가 제한적인 한계에 의한 것이기도 하다.

관계 프로그램

관계 프로그램(Relational Programmes)은 행동 변화를 위한 필수조건으로서 정서적 이해를 강조하고, 전형적으로 지역사회를 기반으로 실행된다. 이 프로그램은 <글상자 5.6>에서 제시하듯이 여러 문제를 정상적 행위와 가족 기능 범위의 일부로 바라보는 보다 보편적인 접근을 권장하고, 국민 건강 문제를 천명하며, 사회복지사와 자원봉사자를 참여시키고, 결과보다 과정에 대한 강조를 중요시하는 경향이 있다. 그러나 이 관계 프로그램이 행동 중재 프로그램과 명확하게 구분되지는 않는다. 예를 들어 '효율적 부모 역할 체계적 훈련 프로그램(The Systematic Training for Effective Parenting: STEP)'은 학대하는 또는 학대 가능성 있는 부모를 대상으로 행해졌다(Fennell and Fishel, 1998).

제4장에서 논의한 산전기와 영아기에 관련된 주요한 위험 요인이 주어진 상태에서 '부모 파트너십-부모 영아 네트워크(Parents in Partnership-Parent Infant Network, PIPPIN)'[7] 같은 관계 프로그램은 부모가 되는 과도기에서 시작되는 행동문제가 발생하기 이전에 중재할 수 있다. 예를 들어, 브라이언은 부부가 영아와의 대화법을 포함해 부모가 되는 과도기에서의 역할과 관계에 대해 다루는 추가적인 세 가지 섹션에 참가하는

---

[7] 영국의 국영 자선단체로서, 근거에 기초한 훈련 프로그램, 지지 서비스, 협력 프로젝트, 프로그램의 설계, 발달, 평가를 통해 가족생활에 대한 교육과 지지에 관심을 두고 활동한다(http://www.pippin.org.uk/).

〈글상자 5.6〉 집단 기반 관계 중재

이전에 '부모 연계(Parent Link)'로 불렸던 '부모 역할의 문제(Parenting Matters)' 프로그램은 자녀와의 유대 관계를 개선시키도록 부모를 도움으로써 가족 삶의 질을 향상시키는 데 목표를 둔다. 성인 교육과 지역사회 교육, 가족 센터(즉, 비건강 관련 환경) 등을 통해 전달되는 12주 30시간 이상의 개방된 교육 과정을 열고 있다. 숙련된 보조자로서 부모를 포함하고 있다. 프로그램 참가자는 대화와 듣는 기술을 발전시키고 적극성을 개발하며, 적절한 행동 범위를 설정하도록 장려된다. 워크숍에서는 짜증, 형제간 경쟁 같은 특별한 문제들이 다루어지고, 부모는 수업 후에도 상호 지지 집단과 계속 연계하도록 장려된다(Sure Start Unit, 2002).

아동의 평균 연령이 6세인 사업의 평가에서 부모의 자존감(self-esteem), 스트레스 수준, 부모와 자식 간의 충돌이 적어진 것을 포함해 가족 관계성의 단기적 개선이 발견됐다. 아동의 행동 또한 비교대상 집단과 비교해 개선됐다. 부모 스스로 권위주의적 태도가 줄었고 새로운 기술과 아이디어의 습득이 있었다고 보고했다(Davis and Hester, 1996). <글상자 5.5>에 서술한 목표된 행동 중재와 반대로, 평가에 참가한 사람들은 대부분 중간계층 어머니였고, 배우자와 함께 살고 있었다. 따라서 다른 사회적·인종적·문화적 배경들에서의 적용 가능성과 장기적 효율에 대해 근거가 확립되어야 할 것이다(Lloyd, 1999).

것과 같은 산전 교육 교실의 추가 교육 프로그램에 대해 보고했다(Bryan, 2000). 이 프로그램을 통해 참가자들은 영아의 필요와 자극에 매우 민감하게 됐으며, 확고한 애정, 부모로서의 확신·관계를 발전시킬 수 있었다 (Abegglen and Schwartz, 1995).

그러나 관계 프로그램을 충분히 평가한 연구는 매우 적고(Pugh et al., 1994; Smith and Pugh, 1996), 아동의 행동에 대한 효과는 장기간에 걸쳐 나타날 수 있다. 따라서 관계적 중재로 시작된 부모 교육 프로그램은 행동학적 측면에서 시작된 프로그램보다 아동의 행동 변화가 더 적은 것으로 보이고(Barlow, 1997), 더 심각한 형태의 부모자녀 관계에 대한 예방효과를 미리 추정할 만한 충분한 근거도 아직 없다(Lloyd, 1999). 관계적 사업의 효율성에 대한 현재의 지표들은 주변에 사는 지역사회, 친구,

가족의 지지가 보호적이라는 사실을 포함한다(Pugh, 1999). 따라서 가장 좋은 프로그램은 부모들 간의 연계를 장려하고, 더 많은 가족을 후원하며, 더 응집력 있는 지역사회를 만들도록 돕는 것이다. 또한 학습의 연계 모델인 것처럼 보이는 가장 효과적인 촉진 프로그램으로서 지역사회에 기반을 둔 사업들 간의 협력, 부모들과 사업가 간의 파트너십을 장려하는 것이다. 또한 부모의 참여 증대가 교훈적·교육적·경제적 영역에서 정당화될 수 있고(Wolfendale, 1999), 친구가 되는 것과 사회적 지지가 정서적 행복과 대처 능력에서 어머니의 인식을 증가시킨다는 매우 다양한 수많은 연구로부터의 근거도 있다(Frost et al., 1996; Davis and spur, 1998; Kilgour and Fleming, 2000). 이러한 사업의 성공에는 문화적인 타당성과 참여자를 낙인화하지 않는 접근을 채택하는 것이 중요한 요소이다 (Eisenstadt, 2000).

슈어 스타트 프로그램의 도입 이전에 영국에서 수행된 부모 역할 중재 프로그램은 부모 스스로 동료에 의해 지역사회 기반을 둔 양육 지지 프로그램에 대한 요구에 부응해 만들어졌다. 사업의 몇 가지 사례에서 부모와 아동이 직접적인 수혜를 보았으며, 다른 사례에서는 주된 목표를 전문적 지원 기술의 향상으로 삼아 가족에게 혜택이 돌아가게 됐다. 슈어 스타트 같은 많은 사업이 (대부분 주로 자발적인 어머니들인) 자원봉사자의 중점적 역할을 포함하고 정보를 제공하기 위해서, 그리고 놀이와 조기교육을 후원하고 지역사회 건강 및 사회 보호를 전달하기 위해서 친구되기(befrienders), 순회 보건 방문자(home visitors), 훈련된 관리자, 프로젝트 종사자와 같은 다양한 모양으로 부모의 참여를 요구한다. 이 같은 사업은 계속적으로 폭넓게 보급되고, 종종 소규모 연구일지라도 '그 효과를 고려한 최소한도의 몇 가지 긍정적 근거들'을 제공한다(Sure Start Unit, 2002: 3). 이 고찰들을 통해 다뤄지는 주제들은 단지 아동의 행동보다는 전체로서 가족에 대한 강조와 부모의 행복, 전문가보다 '관계있는 친구'의 역할 발전, 새로운 역할에서 사업가를 위한 훈련을 높이고, 지속된 참여와 기능적 향상 사이의 긍정적 상관성의 인식을 포함한다. 비판적인 측면으로는 저소득층 사람들이 부모 역할과 도움을 신뢰하거나 구하는 경향이 적어 보인다는 것이다(Keller and McDade, 2000).

통합된 접근

교육과 지원에 대한 요구가 특정 사회의 영역으로 한정되지 않기 때문에 정책과 실제 사업은 관계적·행동적 접근을 모두 포괄할 필요가 있으며, 보편적이고 특정한 중재 사업을 모두 포함할 필요가 있다. 특정 목표를 설정한 접근이 점차적으로 광범위한 맥락의 중요성을 받아들이고 있다는 근거가 있으며(Webster-Stratton and Hammond, 1998; Park, 1999; Webster-Stratton, 1999; Sanders, 2002), 일부 연구자는 부모 역할 프로그램이 개인이 정서적인 교양을 쌓게 하는 부가적인 광범위한 전략과 함께할 때 더욱 강력한 효과를 나타낸다고 주장했다(Park, 1999). 예를 들어, 헤드스타트(Head Start) 프로그램[8]은 보편적 전략으로서의 중재 사업을 주장했고, 가정 방문으로 다른 부모 역할 프로그램에 비해 부모 역할 기술에서 더 지속 가능한 증진과 높은 참가율을 이끌어 낼 수 있었다(Stormshak et al., 2002).

<글상자 5.7>은 아동 정신 건강에 대한 단계적 접근을 설명하고 있다. 가족과 건강 기관 간 접촉의 첫 단계인 일층은 가족 지지를 제공하는 다양한 배경을 가진 비전문가의 현장교육과 가정 방문의 통합으로 접근성을 높인다. 두 번째 층은 아동 정신 건강 전문가가 일선 종사자와 지역사회의 부모를 모두 지원한다. 세 번째와 네 번째 층은 가장 복잡한 경우에 대비한 사업가(practitioners)의 전문화를 증대시키기 위한 접근을 제공한다.

---

[8] 1964년에 시작된 미국의 아동 보육 프로그램. 취학 전 빈곤 아동에게 언어·보건·정서 등의 포괄적 서비스를 제공해 빈곤의 악순환과 대물림을 끊겠다는 취지로 시작됐다.

〈글상자 5.7〉 지역사회에서 정신 건강에 대한 단계적 접근

루이솀과 가이(Lewisham and Guy)의 정신 건강 국영 의료 서비스 트러스트에서, 지역 순회 보건관과 소아과 의사는 부모 상담, 부모 역할, 아동 행동 관리에 대해 훈련받았다. 훈련받자마자 (지역사회에 기반을 둔 아동 정신 건강 전문가들인) 이들 '부모 조언자들'은 학령전 아동을 둔 가정을 대상으로 활동했다. 대상 가족은 아동의 정서적·행동적 문제, 부모의 심리사회적 문제, 가족 내에서의 관계 어려움을 포함한 다중적 문제들을 가지고 있었다(Day and Davis, 1999).

이 제도는 지식, 전문적 기술, 부모 조언자의 자신감을 증가시켰고, 전문적 기술이 더 접근 가능해지고 덜 낙인 받도록 했다(Davis et al, 1997). 또한 대조군 후보자와 비교해 단기간에 어머니의 자존감 향상, 스트레스·우울·불안의 감소, 아동을 위한 가정환경의 개선, 그들의 행동적·정서적 문제의 감소를 이끌었다(Davis and Spurr, 1998). 이 프로그램과 유사한 특성의 지도와 훈련이 지역사회의 학교 간호사와 조기교육 센터 종사자를 포함하는 다른 전문가 집단에게 확대 전파된 것은 긍정적인 결과였다. 이러한 사업 확대를 통해 점차 문화적·민족적 차이가 반영될 수 있을 것이다. 이 제도는 부모에게 사회적 지지의 이용 가능성을 증가하는 것으로 변화되고 있다. 부모 집단이 조직되고 계획됐으며, 부모 조언자 훈련 프로그램은 관계 문제를 다룰 수 있도록 변화됐다.

부모 상담 서비스(Parent Advisor Service)와 연합해 지역사회 아동과 가족 서비스는 지역 일반의 진료소(GP surgeries)에 기반을 둔 전문가 초기 중재 서비스를 발전시켰다. 여기서 아동 정신 건강 전문가는 그 지방의 일반의 치료를 위해 일주일에 반나절을 활동하고 정서적·행동적 어려움을 가진 모든 연령대의 부모와 아동을 위한 클리닉을 운영한다. 그 목표는 조기 인식과 중재를 위해 접근 가능하고 효과적인 서비스를 제공하는 것이다. 초기의 발견들로는 부모 역할과 아동기 문제의 유의적인 이로운 변화와 서비스에 대한 높은 만족도가 있다(Day and Davis, 1999). 무작위 할당 및 맹검의 부족, 어머니 자가 보고의 신뢰도, 장기적 추적 평가가 부족한 점 등이 결점으로 평가되고 있다.

가정에서 가족을 지지하기

가정 방문은 세대 간 관점에서 건강 불평등을 해소하기 위한 중요한 중재로서 인식되어 왔고, 부모 역할, 아동 행동 문제, 고위험집단의 인지적 발달, 아동의 사고로 인한 손상 등의 감소(제7장 참조), 산후우울증의

진단과 관리 향상을 이끌 수 있다(Bull et al., 2004). 가족의 역량을 강화할 수 있는 육아 전략과 산전·산후 건강의 증진을 목표로 한 다양한 건강 관련 프로그램의 결과에 대한 많은 근거에 의해 가정 방문 프로그램의 잠재적 이익이 더욱 강화되고 있다(Butz et al., 2001; El-Mohandes et al., 2003). '지역사회 어머니 프로그램(Community Mothers' Programme)'[9]은 경험 있는 어머니를 같은 지역에 사는 처음 출산한 어머니에게 생후 1년간 한 달에 한 번 방문해 지원하도록 훈련했다. 대조집단보다 중재를 받은 아동에게서 예방주사 접종률과 적절한 영양 섭취률이 높게 나타났으며, 독서와 인지 게임을 통해 보다 긍정적인 자극에 노출되는 비율이 더 높았다(Johnson et al., 1993; Johnson and Molloy, 1995). 어머니는 보다 긍정적인 감정들을 가지게 됐으며, 피곤과 스트레스의 감소를 보고했다. 이러한 결과에는 친교와 정보의 이용 가능성, 비슷한 배경을 가진 지역사회 교육자로부터의 부모 역할 경험을 포함하는 정보 등이 기여했다(Perkins and MacFarlane, 2001).

3년에 걸쳐 확대된 '홈 스타트 프로그램(Home Start Programme)'의 폭넓은 평가(<글상자 5.8> 참조)를 통해 가정에서의 자원봉사자 지원이 확대됐으며 법적 조항이 보강됐고, 부모 역할 어려움, 건강 문제, 고립과 스트레스 대처 문제에 대한 지원이 증가됐다(Frost et al., 1996). 그러나 프로그램이 이용되지 않는 문제가 있었는데, 이는 많은 가족이 법적으로 규정된 영역과 자원봉사의 영역 사이에 여전히 남아 있는 것을 의미한다(Oakley et al., 1998). 모든 평가가 긍정적인 것은 아니었다. 굿슨 등은 5년에 걸쳐 (다중 위험을 가진 저소득층 아동을 위한 가정 방문 프로그램인) 포괄

---

9) 1983년 아일랜드 더블린에서 시작됐고, 친근한 지역 여성이 지역사회 어머니(Community Mothers)로서 처음이거나 두 번째로 아기를 출산한, 양육 경험이 없는 부모에게 한 달에 한 번 그들의 집을 방문하는 부모 지지 프로그램이다. 예약으로 방문이 이루어지고, 건강관리, 영양, 아동의 전반적인 발달에 초점을 둔다.

〈글상자 5.8〉 홈 스타트

홈 스타트(Home start)는 자원봉사자가 스트레스 속에 사는 젊은 가족에게 그의 집에서 정기적 지지, 친교, 실천적 도움을 제공하는 자발적 기구이다. 웨이크필드 사업(Wakefield Schemes)의 평가에서 지지되는 가족의 대다수는 경제적으로 취약한 한부모 가족이고, 실업 상태에 있으며, 임대 집에서 살고 있었다. 거의 2/3는 나쁜 건강으로 고통 받고 있었고, 비슷한 비율의 대상자가 부모 역할에서 어려움이 있었다고 보고했다.

대상자에 대한 주요 기여 요인은 이 서비스의 탄력적이고 책임감 있는 특징이었으며, 낙인을 찍지 않고 위협하지 않는 지원의 원천으로서 친교를 맺고 대화를 나눈다는 것에 많은 어머니가 감사했다. 조사에 참가한 가족 모두 홈 스타트의 중재를 높이 평가했고, 지지에 만족하는 가족이 70%, 그들의 정서적 행복의 향상을 보이는 가족이 64%로 조사됐다. 홈 스타트는 대상자의 반 정도에게 영향력(기구로부터의 정기적 지지와 관련된 향상 및 비공식적 지지 네트워크들의 향상)이 있는 것으로 증명됐다.

아버지의 참여가 낮고, 아동 보호 또는 가정 폭력에 대한 우려로 가족을 의뢰하지 않으려는 경향이 있었으며, 낙인에 대한 인식 때문에 서비스를 받아들이는 데 어려움이 있었다. 따라서 가족의 많은 부분이 취약한 채로 남아 있게 하는 데 일조한다(Frost et al., 1996). 홈 스타트의 두 번째 연구에서 42%의 대상자가 서비스를 이용하지 않거나 매우 잠시 동안만 참가했다고 보고했다. 이들은 또한 (우울증 경험, 대가족, 위험에 있는 아동과 같은 사회적으로 불리한 배경으로부터) 가장 취약한 대상자였다.

적인 아동 발달 프로그램(Comprehensive Child Development Program)에 참가하는 4,000여 가족을 추적 조사한 후 중재 가족과 대조 가족 간 아동 결과나 부모 결과에서 중요한 차이가 없었다는 것을 발견했다(Goodson et al., 2000). 한편 그레이 등은 가족 충돌이나 기본적 필요의 안정·충족 문제를 비전문가 치료로 해소할 수 없다는 것을 발견했다(Gray et al., 2001).

어머니의 심리사회적 건강의 향상

산전우울증은 산후우울증의 중요한 위험 요인이며, 제4장에서 언급했듯이 어머니가 가난, 주택 문제, 불충분한 사회적 지지 같은 만성 스트레스 요인에 노출된 상황에서 더 높게 나타났다. 이런 상황에서 개인 심리치료는 임신기의 항우울 치료의 효과적인 방법일 수 있으며, 어머니와 영아의 상호 관계에 부수적인 효과가 있다(Spinelli and Endicott, 2003).

집단 수준 부모 역할 프로그램에 대한 코크란 리뷰에서, 성공적 결과에 기여하는 요인은 분명하게 나타나지 않았으나 부모 역할 프로그램이 어머니의 단기적·심리사회적 건강에 상당히 기여하는 것으로 나타났다(Barlow and Parsons, 2003). 우울 정도, 불안·스트레스, 자존감, 배우자와의 관계에서 모두 통계적으로 유의한 향상을 보였으나, 사회적 지지의 수준에는 큰 영향을 미치지 못했다(Barlow et al., 2002). 또한 우울, 자존감, 배우자와의 관계 향상이 제안되기는 했으나, 시간이 흐름에 따른 이들 결과의 지속성을 고려한 근거들은 적었다. 스튜어트브라운 등은 부모가 그들 자녀의 문제행동을 다루는 것에 더 잘 대응할 수 있고 자신감을 갖고, 지지받고, 숙련되게 느끼도록 하는 것을 포함해 어떻게 이런 프로그램이 부모를 도울 수 있을지 반영하는 것에서 질적 영역의 중요성을 지적했다(Stewart-Brown et al., 2004).

근거의 제한점

부모 역할에 대한 근거 기초가 확대되고 유아에 초점을 맞춘 연구들이 확립되었다 해도, 정책 입안자가 폭넓은 주제에서 명확한 메시지를 뽑아내는 것은 쉽지 않다. 수혜자는 아동, 부모, 전체로서 사회가 될 수 있고, 어떤 한 영역에서는 중재의 잠정적 분류에 따라 긍정적 결과의 범위가 상당할 수 있다. 개요에서는 특별히 영아나 학령전 아동을 위해 효과성을 구분하려 하지 않으며, 젠더, 민족성, 가족 상태, 민족 같은 혼란 영역이 종종 무시된다(Forehand and Kotchick, 1996; Dosnajh and Ghuman, 1998). 또한 연구들은 종종 형식, 중재 방법, 집단 지지나 치료자·촉진자의 능력 같은 다른 프로그램 요소의 기여를 구별하는 데 실패했고(Newman and Roberts, 1999; Barlow and Coren, 2003), 어떤 대상 집단이든 장기적인 근거가 부족했다(Feldman, 1994). 연구의 목표에 오류가 있을 수 있으며, 따라서 정책 실행을 위한 잠정적 함의에서도 오류가 있을 수 있다. 제4장에서 언급했던 취약성의 근원에도 불구하고, 학령기 아동, 청소년, 어른을 대상으로 한 연구에서 가족생활과 부모가 되는 것에 대한 준비보다는 대부분의 노력이 생애 초기의 문제행동, 부모와 보호자를 위한 관계, 부모 역할 기술에 초점이 맞춰졌다(Lloyd, 1999).

정책

다양한 부모 역할 교육의 가능성은 많은 정책적 실행에 달려 있다. 부모 지지는 보건 정책(국가 건강 불평등 목표에 접근하기 위한 국영 의료 기관 중재의 대상)의 중요한 요소로 인식된다. 부모 역할은 아동 빈곤을 해소하기 위한 정부 정책의 네 가지 주요 요소 중 하나로 인식되고 있으며(HM Treasury, 2001), 녹서「모든 아동의 문제(Every child matters)」를 구성하는 네 가지 주된 영역의 하나가 되고 있다. 이 녹서는 아동을 위한 서비스 전달을 개혁하고, 위험에 처한 아동을 보호하는 데 목표를 두었다(DfES, 2003b). 다른 요구들은 특히 고위험 지역에서의 정신 건강(국가적 우선 과제이기도 하다), 반사회적 행동, 사회적 배제 등을 포함한다.

주된 전달 메커니즘 중 하나가 슈어 스타트이다. 지역사회에 기초한 지역 프로그램을 통해 전달하고(제3장 참조), 조기 중재와 지지가 가족 분열을 감소시키고 아동의 학령기 이전 교육 제공을 강화하며, 사회적 배제를 막고 지역사회를 재생시키며 범죄를 감소시킴으로써 사회를 이롭게 하도록 도울 수 있다는 근거에 기초를 두었다(Sure Start Unit, 2002). '지역사회 부모 지지 프로젝트(Community Parental Support Project)'라는 이름하에서 가장 직접적 사업들과 함께 가족 지지를 포함한 다섯 가지 중심 서비스에 초점을 두었다. 이것은 아동의 조기 학습에 부모의 더 많은 참여와 가장 불리한 지역에서의 발전을 장려하기 위한 '아동·청소년·모성 서비스를 위한 국가 서비스 프레임'에 기반을 둘 것이고, 모든 슈어 스타트 지역 프로그램, 잉글랜드의 '조기 우등 센터'와 '아동 센터'를 후원하는 500개 지역사회에서의 4인 지도자를 훈련시킬 필요가 있다(DH, 2004c). 슈어 스타트 프로그램에 기금이 제공된다는 것은 부모가 되는 과정에 대한 지지의 필요성이 현재 실제로 자원으로 충당되고 있다는 것을 의미한다(Oakley et al., 1998). 1998~2002년에만 총 5억 4,000파운드가 프로그램에 배분됐고(Peickstone et al., 2002), 대규모 국가 평가를 통해 1999년과 2002년 초반에 승인된 첫 260개 프로그램의 효과를 점검했다(Anning et al., 2004).

그러나 (여러 전문 분야의 사람들로 구성된 팀으로 일하는 것을 포함해) 협력해 일하는 것은 많은 지역 기반 사업에서와 같이, 당연히 필요한 것으로 입증되고 있다. 대부분의 프로그램은 평균적으로 10개의 다른 정부 사업과 함께 매우 복잡한 정책 분야에서 진행된다(Tunstill et al., 2002). 그 프로그램은 예상보다 시작하는 데 시간이 오래 걸리고, (부모의 참여와 자발적 기관의 요구를 포함해) 파트너십을 만드는 데 문제가 제기되어 왔으며, 파트너십 모임에의 참석률도 저조했다(Myers et al., 2004). 슈어 스타트 프로그램도 종종 지역의 법정 제공자들과 경쟁하고 있는 것을 스스로 발견했다. 종종 지역 파트너 기관에서 직원을 채용하므로 직원이 부족한 이런 영역에서의 직원 이동 문제가 증대되며, 한편으로 슈어 스타트 지역에서 주된 사업에 대한 지출을 유지하도록 종종 압력을 받는다(NESS, 2002). 모든 집단의 사람이 사업에 참여하도록 장려하는 것에 대한 어려움이 증명되어 왔고, 프로그램과 근거 기초에서 '부모 역할'에 대한 중요성에도 불구하고 아버지 중재 수준이 낮으며 남성 종사자가 부족한 실정이다(Lloyd et al., 2003). 계획 단계에서 실행으로 전환하는 것도 문제로 제기되는데, 연간 한 아동당 소요되는 비용이 가장 예산이 적은 프로그램에 비해 가장 예산이 많은 프로그램이 6배에 이르는 것과 같이 하나의 단일한 통일 프로그램이 아니라는 사실이 문제로 지적된다(Tunstill et al., 2002). 또 다른 문제로 3/4이 빈곤 가정에서 살고 있는 40만 명 아동을 목표로 하고 있는 전체적으로 잘 운영되는 프로그램과 젊은 가구와의 폭넓은 접촉을 목표로 하는 조기 목표의 프로그램이 조율되기 어렵다는 문제가 제기되고 있다.

이런 문제에도 불구하고, 슈어 스타트가 아동, 부모 역할, 가족 측정에 대해 몇 가지 측정 가능한 효과를 가진다고 평가됐다. 150개 슈어 스타트 지방 프로그램의 기초 조사와 50개 비교 지역에서, 슈어 스타트의 국가 평가는 평균적으로 슈어 스타트 지방 프로그램에 참여하는 어머니와 일차 진료 담당자가 비교 지역보다 더 따뜻하고 적절한 매너로 아동을 다룬다는 것을 발견했다. 개별적인 지역사회 수준에서 슈어 스타트 지방 프로그램은 아동 발달과 부모 역할에 관련된 20가지의 결과에 대해 기대했던 기능이 비교대상 지역사회보다 2배 이상 높았다(NESS, 2004). 그러나 보다 덜 빈곤한 지역사회에서의 프로그램이 효과적일 수 있어 건강 불평등을 악화시킬 가능성이 있으며, 성공적인 중재 사업의 특징을 제안하지 못하고 있다는 단점도 제시됐다.

또한 슈어 스타트 지역들 외에서도 문제행동을 가진 학령전 아동을 위한 서비스를 제공하는 법적·자발적 부문의 활동이 증가하고 있다. 예를 들어, 부모들 사이에서 임상적 불안과 우울증의 감소 성과를 보였던 집단 수준 부모 역할 프로그램을 통해 더 많은 문제 대처 전략과 함께 실천적·정서적 지지를 제공하는 많은 순회 보건관 촉진 부모 역할 프로그램들이 있다(Kilgour and Fleming, 2000; Long et al., 2001). 더 많은 일을 하기 위한 일차 진료의 영역이 승인됐고(Schultz and Vaughn, 1999), 2006·

2007년까지 90%의 지방 당국에서 진행되길 기대하는 홈 스타트에 기금이 증가하고 있다(DH, 2004c). 그러나 서비스의 주된 제공자들이 각 역할 분야에서 아직 적절히 준비되거나 후원되지 않고 있다고 주장하는 근거들이 있고, 근거에 기초한 프로그램이 임시변통으로 수정되어 운영되고 있으며, 서비스들 간 그리고 서비스들 내의 조정도 서투르다는 평가가 있다(Coe et al., 2003).

그럼에도 슈어 스타트와 같이, 연구 기초에 따라서 그리고 최근의 '레이밍 조사(Laming Inquiry)'와 「모든 아동의 문제」에 응해 전체적 접근으로 변화하고 있다(DfES, 2003b). '아동 서비스 플랜(Children's Services Plans)'은 모든 아동을 위한 서비스를 계획하는 데 건강 및 교육과 함께 사회 서비스를 요구하면서, 가장 필요한 곳에 대한 특별한 강조가 함께 있어야 한다고 제안했다. '아동과 청소년 플랜(Children and Young People's Plans)'은 지금 이런 초점을 (지역 당국 교육과 아이들의 사회 서비스를 책임지는) 새로이 임명된 아동 서비스 지도자(Directors of Children's Services)의 책임하에 모든 아동에게로 확대한다. 동시에 2004년 「아동법(Children Act)」은 협력할 의무, 그리고 아동 트러스트 협약(Children's Trust arrangement)을 통해 지방 파트너와 함께 지방 당국의 지도자 역할을 확립했다. 아동 서비스의 지도자가 이끄는 2008년 아동 트러스트(Children's Trusts)는, 아동을 위한 사회 서비스, 교육, 건강 서비스, 커넥션스, 청소년 범죄 방지팀(Youth Offending Teams: YOTs) 같은 선택적인 다른 서비스의 계획·위임·시행을 조정하고 통합시키는 주요한 역할을 담당할 것이다. 2003년 35개의 새로운 서비스가 설립됐다. 추가적으로 정부는 2008년까지 아동 센터를 2,500개까지 확장할 계획이고, 통합된 초년기 교육, 가족과 부모 역할 지지, 건강 지지뿐 아니라 고용과 교육의 연계를 제공할 것이다(DfES, 2003b).

이러한 지역적 수준에서 통합 향상으로의 움직임은 국가 수준에서 강화되고 있다. 2000년 11월 정부는 아동과 청소년을 위한 부서를 통합하고자 하는 첫 시도로 교육기술부에 '아동과 청소년 담당과(Children and Young People's Unit)' 창설을 공포했고, 차후 3년 동안 3억 8,000만 파운드가 아동 기금(Children's Fund)인 예방을 위한 예산으로 배정됐다(제7장 참조). 이런 과정에서 아동과 가족에 대한 정책의 책임이 2003년 교육기술부로 옮겨지면서 강화됐는데, 아동의 사회 서비스, 가족 정책, 10대 임신, 가족법, 아동과 가족 법정 자문 지원 서비스(Children and Family Court Advisory and Support Service)[10])에 대한 책임을 포함한다. 또한 아동·청소년·가족부(Children, Young People and Families)의 새 장관이 정부 정책을 통합하도록 임명됐고, 아동 위원(Children's Commissioner)이 잉글랜드 아동의 관심과 관점의 자각을 촉진시키기 위해 만들어졌다(웨일스, 스코틀랜드, 북아일랜드의 아동 위원은 이미 있었다). 정책은 일차 예방의 중요성을 강조해 왔다. 이것은 조언과 지지의 원천으로서 슈어 스타트를 창시했으며, 1999년 '국가 가족과 부모 역할 기구(National Family and Parenting Institute: NFPI)'를 내놓은 녹서「가족 지지(Supporting Families)」의 다섯 가지 주제 중 하나였다(Home Office, 1998). 예를 들어, 순회 보건관, 조산사, 간호사의 가족 중심 국민 건강 역할에 대해 새로이 대두된 강조(DH, 1999, 2004a)와 중재에서 예방으로 옮겨지는 것에 대해「모든 아동의 문제」에서 강조함으로써 이러한 정책 방향에 반영됐다.

그러나 이런 정책적 노력에 명백한 긴장이 있다. 자원 제약은 (고위험 가족에 목표를 맞춘) 이차 예방이나 (이미 문제에 있는 사람들을 돕는) 삼차 예방에 초점을 맞춘 부모 역할 정책과 함께 사업이 종종 계속적으로 위험에 초점을 맞춘다는 것을 의미한다. 예를 들어, 1998년「아동법」은

---

10) 2001년 4월 1일 설립된 잉글랜드의 National Non-Departmental Public Body로, 아동의 복지를 보호·증진하며, 소송 절차 중 법정에서의 조언을 제공하고, 아동과 가족을 위한 정보·지지·조언을 제공한다(http://www.cafcass.gov.uk/).

법정이 아동 보호 사건에서 부모 역할 프로그램을 지시하도록 허용했고, 나중에 생애 과정에서 1998년 「범죄와 무질서법(Crime and Disorder Act)」의 주요한 요소가 됐다(곤란한 처지에 있는 청소년의 부모를 법으로 부모 역할 교실에 참가하도록 요구한다). 전반적인 정책이 때로는 쉽지 않지만, '문제 가족'을 위해 초점을 둔 명백한 전략과 함께 존재하고, 그런 프로그램이 진정한 직접적 가치를 가지는지 또는 단지 아동을 순응시키기 위한 도구인지에 따른 논쟁이 계속된다(Smith, 1997; Gewirtz, 2001). 많은 방법으로 슈어 스타트는 이런 긴장을 받아들이고, 활동이 매우 제한된 지역에서 아동 보호, 언어 발달, 출생 시 저체중에서부터 높은 질의 놀이와 조기교육까지의 의제와 전반적 접근 정책을 제공한다.

그러나 가장 중요한 정책의 발달은 맥락에 대한 인식이다. 로이드는 부모 역할 교육이 가난, 실업, 열악한 주택 같은 부모 역할에 악영향을 미치는 요소들을 해소할 수 없다고 지적했다(Lloyd, 1999). 예를 들어, 앨버타(Alberta)의 헤드 스타트에 일차 보건 관리 요소가 소개됐을 때, 그 자녀의 건강을 향상시키고 병을 감당하려는 참가자의 능력이 지식의 부족만큼 저소득, 부적절한 건강관리 범위, 교통수단의 부족에 의해 사업이 제한적일 수밖에 없음이 밝혀졌다(Williamson and Drummond, 2000). 현재 슈어 스타트 공공 서비스 협약은 실업 상태의 가구나 허가된 보육 시설 지출이 큰 가구의 아동 비율을 줄이는 데 주요한 목표를 두고 있다.

초년기 교육과 보육

올바른 돌봄은 항상 교육적인 가치를 가지기 때문에 아동을 위한 돌봄과 교육을 범주로 구분하는 것은 어려운 일이다. 아이를 돌보는 사람에 대한 필요, 부모가 업무를 보는 동안의 아동의 필요, 아동을 위한 발달적 교육적 기회의 제공이라는 세 가지 측면의 정의는 정책과 사업에서 구분되기는 하지만, 점점 구분이 어려워지고 있다(Penn, 2000).

건강 불평등 완화에 효과적인 근거와 사업

긴급성의 다양한 범위, 관점의 다양성, 제공방식의 복잡한 모자이크 형태를 고려할 때 부모 지원의 문제처럼 어떤 정책이 효과적이며 누구를 지원해야 하는지 범주를 구분하는 것은 어려운 일이다. 보건 정책에서 가장 영향력 있는 프로그램은 미국의 '하이/스코프 페리 학령전기 연구(High/Scope Perry Preschool Study)'인데(<글상자 5.9> 참조), 이는 가난하게

<글상자 5.9> 하이/스코프 페리 학령전기 연구

이 총체적 접근의 학령전기 프로그램의 장기적 성공은 언어와 읽고 쓸 줄 아는 능력의 향상뿐 아니라 사회적 관계, 동기, 논리력 향상에 초점을 맞췄다는 사실에 기인한다. 3세부터 27세를 대상으로 한 초창기 무작위 코호트 후에 폭넓은 평가가 뒤따랐고, 생애 주기에 걸친 양질의 학령전기 학습 제공의 효과를 증명했다.

참가자들은 동등 대조군보다 학교에 갈 학습 준비가 더 되어 있고, 학교 입학 시에 유의적으로 더 높은 IQ 점수를 기록하는 것으로 조사됐다. 이는 학년 진급에서 높은 진급률, 시험 성적 향상, 고등학교 성적 향상과 제때에 졸업하는 고등학교 졸업률 향상 및 19세에 향상된 읽고 쓸 줄 아는 능력까지 측정된 학교에서의 지속적인 성공을 이루었다. 이것은 차례로 어른으로서 높은 어른 수입, 사회 서비스에 대한 낮은 의지, 높은 비율의 주택 소유, 낮은 범죄율로 확인되는 더 높은 경제적 생산성과 사회 책임으로 이어졌다(Schweinhart, 2001).

비용의 716%가 되돌아옴으로 평가되어 이 사업은 비용효과적이었다. 평가자들은 삶을 변화시킨 비율이 프로그램의 질과 관련 있음을 강조한다. 이는 또한 어른과 아이의 비율이 1:10이고, 초년기에 적당한 훈련된 교사, 입증된 연구에서의 교육과정, 부모와의 파트너십, 아동과 그 가족의 교육적 필요에 대한 관심으로 이어진다. 미국에서 이 중재는 1964·1965년에 소개된 연방 헤드 스타트 프로그램의 형식으로 제도화됐다.

태어나거나 학업 중단 위험에 있는 아동을 돕기 위해 1962년 미시간에서 시작됐다. 이 프로그램 개시 후 지난 40년 동안 미시간의 많은 다른 연구들에서 불이익 아동에 대한 학령전 시기 프로그램의 효과를 천명해왔으나, 대부분이 유사실험적(quasi-experimental)이었고 몇 년에 걸쳐 중재 집단을 추적하는 정도였다. 이런 연구를 통해 이 사업의 유아의 지적·사회적 발달에 대한 즉각적인 효과가 제시됐다.

지적 성과의 향상이 몇 년 정도만 지속되는 경향을 보인다는 사실에 대한 비판이 제기됐다. 그러나 하이/스코프 이후 행위와 태도 변화가 지속되는 것의 잠재적 중요성에 더 많은 관심이 모아지고 있다. 중재된 아동은 진급 지연이나 특별 교육에 머무는 경향이 적어지는 등 사업에 수반된 평가의 효과가 확립된 상태이다. 하이/스코프에서 나타난 범죄율 감소와 고등학교 진학률 향상과 비슷한 장기적 효과의 근거들을 제시한 연구들이 있다. 1999~2000년 잉글랜드와 웨일스에서 범죄 관련 비용이 약 600억 파운드가 소요됐다는 추정을 염두에 둘 때 아동 교육 프로그램을 통해 범죄 관련 비율을 다소 감소시키는 것은 지대한 효과를 가질 것이다(Inter-Departmental Childcare Review, 2002). 이 프로그램의 결과가 보다 부유한 가정 출신의 학령전기 중재를 받지 않은 아동의 결과와 맞지 않는 점이 여전히 지적되고 있으며, 사회경제적 불평등의 범위를 줄이기 위해 더 포괄적인 정책 프로그램의 필요성이 제기되고 있다(Graham and Power, 2004).

아동이 교육과 보육에서 보내는 시간의 양은 결과의 중요한 결정 요인이다. 3,000쌍의 아동과 그 부모를 추적한 첫 번째 주요한 유럽 종단 연구인 영국의 '효과적인 학령전기 교육 제공 프로젝트(EPPE)'(제4장 참조)의 근거는 단기적이고 일정하지 않은 노출과는 반대로 3~5세 교육의 노출 증가는 향상된 독립심, 집중력, 사교성 향상과 함께 보다 나은 지적 발달로 이끈다고 주장했다. 이 연구에서 집단 제공을 통해 조기 교육을 시작할 수 있는 가장 최적의 연령은 2~3세로 밝혀졌으며, 이 시기 이전에는 어떤 추가적 이익이 제공되지 않았다(Sylva et al., 2003).

다른 연구들과 마찬가지로, 학습 제공의 특성과 질은 중요하다. 가장 긍정적인 결과들이 지방 당국 보육원, 일반 보육원 또는 가장 현저하게는 (원래는 보육기관 내 교육, 보육, 가족지지와 건강에 대한 통합된 접근을 제공하기 위해 1997년 이후에 발전한 조기 우등 센터인) 연합 센터와 관련이 있었다. 좋은 결과들은 프로그램 제공 환경이 교육과 사회 발전을 보완적으로 간주하며 직원 자격이 더욱 높은 곳에서 나타났다. 또한 불리한 환경의 아동은 다양한 아동으로 이루어진 시설에서 훨씬 향상됐다는 것을 발견했다. 학령전 교육의 시점에 3명 중 1명의 아동이 학습 장애로 발전될 위험에 있었으나, 초등학교 입학 전에 5명 중 1명꼴로 낮아졌다. 이는 학령전기가 가장 불리하고 취약한 아동에 대한 특별 교육의 필요성을 감소시키는 데 효과적인 중재가 이루어질 수 있는 시기임을 보여 주고 있다. 전반적으로 학령전기 학교에 출석했는지의 여부가 사회적 불이익의 격차보다 효과적인 예측 요인이었다.

아동 보육은 부모, 특히 어머니가 직장에 나가거나 직장에서 일하는 시간을 늘릴 수 있으며, 따라서 잠재적으로 가족이 가난에서 벗어날 수 있게 한다. 이것에 기여한 거의 모든 연구들이 미국에서 이루어졌고 사회적으로 불리한 가족에게만 초점이 맞춰지는 경향이 있으나, 학령전기 아동의 주간 보호에 대한 체계적 문헌 고찰의 결과 어머니의 교육, 고용, 아동과의 유대 관계 등에 긍정적인 효과가 보고됐다(Zoritch et al., 2000).

정책

사적인 책임으로 여겨지던 아동 돌봄에 대해 분명한 정책을 발전시키지 못한 영국 정부의 태도는 역사적으로 잘 규명됐다(Lewis, 2003). 그러나 아동 보호와 초년기 교육이 가난 퇴치 전략 및 가족 지지에 대해 중심적 역할을 차지해 왔고 정부 복지기관에 대한 의존도의 감소, 교육적 불이익을 극복하고 불평등 및 사회적 배제에 대항하는 수단으로 인식되고 있다(Rahilly and Johnston, 2002). 영국 경제 구조 변화의 결과, 특히 노동시장에서 여성의 역할 변화로 가족 형태와 일하는 어머니를 바라보는 사회적 관점의 변화와 함께 보육에 대한 요구가 증대되고 있다. 1984년에서 2002년 사이 영국 여성 고용률이 59%에서 70%로 상승하면서 5세 미만의 유아를 둔 여성의 고용률은 27%에서 53%로 거의 두 배 증가했다(Duffield, 2002).

대부분의 이 기간 동안, 이런 이유들로 인한 보육에 대한 요구가 주간 보육원과 보모의 형태로 비공식적이거나 독립된 부문에 의해 충당되고 있으나, 가변적 질과 높은 비용으로 인해 돌봄에 대한 공급은 불충분한 것으로 여겨지게 됐다. 이런 부족을 해소하기 위한 수요는 아동 돌봄의 경제적인 역할에 의해 인식됐다. 이는 복지에 대한 새로운 접근의 한 영역으로서 급여 혜택보다는 임금을 통해 소득을 강조하는 것과 아동 돌봄을 일자리의 원천으로 강조하는 것에서 잘 드러났다. 2020년까지 아동 가난을 근절하겠다는 목표와 함께, 2010년까지 한부모의 노동시장 참여율을 70%까지 증가시킨다는 영국 정부의 목표가 성취된다면 보육에 대한 요구는 앞으로 더 증가될 것이다. 참고로 2002년 학령전기 아동을 둔 배우자가 있는 어머니의 58%와 비교해 편모는 34%의 고용률을 보였다(Duffield, 2002).

접근 가능하고 감당할 수 있는 양질의 아동 보호를 제공함으로써 이런 상황을 해소하는 동시에 초년기 교육을 확대하는 데 목표를 두었기 때문에 영국에서 1998년 '국가 아동 보호 전략(National Childcare Strategy)'의 도입은 중요한 분기점으로 간주된다(DfEE, 1998). 특히 이 전략과 수반된 지출 평가를 통해 공고된 목표는 다음과 같았다:

- 2004년까지 160만 명의 아동을 수용하기 위한 90만 개의 새로운 아동 보호시설을 창설한다.
- 1998년 9월부터 모든 4세 아동을 위한 무료 시간제 보육 기관 내 교육 시설을 제공하며, 2004년까지 3세 아동에게로 확대한다.

지방 당국에 소속됐으며, 국가 부문과 사적 부문 그리고 자발적 부문의 대표자들로 구성된 '초년기 발달과 아동 보호 파트너십(Early Years Development and Childcare Partnerships)'은 전달 체계에서 중요하다. 이것의 역할은 지역의 필요를 충족하고, 조절자로서의 국가 부문과 함께 사적·자발적 공급자에 의한 제공에 본질적으로 기초를 두었으며, 보호, 훈련 및 인력개발의 적절한 기준을 확보하는 보육 전략을 고안하는 것이었다.

슈어 스타트와 지역 보육시설 같은 특별 프로그램은 결과적으로 불이익 지역에 목표를 두고 시작됐다. 예를 들어, 지역 보육시설의 목적은 2004년까지 가장 낙후된 20% 지역에 적어도 4만 5,000개의 종일 보육시설을 제공하며, 부모가 직장에 다시 나가거나 교육받을 수 있도록 만드는 것이었다. 따라서 사업 목표는 아동 빈곤을 해소하고 높은 수준의 아동 보호와 조기교육을 제공하는 것이었다. 슈어 스타트의 네 가지 공공 서비스 협약 중에서 세 가지가 이런 정책 분야에 영향을 미쳤다. 성과가 아직 측정되지 않았지만(DfES, 2004), 아동의 학습 능력 향상, 아동의 사회적·정서적 발달 향상, 가족과 지역사회의 강화 등의 성과가 있었다(DfES, 2003a). 추가적으로, 저소득 가족을 위한 보육비용은 근로가족 세금 공제의 아동양육 세금 공제를 통해 지급됐다. 이것은 한 아동당 최고 100파운드, 두 아이에게 최고 150파운드까지 제공함으로써 공식적 아동 보호 비용의 최고 70%까지 제공했고, 2001년부터 2004년까지 저소득 가족을 위해 추가적으로 7억 2,500만 파운드를 제공할 것으로 기대됐다. 몇몇 지역들에서 격차가 있을지라도, 국가적으로 무료 초년기 교육을 위한 목표가 2003년까지 성취됐다(NAO, 2004). 그러나 '부서 간 아동 보호 검토(Inter-Departmental Childcare Review)'에서 알 수 있듯이, 다른 전략부분은 성공적이지 못했다. 가난한 지역에 보육 사업을 장려하는 경기 부양 자금을 제공했지만, 정부의 빈곤 퇴치 및 고용 목표와 지역 보육시설 사업의 목표에 도달하지 못했다. 따라서 잉글랜드 빈곤 지역의 보육시설은 여전히 국가 평균의 겨우 절반 정도 수준이며(Inter-Departmental Childcare Review, 2002), 전반적으로 현저히 낮은 수준으로 떨어졌다. 1997년 8세 이하 아동 9명당 공인된 보육시설 1개로부터 2001년 8세 이하 아동 7명당 공인된 보육시설 1개로 증가했다(Lewis, 2003). 그러나 대부분의 지역 보육 시장에서 보육시설이 여전히 부족하다.

공공 보조금이 결여된 상황에서의 몇 가지 보육 제공의 지속 가능성에 대한 의문이 제기된다. 우선적으로 심각한 경제적 빈곤 지역에서 기존의 보육시설에 기반을 둔 '조기 우등 센터'가 실업 상태의 소수 민족 집단에 속한 사람들에게 접근하는 데 성공적인 것으로 증명됐다. 그러나 기금을 유지해 나가고 여러 전문 분야에 걸친 구성원을 고용하고 개발시키며 조직적 변화를 관리하는 압박에 봉착했고(Bertram et al., 2002), 현재 모든 4세 아동을 대상으로 하는 표준 지출 평가(Standard Spending Assessment)는 그런 시설을 지원하는 데 불충분하다(Lewis, 2003). 새로운 모험적 사업을 위한 단기간의 '경기 부양' 기금이 사업을 수립하고 발전시키기에는 너무 짧은 기간 동안 이루어졌다는 문제가 있다(Statham and Mooney, 2003).

교육기술부가 2003년에서 2006년까지 연간 8~10%의 성장률을 제안했듯이, 대체로 보육 노동력이 확대(1998~2001년 사이 연간 6.6%)됐지만 목표에 도달하려면 좀 더 빠른 증가가 필요하다. 이는 17만 5,000명에서 18만 명 정도를 신규 고용해야 가능한 것이지만(NAO, 2004), 잉글랜드 보모의 수가 이 기간에 겨우 900명 증가했고(www.ofsted.gov.uk) 1997년 이후로 전반적으로 감소했다(Mooney et al., 2001). 보모의 감소와 정체에 기여 요소로는 2001년의 '8세 미만 주간 보호와 보육을 위한 국가 표준(National Standards for Under Eights Day Care and Childminding: DfES)'과 '기초 단계를 위한 교과 과정 지침(Curriculum Guidance for the Foundation Stage Requirement)'(DfEE and QCA, 2000)의 개발과 함께 향상된 감사가 요구하는 높은 수준일 수 있다. 이는 아기를 돌보는 몇 가지 활동을 비공식적 부문으로 전환시킬지도 모른다. 마지막으로, 아동양육 세금 공제의 수급률도 매우 낮았다. 2000년 말 근로가족 세금 공제를 받는 10명 중 9명이 한부모였지만 이들 중 12%만이 아동양육 세금 공제를 청구했는데(Lewis, 2003), 평균 임금이 일반적 보육시설 수업료의 약 1/3인 일주일당 겨우 39.66파운드였다(Campbell et al., 2003). 여기에서는 5세 미만 유아를 둔, 일주일에 15시간 이하로 일하는 20%의 여성은 제외됐다.

이런 문제를 해소하기 위해 보육, 초년기 교육 및 슈어 스타트의 책임과 기금을 하나의 통합된 (그리고 증가된) 예산하에서 그리고 한 장관의 책임하에서, 2005~2006년까지 추가로 25만 개의 보육시설을 만들고 2008년까지 12만 개를 더 확대한다는 목표가 함께 제시됐다. '아동 보호 10개년 전략(Ten-year Strategy for Childcare)'은 훈련과 비즈니스 계획 같은 문제를 포함해 지속적으로 제공하는 지방 당국의 투자를 지지하기 위해 2006년 4월부터 매해 1억 2,500만 파운드의 연간 변형 가능 자금(Transformation Fund)을 만들었다(HM Treasury et al., 2004). 낙후된 지역에 대한 집중이 지역 보육시설, '조기 우등 센터', 슈어 스타트 지방 프로그램들로 강화되고 '아동 센터'로 재명명되어 발전했다. 이러한 아동 센터 2,500개가 설립됐다(가장 낙후된 지역에서 아동 센터는 20%에서 30%까지 확대됐다). 이들 아동 센터(2005년 1월까지 188개가 계획됐다)는 지역 아동을 위한 보육과 초년기 교육뿐 아니라 건강 사업과 가족 지지 사업을 함께 시행할 것이다. 또한 보모 네트워크와 다른 주간 보호 제공 및 방과 후 클럽과의 연계를 위한 기반, 지역 훈련 및 교육 제공자를 함께 제공할 것이다. 지역사회에서 이끌고 전문적으로 운영하며, 파트너로서 부모를 포함하며, 시행 시점이 유동적이며, 생애 초기(첫 산전 클리닉 방문 때부터)에 시작하는 사업의 근거 기초와의 관련성은 분명하다. 슈어 스타트 프로젝트의 경우, 3세 이상의 아동을 포함하고, 지역의 다른 기관들과 매우 친밀하게 통합하기 위해 그들의 사업을 확대하고자 한다.

추가로 2003년 4월 아동양육 세금 공제와 근로가족 세금 공제가 아동 세금 공제와 근로소득 세금 공제로 대체됐다. 이것은 자녀가 한 명인 가족에게 연간 2만 2,000파운드에서 2만 7,000파운드로, 2명 이상의 자녀를 둔 가족에게는 2만 8,000파운드에서 4만 2,000파운드로 공제 한도를 올렸다(Campbell et al., 2003). 이 변화가 저소득 및 중간소득 가족의 수급률을 증가시키고 재정적 도움을 제공하기를 기대한다. 2003년 10월 23만 6,000가구가 근로소득 공제 중 양육 부분을 신청했는데, 이는 근로가족 세금 공제하에서 달성할 수 있는 최고치에서 58% 증가한 것이었다. 2006년 4월 요구할 수 있는 최대 비용이 70%에서 80%로 증가해 지불 가능한 최대 급여가 한 자녀 가족은 일주일에 175파운드, 2명 이상 자녀 가족은 300파운드로 증가했다. 런던에서만 추가로 500만 파운드가 구매 가능한 금액으로 추정된다(HM Treasury et al., 2004).

전반적으로 이들 초년기 사업(교육을 제외)에 대한 정부의 지출은 지방 정부의 재정에서 가장 큰 부문을 차지하는데, 최근 1년간(2002~2003년) 지방 정부는 총 36억 파운드를 지출했고, 부모는 연간 30억 파운드를 썼다(NAO, 2004). 그러나 '아동 빈곤 행동 집단'이 강조하듯이, 가장 가난하고 불이익을 받는 아동은 혜택을 받지 못하는데, 이는 (그 부모가 일하지 않거나 겨우 제한된 시간만 일하기 때문에) 부모가 근로세액 공제의 아동 보호 부문의 자격에 해당되지 않기 때문이고, 그들 스스로 추가적인 보육 자금을 조달할 수 없기 때문이다(CPAG, 2005a). 캠벨 등이 제안한 것처럼 이 전략에는 본질적인 부분에서의 긴장이 있다(Canpbell et al., 2003).

첫째, '국가 아동 보호 전략'하에서 초년기 교육, 보육, 슈어 스타트에 지정된 82억 파운드 중 대부분인 59억 파운드가 실제로 3~4세 아동을 위한 무료 시간제 조기교육의 제공에 사용된다. 근거 기초에 따라, 특히 1999년 GDP의 0.4%가 초등학교 입학 전 교육에 지출됐다고 가정할 때 많은 사람들은 이것이 적절하다고 주장할 것이다. 그러나 정부 교육 제공에서 가장 많은 증가를 보인 부문은 입학 준비반의 4세 아동 비율이었다는 사실로 인해 많은 우려가 제시되고 있다(제3장 참조). 또한 3세에서 입학 준비반의 고학년인 5~6세까지의 아동을 포함하는 기초 교육 과정과 조기 학습 목표를 지지하는 것은 사회적 능력, 비공식적 학습, 역할 놀이보다는 (말하기, 읽고 쓰기, 산수 같은) 교육적 목표를 지지하는 교과 과정의 도구적 관점을 취한다는 사실이다(Lewis, 2003; Soler and Miller, 2003).

둘째, 보육 제공의 특성, 지속 능력, 위치에 관해서 의문이 제기된다. 정책 목표는 시설을 지속하기 위한 것이 아니라 새로운 시설들을 만드는 것이었다. 잉글랜드 정부가 2003년 봄에 62만 6,000개의 아동 보호시설을 만들었으나, 같은 기간에 30만 1,000개의 시설이 문을 닫았다. 이는 아동 보호에서 안정성의 중요성을 훼손했다. 또한 아동 보호 시장에서 모두 아주 다른 역할을 하고 있는 시간제, 전일제, 학교 외 시설 등을 구분하는 데 실패했다. 사실상, 새로 만든 시설의 대부분은 아동을 대상으로 하는 학교 밖 또는 방학 시설이었으며, 동일 기간에 9만 6,000개의 학령전기 시설만이 설립됐다. 또한 이 숫자는 (당연히 부모의 지출 순으로 나열됐으나) 지역적·국지적 변화를 보여 줄 만한 수준이 되지 않는다. 따라서 지방 당국 수준의 100명의 학령전기 아동당 11~58개 시설들에서 부유한 동남부의 최고 수준까지 다양하게 제공됐다. (공식적 보육의 주된 공급자인) 보모 시설은 24%까지 감소했고, 보육원과 학령전기 시설은 22%까지 감소와 함께 제공하는 형태의 취약성이 계속되고 있다(NAO,

2004). 지역사회에서 아동 보호와 보육원의 주된 공급원인 자발적 부문 제공은 특히 초년기 교육과 직장 관련 아동 보호를 우선시하는 제도 변화와 보조금의 감소로 인해 위협받고 있다(Rahilly and Johnston, 2002).

셋째, 아동 보호, 부모 역할 정책, 복지 의존, 복지비용 감소 등에 충돌이 있다. 그레이가 지적한 것처럼, 근로가족 세금 공제, 아동양육 세금 공제에 대한 지나친 지출이 단지 공급을 저축한다기보다 여성을 일터로 이끌어 내는 것에 대해 강조하면서도, 다른 기초 수준의 직업 훈련에 대한 관심은 적다(Gray, 2001). 그래서 노동력의 숙련도 향상이나 기회 균등에 기여하는 정책이 실패하게 된다(Rake, 2001). 한편 가족 지지라는 면에서 양육에 대한 양부모 가정이 장점을 가짐에도, 자산 심사 급여 시스템이 가구의 수입에 강조를 두기 때문에 배우자를 다시 만나는 것에 대한 혜택이 있어 보이지 않는다. 또한 부모의 관점이 정부의 정책과 반대되는 경향을 보이는데, 많은 사람들은 특히 자녀가 어릴 때 일하는 시간을 줄이고 주말 노동을 피하고 싶어 한다. 대개의 양부모 가정에서는 부모 중 한 명이나 두 부모가 근로시간이 불규칙한 반면, 일하는 편모의 절반이 일하는 시간이 불규칙적이다(La Valle et al., 2002). 슈어 스타트 국가 평가에서 밝힌 것처럼, 일하는 부모를 위한 아동 보호 프로그램이 소수에게만 제공되고 있다(Meadows and Garber, 2004).

그레이는 가족 친화 고용 정책을 강조하면서 스칸디나비아 모델을 본받을 것을 제안했다(Gary, 2001). 이렇게 함으로써 업무 분배의 기회, 파트타임 노동시간의 확대, 출퇴근 부모의 아동 보호, 기술 훈련과 국민 최저임금의 인상 등의 결과를 낳게 된다. 핀란드, 영국, 독일에서는 재택요양수당이 가정에서 유아를 돌보는 부모를 지원하고, 그 역할을 잘 수행할 수 있게 하고 있다.

아동기 빈곤

이 장에서는 제4장의 연구 근거를 통해 제시된 건강 행위를 중재 사업의 중심 목표로 다루고 있다. 지방 또는 하위흐름 사업을 강조하면서도 아동 돌봄은 전국적인 정책으로 진행되어 왔다. 예를 들어, 영양과 관련해 산후휴가, 급여 지급, 모유 대체품의 마케팅에 대한 세계보건기구 규정의 이행, '복지 식품 계획'의 새로운 형태로의 전환 등과 같은 상위흐름 정책의 중요성을 점검했다. 또한 초년기 교육과 아동 보호에 관련된 상위흐름 정책을 구체적으로 살펴보았다. 제3장에서 강조한 것처럼, 초년기의 최근 정책은 아동기 가난을 감소시키는 데 중점을 두는 정책에 의해 영향을 받았다. 이것은 부모가 직업을 갖도록 격려해 주며, 가족 지지를 제공하고, 아동을 위한 서비스의 증대, 나아가 교육과 건강을 증진시키도록 해 주었다. 따라서 이 장에서 슈어 스타트와 국가 아동 보호 전략에 대해 지속적으로 다양한 논의를 다루었다.

건강 불평등 완화에 효과적인 근거와 사업

영국에서 가난하게 생활하는 아동의 수는 1979년부터 1997·1998년 사이에 세 배가 됐다. 이것은 실업자 가정과 일이 거의 없는 가정의 아동 수가 증가한 결과이다. 1997년 정권 교체 후 3~4명 중 한 명의 아동이 평균 소득 60% 미만의 가정에 산다.

1999년 정부는, 2010년까지 아동기 가난을 절반으로 줄이고 2020년까지 완전 퇴치한다는 장기 계획을 세웠다. 그 정책은 장기적 불이익을 해소하려는 목적에서 설립됐다. 따라서 그것은 생애 초기뿐 아니라 아동기와 청소년기와 관련된 하위흐름 사업 - 아동 기금, 커넥션스, 온 트랙(On Track) 같은 사업 - 을 기반으로 아동기 사고, 비만, 10대 임신 등과 같은 낮은 사회경제적 집단의 아동에게 영향을 주는 공공 보건 중재와 함께 이루어질 것이다(제7장과 제9장 참조). 영아 사망률과 영양에서부터 금연, 부모 역할 지원에 이르기까지, 생애 초기는 이 장에서 논의된 많은 정책의 기초를 제공해 준다. 그것은 특히 슈어 스타트에서 명확하게 드러난다. 예를 들어, 2003년 4월 슈어 스타트 지방 프로그램 지역 0~4세 아동의 43%가 소득 보조와 실업 급여를 받는 가정에서 살았다(DfES, 2004). 슈어 스타트의 네 가지 공공 서비스 협약 목표 중 하나는 실업자 가정에 사는 4세 미만의 아동 수를 12%까지 줄이는 것이었다. 하지만 지방 프로그램과 국가 정책이 반드시 일치하진 않는다. 슈어 스타트 국가 평가에 적혀 있듯이, 슈어 스타트의 고용 가능성 목표는 대부분의 '라운드 원투 프로그램(Round One/Two Programmes)'이 실행된 후 소개됐다. 이것은 어머니의 주된 역할을 가정주부로 간주하는 지역사회에 소개됐고, 남성에게 도달하는 것이 어려웠다. 그 결과로 가장 활발한 프로그램조차도 고용과 직업 훈련 활동에 참여하는 부모의 비율이 낮았다. 한편 목표에 대한 강조를 통해서 기술 수준을 증가시키거나 신뢰와 포부를 향상시킬 수 있는 프로그램이나, 좋은 부모 역할과 고용 가능성의 갈등을 해소할 수 있는 접근방법은 지원을 받기 어려웠다(Meadows and Garber, 2004). 또한 과정이 평가되어야 하는 것이 여전히 목표이다(DfES, 2004).

아동기 가난을 제거하기 위한 활동은 직접적이고 상위흐름 중재에 기초하며, 세금과 급여의 개혁, 유급 직장 장려(promotion of paid work)를 통한 가정의 재정을 충당해 주는 것이다. 제3장에서 일의 접근성을 증가시키는 것에서의 뉴딜의 역할(청소년과 한 부모들을 위한 뉴딜에 대해서 제9장 참조)을 기술했다. 또한 보육과 관련해 세금과 급여의 개혁 — 근로가족 세금 공제와 근로소득 세금 공제 — 정책을 이 장에서 다시 살펴보았다. 아동양육 세금 공제는 아동 보호에 관련된 비용의 추가적 지원을 제공하는 반면, 주로 1999년에 소개된 근로가족 세금 공제는 주당 16시간 이상 일하는 저소득 가족(총 60만 명)을 지원하기 위한 것이다. 하지만 이미 기술한 것처럼, 아동양육 세금 공제 신청이 매우 제한적이고, 가능한 가족의 1/3이 근로가족 세금 공제를 요구하는 것에 실패했기 때문에 이들 방법은 많은 비난을 받고 있다. 그 결과로 120만 명 이상의 아동이 자산 심사 급여를 받지 못하는 가정에서 빈곤 속에 살고 있는 것으로 추정된다. 2003년 근로가족 세금 공제는 근로소득 세금 공제와 아동양육 세금 공제로 대체되는데, 이것들은 아동을 주로 돌보는 이에게 지불될 수 있는 두 가지 요소가 된다. 아동양육 세금 공제는 현재 정부가 아동에게 제공하는 주된 재정적 지원이다. 2005년 4월까지 많은 행정적 문제에도 불구하고 580만 가정이 급여금을 수령했다(HMR & C, 2005). 또한 세금 공제 구조는 가난에 가장 직접적인 영향을 주는 것이 아동 한 명당 요인임을 의미하며, 평균 소득(가장 가난한 가정에서는 단지 수입의 적은 증가를 의미한다)과 연관해 세금 공제가 증가되어야 함을 의미한다(Brewer and Kaplan, 2003).

제3장에서 주목한 바와 같이, 이것은 자원 집중 정책이다. 예를 들어 실제적으로 2001~2002년의 수치는 뉴딜 사업의 9억 파운드 지출에 비해 저소득 가정의 세금과 급여금의 증가로 인한 60억 파운드의 추가 비용을 제시해 주고 있다(Finn, 2003). 따라서 앞에서 서술했듯이, 현재 주된 전달 수단인 세금 시스템과 함께 같은 시기에 아동 수의 감소에도 불구하고(Joseph Rowntree Foundation, 2004), 아동 분담 지원금이 1975년 이후 어느 때보다 많은 GDP의 부분을 차지하고 있다. 하지만 아동 빈곤 퇴치 목표가 성과를 거두기가 어렵다는 것이 증명되고 있다. 한 가지 기여 요소로는 절대적 소득이 아닌 (실제적으로 증가한 중간 소득과 함께) 상대적 소득이다. 다른 요소들은 급여금 지급의 추정 범위, 고용 기회 부족의 천명에 대한 실패, 특히 한부모에게 고용과 아동 보호(아동 권리에 대한 유엔 협정에 의한 권리와 아동 발달과 부모 역할의 질을 지지하기 위한 정책에

중심을 둔 권리) 사이의 긴장을 내포한다.

그럼에도 일반적으로 이 정책은 자녀를 가진 부모의 고용 증진을 통한 재분배의 효과가 있다. 가난한 아동의 수가 주거비용 제외 소득 기준으로 410만 명(1998·1999년)에서 350만 명(2003·2004년)으로 감소했다. 이 수치가 최근의 세금 공제 개혁이나 아동 세금 공제의 증가를 충분히 포착하지 못한다고 가정한다면, "아동 빈곤은 더 감소될 것이며"(CPAG, 2005b), 아동 빈곤을 2004년까지 25%까지 감소시키려는 계획이 최소한 주거비용 제외 소득 기준에 부응할 것이다. 아동 빈곤을 퇴치하려는 노동당의 공약은 현재 가난 퇴치가 곧 빈곤율 영(0)을 의미하지 않는다는 것을 인정하고 있다. 대신 그 목표는 (저소득과 물질적 결핍에 의해 측정되는) 아동 빈곤율을 제로에 가깝게 하는 것이며, 영국이 유럽 나라들 중 최고 수준이 되는 것이다(DWP, 2003). 이것은 소득의 빈곤층을 6~9%로 설정하거나, 빈곤 속에 사는 아동을 열 명 중 거의 한 명으로 줄이는 일이다(Horgan, 2005).

일하도록 하기 위한 장려금 효과는 고소득층에서의 급여, 세금 공제의 회수에 의한 실업 가정의 지원 증가, 저소득 부모에 대한 지지 증가 등으로 더 복잡하게 됐다. 브룬델 등은 세금과 급여금 개혁이 2000~2003년 편모의 노동력 공급에 5만 명 또는 3.38% 정도의 증가에 책임이 있다고 하며, 동시에 (배우자 유무에 상관없이) 어머니에게 일하는 시간을 줄이도록 한다고 주장했다(Blundell et al., 2004). 부부가 모두 일하거나 아무도 일하지 않거나 하는 것보다 한 사람이 일하는 부부에게 더 강력한 장려금이 있으며, 노동시장에서 장려금이 감소하게 된다(Brewer and Shephard, 2004). 제3장에서 살펴본 상위흐름 중재는 전형적으로 체계적 문헌 고찰의 주제가 되지 못했으며 따라서 생애 초기 중재에 관련한 근거 기초를 요약한 <표 5.1>은 아동 빈곤의 특징을 보여 주지 못하고 있다.

결론

　이 장은 생애 초기의 중요한 핵심 영역인 금연, 영양, 부모 교육과 지원, 초년기 교육과 돌봄, 아동 빈곤에 대해 개략적으로 살펴보았고, 이의 근거 기초와 이를 기반으로 한 정책과 중재 사업 실천을 고찰했다. 중재는 임상적 실험에서 복합적인 현실로 이동하고 있으며, 그 메시지는 더 확산되고 있으며, 가장 잘 통제된 상황에서조차 내용·과정·문화·시간 그리고 중재 집단의 특징에 따라 다양하게 나타난다. 그럼에도 불구하고 제4장에서 도입한 가설인 초년기의 중재 사업을 통해 건강 불평등을 해소할 수 있다는 개념이 지지를 받고 있다.

　<표 5.1>은 이 장에서 다룬 핵심 정책 분야와 관련되는 고찰 수준의 근거(생애 과정의 각 단계에서 반복하는 과정)들을 요약하고 있다. 제3장에서 살펴본 것처럼 이것은 쉬운 일이 아니다. 금연, 임신 기간과 생애 초기의 영양, (가장 작은 정도의) 자녀 양육 지원과 교육 등은 근거 기초가 (적어도 50여 개 이상의 연구를 통한 고려와 함께) 광범위하게 드러나는 유일한 분야이다. 여기에서조차 주제별로 분해해 살펴보면 곧 구체적인 근거 기초가 얼마나 부족한지 명확해진다. 예를 들어, 모유 수유와 관련해 영국에서 단지 2개의 사전·사후 연구와 함께 단 한 개의 무작위 할당 대조군 시험만 확인됐고, 의료 종사자를 위한 대부분의 훈련 코스도 공식적으로 평가가 이루어지지 않았다(NHS CRD 2000). 모유 수유에 대한 최근의 체계적 문헌 고찰에서 알 수 있듯이 비교적 두드러진 이 분야에서조차 '공공 정책의 어떤 측면을 전달'하는 데 '거의 연구가 이루어지지 않았음'을 실제로 보여 주고 있다(Renfrew et al., 2005: 2).

　현저하게 고찰 수준의 근거가 부족한 영역은 <표 5.1>에서 잘 다루어졌다. 제3장에서 개략적으로 다룬 불평등의 영역과 비용효과는 두 가지 예외이다. 모유 수유를 예로 들어 설명하자면 모유 수유 개시와 기간

〈표 5.1〉 생애 초기의 중재: 근거 기반 요약

영역	근거 자료
흡연	
임신 중 금연	
임신부를 위한 지지와 조언은 중단율 감소, 평균 출산 체중의 증가, 저체중 출산의 감소 등에 대해 어느 정도의 효과를 가진다. 그러나 가장 위험한 대상자에겐 영향을 미치지 못하는 경향이 있다.	코크란 리뷰
임신 중 첫 번째 검진 방문 시 흡연하는 여성의 10%가 일반 관리만으로 중단한다. 공식적 중재를 통해 추가로 6~7% 정도의 중단률을 얻게 된다.	코크란 리뷰
최소 10분 정도의 개인 간 접촉과 임신에 맞는 정보 제공을 포함한 임신 중 상담은 흡연 중단율을 두 배 증가시킨다.	개요
임신 중 흡연을 감소시키는 것만으로도 건강 결과를 증진시킬 수 있다.	체계적 문헌 고찰
생애 초기 간접흡연 노출	
정보, 조언, 상담 같은 임상의에 의한 병원 기반 중재와 가정 기반 중재 모두 아동의 간접흡연에의 노출을 감소시키는 효과가 있다. 하지만 이러한 연구는 생화학적인 측정보다 오히려 본인이 스스로 보고한 건강에 의존하는 경향이 있다.	문헌 고찰에 대한 검토
집중적 상담은 인식을 증가시키나 태도와 행위의 관점에서 통계적으로 유의한 중재 효과를 보여 주는 연구는 거의 없다.	코크란 리뷰
고찰 수준의 근거 부족	
임신 중의 흡연 중단을 위한 니코틴 대체 요법의 안전성과 효험성	
산후 기간 동안 흡연 재발을 막기 위한 효과적인 전략	
가족 전체를 포함하는 중재	
보다 넓은 지역사회 범위에서 지지와 흡연 통제를 증가시키고 전체적으로 가난과 불이익을 다룬 중재	

영양	
어머니의 영양 보충제 섭취	
칼슘 보충제가 특히 고혈압성 질환 위험 여성의 조산아 출산 및 저체중 출산을 감소시킨다.	코크란 리뷰
균형을 이룬 단백질과 에너지에 기초한 식이 보충제가 태아 성장을 지속적으로 향상시킨다.	체계적 문헌 고찰
고찰 수준의 근거 부족	
중재들의 적절한 협력	
영양 기반 중재가 아닌 식품 기반 중재	
임신 전과 임신 초기 어머니 영양을 위한 중재	

모유 수유 개시와 기간	
모유 개시율은 다음에 따라 증가할 수 있다. 다방면에 걸친 중재: 건강 교육, 어머니와 영아의 접촉과 수유를 제한하지 않는 것, 분유 수유 정보와 표본을 포함한 무료 표본 보급의 방지, 동료 촉진자와 지지자의 활용 등과 같은 임산부 병동 실행의 변화를 포함한다.	체계적 문헌 고찰
교육: 모유 수유 이점을 강조하고 실천적 조언을 제공하는 의료 종사자가 이끄는 소규모의 비공식적인 토의 교실. 그러나 분유 수유를 결심한 여성을 모유 수유로 설득하기 위해 필요한 1:1 교육 시간도 필요.	다른 고찰
훈련: 의료 종사자에게 집중적 수유 훈련 실시(특히 의무화함)	문헌 고찰에 대한 검토
특히 저소득 여성에게 중요한 동료 지지. 그러나 오직 모유 수유를 하고자 하는 여성에게만 독립적 요소로서 효과가 있다	코크란 리뷰
전문적 지지가 모유 수유의 기간을 증가시킨다.	코크란 리뷰
비전문인의 지지가 완전 모유 수유를 장려하는 데 효과적이다	문헌 고찰에 대한 검토
폭넓게 그리고 출산 전후에 걸쳐 전문가나 동료 교육가와 반복적으로 접촉하게 되면 효과는 더 증가한다.	체계적 문헌 고찰

고찰 수준의 근거 부족

출산 휴가 제공 같은 공공 정책의 평가

지지적 환경 제공(모유 수유에 대한 공공 수용성과 사회 장벽)

어머니와 배우자, 그리고 가족에게 중요한 이슈들 통합

부모 역할 교육과 지지

집단 기반 행위 중재는 3세 미만 유아의 감정적·행위적 조절을 향상시킬 수 있다.	코크란 리뷰
부모 역할 프로그램은 3~10세 아동의 문제행동을 향상시킬 수 있다.	체계적 문헌 고찰
부모 역할 프로그램은 어머니의 단기적·심리사회적 건강에 상당한 기여를 할 수 있다.	코크란 리뷰
가정 방문은 부모 역할 향상, 자녀의 문제행동 향상, 고위험 집단의 인지적 발달, 아동에 대한 우발적 사고 감소, 산후우울증의 진찰 및 관리 향상을 가져올 수 있다.	문헌 고찰에 대한 검토
부모 참여 및 아동과의 직접적 활동이 효율성을 증대시킬 수 있다.	개요

고찰 수준의 근거 부족

치료보다 초기 예방에 대한 부모 역할 프로그램의 역할

어머니의 정신 건강과 아동 조절에 대한 장기적 효율성

관계 중재들의 효율성

효과적인 요소들을 분리시키는 수완

초년기 교육과 보육

주간 보호는 아동 발육과 학업 성취에 이로운 효과를 갖는다.	코크란 리뷰
고용 증대, 10대 임신율 감소, 높은 사회경제적인 상태로의 진입, 범죄 행위 감소 등 몇 가지 장기적인 추적 연구에서 제안한다.	코크란 리뷰
어머니의 교육과 고용, 그리고 아동과의 유대 관계에 긍정적인 효과가 있다	코크란 리뷰

고찰 수준의 근거 부족
  영국 기반 연구의 부재
  부모가 없는 주간 보호의 효과를 부모 훈련과 교육으로부터
  분리한 연구

은 취약한 집단일수록 더 낮은 것으로 나타났다. 그러나 모유 수유를 지지하는 연구는 80여 개 정도에 불과하고, 이중 1/5만 취약한 집단을 실질적으로 다루고 있다. 더욱이 그 연구들 중 10개만 영국과 관련 있다. 이 연구들은 모두 저자들이 제안한 '불이익 집단과 관계되는 큰 근거 격차'에 대해 강조한다(Renfrew et al., 2005: 2). 비슷하게 테일러 등의 간접흡연에 관한 고찰은 "대부분의 근거 기초 논문들이 어떤 비용 관련 자료를 포함하지 않으며 다양한 중재의 목표 집단 속에서 또는 사회적 격차에 따른 비용효과 격차)에 관해서는 현재 별로 알려져 있지 않다"(Taylor et al., 2005: 7)고 말하는 것이 일반적이다.

다른 요소들도 쉽게 도표 형식으로 정리할 수 없다. 가족이 효율적인 중재를 위한 핵심 위치를 차지하고 있으며, 그 관계가 개별적인 수준의 행동반경과 지역사회, 전략 수준의 공동 책임 사이에서 연구되어 왔다. 예를 들어, 금연이나 모유 수유 결정에 상관없이 개인적인 선택은 정치적이고 실제적인 변수의 범위에 따라 조정된다. 이러한 개인의 선택에 영향을 주는 변수의 범위는 지역적 지원 구조, 우세한 태도, 미디어의 표현, 노동시장에 접근하도록 하는 규제 등 넓은 범위를 가진다. 당연히 가장 효과적인 중재는 교육과 건강에서 사회 통합과 지역사회 개발까지의 다방면에 걸친 경향을 보인다. 교육은 개인, 행정가, 정책입안자의 행동을 변화시키는 요인이고, 생애 과정에 걸친 보호 자원으로서 핵심적인 요소이다. 성과 관리의 역할 또한 주목받고 있다. 목표 설정은 중재 사업을 위한 고려 가능한 집중 대상을 제공하지만 일반적으로 단기적이

며, 프로그램 우선순위 설정과 지역적으로 정의된 수요와 연구 근거에서 취약하다. 일례로, 슈어 스타트 프로그램은 더 이상 모성 정신 건강이나 부모 역할 지지와 관련된 국가적 목표가 아니며, 슈어 스타트의 아동 건강에 대한 관심은 모유 수유와 관련된 국가적 목표를 반영하고 있지도 않다. 이런 정책 목표의 변화는 향후 아동기에서 청소년기로 논의를 진행해 감에 따라서 전개할 주제이다.

6

아동·청소년기의 건강 불평등: 연구 근거

서론

   제4장에서 언급했듯이 생애 초기 환경이 성인기 건강에 영향을 미친다는 연구들이 많이 진행됐다. 생애 초기 환경이 잠재 효과를 가지므로 민감한 시기에 부정적인 생물학적 또는 발달학적 영향은, 생애 초기 이후 삶의 상태에 상관없이 건강과 행복에 대한 평생 효과를 가질 수 있다 (Hertzman et al., 2001). 발달 과정 중에 있는 아동·청소년에게도 잠재 효과가 여전히 작용할 수 있다. 한 연구는 아동기의 과일 섭취가 성인의 암 위험에 대한 장기적 보호 효과를 가질 수 있다고 주장했다(Maynard et al., 2003). 생애 후기의 나쁜 심리적 건강은 가족 갈등 등과 같은 아동기의 부정적인 경험에서 근거를 찾을 수 있다. 그러나 생애 과정 동안 다른 과정으로부터 잠재 효과를 구분하는 것은 분명 어려운 일이다. 이 것은 생애 초기 환경이 생활환경에 수반되는 궤적과 개인의 경험 기회와 강력히 연관성을 가지고 영향을 미칠 것 같기 때문이다.

   과일 섭취의 예를 들어 초기의 식이가 독립적으로 그 이후의 식습관에 의한 암 위험에 영향을 주는 정도에 대해서는 논쟁 중에 있다. 또한 성인식이가 암 위험과 관련 있고, 성인의 식이 선호가 부분적으로 아동기에 형성될 수 있으므로, 초기 식습관으로 인해 아동이 어떤 영양적 경로로 이끌어지고 이런 식이의 잠재 효과로 인해 암 위험에 점증적으로 작용한다고 제안하는 것이 타당해 보인다. 유사하게 취약 아동을 위한 아동초기 자극 프로그램이 중재 기간 동안 추가적인 도움 없이도 성인 결과에서 유의적인 향상을 만들었다는 사실이 잠재 효과와 일관된다. 그러나 아동 초기의 자극은 학습 준비, 학교에서의 행동, 교육적 성과를 개선시킬 수 있다(Hertzman et al., 2001). 달리 말하면, 이 요소들은 낮은 자존감, 범죄, 물질 오용, 10대 임신, 고용 상태의 위험 등에 영향을 미칠 수 있다. 따라서 어린 시기의 사회정서적 발달은 건강에 영향을 미치는 것으로 알려진 성인 후기의 특성으로 이끄는 경로의 일부분으로 이해될 수 있다.

건강 불평등을 줄이기 위해 계획된 사업이 생애 초기에 국한되지 않아야 하고 생애 과정을 통해 계속되어야 한다는 것은 경로 및 누적 모델과 관련 있다. 어떤 세대에서도 불평등을 감소시킬 수 있는 기회를 높이기 위해서는 감소시키려는 노력이 더 일찍 시작되어야 하므로 생애 초기가 중재의 중요한 시기로 여겨진다. 그러나 아동기와 청소년기가 중재를 시행하기에 적절한 시기라고 제안하는 훌륭한 이유들도 많이 있다.

아동기와 청소년기가 비교적 건강 평등의 시기라고 제안하는 근거(West, 1988, 1997)가 있지만, 최근 연구들은 현재 건강 상태의 분명한 사회적 격차에 대해 강조해 왔다. 따라서 사회계층 격차가 주된 만성질환 유병률에는 영향을 미치지 않을지라도(부분적으로 발전되는 데 시간이 걸리는 질병이 이들 연령 집단 안에서 일반적으로 잘 보이지 않기 때문에), 나쁜 건강 및 어떤 경우에는 청소년 사망의 많은 중요한 원인들이 가난과 관련 있는 것으로 여겨져 왔다. 또한 성인기의 건강 결과와 밀접하게 관련 있는 많은 행위와 위험 요인 노출에서도 중요한 사회적 변이가 존재한다(Dennehy et al., 1997; Starfield et al., 2002). 아동기가 비교적 '건강한 시기'라고 하더라도 건강 행위의 사회경제적 차이는 이후 건강의 사회경제적 차이로 발전시키는 중요한 경로를 형성한다.

성인기 건강에 영향을 미치는 요소와 현재의 건강 상태에서의 사회 불평등을 보여 주는 새로운 근거에서 볼 때, 아동과 청소년에 대해 더 많이 관심을 갖는 것이 도덕적이다. 부모의 환경과 결정이 건강의 위험을 높이거나 반대로 더 빠른 회복으로 이끌 수 있는 자원의 제공에 영향을 주지만, 아동의 일상은 매우 제도화되어 있다(Nasman, 1994). 영국의 아동은 깨어 있는 대부분의 시간을 공식적 교육에서 보내기 때문에, 정부가 학령기 아동의 발달적 불이익을 해소할 강한 책임을 가진다고 할 수 있다. 그러나 특히 잉글랜드의 경우 생애 초기에 심각하게 불이익을 받아 온 아동이 보다 이상적인 생활 궤도로 옮겨가도록 영국의 교육 시스템이 얼마나 돕는지에 대해 여전히 의문으로 남아 있다.

물론 교육은 단지 현재와 미래의 건강에 영향을 주는 많은 폭넓은 환경적 요소들 중 하나이다. 그러나 이러한 문제들을 구체적으로 고려할 수 있는 좋은 영역이다. 교육 수준은 성인기에 나쁜 건강 위험에 영향을 미칠 수 있는 많은 사회경제적 환경과 강력히 관련 있다. 교육은 그 자체로 건강한 생활 자세를 받아들이고 유지하도록 만들 수도 있다. 따라서 교육은 아동과 청소년이 건강 손상이나 건강 증진의 생활 궤도로 가는 데 중요한 경로를 만든다.

이후 사회적 배제의 또 다른 강력한 예측 인자는 보호를 받아 본 경험이다. 영국에서 6만 명 정도의 많은 아동 또는 보호 중에 있는 아동은 이미 생애 초기에 상당한 불행을 경험했다. 보호 중일 때의 불안정은 정서적 혼란을 더욱 악화시킬 수 있다. 일반적으로 낮은 교육 수준과 함께 지원이 적절하게 진행되지 않는다면, 보호 중인 많은 청소년이 성인기로 가는 동안 낮은 자존감, 물질 오용, 정신 건강 문제, 10대 임신, 범죄, 실업의 위험 등의 문제들을 내포하게 된다. 잠재 효과, 경로 효과,

누적 효과와 관련되어 불이익을 받았다면, 보호 관찰 아동(looked-after children)1)은 건강 불평등 정책의 주요한 대상 집단이어야 한다.

이어서 서술하게 될 네 개의 장에서, 우리는 아동과 청소년의 건강, 건강 행동, 사회경제적 궤도에서의 불평등에 대한 연구 근거들을 조사하고, 생애 과정 중 이 시기에 건강 배제와 관련된 요소를 해소하도록 고안된 중재의 범위를 탐구할 것이다. 이 장은 아동과 청소년의 건강 불평등의 연구와 관련되어 연구 방법론적으로 고려할 만한 사항을 몇 가지 토의함으로써 시작한다. 이 장의 두 번째 부분에서는 아동·청소년 연령 집단의 사망률과 유병률에서의 사회 변이를 조사한다. 특히 연구 결과들이 일치하지 않거나 상반된 결과에서는 사회계층 효과를 구분하는 것의 어려움을 인정하지만, 그럼에도 우리는 사고, 상해, 정신 건강의 관점에서 건강 불평등에 대한 설득력 있는 근거를 찾는다. 아동기와 청소년기의 주요 건강 불평등 영역에 맞춘 정책 중재에 관해서는 제7장에서 살펴볼 것이다.

제8장에서는 장기적인 면에서 건강과 관련 있는 것으로 알려진 식이, 신체적 운동, 물질 오용, 성적 행위 같은 주요한 행위와 노출의 사회적 변이를 고려하기 위해 현재의 사망률과 유병률 이상의 영역을 얘기한다. 그러나 아동기의 건강 손상 행위에 대한 관심이 그들이 미래를 예측하는 것으로 제한되지 말아야 한다. 예를 들어 물질 오용과 자살 위험, 소아 비만과 동반이환 간의 관련을 볼 때, 아동의 사회계층 변이와 청소년 건강 행위가 현재 건강 상태에 매우 강력한 영향을 미친다. 생애 과정 중 이 기간 동안의 영양, 물질 오용, 성적 행위에 대한 정책 중재는 제9장에서 다뤄진다.

물론 건강과 건강 위험 요인의 밀접한 연속 관계는 단지 아동기 환경

---

1) 지방 당국의 보호 중에 있는 아동을 지칭하는 말로 사회에서 가장 취약한 집단 중 하나이다.

을 이후의 건강 불평등과 관련짓는 하나의 메커니즘이다. 두 번째 메커니즘은 성인의 사회적 위치를 예측하는 아동기에서의 사회적 불이익과 같은 사회경제적 환경에서 많은 아동이 경험한 밀접한 연속성으로, 이는 성인 건강에도 영향을 미친다. 앞에서 서술했듯이, 보호 관찰에 있었던 경험과 교육이 성인기 사회경제적 위치의 주요한 결정 요인이다. 이 두 영역의 주된 정책이 심각하게 불리한 아동을 향상시키는 정도가 제8장에서 거론될 것이다.

아동·청소년의 건강 불평등 측정

건강 측정

영아, 유아 및 성인에 대한 건강 불평등 연구의 상당한 크기와 반대로, 아동기와 청소년기 동안의 건강과 가난의 관련성에 대한 문헌은 부족하다(Dennehy et al., 1997: 3). 부분적으로, 이것은 비교적 '건강한' 연령이라는 가정을 반영했을지 모른다. 영아기와 아동 초기 이후에 사망률이 감소하고 이어 사망률이 가장 낮은 5~14세가 된다. 그 이후 사망률은 점진적으로 나이와 함께 증가한다. 2000년 15~19세 연령 집단에서의 남성·여성 사망률은 1~4세 아동의 사망률을 초과했다. 그러나 15~19세의 사망률은 10만 명당 50명으로, 1~4세의 30명, 성인기 및 노년기의 610명, 영아의 510명보다 유의하게 낮았다(ONS 자료).

아동과 청소년의 사망률이 낮은 이유는 원인 매개체가 작용하기 위한 적절한 시간과 충분한 노출이 필요한 주요한 만성 질환의 유병률이 유의하게 낮기 때문으로 보인다(Starfield et al., 2002). 2000년 5~14세와 15~24세에서 새롭게 진단받은 암 환자의 비율은 각각 10만 명당 9.5명과

23.5명으로, 45~54세의 349.7명, 55~64세의 781.6명, 65~74세의 1,502명, 75세 이상의 2,269명과 비교된다. 당뇨의 비율도 비슷하게 나이가 증가함에 따라 빠르게 증가한다. 1998년 15세 미만 연령에서는 10만 명당 150명 이하가 당뇨로 진단받았는데, 16~24세의 청소년에서 360~370명으로 증가했다. 반대로 남성 10만 명당 당뇨 비율은 45~54세에서 2,580명, 55~64세에서 5,590명, 65~84세에서 8,000명 이상으로 증가했다(ONS 자료).

아동과 청소년에게 만성적 질병이 비교적 드물기 때문에 통계적으로 유의한 사회적 변이와 주요한 건강 지표들을 확립하기 어렵다. 그러나 이것으로 인해 아동기와 청소년기를 건강 위험이 없는 시기로 묘사하는 것은 잘못된 것이다. 1999년 5~15세 아동의 정신적 장애(정서적·행동적 장애 포함)의 유병률은 남아 11.4%, 여아 7.6%였다(Meltzer et al., 2000). 호흡기 증상의 유병률도 이 연령집단에서 높게 나타났다. 1995~1997년의 '잉글랜드 건강 조사(Health Survey for England: HSE)'에서 의사에 의해 진단된 2~15세 남아와 여아의 천식 유병률은 각각 23%와 18%로 조사됐다. 응답자의 1/3 이상이 천명(喘鳴)이 있었음을 보고했다(Primatesta et al., 1998: 151). 2000년 '일반 가구 조사(General Household Survey: GHS)'에 따르면, 20세 미만 남성의 19%, 여성의 17%가 장기적 질병이나 어떤 식으로든 활동을 제약하는 장애를 보고했다. 10대 말기까지 사고로 인한 사망, 자살, 폭력 범죄가 이른 임신과 물질 오용의 결과인 성적 질병과 함께 중요한 건강 위험으로 대두된다(Furlong and Cartmel, 1997: 66). 이 건강 결과 모두는 높은 유병률에 의해 사회 변이에 대한 통계적 분석을 가능하게 한다.

그러나 아동에 대한 타당한 건강 정보를 얻는 것에 여전히 문제가 남아 있다. 비교적 최근까지도 역학 조사에서 자녀의 건강 조사를 부모에게 의존했다. 심각한 장애를 훨씬 잘 보고하는 것처럼 보이면서도, 비교적 불분명하거나 지속성이 떨어지거나 아프다고 정의 내렸거나 또는 의학적으로 관련성이 있고 사회적으로 바람직한 것으로 인식되기 쉬운 증후나 상태가 불충분하게 보고됐을지도 모른다(Sweeting and West, 1998: 428). '11~16세 청소년 서부 스코틀랜드 종단 연구(Longitudinal West of Scotland 11 to 16 Study)'에서 일반적으로 부모가 아동보다 질병이나 징후를 보고하는 경향이 더 낮은 수준이었다고 조사했다. 부모와 자녀 사이의 특이한 차이점은 잦은 화, 불안, 불행 같은 불쾌함의 증상에서 반영되고, 이는 심리적 고통이 낮게 보고되는 중요한 영역이라는 것을 알려준다(Sweeting and West, 1998).

'11~16세 청소년 서부 스코틀랜드 종단 연구'와 같이, 증가하고 있는 수많은 조사들에서는 자신의 일반 건강, 질병, 징후에 대해 아동이 직접 보고하도록 만들고 있다. 미국에서 개발됐고 네덜란드에서도 실시된, '아동 건강 설문(Child Health Questionnaire: CHQ)'은 아동의 신체 건강, 정신 건강, 자존감, 만족, 행동을 측정하는 폭넓은 도구이다(Raat et al., 2002; Drukker et al., 2003). 영국 내에서 1995~1997년의 '잉글랜드 건강 조사'가 자료를 제공하는 중요한 영역이 되어 왔다. 1997년 이 자료는 심도 있는 분석을 위한 충분히 큰 표본을 제공하기 위해 2~15세 아동을 오버샘플링[2]한 후 성인과 비교할 수 있는 표본으로 삼았다. (일반적 건강, 키, 체중, 호흡기 건강, 사고, 신체적 활동에 대한 질문을 포함한) 많은 조사에서 13세 이상의 사람들로부터 정보를 직접 얻었다. 2~12세 아동에 대한 정보는 아동이 있는 상태에서 부모로부터 얻었다. 또한 8세 이상의 정보 제공자는 흡연, 음주, 지각하고 있는 현재 몸무게를, 13~15세의 경우에는 정신적 상태에 대한 질문을 포함하는 자가보고 설문지를 완성하도록

---

[2] 오버샘플링은 결과가 드물게 발생하는 집단으로부터는 표본을 많이 추출하고, 이에 대조되는 집단으로부터는 적은 비율로 표본을 추출해 분석을 위한 새로운 모형의 집합을 만드는 과정이다.

요구했다. (혈압, 폐 기능, 타액 내 코티닌 수준 같은) 많은 신체 검진이 간호사의 방문 방법으로 얻어졌다(Prescott-Clarke and Primatesta, 1998). 2002년 '잉글랜드 건강 조사'에서 아동 표본을 늘리고, 더 자세한 하위 그룹의 분석을 위해 2001년 '잉글랜드 건강 조사'로부터 결과들을 모았다. 또한 2002년 '잉글랜드 건강 조사'는 16~24세 청소년의 건강에 초점을 맞추어 진행됐다(Sproston and Primatesta, 2003).

아동과 청소년에 적절한 구조적 조사 도구에 대한 관심과 더불어, 아동의 관점과 건강 경험을 얻기 위한 질적인 연구 역할의 평가가 증가하고 있다(Ireland and Holloway, 1996; Armstrong et al., 2000; Morrow, 2001; Backett-Milburn et al., 2003). 이런 연구가 건강 불평등의 통계적 분석에 기여하지 못하더라도 신체적·정서적 행복에 대한 물질적 불이익의 영향을 조정할지도 모르는 (안전한 환경, 자아상, 동료와의 관계 같은) 요소들을 아동 건강에서 강조하도록 돕는다. 아동 발달을 강조하는 폭넓은 방법에서 아동 건강을 획득하고 진단하는 데 많은 관심이 쏠리고 있다(Graham and Power, 2004). '발달적 건강'의 개념은 신체적 건강 지표를 포함할 뿐 아니라 (학습 준비 같은) 인지적 영역, (자존감 같은) 정서적 영역, (흡연과 성적 행동 같은) 행동적 영역을 포함한다.

아동기와 청소년기 건강의 사회적 격차에 대한 근거의 평가에서, 아동과 청소년을 동일하게 다루는 데는 주의가 필요하다. 스위팅과 웨스트가 지적했듯이(Sweeting and West, 1998), 5세의 유아는 15세와 매우 다르고, 그들의 건강 문제가 똑같을 것이라고 믿을 만한 이유가 없다. 그러나 많은 저서에서 아동 유병률 자료는 넓은 연령대를 대상으로 얻어졌으며, 이에 따라 건강이나 건강 결정 요인의 연령에 따른 변화가 명확하지 않다. 추가적인 문제는 조사들에서 서로 다른 연령 구분치를 사용하는 것이다. 예를 들어 생애 초기가 끝나고 아동기가 시작되는 시기에 대해 의견이 일치하지 않는다. 1958년 '영국 출생 코호트(British Birth Cohort)'

의 자료를 이용한 연구들(Power and Matthews, 1997; Hertzman et al., 2001)은 생애 초기 요인을 얻기 위해서 출생과 7세에서의 지표들을 활용하는데, 이는 7세가 코호트 내에서 출생한 아동이 처음으로 추적된 나이이기 때문이다. 반대로 다른 통계 자료에서는 5세 미만과 이상 사이를 구분한다. 영국이라는 배경에서 5세라는 연령은 학령전기에서 학령기까지의 과도기를 구분하는 기준이기 때문에, 우리는 이 장에서 그리고 이어지는 세 개 장에서 5세를 연령 구분선으로 채택했다.

'청소년'의 정의는 더 어렵다. 11~12세부터 대개 이 시기로 구분하고, 중학교에 입학할 수 있는 나이로 사용된다. 그러나 언제가 청소년기의 끝으로 정의되는가에 대해서는 일치하는 바가 적다. 계속되는 교육과 연장된 부모에 대한 의존도의 경향을 볼 때, 많은 논평자들은 청소년이 25세까지 성인기의 완전한 시민권을 갖지 못한다고 주장했다. 따라서 '청소년기'는 점차로 12~25세로 확대됐다(West, 1999). 그리고 이 연령대의 양극에 있는 청소년의 특성과 환경의 상당한 차이를 고려할 때, 이 시기의 건강 변이의 해석에서 '초기(12~16세)'와 '후기(17~25세)'를 구분해야 한다고 웨스트는 제안했다(West, 1999). 그러나 아동에서 성인으로의 전환기가 오늘날 사회경제적 배경에 따라 다양함을 지적하는 것이 중요하다(Graham and Power, 2004). 부유한 가정의 아동은 교육을 지속하는 데 많은 혜택을 받고 부부생활과 부모가 되는 시기가 늦어지는 경향이 더 큰 반면, 가난한 가정의 아동은 16세에 학교를 그만두고 20대 초반에 부모가 되는 등 40년 전의 환경을 따라가는 경향이 더 크다.

마지막으로 아동과 청소년의 건강에서 사회적 격차를 묘사하려는 시도는 젠더에 따른 건강 차이에 민감하다. 젊은 남성과 여성의 건강 경험이 생물학적 성에 따라 다른 분명한 부분(예를 들면, 임신)을 제외하고도 남성과 여성이 심리적 스트레스를 경험하고 표현하는 방법에서의 차이가 중요한 것처럼 보인다. 사고와 상해 같은 다른 영역에서 건강위험에서 성의 차이가 존재한다. 그런 차이는 건강 결과와 사회적 상태(신분) 사이의 관련성에서 중요한 의미를 가진다.

사회경제적 지위 측정

아동과 청소년의 건강 상태에서의 사회적 격차에 대한 근거는 건강 결과 변수의 선택뿐 아니라 사회경제적 지위 그 자체의 특징에 의해 만들어진다. 많은 연구들에서 아동의 사회경제적 지위는 부모의 (직업적 사회계층, 수입 또는 교육 수준 같은) 사회경제적 지위로 표현된다. 사회계층 같은 전형적인 측정을 사용하는 것에 대한 많은 비평을 제외하고도, 이런 접근에 의한 문제들이 수없이 많다. 우선, 가난한 가구 내에서 부모는 자원을 자녀를 위한 항목이나 활동에 사용하지 않을 수도 있다는 일화적인 근거에 반해 제기되는 가정, 즉 가구 내 자원의 배분이 균일하다는 것을 가정한다(Micklewright, 2002: 13). 부모의 사회경제적 지위와 아동의 사회경제적 지위 사이의 관련성은 특히 자녀가 청소년기에 접어들었을 때 가족 외의 영향(학교, 동료 집단, 청소년 문화 등)이 가정환경에서의 차이를 감소시킬 수 있다는 사실로 인해 약화될 수 있다(West, 1997; Williams et al., 1997). 따라서 원래의 계층이 나중의 계층과 일치하지 않을 수 있다(West et al., 2001). 이러한 제한점들은 아동 삶에서 생기는 문제에서 그들 자신의 관점을 나타낼 필요가 있다는 좀 더 근본적인 비평과 더불어(Christensen and Prout, 2002; Prout and Hallett, 2003) 지표들이 더 적절하고, 아동 중심의 사회경제적 지위를 포함하도록 이끌었다.

아동의 사회경제적 지위를 파악하는 데 생기는 어려움에 대한 방법론적인 논쟁이 부분적으로 개인적 삶 궤도의 결정 요인에 대한 포스트모던 이론과 구조주의 사이의 인식론적 차이에 의해 지지됐다(Karvonen et al., 2001). 포스트모던 이론 지지자들은 세계적으로 교류하는 청소년 문화의 성장과 함께 계층에 기초한 구조적 분화의 중요성이 감소한다고 주장했다(Miles, 2000). 글래스고와 헬싱키에서 흡연, 음주, 물질 오용 등 청소년의 건강 행위 결정 요인을 조사한 카보넨 등은 청소년기 생활 방식의 영향이 사회계층의 영향을 훨씬 능가하므로 포스트모던 이론에 무게를 실어 조사했다고 밝혔다(Karvonen et al., 2001).

이와 반대로, 다른 사람들은 부모의 사회경제적 지위가 청소년의 삶의 기회에서 주요한 결정 요인이라고 제안한다. 예를 들어, 교육이나 노동 시장 결과가 여전히 사회계층의 단계에서 예측될 수 있다(Furlong and Cartmel, 1997: 110). 제8장에서 논의하겠지만, '중간계층' 가족의 청소년은 훌륭한 교육적 수준을 성취하고, 보수가 좋은 직장을 얻고, 좋은 삶의 질을 즐기는 경향이 유의하게 더 컸다. 반대로, 가난한 배경의 아동은 매우 적거나 부족한 교육적 수준을 가지고, 불안전하며 박봉의 직장을 얻기 위해 학교를 그만두는 경향이 더 컸다(Coles, 1995: 14). 이와 유사하게 아동기의 모든 건강 위험이 사회계층과 강력히 관련 있지 않을지라도, 사회 변이가 (키 같은) 특징 및 이후 건강의 중요한 의미를 가지는 행위들과 함께 사망률·유병률의 주요한 지표로 관찰됐다. 따라서 청소년을 세계화시키는 잠정적 균일화된 효과를 설명하는 것이 중요할지라도, 사회경제적 지위와 같이 좀 더 전형적인 측정을 명백히 배제하는 것은 아직 이르다고 할 수 있다.

사망과 질병 수준에서의 불평등

앞에서 언급했던 방법론적 문제들이 있지만, 많은 연구들이 나쁜 건강과 사망의 중요한 원인들이 상당한 사회적 격차에 기인한다고 주장했다. 가난과 관련 있는 아동기와 청소년기의 주된 건강 문제는 사고, 상해,

정신질환, 그리고 몇 가지 장기적 질환이다. 키 같은 어떤 신체적 특징에서의 사회적 차이가 제기되고 있으며, 이는 이후의 건강에 중요한 의미를 가질지도 모른다.

사망률

2000년 잉글랜드와 웨일스에서 5~14세 아동 841명, 15~24세 청소년 3,133명이 사망했다. 이 두 연령대 사망의 큰 원인 중 하나는 '상해와 중독'이었다. 5~14세 사망자의 30%, 15~24세 사망자의 58%가 이에 해당됐다. 두 연령 집단에서 상해에 의한 사망자수와 비율은 여성보다 남성에게서 유의하게 매우 높았다. 상해와 중독으로 사망한 아동과 청소년의 44%가 교통사고였다(자동차를 포함하면 95%). 그러나 노상 사고로 죽은 아동의 수는 점차 감소하고 있다(DfT, 2003). 반대로 자살, 의도적으로 가한 상해, 분명치 않은 원인으로 인한 상해는 지난 20년 넘게 증가했고, 2000년 15~24세 아동과 청소년 총 사망자의 40%가 이런 원인으로 사망했다. 나중에 이 장에서 다시 논의하겠지만, 젊은 남성의 자살 증가는 국민 건강 염려로 이끄는 특별한 문제이다. 2002년 영국에서 15~24세 남성 중 10만 명당 13.3명이 자살로 사망했는데, 이는 1976년의 9.8명과 대조된다(ONS 자료). 2002년 15~24세 여성 자살률은 10만 명당 3.7명 정도로 1976년의 4.6명보다 실제적으로 더 낮았고, 젊은 남성의 수치보다도 훨씬 낮은 수준이었다. 원인 불명으로 기록되거나 자살과 비슷한 방법으로 기록된 사망이 실제적으로 자살로 취급될 수 있으므로 문제의 심각성이 이들 수치에 반영되지 않았을지도 모른다는 점을 인지하는 것이 중요하다(Maughan et al., 2004a).

제1장에서 언급했듯이, 아동기와 청소년기 사망 위험에서의 사회적 차이가 1997년 건강 불평등에 대한 「10년 주기 증보 자료」에서 강조됐다

(Botting, 1997). 아동기와 청소년기에 걸친 사망률의 계층적 격차는 청소년 후기에 자살에 해당하는 형태인 사고와 상해에 현저히 기인한다(West, 1999). 다른 원인에 의한 사망률은 훨씬 낮은 계급적 차이를 보여준다. 많은 분석들에서 피고용 상태가 아닌 부모의 자녀를 포함시키지 않음에 따라(즉, 가장 불이익 집단을 제외시키게 됨에 따라), 아동기 질환 유병률에서의 사회적 변이 정도가 과소평가되어 왔을 수 있다고 주장하는 연구자도 있다(Judge and Benzeval, 1993). 그러나 아동기의 암(상해 다음의 사망 원인) 위험이 가난과 밀접하게 연관된다는 증거가 거의 없다. 실제로 가장 일반적인 소아암 중 하나인 급성림프구성 백혈병의 발병률은 사회경제적 수준이 높은 지역에서 더 높게 나타났다(Stiller et al., 2004). 따라서 자살을 포함한 사고·상해로 인한 사망을 제외하면, 사망의 위험에 관한 한 아동기와 청소년기는 비교적 '건강한' 연령대이며, 비교적 건강 평등으로 특징되는 연령대라는 가정이 지지된다.

사고와 상해

앞서 언급했듯이 사고와 상해는 아동기와 청소년기 사망 모두에서 가장 큰 원인이다. 5~14세에서 상해에 의한 사망 중 절반 이상이 교통사고를 포함하는데, 교통사고는 아동기 유병률에서 상당한 비중을 차지한다. 2002년 0~15세 아동 중 179명이 노상 사고로 사망했고, 4,417명이 심하게 다쳤으며, 3만 93명이 가벼운 상해를 입었다(DfT, 2003). 죽거나 심하게 상해를 입은 아동의 62%가 보행자였고, 13%는 자전거를 타던 아동이었다.

사회경제적 수준과 도로 관련 사고에 기인하는 아동 사망률의 관련성은 확실히 드러난다(Dougherty et al., 1990; Roberts and Power, 1996; Morrison et al., 1999; Hjern and Bremberg, 2002). 사회적 박탈과 치명적이지 않은

아동의 노상 상해 사이에 관련성이 보인다(Laing and Logan, 1999; Laflamme and Engström, 2002; Coupland et al., 2003; Lyons et al., 2003). 지역적 특성, 주택 형태, 가족 환경, 개인의 행위적·정서적 요인 등 복합적인 요인들이 가난한 배경의 아동을 상당한 위험에 처하게 하는 것처럼 보인다. 도시의 빈곤 지역은 부유한 지역보다 더 교통량이 많고 위험에 대한 노출이 잦다. 놀이 공간이 불충분하고 거리와 직접 연결된 주택에 사는 것은 아동 보행자의 사고 위험을 키운다(Dowswell and Towner, 2002). 가난한 아동은 학교에 걸어가는 경향이 더 많고, 풍요로운 집안의 아동보다 어른과 동반하는 경향이 적다는 것을 근거들에서 알 수 있다(Towner et al., 1994). 또한 결혼 상태(특히 편모의 경우)는 아동을 통제하는 부모의 능력 측면에서 위험과 관련이 있을 수 있다(Roberts and Pless, 1996). 그리고 (낮은 사회 수준과 그 자체로 관련되는 증후인) 과잉 행동을 하는 아동은 움직이는 차량을 포함해 사고의 위험이 높은 것으로 보인다(Lalloo et al., 2003).

영국에서 매년 노상 교통사고와 더불어 15세 미만 아동 중 100만 명 이상이 집 안에서 상해를 입는다(CAPT, 2002a). 집 안에서 사고를 당한 5세 미만의 아동 중 약 60%가 병원에 입원하고 그 가운데 71%가 사망한 것에서 알 수 있듯이 가정 내 사고는 5세 미만에서 가장 위험한 사망 원인인데, 1999년 5~15세 아동 중 40만 명 이상이 집에서 사고를 당해 병원에 입원했다(CAPT, 2002b). 그런데 빈곤 수준과 아동의 가정 내 상해의 관련성은 추락, 화상, 중독을 포함한 많은 범주에 걸쳐 있다(Hippisley-Cox et al., 2002; Lyons et al., 2003). 부모의 지식(사고 가능성과 효과적인 안전 점검 등), 행위(약물, 알코올 오용, 흡연 등), 환경(가정 내 안전 기구를 구매하기엔 불충분한 수입 등)이 사고의 원인으로 지적됐을지라도(Dowswell and Towner, 2002), 불이익이 가정 내 사고의 위험을 증가시킨다는 메커니즘은 잘 이해되지 않는다. 가정 난방기로 인한 상해와 아동 사망의 급격한 사회적 격차가 낮은 사회경제적 지위의 부모에게 나타나는 높은 비율의 흡연에 부분적으로 기여해 왔고, 가난하게 사는 부모가 화재경보기 구입을 고려하고 있지 않거나 높은 우선순위로 경보기의 전원을 관리하지 않는다는 연구 결과가 있다(DiGuiseppi et al., 1999: 402). 그러나 안전 기구의 엄청난 비용이 이에 영향을 줄 수 있을지라도, 지식과 태도의 차이가 사고 위험에 대한 사회 불평등을 설명하진 않는다고 다른 연구들은 주장했다. 예를 들어, 로버트 등은 가난한 부모도 자녀가 직면한 위험에 대해 매우 자각하고 있었다는 조사 결과를 발표했다(Roberts et al., 1993).

어린 아동이 가정에서 상해를 입을 위험이 더 커지는 경향일지라도, 집 밖(학교, 놀이터, 스포츠나 레저 시설, 거리 등)에서 생기는 교통과 관련이 없는 상해의 비율도 나이에 따라 증가한다. 이런 상해의 대부분은 치명적이지 않다. 청소년 초기의 이러한 상해 발생에서 사회경제적 격차에 대한 근거들은 분명치 않으며, 오히려 낮은 사회경제적 수준에서 상해의 위험이 낮아졌다고 몇몇 연구들에서 제안됐다(West, 1997; Williams et al., 1997; Lyons et al., 2000; Pickett et al., 2002). 이것은 높은 사회경제적 수준의 청소년이 스포츠나 레저 활동에 참가할 기회가 더 많다는 사실을 반영할지 모른다. 낮은 사회경제적 집단의 10~14세 아동에서 높은 비율의 폭력과 이와 관련된 상해를 보임에 따라 이런 사고 형태에 이의가 제기됐다. 그러나 폭력 관련 상해가 이 연령 집단에서 비교적 낮기 때문에 사회경제적 차이는 적다(Engström et al., 2002).

15~24세의 청소년 후기까지 거리에서의 교통사고가 상해에 의한 사망의 상당한 부분(41%)을 차지한다. 게다가 절대적 관점에서, 나이 든 청소년이 15세 미만 시기보다 더 많이 거리에서 죽거나 심하게 다친다. 교통 상해에 관한 위험 요인은 나이가 증가함에 따라 변한다. 앞에서 말했듯이, 2002년 노상 사고로 죽거나 심하게 다친 0~15세의 대략 2/3 정도는 보행자였다. 반대로 2001년 16·17~24세 노상 사상자의 약 60%가 자가 운전자였고, 추가로 20%가 오토바이나 모터 달린 자전거를 탔

다(DfT, 2002). 젊은 남성은 젊은 여성보다 훨씬 높은 위험에 처해 있는데, 이 연령대에서 자동차 운전자가 74%, 차 승객이 62%를 차지한다.

이유가 분명하게 이해되지 않더라도, 청소년 후기 동안 치명적인 도로 교통사고에서 사회계층적 격차가 존재한다. 빈곤 지역과 부자 지역 간의 교통량과 특징의 차이가 작용할 수 있다. 속도위반이 부자 동네보다 낮은 사회경제적 지역에서 더 일반적이다(MacGibbon, 1999; Stevenson et al., 1995). 또한 음주 운전에서의 사회경제적 차이가 작용할 수 있다. 2001년 16~24세의 심각한 노상 사고 사상자의 약 12%가 음주 운전자로, 운전자 중 적어도 한 명은 법정 혈중 알코올 농도를 초과했다. 30세 미만의 남성 운전자는 노상 사고로 개인적 상해에 관련된 후 음주 측정에서 알코올 농도 초과 발생률이 매우 높았는데, 17세 미만의 운전 면허증이 없는 운전자는 더 큰 위험에 처해 있다(DfT, 2002). 영국에서 젊은 음주 운전자의 사회경제적 특징에 대해 알려진 것은 거의 없다. 그러나 실업 같은 요소가 젊은 남성에서 음주 문제를 포함한 위험한 행동과 관련이 있어 왔다(Montgomery et al., 1998). 또한 낮은 사회경제적 수준은 폭주 경향과 관련 있다(Casswell et al., 2003). 따라서 성인 음주 운전자에서 보이는 사회계층적 격차(PACTS, 2003)가 청소년기에 먼저 나타날 수 있다.

도로 교통사고뿐 아니라 알코올은 청소년기의 폭행 위험 증가에 기여해 왔다(Richardson and Budd, 2003; Stanistreet and Jeffrey, 2003). 2002·2003년 '영국 범죄 조사(British Crime Survey)'에 따르면, 45~64세 중년 남성의 2.7%와 75세 이상 남성 노인의 0.4%와 비교해, 16~24세 젊은 남성의 15.1%가 인터뷰 전에 어떤 형태의 폭력 범죄를 경험했다. 모든 폭력 범죄의 1/3~1/4 정도가 알코올과 관련 있으며, 알코올과 관련된 희생자 비율이 16~19세 젊은 남성에서 가장 높았다. 실업은 알코올 소비가 높아짐에 따라 위험 증가 요인과 관련된 중요한 요인이다(Budd, 2003). 연령, 성, 사회경제적 수준과 관련해 폭행 피해자가 범죄자와 비슷한 양상을 보인다.

알코올에 기인한 청소년기의 사망은 도로 교통사고, 자살(이 장의 하반부에서 토론할 것이다), 폭행 등에 기인한다(Britton and McPherson, 2001). 알코올과 직접적으로 관련 있는 질병은 발병에 수년이 걸리기 때문에 상대적으로 청소년에게서 드물다. 그렇지만 젊은 남성에게서 명백한 사회적 격차는 직접적으로 관련된 알코올 사망률에서 나타난다(Harrison and Gardiner, 1999). 그러한 사망은 만성 알코올 질환(간경변 등)보다 알코올 중독 같은 급성 원인에 기인하는 경향이 더 많다. 과도한 알코올 소비는 허혈성 심질환, 결장암, 식도암, 유방암에 기인한 사망과 관련 있어 왔다(Britton and McPherson, 2001). 다시 말해, 그런 질환들은 시간이 걸리고 발전시키는 위험 요인들에 충분히 많이 노출되어야 발생한다. 그러나 음주 문제가 종종 청소년기에 생김에 따라, 청소년에서의 과음 증가에 대한 장기적 의미가 정책 관심의 초점이 되어 왔다. 제8장에서 이 이슈에 대해서 다시 논할 것이고, 건강 행위에서의 사회적 변이를 조사할 것이다.

정신 건강

정신 건강은 아동과 청소년의 건강 연구의 주요한 초점이 되어 왔는데, 이는 이 연령대에서 정신병의 중요성이 증가하는 것에 기인한다. 제2차 세계대전 이후 청소년에게서 심리적 장애 비율이 상당히 증가했다고 한다(Rutter and Smith, 1995). 이것이 정신 건강과 질병을 개념화하는 방법의 변화와 측정 문제를 부분적으로 반영하면서도(아동 행위에 대한 의료화에 대한 비평은 Coppock, 1997; Jutchins and Kirk, 1997 참조), 자살(정신병의 객관적 지표)의 증가로 인해 계속적으로 걱정거리가 된다.

아동과 젊은 10대에서의 정신 건강 문제는 가장 일반적으로 말을 안 듣고, 말썽부리고, 공격적이며 반사회적 행위가 특징인 행동 장애, 불안·

우울·강박관념 같은 정서 장애, 부주의 및 지나친 활동과 관련된 과잉 행동 장애 등으로 나타난다(Meltzer et al., 2000: 12). 섭식 장애는 보편적이지는 않으나 이 연령 집단에서는 잘 알려진 문제이다. 10대 후반과 20대 초기까지 정신분열증과 자살이 중요한 건강 문제일지라도 비교적 드물게 나타난다. 심리적 장애를 경험하는 위험은 연령과 성별에 따라 다양하다. 어린아이보다 나이 든 아동과 청소년에서 유병률이 높고, 정서적 장애와 섭식 장애를 제외하면 여성보다 남성에게서 더 높다. 1999년 '영국 아동과 청소년 정신 건강에 대한 국가통계사무소 조사(The ONS Survey on the Mental Health of Children and Adolescents in Britain, 이하 국가통계사무소 정신 건강 조사)'는 인디언 아동(특히 여성)이 백인이나 흑인 아동보다 더 낮은 수준의 정신장애를 보인다는 것과 같이, 위험에 대한 민족적 차이를 제시했다(Meltzer et al., 2000: 27). 그러나 청소년 후기의 젊은 아시안 여성은 자해 시도의 비율 증가와 관련해 더 취약한 것으로 나타났다(Bhugra et al., 1999).

여러 정신 장애가 동반되는 질환이 아동기와 청소년기에 일반적임에 따라 한 가지의 장애를 가진 청소년은 다른 장애를 가질 위험도 크다. 행위 장애를 가진 아동은 우울증을 겪을 위험이 더 크지만, 과잉 행동과 행위 장애 사이의 관련성은 더 강력하다(Maughan et al., 2004b). 아동의 정신적 건강과 신체적 건강 사이에도 관련이 있다. 1999년 '국가통계사무소 정신 건강 조사'를 보면, 신체적 질병(간질, 협조능력장애, 근육병, 언어 능력이나 언어 문제 등)은 정신장애의 확률을 82%까지 증가시켰다(Meltzer et al., 2000: 74). 정신 장애는 또한 교육적 장해 및 필요와 강하게 중복되는데, '국가통계사무소 정신 건강 조사'에서 정신 장애를 가지지 않은 아동의 15%와 장애를 가진 아동의 49%에게 특별 교육이 필요하다고 공식적으로 언급했다(Meltzer et al., 2000: 95).

많은 청소년이 아동기의 정신 건강 문제가 성인기에도 계속되는 초기 단계의 장해를 나타낸다(Maughan et al., 2004a). 성인의 정신 장애에 대한 위험의 증가뿐 아니라 장기간에 걸쳐 신체적 건강이 손상될 수 있다. 성인기 초기에 정신 건강 상태를 측정했던 이전의 학생들에 대한 추적 연구는, 불안이 암으로 인한 사망의 위험을 증가시키는 것과 양의 관계가 있으며, 경조증을 가진 젊은 남성에게 심혈관 사망 위험이 증가했다고 보고했다(McCarron et al., 2003). 범죄에 가담할 위험이 커짐에 따라 정신 건강 문제를 가지는 젊은 남성의 물질 오용 비율이 상당히 높게 나타났다. 젊은 범죄자를 대상으로 한 1997년 '정신질환 유병률에 관한 국가통계사무소 조사(ONS Survey of Psychiatric Morbidity)'에서 형벌을 받은 16~20세의 남성 중독자 중 81%(일반적인 지역사회는 3~7%)가 반사회적 인격 장애를 가지는 것으로 평가됐다. 정신분열이나 망상 장애 같은 기능적 정신병 환자의 10%가 젊은 남성 중독자들이었는데, 이는 일반적인 16~19세의 0.2%와 대조를 이룬다(Lader et al., 2000).

청소년의 정신질환이 개인, 가족, 지역사회, 나아가 사회에 상당한 영향을 가질지라도, 정신적·행위적 장애의 병인론은 아직까지도 명백히 이해되지 않는다. 유전적 소질, 신체적 질병, 교육적 장해, 학대·방치, 가족 결손, 대가족, 부모의 정신병, 부모의 범죄, 사회경제적 불이익, 실업, 주거 및 집이 없는 것, 학교 환경을 포함한 폭넓은 생물학적·심리적·사회적 요인들이 정신질환과 관련 있다(Wallace et al., 1997). 다년간 연구자들이 유전과 환경 요인의 상대적 중요성에 대해 논쟁해 왔다. 유전 연구의 최근 성과는 대부분의 아동기 장애가 상속 가능한 부분들을 내포한다고 주장한다. 그러나 이는 유전적 요소가 직접적이고 결정적인 방식으로 정신적·행위적 장애를 초래한다는 것을 의미하진 않는다. 다중적 위험 유전자가 환경적 위험에 민감해 (다른 요인들과 함께) 변이의 원인이 될 수 있다. 중요한 환경적 스트레스에 노출되는 것이 특정한 정신적·행위적 장애의 발현 여부를 결정한다(Simonoff et al., 1994; Caprara and Rutter,

1995). 정신분열증 같은 강력한 유전적 장애에서조차 환경적 위험 요인이 중요하다. 아동과 청소년에게 더 보편적으로 영향을 미치는 문제행동과 불안 같은 장애를 가진 경우에는 더욱 그러하다.

행위 장애

행위 장애는 아동기 심리적 장애의 가장 일반적인 형태로, 1999년 '국가통계사무소 정신 건강 조사'에서 5~10세의 4.6%, 11~15세의 6.2%가 이에 해당했다(Meltzer et al., 2000). 5~15세 여성의 3.2%와 비교해 남성의 7.4%가 행위 장애를 보이는 것에서 알 수 있듯이 남성이 훨씬 더 영향을 받았다. 반사회적 행위 징후는 시간이 흐름에 따라 변하는데, 환경적 기회 및 개인 모두에서의 변화를 반영한다. 패링턴은 "반사회적 아동은 학교에서 말썽을 부리고 분열을 일으킬 수 있는 반면, 반사회적 10대는 차를 훔치거나 주택에 침입해 강탈할 수 있으며, 반사회적 성인 남성은 아내를 때리고 자녀를 학대할 수 있다"(Farrington, 1995: 83)고 말했다. 반사회적 행위가 10대에서 가장 많고, 20대에서 감소한다고 근거가 있다. 따라서 청소년 범죄자의 상당수가 성인기 범죄에 가담하지 않는다(Smith, 1995: 428).

행위 장애 초기 징후를 보이는 10세 이전 아동과 반사회적 행위를 사춘기쯤에 시작하는 아동 사이에 뚜렷한 구분이 있다. 전자는 남성아동인 경우가 많고 더 공격적인 징후를 보이며, 과잉된 불법적 행동을 보이고 성인기에도 반사회적 행위를 지속한다. 이들은 폭력 범죄를 많이 범하고, 학교를 그만두며, 약물에 중독되는 경향이 더 큰 일부의 10대들로, 이런 행위로 인해 기회가 더욱 제한된다. 청소년기에 시작되는 행위 장애를 가진 아동은 남성만큼 여성에게도 나타나는데, 학교를 그만두고 계획되지 않은 임신을 하게 된다. 또한 약물과 알코올 중독, 실업 같은 요인이 반사회적 행위가 더 오래 지속하도록 이끌 수 있을지라도, 덜 극단적이고 덜 일관된 반사회적 행위를 보이며 성인기가 시작됨과 동시에 범죄와 의무 불이행을 그만두는 경향이 있다(Mash and Wolfe, 2002: 144~145). 생애 과정 동안 지속되는 반사회적 행위에 대해 유전적 기여가 많은 연구들에서 지지되나, 청소년기에서만 발생하는 반사회적 행위는 아니다(Smith, 1995: 434). 그러나 전자의 집단에서조차 유전적으로 상속되어 영향 받는 장해는 복합적인 유전자·환경 상호 작용의 산물이다.

아동기와 청소년기의 행위 장애와 관련된 대부분의 환경적 위험 인자들은 사회적 불이익과 매우 밀접하게 관련이 있다. '국가통계사무소 정신 건강 조사'에서 행위 장애를 가진 아동은 한부모, 재결합 가족, 공영주택, 저소득 가구 등의 생활환경을 가지고 있으며, 부모의 교육 수준이 낮거나 양부모가 모두 일하고 있지 않은 가구에 사는 경향을 보였다(Meltzer et al., 2000: 63). 가구 수준에서 사회 불이익과 행위 문제 간의 관련성이 적어도 부분적으로 부부간의 불화, 부모 역할 결손 같은 가족 변화에 의해 중재된다(Hill, 2002: 153). 부부 간 불화의 영향은 폭력과 부정성에 대한 노출, 이혼, 재정적 곤란, 가족 고립에 기인한 한부모와의 접촉 결여를 포함할 수 있다. 밀접하게 연관 있는 부모 역할의 양상은 빈약한 지도, 일관되지 않은 양육법, 권위주의, 방임주의, 적극적인 지원 결여 등을 포함한다.

생물학적이거나 유전적 요소의 연속성, 동료와 배우자 선택, 부모 역할과 사회화 실천, 빈곤을 반영하는 정도 등에 대해 논쟁 중일지라도, 반사회적 양상을 보이는 부모를 갖는 것은 행위 문제의 강력한 예측자이다(Smith and Farrington, 2004: 231). 반사회적 장애를 가진 모든 성인은 사실상 아동기에 처음 행위 문제가 발달했다. 그들은 교육의 실패, 실업 또는 간헐적 고용, 범죄 판결을 경험해 본 경향이 더 크다. 또한 반사회적 동료나 배우자와의 관계 형성이 더 커지는 경향이 있고, 폭력적인 결혼생활을 시작하고 그런 결혼생활을 영위할 위험이 증가하고, 반사회적 부모로서 자녀가 행위 문제 위험을 갖게 하는 행위와 태도를 자녀에게 보여 주게 된다(Fergusson and Lynsky, 1998; Hill, 2002; Healey et al., 2004; Simonoff et al., 2004). 그러한 경로로 이끄는 명백한 메커니즘에서 벗어나게 하는 것은 어렵다. 이는 부분적으로 다른 요소들 간의 매우 밀접한 상호 관계 때문이기도 하나, 시간이 흐름에 따라 표명되는 연쇄 효과 때문이다(Rutter, 1995, 1999). 따라서 공격적이고 반사회적 경향이 가족 내에 있을지라도 이것은 그런 가족이 벗어날 수 없는 범죄와 비행의 순환에 고정되어 있음을 의미하진 않는다.

예를 들어, 행위 문제는 물질적인 환경의 변화로 악화되거나 개선될 수 있다고 말해 주는 근거들이 있다. 미국 국가 종단 연구의 자료를 활용해 맥밀란 등은 가난에 장기간 노출되는 것이 유아의 행위 문제를 악화시킬지라도 아동의 부모가 처음에 가난했으나 연구 기간 동안 가난에서 벗어난 아동은 가난하지 않았던 어머니의 자녀보다 행위 문제를 발전시키는 경향이 더 존재하는 것처럼 보이진 않았다고 조사했다(Macmillan et al., 2004). 따라서 가난으로부터의 성공적인 탈출을 동반한 물질적 환경의 변화는 아동의 행위 문제 발전을 제한시킬 수 있다(Macmillan et al., 2004: 215).

이의가 제기될지라도 개인 및 가족의 특징과 관계없이 지역 환경이 아동의 행위 문제 발달에 영향을 미친다는 근거도 있다. 여아가 행위 장애를 발달시키는 것보다 불안 같은 내면의 문제를 보고하는 경향이 더 클지라도, 가난한 지역에 사는 것은 높은 그리고 낮은 경제적 배경의 남아뿐 아니라 여아에게도 위험을 나타낸다고 독일인 연구에서 주장했다(Schneiders et al., 2003). 지역사회 효과는 2세 정도의 어린 아동에게서도 나타난다(Caspi et al., 2000). 매우 어린 아동은, 지역의 사회경제적 불이익의 영향이 부모의 스트레스를 통해 (그리고 이것이 부모 역할에 영향을 미치는 방법으로) 중재될 수 있고, 부모가 자녀의 복지를 증진시킬 필요가 있는 사회 지지와 서비스에 대한 접근을 감소시킴으로써 중재될 수 있다. 아동이 점차적으로 집 밖에서 독립적이 되고, 지역 또래 집단이나 어른과 시설에 더 잦은 접촉을 가짐에 따라 지역사회 효과에 대한 직접적 노출은 더 중요하게 간주되는 경향이 있다(Leventhal and Brooks-Gunn, 2000; Schneiders et al., 2003). 지역 형태가 여기에서 작용할지 모른다. 지역 집단에 오랫동안 살아오고 집 밖에서 노는 아동은 어른과의 정기적 접촉 및 비공식적 지도를 제공하는 지역이나 친척과 계속적으로 접촉한다고 프리만과 스탠스펠드는 주장했다(Freeman and Stansfeld, 1998: 167). 반면 고층 주거 시설에 사는 청소년은 어른과 멀리 떨어져 지내며, 따라서 사회화 과정에서 성인 역할 모델에 영향을 받을 기회가 더 적다.

이들 요소는 막 중학교 연령이 된 영국의 흑인 아동에게서 행위 장애가 현저히 상승하는 데 작용할지 모른다. 초등학교 연령의 흑인과 백인 남아에서 행위 장애의 비율이 비슷할지라도, 11~15세에서는 백인 남아의 8.6%, 파키스탄인과 방글라데시인 남아의 4.6%, 인도인 남아의 2.3%와 비교해 17.8%의 흑인 남성이 영향을 받았다고 1999년 '국가통계사무소 정신 건강 조사'에서 확인했다(Meltzer et al., 2000: 34). 이러한 민족적 차이는 잘 이해되진 않는다. 프리만과 스탠스펠드는 사회적 불이익의 공간 집중과 함께 거주 격리가 저소득 흑인 지역사회에서 그들의 지역 및 공동 사회의 규범과 제재를 명확히 인식하는 것에 대한 결여로 이끌 수 있다고 주장했다(Freeman and Stansfeld, 1998: 152). 그러나 이것은 격리되고 불리한 파키스탄인과 방글라데시인 지역사회에서 왜 행위 장애의 비율이 낮은 상태인지를 설명하지 못한다. 다른 이들은 민족성 자체가 환경적 스트레스에 대한 심리적 반응을 표현하는 중요한 요소라고 주장했다. 비록 낮은 비율의 행위 장애를 가질지라도 10대 파키스탄인과 방글라데시인 남아의 정서적 장애는 평균율보다 더 높아 보인다.

미국에서 민족성이 어린 청소년에서 친사회적 태도의 발달과 관련 있으며(Smith et al., 1999), 젊은 아프리칸 미국인 성인에서 폭력적 행동의 강력한 예측자인 민족적 차별을 경험하는 것에 대한 효과를 완충할 수 있는 것과 관련 있다(Caldwell et al., 2004). 영국에서 젊은 흑인의 정신 건강과 학교 기관의 민족적 편견과 관련된 근거들이 부족할지라도, 교수법에서의 문화적 적정성의 결핍 및 차별과 인종적 편견에 대한 노출(예를 들어, 학교에서의 배제와 정책 관심의 높은 비율에서 반영되는)은 불만과 관련 있다(Bourne et al., 1994; Patel and Fatimilehin, 1999; London Development Aency, 2004; Tomlinson, 2005). 따라서 이 집단에서 행위 문제의 높은 비율이 다중적 스트레스나 (가난, 지역 상태, 차별 같은) 불행이 심리적 위험과 결합해 이러한 심리적 위험을 어떻게 증가시키는지를 반영할지도 모른다.

정서 장애

정서적 장애도 아동과 어린 10대에게 영향을 미치는 빈번히 발생하는 두 번째 정신 건강 문제이다. 1999년 '국가통계사무소 정신 건강 조사'에서 4.3%의 아동(5~10세의 3.3%, 11~15세의 5.6%)이 정서 장애를 가지고 있는 것으로 평가됐다. 이들 상당수가 분리 불안, 사회적 불안, 특이한 공포증 같은 형태의 불안 장애를 겪으며, 1% 미만이 우울증을 가지는 것으로 나타났다. 아동과 청소년에서 불안과 우울증 간의 강한 연관성이 있고 불안 장애가 종종 우울증의 선행 요인이라고 한 종단 연구에서 밝혔다(Fombonne, 1995a: 572).

행위 장애와 반대로 11~15세의 파키스탄인과 방글라데시 남아가 특히 영향을 받더라도(12.4%), 정서 장애의 비율은 일반적으로 10대 여아에서 더 높다('국가통계사무소 정신 건강 조사'에서 남아의 5.1%와 비교해 6.1%로 나타났다). 일반적으로 남성은 외부로 자신의 문제를 표현하는 반면, 여성은 장애를 내면화하는 경향을 보인다는 사실을 유전적 영향과 젠더 역할 적응 탓으로 다양하게 해석한다. 금지·추종·순종을 지지하는 문화에서 아동의 두려움은 발달적 과정과 표현에 영향을 미칠지라도, 불안 장애에 대한 문화 비교 연구는 제한되어 있다(Mash and Wolfe, 2002: 187).

행위 장애와 같이, 아동기와 청소년기의 정서 장애는 강력하게 사회 불이익과 관련 있다. 1999년 '국가통계사무소 정신 건강 조사'에서는 위험 요인으로 한부모와 살고, 부모가 교육을 받지 않은 가구에 살며, 부모가 모두 일하고 있지 않으며, 저소득 가구이고, 공영주택에 사는 것 등을 꼽았다(Meltzer et al., 2000: 63). 사회적으로 불리한 위치에 있는 가족에서 종종 나타나는 스트레스가 많은 상태 때문에 불안이 유전적 취약성을 가진 아동에서 유발될 수 있을지라도, 가족 요소와 불안 장애 간의 관련에 대해서는 잘 알려지지 않았다. 그런 아동은 특히 비판적이고, 통제적이며, 가혹한 부모 역할에 민감할 수 있다. 초기의 불안정한 애정 또한 위험 요인일 수 있다(Mash and Wolfe, 2002: 190~191). 제4장에서 살펴봤듯이, 이것은 어머니의 불안 및 우울증과 관련 있다.

불안 장애가 청소년에게 작지만 중요한 부분으로 영향을 미칠지라도, 정서적 징후가 훨씬 많은 비율을 차지한다. '일반 건강 설문(General Health Questionnaire)'의 12가지 조사 항목을 사용해 1999년 서부 스코틀랜드에서 실시한 연구에서 15세 남아의 15%, 여아의 33%가 잠정적 임상 의의를 가지는 심리적 고통을 호소했다. 1987년 조사에서 남아의 13%와 여아의 19%였던 것과 비교하면, 이 연구 지역에서 여아의 정신 건강이 시간이 흐름에 따라 더욱 악화됐음을 알 수 있다. 좀 더 심각한 정서 장애와는 달리, 기술을 가진 중간계층의 노동자 가정의 여아가 훨씬 더 높은 위험에 처해 있다고 조사됐다. 심리적 고통에 대한 사회계층적 차이는 남아에서는 발견되지 않았다. 개인 본질에 대한 좀 더 전형적인 관심과 함께 교육에 대한 기대 증가는 중간계층 여성에서 정신 건강에 관한 나쁜 결과를 가지는 것과 함께 스트레스의 수준을 높이고 있다고 한 분석에서 제시됐다. 이는 동시에 영리해지고 매력적으로 보이려는 압력이 가장 강한 집단에서 특히 더하다(Sweeting and West, 2003).

사춘기 이전에는 드물지라도, 우울증은 청소년과 젊은 성인 사이에서 꽤 빈번하다. 다시 말해, 경증과 중증에 대한 구분이 있어야 한다. 대개 일시적인 우울 증후는 청소년의 30~50% 정도가 겪는데, 어떤 장애의 일부라기보다 주변 환경의 사건들과 관련 있다. 우울증은 식별 가능한 징후들의 한 무리를 포함하고 분리시킨 우울 징후보다는 덜 보편적이다. 이런 우울증은 영속성과 장애를 갖는 우울증 장애와 구분된다(Fombonne, 1995a). 우울증 장애는 13세 이전에는 거의 시작되지 않고, 아동과 청소년보다 젊은 성인에서 더 흔하다. '국가통계사무소 정신 건강 조사'에서 5~10세의 0.2%가 우울증을 가지는 것으로 나타났는데, 이는 11~15세의 1.8%와 대조적이다(Meltzer et al., 2000: 33). 우울증이 일시적임에 따라 유병률도 징후가 측정된 시기에 따라 다양하다. '국가통계사무소 정신 건강 조사'에서는 14~18세에서의 우울 장애 유병률은 3% 정도였다(Mash and Wolfe, 2002: 204). 1년 넘게 진행된 '핀란드 의료 조사(Finnish Health Care Survey)'에서 청소년의 우울 장애 경험 유무를 반영하는 생애 유병률은 15~20% 정도로 높았는데(Kessler and Walters, 1998; Wittchen et al., 1998), 15~19세 청소년에서 5.3%, 20~24세 젊은 성인에서 9.4%의 비율을 보였다(Haarasilta et al., 2001).

젊은 여성은 젊은 남성보다 훨씬 많이 우울증을 겪는 것으로 보일지라도 이것이 유전적 취약성, 일반 여성 호르몬의 성숙 과정이나 젠더 사회화를 반영하는 범위에 대해서는 논쟁 중이다. 경제적 곤란, 부부 불화, 부모로서의 고충 같은 가족 내의 문제들은 청소년 여성의 우울 증후 발달과 밀접하게 관련 있다. 이것은 대응 스타일에서의 대인 관계 스트레스나 젠더 차이에 대한 강화된 민감도를 반영할지 모른다. 내면화 증후를 보이는 청소년 남성의 비율이 더 낮은 것은, 문화적 이유들로 본다면 그들이 가족으로부터 좀 더 일찍 벗어날 수 있다는 사실을 반영할지 모른다(Crawford et al., 2001). 문화적 가치관도 여성에서 부정적 신체 이미지를 발달시킬 위험과 관련 있는데, 사춘기 이전의 신체 외형에 대한 최근의 장려를 볼 때 사춘기에 의한 신체 변화가 환영받지 않고 있다는 것을 의미한다. 반대로, 남성은 키가 자라고 강해지는 것을 긍정적인 태도로 바라본다(Fombonne, 1995a: 580). 그리고 여아는 내면화 증후를 발달시키는 반면 남아는 행위 문제들을 발달시킴에 따라 우울증 위험에서의 젠더 차이는 남아와 여아가 다른 방법으로 유사한 환경적 스트레스 요인에 대응한다는 사실에서 비롯된다고도 볼 수 있다.

청소년과 젊은 성인에서 우울증에 대한 가장 심상치 않은 결과는 자살이다. 앞에서 서술했듯이, 1970년대 이후로 젊은 남성의 자살률이 상당히 증가해 왔음을 공식적 통계가 보여 준다. 2000년 잉글랜드와 웨일스에서 376명의 청소년이 자살이나 자해로 인해 생명을 잃었다. 이 수치가 자살의 실측값을 다 나타내지는 못한다고 하더라도, 공식적으로 수집된 수준의 세 배 이내로 추정할 수 있다(Madge and Harvey, 1999). 영국의 청소년 자살률은 다른 많은 나라보다 낮다. 2002년 영국에서 15~24세 10만 명의 남성당 13.3명이 자살했는데, 뉴질랜드의 남성 청소년의 자살률은 10만 명당 39.5명(Beautrais, 2000a)이고, 오스트레일리아는 30.9명이었다(Lynsky et al., 2000).

젊은 남성에서 자주 발생하는 자살과 반대로, 고의적 자해는 젊은 남성보다 젊은 여성에서 더 높았다. 고의적 자해가 자살기도와 자살에 이르지 않는 자기 상해 모두를 포함하더라도, 이러한 사용된 방법, 의지의 심각도, 고통의 표현 방법 차이를 반영하는 정도를 젠더에 따른 차이로 완전히 설명하지는 못한다. 예를 들어, 웹은 고의적 자해의 병원 기록이 여성에서는 약물 과용으로 인한 입원 등으로 바뀌어 기록되는 반면, 청소년 남성과 젊은 남성에서 표현되는 고의적 자해는 거의 기록되지 않는다고 주장했다(Web, 2002). 따라서 잠정적 및 실제적인 고의적 자해에서의 젠더 차이는 연구들에서 제시되는 것만큼 심하지 않을지도 모른다.

자살과 고의적 자해 간에 상당한 차이가 있을지라도 어떤 경우 자기 손상은 자살에 대한 보호 요인이자 불안에 대한 대응 전략이 되는(Webb, 2002) 동시에, 비슷한 위험 요인이 고의적이고 완성된 자살에 대한 취약성을 증가시키는 것으로 보인다. 이것은 정신 건강 요인, 개별적·성격적 요인, 사회적이며 가족적 위험 요인, 스트레스가 많은 삶과 나쁜 생활환경, 환경적이고 전후관계적 요인들을 포함한다(Beautrais, 2000b).

청소년기의 자살 행동은 우울증, 물질 오용, 반사회적 행위와 밀접하게 서로 관련 있다. 우울 질환을 가진 15%의 청소년이 궁극적으로 자살할 것이라고 추정되듯이(Fombonne, 1995a: 574), 아동기와 청소년기의 우울증은 특히 강력한 위험 요인이다. 청소년 우울증의 다양한 특질로는 낮은 자존감, 절망감, 낮은 문제해결 능력, 사회적 퇴출과 소외 쪽으로의 경향 등을 꼽을 수 있다. 폭넓은 가족 수준의 요인들로는 자살과 고의적 자해의 증가된 위험(Beautrais, 2000b), 부모의 정신병리, 자살 행동의 가족력, 부부 간의 불화, 부모 지지의 결여나 단절, 성적이고 신체적인 학대에의 노출 등을 꼽을 수 있다(Diekstra et al., 1995; Anderson, 1999; Sauvola et al., 2001; Webb, 2002). 심각한 정신병을 가지거나 가지지 않은 청소년에서는 나쁜 생애 사건 — 구속, 벌금, 형벌 등 — 이 자살보다 자주 우선한다(Cooper et al., 2002). 정신 장애 위험 요인인 나쁜 가족 환경과 생애 사건에의 노출은 사회적 불이익과 밀접하게 관련되어 있어 낮은 사회계층 집단(Hawton et al., 1999, 2001)에서, 실업자 집단(Gunnell et al., 1999; Hawton et al., 2000)에서, 젊은 범죄자와 약물 중독자 집단(Christoffersen et al., 2003)에서 자살 및 고의적 자해의 높은 비율이 관찰된다. 이에 따라 자살 행위를 사회적 배제라고 묘사할 수 있다. 또한 환경적·맥락적 요인과 자살 행위 간의 관련성이 발견되는데, 이는 자살의 개념을 '정상화'하는 미디어의 역할과 자살을 금기시하는 종교적 믿음의 약화를 포함한다. 지역 배경도 중요할 수 있다. 예를 들어, 증가된 압박과 낙인으로 인해 실업률이 낮거나 떨어지는 지역에서 실업에 대한 상대적 위험이 더 클 수 있다(Crawford and Prince, 1999).

주의력 결핍 과잉 행동 장애

영국에서 아동과 청소년의 정신 건강에 대한 '국가통계사무소 정신 건강 조사'에서 보고된 과운동성 장애는 세 번째로 보편적이며, 5~15세 남아의 2.4%, 여아의 0.4%에 영향을 미쳤다(Meltzer et al., 2000). 주의력 결핍 과잉 행동 장애(Attention Deficit/Hyperactivity Disorder: ADHD)의 유병률 추정치는 3~5%(Doggett, 2004)이고, 학령기 아동에서 5~10%라고 최근의 고찰들에서 보고됐다. 이 유병률은 국제 추정치보다 낮은 수준에 속한다. 지속적이고 나이에 부적절한 부주의 징후, 과도한 활동, 충동성 등으로 특징화되는 아동기 과잉 행동은 반사회적 행동, 약물, 알코올 문제, 또래집단이나 자기존중감에 대한 문제, 나쁜 학교 성적 등의 위험 증가와 관련 있다(Willoughby, 2003). 그러나 주의력 결핍 과잉 행동 장애가 정당한 개념인지 또는 개인 및 사회관습의 문제에 대한 희생양은 아닌지에 관해서 논쟁이 있어 왔다(Sava, 2000). 주의력 결핍 과잉 행동 장애의 구성 징후들을 치료하는 것이 아동에게 부적절한 약물 치료를 행하고 폭넓고 사회적인 지지에 대한 그들의 필요를 인식하도록 하는 데 부분적으로 실패를 초래했다. 완전한 주의력 결핍 과잉 행동 장애 증상을 나타내는 범주에 해당하는 비교적 적은 미국 아동이 약물 치료를 받고 있다고 다른 연구들에서 제안됨에도 불구하고(Jensen et al., 1999), 학령전기 아동에 대한 정신자극제 약물의 사용 근거(Zito et al., 2000)가 특히 논쟁이 되는 오스트레일리아와 미국에서 주의력 결핍 과잉 행동 장애 규정 비율이 특히 높다. 영국의 경우 주의력 결핍 과잉 행동 장애를 진단하고 약을 처방받기 원하는 부모의 요구가 있었지만, 의사들은 반항(reluctance)

을 넘어선 주의력 결핍 과잉 행동 장애 유형의 징후를 치료하는 데 관심이 더 적었다(Norris and Lloyd, 2000). 그러나 영국에서 주의력 결핍 과잉 행동 장애 치료에 쓰이는 메틸페니데이트(methylphenidate 또는 Ritalin)가 급격히 증가했다고 최근의 근거들에서 제시됐다(Bramble, 2003).

주의력 결핍 과잉 행동 장애의 진단과 관리를 둘러싼 논쟁에도 불구하고, 과운동성 장애의 징후를 보이는 아동은 사회적으로 불이익을 받는 경향이 있다. 1999년 '국가통계사무소 정신 건강 조사'에서 어떤 정신질환도 보이지 않는 아동과 비교해 과운동성 장애를 가진 아동은 공영 주택, 저소득 가구, 부모가 어떤 교육도 받지 않은 가구에 사는 경향이 더 컸다. 사회계층 I이나 II에 속하는 가구 및 일하는 부모인 경우 과운동성 장애는 적게 나타났다(Meltzer et al., 2000: 64). 다른 아동 정신 장애와 같이 유전적·환경적 요소 모두가 주의력 결핍 과잉 행동 장애의 병인과 관련되어 있다(Biederman and Faraone, 2002). 환경적 요인에는 부모의 애정, 어머니의 불안·우울증 같은 심리사회적 불행이 포함된다(Nigg and Hinshaw, 1998). 자궁 내에서 담배연기에 노출되는 것 또한 아동의 주의력 결핍 과잉 행동 장애 및 그 징후들과 관련 있는 것으로 추정된다(Linnet et al., 2003; Thapar et al., 2003).

섭식 장애

최근 소아 비만의 급격한 증가로 인해(제8장 참조) 신경성 거식증(anorexia nervosa)과 신경성 과식증(bulimia nervosa) 같은 섭식 장애(eating disorders)에 대한 문헌들에 관심이 줄었다고 할 수 있다. 또한 청소년기 소녀에서 높은 비율로 보일지라도(Fombonne, 1995b) 섭식 장애는 비교적 드물게 나타나는데, 1999년 '국가통계사무소 정신질환 조사'를 보면 11~15세 여성에서 0.4%, 남성에서 0.1% 정도의 수치를 보였다(Meltzer et al., 2000). 다른 정신 장애들과 마찬가지로 폭식, 스스로 유발한 구토,

완하제 오용 같은 섭식 장애와 섭식 불안(disturbance)을 구분할 수 있다. 후자가 더 일반적이다. 예를 들어 캐나다 연구에서 12~14세 소녀의 13%, 15~18세 소녀의 16%가 권장 수준 이상의 섭식 태도 점수를 보였다고 조사했다(Jones et al., 2001).

섭식 장애와 관련되어 있는 위험 인자들은 유전적 요인, 거식증에서의 불안 및 완벽주의 경향을 갖는 심리적 요인, 과보호 같은 가족적 요인 등이다. 섭식 장애 위험은 상위의 사회계층에서 더 높다. 또한 제2세대 이민자에서 섭식 장애 위험이 더 높다는 근거가 있지만, 개발도상국에서 산업 국가로 이주한 청소년은 본국에 머무는 청소년보다 더 위험에 처한 것으로 나타났다(Fombonne, 1995b). 예를 들어, 영국에서 비정상적 섭식 태도와 행위는 아시아 출신의, 특히 방글라데시에서 온 소녀에게서 높은 것으로 조사됐다(Furnjam and Adam-Saib, 2001).

정신분열증

정신분열증은 만성적이고 무기력한 정신병 중 하나이다. 인구의 대략 1% 정도가 정신분열증을 앓고 있으며 대개 청소년 말기에 나타난다. 25세 이전의 이른 발병은 이후의 발병보다 더 나쁜 징후 및 사회적 결과를 갖는 것으로 보인다(Hollis, 2000). 따라서 정신분열증을 가진 청소년은 교육적 실패, 실업, 노숙 및 건강하지 못한 생활양식을 경험할 가능성이 더 높다. 사회적 원인이나 사회적 표류(사회적 이동의 하향)를 반영하는 범위에 대해 논쟁 중이지만 정신분열증과 빈곤 사이에는 강한 관련성이 있다(Koppel and McGuffin, 1999).

해리슨 등은 사회계층 IV~V에 있는 아버지를 두었거나 빈곤 지역에서 태어난 사람이 정신분열증의 위험이 증가한다고 조사한 반면(Harrison et al., 2001), 다른 연구들에서는 정신분열증 위험과 사회경제적 배경 간의 연관성이 모호하다는 결론을 내렸다. 예를 들어, 아일랜드인 연구에서는 최상위 사회계층에서 약간 과도한 위험이 발견됐다(Mulvany et al., 2001). 덴마크인 연구에서는 증가된 위험이 부모의 실업 및 부모의 낮은 수입과 관련이 있었으나, 부모의 고학력과도 관련이 있었다(Byrne et al., 2004). 1953년에 태어난 스웨덴인 코호트의 자료는 정신분열증의 유병률에서 사회적 불평등에 대한 설명을 지지하면서 동시에 높은 사회적 위치에 있는 부모의 아동에서 정신분열증 위험이 높다는 몇 가지 근거를 제공했다(Timms, 1998).

정신분열증의 유병률에서 민족적 차이가 보고됐는데, 영국에 사는 젊은 아프리칸-캐러비언 남성이 불균형적으로 많았다. 그러나 이런 차이가 현실을 반영하는 것인지 또는 정신분열증의 진단과 관리에서 오류로 초래됐는지에 대해 논쟁이 있다. 1993·1994년 영국에 사는 주된 소수민족 집단을 포함한 대규모 조사인 '소수 민족에 대한 제4차 국가 조사 (Fourth National Survey of Ethnic Minorities)'에서 정신분열증의 처음 발병이 특히 젊은 아프리칸-캐러비언 남성에서 높았다는 병원 입원 자료에 기초한 연구를 지지할 근거가 없다고 조사됐다. 정신이상의 치료율이 아프리칸-캐러비언 남성에서 높을지라도 지역사회 유병률은 백인의 비율과 비슷했다. 이런 결과는 무응답 같은 방법론적 한계에 의해 영향을 받았을 수 있다. 그러나 오진, 치료의 차이, 일반의사 서비스에 대한 낮은 접근성 등에 기인해 아프리칸-캐러비언 남성이 지나치게 대표성을 띤다는 주장도 있다(Nazroo, 1999).

신체적 건강

정신 건강과 반대로, 신체적 건강에서의 사회경제적 변이에 대한 근거는 모호하다. 많은 지표들을 활용한 1995~1997년 '잉글랜드 건강 조사'는 신체적 건강의 차이가 사회계층 집단보다 민족 간에 더 뚜렷했음을 보여 주었다. 예를 들어, 아시아 출신의 아동이 오랜 질병을 보고하는 사례는 절반 수준으로 보인다(Boreham and Prior, 1998). 천명과 천식도 소수 민족 아동에서는 덜 보편적이다(Primatesta et al., 1998). 오랜 질병과 사회경제적 지위 사이에서 어떤 일정한 관련도 발견되지 않았으며, 제한된 오랜 질병의 유병률이 가구 수입의 하위 오분위에서 더 높았을지라도 사회계층적 차이가 현저하지 않았다. 조사에서 수축기 혈압과 사회계층이나 가구 수입 간의 어떤 분명한 관련성을 찾을 수 없었으며(McNunn et al., 1998), 유병률이 공영 주택과 플랫식 공동 주택3)에 사는 가구 수입 하위 오분위에 해당되는 아동에서 더 높았을지라도 천명 증상과 의사에 의해 진단된 천식에서 어떤 유의적인 사회계층적 차이가 관찰되지 않았다(Primatesta et al., 1998).

시간이 흐르면서 신체적 건강의 측정 방법이 다양해짐에 따라 사회경제적 차이가 뚜렷하게 드러났다. 2002년 '잉글랜드 건강 조사'에서, 몇 가지 오랜 질병과 그것의 유병률이 0~15세와 16~24세의 남성과 여성의 경우 가구 수입 하위 사분위에서 유의하게 더 높았다. 청소년에서 천명과 의사 진단 천식의 유병률이 가구 수입의 감소에 따라 증가(Primatesta, 2003)하는 등 사회경제적 지위와 호흡기 증상 간의 관련성은 1995~1997 조사보다 2002년 잉글랜드 건강 조사에서 더 일관적으로 나타났다. 또한 최근의 조사는 아동과 청소년에서의 심혈관 위험 요소의 사회적 격차 근거를 제시했다. 7~9세와 13~15세의 남성과 경영직 및 전문직 가구의 20~24세를 제외한 모든 연령대의 여성에서 준정규직 및 정규직 가구보다 유의하게 수축기 혈압이 더 낮았다. 그러나 사회경제적 지위의 다른 지표에서는 어떤 분명한 유형이 보이지 않았다(Falaschetti and Hirani, 2003).

---

3) 같은 층에 있는 여러 방을 한 가족이 살 수 있도록 꾸민 집.

건강 불평등의 근거는 다른 건강 지표와 함께 사용됐다. '웨스트미들 랜즈 연구(A West Midlands Study)'에서 빈곤이 모든 연령 집단에서 호흡기 감염으로 인한 병원 입원율의 증가와 관련 있다고 조사됐다(Hawker et al., 2003). 또한 성인과 청소년에서 제2형 당뇨병 유병률과 빈곤 사이의 관련성이 언급됐으나(Feltbower et al., 2003), 아동이나 청소년기에 주로 시작하는 제1형 당뇨병의 유병률은 사회경제적 지위와 관련 있는 것처럼 보이진 않는다(Baumer et al., 1998; Connolly et al., 2000). 앞에서 언급했듯이, 아동기의 암 위험이 가난과 상당히 관련 있음을 제안하는 근거도 매우 적다.

아동기와 청소년기의 건강 패턴은 신분에 의한 신체적 건강 결과에서 실질적이고 일관된 변이가 보이는 초년기 및 성인기와 반대된다. 가장 심각한 만성 질병을 제외하면 아동기에서 청소년기로의 과도기는 건강 상태의 계층 격차가 청소년기에서 사라지는 평등화(equalization) 과정과 관련 있다고 어떤 연구자들은 주장했다(West and Sweeting, 2004). 이것은 사회계층 차이를 평등화시키는 가족과 지역의 영향 효과를 감소시키는 가족 외 요소-학교, 동료 집단, 청소년 문화- 의 영향이 증가됨을 반영한다(West, 1997). 그러나 '상대적 평등'에 대한 설명과 근거는 계속 논의되고 있다.

우선, 모두는 아니고 몇 가지 근거에서 '상대적 평등'에 대한 설명을 지지한다는 점에 유의해야 한다. 그리고 낮은 사회계층 청소년이 유병률을 낮게 보고하는 경향이 더 클 수 있다(Dennehy et al., 1997: 50). 마지막으로, 생애 주기에 걸친 질병 분포의 인구학적 차이가 아동기와 청소년기에서 신체적 건강의 비교적 약한 사회경제적 격차를 설명할지 모른다. 청소년은 비교적 좋은 상태의 건강을 즐긴다. 천식은 아동기의 가장 보편적인 만성 질병이고 이런 질병의 발전에 관련 있는 요소들은 사회적 불이익과 밀접하게 관련되어 있지 않다(Helms and Christie, 1999). 반대로,

성인 말기의 주요한 만성 질환－심장병, 암, 제2형 당뇨병 등－에 대한 위험 요소들은 사회경제적 지위와 밀접하게 관련된다. 따라서 청소년기에서의 건강 평등화는 이 연령대에서 건강과 나쁜 건강이 나타나는 방법을 반영하는 것보다 청소년 문화의 평등화 효과의 반영이 더 낮을 수 있다. 다음의 두 관측 소견이 이 결론을 지지한다. 첫째, 어떤 특정 질병(예를 들면, 제2형 당뇨병)의 병인이 사회적 인과관계를 갖는다면 유병률에서의 강력한 사회적 변이가 청소년기에 관찰된다. 둘째, 심장질환, 암, 제2형 당뇨병이 젊을 때는 드물지라도, 이런 질병의 발달에 위험을 제공하는 것으로 알려진 노출은 청소년기에 매우 보편적이며 이들 위험 요소들은 사회경제적 지위에 따라 다양하다. 따라서 주요한 건강 행위의 관점에서, 청소년 문화 같은 영향이 사회계층 차이를 역전시킨다고 주장하는 근거는 매우 희박하다.

정책적 함의

영아기와 성인기에 비해 아동기와 청소년기의 빈곤과 건강 간 관련성에 대한 관심이 상당히 적었다. 단기뿐 아니라 장기적으로 건강 불평등의 감소를 위한 함의를 가질 수 있는 중재에 초점을 두는 생애 주기의 중요한 기간임을 생각할 때 아동기와 청소년기의 상대적 방치가 부적절하다. 불행히도 역학 연구의 부족이 서비스 발달과 평가의 결여와 동반되어 왔다. 따라서 제7장에서 논의하듯이, 몇 가지 경우에는 정책이 더 어린 연령 집단에 초점을 맞추지 못했다. 여러 연구가 아동이나 청소년에 초점을 맞췄으나 연령대에 걸친 중재의 효과를 측정하기 위한 충분한 정보를 생산하진 못했다.

제4장에서 기술했듯이, 앞서 보여 준 연구 근거는 정책 의제에서 우선

순위로 여겨져야 할 주요한 문제, 경로, 취약성의 근원을 파악할 수 있도록 만든다. 사고·상해와 정신적 건강은 아동기와 청소년기 동안 빈곤과 관련된 주된 건강 문제로 등장한다. 상해는 영국에서 아동 사망의 가장 중요한 원인일 뿐 아니라 이 집단의 다른 사망 원인보다 격심한 사회계층적 격차를 가진다. 또한 사회적 박탈과 거리나 집안에서의 치명적이지 않은 상해 간의 관련성이 인식됐다. 반대로, 집 밖에서 생기는 교통사고 외 상해의 위험은 낮은 사회경제적 지위와 함께 감소할지 모른다. 많은 개인적·가정적·지역적 요소가 가난한 아동을 더 큰 위험으로 이끌 수 있으므로 여러 수준에서 운영되는 중재의 필요를 제안한다. 제7장에서는 다수준 프로그램이 성공적으로 계획되고 평가되는 정도를 다룰 것이다. 무엇이, 누구를 위해, 어떤 배경에서의 연구 근거를 묘사하고 있는지 살펴볼 것이며, 현재 연구와 평가 결과의 주요한 격차를 파악할 것이다.

아동기와 청소년기 동안 유의한 건강 불평등에 의해 구분되는 두 번째 영역은 정신적 건강이다. 청소년에서 심리적 장애의 비율 증가, 낮은 교육적 성과에 대한 정신적 건강 문제의 영향, 제한된 고용 가능성, 불안정한 관계, 빠른 부모 역할, 범죄와 성인 정신병의 장애 관련에 대한 관심의 증대가 아동기와 청소년기의 정신적 건강 문제로 관심을 집중시켰다. 그러나 제7장에서 제안하듯이, 본질적으로 정신 건강의 원인보다는 범죄, 비행, 약물 사용과 함께 증상에 더 열중해 왔다. 정신 건강 문제로 고통 받는 청소년이 사회에서 가장 취약한 사람들이라고 근거에서 제안하는 것을 볼 때 이것은 문제이다. 아동기와 청소년기의 가장 일반적 장애의 유병률이 강력하게 사회 불이익과 관련 있고, 초년기에 상당한 불행을 경험한 아동은 특히 위험이 증가한다(제8장 참조). 아동기의 정신 건강 문제가 존재한다는 것은 장해의 초기 단계가 성인기까지 계속되는 것을 의미한다. 따라서 정신과 행동 장애는 사회적 배제를 심화하는 요소이면서 산물이다.

앞에서 언급했듯이, 다양한 개인, 가족, 폭넓은 환경 영향이 정신질환 위험과 관련 있기 때문에 다방면에 걸친 접근의 필요성이 다시 한 번 제안된다. 개인에 집중된 요법과 치료, 가족요법, 부모 역할 프로그램(제5장 참조), 학교에 기초를 둔 중재와 지역사회에 기초를 둔 프로그램을 포함해 취약성의 여러 부분을 다루는 몇 가지 중재 영역을 제7장에서 살펴볼 것이다. 물질적 환경과 지역 조건이 아동의 정신 건강 문제 발달에 영향을 미친다는 근거가 있지만, 청소년의 정신 건강에 대한 지역 변화와 빈곤 감소의 효과를 측정하기 위해 수행된 연구가 극히 드물다. 그러나 어떤 정책 발달은 특히 지역 재개발 같은 사회적이고 물리적 환경의 역할과 관련되어 있다. 지역 재개발 정책은 지역 기반 사업 및 건강 배제의 폭넓은 영향을 다루는 정책과 함께 제8장에서 고려될 것이다. 그러나 제4장에서 언급했듯이, 엄격한 평가 기준을 충족시키는 '근거 기반 정책'에 대한 요구와 건강 불평등의 근절에는 하위흐름과 상위흐름 초점이 모두 필요하다는 인식의 증대 사이에는 여전히 긴장이 존재한다.

7

아동·청소년기의 건강 불평등: 정책과 사업

서론

제6장에서 살펴본 바와 같이 청소년기에는 상대적으로 임상적 질환이 잘 나타나지 않으나 높은 사회적 관심을 받는다. 약물, 범죄, 반사회적 행동과 관련해 청소년기는 1990년대 영국 내에서 이슈로 대두됐고 의학보다는 오히려 건강과 복지 수준에서 많은 대응 및 지지가 이루어졌다(Parker et al., 1998). 사망률과 유병률의 두 가지 주된 불평등 급원이 되는 사고와 정신 건강에 초점을 맞추기는 하지만, 아동과 청소년의 경우 중점이 되는 행위 장애의 문제들보다 비행이 정치적 측면과 연구적 관심으로 건강 행동 의제에서 설명된다. 그러므로 비행 그 자체가 물질 오용과 상대를 가리지 않는 성행위를 포함하는 폭넓은 반사회적 행위 스펙트럼의 일부일 뿐이라고 가정할 때 제8·9장과 관련지을 수 있다.

제5장에서 생애 초기의 중재를 통해 결과적으로 생기는 구조적인 문제들을 개괄했다. 이 장에서는 무엇을, 누구를 위해, 어떤 상황에서 시행됐는지를 측정하는 것이 연령이 겹치게 되는 시기에서 더욱 어려움을 보여 주고 있다. 제6장에서 강조했듯이, 상당수 청소년의 재정적·가정적

독립 시기가 점차적으로 연기됨에 따라 인접한 연령대의 청소년에 대한 전통적 개념이 요구된다. 따라서 성인으로서 책임감이 있는 것으로 가정할 수 없는 연장된 청소년기 이후가 존재하게 된다. 분명 아동기의 불이익을 해소하기 위한 창이 넓어진다는 점에서 몇 가지 장점을 가지나, 연대기적 나이가 정책에 다소 신뢰성이 낮은 기준이 되고(Graham and Power, 2004), 제6장에서 언급했듯이 이러한 아동기의 확장은 계급에 따라 다르게 나타난다.

전형적으로, 20년에 걸친 아동기와 청소년기에 대한 중재와 정책이 동등하게 취급되진 않는다. 영양과 함께 사고와 상해에 대한 초점은 아동기에 중점을 두는 경향이 있으며, 반면 정신 건강, 물질 오용, 성 건강에의 초점은 청소년 초기에 더 많이 강조된다. 후기 청소년기와 그 이후의 청소년에 차별화된 접근이 필요할 수 있다는 추가적인 복잡성 외에도, 아동을 위한 정신 건강 같은 영역의 적절한 서비스의 부족은 오랫동안 염려의 원인이 되어 왔다. 이것이 근거의 불평등 표상에 대해 우리가 이제 다뤄야 하는 정책과 사업들이다.

사고

제6장에서 보았듯이, 상해는 영국에서 아동 사망의 가장 주요한 원인일 뿐 아니라 이 코호트의 어떤 다른 사망 원인보다 급격한 사회계층적 격차를 보인다. 예를 들어, 가장 낮은 사회계층의 아동은 부유한 가정의 아동보다 가정 내 화재로 죽는 경향이 9배나 더 크다(Roberts, 2002). 잠정적으로 예방 가능한 상당 부분의 상해와 함께 가정 내의 안전은 생애 초기에서 가장 중요하다. 그러나 좀 더 확대된 범위의 나이 든 아동은 이런 맥락에서 거의 최고 우선순위인 교통으로부터 안전하며 놀 수 있는

환경에 놓여 있다(Roberts, 2002). 제6장에서 서술했듯이, 거리 환경은 연령대에 따라 다른 양상을 보이는 중요한 위험 장소로, 상해와 중독의 위험에 있는 15~24세 청소년 사망자의 2/5가 이에 해당된다. 이런 상해와 사망에 대한 물질 오용의 기여는 곧 청소년을 위한 예방적 퍼즐의 일부분이 됨을 의미하며, 연령이 증가함에 따라 자살과 의도적인 상해의 중요성이 증가한다는 것은 정신 건강 고찰에 또 다른 중요한 연구들이 포함된다는 것을 의미한다(제9장 참조).

건강 불평등 완화에 효과적인 근거와 사업

많은 연구들은 생애 초기 동안의 사고 예방에 초점을 둔다. 타우너 등의 체계적 문헌 고찰에 포함된 건강 증진 중재의 거의 반(48%) 정도가 4세 이하의 유아를 겨냥하며, 5~9세에 반 정도 초점을 두고 있다(Towner et al., 2001). 1/3 남짓만이 10~14세 연령 집단에 목표를 둔 중재이고, 대부분은 10대 이전에 초점을 두었다. 예를 들어, 교통사고의 중요성을 반영한 상당히 많은 연구들이 거리 환경에 초점을 두고 있으며, 5%만이 레저나 스포츠를 포함한다.

이 책의 범위 내에서 단독 이슈 캠페인이 현저하게 효과적일 수 있다는 근거가 있는데, 이는 특히 아동에게 안전한 패키징 및 연기 탐지기 같은 안전 장비에 초점을 둔다. 또한 도로망 개선부터 창살, 자전거 헬멧, 치아 보호구 같은 상해에 대비한 물리적 보호 장치까지 다양한 환경적 개선의 잠재성을 고찰한 대개의 영역보다 이러한 단독 이슈 캠페인을 더 강조하고 있다. 그러나 다른 정책분야와 같이, 복합 중재, 법인-예를 들면, 법률 제정, 교육, 안전장치, 환경적 보완-은 가장 긍정적인 결과를 만드는 것으로 나타난다. 비록 임시적이긴 하나 개별적·행위적 접근에서 기관이나 지역사회의 문화를 바꿀 필요를 인정하는 쪽으로 움직인다.

아동과 관련 있는 도로 사고는 집 근처 길과 분명한 관련성이 있는데, 성인의 사고보다 훨씬 많다. 주거 지역에서 교통 및 교통 속도를 줄이기 위한 제도인 지역 엔지니어링 제도(area-wide engineering scheme)와 차량 소음 방지가 이 연령대의 사고를 줄이고 평균 11~15%까지 교통 상해를 감소시킨다는 근거가 존재한다(Bunn et al., 2003; Liabo and Curtis, 2003). 많은 근거들은, 도로 교통 위험이 높은 5개 지역에서 도시 안전 측정의 시리즈를 시범 연구한 '교통 도로 연구소(Transport and Road Research Laboratory)'가 1980년대에 시작한 연구에서 유래했다. 이것은 교차로 수 증가, 우회전 금지, 시내의 도로 안전지대 제공을 포함한다(Towner et al., 1993). 두 가지 주요한 장점은 비교적 낮은 비용과 가장 취약한 사람들에게 특히 초점을 맞추면서 모든 연령대에 효과적인 중재라는 것이다. 예를 들면, 도시에서의 교통 속도를 시속 20마일로 제한함으로써 자전거 운전자의 상해를 거의 1/2 정도까지 줄이고 아동 보행자의 상해율을 70%까지 줄였다(Towner and Ward, 1998).

또한 이런 제도들은 지역 수준에서 자전거 타기와 걷기의 증가 가능성, 아동이 집 밖에서 놀 가능성 등 건강과 환경 모두와 관련된 이익이 있다 (Liabo and Curtis, 2003; Morrison et al., 2004). 예를 들어, 하트퍼드셔(Hertfordshire) 연구에서 10~13세의 학령기 아동이 일주일에 한 번 있는 체육 시간보다 등하교 때 걷는 것이 칼로리 소모가 더 많았고 아동을 나가서 놀도록 하는 것이 '부모가 아동의 건강을 위해 할 수 있는 가장 최선의 것 중 하나'이지만, 계획된 여가 활동을 위해 주로 차로 이동하는 경향을 보여 주었다(Mackett, 2004). 지역 중재는 중산층에서 주로 행해지는 교통 교육보다 불평등을 해결하는 데 더 가능성이 크다(Liabo et al., 2003).

자전거 운전자에게 훈련이 안전한 운전 행동을 향상시킬 수 있다는 좋은 근거와 자전거 헬멧이 특히 낮은 속도에서 머리와 뇌 상해를 보호한다는 좋은 근거가 있다(Towner and Ward, 1998). (주로 학교에 기반을 둔)

자전거 헬멧을 착용하도록 장려하는 교육 캠페인은 특히 어린 아동과 소녀에서 헬멧 착용을 증가시킬 수 있고(Towner et al., 2001), 동시에 가족 장려와 또래 행위에도 중요할 수 있다(Kendrick and Royal, 2003). 1990년 오스트레일리아 빅토리아 주에서 성인과 아동 모두에게 자전거 헬멧의 착용을 규정한 법률이 제정된 이후 진행된 연구는, 10년 동안의 교육 캠페인 중재와 헬멧 할인 및 매스미디어의 지지와 함께 배경의 중요성을 강조했다. 헬멧 착용과 상해 발생률 모두에 대해 긍정적인 효과가 있었다. 그러나 입법화 후 자전거를 타는 아동은 10%, 10대는 46% 감소해, 법률 제정이 헬멧 사용 향상을 감소시키는 것뿐 아니라 나이 든 아동이 자전거 타는 것을 명백히 방해하는 부작용을 가진다는 것이 명시됐다. 가난한 지역에서 헬멧을 착용하는 수준이 낮아 불평등이 좀 더 심화될 수 있다(Kendrick and Royal, 2003). 오토바이 훈련 제도, 오토바이 운전자와 오토바이의 외형, 엔진 크기의 영향에 대해서는 좀 더 많은 연구가 요구된다(Coleman et al., 1996).

도로와 같이 레저 환경은 공유지에 속하므로 입법화와 중재의 적법한 목표가 된다. 실제 한 고찰에서 건강 시스템에서의 운동비용은 상해 비용을 고려했을 때의 이득을 능가한다(Nicholl et al., 1994; NHS CRD, 1996). 그러나 제한된 상해 분포의 조사와 매우 제한된 평가 — 예를 들면, 비치 가드(beach guard), 수영 레슨, 보호 장비나 규정이 바뀌는 것의 효과 — 만이 이루어졌다. 유아에서 놀이 기구의 높이를 포함한 놀이터 디자인의 향상과 표면의 특수 처리는 상해의 빈도와 정도 모두를 감소시킬 수 있다(Towner and Ward, 1998). 청소년에서도 비슷하게 스포츠 환경과 예방적 상해 방지 프로그램에 대한 환경 공학의 변화에 대한 지지가 있다. 예를 들어, 농업 환경이 계속적으로 상당한 위험의 급원이 되는 작업장이나 스포츠 시설, 도로 등(Coleman et al., 1996)에 관한 법률 제정은 15~24세에게 효과적인 것으로 보인다.

가정은 이들 환경에 비해 법의 제재를 덜 받는다. 15세 미만 아동에게 화재는 두 번째로 중요한 상해의 원인이며, 흡연자의 가정은 특히 위험하다. 흡연과 관련된 물질은 사망의 35%와 비치명적 상해의 20%를 차지하는 것으로 추정된다. 고위험 가구가 가정 방문, 교육, 안전장치 무료 보급의 대상이라면 특히 (흡연 중단 프로그램과 반대로) 연기 탐지기를 사용하게 하는 것을 연구들은 강력하게 지지한다(NHS CRD, 1996). 일차 의료 아동 건강 감시의 일부분으로 상담을 통해 수용하도록 할 수 있다. 그러나 설비·배치·유지에 관한 문제를 해결하기 어려우며, 최근의 한 체계적 문헌 고찰은 상해 감소를 위한 소유와 기능에 대한 평가의 부족을 지적했다(DiGuiseppi and Higgins, 2001). 아동에게 안전한 용기의 사용에 대한 근거들도 많으나, 창살과 (작은 물 주전자의 납과 같은) 가정용품의 디자인에 대한 근거들은 적다. 가정환경에 대한 다른 중재들은 종종 의학적인 영향의 입증에 제한적인데, 이는 적은 효과들을 보여 주고 있는 연구들의 능력 부족 때문이다(Lyons et al., 2004).

제6장에서 언급했듯이, 한 가지 기여 요소는 빈곤이다. 루카스는 2세 미만 아동의 포괄적인 복지에 주로 초점을 두는 가정 방문이 가난한 지역에 살거나 열악한 주택과 대가족에서 사는 고위험 가족에서 특히 사고로 인한 상해의 비율을 현저히 감소시킬 수 있다고 제안하기 위해 두 체계적 문헌 고찰(Roberts et al., 1996; Elkan et al., 2000)을 이용했다(Lucas, 2003). 그러나 부모 역할 프로그램의 유사한 고찰에서처럼 많은 근거들이 북아메리카 경험에 기초를 두며, 상해율의 감소가 대규모 가정 방문 프로그램의 많은 결과 중 하나인 경향이 있다. 더욱이 가정 방문 프로그램의 어떤 구성 요소가 가정 내 아동 상해를 감소시키는 데 효과적인지 어떤 고찰에서도 확증할 수는 없다. 그러나 뉴캐슬 안전 캠페인(Newcastle Play It Safe Campaign)에서 얻은 결과와 가정 방문이 사고로 인한 그리고 사고와 관련이 없는 상해 모두에 효과적일 수 있다는 제안은 아동 상해

를 예방하기 위한 사회적 지지의 역할에 더 많은 연구의 필요성을 지적한다(Towner and Ward, 1998).

교육 프로그램은 형태 - 기술 훈련, 매스 미디어 홍보, 목표에 맞는 교육과정 등 - 나 초점 - 아동을 위한 도로 안전 프로그램, 또는 가정 내 익사 위험에 대한 부모의 자각 프로그램 등 - 에 상관없이 단독으로는 효과가 매우 작다. 그러나 <글상자 7.1>에서 도로 안전과 지역사회 권한 부여 모두에 대한 긍정적 결과를 제시한 대조군 연구를 한 예로 제시한다. 문제 행동과 사고를 연관 짓는 연구들은 고위험 아동에 초점을 둔 측정 방법이 많은 위험 행동에 기초를 둔 태도와 습관을 촉구하는 지식과 기술에서 벗어날 필요가 있다고 제안했다(West et al., 1998).

지역 참여와 교육을 포함한 포괄적인 중재를 사용하는 지역사회 프로

<글상자 7.1> 도로 안전 훈련: 드럼채플의 사례

1993년 당시 글래스고의 드럼채플(Drumchapel) 지역은 저층 임대 주택, 협소한 정원 공간, 좁은 도로, 인도에 주차하는 것과 함께 높은 실업률을 보였던 곳으로, 5~9세 아동의 보행 사상자 비율이 전국 평균의 6배를 기록했다. 10~14세 아동의 경우는 아주 약간 나아 보였다. 따라서 유아를 위한 실천적 도로 안전 훈련 수업 시리즈가 지방 지역사회의 요구로 처음 출현했다. 훈련을 받는 부모 자원봉사자가 100명이 넘었고 그들은 길가에서 소규모로 5~7세 아동을 훈련시켰다.

10개 지방 학교의 750명이 넘는 아동이 특별히 교차로와 차가 주차된 곳을 어떻게 안전하게 건너야 하는지, 어떻게 위험한 길가 지역을 파악하고 그곳을 피해 안전한 경로를 만드는지에 대해 배웠다. 이런 정보는 아동의 학교 근처에서 일주일에 한 번 25~30분 정도 실시하는 4~6개의 훈련 섹션으로 구성됐다. 테스트 전과 후, 대조군 아동과 비교했을 때 중재 아동의 행동과 판단력이 3개 기술 훈련 지역에서 향상됐고, 그 향상이 두 달 후에도 지속됐다. 또한 개념을 더 잘 이해하고 있어 새로운 교통 상황에 적용할 수 있다는 것을 발견했다. 대조군의 기술 수준은 몇 년 전의 수준인 것으로 평가됐다. 또한 지역 활동과 관련된 지역사회 윤리에 대한 긍정적 효과와 부모 참여를 수반한 학교와 지역사회 사이의 향상된 협조를 이 연구에서 강조했다(Thomson and Whelan, 1997).

그램은 굉장히 다양한 원인의 아동 상해를 감소시키고 안전 문화를 발전시킬 수 있는 가능성을 가진다. 그러나 상해율에 대한 긍정적이고 지속적인 영향을 증명할 확정적인 근거를 찾기 어렵다(Towner and Dowswell, 2002). 많은 프로그램이 세계보건기구의 안전한 지역사회 모델에 대부분 기초했는데, 이는 1980년대에 스웨덴에서 발전했고, 환경적이면서 행위적인 해결책의 혼용, 많은 기구들과의 연계, 지역사회로부터 지방의 소유권, 아동 안전용품의 이용 가능성 그리고 정밀한 지방 감시 시스템에 기초를 둔 장기적 전략의 발달에 근거한다(Towner et al., 2001). 보도에 따르면 가정에서 생기는 사고를 27%까지, 직업적 사고는 28%까지 감소시켰고, 행위를 수정하는 것에 더 많은 기회를 제공하는 다요인적 접근과 함께 많은 시설에서 안전 측정의 장려가 전 연령대에 걸쳐 효과적일 수 있다고 제안한다(NHS CRD, 1996).

그러나 이와 유사한 뉴질랜드의 연구(<글상자 7.2> 참조)는, 중재가 너무 많이 확산되는 것에 위험이 존재한다고 제안했다. 실제 작은 지역사회에서의 우발적인 아동 상해에 세계보건기구 모델의 적용은 만일 상해 수준에서 의미 있는 감소만 측정됐다면 성공적인 효과를 보이지 않을 것이다. 그 이유는 사망과 심각한 상해의 상대적인 희소성을 고려할 때 적절한 상해 서베일런스 시스템을 발전시키는 것의 어려움과 지방 모니터링 시스템 설립의 어려움 및 비용 때문이다(Simpson et al., 2003). 대신에 지역사회 능력을 발전시키고 의식을 높이는 모델의 중요성을 강조하고 그 다음으로 이것이 상해의 위험을 줄이는 데 필요한 정치적이고 환경적인 변화를 촉구할 수 있다.

합법적이고 환경적인 변화가 종종 (교육 캠페인으로 초래되고 문화를 형성하며 정부가 행동하도록 명령을 요구하는) 여론의 변화에 기초를 둔다는 것이 매우 중요한데(Towner et al., 1993), 예를 들어 음주 운전에 관한 법률과 오토바이 헬멧의 출현을 들 수 있다. 전문가와 정책입안자를 위한

〈글상자 7.2〉 지역사회 상해 예방: 와이타케레 프로젝트

와이타케레(Waitakere)는 다양한 문화를 형성하고 있는 15만 5,000명의 인구를 가진 뉴질랜드에서 여섯 번째로 큰 도시이다. 1995년과 1997년 사이 세계보건기구 모델에 기초를 둔 지역사회 기반 상해 예방 시범 연구의 지역이었다. 마오리와 태평양 섬 출신 인구, 아동, 청소년, 알코올과 노상 사고를 고려해 중재를 위한 7군데 우선지역을 정했다. 또한 장려, 교육과 훈련, 그리고 위험 감소와 환경적 변화를 위한 활동과 고취 등 세 가지 중재 전략도 수립했다. 프로젝트 코디네이터 채용에서 상해 예방에 대한 지식보다 그들의 지역 발전 경험과 적절한 문화적 과정에 대한 지식을 우선시했다.

중재 영역의 범위에 상관없이 평가에서 시행 단계의 우선적인 초점이 아동 안전이었음을 확증했다. 이것은 효과적이었다. 와이타케레와 짝지어진 14만 7,000명의 인구를 비교했을 때 아동 상해로 인한 입원이 통계적으로 유의한 감소를 보였다. 또한 계단문, 난로를 둘러싼 울타리, 자동차 보호 장치, 안전한 스포츠 장비 같은 아동 안전 물품들의 습득과 상해 예방 안전 메시지의 의식이 유의하게 매우 높은 것으로 보였다. 지방 정부를 이런 프로젝트에 연계시킬 때 훨씬 효과적일 것으로 생각된다. 이것은 지방 지역사회와의 밀접한 연계 및 신뢰의 동반된 증가를 초래했다. 또한 지역사회 안전 구조와 쟁점들에 영향을 미치는 데 주요한 역할을 하는 기구 내에 상해 예방의 측면을 증가시켰다. 그러나 전반적인 상해 예방 쟁점들이 반드시 효과적이지 않을 수 있으며, 아동 우선 영역에서의 긍정적인 결과는 목표를 둔 중재의 공적임이 평가에서 지적됐다(Coggan et al., 2000).

교육 또한 아동과 부모에 목표를 두는 쪽으로 고려해야 할 필요가 있다.

근거의 제한점

상해와 사고의 근거 기초도 북아메리카 연구가 지배적이다. 타우너 등의 고찰에 포함된 중재의 17%만 영국에 기반을 두었다(Towner et al., 2001). 무엇이 누구를 위해 어떤 배경에서 행해졌는지를 정확히 확증하기 위한 중재나 평가가 상세하지 않았음을 저자들이 발견했다. 또한 (병원 입원 같은 측정에 대한 지속적인 신뢰성보다) 치명적이지 않은 상해에 대한 양질의 측정이 필요함과 나이 든 아동과 청소년에 대한 극소수의 정

보와 레저·스포츠 환경에서의 중재를 포함해 연구 결과들에서의 격차를 파악했다.

제6장에서 개략적으로 서술한 분명한 사회경제적 격차를 고려해 볼 때, 가장 중요한 문제는 빈곤 지역과 빈곤 집단에 대한 정보 부족과 집중 부족이다(Towner et al., 2005). 빈곤 지역에서 자동차 보호 장치가 미칠 영향의 차별성이나 자전거 도로의 출현 효과를 고려하는 것이 부족했다(Millward et al., 2003). 다우스웰과 타우너는 사회적 박탈에 대한 문헌을 찾기 위해 아동기 상해에 대한 세계의 문헌들을 고찰했지만 겨우 32개만을 발견했다(Dowswell and Towner, 2002). 게다가 그것들은 위험의 분포를 반영하지 않았고, 아동 보행자 상해에 초점을 두기보다 자전거 헬멧과 연기 탐지기 같은 안전장치의 소유에 대한 경제적 장애를 강조했다. 그뿐 아니라 도시와 시골이라는 지역성을 무시했는데, 예를 들면 차에 타고 있는 아동은 시골 길에서의 과속으로 인한 사망률이 높다. 앞에서 언급한 뉴질랜드의 작은 지역사회 연구에서 중요한 점이 하나 있다. 가장 불이익을 받는 지역사회는 특히 물리적 환경과 관련해 눈에 보이는 결과에 초점을 두었고, 비슷한 수준의 불이익 지역사회로부터의 실천적 지지를 간구했다. 반면 좀 더 풍요로운 지역에서는 지방 당국이 계획을 수립하고 정책 과정에 관여하길 원하면서 국제적으로 네트워크화했다(Simpson et al., 2003).

정책

「국가의 건강(The Health of the Nation)」(DH, 1992)은 2005년까지 14세 이하 아동의 우발적 상해로 인한 사망률을 1/3로(10만 명당 6.7명부터 4.5명으로) 감소시키는 것을 목표로 삼는다. 이것은 2010년까지 전 연령대에 걸쳐 심각한 상해율을 1/10, 사고로 인한 사망률을 적어도 1/5로 감소시키는 것에 초점을 두는 「수명 연장: 우리의 더 건강한 국가를 위해」의 목표로 1999년에 대체됐다. 그 결과, 도로 안전 전략(Road Safety Strategy)은 같은 기간 동안 죽고 심하게 상해를 입는 아동의 수를 50%로 감소시키는, 연령대에 따른 더 엄격한 목표를 세웠다(DETR, 2000). 「수명 연장」은 또한 사고로 인한 상해를 위해 특별전문위원회를 세웠고, 0~15세 아동을 위한 보행자 상해, 화재와 열화상, 놀이와 레크리에이션 우선 공간을 만들었다(Towner et al., 2005).

위험의 발생과 중재의 입법을 모두 반영하는 정책의 주요한 초점은 운송이다. 도로 사고로 연간 160억 파운드 이상의 비용이 드는데, 잉글랜드와 웨일스에서 서행 촉진 조치 제도로 도로 사고가 감소할 때 3억 5,700만 파운드를 절약할 가능성을 가지므로 매우 경제적이면서도 건강 불평등적인 원리가 존재한다(Liabo and curtis, 2003). 정책 수준에서의 중재는 도로 환경에서의 상해를 감소시킬 가능성을 가질지 모르나, 지역에서의 유효성에 대한 근거는 매우 적다(Towner et al., 2001). 예를 들어 보행하다가 상해를 입고 죽은 아동의 수가 1980년대 이후로 감소해 왔으나, 차를 타고 학교를 가는 것이 증가했기 때문에 현저하게 아동 보행자에서 주요했던 기여 요소들이 감소했던 것이다(Liabo and Curtis, 2003). 차로 등교하는 아동의 비율이 1980년대 이후로 거의 두 배 증가했고(DfES, 2003), 교문 근처나 교문에서의 도로 교통 위험도 증가했다. 따라서 1990년에 처음으로 제안된 운송 계획에서 아동에 관한 이슈가 자동차 요구도 증가를 수용하는 정책에 의해 무시되던 상황을 역전시키려면 운송 정책을 넘어서는 여러 지지가 필요하다(Hillman et al., 1990, cited in Towner and Ward, 1998). 예를 들면, 토지 제도, 주거, 사회적이고 재정적인 정책 모두가 사고를 감소시키는 데 잠정적 역할을 하며, 종종 앞으로 대두될 개인과 사회의 권리와 책임에 대한 논쟁도 필요하다.

1998년 정부의 백서 「새로운 교통 정책(A New Deal for Transport)」은

아동이 등교할 때 차를 덜 이용하도록 장려하는 것에 목표를 둔 수많은 새로운 사업들을 소개했다(DETR, 1998). '안전한 통학로 사업(Safe Routes to School)'은 운송 의식 측정과 함께 서행 조치 및 교차로 개선과 같은 걷고 자전거를 타는 아동을 위한 안전 향상을 위한 물리적 측정법을 실행하도록 지방 당국을 촉구했다. 이것은 1999년 지역 교통 플랜(Local Transport Plans: LTPs)의 소개로 더 발전했는데, 이는 등하교 플랜(School Travel Plans: STPs)을 발전시키기 위해 개별 학교들과 함께 일하는 것을 포함하고, 등교 시 아동의 안전을 발전시키면서 지방 당국이 차의 사용을 줄이기 위해 계속적으로 폭넓고 통합된 (5년 동안 활동하는) 운송 전략을 만들 것을 요구했다. 또한 건강한 학교 프로그램을 만드는 데 교육고용부(Department of Education and Employment: DfEE)와 보건부의 지지가 있었다(제9장 참조).

1999년 조사에서 비교적 활동이 저조했음을 발견했다(DETR, 1999). 지방 당국의 1/4만이 적게는 한 학교에 등하교 플랜을 시행했고, 추가적으로 44%가 제한적인 학교 운송 사업 — 전형적으로 자전거 훈련이나 학교 주변의 교통 관리 같은 단일 측정에 초점을 맞추는 — 들을 진행했다. 등하교 플랜은 전체 학교 중 겨우 2%와 관련 있었는데, 대부분이 초등학교 안에서 행해지면서 적용 범위도 지리적으로 매우 제한적이었다. 사회적 박탈에 관련된 분포를 분석하지 않았을지라도 대부분의 사업들이 2만 5,000명에서 25만 명 정도 인구를 가진 중간 크기의 도시에 토대를 두었기 때문에 불평등 문제에 대한 영향이 매우 적었음을 연구에서 제시했다. 그러나 그 플랜은 교육과 함께 걷는 것과 자전거를 타는 사업들을 포함해 대체로 복합적인 것을 강조하고 가장 일반적인 요소가 되는 기술적 측정에 대한 연구 기초를 반영했다. 또한 이 연구는 국가 정책이 (도로 및 개인 안전의 문제와 관련해) 자동차 의존도를 줄이는 것을 꺼리는 부모들의 태도와 자원 이용 가능성의 제한성을 해결해야 함을 보여 준다.

대부분의 주 자치구가 아닌 당국은 등하교 플랜에 대한 예산이 전혀 없거나 5만 파운드 미만의 예산을 가졌다.

이러한 몇 가지 문제는 완성된 계획의 수를 2004년까지 3,000개, 2006년까지 1만 개로 증가시키는 데 목표를 두며, 전체 학교의 거의 2/5로 적용 범위를 확대한다는 목표를 가지는 등하교(DfES, 2003) 계획으로 보완됐다. 처음에는 2004년부터 2년간 등하교 상담가에 대해 연간 750만 파운드의 예산이었으나 현재 2008년까지 확대되어 자원 문제를 어느 정도 해결했다. 이들 상담가는 등하교 계획을 세우는 데 지방 당국과 학교를 지지할 것이며, 첫 사례로 중고등학교에 초점을 둘 것이다. 자전거 보관대와 사물함 같은 방법적인 것에 자금을 제공하도록 돕는 등하교 플랜을 시행하도록 학교들이 2004년부터 추가적인 기금 ― 초등학교는 5,000파운드, 중고등학교는 1만 파운드 ― 을 이용할 수 있다. 게다가 등하교 플랜은 지역 교통 플랜 과정을 통해 자전거 도로, 보도, 교통 관리 같은 구조 변화에 대한 자본 투자에 접근이 용이해졌다(DfES, 2003). 등하교 플랜은 학교에서 좀 떨어진 곳에 정차 승·하차 장소, 자전거 도로, 워킹버스(walking bus)[4] 같은 복합 중재로 자동차로 등하교하는 것을 1/4~1/3까지 줄일 수 있다고 제시한다. 그 계획 수립 과정에서 학교-지역사회 연계 개선, 교통 혼잡과 공해 감소, (잠정적으로 신체 활동 부족과 비만에 관련된 현재의 우려를 해결할 수 있는) 독립적 기동성 향상을 강조한다. 예를 들면, 드럼채플 프로젝트(Drumchapel Project)에 기초를 둔 커브크래프트 제도(Kerbcraft scheme)가 잉글랜드·웨일스·스코틀랜드에서 환영받고 있는데, 잉글랜드의 사업은 64개 지방 당국에서 이동 가능성을 확립하기 위해 900만 파운드를 필요로 한다(DfT, 2004).

---

[4] 워킹 버스는 한 명의 인솔자와 한 명의 감독자 등 두 명의 어른이 동반해 학교까지 걸어가는 학생 집단을 말한다. 전통적인 버스 같이 워킹 버스는 아동이 모이는 정류장과 집결 시간이 정해져 있으며, 정해진 경로를 거쳐 학교에 도착한다.

쇼핑센터나 보건 센터의 위치 같은 다른 토지 사용에 염두에 두는 정책이 역으로 상해율에 영향을 주는 교통 체계를 만들 수 있다. 학교와 관련된 것들은 아동의 이동 유형과 특별한 관련성을 가진다. 예를 들면, 1970년대 잉글랜드에서 학교 크기가 확장되면서 사상자율과 등하교 시간이 함께 늘어났는데(Preston, 1972), 이로 인한 부모의 선택은 아동을 태우기 위해 차를 세울 공간이 더 확대될 가능성을 한층 더 키운다. 개인·공공의 혼재인 교통에 영향을 미치는 정책도 도로 사상자 및 등교에 사용되는 차량 감소에 대한 잠정적 대책이 되는 학교 통학 버스 시범 사업이나 워킹 버스 같은 제도와 관련된 대중 교통수단과 함께 상해율에 영향을 줄 수 있다(Steer Davies Gleave, 2003).

제6장에서 언급했듯이, 물리적 환경의 특성도 중요하다. 초기 연구들에서 정원이 작고, 길가에 주차하는 경우가 많으며, 놀이 공간 부족이 위험을 증가시키는 연립 주택이 많은 빅토리아 주 지역에서 사상자율이 높았음을 발견했다. 이런 지역에서 많은 교통량과 과속, 열악한 주거 설계, 평균보다 더 많은 아동이 걸어서 학교로 걸어가지만 보호자를 동반하지 않는 등하교, 가족 스트레스의 높은 수준, 부모 행위와 지식에서의 차이는 운송에서처럼 정책이 지역사회를 참여시키고 강화시키는 데 목표를 두도록 이끈다. 보다 안전한 환경을 만드는 것은 지역 재건의 필요조건이다(제11장 참조). 9개 홈 존(Home Zones) 시범 사업도 잉글랜드와 웨일스에서 수립됐고, 추가로 4곳이 스코틀랜드 국회에 의해 실행될 것이다. 이는 거리 디자인 및 지역사회 참여를 개선함으로써 주거 거리의 사회적 이용을 장려하기 위해 서행 촉진 조치를 넘어서는 정책 목표를 두고 있다. 그들은 또한 보행자와 자전거 타는 사람을 우선으로 함으로써 주거인의 삶의 안전과 질을 교통 이동보다 우선으로 두고 있다. 아동 사상자의 감소가 기대되며, 또한 사회적 고립과 우발적 범죄의 감소가 추가로 기대된다(www.homezoneschallenge.com).

정신 건강

5~15세의 10% 정도가 정신 건강 장애를 진단받았으며, 아동과 청소년의 5명 중 1명이 정신 건강 문제로 고통 받고 있다고 추정된다. 이는 곧 심한 정신 건강 장애를 가지는 4만 5000명을 비롯한 110만 명 정도의 18세 미만 아동과 청소년이 전문의의 서비스 혜택을 받을 것임을 예측케 한다(DH, 2004a). 이 스펙트럼 안에서 10대 후기와 20대 초반의 청소년은 최대 수준의 정신 건강 문제의 위험을 나타내는데(Maughan et al., 2004), 청소년은 가장 방치되는 사람들 중 하나이다(Baruch, 2001). 정신과 장애의 위험 요소와 청소년 범죄 간의 부분적 일치는 보호관찰 아동, 학습 장애를 가진 아동, 집이 없는 사람들을 포함한 기타 주요한 취약 집단들에서 특히 분명하다.

많은 청소년이 행위 장애와 과잉 행동에 수반되는 사회적 비용 및 폭넓은 위험－부족한 교육적 성과, 제한된 고용 전망, 불안정한 관계, 빠른 부모 역할, 범죄와 건강 위험에 대한 관련 등－과 함께 다중적인 취약성을 가질 것이다(Scott et al., 2001). 반사회적 행동은 개인뿐 아니라 가족 내에서도 시간이 흐름에 따라 점차 고착화되는 경향을 보인다(Kazdin, 1995). 따라서 다양한 부정적 영향 및 부정적 연속 반응을 감소시키고, 새로운 기회를 창출하며, 해로운 경험을 무력화시키는 데 중재의 주요한 역할이 있다(Rutter, 1999). 예를 들어, 경험적인 근거들로 스트레스로 인한 약물과 알코올에 대한 의지, 학교 중도 포기 또는 이른 임신과 결혼 모두 부정적인 연속 반응의 가능성을 증대시키는 반면, 학교생활의 성공 같은 긍정적 결과가 자아 효능감과 자존감을 증대시킬 수 있고, 따라서 주요한 삶 사건에 대한 조절력을 증가시킨다.

영국에서의 아동과 청소년의 정신 건강에 대한 1999년 '국가통계사무소 정신 건강 조사'는 정신 건강 문제를 가진 사람들에서 건강, 교육,

사회 서비스, 경찰을 포함해 서비스 이용이 높다고 보고했다. 그러나 매우 작은 (그러나 알려지지 않은) 비율이 아동과 청소년 정신 건강 서비스 (Child and Adolescent Mental Health Service: CAMHS)의 치료를 받았을 뿐이고, 다른 나라들에서와 같이 정신 건강 서비스가 필요한 대부분의 아동이 전문적 치료를 받지 못하고 있다고 주장했다(Maughan et al., 2004). 정신 건강 장애를 가진 아동의 약 40%가 현재 어떤 전문적 의료 서비스를 받지 못하고 있다(DH, 2004a). 정신 건강 문제를 가진 대다수의 청소년은 일차 의료, 교육 또는 사회 서비스를 받는다. 한 연구에 따르면, 많은 수의 보호관찰 청소년은 행위 장애, 과잉불안 장애, 우울증 등의 정신 병리를 가지고 있다(McCann et al., 1996). 따라서 어떤 활동들이 불평등 완화에 효과적인지에 대한 의문은 전문의 건강관리의 필요성에 따라 동원되는 명백한 지역사회 요소를 구성한다.

건강 불평등 완화에 효과적인 근거와 사업

제6장에서 서술했듯이, 경험적·행위적 장애의 병인은 여전히 잘 이해되지 않는다. 중재를 통해 기여하는 생물학적·심리적·사회적 메커니즘의 영역을 천명하고자 한다. 그러나 분명 사회적 관심의 주요한 초점은 정신 건강의 향상 그 자체보다 도둑질, 싸움, 거짓말, 무단결석 등의 다양한 변수로 측정되는 다원인 결과인 비행(delinquency)의 감소였다. 비행 그 자체는 반사회적 행위의 확대된 스펙트럼의 일부분으로, 물질 오용, 무차별적 성행위, 위험한 운전 등을 포함한다(Farrington, 1996). 따라서 징후보다 위험이나 보호적 요소를 다루는 이 영역의 중재들이 광범위한 이익을 가질 수 있다. 그러나 이런 위험들이 치료 프로그램에 예약됐거나 치료 중인 청소년과 가족에게 방해가 되기도 한다.

보호 요소들은 종단 연구에서 잘 확인됐다. 1947년에 태어난 아동을 추적한 '뉴캐슬 1,000가족 연구(The Newcastle 1000 Family Study)'에서 비행이 다중적 박탈과 밀접하게 관련 있을지라도, 말썽과는 거리가 먼 사회적 박탈 배경을 가진 아동은 긍정적 기질, 좋은 어머니와 가정의 보살핌, 교육적 성취 면에서 긍정적 효과를 가지는 경향이 있다고 발견했다. 학교와 가족의 접촉, (소녀의 경우) 가정 내 친부의 존재와 더불어 청소년에서 동일한 요소들이 보호 요소인 것으로 증명됐다(Kolvin et al., 1990). 1950년대 초반에 태어난 남성으로 이루어진 '캠브리지 비행 발달 연구(The Cambridge Study in Delinquent Development)'도 유사하게 경제적 박탈, 가족 범죄, 부모의 학대, 학업 중단 등이 범죄 행위의 주요한 예측 인자임을 발견했다(Farrington, 1996).

따라서 많은 연구자들은 부모 역할, 교육과 연계되는 빈곤의 역할을 주요하게 연구해 왔다. 스트레스나 불안을 극복하는 능력인 신속한 회복력의 배양과 같은 단일하고 장기적인 영역에 관심을 두는 연구가 있었다. 또한 단일 보호 요소보다 대응 전략의 개발과 관련 있는 연구도 진행됐는데(Rutter, 1999), 증대된 누적효과가 단일 이슈보다 복합된 요인들을 강조하는 중재에서 가능하다고 인지되고 있다. 그리고 간단한 치료는 기여 변수의 범위에 주어진 제한된 효과를 가지는 경향이 있고, 일찍 형성된 행위 장애의 경우 지속적인 보호나 적어도 정기적인 감독이 필요할 수 있다는 것이 받아들여지고 있다. 그러나 정신적 행복에 대한 폭넓은 구조적 장애물과 저해 요인의 연구는 거의 없다(Crowley et al., 2004).

부모 훈련

예방을 강조하는 많은 초기의 부모 역할 중재 프로그램은 초년기에 효과적인 것으로 보인다. 실제적으로 10세까지의 아동을 겨냥한 제5장에서 고찰된 많은 중재들은 아동기에 계속적으로 초점을 둔다. 초등학교 아동을 위한 가장 효과적인 부모 훈련 프로그램은 포괄적이고 선택적인 요소들을 결합시키고, 다요소(多要素)·다기관(多機關) 모델을 사용해 장기간에 걸쳐 운영하며, 훈육의 유효성을 증대시키고 친사회적 행위를 보상함으로써 아동의 사회 경쟁과 부모의 관리 기술을 증대시키는 것으로 연구들은 제안한다(Bor, 2004). 평균적으로, 그런 프로그램에 부모가 참가한 10세 미만 아동의 2/3가 향상됐다(Fonagy et al., 2002).

이런 중재가 부모의 능력 증대뿐 아니라 아동의 뚜렷한 문제를 다루도록 고안된 기능적 가족 치료(Functional Family Therapy: FFT)와 다중 체계 치료(Multi-Systemic Treatment: MST) 같은 좀 더 심도 있는 접근이 필요한 행위 장애를 가진 청소년에게는 효과적이지 않다(Fonagy et al., 2002). 아동이 가족의 영향을 대체할 정도로 또래집단의 중요성을 인식하는 정도로 성장하면 가족의 영향은 사라진다. 이런 명백한 분리와 청소년기 이전의 문제들에 대한 조기 중재로 인해 이 장의 나머지는 우선 청소년기에 초점을 둔다. 그렇지만 영아기와 학령전기의 포괄적인 많은 중재가 범죄와 물질 오용의 감소, 교육 과정 참여의 확대라는 관점에서 긍정적인 효과를 가지며, 이러한 효과는 전반적인 시기에 걸쳐 확대된다(Schweinhart et al., 1993; Olds et al., 1998)는 것을 명심해야 한다. 나중에 시작한 중재의 제한된 효능과 함께 조기 중재의 중요성뿐 아니라 청소년들의 부모가 특별한 기술을 갖춰야 할 필요성을 강조한다.

기능적 가족 치료, 다중 체계 치료, 그리고 복합 중재

기능적 가족 치료는 나쁜 행위가 가족 내에서 어떤 역할을 하고, 가족이 어떻게 활발하게 그 문제를 다루는가를 이해해야 한다는 전제에서 출발한다. 가족 관계도 가족 구성원의 역할에 따라 대화 훈련과 우발적인 사건에 대한 대처법 같은 측면을 포함해 인지적이고 행위적인 치료법을 통해 다뤄진다. 연구들에서 가족 관계가 비행 행위를 감소시킨다고 25년 넘게 지지해 왔는데, 특히 반복적 비행을 감소시키는 능력을 지지했다(Fonagy et al., 2002). 그러나 이것은 행위 장애의 경우에 반드시 적용되지 않을 수도 있다(Bor, 2004). 또한 이런 프로그램에 참여함으로써 형제 비행의 비율을 감소시킬 수 있고 그것이 오래 지속될 수 있음을 지지한다(Kazdin, 1995).

다중 체계 치료는 다양한 목표 집단과 지역을 포함하고 다양한 긍정적 결과를 제시하는 연구들에 의해서 함께 심각한 감정적·행위적 문제를 가진 아동과 청소년에게 효과적인 것으로 나타났다. 효과는 정신의학적 증상의 감소, 학교 출석률 향상, 가족 결과의 향상에서부터 시설에서 보내는 시간과 구감률의 감소까지 다양하다(Woolfenden et al., 2001; Bor, 2004). 리텔 등은 다중 체계 치료의 유효성 고찰에서 다중 체계 치료는 구성 요소의 혁신적인 특성보다 중재의 다방면적인 특성을 갖는다고 강조했다(Littell et al., 2004). 다중 체계 치료의 두 번째 요점은 특수하고 심도 있게 파악된 문제의 근원에 초점을 맞추고, 치료사와 매일 만나는 것을 요구하는 임상 지도 모델이라는 점이다. 또한 전형적으로 단기적이며 가족, 학교, 또래집단과 함께 참가하는 활동을 추진하고, 가정과 지역사회 안에서 활동함으로써 거주 시설에 가는 것을 예방하기 위해 고안됐다. 현저한 장점으로는 꽤 많은 문제를 가진 체계적이지 않은 가족을 대상으로 할지라도 감손율이 비교적 적다는 것이다(Fonagy et al., 2002). 그러나 긍정적 결과가 이 접근방법을 처음 접한 사람에게 제한되는 경향이 있으며, 계속적인 훈련의 중요성을 강조한다.

인지 행동 치료

인지 행동 치료(Cognitive Behavioural Therapies: CBTs)는 청소년의 행동뿐 아니라 생각하는 방법을 다루고, 일반적으로 문제 해결과 사회 기술에 대한 훈련을 포함한다. 이것의 효능성이 강박증의 관점에서 확실하게 증명되지 않았을지라도, 공격성, 불안 장애, 공포증, 우울증 등의 치료를 지지한다(Joughin, 2003). 예를 들어, 인지 행위 중재와 교육 프로그램은 가족 문제를 포함해 개인의 조절 능력과 대응 기술을 증가시킴으로써 자살 위험 행동과 스트레스를 줄일 수 있다는 근거가 있다(Fonagy et al., 2002). 인지 행동 치료도 부모 훈련과 함께 재통합되어 그 효과성이 증명된 나이 든 아동과 청소년의 행위 장애 치료에 중요하다. 어린 범죄자의 경우에서, 10~16%로 상습적 범행의 평균적 감소가 보고됐다(Utting et al., 2002). 그러나 포나기 등은 일반적인 인지 행동 치료란 없고, "어떤 발달 단계에서 그리고 특별한 문제를 가진 아동에게 적어도 부분적으로 입증된 특별 패키지가 바로 인지 행동 치료"(Fonagy et al., 2002: 388)라고 지적했다.

학교 기반 중재

학교 기반 중재가 특히 복합적이고 지속적이며 학교에서의 공부와 부모와의 연계 모두를 포함한다면 새롭게 지지를 받을 것이다(What Works for Children?, 2002). 청소년 자살 방지에 대한 체계적 문헌 고찰에서 대조군 연구가 대체로 적었으나, 학교나 가족과 지역사회 기반 연구에서 자살 행동이 아닌 자살 관련 위험은 조절할 수 있다는 몇 가지 근거를 발견했다(Crowley et al., 2004). 이런 근거 기반의 특성은 '건강한 학교 사업(Healthy Schools Initiative)' 같은 중재들을 지지하며, 범죄와 비행을 감소시키고, 행위적 표준을 강조하며, 사회적 능력을 발전시키고, 고위험의 청소년을 위해 인지 행동 치료에 초점을 둔 팀을 통한 접근들을 주장했다. 그러나 괴롭힘(bullying)에 대한 학교 정책이 학교 내에서 공격의 수준을 줄이고 괴롭히는 자와 괴롭힘 당하는 자 모두의 정신 건강 문제를 드러내는 것으로 보일지라도, 그들이 공격적 행위의 임상적 심각성을 감소시킬 수 있을지에 대해서는 알려진 바 없다(Fonagy et al., 2002). 학교는 심리 요법에 접근 가능한 경로를 제공할 수 있는데, 특히 특수학교나

〈글상자 7.3〉 도싯 건강 연합 프로젝트

도싯 건강 연합 프로젝트(The Dorset Healthy Alliance Project)는 처음에는 9~16세 아동과 가족에게 초점을 둔, 낙인화하지 않는 예방 서비스를 제공하기 위해 고안된 3년 기간의 학교 기반 파일럿이었다. 교육, 건강, 보호관찰, 사회사업 간의 파트너십 프로젝트는 그것의 주 대상자 중 하나와 지방 중고등학교에 기반을 두었고, 두 학교 모두 지원하는 사회사업가와 함께 (초등학교의 경우 전일제인) 각 학교의 프로젝트 선생님을 포함했다.

문제가 손쓸 수 없게 되기 전에 중재함으로써, 그리고 난관을 처한 가족을 도움으로써 학교에서의 무단결석, 비행, 파괴적인 행동 및 퇴학, 그리고 이와 관련된 사회·지역과 가족 문제를 줄이는 데 목표를 두었다. 중재의 주요한 요소들은 카운슬링, 중개기관 협조와 가족 지지의 네트워크를 만들고, 교사를 지지하기 위한 위기관리팀을 제공하는 것을 포함했다.

보고된 결과를 보면 아동과 가족 문제의 해결, 가족을 지지하기 위한 접근 가능성 증대, 교육적 성과, 무단결석률과 퇴학률 감소 등이 나타났다. 학교에서의 도둑질, 반달리즘(vandalism), 물질 오용 등의 수준도 감소했다. 확실히 학교에 속한 아동에서 비행 감소가 가장 강력했다. 중재도 비용효율적이었다. 특수교육의 절약과 감소된 학교에서의 도둑질에 기초한 예방적 투자에서 111%로 추정된 보상이 있었는데, 폭넓은 범죄를 고려한다면 250%까지 증가하며, 아동 보호와 건강 같은 요소들도 설명한다면 잠정적으로 더 큰 보상이 기대된다. 이 사업은 1996년 국가 차원에서 행해졌다(Pritchard, 2001).

배제된 단위에서 잠정적으로 카운슬링을 표준화하고 혜택을 임상적 배경을 넘어서 일반화시키며, 폭넓은 예방적 범위를 통합하도록 한다(Baruch, 2001; Clarke et al., 2003).

'온 트랙 프로그램(On Track Programme)'의 시행에 앞서 내무부 프로그램 개발과(Home Office Programme Development Unit: DU)는 1992년에서 2000년 사이 범죄 위험에 있는 아동을 대상으로 조기 중재를 제공함으로써 범죄와 형사 문제를 다루기 위해 구상된 혁신적인 지방 프로젝트를 시작했다. 멘터링(mentoring)은 장기 결석, 퇴학, 학업 실패와 범죄 활동으로 이끄는 문제를 다룰 수 있는 연구의 한 영역이다. 자신감, 자기조절, 사회 인식 및 관계의 향상이 평가에서 파악됐다. 그러나 여전히 행동, 학교 출석, 퇴학, 성적 같은 심각한 문제들이 남아 있는 것도 발견했는데(St. James-Roberts and Samlal Singh, 2001), 부분적으로 중재의 주된 특징과 제한된 기간 때문일 것이다. 그러나 멘터링 단독으로는 이미 무단결석하거나 범죄 활동, 물질 오용이나 공격적 행동에 가담한 아동의 행동을 변화시키는 데 효과적이지 않으며, 반사회 행동을 악화시킬 수 있다. 그럼에도 견고한 관계 형성을 도울 수 있고, 지역사회 내에서 또는 학교와의 연계에서 실패한 청소년의 경우 이런 관계 자체를 긍정적 결과로 볼 수도 있다(Lucas and Liabo, 2003). 확실히 이 연구는 많은 파괴적 행동에 대한 보호로 소속감 창출의 중요성을 계속 강조한다(Hendry and Reid, 2000). '도싯 건강 연합 프로젝트(The Dorset Healthy Alliance Project)'는 긍정적 학교 정신이 제공할 수 있는 보호 역할의 근거를 제공한다(<글상자 7.3> 참조).

약물 치료

많은 무작위 할당 대조군 시험 근거들(Fonagy et al., 2002)이 정신약리학 치료(psychopharmacological treatment)가 가장 효과적인 영역이라고 제안했다. 예를 들어, 식이가 부모 훈련이나 행위 치료 같은 지지적이고 심리사회적 치료일지라도 약물은 유용한 보조제가 될 수 있으며, 주의력 결핍 과잉 행동 장애에서 약물은 가장 우선시되는 선택 사항이다. 정신약리적 치료는 강박증과 우울증에 사용되고, 부모 훈련 같은 심리사회적 치료와 함께 행위 문제 및 비행, 적대 장애의 치료에 적절할지도 모른다. 반대로, 인지적 방법이 좀 더 효과적으로 보이는 섭식 장애가 있을 때 약물 중단과 재발의 비율이 크다는 것을 발견했다. 예를 들어, 질병이 아직 만성적이지 않은 청소년의 신경성 거식증에 기능적 가족 치료가 효과적인 것으로 보인다.

정책적 함의

아동과 청소년 정신 건강 문제 일차 보호에 대한 최근의 고찰에서 새롭게 떠오르는 연구를 전체적 시야로 바라보면, 우선, 아동과 청소년 정신 건강 서비스가 여전히 신뢰성 있는 근거를 제공할 수 없다는 결론에 도달한다. 예를 들어, 일차 의료 전문가 훈련, 간호사에 의한 교육적 중재, 전문의에 의한 관리 같은 복합적 중재는 모두 모호한 아동 결과만을 생성했다(Bower et al., 2001). 그 이유 중 하나는 많은 근거들이 아동과 청소년이 여러 가지 문제를 가지는 일상의 임상에서 발견되는 동반 이환 문제들을 반영하고 있지 못하기 때문인 것으로 나타났다.

둘째, 아동과 청소년의 심리적 문제를 치료하기 위해 특별히 사용했던 다른 치료 접근법의 평가가 매우 제한적이었다(Derisley, 2004). 게다가 임상에서 200가지 이상의 다른 치료법은 "반 정도가 근거 없음"이 드러났다(Kazdin, 1995: 77). 정신분열증의 심리사회적 중재의 결합(NHS CRD, 2000)은 청소년의 치료에 특별히 초점을 둔 고찰들을 찾아볼 수 없으며, 좀 더 많은 인구집단을 위한 치료와 서비스 제공 중에서 종종 중재의 효과적인 요소들을 분리하고 효과들을 반복해서 보여 주는 것이 어렵다는 것을 발견했다. 청소년 집단이 중요함에도 불구하고 고의적인 자기 상해 치료에 대한 체계적 문헌 고찰에서도 청소년에 초점을 둔 연구가 단지 하나뿐이었음을 발견했다(Hawton et al., 1998). 앞에서 서술했듯이, 효율성도 치료의 초점에 따라 상당히 다양하다.

셋째, 청소년 범죄에 정치적 우선권을 주었지만 청소년 범죄자를 위한 학교 복귀, 보호 관찰, 멘터링 같은 비교적 적은 몇 가지 지역사회 기반 프로그램만이 영국에서 설득력 있게 평가됐다(Shiner, 2000). 청소년 범죄자를 위한 지역사회 기반 프로그램에 관한 수많은 메타 분석을 통합한 유팅 등은 세 가지 형태 — 개인적·사회적 기술의 향상을 위해 고안된 것들, 행위 변화에 초점을 맞춘 것들, 몇 가지 다른 접근들을 합친 다중 서비스 — 의 프로그램이 상습적 범행의 평균 이상적 감소를 만들어 낼 수 있다고 주장했다(Utting et al., 2002). 범죄 관련 문제의 전 분야를 치료하는 것같이 지역사회 기반 프로그램들이 보호 관리 시설보다 더 효과적이었음을 발견했다. 그러나 '스케어드 스트레이트(Scared Straight)'[5] 배너하에 있는 청소년 의식 제도 같은 몇 가지 사업은 비행을 증가시킬 수 있는(Petrosino et al., 2002) 동시에 지속적인 범죄자에서 감손율을 더 높일 수 있다(Lobley and Smith, 1999).

부모 역할 지지, 인지 행동 프로그램과 같이 앞에서 논의된 근거 기초에 의해 명백히 지시되는 그런 분야와 함께, 청소년위원회가 잉글랜드와 웨일스에서 멘터링, 훈련, 취업, 학교 복귀, 보호관찰을 발전시키기 위해 청소년 범죄 방지팀에 자금을 조달한다. 그러나 아동과 청소년의 범죄를 감소시킨다는 고찰(What Works for Children?, 2002)은 영국에서 사회 복귀에 대한 지원 없이 (전자 추적 장치와 마지막 경고 같은) 징벌의 측정법을 여전히 얼마나 자주 사용했는지, 의뢰 명령(referral orders)[6] 같은 통합된 패키지가 배상 활동을 감독해 줄 사람을 찾는 실천적 어려움에 어떻게 직면했는지를 서술했다. 따라서 확실히 많은 측정법들이 재범죄에 대해 제한된 효과만을 가지며, 범죄 가담 확률을 증가시키는 문제들을 다루는 것은 거의 없다.

한 가지 떠오르는 분명한 추세는 개별적으로 징후들을 치료하는 것에서부터 가족과 사회적 배경의 중요성을 인식시키는 치료를 제공하는 방향으로 이동한다는 것이다. 따라서 치료의 초점이 임상에서 지역사회로 옮겨지고, 치료의 성공이 점차적으로 가족과 또래집단 안에서 정상적인

---

5) http://www.dcjs.virginia.gov/juvenile/compliance/scaredStraight.pdf 참조.
6) 의뢰 명령은 2002년 4월에 실시됐다. 죄를 변론하고 처음 유죄 선고를 받은 10~17세의 청소년은 Youth Offender Panel에 위탁된다. 이곳에서는 청소년이 자신을 지역사회의 일부로 느끼고 미래를 위해 올바른 선택을 하도록 돕는다.

발달로 인한 폭넓은 결과들로 측정된다. 동시에 많은 장애들을 적어도 부분적으로라도 되돌릴 수 없다는 것과 심리사회적 중재들을 치료 가능성의 측면에서가 아니라 기능 향상의 측면에서 측정해야 한다는 것이 받아들여지고 있다(Fonagy et al., 2002).

근거 기초 제한점

복잡한 영역인 정신 건강에서의 최대 과제는 결과 자료를 일반화시키는 능력과 서비스의 전달에 해당하는 결과들을 확신할 수 있는 근거이다. 이는 어떤 치료법을 적용해야 하는가에 대한 범위 수립과 프로그램 시행에 필요한 직원 구성을 포함한다. 포나기 등은 중재와 향상을 연계하는 능력은 다른 것보다 몇 가지 치료(특히 정신약리학적 치료와 인지 행동치료) 및 임상 인구집단을 통해 달성하기가 더 쉽다고 제안하면서, 접근이 어려운 인구집단과 더 복합적인 치료법을 둘러싼 연구에 여지를 남겼다(Fonagy et al., 2002).

성공적인 치료에 결정적인 또래 관계, 사회적 능력, 학문적 기능 및 활동 참여와 같은 수많은 결과 영역들도 종종 무시된다. 개인적·배경적 변수도 마찬가지이다. 예를 들어, 부모 훈련 같은 치료도 문화적으로 예민한 부분이며, 우선적으로 북아메리카인 연구 근거로부터 추정된 결과이므로 잠정적으로 제한적이다. 또한 젊은 여성은 잠정적으로 더 중요한 위험 요인들로 보이는 자녀 양육이나 사회경제적 요소와 함께 젠더에 민감할 수 있으며, 교육 또는 10대 부모 같은 특성이 남성에게는 더 중요한 위험이다(Farrington and Painter, 2004). 또한 치료법 내에서도 상당한 변이가 존재한다. 예를 들어, 인지 행동 치료는 많은 다른 단계 및 순서로 제공되므로 메타 분석 기법의 사용에서 배제해야 한다는 주장도 있다(Ronen, 1997; Derisley, 2004). 이런 단점이 중재의 효율성 평가에 대한 명백한 과제가 되고 있다. 이러한 문제는 가장 심각한 심리사회적 센서,

중복되는 환경적 불이익, 유전적 매개체를 제외한 모든 것에 대한 개인적 반응의 변이 등에 의해 복잡해지고 있다.

정책

1990년대에 일차 정신 보건 종사자(Primary Mental Health Workers: PMHWs)의 설립을 포함한 아동과 청소년 정신 건강 서비스와 일차 수준 서비스 간의 경계 강화의 필요성을 인식했다. 또한 '건강 자문 서비스(Health Advisory Service)'는 아동과 청소년의 전문의 정신 건강 서비스에 대한 제한된 접근성 및 (비전문적인 준의료인과 사회사업가들에 의한) 첫 단계에서 다뤄지는 청소년의 수가 상당하다는 것을 인정했다. 이는 정신 건강 서비스들에 대한 접근성 향상의 중요성을 강조한 '아동 빈곤 검토 위원회(Child Poverty Review)'와 정신 건강 장애를 가진 아동의 약 40%가 현재 여전히 어떤 전문적 치료도 받지 못하고 있다고 제안하는 '아동 국가 서비스 프레임(Children's National Service Framework: NSF)'에서 보여지듯이 오늘날에도 여전히 존재한다. 잠정적으로 모든 아동과 청소년의 1/10 정도 되는 고객집단에 대한 지출도 제한적이다. 2005~2006년의 아동과 청소년 정신 건강 서비스 수여액은 겨우 9,050만 파운드로, 2004~2005년보다 35% 증가한 수준이다.

더 많은 자금이 지급되고 좀 더 전체적이며 접근 가능한 서비스에 대한 진전은 느리다. 1999년 인증위원회(Audit Commission)는 아동 정신 건강에 소비하는 것에서 필요와는 거의 상관없이 다른 당국들 간에 7배 정도 차이를 보인다고 보고했다. 또한 전문의 서비스에 대한 접근이 제한적이었음을 발견했다. 예를 들어, 대부분의 청소년 사법 관리자가 접근성 문제를 보고했고, 아동과 청소년 정신 건강 서비스 시간의 1% 미만 정도가 1단계 제공을 지원하는 데 사용되며, 겨우 14%의 의뢰만이 교육이나 사회 서비스에서 제공됐다. 대부분의 아동과 청소년 정신 건강 서비스가 첫 단계에서 활동하는 기관들과 함께 연계된 교육과 훈련을 제공할지라도 범위가 제한적이고, 1/3 미만이 잘 구성된 상담, 외래 환자 클리닉, 공동 사회복지사업 같은 수많은 활동을 제공하거나 일차 정신 보건 종사자 부서를 수립했다고 2000년의 조사에서도 비슷하게 보고했다(Bradley et al., 2003). 확실히 그런 활동은 크고 발전된 아동과 청소년 정신 건강 서비스에 집중되어 있어 지리적 불평등을 더 악화시킨다.

아동과 청소년 정신 건강 서비스도 전형적으로는 성인기로의 이동의 표시로써 학교를 졸업하는 연령인 16세까지의 청소년만을 위한 것이었다. 유감스럽게도 청소년후기의 심각한 정신질환 발병률의 증가는 정책과 서비스의 초점을 다시 잡아야 할 필요를 시사한다. 그러나 16~17세의 정신 건강 필요에 대한 제공이 여전히 아동을 위한 서비스와 성인을 위한 서비스 사이의 격차로 빠지는 경향이 있다(HM Government and DH, 2004). 1999년 1/4 이상의 당국 서비스를 16세 미만의 아동만 이용 가능했으나(Audit Commission, 1999), 2004년에 이르면 겨우 반 정도의 서비스가 18세 생일을 맞는 아동에게 서비스를 제공한다(DH, 2004a). 한편, 일차 의료에서의 정신 건강 문제를 가진 청소년을 지원하는 의식, 훈련, 자원 및 연구 부족으로 인한 우려가 여전히 존재한다(Jacobson et al., 2002).

이는 1999년에 출현한 '정신 건강을 위한 국가 서비스 프레임(National Services Framework for Mental Health)'이 성인에게만 초점을 둔다는 사실로 더욱 악화됐다. '아동·청소년·모성 서비스를 위한 국가 서비스 프레임(NSF for Children, Young People, and Maternity)'의 부분으로서 아동을 위한 유사한 구조가 2004년까지 존재하지 않았다(DH, 2004b). 그러나 아동과 청소년 정신 건강 서비스 개발 전략이 중재기관 토대에서 정신 건강의 측면을 향상시켰음을 주장하면서 포괄적인 아동과 청소년 정신 건강 서비스가 2006년까지 전 지역에서 이용 가능할 것이라는 기대를 새로운 국가 서비스 프레임에서 확인했다. 이는 조기 중재와 정신 건강 증진을 포함해야 하고 1~18세에게 접근 가능해야 하며, 적어도 서비스의 10% 정도의 연간 증가가 구체화되어야 한다. 그러나 보건부도 현존하는 부족분의 정도를 확인하고 현재 서비스를 잘 받지 못하는 사람들의 필요 측정에 대한 현실적인 요구가 여전히 존재한다는 것을 인식한다. 이것은 학습 장애나 자폐 스펙트럼 장애나 행위 문제를 가진 사람, 소수 민족 집단과 입원 환자 서비스를 요구하는 사람들, 형사사법 제도에 있는 사람들을 포함한다(DH, 2003).

사업을 개선하기 위한 시도들도 진행됐다. 예를 들어, 아동과 청소년 정신 건강 서비스 혁신 자금이 정신 건강 문제를 가진 청소년을 위한 혁신적 프로젝트를 발전시키기 위해 1998년에 출현했다. 이로 인해 보건부로부터 3년에 걸쳐 연간 400만 파운드의 예산을 끌어왔으며, 후원을 위해 채택된 24군데 잉글랜드 소재지의 건강 당국 및 지방 당국으로부터의 자금이 이것과 일치한다. 그 목표는 아동 정신 건강과 접근성을 포함한 서비스 제공의 질을 향상시키고, 가정 결손을 막기 위해서 부모와 보호자를 지지하며, 고객 집단의 기술과 자신감을 증강시키며, 학교와의 연대를 증가시킴으로써 퇴학을 감소시키는 것이었다. 그러나 국가 평가에서 프로젝트의 종류와 이들 고객 집단의 다양성 ― 세 가지 주요 초점이 되는 이른 중재, 보호관찰 아동, 학대로 고통 받고 자살 위험이 있는 청소년 범죄자 등과 같이 심각하고 복잡한 필요를 가지는 아동 등 ― 으로 좌절됐다. 그러나 많은 프로젝트에서 파괴적 행동의 감소와 함께 임상적으로 중요한 문제에서의 감소가 있었다고 보고했다. 보호관찰 아동에 초점을 둔 프로젝트에서 자각(self-awareness)이 증가했음을 보고한 반면, 조기 중재 프로젝트에서는 부모의 자신감과 교육적 연대를 증가시킬 수 있었다. 대부분의 프로젝트에서 가장 취약한 아동을 위한 정신 건강 서비스의 참여 증대 및 서비스에 위탁된 사람들의 적합성 증대와 함께 그들 고객 집단을 이해하는 에이전시를 증가시키는 데 목표를 두었다. 하나를 제외한 거의 모든 서비스들이 혁신 자금이 끊어졌을 때에도 계속 운영됐다(Kurtz and James, 2002).

반사회적 행동을 보이는 지역에서 확실히 정책은 역동적이며 투자에 민감하게 반응한다. 청소년을 위한 분리된 사법제도가 있는 많은 다른 나라들과 똑같이 구류(custody)는 최후 수단으로 여겨지며, 예방, 사회 복귀, 제재의 복합이 강조된다(Australian Institute of Criminology, 2002). 역사적으로 중재는 사회 복귀적 접근과 징벌적 접근 사이를 갈팡질팡하는 경향이 있다. 예를 들어, 1970년대에는 안정되지 않은 지역사회 기반 프로그램을 강조했으나, 1980년대 말과 1990년대 초반 폭력적 청소년의 범죄 증가와 함께 비행 청소년을 징벌하는 것에 대한 새로워진 관심이 있었고, 1991년 「형사법(Criminal Justice Act)」에 따라 아동의 범죄적 행동에 책임이 있는 부모를 관련시키고자 하는 요구가 있었다. 반대로 "초년기에 범죄를 시작하는 아동이 매우 심각하고 지속적인 범죄자가 되는 경향이 있다는 근거"(Utting et al., 2002: 167)를 반영하는 1998년의 「범죄와 무질서법」은 다양한 서비스를 통해 법적인 예방에 목표를 둔다(Home Office, 1998). '집중 감독 감시 프로그램(Intensive Supervision and Surveillance Programmes)'의 잇따른 출현도 구류에 대한 지역사회 기반 대안을 제공하는 데 목표를 두며, 범죄자가 가정, 학교나 직장 내에 있도록 돕는다(Audit Commission, 2004).

청소년 범죄를 예방하기 위한 공동의 책임이 있어야 하고, 많은 공공 및 자발적 부문 기관뿐 아니라 보다 넓은 지역사회에 의해 공유되는 생각들이 현재 정책 수립에 사용된다. 1998년의 「범죄와 무질서법」의 결과로 '다기관 청소년 범죄 방지팀(Multiagency YOTs)'이 2000년에 설립되어 청소년 범죄와 재발을 막는 데 책임을 지고 있다. 그들은 종종 청소년 통합 프로그램(The Youth Inclusion Programme)과 멘터링 제도 같은 예방 사업의 주도적 파트너들이다. 한편 '다기관 범죄 무질서 감소 파트너십(Multiagency Crime and Disorder Reduction Partnerships: CDRPs)'은 청소년이 희생자나 범죄자로서 연루되는 상당한 비율의 전체 범죄율을 감소시키는 책임을 가진다(Crime Concern, 2002).

청소년 액션 프로그램과 온 트랙(On Track, <글상자 7.4> 참조)을 포함해 청소년 범죄에 대한 자금이 증가되어 왔다. 온 트랙은 범죄 감소 프로그램의 일부로 1999년 내무부에서 설립됐다. 연령집단과 문제의 단계 측면에서 조기 중재 프로그램은 범죄자가 되는 위험에 있는 빈곤과 범죄율이 높은 지역의 4~12세 아동에게 초점을 둔다. 평가된 파트너십 접근을 받아들이고, 지방 지역사회를 연계시키며, 작은 지리적 지역에 초점을 둠으로써 미래의 범죄를 예측하는 위험 요소들을 감소시키고, 반사회적 행위와 범죄를 예방하는 것을 목표로 삼는다. 2000년 9월부터 3년간 3,000만 파운드의 예산을 24개 프로그램을 수립하는 데 사용했다.

청소년 통합 프로그램도 유사하게 구속 및 무단결석, 퇴학과 함께 범죄를 줄이는 데 목표를 두고 있으나, 13~16세의 고연령이 고객 집단이다. 1999년 70군데 최빈곤 지역에서 시작했고, 전체 예산으로 2,000만 파운드를 가지며, 가장 범죄 위험이 있으며 가장 불만이 많은 것으로 인식되는 50명의 청소년에 초점을 두었다. 그러나 참가하는 것은 자발적이며, 청소년이 구속되는 범죄의 수와 구속률은 감소했으나 무단결석에서는 상승이 보였다. 제공되는 서비스 활동-환경적인 것, 스포츠, 예술 등-과 범죄 가담을 증가시키는 문제 간의 관련성에 대해 의문이 제기되고 있다(What Works for Children?, 2002).

부모 역할 명령(Parenting Orders)도 아동이 범죄적 위법 행위를 범하고 지속적으로 무단결석하거나 심각한 반사회적 행동을 하는 것에 대한 제재의 방법으로 2000년 6월에 출현했다. 학교에서 지속적으로 나쁘게 행동하는 아동을 통제하기 위한 2003년 「반사회행동에 관한 법률(Antisocial

〈글상자 7.4〉 근거에 기초를 둔 사업: 온 트랙 프로그램

온 트랙(On Track)은 지역사회 기반 중재의 다섯 가지 주된 범주(가정 방문, 학령전기 교육, 가정-학교 파트너십, 부모 역할 지지와 훈련, 가족요법)를 통해 운영된다. 국지적으로 특별한 이슈들을 다루기 위해 전문의 중재를 추가적으로 포함한다. 목표대상의 선정으로 사용자의 1/5 정도만이 프로젝트에 위탁된다. 그러나 모든 사람에게 제공하는 것이 낙인을 감소시키고, 지지가 필요한 가족과 아동을 파악하는 데 이롭다. 소수의 개인에 기반을 두는 예비 결과에서는 수많은 위험과 보호 인자가 긍정적인 변화를 만든다고 조심스럽게 제안한다. 엄밀히 말하면, 위험에 있는 사람들의 1/5이 부모의 열악한 관심 때문인 것에서 여겨지듯이, 부모의 훈육, 가족 불화, 범죄나 반사회적 행동과 폭력적이거나 공격적인 행위 관점에서 위험 요인들을 가지는 것으로 파악되는 사람들의 대략 1/3 정도가 중재 이후에 개선됐음을 보고했다. 그러나 18~31명 아동만이 관련됐다.

예를 들어, 교정 지시를 받은 잦은 무단결석 때문에 위험에 있는 것으로 파악되는 아동의 1/2 이상과 교육 복지 서비스를 받은 적이 있으나 그 이후로 서비스에 포함되지 않은 아동의 1/3에서 성적, 출석, 배제 수준의 관점에서 유사한 결과가 있었다. 그러나 기껏해야 27명과 관련 있다(France et al., 2004a).

Behaviour Act)」(Home Office, 2003)에 의해 실행력이 더 확대됐다. 부모 역할 프로그램에 대한 출석은 강제적이며, 청소년 범죄 방지팀은 적합한 서비스를 파악해 40가지 이상의 새로운 부모 역할 프로젝트를 만들었다. 부모 역할 프로그램은 청소년의 행동 장애를 감소시키는 데 항상 성공적이지는 않았다. 그러나 많은 청소년 범죄 방지팀이 기능적 가족 치료에 기반을 둔 프로그램을 시범 연구함으로써 특별히 영국적 배경에서의 적용과 평가의 이점을 가질 것이다. 분명히 다루기 힘든 아동을 관리하는 것은 부모의 높은 요구 사항 중에서 빚, 가구, 개인적 관계, 건강을 포함해 하나의 구성 요소인 것처럼 보였다(Ghate and Ramella, 2002).

전통적으로 이루어지고 있는 영역들이 실행 차원에서는 분리가 어렵다고 증명됐다. 청소년 범죄 방지팀의 활동은 여전히 법정과 법정 단계 이전의 활동으로 이루어지는 경향이 있는 반면, 지역사회의 안전 파트너

는 예방, 상황적 대책, 반사회적 행동에 관한 시정과 같이 사회질서에 초점을 둔다. 청소년의 범죄 가담을 줄인다는 목표가 달성된다면, 다기관 범죄 무질서 감소 파트너십은 가장 많이 범죄에 가담하는 범죄자를 위한 일을 할 필요가 있고, 청소년 범죄 방지팀은 많은 예방적 방법들에 참가시킬 필요가 있다. 이는 "심층적 멘터링 같은 목표에 맞는 제공에서부터 장기적인 범죄 형태에 중대한 차이를 만드는 교육, 주거 같은 보편적인 서비스에 영향을 주는 것"(Crime Concern, 2002: 4)을 포함한다. 인증위원회도 유사한 메시지를 제의한다. 어린 범죄자의 폭넓은 필요를 충족시키는 데 건강과 정신 건강 서비스의 결정적 역할을 확실히 하고 직접적으로 학교를 연계시킬 필요가 있다(Audit Commission, 2004). 「모든 아동의 문제(Every child matters)」(DfES, 2004)도 유사하게 위험의 조기 인식과 서비스의 통합된 계획 및 전달 모두를 위한 기회 증대를 위해 아동 센터, 확대된 학교, 의료시설의 일선 실무자 등이 같이 이루어져야 한다고 주장했다.

새로운 시행 조직도 정책에서 실행으로 옮기는 데 중대한 문제에 직면했다. 많은 다른 복합적인 다기관 시범 연구와 함께 일반적으로 온 트랙은 직원 채용 및 고용 유지, 기관 간 관련 및 과정, 시행 조직과 주류 기관 간의 긴장, 잠정적으로 경쟁하는 시행 조직들 간의 긴장 같은 어려움에 직면했다. 아동과 청소년 담당과(Children and Young People's Unit: CYPU)의 창설, 0~4세를 겨냥한 슈어 스타트와 13~19세를 겨냥한 커넥션스 간의 예방적 차원의 간격을 연결시키기 위한 아동 기금의 잇따른 설립과 3억 8,000만 파운드 예산의 분배에 의해 특히 영향을 받았다(France et al., 2004b). 이는 종종 온 트랙을 포함해 새로운 우선순위와 잉글랜드의 모든 지방 당국을 위한 자금 및 지역 수준보다 도시에서 운영되는 프로그램과 함께 새로운 대상 지역을 도입했다. 온 트랙 그 자체는 2001년에 아동과 청소년 담당과로 옮겨졌다.

따라서 공동 책임의 증가뿐 아니라 비행이 사회적 배제 의제의 주요 논제가 되어 온 것같이 (슈어 스타트 지역에서 초년기 가족을 위해 시행된 것을 거울삼아) 예방 차원의 활동 쪽을 더 강조하고 있다. 예를 들어, 아동 기금, 온 트랙, 더 일반적으로 지역 재건 펀드는 고연령 아동과 청소년 및 그들의 가족을 대상으로 한 지역 서비스를 모두 도입해 왔다(NSNR, 2000). 부분적으로 이것은 위험에 처한 개인과 가족을 정확히 겨냥한 예방적 중재가 너무 어렵다는 사실을 반영하지만, 부적절한 주거 같은 폭넓은 물리적·사회적 환경의 사례를 반영한다. 이것은 아동을 보호하고 개선된 여가 활용 시설을 제공하며, 부동산 설계, 지역사회 관리, 부동산 보유자 연계, 지역사회 위원 같은 요소들을 통해 지역사회 신뢰를 자극하는 능력을 잠정적으로 향상시키는 일반적 지역 재건 프로그램이나 지역사회 범죄 예방 프로그램의 배경 안에서 해소될 수 있다. 그러나 이들 프로그램의 효과를 확신할 만한 근거는 부족하다(Farrington, 1996). 반사회적 행동에 대한 다기관 대응을 개선하고자 하는 목표를 가지고 2003년에 반사회행동과(Anti-Social Behaviour Unit)에서 시작한 투게더(The TOGETHER) 캠페인도 현재 60군데 지방 활동 지역에서 가장 심각한 문제를 가진 가족을 대상으로 한 서비스에 치중하고 있다(Shelter, 2005).

결론

이 장에서는 한층 새로운 것도 있지만 들쑥날쑥한 영역들을 보여 주면서 이미 친숙한 영역을 다시 살펴보았다. 초년기에서 이미 강조한 요소인 파트너십과 예방 쪽으로의 이동이 명백하다. 부모 교육, 가정 방문, 학령전기 교육 같은 전략에 우리는 지금 가족 요법, 가정-학교 파트너십, 지역사회 갱생을 포함시킨다. 거리 안전 같은 한 지역에서의 개선이 점차적으로 폭넓은 사회 배제 의제 및 연계를 통해 물리적 활동과 지역 사회 응집, 건강과 행복의 좀 더 포괄적인 정의까지 연결하는 것처럼 보이는 조기 중재의 전체론적 특징을 강조했다. 2004년 「아동법안 (Children Bill, 2004)」의 제정은 이런 추세에 법적 힘을 실어 주었고, 아동을 보호할 법적 책임을 확대하고 단독의 사회 서비스보다 모든 주요한 기관들이 협력해 그들의 복지를 증진시키고자 노력하는 경향을 강화했다. 이는 실무자의 역할들을 포함하는데, 지역사회 기반 상해 예방 프로젝트의 담당일 수도 있고, 등하교 상담, 학교 교통 계획이나 일차 진료와 아동과 청소년 정신 건강 서비스의 간격을 연결하는 일차 정신 보건 종사자를 촉진하는 새로운 역할을 포함한다.

생애 주기 중 이 단계의 건강 불평등 관점에서 효과적으로 보이는 중재 및 근거가 여전히 부족한 중재들을 요약하기 위해 고찰 수준의 근거들을 모은 <표 7.1>을 보면 이들 논지가 아주 뚜렷하지는 않다. 게다가 아동기와 청소년기에 관련된 근거 기초는 초년기와 성인기와 같이 (제9장에서 초점이 되는 식이, 신체 활동, 흡연, 알코올 같은) 건강 행위들에 매우 초점을 둔다. 이 장에서 평가된 주제들에서조차 차별적인 자원 분배로 이끄는 폭넓은 사회적·정치적 문화적·경제적 요인들보다 위험과 행위에 대한 노출과 같은 직접적이거나 중간적 요인들로 타우너 등이 묘사한 요인들에 초점을 두는 것을 볼 수 있다(Towner et al., 2005). 그러나 <표 7.1>은 이 장에서 제시된 비균등적·임시변통적 진전의 양상을 뒷받침한다. 이는 연구, 정책이나 서비스 제공에 대해 얘기하는 것과 상관없이 적용된다. <표 7.1>에서 제시된 뚜렷한 고객 집단인 아동과 청소년의 상대적 방치는 과거의 불평등에 의해 생긴다. 지역 간의 차이는 지역 서비스를 통한 중재에 목표를 두고, 분리된 지리적 지역들에서 새로운 시행 조직들을 추진하려는 경향에 의해 복잡해진다. 따라서 건강 불평등의 사회경제적 표명은 다양한 시행 조직과 파트너로 인한 복합적이고

〈표 7.1〉 아동기와 청소년기 동안의 중재들: 근거 기반 요약

영역	근거 자료
사고	
도로	
다음과 같은 좋은 근거가 존재한다.	
지역 엔지니어링 제도와 차량 소음 방지 장치가 교통 상해를 감소시킨다.	체계적 문헌고찰
아동 보호 장치 대여제도와 법률제정이 행위적 변화를 만든다.	체계적 문헌고찰
자전거 헬멧이 특히 저속에서 머리와 뇌 상해를 막아 준다.	개요
교육적 캠페인과 법률 제정이 헬멧 사용을 증가시킬 수 있다.	체계적 문헌고찰
자전거 훈련이 안전 운전 행동을 향상시킨다는 논리적인 근거가 있다.	체계적 문헌고찰
여가	
다음의 몇 가지 근거가 존재한다.	개요
놀이터 디자인의 개선이 상해의 빈도와 심각도를 감소시킨다.	개요
환경적 엔지니어링이 스포츠 환경으로 변화되고, 상해 예방 프로그램들이 청소년들의 상해를 감소시킨다.	개요
길거리나 직장에서 운동의 입법화가 15~24세에게 효과적이다.	
가정	
고위험 가구에게 초점을 둘 때 연기 탐지기와 아동에게 안전한 용기가 특히 상해를 감소시킨다는 좋은 근거가 있다.	체계적 문헌고찰/ 개요
창살과 가정용품의 디자인에 대한 근거가 부족하다.	체계적 문헌고찰
가정 방문이 사고로 인한 상해율을 유의하게 감소시킬 수 있다.	개요

소아의 상해를 감소시키기 위한 아동/부모의 교육과 자동차 보호 장치의 사용에 대한 관점에서 교육의 역할은 단지 어느 정도의 효과만을 가진다.	개요
다중적 모델의 중재들이 긍정적인 결과들을 만드는 경향이 크다.	체계적 문헌 고찰

고찰 수준의 근거 부족

여가 환경

나이 든 아동

정신 건강

예방적 차원의 강조와 함께 부모 역할 프로그램들은 10세 이하 아동의 사회 경쟁과 그들 부모의 관리 능력을 증가시킨다.	개요
가족과 부모 역할 중재는 10~17세의 청소년 비행으로 인한 기관에서 보내는 시간을 감소시킬 수 있다.	코크란 리뷰
인지 행동 치료는 불안 장애, 공포증과 우울증 그리고 (부모 훈련과 병행해) 행위 장애의 치료에 효과적일 수 있다.	코크란 리뷰/개요
기능적 가족 치료는 비행 행위와 형제 비행 모두를 모두 감소시킬 수 있다.	개요
다중 체계 치료는 심각한 감정적 및 행위적 문제에 효과적인 것으로 증명할 수 있다.	개요
약물 치료는 특히 식이와 (예를 들면, 부모 훈련이나 행위적 치료 같은) 심리사회적 치료가 지원될 때 주의력 결핍 과잉 행동 장애에 효과적이다. 정신약물적 치료도 강박신경증과 우울증의 치료에 도움이 되고 행위 문제와 비행 치료에 적절할지도 모른다.	개요

고찰 수준의 근거 부족

청소년에 대한 특별한 초점

영국에서 어린 범죄자를 위한 지역사회 기반 프로그램의 평가 매우 차별화된 기회의 시스템에서 비롯된다(Murdoch and Abram, 1998; Jones and Little, 2000).

협력 사업에는 허점이 있게 마련이다. 주류 기관은 전개가 빠른 정책 의제에 초점을 두며 위기를 모면하기 위해 자원을 찾는 데 노력하는 동시에 대부분이 직원 채용과 자원에서 직접적인 경쟁을 벌이는 단기적인 시행 조직들을 수용한다. 한편 지역 기반 사업들 자체로 정책을 실행하는 데 효과적인 사업의 근거 제공과 주류를 만드는 것에 상당한 어려움을 겪는다. 개별적·행위적 접근이나 지역 기반 사업들에 대한 접근은 지속적으로 기구들이나 지역사회들의 문화를 바꿀 필요와 교육, 입법화, 자원 분배를 포함한 좀 더 큰 정책 생성 과정에 영향을 줄 필요에 의해 조절된다. 건강 불평등 그 자체를 고려하는 것으로부터 건강 행위들과 생애 궤적에서의 불평등을 다루는 쪽으로 옮기면서 우리는 긴장과 연결망(web)을 계속해서 확대할 것이다.

8

아동·청소년기 건강 행위에서의 불평등: 연구 근거

서론

앞선 두 장에서 우리는 아동·청소년기의 건강 불평등과 연관된 경로와 정책에 대해 초점을 두었다. 사고, 상해, 정신 건강에서 명확한 사회적 격차가 존재했다. 그러나 다른 측면에서 현재 건강 상태에서의 사회적 불평등의 근거는 좀 더 불명확하다. 사고나 상해에 의하지 않는 사망의 경우 적은 계급 격차를 보여 준다. 이와 비슷하게 다양한 신체적 건강 지표에서의 사회적 격차는 상당하지도 않고 일관되지도 않다. 제6장에서 서술했듯이 아동기와 청소년기는 평등화의 과정(progress of equalisation)이 일어나고 건강의 사회적 격차가 사라지는 시기로서, 이는 아동·청소년기에 세계화로 인한 동질적인 영향의 가능성을 보여 준다. 즉, 아동·청소년기에서는 사회경제적 배경보다 또래집단이나 청년 문화가 더욱 중요할 수 있다는 것이다. 건강 상태에서의 사회적 격차가 사라지는 시기라는 이러한 주장은 세계화로 인해 '근대적' 계급 구분에 기반을 둔 건강 불평등이 줄어들 가능성을 제기하고 있다.

이와는 달리 우리는 생애 후기의 건강 결과에 나쁜 영향을 주는 것으로 알려져 있는 건강 위해 행위에서는 아주 강력하게 사회적 격차가 있다고 주장한다. 불건강 행동에서의 사회경제적 차이를 설명하고자 하는 시도는 주로 성인을 다루고 있으나, 생활습관 양식은 아동·청소년기에 확립된다. 예를 들어, 생애 초기의 식습관은 향후의 식품 선호를 결정한다. 흡연을 처음 시도하는 대다수의 흡연자가 하위 흡연 문화에 포섭되고, 생애 과정의 초기 시기 동안 담배에 중독됐다. 비슷하게 후기의 삶에서 알코올 중독으로 발전하는 주요 위험 요인으로, 조기에 음주를 시작하는 것과 후기 청소년기의 과다한 알코올 소비를 꼽고 있다. 청년보다 성인의 건강 행동에 대해 좀 더 관심을 두는 경향 때문에 생애 초기에 문제적 행위의 발전을 막기 위한 중재 사업에 대한 상대적인 정보 부족이 야기됐다(Droomers et al., 2003). 이러한 배경에서 이 장의 첫 부분에서는 아동·청소년기의 불건강 행위와 관련된 위험 요인과 유형을 식이와 영양, 신체 활동, 물질 남용, 성적 행위를 중심으로 탐구하고자 한다.

건강 위해 행위의 연속성은 생애 초기의 불이익이 향후의 건강 결과로 이어지는 연결고리의 주요한 경로가 된다. 사회경제적 환경의 연속성은 왜 아동기의 불이익이 성인기의 불건강을 예견하는 데 중요한지에 대한 또 다른 이유이다. 교육 성취도 여전히 사회적 계급화의 근간에서 크게 영향을 받는 것으로 예상된다. 비슷하게 (생애 후반기 사회적 배제의 강력한 위험 요인 가운데 하나인) 사회적 보호 시스템에 들어가게 될 가능성도 사회적 불이익에 따라 유의하게 증가한다. 이처럼 보다 어린 사람의 삶의 궤적에서의 주요 결정 요인들은 이 장의 두 번째 부분에서 다룰 것이다.

건강 행동의 불평등

식이와 영양

광범위하게 보고된 '비만의 증가 경향'으로 인해 영국 아동·청소년의 식이는 많은 연구자, 정책입안자와 언론의 관심을 받아 왔다. 아동·청소년기 과체중과 비만의 유병률 증가에 아동·청소년의 식이 구성 변화가 어떤 영향을 미치며, 현재의 식이 패턴이 아동·청소년에게 건강한 성장과 발달을 이룰 수 있도록 비타민과 무기질이 적절하게 균형 잡혀 있는지에 대한 의문이 제기됐다. 아동기 영양의 장기간의 함의도 중요한 문제로 대두됐다. 심혈관 질환, 당뇨, 다양한 암의 위험과 강력하게 연관되어 있는 성인기 식이 패턴은 어느 정도 청소년기에 결정된다. 또한 청소년기의 식이는 향후의 삶에서의 건강 결과를 야기하는 데 독립적인 영향을 미친다는 주장도 있다.

사회경제적 위치와 식이, 영양

이런 배경에서 영국의 학생이 상대적으로 가공 식품을 많이 먹고 과일과 채소를 적게 먹고 있다는 근거는 주의를 끌게 됐다. 1997년 '국가 식이 영양 조사(National Diet and Nutrition Survey: NDNS)'에 의하면, 4~18세의 아동·청소년이 일주일 동안 가장 흔히 먹는 음식은 칩스, 흰 빵, 짭짤한 과자, 비스킷, 둥근 빵, 케이크, 페스트리, 초콜릿 과자였으며, 적어도 3/4의 아동이 이런 음식을 먹은 것으로 조사됐다(Gregory et al., 2000, Nessa and Gallagher, 2004). 탄산음료를 섭취하는 비율도 비슷한 것으로 조사됐다. 절반이 채 안 되는 아동·청소년이 종류를 막론하고 잎채소나 바나나를 소비했고, 1/4만이 감귤류를 섭취했다. 절반 정도의 아동·청소년이 익힌 당근, 사과, 배를 먹었고, 59%의 여아가 생채소나 샐러드를 먹었다. 남아에게 '과일과 채소'의 가장 흔한 급원은 익힌 콩이었다. 비슷한 경향이 1995~1997년과 2002년 '잉글랜드 건강 조사(Health Survey of England: HSE)'에서도 나타났다. 1995~1997년 '잉글랜드 건강 조사'에서는 2~15세의 아동 중 하루에 한 번 이상 채소나 과일을 먹는다고 응답한 비율이 1/5에 미치지 못했다. 반면 아동의 1/4 이상에서 비스킷, 사탕, 초콜릿과 같은 단 음식을 하루에 한 번 이상 섭취하는 것으로 조사됐다(Bost et al., 1998). 2002년 '잉글랜드 건강 조사'에서는 하루에 과일과 채소를 다섯 번 이상 먹는 경우가 5~15세에서는 12%, 16~24세에서는 17%에 지나지 않았다(Deverill, 2003 재인용).

많은 아동이 스스로 필요로 하는 이상의 에너지를 섭취하고 있다(Chan, 1999)는 우려에도 불구하고 '국가 식이 영양 조사'에서는 모든 연령의 남성과 여성의 일일 평균 에너지 섭취는 권장량을 밑돌았으며, 단백질 섭취는 상당히 권장량을 초과했다. 또한 미세 영양소의 결핍이 이 조사에서 관찰됐는데, 15~18세 여아의 50%, 11~14세 여아의 45%는 권장량 하한치보다 적은 양의 철분을 섭취했다. 10대 여아의 마그네슘, 아연, 칼륨, 칼슘 섭취량은 권장량보다 적은 경향이었는데, 칼슘의 경우 11~14세 여아의 1/4, 15~18세 여아의 1/5이 권장량 하한치보다 적은 양을 섭취했다. 미량 영양소 결핍은 식사, 특히 조식을 거르는 경향에서 야기될 수 있다. '학교 건강 교육과(Schools Health Education Unit)'에 의해 수행된 조사에서는, 15~16세 여아의 21%가 조식을 거르고 19%는 음료만 섭취했고, 15%는 전날 점심을 먹지 않은 것으로 보고됐다(Balding, 2001; Lucas, 2003).

1997년 '국가 식이 영양 조사'와 2002년 '잉글랜드 건강 조사' 모두에서 아동·청소년기 식이 습관이 사회경제적 위치에 따라 차이가 있음이 나타났다. 2002년 '잉글랜드 건강 조사'에서는 채소 섭취가 가구 수입에 따라 증가했다(Daverill, 2003). 가구 수입이 하위 60%에 속하는 가구의 아동 중 1/10이 일일 5회 이상 채소를 섭취하는 데 반해, 상위 20% 가구에서는 1/6의 아동이 일일 5회 이상 채소를 섭취했다. 청년에서도 유사한 경향이 관찰됐다. 젊은 여성 중 일일 5회 이상 채소를 섭취하는 사람의 비율은 최상위 소득계층에서 22%, 최저 소득계층에서 16%였다. 이런 차이는 젊은 남성에서 더 두드러졌다(최상위 계층 22%, 최하위 계층 12%).

1997년 '국가 식이 영양 조사'에서는 사회경제적 위치가 낮은 가구, 즉 육체노동으로 급여를 받거나 낮은 소득계층의 청소년은 채소, 사과, 배, 바나나 등의 섭취가 낮고, 칩스, 과자, 버거, 케밥 등을 많이 섭취하는 경향을 보였다. 그럼에도 남아 총 에너지 섭취량은 가구 수입 하위 20% 계층이 상위 20% 계층보다 현저히 낮았다. 한편 여아에서는 에너지 섭취량과 가구 경제 수준과의 관련성은 보이지 않았다. 사회경제적 수준이 높은 가구의 아동과 청소년은 단백질, 당분, 지방의 일일 평균 섭취량이 높았다. 그리고 전체 에너지 섭취 중 전분을 통해 얻는 비율이 불이익을 지닌 가구의 아동보다 좀 더 낮았다.

사회경제적 위치에 따라 식이 패턴이 다른 이유에 대해서는 의견이 분분하다. 가격, 접근성, 유용성의 조합인 식품 빈곤(food poverty)의 개념이 유력하게 제기된다. 다울러는 낮은 소득의 가족은 편리하게 가공된 식품에 의지하는데, 이는 이런 식품이 싸고 수용 가능하며 예상 가능하고 낭비하는 일 없이 정량으로 포장되어 있기 때문이다(Dowler, 1999). 이에 비해 과일, 정육, 통밀빵 같은 식품은 가난한 사람들에게 사치스러운 것으로 여겨진다. 제4장에서 논의했듯이 많은 저자들이 가난한 사람들이 주로 이용하는 구멍가게, 편의점, 작은 슈퍼마켓의 식품이 대형 슈퍼마켓보다 비싸다고 지적했다. 그러나 빈곤 지역에서 식료품 가격이 높다는 이런 경험적 근거는 모순적이다. 사회문화적 규범, 지식, 건강 동기 등이 식이 패턴 형성에 주요한 역할을 한다. 예를 들어 채소와 콩을 소비하는 민족 집단 내의 차이가 소득 집단에 따른 차이보다 크다. 또한 빈곤과 관련된 어떤 심리사회적인 요인이 식이와 같은 건강 행동을 형성하는지에 대한 관심이 증대되고 있다(제10장 참조).

식이, 영양과 건강 결과

아동·청소년의 식이는 단기간과 장기간의 건강과 안녕에 영향을 미친다. 예를 들어 아침을 거르는 것과 같은 짧은 기간의 공복은 인지 능력, 기억력, 학교에서의 집중력과 행동에 영향을 미친다(Lucas, 2003). 빈혈, 철분 결핍에 의한 전신적 피곤 또한 학습 성취의 감소와 관련되어 있다(Chan, 1999). 특히 우유 외의 외부 급원에 의한 설탕의 소비는 충치를 증가시킨다. '국가 식이 영양 조사'에서, 썩은 이와 치아 충전을 포함하는 충치는 4~18세 아동의 53%에서 발견됐고, 불건강한 잇몸은 35%에서 관찰됐다. 치석은 11~15세에서 가장 많았는데, 51%에게 치석이 있었고, 여아보다 남아가 많았다. 육체노동을 하거나 부모가 급여 대상자인 가구의 아동에게 충치가 있을 확률이 높았고, 14세에서 특히 높았다. 충치에서 지역적인 차이도 관찰됐는데, 스코틀랜드의 아동·청소년이 가장 충치가 많았으며, 런던과 사우스 이스트의 아동·청소년이 가장 적었다. 이 조사는 충치가 설탕이나 설탕 함유 식품의 총 섭취량보다 설탕 섭취의 빈도와 관련 있다고 주장했다(Walker et al., 2000).

장기적으로 미량 영양소의 결핍은 건강에 중요한 나쁜 결과를 야기할 수 있다. 예를 들어 칼슘은 뼈 형성과 초기 성인기의 최대 골질량에 영향을 주는데, 초기 성인기의 최대 골질량은 이후의 삶의 급속한 뼈 손실과 골다공증의 위험과 연관되어 있다. 과일과 채소의 항산화제가 DNA를 파괴하는 자유기(free radical)를 예방한다는 사실로 미루어 볼 때 영국의 아동·청소년이 과일과 채소를 적게 섭취하는 것은 문제가 될 수 있다. 60년간의 추적 관찰을 수행한 '보이드 오 연구(Boyd Orr study)'에서 아동기의 과일 섭취 증가가 성인기의 암 발생률과 역의 상관관계가 있었다.

암 위험과 채소 섭취의 보호 효과는 연구에서 명확하지 않았다. 하지만 채소도 과일처럼 가능성 있는 항암물질의 풍부한 급원이기 때문에, 이러한 연관성의 부족은 세계대전 이전의 초기 연구 시기에서 채소를 장기간 가열하는 조리방식의 영향을 받았을지도 모른다(Maynard et al., 2003).

빈곤한 식이와 영양의 다른 부작용은 비만의 증가이다. 아동 비만은 장기간과 단기간에 걸쳐 다양한 나쁜 건강 결과와 관련되어 있다. 심리적·정신적 문제와 고지혈증, 고혈압, 포도당 내성의 이상 같은 심혈관 질환의 위험 요인은 비만한 아동·청소년에서 빈도가 증가한다. 청소년기에 발생하는 제2형 당뇨가 증가했다는 보고는 아마도 이 연령군의 비만 유병률 증가와 관련되어 있을 것이다. 천식, 폐 기능 감소, 수면 관련 호흡질환과 같은 다양한 호흡기 증상도 아동기 비만과 관련 있다. 장기적으로 봤을 때 아동기 비만은 그 자체로 성인기 비만의 위험 요인이다. 청소년기의 과체중이 성인 심혈관 질환의 유병과 사망에 성인의 체질량지수와 독립적으로 영향을 미친다는 근거가 있다(Reilly et al., 2003; Campbell et, 2004).

아동기 식이와 영양 논쟁

아동·청소년기에 빈곤한 식이의 장·단기적인 함의에 대한 지식이 증가하는 것과 더불어 사회경제적 위치에 따른 식이와 영양 격차에 대한 연구 근거도 건강 불평등 연구와 정책에서 중요한 영역이 되고 있다. 그러나 이런 연구 영역에 논란이 없는 것은 아니다. 비만의 '근대적 유행'의 원인을 이해하고, 특정한 사회경제적 집단이나 민족 집단과 관련된 식이 문제의 위험 요인과의 연관성을 찾고자 할 때는 우선적으로 과체중과 비만의 유병률을 정량해야 하는데, 이러한 (비만의) 정의에 논란이 제기되고 있다. 성인 비만의 정의로서 체질량지수 $30kg/m^2$의 정의는 국제적으로 인정되는 데 반해 아동기 체질량지수의 비만 기준은 연령에 따라 양적으로 변화한다. 따라서 그간의 연구는 과체중과 비만을 체질량 지수의 백분율을 초과하는 것으로 계산했다. 전형적으로 85백분위수는 과체중을, 95백분위수는 비만을 나타낸다. 이런 기준을 적용하면 연구대상 중 "항상 15%는 과체중이며, 5%는 비만이라는 자가당착적인 결과"(Jebb and Prentice, 2001)가 생긴다. 또한 비만과 과체중의 모호한 구분선이 아동 건강의 위험을 야기하는 역치를 나타내고 있는 것도 아니다. 수행되는 연구들이 각각 다른 모집단과 각각 다른 체질량지수 백분위 구분선을 사용하고 있는 것은, 시간에 따른 경향을 모니터하거나 국제적인 비교에 장애가 된다(Cole et al., 2000). 이러한 어려움을 타개하기 위해 많은 대안적인 측정 방법이 고안됐다. 콜 등에 의해 개발된 새로운 국제적 기준에 따르면, 18세의 과체중에 대해 $25kg/m^2$, 비만에 대해 $30kg/m^2$을 기준으로 2~18세의 연령별·성별 체질량지수의 구분선이 제시됐다(Cole et al., 2000). 어른과 마찬가지로 아동에서 중심 비만이나 복부 지방이 건강 위해 요인이기 때문에 체질량지수가 체지방의 분포를 잘 반영하지 못한다는 우려가 있었다. 따라서 비록 백분위수를 기준으로 채택했지만, 영국 아동·청소년의 허리둘레에 대한 기준이 제시되기도 했다(McCarthy et al., 2001).

새롭게 국제적으로 동의된 기준점을 적용한 '국가 식이 영양 조사'에서는 4~18세 아동의 15.4%가 과체중이며, 4%가 비만인 것으로 보고됐다(Jebb et al., 2004). 이러한 양상은 2002년 '잉글랜드 건강 조사'에서 이 기준을 적용해 2~15세 남아의 16.3%가 과체중, 5.5%가 비만이며, 여아에서는 과체중이 20.3%, 비만이 7.2%라고 보고한 것에 비해 낮은 수준이다. 과체중과 비만은 나이에 따라 증가했다. 2002년 '잉글랜드 건강 조사'에서 16~24세 젊은 남성의 23%가 과체중, 9.2%가 비만이었고, 여성은 각각 21.2%, 11.5%였다(Stamatakis, 2003a). 따라서 영국 아동·청소년이 좀 더 비만해지고 있다는 사실은 대다수 연구에서 동일하게 나타났다(Chinn and Rona, 2001; Rudolf et al., 2004).

걱정스럽게도, 어떤 연구 근거는 아동 비만의 측정에서 체질량지수를 사용하는 것은 아동·청소년 비만의 유병률을 구조적으로 과소 추정하게 한다고 주장했다(McCarthy et al., 2003). 11~16세 아동의 허리둘레는 1997년에서 1999년 사이 남아는 평균 6.9cm, 1987년에서 1997년 사이 여아는 평균 6.2cm 증가한 데서 알 수 있듯이 매우 크게 증가했다. 이러한 증가는 같은 기간의 체질량지수의 증가폭보다 큰 것이다. 더 나아가 남아와 여아에서 허리둘레 91백분위수, 98백분위수를 초과하는 분율은, 체질량지수 비만 기준을 적용한 분율보다 크게 나타났다. 이는 기간의 변화에 따라 지방의 분포가 변화하고 있으며, 체지방 무게의 증가는 근육량의 감소에 의해 상쇄된다는 것을 보여 준다. 1997년 28%의 남아와 38%의 여아가 과체중을 의미하는 허리둘레 91백분위수를 초과했다. 복부 비만으로 정의할 수 있는 허리둘레 98백분위수를 초과하는 남아는 14%, 여아는 17%였다. 중심 지방의 과다한 축적은 인슐린과 콜레스테롤의 수준에 영향을 미치기 때문에 당뇨와 심장질환의 중요한 위험 요인이 된다. 따라서 영국 아동·청소년의 중심 비만이 증가하고 있는 양상은 현재와 미래의 질병 양상에 대한 중요한 함의를 주고 있다.

비만과 사회적 불이익 간의 관련에 대한 연구 근거가 다양하게 보고되면서, 최근 건강 불평등에서 비만의 의미도 중요하게 간주되고 있다. 1997년 '국가 식이 영양 조사'는 비만의 위험이 사회계급 I~III보다 사회계급 IV에서 유의하게 높음을 보고했다. 비만율도 동양계와 웨일스와 스코틀랜드에 거주하는 아동에서 높았다(Jebb et al., 2004). 1999년 '잉글랜드 건강 조사'에 대한 이차 분석에서는 과체중과 비만의 사회경제적 격차에 대한 근거는 적게 보고됐으나, 민족 집단에 따른 유의한 차이가 관찰됐다. 아프리칸-캐러비언과 파키스탄 출신 여아, 인도와 파키스탄 출신 남아가 일반 인구에 비해 과체중의 위험이 높은 것으로 드러났다

(Saxena et al., 2004). 그러나 2002년 '잉글랜드 건강 조사'에서는 가구소득 4분위수, 직업, 빈곤 지역으로 측정된 사회적 불이익 지표에 따라서 비만이 강력하게 연관되어 있었다. 한편 과체중의 경우 일관되지 않은 결과를 나타냈다.

사회경제적 위치와 비만 간의 통계적인 관련은 비만과 생활습관 위험 요인의 관련성보다 강력한 경향이 있지만, 사회경제적 위치와 아동·청소년에서의 과체중, 비만 간의 높은 관련성을 나타내는 요인은 직접적이지 않다. 앞서 기술한 바처럼 예를 들어 '국가 식이 영양 조사'에 의하면, 낮은 소득 사분위수 가구의 남아가 총 에너지 섭취 수준은 가장 높은 소득 가구의 남아에 비해 낮다. 이것은 1996~1997년 '잉글랜드 건강 조사'에서 2~15세 남아 중 체중미달이 되는 경우가 가장 가난한 가구 쪽으로 치우쳐 있는 것과 상응된다. 그러나 이는 낮은 사회계급이 과체중이 되는 위험이 높다는 것을 설명하지는 못한다. 어떤 근거에 의하면 비만에서 식이 섭취의 구성이 전체 에너지 섭취보다 중요하다고 한다. 장기간 연구에 의한 자료가 부족하기는 하지만, 높은 당부하지수를 가지는 흰 빵, 정제된 시리얼, 감자 제품과 같은 전분 식품의 소비가 체중 증가와 연관되어 있다고 한다(Ludwig, 2000; Roberts, 2000; BrandMiller et al., 2002). 이러한 가설은 '국가 식이 영양 조사'에서 전체 에너지 섭취 중 전분에 의한 비율이 사회적으로 불이익을 받고 있는 가구의 아동에서 높다는 사실에 잘 드러나고 있다.

사회경제적 위치, 건강 행동과 비만이 연관되어 있다는 사실이, '지방의 근대적 유행'이 직접적으로 '좌식 생활, 소파 문화, 지방을 축적하는 현대 환경'에 의해 야기됐다는 가설을 지지하고 있는 것은 아니다(Evans et al., 2003: 88). 에너지가 풍부한 음식의 과다한 섭취, 신체 활동의 부족이 모두 아동·청소년의 비만의 증가에 기여하고 있는 상황이지만, 체중 증가에서 식이와 신체 활동의 상대적인 효과는 성별에 따른 차이가 존재한다(Steinbeck, 2001). 그뿐 아니라 다른 다양한 요인이 비만의 발생에 영향을 끼친다. 제4장에서 논의한 바와 같이 태내 성장 지연과 출생 후 급속한 성장은 이후의 삶에서의 비만에 영향을 미친다. 비만에 대한 감수성은 유전적인 요인에 의해서도 영향을 받는데, 쌍둥이 연구에 의하면 적어도 비만이 되는 경향의 50%는 타고나는 것이라고 한다(Kiess et al., 2001). 따라서 정신 건강의 문제처럼 비만도 유전과 환경 간의 상호작용의 하나로서 이해되고 있다.

비만의 유병률에서 사회경제적 차이를 해석하려면, 비만이 다양한 원인에 의해서 발생하며, 낮은 사회경제적 집단이나 민족 집단이 '병적으로 자신의 몸을 돌보지 못한다'는 낙인을 받을 수 있는 위험이 있다는 것을 섬세하게 고려해야 한다(Evans et al., 2003: 92). 비만과 과체중을 '질병'으로 묘사하는 것은, 비만 이외의 다른 측면에서는 건강한 청소년에게 낮은 자존감, 우울과 같은 심리적인 문제를 야기할 수 있다. 이러한 '비만 담론'은 비만과 나쁜 건강 결과 간의 관련이 신체 활동 수준과 같은 다른 요인에 의해 달라질 수 있다는 사실을 무시하기도 한다. 예를 들어 중등도의 신체적합도를 가진 비만한 남성은, 건강 체중을 유지하고 있으나 신체적합도가 떨어지는 남성에 비해 사망률이 낮다(Brodney et al., 2000; Evans, 2003 재인용). 에반스에 따르면 체형, 몸의 크기, 몸무게에 대한 현재의 관심의 경향은 단순하고 경고적이며 낙인적이다(Evans, 2003). 그는 비만의 문제에 대해 건강과 과체중이 동시에 가능하다고 생각할 수 있는 균형적인 접근이 필요하다고 제안한다. 사회경제적 위치와 비만의 관련을 단순화하고, 특정한 집단에 대해 낙인을 찍는 것이 위험한 것임을 인식하는 일은 중요하다. 이런 견해와 달리 아동기의 식이 자체를 매우 진지하게 제공해야 한다는 주장도 많다. 에반스는 아동의 식이와 생활습관에 대한 의학적 감시와 관리가 증가하고 있는 것에 대한 우려를 나타내기도 했지만, 이런 주장과 함께 실제 많은 아동이 그들이 필요하고 원하는 건강한 식이를 누리고 있지 못하고 있다는 우려에 대해서도 동등한 관심이 기울여져야 할 것이다.

신체 활동

성인기 규칙적 신체 활동이 건강에 미치는 긍정적인 효과를 보고하고 있는 많은 문헌이 있지만 아동기에서는 신체 활동과 건강의 관련이 명확하지 않다(Livingstone et al., 2003). 아동·청소년기의 낮은 신체 활동 수준과 좌식 생활습관은 체중 증가 및 비만의 위험과 연관되어 있다. 좀 더 활동적인 아동은 활동을 적게 하는 아동보다 최고 골질량이 더 크다. 때문에 사춘기 여아에게 규칙적인 운동은 골다공증에 대한 장기적 보호 효과를 줄 수 있다(MacKelvie et al., 2003). 활동적인 아동에게서 일반적으로 심혈관 특성이 건강하다는 근거도 있다(Boreham and Riddoch, 2001). 그러나 성인에게 신체 활동이 심혈관 위험 요인에 대해 긍정적인 영향을 미치는 것과 달리, 아동에게 신체 활동과 체지방의 상관관계는 신체 활동과 심혈관 질환 위험 요인 사이의 관련보다 큰 것으로 보인다(Steinbeck, 2001). 이러한 사실은 이 연령대의 낮은 심혈관 질환 발생률에 의한 것이기도 하다. 일부 연구에서 신체 활동에 대한 행동적 매개가 있으며 활동적인 아동이 활동적인 성인이 되는 경향이 드러났으나, 신체 활동의 연속성이라는 개념을 지지하는 자료는 적다(Livingstone et al., 2003). 아동의 신체 활동에 초점을 두는 많은 연구들은 신체 활동의 과체중, 비만에 대한 예방적 역할을 중요하게 보고 있다.

신체 활동은 전통적으로 '운동', '스포츠', '체육'과 관련된 넓은 범위의 활동으로 구성된다. 격렬한 운동이 심혈관 건강과 활력을 증가시키는 가장 효과적인 방법이지만, 걷기, 춤추기, 지역사회 돕기와 같은 누적적인 중간 정도의 신체 활동도 비만을 예방하는 데 기여한다는 근거가 있다. 모든 아동·청소년기에 대한 최근의 권고는 적어도 하루에 한 시간 이상의 중간 정도 강도의 신체 활동에 참여할 것을 요구한다(Rees et al., 2001). '국가 식이 영양 조사'에서 4~18세의 남아 61%와 여아 42%가 권장량 수준의 신체 활동을 했다(Rees et al., 2001). 2002년 '잉글랜드 건강 조사'에서는 2~15세 연령 남아의 70%, 여아의 61%가 한 시간 이상의 신체 활동에 참여하는 것으로 조사됐다. 여아가 신체 활동에 참여하는 비율은 10세 이후의 연령에서 줄어드는 것으로 나타났다(Stamatakis, 2003b). 두 가지 조사 모두 연령의 증가에 따라 신체 활동 참여가 줄어드는 것을 보여 주었다. 2002년 '잉글랜드 건강 조사'에서 16~24세 연령에서 51%의 남성 청소년과 28%의 여성 청소년이 일주일에 5일 이상 적어도 중등도의 강도로 30분 이상 활동했다.

영국 아동에서 신체 활동 수준이 시간이 지남에 따라 감소하고 있는지의 여부는 확실하지 않다. 그러나 아동이 학교에서 신체 활동을 하는 시간은 줄어들고 있다. 스포츠 잉글랜드가 조사한 '청소년 스포츠 조사'에서는 1994년 46%가 일주일에 두 시간 이상의 체육 수업을 들었으나 1999년 이 비율은 32%로 나타났다. 일주일에 한 시간 이하의 체육 수업을 듣는 학생의 비율도 5%에서 18%로 증가했다. 학교에서의 신체 활동의 감소는 학교 밖의 신체 활동의 증가에 의해 부분적으로는 상쇄된다. 학기 중에는 24%의 아동만이 학교 밖에서 일주일에 10시간 이상의 신체 활동을 했다. 여름방학 기간에는 적어도 45% 이상의 학생이 이 정도 수준의 신체 활동을 했다. 그러나 아동은 신체 활동에 참여하는 시간보다 텔레비전이나 비디오를 시청하는 데 더 많은 시간을 사용하는 것으로 조사됐다(Nessa and Gallagher, 2004).

텔레비전 시청과 같은 좌식 생활로 보내는 시간이 아동기 비만의 증가에 기여하고 있다는 우려가 있지만, 비들 등은 텔레비전 시청, 비디오

게임과 신체 활동 간의 낮은 연관성을 보고했다(Biddle et al., 2004). 이는 아동·청소년은 활동적인 생활과 좌식 생활을 동시에 하고 있음을 보여 준다. 걸어서 등교하는 아동의 감소는 누적적 중등도 신체 활동의 수준에 영향을 주었다. 초등학교 아동이 걸어서 등교하는 비율은 1992~1994년 63%에서, 1999~2001년 54%로 감소했다(Nessa and Gallagher, 2004). 부모의 신체 활동이 아동의 신체 활동에 영향을 미치며, 활동적인 생활습관을 가지게 될 가능성은 두 부모가 모두 활동적일 때 유의하게 증가했다(Steinbeck, 2001). 그러나 성인에 대한 연구와는 달리 사회경제적 위치는 아동의 신체 활동과 강력하게 연관되지 않았다(Batty and Leon, 2002). 게다가 어떤 근거에 의하면 낮은 사회계급의 아동이 스포츠와 활동적인 놀이에 더 잘 참여한다고 한다(Macintyre and Mutrie, 2004).

물질 오용

영국의 많은 아동·청소년이 주요한 건강 위험에 노출되어 있는 것은 아니지만, 청소년기 자체가 위험 요인을 받아들이기 쉬운 시기이다. 어떤 아동·청소년은 등산, 극한 스포츠 같은 위험한 스포츠 활동에 참여하는 반면 다른 아동·청소년은 폭주, 불법 약물 사용, 음주 같은 일탈 행위를 한다. 일반적으로 긍정적인 행위와 문제적 위험 행동은 구분되지만, 어떤 연구자들은 긍정적이든 부정적이든 위험한 행동을 하는 데에는 비슷한 심리적 바탕이 있다고 주장한다(Plant and Plant, 1992; France, 2000). 청소년기에 왜 위험한 행동을 쉽게 받아들이는지에 대한 한 가지 설명에 따르면, 실험하는 것은 정상적이며 성장의 건강한 측면이라는 것이다. 새로운 활동을 함으로써 아동·청소년은 자신의 지평을 넓힐 수 있으며 새로운 도전을 통해 통제력과 자율성을 획득하고 자신의 정체성을 형성하기 때문에 위험을 받아들이는 것은 발달적 요구를 채워 준다. 두 번째 설명은 아동·청소년기에 위험을 받아들이는 것은 타고난 것이라는 것이다. 세 번째 가능한 설명은, 아동·청소년이 종종 자신을 강력한 존재로 인식해 본인에게는 부정적인 결과가 오지 않을 것이라고 믿는다는 것이다.

이러한 설명 방법은 아동·청소년이 위험을 받아들이는 것이 '자연스럽고 통상적이며 어떤 측면에서 필수불가결한' 것이라고 주장한다(Plant and Plant, 1992: 120). 그러나 위험을 받아들이는 것이 아동·청소년기의 정상적인 부분이라고 하더라도 위험 행동의 형태는 사회적·문화적 맥락에 따라 다양하다. 야외 활동, 외국 여행 같은 '긍정적' 위험 행위를 하는 아동·청소년은 일반적인 경우 사회적으로 혜택을 받은 물질적인 자원과 가족, 동료에 의해 지원을 받는다. 그러나 물질 오용, 물질 의존 같은 '문제적' 위험 행동은 사회적 박탈과 더욱 강력하게 연관된다. 정신질환을 가지고 있는 아동·청소년은 특히 물질 오용의 높은 위험이 있으며, 이것은 기존 질환을 악화시키기도 한다. 따라서 물질 오용과 자살, 우울, 행동 장애, 퇴학, 낮은 학력 성취는 강력한 관련이 있다. 또한 물질 오용은 사고와 상해와 같은 상병과 사망의 다른 원인을 야기하기도 한다(Gilvarry, 2000).

흡연

흡연이 알코올, 불법 약물 사용 등과 같은 사회적 행동과 연관되지는 않지만, 흡연은 다른 어떤 정신활성 약물보다 건강에 나쁜 영향을 미친다(Plant and Plant, 1992: 33). 많은 흡연자가 10대 시절에 흡연을 시작하며, 어린 상습적 흡연자의 대다수가 이후의 삶까지 흡연을 한다(Jefferis et al., 2003). 30대에 금연할 경우 흡연으로 인한 사망의 위험을 피할 수 있는데도(Doll et al., 2004) 사람들은 지속적으로 흡연을 하고, 이것이 성인기의 암, 심혈관 질환, 호흡기 질환으로 인한 질병과 사망으로 이어진다. 청소년기의 흡연, 특히 어릴 때 흡연을 시작한 경우 음주, 대마초, 강력한 약물과 다제 약물에 대한 위험이 높으나, 청소년기 흡연과 물질 오용 간의 인과적 관계는 아직 밝혀지지 않았다(Lweinsohn et al., 1999).

영국의 일부 10대들은 흡연으로 인한 건강의 나쁜 영향에 대해 모르고 있다. 그러나 2002년 수행된 '잉글랜드 청년의 흡연, 음주, 약물 사용에 대한 조사(England Survey on Smoking, Drinking and Drug Use among Young People)'에 의하면 2002년 잉글랜드 학생의 16%가 11세에 흡연한 경험이 있으며, 15세인 경우는 63%에 이른다고 한다(Natarajan and McManus, 2003). 흡연을 시도해 본 아동·청소년의 일부는 상습적인 흡연자가 된다. 2002년 조사에서 15세 남아의 20%, 여아의 26%가 일주일에 적어도 한 개비 이상의 담배를 피우는 상습적 흡연자였다. 16세 이후 흡연율은 더욱 증가한다. 2002년 '잉글랜드 건강 조사'에서 16~24세 남성 청소년의 33%, 여성 청소년의 35%는 자신이 현재 흡연자라고 응답했다. 1997년 '잉글랜드 건강 조사'를 2003년 '잉글랜드 건강 조사'와 비교했을 때 남성 청소년의 경우 흡연율은 감소했다. 그러나 아동의 흡연 수준에서는 큰 변화가 없었으며, 여성 청소년의 경우도 두 시기에서 변화가 없었다(Wardle and Hedge, 2003).

많은 요인이 아동·청소년이 상습적 흡연자가 되는 데 영향을 미친다(Tyas and Pederson, 1998). 부모, 형제, 친구가 흡연하는 경우 아동이 더욱 흡연하는 경향이 있다(Green et al., 1991; Withers et al., 2000). 반면 청소년의 최초 주요 교제 대상자가 비흡연자인 경우 흡연하지 않는 경향이 있었다. 상습적인 흡연자가 되는 데 가족의 영향은 나이가 어릴 때 더 큰 것으로 나타났다. 친구의 흡연의 영향은 가족 구성원의 영향보다 중요했다(West et al., 1999). 어린 10대는 부모 형제가 흡연을 하지 않을 때, 부모가 흡연에 대해 매우 반대를 하는 경우와 자식의 행위를 모니터하는 경우, 긍정적이고 권위 있는 부모 역할을 할 때, 아동과 활동에 함께 참여하고 지지적인 경우에 흡연을 적게 하는 것으로 나타났다(Kubos, 2003). 또한 청소년기 흡연과 가족 구조는 강력한 연관이 있었는데, 자신의 생물학적 부모와 함께 사는 경우 흡연하는 경향이 적었다(Bjarnason et al., 2003; Griebach et al., 2003).

부모의 흡연과 어린 10대의 흡연 개시 간의 관련은 성인기 흡연의 강력한 사회경제적 격차가 성인기 이전 청소년기에서 선행되었음을 보여준다. 그러나 청소년 흡연에서 사회계급과의 관련성은 일관된 결과를 보이지 않았다(West et al., 1999). 이는 아마도 흡연의 정의에 의해 영향을 받았을 수 있다(Sweeting and West, 2001). '현재 흡연'군은 일주일에 한두 개비의 흡연을 하는 사람과 하루에 10개비 이상 흡연하는 사람을 구분하지 못한다. 많은 담배를 피우는 낮은 사회계급의 10대와, 흡연자가 적은 전문가계급의 10대 간의 강력한 사회적 격차가 관찰된다(Sweeting and West, 2001). 예를 들면, 2002년 '잉글랜드 건강 조사'에서 4~15세 남성 청소년에서 침의 니코틴 수준의 평균은 낮은 가구 소득을 가진 경우 높은 소득을 가진 경우보다 네 배 높았다. 남성과 여성 청소년 모두에서 니코틴 수준은 가구 소득이 감소함에 따라 단계적으로 증가했다.

흡연자가 되는 데 가족 흡연의 영향은 청소년기 중기에 감소하는 데 반해 친구의 흡연은 지속적으로 유의한 영향을 끼친다. 흡연하는 것과 친구 집단 간의 관계에 대한 관련을 밝히는 많은 연구가 있다(Kubos, 2003). 한 측면에서 보면 청소년은 친구를 단순히 자신의 흡연 특성에 따라서 고를 수도 있다. 다른 측면에서 동료는 일정 부분 흡연 개시에 영향을 미칠 수도 있다. 예를 들어 흡연하는 타인에 의해 둘러싸인 경우 흡연은 즐길 만하고 사회적으로 용인되는 활동이라는 메시지가 전달될 수 있다. 동료 집단은 흡연에 대한 내부적인 자기 압력을 형성할 수 있으며 흡연을 함으로써 동료에 의한 따돌림을 예방하고 사회적인 인정을 획득할 수 있다는 믿음을 가질 수 있다. 특히 10대 소녀는 흡연이 대중적이고 좋은 것이며 섹시한 이미지를 묘사하는 데 기여한다고 받아들인다. 그러나 동료 집단의 집단 관계가 현재 흡연을 그만두게 할 수도 있다.

분노, 자존감, 심리 병리, 부모나 선생님과의 관계 같은 개인적인 요인들도 청소년이 자신을 둘러싼 영향을 선택하고 반응하는 방법을 결정하는 데 영향을 미친다.

어떤 연구는 동료 선택과 동료의 영향이 성별에 따라 다르다고 주장한다. 집단의 사회적 평판과 흡연 간의 관련성을 다룬 많은 북미의 연구를 고찰한 결과 쿠버스는 말썽을 일으키는 소년과 '인기 있는 소녀' 사이에는 차이가 있다고 주장했다(Kubos, 2003). 전자는 음주, 약물 오용, 싸움과 같은 다양한 문제적 행위에 참여한다. 소년에게 흡연은 집단의 압력에 저항하는 어려움과 연관되지 않았고 자신의 흡연에 대한 동기를 반영했다. 따라서 이러한 남성 청소년은 친구와 집단 형성 이전에 선행된 흡연 행위를 각각 선택하는 것이다. 그러나 집단의 압력이 흡연 행위에 영향을 미치는 것은 배제할 수 없다. 반면 '인기 있는 소녀'의 흡연은 동료의 영향에 의한 것이다. '인기 있는 소녀'는 사회적 위계질서에서 자신의 위치를 유지하기 위해 음주, 약물, '적절한' 복장, 이성 친구와 데이트를 선택하듯이 흡연을 선택한다(Kubos, 2003). 그들이 흡연을 지속하는 것도 동료와의 우정에 영향을 받는다(Fergusson et al., 1995a). 예를 들어 흡연은 어떤 사람에게 담배가 있는지 말을 거는 수단으로 '관계 트기'를 제공할 수 있어 새로운 상황의 어색함을 타개하는 수단으로 여겨질 수 있다(Seguire and Chalmers, 2000). 이는 상습적으로 흡연을 하고, 친구들이 담배를 피우는 경우 청소년이 흡연을 중단하기가 어렵다는 점에서 중요하다(Paavola et al., 2001).

앞서 서술한 바와 같이 청소년기에 가족 바깥에서 증대되고 있는 또래 집단과 청년 문화 등의 영향과 가족 특성의 역할 감소는, 청소년기에서 '건강의 평등화' 현상과 관련될 수 있다. 초기 청소년기에서 뚜렷이 나타나지 않았던 흡연 수준의 사회적 격차가 후기 청소년기에서는 유지되는 것으로 관찰된다. 예를 들면 2002년 '잉글랜드 건강 조사'에서 16~24세 연령군을 대상으로 조사한 결과 낮은 소득 사분위수에 속하는 청소년의 침의 니코틴 수준 평균은 가장 소득이 높은 사분위수에 비해 각각 남성 청소년은 1.7배, 여성 청소년은 2.6배 높았다.

사회적 정체성의 전형과 이미지가 청소년기 궐련의 이용에 영향을 미친다는 근거를 통해 볼 때, 담배 광고가 아동·청소년의 흡연에 영향을 줄 수 있다. 이론적이고 경험적인 근거를 통해 담배 판촉 활동과 흡연의 개시 및 상습적 흡연으로의 진행 간의 원인적 연관이 밝혀졌다(Choi et al., 2002; Pierce et al., 2002; Lovato et al., 2003). 영국에서 아동·청소년의 흡연은 광범위한 맥락적 요인에 의해서도 영향을 받아 왔다. 2001년 9월에서 2002년 8월까지 영국에서 담배 광고로 인한 지출 규모는 스폰서와 간접광고를 제외하고도 2,200만 파운드의 규모였다(ASH, 2004). 덧붙여 담배 회사는 전통적으로 매년 7,500만 파운드로 추정되는 많은 금액을 그들의 상표를 광고하기 위해 스포츠에 지원해 왔다. 자동차 경주, 당구, 럭비를 시청하는 수백만의 시청자는 담배의 이미지에 노출되어 있다. 2003년 「담배 광고와 홍보에 대한 법률(Tobacco Advertising and Promotion Act)」이 제정됨에 따라서 영국에서는 신문, 웹사이트, 2005·2006년부터는 국제 스포츠 경기에서와 같은 다양한 형태의 담배 광고와 판촉 행위가 금지됐다. 담배 광고의 금지가 담배 소비를 감소시킨다는 국제적인 근거가 있다. 그러나 담배 회사가 옷과 장신구에 상표를 제공하는 것과 같은 다른 홍보 수단을 찾는 것에 대한 우려가 제기되고 있다. 그뿐 아니라 '흡연과 건강 행동(Action on Smoking and Health: ASH)'은 어떤 담배 회사는 웹사이트를 아동·청소년을 유인하는 방향으로 바꾸고 있다고 주장했다. 이 사이트들은 전형적으로 담배가 광고되고 있는 나이트클럽이나 다른 행사에 대한 정보를 담고 있다(ASH, 2004). 따라서 영국의 아동·청소년에게서 광고 금지의 효과는 아직 흡연의 유병률 수준의 감소로까지는 이어지지 않고 있다.

알코올 소비

어떤 측면에서 알코올 소비는 불법 약물 이용이나 흡연과는 차이가 있다. 대부분의 지역사회에서 음주는 합법적이고 사회적으로 용인된다. 따라서 영국의 대부분의 청소년은 음주를 하는 부모가 있고, 음주를 하는 어른과 접촉한다. 담배와는 대조적으로, 중등도의 알코올 섭취는 건강에 위해를 야기할 수 있지만 약간의 알코올 섭취는 심혈관계 질환을 예방하는 효과도 보고되고 있다(Brenner et al 2001; Trevisan et al., 2004).

그러나 알코올의 건강 보호 효과에 대해서는 논쟁의 여지가 있다(Marmot, 2001). 어떤 연구자들은 관찰된 보호 효과는 알코올을 적게 섭취하는 사람이 흡연과 비만 수준이 낮은 사람이기 때문에 다른 요인을 반영한 결과라고 했다. 음주를 자제하는 사람들은 심혈관계 질환의 위험률이 높은 사람인 경우가 많기 때문에 음주는 건강에 좋지 않다고 주장한다(Wannamethee and Shaper, 1999; Wouters et al., 2001).

알코올 섭취의 보호 효과의 근거가 확실하지 않은 반면, 대부분의 연구에서 알코올의 과다 섭취가 많은 질환과 사망을 야기한다는 일관된 결과를 보인다(Hart et al., 1999). 대부분의 알코올 관련 질환은 진행 속도가 더디고, 청소년기에서 상대적으로 발병률이 낮다. 하지만 음주를 빨리 시작하고 청소년기 후반에 술을 과다 섭취하는 것은 이후 성인기에서 알코올 중독의 위험 요인이 된다(Chou and Pickering, 1992; Hemmingsson and Lundberg, 2001). 또한 알코올은 청소년의 사고나 중독으로 인한 사망의 중요한 기여 요인이다(Stanistreet and Jeffery, 2003). 젊은 남성에서 폭음(일일 권장량의 두 배 이상 섭취)과 범죄, 일탈 간에는 강한 연관성이 있다. 1998~1999년 '청소년 생활 행태 조사(Youth Lifestyles Survey)'에서 폭음자의 39%가 알코올 섭취 동안 또는 이후에 공격적 행동을 했고, 60%가 범죄 또는 일탈을 한 것으로 보고했다(Richardson and Budd, 2003). 제6장에서 확인한 바와 같이, 모든 폭력 범죄의 1/4에서 1/3은 알코올과 관련되어 있고, 높은 알코올 섭취는 폭행의 가해자와 피해자 모두의 특성으로 꼽히고 있다(Budd, 2003). 알코올 소비는 또한 청소년의 성행위에 영향을 미치는데, 성행위를 조기에 시작할 가능성과 피임을 하지 않고 성행위를 할 가능성을 높인다(Fergusson and Lynskey, 1996). 이는 원치 않는 임신과 HIV를 포함한 성병과 밀접하게 관련이 된다(Murgraff et al., 1999).

불행히도 영국의 10대는 북유럽을 포함한 유럽에서 가장 많은 양의 알코올을 소비하고 있다(Plant and Miller, 2001). 15~16세의 9만 명 이상의 학생을 대상으로 1999년에 수행된 '알코올과 다른 약물에 대한 유럽 학교 조사 프로젝트(European School Survey Project on Alcohol and Other Drugs)'에 의하면 영국 10대의 28%가 지난 1년간 10회 이상 만취했다고 한다. 과도 음주는 주말 저녁에 주로 발생하고, 성행위나 비행과 관련한 많은 부작용을 낳는다고 보고되고 있다(Plant and Miller, 2001).

높은 알코올 중독률은 청소년의 알코올 소비의 전반적인 증가를 반영한다. 2002년 '잉글랜드 청년의 흡연, 음주, 약물 사용에 대한 조사'에 의하면 11~15세에서 1주일에 1회 이상 음주하는 비율이 1992년 13%에서 2002년 20%로 증가했다(Blenkinsop, 2003a). 동일 기간 평균 주간 알코올 섭취량은 6.0단위에서 10.6단위로 증가했다. 2002년 15세 남아와 여아의 평균 주간 알코올 섭취량은 각각 14.3단위, 11.4단위였다. 게다가 그들은 다양한 종류의 알코올성 음료에 익숙했다. 지난주에 알코올을 섭취한 15세의 47% 중 72%는 맥주, 라거, 사과술을 섭취했고, 68%는 청량음료 칵테일을, 65%는 화주(spirit)를, 41%는 와인을 소비한 것으로 나타났다. 맥주, 라거, 사과술은 남아의 총 알코올 소비에서 가장 높은 비율을 차지한 반면, 여아에서는 화주, 청량음료, 칵테일이 높은 비율을 차지했다(Blenkinsop, 2003b). 비록 10대에게 알코올 판매를 금지하는 규정이 엄격하게 강요되고 있지만, 이 규정이 알코올에 대한 접근을 효과적으로 제한하고 있지 않다. 이는 10대가 신분증 없이 알코올을 구입하는 경향은 낮지만 친구나 친척으로부터 알코올을 얻을 가능성이 높다는 사실을 부분적으로 반영하고 있다.

청소년에서 알코올 섭취는 연령에 따라 증가한다. 평균 주간 알코올 소비량이 남성에서는 20~21세에 정점을 이루고, 여성은 18~20세에 정점에 다다른 후 감소한다(Erens, 2003). 2002 '잉글랜드 건강 조사'에서는 16~24세 남성의 42%가 주간 권장량인 21단위 이상 알코올을 섭취했고(1997년 '잉글랜드 건강 조사'에서는 33%가 초과 섭취), 여성의 32%는 14단위 이상 많이 섭취했다(1997년 '잉글랜드 건강 조사'에서는 22%가 초과 섭취). 지난주 동안 과다하게 음주한 날의 평균 알코올 소비량은 젊은 남성에서 11.2단위, 여성에서 6.7단위였다. 폭음 유병률은 남성 61%, 여성 52%로 조사됐다. 젊은 여성에서 폭음은, 폭음한 날에 대한 질문이 '잉글랜드 건강 조사'에 도입된 해인 1998년 이래로 현저하게 증가했는데, 1998년 젊은 여성의 38%가 과다 음주일에 6단위 이상을 소비하는 것으로 추정됐다(Erens, 2003).

청소년은 다양한 이유로 알코올을 소비했다. 위험적인 모든 행위에서 공통적으로 나타나는 심리적 요인이 작용하는 경향을 보였는데, 성인 세계를 경험하고자, 호기심을 충족시키고자, 그들의 한계를 시험하고자, 그리고 재미삼아 알코올을 소비했다(Robson, 2001). 또한 음주 요인으로서 역할 형성, 감독, 규범, 가족 관계 같은 가족 사회화 과정이 작용한다. 알코올을 마시는 부모를 둔 청소년에서 음주 경향이 높았다. 드루머 등은 부적절한 양육, 자녀에 대해 부족한 모니터링과 제어, 부족한 지지, 약한 가족 유대감, 알코올에 대한 긍정적인 규범이나 용인, 그리고 가족 알코올 문제 등이 청소년의 알코올 섭취 증가와 연관되어 있다고 주장했다(Droomers et al., 2003). 한편 부모의 알코올 남용과 자녀의 알코올 문제의 연관성은 유전적 요인이 기여함을 암시한다(Gilvarry, 2000). 또래의 영향력도 상당히 크게 작용하는데, 특히 연령이 높은 아동에서 영향력이 크다. 예를 들면 종단적 연구를 통해 퍼거슨 등은 15세 때 물질을 사용하는 동료와 교제하는 것은 16세 때 남용적인 또는 위해한 알코올 소비에서 독립적인 예측 요인이라는 것을 발견했다(Fergusson et al., 1995b).

사회경제적 위치와 과다 음주 간의 관련성에 대한 근거는 일관되지 않다. 뉴질랜드의 한 연구에서는 사회경제적 배경이 청소년의 알코올 소비와 과다 음주에 중대하게 영향을 주는 것으로 나타났는데(Droomers et al., 2003; Casswell et al., 2003), 좀 더 좋은 배경을 가진 청소년은 적은 양의 알코올을 자주 섭취하고 있었다. 이와 대조적으로 영국에서는 청소년의 알코올 섭취가 사회적인 불이익과 관련된다는 근거가 거의 없다. 2002년 '잉글랜드 건강 조사'에서는 소득이 상위 20%에 해당하는 젊은 사람은 가장 높은 알코올 섭취를 보였고, 대부분이 지난주에 50단위 이상 마시는 경향이 높았다. 비록 수입이 상위 25%의 젊은 여성에서 하위 20%의 여성에 비해 과다 음주일에 6단위 이상 알코올을 더 소비하는 경향을 보이기는 했으나, 과다 음주는 가구 수입에 따라 일관된 양상을 보이지는 않았다.

2002년 '잉글랜드 건강 조사'에서 드러난 사회적 불이익과 알코올 남용 사이의 관련성의 부재는 알코올 '문제'에 대한 중등도를 적절히 나누지 못했기 때문일 수 있다. 정기적인 과다 음주는 알코올 남용이나 알코올 의존과는 같은 의미가 아니며, 다른 위험 요인과 관련될 수 있다(Holly and Wittchen, 1998). 따라서 '잉글랜드 건강 조사'는 알코올 의존성 범위에 속하는 '문제 음주자'를 구분하는 데 실패했을 수 있다. 스웨덴의 한 연구는 알코올 중독의 위험이 사회계급과 강한 연관성을 보이지 않았더라도 알코올 의존성이 높은 청소년은 사회불평등으로 이어질 수 있는 하향적인 사회이동의 위험에 놓인다는 결과를 내놓았다(Hemmingsson et al., 1999). 좀 더 연구해 볼 가치가 있는 두 번째 소집단은 알코올 의존성과 행동장애를 함께 가지고 있는 집단이다. 그런 경우 유사한 개인, 가족,

환경적인 요인은 사회적 불이익과 강한 관련성을 보이고 있다.

불법 약물 사용

영국의 청소년은 높은 알코올 소비를 보일 뿐 아니라 유럽에서 약물과 가장 밀접히 관련된 것으로 알려져 있다. 1995년 수행된 '유럽 학교 조사 프로젝트(European School Survey Project)'에 의하면 영국 14~15세 청소년의 40%가 한 가지 이상의 약물을 사용한 경험이 있었다. 특히 스코틀랜드 청소년의 불법 약물 경험 비율은 50.1%로, 잉글랜드의 39.6%에 비해 높았다. 아일랜드는 37%였으며 유럽의 대다수가 10%였다(Parker, 2001).

'북부 지역 종단적 연구(Northern Region Longitudinal Study)'는 약물 시도율이 나이에 따라 증가하지만 17세에서 평형을 이룬다고 주장했다. 6학년 정규교육을 받은 청소년과 이차 교육 수료자격증(General Certificate of Secondary Education. GCSE)[1]을 딴 후 중학교를 떠난 청소년 사이에서 유의한 차이가 관찰됐다. 17세에 학교를 떠난 청소년의 경우 65%가 약물 경험이 있으며, 17.9%가 상습적 사용자이고 27.6%가 다시 약물을 사용할 의사가 있었다. 그러나 6학년의 경우 53.1%가 약물을 사용한 경험이 있고, 23.5%가 잠재적 약물 사용자였으며, 14.5%가 상습 사용자였다. 약물을 경험한 사건도 두 집단 간에 차이를 보였다. 학교를 떠난 경우는 합법적인 허브 '하이(highs)'를 제외하고 모든 약물의 사용 비율이 높았다. 이와는 대조적으로 학교를 떠난 청소년이 사용하는 약물은 진정제, 헤로인, 암페타민, LSD 등의 사용 비율이 유의하게 높았다(Egginton et al., 2001).

정상적인 범주로 여겨지는 약물 사용의 형태는 광범위하게 가용하고

---

[1] 이차 교육 수료자격증(General Certificate of Secondary Education: GCSE). 잉글랜드, 웨일스, 북아일랜드의 14~16세 2차 학교 학생이 받는 수료 자격증. A*~G 등급까지의 성적이 매겨지며, 이중 5개 과목에서 A*~C등급을 받아야 상급의 교육을 받을 수 있다.

여가를 즐기기 위한 약물의 사용을 포함하며, 사회적 약물 사용의 문화적인 수용은 더 이상 잘 알려지지 않은 하위문화 세계의 일만은 아니다. 그리고 여가를 즐기기 위한 약물을 사용하는 아동·청소년의 사회경제적 특징은 넓게 분포한다(Parker et al., 1998). 예를 들어 댄스클럽을 다니는 사람의 경우 불균등하게 높은 사회적 집단 출신이며, 일반적으로 높은 교육 수준과 직업을 가지고 있는 것으로 알려진다(Measham et al., 2001).

'북부 지역 종단적 연구'를 통해 잉글랜드에서 불법 약물을 써 보았거나, 가끔 쓰거나, 상습적으로 쓰는 청소년은 개인적·교육적·사회적으로 특별한 집단이 아닌 것으로 드러났다. 이 연구에서 민족, 부모의 직업, 학업 성취 등은 주요 요인이 아니었으며, 더 어린 연령군에서는 성별도 약물 사용을 예측하는 요인이 아니었다. 그러나 상습적인 약물 사용자는 한부모 가정에서 살고 있고, 부모와 나쁜 개인적인 관계를 가지고 있거나 부모가 밤에 외출하는 것에 관여하지 않는 경향이 있었다. 조기 흡연과 조기의 상습적인 음주가 또한 약물 사용에 유의한 예측 인자였다. 그러나 일반적으로는 적어도 그들 자신의 연령 코호트 안에서, 약물을 사용하는 아동·청소년은 비전형적이거나 비전통적이고 일탈되어 있지는 않았다. 술을 많이 마시고 약물을 하는 일부 대학생이 그러하듯이 대다수가 결국에는 성공한 생산적인 시민이 된다(Egginton et al., 2001).

연령이 어린 약물 사용자 중 많은 수가 여흥을 즐기기 위해 약물을 하는 경우이며, 이는 정상범주 이론의 한가운데 위치한다. 그러나 헤로인과 코카인의 경우는 이 이론에 속하지 않는다는 것이 중요하다(Parker et al., 1998). 이러한 약물을 시험하는 일부의 아동·청소년은 신체적으로 중독되기 쉽다. 헤로인의 경우 약물 사용이 단지 여흥에 머무르는 것이 아니라 마약을 하기 위해 돈을 버는 삶의 방식으로 이끈다. 여흥 삼아 약물을 사용하는 사람의 사회적인 배경이 넓은 범위를 가지는 것과 비교해 헤로인 사용자들은 좀 더 빈곤한 지역사회 출신이며, 열악한 교육과 직업을 가진 밑바닥의 청년이다. 4곳의 잉글랜드 지역의 86명의 헤로인 사용자를 대상으로 한 질적인 연구에서 상대적 빈곤 수준, 아동기 박탈, 음주와 약물을 포함한 가족 문제, 무단결석과 조기 흡연 및 음주가 헤로인 중독의 위험 요인으로 발견됐다(Measham et al., 2001). 헤로인 의존은 종종 범법과 범죄 행위를 야기하고, 가족 및 친지와의 관계를 깨뜨리며, 광범위한 개인의 건강 문제와 관련되고, 주요 양육과 아동 보호와 관련된 문제를 일으킨다(Parker, 2001). 따라서 이는 현재의 사회적 배제 및 이후 삶의 악화와 관련된다.

정상범주 이론이 어느 정도 논쟁적이기는 하지만, 이 이론은 현재 너무 많은 아동·청소년이 약물을 시험하고 있다는 사실에 대한 실증적인 대응으로 간주할 수 있다. 그러나 즐기기 위한 '정상적인' 약품과 더 중독성이 강한 약품의 '문제적' 사용을 구분하는 것도 문제가 있다. 예를 들어 댄스클럽을 다니는 사람의 경우 여흥을 즐기기 위해 시작한 약물이 등급 A 엑스터시와 코카인을 포함하는 많은 양의 다른 약품들을 복용하는 것으로 이어지는 등 심각한 귀결을 맞을 수도 있다(Measham et al., 2001). 그들은 자신의 사회적 배경과 자기 스스로 통제할 수 있는 방법을 사용함으로써 그들 중 아주 일부만이 범죄로 잡힌다. 이러한 현상은 그들의 등급 A 약물 사용이 단순히 그들이 중산층이고 습관을 유지할 여유가 있다는 이유로, 가난하고 실직한 약물사용자에 비해 '문제적'이지 않은지에 대해 의문을 제기하게 한다. 또한 여흥을 즐기기 위한 약물이 부작용이 없다고 가정되어서는 안 된다. 댄스클럽에서의 약물 사용자의 대다수가 신체적·정신적 건강 문제를 보고하고 있으며, 약물 사용과 상해의 결과로 응급실에 입원하게 되기도 한다(Measham et al., 2001). 헤로인 사용의 증가는 여흥을 즐기기 위한 약물 사용과 같은 정상범주 행위로부터의 원치 않는 결과로 볼 수도 있으며(Parker et al., 2001), 아동·청소년의 약물에 대한 일반적인 관용이나 이러한 약을 시험하는 단계를 벗어나 약물을 손쉽게 얻을 수 있기 때문일 수도 있다. 따라서 '즐기기 위한' 것과 '문제적' 약물 사용의 경계는 흐려지고 있다. 그러나 건강과 안녕, 미래의 사회경제적 궤적의 측면에서 가장 큰 문제를 가지고 있는 약물 사용자는 현재 브리튼의 가장 가난한 지역사회에 살고 있는 헤로인과 크랙 코카인을 사용하는 사람들이다.

성적 건강

청소년과 젊은 성인의 성행동에 대한 우려가 최근 커지고 있다. 이는 10대 임신율이 영국에서 특별히 높기 때문이기도 하고, 이 연령군에서 성병 유병률의 증가에 의한 것이기도 하다. 10대 임신은 첫 성경험 연령과 유의한 연관을 가지고 있는데, 청소년의 첫 성경험 연령은 점차 낮아지고 있다(Wellings et al., 2001). 영국에서 지난 10여 년에 걸쳐 첫 성경험 연령은 17세에서 16세로 낮아졌다. 2000년 16~19세 여성의 26%, 남성의 30%가 16세 이전에 성경험을 가졌다고 조사됐다(Munro et al., 2004). 다양한 조사에서 연령에 따른 성경험의 측정 방법이 다른데도 10대에서의 성행위 증가율은 우려되는 수준이다. 1997년 중남부 잉글랜드의 13~14세 학생을 대상으로 한 조사에서 6.7%가 성경험이 있다고 응답했고(Bonell et al., 2003), 동부 스코틀랜드에서는 남아의 경우 18.0%, 여아의 경우 15.4%로 조사됐다. 이들 중 3/4에 가까운 비율에서 만 13세가 되기 전에 성경험을 했다고 응답했다(Wight et al., 2000). 다른 연구에서도 12~13세에 성적으로 왕성한 활동을 하는 청소년이 많다는 것을 보고하고 있다. 동부 잉글랜드에서 13~18세의 학생을 대상으로 한 조사에 의하면 13세 청소년의 20%가 이미 파트너와 구강성교나 성교를 경험한 것으로 조사됐다(Burak, 1999). 어린 10대의 상당수가 성교의 첫 경험을 후회하고 있었고, 동부 스코틀랜드의 연구에서는 32%의 소녀와 27%의

소년이 스스로 너무 일찍 성경험을 한 것으로 느낀다고 응답했다(Wight et al., 2000).

첫 성경험의 이른 시기와 10대 임신은 낮은 사회경제적 위치와 관련 있다(Bonell et al., 2003; McLeod, 2001). 이러한 연관은 부분적으로 한부모 가정, 성경험이 조숙한 형제가 있는 경우, 10대의 성경험에 대한 부모의 가치, 성경험에 대한 의사소통의 질, 부족한 부모의 조언 같은 가족의 영향 등에 의해 매개된다(Wellings et al., 1999; Miller, 2002). 특별히 아버지의 부재는 조기 성경험의 증가와 관련됐다(Woodward et al., 2001; Ellis et al., 2003). 어린 청소년의 사회적·가족적·개인적 불이익과 관련된 비행 문제는 조기 성활동의 예측 인자이다(Fergusson and Woodward, 2000). 낮은 교육 수혜와 학교에서의 문제 행동도 성에 대한 태도 및 경험과 연관 있는 것으로 나타났다. 예를 들어 잉글랜드 중부와 남부 조사에서 이른 성경험, 16세 이전의 성경험, 주변 친구가 이미 왕성하게 성행위를 하고 있을 것이라는 믿음, 20세 이전 부모가 될 가능성은 학교를 싫어하는 것과 연관됐다(Bonell et al., 2003). 또한 추가적인 지역사회의 효과도 존재하는데, 이는 빈곤 지역에서 성장하는 아동의 성적인 행동을 지역사회의 태도와 행동이 결정할 수 있다는 가능성을 제시한다(McCulloch, 2001).

10대 임신과 모성

1990년대 10대 임신은 영국에서 주요한 공중보건 문제로 간주됐다. 앞으로 살펴보겠지만, 10대 임신을 문제시하는 개념화는 비판의 대상이 됐다. 영국에서의 10대 임신이 다른 여타의 선진국에 비해 높다는 인식이 영향을 주었다. 그러나 영국의 10대 출산율은 1970년대 북유럽 국가 수준이다. 국가의 출산율은 지난 20년간 감소했으나, 이는 영국에 국한된 문제는 아니었다. 10대 임신율이 영국보다 낮은 노르웨이, 스웨덴, 덴마크, 독일, 네덜란드 같은 나라는 성적인 문제에 대해 학교와 가정에서 보다 일찍 열려 있는 접근을 하고 있다. 적어도 네덜란드에서 첫 성경험을 좀 더 늦은 연령에 시작하게 된 데에는, 파트너들 간의 나은 의사소통, 미래에 대한 계획, 보다 효과적인 피임, 경험 후 후회가 적은 요인이 관련됐다(Ingham, 2000). 1990년대 후반부터 잉글랜드와 웨일스의 18세 이하 청소년의 피임률은 감소하기 시작해 다수의 10대 소녀가 영향을 받았다. 2001년 18세 이하의 여성 중 4만 1,000명이 임신을 했고, 그중 2만 2,000명이 임신을 유지했다(ONS 자료). 그래서 많은 수의 아동이 10대 어머니와 함께 살고 있다.

10대 임신이 사회경제적 불이익과 강력하게 연관 있는데, 이런 관련은 어린 어머니에게서 잘 나타난다. 18세 이하 소녀는 임신 중 대다수가 중절을 하는데, 사회적으로 빈곤 지역에 거주하는 젊은 여성은 계획되지 않은 임신에 대한 해결 방법으로 부유한 지역의 여성보다 더 높은 빈도로 중절을 택하기 때문이다(Lee et al., 2004). 2001년 잉글랜드와 웨일스의 18세 이하 여성의 임신 4만 1,000건 중 45.7%가 중절했다(ONS 자료). 16세 이하에서의 중절률은 55.8%로 높아진다. 젊은 여성의 임신 결정은 그의 사회적·경제적 환경을 반영한다. 보다 상급의 교육과 훈련, 경력을 쌓고자 하는 사람에게 임신은 큰 불행이 될 수 있다. 이와는 대조적으로 교육과 직업 시장에 기대가 적은 여성에게 어머니가 되는 것은 삶의 의미 있는 선택 중 하나일 수 있다(Geronimus, 1997; Arai, 2003 재인용). 따라서 임신을 지속할 것인가 아닌가 하는 선택은 젊은 여성의 사회적·경제적 여건에 따라 결정된다.

어떤 여성에게는 아이를 가진다는 것이 긍정적이고 합리적인 행동으로 여겨진다는 사실은, 조기 임신과 어린 나이에 어머니가 되는 것을 문제 있는 일이며 심지어 병적이라고 묘사하는 견해와 상반된다(Arai, 2003). 이는 10대 임신이 불건강과 사회경제적인 나쁜 결과와 연관된다는 것에 대한 이해를 반영한다. 일례로 성숙하지 못한 부모는 교육적 성취와 고용의 기회에 영향을 미치기 때문에 미래의 빈곤을 야기하며, 장기적으로 경제적 성취가 적어지며 가난으로 이어진다는 것이 자주 가정되곤 한다. 그러나 어린 어머니가 직면하는 부정적인 사회경제적 결과는, 적어도 부분적으로는 임신에 의한 것이 아니라 개인과 가족의 배경에 의한 것이다(Jaffee, 2002; Chevalier and Viitanen, 2003). 게다가 어떤 연구자는 사회적으로 불이익을 겪는 여성 삶의 경로를 통해 볼 때, 그 여성이 10대에 임신을 통해 영향을 받는 것은 거의 없다고 주장한다. 빈곤에의 노출이 누적됨으로 인해 이후의 삶에서 임신을 통해 나쁜 결과를 얻는 것보다는 10대에 아이를 가지는 것이 오히려 더 합리적이라는 것이다(Geronimus, 1992; Rich-Edwords, 2002 재인용).

10대의 임신이 빈혈, 임신성 고혈압, 저체중 출산, 조산, 자궁 내 성장 지연, 태아 사망과 같은 부정적인 건강 결과를 낳는지에 대해 의문이 제기됐다. 많은 연구는 모성의 연령이 16세 이하일 때 조산, 저체중 출산, 태아 사망의 증가를 보고했다. 부정적인 건강 결과와 10대 임신의 관련성은 사회적·경제적 요인, 흡연 같은 건강 위해 행동 등의 다른 요인에 의한 것일 수 있다(Cunnington, 2001). 모성에 대한 만족도, 어머니와 신생아 간 상호 작용, 아동 훈련에 대한 태도, 신생아 행동과 발달에 미치는 모성 연령의 영향에 대해서도 논란이 있다. 또한 모성의 연령이 열악한 심리 조절과 훈육 기술, 10대 부모에게서 태어난 아동의 발달적 행동 문제에 관여되는지에 대한 논란이 있다. 연령을 불문하고 일어날 수 있는 정보와 교육 참여의 제한이 이런 문제와 어떻게 관련되는지에 대해서도 논쟁이 되고 있다(Lawlor and Shaw, 2002).

10대 임신이 공중보건학적 문제로 간주되어야 한다는 사고에 대해 비판이 있다. 그러나 10대에 임신하게 되는 여성은 임신 중에 문제를 경험하기 쉬우며, 사회경제적 위치는 비슷하지만 연령이 많은 집단에 비해 건강 위해 행위를 하거나 부정적인 출산 결과를 경험할 가능성이 높다.

제4장에서 논의한 바와 같이 10대 어머니의 경우 동반자와 지역사회로부터 지원이 부족하고, 우울과 불안을 경험하기 쉽다. 2002년 '잉글랜드 건강 조사'에서 16~24세 어머니의 사전 계획 임신은 43%로, 나이가 많은 집단의 70%에 비해 낮은 수치를 보였고, 사회관계의 문제와 사회적 지원의 부족, 임신으로 인한 불행을 호소하는 경우가 많았다. 또한 2002년 '잉글랜드 건강 조사'에서는 젊은 어머니에게서 예방적 행동이 낮다는 것을 발견했다. 35세 이상 어머니의 12%가 임신 기간 중 흡연을 하는 데 반해 16~24세 젊은 어머니의 34%가 흡연을 했고, 임신 전과 임신 기간 중 엽산 복용도 적었다. 예상할 수 있듯이 이런 요인은 모두 수득 수준에 따라서 다르다(Blake, 2003; Herrick and Kelly, 2003). 그러나 이런 위험 요인이 연령보다 사회경제적 위치와 더욱 관련 있음을 고려한다고 해도, 10대 어머니와 그 자녀는 가장 취약한 집단인 것이 사실이다.

성병

일반적으로 청년들은 나이가 많은 집단에 비해 더 많은 파트너와 동시적으로 관계를 가지며 상대를 자주 바꾼다(Health Protect Agency: HPA et al., 2003). 결과적으로 청년은 성병에 더 취약하다. 불행하게도 성 건강은 근래 더욱 악화됐는데, 감시체계 조사 결과 1999년 이후 급성 성병은 증가하고 있으며, 특히 24세 이하의 인구에서 급격하게 증가했다. 1997년에서 2002년 사이 클라미디아, 임질, 매독, 신규 후천성면역결핍 바이러스 감염의 진단은 두 배가 됐으며, 매독의 진단도 9배 증가했다(HPA 자료). 클라미디아, 임질, 음부 사마귀의 감염률은 16~19세 여성과 20~24세 남성에게서 가장 높았다(HPA et al., 2003: 44). 2002년 잉글랜드, 웨일스, 북아일랜드의 비뇨기과 외래의 보고 건수를 조사한 결과, 클라미디아 감염 중 16~24세 여성의 비율은 72%를 차지했고, 임질의 경우 66%였다. 특히 여성 임질 감염자의 40%는 20세 이하였다. 매독의 경우 젊은 연령에서 감염률이 여전히 낮은 것으로 나타났지만, 62%의 비율을 차지했고, 음부 사마귀의 경우 61%를 차지하는 것으로 드러났다. 음부 단순 대상포진 바이러스 감염의 경우도 16~24세 남성과 여성에서 가장 비율이 높았다. 후천성면역결핍 바이러스에 노출될 위험은 연령에 따라 매우 고르게 분포했는데, 2002년 후천성면역결핍 바이러스 신규 감염 보고 중 16~24세 연령군은 10% 정도를 차지했다(Brown et al., 2004). 그러나 다른 성병의 높은 감염률과 이 연령군의 위험한 성행동이 증가하고 있다는 사실을 고려해 볼 때, 젊은 연령군이 후천성면역결핍 바이러스 감염에 더욱 취약하다는 것을 알 수 있다(Munro et al., 2004: 7).

성병의 경우 제대로 치료받지 않으면 심각한 건강 결과를 야기할 수 있는데, 자궁경부암, 골반 내 감염, 자궁 외 임신, 불임, 선천성 기형 등이 그 예이다. 골반 내 감염을 가진 여성의 약 40%가 과거 클라미디아 감염에 의한 것으로 생각된다(Munro et al., 2004). 클라미디아 감염의 대부분은 여성에게서 증상이 나타나지 않기 때문에 진단도 어렵고 치료도 잘 되지 않는다. 비뇨기과 외래의 감시체계 조사 결과 16~19세 여성의 1.2%가 감염됐다고 보고됐으나, 2002년 '전국 성 관련 태도와 생활습관 조사(National Survey of Sexual Attitudes and Lifestyle)'에서 소변 검사를 한 결과 18~24세 여성의 3%가 감염된 것으로 드러났다(Munro et al., 2004: 5). 클라미디아와 마찬가지로 젊은 연령의 높은 임질 감염률도 크게 문제가 되는데, 이는 골반 내 감염, 자궁 외 임신, 불임 등의 합병증으로 이어질 수 있다. 음부 클라미디아와 달리 임질은 매우 편중된 분포를 보이는 질환으로, 도시에 거주하는 빈곤 인구와 흑인 소수 민족 인구집단에서 높은 감염률을 보인다(HPA et al., 2003: 31). 런던의 임질 감염률은 영국 전체 감염률의 40% 이상을 차지하는 것으로 나타났는데, 런던의 감염자 중 흑인 민족 집단의 감염률은 다른 소수 민족 집단에 비해 10배 이상이다(Munro et al., 2004: 5). 2001~2003년 런던의 이성애 매독 감염의 약

절반은 흑인 소수 민족 집단에서 발생했다. 후천성면역결핍바이러스 감염률도 흑인 소수 민족 집단에서 유의하게 높으며, 최근 아프리칸-캐러비언계의 감염률이 급격하게 증가했으나 이들 중 대다수는 흑인 아프리카인이었다(HPA et al., 2003: 47).

성적 학대

성병에 걸릴 가능성이 특별히 높은 집단 중 하나는 아동기에 성적 학대의 경험이 있는 사람들이다. 이는 아마도 아동기 성적 학대의 경험이 성적 강박, 물질 오용 같은 특정한 위험 행동의 가능성을 증가시키기 때문으로 보인다(Petrak et al., 2000). 아동기 성적 학대는 다양한 다른 사회적·의학적·심리학적으로 부정적인 결과와 관련되는데, 교육적·직업적 어려움, 우울, 반사회적 행동, 10대 임신 등을 포함한다(Frothingham et al., 2000; Roberts et al., 2004). 아동기 성적 학대의 경험자는 자식과의 명확한 세대 간의 경계를 확립하는 것 같은 부모 역할의 어려움을 겪기 쉽다. 그들은 부모로서 보다 방임적일 수 있으며, 가혹한 육체적 체벌 훈육을 사용하는 경향이 있다(DiLillo and Damashek, 2003). 학대당한 경험이 있는 사람은 다음 세대를 학대하는 사람이 될 가능성도 높다.

아동기 성적 학대의 정도를 가늠하는 것은 정의와 다른 방법론적인 문제로 인해 어려운 일이다. 성적인 학대는 아동이나 청소년이 육체적인 접촉을 포함한 성적 활동이나 접촉이 없는 활동에 가담하도록 강제하거나 유인하는 것을 일컫는다. 접촉이 없는 성적 행위는 아동에게 도색적 사물을 보게 하거나 생산하도록 하는 일, 성적 행위를 보게 하는 일, 성적으로 적절하지 않은 방식으로 행동하게 하는 일을 모두 포함한다(Crieghton, 2003: 7). 따라서 어떤 정의가 적용되는지에 따라 아동기 성적 학대의 정도는 다양하게 산출된다. 예를 들어, '최소 5세 이상 연령의 가해자로부터 어떤 종류이든 삽입을 당하거나 강제로 자위행위를 하는 것'으로 매우 엄격한 정의를 사용한 1991년 조사에서는 16~21세 여성의 4%, 남성의 2%가 아동기 성적 학대의 경험을 보고했다. '18세 이전 원하지 않거나 학대 받은 것으로 보고한 어떤 종류의 사건이나 상호 행동'으로 성적 학대의 광범위한 정의를 적용한 경우 여성의 59%, 남성의 27%에서 아동기 성적 학대가 존재했다(Kelly et al., 1991; Creighton, 2004 재인용). 최근에 영국에서 진행된 18~24세 청소년을 대상으로 한 조사에서는 접촉이 정의에 포함됐는지의 여부에 따라 성적 학대율이 달라졌는데, 어떤 종류이든 아동 성적 학대를 경험 비율이 여성의 21%, 남성의 11%였던 데 비해 성적인 접촉을 포함하는 경우 16%의 여성과 7%의 남성만이 아동 성적 학대를 당했다고 보고했다(Cawson et al., 2001).

학대의 정도에 대한 근거는 어떤 자료원이 사용됐는가에 따라서도 달라진다. 크리톤은 아동 성적 학대는 범죄 통계나 '아동 보호 등록 체계(Child Protection Registers)'에 의해서는 아주 작은 부분만이 보고되고 있다는 학대의 빙산 이론을 주장한다(Creighton, 2004). 많은 다른 아동이 학대의 희생자로 발견되지 않으며, 발견되더라도 보고되거나 등록되지 않는다. 일례로 2002년 4월부터 2003년 3월에 이르기까지 잉글랜드와 웨일스에서는 1,880건의 '14세 이하 아동에 대한 추행'이 보고됐는데, 2003년 3월 말 약 3,000명의 아동과 청소년이 성적 학대로 인해 아동 보호 등록 체계에 포함됐다. 그러나 조사의 결과는 더 많은 수준의 아동 성적 학대를 보여 주었다. 잉글랜드의 공식적인 아동 성적 학대 보고율은 호주, 캐나다, 미국에 비해 상당히 낮다(Creighton, 2004).

아동 성적 학대 중 매우 적은 비율이 공식적으로 보고되기 때문에 성적 학대의 위험에서 사회경제적인 차이를 보여 주는 근거는 매우 조심스럽게 다루어져야 한다. 한 연구는 웨스트미들랜즈(West Midlands) 지역에서 유죄를 선고받은 가해자를 조사했는데, 연구 결과 가해자의 높은 실업률을 발견했다(Morris et al., 1997). 아동 보호 등록 체계에 포함된 아동은 사회적으로 불이익을 받은 가정 출신이 많았다(Sidebotham et al., 2002). 그러나 이들 가정이 일반적으로 아동 학대와 연관된 내부적·외부적 요인을 많이 가지고 있다 할지라도, 동시에 사회 감시 체계에 많이 노출되어 있기도 하다(Creighton, 2005: 15). 때문에 사회적으로 인정되는 국가적 통계가 없는 상황에서 아동 성적 학대의 위험이 사회계급에 따라 다른지는 확정짓기 어렵다.

삶의 궤적에서의 불평등: 교육과 사회적 보호의 역할

현재의 근거들은 아동기의 환경이 얼마나 강력하게 이후의 생애의 건강 불평등을 형성하는지 보여 준다. 그러나 우리는 아동기의 건강과 건강 위험 요인이 성인기 건강에 미치는 직접적인 연결고리에만 관심을 두었다. 이러한 예로는 늦은 자궁 내 발육과 이후의 생애의 건강 결과와의 관련, 정신 건강의 문제가 있었던 아동이 성인기 정신과 질환에 직면하게 될 위험성의 유의한 증가, 아동기의 열악한 식이와 영양이 성인기 암과 비만 사이의 관련, 흡연과 같은 건강 위해 행위의 연속성 등을 들 수 있다.

건강과 건강 위험 요인에서의 연속성은 아동기 환경이 성인기의 건강 불평등과 연관되는 것을 설명하는 하나의 기전이 된다. 두 번째 기전은 많은 아동이 그들의 사회경제적 환경에서 경험하고 있는 연속성으로서 아동기의 사회적 불이익은 성인기의 사회적 위치를 예상하며, 이는 성인기 건강에 영향을 미친다는 것이다(Graham and Power, 2004). 이러한 관련성은 아동기의 건강 그 자체에 의해 매개되기도 하며 증폭되기도 한다. 예를 들어 아동기의 만성적 질환이나 열악한 영양, 수면의 방해 같은 요인에 의해 지연된 성장으로 교육 성취에 영향을 받을 수 있으며, 이에 따라 노동시장에서의 위치에도 나쁜 영향을 미칠 수 있다(Blane, 1999).

비슷하게 생애 초기의 건강 관련 행위는 이후 삶의 기회에 영향을 미칠 수 있는데, '미국 청소년 국가 종단적 연구(US National Longitudinal Survey for Youth)'에 의하면 청소년기에 빈번하게 강력한 약물을 사용하는 것과 미래의 노동시장에 참여해 소득을 버는 것 간에 역의 상관관계가 있었다 (Burgess and Propper, 1998). 그러나 생애 초기의 건강과 건강 관련 행위가 미치는 영향은 사회경제적 위치에 따라 다르다는 것이 중요하며, 사회적으로 이익을 받은 배경을 가진 사람의 교육적·직업적 전망은 사회경제적으로 혜택을 덜 받은 사람에 비해서 영향이 적다는 것을 알아야 한다.

이 장의 마지막 부분에서 아동과 청소년의 사회경제적 궤적 중 두 가지 요인의 영향에 대해 살펴보고자 하는데, 교육과 보호시설에서의 경험이 그것이다. 교육 제도는 차등화된 기회가 사회에 만연하게 되는 방법의 예를 보여 준다. 보호시설의 아동은 이후의 생애뿐 아니라 아동기의 열악한 정신적·신체적·심리적 안녕의 특별한 위험을 가지는 것으로 알려져 있는 특별한 취약 계층이다. 그러므로 그들은 건강 불평등 정책의 주요한 목표 대상이 되어야 한다.

교육에서의 불평등

교육은 아동기 불이익과 성인기 불이익 간의 연결고리에서 주요한 역할을 하는데, 부모의 배경은 교육 성취를 결정하는 주요한 요인이며, 교육 성취는 성인기 생애의 주요한 기회 접근성을 결정한다. 교육을 잘 받은 사람은 교육 수준이 낮은 사람보다 실업의 위험이 낮으며, 더 나은 소득을 받는 직업을 가질 수 있다. '노동력 조사(Labour Force Survey)'에 의하면 교육받은 연수가 일 년 증가할 때 추가적으로 받는 소득은 10% 이상인 것으로 나타났다(Walker and Zhu, 2003). 높은 소득은 범죄에 가담할 동기를 낮추며, 범죄로 발전할 수 있는 좌절의 경험 또한 적어진다

(Feinstein, 2002a). 또한 개인에게 더 나은 환경에서 살고 더 영양 있는 식품을 먹고 더 나은 진료를 구매할 수 있게 한다(Feinstein, 2002b). 예를 들어 '국가 아동 발달 연구(National Child Development Study)'의 분석 결과에 의하면 37세의 매우 낮은 기술 능력을 가진 사람의 1/3은 자신의 가정을 소유하지 않았는데, 이는 좋은 기술을 가진 남성과 여성 중 가정을 가지지 않은 비율이 10% 미만이었던 것과 비교되는 수치이다(Bynner and Parsons, 1997; Sparkes, 1999 재인용). 높은 교육을 성취한 사람은 자신의 직업에 대한 통제력도 높고, 보다 다양함과 도전을 즐기는 경향이 있었고, 직업 만족도도 높았는데, 이러한 요인들은 심리사회적 건강, 면역학적 상태, 건강한 행위를 증가시킨다(제10장 참조). 결국 교육은 건강 관련 행위에 독립적인 영향을 미치는데, 더 나은 교육을 받은 사람이 소득과 같은 다른 요인을 고려한 후에도 교육 수준이 낮은 사람보다 더 많이 운동하고 식이 조절을 하며 적게 흡연한다는 연구가 있다(Feinstein, 2002b; Lawlor et al., 2005).

성인기 삶의 기회와 학업 결과의 연관성을 고려할 때, 현재의 교육 성취 수준은 많은 아동이 미래에 심각한 불이익을 직면할 것임을 나타내는 지표이다. 2003~2004년 4.2%의 16세 잉글랜드 학생이 이차 교육 수료자격 평가를 통과하지 못했고, 24.3%가 A~C등급을 얻지 못했다(DfES, 2004a). 이 두 집단은 미래의 교육·훈련·고용에서 배제될 위험이 매우 높다(Sparkes, 1999). 또한 그들은 사회경제적 불이익을 가진 배경 출신일 가능성이 높다. 낮은 소득에 대한 정부의 지표를 사용한다면, '무료 학교 급식'을 받는 학생이 A~C등급으로 이차 교육 수료 자격을 획득할 가능성은 26.3%였으며, '무료 학교 급식' 대상이 아닌 학생의 경우 56.2%였다(DfES, 2005). 이러한 사회적 격차는 직업에서 성공하는 데 중요한 대학 진학 기회의 접근 격차를 반영하고 있다. 다양한 근거에 의하면 교육 격차는 시간에 따라 커지고 있다. 1980년대 초반과 1990년대 후반 사이의 기간 동안 전체를 사분위로 나누어 보았을 때 가장 부유한 1/4의 가족에서 23세까지 대학 졸업자의 비율은 20%에서 거의 절반 수준으로 증가했다. 같은 기간 동안 가장 가난한 1/4에서는 6%에서 단지 9%로 증가했을 뿐이다(The Observer, 2005).

교육 성취에서 민족 간의 차이도 유의하게 나타나는데, 중국, 인도, 이란, 백인 혼혈 아시아 출신 아동의 경우 이차 교육 수료 자격 평가의 수준이 나라 평균을 웃돌았다. 그러나 흑인, 백인 혼혈 흑인 캐러비언 출신, 파키스탄, 방글라데시 아동의 경우 전국 평균의 아래였다(DfES, 2005). 사회경제적 위치와 민족성은 퇴학의 경우 더욱 강력한 연관을 맺고 있으며, 퇴학 아동의 경우 장기적인 문제를 경험할 위험이 유의하게 높게 된다. 아프리칸-캐러비언 남아, 보호관찰을 받고 있는 아동, 특수 교육 필요성이 있는 아동은 퇴학 통계에서 큰 부분을 차지하고 있으며, 이러한 집단에서의 결과는 다른 퇴학 아동에 비해 나쁜 경향이 있다. 퇴학과 범죄, 비행 간에는 강력한 연관관계가 있으며, 나쁜 출석률과 퇴학 경험이 있는 학생의 경우 폭력 기록이 있을 가능성이 높다. 퇴학 학생의 교육적 성취는 퇴학당하지 않은 학생에 비해 평균적으로 상당히 낮다 (Parsons et al., 2001).

교육 결과에 대한 사회경제적 요인의 실질적인 효과는 오랫동안 잘 알려져 왔으며, 이외에 유전적 요인, 부모의 교육과 참여, 가족 크기, 한부모 가정, 기관의 보호 같은 가족 구조, 지역사회 응집력 같은 지역사회 효과, 학교의 총 정원, 동료 영향, 리더십, 자원, 학교의 기풍, 교육의 질 같은 학교의 요인이 기여한다(Sparkes, 1999; Rutter and Maughan, 2002). 어떤 근거에 의하면 교육 성취에서 학생이 제공받는 교육의 질에서의 차이보다 학교 요인이 아닌 다른 요소가 더 중요한 차이의 원인이라고 한다 (Thomas and Mortimore, 1996; Gibson and Asthana, 1998). 그러나 이는 사회적으로 불이익을 받은 배경의 학생이 당연히 교육에도 실패하게 되는 것을 의미하는 것이 아니다. 다른 한편으로 학교가 이런 차이를 완화하는 중요한 장소가 될 수 있다. 정부가 취약 지역의 학교를 대상으로 한 중재 사업을 수행함에도, 여전히 영국의 교육 제도가 사회적 불평등을 완화하고자 노력하고 있지 않다는 비판이 제기되고 있다.

첫 번째로 교육 성취의 사회계급의 차이는 아동이 영국의 교육 체계에 편입될 때보다 교육 체계를 졸업할 때 더 크게 나타나고 있다. 네 종류의 연령에 분포한 1,292명의 표본에 대해 발달 검사의 결과를 조사한 1970년 '출생 코호트 조사(Birth Cohort Survey)'에 의하면 아동의 성취는 사회적 계급에 의해 생후 22개월부터 격차가 나타나지만, 사회적 계급의 차이는 10세에 가장 커진다. 22개월에 낮은 성취를 가진 낮은 사회경제적 계급의 아동은 여전히 8년 후에도 낮은 성취를 가질 가능성이 높다. 반면 높은 사회경제적 위치에 있는 아동은 22개월의 성취가 낮다고 하더라도, 10세의 성취는 높은 경향을 보였다(Feinstein, 2003). 국가적 교육 과정 평가와 이차 교육 수료 자격 평가 성취도에서 사회경제적 차이는 아동이 나이가 들수록 명확해진다. 2002~2003년 무료 학교 급식 대상인 7세 아동에 대한 조사에서 읽기와 수학 능력 부분에서 기대되는 능력을 성취한 비율은 각각 69%, 80%로 조사됐다. 이는 무료 학교 급식 대상이 아닌 학생의 결과인 88%, 93%와 비교된다. 11세 연령에서는 단지 무료 학교 급식 대상 학생의 54%, 53%만이 각각 영어와 수학에서 기대되는 수준에 도달했고, 무료 학교 급식 대상이 아닌 학생의 경우 79%, 76%로 조사됐다(DfES, 2004b). 연령이 더 높은 청소년의 경우 사회적 분화가 더욱 커지며, 이는 이차 교육 수료 자격 평가 성적과 대학입학으로 반영되어 나타난다.

두 번째로 '국제 학생 평가 프로그램(Programme for International Student Assessment: PISA)'의 자료에 의하면, 기회의 평등과 결과의 평등을 모두 고려했을 때 영국은 현재 OECD의 최소 평등주의 수준의 절반 정도에 머무르는 것으로 평가된다(Green, 2003). 영국 내 학교 간 결과 차이의 61%는 학교의 사회적 참여 특성에 의해 설명되는데, 이는 부모의 직업 수준, 부, 문화적 자본 등으로 측정될 수 있다. OECD 국가의 평균은 34%이다. 학생의 배경이 교육 성취에 미치는 영향을 반영하고 있는 사회경제적 수준을 이용해, 사회경제적 수준에 따른 격차의 기울기로 평가했을 때 영국은 가장 불평등한 국가 중 하나이다. 반면 대다수의 북유럽 국가와 동아시아 국가는 평균 이상의 형평 수준을 가진다. 교육 성취의 분포는 영국에서 상대적으로 넓은데, 이는 영국의 가장 취약한 학생은 핀란드, 한국, 일본 같은 더 평등한 결과를 가진 나라들에 비해 낮은 수준일 수 있다. 의미심장하게도 이러한 나라들은 높은 형평 수준을 보일 뿐 아니라 평균 또한 높다(Green, 2003).

영국은 교육 성취에서 더 평등한 나라의 예를 통해 교육에 존재하고 있는 강력한 계급 차이를 더 명확히 인식해야 할 필요가 있다. 그러나 제3장에서 우리는 자국의 포괄적 구조의 상업화를 적극적으로 추진하는 국가의 경우 전반적인 형평성의 수준이 높더라도 상대적으로 교육 불평등 수준이 높은 특징을 보인다고 주장했다. 따라서 매우 빈곤한 지역의 학교를 대상으로 하는 많은 정책이 도입됐음에도, 선택과 경쟁 전략을 이용해 학교를 개선하고자 하는 현재의 정부 정책을 통해서는 취약계층과 그들의 지역사회 사이의 교육적 격차가 개선되지 못할 것이다.

취약계층의 불평등: 보호관찰 아동의 경우

교육이 세대 간 불이익의 전이에 주요한 역할을 하는 데 반해, 성인기 사회적 배제의 가장 강력한 예측 요인 중 하나는 보호관찰을 받은 경험이다. 어떤 시기에도 지방 당국은 약 6만 명의 아동을 돌보고 있으며, 그중 40%는 10세 이하이다. 약 80%에 달하는 대다수는 학대, 방임, 가족 사정 등으로 인해 보호관찰을 받게 된다. 2/3는 위탁보육을 받고 있으며, 열 명 중 한 명은 '아동 쉼터'에 살고 있다(SEU, 2003). 가족 삶의 안정성을 위협하는 실업, 저소득, 부적절한 거주 환경, 한부모 상태 같은 요인과 빈곤은 아동이 보호관찰을 받게 되는 데 연관된다.

보호관찰을 받는 아동의 낮은 교육 참여와 성취는 정책적 관심의 초점이 되어 왔으나, 이는 교육적 불이익이 다른 영역의 불이익으로 이어지기 때문은 아니었다. 제4장에서 설명한 바와 같이, 생애 초기 몇 년 동안 방임과 학대를 받는 경우 학습과 행동에서 장기적인 나쁜 결과를 가져오는데, 보호관찰을 받는 아동의 대다수는 생애 초기에 주요한 불행을 겪게 된다. 보호 체계 안에서 자주 옮겨 다니는 것, 학교에서의 배제, 결석과 교육적 성취가 낮은 것 또한 연관이 있다. 보호관찰을 받는 아동은, 보호관찰 체계 밖의 아동에 비해 배제될 가능성이 10배가 높다는 추정도 있다(Brodie, 2000; Goddard, 2000). 이러한 모든 요인은 보호관찰 아동의 교육적 성취가 상대적으로 나쁜 요인이 된다. 2003년 국가 과정 평가에서 기대 수준에 도달한 보호관찰 아동은 7세에서 53%였고, 11세는 42%, 14세는 23%로 나타났다. 이는 잉글랜드에서 전체 아동의 기대 수준 성취율이 각각 85%, 78%, 69%인 것과 비교된다. 이차 교육 수료 자격 평가에서 최소 다섯 과목 이상 A~C등급을 획득하는 경우도 보호관찰 아동에게서는 9%에 지나지 않았으며, 전체 아동에서 이 수치가 53%인 것과 비교된다(DfES, 2004). 따라서 일반적인 교육 불평등이 존재하는 상황에서는 보호관찰 아동과 일반 아동의 교육 성취 간의 차이는 연령의 증가에 따라 더욱 두드러지게 된다.

조사 대상의 연령 범위와 같은 측정의 차이로 인해 유병률 추정이 큰 차이를 보이고 있지만, 보호관찰 아동에게서 정신 건강 문제와 정신과적 질환의 발생이 높다. 국가통계사무소에 의하면 5~17세 보호 관리 아동의 45%가 정신질환을 지니고 있으며, 이는 일반 아동에 비해 네 배 높은 것이다(SEU, 2003). 정신질환의 수준은 남아, 연령이 높을수록, 보호시설에 거주하는 경우에 높았다. 옥스퍼드셔(Oxfordshire) 지방 당국에 의해 보호관찰되는 13~17세의 청소년에 대한 조사에서, 보호시설에 거주하는 경우 96%에서, 위탁보호를 받는 경우에는 57%에서 정신질환을 가지고 있는 것으로 나타났다(McCann et al., 1996). 가장 흔한 진단명은 행동 장애로 28%였으며, 뒤를 이어 과다불안 장애가 26%, 주요 우울증이 23%를 차지했다. 이는 걱정스럽게도 지역사회 내의 수치에 비해 매우 높은 유병률이었다. 리즈(Leeds) 지역 보호시설의 8~19세 아동을 대상으로 한 더 최근의 연구에서도 학대 후 문제를 포함해 감정적·행동적 장애에서 앞서 연구와 비슷한 96%의 유병률이 조사됐으며, 아동의 14%는 자해 경험이 있었다(Nicholas et al., 2003). 보호관찰 아동에게서 행동장애가 많은 것은 범죄 행동률과 연관된다. 2003년 10세 이상의 보호관찰 아동의 10%가 일 년 동안 공격성을 이유로 훈계를 받거나 유죄를 선고받았는데, 이는 동일 연령대의 다른 아동에 비해 세 배 높은 수치였다(DfES, 2004c).

보호시설에서 살고 있는 아동의 열악한 정신 건강은 부분적으로 선택 오류에 의해 설명될 수 있다. 심각한 행동적 어려움이나 감정적 문제가 있는 아동의 경우 종종 위탁가정 배치에 적합하지 않은 것으로 간주되며, 파양을 경험하기 쉽기 때문에 더욱 보호시설에서 보호받게 된다. 그러나 아동 보호 체계는 그 자체가 정신 건강 문제의 위험 요소를 내포하고 있다. 미국의 연구에 의하면 보호시설의 아동은 가족 안에서 살고 있는 아동에 비해 학대당하기 쉽다. 기관의 잘못된 훈육 형태 중 육체적 학대와 부적절한 속박이 흔하다는 연구 근거가 있으며, 일부의 명확한 사례를 통해 직원에 의한 성적 학대가 드러났다. 상주 보호를 받는 아동의 경우 직원보다 아동의 동료에 의한 육체적·성적 학대의 위험이 높으며, 48개의 보호가정의 아동을 대상으로 한 설문조사에서 13%의 아동이 동료에 의해 성적인 추행을 당한 경험이 있었고, 열 명 중 넷은 괴롭힘을 당한 적이 있었다(Barter, 2003).

보호관찰 아동의 육체적 건강이 자신의 집에서 살고 있는 아동보다 유의하게 나쁘지 않음에도 불구하고, 건강 증진의 관점에서 바라볼 때 충족되지 않고 있는 요구가 여전히 남아 있다. 남서 웨일스 지역의 사례 대조군 연구에 의하면, 자신의 집에서 거주하고 있는 아동과 비교해 볼 때 보호관찰 아동의 경우 예방 접종을 모두 받거나 정기적으로 치과를 방문하는 비율이 낮았다. 또한 보호관찰 아동이 더 쉽게 흡연과 불법 약물에 노출될 수 있는데도 이러한 건강 위해 행위에 대한 조언을 얻지 못하는 경우가 많았다(Williams et al., 2001). 예방 접종률과 다른 예방 활동률이 낮은 데에는, 잦은 시설 이동에 따라 건강 관련 요구에 대한 기록을 유지하기가 어려운 점도 기여할 것이다. 보호시설의 10대에게 이용 가능한 건강 정보를 탐구한 연구에 따르면 아동의 건강 관련 기록 보관에서 상당한 격차가 있으며 일관성이 없다고 한다. 이로 인해 현재의 건강 문제에서 과거 건강 상태, 발달 과정, 가족력 같은 과거의 정보들을 이용하는 것이 매우 어렵다(Bundle, 2001).

보호관찰 아동이 평균 이상으로 정신 건강이 나쁘고 약물을 사용하고 반사회적 행동을 하는 것은 교육 성취가 낮은 것과 함께 이후의 생애에서 사회적 배제를 경험할 가능성을 높게 만든다. 2003년 16세의 보호관찰 아동의 22%는 9월에 취업이 되지 않았는데, 이는 같은 나이에 졸업한 다른 학생의 경우가 7%에 지나지 않은 것과 비교된다(DfES, 2004c). 보호관찰을 벗어나 성인기 삶으로 전환하는 기간 동안의 실업과 불충분한 지원, 안전 부족에 처하게 됨에 따라서 비록 보호 관리를 떠났다고 하더라도 노숙자가 될 추가적인 위험을 안게 된다. 보호관찰을 떠난 청년의 20%는 보호관찰을 떠난 2년 내에 어떤 형태로든 노숙자의 경험을 하게 되며, 젊은 독신 노숙자의 30%는 보호관찰을 받았던 사람들이다

(Stephens, 2002). 경제적 배제, 정신 건강 문제, 약물과 알코올의 오용은 그 자체로 노숙자가 될 수 있는 계기이며, 노숙자가 되면 이러한 문제가 더욱 악화되게 된다. 타인으로부터의 성적 착취와 폭력의 위험도 노숙 집단에서 매우 높다. 보호관찰의 경험이 있는 청소년에게 나타날 수 있는 다른 부정적인 결과는 10대 임신, 부모 역할 갈등, 높은 범죄율 등이다. 감옥 수감자의 1/4 이상이 아동기에 보호관찰을 받았다. 보호관찰을 받은 청소년은 10대 부모가 될 가능성이 2.5배 이상 높으며, 이런 경험이 있는 여성의 아동이 다시 보호관찰을 받게 될 가능성도 2.5배 이상인 것으로 나타났다(SEU, 2004).

보호관찰 아동의 더 열악한 교육·경제·사회·건강의 결과는 그런 아동이 생애의 초기에 이를 경험하기 때문에 겪게 될 상당한 역경으로 반영된다. 그러나 그들의 몇 가지 문제는 아동 보호 체계 자체에 의해 야기될 수 있다(Jackson and Thomas, 1999). 많은 정책 사업은 보호 아동의 결과 향상을 목적으로 했다. 일례로 보건부 '질 보호 프로그램(Quality Protects Program)'은 아동의 빈번한 시설 이동의 감소, 보호 관리를 떠날 때 지역 자치단체가 주는 제공품의 개선 등의 목표를 설정하기도 했다. 2000년에 제정된 「보호관찰을 떠난 아동을 위한 법률(Children Leaving Care Act)」을 통해서 잉글랜드와 웨일스의 보호관찰 아동은 21세까지 지역 당국으로부터 보조받을 수 있는 권리를 가지게 됐다. 이런 보조는 개인 상담자와의 상담, 진로 모색, 주거와 관련된 중요한 요소 등을 포함하고 있다. '지방 커넥션스 서비스(Local Connexions Services)'는 청소년에게 정보, 조언, 지침을 제공하기 위해 설립됐다. 아동 보호시설, 위탁시설을 위한 '국가의 최소 기준'이 마련됐고, 공공 보호를 받는 아동과 청소년의 교육을 위해 보건부와 교육기술부가 연합 지침을 발행했다.

이러한 모든 개혁은 보호관찰 아동의 삶의 기회를 증진하는 것을 목표로 한다. 그러나 지속 가능한 자원과 함량의 문제와 함께 보호관찰 아동이 직면하고 있는 문제의 복잡성은, 문제 해결의 중요한 장애가 되고 있다(SEU, 2003). 영국의 아동 보호관찰, 특히 보호시설이 조직되는 방식도 이러한 시설의 결과가 나쁜 것에 기여할 수 있다. 1990년대 이후 보호시설 관리는 점차 감소하고 있으며, 위탁시설로 전환되고 있다. 따라서 보호시설에서 아동을 보호관찰하는 것은 가족 내에서 성공적으로 적응하지 못한 아동을 위한 일시적인 방편으로 여겨진다. 그러나 이스라엘과 같은 다른 나라의 근거를 통해 볼 때 같은 또래와 동일한 보호자와 함께 성장할 수 있거나 교육에 대한 지원과 도움과 안정적인 생활의 경험을 줄 수 있다면, 보호시설 관리는 좀 더 성공적인 결과를 낼 수도 있다 (Jackson and Thomas, 1999). 이런 실례를 통해 본다면, 영국에서 시설 보호가 계속 최후의 수단으로 여겨지는 한, 상주 보호시설에서 생활하는 젊은이는 사회적 배제와 건강 불평등에 가장 취약한 집단이 될 것이다.

정책적 함의

제6장에서 기술한 바와 같이, 아동기와 청소년기의 건강 불평등의 중요성은 다른 생애 시기보다 간과되어 왔다. 이러한 간과 경향에는 이 시기가 '건강한 연령대'라는 가설이 영향을 주었다. 또한 건강 불평등 연구가 아동·청소년에 대해 상대적으로 무관심했기 때문에 이 시기가 건강의 평등화 과정이 일어나는 시기라는 믿음을 낳게 됐다. 이러한 건강 결과에서 사회경제적 격차가 관찰되지 않기 때문에 가족 배경의 효과를 약화시킬 수 있는 학교, 또래집단, 청소년 문화 같은 가족 이외의 요인이 관심을 끌게 됐다. 사실 이 장에서 논의한 바와 같이 사회적 배경과 장래의 사회적 위치에는 강력한 연속성이 있으며, 부모의 사회경제적 환경은 아동·청소년의 삶의 기회에 주요한 결정 요인으로 남아 있다. 부

모의 직업, 교육, 소득과 같은 요인은 다른 서구 국가보다 영국에서 학업 성취의 격차를 더 많이 설명할 수 있는데, 이는 영국 교육 체계에서 삶의 기회가 균등하기보다는 강력한 계급 구분이 지속되고 있음을 의미한다. 이는 아동기의 사회적 불이익과 성인기의 사회적 불이익 및 건강의 불이익 간의 연결고리를 만드는 데 크게 기여한다. 교육 수준은 소득 수준과 강력하게 연관되어 있을 뿐 아니라 고용의 질적 수준, 주거, 식품, 여가 활용의 기회 등과 관련되어 있으며, 이들은 성인기 건강을 침해하는 요인이다(제10장 참조). 또한 아동기에 건강한 생활습관을 받아들이고 유지하고자 하는 경향이 독립적으로 형성되는데, 교육 수준이 더 높은 사람은 교육 수준이 낮은 사람에 비해 흡연도 적게 하며 식이 조절과 운동을 많이 하는 경향이 있다. 이는 소득과 같은 다른 요인을 고려한 후에도 유의한 결과를 보인다.

부모의 사회경제적 위치와 교육 성취 간의 강력한 연관을 통해 평준화 이론이 일정 정도 과대평가됐다는 것을 알 수 있다. 건강 위험 요인과 건강 행동의 관점에서 사회적 불평등의 존속은 사회적 배경이 건강 결과의 핵심적인 결정 요인이라는 것을 보여 주고 있다. 아동기와 청소년기의 식이 양상은 사회경제적 위치에 따라 매우 차이가 나는데, 낮은 사회경제적 배경의 아동과 청소년이 과일과 채소를 적게 섭취하며 정제되거나 전분으로 구성된 음식을 많이 섭취한다. 결과적으로 가장 가난한 가구의 아동·청소년은 과체중과 비만의 가장 높은 위험에 처한다. 저체중의 문제 또한 낮은 소득 가구의 남아에게서 문제가 된다는 것을 지적했듯이, 사회적으로 불이익을 받은 아동 내에서 체중의 분포는 점점 U자 형태를 나타내고 있다. 이는 장·단기적 관점에서 건강 불평등 문제에서 큰 함의를 가진다.

흡연, 강력한 약물 오용 같은 문제시되는 청소년기의 위험 행동 또한 사회적 박탈과 강력하게 연관된다. 그러나 생애 주기에서 이 시기 동안 대다수의 사람이 처음으로 물질 사용을 접하는데도, 아동·청소년의 건강 행동에 대한 정보는 상대적으로 결핍되어 있다. 초기에 발표된 연구 근거에 따르면, 성인기 건강 불평등으로 발전할 수 있는 청소년기의 건강 행동에서 나타난 격차의 중요성이 간과되어서는 안 된다. 예를 들어 대다수의 흡연자는 10대에 흡연을 시작한다. 흡연이 관례인 사회적 연결망에 살고 있는 개인은 흡연 습관에 쉽게 물들게 되며, 흡연은 사회적으로나 지역적 분포에서 밀집되는 경향이 있다. 가장 골초이고 가장 낮은 소득 집단의 10대와 가벼운 흡연 습관을 가진 전문직종의 가족 배경의 10대 사이에는 커다란 계급적 격차가 존재한다. 후기 청소년기에서 흡연의 사회적 격차가 분명하게 나타나지는 않지만, 열악한 배경 출신의 젊은 남성과 여성 모두 더욱 흡연 습관을 가지기 쉬우며, 이러한 흡연을 성인기 이후로 지속하는 경향도 크다(제10장 참조).

알코올과 약물 문제에서 사회경제적 격차에 대한 근거는 물질에 대한 정의에 따라 달라진다. 대다수의 영국의 조사는 알코올 소비와 사회적 위치 간의 양의 상관관계를 보였는데, 이는 더 높은 소득 집단 출신의 젊은 남녀가 더 자주 그리고 더 많이 음주한다는 것이다. 이와 유사하게 대마초, 나이트레이트, 암페타민의 사용도 사회적 박탈과 유의한 상관관계를 보이지 않았다. 그러나 16세에 정규교육을 떠난 청소년의 경우, 학업을 지속하는 경우보다 더 일찍 약물을 사용하는 것으로 나타났다. 또한 심각하게 '문제가 되는' 약물이나 알코올 사용은 사회적 불이익과 강한 관련이 있다. 알코올 의존과 정신질환 간에 강력한 연관관계가 있으며, 알코올 의존과 정신질환 모두 빈곤, 가족 내 갈등, 학업 중도 포기, 낮은 교육 성취 등과 관련된다. 헤로인 중독과 코카인 중독 등은 사회적 박탈, 비행, 범죄 행위, 낮은 교육 성취, 실업 등과 강력한 연관이 있다.

아동·청소년에게서 성병의 유병이 증가하고 있기 때문에 성행동은 질환의 원인으로서 현재 부각되고 있으나, 조기에 성생활을 하는 것은 성인이 되는 과정의 일부로 받아들여지고 있다. 어린 나이에 성경험을 하는 아동은 10대 임신을 하게 되거나, 조기에 학업을 중단하거나, 직업을 얻기 힘들어지거나, 한부모가 될 가능성이 높다. 10대 임신이 젊은 여성의 삶의 궤적을 바꿀 수 있는 영향력이 있는지에 대한 논란이 있는데, 10대 임신으로 인한 부정적인 사회경제적 결과는 어느 정도 그들의 개인적 가족 출신 배경에 의한 것이기 때문이다. 그러나 10대의 어머니가 모성을 유예하기로 한 여성 집단에 비해 경제적 능력이 떨어지는 취약한 집단이라는 데에는 이견이 적다.

건강 불평등의 다른 영역과 마찬가지로, 광범위한 위험 요인이 건강 위해 행위를 하는 가능성을 높이기 때문에, 개인, 가족, 학교, 넓은 지역사회 수준 등 다양한 수준에서의 다차원적 정책 접근이 필요하다. 제9장에서는 식이와 영양, 물질 사용, 성 건강을 목표로 삼고 있는 다양한 중재 사업과 관련된 연구 근거와 정책, 활동을 다룰 것이다. 앞선 장에서 정책과 사업, 현재 경주되고 있는 활동에 대해 논의한 결과, 주요 관심의 초점이 이른바 하위흐름 활동에 맞추어져 있음을 알 수 있었다. 그러나 다시 강조하지만, 개인의 위험 요인은 더 광범위한 맥락에서 결정되며, 정책적 활동은 구조적인 해결 방법에 의해 보완될 필요가 있다. 우리는 더 큰 범위의 교육적 형평을 증진하는 활동을 중요하게 생각한다. 아동기와 청소년기의 수정 가능한 건강 위험 요인의 경우 사회경제적 지위에 따라 단계적인 격차가 존재하기 때문에, 세부적인 목표를 지양하고 더 큰 보편성을 지녀야 한다. '가난한', '사회적으로 배제된' 아동·청소년에게 온전히 정책과 사업의 초점을 맞추기보다 이 연령 집단에 대한 더 폭넓은 지원을 목표로 하는 정책이 필요하다(Batty and Leon, 2002).

9

아동·청소년기 건강 행위에서의 불평등: 정책과 사업

서론

아동기와 청소년기의 정상적인 발육에 대한 관점은 논쟁의 여지는 있지만, 초기는 미성숙으로, 후기는 불일치한 행동으로 특징지을 수 있다. 또한 취약하지 않고 실험적이며 미래 건강에 대한 관심이 적다는 인식이 혼재되어 있다. 이러한 시나리오는 매우 다른 두 가지 측면에서 복잡해진다. 청소년은 그들의 연령보다 더 성숙하게 행동하도록 요구하는 사회적 대중매체에 의해 좀 더 일찍 그리고 집중적으로 고위험 행동에 노출되어 있다(NSNR, 2000). 다른 한 측면은 제6장에서 언급했듯이 대다수의 청소년이 재정적·가정적 독립 시기가 늦어지고 있다는 것이다. 따라서 더 이상 모범적으로 행동하도록 요구할 수 없고, 과시적 소비가 중요한 동기가 될 수 있는 확대된 시기인 청소년기 이후 시기가 존재한다(Parker et al., 1998).

위험 행동에서 사회적 변이가 명확해지고, 제8장에서 보여 준 바와 같이 건강에서는 상대적으로 평등한 시기로 장기간 유지된 아동기와 청소년기는 현재 단기와 장기 모든 면에서 건강 행동과 수반되는 위험에서

극단적인 불평등의 시기로 점점 인식되고 있다. 아동기와 청년기의 문제로 설명될 수 있는 흡연, 음주, 약물 복용, 이른 성활동, 불량한 식습관 같은 위험 행동은 모두 서로 연관되어 있다(Tyas and Pederson, 1998). 비만의 유행에 대한 최근 관심은 비록 건강이라는 측면을 강조하나 사회적 관심의 측면을 더 어린 아동에게 확대하도록 하고 있다.

건강의 위험 요인과 나쁜 건강 결과 사이에는 복잡한 상관성 구조가 있는데, 이러한 복잡한 상관관계를 구분해 분절적으로 다루기는 어렵다. 이러한 복합 구조 내에서는 원인보다는 증상에 중점을 두도록 하고, 하나 또는 두 가지 위험 인자들이 아닌 전체적인 인간을 강조할 필요가 있음을 지적하며 서로 연계성을 가질 것을 요구한다(Millward et al., 2004). 이 장은 건강 행동에서 불평등이 뚜렷하게 보이는 세 가지 중요한 분야에 중점을 둔다. 즉, 식이와 영양, 물질 오용, 성 건강을 중점으로 기술하고 이와 더불어 교육과 고용도 함께 연관해 설명할 것이다.

식이와 영양

제8장에서 보여 주었듯이, 아동기에서 불량한 식이는 아동과 성인 둘 다의 건강 불량과 연관이 있다. 중재 사업은 두 개의 상관된 목표로 이루어진다. 첫째, 식품 빈곤(food poverty)을 완화하기 위한 (학교에서의 우유 급식과 식사 급식으로부터 과일과 채소의 최근 지원을 포함한) 식품 지원과 이에 대한 노력으로 영양 상태를 향상시키기 위한 장기적 노력이 있어 왔다. 둘째, 체중 관련 질환, 주로 비만에 대한 관심이 증가했다. 충치 발생률은 질환이 없는 모든 취학 아동의 반 이하로 나타났는데(Walker et al., 2000), 이는 설탕 섭취 빈도와 섭취량에 의한 것으로 보이며, 앞으로의 불량한 영양 상태를 의미한다고 볼 수 있다.

식품 지원: 식품 빈곤과 현대의 영양 부족

정부의 '국가 식이 영양 조사(National Diet and Nutrition Survey: NDNS)'에서는 현재 영양 부족의 패턴이 특별히 저소득 가족에서 나타나고 있음을 제시했다(Gregory et al., 2000). 제8장에서는 가장 낮은 소득 수준의 가구가 좀 더 높은 가구보다 소득에서의 식품 비율이 더 높은데도, 신선한 과일과 채소, 탈지 우유, 생선, 과일 주스, 아침용 시리얼을 평균보다 더 적게 섭취함을 보여 주면서 식사 부족에서 사회계급과 소득에 의한 격차가 있음을 보여 주었다.

한 가지 기여 요인은 질 좋은 식품에 대한 접근성이 떨어지는 (이에 대한 이유들에 관해서는 논쟁 중이긴 하다) 가장 빈곤한 지역에서 살고 있는 사람들이 주로 겪는 식품 빈곤이라고 생각되어 왔다. 빈곤한 성인은 자녀의 식이 관리를 위해 어느 정도 비용을 지출하고 있음에도(Dowler and Calvert, 1995), 50명 중 1명의 아동은 하루에 세 끼를 먹지 못하고 있다(Dowler et al., 2001). 사회적·문화적 규범, 지식, 건강 행위의 동기는 이러한 현상에서 중요한 영향을 가진다. 예를 들면 아침식사를 거르는 것은 특별히 청소년 여성에서는 흔하지만 15~18세의 10명 중 1명은 완전채식주의자 또는 반채식주의자라고 응답했고, 25세 이하의 경우에는 특별히 과일과 채소의 섭취가 55~64세 집단의 반 정도로 섭취하고 있었다(Gregor et al., 2000). 식품 빈곤을 강조하는 중재 사업은 극빈 가구의 식이와 지출에서의 불평등을 감소시킬 수 있는 잠재력이 있고, 정부의 지역 재개발 전략(제11장 참조)의 중요한 구성 요소로 작용한다. 또한 만약 사업이 가장 요구도가 높은 사람들을 대상으로 한다면 영양 상태를 향상시키는 것을 목적으로 하는 중재 사업은 건강 불평등을 감소시키는 잠재력을 가질 것이다.

체중 관련 장애

　1980년대 이후 비만의 유병률은 매우 극적으로 증가하고 있고, 1998년 세계보건기구는 비만을 세계적 유행병으로 선언했다. 영국에서는 1980년과 2001년 사이 세 배가 된 비만의 발생률로 인해 비만을 공중보건의 우선순위에 두고 있다. 제8장에서 보여 준 바와 같이 아동에서의 모든 연령대에 걸친 과체중과 비만의 유병률은 계속 증가하고 있고, 국가 통계치들은 모든 아동의 1/5이 현재 과체중 또는 비만임을 보여 주고 있으며, 지역 연구에서는 더 높은 비율을 보여 주고 있다(Bundred et al., 2001; Rudolf et al., 2001). 비록 질환에 대한 위험 요인이 체중과 함께 증가하고 있다 할지라도 과체중 또는 비만 아동의 많은 문제는 생애 후반으로 연계되며, 이는 "아동기 비만의 가장 중요한 장기적 결과가 성인기로 지속된다"(Mulvihill and Quigley, 2003: 14)는 주장으로 이어진다. 또한 아동의 연령과 비만의 심각도가 같이 증가하는 위험도 있다. 국영 의료서비스(NHS)에서의 치료비용은 매년 5억 파운드로 추정되고, 더 광범위하게 경제에 대한 영향력까지 포함하면 20억 파운드 이상으로 추정된다(NAO, 2001). 성인을 함께 고려했을 때에는 사회경제적·민족적·국가적 불평등이 존재하기도 한다. 앞에서 언급했듯이 원인은 좌식 생활방식, 차에 대한 의존성, 식습관의 변화(일하는 시간은 더 길어지고 집에서의 식품 준비하는 시간은 감소)뿐 아니라 유전적 요인도 포함한다. 대부분 요인은 건강 전문가가 독립적으로 변화시킬 수 없는 분야들이다.

　제6장에서 보여 주었듯이, 증가하는 비만의 유병률은 비만에 비해 상대적으로 드물면서 높은 사회계급에서 더 높게 발생하는 거식증 및 신경성 과식증과 같은 또 다른 체중 관련 장애의 인지도를 크게 감소시켰다. 식이 장애의 유병률과 비만 예방 사이의 상관성에 대해서는 분명하지 않으나 통계에서는 반영되지 않는 요소들로서 아동과 10대에서 높은 체

중 조절 비율과 체형 또는 체중에 대한 뚜렷한 관심을 문헌들에서 보여 주고 있다. 문제는 이러한 요소들이 높은 위험을 수반하는 비정상적인 식이 태도와 행동을 가지게 하는 한편, 성장기 청소년에서 자연스러운 과정의 일부분이 될 수 있다는 것이다(Pratt and Woolfenden, 2004). 그러므로 한 가지 공중보건 보호망하에서 다양한 체중 관련 장애들을 고려할 때에는 논쟁이 매우 치열하다.

건강 불평등 완화에 효과적인 근거와 사업

핵심 중재 사업의 효율성을 고려해 세 가지 분야에 중점을 두고 있다. 그것은 ① 아침식사 클럽(breakfast clubs)으로 어떤 특수한 상황 내에서 영양 상태를 개선시키기 위한 목적으로 수행되는 사업, ② 영양 상태에 대한 좀 더 확대된 접근성을 가지는 건강한 식습관 사업, ③ 비만의 예방과 치료를 위한 노력이다.

아침식사 클럽

아침식사를 하지 않는 아동은 사회성 부족, 괴롭힘, 불규칙한 출석, 학교에서의 낮은 집중력과 나쁜 행동의 결과로 장기적으로는 불건강 위험에 놓일 수 있고, 단기적으로는 상반된 교육적·사회적 영향의 위험에 놓일 수 있다(Street, 1998). 아침식사 클럽은 교실에서의 행동(적극적인 수업 참여, 또래와의 상호작용 등), 인지 기능, 학업 결과, 학교 출석에 대한 단기적인 긍정적 영향을 미칠 수 있으며, 이러한 효과는 가난한 아동에게서 더 명백하다(Ani and Grantham-McGregor, 1998). 또한 학교 가기 전에 친구를 만날 수 있는 안전한 장소를 제공하기도 한다(Lucas, 2003). 그러나 문헌 고찰의 결과들은 대부분 유럽이나 북아메리카의 연구들로 이루어진 것이었다. 이들 수혜자들은 영국 아동보다 잘 못 먹고 성장도 느리며 학교에도 더 불규칙적으로 가는 것처럼 보였다. 또한 이들은 9~12세로 구성되어 있었는데, 영국에서는 식사를 거르는 위험이 가장 높고 아침식사 중재 사업에 가장 적게 참가할 것 같은 세대는 청소년일 수 있다(Lucas, 2003).

보건부는 학교 중심의 아침식사 클럽을 개발하기 위해 1999·2000년에 시범 연구를 시작했다. 목적은 건강한 식습관에 대한 선호도를 발전시키고 학교생활을 배고픔으로 시작해야 하는 아동에게 아침식사를 제공함으로써 학교생활을 긍정적으로 시작할 수 있도록 확립해 주는 것이다. 기금은 253개의 클럽에게 할당됐고, 약 2/3 정도가 초등학교를 중심으로 그리고 헬스액션존(Health Action Zones: HAZs), 교육액션존(Education Action Zones: EAZs), 슈어 스타트에 의해 이미 지정된 상대적으로 빈곤한 지역을 중심으로 이루어졌다. 이러한 시범 연구의 국가적 평가는 사회적·영양적·교육적·심리적 안녕에 대한 긍정적 영향이 단지 일부에 지나지 않음을 발견했다. 그러나 아동과 부모는 하루의 시작 시점에서 식이행동, 사회적 관계, 가족 스트레스에 대한 감소 등 "광범위한 결과들은 최소한 긍정적인 변화를 촉진시킬 수 있는 것"(Shemilt et al., 2003: 110)으로 학교 아침식사 클럽을 평가했다. 한편 조사된 클럽의 3/4은 아동의 출석률이 향상됐고(Shemilt et al., 2004) 수업시간을 잘 지켰으며, 4/5는 아동들의 집중력이 향상됐고 반은 아침 수업시간에 학습 태도가 개선됐다고 했다.

비슷한 긍정적인 결과가 이전의 영국 35개 표본 클럽에서도 보였는데, 사업 관리자의 보고에 의하면 학생들이 하루를 좀 더 차분히 시작했고, 부모와 교사 간에 대화가 더 잘 이루어졌으며 학생들 간의 사회응집력이 개선됐고 분열적인 행동이 줄었다고 했다(Street and Kenway, 1999). 그러나 일찍 도착해야 하는 것, 아침식사를 하지 않는 아동(학교에 도착하기 전에 아침식사 클럽 돈으로 스낵을 사 먹는 아동을 포함), 시간 엄수, 출석,

요구도가 가장 큰 아동에게 접근할 수 없는 것에 대한 문제는 여전히 남아 있었다(Lucas, 2003). 그럼에도 신정책기관(New Policy Institute)이 수여한 상을 받은 클럽들에 대한 최근 조사 결과에서 대부분의 클럽이 무료 학교 급식(Free School Meals: FSM)이 필요한 아동, 집에서 아침식사를 할 가능성이 적은 집단을 대상으로 하고 있었다(Harrop and Palmer, 2002). 다차원적으로 좋지 못한 상황을 가진 지역에서 이루어진 보건부의 국가 시범 평가에서는 클럽들이 "사회적 배제를 경험하고 있거나 그럴 위험이 있는 몇 가족들을 포함해 지원에 대한 요구도가 높을 것 같은 가족에게 다가갈 수 있었다"(University of East Anglia, 2002: 8)고 제안했다. 부모가 정서적 스트레스를 뚜렷하게 갖고 있는 가족 또는 높은 수준의 전체적인 어려움을 가지고 있는 가족의 아동이 가장 많이 클럽을 이용했다. 무작위 할당 대조군 시험에서도 높은 비율의 아침식사 클럽 참석자들이 위험 경계에 있는 행동 또는 비정상적인 행동들을 가지고 있었고, 어려움을 겪고 있는 항목의 총점도 높았다(Shemilt et al., 2004).

건강한 식이를 위한 사업

건강한 식이를 증진시키기 위해 고안된 중재 사업의 체계적 문헌 고찰에서 가장 핵심 요소는 전통적인 방식의 정보 제공과는 상반되는 인구 특성에 맞춘 중재 사업과 행동적 변화였다고 제안했다. 효과적인 중재 사업은 가족, 사회, 구조적 환경의 지원, 지속적인 연락을 취하는 개별적 접근방식, 지역 환경에 영향을 주고 변화시키는 장해들을 해소하기 위한 복합적인 전략, 프로그램의 수행과 지원에 관여하는 사람들에 대한 훈련 등을 포함하고 있다. 흥미롭게도 이러한 중재 사업은 전분 식품, 과일, 채소의 보충 섭취보다는 지방 섭취, 혈중 콜레스테롤을 감소시키는 데 더 성공적인 것으로 보인다(Roe et al., 1997). 그러나 이러한 중재 사업은 과일, 채소, 전분 식품의 섭취를 최소 50%까지 증가시킨다는 목표는 고사하고 「국가의 건강(The Health of the Nation)」(DH, 1992)에서 설정한 영국 인구집단의 식이 에너지 섭취 비율에서의 총 지방 섭취량을 3% 감소시키는 데 그쳤다.

이러한 문제는 웨일스 남부와 잉글랜드 남서부에 있는 43개 초등학교를 대상으로 수행된 군집 무작위 시험에서 잘 나타나고 있는데, 과일 턱 숍(fruit tuck shop)[1]의 도입으로 학생의 과일 섭취량은 단지 제한된 효과가 있었고, 중재 학교와 대조군 사이에서 학생의 과일 또는 다른 스낵의 섭취는 유의한 차이가 없었다. 실질적으로 과일은 단지 1년 동안 7만 개가 23개의 중재 학교에서 팔렸는데, 이는 하루에 한 학생에게 단지 0.046개 과일이 팔린 것과 같은 의미이고, 중재 기간이 끝날 때쯤 4개의 학교가 과일 턱 숍의 문을 닫았다(Moore et al., 2000; Moore, 2001). 식품 조리 실습과 맛을 보는 기회들을 갖는 것과 더불어 부모, 아동, 교사에게 정보를 제공하고 (턱 숍과 학교 점심 급식을 통해) 학교 차원에서의 과일과 채소의 제공을 증가시키는 등 학교 전체에 대한 중재는 조금 더 성공적인 것으로 나타났다. 평가 결과, 중재 학교에 있는 학생은 대조군 학교의 학생보다 과일의 섭취가 좀 더 증가했고, 과일과 채소에 대한 지식도 증가했다. 그러나 그 변화는 매우 미약했다(Anderson, 2001).

푸드 듀드(Food Dudes)는 식행동을 변화시키고 또래집단 본보기와 보상 제도를 도입시키는 등 포괄적인 접근을 시도함으로써 한 발 더 나아갔다(<글상자 9.1> 참조). 프로그램은 연령 집단, 아동의 사회경제적 특성, 관리주체의 변화(프로그램 관리자에서 학교 관리자로의 이동)를 포함했다. 현재 스코틀랜드, 웨일스, 잉글랜드, 아일랜드의 일부에서 실행되고 있고 평가도 진행되고 있다.

---

[1] 학교 또는 학교 근처에서 과일을 파는 상점.

> 〈글상자 9.1〉 과일과 채소 섭취를 증가시키기 위한 행동적 접근
>
> 푸드 듀드(Food Dudes)는 초등학교 연령 아동에게 보여 주는 비디오에 나오는, 나이가 약간 많은 또래집단이다. 그들이 보여 주는 과정은 다양한 과일과 채소를 먹는 것을 즐기는 것, 사람들에게 이들 식품을 먹도록 권장하는 것, 세계 아동 건강을 구하는 데 참여하도록 하는 것이다. 스티커나 연필 같은 상품을 과일과 채소 식품을 충분한 양만큼 섭취한 아동에게 준다. 점심 메뉴에 매일 생채소와 과일뿐 아니라 요리된 채소와 과일을 제공하고, 쉬는 시간에 생과일과 채소로 이루어진 간식 팩 형태의 많은 새로운 식품들을 제공한다.
>
> 대표적인 결과로는 간식 시간의 과일과 채소 섭취가 처음과 중재 기간 사이에 두 배가 됐고, 한 학교에서는 구내매점에서의 채소 섭취도 세 배로 증가했다. 이들 결과들은 6개월 추적 결과에서도 유지됐다. 중요한 점은 처음에는 최소한으로 먹었던 아동에게서 과일과 채소 섭취가 가장 많이 증가한 것인데, 예를 들면 초기에는 과일과 채소를 단지 4% 먹었던 아동이 중재 기간 동안에는 과일 68%, 채소 38%까지 증가했다.
>
> 과일과 채소를 계속해서 접할 수 있게 하면서 비디오와 보상 제도가 유의한 결과를 가지게 한 반면, 특히 점심시간에 과일과 채소를 제공하지 않으면 효과가 없다고 평가에서 나타났다. 성공 요인은 아동이 반복적으로 과일과 채소를 시도하도록 격려함으로써 그들이 식품의 맛을 느끼고 스스로 과일과 채소를 먹게 하는 방식이었다. 또한 (과일과 채소가 아닌 식품에도 확대돼) 섭취 식품과 (학교에서의 증가된 섭취가 또한 집에서도 이루어졌고 간식 시간에서의 증가된 섭취는 점심시간에 또한 두드러지게 나타나는 것과 같은) 환경 측면 모두에서 긍정적인 효과가 다른 상황에서도 일반화하는 것이 가능한 것처럼 보였다(Lowe et al., nd).

비만의 예방과 치료

아동의 비만 예방을 위한 중재 사업에 대한 최근의 체계적 문헌 고찰에서는 "비만 유병률이 그 중요성의 인식과 예방활동과는 다르게 나타나고 있음"(Campbell et al., 2002: 12)이 밝혀졌고, 이것은 이러한 고찰의 두드러진 특성이었다. 또 다른 연구에서도 양적인 결과만을 반영하는 것이 불가능하고 복합적이고 관계성이 있는 분야에서 정책과 사업 결정

을 하는데, 고찰 수준의 근거 그 자체에는 한계점이 있다고 강조했다 (Mulvihill and Quigley, 2003).

예방 효과에서 가장 강력한 근거는 육체적 활동을 증진시키고, 식이 섭취를 개선하며, 좌식 생활방식에 중점을 둔 다면적 학교 기반의 프로그램에서 보였다(Mulvihill and Quigley, 2003). 이러한 중재 사업은 여학생에게서 특히 효과적인 것으로 나타났다. 예를 들면, 플래닛 헬스(Planet Health)는 11~13세를 대상으로 앞에서 기술한 세 분야를 포함한 다면적 행동 중재 프로그램이었고, 텔레비전 시청을 감소시키는 것을 가장 강조했다(Grotmaker et al., 1999). 2년 후 중재 학교에 있는 여학생에서 비만 유병률이 감소했고 비만 여학생의 수도 감소했으나, 남학생에서는 유의한 차이가 없었다. 두 가지 가능한 원인으로는 여학생에서의 텔레비전 시청이 좀 더 뚜렷한 감소를 보였고, 그들의 과일과 채소의 섭취가 더 증가했는데, 이는 일일 총 에너지 섭취량의 감소를 가져왔다.

체계적 문헌 고찰에 포함된 한 영국 연구에서는 유의한 행동 변화는 긍정적인 태도와 환경 변화로 나타났음을 보여 주었고(<글상자 9.2> 참조), 이는 영향력 있는 사회적·환경적 요인이 공중보건적인 관리 지표로서 더 많이 필요하다고 주장했다(Sahota et al., 2001a). 영국에서의 좀 더 최근 학교 기반 예방 프로그램이 명백한 중재 효과를 보이지 못하고 있는데, 이는 학교라는 구성을 넘어 지원 강화에 대한 요구를 강조했다(Warren et al., 2003). 이러한 지역 중심의 중재 사업은 정의에 의하면 단지 아동과 청소년에게만 중점을 두지 않고 있는데, 내용은 제8장에서 다루고 있다. 특별히 청소년에게 기존 자료가 제한적이기 때문에 한 가지 전략 또는 전략의 조합이 아동기 비만 예방에서의 다른 것보다 더 중요하다는 결론을 내리기는 어렵다(Campbell et al., 2002).

(텔레비전이나 비디오 게임과 같은 좌식 생활을 감소시키려는 교과 과정에 중점을 둔) 학교 중심의 건강 증진 중재 사업의 예방적 효과에 대한 근거

〈글상자 9.2〉 비만에 대한 다면적 학교 중심 프로그램

애플스(APPLES) 연구는 리즈에 있는 10개 초등학교를 중심으로 중재 집단과 대조군으로 무작위 할당해서 실시한 프로그램이었다. 중재 사업은 지식뿐 아니라 식이와 육체적 활동에도 영향을 주도록 설계됐고, 전체 학교 커뮤니티(부모, 교사, 급식 관리자)를 포함한 건강 증진 학교(Health Promoting Schools)의 철학에 의해 지원됐다(Sahota et al, 2001b). 또한 프로그램을 수행하기 위해 기존의 직원을 이용함으로써 지속성을 고려했다(Campbell et al, 2002). 프로그램 구성은 교사 훈련, 학교 급식의 개선, 교과과정에 적합한 학교 활동 계획의 개발, 체육 교육, 턱 숍, 운동장 활동을 포함했다.

과정 평가 결과로는 애플스 중재 사업이 학교의 기풍, 아동의 태도를 변화시키는 것과 관련해 학교 수준에서의 변화를 가지는 데 성공적이었으나 아동의 행동에서는 거의 효과를 갖지 못했고, 채소 섭취의 증가도 미약했다(Sahota et al, 2001a). 자료는 7~11세 634명 아동에서 수집됐으나 프로그램 1년 후에는 두 집단의 아동 간의 비만도 변화에 차이가 없었고, 식행동에서도 어떤 차이를 보이지 않았다. 실제 과일 섭취는 중재 집단의 비만 아동에서 더 낮았고, 좌식 생활방식은 중재 집단의 비만 아동에서 더 높았다. 그러나 (식이 조절, 몸매 선호도, 자아 인식과 같은) 다른 심리적 측정에서는 차이가 없었다 할지라도 전체적인 자존심은 중재 집단의 비만 아동에서 더 높았다.

는 적다. 또한 학교 중심의 육체적 활동만 고려한 프로그램의 효과에 관한 근거도 부족하다(NHS CRD, 2002). 그러나 캠벨 등은 가장 성공적인 중재 사업은 가장 효과적이면서 일상생활에서 지속적으로 할 수 있는 일상 활동(걷기, 자전거 타기 등)을 이용해 앉아서 활동하는 행동의 감소에 중점을 두고 있다고 제안했다(Campbell et al., 2002). 스포츠의 급격한 감소와 구내매점, 턱 숍, 자동판매기를 통한 식품 구매의 증가와 같이 초등학교와 중학교에 영향을 미치는 쟁점들이 다르다는 근거도 있다.

영양 교육, 육체적 활동, 좌식 생활방식 감소 등 세 분야를 가족 치료를 통해 부모님을 참여시키고 소아과 의사를 정기적으로 방문하는 가족 중심의 행동 수정 프로그램은 다면적 학교 중심 중재 사업의 근거만큼이

나 부족하다. 그러나 효과에 대한 근거가 제한적으로나마 보인다. 또한 (가족 중심 건강 증진 프로그램들이 식이 및 건강 교육, 증가된 활동, 아동과 부모님과의 지속적인 연락을 매우 강조하고 있음에도 불구하고) 예방적인 방법으로서 가족 중심 건강 증진 프로그램을 지지하는 근거도 부족하다 (Mulvihill and Quigley, 2003). 이는 행동수정·가족치료 요소의 잠재적 중요성을 제안한다.

서머벨 등은 비만 치료에서 (식이, 육체적 활동, 행동치료의 몇 가지 형태를 가지는) 생활습관의 중재 사업을 중점으로 최소 6개월 동안 참여자를 관찰한 18개의 무작위 할당 대조군 시험의 결과를 요약했다(Summerbell et al., 2004). 그러나 대부분이 병원에서 이루어졌고, 참여자 수가 적었으며, 비슷한 일반적 특성들을 가지고 있는 동기 부여된 집단을 중점으로 이루어졌다. 고찰 결과, 예방적인 이슈에 있어서는 결과를 일반화시킬 만한 근거가 거의 발견되지 않았다. 실질적으로 영국에서 수행된 연구는 없었다. 모든 연구가 '체중 증가가 꾸준하게 진전되고 있는' 사회에서 이루어진 것이었고, 체중 감소의 유지에 상반된 영향을 가졌다(Summerbell et al., 2004: 7).

학교를 대상으로 한 사업과는 다르게, 치료 단계에서 성공적인 중재 사업의 부문이 되고 있는 것은 가족이며, 대부분은 특별히 아동과 같이 사는 최소한 한부모를 포함하고 있는 가족 중심 중재 사업이고, 좌식 생활방식을 대상으로 육체적 활동과 건강 증진을 결합시키는 형태였다 (Mulvihill and Quigley, 2003). 초등학생에서는 다면적 가족 행동 수정 프로그램들을 지지하는 근거들이 있으며 부모는 변화의 주체자로서 작용했다(구성 요소들은 양육, 대화법 훈련, 식이, 운동, 좌식 생활방식의 감소에 대한 아동 관리를 포함). 그러나 부모의 영향은 더 어린 (더 순종적인) 아동에서 좀 더 이점을 가질 것이며, 아동의 연령에 따라 다양할 수 있다. 효과 평가는 중재 사업이 비교할 수 없는 특성에 의해 이루어질 수 있으므로 전체적으로 효과적인 치료로서의 가족 중심 행동 수정 프로그램을 권장할 수 있는 근거들은 불충분하다(NHS CRD, 2002). 그럼에도 불구하고 부모 참여가 부족한 행동 수정 프로그램에서는 부모의 지원이 과정에서 중요하고 치료가 개별적으로 이루어질 필요가 있음을 제안하고 있는 근거들이 제한적으로 있다.

스토리는 (대다수가 치료를 받고 있지 않고 육체적 활동과 영양교육을 기본으로 하는) 12개 학교를 기반으로 과체중 아동을 대상으로 하는 중재 사업에 대한 비체계적 문헌 고찰을 했다(Story, 1999). 12개 중 11개에서 중재 집단에서 과체중으로 분류된 아동의 비율이 감소했고, 개인의 체중이 평균 10% 감소했다. 중재 사업은 나이가 어리고 가장 심각한 체중 문제를 가진 아동에서 더 효과적인 것으로 나타났다. 그러나 스토리는 또한 심리적 손상의 가능성과 함께 잠재적으로 학교 기반 치료에 수반되는 낙인에 대해 강조했다(Story, 1999). 1985년 이후 잠재적으로 강력한 예방적 공간으로서 학교 활동을 활용한 학교 기반 치료의 연구는 매우 적게 수행됐다.

르무라와 마지에카스는 연구센터 기반 운동 프로그램에 대한 메타 분석을 통해 운동치료 프로그램에 대한 효과를 보고했다(Lemura and Maziekas, 2002). 가장 성공적인 세 개의 중재 사업은 저강도로 오랜 기간 지속된 운동, 높은 반복 저항 훈련으로 유산소 운동, 행동 수정과 결부된 운동 프로그램이었다. 그러나 효과적인 센터 기반 전략을 임상적 세팅이 아닌 곳에서 적용하는 것은 종종 문제가 될 수 있다. 미국의 몇몇 작은 시험 결과에서(Summerbell et al., 2004; Epstein et al., 1985) 생활습관적 운동(걷기 또는 달리기), 에어로빅, 미용체조가 모두 유의한 체중 감소 효과를 가지며 가장 지속적인 변화를 가지게 해 줄 것이라고 제안했다. 그리고 국립임상 연구소(National Institute for Clinical Excellence: NICE)는 성인 비만 관리를 위한 오르리스타트(orlistat)와 시부트라민(sibutramine)의 두 가지 약물 사용을 허용했으나 현재 어린 연령 집단에서의 두 약물 사용은 권장하고 있지 않다(NICE, 2001).

부분적으로 어떤 중재 사업의 효과를 가진다는 것은 복잡함을 필요로 하고, 이러한 중재 사업이 비만 아동의 가족 외부의 환경적 배경을 변화시키지 못하기 때문에 지속적이고 효과적인 체중 감소 치료의 근거는 적은 실정이다. 그뿐 아니라 서머벨이 지적했듯이(Summerbell et al., 2004), 비만의 역학적 분율의 크기가 던지는 문제는, 이를 해결하기 위해서는 예방과 치료의 자원이 동등하게 필요하다는 것이다. 성공적인 전략을 위해서는 예방과 유지를 지원하는 환경을 만드는 활동이 필요하고(즉, 개별적 중재보다는 상위의 수준에서), 스포츠와 레저, 가족, 고에너지 식품, 교육, 정보와 같은 다양한 요인들을 강조할 필요가 있다(Blair et al., 2003). 다행인 것은 성인 비만을 일으킬 수 있거나 지속시키는 생활방식이 아동기에 확립될 가능성이 낮으며, 아동기가 생활습관에 오히려 변화 가능성이 더 높은 시기라는 점이다(Edmunds et al., 2001).

또 다른 체중 관련 장애

프렛과 울펜덴은 아동과 청소년에서 식이 장애를 예방하기 위한 중재 사업을 고찰했는데, 아동기와 청소년기에서 식이 장애 프로그램의 효과에 대한 어떤 확정된 결론을 내릴 수 없었다(Fratt and Woolfenden, 2004). (지식 습득, 식이와 위험 행동의 수정, 사회적 안녕을 증가시키기 위한 노력을 포함한) 다양한 접근방법, 다양한 대상 집단, 무작위 할당 대조군 시험으로 근거 기반이 제한적이다. 그러나 식이 장애와 과체중 상태, 낮은 자존감, 우울증, 자살 상상, 물질 오용 사이의 상관성 결과는 예방적 접근 및 위험 요인들의 확인과 개선을 위해 총체적인 접근을 할 필요가 있음을 지적한다.

근거의 제한점

우리가 이용 가능한 근거 기반에 대한 제한점은 이 책 내에서 주요하게 다루어지고 있다. 수많은 중재 요소를 가진 다양한 연구, 대상자 모집 방법을 포함한 방법론적 질·크기·기간, 미국 중심의 연구, 7~12세 아동에 중점적인 연구 등과 같은 요인은 비만과 관련된 결과의 일반화와 신뢰도를 제한한다. 또한 아동기 비만의 측정과 (실질적 행동을 잘 반영하지 못하는) 식이와 육체적 활동의 측정에 대한 어려움, 개인적 행동과 그들의 환경 사이의 경계면을 잘 이해하지 못함으로써 복잡해진다. 짧은 기간에 변화를 보여 준 몇몇 연구들에서 이들 변화가 계속적으로 잘 추적되지 못했고, (행동 변화에 관한 문헌들에서 지적한 것처럼) 시간이 한정되어 있는 중재 사업보다는 지속적인 사업의 필요성을 제안한다.

로 등은 건강한 식이 중재 사업을 고찰했는데, 미국 결과와 비슷했으며 청소년 집단에 대한 결과가 적음을 발견했다(Roe et al., 1997). 잘 평가된 연구들이 매우 적어 한 대상 집단에서 가장 효과적인 결과를 확인하기가 어렵다고 서술했다. 또한 성별, 민족, 사회경제적 지위, 심리적 상태를 포함해 환자와 관련된 변수를 포함하지 않고 추적 조사에서 실패한 사람의 특성을 고려하지 않음으로써 건강 불평등 이슈를 강조하는 공중보건 중재 사업에 관련한 근거의 일반적 부재를 보였다(Mulvihill and Quigley, 2003).

정책

식이와 비만의 문제가 성인 집단에서 주요하게 강조됐다고 해도, 1990년 이후로는 아동에서도 정치적 의제가 되고 있다. 「국가의 건강」(DH, 1992)에서는 이 분야에 관한 목표를 소개하고 있고, 또한 생애 주기에 걸친 건강 불평등을 감소시키기 위한 식품의 유용성과 접근성을 증가시킬 것을 권장하는 「건강의 불평등에 대한 애치슨 독립적 조사」와 「수명 연장: 우리의 더 건강한 국가를 위해」(DH, 1999)에서도 아동 비만은 중요한 주제였다(Acheson, 1998). 공중보건 백서 「건강의 선택: 건강을 위한 보다 쉬운 선택」(HM Government and DH, 2004)에서도 이러한 강조를 보여 주고 있는데, 6대 중요 우선순위의 하나로서 비만을 감소시키고, 식이와 영양을 개선시키는 것을 채택하고 있다. 또한 「2004년 지출 평가(2004 Spending Review Objective)」도 이를 지지하고 있다. 이 평가에서는 보건부, 교육기술부와 문화언론체육부의 연합 목표 중 하나로 전체적으로 인구집단의 비만을 해결하기 위한 광범위한 전략적 배경을 설정했는데, 2010년까지 11세 이하의 아동에서 비만의 매년 증가를 막는 것이다(DfEs, 2004a).

첫 번째 주제로는(근거 기반을 반영하는 하나인데), 건강 증진을 수행하는 '장(settings)' 접근에 대한 강조가 증가했고, 이는 학교와 지역사회가 건강 증진 활동을 다양하게 강화시킬 수 있는 것으로 인식됐다. 건강한 학교의 개념은 1980년대 초반 세계보건기구에 의해 개인과 지역사회의 건강에 대한 전반적인 학교 접근을 조장하기 위해 개발됐다(Lister-Sharp et al., 1999). 예를 들면, 만약 학교 급식과 학교 턱 숍을 통해 건강한 식품 선택이 가능하지 않다면 영양에 대한 교과 교육이 효과적이지 못하다는 것을 뜻한다. 이러한 개념으로 영국 전체의 건강 증진 학교 프로그램이 만들어졌는데, 1998년 잉글랜드에서 시작한 보건부와 교육고용부의 공동 사업인 '건강한 학교 프로그램(Healthy School Programme)'에서 강화되고 확대됐다. 이것은 건강과 교육의 표준을 향상시키고, 아동, 교사, 부모, 지역사회가 건강 향상을 위해 학교에서 이루어지는 기회를 좀 더 잘 인식하도록 함으로써 건강 불평등을 해소하는 것을 목적으로 한다. 학교 기반 사업은 청소년이 건강과 다른 서비스에 쉽게 접근하지 못하는 농촌 지역에서 특히 중요할 것이다.

'국가 건강 학교 표준(National Healthy School Standard: NHSS)'은 프로그램의 중요한 부분으로 학교 내 건강한 식품을 장려하고 건강한 식습관에 대한 교육을 제공해야 하는 필수조건을 포함하는 건강한 학교의 개발을 지원하는 국가적 지침서 및 인증 과정이다. 현재 학교 성과에 이 표준의 비중이 점점 높아지고 있고, 가장 열악한 환경에 있는 대상을 고려한다. 예를 들면, 어떻게 이런 표준이 건강 불평등, 사회 통합, 성과를 올리는 것과 관련된 목표에 영향을 미치고 있는지를 학교 스스로 보여 주는 것이다. 무료 학교 급식 적합 수준이 20% 이상인 학교가 이 표준을 잘 준수하면 2006년 3월까지 국가 건강 학교 표준의 제3등급으로 분류될 것이다(DH and DfES, 2003a). '국가 건강 학교 표준'에서는 이러한 표준이 건강 증진 업무와 교과 과정의 개발에 대한 틀을 제공하고 행동의 동기 부여를 증가시키는 하나의 도구가 됐다고 제안했다. 시범학교에서 보여 준 개선점은 청소년이 건강을 인지하는 관점이 더 넓어졌고, 출석, 괴롭힘, 자존심, 학교 환경 같은 학업 성적 이외의 영역이 개선됐다는 것이다(Rivers et al., 2000). 그러나 성공 여부는 지방 보건·교육 당국에서 상위 수준의 지원 체계가 있는지, 학교 수준에서의 상위 수준 지원이 있는지, 외부 급식에 대한 계약을 재교섭할 수 있는 능력을 포함해 충분한 인력과 재정 자원을 지원받고 있는지 등의 기준과 매우 밀접한 관련성을 가진다. 시스템적으로 청년을 포함하는 문제가 있지만, 학교 간 수준에 따른 어떤 실질적인 차이를 보인 근거가 최근에는 거의 없다(Warwick et al., 2004).

이런 총체적인 배경에서 많은 사람들은 학교 급식의 역할이 오랫동안 간과됐다고 주장할 수 있다. 학교 점심 급식은 한때 빈곤하고 영양 불량의 아동이 학교 교육으로부터 혜택 받을 수 있는 수단으로서 고려됐다. 아동 건강에 대한 급식의 기여도는 학교에 대한 '국가 최소 영양 표준(National Minimum Nutritional Standards: NMNS)'이 도입되고 20년 후인

2001년에 재도입되면서 시험적으로 인지됐다. 그러나 이러한 기여는 학교 급식에 대한 상업적 지원 및 영양적인 급식에 책임감이 약한 급식 기관과의 계약 증가로 대조됐다. 또한 부분적으로 대상자와 연관된 낙인과 괴롭힘에 의해 무료 학교 급식의 낮은 이용과 대조됐다(Riley, 2005). 두 요인 모두 영양학적인 장점을 가지기 위한 학교 급식의 잠재력을 저해하는 것으로 작용하고 있다.

정크 식품(junk food)의 좋지 못한 효과에 대한 연구, 광고에 대한 진지한 고찰, 건강한 선택을 잘 할 수 있게 하는 마케팅 힘에 대한 관심 등이 부족한 형편이다. 그동안 식품 산업은 학교에 그들의 제품을 판매하도록 학교에 인센티브를 계속해서 제공하거나 (급식과 자동판매기 계약을 보장하기 위해 회사와 제휴해 운영하는) 사기금 제도(Private Finance Initiative)[2])에 의한 계약상의 내용을 실질적으로 요구하고 있다. 건강에 미치는 담배의 나쁜 영향에 관한 명확한 근거에도 불구하고 흡연을 막는 데 시간이 걸리는 상황에서, 건강에 좋지 않은 식품이 공공 보건을 위해 어디서 언제 어떻게 판매될 것인가를 재정립하는 임무가 주요한 과제가 될 수 있다. 「건강의 선택: 건강을 위한 보다 쉬운 선택」은 아동에게 지방, 소금, 설탕 함량이 많은 식품과 음료의 광고와 판매(이들에 대한 스폰서, 자동판매기, 팩 상품 포함)를 제한하기 위한 전략을 갖고 이 문제를 강조하기 시작했다(HM Government and DH, 2004).

학교 급식에서 영양소를 근거로 한 표준 도입을 고려한 계획은 유명한 요리사인 제이미 올리버(Jamie Oliver)의 텔레비전 시리즈에 의해 그 추진력을 얻었다. 이것은 많은 학동기 아동과 부모에게 건강한 식사에 대한 낮은 선호도와 제한되어 있는 일인당 비용 및 불량한 식사의 광범위한 결과를 강조하면서 학교 급식의 내용을 급속히 개선시켰다. 결과적으로

---

2) 재정적인 지원의 한 방법으로서, 공공 영역과 사적 영역 간의 파트너십.

정부는 학교 급식 향상을 위해 (2005년 9월부터 3년간) 2억 8,000만 파운드를 약속했고, 이는 일인당 소비 지출을 37펜스에서 초등학교 아동당 50펜스로, 중학교 학생당 60펜스로 올렸다. 이것은 학교 급식 제공자의 인증된 훈련 과정 수료 자격 조건, (2006년부터) 영양소를 근거로 한 일차와 이차 표준에 대한 새로운 법령 조건(자동판매기의 판매 포함), 학교에서의 수정된 학교 급식 기준 등에 의해 강화될 것이다. 스코틀랜드 행정부와 웨일스 의회가 더 높은 기준을 도입하고 시행함으로써 더욱 강화됐다는 점이 중요한데, 이는 건강 불평등 의제의 다른 분야에서처럼 잉글랜드 외 지역에서의 좀 더 진보적인 접근을 보여 주고 있다. 그러나 유용한 자원(조리 시설장의 분리를 가정할 때)에 대한 강조와 아동에게 건강한 식품을 구입·준비하고 요리하도록 가르칠 수 있는 학교 교과 과정의 부족에 대한 지속적인 비판이 있다. '아동 빈곤 행동 집단'은 학교 급식의 전반적인 제공이 저소득 가구의 이용 증가를 위해 필요하다고 제안했다(Riley, 2005).

건강한 학교 프로그램의 다른 구성 요인은 '국가 건강 학교 네트워크(National Healthy Schools Network)', '건강망(Wired for Health)', '아동을 위한 요리법(Cooking for Kids)', '안전한 통학로 사업(Safer Travel to School)' 등을 포함한다. 관련된 여러 사업은 학교의 중점 사항과 교육 및 건강 사이에서의 통합된 접근을 토대로 한다. 예를 들어, 학교에서 체육 수업으로 2시간 이상을 보내고 있는 청소년의 비율은 1994년 46%에서 1999년 33%로 떨어졌고(CYPU, 2001), 학동기 아동의 거의 1/5이 체육으로 일주일에 1시간 이하(국가 건강 학교 표준 기준의 반 정도)를 보내고 있다(Nessa and Gallagher, 2004). 따라서 스포츠를 위한 정부의 계획(DCMS, 2000)은 청소년과 교육적 기본 시설 모두에 중점을 두었다. 이것은 건강 불평등 분야를 요구도가 가장 큰 600개 지역사회에서 먼저 도입될, 복권 기금으로 지원된 학교 스포츠 코디네이터와 연계하도록 했고, 스포츠 잉글랜드(Sport England)를 통해 불이익을 받는 지역 - 스포츠액션존 (Sports Action Zone), 교육액션존, 지역 엑셀런스(Excellence in Cities funding) 지역 - 을 복권사업의 재원에 연결되도록 했다. 또한 전문 스포츠 대학도 설립시켰다. 이것은 2002년 '체육 교육, 학교 스포츠, 클럽 연계 전략 (Physical Education, School Sports, Club Links Strategy)'에 의해 강화됐고, 이들 목적은 2006년까지 400개 학교의 스포츠 파트너십을 발전시키기 위해 전문 스포츠 대학의 네트워크를 만드는 것이고, 중학교 스포츠 코디네이터와 초등학교·전문학교 연계 교사로서 역할을 맡고 있는 교사가 지원한다(DfES and DCMS, 2003). 2002년 전략에 4억 5,900만 파운드의 기금이 사용됐고, 2006~2008년 동안 2004년에 확정된 5억 1,900만 파운드가 이용될 것이다. 교과 과정 내외에서 양질의 체육과 교육 스포츠로 매주 최소 2시간을 보내는 5~16세 아동의 비율을 2002년 25%에서 2006년 75%로 증가시키는 것을 목적으로 하고 있는 공공 서비스 협약에 의해 추가적인 지원이 이루어졌다(DfES, 2004a). 비록 잉글랜드의 1만 2,000개 학교 중에서 단지 6,500개만이 이러한 범주에 속한다고 할지라도 2003~2004년 학교 학생의 62%가 교육 스포츠 파트너십 대상자가 될 것으로 보고했다.

아침식사 클럽은 비록 모호하고 보장이 안 된 상태라 할지라도, 부분적으로 폭넓은 활동 영역 때문에 (아동 보호, 교육, 영양, 사회통합 같은) 많은 핵심 공공 정책의 주도자로 작용할 수 있다(Harrop and Palmer, 2002). 또한 적당한 적용 범위는 너무나 많은 목표가 설정된 사업의 실질적인 문제이기도 하다. 신정책기관에서는 1999년 400~600개의 아침식사 클럽이 운영되고 있다고 보고하면서, 이는 초등학교 아동의 0.5%에 공급되고 있는 것(모든 아동의 1/3이 아침식사를 하지 않고 하루를 시작할 것이라는 주장과 명백히 대비된다)으로 추정했다(Street and KEnway, 1999). 좀 더 빈곤한 지역에서의 아침식사 클럽은 아침식사 비용을 충족할 만큼 자금이 충분하지 못하기 때문에 외부 기금에 매우 의존적이다. 아동 보호처럼 새롭게 시작하는 사업에 대한 정책적인 강조와 착수 기금의 마련은 많은 클럽들이 재정적인 어려움을 갖도록 했다(지속적인 기금을 보장하는 업무는 설립에서 방해가 되며, 이는 특히 직원 충원 비율이 높고 참여 비율은 낮은 초등학교에서 적용된다). 직원 충원은 프로그램이 일찍 시작되고 제약된 시간 때문에 부가적인 중요한 장애가 된다. 그러나 총체적으로 중요한 것은 좀 더 많은 학교가 클럽을 부가적인 서비스라기보다 그들의 주류 활동의 부분으로 보도록 하는 것인데, 예를 들어 학교 예산으로 직원 충원이 가능하게 하는 기회도 함께 점진적으로 장려하는 것이다(Harrop and Parmer, 2002).

영양과 학업 성취 및 행동 사이의 관련성에 대한 근거들이 증가하고 있는 것으로 볼 때 많은 사람들은 클럽이 교육적 자원의 현명한 투자라고 주장할 것이나, 모순적으로 이들 클럽이 항상 영양적이고 균형을 이룬 식사를 제공하지는 않는다. 신정책기관에서 상을 받은 아침식사 클럽들의 조사 결과, 클럽의 대부분이 아침식사를 많이 이용하도록 하기 위해, 때로는 제한된 비용 때문에 '그들에게 그들이 원하는 것을 제공하라는 철학'을 채택하고 있었다(Harrop and Palmer, 2002: 25). 따라서 (자원이 제한된 가구에서처럼) 아동이 잘 먹을 것이라고 예상하는 대중적 식품에 초점을 두고 있기 때문에 신선한 식품의 섭취가 클럽에서 제한된다. 결과적으로 건강과 영양, 저소득 가족을 위한 접근성의 손실이 흔히 발생한다. 이것은 아침식사의 중요성, 보건의료 전문가의 참여, 참가할 수 없는 사람에 대한 보조금 증대에 대한 강조가 증가되어야 한다는 주장을 낳는다(Street and Kenway, 1999).

또 다른 가장 유명한 프로그램으로 잉글랜드의 '하루에 다섯 번 프로그램(Five A Day Programme)'이 있다. 이 프로그램은 국영 의료 서비스 플랜에 의해 확립됐고, 국영 의료 서비스 암 플랜(The NHS Cancer Plan)과 관상동맥 질환을 위한 국가 서비스 프레임(National Service Framework for Coronary Health Disease)에 연결되어 있는 프로그램이다(DH, 2000). 그 목적은 사람들에게 하루에 채소와 과일을 최소 다섯 번 먹도록 하고, 그렇게 먹는 것이 중요하다는 인식을 증가시키는 것이다. 이 프로그램의 핵심 요소는 (4~6세 아동에게 학교에서 무료로 매일 과일을 먹도록 하는 제도인) '국가적 차원의 학교 내 과일 섭취 권장 제도(National School Fruit Scheme)', 일차 보호기관에 의해 개발된 지역사회 사업, 불이익을 받는 지역에 살고 있는 사람들을 위한 파트너, 그리고 이들은 과일과 채소의 일반 공공 접근을 향상시키기 위해 생산자와 조달자를 포함해 식품 산업체와 함께 일하는 것 등이다. 국가 인증 사무소(The National Audit Office: NAO)에서는 아동 국가 서비스 프레임이 건강한 식이와 육체적 활동에 관한 더 광범위한 쟁점에 관심을 가지고 보건부와 교육기술부는 학교에서의 과일과 채소에 대한 사업 수행 목표를 고려해야 한다고 제안했다.

체중과 관련된 질환에 대한 효과적인 정치적 전략은 (개인, 집단, 지역사회 같은) 여러 수준에서 작용하고, (비용이나 접근성 같은) 변화에 대한 환경적 장애와 (식이 인식, 건강 관련 지식, 요리 기술, 또래의 압력 같은) 태도에 관련된 장애 모두를 강조하고 있다(HAD, 2002). 국영 의료 서비스 내에서 일반의, 방문 보건인력, 학교 간호사와 같은 일차적 지역사회 건강 전문가들은 과체중·비만 아동과 가장 많은 접촉을 가진다. 그러나 1999년 국가 인증 사무소에 의해 수행된 연구에 의하면 보건 당국의 83%가 건강 증진 프로그램에서 비만을 공중보건 이슈로 인식했고 28%만이 이를 강조하기 위한 사업을 실제로 가졌는데, 계획들은 비만에 대한 전략이라기보다 암과 심장질환에 대한 전략을 통해 그 쟁점이 강조되는 방식이었다. 이는 아동기와 청소년기의 프로그램이 등한시되고 있음을 보여주고 있다(NAO, 2001). 핵심 직원은 오랫동안 많은 다른 경쟁적 순위사업에 의해 영향을 받아 왔다. 예를 들면 「건강의 선택: 건강을 위한 보다 쉬운 선택」과 아동과 청소년을 위한 국가 서비스 프레임이라는 두 가지 국가 정책에서 비만을 강조하는 정치적 수사를 했음에도 학교 간호사는 주로 예방 접종 관련 업무를 수행하며, 아동 보호 관련 일에서 예방 업무나 공중보건 역할을 증대시키기 위한 노력은 부차적으로 제한되고 있었다(HM Government and DH, 2004).

물질 오용

흡연은 산업 국가에서 조기 사망률의 주요한 예방 가능한 원인이다. 따라서 성인의 흡연 발생률을 감소시키는 것은 건강을 향상시키고 사회경제적 불평등을 감소시키기 위한 정책의 중심이다. 대부분의 흡연자가 10대에 흡연을 시작하고 청소년기의 과다 흡연은 장기간 흡연의 높은 위험과 연관되어 있으므로 아동기와 청소년은 일차 예방을 위한 중요한 시점이 될 것으로 기대한다. 실제로 잉글랜드에서 11세 아동의 16%는 이미 흡연 경험이 있는데, 그들의 행동 패턴이 확립되기 전에 중재하려면 프로그램이 4~8세의 어린 아동도 대상으로 할 것을 제안하고 있다(NHS CRD, 1999). 상습적으로 주당 흡연을 하는 청소년의 비율은 1990년대에 비교적 일정했는데, 15세 남학생의 20%, 여학생의 26%가 최소 일주일에 한 번은 흡연을 했다.

알코올은 청소년이 가장 먼저 그리고 가장 넓게 소비하는 오락성 약물로, 알코올 소비 패턴은 어떤 명확한 경향을 보이고 있지 않다. 1990년대 이후 빈도로 측정했을 때 11~15세의 약 1/5이 지난주에 술을 마신 것으로 나타났다. 그러나 청소년의 평균 주당 알코올 소비는 상당히 증가했고(Rowan, 2004), 영국의 폭음과 청소년 약물 중독 발병률은 유럽의 양상과 비슷해지고 있다. 청소년의 알코올 소비에 기여하는 요인은 복잡하고 세분화된 마케팅의 증가, 음료 안의 알코올 함량 증가 등이다.

알코올 의존성은 청소년이나 다른 사람 모두에게 위해와 관련된 위험을 수반하며, 놀랍게도 생애 주기의 초기 단계에서조차 흔하다. 유럽에서 15~29세 젊은 남성 사망의 4명 중 1명은 알코올 때문이며, 영국에서는 1만 8,000명의 청소년이 음주 폭행의 결과로 매년 사망하는 것으로 추정되고 있다(Foxcroft et al., 2003). 음주 시작 연령은 생애 알코올 의존율(비록 흡연만큼 성인기로 강력하게 이어지지는 않는다 할지라도)과 관련 있다(Graham and Power, 2004). 제8장에서 보여 주었듯이 연구 결과들은 알코올이 흡연이나 불법 약물 복용을 제한적으로 유도하면서 다른 약물 사용의 문지기 역할을 하는 것을 보여 주었다. 따라서 음주 변화는 광범위한 약물 복용에 영향을 미칠 수 있으며 위험하고 미성숙한 성행동에 영향을 미칠지도 모른다. 알코올 오용의 비용은 건강에 대한 손상뿐 아니라 범죄, 반사회적 행동, 생식력 손실을 포함해 연간 200억 파운드에 달하고 있다(Cabinet Office, 2004).

다른 약물에 대한 상황은 약물의 사용 가능 범위와 소비 패턴에서 좀 더 복잡하다. 영국은 유럽에서 가장 높은 약물 복용 비율을 보이고 있지만(이는 미국의 비율과도 비교할 만한 수치이다), 공식적인 통계치는 실제 시도와 복용 둘 다에서 과소 추정을 하고 있다고 연구자들은 주장한다. 제8장에서 보여 주었듯이, 15세 청년의 2/5가 가장 흔한 대마초(cannabis, 마리화나)를 비롯하여 한 개 또는 그 이상의 오락성 약물을 시도한 적이 있었다. 그러나 잉글랜드와 웨일스에서 약물 오용으로 인한 비용의 99%가 전체 연령의 등급 A 약물 복용자 25만 명에 기인한 것인데, 그들 중 10만 명은 청소년으로 추정된다(Drugs Strategy Directorate, 2002). 또한 관련된 사회경제적 비용은 등급 A 약물 복용만으로도 연간 100억 파운드와 170억 파운드 사이로 추정될 정도로 막대하며, 청소년의 오락성 약물 복용으로 인한 비용 지출은 추가로 연간 2,800만 파운드로 추정된다

(Canning et al., 2004). 이것은 매년 약물과 관련된 소비를 반영하고 있는데, 2005·2006년 약 15억 파운드의 비용이 들었고, 이러한 비용은 이 책에서 토의되는 다른 어떤 중재 사업에서 보여 준 비용을 작게 만드는 수치이다. 오락 장소에서 청소년의 헤로인과 코카인 복용, 여러 종류의 약물 복용, 약물과 알코올을 같이 복용하는 사례 등의 증가는 이후의 정책과 사업 과제를 제공하고 있다. 또한 오락성으로서 약물 복용의 인식은 도움을 요청하는 데 장애로 작용할 수 있다(Wincup et al., 2003). 매년 2만 명의 청소년은 약물 복용자나 가장 취약한 특성을 가지는 성인으로 추정되고 있다(DfES, 2005).

건강 불평등 완화에 효과적인 근거와 사업

중재 사업이 다양한 약물을 대상으로 하고 있는데, 알코올과 관련성이 있기보다 담배와 약물 복용에 대한 것으로 나타난다. 이것은 아마도 금주에 대한 관심과는 상반되게 적당한 알코올 사용은 일반적으로 수용하는 사회적 태도에 대한 반응이다. 생애 주기의 단계를 반영하는 대부분 사업은 일차 예방에 중점을 두며, 물질 오용을 강조하는 몇 가지 이차 예방과 의존성 이슈를 둘러싼 제한된 중재 사업을 포함하고 있다. 이것은 사회적 배제와도 연계되는데, 물질 오용을 특별히 지역 재개발 지역, 노숙자, 보호소에서 나간 사람, 청소년 범죄자 같은 취약계층 집단과 연결시킴으로써 청소년 의제의 통합 부분으로 점차 증가하고 있다(Home Office, nd).

청소년의 니코틴 의존과 사회적 환경은 둘 다 성인 흡연에 영향을 미친다(Jefferis et al., 2003). 따라서 니코틴 의존을 감소시키려는 중재 사업은 흡연에서의 사회경제적 격차를 감소시키는 것과 따로 분리해서는 효과적이지 않다고 본다. 중재 사업은 성인 흡연으로 가는 약물학적·사회적 경로를 강조할 필요가 있다. 이것은 교육 프로그램 내에서 사회 영향에 대한 중요성의 증가와 광범위한 사회적 배경 내에서 흡연에 대한 영향을 강조하는 지역사회 중재 사업의 도입을 의미하고 있다.

토마스는 흡연에 대한 문화의 핵심적 영향을 인지하면서 처음 흡연을 시작하는 아동을 예방하도록 고안된 학교에서의 행동 중재 사업이 전형적으로 미국 중심적 관점을 보여 준다고 지적했다(Thomas, 2002). 그는 많은 다른 영역에서처럼 정보 제공만을 지지하는 근거는 매우 적고, 사회학습 이론과 사회적 영향 - 흡연의 발생률과 관련된 논의, 흡연의 사회적 결과, 흡연에 대한 또래·가족·대중매체의 영향, 담배를 거절하는 기술 등 - 의 입장에서 중재 사업을 지지하는 모호한 근거들을 발견했다. 그 이유는 사업이 광범위한 사회적·문화적 배경에 대한 이해 없이 학교 환경에만 초점을 두었기 때문일 것이다(<글상자 9.3> 참조). 비슷한 종류의 사업이 초기 메타 분석에서도 가장 효과적인 것으로 나타났다. 예를 들면, 루니와 머레이는 사회 영향 프로그램이 5%에서 30%까지 흡연을 감소시킬 수 있다고 제안했다(Rooney and Murray, 1996).

또한 포괄적인 사회적 능력을 증가시키도록 설계된 중재 사업 - 사교 기술의 향상, 스트레스의 감소, 교실에서 자존감의 증가 등 - 들의 추가적인 지원에 의해 결과가 향상될 수 있다. 그러나 낮은 연령대의 청소년을 위한 학교 중심 교육 프로그램의 핵심적인 제한 요소는 서로 다른 집단이 얼마나 학교생활에 참여하고 동화되는지의 정도이다. 코버스는 또래 집단의 영향 조사에서 10대 초기는 학교 외부 활동 및 연령이 다양한 지역사회 집단과 관련이 있음을 발견했다(Kobus, 2003). 이것은 잠재적으로 학교 중심의 교육 프로그램의 영향이 사교성이 좋은 또래에 의해 주로 나타나며, 프로그램의 기준에 의해서 무단 결석자와 소외된 집단 같은 취약집단은 잘 참가할 수 없게 됨에 따라 좀 더 대상에 초점을 둔 접근방식이 필요함을 의미한다. 예를 들면, 정기적 흡연자는 비흡연자보

〈글상자 9.3〉 소외 지역에서의 교육적 중재 사업들

허친슨 흡연 예방 프로젝트(Hutchinson Smoking Prevention Project)(Peterson et al., 2000)는 1984년부터 1999년까지 15년 동안 실시됐다. 연속적으로 8학년 동안 지속됐으며, 학교를 떠난 후에도 2년 동안 참가자들을 추적했다. 그러나 흡연의 유병률에 대한 중재의 어떤 효과도 학교를 떠났을 때나 이후 추적 조사에서 발견되지 못했다. 이것은 중재가 좀 더 성공적인 프로그램에서 나타나는 핵심 특성이 부족했기 때문일 수도 있고, 위험도가 낮은 지역(주로 백인으로 구성된 농촌 학교)에서 중재가 주로 이루어졌기 때문이었거나 흡연 발생률처럼 중재가 교과 과정을 수행하는 데 학교들 간의 중요한 차이를 무시했기 때문일 수도 있다(Thomas, 2002).

유럽의 흡연 예방 프레임 접근방식(European Smoking Prevention Framework Approach)은 초기 여섯 개의 유럽 국가에서 비흡연자인 13세 아동 2만 명을 대상으로 청소년, 학교, 학부모, 학교 외 활동들을 포괄하는 것으로 설계됐다. 중재 사업의 첫 번째 기간은 최소 5개의 수업으로 사회적 영향의 과정, 유동성 있는 부모나 지역사회의 구성 요원과 함께 거절의 기술에 대한 훈련을 포함하는 교사 중심의 학교 기반 프로그램에 중점을 두고 있다.

뚜렷한 단기간 효과는 그 모형 접근방식에서 거의 이루어지지 않았다. 그러나 스페인에서는 실험 집단에서 긍정적인 심리적 효과를 보고했는데, 흡연에 대한 태도, 흡연 의도, 자존감과 관련해 더 높은 점수를 가졌다. 또한 비록 약하지만 유의한 예방적 행동 효과는 스페인과 핀란드에서도 관찰됐는데, 실험 집단에서 흡연을 시작하는 학생의 수가 더 적었다. 이와는 반대로 영국에서는 역효과의 인지적 영향이 발견됐다. 실험 지역과 대조 지역에 수행된 많은 수업 간에 어떤 유의한 차이를 보이지 않았는데, 수업 시간이 유럽의 비교 지역보다 더 짧았다. 또한 수업은 거절 기술에 대한 훈련 또는 사회적 압력·영향을 포함하고 있지 않았으며, 부모 또는 지역사회의 활동에 대한 지원도 없었다(de Vries et al., 2003).

다 학교에 결석하는 경향이 두 배나 더 크다(Charlton and Blair, 1989). 약물 예방 강연에 초점을 두고 있는 브리즈 등은 청소년에 대한 약물의 내성과 위험에 대한 강조가 약물에 대한 비용 대 이점, 소비자의 쾌락주의 관점으로 인해 쉽지 않으며, 청소년은 약물 사용에 편안함을 느끼고 죄의식이 부족한데, 이는 여전히 그들의 지식 기반의 부족함에 있다고 주장했다(Breeze et al., 2001).

학교 기반 교육 프로그램의 또 다른 한계는 중재의 강도와 기간이다. 대부분 학교들은 개인 건강 사회 교육의 부분으로서 건강 교육을 실시한다. 그러나 청소년기 동안 흡연 행동에 영향을 주기 위해서는 20~30번의 수업이 필요하다고 제안됐다(Prochaska, 2000; Tobler et al., 2000). 이것은 개인 건강 사회 교육의 또 다른 목적과 잠정적으로 비슷하고 교과과정에 대한 주요한 요구 사항이기도 한데, 고찰된 많은 중재 사업에 할당된 시간과는 뚜렷하게 대비된다. 매킨토시 등은 다성분 약물 중재 프로그램이 대다수 학생에서 여전히 11~25시간만 이루어지고 있다고 기술하면서 프로그램을 위한 시간을 고려해야 할 필요성을 강조했고, 일차 예방과는 상반적으로 사회 영향이 어느 정도 기본적인 위해를 감소시킬 수 있고, 또한 어느 정도 나이가 많은 청소년에서 효과적일 수 있다고 강조했다(MacKintosh et al., 2000). 또 다른 대안으로는 학부모를 대상으로 하는 교육, 청소년 단체와 함께 일하는 것, 미성년자에게 담배 판매를 감소시키는 것에서부터 전체 연령대를 대상으로 심장 질환을 감소시키는 것까지 목적으로 하는 캠페인과 같이 지역사회에서 수행하고 있는 사업들을 학교 기반 중재 사업들과 연계하는 것이다(<글상자 9.4> 참조). 이러한 프로그램은 일반적으로 사회 경쟁을 높이기 위해 설계된 프로그램처럼 엄격히 평가되고 있지는 않고(Thomas, 2002), 프로그램의 효과를 위한 지원도 거의 이루어지고 있지 않았다. 긍정적인 결과들이 발견된 중재 사업은 흡연에 대한 부정적인 태도를 만드는 것과 흡연 의도를 감소시키는 것이 중요함을 강조하는 사회적 학습 이론에 의해 이루어진 것이었다(Sowden et al., 2004). 또한 권위적이고 절대적인 양육 방식은 관용적이고 산만한 가족 환경과는 상반되게 예방적인 효과가 있음을 발견했다(Tyas and Pederson, 1998). 이런 발견은 어린 시절의 양육에 대한 강조를 지지하고 있다. 실제로 아동과 청소년의 정신 건강 치료에 대한 포괄적인 고찰에서 가족 치료법이 물질 오용의 감소에서 '치료 방법들 중에

〈글상자 9.4〉 광범위한 지역사회 활동 내에서의 학교 기반 중재 사업들

카렐리아 북부 지역의 프로젝트(North Karelia Project)는 1972년 핀란드 지방에서 지역사회 기반의 심혈관계 질환의 예방을 위해 시작됐다. 대중매체와 지역사회 조직에 중점을 두고 8년 동안 이루어졌다(Vartiainen et al., 1998). 1978년에서 1980년 사이 두 개의 학교 기반 교육적 구성 요인이 청소년(처음 중재 시점에는 12~13세)의 흡연을 예방하기 위해 부가됐다. 이 프로그램은 2년 동안 진행됐고, 지역사회 중재를 기반으로 두 쌍의 학교(한 쌍은 시골 지역, 다른 한 쌍은 도시지역)를 포함했다. 한 쌍은 흡연 예방에 대해 교사에 의해 진행된 프로그램이었고, 다른 한 쌍은 보건 교육자에 의해 진행된 프로그램이었다. 교사와 또래 리더 둘 다 반흡연 메시지를 전달하도록 훈련을 받았다. 중재 지역이 아닌 외부 지역에서 선택된 세 번째 학교를 대조군으로 선정했다. 참가자들은 28세까지 15년 동안 추적됐고, 결과는 평균 평생 흡연 소비가 대조 지역의 청소년보다 중재 지역의 청소년에서 22% 더 낮게 나타났다(Vartiainen et al., 1998).

영국에서의 두 가지 연구— 로더램(Rotherham)을 기반으로 하는 '액션 하트(Action Heart)'와 카디프(Cardiff)를 기반으로 하는 '스탑핑 뎀 스타팅(Stopping them Starting)' — 에서는 핵심 실무자, 건강 증진, 또래에 의해 이루어진 보건 교육을 포함하는 학교·지역사회 기반 중재 사업을 학교 중심의 중재 사업과 비교했다. 이 연구들에서 어떠한 유의한 차이를 발견하지 못했다(Baxter et al., 1997; Gordon et al., 1997). 한 가지 가능한 설명으로는 핀란드 연구는 학교 사업을 성인의 흡연 중지 프로그램을 포함하고 있는 장기적으로 확립된 지역사회 중재 사업에 도입시킨 경우였고, 반면에 영국에서 이루어진 두 개의 연구는 지역사회 중재 사업이 '선택적 부가 요인'으로서 학교 기반 사업들에서 이루어졌다는 점이다.

서 가장 우수한 방법'이었음을 발견했다(Fonagy et al., 2002: 324).

문헌들은 대중매체 캠페인이 담배 소비를 감소시키고 흡연을 비규범화시키며, 특히 청소년에 대한 담배 산업의 기만과 간접흡연의 부정적인 영향에 중점을 둔다면 이 분야에서 중요하고 비용효과적인 영향을 가질 수 있다고 제안한다(Lantz et al., 2000). 그러나 제한된 몇몇 연구만 이런 목적을 가지고 대조군 연구 설계로 조사했는데, 효과 면에서는 강력한 근거를 제공하지 못했다. 사우덴과 알브래스터는 두 결과만을 발견했다

(Sowden and Arblaster, 1999). 둘 다 집중적인 프로그램이었고, 3년 또는 4년에 걸쳐 반복적으로 수행했으며, (거절 기술, 광고 압력에 대한 저항 등) 사회적 학습 이론을 근거로 했다. 둘 다 흡연율뿐 아니라 흡연에 대한 태도, 앞으로의 흡연 의도 같은 중간 결과에서 효과를 보였다. 두 경우에서 성공적인 중재는 학교 기반 교육과 대중매체 프로그램을 함께 이용한 것이었다. 이는 광범위한 중재 사업들의 증대된 잠재력을 제안하고 있다.

이와는 반대로 미성년 청소년에게 담배를 판매하는 것과 관련된 법의 강화는 흡연 행동에서 제한된 영향을 가지는 것으로 보인다. 미성년자에게 담배 판매를 예방하는 것을 목표로 하는 중재 사업을 종합해서 볼 때, 몇 지역사회만 지속적인 높은 순응도를 보였고 담배 구입에서의 청소년 인식이나 흡연 발병률에서는 거의 효과를 보이지 않았다. 그러나 담배 구입을 감소시킬 수 있는 순응도는 임계치 수준이었고, 만약 이러한 순응도가 담배 소비를 5%까지 감소시킬 수 있다면 다른 예방 활동만큼이나 비용효과적일 수 있을 것이다(Stead and Lancaster, 2004).

최근 메타 고찰에서 약물 복용의 일차 예방의 중요한 대상은 학교에서의 청소년임을 확인했다. 고찰에서는 또한 일차 예방 프로그램이 약물 복용이나 약물 문제에서 주요한 영향을 가지는 것 같지 않다고 보고했다. 약물 예방 프로그램의 영향은 불법 약물보다 알코올·담배·대마초 사용의 제한을 가지는 경향을 보였고, 대부분의 영국 중재 사업은 적절하게 평가되지 못했다(Canning et al., 2004). 이런 방식으로 건강 불평등을 해소하려는 시도는 학교 기반 사업이 높은 위험 수준에 있는 사람보다는 (시작 시점이 연장될 수 있는) 비약물 복용자와 (인식을 증가시키고 정상적 신조를 가질 수 있는) 낮은 위험도를 가진 청소년에게 좀 더 효과적으로 나타난 사실로 더 강조됐다. 높은 위험 수준에 있는 가족은 학부모 중심 프로그램의 참여에서도 더 적은 것으로 보인다. 그러나 몇몇 상호적인 프로그램에 대한 지지가 있었는데, 이는 물질 사용의 사회적 영향을 강조하고 있는 또래에 의해 유도됐던 프로그램이 가장 효과적인 것으로 나타났다(Tobler et al., 2000). 효과적인 프로그램의 추가적인 특성은 강도(10세션 이상)와 세션을 통한 강화였다(Canning et al., 2004). 차이점은 (사용자가 중단하는 점에서는 제한적으로 보이나 자제를 강화시키고 반복된 약물 사용을 제한시킬 수 있는) 또래집단에 의한 사업 수행과 또래집단에 의한 개발 프로그램이다. 후자는 좀 더 취약한 청소년에게 적용하기 위한 기반을 제공하고 교육자의 자존감과 성숙도를 강화시키는 것으로 보이며 현재의 약물 사용의 패턴을 변화시켰다(Shiner, 2000). 따라서 프로그램을 수행하는 청소년이 가장 많은 이점을 가지는 것으로 보인다. 그러나 흥미롭게도 또래에 의한 성 건강 프로그램에서는 단지 또래를 포함하는 것만이 아니라 교육자의 능력, 주제에 대한 그들의 편안함을 고려해야 한다고 제안됐다(Ellis and Grey, 2004).

파커 등은 1990년대 후반에 청소년이 약물을 좀 더 쉽게 구입할 수 있음에도 불구하고 약물 시도와 약물 사용에서 약간 낮은 비율을 가졌고 흡연자와 음주자가 되는 경우도 적었다고 언급했다(Parket et al., 2001). 그러나 그들은 이것이 공식적인 중재 사업과는 매우 독립적이었다고 주장했다. 그들은 강한 약물로 발전되는 것을 예방하기 위해 청소년의 오락성 약물 시도자와 약물 사용자를 대상으로 하는 국가적 이차 예방 프로그램 및 문제 있는 약물 복용으로부터 위해를 최소화하기 위한 사업의 관리 전략에서 스스로 약물을 자제하기 위한 해결책에 대한 연구가 이루어지고 있지 않다고 주장했다. 예를 들면 초기 20대 클럽 회원은 흔히 등급 A 약물에 의존하는 사회적으로 배제된 범죄인의 이미지로 혼재되어 있는 다약물 사용자로, 육체적·정신적 건강에 관련된 문제를 가질 수 있으며, 치료 프로그램도 받고 있지 않았다(Measham et al., 2001). 젊은 헤로인 사용자를 향한 공중보건 메시지는 그들의 의중을 변하게 만들고, 과다 사용을 피하게 하며, 흡연에서 약물 주사로의 전환을 방지하는 것으로 제안됐다. 그러나 일반적으로 예방 프로그램의 효과는 지식 습득과 관련해 나타나고, 가장 취약한 집단에서의 약물 복용 행위에 대한 예방이나 약물 시작 시점을 늦추는 효과는 영향을 미치지 않는다(Millward et al., 2004). 정부 보고서의 고찰에서는 청소년과 관련해 더 나은 서비스를 가졌던 프로젝트에서 비슷한 근거들이 발견됐으나, 위험 행동을 예방하거나 연장하거나 개선시킨 근거는 거의 없었다. 이것은 부분적으로 효과적인 평가 부재에 기인한 것이었다. 그러나 이 책에서 강조하고 있는 주제의 한 부분으로 단일 쟁점의 중재 사업에서 여러 위험 요인을 함께 고려하는 통합된 중재 사업으로의 전환에 대한 추가적인 지지를 제안했다(Coomber et al., 2004).

25세 이하를 대상으로 알코올 오용의 일차 예방을 목적으로 하고 있는 50개 이상의 정신적·교육적 중재 사업의 체계적 문헌 고찰에서는 단기간이나 중간 정도의 기간에서 효과적인 예방의 특성과 관련해 어떤 확고한 결론도 가질 수 없었다. 고찰된 중재 사업의 거의 반 정도가 비효과적으로 나타났고, 효과적인 사업과 비효과적인 사업의 차이를 구별하지 못했으며 효과적인 사업에서는 결과의 유형이나 크기에서 모두 확신하지 못했다(Foxcroft et al., 2003). 오스트레일리아를 근거로 한 연구들에서는 기여 인자 중 하나가 자제 또는 사용 시점의 지연에 대한 강조라고 언급했다. 위해의 감소를 중점 목표로 하는 학교 기반 프로그램은 지식과 태도에서 많은 변화와 더불어 알코올 소비 및 소비에 관련된 위해에서의 뚜렷한 변화를 가졌다. 이들은 비록 프로그램 시행 후 17개월 때의 마지막 추적에서 감소를 보였지만 프로그램으로 인한 변화 정도는 일정했다(McBride et al., 2004).

부모 중 한 명이 '메타돈[3]' 유지 프로그램' 또는 물질 오용 외래 센터

---

[3] 강력한 합성 마약으로 헤로인이나 다른 마약류에 의한 마약 중독을 치료하는 데 가장 효과적인 약이다.

에 참가하는 가족을 대상으로 시작한 미국의 '가족 강화 프로그램(Strengthening Families Programme)'은 잠재적인 장점을 가진 것으로 강조됐다. 목적은 양육 질의 향상과 문제 행동의 감소, 청소년 약물 사용의 감소, 아동 행동과 가족 관계의 개선과 더불어 추적 조사에서의 청소년 약물 사용의 감소였다. 태아기와 아동 초기 때 고위험 가족을 위한 간호사에 의한 가정 방문은 15년 후에 흡연과 알코올의 소비, 청소년기 때 알코올과 약물에 관련된 행동적 문제들의 감소를 반영했다고 밝혀졌다(Olds et al., 1998). 이것은 또다시 생애 초기에서의 효율성을 넘어 광범위한 부모 역할 프로그램의 중요성을 보여 주고 있다(제5장 참조). 흡연과 같이 지역 사회 기반의 중재 사업에 대한 최근의 많은 강조들은 성공적인 것으로 고려됐다(Foxcroft et al., 2003). 또한 최소 음주 연령법은 알코올과 관련된 사고와 상해를 예방하는 데 효과적일 수 있다. 더 낮은 혈중 알코올 농도에 관한 법률 규제는 젊고 경험 없는 운전자와 관련된 사고를 줄일 수 있다는 고찰 수준의 근거들이 있었다(Mulvihill et al., 2005). 그러나 영국 맥락에서 조사된 적이 없었다.

예방과 관련된 연구 근거가 확실하지 않은 반면, 약물 의존에 대한 치료는 건강에서의 이점, 범죄 감소, 약물 주사나 주사기 공유 같은 위험한 행동에 효과적이라는 '국가 치료 결과 연구 조사(National Treatment Outcome Research Study)'로부터의 강력한 연구 근거가 있다(Edmunds et al., 1999; Gossop et al., 2001; Sondhi et al., 2002). 항상 그렇듯이 효율성은 레짐(regimes)의 특성에 따라 달라지고, 청소년에 대한 치료 결과에 대해서는 거의 알려져 있지 않다(HAS, 2001). '국가 치료 결과 연구 조사'는 (비록 연구 대상자의 대다수가 20대 후반과 30대 초반이었지만) 청소년에 대한 효과를 따로 보고하는 것 없이 16~58세의 모든 사람들을 포함한다(Gossop et al., 1998). 그러나 전체적으로 연구 집단의 1/3이 지역사회 수준에서 불법 약물을 끊었으며, 4~5년 이후에는 그 비율이 거주지역 수준에서

1/2로 증가했다(Gossop et al., 2001).

청소년 치료 결과의 고찰에서는 건강, 학업, 불법 행동에서 모두 개선을 보였고 비슷한 감소의 수준을 보였다(Williams et al., 200). 그러나 유의한 재발률이 나타났는데, 그 이유는 최소 물질 오용 치료 프로그램에 있는 청소년의 90% 이상이 치료 순응도가 감소했고, 불량한 장기적 결과를 예측하는 정신적 질환을 가지고 있었기 때문인 것으로 보였다(HAS, 2001). 그러나 자신감, 자존감, 대응 전략 같은 다른 영역에서 보고된 개선은 중재 사업의 지속성에 대한 근거를 제안했다. 이것은 많은 기술 연구(Crome et al., 1998)에서 지지됐는데, 많은 단점에도 불구하고 광범위한 기능들에 대한 향상 및 서비스 내에 높은 수준으로 유지됨을 보여 주었다.

근거 기반에 대한 제한점

고찰한 연구들은 중재 사업의 위치, 기간, 종류, 참가자의 다양한 연령대, 초기 약물 사용률, 측정된 결과가 다양했다. 행동적 접근방식은 흔히 담배, 알코올, 약물 사용, 심지어 반사회적 행동을 함께 강조하려 한다. 공통점들은 이것이 분별 있는 접근임을 시사하는 반면, 그것이 결과들을 비교하는 것을 어렵게 하고, 비슷하게 지역사회 중재 사업도 평가하기가 매우 어려웠다. '유럽의 흡연 예방 프레임 접근 방식'(<글상자 9.3> 참조)는 이러한 중재 사업의 효과적인 특성을 분리하는 것의 어려움을 잘 보여 주고 있고, 심지어 공통적인 프레임 내에서도 특히 중재 사업이 지역적 요구도를 수용하거나 다른 국가적 기반을 고려하고자 할 때 어려움이 있다(de Vries et al. 2003). 고찰한 논문들에서의 미국적 오류(출간된 논문이 미국을 대상으로 하는 경우가 많은 연구의 편향성)는 또한 잠재적으로 중요한 문화적 차이가 무시되어지는 위험에 있고, 대상 인구집단 내의 변이는 흔히 무시되거나 보고되고 있지 않음을 의미한다. 예를 들면, 인종에 대한 관심 부족과 함께(Markham et al., 2001) 학교 기반의 일차 예방에 대한 강조는 가장 위험에 처해 있는 사람들을 배제하는 경향이 있었다. 또한 장기적 행동에 대한 영향에서 태도, 지식, 저항 기술의 개발 변화가 무시되어 왔으며 침과 혈액 테스트 같은 약물 사용의 더 객관적인 측정 이외의 자가 보고 행동에 대한 강조 또한 무시됐다(Canning et al., 2004).

정책

흡연의 시작과 발생률을 감소시키기 위한 문화적 배경은 아마도 현재 가장 많이 지원받는 상태에 있을 것이다. 예를 들면 담배 스폰서의 철수, 미성년자에게 판매하는 것에 대한 조치, 연령을 확인할 수 있는 증명서, 담배의 자동판매기의 위치에 대한 규정을 포함해 담배 광고에 대한 금지 등 적극적인 시장의 개입이 있다. 공공장소에서 흡연에 대한 광범위한 제한으로 흡연의 기회를 감소시키고 사회적 수용성을 낮추게 하고 과세로 담배를 값비싸게 만든다. 영국에서는 비록 강제 시행과 순응도에서 문제가 있다 할지라도 16세 미만의 어느 누구에게도 담배를 파는 것은 불법이다.

이러한 지지 환경에서 백서 「스모킹 킬」(제5장 참조)은 1999년 4월에 도입됐던 금연 전략에 대한 우선순위로서 청소년을 지정했고, 잉글랜드의 아동 흡연을 13%에서 2005년까지 11%, 2010년까지 9%로 감소시키는 것을 목적으로 하고 있다(DH, 1998a). 그러나 잉글랜드 금연 서비스 코디네이터를 대상으로 한 잇따른 조사에서는 프로그램이 청소년의 관심을 끌거나, 또는 그들을 위한 서비스를 개발하는 데에 어떤 진전도 없는 것으로 나타났다. 흡연과 관련된 질환을 가지고 있는 사람이 가장 높은 우선순위에 놓여 있었다(Coleman et al., 2002; Pound et al., 2005). 심지어 서비스가 제공됐던 곳은 주로 성인 중심적 전략의 일부로 이루어졌고, 16세 미만 사람들을 위한 것은 없었다. 따라서 당연히 건강 개발 기구는 청소년을 위한 효과적인 금연 중재 사업에 대한 좋은 근거가 없으며 영국에서는 이런 중재 사업을 만들고 운영하는 경험도 많지 않다고 지적했다(HDA, 2004: 1). 이러한 발견은 약물과는 상관없이 이들 연령집단을 위한 일차 예방이 매우 중요함을 강조하고 있고, 정책 변화가 실질적 사업으로 전환되는 데 어려움을 나타내고 있다. 금연 프로그램에 대한 시험은 거의 없고, 정기적인 의학적 상담의 일부분으로 금연 상담을 받은 청소년도 거의 없었다. 대조적으로 기술 연구에서는 많은 10대 흡연자가 담배를 끊기 위해 동기 부여되어야 하고, 청소년을 위한 니코틴 대체 치료의 사용은 재고되어야만 한다고 제안하고 있다(Lantz et al., 2000).

영국의 약물 전략은 많은 빈곤 지역사회에서의 문제성 있는 헤로인 사용의 광범위한 등장으로 1990년대 초기에 형성됐는데, 이 지역에서는 예측치 못한 청년의 오락성 약물 시도의 증가를 보였다. '합동 약물 예방 사업(Tackling drugs together)'은 '약물과의 전쟁(war on drug)'에서는 강력했으나 모든 다른 면에서 약하다는 점에서 비판을 받았다(Parker et al., 2001). 그러나 이것의 영향으로 마약 대책팀(Drug Action Teams: DATs)이 만들어졌는데, 마약 대책팀은 경찰, 보호관찰, 건강, 교육, 사회적 서비스, 약물 서비스와 같은 중요한 요인, 지역 수준에서 같이 일할 수 있는 자발적인 지역사회 기관을 끌어들였다. 이것은 지방 교육 당국에 의해 (교사 훈련, 건강한 학교 프로그램을 포함한) 학교에서의 교육을 지원하기 위해 사용되는 총 비용과 함께 청소년의 치료를 위한 전용 예산(마약 대책팀의 80%는 현재 청소년을 위한 치료 서비스를 포함)을 포함한다.

2008년 10년 전략으로서 신노동당에 의해 기획됐던 '더 나은 영국을 만들기 위한 약물사용의 해소(Tackling Drugs to Build a Better Britain)' (Cabinet Office, 1998)는 약물 치료에 지역 다기관 파트너십 접근에 중요한 역할을 할 것으로 기대되는 건강, 복지, 보호, 공적인 통제와 집행을 영국의 접근방식에서 필수적으로 채택했다. 전략은 네 가지 핵심 목표로 구성되어 있으며, 이중 하나는 청소년의 약물 오용을 막도록 돕는 것이었고, 다른 목표는 약물과 관련된 반사회적·범죄적 행동으로부터 지역사회의 보호, 범죄 관련 사법 시스템에서 약물에 의한 또는 약물과 관련된 위반 행위의 확인, 거리에서 약물의 유용성에 대한 감소였다. 중요하게도 거리에서 약물의 유용성에 대한 감소는 범죄 관련 사법 시스템의 변화와 청소년에 대한 강조와 더불어 가장 발전이 덜 된 부분으로, 이 분야의 예방과 치료 차원의 시행도 잘 이루어지고 있지 않다. 따라서 처음 5년 동안 2억 5,000만 파운드와 매년 13억 파운드를 지출하고도 성공하지 못했다는 비판을 받았다(Parker et al., 2001).

이후 전략은 교육, 예방과 치료, 부수적인 자원의 증가를 강조하는 등급 A 약물에 중점을 두면서 2005·2006년 약 15억으로 직접적인 연 지출의 증가 계획과 함께 좀 더 개선됐다. 청소년은 또다시 등급 A 약물, 가족에 대한 지원, 지역사회에 직접 나가서 사업하는 방식의 증가, 지역사회 치료를 강조하는 교육 캠페인을 포함하는 새로운 자원들에 대한 네 개의 우선 분야 중의 하나가 됐다. 또한 청소년 사법 시스템의 변화는 지역사회의 처벌 조건으로 구속 처리 과정에서 테스트와 의뢰를 위한 조항을 포함한다. 그 목적은 2006년까지 매해 4~5만 명의 취약한 청소년을 지원하는 것으로, 범죄에 대한 사법 중재 제도는 범죄에 대한 사법 시스템 그 자체뿐 아니라 건강과 복지 면에서 매우 비용효과적임을 제안하는 연구들이 있다(Millward et al., 2004).

이들 대상 집단의 1/10을 수용할 것으로 기대되는 하나의 기여 요소로 '긍정적인 미래 프로그램(Positive Future Programme)'이 있다. 이것은 57개의 불이익을 받는 지역사회에서 10~19세 청소년을 대상으로 하는 스포츠 기반 사회 통합 프로젝트이다. 이것은 사회의 주류에서 벗어난 청소년과 지역 서비스를 재연결시키고, 약물에 저항하는 기술을 개발시키고, 위반 행위를 감소시키거나 교육 과정에 다시 들어갈 수 있도록 하는 '관계적 전략'으로 기술된 것의 일부분으로 스포츠와 예술을 사용하고 있다 (Positive Futures, 2004). 또 다른 핵심 기관으로는 청소년 범죄 방지팀, 1만 2,000명을 지원할 것으로 기대되는 '청소년 보호기관', 약물 치료기관이 있다. 그러나 주요한 기전은 지역 건강과 교육 서비스와 커넥션스 사업이 계속되는 것이고, 이것은 2002년까지 세 배로 증가해 목표의 약 60%에 이를 것으로 기대된다. '직업 재활 사업(Jobcenter Plus Progresss2work Initiative)'은 2002년에 도입된 것으로 약물 사용자를 찾고 채용이 지속되도록 돕는 것을 목표로 한다(Drugs Strategy Directorate, 2002).

추가적인 중요한 변화는 등급 C로 마리화나를 재분류한 것이다. 2004년 1월 이전까지 마리화나를 소지한 청소년의 처리 과정은 경찰과의 연계가 우세했고, 이로 인해 청소년과의 충돌이 증가했으며 잠재적으로는 교육 시스템이나 채용의 어려움으로 연결됐고 매년 500명의 전일제 공무원이 이에 대응해야 했다(May et al., 2002). 이러한 자원은 예방과 치료 면에서 직접적으로 좀 더 효과적이 될 수 있었다. 또한 25세 미만의 모든 사람들에서 불법 약물만을 감소시키는 것의 어려움, 2008년까지 50%로 등급 A 약물 사용을 감소시킬 수 없는 가능성이 명백한 가운데 대상에 대한 완화가 있었다. 현재 중점은 특히 가장 취약한 대상에서의 등급 A 약물 및 빈번한 약물 사용의 일반적인 감소에 두고 있다.

'최신 국가 약물 전략(Updated National Drugs Strategy)'은 개선된 예방적 요소에 의해 취약한 아동의 통합된 서비스를 보장하기 위한 시도로 「모든 아동의 문제」의 지원으로 이루어졌다(DfEs, 2005). 이것은 또한 고중점 지역(High Focus Area)과 목표를 정한 지리적 접근을 도입했다. 이들 지역은 높은 수준의 지역 요구도와 불충분한 서비스 제공, 혁신적 수행의 새로운 목적들을 향한 진보, 강화된 책임, 증가된 서비스와 작업장의 함양을 가진 지역들이고 가장 취약한 청소년의 요구도에 대한 강조도 일반적으로 좀 더 빠른 것으로 기대된다(DfES, 2005). 이렇게 보다 통합된 접근은 이미 토의했던 두 가지 발전 과정을 통해서 이루어질 수 있다. 첫째는 (수행에 대한 책임을 내무부와 공유하는) 교육기술부에 의한 주도적 정책 책임을 이끈다는 가정이다. 둘째는 2006년 4월에 세워진 '아동과 청소년 플랜(Children and Young People's Plans)'을 통해 지역의 경영적 책임과 (마약 대책팀 의장과 함께) 아동 서비스의 의장에 의한 수행을 가정한다 (DfES, 2005).

'잉글랜드 알코올 위해 감소 전략(Alcohol Harm Reduction Strategy for England)'은 빈번하고 만성적인 음주로 인해 건강에 영향을 미치는 위해와 더불어 주로 도시 문제로 간주되는 범죄와 반사회적 행동에 의해 일어나는 위해의 감소에 중점을 두고 있다(Cabinet Office, 2004). 청소년이 명백한 대상은 아니나 590만의 폭음자(하루 권장 지침의 두 배 이상을 소비하거나 일반적으로는 취할 정도로 술 마시는 사람)는 일반적으로 25세 미만이다. 핵심 전략 중 하나는 개선된 교육과 의사소통을 통한 행동적·문화적 변화이고, 청소년 또한 주요한 대상이다. 오프컴(Ofcom)[4]은 2005년 1월부터 광고가 특별히 18세 미만에 호소적이지 않고 대담하고 공격적일 수 있는 성적 행동 또는 행위적 상징을 알코올에 연결시키지 않도록 하기 위해 알코올 광고 방송의 규정을 재검토했다(HM Government and DH, 2004).

약물 정책과는 달리 알코올 문제를 가지고 있는 상대적으로 큰 집단은 범죄에 대한 사법 중재 제도와의 연계를 덜 가지는 것 같고, 따라서 이것은 치료를 받도록 유도하지 못한다. 그 대신, 학교나 정신 건강 평가 또는 청소년 범죄 방지팀과 함께 좀 더 건강과 관련된 시스템, 특히 '사고 응급부(Accident and Emergency Departments)'가 치료를 유도하게 된다. 만약 이런 연계가 이차와 삼차 예방을 위한 중요한 출발점으로 작용하는

---

[4] 오프컴(Ofcom)은 영국에서 의사소통산업 및 관련 산업을 규제하는 기구이다. 2002년 의사소통 법률에 의해 설립됐다.

것이라면 증가된 훈련과 효과적인 선별 절차가 필요하다. 예를 들면, 현재 약물이나 알코올에 대한 특별한 기준이 심지어 '취약 아동 및 가족 평가를 위한 프레임(Framework for the assessment of children in need and their families)'에도 거의 없다(DH et al., 2000).

앞에서 언급한 바와 같이 학교 프로그램은 대부분 학교에서 이미 개인 건강 사회 교육의 부분으로서 가르치고 있기 때문에 일차 예방에 대한 좋은 수단으로 여겨진다. 그러나 학교 중재 사업의 결과는 국가의 교과 과정으로부터의 압력뿐 아니라 법적이 아닌 개인 건강 사회 교육 목표 내 우선순위에 대한 경쟁으로 종종 실망스러웠다. 알코올과 담배를 포함한 약물 교육은 2003년 9월 이후 국가의 이차 교과 과정의 법적 부분으로 약물 교육 정책을 가지고 있는 대다수 학교의 개인 건강 사회 교육의 구성 요인이다. 이것은 약물 범위에 대한 학생들의 지식을 증가시키고, 약물과 약물 사용자에 대한 학생들의 태도를 조사하고 의사소통을 위한 개인적·사회적 기술을 개발하고 효과적으로 선택할 수 있도록 하며, 필요할 때 도움을 요청할 수 있게 하는 것을 목표로 한다(DH and DfES, 2003b). 이것은 또한 국가 건강 학교 표준의 구성 요인 중 하나인데, 행동에 영향을 줄 수 있는 지식과 기술을 개발하는 학교의 역할과는 거리가 멀다. 정부는 이차 예방을 위한 요건에 대한 관심을 반영하면서 어떻게 물질 오용 교육이 정규 중등 교육 과정 이후에 제공될 수 있는지를 고려하고 있다.

13~19세 청소년을 위한 교육기술부의 경력과 교육 계획 서비스인 커넥션스 서비스는 이차 교육과 이후의 교육에 더 넓은 지원적 역할을 지닌다. 개인 상담가는 약물과 알코올의 사용을 포함해 개인적·사회적 문제를 강조하도록 훈련받는다. 우선 대상은 불만이 있고 능력보다 낮은 성적을 보일 위험에 있는 청소년이고, 근거 기반의 연구에서 이러한 접근들이 행동의 위해 영향에 대한 지식은 예방적인 것으로 보이지 않을지

라도 개인화될 때 더욱 관련성이 있는 것처럼 보이는 모순을 해소할 수 있다고 제안한다(Tyas and Pederson, 1998).

명백히 청소년을 중점으로 한 일관된 전략을 만들기 위한 정책적 의무에도 불구하고 청소년을 위한 중요한 서비스는 계속해서 사라지고 있거나 더 큰 압력하에 있는데, 특히 알코올과 약물 용에서는 더욱 그러하다. 마약 대책팀은 약물 정책의 지역 수행으로 몇몇의 지역 치료가 청년에게 유용하다고 확신했다. 그러나 '건강 자문 서비스(Health Advisory Service)'는 아동의 서비스가 단지 성인 약물 서비스의 확장은 아니라는 이해의 부족이 여전히 있다고 주장했다(HAS, 2001). 최근 알코올로 인한 위해 감소 전략을 도입한 것은 이러한 분야에서 대응이 제한되어 있음을 의미한다. 커넥션스 서비스의 경영을 보완하려면 현재 헌신적인 전문가를 통한 치료적 사회 보호와 (약물, 알코올, 정신 건강, 성 건강을 포함하는) 건강 서비스에 대한 요구도가 확증되어야 한다. 2008년까지 아동 트러스트(Children's Trusts)를 도입해(제5장 참조) 이 쟁점들을 다루어야 한다.

성 건강

영국 청소년의 성 건강은 좋지 않다. 제8장에서 언급했듯이 위험한 성 행동의 높은 발생률과 함께 높은 10대 임신율, 성관계로 인한 성병의 증가를 보이고 있는데, 이는 10대와 청소년에게 상당한 건강 부담을 주고 있다(Ellis and Grey, 2004). 이들 모두는 미래 건강과 출생력에서 중요한 함의를 가지는 위험 요인의 집합체를 형성한다. 그것은 또한 성별, 사회경제적 배경, 교육, 민족, 지역에 따라 상당히 다양한 위험이다(NHS CRD, 1997; Aggleton et al., 1998). 예를 들면, 10대 어머니는 시작 시점부터 취약집단이 되는 경향을 가지는데, 청소년 관계에서 스트레스를 받고, 임산부의 건강이 손상되며, 더욱이 학업과 앞으로의 기회에 영향을 미침으로써 종종 장기적으로 사회보장 급여에 의존하거나 빈곤해진다 (Chevalier and Viitanen, 2003; Swann et al., 2003). 결과적으로 정책과 사업은 위험의 결정인자뿐 아니라 성 행동, 불건강과 사회적 결과들도 다루어야 한다는 것이 점점 받아들여지고 있다.

건강 불평등 완화에 효과적인 근거와 사업

연계 활동과 청소년의 필요에 맞는 총체적인 접근에 대한 논쟁에도 불구하고, 무엇이 효과적이었는지에 대한 근거는 10대 임신의 예방과 10대 부모와 그들의 자녀를 위한 효과적인 지원에 중점을 두는 경향이 있다. 그러나 성병의 예방에 대한 최근 고찰에서 연구의 거의 절반이 청소년을 중점으로 하고 있고, 26개 중 14개 연구에서 학교에서의 성 교육 프로그램을 조사했다(Ellis and Grey, 2004). 이것은 학교 기반 성 교육 프로그램이 청소년에게 성적으로 위험한 행동을 감소시키는 데 효과적일 수 있고, 만약 성적 행동을 시작하기 이전에 교육 프로그램이 시작된다면 좀 더 효과적일 것이라고 말한다. 성병 프로그램은 콘돔 사용을 증가시킴으로써 문제를 감소시키고 성행위 빈도를 감소시키면서 의도하지 않은 임신을 잠재적으로 감소시킨다(HDA, 2001; Kirby, 1999). 그러나 중요한 제한점으로는 학교를 다니는 청소년 집단이 일반적으로 위험이 낮고 중재 사업은 고위험에 있는 청소년을 대상으로 할 필요가 있다는 것이다. 이것은 성 건강의 불평등을 감소시키기 위해 고안된 중재 프로그램의 효과에 관한 근거가 부족함으로 인해 더욱 복잡해진다. 그러나 많은 연구들이 행동, 교육, 광범위한 사회적 기회의 연계를 강조하고 있고, 교육적·고용적인 기회의 개선을 포함해 사회정치적 중재 사업으로 주목을 받기 위해서 이러한 연계성을 강조한다(Ellis and Grey, 2004).

의도하지 않는 임신에 대한 두 가지 주요한 접근이 있다: 주로 학교 기반의 교육적 중재 사업, 피임약의 제공과 강연 및 상담 서비스(NHS CRD, 1997)이다. 이러한 두 가지 중점 내용의 뚜렷한 대조로 인해, 중재는 10대 어머니가 되는 가능성에 직접적인 영향을 줄 수 있음을 강조하고, 정책은 교육적 기회와 예비 단계의 목표에 초점을 두어야 한다고 논쟁해 왔다(Cheesbrough et al., 2002).

교육

무작위 할당 대조군 시험만을 중점적으로 연구하고 있는 디센소 등은 삶의 기술과 임신에 대한 다면적 접근을 제외한 일차 예방 전략의 효과를 지지하는 근거에 대한 연구는 거의 없다고 주장했다(DiCenso et al., 2002). 그러나 체계적 문헌 고찰과 메타 분석에서(Swann et al., 2003) 지역사회 기반의 교육, 개발, 피임약의 서비스 및 교육과 피임약 서비스의 연계, 청소년 개발 프로그램, 가족에 직접적으로 접근하는 방식을 지지하는 좋은 근거를 제안했다(Dennison, 2004). 이들은 생애 주기에서의 초기 중재 사업에 중점을 두고 있고, 피임약의 접근과 사용에 대한 자제와 낮은 수준의 지식을 다루는 것뿐 아니라 인간관계 내에서 청소년의 역량을 키울 필요성을 인지하는 데 중점을 두는 전략들이다(Wellings, 1998). 그것은 성적 행동을 증가시키지 않고 콘돔 사용이나 다른 피임 사용의 기회를 증가시킨다(Cheesbrough et al., 2002).

대부분의 교육적 접근방법 평가는 전형적으로 미국 중심으로 이루어지고 있다. 이것은 성공적인 중재 사업이 견고한 이론적 근거에 의해 이루어지고 있으며 행동의 패턴이 확립되기 전에 중재를 하며 참여적이고 개인화된 연령 맞춤의 접근방식을 채택하고 있음을 제안한다. 또한 의사소통에서의 향상과 같은 실제적인 기술을 포함하고 있고, 의도하지 않은 임신이나 성병 감염을 유도하는 하나 또는 그 이상의 성 행동을

> **〈글상자 9.5〉 16세 미만 임신율에 대한 변화**
>
> 잉글랜드와 웨일스에서 10대 임신율의 제한된 감소는 보건 당국 간에 명백한 차이를 보인다. 16세 미만의 임신율에 대한 변화는 1992년부터 1996년까지 55% 증가에서 28% 감소를 보였다. 20개의 가장 성공적인 당국과 20개의 가장 성공적이지 못한 당국에서의 경험을 중점으로 한 연구에서 이들 차이의 변화와 관련된 요인을 확인하기 시작했다.
>
> 10대 임신율이 감소하고 있는 당국은 그렇지 않은 당국보다 전문가 서비스의 도입, 학교에 좀 더 나은 훈련을 받은 직원들이 많고, 청소년 상담, 적극적인 건강 증진, 청소년 서비스의 포함, 기관들 간의 협동 작업을 더 가지는 것으로 나타났다. '좀 더 포괄적으로 이러한 이슈들을 강조하는 지역들이 비율 감소를 보이는 것'으로 결론지었다(Ingham et al., nd: 11).

감소시키는 데 중점을 두고 있다(Meyrick and Swann, 1998). 추가적으로 문헌들은 교육과 건강 사이의 간격을 좁히고 성 건강에 영향을 미치는 이슈들의 인식을 증가시키면서 통합과 포괄적인 접근방식에 대한 필요성을 강조한다(<글상자 9.5> 참조). 여러 기관이 공동적으로 수행하는 이러한 접근방법은 접근하기 힘들고 취약한 범주에 속하는 청소년에게 특히 적절한 것으로 생각된다(HAD, 2001).

비록 신뢰도를 가진 고찰 연구 결과 의사소통과 성적으로 위험한 행동과의 연관성에 대한 근거가 불충분하다고 할지라도(Ellis and Grey, 2004), 성에 대한 가족 내에서의 의사소통은 10대 임신율과 유의하게 연관성을 보였다(Wellings et al., 1998). 부모가 더 현실적이고 인간적인 접근을 수용하는 아동은 도덕적 접근을 수용하는 부모의 아동보다 성 문제에 대해 부모에게서 더 많은 것을 배우는 것 같았다. 예를 들어 네덜란드의 사례는 다음과 같은 사실을 보여 주었다. 네덜란드는 10대 임신율이 영국보다 6배가 더 낮았는데, 성(性)은 집에서 개방적으로 토론되는 주제였다. 청소년은 성 건강과 임신에 대해 더 나은 정보를 가지고 있으며 성적으로 높은 역량(피임약의 사용, 관계 내에서의 성 역할 정의 등)을 가지고 있었다. 또한 청소년은 혼성의 학교 외 활동에 더 관여하고 있고 성별이 다른 친구와 함께 문제를 토론하며, 영국보다 성별 고정 관념 - 영국에서는 성 행동을 성공적인 남성다움에 많이 연결시키는 문화적 기대가 존재한다 - 이 더 적은 것으로 나타났다(Aggleton et al., 1998). 네덜란드 청소년의 85% 가 첫 성관계에 피임약을 이용하고 있는 것으로 추정되는 반면, 영국의 경우 16~19세는 66%, 16세 미만의 청소년은 50%로 추정된다(SEU, 1999). 10대 임신과 성병의 예방을 감소시키기 위한 노력에서 콘돔과 피임약 사용을 병행한 '이중' 방법(이것은 청소년에서 피임의 효과를 증가시킬 수 있다)의 이용이 증가했다는 것은 또한 중요하다. 미국에서 최근 매우 높은 10대 임신율 감소는 피임 주사와 삽입형 피임제 같은 피임 방법의 변화에서 기인한다.

교육적 지원을 제공하고 직업 전망을 향상시키는 프로그램은 청소년들이 임신을 피할 수 있도록 해 주는 계기가 될 수 있다(NHS CRD, 1997). <글상자 9.6>은 경제와 교육의 중요한 역할을 강조한다.

〈글상자 9.6〉 성 건강에 대한 구조적 영향

스웨덴의 10대 출산율은 1970년 이후 3/4까지 감소했고, 이는 현재 영국 출산율보다 거의 다섯 배나 더 적다. 이에 대한 배경이 당연히 매우 중요하다. 13~17세 대부분(70%)은 청소년의 성 행동에 개방적인 태도를 가진 부모와 함께 살고 있고, 학교에서의 성 교육에 대한 오랜 역사, 정기적인 성병의 한 종류인 클라미디아의 선별 검사, 청소년을 대상으로 하는 피임 서비스가 복합적으로 작용한다. 유니세프로부터의 결과 또한 스웨덴에서 15~19세의 전일제 교육 비율이 영국에서의 비율의 절반 이하이다(Munro et al., 2004).

그러나 스웨덴은 1990년대 후반에 경제적 침체 기간을 가졌다. 이것은 학교 표준 프로그램에 등록하지 않는 10대의 증가, 성 교육을 위한 학교 예산의 삭감, 결석과 사회적 격리의 증가를 가져왔다. 동시에 10대의 낙태와 클라미디아 감염의 증가가 있었고, 흡연, 약물 복용 같은 다른 위험한 행동들이 증가했다(Edgardh, 2002).

증가하고 있는 임신 위험과 관련된 기본적인 사회경제적·환경적 요인을 저지하기 위해 시도된 프로그램은 거의 없다. 예를 들면, 질적 연구에서 가장 취약하고 사회적으로 불이익을 받는 사람들 - 보호소에 있는 아동, 노숙자, 성 남용으로 고생하고 있는 사람, 정신적 건강 문제를 가지고 있는 사람 등 - 은 종종 관계를 형성하고 유지하는 데 어려움을 가지며 그들의 생활을 거의 통제하지 못한다고 느끼고 성이 어떤 중요한 의미나 가치에서 결여된 경향을 가진다. 따라서 그들은 광범위한 위험 패턴의 일부로서 피임하는 경우가 매우 적다(Hughes et al., 1999). 제5장에서 강조했듯이, 몇 가지 해결책은 매우 빠른 나이에 중재 사업을 시작해야 효과적이다. 예를 들면, 불이익을 받는 아동에 대한 주간 보호는 이들의 청소년 임신율을 감소시키는 결과를 보였다(Zoritch et al., 2000).

피임과 상담

다음 단계는 피임과 첫 성교나 이후에 초래된 성병으로부터의 보호를 확보하는 것이다. 연구들에서 피임율과 피임 서비스의 종류 사이에 연관성을 보여 주며, 병원, 특히 청소년 중심의 병원에서 피임 사용을 권장하고 임신율을 감소시키고 있음을 보여 주었다(Clements et al., 1998). 청소년을 대상으로 한 성공적인 피임 서비스는 다양한 장소에 대한 접근에 중점을 두고 (버스 노선에 대한 위치 같은) 물리적인 접근성과 시간의 유용성(학교 이후의 유용성 또는 잠깐 들를 수 있는 시스템)을 고려하고 있다. 그들은 또한 훈련되고 선별된 직원, 특별히 남학생과 남성을 중점으로 하는 서비스, 통합된 서비스를 제공함으로써 건강 관련 이외의 서비스뿐 아니라 다른 성 건강 서비스와 더불어 실시하는 피임법을 제공한다. 또한 비상시 피임과 같은 중요한 선택 사항을 잘 활용하게 하고, 지역 요구도, 지역의 고위험 집단의 특성에 맞는 장기 서비스를 제공하며, 예기치 않은 성교와 임신에 수반되는 것들에 대한 다양한 옵션을 청소년이 알도록 해 주는 것이 중요하다.

젊은 레즈비언이나 게이의 경험과 성 건강의 필요에 대해서는 거의 알려져 있지 않다. 실제로 젊은 동성애자 중에서 피임 사용이 낮은 이유 중 하나는 건강 증진이나 안전한 성 관계의 메시지와 문화적 성별 자체가 가지는 기대치 간의 긴장에 의한 것으로 설명되고 있다. 여학생은 콘돔을 다루는 데 가장 어려움을 가지는 집단이기도 한데, 콘돔 사용을 결정하도록 요구하는 대상이기도 하다(Hillier et al., 1998).

이차 예방

나쁜 건강과 사회적 결과를 예방하기 위한 사업은 네 개의 핵심 영역으로 구성된다. 임산부 관리, 사회적 지원과 양육, 취학 전 교육과 지원, 부모 교육의 지원 등이다. 이 모든 분야는 제5장에서 보여 주었듯이 삶의 주요한 시기에서 중요하다. 부모 역할 프로그램 하나만으로도 걱정, 우울증, 자존감을 포함해 어머니의 심리적 건강을 개선시킬 뿐 아니라 (Barlow and Coren, 2003), 부모 역할 실천을 변화시키고 어린 아동의 문제 행동을 개선시키는 데 효과적이었다(Barlow and Stewart-Brown, 2000). 또한 초기 교육 프로그램은 불이익을 받고 있는 아동에서 장기적인 개선 결과를 보였다. 코렌과 바로는 특히 10대 어머니와 그 자녀의 결과를 향상시키는 것을 목적으로 한 부모 역할 프로그램과 연관되어 가장 잘 된 근거들에 대한 코크란 고찰을 했다(Coren and Barlow, 2003). 방법론적 문제에 의한 제한점은 있으나 부모 역할 프로그램이 어머니의 민감성, 주체성, 자신감, 부모에 대한 유아의 반응을 포함해 10대 부모와 그 자녀 모두에게 다양한 결과의 개선을 나타냈다. 그러나 다양한 종류의 부모 역할 프로그램과 집단 중심의 중재 사업이 개별적 중재 사업보다 좀 더 지지적이고 도움이 되는 전략이지만, 아버지는 전형적으로 무시되고 있다고 주장했다. 또한 10대 어머니가 정규 교육을 계속 받을 수 있도록

<글상자 9.7> 슈어 스타트 플러스 사업의 예

슈어 스타트 플러스(Sure Start Plus)는 임신한 10대에게 좀 더 접근할 수 있도록 주류 서비스를 이끌고 새로운 서비스를 제공하며, 전문가들을 위한 훈련을 제공하도록 했다. 국가적 평가에서, 이 사업이 젊은 여성의 사회적 고립과 낮은 자신감을 다루는 부분에서 가장 성공적이었다고 보고했다. 사용자들은 프로그램이 사용자에 친화적이고 주거, 급여, 교육, 건강, 관계와 같은 영역에서 높은 질적 정보와 상담을 제공하고 있다고 보고했다. 그러나 젊은 어머니가 최소 6주 동안 모유 수유를 하도록 권장하는 것, 젊은 아버지와 흑인 소수 민족 부모에게 접근하는 것, 적절한 집단 활동을 개발하는 것에서는 그다지 성공적이지 못했다(Wiggins et al., 2003). 제5장에서 보았듯이 근거 기반 연구들은 모든 분야에서 자원들이 강조되어야 할 것을 제안한다.

지역 프로그램 중에 몇 개는 여전히 기능적인 2년 기간이 중재로서 완전하지 못했다. 제약 요인으로는 직원 채용, 적절한 파트너십 조직, 부족한 자원, 제한된 국가적·전략적 지침, 명확한 정의의 부족을 포함했다. 또한 대상 중심의 지침과 개인적인 역량의 바람, 다른 부분에서의 학습에 대한 기전, 2006년 자금 지원이 끝난 이후의 지속성, 이후의 직업 미보장 사이에서의 긴장에 대한 의문 제기가 있었다. 실제 몇몇 10대 임신의 지역 코디네이터들은 '아동·청소년·가족 이사회'로의 프로그램 이동이 프로그램에 위협을 가질 것으로 인식했으며, 현재 10대 임신 의제뿐 아니라 아동과 가족 프로그램 내에서 신용을 확립하고 자원을 가져와야 한다고 보고 있다. 이것은 건강과의 연계를 약화시킬 것이고, 임신 상담 전문가가 일반 청소년 상담가에 의해 대체될 수 있다는 우려를 형성했다(Rosato et al., 2004). 이 프로그램은 현재 수용능력에 가까운 4,000건의 의뢰를 받았다.

해 주는 많은 접근방법과 유연성 높은 재교육은 정책적 관심의 증대를 이끌고 있다.

'슈어 스타트 플러스 시범 프로그램(Pilot Sure Start Plus Programme)' (<글상자 9.7> 참조)은 1999년에 도입되어 10대 부모의 지원을 통해 장기적 사회 배제, 10대 임신, 10대에 부모가 되면서 파생된 빈곤의 위험을 감소시키기 위해 설계된 중재 사업을 국가적으로 평가한 예이다.

근거에 대한 제한점

10대 임신율은 1969년부터 30년간 상대적으로 일정하게 유지됐으나 1998년에서 2000년 사이 6%까지 떨어졌다(Botting et al., 1998). 이는 정책이 영향을 가지기 시작했음을 보여 준다고 할 수 있다. 그러나 많은 분야에서 고찰된 바와 같이 근거 중심은 흔히 특별한 중재 사업을 지지하기에는 불충분하다. 건강교육부(Health Education Authority)와 그 후임 조직인 건강 개발기구에서 수행한 고찰에서 조사된 많은 연구들은 방법론적으로 질이 낮고 서로 다른 결과들을 중점으로 하고 있어 조합을 어렵게 만든다고 조언하고 있다. 또한 접근방식의 다양성으로 인해 학교를 다니지 않는 학생, 보호관찰 아동, 집 없는 사람, 10대 부모의 아동, 흑인과 소수 민족 집단 등 특별히 취약 집단을 대상으로 하는 사업과는 대립적인 일반적 프로그램의 효율성에 대한 결론과는 반대로 영향을 미친다. 그럼에도 불구하고 교육과 가족 중심 접근방식을 통해 지식과 기술을 전하고, 서비스 질과 이용을 증가시킴으로써 위험을 감소시키며, 정보에 대한 접근성, 조언, 상담, 사회적 지지를 증가시킴으로써 불건강과 사회적 결과를 예방하는 중재 사업에 대한 근거들이 있다(Meyrick and Swann, 198; Swann et al., 2003). 청소년은 HIV 예방 사업의 우선 대상 집단으로 고려되지 않는다. 심지어 영국 인구에서 고위험 집단과 관련해서도 이 분야에 대한 고찰 수준의 근거는 거의 없다. 또한 불평등을 다루는 고찰 수준의 근거는 전혀 없으며 HIV 감염을 예방하기 위한 중재 사업을 고려한 것도 없었다(Ellis et al., 2003).

정책

제8장에서 언급한 바와 같이, 영국에서 10대 출산율은 1970년대에는 다른 북유럽 국가의 비율과 비슷했으나 같은 정도의 잇따른 감소를 가지

지는 않았다. 따라서 청소년의 성병과 계획하지 않은 임신을 포함하는 성 건강은 「국가의 건강」(DH, 1992)에 의해 확립된 5개의 우선 분야 중 하나였다. 이것은 16세 미만의 청소년에서 계획하지 않은 임신을 1989·1991년 1,000명당 9.6명에서 2000년까지 4.8명으로 감소시키는 것을 목표로 했다. 그러나 1996·1998년까지 그 비율은 단지 1,000명당 9.0으로 감소했다.

「수명 연장: 우리의 더 건강한 국가를 위해」(DH, 1999b)는 10대 임신을 구조적 문제와 연관된 사회적 문제로 보았다. 국제적으로 10대의 높은 출산율을 가진 나라는 높은 상대적인 빈곤, 불량한 학업 성취, 가족 해체 사이에 뚜렷한 상관성을 나타냈다(SEU, 1999). 높은 소득 불평등 수준, 높은 10대 부모율, 그들의 아동이 학교를 떠날 때까지 한부모가 일할 것을 요구하지 않는 급여 체계, 낮은 수준의 피임 사용에 대한 중요성을 언급했다. 따라서 '10대 임신 전략(The Teenage Pregnancy Strategy)'은 첫 3년 동안 6,000만 파운드의 예산을 가지고 수행된 사회적 배제과의 부서 간 활동의 부산물이었다. 그것은 10년 동안 18세 이하 청소년에서 임신율을 반으로 줄이고, 16세 이하 청소년의 임신율을 감소시키는 것을 목적으로 좀 더 나은 예방에 중점을 두었다. 이것은 현재 보건부·교육기술부의 공공 서비스 협약과 공동으로 진행되는데, 15~17세의 임신율이 1998년 1,000명당 46.6명에서 2002년 42.6명으로 떨어지면서 8.6%의 개선을 보였다.

그것은 10대 부모에 대한 지원의 증가를 중점으로 한다. 특별한 목표로는 2010년까지 10대 어머니의 60%가 교육을 받고 직업을 갖게 하는 것이다. 전략은 또한 주거 환경, 사회적 지원, 권리옹호, 예를 들면 18세 미만의 한부모는 혼자 살도록 하지 않고 지역 서비스와 연결되도록 10대 임신 코디네이터가 보건과 지역 당국으로부터 공동으로 지정되는 것과 같은 여러 쟁점들을 고려했다. 16세 미만의 청소년은 현재 전일제 교육을 마치고 아동 보호의 도움을 받도록 되어 있다. 취업이 가능한 연령의 한부모에 대해서는 '한부모를 위한 뉴딜(New Deal for Lone Parents: NDLP)'에서 일하기 위한 준비 지원 패키지를 제공한다. 이 제도에 대한 개정은 현재 단지 소득 지원을 요구하는 사람과 학령기 아동과 같이 살고 있는 사람에게만 한정된 것이 아닌 모든 사람에게 유용하다는 것을 의미한다.

초기에 언급한 바와 같이 부서 간의 시범 형태의 프로그램인 슈어 스타트 플러스는 장기간의 사회적 배제 위험과 10대 임신과 10대에 부모가 됨으로써 기인한 빈곤의 위험을 감소시키기 위해 도입됐다. 2004년 3월에서 3년 동안 슈어 스타트과의 지원으로 이루어졌던 기금은 2006년 4월까지 연장됐고, 그 책임은 '10대 임신 담당과(Teenage Pregnancy Unit)'로 이전됐다. 이 기관은 또한 국가의 '10대 임신 전략'의 부분이 됐다. 10대 임신과가 이후에 보건부로부터 교육기술부의 아동·청소년가족이사회로 이동했다. 슈어 스타트는 10대 임신과 18세 미만의 10대 부모에게 맞춤형 지원 패키지를 관리하는 개인 상담가를 통한 지원을 제공했다. 그것은 또한 부가적으로 10대 임신율이 높은 지역으로 선택된 잉글랜드에 있는 20개의 헬스액션존을 근거로 해 건강 불평등 의제를 다루었다.

교육과 사회경제적 지위는 10대 임신과 나쁜 건강 결과를 예측하는 가장 강력한 요인이라는 것이 점점 받아들여지고 있다. 이것은 점점 증가하고 있는 많은 구조적 해결책으로 반영되기도 하는데, 주간 보호의 유용성, 정규 중등 교육 과정 이후 과정을 수행하는 청소년의 수 증가에 대한 관심, 가족 정책의 임시적인 출현, 적절한 거주 환경 제공에 대한 요구 등을 포함한다. 그러나 여러 노력이 사회경제적 불이익에 대한 심각한 해결책을 제공하기보다 (지식을 증가시키고 사회·관계 기술을 향상시키고, 서비스와 다른 자원의 접근성을 향상시키고 그것의 효과적인 사용을 촉진시키는) 일차와 이차 예방에 중점적인 채로 남아 있다.

10대 어머니의 자녀는 그들의 어머니와 함께 높은 위험 집단에 속한다(Coren et al., 2003). 그들은 아동기 사고와 병원 입원의 가능성 증가, 높은 영아 사망률, 출생 시의 저체중, 발육과 행동 문제, 낮은 학업 성취의 위험을 가진다(Botting et al., 1998). 기여하는 요인들은 초기 생애에 대한 이전 장에서 조사됐듯이, 예상되는 건강 보호의 부족, 임신기 동안의 평균 흡연율보다 높은 흡연율, 출산 이후의 우울증, 제한적인 모유 수유, 아동 발육에 대한 부족한 지식, 효과적인 양육 기술의 부족을 포함한다. 그러므로 10대 임신의 감소는 영아 사망률 분야에서의 건강 불평등 목표와 관련해 국영 의료 서비스에 대한 핵심 중재 사업 중 하나로서 확인됐다. 그러나 젊은 어머니를 혼자 사는 존재로, 결혼하지 않은 어머니를 지원받지 못하는 존재로, 계획하지 않은 임신을 원하지 않은 임신으로 혼동하면서 분석하는 경향이 있다. 제8장에서 강조했듯이, 결과들은 일반적으로 부정적이지도 않았고, 필수적으로 연령에 영향을 받지도 않았다(Aggleton et al., 1998).

'성 건강과 HIV 전략(Sexual Health and HIV Strategy)'(DH, 2001)은 청소년을 특별한 건강 정보와 예방에 대한 목표 대상으로서 다룬다. 그것은 진단되지 않은 감염의 발병률, 의도하지 않은 임신율, 성병과 HIV와 관련된 낙인을 감소시킬 뿐 아니라 성병과 HIV의 감염을 감소시키는 것을 목적으로 한다. 예를 들면, 잉글랜드에서 클라미디아 선별 프로그램의 초기 대상자는 비뇨생식기 병원에 참가하는 사람, 낙태 여성, 처음으로 자궁경부암 검사를 받는 사람 등 25세 미만 여성 집단을 대상으로 한다. 그러나 그것은 처음에는 단지 10개의 지역으로 제한되어 있었다. 학교에서의 성 교육은 현재 HIV/AIDS 이외의 다른 성병에 대한 교육을 포함해야만 한다. 그러나 시스템은 불균형적이다. 1991년에서 2001년까지 비뇨생식기 병원에서 치료 받은 건수가 2001년 130만 건에 도달하면서 143%까지 증가했다. 몇몇 병원에서는 정규적인 치료를 위해서 28일까지 기다려야만 하고, 5% 정도의 병원에서는 긴급한 치료를 위해서는 일주일까지 기다려야만 했다(Munro et al., 2004). 작업 업무와 기다리는 시간에서의 이러한 증가는 이들 병원을 이용하고 있는 모든 인구집단의 치료, 특히 청소년과 같은 집단에서 함의를 가진다. 왜냐하면 이들은 좋지 못한 의사소통 기술로 인한 당혹감과 낙인이 존재하고, 부적절한 치료 행동은 이미 상담 받는 것 자체가 하나의 장애로 될 것이다. 스웨덴에서는 16~23세의 성 건강에 대한 인식이 건강 보호 시스템에 접촉했던 사람들에서 가장 높은 것으로 나타났다.

교육과 고용

교육은 이 장에서 계속해서 언급되고 있는 주제이다. 비록 가장 최소한의 위험을 가지고 있는 사람에게서 가장 효과적일 것이기는 하나 어떻게 건강 행동에 대한 지식이 일차 예방 의제 내에서 핵심 요인으로 남아 있는지 보았다. 우리는 어떻게 학교가 영양과 육체적 활동의 향상과 같은 건강 증진 중재 사업에서 핵심 장소가 됐는지도 살펴보았다. 우리는 또한 위험 인자와 나쁜 결과 사이의 복잡한 상관성 연결망이 징후와 함께 어떻게 걱정되는 문제가 되는지, 그리고 행동 중재 사업이 교육과 더 넓은 사회적 기회와 연계시켜야 하는지에 대해 서술했다. 제3장에서 생애 주기에 따른 교육 정책을 살펴보았고 제8장에서는 건강 불평등을 결정하는 데 교육이 직접적인 역할을 하는 것을 고찰했다. 여기서 우리는 지역사회 수준에서의 교육적 중재 사업에 중점을 둘 것이다.

많은 사업은 특히 사회적으로 높은 수준의 불이익을 받고 나쁜 교육적 성과를 보이는 학교나 지역을 대상으로 했다. 이들 중 첫 번째가 교육액션존이었다. 1999년 교육액션존에 두 번의 수행 과정으로 도입된 것은 사업과 개혁으로부터 지원을 받은 전형적인 새로운 노동 파트너십 프로젝트였다. 그들은 교수법의 질, 사회 통합, 학생과 가족을 위한 지원을 포함해 성과와 관련된 다양한 문제를 해소하기 위해 설계됐다. 73개의 각 교육액션존은 초등학교와 함께 두 개 또는 세 개의 중학교에 중점을 두고 있다. 맥나이트 등은 그것의 기여도를 고찰했는데, 표준보다 통합을 강조하는 데 좀 더 기여했고, 숙제와 아침식사 클럽을 확립했고, 학생의 동기, 태도, 자존감을 향상시켰다고 결론내렸다(McKnight et al., 2005). 이는 교육기준청(Ofsted)의 결과와 일치했다. 그러나 표준에 대한 영향은 매우 어린 학생들에게는 제한적이었다.

1999년 이러한 프로그램은 '지역 엑셀런스 프로그램'으로 이어졌다. 이것은 지방 교육 당국과 학교의 1/3 정도를 포함하는 광범위한 지리적 지역을 포함했고, 상당한 기금을 가지고 있었으며, 학습 지원 단위와 학습 지원 조언자를 포함한 규범적인 프로그램이었다. 프로그램은 또한 '도시 학습 센터(City Learning Center)'의 도입을 포함해 중학교에 중점을 두었다. 가장 낮은 수준의 성과를 가진 사람에서 가장 높은 향상이 발견됐고, 이것은 중점 전략과 수행에 대한 책임이 학교 자체에 있다는 사실에 기인한다는 평가와 함께 성과와 참석에서 좀 더 중요한 효과를 가진 것으로 나타났다. 그러나 두 경우 모두에서 매우 상당한 불이익이 여전히 남아 있고, 이것은 단지 대상 사업의 지속성보다는 주류의 기금을 개혁하기 위한 좀 더 근본적인 개혁을 필요로 할 수 있다고 제안했다(McKnight et al., 2005).

통합에 기여하는 학교의 역할은 '방과 후 학교 전략(Extended Schools' Strategy)'을 통해 계속 인지됐다. 이것은 10년간의 아동 보호 전략에 의해 확립됐던 아동 보호 구성 요인과 더불어 학업 지원, 부모 지원, 가족 학습, 다기관 지원으로의 의뢰에 대한 개선의 핵심 제안을 모든 학교에서 계속 제공할 것으로 기대하고 있다. 또한 2000년 「교육법(Education

Act)」에 의해 확립된 학교에 대한 새로운 법적 의무가 아동을 보호하고 그들의 복지를 증진시키기 위해 만들어졌다(DfES, 2004b).

제3장에서 언급한 바와 같이 중요한 정책적 강조는 더 높은 수준의 교육 참가에 중점을 두었다. 학교 또는 대학에서의 전일제 수업을 듣는 16세 이상의 청소년에게 교육유지수당(Education Maintenance Allowance: EMA)이 1999년 시범 프로그램으로 도입됐는데, 목적은 저소득 가족의 아동이 계속 교육을 받도록 하는 것이었다. 그것은 현재 국가적으로 이루어지고 있는데, 잉글랜드에 있는 모든 16세의 약 절반이 여기에 해당되는 것으로 추정되며, 수당은 가족 소득에 따라서 주당 10~30파운드의 범위를 가진다. 동시에 고용 상태에 있지 않은 청소년은 25세 이상 성인보다 낮은 비율의 소득 지원을 받는데, 16~17세의 독신 청년의 기본 비율은 주당 32.5파운드로 되어 있다. 이는 고용 시기를 지연시키고 있다. 18~30세의 50%가 더 높은 수준의 교육을 받도록 하고 적절한 접근성도 증가시키는 것을 목적으로 하는 공공 서비스 협약이 확립됐다(DfES, 2004a).

18~30세는 정부의 첫 번째 노동 복지 프로그램인 '청년을 위한 뉴딜(New Deal for Young People: NDYP)'의 대상이었다. 그것의 목적은 상담, 훈련, (고용 장애물의 확인과 해결책을 포함한) 지원, 일 경험을 갖게 하는 등 다른 보조 지원을 통합한 맞춤형 지원 패키지에 의해 고용과 장기간의 고용력을 증가시키는 것이었다. 그것은 1998년 1월 12개의 시범 지역에 도입됐고, 곧바로 1998년 4월 영국 전역에서 실시됐다. 매달 추가적으로 15,000~20,000명의 청소년을 대상자로 선정했는데, 그 당시에 약 12만 명의 청소년이 장기간 실업 상태였다(NAO, 2002). 부가적으로 젊은 노숙자들도 뉴딜 사업의 우선 대상이었다(SEU, 1998).

초기 목표는 2002년까지 25만 명의 청소년이 비급여 대상자가 되고 노동시장에 포함되는 것이었다. 이러한 목표가 실제 2000년 9월까지 달성됐는데, 33만 9,000명의 참가자가 2001년 10월까지 구직수당을 받지 않게 됐고, 최소한 한 차례의 지속적인 고용 상태를 가졌으며, 이들 중 24만 명은 보조금을 받지 못하는 지속적인 직업을 가진 것으로 알려졌다. 그러나 이것은 노동시장 맥락으로 봐야 할 필요성이 있는데, 당시 노동시장에서 청년 실업은 빠르게 감소하고 있었다. 따라서 프로그램의 순수한 효과로 청년 실업자가 3만 5,000명 정도로 감소했고 (많은 사람이 교육 또는 훈련에 들어간 이후) 프로그램이 작용한 첫 2년 동안 5,000명 정도의 청년 고용이 증가했다. 이것은 매년 약 1억 4,000만 파운드와 제도에 의해서 고용 상태에 있는 어느 연령대이든 한 사람당 5파운드에서 8,000파운드 사이의 순수비용을 초래했다(NAO, 2002). 가장 괄목할 만한 영향은 1년 동안 실업에 있었던 사람들이었는데, 1997년 4월에서 2002년 4월 사이 거의 95%의 감소(9만 700명에서 5,100명으로 감소)가 기록됐다.

청년 뉴딜 사업을 수료한 사람의 직업 질에 관해서는 거의 알려진 바가 없으나 국가 조사에서는 직업 만족도 수준이 높았고, 성공의 중요한 요인으로 개인 상담가에게서 개인적 도움을 받은 근거와 함께 임금 향상의 몇몇 근거를 제시했다(Finn, 2003). 실업의 잇따른 패턴은 또한 장기간 실업보다는 새로운 형태로 나타났다. 그러나 다른 평가에서는 청년 뉴딜 정책 사업에 참가했던 사람들 중 1/3이 다시 실업 상태로 돌아왔고, 직업을 얻은 사람들에서 다섯 중 한 명은 고용 상태를 13주 이상 유지하지 못했다고 제시하면서 결과에 대해 회의적인 평가를 내렸다(Finn, 2003). 취업 목표에 대한 증가된 강조 또한 프로그램의 원래의 초점을 손상시키는 것으로 고려됐다.

정부가 펴낸 녹서「현대 사회에서의 완전고용을 향해(Toward Full Employment in a Modern Society)」(DWP, 2001)에 따르면 프로그램에 대한 잇따른 변화는 유연성 증가, 고용자 참여, 고용 장애에 중점을 두는 것을 목표로 했다. 그러나 이들 정책 범위 밖에 있는 16~17세에서의 실업률은 떨어지지 않았고, 가장 불이익을 받는 집단에 속하는 청년 집단은 교육이나 훈련 이외에는 정책에서 무시되는 것으로 나타났다(Hills and Steward, 2005). 청소년을 위한 뉴딜 사업의 평가는, 이것이 미미한 영향이라 할지라도 하나의 네트워크를 만드는 것이라고 제안했다(Finn, 2003). 한부모의 고용률은 신노동당의 정책이 시행되기 이전보다 약 5% 높아진 것으로 추정됐다(McKnight, 2005).

결론

근거 기반, 정책, 사업 등은 청소년의 건강 행동에 서로 연관이 되어 있기 때문에 이들 사이의 연결을 확립하고자 하는 시도는 생애 주기의 단계 내에서 통합되는 연령대로 인해 잘 시행되지 못했다. 우리는 정상적인 행동과 위험한 행동의 구분에 대한 어려움, 문제 행동으로부터의 위험에 대한 과제가 남아 있고, 초기 단계에서 문제적 행동을 목표로 하는 사업 방법에 관한 부족한 근거에 의해 맞서고 있다. 제7장에서 토의했던 건강 불평등과는 달리 이것은 어떤 면에서는 행동 영역에서 필요로 하는 예방으로의 전환은 아니다(연구 근거에서는 예방적 전략이 낮은 위험에 있는 사람에서 더 효과적이라고 제안한다). 오히려 이것은 위험한 행동의 수용과 효과적인 관리로의 전환이다. 그러나 교육과 고용 같은 건강 불평등의 구조적 결정 인자를 강조하는 것을 필요로 하는 기본적 예방으로의 전환이기도 하다. <표 9.1>에서 고찰 수준의 근거가 여전히 부족한 핵심 분야와 함께 생애 주기의 단계에서 건강 행동을 개선시키는 데 효과적인 것으로 보이는 근거 기반 중재 사업들을 요약했다.

이 장에서 다룬 문제들은 단일적으로 발생하지 않고 최소한 같이 발생하는 위험한 행동의 영역 내에서 연계되는 일반적인 형태를 나타낸다.

〈표 9.1〉 아동기와 청소년기 동안의 중재 사업들: 건강 행동과 관련된 근거 기반 요약

영역	근거 자료
영양 상태	
비만	
치료와 예방의 핵심 고찰에서는 신뢰할 만한 어떤 직접적인 결론이 없다고 제안한다.	코크란 리뷰
육체적 활동의 증진, 식이 개선, 좌식 생활방식을 대상으로 하는 다면적 학교 중심 프로그램은 취학 아동에서의 비만율을 감소시킬 수 있다는 몇 가지 근거가 있다.	문헌 고찰에 대한 검토
예방적 효율성이 비만요인 한 가지 또는 가족으로의 다면적 접근과 연결된 근거는 적다.	문헌 고찰에 대한 검토
다면적 가족 행동 수정 프로그램은 비만 치료에 효과적일 수 있다.	문헌 고찰에 대한 검토
건강한 식사	
건강한 식사 중재 사업은 행동 변화를 조장하고 지방 섭취와 혈중 콜레스테롤을 감소시킬 수 있으나 이러한 감소는 미미한 것으로 나타난다(총 지방 섭취량의 약 -3%).	다른 리뷰
아침식사 클럽	
개발 도상국가에서 아침식사 클럽은 짧은 기간 동안에 교실 내 행동, 인지기능, 학업성과, 학교 출석을 향상시킬 수 있다.	고찰
고찰 수준의 근거 부족	
청소년에 대한 정보	
영국에서의 연구	
지속적인 체중 감소 치료	
섭식 장애를 예방하기 위한 중재 사업	
상위 수준에서의 중재 사업	

약물(알코올과 담배 포함)

담배

학교에서 사회적 영향과 사회적 적합성을 결합시킨 접근에 대한 효과에 관한 높은 질적 근거가 부족하다.	코크란 리뷰
어린 청소년에게 대한 담배 판매와 관련된 법 시행은 소매상의 행동에게 영향을 줄 수 있으나 흡연 행동에 대한 영향은 적다.	코크란 리뷰
사회적 학습 이론, 사회적 영향 접근을 근거로 청년 흡연을 예방하는 데 도움을 주는 지역사회 기반 중재 사업의 효과에 대한 몇 가지 지지가 있다.	코크란 리뷰
대중매체는 다른 중재 사업과 연계해 청년 흡연을 예방하는 데 효과적일 수 있는 몇 가지 근거들이 있다.	코크란 리뷰
담배 가격을 올리는 것은 청소년과 청년에서 담배 사용을 감소시킨다는 고찰 수준의 근거가 있다.	문헌 고찰에 대한 검토

알코올

단기간 및 중기간에 25세 미만인 사람에서 알코올 오용의 일차 예방을 목표로 하고 있는 심리적·교육적 중재 사업의 효과에 대한 확실한 결론은 없다.	코크란 리뷰
개인 상호 간의 기술 개발을 조장하는 또래 중심의 예방 프로그램과 상호 프로그램의 효과에 대한 몇 가지 근거가 있다. 이것은 또한 흡연에서도 적용된다.	문헌 고찰에 대한 검토
최소의 합법적 음주연령법은 저혈중 알코올 농도 법에 의해 지지를 받으며 알코올과 관련된 충돌을 예방한다.	문헌 고찰에 대한 검토

약물

청년에 대한 치료 성과에 관해서는 거의 알려진 것이 없다.	개요
가족 치료는 물질 오용을 감소시키는 데 다른 치료법보다 우수한 것으로 보인다.	개요

고찰 수준의 근거 부족

  지역사회 프로그램의 효과

  청년을 중점으로 하는 중재 사업

  독성이 강한 약물 소지를 막고 문제성 약물 사용으로부터의 위해를 감소시키는 사업

성 건강

학교 중심의 성 교육을 지지하는 좋은 근거가 있다. 지역사회 기반의 교육, 개발, 피임약 서비스와 더불어 교육과 피임약 서비스의 연계, 청년 개발 프로그램, 가족에 직접 접근해 이루어지는 활동(그러나 무작위 할당 대조군 시험에 의해 지지되지 못했다).	문헌 고찰에 대한 검토
성병 캠페인은 콘돔 사용을 증가시키고 그 시작을 지연시킬 수 있고, 성관계의 빈도를 줄이고 잠재적으로 의도하지 않은 임신을 감소시킨다.	문헌 고찰에 대한 검토
교육적 지원을 제공하거나 직업 전망을 향상시키는 프로그램은 청년에게 임신을 피할 수 있는 동기를 부여할 수 있다.	개요 코크란 리뷰
양육 프로그램과 출생 전 관리 프로그램은 10대 어머니와 그들의 자녀 모두의 결과를 개선시키는 데 효과적일 수 있다.	코크란 리뷰

고찰 수준의 근거 부족

  일찍 아버지가 됨

  상위 수준의 중재 사업 대 빈곤과 불이익

  영국과 관련된 중재 사업

커넥션스와 슈어 스타트 플러스 같은 사업에서 사회적·감정적 지지와 실제적인 지침을 제공할 수 있는 성인 상담가 또는 조언자를 이용하고 사회적 경로에 대한 스트레스와 사회통합 의제를 연결하는 것은 이러한 상호 연관성을 인지한다. 그러나 근래 아동과 청소년을 위한 중요한 서비스가 없어지거나 부분적인 것으로 되는 반면, 주류 서비스는 일반적으

로 여전히 이루어지고 있다. 청년의 총체적인 요구에 대한 원스톱 서비스와 다기관 참여에 대한 필요성이 인지되고 있으나(Millward et al., 2004) 조직상의 장애로 인해 계속해서 효과적인 서비스의 수행이 방해받고 있다. 책임의 분산은 비용과 혜택이 꼭 동반하지 않음을 의미하며, 기관들은 아동기에서의 반사회적 행동이 높은 비용을 유도하고 있다는 것을 인식하지 못하고 있다(Scott et al., 2001).

중재 사업이 지식과 태도를 변화시키는 것에 성공적인 반면, 행동적 변화로의 연결은 매우 드물게 나타나는 것이 점점 명백해지고 있다. 고려되는 연령 집단에서 학교는 당연히 예방적 중재를 위한 핵심 장소로서 등장했다. 국가 건강 학교 표준은 건강 불평등, 사회 통합, 교육 등이 연결된 삼각관계에 동시적으로 영향을 줄 수 있고, 인접하고 있는 학교들에서부터 지역사회로 확대할 수 있으며, 지속적이고 영구적인 중재 사업을 위한 기회를 증가시키면서 주류 정책에 포함될 수 있는 다요인적 변화에 대한 연구를 요약했다. 잠재적으로 보편적인 중재 사업은 우리가 아침식사 클럽, 물질 오용, 또는 성 건강에 대해 이야기하고 있는 것과는 상관없이 가장 요구도가 있는 사람에게 접근하지 못하는 경향이 있었다. 헬스액션존, 교육액션존, 슈어 스타트와 같이 지역 기반의 사업의 목표는 구속 의뢰 제도(arrest referral schemes), 인종 집단의 관점을 추구하는 지역사회 프로젝트, 사회에서 버림받은 청소년을 위한 다양한 활동을 제공하는 '긍정적인 미래(Positive Futures)' 사업처럼 특별히 접근하기 힘든 집단을 대상으로 하는 사업과 같은 목표를 추구했다(Millward et al., 2004).

가족은 잠재적·예방적 역할뿐 아니라 치료에 대한 필수적인 공간이기도 하기 때문에 다시 새롭게 주목을 받는다. 그러나 사법 기관의 역할, 특별히 복지 기관의 기여에 대한 연구들이 여전히 부족하다(Graham and Power, 2004). 이제 성인기를 살펴볼 텐데, 가족 구조는 여전히 결정적 요소이지만 고용과 주거 같은 구조적 요인과의 상호작용 또한 중요하다.

10

성인기의 건강 불평등: 연구 근거

서론

만성 성인병의 위험 요인으로 성인기 요인을 집중적으로 다루고 있는 문헌에서 무시되어 온 생애 초기 영향은, 건강 불평등에 대한 생애 과정 접근의 발전을 통해 재조명됐다(Davey Smith, 2003). 또한 이는 성인기 위험 요인의 상대적 기여를 다루는 기존 연구들에 대한 도전이 시작된 것을 의미했다. 제2차 세계대전 이후 수행된 많은 연구는 만성 질환의 위험을 결정하는 이른바 생활습관 요인의 역할에 초점을 두었다. 그런 연구들은 개인화 속성과 잠재적으로 피해자를 탓하게 되는 속성에 의해 상당한 비판에 직면하게 됐다. 이러한 비판을 통해, 불건강을 야기하는 '사회적' 불평등의 역할을 주목한 심리사회적 가설이 왜 열렬히 각광받게 되었는지 일정 부분 이해할 수 있다. 1990년대 후반 사회적 불평등이 인구집단의 건강에 미치는 영향에 대한 심리사회적인 해석은 상식처럼 받아들여지게 됐다.

더 근래의 연구는 심리사회적 경로의 상대적 중요성에 대해 의문을 제기하기 시작했다. 예를 들어 최근의 경험적 자료들은, 사회자본을 측정하는 지표와 심리사회적 환경이 국가 간의 건강의 격차를 설명한다는 이론을 지지하지 않는다. 70년 전에도 생애 초기 환경은 중요하게 간주됐다. 제4장과 제6장에서 제시된 근거들은 생애 초기 환경의 중요성을 시사하는 것이며, 이는 초기 아동기의 사회경제적·심리사회적 환경이 전 생애를 아울러 건강과 행동, 성취에 지대한 영향을 미친다는 것을 보여 준다.

최근 아동기의 불리한 조건과 성인기 건강 사이의 관련에 많은 학문적 관심이 쏟아지고 있지만, 이로 인해 성인기 위험 요인에 대한 관심으로부터 생애 초기 영향에 대한 지나친 집중으로 전환되어서는 안 된다. 첫째로 제2장에서 제기한 바와 같이 심리사회적 가설에 대한 평가는 아직 이르다. 또한 적어도 개인적 수준에서 사회적 지지, 정신 건강과 신체적 건강 사이의 강력한 인과성이 존재한다. 둘째로 생애 과정 연구는 아동기와 성인기 환경 '모두' 건강의 격차에 영향을 미친다는 것을 시사한다(Kuh et al., 2003). 우리는 이 장의 앞부분에서 이러한 연구를 다룰 것이고, 성인기 사망에 영향을 미치는 사회적 불평등의 결정 요인의 복잡한 상황을 설명할 것이다. 예를 들어 사망에 대한 생애 초기와 이후의 생활습관 결정 요인의 상대적인 중요성은 사망 원인에 따라 다르다. 아동과 성인기 노출의 차등적 효과 또한 시간에 따라 달라질 것이다.

생물학적 프로그래밍 가설과 최근의 생애 과정 연구는 성인기 위험 요인의 상대적 중요성에 대한 재평가로 귀결됐다. 그럼에도 불구하고 성인기의 사회경제학적 환경이 건강 불평등을 야기하는 데 일정 역할을 한다는 것은 여전히 받아들여지고 있다. 생활습관 요인, 심리사회적 건강, 위험한 물리적 환경의 노출, 주요 의료에 대한 접근성이 모두 관심의 대상이다. 이 장은 흡연, 식이, 영양, 신체 활동, 물질 오용 등과 같은 생활습관 요인을 먼저 다룸으로써 이러한 요인의 중요성을 검토하고자 한다. 이어서 열악한 사회적 지지, '불건강한' 지역사회와 같은 심리사회적 안녕에 영향을 미치는 요인을 평가할 것이다. 마지막으로 수입, 고용, 주거와 물리적 환경 같은 물질적 삶의 조건과 의료 접근성이 건강에 미치는 영향을 살펴보고자 한다.

생애 초기와 이후의 생애가 성인기 건강에 미치는 상대적인 영향

제2장에서 언급했듯이 1990년대 후반 질병 위험 요인의 사회경제학적 차이에 대한 설명으로 세 가지 광범위한 생애 과정 모형이 제시됐다(Hertzman et al., 2001). 잠복기(latency) 또는 결정적 시기 모형(critical period model)은 생애 초기에 불운에 노출된 것이 장기간의 건강 영향을 미침을 주목한다. 경로 모형(pathway model)은 빈곤한 아동기 환경이 성인기로 이어지며 성인기를 관통하는 궤적에 영향을 주게 되어 건강에 효과를 끼치게 된다는 가설이다. 반면 축적 모형(accumulation model)은 노출이 점차적으로 시간에 따라 축적되어 만성 질환의 위험을 증가시키고 삶 전체의 열악한 환경은 양반응 관계에 의해 성인기 불건강의 가장 주요한 위험이 된다고 설명한다.

실제로 생애 초기의 결정적 시기에서의 불이익은 많은 아동이 부정적인 삶의 궤도를 그리도록 하며, 부정적인 삶은 다시 불이익의 누적을 촉진하게 되기 때문에 이런 불이익은 이후 생애의 경로를 만들게 된다. 때문에 생애의 각각 다른 시기의 생물학적·사회적 위험 요인은 건강에 독립적으로 영향을 미칠 뿐 아니라 상호작용적이며 누적적으로 영향을 미친다. 이런 점에서 서로 다른 효과를 구별해 내는 것이 매우 어려우며(Hallqvist el al, 2004), 이러한 설명 모형을 상호 배타적인 패러다임으로 다루지 않는, 극단적이지 않고 통합적인 생애 과정 역학 접근이 필요함을 시사한다. 따라서 현재는 생애 초기 요인, 연계되어 있는 위험 요인,

물질적 박탈, 성인기 생활습관으로 구별되는 전통적인 위험 요인 '모두'가 성인기 건강에 연관되어 있음이 광범위하게 동의되고 있다. 물론 이들 요인의 상대적 강도는 서로 다른 연구 대상 집단에 따라 또는 건강 결과 요인이 무엇인지에 따라 다르게 나타나고 있다(Graham, 2002).

이런 배경에 의거해 아동기와 성인기 동안의 건강 위험 요인의 상대적 중요성을 '서로 다른' 건강 결정 요인에 따라 탐구해 볼 필요가 있다. 논란의 여지가 있지만, 이는 병인론에 대한 이해를 증진시키고 적절한 정책의 목표를 설정하는 데 도움이 될 것이다(Claussen et al., 2003). 아동기와 성인기 요인의 효과를 분리하는 일은 난해한데, 그 이유는 사회경제학적 환경 경험의 연속성에 의해 많은 아동에게 생애 초기와 후기 삶의 사회적 불이익은 연관되는 경향이 있기 때문이다(Davey Smith et al., 1998). 연구 대상자의 출생에서부터 삶을 추적하는 출생 코호트 연구들은 생애 초기의 효과, 누적적 효과, 현재 환경 등이 모형화될 수 있는 중요한 근거를 제공할 수 있다. 그러나 영국의 출생 코호트 연구의 가장 초기 대상자는 1946년에 출생했는데, 조기 사망을 포함한 주요한 건강 지표를 통해 불평등을 보여 줄 수 있는 연령에는 아직 이르지 못한 형편이다(Berney et al., 2000a: 80). 그러므로 생애 과정에 따른 사회적 불이익의 효과를 모형화하기 위해 많은 대안적 전략이 사용된다(Wadsworth, 1997). 이는 과거 조사가 이루어진 연구대상이나 임상 환자군을 추적해 조사하는 연구를 포함한다. 가장 잘 알려진 연구 중 하나는 '보이드 오 코호트 연구(Boyd Orr cohort)'로 1937년과 1939년 사이 조사가 된 아동 코호트의 추적된 생존자의 표본으로부터 자료를 얻었다(Gunnell et al., 1996, 1998; Blane et al., 1999; Berney et al., 2000b; Holland et, 2000). 또한 서로 다른 시기에 수집된 센서스 자료는 아동기와 성인기의 사회적 환경이 성인 사망에 미치는 효과를 평가하기 위해 사망 등록 자료와 연계되기도 한다(Claussen et al., 2003; Naess et al., 2004).

연구 설계와 분석 전략의 발전에 따라서 아동기와 성인기의 사회경제학적 환경과 건강 결과 요인 사이의 독립적 연관이 평가 가능해졌으며, 이를 통해 생애 과정의 다른 시기 동안의 노출이 질병의 병인론에 기여하는 역할에 대한 유용한 시각을 가질 수 있었다. 예를 들어 관상동맥 질환과 폐암에 비해 위암, 폐결핵, 뇌졸중으로 인한 성인기 사망은 연구 대상이 출생한 시기의 영아 사망률과 강력한 연관을 보여 준다(Leon and Davey Smith, 2000). 이런 결과는, 노년기에 폐결핵으로 사망하는 사람들은 애초에 생애 초기에 감염됐을 것이며, 생애 초기에 헬리코박터 파이로리에 노출되는 것이 위암의 병인론에서 주요한 요인이라는 견해와 일치한다. 또한 이 결과는 뇌졸중의 위험도 유년기의 감염 같은 노출에 의해 영향을 받을 수 있음을 시사한다. 반면 폐암의 발병은, 예상할 수 있듯이 성인기의 요인이 더 중요하다.

다른 연구를 통해 아동기의 사회경제적 환경이 질병과 사망에 미치는 상대적인 효과가 원인에 따라 다르다는 것이 확인됐다. 예를 들어, '스코틀랜드 협력 연구(Scottish Collaborative Study)'의 조사 결과, 아동기 감염의 위험 요인인 출생 시 사회계급, 형제의 숫자는 출혈성 뇌졸중이나 위암과 가장 관련이 높았다. 반면 폐암·사고·폭력에 의한 사망은 성인기 삶에 의해 명백히 영향을 받았다(Davey Smith et al., 1998; Hart and Davey Smith, 2003). 정신과적 문제에 의한 사망의 위험도 성인기 사회적 지위와 강력한 연관을 가지는 것으로 나타났다(Claussen et al., 2003).

다른 증상과 건강 상태도 생애 과정에 걸쳐 위험 요인과 연관되어 있다. 예를 들어 아동기의 환경은, 차후에 교정될 수는 있으나 비만의 위험에 지속적인 영향을 미치는 것으로 나타났다(Langenberg et al., 2003). 초기 아동기의 불운은 관상동맥 질환의 중요한 생물학적 원인을 결정하며, 성인기의 사회적 지위는 누적적으로 위험을 증가시키는 주요 건강 행동을 결정한다. 위험의 축적도 중요한데, 아동기의 불운과 성인기 사회경제적 환경의 상대적인 효과는 코호트 연구에 따라 다른 경향이 있다. 일례로 '영국 여성의 심장과 건강 연구(British Women's Heart and Health Study)'에서는 심혈관 질환 위험 요인이 아동기와 성인기의 사회적 지위와 모두 연관이 있으며, 특히 인슐린 저항성과 아동기 사회적 지위 간의 연관이 강력함을 보고했다(Lawlor et al., 2002). '오슬로 사망 연구(Oslo Mortality Study)'는 관상동맥 질환이 중심이 되는 심혈관 질환으로 인한 사망은 성인기 사회적 환경보다 아동기 사회적 환경과 더 강력하게 연관되어 있음을 보여 주었다(Claussen et al., 2003). 반면 '2기 화이트홀 연구(Whitehall II Study)'에서는 관상동맥 질환의 유병은 연구 대상자 아버지의 사회계급보다는 본인의 성인기 사회경제적 지위와 더 강력한 관련이 있었다(Marmot et al., 2001).

생애 초기와 이후의 노출의 상대적인 영향은 연구대상에 따라 다른데, 아동기와 성인기 동안 사회경제적 환경과 그로 인해 발생된 노출 요인이 시간과 장소에 따라 다르다는 사실을 반영한다. 예를 들어 20세기에 걸쳐 이루어진 사회적 환경의 개선은 영국에서 헬리코박터 파이로리의 감염률 감소에 기여했고, 위암 사망률을 감소시켰다(Davey Smith, 2003). 러시아, 칠레, 일본 같은 다른 국가에서도 영아 사망률은 20세기 초반까지 높게 유지됐는데, 이로 미루어 설사병, 헬리코박터 파이로리의 높은 감염률을 짐작할 수 있다. 따라서 이들 국가가 20세기 말까지 높은 위암 사망률을 보인 것은 이러한 초기 생애의 영향이 반영된 것으로 생각해 볼 수 있다(Davey Smith, 2003).

질병 분포가 시간에 따라 변화하기 때문에 생애 초기 결정 요인이 우세한 결핵, 위암, 출혈성 뇌졸중 같은 질병의 중요성이 떨어지고, 성인기 결정 요인이 중요한 폐암, 사고와 폭력에 의한 사망, 생애 과정에 거쳐 결정되는 관상동맥 질환, 허혈성 뇌졸중, 유방암 등의 질환이 상대적으로 중요해지고 있다(Davey Smith, 2003). 이와 같이 사망 위험의 생애 초기 결정 요인보다 성인기의 영향이 더 우세해진 현상은 1930년대 이후 일어났으며, 20세기 후반과 21세기 초반에는 생애 초기와 이후의 노출의 상대적인 역할의 중요성으로 전환됐다.

사망, 질병 위험 요인과 사회경제적 요인 간의 강력한 연관은 1920년에서 1941년 사이 출생한 사람을 모집한 '영국 여성의 심장과 건강 연구', 1930년대 출생한 사람을 모집한 '보이드 오 코호트 연구', 1923년에서 1939년까지 출생한 아동을 모은 '잉글랜드와 웨일스의 국가통계사무소 종단적 연구(ONS Longitudinal Study for England and Wales)' 같은 비교적 오래된 코호트 연구에서 명확히 나타났다(Frankel et al., 1999; Lawlor et al., 2002; Curtis et al., 2004). 이 연구들은 1980년대 소득 불평등이 커진 것과 동시에 사망률에서 넓은 격차가 나타난 것은 단기간의 정부의 정책을 반영하기보다 1920년대와 1930년대 서로 다른 사회경제적 집단 사이에 존재하던 뚜렷한 불평등을 반영함을 보여 주었다. 1931년 맨체스터에서 영아 사망률은 가장 낮은 구에서는 1,000명당 44명이었으나 가장 높은 구에서는 1,000명당 143명의 차이를 보였다(Whitehead et al., 1997). 기존에 존재하던 격차는 경제 침체에 따라 심화됐다. 예를 들어 1930년대 스코틀랜드, 북부 잉글랜드, 웨일스에서 남부 영국에 비해 가난과 높은 실업이 큰 문제가 됐는데, 이러한 양상은 1980년대와 1990년대 사망률의 지리적 분포로 반영됐다.

전쟁 후 시기에 더 평등한 인생의 출발을 촉진하고자 식품 배급, 광범위한 복지·교육 개혁을 포함하는 삶의 조건 개선이 이루어졌는데, 혹자는 이런 개선을 통해 아동기 사회경제학적 조건과 성인기 사망 간의 관련성의 약화를 예상할 것이다. 그러나 1946년 영국 출생 코호트(British Birth Cohort)를 분석한 결과 이런 예상에 대한 근거를 발견하지 못했다(Kuh et al., 2002a). 1958년 영국 출생 코호트에서 33세의 자가 평가 건강은 생애 초기 요인과 여전히 유의하게 연관되는 것으로 밝혀졌으며

(Hertzman et al., 2001), 비교적 최근의 몇몇 코호트 연구는 아동기의 불운이 심리적 질환의 발생에 중요한 역할을 계속하고 있음을 보여 주었다(제6장 참조). 20세기의 첫 10년과 비교할 때 현재 임신한 여성의 상당한 비율이 흡연을 한다. 소득 분포의 차이가 벌어짐에 따라 전후 시기에서 상대적 빈곤이 커지고 있다(Church and Whyman, 1997). 생활 조건에서의 절대적 수준의 개선은 생애 초기 불운의 문제를 없애지 못했다. 현재는 양육의 질을 높이는 데 소요되는 경제적 스트레스의 영향이 특별한 주목을 끌고 있는 반면, 1980년대 후반과 1990년대 초반에는 낮은 소득이 아동과 임산부의 건강과 영양 상태에 미치는 영향에 대한 우려가 있었다(Davey Smith and Kuh, 1996; Wadsworth and Kuh, 1997). 그래서 1980년대와 1990년대의 정부 정책이 얼마나 이 시기의 사망률 격차에 기여했는지 논란이 있으나, 심각해지고 있는 소득의 양극화와 아동 빈곤은 21세기 중반의 건강 불평등의 확대로 반영될 것이다.

건강 불평등에서 생애 초기 요인의 중요성이 여전히 유효하지만, 근래 구성된 코호트를 이용한 몇몇 연구는 누적적 영향과 현재 성인기 지위의 효과가 커질 것임을 제시하고 있다(Hertzman et al., 2001; Pensola and Martikainen, 2004). 제8장에서 논의했지만 주요 건강 생활습관에는 중요한 연속성이 있고, 그런 생활습관은 아동기와 청소년기에 확립된다. 경로 효과 또한 확연하고 청소년기의 행동적·감정적 상태, 교육적 적성이 향후의 성인기 지위를 결정하는 데 주요한 역할을 한다. 그뿐 아니라 성인기의 사회경제적 환경은 건강 불평등의 형성에 직접적으로 연관이 된다. 이어지는 내용에서 이를 다룰 것이다.

성인기 사회경제적 위치와 건강 위험 요인

이미 기술한 바와 같이 전후 대부분의 시기 동안 만성 질환의 위험은 거의 성인기 환경적 요인으로 설명되었다. 이런 패러다임의 강조점은 흡연, 식이, 신체 활동, 음주 같은 이른바 생활습관 요인이었고, 생애 초기 이후의 성인기 생애에 영향을 주는 다른 요인에는 상대적으로 적게 관심을 두었다. 이는 1980년대에 변화되어 생애 초기 요인의 역할에 대한 관심이 부활했으며, 더불어 건강 불평등의 심리사회적 이론이 태동했다. 건강 불평등에 대한 유물론적 해석에 기조를 같이하며, 건강 위해 행동에 초점을 두어 피해자에게 개인의 책임을 전가하는 것에 대해 우려를 표명한「블랙 보고서」가 1980년에 출간됨으로써 물질적 박탈이 건강 배제에 기여하는 상대적인 역할에 대한 관심이 고무되었다. 이런 위험 요인의 각각에 대한 근거는 아래에서 설명하고자 한다.

건강과 생활습관

제2차 세계대전 이후 성인기 만성 질환은 암 사망률과 함께 중요한 공중보건학적 문제가 됐으며 관상동맥 질환의 중요성도 증가됐다. 1948년 미국의 전향적 심혈관 질환 연구가 매사추세츠 주 프레이밍햄(Framingham)에서 대규모로 시작됐다. 이 연구는 고혈압, 고콜레스테롤과 같은 관상동맥 질환의 병리적 선행 인자와 식이, 음주, 흡연, 신체 활동 등을 포함하는 많은 개인적 습관의 중요성을 다른 질환, 비만, 체격 등과 함께 고려했다. 이 연구는 돌과 힐이 4만 명의 의사를 대상으로 전향적 연구 설계를 이용해 흡연이 폐암, 관상동맥 질환, 만성 기관지염의 원인이 되는 것을 보여 준 것처럼(Doll and Hill, 1954), 만성 질환의 위험에 성인기 생활습관의 강력한 역할을 밝혀냄으로써 전후 역학 연구의 발전에 중요한 역할을 했다(Kuh and Davey Smith, 1997).

흡연

프레이밍햄 연구에서 확인된 것처럼 생활습관 요인이 만성 질환의 병인론에 중요한 역할을 한다는 것은 일반적으로 동의하는 사실이다. 이 생활습관 요인 중 흡연은 조기 사망의 가장 중요한 요인이다. 어떤 추정에 의하면, 지속적 흡연자의 절반이 흡연 때문에 사망하며, 1/4은 35~69세 사이의 중년에 사망한다(Doll et al., 2004). 흡연은 폐암, 구강암, 후두암, 인두암, 식도암 같은 암의 위험을 증가시키며, 만성 기관지염과 중피종을 포함하는 만성 폐쇄성 호흡기 질환으로 인한 사망과 연관되어 있다. 흡연자에게서 동맥경직도(동맥경화), 혈액 응고, 혈액 콜레스테롤, 관상동맥 질환의 위험, 말초 혈액 질환과 뇌졸중이 증가한다. 흡연은 또한 여성과 남성의 생식계 건강을 해친다. 하루에 20개비 이상을 흡연한 여성은 비흡연 여성에 비해 1/3 이상 적게 임신하며, 남성은 평균적으로 적은 정자를 생산하며 결손된 정자의 비율도 높다(Crofton and Simpson, 2002).

평생에 걸친 흡연자는 이런 부정적 건강 결과의 큰 위험에 처해 있다. 50년간 영국 의사들을 대상으로 흡연과 관련된 사망을 모니터한 돌 등은 초기 성인기부터 흡연해 온 1920년경에 태어난 남성에게서 연령 특수 사망률이 3배가 높으며, 50세에 금연한 경우 위험은 절반이 되며, 30세에 금연한 경우 이런 위험이 거의 없는 것을 발견했다(Doll et al., 2004). 흡연자의 가족은 간접흡연에 노출되며, 부모가 흡연하는 아동에게서 유아 돌연사, 급성 질환과 호흡기 질환이 더 많았다. 또한 흡연하지 않는 흡연자의 배우자나 다른 환경에서 고도의 흡연에 노출되는 사람은 폐암, 관상동맥 질환, 만성 호흡기 질환, 천식의 높은 위험을 나타냈다(Crofton and Simpson, 2002; Whincup et al., 2004). 영국에서 간접흡연과 관련된 아동의 질환을 치료하는 데 1년에 약 4억 1,000만 파운드가 드는 것으로 추산됐다. 간접흡연은 비흡연자에게 적어도 연간 1,000명의 추가 사망과 2002년 물가 기준으로 1,230만 파운드 정도의 추가 비용을 야기하는 것으로 추산됐다(Parrott and Godfrey, 2004).

제8장에서 기술한 것처럼, 대부분의 흡연자는 10대에 흡연을 시작한다. 그리고 흡연율은 남성과 여성 모두 젊은 연령 집단에게서 가장 높다. 2002년과 2003년 흡연자의 비율은 20~24세 연령 집단군 남성의 37%, 여성의 38%로 가장 높았다. 흡연율은 나이의 증가에 따라 점차 감소해 60세 이상 연령군에서는 남성의 17%, 여성의 14%에 이른다(ONS 자료). 한편 젊은 사람의 흡연은 비교적 흔하기 때문에 사회적 불이익과 강력한 연관을 보이지 않는 데 반해, 성인의 현재 흡연율에는 강력한 사회적 격차가 존재한다. 2001년 일반직을 가진 세대주의 34%가 흡연했으나, 전문직·관리직 세대주는 15%만 흡연했다(ONS and DH, 2003). 이렇게 커지고 있는 사회적 격차의 주요 이유는 가난하고 많은 불이익을 가진 사회집단이 더 이익이 큰 집단에 비해 담배를 끊기가 쉽지 않기 때문이다.

금연의 사회경제학적 차이에는 니코틴 의존성의 정도, 사회적 지지, 혼인 상태, 가구 구성원 내 흡연자 비율 등 다양한 요인이 영향을 미친다(Chandola et al., 2004a). 하루 중 첫 흡연을 하는 시간, 흡연하지 않고 하루를 견디는 데 느끼는 주관적인 어려움, 흡연 양, 흡연 강도 등을 통해 측정한 니코틴 의존의 수준은 구조적으로 빈곤 수준에 따라 증가했다(Jarvis and Wardle, 1999). 낮은 사회계급에서 보이는 높은 수준의 니코틴 의존은 특히 젊은 층에서 뚜렷하게 나타났다. 흡연이 집안의 규범이고 담배를 쉽게 구할 수 있는 가족과 생활하는 젊은 사람의 경우 흡연을 반대하는 가족과 생활하는 경우에 비해 쉽게 과다 흡연자가 되는 경향을 보였다. 흡연이 사회적으로 인정되는 정도를 결정하는 데 연령과 더불어 직장, 지역사회 같은 넓은 사회적 연결망이 영향을 미친다(Stead et al., 2001). 가난하고 불이익을 받는 사람의 사회적 환경은 그들의 습관을 개선하기보다는, 흡연을 권하거나 관용하기 쉽다. 이는 금연에서 중요한 함의를 지닌다. 흡연의 해악에 대한 지식이나 심지어 실제 니코틴 의존 수준과 관련 없이 배우자, 친구, 직장 동료가 모두 흡연자라면 담배를 끊기가 쉽지 않다.

흡연이 문화적으로 뿌리 깊은 행동으로 인정되는 사회적 네트워크에 속하는 것과 더불어, 인지된 사회적 지지의 부족은 금연을 어렵게 하는 요인이다. 이는 객관적인 사회적 접촉과 지지의 결핍과 마찬가지로 사람들의 일상을 구성하는 개인적·물질적 환경의 반영이다. 예를 들면, 노동계급의 어머니를 조사한 힐러리 그레이엄의 연구에서는 흡연과 가족, 친구 네트워크에 대한 접근성 간에는 강력한 연관이 나타나지 않았고, 흡연자는 그들이 살고 있는 지역에 잘 융화되지 못했다(Graham, 1993). 그러나 혼자 아동을 돌보는 것, 더 많은 아이를 돌보는 것, 건강이 나쁜 아이를 돌보는 것과 같은 추가적 양육 책임과 불리한 물질적 환경 간에는 강력한 연관을 나타냈다. 흡연자는 외로움과 고립을 호소하는 경향이 더 컸고, 자신의 흡연 습관을 자신을 위해 시간을 이용하고 스트레스를 견디기 위한 방법으로 설명했다. 이어진 연구에서 불리한 환경에서 생활하는 불안과 스트레스를 경험하는 여성에게서 흡연은 중요한 극복 기전으로 받아들여지고 있는 것으로 확인됐다(Copeland, 2003).

식이와 영양

흡연에 이어서 식이와 영양은 성인기 만성 질환에서 중요한 영역으로 인식되고 있다. 1986~1987년 사이 16~64세 연령군의 남성과 여성의 비만 유병률은 각각 7%, 12%였다. 2002년에는 남성과 여성의 22%가 $30kg/m^2$ 이상의 체질량지수를 보였다(www.heartstats.org). 비만은 조기 사망의 독립적 위험 요인으로 알려져 있으며, 만성 질환인 고지혈증, 고혈압, 인슐린 저항성 등과 깊은 관련을 가지고 있다(Jebb, 2002). 그래서 과체중과 비만의 증가는 특별히 중요하게 간주되고 있다. 또한 특정 영양소가 부족한 식이는 질병의 위험을 증가시킨다. 예를 들어 과일과 채소에 포함되어 있는 항산화 영양소, 케로티노이드, 엽산 등과 암의 발생 간에 역의 상관관계를 보여 주는 많은 근거가 있다(Johnson, 2002). 과일과 채소가 풍부한 식이는 칼슘의 작용에 의해 골격계 건강의 증진에 의미를 가지며, 와인, 붉은 양파, 홍차 등에 풍부한 식이 폴리페놀이 가진 심혈관 질환의 예방 효과에 대해 학문적 관심이 경주되고 있다(New, 2002; Williamson, 2002).

제8장에서 서술했듯이 아동기 식이 양상은 상당한 사회적 격차를 나타내는데, 이는 성인기로 이어져 낮은 사회적 지위는 과일과 채소의 적은 섭취(Bilson et al., 1999; Pollard et al., 2001), 과다한 포화지방의 섭취(Boninface and Tefft, 2002), 정백 곡물의 과다 섭취(Lang et al., 2003) 등과 관련됐다. 비만의 사회경제적 추세는 명확하지 않으나, 여성의 비만은 낮은 사회계급과 일관되게 연관되어 있다. 1998년 '잉글랜드 건강 조사(England Health Survey: HSE)'에서 사회계급 V(비숙련 노동자)에 속하는 16세 이상 여성 중 31%가 비만이었으나 사회계급 I(전문가)에서는 15%로 나타났다. 대조적으로 남성에서는 비만이 사회계급과 강력하게 연관되어 있지 않은데, 사회계급 I에 속하는 남성의 12%가 비만이었으나 사회계급 V에서는 20%의 비율로 조사됐다.

19~64세 성인을 대상으로 한 2000~2001년 '국가 식이 영양 조사(National Diet and Nutriton Survey)'에 따르면 남성과 여성의 체질량지수는, 총 에너지 섭취량 중 단백질, 탄수화물, 설탕의 비율 같은 식이 요인과 자가 보고 체중 조절 경험과 유의하게 관련 있었다(Rushton et al., 2004). 이는 근래 비만의 증가와 비만으로 인한 부정적 건강 영향에 개인의 행동적 선택이 영향을 미침을 반영한다. 와들과 그리피스는 높은 사회경제적 집단이 과체중에 대해 걱정하며, 체중 조절 노력을 하는 것을 관찰했

으며, 체중 조절에 대한 계획적인 노력이 체중 증가를 막는 역할을 할 수 있다고 주장했다(Wardle and Griffith, 2001). 그러나 최근 진행된 연구들은 사회계급에 따른 체질량지수의 차이는 단지 생활습관에 의해 결정되는 것이 아니라 적어도 아동기에 일부 형성된다고 보고하고 있다. 성인 비만의 예측 요인으로는 임신 전 모성의 높은 체질량지수, 자궁 내와 영아기의 저성장, 청소년기의 높은 체질량지수 등이 있다(Hardy et al., 2000; Laitinen et al., 2001; Erikkson et al., 2003). 빠른 아동기 성장 또한 성인기 비만의 위험이 증가하는 것과 관련되어 있다. 그러나 결과들이 혼재되어 있어서, 어떤 연구에서는 아동기의 저성장과 수척함이 오히려 이후 생애의 비만을 예측한다고 제안하기도 했다(Wright et al., 2001; Kuh et al., 2002b).

생애 초기 요인이 성인 비만의 병리 기전에 역할을 한다는 연구 근거를 통해, 비만과 비만으로 인한 건강 위험을 대처하기 위해 소박한 성인기 삶의 방식에 대한 타당성에 의문이 제기됐다. 그러나 비만에서 생애 초기 불이익의 효과는 세대 간 이동성에 따라 회복될 가능성이 있다는 사실을 통해 볼 때(Langenberg et al., 2003) 비만의 설명으로는 결정적 시기 모형보다 축적 모형이 적합한 것으로 보인다. 비만과 부정적 건강 결과를 연결하는 기전 또한 성인기 단독의 영향이라기보다 생애 과정에 걸쳐서 작동된다. 예를 들어 청소년기 과체중이 성인기 체질량지수와 독립적으로 성인 심혈관 질환의 유병과 사망에 영향을 미친다는 연구 근거들이 있다(Reilly et al., 2003; Campbell et al., 2004; Hardy et al., 2004). 이런 결과들은 성인 비만과 그로 인한 건강 위험은, 가임기 여성과 임산부, 영아, 아동, 청소년을 목표로 하는 중재 사업의 개발로 줄일 수 있다는 가능성을 시사한다. 그럼에도 불구하고 많은 학자들은 만성 질환의 개인적·인구집단적 위험을 감소하는 데 성인기 영양적 중재가 효과적인 수단이라고 주장한다(제11장 참조). 이런 성인기 영양 중재는 체중 조절을 지지하는 것과 함께 앞서 기술한 바와 같이 만성 질환을 예방하는 영양소의 섭취를 증가시키는 것이다.

신체 활동

제8장에서 논의한 것처럼 비만과 부정적 건강 결과 간의 관련은 신체 활동의 수준 같은 다른 요인에 의해 매개된다. 비만하지만 중간 등급 정도의 신체적합도를 가진 남성의 경우, 정상 체중이나 신체적합도가 떨어지는 남성에 비해 사망률이 낮다. 성인의 신체 활동률은 사회경제적 지위에 의해 유의하게 차이가 난다(Bartley et al., 2000). 2002년 '일반 가구 조사(General Household Survey: GHS)'에 따르면 16세 이상의 일반직에 종사하는 가구주의 30%가 지난 4주를 기준으로 스포츠, 게임, 도보를 제외한 운동 중 적어도 하나에 참여하고 있었는데, 이는 전문직·관리직의 59%와 비교되는 수치였다. 도보를 신체 활동에 포함하는 경우에는 각 직업군에서 참여율이 각각 44%, 75%였다. 신체 활동의 사회적 격차는 남성보다 여성에서 더 잘 드러났는데, 여성 참여율에 대한 표준화 비의 범위는 일상적 직업군에서는 76이었고 고등 전문직, 관리직에서는 131이었다. 남성의 경우는 82와 117이었다(ONS 자료). 성인기 신체 활동이 심혈관 질환에 유의한 영향을 미치므로, 중재 사업을 위해 신체 활동은 주목해야 하는 성인기 생활습관의 또 다른 영역이다.

물질 오용

만성 질환의 위험 요인인 성인기 생활습관에 대한 대다수의 연구는 식이, 흡연, 신체 활동에 중심을 두어 왔다. 건강에 심각한 위험을 줄 수 있는 다른 생활습관 요인으로 알코올과 약물 오용을 들 수 있는데, 이 요인들은 상대적으로 부차적인 사망 원인이다. 2000년 잉글랜드와 웨일스에서 5,543명이 알코올과 관련되어 사망했다. 1979년에는 이것의 두 배 이상의 규모였다. 보다 젊은 연령군에서 알코올과 관련된 사망이 뚜렷이 증가했음이 보고됐다. 이는 알코올 소비의 증가와 폭주 같은 음주 행태의 변화를 반영하는 것이다. 1960년대와 1980년대 초반 기간에 약물 주사와 관련된 C형 간염 감염은, 현재 40~60대 성인의 간경화로 인한 사망 증가의 원인일 수 있다.

불법적인 약물 사용을 정상적으로 간주하려는 경향이 증가한다는 근거에도 불구하고(제8장 참조) 약물과 관련된 사망의 총 건수는 여전히 적은 편이다. 2001년 1,623건의 사망이 '약물 오용'에 의한 것으로 분류됐는데, 이 사망의 기저 원인은 중독, 약물 과용, 약물 의존, 1971년 「약물오용 법률(Misuse of Drugs Act)」에서 규제하고 있는 약물의 사용 등이었다. 약물 오용과 관련된 남성 사망의 49% 정도가 정신적·행동학적 질환을 기저 질환으로 가지고 있었으며, 37%는 자살이었다. 대조적으로 여성의 약물 오용과 관련된 사망에서는 자살이 65%로서 대다수를 차지했다(Griffith, 2003). 헤로인, 모르핀, 메타돈이 약물 오용과 관련된 사망의 대부분의 원인이다. 이런 물질로 인한 사망률이 가장 높은 지역은 북서 요크셔와 험버(Humber)였으며, 큰 도시 지역 중 몇 군데에 위치한 지방 당국과 몇몇 해안 지역과 지역 센터에서 높았다. 이러한 지역의 일반적 특징은 실직자, 사회주거시설이나 연립주택에서 살고 있는 사람, 부분 숙련 또는 미숙련 육체노동에 종사하는 사람 등의 비율이 높다는 점이었다. 이는 약물 오용과 관련된 사망이 실업자와 물질적으로 박탈된 사람에게서 많다는 사실과 일치한다(Uren, 2001).

생활습관의 사회경제적 변이에 대한 해석

성인기의 행동학적 위험 요인이 건강 불평등을 야기하는 데 중요한 역할을 한다는 것이 일반적으로 알려진 사실이기 때문에, 보다 건강한 생활습관을 격려하는 노력은 건강 행동에서 사회경제적 차이를 일으킬 수 있는 요인을 포괄할 수 있도록 주의를 기울여야 한다. 하지만 아직까지 이런 점에 대한 이해가 부족하다(Wardle and Steptoe, 2003). 1970년대와 1980년대의 연구들은 건강 행동에서의 사회적 차이가 지식의 차이를 의미하는 것이 아님을 보여 주었다. 지식과 행동 간의 상관관계의 존재에 대한 의문이 제기됐으나(Wardle et al., 2000), 이러한 결과로 정치적으로 우익인 사람은 건강 관련 행동이 개인의 선택의 문제라는 믿음을 강화하게 됐다. 개인의 행동 변화에 중심을 둔 정책을 통해 열악한 처지의 사람일수록 더욱 그들의 나쁜 건강 결과에 대해 비난을 면치 못하게 되기도 했다. 또한 건강 행동에서의 사회경제적 차이를 건강 불평등의 원인으로서 간주하기보다 그 자체가 물질적 환경의 차이의 결과로서 보아야 한다는 주장도 제기됐다.

건강 불평등을 개인적 책임으로 설명하는 이론에 대한 비판 중 하나는 열악한 환경에서 생활하는 사람의 직접적·물질적 속박에 대한 연구 활동이었다. 사회경제적 지위가 낮은 사람은 살코기, 생선, 신선한 과일과 채소에 기반을 둔 권장되는 식사보다 정제된 곡물, 설탕 첨가, 지방 첨가에 기반을 둔 식사를 값이 싸다는 이유로 흔히 선택하는 것처럼, 몇몇 학자들은 산업 국가의 낮은 사회경제적 지위 집단에서 관찰할 수 있는 불건강한 음식의 선택에는 경제적 속박이 기여한다고 주장했다(Darmon et al., 2003, 2004; French, 2003; Drewnowski, 2004). 근래의 영국 정책은, 낮은 소득 집단에게 과일과 채소에 대한 접근성이 낮고 구매력에 어려움이 있다는 견해를 반영하고 있다. 그러나 불건강한 식이가 단순히 금전의 부족 때문만은 아님에 주의해야 한다(Dibsdall et al., 2003; Robinson et al., 2004).

건강한 생활습관을 증진하는 데 절대적 가난이 주요 장벽이 되는지, 아니면 가난과 연관된 심리사회적 요인이 보다 중요한지 같은 주제들이 연구되고 있다. 많은 사람이 흡연, 불건강한 식이, 신체 활동의 부족에 대해 인식하고 있지만, 현재를 사고하는 태도가 향후의 질병을 예방하기 위해 자신의 생활습관을 바꾸도록 만들지 않을 수 있다(Dibsdall et al., 2003). '국가통계사무소의 옴니버스 조사(ONS Omnibus Survey)'에서 알아낸 바에 의하면, 미래 지향성과 건강을 위해 무엇을 할지 자주 생각하는 것은 건강 행동을 수행하는 가능성과 독립적으로 연관되어 있다. 이 두 변수는 또한 사회경제적 지위와도 관련되는데, 준숙련 및 비숙련 계급의 응답자 절반이 근래 또는 장기간의 미래에 대해 생각하지 않는다고 대답했으나, 사회계급 I·II에서는 1/3이 그렇다고 대답했다. 건강은 운에 달려 있다고 강하게 믿는 사람이 개인적 관리 능력에 대한 인식과 관계없이 흡연과 좌식 생활을 더 많이 하며 과일과 채소가 적은 식사를 하는 경향이 있었다. 건강할 운세에는 사회적 격차가 있는데, 건강 생활습관의 사회경제적 차이를 중재하는 요인 중 하나가 행운을 믿는 경향이라는 견해도 있다(Wardle and Steptoe, 2003). 이는 가난한 사람의 무책임의 반영으로 해석되어서는 안 된다. 가난한 사람의 건강은 그들이 통제를 넘어선 요인에 의해 압도되고 있기 때문에, 건강하게 생활함으로써 자신의 건강을 개선할 수 있다고 믿는 보다 나은 사회적 환경의 사람들에 비해 사회적으로 불이익을 받는 집단은 건강한 생활로부터의 이익이 적다고 해석하는 것이 타당할 것이다(Blaxter, 1990). 이런 배경에서 개인의 행동을 제약하거나 개인적인 생활습관 수준을 넘어서는, 건강 위험을 야기할 수 있는 요인들을 이해하는 것은 중요하다. 연구들은 이런 것들이 심리사회적 배경이나 물질적 결핍과 연관되어 있음을 시사하고 있다.

건강 불평등과 심리사회적 환경

제2장에서 기술한 것처럼, 소득 불평등과 인구집단의 건강 사이의 관련에 대한 학문적 논쟁은 '곳곳에 논쟁점을 안고 있다'(Whitehead and

Diderrichsen, 2001: 165). 그러나 심리사회적 가설의 일부 특정한 관점은 널리 수용되고 있다. 개인적 수준에서 사회 참여, 지지적 사회 네트워크, 안녕에 대한 긍정적 생각은 건강을 보호하는 효과가 있다는 많은 근거가 있다. 심리사회적 요인은 또한 맥락 효과, 지역사회 효과에 대한 가능한 설명을 제시하며, 이들의 근거는 일치된다. 이러한 요인이 건강 불평등에 대해 갖는 중요성은 다음과 같은 설명을 제공한다. 개인적인 수준과 지역사회 수준에서 가난한 사람이 부유한 사람에 비해 보다 불건강한 사회적 환경에서 생활할 가능성이 높다는 것이다.

개인 수준에서의 근거

개인 수준에서 심리사회적 경로는 낮은 사회경제적 지위와, 건강행위나 급성 또는 만성 병리적 변화에 의해 영향을 받는 불량한 정신적·육체적 건강 간의 관련성을 매개할 수 있다. 높은 사회경제적 지위의 개인에 비해 낮은 사회경제적 지위의 사람이 인지된 지배력과 통제력의 수준이 낮으며, 절망, 적대감, 낮은 자아 존중감의 느낌을 경험하기 쉽다는 것에 대해 여기서 토론하고자 한다. 이런 요인들은 '인지, 감정, 생물학적 반응의 연쇄'를 일으킬 수 있으며(adler and Snibbe, 2003: 121), 정신과적 질병으로 잘 정의되어 있는 우울과 불안의 위험을 증가시키는 심리사회적 스트레스는 사회경제적 지위와 심혈관 질환의 관련을 중재할지도 모른다. 제2장에서 논의했듯이 신경내분비 반응성이 중요한 기전으로 밝혀졌는데, 코르티솔, 에피네프린, 노르에피네프린 같은 호르몬의 상승은 심박수를 증가시키고 혈관벽을 수축시키는 효과를 즉각적으로 나타내며, 장기적인 효과로서 콜레스테롤 수준 증가, 중심 비만, 관상동맥 질환의 위험과 관계된다.

체계적 문헌 고찰 연구를 통해 남성과 여성 모두, 다양한 연령군에서 우울과 관상동맥 질환 사이의 독립적인 원인적 연관의 근거가 지속적이며 일관되게 나타나고 있다(Hemingway and Marmot, 1999; Bunker et al., 2003). 관상동맥 질환의 위험은 우울의 정도와 직접적으로 관련된 것으로 나타난다. 벙커 등의 연구에서는 경한 우울은 관상동맥 질환의 위험을 두 배 증가시키고 심한 우울은 세 배에서 다섯 배까지 증가시킨다고 하는데, 이는 흡연과 같은 전통적인 위험 요인과 유사한 수준이다(Bunker et al., 2003). 심근경색 환자의 우울은 예후에 중요한 영향을 미치는 요인이다. 불안과 관상동맥 질환 사이의 원인적 연관의 근거는 일관되지 않는데, 어떤 연구는 급성 불안이 급사의 예측 요인임을 시사하나 어떤 연구에서는 유의한 결과를 발견하지 못했다. A형 행동(type A behavior)을 포함하는 적대감과 관상동맥 질환 사이에는 명확한 연관이 발견되지 못했다. 실제로 어떤 연구는 적대감이 관상동맥 질환의 예후의 관점에서 보호적 효과가 있다고 제시하기도 했다. 관상동맥 질환의 위험과 연관되어 다루어진 다른 심리사회적 요인으로 사회적 네트워크의 구조, 사회적 지지의 질, 직무 스트레스 요인 등이 있다. 어떤 사람의 사회적 접촉과 지지의 횟수는 관상동맥 질환의 발생 시점과 예후에 중요한 역할을 하는 것으로 나타났으며, 이러한 연관은 남성과 여성 모두의 다양한 연령군에서 존재한다(Bunker, 2003). 직업 통제력, 요구도, 강도와 같은 직무 성격과 관상동맥 질환의 관련성에 대한 근거도 논쟁 중인데, 직무 관련 스트레스의 특정 요소가 원인적인 연관을 가지는지에 대해 향후 더 밝혀져야 할 것이다. 실직, 낮은 수준의 직업은 다양한 범위의 건강 결과의 위험과 연관되어 있는데, 이는 이 장의 다른 부분에서 일부 다룰 것이나 여전히 연구가 필요한 영역으로 남아 있다. 사회경제적 지위와 심리사회적 안녕 사이의 연관에 대한 다양한 연구가 백인 중년 남성을 대상으로 수행됐음을 지적하는 것은 중요하다. 그뿐 아니라 인종과 성별에 따른 차별과 성 역할 등의 다른 변수에 의해 결과가 다양해질 수 있다. 예를 들어 가족의 요구와 이런 요구에 부응할 수 있는 가용한 자원을 반영하는 심리사회적 가정환경은 남성에 비해 여성의 건강에 더 큰 영향을 미칠 것이다(Chandola et al., 2004b). 영국 출생 코호트의 1958년 이후의 자료를 보면, 직무 요인의 심리사회적 스트레스에서의 사회경제적 차이는 여성보다 남성에게 더 클 수 있다(Matthews et al., 2001). 또한 '2기 화이트홀 연구'에 의하면 직무 성격도 남성의 우울 증상의 불평등에 중요하며, 직무와 함께 물질적인 불이익이 더해지면 여성에서 우울 증상을 예상할 수 있었다(Stansfeld et al., 2003). '영국 가구 패널 조사(British Household Panel Study: BHPS)'를 이용한 분석에서도 돈을 받는 직업 상태이다가 실직을 하거나 장기간의 병가를 얻는 것은 남성과 여성에서 심리학적 스트레스의 증가와 연관됐다(Thomas et al., 2005). 직무 관련 요인의 역할에서 성별 차이는 코호트에 따라 달랐다. 이는 성별 역할, 직무의 중요성, 가정과 일 사이의 충돌 등이 사회경제적 지위와 사회적 규범에 따라 다양할 수 있으며, 맥락에 따라 매우 다를 수 있음을 의미한다(Chandola et al., 2004c).

심리사회적 스트레스는 생애 주기에 따라 다를 수 있다. 잠재 모형과 같이 심리학적 경향성을 가정하거나, 경로 모형을 통해 위험의 연쇄 반응을 가정하거나, 노출의 축적으로 설명한다 하더라도, 아동기의 불운이 성인기 심리적 안녕에 기여하는 크기가 모두 파악된 것은 아니다. 파워 등의 연구는 아동기와 성인기 요인이 모두 심리적 스트레스에서의 불평등에 기여한다는 결과를 통해 축적 모형을 제안했다(Power et al., 2002). 1958년 영국 출생 코호트를 이용한 이 연구에서 중요하게 밝혀진 아동기의 요인은, 남성과 여성 모두 7세 때의 학습 능력 그리고 남성에서는 기관의 보호를 받는다거나 여성에게서는 낮은 계급과 같은 부정적인 환경이었다. 성인기 요인은 다양했는데, 직무 강도와 불안정성과 같은 직무 요인이 남성에서는 강한 영향을 미쳤고, 여성에서는 학교의 당락을 결정하는 시험, 조기 임신, 경제적 어려움이 그 요인이었다. 생애 과정의 효과는 심리사회적 결과 요인에 따라 다양할 수 있다. 예를 들어 핀란드 남성을 대상으로 한 연구에서 성인기 사회경제적 지위가 심리사회적 기능에 대한 모든 측정 지표와 관련됐지만, 아동기의 사회경제적 지위는 성인기의 냉소적인 적대와 절망과 연관됐고 우울에서는 관련을 보이지 않았다(Harper et al., 2002).

심리사회적 경로가 건강 불평등을 야기하고 유지하는 데 기여하는 역할에 대해 일정 정도의 불확실함이 남아 있지만, 심리사회적 안녕을 건강의 '결과'로서 다룰 경우 문제의 크기가 크다는 것은 의심의 여지가 없다. 2000년 수행된 '정신질환에 대한 영국 조사(British National Survey of Psychiatric Morbidity)'에 따르면 16~74세 성인의 6명 중 1명이 불안과 우울, 공포증 같은 신경증을 가지고 있었다(ONS, 2001). 조사된 사람의 1/4 이상에서 위험한 음주 행태가 보고됐는데, 남성에서 38%, 여성에서 15%였다. 조사 대상의 7%는 알코올 의존의 증상을 나타냈다. 신경증의 유병은 사회경제적 지위와 연관됐는데, 임대 주택에 살거나 자가용이 없는 사람에서 높은 수준이었다. 그러나 우울과 불안의 위험은 교육적 성취의 수준에 따라 다르지는 않은 것으로 나타났다(Lewis et al., 2003). 유사하게 '영국 가구 패널 조사'를 분석한 결과 교육은 자가 보고 정신 건강 상태와 관련이 없었다(Andres, 2004). 실업은 재정적인 불안을 야기할 뿐 아니라 지위, 정체감, 정기적 활동, 사회적 접촉 등의 상실이기 때문에 심리적 안녕을 해치는 중요한 위험 요인이다(Montgomery et al., 1999; Andres, 2004). 부수상실(Deputy Prime Minister) 직속 사회적 배제과에 의하면 영국에서 무능력 급여(Incapacity Benefit)와 심각한 장애 수당을 요구하고 있는 90만 명 이상의 성인이 그들의 주요 질환으로 정신 건강의 문제를 보고하고 있으며 북부 지역에서 특별히 보고가 높다고 알려져 있다(ODPM, 2004). 하지만 정신 건강 문제가 실업에 선행했는지, 실업 후 발생했는지에 대한 비율은 알려져 있지 않다. 낮은 사회경제적 지위와 실업은 또한 정신 건강 문제를 가진 사람의 예후를 결정한다.

연구들은 단지 직업을 가지는 것만으로 부정적 심리 후유증을 극복하지 못한다는 것을 시사한다. 직업의 질이 중요하다. 심리적 직무 환경의 주요한 측정 지표는 높은 심리적 직무 요구도, 낮은 직무 통제력, 낮은 보상, 높은 강도, 수동적 직무와 사회적 지지의 결여이다(Marmot et al., 1999; Siegrist and Marmot, 2004). 이미 설명했듯이 직무 성격과 건강 결과 요인 간의 연구 결과는 일관되지 않는데, 어떤 연구는 유의성을 보이지 못하기도 했고, 약한 관련성만을 보이기도 했다(Jonsson et al., 1999; Rosvall et al., 2002; Pelfrene et al., 2003; Lallukka et al., 2004). 그러나 다른 연구에서는 직무의 낮은 질이 건강 위해 행위, 병가, 낮은 자가 평가 건강, 심혈관 위험 요인, 우울과 불안 등과 유의한 관련을 나타냈다(North et al., 1996; Bosma et al., 1997; Niedhammer et al., 1998; Vahtera et al., 2000; d'Souza et al., 2003; Gimeno et al., 2004). 사회적 배제과의 발표에 의하면 2001~2002년 동안 영국에서 50만 명의 사람이 직무 스트레스 관련 질환을 가지고 있다고 한다. 한편 가장 높은 수준의 스트레스는 가장 낮은 수준의 노동자에서 보고되는 것이 아니라 교원, 간호사, 관리자에 의해 보고됐다.

지역 수준의 효과

제2장에서 토의한 바와 같이 사람이 살고 있는 사회적·물리적 환경은, 개인적인 특징에 의해 형성된 것 이상으로 그들의 건강 상태에 영향을 미친다. 이러 사회적·물리적 환경은 1990년대에 주요한 연구 주제로 대두됐다. 지역 수준이 개인의 건강에 영향을 나타내는 데 심리사회적 과정이 중요한 역할을 하는 것으로 생각되는데, 이는 빈곤 지역은 사회적으로 이익을 보는 사람들이 거주하는 지역보다 더 높은 수준의 소음, 독성 물질과 병원체, 더 많은 사회적 갈등, 인구 밀집과 범죄, 여가 시설의 접근성 부족, 건강한 음식과 건강을 회복하고 유지할 수 있는 다른

수단이 적으며 낮은 사회적 지지를 가진다는 것이다. 이는 모두 스트레스 증가에 기여하는 요인이다(Macintyre et al., 1993; Easterlow et al., 2000; Adler and Snibbe, 2003).

연구 근거들은 빈곤 지역의 거주민이 그렇지 않은 지역에 비해, 지역과의 문제가 더 많은 것으로 보고하고 있다. 2001년 '잉글랜드 주거 환경 조사(English Housing Condition Survey)'에 따르면 공영 주거 주택 지역에서 가난하게 살고 있는 가구의 60%는 쓰레기나 폐기물을 심각한 문제로 생각하고 있었다. 절반 정도 가구는 주거 침입을 걱정하고 있었고, 44%는 일반적인 범죄의 수준, 공공건물의 파괴, 훌리건, 불량 청소년·아동을 걱정하고 있었다(ODPM, 2003). 범죄 가능성에 대한 인식과 범죄에 대한 공포는 항상 절대적인 범죄 수준과 관련되는 것은 아니다. 그러나 내무부 자료에 따르면 보다 심각한 반사회적 행동은 실제로 가장 물질적으로 박탈된 지역에서 더 빈번한 것으로 드러났다. 이에 다양한 요인이 작용하고 있다. 제8장에서 논의한 바와 같이 사회적으로 불이익을 받은 가정 출신 아동은 행동 장애의 위험이 크며, 이런 위험은 고층의 건축물 환경 같은 지역의 요인에 의해 더욱 심화될 수 있다. 음주 문제도 낮은 사회경제적 지위의 집단에서 많은데, 알코올은 재산상 손해를 끼치고 상해 등 폭력과 관련된 범죄의 중요한 기여 원인이 된다.

범죄의 공포와 건강의 연관에 대한 체계적인 연구 근거는 부족하다(Green et al., 2002). 그러나 공포가 스트레스를 증가시키고 이로 인해 사회경제적 환경이 건강의 결과와 관련되는 심리사회적 경로가 될 것이라는 설명은 가능하다. 실제적인 수준에서 범죄에 대한 공포는 이동 가능성을 한정시키고, 사회와 지역사회에 참여하는 등의 건강 증진 활동과 의료 이용의 기회를 감소시킨다(Whitley and Prince, 2005). 몇몇 연구는 범죄의 공포가 사회적·정신적 건강과 유의한 관련이 있음을 시사했다. 그러나 그것의 영향은 낮은 소득의 어머니라든가 정신적으로 아픈 사람과 같은 특정한 하위 집단에서 나타났다(Whitley and Prince, 2005).

어떤 지역에서는 지역의 쇠퇴에 따라 악순환을 거쳐 지역 수준 요인과 관련된 심리사회적 스트레스 요인이 강화되기도 한다. 낙서, 쓰레기, 공공시설 파괴, 범죄 등의 수준이 높은 가장 취약하고 무시되는 지역 환경이 가장 인기가 없다는 것은 놀라운 일이 아니다. 따라서 인구 이동률이 높으며, 이는 향후 사회적 응집을 침해하게 된다. 그러나 집값이 하락하고 있는 주택을 보유한 사람에게 이사의 선택은 매우 한정되어 있으며, 런던이나 서부 지역의 정부 부동산 보유자에게 이사의 기회는 제한되어 있다(DETR, 1999). 낮은 수요 덕분에 가난한 가정에게 주거를 제공하는 정책은 불균등하게 그러한 지역을 이용했으며, 이는 반사회적 행동이 지역적으로 집적되게 했다(NSNR, 2000). 이러한 요인에 의해 물질적 박탈 수준이 높은 지역에서 불만족이 많이 생기게 된다. 가장 수요가 적고 인기가 없는 12곳의 지역을 조사한 결과에 따르면, 조사 대상의 31%가 그들의 지역 환경에 불만족하고 있었는데, 샐퍼드(Salford) 지역에서는 55%, 번리(Burnley) 지역에서는 80%에 달했다. 응답자의 39%는 범죄를 당한 적이 있었고, 어두워진 뒤 혼자 걷는 것이 위험하다고 느낀다는 응답도 비슷한 수준이었다. 41%는 지역사회에 대한 의식이 없다고 응답했고, 38%는 현재의 집을 떠나 이사하기를 원했다. 이런 인기 없는 지역의 거주민의 일반적인 특징 중 하나는 그들이 상대적으로 가난하다는 사실이다. 이런 지역 거주민 성인 인구 중 단지 1/3만이 일하고 있었고, 거주자의 2/3는 주거 급여를 받고 있었다(DETR, 1999).

건강 불평등과 물질적 박탈

물질적 박탈이 건강 불평등에 기여하는 역할에 대한 건강 불평등 연구자들의 광범위한 지지에도 불구하고, 역학적 연구 결과는 고용이나 열악한 주거 같은 요인이 개인적 수준에서 건강에서의 총 사회경제적 격차에 기여하는 수준은 크지 않다고 설명하고 있다. 그러나 영국 사회에서 건강 불평등의 파생에 물질적 박탈이 이제 더는 역할을 하고 있지 않다고 가정하지는 말아야 한다. 축적 모형에 따르면, 불이익의 군집이 시간과 공간에 따라 다른 방식으로 결정되는 데 물질적 박탈이 중요한 역할을 한다. 쇼 등은 사회경제적 이익과 불이익에 대한 누적적 경험을 통해 사회경제학적 차이에 따라 등급화되는 사회구조가 형성된다고 주장했다(Shaw et al., 1999: 102). 따라서 건강 불평등에 대한 유물론적 해석은 심리사회적 가설과 같이, 건강 결과에서의 계단적 격차를 설명해 준다.

노동과 건강

노동은, 직업적 노출 같은 직접적인 효과에서 심리사회적 경로를 통한 간접적인 영향에 이르기까지 다양한 방식으로 건강 상태에 영향을 미친다. 석탄 광부와 농업 같은 특정 직업은 전통적으로 상해나 특정 질병의 높은 위험과 관련되어 있다. 근래 제조업의 쇠퇴 등 고용 양상의 변화와 직업 건강과 안전에 관련된 강력한 정책으로 말미암아 직업적 건강 위해 요인은 노동과 관련된 불건강의 주요한 원인으로 생각되지 않고 있다(Marmot and Feeney, 1996). 그러나 직업성 도로 사고는 여전히 심각하며 직업 관련 사망과 상해에서 잘 알려지지 않은 주요 요인이다(Blane, 1999).

직업적 건강 위해 요인이 더 이상 불건강의 주요 원인이 아닌 반면, 직업의 부재, 즉 실업은 명백한 건강 위험 요인이다. 이미 기술했지만 실업은 자가 보고 건강 상태, 경험 증상, 질병, 사망 등으로 측정한 불건강과 유의하게 관련됐다. 예를 들어 영국에서 노동 연령의 건강한 남성과 여성을 10년간 추적한 결과, 실업자에서 제한적인 질병을 경험할 위험은 직업이 있는 사람에 비해 두 배 높았고, 지난해 동안 경제적으로 활발하지 못했던 사람에게 위험은 더욱 컸다(Bartley et al., 2004a). 실업자는 실질적으로 조기 사망의 증가된 위험에 처해 있다. 1997년 발간된 건강 불평등에 관한 「10년 주기 증보 자료」에 따르면, 1981년 실업 상태였던 남성과 여성은 1981~1982년에 약 33% 증가한 사망률을 보였다(Drever and Whitehead, 1997). 이미 존재하던 질환, 사회계급, 여성의 혼인 상태도 이러한 사망의 증가의 원인이 아니었는데, 이는 불건강하기 때문에 고용되지 않을 확률이 높다는 선택 가설보다는 실업 자체가 건강 사태를 나쁘게 하는 원인임을 시사한다(Berthune, 1997; Korpi, 2001).

실업 상태와 불건강 간의 관련에 중요한 성별 차이가 존재한다(Stronks et al., 1995). 당국에 등록된 실업 여성과 남성 사이에서, 실업과 불건강을 매개하는 위험 요인은 비슷한 것으로 나타났다(Leeflang et al., 1992). 그러나 노동시장에서 여성의 지위는 1970년대 이후 주요한 변화를 겪었고, 특히 전일제 고용 같은 유급 고용은 영국의 여성에게 일반적이지 않았다. 결혼한 영국 여성은 남성 상사에 빈번하게 종속되어 있으며, 많은 독신 여성은 빈곤 수준에 따른 사회적 급여에 종속되어 있다. 이로 인해 여성과 남성의 건강에서 자기 자신의 사회경제적 지위와 더불어 자신의 배우자의 사회경제적 지위가 미치는 상대적인 역할이 형성되게 됐다.

남성의 건강과 건강 위험 요인에 배우자의 직업적 지위는 큰 영향을 미치지는 않는 것으로 나타났다. 반면 여성에게 배우자의 직업적 지위는 건강의 주요한 결정 요인이었다(Arber and Lahelma, 1993; Arber, 1996; Lahelma et al., 2000; Bartley et al., 2004b). 배우자의 고용상의 지위, 물질적 생활 여건, 재정적 불안, 배우자의 실업 등과 관련되어 여성의 나쁜 건강 결과가 일부 영향을 받는다. 여성의 행동적 건강위험 요인이 남성 배우자의 사회경제적 지위와 다른 요인과는 별개로서 연관된다는 점에서, 서로 다른 가족의 역할과 관계된 권력 관계가 중요하다(Bartley et al., 2004b). 한편 '2기 화이트홀 연구'에서 상대적으로 높은 사회경제적 지위를 가진 남성 공무원 집단에서도 그들이 가정에서 낮은 통제력을 가질 때 불안과 우울의 위험이 증가하는 것을 보여 주었는데, 이는 남성도 가정 내 사회적 역할에 의해 영향을 받는다는 것을 보여 주는 결과이다 (Griffin et al., 2002).

많은 연구들이 실업에 따른 심리학적 영향에 무게를 두고 있지만, 재정적인 어려움은 직접적으로 건강에 영향을 미친다. 1980년대와 1990년대 초기 영국에서는 최소 임금과 급여가 감소됐고, 사회 내에서 부자와 가난한 사람 간의 소득의 격차가 커졌다. 성인기의 위험 요인이 건강의 중요한 위험 요인이라고 할 때, 1980년대 동안 건강 불평등의 증가는 이러한 변화와 관련됐을 수 있다. 1997년 노동당이 집권하면서 가난한 사람의 소득 개선을 목표로 하는 정책이 일부 도입됐다. 그러나 주거비용 공제가 있기 전까지 2002~2003년 영국 인구의 17%와 아동의 21%가 저소득 가계에서 생활했다. 주거비용 공제 이후에도 소득 빈곤율은 7%에서 높은 경우 11% 정도를 상회하고 있다(ONS 자료).

제3장에서 논의한 것처럼, 낮은 소득을 가진 가구 중 현저한 비율에서 실제적인 재정적 어려움을 겪고 있는데, 이는 부채 비율로 나타나기도 하고 식료품, 피복, 내구재 및 레저 용품의 구입의 어려움 등으로 나타난다. 실업 가구가 더욱 취약한 집단임에 틀림없지만, 실직자 가정만 이런 재정적 어려움을 겪는 것이 아니라는 것이 중요하다. 영국의 전체 가구 중 상당수가 저임금 성인 노동자 가구이다. 2003년 수행된 '노동력 조사(Labour Force Survey)'와 '노동시간과 급여에 대한 연간 조사(Annual Survey of Hours and Earnings)'에 따르면 22세 이상 남성의 26%와 여성의 46%가 시간당 7파운드 이하의 임금을 받았다. 이는 평균임금의 2/3 수준을 기준으로 하는 유럽의 최소 생계비 기준인 시간당 7.57파운드를 밑도는 수준이다. 성인 남성의 5%와 여성의 15%가 시간당 5파운드 미만의 소득을 벌고 있었다(ONS 자료). 이런 결과는 노동과 건강을 중재하는 주요 매개 요인으로서 빈곤을 시사하고 있다.

주거와 환경

전일제 노동을 하는 성인에게조차 가정은 중요한 건강의 장소이며 건강과 관련된 행위를 하는 곳이다. 기준 미달 주거에 따른 공중보건학적 영향에 대한 관심은 빅토리아 시대 이전으로 거슬러 올라간다. 과도한 밀집에 대한 국가 규제, 위생, 기본적 주거 요건의 표준이 점차적으로 도입됐다. 20세기 동안 상당한 공공 자원이 사회적 주거 영역으로 투입됐다. 초기의 공영 주택 프로그램은 '영웅에게 적합한 가정(home fit for heroes)'을 모토로 지어졌으며, 일반적으로 질적 수준이 높았다고 알려져 있다. 1950년대와 1960년대의 사회적 주거 영역은 주로 고층 지구의 개발 과정에서 빈민가에서 퇴거한 사람을 목표로 했는데, 이 시기부터 공영 주택 시설의 오명이 시작된 것으로 보인다.

1980년대 공영 주택 시설의 사유화 흐름에 따라 공공 주택의 임대가 증가했고, 지방 의회에 의해 건설된 건물의 수준이 떨어졌으며, 영국 전체 주택 대비 공공 주택이 차지하는 비율이 최고치였던 1977년 32%에서 2001년 13%로 떨어졌다. 제3장에서 논의된 바와 같이, 공영 주택은 잔여적인 역할을 하게 됐고, 공영 주택 임차인은 빈곤과 관련된 공통적인 속성으로 점차 균질해져 갔다. 이런 배경에서 볼 때 공공 주택 임차인과 자가 주택 보유자 간의 건강 수준에 큰 차이가 존재한다는 것은 별로 놀라운 일이 아니다. 이런 건강의 차이에 낮은 사회경제적 지위와 관련된 다른 위험 요인이 어느 정도 반영되는지, 주거 환경 자체가 직접적으로 기여하는 크기가 얼마인지는 아직 명확하지 않다.

누적된 근거에 따르면 주거의 질의 차이는 부동산 보유에 의한 건강 불평등의 발생에 큰 역할을 한다(Pollack et al., 2004). 가장 빈곤한 지역에서는 고령층의 과다 밀집, 전형적 사적 임대, 1945년 이후 건설된 공영 주택 단지, 공동 주택 같은 특징이 나타낸다. 예를 들어 2001년 영국에서 가장 빈곤한 10%의 지역이 사회임대 주택의 40%를 차지했고, 이는 가장 부유한 10% 지역이 사회임대 주택의 5%를 차지한 것과 비교된다. 남동부 외곽의 공공 주택 지역과 사적 임대 구역은 가난한 사람의 주거지인데, 주택의 질이 자가 주택 보유자와 등록된 사회 주택 소유자 지역에 비해 더욱 열악하다. 주거의 기준을 설정하기 위해 수리, 부대시설과 서비스, 적합한 온도, 거주 적합성 등을 지표로 삼아 수행된 2001년 '잉글랜드 주거 환경 조사'를 통해 지자체 관할 주택의 43%가 적합하지 않은 것으로 드러났다. 이 수치는 자가 소유 주택에서의 부적합이 29%이며, 주거 조합 가정이 28%인 것과 비교된다. 기준 미달 주택이 가장 많았던 곳은 사적으로 임대된 영역(49%)이었고, 여러 지표 중 쾌적한 온도 부분에서 미달된 것(40%)이 가장 많았다. 적합성(11%)과 노후(17%) 등의 항목에서는 다른 주거 영역과 비교해 두 배 가까이 높았다. 가장 가난한 가구의 42%가 적합하지 않은 가정에서 살고 있는 것으로 조사됐다. 2001년 '잉글랜드 주거 환경 조사'에서 특별히 취약한 것으로 평가된 가난한 가정은 독거 가정, 소수 민족 가정, 가구원 중 전일제 노동 종사자가 없는 가정이었다(ODPM, 2003).

    주거와 사망의 관련에 대한 연구들을 고찰한 둔은 공공 주거 배분 정책에 의해 이미 건강하지 못한 상태여서 기준 이하의 주택에 편입된 사람을 대상으로 하는 연구(Smith, 1990; Robinson, 1998)와 열악한 주거 자체가 직접적으로 나쁜 신체적 정신적 건강을 야기하는 연구를 구분했다(Dunn, 2000). 육체적인 건강 차원에서 표준 규격 주거와 건강 불평등 간의 원인적인 연관을 나타내고자 한 일부 연구는 습기·곰팡이와 나쁜 건강 간의 관련을 보여 주었다(Packer et al., 1994; Hopton and Hunt, 1996; Williamson et al., 1997). 난방, 단열, 환기가 적절하지 않은 이유로 습기에 노출되는 것은 그 자체가 목의 통증, 발작적 기침 같은 호흡기 증상과 연관된다(Koskinen et al., 1999). 또한 습기의 응축은 곰팡이와 다른 미생물을 자라게 한다. 습기 찬 집의 다양한 곰팡이는 알레르기를 일으키며,

알레르기의 또 다른 원인이 될 수 있는 집먼지진드기의 먹이가 된다(Wilkinson, 1999). 습기는 알레르기성 비염, 아토피 피부염 같은 알레르기 질환과 관련 있으며 천식이나 감기 같은 호흡기 증상과도 연관이 있다(Koskinen et al., 1999, Kilpelainen, 2001). 그러나 어떤 연구자는 가정의 습기와 곰팡이는 호흡기 질환의 위험을 약간만 증가시킬 뿐이라고 주장했다(Peat et al., 1998).

추운 집과 습기 찬 집은 서로 긴밀하게 연계되어 있어서, 실질적으로 추운 집에서 습기가 건강에 미치는 영향을 구분하기는 어렵다. 겨울에 충분히 난방을 할 수 없는 것이 습기보다 건강과 더욱 관련 있을 것이라는 연구 근거도 있다(Evans et al., 2000). 과거에 천식을 진단받은 아동이 거주하는 습기 찬 집에 중앙난방을 한 경우 호흡기 증상이 유의하게 줄어든 것을 보고한 중재 사업의 결과도 이런 의견을 뒷받침한다(Somerville et al., 2000). 노인 인구의 겨울철 초과 사망은 영국에서 중요한 공중보건학적 문제가 되고 있는데, 사망의 위험은 겨울철 기온의 하강과 중앙난방의 부족에 따라 높아졌다(Aylin et al., 2000; Healy, 2003). 영국에서도 역주거법칙이 관찰되는데, 이는 가장 기후가 안 좋은 지역의 주거 질이 가장 나쁘다는 의미이다(Blane et al., 2000). 낮은 소득 집단의 사람은 제대로 지어지지 못한 집에서 살게 될 가능성이 높으며, 적절한 난방을 하지 못하기 때문에 추위의 위험은 가난과 상당히 연관된다. 건강 영향은 연령에 따라 다르게 나타나는데, 매우 고령이거나 매우 어릴 경우 가장 취약하다. 결과적으로 건강에 영향을 주는 것은 단지 낮은 온도만이 아니다. 21년 동안 런던의 일일 사망률을 조사한 결과, $19°C$ 이상의 온화한 수준에서도 기온과 사망 간에 선형적 관련성이 밝혀졌다. 또다시 노인이 상당히 취약한 집단으로 드러났다(Hajat et al., 2002).

육체적 건강에 영향을 미치는 가정환경의 다른 측면은 안전하지 않은 가열 도구와 요리 도구이며, 이를 통해 일산화탄소, 탄산수소, 미세먼지 같은 건강에 영향을 미치는 오염 물질이 배출될 수 있다. 조리 과정에서 배출 가능성이 있는 라돈과 같은 물질은 폐암의 위험을 높이는 것으로 알려져 있다. 적절하지 않은 환기 체계는 곰팡이의 번식에 중요할 뿐 아니라 실내 흡연을 포함하는 공기 오염 물질의 수준에 영향을 준다. 유해한 건축 자재도 문제인데, 납 성분이 포함된 도료와 배관이 문제될 수 있고, 섬유판 등은 포름알데히드를 배출할 수 있으며, 직물 천장은 석면을 함유할 수 있다. 층계, 계단의 벽, 느슨한 바닥재 등은 사고의 위험과 관련된다. 흡연을 많이 하는 가난한 사람에게 사망의 주요한 원인은 화재이다(Wilkinson, 1999; Howden-Chapman, 2004).

광범위한 지역 환경이 신체적인 건강 상태에 영향을 줄 수 있다. 예를 들어 대로변에 살고 있는 사람은 교통에 의한 대기 오염에 노출되기 때문에 뇌졸중의 위험이 높다(Maheswaran and Elliott, 2003). 민델과 조프는 대기 중 입자의 영향을 다룬 역학적 연구에 대한 체계적 문헌 고찰을 통해, 모든 연령층의 호흡기 질환, 순환기 질환, 65세 이상의 만성폐쇄성 폐질환과 천식, 아동과 청소년의 천식이 관련되는 대기 중 입자는, 현재 영국에서 도시 지역에서 부정적 건강 영향을 미치고 있다고 결론지었다(Mindell and Joffe, 2004). 유사하게 19개 주요 도시에 대한 유럽의 연구에서도 지중해 지역 도시와 동유럽보다 서유럽에서 대기 입자 수준은 낮기는 하지만, 공기 오염의 현재 수준이 공중보건 측면에서 무시하지 못할 영향을 가진다고 했다(Medina et al., 2004). 그러나 개개인의 실제 노출되는 대기 모니터링 자료의 타당성은 공기 오염원에 따라서 다를 수 있다는 점이 지적되어야 한다. 대기 모니터링 자료는 일일 미세먼지 노출의 좋은 대리인자이기는 하지만, 이산화질소, 일산화탄소 같은 가스 형태의 차량 배기 관련 오염 물질의 경우 지역에 따라 다르게 분포하기 때문에 이를 잘 반영하지는 못한다. 도시 수준의 자료를 통해서는 대기 오염 노출이 사회경제적 지위에 따라서 어떻게 다르게 분포하는지 파악하기가 어렵다

(O'Neill et al., 2003).

빈곤한 소수 민족 지역이 주택 시장의 역학관계에서 교통 체증과 유해한 산업시설 근처에 몰려 있다는 많은 연구 근거가 제시됐다. 사회경제적 지위가 낮아 가정과 직업 환경에서 오염 물질에 동시에 노출되어 총 노출량이 증가하거나 사회경제적 지위가 이미 기존에 앓고 있던 건강상 문제나 건강 행동과 관계되기 때문에, 사회경제적 지위는 대기 오염에 대한 감수성에 영향을 미친다. 당뇨와 흡연 관련 폐질환은 대기 오염에 대한 감수성을 높이는 것으로 드러났다. 예를 들어 입자의 축적은 상대적으로 폐쇄성 폐질환 환자에게 더 많이 발생한다. 노출과 감수성 모두 사회경제적 격차에 따라 차이가 난다면, 대기 오염은 기존에 알려진 것보다 건강 불평등을 야기하는 데 큰 역할을 할 것이다(O'Neill et al., 2003).

열악한 주거도 신체적인 건강 결과뿐 아니라 정신 건강에도 다양한 방식으로 영향을 준다. 소음, 과밀, 시설 노후 같은 다양한 주거 환경은 스트레스의 수준을 증가시킨다(Smith et al., 1993). 고층에 거주하는 것도 고연령층과 여성에게 문제가 될 수 있는데, 물건 나르기를 힘들게 하며, 아동이 밖에서 놀 때 부모가 잘 돌볼 수 없게 한다(Howden-Chapman, 2004). 듄은 가정생활에서의 불안정한 상황을 '은유적 노숙인'이라고 명명하면서 이 개념에 주목할 필요를 제안했는데, 직장에서처럼 가정에서도 관리, 자율성, 사회적 지지가 중요하다는 것이다(Dunn, 2002). 가정의 의미가 심리적·사회적 해석으로 받아들여진다면, 거주, 건강, 안녕 간의 관련성은 직관적으로 이해가 가능할 것이며, 다양한 연구 근거가 이러한 사실을 뒷받침하고 있다(Weich et al., 2002; Macintyre et al., 2003: Pollack et al., 2004).

건강 불평등 연구에서 주거 문제가 상대적으로 다루어지지 않았음에도 불구하고 노숙인과 건강의 강력한 상관관계는 광범위하게 받아들여져 왔다. 이러한 관련성은 건강 선택(불건강으로 인해 노숙인이 되는 경우를 건강 선택 이론으로 설명할 수 있다)이나 노숙의 직접적인 병리적 효과에 의한 것일 수 있으며, 임시 잠자리를 가지고 있는 사람과 노숙하는 사람 모두에게 영향을 미친다. 예를 들어 건강 선택의 효과는 건강하지 않은 사람이 실업을 당하기 쉽고, 집을 얻기 어려우며, 노숙의 위험이 커진다는 것이다(Wilkinson, 1999). 정신 병력이 있는 사람의 경우 특히 노숙인이 될 가능성이 높다. 사회적 배제과는 노숙하는 사람의 30~50%가 정신 건강 문제를 앓고 있으며, 그중 88%는 길거리로 내몰리기 전에 이미 질병을 가지고 있었던 것으로 추산한다(SEU, 1998).

건강이 나쁜 것은 노숙의 원인이 될 수 있다. 그러나 반대로 노숙이 건강을 악화시킬 수도 있다. 노숙 인구의 약 50%가 과다 음주자이며, 20%는 약물 중독자이다(SEU, 1998). 물질 오용과 같은 문제는 노숙에 선행하지만, 노숙하는 스트레스에 의해 더욱 강화될 수 있다. 물질 오용은 간경화, 과다 복용, 사고 같은 다양한 신체적 문제를 일으킨다. 또한 약물 주사를 통해 종기, 주사 부위 감염의 위험이 커지며, 주사기 공동 사용에 의해 간염과 후천성 면역결핍바이러스 감염의 위험이 높아진다. 위생 관리, 적절한 식이가 어렵고 정신적 스트레스와 우울증이 증가하기 때문에, 결론적으로 노숙 그 자체가 독립적으로 질병을 일으킨다고 볼 수 있다. 높은 수준의 낙인이나 차별과 함께 안전 수준이 낮아서, 노숙 인구에서 폭력과 강간의 위험이 높다. 노숙인에게서 결핵을 포함한 호흡기 질환, 주로 발과 관련된 근골결계 질환, 피부과 질환, 기생충 감염, 소화기 질환, 신경계 질환 등의 신체적 질환이 흔하게 발생한다(RCP, 1999). 이의 결과로 45~64세 노숙인은 일반 인구와 비교해 볼 때 25배 정도 사망 위험이 높다.

물론 모든 노숙인이 길에서 생활하는 것은 아니다. 1997년 이후 길에서 자는 노숙인은 점차 감소해 왔으나, 잉글랜드에서 임시 거처에서 살고 있는 노숙 인구는 두 배 이상 증가해 2004년 10만 명에 달했다. 대개 아동을 포함하고 있는 노숙 가족이 직면하고 있는 문제는 불안전에 대한 심리적인 스트레스, 사회적 고립, 사회적 지지의 결핍, 낙인, 교육의 중단과 불이익 등이다. 임시 거처에서 살고 있는 사람은 일반 인구에 비해 신체적·정신적·감정적 건강 상태가 나쁘기 쉽다. 실제로 그들은 감염, 질병, 사고의 발생률이 높으며, 응급실에 내원할 가능성이 높다(ODPM, 2005).

의료 접근성

건강 '수준'의 차이를 야기하는 사회경제적 위치의 역할에 대한 많은 연구가 있음에도 불구하고, 보건 '의료'의 불평등에 대해서는 상대적으로 적은 연구가 수행됐다. 건강 수준의 변이를 결정하는 생애 초기 프로그램 가설이나 생애 과정을 통해 발생하는 사건 등의 역할을 강조하는 연구 결과의 영향으로 인해, 직접적인 의료 중재는 제한적인 역할을 할 것이라는 믿음이 조성된 것 같다. 사회적 요인은 질병의 발생에 주요한 결정 요인으로 남아 있다. 그러나 특정한 치료와 시술을 적용함으로써 질병, 삶의 질, 사망 수준이 개선됐다는 근거 기반 의학 문헌이 늘어남에 따라 의료 접근성이 건강 차이에 단지 적은 영향을 미칠 것이라는 관점은 공격받고 있다. 이에 부응해 정책도 다시 국영 보건의료 서비스에 대한 평등한 접근의 중요성을 강조하기 시작했다. 의료 형평의 개념에 대한 지지가 증가하고 있음에도 불구하고 국가 보건의료 서비스 접근과 이용에서 불평등이 존재하는지 논란이 되고 있다. 초기의 연구들은 의료 제공에서 '부유한 사람에게 치우치는' 오류가 있다고 주장했으나(Tudor Hart, 1971; West and Lowe, 1976), 파웰은 국영 보건의료 서비스가 역진료 법칙을 보이고 있다는 비판을 지지하는 근거를 거의 찾을 수 없다고 주장했다(Powell, 1990). 또한 빈곤한 사회계급이 기대되는 수준보다 적게 의료 이용을 한다는 보고가 있었으나(Townsend and Davidson, 1982; Blaxter, 1984), 빈곤한 사람은 동일 수요를 가지고 있는 부유한 사람보다 진료를 더 많이 받고 있다는 근거도 제시되었다(Haynes, 1991; O'Donnell and Propper, 1991; Whitehead et al., 1997; van Doorslaer et al., 2000).

국영 의료 서비스 이용에서의 불평등 연구를 찾아보기 힘든 것은 상당 부분 방법론적으로 실제 의료 이용의 기대 수준을 결정하기가 어렵기 때문이다. 개인 자료에 근거한 일부 연구(Morrison et al., 1997; Payne and Saul, 1997)를 제외하고, 많은 연구들은 대리 측정을 이용해 건강 필요도 지표를 개발했다. 의료 서비스 필요도에 대해 가장 흔히 사용되는 대리 측정으로는 사망(Ben-Shlomo and Chaturvedi, 1995; Black et al., 1995; Pain et al., 1995; Manson-Siddle and Robinson, 1998; Oliver and Thomson, 1999), 사회경제적 지위(Carstairs and Morris, 1989: Pringle and Morton-Jones, 1994; Packham et al., 1999), 특정 시술을 평가하기 위해서 사용된 입원율(MacLoed et al., 1999; Hippisley-Cox and Pringle, 2000) 등이 있다.

이러한 지표들은 장단점이 있다(Gibson et al., 2002). 사망률 통계는 치명적이지 않은 질병의 규모를 반영하지 못하며, 일반적인 의료 서비스 필요를 측정하는 데 적합한지에 대한 의문이 남아 있다. 원인별 특수 사망은 치명률이 높은 경우에는 타당한 대리자가 될 수 있지만(Pickin and St Leger, 1993: 27), 임상적인 관리가 보다 효과적인 질병에서는 사망 통계의 타당성은 떨어진다(Curtis and Taket, 1996: 47). 필요도 지표로서 사망률을 이용하는 것은 생존율에 의해 더욱 복잡해지는데, 심혈관 질환이나 암 같은 질병의 생존율은 가장 경제적으로 윤택한 집단과 가난한 집단 간에 통계적으로 유의한 차이를 나타내며, 가장 가난한 집단이 보다 부정적인 결과를 경험하는 경향이 있다. 빈곤 집단에 가중치를 부여한 사망 통계를 단순히 의료 서비스 필요도의 지표로 사용하는 데는 반드시 주의가 필요하다.

제1장에서 논의한 바와 같이 사회적 격차는 다양한 질병의 유병 수준에서 관찰되고 있다. 이러한 사실로부터 빈곤 자체가 타당한 대리 측정

이라고 제안됐다. 그러나 질병 유병률에서의 강력한 사회적 격차는, 전체적으로 빈곤 지역(areas)의 인구에게 더 많은 의료 서비스 필요함을 의미하지는 않는다. 명백하게 존재하고 있는 사회적 격차에도 불구하고 많은 경우 기존에 존재하고 있는 인구학적 격차가 우선한다. 결과적으로 불건강의 대리로서 사회적 지위에 의존하는 것은 낮은 지위의 인구집단에서의 질병 수준을 과대 추정하는 경향이 있으며, 반대로 연령이 높은 노인 집단의 건강 수준을 과소 추정하게 된다(Asthana et al., 2004a). 1998년 발표된 유명한 「애치슨 보고서」에서 다룬 것처럼(Acheson, 1998: 113) 박탈 점수를 단순 치료율과 단순 비교하는 것은 많은 문제를 안고 있다.

의료 서비스 필요도를 추정하는 데 광범위하게 도입되고 있는 세 번째 접근방법은 의료 통계를 이용하는 것이다. 일례로 원인 특수 입원율은 간혹 입원 후 이어지는 특정한 시술의 이용과 비교를 위한 기초 수치로 사용된다(MacLoed et al., 1999; Hippisley-Cox and Pringle, 2000). 이것은 동일한 수준의 질병을 가진 환자가 동일한 정도로 의료 서비스에 접근할 수 있어야만 타당할 수 있다. 어떤 근거들이 제안한 바와 같이 빈곤 집단이 먼저 입원을 한다면(Black et al., 1995; Majeed et al., 2000), 입원율을 지표로 사용한 연구에서 관찰되는 병원 시술에서의 사회경제적 집단 간 차이는 차별적인 임상 진료에 의해서라기보다 임상적 평가 수준을 반영하는 것이다.

국영 보건의료 서비스의 접근성과 이용에서 불평등이 있는지의 여부는 판정이 내려지지 않았다고 르 그랑은 결론지었는데(Le Grand, 1991), 이 결론이 오늘날에도 여전히 유효한 것은, 전술한 비판적 관점에서 볼 때 전혀 놀라운 일이 아니다. 예를 들어 일차 의료 이용에서는 사회경제적 격차는 없는 것으로 일관되게 나타난다. 하지만 소득은 일차 의료인의 상담 행위에 영향을 주며, 성별, 연령집단, 인구학적 집단도 영향을 미친다(Evandrou et al., 1992). 소득 수준에 따라 연령과 성별이 집중됐다면, 유의하지만 반대인 경향이 상충되어 상쇄되게 될 가능성이 있다. 이와 유사하게 가장 낮은 소득 집단에서는 자가 보고 건강 수준을 보정하고도 외래와 입원 서비스의 이용이 높게 나타났다(O'Donnell and Propper, 1991). 그러나 특정(specific) 질병과 시술을 다룬 일부 연구는 필요에 따른 이용률에서 상당한 불평등이 있다고 주장했다(Payne and Saul, 1997). 특히 암 치료 후 생존율에서의 사회경제적 불평등과 심장 전문의 서비스를 위한 진단과 치료 접근성의 구조적인 불평등에 대해 강력한 문제제기가 있었다(Goddard and Smith, 1998; cited by Jacobson, 1999).

의료 서비스 이용의 불평등에 대한 가장 최근의 연구는 상충되는 결론을 내놓았다. 성공적인 '잉글랜드 건강 조사'로부터 얻은 개인 수준의 자료를 이용해 모리스 등은, 낮은 소득의 개인과 소수 민족 집단이 주치의를 자주 찾는 경향이 있지만 2차 의료는 적게 받는다고 주장했다(Morris et al., 2005). 그러나 깁슨 등은 '잉글랜드 건강 조사'를 통해 지역사회 수준에서 빈곤 인구집단이 필요 수준에 비해 순환기 질환의 입원 의료 서비스를 더 많이 받는다는 것을 밝혔다(Gibson et al., 2002). 이것이 반드시 국영 보건의료 서비스의 형평적 지향을 반영하는 것은 아니라는 것이 중요하다. 역진료에 대한 기존의 연구에서 낮은 병원 이용률이 열악한 접근성에 의해 설명됐던 것처럼 이용 수준이 높은 것이 '좋은 것'은 아니다. 빈곤 집단이 순환기 질환의 입원 의료 서비스를 '더 많이' 받는다는 것은 일차 의료와 지역사회의 관리가 부족하기 때문일 수 있다. 이는 빈곤 지역의 일차 의료의 질, 특히 런던의 특정 지역에 대한 장기간의 우려와 일맥상통한다(Benzeval et al., 1995).

정리하면, 국영 의료 서비스의 접근성과 이용이 '역진료 효과'를 나타낸다는 주장(Tudor Hart, 1971)이 격언처럼 수용되어 왔지만, 빈곤과 관련된 구조적 불평등을 나타내는 연구 근거는 아직 분명치 않다. 가장 강력한 근거들은, 혼자 근무하는 일반의의 높은 비율, 일반의 근무시간 외

의료 서비스 이용의 어려움, 낮은 질적 수준 등이 우려되는 일차 의료로부터 제시됐는데, 이는 빈곤 수준이 높은 지역, 상대적으로 예방적 서비스(예를 들어 암 검진 프로그램, 건강 증진, 예방 접종)가 적은 가난한 지역사회가 전제된 것이었다(Benzeval et al., 1995; Goddard and Smith, 1998). 이와 반대로 의뢰 양상과 처방에서 시술 수준의 차이는 환자 집단의 사회적 계급 구성의 차이와 관련을 나타내지 않았다(Coulter, 1992; Wilkin, 1992; Gibson et al., 2002).

앞서 기술한 것처럼 가난한 사람에 대해 병원 의료 서비스 이용이 체계적으로 오류가 존재한다는 문제제기가 있었으나, 빈곤 집단이 질병 수준에 의한 것 이상으로 입원 진료를 많이 이용하고 있다는 연구 근거에 의해서 공격받아 왔다. 국영 보건의료 서비스 자원은 이용에 따라서 배분되기 때문에 특정 인구학적·사회경제적 인구집단이 응당 받아야 할 적당한 몫보다 적게 자원을 받고 있는 것은 아닌가 하는 문제가 제기됐다. 도시의 빈곤 인구집단은 구조적 불평등으로 고통 받고 있다는 사실과는 별개로 병원과 지역사회 서비스의 경우 유병 수준에 비해 과다하게 책정되어 있다고 주장하는 연구도 있다. 소득, 주거, 교육, 생활습관 같은 다른 건강 불평등의 원인 요소와 비교해 볼 때, 의료(hospital) 자원이 건강 불평등 완화에 기여할 수 있는지에 대해 논란이 있는 것처럼 의료 서비스 정책이 건강 형평 목표를 어느 정도나 반영하는지에 대해서도 논란이 있다. 동시에 도시의 빈곤 지역의 자원 제공을 정책 목표로 삼으면 빈곤 수준이 상대적으로 낮을 수 있는 고연령 집단의 필요를 과소추정하게 되어 또 다른 불평등을 야기할 수 있는데(Asthana et al., 2003, 2004b), 이에 대해서는 제12장에서 다루고자 한다.

정책적 함의

성인기는 건강 불평등이 '발현'되는 시기라는 점에서 생애 주기에서 매우 중요하다. 낮은 사회경제적 지위 집단의 사람들은 좀 더 부유한 사람들에 비해 조기 사망과 질병이환의 위험을 가진다. 흡연, 부적절한 식이 등이 암이나 심장 질환과 관련된다는 연구 근거가 제2차 세계 대전 이후 축적됐으며, 이와 더불어 조기 이환이 야기하는 질병 부담을 인식함에 따라 20세기 전반에 걸쳐 성인기의 생활습관 요인과 질병 위험이 크게 연관되어 있다는 것이 공식화됐다. 이러한 경향은 1980년대 들어서 생애 초기 환경의 역할에 대한 관심이 부활함에 따라 전환됐고, 성인기 위험 요인에서 생애 초기 요인으로 관심이 지나치게 편중되게 됐다. 이 장에서 우리는 상호 배타적이 패러다임으로 이러한 모형을 다루는 것을 피해야 한다고 강조했다. 생애 과정 연구는 자궁 내 환경, 아동기 환경, 아동기와 청소년기 삶의 궤적, 성인기 환경 등은 모두 성인기 건강에 영향을 끼친다는 것을 시사하며, 이런 효과는 서로 다른 인구집단과 건강 결과 요인에 따라서 다르게 나타난다.

성인기 사회경제적 환경이 건강 불평등을 야기하는 데 기여한다는 것은 일반적으로 받아들여지는 사실이나, 다른 요인들의 상대적인 효과는 논란의 여지가 남아 있다. 개인적 수준의 노출과 행동이 역학 연구의 위험과 건강 결과 간의 연관을 맺는 데 용이해, 생활습관 요인의 역할에 대한 강력한 연구 근거가 마련됐다. 개인적 수준에서의 심리사회적 건강과 다양한 건강 결과 요인 간의 관련 또한 크게 인정됐다. 그러나 생활습관과 심리사회적 기전이 질병에 대한 취약성을 증가시키는 물질적 조건과 결합해 작동하는 방법은 아직 명확하지 않다. 연구의 대다수는 이런 요인들을 건강 불평등의 원인으로 간주하고 있다. 그러나 이 요인들은 사회경제적 불리함의 결과로도 바라보아야 한다.

제2장에서 논의한 바와 같이, 단일 위험 요인으로 접근하는 경우 중재 사업의 목표가 될 수 있는 명확한 생물학적 기전을 밝히고자 하기 때문에, 건강 불평등을 야기하는 개인적 요인의 역할에 대해 강조하는 연구를 수행해 많은 언론과 정치의 주목을 받게 된다. 성인기 위험 요인에서 이러한 주목은 불행한 일이다. 이 장에서 제시한 근거들을 통해 건강 행동의 사회경제학적 차이는 현재로서는 제대로 이해되고 있지 못한 방식으로 광범위한 환경에 의해 결정된다는 사실을 알 수 있었다. 때문에 불건강 생활습관은 단순히 지식이나 금전의 부족에 의한 것이 아니라, 사람이 자신의 빈곤 경험을 다루는 보다 복잡한 대응 방식을 반영한다. 이런 배경에서 개인적 행동에 대한 정보를 제공하는 대중 홍보와 건강한 생활습관 선택의 접근성을 높이거나 선호하게 하는 것을 목표로 하는 중재 방법은, 심리사회적 환경과 물질적 박탈 사이의 상호 작용이나 관련된 개인의 행동 방식을 정책적으로 밝히는 방법에 비해 건강 행동에서의 불평등을 효과적으로 규명하지 못할 것이다.

심리사회적·물질적 요인이 건강 행동을 매개함은 물론, 자체로 건강의 위험이 될 수 있음을 보여 주는 충분한 연구 근거들이 있다. 앞서 기술했지만, 심리적 안녕의 감소, 질병의 증가, 높은 사망 간의 연관을 보여 주는 강력한 근거들이 개인적 수준에서 확립되어 있다. 지역 수준에서 경제적 환경의 변이가 낮은 사회적 지위의 사람에게 부정적 심리사회적 효과를 나타내며 불건강에 기여한다는 주장은 다소 논쟁의 소지가 있다. 1980년대 후반과 1990년대에 리처드 윌킨슨(Richard Wilkinson)의 심리사회적 가설은 상당히 대중적이 됐으나, 경험적인 영역을 포함해 다양한 영역에서 공격을 받았다. 국가 수준의 소득 불평등과 사망 사이의 독립적인 관련성이 있다는 제안은 한동안 전통적인 상식으로 받아들여졌으나, 세계보건기구는 코스타리카, 스리랑카, 인도 남부의 케랄라 주 같은 지역의 사례를 통해 건강의 높은 수준이 상대적으로 낮은 수준의 부에서도 성취될 수 있다는 근거를 보여 주었다. 오늘날 이러한 관련성은 다소 의심받고 있는데, 어떤 연구자들은 적어도 좀 더 개발된 국가에서는 인구집단 수준의 연관은 간섭 요인에 의한 것이라고 주장한다.

제2장에서 우리는 이런 논란을 평가하면서 심리사회적 가설은 그럴듯할 뿐 아니라 일부 경험적 근거에 의해 지지되고 있기 때문에, 이 가설을 폐기하는 것은 아직 시기상조라고 결론을 내렸다. 우리는 물질적 삶의 조건의 중요성을 무시하는 보수적인 모형으로 이 가설을 해석하지 않는다. 반어적으로 물질적 박탈의 역할을 탐구하는 작업의 핵심과 정책적 함의는 심리사회적 가설을 지지하는 원리와 매우 유사하다. 이 두 모형 모두 실업, 저소득, 열악한 주거와 지역 환경의 조건 같은 유해한 요인을 강조한다. 이 두 연구의 전통은 또한 재분배와 복지 지원 같은 국가의 강력한 역할의 필요성을 지적하고 있다. 그래서 심리사회적 가설에 대해 꾸준히 제기됐던 학문적 비판 중 일부는 심리사회적 가설이 담지하고 있는 이데올로기에 대한 반발에 의해 추동되기도 했다. 그러나 이런 비판은, 보다 구조적인 개혁을 통해 개선될 수 있는 건강 불평등 완화를 위한 자신의 사례 자체를 훼손하고 있다는 점에서 반어적이다.

제11장에서 토의하겠지만, 정부 정책이 심리사회적 가설에 대해 긍정적으로 반응해 왔지만 장기적인 구조적 개혁보다 지역사회 사업에 치중해 온 것이 사실이다. 따라서 지역 환경의 개선을 위해 수행된 몇 가지 사업을 통해 사회적 지지, 사회 자본, 정신 건강에 긍정적인 영향을 미친 것으로 여겨진다. 이러한 사업 계획은 단기적 사업 기간의 한계와 매우 상이한 범위의 사업 목표를 포괄해야 하는 등의 어려움을 겪어 왔는데, 심리사회적 건강을 중심으로 사업을 얼마나 진행할 수 있는지는 의문이다. 그럼에도 지역 환경의 개선 사업과 일부 범죄를 목표로 한 정책이 심리사회적 가설과 관련된 이론을 표명하고 있음은 고무적인 일이다.

반면 소득, 고용, 주거 등 물질적 박탈의 주요 측면을 목표로 하고 있는 정책은 제3장에서 논의한 것과 같이, 정부가 2003년 「합동 검토(Cross Cutting Review)」를 발표하기 전까지는 건강 불평등과 특별히 연계되지 못했고, 물질적 박탈에 대한 정부 정책의 영향력은 상대적 필요의 관점보다 절대적 측면이 컸다. 그러나 주거 부문에서의 예외를 제외하면, 물질적 박탈을 완화하고자 하는 정부 정책이 건강 결과에 끼친 영향에 대한 근거는 많지 않다(제11장 참조). 이는 부분적으로 건강의 차이를 완화하기 위한 상위흐름 사업을 설계하고 평가하는 어려움에 따른 것이기도 하다. 또한 물질적 박탈 영역의 근거가 부족한 것을 정부가 관용하고 있는 상황은, 물질적 박탈을 완화하는 정책을 정책 결정 과정과 정책의 확고한 평가에 대해 공언하고 있는 상황과 불편하게 양립하고 있다. 이른바 상위흐름 사업의 역할과 영향에 대해 근거가 부족한 불운한 결과는 좀 더 거시적인 주제를 토론할 때 정책적 언어에서는 흐려진다. 예를 들어 2004년 공중보건 백서 「건강의 선택: 건강을 위한 보다 쉬운 선택」에서는 건강한 생동적 선택을 할 수 있는 사람의 능력이 실업, 낮은 소득, 낮은 교육, 열악한 생활이나 임시 주거, 높은 범죄 지역에 사는 것 등에 의해 제한되고 있다고 공표했다(HM government and DH, 2004: 13). 그러나 보고서는 정부의 정책이 어떻게 직접적으로 이러한 제한의 작동을 목표로 할 것인지를 설명하기보다, 정부가 "사회 정의를 증진하고 불건강과 건강 불평등의 광범위한 원인을 사회적 배제와 지역 환경의 개선, 아동기 가난 등을 포함하는 다양한 영역에서 활동함으로써 완화한다"라고 모호하게 설명하고 있다(HM government and DH, 2004: 14).

이러한 정부 정책 기조의 모호함 아래 설계된 건강 불평등 해소 정책이 건강의 변이를 야기하는 요인을 쉽게 그려내지 못함에 따라 성인기 위험 요인을 주요한 영역으로 채택되게 하고 있다. 그럼에도 불구하고 제11장에서는 이 장에서 논의한 경로와 취약성의 원인을 다루고자 한다. 최종적으로 생활습관 요인과 심리사회적 건강, 물질적 박탈을 목표로 하는 중재 사업의 영향에 대한 근거를 평가할 것이다. 정책과 중재 사업의 형성과 실행, 효과가 주조되는 데 미치는 맥락의 역할을 이해한다는 측면에서 근거의 한계가 강조될 것이다. 그리고 제14장에서 다시 이 주제로 돌아와, 공중보건에서 근거를 수집하는 근래의 접근방식을 비판하면서 대안적인 방법론의 프레임을 제안할 것이다.

11

성인기의 건강 불평등: 정책과 사업

서론

제10장에서는 성인기 사회경제적 조건이 어떻게 건강과 생활습관에 강력한 영향을 미치는지 살펴보았다. 이어서 이 장에서는 건강 불평등과 정책 환경의 관련성, 어떤 보건 사업이 어떤 근거에서 수행되고 있는지 탐구함으로써, 취약함(vulnerability)의 주요 원인인 생활습관, 심리사회적 건강, 물질적인 삶의 조건에 대한 관심을 이어가고자 한다. 그러나 우리는 그러한 경계가 점점 모호해지고 있다는 것을 강조하고자 한다. 예를 들어 주거는 주거비용, 부의 창출, 관리된 물리적인 환경, (외부) 요인으로부터의 보호를 의미하는 중요한 물질적인 차원이다. 동시에 다른 한편으로 주거는 자아정체성, 사회적 지위, 자율성을 반영하는 심리사회적 차원이기도 한 것이다(Dunn, 2002).

건강의 물적 결정 요인은 다양하고, 복합적이며, 불확정적으로 연결되어 있다. 모든 공공정책에 건강 영역을 포함할 것을 주장한 「국가의 건강」(DH, 1992)과 같은 국가정책에 이러한 측면이 반영되어 있으며(Smith and Mallinson, 1997), 환경부(Department of Environment: DoE)는 건강 증진이 도시 재개발의 목표라는 데 동의했다. 이와 비슷하게 「수명 연장: 우리의 더 건강한 국가를 위해」에서 건강 결정요인으로 생활습관 요인뿐 아니라 사회적·경제적·환경적 결정요인이 강조되었고, 통합적 정책의 중요성이 제시되었다.

비교적 근래에 제기된 (이러한 복합적이고 종합적인 건강에 대한) 고려는 효과적인 중재 사업을 구분하고 적절한 정책이 무엇인지를 구별하는 것을 더욱 힘들게 하고 있다. 개인화된 중재 사업에 초점을 두고 있는 근거 중심의 의제와 구조적 해법에 대한 지속적인 요구 사이의 갈등, 하위흐름 정책과 상위흐름 정책 사이의 부조화가 부각되고 있다(제14장 참조). 중위흐름 정책의 어려움도 조명되었는데, 일례로 국가적 정책 목표를 지역 기반 사업(area-based initiatives)을 통해 달성하고자 했을 때 공간 중심 관점과 주민 중심의 정책 사이에서의 긴장 관계가 형성되기도 했다(Joshi, 2001). 추가로 지적하자면, 그러한 정책은 건강 불평등에 전체적인 접근 방법을 요구함으로써 등급을 구분하고자 하는 시도를 막고 있고, 여러 예에서 관찰되듯이 실질적인 근거가 부족한 것이 사실이다.

이렇게 근거가 부족한 데 기여하고 있는 이유 중 한 가지는 정치적 레토릭에도 불구하고 건강이 개혁 의제의 주변부에 남아 있기 때문이다. 인구집단의 건강 손실 변화나 개선 효과는 상대적으로 적은 관심을 받아 왔으며, 건강을 다루지 않는 기관에 의해 관리된 것도 부분적인 이유가 된다(Curtis et al., 2002). 또 다른 이유는 전체적 접근은 성인기와 같이 보다 넓은 범위라 하더라도 특정 연령층에 미치는 정책의 영향에 집중하는 데 반대하고 있다. 많은 지역 중심의 정책이 아동이나 노인을 부양하는 가족 같은 특정한 주안점을 가지고 세대를 관통하는 정책적 목표를 가지고 있다. 세 번째 이유는 효과적인 중재를 평가하고 연구를 설계하는 데 어려움이 증가하고 있기 때문이다. 비록 한계가 있지만 생애 초기와 소아기의 중요한 근거가 될 수 있는 무작위 할당 대조군 시험을 주거와 같은 영역에서 수행한다는 것이 거의 불가능하다. 그러므로 자가 보고 건강이나 심리사회적 측정에 대한 의존이 커지고 있다.

건강과 생활습관: 식이와 신체 활동

식품 소비 양상은 항상 사회적 불평등을 반영한다(Leader, 1996). 성인기 건강한 식생활 의제에는 현재 두 가지 주요 원동력이 있다. 하나는 관상동맥 질환, 뇌졸중, 특정 암과 식이·영양이 보여 주는 연관성이다. 이 때문에 정부는 국가 서비스 프레임의 관상동맥 질환, 암 등의 분야에서 영양을 중요하게 다루고 있다. 명확한 불평등과 생애 과정을 포함하는 분야이기도 하다. 두 번째로, 제10장에서 보듯이 식이·영양에 대한 물질적 빈곤의 상대적인 영향이 빈곤에 대한 심리사회적 반응과 다른데도, 식품(정책)은 빈곤한 사람에 대한 전체적 접근으로 간주되고 있다. 때문에 '단일 쇄신 예산(Single Regeneration Budget: SRB)'이나 '지역사회를 위한 뉴딜(New Deal for Communities: NDC)' 같은 중재 사업의 지원을 받는 다양한 쇄신 사업에 영양 부문이 포함된다. 신체 활동은 건강한 식생활 의제와 밀접하게 연관되어 있다. 신체 활동을 통해 체중을 줄일 수 있을 뿐 아니라, 관상동맥 질환을 예방하는 데에도 중요하다. 신체 활동은 고혈압, 고콜레스테롤혈증, 당뇨 같은 다른 위험 요인을 간접적으로 막아 준다(Press et al., 2003). 그러나 좌식 생활습관은 성인기에 흔하다.

효과적인 건강 불평등 사업

영양 중재 사업

비만과 과체중 문제는 아동의 과체중과 비만이 이후의 삶에 연장되는 측면과 함께 제8장과 제9장에서 다루었다. 물론 경제적 비용의 문제도 있는데, 비만의 유병률이 현재대로 증가하면 2010년까지 36억 파운드 규모까지 이를 것이라 전망된다(NAO, 2001). 이러한 비용은 일차적으로 질병에 의해 소비된 지출로서 계산된다.

다양한 근거들은 성인기 비만의 치료법에 초점을 맞춘 저칼로리, 저지방, 저에너지 식이의 효용을 지지한다. 예를 들어 영국 인구의 포화지방 섭취를 10% 감소시키면 관상동맥 질환으로 인한 사망의 20~30%를 줄일 수 있다고 한다(DH, 2002b). 신체 활동의 증가와 칼로리 균형 치료는 이런 식이의 효과적인 보조 수단으로 알려져 있으며, 신체 활동이 체중에 미치는 영향 이상의 효과가 있다는 측면에서 식습관과 생활습관의 변화를 가능하게 한다(Mulvihill and Quigley, 2003).

건강 전문가의 지원을 포함하는 구조적인 지지 체계가 있을 때 감소된 체중을 유지하는 것은 좀 더 쉽다. 그러나 정보의 부족, 적절한 지원 서비스의 부족, 대상자 집단의 부정적인 인식 등은 체중 감소의 효용을 떨어뜨린다. 이 문제의 중요성에도 불구하고 의사의 진료, 의료 조직체계의 변화를 통해 얼마나 비만이 잘 조절될 수 있는지에 대해 아직 연구가 적다(Harvey et al., 2001). 다시 한 번 강조하지만, 가장 불리한 처지이자 취약한 사람을 위해 가장 좋은 방법이 무엇인지에 대한 근거가 부족한 것처럼 "건강 불평등을 완화하고자 하는 공중보건 중재 사업과 관련된 근거의 부족은 일반적이다"(Mulvihill and Quigley, 2003: 8). 많은 건강 중재 사업을 강력한 근거에 기반을 두어 성공 가능성이 높도록 조정하는 건강 개발 기구는 모든 의료 상담에 정규적 부분으로 간단한 중재 사업, 성인을 대상으로 하는 식이, 신체 활동, 생활습관 교정을 포함하는 서비스, 그리고 불리한 처지와 취약한 사람에게 전달될 수 있는 전문적 비만 사업을 옹호했다(Kelly, 2004: 4.).

직장 중심 중재 사업은 정기적이고 지속 가능한 참여와 감독이 가능한 장점이 있다. 자조 집단과 지역 기반 중재를 추천하는 근거가 부족한 것은 놀랄 만한 일이며, 효능을 평가하기 위한 가용한 연구의 양적인 문제와 구조적인 문제에 의해 간섭되었을 가능성이 있다. 건강 개발 기구는 근거에 기반을 두어 노동자가 직장이나 직장에 가는 동안에 운동과 신체 활동을 하도록 격려하기 위한 세금 혜택, 지역자치단체가 신체 활동 증진과 건강한 식품 선택 같은 계획을 세울 때 건강 영향 평가를 실시해야 하는 것을 법령화할 것을 주장했다(Kelly, 2004).

과일과 채소를 소비함으로써 심장 질환, 뇌졸중과 몇 가지 암으로 인한 조기 사망이 뚜렷하게 감소한다. 1991년 세계보건기구에서 하루의 최소 채소와 과일 섭취량을 400g으로 정했고, 같은 해 미국에서 '건강한 삶을 위한 하루에 다섯 번 채소와 과일 섭취하기 프로그램(Five A Day for Better Health Program)'이 제정됐다. 보건부에서도 지역사회 기반으로 과일과 채소 섭취를 증진하기 위해 2000년까지 '하루 다섯 번 프로그램'을 다섯 군데의 시범 기관에서 지원받아 실시했다. 이러한 중재 사업은 국가적인 유행과 달리 (과일과 채소) 소비의 감소를 저지하며 사람들의 지식 변화, 과일과 채소 섭취 접근성의 변화를 일으켰다고 평가됐다.

프로그램이 가장 적은 섭취를 하는 집단에게 가장 큰 영향을 미친 것은 아주 중요하다(DH, 2002a). 그러나 문제 인식과 실제 시행 사이의 간극이 지속되고 있다. 두 가지 중요한 장벽이 있는데, 하나는 물류적 측면이고, 또 다른 하나는 맥락적인 측면이다. 다양한 의견이 과일과 채소를 구입·운송·저장하는 실질적 부분을 문제로 꼽고 있다. 음식 섭취의 사회적 기능을 고려할 때 가족과 친구의 지지가 요구된다. 직장과 여가활동의 선택, 아동의 호불호를 만족시키는 것도 중요하다(Anderson and Cox, 2000). 신선한 과일과 채소를 섭취하는 것은 상대적으로 돈이 많이 드는 영양적 선택으로 여겨지고 있으므로 재정적 제약도 중요하다.

이러한 장벽을 없애고자 하는 노력은 일차적으로 지역사회 수준에 초점을 맞추어 왔다. 런던의 뉴엄(Newham) 구에서의 식품 빈곤(food poverty)을 규명한 아스톤-맨스필드는 식품 프로젝트의 범위가 건강한 식품에 대한 접근성을 확보하는 것뿐 아니라 다양한 다른 수준에서도 성공적이어야 한다고 주장했다(Aston-Mansfield, 2001). 다양한 지역사회의 특정한 요구에 부응하는 것, 지역사회 네트워크와 사회 응집력을 지지하는 것, 지역 주민이 지역의 해결 방안을 만들 기회를 제공하는 것 등이 그것이다. 비슷한 노력의 결과가 두 가지 예를 통해 <글상자 11.1>에 제시되어 있다. 이것은 국영 의료 서비스 현대화 계획의 주요 영역을 포괄하는 국영 의료 서비스 사업의 지역적 성공의 결과를 나누고자 2000년 보건부가 실시한 '비컨 프로그램(Beacon Programme)'의 두 사례이다.

과거에는 영양 정책이 영양 교육이나 '건강한 식습관'의 영역에 머물러 있었다. 여기에는 거시적인 영향이나 빈곤과 부, 불평등의 기전에 대한 고려가 부족했다. 식품 빈곤은 저소득 가구가 그들의 가용 소득에 따라 일정하게 식품에 돈을 쓴다든지, 건강한 식품이 좀 더 비싸다든지, 규모의 경제의 혜택을 입지 못한다든지, 운송의 어려움이나 저장 공간의 부족으로 인해 건강한 음식에 대한 접근성이 떨어진다든지 하는 다양한 특성을 포괄한다. 어떻게 예산을 맞출 수 있는지, 건강한 식단 구성이 무엇인지, 건강한 식이를 어떻게 조리할 수 있는지, 간편 식품의 범람 속에서 건강한 선택을 어떻게 할 수 있는지 같은 지식 접근성도 식품 빈곤을 다루고 있다. 세계보건기구가 제시한 건강 증진 접근을 이용하고자 했던 '유럽의 식품과 영양 프로젝트(European-wide food and nutriton project)'로부터 도출된 근거에 의하면, 수사에 불과하거나 영양 교육에 지속적인 초점을 둔 중재 사업에서 실질적으로 광범위한 사회적·문화적·구조적 건강 장벽을 발굴해 낼 수 있는 사업으로 전환되기 위해서는, 적절한 시간과 정책, 조직화된 지지가 필요하다. 문화적으로 적절한 영양적 조언과 함께 복지와 교육, 고용을 이야기할 수 있는 비전문적 식품

〈글상자 11.1〉 영양에 대한 지역사회적 접근

웨스트미들랜즈(West Midlands)의 '샌드웰 지역사회 식품 프로젝트(Sandwell Community Food Project)'는 식품 공급 문제를 해결하기 위해 10년간 진행되고 있다. 이 프로젝트는 신선한 과일과 채소 공급에 중점을 두는 가정 전달 서비스를 통해 이루어지고 있는데, 지역 사립 요양원과 주로 노년층이 거주하는 세대뿐 아니라 13개 학교 인근의 식료품 가게에도 서비스를 제공하고 있다(연간 거래액 7만~8만 파운드). 이 프로젝트는 '국가 복권 기구(National Lotteries Charity Board)'로부터 매년 12만 파운드를 지원받고 있고, 2001년 7월까지 샌드웰 건강 당국으로부터 건강 향상을 위해 하루에 다섯 번 이상 채소와 과일을 섭취하기 위해 고안된 계획 예비 연구 명목으로 추가적으로 9만 7,000파운드를 지원받았다. 샌드웰 건강 당국으로부터 받은 지원금으로는 지역 학교와 가장 빈곤한 다섯 지역을 방문하기 위한 부엌과 영양 전시로 꾸며진 이층버스를 운행해 과일과 요리법 및 정보를 제공하고 있다.

'아시아 요리 클럽(Asian Cookery Club)'은 1995년 루턴(Luton)에서 만들어졌다. 2000년 전통적인 음식을 지방과 소금의 양을 줄이는 건강한 방법으로 요리해 관상동맥 질환의 유전적 소인과 높은 당뇨 유병률을 줄이기 위한 시도에 중점을 둔 지역사회 내의 요리 클럽을 운영하기 위해 요리 지도자를 채용·훈련·고용하는 대중적인 프로젝트로 개혁했다. 예로 들면, '우리의 집(Our House)'은 탁아소와 영어 교육과 함께 요리 클럽을 주최하는데, 이 프로젝트의 성공에 중요한 점은 학생들이 서로를 알고 수업 지도자들을 알도록 집 근처 지역사회에서 교육이 이루어져야 한다는 데 있다. '루턴 헬스액션존'에서 연간 9,500파운드, '지역 국영 의료 서비스 트러스트'가 프로그램 지도자를 지원하고 있다.

근로자를 임명한다든지, 주요한 재원의 배분과 같은 예를 들 수 있겠다 (Kennedy, 2001).

'식품 사막(food desert)'은 사람들이 물리적·경제적으로 건강한 식품에 접근하기 어려운 상대적인 예외 지역을 설명하기 위한 용어이다. 그러한 지역이 실제로 어느 정도 존재하는지, 저소득 계층 소비자의 영양적 질이 실제로 소매된 식품과 어느 정도 연관되는지 등과 같은 다양한 질문이 제기됐다(제4장과 <글상자 11.2> 참조). 그러나 '유럽 암 연구(European

〈글상자 11.2〉 소비 결정 요인에 따른 식품에 대한 접근

리글리 등은 음식 소비 패턴에 대한 의료 이외의 중재 영향을 주시하기 위해 리드(Leed) 지역의 빈곤한 주택 단지에 있는 지역 쇼핑센터 재개발 사례를 연구했다. 이 연구에서는 건강한 식품에 대한 접근성을 지역적 문제로 확인하고, '이러한 문제의 일부는 큰 규모의 지역 기반 중재 사업에서 개선할 수 있다'고 제안했다 ((Wrigley et al., 200: 179). 대형 마켓 테스코(Tesco) 개점은 식이 전반에 대해서는 제한된 영향력을 가졌지만, 이 매장을 찾는 사람의 과일과 채소 섭취를 증가시켰다. 그 변화는 절대적 수준에서는 하루 1회 권장 소비량의 절반 정도였고, 평균적으로 거주민은 여전히 정부가 권고하는 수준을 밑도는 하루 2회 정도 소비하고 있었다. 하지만 가장 위험에 처한 집단 중 일부에게 개선이 있었는데, 이들은 가장 열악한 식이를 하던 사람 또는 제한된 매장, 염가 특매장을 이용하던 사람이었다.

Prospective Investigation into Cancer: EPIC)'의 다양한 학술활동은 거주 지역이 가격, 가용성, 지역의 규범 같은 다양한 기전을 통해 과일과 채소의 소비에 독립적인 영향을 미칠 수 있다고 제안했다. 때문에 개인의 행동적 중재 사업과 더불어 지역 수준의 장벽을 감소할 수 있는 방법을 지지했다(Shohaimi et al., 2004).

신체 활동

정기적인 신체 활동에 의해 건강해질 수 있다는 것은 잘 알려져 있다(제10장 참조). 또한 신체 활동을 하지 않는 인구는 많은데, 계급, 소득, 교육에 따라 비슷한 분포를 보인다. 그러므로 신체 활동 부분에 있어 분명한 건강 불평등의 문제가 있으며, 중재를 목표로 한 사업은 반드시 이를 포함해야 한다. 그러나 특히 취약 집단에게 "신체 활동을 증가시키는 데 효과적인 중재 사업에 대해서는 알려진 바가 거의 없다"(Hillsdon et al., 2004: 2).

일차 의료 차원에서 운동 처방이나 대중매체 홍보 같은 대다수의 공중보건 중재 사업은 개인의 행동 변화에 초점을 맞추고 있다. 가장 효과를

발휘해야 기껏 한정된 기간 동안 일부 인구의 활동 수준을 증가시킬 수 있다(Eaton and Menard, 1998; Riddoch et al., 1998; Eakin et al., 2000). 리뷰 문헌에 대한 고찰에 의하면, 무작위 배정 연구들은 일반적으로 의지가 높고, 잘 교육된 지원자들을 대상으로 수행됐다. 이러한 집단에서는 진료실이나 지역적 설계하에서 상담이나 정보 제공 같은 데 초점을 맞춘 단순한 개인 중심의 중재 사업이 6~12주 내의 짧은 기간에 걸쳐 변화를 일으킬 수 있었고, 운동 전문가에게 의뢰하는 것은 장기간의 변화를 일으킬 수 있었다(Hillsdon et al., 2004). 지속적인 지지와 지역 기반의 사회적 중재가 향후 추구되어야 한다. 시설과 무관하게 할 수 있는 걷기와 같은 중간 등급 정도의 중재도 적어도 짧은 기간에 효과적인데, 지역 기반의 연구에서는 이러한 중재가 지속 가능한 변화의 구심을 형성할 수 있다고 했다. 비슷한 결과가 특정한 50세 이상 인구를 위한 사업에 적용됐다.

개인적으로 적용되는 건강 행동 변화 프로그램과 함께 일차 의료에서 신체 활동 촉진자의 도입, 개발이 지지되었다(Kelly, 2004). 그러나 영국에서 일차 의료 중재 사업이 대중적으로 널리 퍼져 있기는 하지만 '주치의에 의한 개인 상담이 3개월 이상 지속되는 신체 활동의 뚜렷한 증가로 이어지는지'와 같은 의문은 해결되지 않았다(Hillsdon et al., 2004: 12). 몇몇 연구들은 일차 의료에서 유도된 생활습관 변화의 가능성은 실제로 이어지지 않으며(Lawlor et al., 1999), 다른 연구에서는 일차 의료에서의 조언이 변화를 위한 실질적이고 개인이 주지하고 있는 장애 요인을 없애기에는 불충분하다고 했다(Hillsdon et al., 2002). 신체 활동에 일차적으로 초점을 맞추고 있는 중재 사업은 다른 위험 요인 중재 사업에 의해 더 많은 시간을 들여 지지될 필요가 있다(Eakin et al., 2000).

자전거 도로, 녹색 여행 계획(green travel plan) 등 국책 중재 사업, 환경적·지역적·정책적 부문 등에서의 효과에 대한 연구 근거가 부족하며, 운동 전문가 의뢰와 같이 일반적으로 수행되는 중재 사업, 지역의 스포츠와 신체 활동 증진 담당 공무원의 효과, 스포츠 참여자에 대한 평가 등이 없다. 물론 이러한 중재 사업이 효과가 없다거나 단지 체계적 문헌 고찰의 대상이 될 만한 주제가 아니라고 주장하려는 것은 아니다. <글상자 11.3>은 국가 자전거 네트워크의 효능처럼 사용자 조사와 정기 교통 조사 자료로부터 도출된 초기의 몇몇 근거들을 개괄하고 있다.

운동은 니코틴 부족에 의한 기분과 수면 장애, 스트레스 발생, 니코틴 갈구, 체중 증가 같은 효과를 조절해 금연을 돕는다는 의견이 있었다.

<글상자 11.3> 신체 활동을 증진하기 위한 환경적 중재

영국의 자전거 등록률은 1975·1976년 14%에서 1995·1997년 32%로 증가했다. 그런데 영국에서 일상적인 운행 수단의 2%만 자전거로 이루어지고 있다. 반면, 보다 자전거 친화적인 운송 시스템을 갖춘 덴마크에서는 18%이다(Department of Transport: DoT, 1996). '영국 자전거 연결망(UK National Cycle Network)'은 자동차의 친환경적인 대체수단으로 모터가 장착되지 않은 형태의 교통수단을 장려하기 위한 목적으로 서스트랜스(Sustrans)라는 단체에 의해 시작됐다. 이 네트워크는 건강한 신체적 활동의 장려까지 포함하도록 확장됐다. 네트워크의 첫 8,000km 단계는 2억 1,000만 파운드의 예산으로 완성됐고, 2005년 16,000km까지 확장할 계획이다.

운행경로는 인구 밀집 지역을 통과하도록 고안되는데, 가능한 학교, 상가 지역, 고용 센터, 직장 중심부를 연결하도록 했다. 따라서 오락적인 자전거 타기와 걷기를 가능하게 할 뿐 아니라 일상적인 활동에 포함되는 짧은 거리의 이동을 쉽게 할 수 있다(Lawlor et al., 2003). 2000·2001년 40개 이상 경로 사용자를 대상으로 시행된 설문조사에서 응답자의 43%가 특정한 여정을 위해 네트워크를 이용한다고 답해 이러한 목적을 달성한 것을 암시한다. 하지만 응답자의 특성은 남성(66%)과 백인(98%)이 압도적으로 많았고, 거의 절반은 45세 이상이었다. 상당히 많은 수의 사람들이 정기적인 신체적 활동량 증가(크게는 42%, 작게는 28%)에 이 연결망이 도움이 됐다고 생각했다(Lawlor et al., 2003: 99). 쾌적한 주위 환경, 안전성과 편의성 등은 모두 신체적 활동성을 장려하는 환경의 중요성을 의미하고 있다.

신체 활동 수준은 흡연율과 상관관계를 가지고 있으며, 신체 활동을 좀 더 하는 것이 금연의 자신감을 증가시키고 유지하는 데 도움이 된다는 주장이 있다(Ussher et al., 2002). 때문에 운동은 금연의 수단으로 항상 권유되어야 한다. 그러나 무작위 할당 대조군 시험의 근거에 의하면 근거는 제한적이다. 작은 규모의 연구들은 운동 처방군에서 금연이 높음을 보여주었으나, 미국에서 수행된 하나의 대규모 연구만이 프로그램 시행 후 3개월과 12개월에서 유의한 편익을 보고했다(Ussher et al., 2002). 불평등을 고려한 관점에서는 사회경제적 지위, 연령, 직업에 따라 연구의 배정이 이루어지지 않았음을 지적할 필요가 있다.

비슷한 현상이 우울증의 치료에서 운동의 역할로서 나타나고 있다. 연구 결과는 운동과 심리적인 안녕 간의 연결을 강력하게 지지하고 있다. 그리고 운동 처방은 영국에서 대중화되어 가고 있으며 우울증은 운동 처방 의뢰 대상 중 하나이다. 운동 중재 사업을 다룬 메타 연구에 의하면 운동하는 사람이 운동하지 않는 사람보다 우울하지 않다고 한다. 그러나 적절한 추구 관찰을 수행한 질 높은 임상 연구의 부족으로 인해 우울 증상의 감소에 미치는 운동의 효과는 확실하지 않다(Lawlor and Hopker, 2001: 1). 우울증 치료제의 순응도가 운동하는 사람에서 20~50%인 데 반해 운동하지 않는 사람에서 20~59%인 결과를 고려할 때 투약의 순응도 문제에서도 운동 프로그램의 효과는 한계에 직면해 있다.

정책

'국영 의료 서비스 플랜'(DH, 2000a), '국영 의료 서비스의 암 플랜'(DH, 2000b), '관상동맥 질환을 위한 국가 서비스 프레임'(DH, 2000c) 같은 국가 사업은 예방을 위한 주요한 영역으로 식이, 영양, 신체 활동을 강조하고 있다. 예를 들어 국영 의료 서비스 암 플랜에서 식이는 흡연 다음으로 중요한 예방적 영역으로 설정되고 있다. 관상동맥 질환을 위한 국가 서비스 플랜은 지방자치단체와 협력해 모든 국영 의료 서비스 조직체가 '녹색' 운송 계획, 노동자 친화 정책 등을 시행함으로써 중재 프로그램이 신체 활동을 증가시킬 수 있도록 하고 있고, 모든 병원은 퇴원 후 일 년간 신체적으로 활동적이었던 사람이 심장 응급조치를 받은 모든 횟수와 비율을 기록한 임상 감사 자료를 갖추도록 하고 있다(Hillsdon et al., 2004). 정신 건강을 위한 국영 서비스 플랜(National Service Framework for Mental Health)은 이런 목표를 가지고 있지는 않지만 '운동, 이완, 스트레스 조절은 정신 건강에 좋은 효과가 있다'고 강변하고 있다(DH, 1999b).

「새로운 교통 정책(New Deal for Transport: DETR)」(1998)이라는 국책 보고서는 전체적으로 지역사회의 접근성의 필요를 다룸으로써 운송과 건강 간의 관련을 명백하게 했다. 결과적으로 건강한 운송 수단 선택을 늘리자는 목표와 조응해 걷기와 자전거 타기 전략이 현재 지역 운송 계획과 학교 운송 계획의 일부가 됐고, 이런 사업이 지방자치단체의 기금을 통해 향후 장려되어야 한다고 제안됐다(Kelly, 2004). 그러나 제7장에서 이런 정책과 단거리 이동의 자가용 의존 사이의 갈등에 대해 이미 강조한 바 있다. 시속 20마일 이하로 도시 제한 속도를 낮추는 것은 자전거 이용자나 보행자의 안전에 대한 인식을 바꿀 수 있을 것이다. 제한 속도를 감소해야 하는 책임은 추가 지원 없이 지방자치단체의 소관으로 전가되었으며 시속 37마일 제한 속도는 단지 시속 30마일로 바뀌었다(Carnall, 2000). 킹스턴어폰헐(Kingston upon Hull)에서 수행된 110개 시속 20마일 구역에 대한 한 연구는 투자에 대한 저항이 비용-편익 접근 방법에 제한적으로 접근한 결과로 평가하였다. 400만 파운드의 투자가 있다면 4,000만 파운드의 편익이 생산될 수 있는 것으로 추산되었다(IPPR, 2002; Davis et al., 2005 재인용).

영양 문제에서도 비슷한 긴장이 존재한다. 「수명 연장: 우리의 더 건강한 국가를 위해」에 개괄된 정부 고유의 건강 전략에서, 식이는 삶 전체에서 건강의 핵심이고, 그렇기 때문에 건강 불평등의 균형을 맞추는 데 필수적인 부분이라고 인정됐다. 앞서 말했듯이 국가적으로 시행된 '하루 다섯 번 프로그램'은 이 정책의 초석이 됐다. 그러나 나중에 제14장에서 논의하겠지만, 식품 회사의 광고비는 '하루 다섯 번 프로그램'과 같은 사업을 위한 정부의 지출과 매우 다른 목적을 가진다.

2000년 식품 사업의 신뢰성 부족에 대한 반향으로 식품표준국(The Food Standards Authority: FSA)이 창립되었다. 우선 과제는 식품법의 집행을 포함하여 식이 건강을 향상하고 취약계층이 자신의 식이를 개선하도록 도움으로써 불평등을 감소하는 것이었다(FSA et al., 2002). 이는 식품 분배, 취약계층 식품 지원 같은 전통적인 활동에 부가해 지역사회의 영양사들이 그들 자신의 건강한 힘으로 사회적이고 경제적인 쇄신을 통해 식습관을 향상할 수 있게끔 지원하도록 지역 정부의 역할을 증가시키는 것을 포함한다. 지역의 식품 정책은 '건강 향상과 현대화 계획(Health Improvement and Modernisation Plan)'과 '지역 의제 21(Local Agenda 21)' 같은 지역사회 계획 과정에서 다양한 영역의 빈곤 퇴치 전략과 더불어 더욱더 필수적인 요소가 되고 있다. 정부의 '정책 행동팀 13(Policy Action Team 13)' 또한 지역 재개발을 위한 국가 전략의 한 부분으로서 지역적 식품 접근성을 다루고 있다. 이런 전략은 지역사회 중심, 작은 규모의 소매자 중심의 해결방법을 권고했다. 식품을 다루고 준비해 지역사회에 건강하고 값싼 음식을 제공하는 지역사회 카페가 일반적인 대안이었다.

주요 재원은 1998년 「국가복권법(National Lottery Act)」에 의해 제정됐는데, 현재 '큰 복권 기금(Big Lottery Fund)'으로 바뀐 '새 기회 기금(New Opportunities Fund)'이었다. 이 기금은 건강, 교육, 환경의 영역을 포함하고 있으며 복권 기금이 사회적 배제와 불리함을 겨냥하는 것을 목표로 했다. 지역사회 사업을 통해 건강을 증진하고 빈곤 지역의 건강 불평등을 줄이고자 영국 전역에서 3억 파운드의 예산이 '건강 생활 센터(Healthy Living Centres)'에 배분됐다. 영국의 20%에 해당하는 인구가 접근 가능하고, 건강에 대해 전체적인 접근을 목표로 하는 센터의 기금은 2002년 9월에 배분됐고, 대다수의 센터에 2006년까지 지원됐다.

공중보건 정책 보고서「건강의 선택: 건강을 위한 보다 쉬운 선택」은 농장과 식품회사가 건강한 식품의 개발, 이름표 붙이기, 증진, 가격 설정 같은 '공동의 사회적 책임'을 진작할 수 있도록 '식품과 건강 행동 플랜(Food and Health Action Plan)'을 장려하도록 했다(DH, 2005). 이러한 정책의 모델로 스코틀랜드의「건강한 식이(Eating for health)」가 있다(Scottish Office, 1996). 2년의 조사를 걸쳐 농업, 소매상, 공중보건, 소비자 이익집단을 포함하는 이해관계자를 포함해 구성된 이 정책은 1994년 식이 향상을 위한 일련의 목표로 출간됐다. 뒤이어 출간된 국책 보고서「건강한 스코틀랜드를 향해(Toward a Healthier Scotland)」(Scottish Office, 1999)에서도 확인되는 주요한 권고 사항은 정보, 조언, 실질적 기술을 통해 더 건강한 식이를 위한 식품을 제공하고, 식품을 더 잘 이해하도록 소비자의 구미를 조정하는 것이며, 공공 기관과 직장에서 광범위하게 사용될 설명서를 제공하기 위한 계약 모델을 포함한다. 저소득 지역 거주자, 부모, 어린 아동, 학교 등과 그 지역에서 함께 일하는 전문가를 대상으로 영양 문제를 강조하는 것은 불평등과 질병 예방의 차원에서 중요하다.

그러나 전반적으로「건강의 선택: 건강을 위한 보다 쉬운 선택」은 개인적 수준에서 생활습관 요인을 다루는 중재 사업에 초점을 유지하고 있다. 무엇보다 중요한 여섯 가지 우선순위 중 두 가지는 비만 감소와 식이와 영양의 개선이며 운동의 장려이다. 이 정책에서 제안하고 있는 것은 건강의 시장화, 소비자로서의 개인을 지지하는 것, 국영 의료 서비스의 훈련원(trainer)을 개인적 건강 자원으로서 사용하는 것을 포함하는 보다 건강한 선택을 하는 것, 개인이 그들의 생활습관을 향상시키기 위한 방법을 위한 조언, 개인화된 건강 지침의 발전이다. 또한 건강 불평등은 '다른 집단의 사람들 간의 정보를 집적하고, 취약한 집단과 지역 사람들에게 더 건강한 선택을 할 수 있는 더 나은 접근성을 보장함으로써' 해결할 수 있다고 제안하고 있다(HM Government and DH, 2004: 6).

보건부에 의해 주창된 정책들은 근거 기반을 강조하고 있으며, 상담을 옹호하고, 행동 변화를 지지하며 개인적 전략의 확립과 밀접하게 연관되어 있다. 질적으로 우수한 적절한 요원을 갖춘 확인된 체계를 통해 운동 처방 의뢰를 한다거나 '건강한 걷기'와 같은 지역사회 기반의 활동에 참여하는 것과 함께 적극적 노동력 향상을 주창했다(DH, 2002b). 그래서 근거 기반과 마찬가지로 개인화된 중재 사업이 강조되고 있다. 적어도 어떤 식품이 '선택'될 때의 광범위한 맥락에 대해 알리는 식품 광고 등과 같은 사례가 국책 보고서에서 토론됐지만, 공중보건을 위한 정부의 정책이 이런 광범위한 맥락을 목표로 하기에 충분한지에 대한 의문이 제기되고 있다(제14장 참조).

건강과 생활습관: 흡연과 음주

영국의 건강 불평등에서 흡연은 결정적인 역할을 하고 있다. 임신 기간과 가정에서의 흡연은 생애 초기에 영향을 미치며 아동기 후반에는 많은 아동의 생활습관이 된다. 우리는 앞에서 임산부·아동·청소년과 연관된 주요한 중재 사업들을 이미 개략적으로 살펴보았다(제5장, 제9장 참조). 이런 논의는 또한 성인기까지 이어지는데, 여기에 한 가지 중요한 차이가 존재한다. 임산부·아동·청소년을 대상으로 한 많은 금연 프로그램의 효과에 대해 의문이 제기되는 반면, 성인기의 금연에 대한 체계적 문헌 고찰 근거들은 광범위할 뿐 아니라 긍정적이라는 것이다.

건강 불평등 완화에 효과적인 근거와 사업

임상 의사가 있는 임상 진료 환경에서는 아무리 짧은 면담(3분 이하)이라도 금연율을 높이며, 31분에서 90분 사이에 이르기까지 면담 시간에 따라 효과가 증가한다. 이런 효과에 대한 근거는 의사, 간호사, 치과의사, 심리치료사, 상담원 등의 다양한 직종에서 관찰되며, 금연 중재 사업에 모든 의료 전문가의 참여가 독려되어야 한다고 제안됐다(Naidoo et al., 2004). 그리고 일반의는 정규적 상담의 한 부분으로서 흡연에 대한 간단한 중재를 유지·강화해야 한다(Kelly, 2004: 2). 스트레스 관리와 같은 상담과 행동 치료는 금연을 강화할 수 있으며, 흡연자를 위한 전화 상담 등을 포함하는 추구 관리, 친구를 이용한 사회적 지지, 치료비용 지원, 명확한 대중 캠페인, 공중 교육 캠페인, 담배 가격 인상 등은 모두 금연에 도움이 된다(Naidoo et al., 2004). 비슷한 금연 전략이 여성과 남성, 소수 민족, 고연령층 같은 다른 대상 집단에서 효과적이었다고 보고됐다. 반면에 자가 보조 수단은 개인적인 수준에 맞추어져 있는 경우 단지 적은 영향과 향상을 가져오는 것으로 밝혀졌다.

이러한 많은 중재 사업이 취약 집단을 대상으로 하고 있지만 차등적 효과성에 대해 명시하지 않으려 하기 때문에 건강 불평등 의제에 큰 기여를 하고 있지 못하다는 사실이 중요하다. 다양한 연구 결과에 의하면 성공적인 금연은 노령층, 높은 교육 수준이나 사회적 지위, 흡연 소비의 낮은 우선순위, 비흡연 배우자 등과 관련 있다. 때문에 높은 담배 가격의 부담은 금연에 큰 어려움을 가진 낮은 소득을 가진 사람에게 불균등하게 분포하는 것처럼 느껴진다(Secker-Walker et al., 2004). 이와 같은 연관은 실직자의 장기간 금연 성공률이 낮은 것을 통해서도 나타난다. 금연에 실패한 사람은 취약 계층에 집적되어 있고 중위 소득 이하의 사람은 금연 서비스와 치료에 특별한 주의를 요한다(Kelly, 2004). 노년 흡연자에서 금연 성공이 최근의 입원이나 관상동맥 질환의 발생 같은 건강 문제의 발생에 의한다는 것은 놀라운 사실이 아니다(Osler and Prescott, 1998). 이런 점에서 개인화된 위험은 변화를 위한 잠재적인 원동력이 될 수 있다. 정신질환, 비만, 열악한 식이와 운동 부족인 사람에게서 높은 흡연율이 관찰되지만, 역설적이게도 건강 증진 사업은 이들에게 제공되지 않는다.

지역사회 건강 중재 사업이 다면적인 속성과 흡연의 결정이 이루어지는 광범위한 사회적인 맥락을 설명할 수 있는 능력 때문에 옹호되지만, 가장 확고한 연구들은 지역 수준의 유병률 효과에 대해 제한적인 근거를 보여 주고 있다. 여러 연구들이 보고한 중재 사업이 도입된 지역사회의 흡연율 감소의 합은 연간 -1%에서 +3% 정도의 수준이다(Secker-Walker et al., 2004). 영국에서 단지 두 가지의 지역사회 중재 사업이 무작위 할당 대조군 시험의 대상이 됐는데, '액션 하트 플랜(Action Heart Plan)'과 '하트베어 웨일스(Heartbear Wales)'가 그것이다(Baxter et al., 1997, Tudor Smith et al., 1998). 후자는 전국에 걸친 대중 매체, 건강 전문가, 회사와 학교를 포함해 금연 상담가, 금연 단체, 자조 집단을 동원했음에도 5년 동안 중재의 효과를 나타내지 못했다.

이것은 프로그램이 아직 진행 중이지만 웨일스를 넘어서 다양한 중재 사업이 급속하게 확산되었기 때문일 수 있다. 그러나 성인의 관상동맥 질환의 예방을 위한 건강 증진 사업이 단지 적은 부분에서 위험 요인의 변화를 일으켰을 뿐이며, 고혈압, 심장질환 기병력자 같은 고위험군을 제외하고는 사망률의 감소에서도 유의한 결과를 보이지 못했다(Ebrahim and Davey Smith. 1997, 1998). <글상자 11.4>에서 볼 수 있듯이 광범위한 적용은 특히 지역사회 개발 접근과 함께할 때 건강 획득의 좀 더 전체적인 정의의 맥락에서 유의한 것으로 생각된다. 또한 개인의 태도에 대한 연구는 특히 지역 쇄신과 연관된 지역적인 대안을 지지하는데, 왜냐하면 가장 빈곤한 사람들에게는 금연 문화가 부재하며, 흡연과 관련된 건강 위험 요인은 열악한 주거, 실직, 제한된 교육, 빚, 범죄, 사회적 고립 같은 일상생활의 다른 거대한 어려움과 비교해 낮은 우선순위를 차지하는 것이 일반적이기 때문이다(Jackson and Prebble, 2002).

간접흡연의 노출에 의한 유병률을 줄이기 위한 중재 사업에 대한 최근의 문헌 고찰 연구는 직장에서의 흡연 금지나 낮은 정도의 제한이 간접흡연의 노출을 감소시켰다는 것을 보여 준다. 이는 단지 노동자에게만

〈글상자 11.4〉 여성, 저소득, 흡연

저소득 여성의 일상생활에서의 흡연은 복합적인 역할을 한다는 것이 오래전부터 알려져 왔다(Graham, 1993). 1996년에서 1999년까지 스코틀랜드의 '흡연과 건강 행동(Action on Smoking and Health: ASH)'은 스코틀랜드 건강교육위원회로부터 3개년에 걸쳐 저소득 흡연 여성을 위한 지역사회 중재 사업을 용이하게 하기 위해 설계된 프로젝트의 지원을 받았다(Gaunt-Richardson et al., 1998). 총 프로젝트의 예산은 3만 7,000파운드였으며, 20군데의 지역사회 기반 중재 사업이 지원을 받았다. 이는 정신 건강에 문제가 있는 여성을 위한 교육적·여가선용적·감정적 지원(McKie et al., 1999), 고립된 섬 지역의 농촌 지역사회를 위한 춤과 연극 집단 모임 지원(Barlow et al., 1999), 노숙을 경험한 적이 있는 여성에 대한 협력 같은 내용을 포함했다(Amos et al., 1999). 이 사업들의 대상은 모두 흡연 수준이 높았다.
일련의 프로젝트 평가는 프로젝트의 성공을 나타내는 중요 지표로서, 금연을 한 사람의 숫자가 아니라, 금연할 수 있다는 신뢰감, 생활습관의 광범위한 함의에 대한 고려, 다양한 범위의 서비스에 접근성을 증진하는 것, 토론과 활동 집단이 재정 지원이 끝난 후에도 유지될 지속 가능성 등과 같은 사업 과정에 대한 측정을 제안했다. 지역사회 기반의 사업의 제한은 이동 수단의 부족과 육아 문제를 포함하는 실질적, 심리사회적, 과정적, 기반 구조의 (접근) 장벽에 의한다. 지역사회 기반 사업은 "담배 규제에서 일반적으로 건강 증진은 장기적인 지원뿐 아니라 적절한 조언, 전문성, 자원 등과 같은 지원을 요구한다"(Gaunt-Richardson et al., 1998).
좀 더 최근에 진행된 스코틀랜드의 보건 사업인 '숨 쉴 공간(Breathing Space)'은 지역사회 개발 이론에 근거해 형성됐는데, 이 사업은 에든버러의 저소득 지역에서 지역사회, 일차 의료, 청소년과 학교, 직장 등 네 군데의 주요 건강 증진 환경에 초점을 두고, 지역사회의 흡연에 대한 규범을 용인되지 않고 실질적이지 않은 것으로 바꿈으로써 주요한 전환을 이루는 것을 목표로 했다(Ritchie et al., 2004).

적용되는 것은 아니다. 이는 자가 보고 노출 수준에서 지역사회 차원의 감소와도 연관된다. 충분한 자원이 지원될 때 종합적이고 의도적인 금지 조치는 공공장소에서의 흡연 감소에 효과적이며, 금연 금지 표식과 같은 강도가 비교적 약한 조치는 부분적으로 효과적이다(Taylor et al., 2005).

과다 알코올 소비는 정신 건강, 암, 심혈관 질환에 대한 국영 의료 서비스 프레임의 주요 영역과 밀접하게 관련된다. 향후 개괄하겠지만 범죄, 폭력, 지역사회 관리와 연관된 (지역) 쇄신 의제에서 주요한 고려 사항이다. 체계적 문헌 고찰 수준의 많은 근거는 병원이나 일차 의료 환경에서 도출됐다. 5~20분의 짧은 중재 결과로 이후 6~12개월간 자신의 음주를 조절하는 비율은 과다 음주자에서 두 배에 이르며 여러 번의 면담, 상담, 동기유발 작업 같은 확대된 중재를 통해 효과는 더욱 증대된다. 특별히 여성에게서 이런 점은 잘 드러난다(Walker et al., 2002; Kelly, 2004). 치료를 따로 원하지 않는 사람에게서도 간단한 중재 사업은 효과를 발휘하며, 병원 응급실에서의 음주 진단 중재 사업도 마찬가지이다. 그러나 직장이 과다 음주 집단의 사람이 직업적으로 또는 전문적으로 사회화되는 주요한 장소임에도 직장이나 지역사회 중재 사업에 대한 체계적 문헌 고찰 수준의 근거는 차이가 있다(Walker et al., 2002). 관리 지원이 수반된 높은 수준의 봉사자 훈련은 하나의 예외로, 건강 발전 기구에 의해 성공 가능성이 높은 국가적 중재 사업으로서 강조됐다(Kelly, 2004: 2). 혈중 알코올 농도법과 호흡 알코올 검사의 허용이 음주 관련 충돌과 사고에 효과적이라는 보고가 있었다(Mulvihill et al., 2005).

정책

금연과 관련된 정책의 배경은 이 책의 초반에 광범위하게 다루어졌다. 국영 의료 서비스에 의해 설립된 관상동맥 질환을 위한 국영 의료 서비스 프레임의 첫 번째 원칙은 인구집단의 관상동맥 질환 위험 요인의 유병률을 감소하고 심장 질환 발생 위험의 불평등을 감소하는 정책이 국영 의료 서비스와 동반 기관에 의해 개발·실행·감시되어야 한다는 것이다. 두 번째 원칙은 이러한 정책이 지역 주민의 흡연율 감소에 기여해야 한다는 것이다. 이러한 정책은 실질적으로 환자의 흡연력 기록, 흡연자에게 정규적인 상담 기회 제공, 니코틴 대체 요법이나 부프로피온의 적절한 처방, 흡연자를 금연 조언가로 활동하도록 교육된 간호사나 방문 보건인력이나 약사에게 의뢰하는 것 등을 포함한다. 또한 사회경제적으로 육체노동자 집단의 흡연자와 임신부 흡연자 같은 위험 집단을 중심으로 집단 치료를 기반으로 한 접근 가능한 서비스와 행동학적 지지, 일반의나 약국과 같은 접근 가능한 환경에서의 일대일 상담 제공을 요구한다(DH, 2002b).

국영 의료 서비스 암 플랜은 흡연 감소, 보다 건강한 식이의 증진, 대중의 인식 향상, 좀 더 접근 가능한 정보 제공을 통해 암의 위험을 줄이고자 하고 있다. 불평등의 감소도 그런 목표 중 하나이다. 「스모킹 킬」에서 구체화된 목표는 육체노동자군의 흡연율을 1998년 32%에서 2010년까지 26%로 감소시키는 것인데, 가장 높은 흡연 지역에 지역적인 목표를 설정함으로써 20가지 주요 건강의 우선순위 중 흡연의 감소를 명백하게 제시했다. 앞서 말했듯이 이러한 전략의 주요 요소는 가장 취약한 지역의 사람에게 전달되는 데 효과적이라고 평가받는 국영 의료 서비스의 흡연 중단 서비스이다(Chesterman et al., 2005). 물론 위험이 단지 현재 흡연과 연관된 것만은 아니다. 생애 과정에 걸쳐서 간접흡연은 예방 가능한 사망의 세 번째 주요 원인이다(Hovell et al 2000; Taylor et al., 2005 재인용). 스코틀랜드에서 시작된 공공장소와 직장에서의 흡연 금지(비자발적 흡연 노출을 줄이기 위한 것이다)는 지역적 규모에서 전국적 규모로 빠르게 확대되고 있다.

암 정기 검진 프로그램을 포함하는 예방적 건강 서비스는 가장 위험이 높은 지역사회에서 접근성이 취약하다. 때문에 약 2,300만 파운드 규모의 '암과 함께 생존하기 사업(Living with Cancer Initiative)'은 빈곤 지역에 사는 사회적으로 박탈되거나 소수 민족 집단을 대상으로 암 완화 요법을 위해 '새 기회 기금'의 지원을 받는다. 2002년까지 각각의 일차 의료 트러스트는 흡연자의 금연을 지지할 훈련된 의료 전문가를 보유할 것으로 기대됐다. 주요 사업자를 대상으로 한 작은 규모의 국가적 사업은 직장을 위한 금연 정책 개발을 돕는 것을 목표로 하고 있다(DH, 2006b). 「건강의 선택: 건강을 위한 보다 쉬운 선택」의 지원으로 담배 광고에 대한 제한은 더욱 강화될 것이다. 그러나 주점과 식당에서의 흡연 금지는 부분적으로 이루어졌고, 이것은 다시 국가 정책 보고서가 건강 위해 행동의 광범위한 맥락을 충분히 고려하지 못했다는 책임 추궁으로 이어졌다.

음주에 대한 정책은 흡연과 관련된 정책과 같이 기본적인 갈등을 안고 있다. 법제화, 매체와의 협조, 정보 캠페인, 무작위 음주 측정 등이 음주 운전을 줄이기 위해 오랫동안 시행됐다. 이미 만취한 사람에게 술을 팔지 못하게 하고, 음주로 인한 반사회적 행동을 더욱더 범죄로서 간주하게 됐다. 같은 시기에 음주 행태는 영국 성인 인구의 90% 이상에서 만연해 있었는데, 운전면허 법률은 점차적으로 완화된 것이다. 음주에 드는 비용은 매년 약 300억 파운드 규모이며, 음주 관련 시장이 100만 개의 일자리를 창출하는 것으로 추정되는 등 영국 경제에 상당한 부분을 차지하고, 실질 세금이 매년 70억 파운드에 이른다. 그래서 공중의 건강이나 안전보다 음주 산업에 영향을 받는 정책이 비판의 대상이 됐다.

앞에서 설명했지만 (음주 운전 금지 이외의) 법제화, 회계 감사, 교육, 대중매체, 안전한 음주에 대한 정보 제공 강화 같은 건전한 음주 환경 조성에 대한 평가가 그간 이루어지지 않았다. 왕립대학과 영국의사연합은 음주 운전의 혈중 농도 한계선을 대다수의 유럽 국가의 기준과 확립된 근거에 맞게 100ml당 50mg으로 낮출 것을 제안했다. 그런데 음주에 대한 태도와 행동에 영향을 미칠 수 있는 직장의 음주 정책의 잠재력은 관심을 받지 못하고 있다(Mulvihill et al., 2005). 제9장에서 소개됐던 '잉글랜드 알코올 위해 감소 전략(Alcohol Harm Reduction Strategy for England)'은 위험한 음주와 만성 음주로 인한 건강 영향 이외에도 범죄나 반사회적인 행동의 폐해 감소를 강조하고 있다(Cabinet Office, 2004). 감시를 위한 측정은 더 나은 교육과 의사소통, 건강과 치료 서비스의 개선, 음주 관련 범죄 및 질환과 맞서기, 음주 산업과의 공조 등을 포함해야 한다. 예를 들어 문제적 음주자에 대한 정책의 권한이 강화되어야 하고, 주점이나 클럽이 음주와 관련된 범죄나 질환에 대한 정책 비용을 좀 더 부담해야 한다. 또한 음주 산업이 국가적·지역적 수준에서 음주의 오용을 줄일 수 있는 체계를 수립하고, 국영 의료 서비스의 직원이 음주와 관련된 문제를 빨리 인식할 수 있는 훈련에 대한 재정적인 지원을 해야 할 것이다.

심리사회적 환경: 지역사회 쇄신

제2장에서 설명한 것처럼 심리사회적 가설은 사회적 응집을 통해 작동할 수 있는 지역사회 효과, 사회적 위계질서에서의 지위, 건강 상태에 영향을 미치는 사회적 네트워크의 질에 대한 해석 등을 가능하게 한다. 지역 환경의 중요성은 생애 과정에 따라 다양하며, 저소득 인구, 활동력이 떨어지는 인구, 새로 구성된 가구, 노령층 인구에게 좀 더 중요한 것으로 가정된다. 그러므로 사회경제적 지위가 낮은 사람은 국지적 지역사회 기반에서 관계와 자원이 부족하기 때문에 구조적으로 불리하다. 정신 건강에 대한 지역사회 효과에 대해 근거는 상대적으로 적지만(Propper et al., 2004), 정신 건강의 악화 경험과 특정한 집단의 지역사회의 특성이

비록 작지만 연관이 있다는 것이 중요하며, 이러한 연관은 특히 백인이 아닌 교육 수준이 낮은 여성에게서 현저했다. 이는 사회적·물리적 환경이 건강 상태에 미치는 영향을 더욱 복잡하게 한다(제2장 참조). 때문에 지역사회는 잠재적으로 건강 관련 중재 사업을 위해 중요한 장소이지만, 역설적으로 "가장 (필요하고) 중요한 사람들에게는 가장 적게 제공된다"(Forrest and Kearns, 1999: 21). 그래서 지역사회 쇄신과 건강 간의 관련에 관심이 증대되고 있다.

건강 불평등 완화에 효과적인 근거와 사업

앤더슨은 지역사회를 쇄신하고자 하는 노력을 10가지 형태로 분류할 수 있다고 했는데, 물리적 개선, 활발한 마케팅, 지역사회 역량 강화, 범죄에 대한 대항, 사회적 지지 증대, 교육과 직업 훈련의 접근성 등을 포함한다(Skifter Andersen, 2002). 그는 이런 분석적인 접근방법의 근거가 실질적으로 부족하며 명확한 전략에 의해 내용이 고지되어야 한다고 했다. 비슷하게, 파킨슨은 유럽의 보건 사업에서 지역 기반의 접근방법의 이용은 증가했으나 사회경제적 환경이 명확히 향상됐다는 결론적인 근거는 적다고 주장했다(Parkinson, 1998). 문헌 고찰 연구가 건강 문제를 특별하게 자주 다루지는 않는다는 사실 때문에 건강 지향적 관점에서 (이러한 사업의) 평가가 어려운 측면이 있다(Stewart and Taylor, 1995; Forrest and Kearns, 1999). 그러나 앰브로스가 강력하게 주장했듯이 열악한 삶의 조건과 건강과의 연관성을 제시하기 위한 논리로 "'원인'과 '효과'의 명기가 부족한 것과 명백한 혼란 변수의 영향"을 수용해서는 안 된다(Ambrose, 2001: 9).

물리적 개선

지역사회 쇄신의 기치 아래 수행되고 있는 주거의 향상 노력이 정신 건강에 긍정적일 수 있다는 주장이 있다(Curtis et al., 2002; Macintyre et al., 2003; Thomson et al., 2003). 물리적인 환경의 개선이 정신 건강 향상에 중요한 것으로 드러났다. 서로 다른 주거 환경에 있는 3,000여 가구를 포함한 '스코틀랜드 조사(Scottish Survey)'에서 가정이란 안식처로서, 그리고 자율성의 핵심 장소이자 지위의 원천으로서 심리사회적 편익을 가지고 있었다. "다른 어떤 특징보다 …… 습기, 추위, 협소한 공간, 소음, 낙후된 시설과 같은 현존하는 문제는 가정으로부터 얻을 수 있는 심리사회적 편익의 획득을 훼손한다"(Kearns et al., 2000: 405~406).

재건축과 쇄신 프로젝트는 사회적 결과를 향상시킬 가능성이 있다

〈글상자 11.5〉 단일 쇄신 예산에 의한 건강 향상

'주거 투자에서의 비용-효과(Cost-effectiveness in Housing Investment)' 연구 프로그램은 열악한 거주 상태와 관련된 건강, 교육, 안전보장 같은 서비스에 비용을 조성하기 위해 1993년부터 시행되고 있다. 센트럴 스테프니(Central Stepney)의 '단일 쇄신 예산'의 일부로 황폐한 두 부지를 개량하여 얻어진 건강의 이득에 관한 연대기적 연구에 의하면, 1996년과 2000년 사이의 와병일수에서 7배의 개선이 있었다고 한다. 건강이 나쁜 주요 원인들로는 기침과 감기, 온몸이 쑤시고 아픔, 천식, 기관지 문제, 소화 장애와 우울증이었다.

패딩턴(Paddington) 지역의 개선된 주거지역에서의 연간 의료보험 비용을 개발 전 스테프니 지역과 비교한 결과 스테프니 지역에서의 개발 전후와 유사하게 7배의 차이가 있었고, 이는 주거 영역으로부터 국영 의료 서비스로 유입되는 비용이 상당한 것을 암시한다.

건강에서의 긍정적인 변화는 '단일 쇄신 예산' 프로그램에서 수행된 개선 사업과 명확한 관계가 있는 것으로 생각됐다. '단일 쇄신 예산' 프로그램의 수행으로 주택 보수 및 관리와 더불어 과밀, 습기, 추위, 해충 구제가 개선됐다. 그리고 개인의 안전 수준의 상승과 범죄에 대한 두려움 감소, 지역 학교에 대한 만족도 상승 및 소속감 강화가 나타났다(Ambrose, 2001).

(<글상자 11.5> 참조). 이는 지역사회 참여와 안전에 대한 인식을 포함하고, 일례로 범죄에 대한 두려움의 감소, 사회적 지지의 증가 등으로 나타난다(Thomson et al., 2001).

러셀과 킬로란은 해크니(Hackney)에서의 재개발 프로젝트로부터 지역사회 개선 이후 의사 방문 횟수와 의료보험 수요가 1/3 수준으로 떨어졌고, 경찰서와 소방서에 전화하는 횟수 같은 다양한 안녕 지표가 향상된 것을 발견했다(Russell and Killoran, 2000). 재개발에 따라 지역사회의 신뢰성도 증가했는데, 예상치 못한 방문자에게 문을 열어 주거나, 특별한 주의 없이 아동을 밖에서 놀게 하거나, 이유 없는 괴롭힘이 감소한 것 등이 그 근거이다. 정신 건강처럼 물리적 향상도 사회적 결과의 중요한 요소이다. 할페른은 지역사회 안전 척도의 도입, 원활한 교통, 아동 놀이 장소 등이 자아 자존감과 지역에 대한 인지된 친화도를 향상시킴으로써 분노, 우울, 범죄에 대한 두려움 등이 감소된다고 했다(Halpern, 1995).

'조지프 라운트리 재단의 지역 쇄신 연구 프로그램(Joseph Rowntree Foundation's Area Regeneration Research Programme)'(<글상자 11.6 참조>)의 연구 결과는 주거 디자인과 부동산의 형태가 아동의 사회화와 주거민의 비공식적 상호 작용의 정도에 영향을 미치고 있음을 보여 준다(Forrest and Kearns, 1999). 영국 사회의 맥락에서 고층 주거는 전통적인 형태의 주거보다 더 취약한 것으로 여겨지며, 흔히 아동에 대한 환경적 이득, 비공식적인 지도와 돌봄이 적은 것으로 여겨진다. 밀도와 물리적인 고립의 결합은 평균 자산 이하 사람들의 특정한 요구에 의한 것일 것이다(Freeman, 1993).

상당한 투자가 현장에서 실질적인 변화를 낳았다. 버밍엄의 캐슬 배일(Castle Vale) 지역의 쇄신을 위한 지출 규모는 1억 4,500만 파운드, '북에든버러 쇄신 파트너십(North Edinburgh Regeneration Partnership)'은 7,600만 파운드, 타인사이드의 메도우 웰 지역자산(Meadow Well Estate on

〈글상자 11.6〉 지역 주도의 환경적인 개선

'조지프 라운트리 재단의 지역 쇄신 연구 프로그램'의 8개 연구 지역 중 두 곳은 노팅엄(Nottingham)에 있는 하이슨 그린(Hyson Green)과 포레스트 필드(Forest Fields)의 시내에 있었다. 두 지역 모두 1980년대 후반부터 '어번 태스크 포스(Urban Task Force)' 재정 지원을 받고 있다. 연구 기간에는 '노팅엄 파트너십 의회 (Nottingham Partnership Council)'의 일부로 있었고, 유럽 도시 프로그램(European Urban Programme)으로부터 지원금을 받고 있다.

연구 기간 동안 거주민은 대규모 쇄신을 반대하는 한편 직업, 작은 규모의 지역 설비, 좋은 지역 공중서비스를 요구했다(Forrest and Kearns, 1999: 48). 지역의 주민과 상인에 의해 시작된 환경 개선(안전문, 서행 촉진 측정기, 사업 계획 서비스 거래 등)과 블룸(Bloom) 프로젝트의 하이슨 그린은 모두 환경 개선과 더불어 사회적 개발을 초래했다. 사회적인 개발은 연구 수행으로 인해 향상된 의사소통, 거주민 세대 간의 상호 지지와 높은 근린의 이용, 지역에 대한 자부심 및 보안 강화의 결과였다. 촉진 요인으로는 지역사회 소유권, 헌신적인 지도력, 분산된 지역 관리를 하는 책임감 있고 유연한 지역 규제 당국, 개선되어야 할 밀집된 거리 패턴 등을 꼽을 수 있다(Forrest and Kearns, 1999).

Tyneside)은 3,700만 파운드에 이르는 것으로 추산된다(Hastings and Dean, 2003). 또 다른 중요 변수는 장기간의 전략에 동의하는 협조자와 이해당사자로서 활발한 역할을 할 수 있도록 거주민의 능력을 배양하는 것이다(Evans, 1998).

지역의 평판

낙인은 지역사회의 몰락을 재촉한다. 이는 선택적인 지역 외 이동에 의해 인구집단의 자산 균형에 영향을 주는데, 높은 유동성은 사람들이 일차 의료와 교육에 대한 접근성을 떨어뜨리기 때문이다. 낙인은 또한 "지역사회의 향보를 결정하는 중요한 역할을 하는 다른 집단의 신뢰도에 영향을 미친다"(Hastings and Dean, 2003: 172). 이런 지역에서 회사를 설립하는 것이 꺼려지고, 고용주는 지역 거주자에 대해 차별할 것이며,

사적 서비스가 줄어들고 공공 서비스의 질이 낙후될 것이다.

과거에는 평판이 물질적인 조건에 따라 향상될 것이라는 가정이 존재했다. 그러나 지역 자산의 쇄신을 통해 지역사회와 관련된 평판을 개선하는 것은 매우 어렵다는 사실이 밝혀졌다(Cole and Smith, 1996; Forrest and Kearns, 1999). 문제가 있는 지역이라는 인상이 지속되는 것은 지식의 전파와 변화에 장벽으로 작용한다(Hastings and Dean, 2003). 나쁜 평판을 지닌 지역에 거주하고, 문제가 되는 지역사회에 함께 사는 것은 사람들이 자신의 가정으로부터 심리사회적 편익을 얻을 수 없음을 의미하기도 한다(Kearns et al., 2000). 공공 관련 직원 채용, 지역 매체의 태도 등을 포함하여 변화를 위한 효과적 의사소통이 중요하고, 스포츠 시설이나 영화관 설치 같은 변화의 시각화와 방문의 이유를 만드는 것도 중요하다.

문제적 지역 자산의 가장 현저한 사회경제적 특징 중 하나는 아동 인구의 과밀화이다(Cole and Smith, 1996). 이는 어른의 감독이 제한됨에 따라 공공건물의 훼손과 소모로 귀결된다. 다른 일반적인 특징은 한부모 가정과 높은 실업률이다. 커티스 등은 지역사회가 정책적으로 주요 인력이 지역 내에 머물도록 하고 향상된 지역 시설을 유지할 수 있도록 지역에 투자하는 것 등이 중요하다고 지적했다(Curtis et al., 2002). 효과적인 사회적 조화를 위해 기여하는 다른 요인은 지역사회 안전을 위한 (주거) 형태와 (인구)밀도, (지역 노동조합을 활용한) 거주민의 참여와 주인의식 등이다. 그러나 이미지는 쉽게 교정되지 않는다. '지역사회 재개발을 위한 국가 전략'은 문제적 평판의 역할을 논의했으나, 이를 해소하기 위한 특정한 방법을 제시하지는 못했다(Hastings and Dean, 2003).

지역사회 역량 강화

지역사회 – 장소, 관심, 애착의 특성을 공유하는 것으로 정의된다(Crow and Allan, 1994) – 와 사회적 자본의 정의에 대한 다양한 논쟁은 심리사회적 건강을 고려하는 데 중요하다. '사회적 자본(social capital)'은 사회적 자원, 규범, 네트워크, 건강하고 경제적으로 지역사회가 존재할 수 있도록 하는 필수적인 과정이나 조건 등으로 다양하게 정의되어 왔다(Mackian, 2002; Morrow, 2002). 인구집단의 동요에 의해 침식되어 가는 지역사회는 자원이 부족한 지역으로 생각된다. 자원이 부족한 지역은 안전, 친화성, 신뢰성, 공간의 공유 같은 지역사회의 태도에 의해 지지되는 사회적 상호 작용을 위해 쇄신의 대상이 된다. 시민 참여를 통해 이러한 사회 자본이 생성될 수 있는지, 그리고 정책적 중재를 통해 사회적 상호 작용이 고양될 수 있는지는 논쟁이 되고 있다. 건강의 관점에서는 이러한 사회 자본을 지역사회 인식, 안녕, 건강 증진 활동의 예약 증가 등으로 측정 가능하다(Swann and Morgan, 2000).

그러나 그것은 상당히 탄력적인 개념이며(Lynch et al., 2000), 다루기도 어렵고 충분히 설명되지 않은 개념이다(Morrow, 1999). 최근에는 타당성을 최대로 하기 위해 사회 자본의 개념을 (비형식적이고 수평적인 네트워크인) 지역사회 수준에서 설명하는 것이 아니라, "정치적·법적·제도적 구조의 가장 근본적인 측면"으로 정의하고 있다(Lynch et al., 2000: 407). 이와 같은 정의에 따르면 지역사회는 지식·권력·자원이 네트워크를 통해 이용되는 경로를 제한하는 광범위한 수직적 구조의 맥락과 사회 자본의 개발을 용이하게 하는 상황 결정 요인으로서의 역할을 반드시 포함해야 한다. 예를 들어, 스코트는 조직 문화에서의 변화가 어떻게 일어나는지 설명하고자 (협동의 의무보다는 협동하고자 하는 희망과 같은) '관계 자원(relation resource)'이라는 용어를 만들었고, 상호 존중과 믿음이 창출되는 중요한 과정과 농촌 지역 쇄신의 맥락 안에서 사회적 자본의 증가를 밝혔다(Scott, 2004). 충분한 사회적 자본 없이는 쇄신을 위한 정책은 뿌리내리지 못하거나 지속 가능하지 않을 것이다(Forrest and Kearns, 1999: 9).

커티스 등은 재건에 따른 건강 획득 그리고 이와 연관된 지역사회 역량 강화에 대해 이론적인 정당성을 약술했다(Curtis et al., 2002). 여기에서 정보는 참여로 이어지고 행동을 변화시키며 서비스 접근성의 신장을 야기한다. 제공자는 덜 유동적이고 가까이 있는 인구집단에게 서비스를 더 잘 공급할 수 있고, 좀 더 많은 사람들이 한 지역에 머무르는 미덕을 통해 인구학적 특성의 향상은 획득될 수 있다. 이를 위해 하부구조를 건설·향상하려는 집합적 행동과 예방적 행동의 강조가 추가되어야 한다. <글상자 11.7>은 지역사회 개발이 건강 획득으로 귀결될 수 있는 사례를 제시한다.

상대적으로 빈곤한 지역사회 두 곳에서 '건강교육 지역 당국(Health Education Authority)'에 의해 수행된 건강에 대한 질적 연구는 더 나은 건강이 지역사회의 다른 구성원에 대한 믿음, 우정·레저·업무 등 광범위하게 퍼져 있는 비공식적 네트워크, 지역 활동과 로비 활동 등으로 측정되는 시민권 의식 등과 관련됨을 보여 주었다(Russell and Killoran, 2000). 기

〈글상자 11.7〉 건강 이득의 원천인 지역 개발

1986년 에든버러의 지역개발 프로젝트는 습한 주거와 건강 상태에 관한 연구 수행을 촉진했다(Platt et al., 1989). 습한 거리, 건물과 여성에서의 정서적 고통, 소아에서의 위장질환 및 감염에 대한 양쪽 눈가림(double binding) 연구가 수행됐다(Hunt, 1993). 이 결과 주거 개선을 넘어 스트레스 센터, 운동 클럽, 청과물 협동조합 같은 건강 관련 다른 요소들을 포용하기 위해 해당 지역과 다른 빈곤한 지역으로 확장됐다(Whitehead, 1995: 35).

뉴캐슬어폰타인(Newcastle upon Tyne)의 카우게이트(Cowgate) 지역에서 수행된 '현명한 사람들의 프로젝트(Wise People's Project)'는 아직 예비 연구 단계이다. 이 연구는 지역의 한 여성 그룹에게서 높은 수준의 스트레스와 관련된 문제(비전일제 건강 노동자에게 관찰되는 약물 문제)가 발견된 데서 시작됐다. 시의회와 정신 건강 트러스트(Mental Health Trust)의 지원으로, 현재는 스트레스 관리 및 우울증, 근심, 분노 관리에 대해 교육받은 자원상담원들이 지역사회 학교에 배치되어 있다(Cameron et al., 2003: 41).

여 요인은 파트너십에 관한 문헌에서 잘 기술되어 있다. 부연하면, 주요 이해당사자의 공약을 포함할 뿐 아니라 믿음, 상호 의존과 존경, 책임성, 동의된 비전, 적절한 시간 척도, 지원과 훈련, 지역에서 관리할 수 있는 자원에 대한 접근성 등이 포함된다(Dowling et al., 2004). 문헌에서 강조되고 있는 '외부로부터의 거대한 체계와 상반되는 작은 체계의 가치'에 대해 주목할 만하다(Stewart and Taylor, 1995: 62). 동시에 이런 작은 체계가 변화하는 환경에 탄력적으로 반응할 수 있기 때문에 중요하다. 그러나 많은 연구에 의하면 사회적 자본과 사회적 지지가 정신 건강과 자가 보고 건강 수준에 긍정적인 영향을 미치지만, 교육이나 사회계급과 같은 근본적인 구조적 요인의 효과는 (단지 일부만) 중재할 수 있다고 언급했다(Pelvalin and Rose, 2003: 1).

효과적 개선을 위한 요건

파트너십과 지역사회 참여에 많은 시간이 필요한 반면 쇄신 정책이 단기적임에 따라 물질적·심리사회적 건강 획득의 잠재력이 제한된다. 불평등을 야기하는 구조적인 요인보다 증상을 기술하려는 경향, 빈곤의 한정된 측면을 부각하는 것, 국지적인 지역과 선택적 인구집단을 대상으로 하는 것도 건강 획득을 제한하는 요소이다. '지역 재개발 프로그램(Neighbourhood Renewal Programme)'은 여섯 가지의 장벽에 부딪혀 사업 진행이 제한될 수 있다. 지역 경제의 문제를 설명하지 못하는 것, 안전하고 안정적인 지역사회를 증진하지 못하는 것, 열악한 핵심적 서비스를 향상시키지 못하는 것, 지역사회의 참여를 견인하지 못하는 것, 효과적인 리더십과 파트너십의 부족, 정보의 부족 등이 그것이다(SEU, 2001). <글상자 11.5>에서 제시한 스테프니 지역 사업 사례 연구는 단일 쇄신 예산 프로그램에 의한 건강 증진이 건강, 교육, 법률에 소요되는 중앙의 지출 감소에 의해 손상되어 갔는데, 이는 지역 기반 재원에 부적격한 지역과 인접한 지역에서 모두 관찰됐다(Ambrose, 2001).

　재개발이 스트레스와 소외를 야기할 수 있고 건강 불평등을 증가시킬 가능성이 있다는 것도 잘 알려져 있다. 일례로 가장 빈궁하고 박탈된 거주자들은 제한적 임대 상황 속에서 주거를 일신할 여유가 없을 수 있으며, 증가된 임대료의 수준은 구직 활동과 영양에 부정적인 영향을 미칠 수 있다(Thomson et al., 2003). 그리고 확대 가족은 점유 제한에 의해 해체될 수도 있다(Ambrose, 2001).

정책

　영국에서 쇄신 프로그램은 변화하는 정치적 신념과 우선순위를 반영하는 길고 다양하게 변동된 역사를 가지고 있다(Stewart and Taylor, 1995; Foley and Martin, 2000; Russell and Killoran, 2000; Curtis et al., 2002). 이런 쇄신 프로그램은, 단지 시내 12개의 지역사회 개발 사업이었으나 중요한 지역 참여를 독려하고 빈곤의 원인에 대한 가정에 의문을 제기했던 1968년 도시 프로그램(1968 Urban Programme)에서 시작됐다. 이것은 지역과 중앙 정부에 의해 형성됐으나 사적 영역의 참여를 요구했고, 경제 성장의 '침투 효과(trickle-down)'에 의존했던 1980년대 경제적 빈곤 중심 체계로 이어지게 된다. 1990년 대쇄신 사업의 사회적·지역사회적 측면의 새로운 고려와 지역 기반 사업에 반영됐다. 그래서 사회적 배제, 지역 사회의 참여, 부서 간 상호 협력의 필요성은 긴 역사를 가진다. 그러나 사업들은 상향적 서비스의 전달과 지출에 유의한 영향을 미치지는 못했다(Rhodes et al., 2003).

　전통적인 쇄신 의제에 초점을 맞춘 '고용을 위한 뉴딜(New Deal for Employment)', '고용 액션존(Employment Action Zone)', 단일 쇄신 예산 같은 다양한 지역 기반 중재 사업은, 카메론 등이 지적하듯이 정신 건강 측면에서 건강 관련 주제는 지역 기반 사업이 지원하는 사업의 성공에 근본적이고 지속적인 영향을 미치지만 건강을 사업의 우선순위 중 크게 중요시하지 않았다(Cameron et al., 2003: 13). 반면 헬스액션존, 지역사회를 위한 뉴딜, 건강 생활 센터는 건강과 지역사회 안전을 광범위한 쇄신의 의제에 도입하기 위해 제공됐으며, 그것이 쉽지 않은 작업이라는 것을 알려주었다. 가장 빈곤한 지역에서 지역 기반 사업의 확산, 순차적인 성공이 가능한 신속성, 중첩된 의제들이 기여 요인이었다. 현재 지역협력과(Regional Coordination Unit)는 이런 모든 영역을 다루는 것을 목표로 하고 있다. 헬스액션존 의제의 이중적 특성(제3장 참조)은 5% 미만의 프로그램이 주거와 물리적 환경을 대상으로 하지만 12%가 지역사회 역량 강화에 집중하고 있는 것을 의미한다(Judge et al., 1999: 35).

지역사회 쇄신과 불평등 의제에 영향을 미치는 중요한 열쇠이면서, 건강이 강조되어야 하는 부분이 1997년 설립된 사회적 배제과이다. 두 가지 주요한 정책적 대응이 있는데(제3장 참조), 하나는 영국에서 30년간 수행된 도시 정책의 가장 강력한 지역 기반 사업으로서, 공조 체제 하나당 약 5,000만 파운드 또는 거주민당 5,000파운드에 달하는 예산을 가지고 있는(Ralph and Petersman, 2004) 지역사회를 위한 뉴딜이고, 다른 하나는 지역사회 재개발과에 의해 지원되는 지역 재개발 전략이다. 두 정책 모두 주거와 지역사회의 물리적인 바탕을 넘어서, 건강을 결정하는 다섯 가지 주요한 결과의 영역을 고용, 범죄, 교육, 주거, 그리고 이러한 영역 간 협력된 프로그램으로 설정함으로써 "일자리 부재, 범죄, 열악한 공공 서비스 같은 근본적인 문제를 제기했다"(SEU, 2001: 5). 두 정책의 주요한 차이는 지역 재개발 전략은 (일부 지역사회 관련 중재 사업이 포함되기는 하지만) 지역 기반의 재원에 의지하지 않는다는 점이다. 대신 국가적 정책이 가장 곤궁한 지역사회를 대상으로 할 것을 요구했다(Lupton and Power, 2005). 다양한 범위에 걸친 밑바닥의 목표와 '2000년 지출 리뷰

(2000 Spending Review)'에 의해 설립된 공공 서비스 협약(Public Service Agreements: PSAs)에 의해 주요 변화가 추동됐다. 재무부에 의해 촉진된 이런 변화는 초기에는 정부 부서를 국가적 규범보다 가장 취약한 지역사회에서 수행한 사업에 따라 평가하는 것이었다(Hall and Hickman, 2002). 지역사회 쇄신의 새로운 공약(New Commitment to Neighbourhood Renewal)에 따르면 건강 불평등은 국민 건강 보험의 자원을 배분하는 주요한 기준이며, 일차 의료의 향상을 위해 설계된 '200 개인 의료 서비스 사전조사(200 Personal Medical Service Pilots)'에 따라 빈곤 지역에 일차 의료 인력을 모집·유지하는 데 추가적인 보상이 있었다(SEU, 2001). 새로운 전달 기전인 지역 전략 파트너십(Local Strategic Partnerships: LSPs)에 의해서도 변화가 지지됐다. 공공적, 사적, 자발적, 지역사회적 부문 모두에게 공공 서비스의 전달과 지역 수준에서 삶의 질을 향상하도록 하는 것이(DETR, 2001), 2002년 이후 지역 재개발 기금의 조건이 됐고 지역 재개발 전략하에서 잉글랜드에서 가장 박탈된 88개 지역 자치단체에 추가적인 기금이 가용하게 됐다. 지역 전략 파트너십은 지역 스스로가 특히 공공 서비스 협약이나 '최선의 가치를 위한 실행 계획(Best Value Performance Plan)'과 협조할 때, 자신의 목표를 가지거나 목표를 설정하는 방법에 대해 제공하는 것을 염두에 두었다.

사회적 배제과는 불평등의 감소에 초점을 두고 지역사회의 참여를 옹호한다. 이런 점은 「도시 백서(Urban White Paper)」에 의한 체제의 해체에 선행해 단일 쇄신 예산 같은 초기의 프로그램에서 지역사회와 자발적인 부문에 의해 재원의 증가가 있었던 변화에 반영됐다. 지역 전략 파트너십 과정에서 지역사회의 참여를 가능하기 위해서 조성된 3,500만 파운드 규모의 '지역사회 역량 강화 기금(Community Empowerment Fund)'이나 지역사회 중재 사업을 지원하는 '지역사회 자금(Community Chest)'의 도입에 의해 지역 재개발 기금 영역에서도 이런 점이 반영됐다. 서비스 수준의 의견 합일을 만들거나, 지역의 서비스를 개설하거나, 개발된 예산을 관리하거나, 정부의 높은 계층에 압력을 행사하는 방법에 의해 거주민의 필요에 맞는 서비스를 지역 단위의 책임자로서 한 명의 사람이나 팀 또는 과를 통해 제공하는 지역사회 관리가 용이하도록 지역의 주인의식의 필요성이 기대됐다(NSNR, 2000a).

그러나 제3장에서 지적했듯이 이러한 정책의 실행은 비판을 받았다. 쇄신을 위한 지역사회 중심 접근방법은 이러한 중재 사업이 중앙에서 설정한 대상과 지역에서 갈등을 내포하고 있으며 사업의 대다수가 단기간에 이루어졌기 때문에 도전적인 것이었다. 지역 기반 사업의 지역사회 참여와 관련된 문헌의 체계적 고찰을 통해 지역사회 참여에 대한 실천적인 영역보다 정책적 발의에서 변화가 더 자주 있음이 발견됐다(Burton et al., 2004). 일례로 지역사회를 위한 뉴딜의 사업 평가를 살펴보면, 기초목표(floor target)가 지역 주민의 공공기물 파손이나 거리의 청소년 문제에 대한 고민에서 불법 주거 침입으로 전환되는 것을 볼 수 있다(Lawless, 2004). 신속하고 명백한 향상, 파트너십의 압력에 대한 요구로 중재 사업이 왜곡될 수 있다. 예를 들어 광범위한 의제 설정에도 불구하고 지역사회를 위한 뉴딜의 실천은 교육과 건강 같은 좀 더 도전적인 주제를 외면하고 환경 미화 같은 영역에 초점을 맞추었다. 게다가 결과 분석을 통해 건강(수준)은 2001·2002년의 최소 공약 수준에 머물렀다(Lawless, 2004). 성과 관리도 실패의 위험이 있는 실험을 유보하게 되는 것과 관련이 있으며, 쇄신 관리자가 부정적인 건강 영향의 가능성에 대해 파악하는 것을 유보하게 한다(Curtis et al., 2002). 가장 곤궁한 지역 당국에서 전반적 향상이 있으며 고용, 교육, 10대 임신 등의 문제에 일부 집중함에도 중재 사업이 현재 수준에서 목표를 달성하고 있지 못함을 지적하는 것이 가장 중요하다(Lupton and Power, 2005).

심리사회적 환경: 범죄

범죄는 더 가난한 지역에, 불건강한 지역에 집중된다. 러셀과 킬로한은 범죄의 40%가 단지 10%에 불과한 지역에서 일어나는데, 이런 지역에서 낮은 범죄율을 보이는 지역에 비해 개인적 범죄의 피해자가 될 확률이 10배, 재산 침해 범죄는 5배 높은 것으로 보고했다(Russell and Killoran, 2000). 또한 반사회적 행동은 전국적으로 빈곤 지역에서 두 배 이상 일어난다(NSNR, 2000b). 범죄에 대한 인식과 두려움이 반드시 절대적인 수준과 관련된 것은 아니다. 그러나 쇄신에 대한 연구에서 일관되게 주거의 안전성은 지역사회와 연관이 높은데, 가택 침입과 길거리 범죄의 두려움은 정신적 스트레스의 주요한 원인 중 하나이고 때때로 신체적인 상해를 불러일으키기도 한다(Ambrose, 2001). 영국에서 범죄로 인한 비용은 연간 500억 파운드 규모로 추산된다(NSNR, 2000c).

불건강에 대한 범죄의 영향은 직접적인 피해 이상의 의미로 확대된다. 예를 들어 범죄는 두려움을 통해 피해자가 아닌 사람에게도 영향을 미치며, 생활습관과 행위의 변화를 일으킨다. 때문에 범죄, 범죄에 대한 두려움 모두 삶의 질에 영향을 준다. 일례로 어두워진 후 외출을 하지 않거나 혼자 있지 않는 것, 특정 장소나 공공 교통 이용에 대한 기피 등을 들 수 있다. 범죄의 피해자, 피해자가 아닌 사람 모두 스트레스, 우울, 수면의 어려움, 흡연 의존의 증가, 자존감의 감소로 고생하게 된다. 알코올이 폭력 범죄, 특히 폭력의 원인이기 때문에 여성, 독거, 소수 민족인 집단에서 불균등한 영향을 받는다.

건강 불평등 완화에 효과적인 근거와 사업

스튜어트와 테일러는 문헌 고찰을 통해 범죄 예방을 위한 많은 집단적인 접근방법을 제안했는데, 이는 가족, 지역사회, 학교 중심의 실천을 통한 두려움의 감소, 보안의 강화, 환경 설계와 주거 관리, 보안의 개선, 범죄 행위의 예방이다(Stewart and Taylor, 1995: 47). 건축의 건강 영향에 대해 탐구하는 '건축 연구 조직(Building Research Establishment)'은 설계와 하부구조의 개선을 통한 가정의 완화 능력을 침해하는 손꼽히는 위협 중 하나로 범죄를 제시했다(Raw and Hamilton, 1995; Wilkinson, 1999). 범죄에 대한 걱정을 불러일으키는 청소년들에게 개입하기 위한 공공장소를 확보하는 것도 중요하다. 지지되고 있는 수단으로는 무단결석 거부 운동, 놀이문화 제공, 성희롱이나 왕따 같은 주제를 교과 과정에 포함하는 것 등이 있다.

이러한 다양한 특징을 묶어 내는 사업으로 제도 유지의 보조를 목적으로 하는 '지역사회 관리 계획(Neighbourhood Warden Scheme)'이 있는데, 주거 영역에서 공적이고 가시적이며 접근 가능한 실재로 정의된다. '정책 행동팀 6(Policy Action Team 6)'은 영국 전역에서 전형적으로 지역 당국이 경찰을 개입하여 이끌고 중앙의 재정 지원을 받는 50가지의 계획을 발견했다. 주요 기능은 보안 패트롤을 통한 범죄의 예방, 환경 개선, 가구 관리와 지역사회 개발 등이다. 여러 계획 중 16개에서 평가는 제한적으로 이루어졌으나, 지역 관리가 범죄를 줄일 수 있으며, 특히 청소년 일탈에서 더욱 그러하다고 제안했다. 또한 지역 관리는 주거 이동과 공동화로 인한 긴장을 감소시킨다. 부동산 투자자들은 "사람들의 삶의 질이 확연히 증가됐고, 이웃과 지역 서비스가 거주민 자신의 자존감과 신뢰감이 증가한 것을 발견할 수 있었다"(NSNR, 2000c: 20). 성공적인 계획은 분명한 목적, 거주민·지역자치단체·경찰의 참여와 상호 의사소통 및 훈련, 관리의 연속성을 지니고 있었다. 특히 지역 관리를 위한 성공적인 실행 계획들은 노인 인구에서 범죄에 대한 두려움을 감소시키는 데 효과를 나타냈다(Phillipson and Scharf, 2004).

〈글상자 11.8〉 가정 폭력의 해결

'웨이크필드 가정 폭력 사업(Wakefield Domestic Violence Initiative)'은 가정 폭력 문제를 해결하기 위해 노력했고 이를 건강 의제로 올렸다. 이 사업은 '내무부 범죄 예방 프로그램: 여성 폭력 예방(Home office's Crime Reduction Programme: Violence against Women)'의 일환으로 잉글랜드에서 시행된 5개의 건강 프로젝트 중 하나로, '동부 웨이크필드 일차 의료 트러스트', 가정 폭력에 대한 자원 봉사 기구인 '지원과 생존(Support and Survival)', 경찰, '기소와 고발 서비스(Probation and Crown Prosecution Services)', '치안 법정(Magistrates' Court)' 등과 파트너십을 맺고 있다.

가정 폭력 이후 여성이 개업의를 방문하는 경향에 따라 사업의 목표는 개업의로 하여금 가정 폭력을 인지할 수 있는 진료를 할 수 있게 하고 여성을 적절하게 의뢰하는 것이었다. 참여한 개업의는 그들이 여성에게 더 나은 의료의 표준을 제공할 수 있고, 일차 의료 트러스트의 일반의 진료에 사업이 확장되어야 한다고 생각했다. 2003년 10월 내무부는 가정 폭력 프로젝트를 지원하기 위한 새로운 기금을 마련했다. 이에 따라서 가정 폭력의 남성 가해자를 위한 훈련과 서비스 전달이 제공될 것이며, 가정 폭력의 생존자와 가해자를 모두 고려하는 '가정 폭력에 대한 전략(Strategy on Domestic Violence)'이 지역 전략 파트너십에 의해서 고려되고 있다(Harris, 2002; Raj, 2003).

범죄를 감소하고자 하는 활동 영역 중 건강에 대해 미치는 영향이 좀 더 중요한 부분은 가정 폭력(domestic violence)이다(<글상자 11.8> 참조). '2002년 영국 범죄 조사(British Crime Survey)'를 통해 밝혀진 바에 의하면 가정 내 폭력은 영국 여성 4명 중 1명이 경험하는 주요한 범죄이다. 정부의 '두려움 없는 삶(Living Without Fear)'은, '범죄 무질서 감소 파트너십(Crime and Disorder Reduction Partnerships)'을 통해 가정 폭력의 수준을 파악하고 그에 대한 전략을 발전시켜야 함을 명확히 했다(Home Office and Cabinet Office, 1999). 현재 영국 전역에 걸쳐 200개 이상의 '가정 폭력 다기구 포럼(Multiagency Domestic Violence Forums)'이 활동하고 있다.

콘월 주에서는 초기에 '콘월과 실리섬의 헬스액션존(Cornwell and Isles of Scilly HAZ)'의 지원을 받아 지역사회의 가해자를 위한 자발적 프로그램, 방문 보건 인력과 조산사에 의해 가정 폭력을 겪고 있는 출산 전후의 여성을 선별하는 사업이 수행됐다(Porter, 2002).

다양한 연구들은 헤로인과 코카인의 사용과 범죄 사이의 강력한 관련을 보여 준다. 게다가 잉글랜드에서 수행된 8개의 빈곤 지역의 마약 판매에 대한 연구에서는 본질적 쇄신은 마약 시장을 억제하지 않고는 어렵다는 것을 제안했다(Lupton et al., 2002). 그러나 이러한 빈곤 지역은 다기관이 참여하는 전략의 협조가 잘 이루어지지 않는 지역이며, 역량 강화의 영향이 제한적이고, 치료와 대안에 대한 지원이 적고, 약물 교육이 새로운 국가적 기준에 따라 이루어지지 않고 있다(제9장 참조).

정책

1998년 「범죄와 무질서법(Crime and Disorder Act)」은 청소년 범죄, 인종에 의해 유발된 범죄, 반사회적 행동의 경감을 목표로 만들어졌다. 이것으로 인해 잉글랜드와 웨일스 전역에서 제도적으로 '범죄와 무질서 감소 파트너십'을 수립하는데, 경찰과 지역 당국이 지역사회와 함께 범죄와 일탈에 대한 상호 감시 체계를 수행하고 범죄 감소를 위한 전략을 실행할 의무를 지닌다. 또한 이것은 통행금지를 제안하고 있는 아동 안전 법률, 지역사회 안전 법률을 포함한다. 그러나 역설적으로 2005년 전국 기준 3배 이상의 가택 침입률을 보이는 지역 당국이 없지만, '지역 재건'으로 제휴된 목표는 가택 침입의 25% 감소를 목표로 함으로써 반사회적 행위보다 범죄에 더 초점을 맞추고 있다.

2001년 4월 공고된 '약물에 반하는 지역사회 사업(Communities Against Drugs Initiatives)'는 심각한 약물 문제를 안고 있는 높은 범죄 지역의 약물 관련 범죄를 줄이기 위해 3년에 걸쳐 '범죄와 일탈을 감소하기 위한 파트너십'에 2억 2,000만 파운드 규모의 지원을 했다. 제안된 전략으로는 가시적 정책 수립, 지역 관리, 지역사회와 부모에 대한 지지 등이 있었다. 재원이 어떻게 사용되어야 하는지에 대해 지역사회의 파트너가 결정할 수 있게 하는 지역사회 우선권을 목표로 했다. 다양한 연구들은 다른 부분에서도 역할을 하고 있는 '마약 대책팀(Drug Act Teams: DATs)'과 함께 약물 시장에서의 좀 더 전략적인 행위를 지역사회를 위한 뉴딜의 파트너들이 수용할 것을 제안했다(Lupton et al., 2002).

'보다 안전한 도시 프로그램(Safer Cities Programme)'은 안녕과 안전에 대한 의식을 고취하기 위한 수단으로서 범죄와 범죄에 대한 두려움의 경감을 목표로 하는 '지역사회 안전 파트너십(Community Safety Partnerships)'을 제안했다. 특정한 수단들로는 가정 안전 감시 체계, CCTV, 건물의 담장 개선, 학교와 주거의 관리 등이 있다. '지역사회 안전 파트너십'의 목표는 새로운 건설의 부분으로 범죄에 대한 계획을 면밀히 다루는 것이다. 앞서 말했듯이 2000~2004년의 지역사회 계획에 의해 1,850만 파운드 규모의 지원이 이루어졌다.

물질적 박탈: 소득과 고용

"빈곤의 퇴치는 건강 불평등을 해결하기 위한 가장 중요한 직접적 방법이다"(Russell and Killoran, 2000: 23). 저소득은 사람들이 사는 곳, 생활습관, 식이, 신용, 가정을 위한 난방 능력 등에 영향을 미친다. 다른 말로 하면, 건강을 위한 필요조건에의 접근과 건강한 행동을 위한 선택 모두에 영향을 미친다. '연료 빈곤(fuel poverty)'은 만족할 만한 난방을 위해 가구 소득의 10% 이상을 소비하는 것으로 정의되는데(Fuel Poverty Advisory Group, 2003), 2002년 빚을 갚는 데 어려움이 있다고 보고한 610만 가정을 포함해 190만 가구가 연료 빈곤에 처해 있는 것으로 추산됐다(FSA,

2004: 72). 빈곤한 삶은 물리적이고 행동적인 영역에 심리적인 영역을 부과함으로써 스트레스와 분노를 유발한다. 예를 들어, '시민을 위한 조언 사무국(Citizens' Advice Bureau)'의 채무 관련 상담자의 1/8은 채무로 인한 스트레스와 우울증을 치료받고 있는 것으로 추산됐다(CAB, 2003).

제10장에서 개괄했듯이 저소득은 실직자의 특성만은 아니다. 적은 수입을 가지고 있는 사람과 불안정 노동을 하고 있는 사람 또한 개별적 권한의 제한, 사회적 지지의 부족, 물리적 위해에 좀 더 노출되어 더 나쁜 심리사회적 작업 환경을 경험한다. 실업은 그 자체로 자신뿐 아니라 가족의 건강의 악화를 야기할 수 있다. 실업률은 소수민족 집단과 장애자에게서 높다. 실업은 사망이나 유병의 증가된 위험과 관련 있지만, 재취업이 안정, 소득, 건강 상태와 반드시 연관된 것은 아니며(Glenn et al., 1998), 소득에서의 긍정적인 개선이 건강 상태의 개선으로 신속하게 이어지지는 않는다(Benzeval and Judge, 2001). 중재 사업은 고용 창출과 훈련, 가용한 소득의 증가, 작업 조건의 개선에 초점을 둔다.

건강 불평등 완화에 효과적인 근거와 사업

고용 창출과 훈련

고용 창출이 단독으로 "쇄신 전략을 위한 기반이 되는 것이 아니다"(Chanan et al., 1999: 12)라는 것은 현재 광범위하게 받아들여지고 있다. 또한 건강 불평등을 해소하기 위한 강력한 기반으로서도 작용하지 못한다. 전통적인 쇄신 프로그램이 실업 상태의 사람들 중 일부를 위해 재원의 상당 부분을 고용에 배분하는 것은 비판받았다. 노동 연령군에서 '일하지 않고 일할 의지도 없는' 무직자가 실업자의 네 배만큼 더 많다. 한편 '단일 쇄신 예산'의 1기 5회 사업 동안 69만 개의 일자리를 창출한 것으로 추산된다(Rhodes et al., 2003). 쇄신 프로그램 자체와 연계된 고용 창출이 장기적일 가능성은 제한되어 있고 지역 거주민의 훈련을 위한 경우는 거의 없으며, 지역에서 고용 창출을 확대 생산할 수 있는 기제는 턱없이 부족하다(Armstrong et al., 2001). 훈련되고 직업을 가진 사람들이 이사를 가고자 한다거나, 설령 지역사회에 잔존해도 지역 인구학적 변화나 집값 상승을 통해 가장 취약한 사람들을 압박하는 것과 같은 고용 창출과 연관된 인구 구조 및 지역사회의 전치 경향이 존재한다(Chanan et al., 1999).

신규 일자리를 통해 고용을 촉진하는 분절적인 노력은 지역사회 문제에 대한 일반적인 개선을 보장하지 않는다고 연구자들이 지적했다(Skifter Anderson, 2002). 때문에 고용 창출 자체가 지속 가능한 건강의 향상을 야기하지 못한다. 일례로 일부 단일 쇄신 예산에서 노동 연령의 단지 2%가 정부의 훈련 계획에 참여하고 있는 것으로 나타났으며, 노동 연령 가구의 61%에 달하는 대다수는 실업 상태이거나 다른 이유로 인해 비경제활동 가구주를 가지고 있었다. 그러므로 아주 적은 사람만 '직업을 가질 준비'가 되어 있는 것이다(Rhodes et al., 2003: 1420). 직업 훈련이 지역사회의 쇄신과 연관된 직업의 지역적 제공에 초점이 맞춰진 노동시장 중재 사업을 연구한 많은 연구들은 불안과 우울 수준의 감소, 사회적 적응의 진작, 자아 존중감, 삶의 만족도 증가 같은 즉각적이고 이득이 되는 건강의 효과가 중재 사업의 참여자들에게 나타났다고 보고했다(Curtis et al., 2002). 그러나 이런 결과는 중재 사업에 일관되게 나타나지 않으며 장기간의 효과는 다양하다.

직업을 가지게 된 많은 경우 직업과 관련된 기술보다 사회적 접촉이 더 중요한 것으로 알려져 있다. 때문에 멘터링과 직업 클럽 같은 사업이 중요하다(Fines and Griffiths, 2001). '중간 고용시장 사업(Intermediate Labour Market: ILM)', 영리를 목적으로 하지 않은 제3의 기관이나 관리된 작업장 제도에서 고용을 창출하는 것 등을 통해 단계적으로 정식 고용 시장에 주민을 환원시키는 사업이 시행됐다. 적절하게 관리된, 특별히 고안된 임시직을 제안하고 있는 중간 고용시장 사업 모델이, 장기적 고용상태를 목적으로 한 다른 프로그램보다 복지에서 직업으로의 좀 더 지속 가능한 진전을 제공할 수 있고(Marshall and Macfarlane, 2000), 지역적 서비스의 제공으로 지역 쇄신에 기여할 수 있다(<글상자 11.9> 참조).

심각한 정신질환을 가진 사람들의 직업 복귀는 특수한 경우이다. 이 인구집단에서 실업 수준은 영국에서 약 61~73%로 높다. 쉼터의 워크숍 모델과 같은 직업 교육 훈련보다 경쟁적 직업을 갖거나, 작업장에서 도

〈글상자 11.9〉 중간 고용시장 프로그램

중간 고용시장 사업 프로그램은 뉴딜과 같은 정부 프로그램에 의해 자극되어 글래스고 지역에서 처음 시작됐다. 핵심적인 특징은 일시적인 계약하에 유급 직업을 가지는 것이다. 이 사업의 목표는 지도를 받는 업무 경험을 제공할 뿐 아니라 훈련, 신뢰 형성, 구직을 함께 제공해 장기간 실업 상태였던 사람을 고용시장에 진출하도록 하는 것이다. 지속적인 지원이 6~9개월 필요하다는 것에 대해 논란이 있었다(Marshall and Macfarlane, 2000). 업무는 기존의 직업을 대체하지 않기 위해서 전형적으로 지역사회 혜택 같은 추가적인 경제 활동을 강조했다. 일례로 '와이즈 그룹(Wise Group)'은 글래스고 지역에서 가정 단열, 효율적 난방 시스템, 가정 보안과 안전 등을 환경 개선과 함께 제공하는 일련의 비영리 목적의 사업부터 시작했다. 이것은 연료비 감소를 통해 저소득 세대의 구매력을 증가시키는 추가적인 이익을 낳았다(McGregor et al., 1997).

현재의 중간 고용시장 직업에 대한 조사에서, 18~25세 연령이 이 직업을 가장 많이 가지고 있었다. 평가에 따르며, 다른 프로그램 참여자가 직업을 구해 프로그램을 떠나는 비율이 40% 미만이었으나 이 프로그램에서는 60% 이상이었다. 참여자가 추적되는 경우, 직업을 구한 90% 이상이 6개월 이후에도 직업을 유지하고 있었으며, 이는 다른 사업의 40% 미만인 수치와 비교됐다. 중도 탈락률도 다른 프로그램에 비해 낮았으며 장기적인 소득도 높았다. 그러나 사업 수행자들은 뉴딜과 유럽의 지원 원천으로부터 받는 기금 안정성 문제에 봉착했다(Marshall and Macfarlane, 2000). 다른 약점은 남성 중심적이라는 점이며, 상업적 활동의 폭이 좁고 따라서 훈련과 고용의 기회가 적다는 것이다(McGregor et al., 1997).

움을 지속적으로 제공하는 것과 같이 지지된 직업을 가지도록 하는 것이 더 효과적으로 나타났다. 그러한 직업에 종사하는 사람 수, 노동시간, 급여 등에 의해 사업 성공이 측정될 수 있으나 다양한 영역에서 가용하지는 않다(Crowther et al., 2004).

고용 창출을 위한 다른 접근은 사회적이거나 비공식적인 경제를 통해 지역의 경제적 활동을 최대화하는 것이며 지역 안에서 돈의 흐름을 증가시키는 것이다. 사회적 경제의 예로는 '지역 교환 거래 계획(Local Exchange Trading Schemes)', 시간 은행(time bank)과 신용조합, 자조 집단, 훈련과 직업 찾기 계획, 그리고 보육원, 지역사회 식당, 운송, 재활용, 개발 신탁 등과 같은 지역사회 사업이 있다. 일례로 지역사회 재투자 트러스트 (community reinvestment trust)는 자영업 또는 소규모 사업을 하고 있는 개인뿐 아니라 자발적인 기구와 지역사회 기업에도 대출을 해 준다.

영국 10개 도시의 20가지 지역사회 쇄신 기구에 대한 연구에 의하면, 효과적인 지역사회 쇄신은 영속성, 재정적 자립, 기구 내의 중개 기술 등과 관련되었다. 지속 가능성은 지역사회 쇄신 사업의 새로운 프로젝트를 생성하거나 기존의 프로젝트를 완료하는 능력을 통해 단기적으로 측정할 수 있고, 장기적으로는 직업과 회사의 창출로 측정할 수 있는 쇄신 능력의 배양에 필수적이다(Thake, 1995). 네덜란드에서는 지역사회기금과 함께 이루어진 사회적 복귀의 사례는, 빈곤 지역에서 수행된 주요한 개발과 사업이 부수적인 이득을 낳으며 고용 정책과 지역사회의 참여로 수행되는 광범위한 경제와 직업 훈련과 직업 제공의 틀 안에서 사회적 복귀와 지역사회 개발의 연결고리가 구조적으로 개발되어야 한다는 것을 확실하게 보여 주었다.

이용 가능한 소득의 증가

낮은 급여 문제를 개선함으로써 소득은 증가할 수 있다. 전형적이지

〈글상자 11.10〉 일차 의료에서의 복지 급여 상담

리버풀의 빈곤 지역에서 민원상담실은 7명의 일반의 진료에서 복지 급여 상담을 가능하게 했고, 필요한 경우 가정 방문도 지원했다. 총 68명의 참여자가 의뢰 당시와 6개월 이후에 면담을 했으며, 이중 40명은 12개월 후에도 상담을 할 수 있었다. 대다수(76%)가 새 급여에 지원할 수 있었으며, 71%에서 급여 상담의 결과로 소득이 증가했다. 후자의 경우 6개월 후 에너지, 피로, 감정적인 역할 기능, 정신 건강 등에서 통계적으로 유의한 개선이 있었다. 소득과 공과금 지불 능력의 증가로 인해 부가적으로 식이와 사회적 활동이 개선됐다. 그러나 12개월 이후의 시기에는 통계적으로 유의한 수준으로 유지되지 못했다. 상담 신청자 중 만성 질환이 높은 수준이었고 대다수가 육체적 장애가 있었던 것이 하나의 설명이 될 수 있다. 비교군과는 달리 일반의 진료와 신약의 처방이 감소하는 경향을 나타냈다(Abbot and Hobby, 2000).

통계적으로 유의하지는 않았지만 다른 연구에서도 비슷한 결과가 도출됐으며, 다수의 근거에 의해 지지됐다(Burton and Diaz de Leon, 2002; Greasley and Small, 2002). 그러나 연구 규모가 작고 중재 사업이 광범위한 맥락을 가지고 있기 때문에 통계적인 유의 수준이 떨어졌다.

않은 환경, 특히 일차 의료 안에서 이루어지는 복지급여 상담(Welfare Advice)은 하나의 해결책일 수 있다. 노령층, 만성적 장애인 집단, 빈곤의 수준은 높고 낮은 급여를 받는 집단 등을 목표로 한 많은 사업에서 건강 불평등의 영역이 있다.

일차 의료에서 복지에 대한 상담을 다루고 있는 체계적 문헌 고찰 결과 1990년대 영국에서 진행된 37개의 프로젝트를 찾을 수 있었다(Greasley and Small, 2002). 실험 연구 설계를 가진 프로젝트는 매우 적었으나 많은 중요한 결과가 다루어졌다. 첫 번째로 상담에 대한 접근성은, 환자와 직원 내에서의 인지도 증가와 접근 가능한 장소의 사용, 가정 방문, 의료인에 의한 합법화의 결과로 인한 사회적 편견의 감소를 통해 증가했다. 두 번째로 일차 의료에서 복지 상담은 건강 전문가를 위한 자원으로 구실해 좀 더 효과적인 시간의 사용을 가능하게 했는데, 특히 심리적인 상담이 이루어지는 빈곤 지역에서 그러했다. 세 번째로 이러한 서비스의 가용성이 건강과 삶의 질의 개선을 이루어 국민 건강 보험의 재정 사용을 감소시킨다는 일련의 근거(<글상자 11.10> 참조)를 들 수 있다(Greasley and Small, 2002). 또한 이러한 서비스는 복지 급여 제도와 관련된 정신적인 스트레스와 욕구불만을 감소시킨다.

이용 가능한 소득을 증가시키는 두 번째 전략은 지출을 줄이는 것이다. 에너지 효율의 증가, 식품 구매 회사와 지역사회 식당이나 지역사회 수당 등을 이용한 식품 (구입) 비용의 절감, 적절한 대출 상품을 제공하고 경제 관련 지식을 증대시키는 부채 해소 노력 등과 같은 잠재적 방책이 있다. 1979년에서 2001년 사이 저당이 없는 소비자의 대출은 1,248% 증가해 약 1,390억 파운드 규모에 이르렀고(CAB, 2001: 10), 영국에서 경제 서비스의 변화가 나타났다. 그러나 영국에서 700만의 소비자가 읽기와 계산에 어려움을 가지고 있으며 경제적 서비스나 세금, 급여 제도를 잘 이용할 수 없어 형편없는 대우를 받기 쉽고 부채를 해결하기 위한 결정을 하는 데 어려움을 겪는다(CAB, 2001).

부채가 있는 사람 중 몇몇은 상담 받기를 원한다. 그래서 조언 서비스의 개발, 일선의 직원에 의한 공지, 경제적 지식(획득)을 위한 강좌 과정 등이 주의를 끌었다(<글상자 11.11> 참조). 이러한 사업은 거의 공식적으로 평가되지 못했고 인쇄된 출판물로 제작되지 않았다. 그러나 경제적 지식을 증진하기 위해 설계된 60가지의 민원상담실 프로젝트에 대한 조사에 따르면 효과적인 실천 사업은 지역 중심의 계획, '기본 기술 기관(Basic Skill Agency)'이나 건강 및 학교 같은 주요한 파트너와 협동한 실행, 부채 방지를 넘어서 보험·저축·연금 같은 재정 문제에 대한 의식 확장, 생애 전환 사건과 관련된 상담 등으로 나타났다(CAB, 2001).

가난한 사람들이 부채에 의해 받는 불이익은 전형적으로 높은 이율과 저렴한 상환 방법에 대한 접근의 어려움 때문에 더욱 커진다. 영국에

〈글상자 11.11〉 채무 상담

'노섬버랜드의 채무 상담(Debt Advice within Northumberland)'은 노섬버랜드 사회 서비스와 노섬버랜드 정신 건강 트러스트, 노섬버랜드 건강액션존, 노섬버랜드 대학 간의 파트너십으로 시작했다. 건강과 채무 사이의 관련을 중요시했고 채무의 영향에 의해 고통을 받고 있는 취약한 개인의 스트레스를 감소시킴으로써 지역 주민의 건강을 증진하는 것을 목표로 삼았다. 전문가에 의해 4명의 부채 지원 실무자가 고용됐고, 지역사회와 슈어 스타트 센터 같은 다양한 장소에서 활발하게 재정 워크숍 개최했다. 그러나 심리 치료사에 대한 조사에서 채무의 가장 흔한 원인은 서비스 이용자가 살아가기 위해서 반드시 필요한 자금의 부족이었다는 것이 드러났다(Sharpe and Bostock, 2002).

700개 이상 있는 '신용협동 조합(credit union)'은 구성원에 의해 소유되고 관리되며 적정한 요율로 대출을 제공하는데, 사람들이 자신의 경제 상태를 책임지도록 한다. 반면 '지역 교환 거래 계획'은 잠정적으로 모든 거주민이 지역 경제에 기여하도록 한다(North, 2000). 대출이나 수표 보장 카드 없이 재정적인 신용도와 보장성을 제공하는 기본적 은행 계좌는 2001년 이후 이용 가능해졌으며, 적은 규모의 대출은 주거 연합과 지역 사회 은행에서 조정됐다(NEA et al., 2002).

직업의 조건 개선

소득과 직업의 건강 불평등의 문제를 다루기 위한 정책과 실천의 세 번째는 건강을 증진하는 작업 조건의 형성과 직업 훈련과 훈련 후의 사회적·재정적 지원이다. 제10장에서 살펴봤듯이 어떤 직업의 건강상 이익은 좋은 직업에서 얻어지는 것과 다르다. 안정된 직장에 재취업한 경우 실직 상태인 사람에 비해 정신 건강의 수준이 좀 더 좋아졌으나, 임시 대체 직업을 가진 경우는 신체적으로 나쁜 변화를 야기하기도 했다.

스트레스를 감소시키고자 하는 작업장 중심 중재 사업에 대한 평가는,

스트레스 관리 같은 개인 중심의 중재 사업과는 반대로 제한적이다 (Hogstedt and Lundberg, 2002). 화이트헤드가 작업장에서 심리사회적 조건을 개선하고자 했던 사업들을 고찰한 것에 의하면, 교대 패턴, 노동자가 문제를 인식하고 그 문제의 해결 방법을 찾는 데 참여하는 의사소통 같은 구조적인 변화 등이 스트레스를 줄일 수 있었다(Whitehead, 1995: 42). 간접적인 이득으로서 생산성의 증가가 흔히 관찰됐다. 그러나 작업장에서의 스트레스 감소를 위한 조직적인 중재 사업에 대한 체계적 문헌 고찰을 살펴볼 때 이런 사업들은 일반적으로는 효과가 없는 것으로 드러났다(van der Klink et al., 2001). 개선되고 있거나 높은 수준의 자문을 통한 지지는, 낮은 수준이거나 감소하고 있는 직업 통제력과 관련 있는 건강 위험 요인의 완충제로 작용한다(Vahtera et al., 2000: 492). 교통 체증 완화를 위한 물리적 설계의 변화와 기술적 개선, 운전기사에 대한 승객의 요구가 적어지는 것 등은 유의하게 스트레스의 수준을 감소시키는 것으로 드러났다(Evans et al., 1999).

정책

건강의 가장 주요한 위해 요인으로 설명된 지속적인 빈곤의 위험을 줄이는 것에 초점을 맞출 필요성을 정책은 인식해 왔다. 때문에 교육이 중요하며, 직업 기회의 창출이 강조됐다(Benzeval and Judge, 2001). 또한 실업 상태에 장기간 처해 있는 위험의 사람을 발굴하는 것과 같은 예방적 행동도 존재한다(Campbell et al., 1998). 실행 위원회, 도시 행동팀, 훈련기관과 회사의 연합, 지역사회와 '도시의 변화를 위한 사업' 등을 통해 진행된 1990년 초반의 공식적인 쇄신 사업은 가장 빈곤한 지역을 대상으로 사람들이 직업을 가지도록 진행됐다(Stewart and Taylor, 1995). '우선순위 부동산 프로그램(Priority Estates Programme)'은 주거 관리와 주거자 참여에 대한 초점으로부터 확장되어 지역 주민을 위한 훈련과 사업의 개발 기회를 연동하고자 하는 원스톱 숍을 통해 고용을 창출했다.

더욱 최근의 사업은 직업을 위한 32개의 행동팀을 만들고, 가장 높은 실업률을 보이는 지역에서 취업의 지역적 장벽을 찾아내고, 공공 서비스 협약의 목표를 지역 재개발의 기치 아래 교육·노동부와 사회보장부에 공급하는 것을 목표로 한다. 따라서 노동시장 조건이 가장 열악한 30개 지역자치단체의 고용률 향상, 지속 가능한 고용의 생산, 장애자와 한부모 가정이나 소수 민족 집단 및 55세 이상의 인구군에서의 취업률 증가 등을 이루고자 한다(아이 돌보기와 같은 취업의 장해 요인은 제5장에서 다루어졌다). 이러한 목표와 함께 지역 재개발은 지역사회를 기반으로 한 소득 획득의 중요성을 강조하며 고용력이 증가될 수 있도록 성인의 기술 진작을 도모했다.

물질적 박탈: 주거

주거와 건강 간에 이루어진 첫 번째 의미 있는 연계작업은 19세기 후반과 20세기 초반에 걸친 공중보건 법률의 제정이었다. 그러나 제10장에서 살펴보았듯이, 나쁜 건강과 주거 사이의 영속적인 연관은 지속적인 역학 연구의 주제가 됐으며, 주거 질, 건강 선택, 주거 환경, 스트레스 등과 집 없는 사람에 대한 문제로 확장됐다. 일반적으로 자택 소유는 실질적이고 심리사회적인 이득과 관련되며 환경적인 위험 요인에 노출이 적어지는 것을 의미할 뿐 아니라, 경제적인 자산을 소유하며, 공간의 자유, 생애 과정에 걸쳐 변화되는 요구에 적응할 수 있는 유연성 등을 의미한다(Easterlow and Smith, 2004).

건강 불평등 완화에 효과적인 근거와 사업

관련 서비스, 지원에 대한 법령을 포함하는, 사회적 목표 수준에 부합하는 주거를 제공하고자 하는 정책을 취하는 오랜 전통이 있어 왔으며, 제2차 세계대전 시기까지 보건부가 국가의 주거에 대해 책임이 있었다(Best, 1995). 그러나 주거 중재 사업의 건강 효과에 대한 연구는 매우 부족했고, 특히 전향적 대조군 연구는 더욱 적었다(Ellaway and Macintyre, 1998). 의학적 우선순위, 인구 수준의 재건축, 개장과 혁신, 에너지 효율의 개선 등과 같은 재건축 관련 중재 사업을 다룬 체계적 문헌 고찰에 따르면, 1887년까지 거슬러 올라가 검색한 결과 18개의 논문만을 찾을 수 있었다. 이 가운데 11개 논문만 전향적 연구였고, 9개 논문만 대조군을 포함했다(Thomson et al., 2001). 거의 대부분의 논문이 중재 사업 결과로 약간의 건강 이득이 있었다고 보고했다. 그러나 대상 수가 적고 혼란 변수를 보정하지 않아 결측값이 많은 이러한 연구는 일반화에 한계가 있다.

수행된 연구가 적다는 것은 잠재적 건강 이익의 범위가 적절하게 탐구되지 못했음을 의미한다. 카-힐과 동료의 연구는 열악한 주거 환경에서 생활하는 사람들이 기대 수준보다 50% 이상 의료 서비스를 이용한 것으로 추산했고(Carr-Hill and colleagues, 1993; Moton et al, 2000), 보드만은 난방이 안 되는 가구에 대한 국영 의료 서비스의 지출을 연간 8억 파운드로 추산했다(Boardman, 1991). 그러나 많은 연구가 의료 이용이나 의학적 증상의 발생보다 자가 보고 건강에 초점을 두었다. 그뿐 아니라 주거와 건강에 대한 협소한 정의, 단일 주제에 초점을 둔 연구, 아동과 노인만을 대상으로 하는 연구, 맥락과 내용의 결여 등의 한계를 가지고 있었다.

주거의 질

제10장에서 논의한 바와 같이, 주거의 질은 추위와 습기 두 가지 요인

에 따라 개인의 건강 결과와 직접 관련된다(Best, 1995; Morton et al., 2000). 에너지 효율 측정과 습기 침투를 예방할 수 있는 수단이 일반적인 건강과 안녕을 증진시키고, 호흡기 증상을 감소할 수 있다는 연구 결과들이 있었다(Ambrose, 2001; Thomson et al., 2003). 이는 역주거법칙에 의해, 열악한 기후를 가진 지역의 열악한 주거를 정책 목표로 하는 것은 "호흡기 건강을 증진시키고 건강 불평등을 완화하는 데 효과적인 수단이 될 수 있다"(Blane et al., 2000: 748). 그러한 주거의 개선 노력은 난방비를 아낄 수 있으며, 특정한 인구집단을 대상으로 할 때보다 기저 인구의 유병 수준에서 더 효과적일 수 있다(Somerville et al., 2000).

홉턴과 헌트는 낮은 소득층 주거 지역에서의 난방 개선은 습기, 곰팡이, 추위의 발생을 줄인다고 밝혔다(Hopton and Hunt, 1996). 하지만 그들의 주안점은 아동 건강이었으며, 난방의 개선으로 향후의 위해 요소가 방지됐을 뿐 실업이나 경제적 문제에 의해 발생할 수 있는 증상을 개선할 수 있는 것은 아니었다. 성인에게 주거 환경으로 인한 증상은 기왕의 질병력에 의해 감추어지곤 하며(Hunt, 1993), 직장이나 돈 걱정 같은 건강에 영향을 줄 수 있는 다른 요인의 영향을 받기도 한다(Evans et al., 2000). <글상자 11.12>는 따뜻한 남서부 지역에서조차 밀집도과 습기를 줄이기 위해 계획된 주거 환경 개선은 호흡기 건강 이득 이상의 영향을 가져왔음을 보여 준다.

심장 발작과 뇌졸중에 의한 겨울철 사망의 추가 증가를 다룬 연구에서도 특히 노년 가구와 열악한 공간 난방 시설을 가진 가정에서 주거 온도 효율과 적절한 난방에 대한 개선이 상당한 잠재적 공중보건 이득을 가질 수 있음을 보여 주었다(Wilkinson et al., 2001). 주거 개선을 위한 투자는 "과밀, 추위, 습기 같은 환경뿐 아니라 사고나 화재 같은 위험을 줄임으로써 건강을 증진할 수 있었다"(Best, 1995: 66).

<글상자 11.12>에서 제안하는 것처럼 주거 개선은 지속 가능하다면

> **〈글상자 11.12〉 와트콤 주거 프로젝트**
>
> 중재 사업이 있던 시기 지역 당국에 의해 대부분 소유되고 있던 토퀘이(Torquay)의 와트콤(Watcombe) 부동산은 높은 수준의 실업과 한부모 가구로 특징지어졌다. 또한 지역 일반의를 방문하거나 왕진을 부르는 비율이 높았고, 중앙난방이 제한되거나 아예 없었으며, 열악한 환기와 부적절한 단열재 같은 열악한 주거 환경을 가지고 있었다. 습기, 수증기, 곰팡이도 흔히 문제가 됐다. 반무작위(quasi-random) 주거 개선 프로그램이 1999년과 2000년의 다른 두 시기에 걸쳐 단열재, 이중창, 지붕 재건, 난방, 환기, 배선 공사 등의 방법으로 시행됐다. 개선 프로그램의 전후에 실내 환경에 대한 설문조사와 함께 천식과 관절염에 대한 건강 설문조사가 진행됐다(Somerville et al., 2002). 프로그램에 따른 건강 이득은 단지 호흡기 증상의 완화에 그치지 않고 정신 건강과 가정 및 사회적 행동까지 관련 있었다. 일례로 난방이 개선됨에 따라 아동은 아래층의 난방이 되던 한 방보다 위층에서 숙제를 할 수 있게 됐다. 물리적 개선뿐 아니라 지역사회 발전을 위해 노동자를 고용하고 지역에 대한 인식을 향상시키고자 한 기존의 건강 이득 사업(Health Gain Initiative)도 성공을 거두게 됐다.

지역사회의 삶을 개선하고 삶의 질을 증가시키는 사업들과 병행될 필요가 있다(Evans, 1998; Skifter Andersen, 2002). 주거 박탈에 초점을 두어 건강 불평등을 완화하고자 한다면 쾌적함을 증진하고 과밀을 줄이는 것뿐 아니라 주거민의 주거 환경과 지역에 대한 인식, 주거민이 자신의 가정환경을 관리할 수 있는 수준, 요구도 등에 대해서도 관심을 가져야 한다(Marsh et al., 2000; Dunn, 2002).

주거 스트레스와 건강의 선택

가정이 의료의 기본 요소를 제공하는 공공적 영역임에도 불구하고 자가 소유의 주택이 지배적 경향과 개념이 되어 주거를 통해 건강 불평등을 밝히고자 하는 가능성은 제한되고 있다(Smith and Mallinson, 1997; Easterlow et al., 2000; Easterlow and Smith, 2004). 때문에 현재 잔여 안전의 합으로 기능하고 있는 거주 영역에 단순히 주안점을 두어 건강 관련 관점을 견지하기는 쉽지 않다. 또한 시장이 건강 문제나 장애를 가진 사람을 차별하지 않는다고 장담하기 어렵다.

불건강한 사람은 단지 그의 건강 문제에 의해서가 아니라 안정적인 고용 상태를 유지하기 어렵고 급여 의존이 크기 때문에 자영업을 가지기 힘들다는 것을 여러 연구가 보여 주었다(Easterlow and Smith, 2004). 불건강한 사람은 주거 시장에서 지위를 유지하기 힘들고 자산의 이용과 교환 가치를 유지하기 어렵다(Smith et al., 2004). 시장 원리에 의해 불건강한 사람이 유동적 혹은 낮은 소득을 얻게 되거나 소외된 자영업을 가짐으로써 빈곤·부채·건강 문제를 일으키게 된다는 것도 문제이다. 특히 과거에 부채가 없었던 사람에게서 이런 문제가 더욱 심화될 수 있다(Nettleton and Burrows, 1998). 이는 단지 소외된 일부의 문제가 아닌데, 영국에서 1990년에서 1998년 사이 130만 명의 성인과 아동이 모기지 회수를 경험했다(Nettleton and Burrows, 2000).

듄은 의학적 우선순위에 따른 재건축에 대한 문헌을 조사한 결과 건강 증진의 '빈약하고 분명하지 않은' 결과를 밝혔다(Dunn, 2000). 대부분은 연구가 적기 때문이었는데, 그는 일반적으로 신체적 건강에 문제 있는 사람으로부터는 보다 불분명한 결과가 도출된 반면 정신적 문제에 의한 재건축은 건강을 증진했다고 주장했다(Thomson et al., 2003). 이러한 결과는 스미스 등이 의학적 재건축이 이동 장애나 시각 장애 같은 물리적인 건강 문제를 위해서 가장 흔히 이루어졌으나 가장 괄목할 만한 성과는 정신 건강 문제를 가진 사람에게서 나왔다는 것을 지적한 것과 일맥상통한다(Smith et al., 1997). <글상자 11.13>에서 이를 다루고 있다. 역설적으로 건강과 다른 주거 관련 필요도가 있는 가구는 그들 스스로 의학적인 우선순위를 거부했다.

연구들은 또한 삶의 질, 공식적 서비스와 비공식적 돌봄에의 접근성이 재분배를 통해 더욱 개선될 수 있고, 건강 필요도의 핵심적 요소임에도

〈글상자 11.13〉 의학적 우선순위 재건축의 혜택

뉴캐슬어폰타인([Newcastle upon Tyne)에서의 한 종단적인 연구는, 의학적 우선순위 재건축의 적용이 결정되어 실행된 전후의 253가구에 대해 설문조사를 수행했다. 의학적 우선순위 재건축은 주거와 환경적 상황에서 총체적 개선을 낳았다. 또한 정신 건강과 이동 능력의 개선과도 연관됐다. 재건축을 받은 응답자는 우울, 피로감, 불면, 처방 약물의 복용, 의료 서비스 이용에서 유의한 개선이 있다고 보고했다. 50세 이상과 이하 연령 집단에 따라 다르게 나타났는데, 50세 이하에서 보다 유의한 혜택을 보고했다. 그러나 의학적 우선순위 재건축은 급성 호흡기 질환의 발생과 장기간의 질병과 장애에 영향을 미치지는 못했다(Blackman et al., 2003).

중요하게 다루어지지 않는다고 지적했다. 때문에 의학적 재건축과 지역사회의 치료는 동전의 양면이라기보다 두 개의 명확히 구별되는 작업으로 인식된다(Smith and Mallinson, 1997: 193). 노년기 인구의 특정 문제와 거주 보호시설, 시설 요양소로의 편입을 다루는 제13장에서 보다 큰 정책적 정비에 대해 토의할 것이다.

학습 장애를 가지고 있거나 정신 건강 문제를 가진 사람을 위한 배려는 거주와 관련된 특별한 필요도에 대한 설비에서 보다 쉽게 찾아볼 수 있다. 이러한 영역에서 효과적인 건강 불평등 사업의 근거가 부족하다는 점이, 심각한 정신질환을 가진 사람을 위한 지원 거주 시설, 자원봉사 지원, 표준적 치료의 효과를 살펴보기 위해 설계된 코크란 리뷰를 통해 더욱 공고해졌다. 서비스 이용, 정신 상태, 사회적 기능과 치료의 다양한 모델에 따른 만족도 간에 연관성을 보여 주고자 했음에도 불구하고 이 리뷰에서는 리뷰에 포함될 기준을 충족하는 연구를 찾을 수가 없었다(Chilvers et al., 2004).

지역사회 쇄신을 다룰 때 언급한 바와 같이, 거주 그 자체에 초점을 두든지 더 광범위한 지역사회에 관심을 두든지 간에 거주 스트레스는 혁신의 결과로 볼 수 있다. 많은 사람이 생애의 다른 영역에서 통제력을 발휘할 기회가 매우 적으며, 중재의 대상이 가정인 만큼 그야말로 거주민에게 밀접한 장소이기 때문에 거주민에게 수용된 거주 정보에 대한 적절성, 참여, 통제는 중요한 변수가 된다. 어떤 연구는 거주민이 쇄신에 대해 충분히 정보를 제공받았다고 느끼는 경우 과정의 결과로 부정적인 건강 효과를 경험할 가능성이 유의하게 낮다는 점을 보고했다(Allen, 2000). 일선 실무자에 대한 역량 강화도 서비스 사용자의 역량 강화에서 중요한 첫 번째 단계로서 이루어져야 한다.

어떤 연구는 중앙 집중 거주 관리의 약화가 거주 만족을 증가시킨다는 것을 밝혀냈다(Stewart and Taylor, 1995: 21). 이는 지역적 관리와 거주민 참여가 총체적인 방책의 패키지로서, 범죄를 줄이고 건강의 유의한 향상

〈글상자 11.14〉 증가된 거주자 정보와 통제력: 벨 팜의 사례

요크 지역의 벨 팜 부동산(Bell Farm Estate)은 지역 정부에 의해 1930년대 조성됐다. 1992~1995년 지역과 부동산의 이미지를 좋게 하기 위해 부동산 액션 기금의 지원이 이루어졌다. '지역사회를 위한 계획의 다양한 서비스가 결합되어야 하고 재건 과정에서 거주민의 참여가 다양한 형태로 이루어지도록' 하는 것(Cole and Smith, 1996: 2)뿐 아니라 이러한 참여 방식이 프로그램이 종료된 이후에도 유지가 될 수 있도록 특별한 주의가 기울여졌다.

욕실과 주방의 교체와 함께 난방과 온수 시스템이 도입되도록 하는 근대적인 내부 개선은 요크 시 의회에 의한 거주자 선택 모형에 따라 이루어졌다. 환경적 개선과 지역 서비스, 거주자 연합의 근거지가 되는 지역사회 사무소가 추가됐다. 지역사회 거주민과 파트너십을 가지고 있는 상담자에 의해 계약이 체결됐다. 다기관 접근을 지역사회 개선에 지속할 수 있도록 서비스 수준에서의 동의가 이루어졌고, 이는 주거, 사회 서비스, 경찰, 건강, 환경적 건강, 여가, 지역사회 교육 등을 포함했다. 가구 패널의 구성원에 대한 평가에서는 "벨 팜에서 사는 것이 더 나은 전망을 가지고 있다"는 데는 분명하지 않은 결과가 도출됐다(Cole and Smith, 1996: 66). 이에 따라 분배의 우선순위와 택지의 물리적 개선을 변화시켰다. 그러나 만족률이 가장 낮은 집단은 프로젝트가 소외와 고립 상태에 영향을 주지 못한 독신 어머니로 나타났다.

을 가져온다는 것을 주창한 지역 재개발 전략 활동의 일환으로 '정책 행동팀 5'에 의해서 수행된 일련의 지역 방문의 결과를 이용한 결과이다(NSNR, 1999). <글상자 11.14>는 어떻게 이러한 지역적 관리와 거주민 참여가 어떻게 훌륭한 사업에 녹아들었는지를 보여 주는 하나의 예이다.

집 없는 사람

건강 선택에서 더 고려되어야 할 지점은 사람들이 집을 떠나서 길거리로 이동하는 것이다. 대개 가족 단위이거나 노령층인 '공식적인 노숙인'과 등록되지 않은 '독신 노숙 인구' 간에는 이분적인 구분이 존재한다. 최근 젊은 노숙인이 현격하게 증가하고 있지만 '파악할 수 있는' 독신 노숙 인구의 연령은 25~59세였다(Kemp, 1997; Fitzpatrick et al., 2000 재인용). 그레이엄-존스 등은 이러한 집단을 전체적으로 돌볼 수 있는 적절한 모형을 고찰하면서 가족 단위 노숙 인구와 독신 노숙 인구의 건강 필요도를 강조했다(Graham-Jones et al., 2004). 또한 매우 유동성 있고 취약한 집단을 대상으로 사업하기 매우 어려운 영국의 문헌에서는 이러한 문제에 대해서 다루고 있지 않다는 것을 알아냈다(Power et al., 1999a). 또한 나이 든 노숙 인구의 필요도는 쉽게 간과됐다(Crane and Warnes, 2000).

노숙 인구의 다양한 문제 — 가족 접근성, 주거, 금전, 식품 등과 같은 — 와 특정 건강 증진 문제 — 구급 처치 훈련, 약물 오용, 저체온증, 영양 부족 등과 같은 — 는 광범위한 건강 이상의 문제를 다루는 중재 사업이 필요하다는 근거가 된다(Power and Hunter, 2001). 노숙인과 건강 증진을 다루는 건강 교육 기관의 전문가 집단에 의해 수행된 성공적인 사업에 대한 고찰에서는 노숙인의 성적인 건강과 정신 건강과 같은 영역에서의 국가적 캠페인, 노숙인을 대하는 실무자의 감수성을 증가시키는 훈련, 건강과 사회 서비스에 대한 인식을 향상시키기 위한 건강 박람회, 기존의 네트워크의 이용 등을 중요하게 다루고 있다(Power et al., 1999b). 일례로 '북부 지역의 중요한 문제(Big Issues in the North)'에 의해 수행된 연구에서는, 간호사가 운영하는 시범적인 이동 진료가 '중요한 문제'의 당사자와 관련된 건강 문제를 해결하기 위해 시행됐다. '중요한 문제'는 사마리아인 협회와 연합해 노숙 인구 내의 높은 자살률을 줄이고자 하는 활동을 했으며, 다른 노숙 인구의 건강 필요도를 채워 주기 위해 '중요한 문제'의 당사자가 필요한 정보를 제공하는 역할을 했다(Hunter and Power, 2000; Power and Hunter, 2001). 평가는 아직 제한적으로 이루어지고 있다.

정신 건강 문제와 약물 또는 알코올 의존 문제를 동시에 가지고 있는 사람에게 의료 서비스에 대한 부적절한 접근성이 주요한 건강 결정 요인이 되는지에 대한 논란이 있다(Fitzpatrick et al., 2000). 드물기는 하지만, 미국에서 생산된 근거에 따르면, 집중적인 치료 관리, 강력한 자원 활동, 임시 주거 제공 등이 노숙인의 삶의 질을 증가시킬 수 있다. 이는 1990년대 초반 노숙인의 일차 의료 접근성 향상을 위해 지원된 35개의 프로젝트의 결과를 다룬 하나의 대조군 연구 결과에서도 드러난다(Graham-Jones et al., 2004. <글상자 11.15> 참조).

개인적 수준에서 노숙인이 되는 것을 예방하기 위해 설계된 중재 사업도 건강 불평등을 줄이는 데 도움이 될 수 있다. 성인에게 이러한 중재 사업에는 주거에 대한 조언, 긴급 서비스, 정신 건강에 문제 있고 물질 오용을 하는 거주자를 위한 지원, 파산 또는 반사회적 행동이나 부채 등과 관련해 집을 잃을 위기를 맞은 사람들을 위한 지원, 감옥이나 무장 세력에서 벗어난 사람을 위한 정착 프로그램 등이 있을 수 있다(Fitzpartick et al., 2000). 높은 지원의 필요성과 세대를 퇴거시키는 위험, 노숙인이 되게 하는 반사회적 행동 등을 해소하고자 한 '보호소 통합 프로젝트(Shelter's Inclusion Project)'의 초기 결과는 고무적이다(Shelter, 2005a). 노숙인

〈글상자 11.15〉 집 없는 사람에 대한 옹호의 건강 잠재력

리버풀 지역에서 수행된 대규모 도시 내부에 초점을 둔 센터 기반, 현장 활동 지지를 비교한 실험적 연구는 서비스 접근의 지원과 가족 건강 실무자로에게 지지를 받는 사람들이 일반적인 치료를 받는 사람들에 비해 단기간의 심리사회적 개선이 유의하게 있다고 보고했다. 이 연구는 자원 활동은 센터 기반 지지보다 효과적이었다고 주장했다. 감정적인 스트레스의 감소, 수면과 자존감의 개선 같은 이득이 보고됐다. 또한 조기에 수행되거나 사전 중재 사업이 효과적으로 나타났다(Graham-Jones et al., 2004).

이 연구에서 헌신적인 건강 지지 서비스는 일반의와 다른 건강 실무자의 업무량을 줄일 수 있는 것으로 드러났다(Reilly et al., 2004). 적극적인 현장 활동은 투약이 필요한 증상이 있는 노숙인 환자와 관련된 업무량에는 영향을 주지 못했지만, 일차 의료 필요와 심리사회적 필요에 대한 건강 시스템에 드는 자원을 줄일 수 있었다. 건강 지지를 이용함에 따라 현장 지원 인구에서 서비스의 수요가 창출되고, 논란이 있지만 도움을 찾는 데 보다 적절한 양상을 보이는데도 불구하고, 중재 사업이 비용 중립적이 되는 효과가 있다. 필요한 기술에 대한 탐구는 이러한 역할이 주변 사람에 의해 가능할 수 있다는 것을 제안한다.

에 대한 더 전체적인 접근방법은 노숙인을 바라보는 관점이 주거 단지의 건강 관련 특성으로부터 지역사회 재건으로 바뀌었음을 반영하고 있다.

정책

열악한 주거와 건강 간에는 양반응 관계가 있다(Marsh et al., 2000). 이른 나이에 주거 박탈에 노출되는 경험은 성인기에 불건강할 가능성을 높이며, 또한 현재의 환경도 중요하다. 이러한 경로에 의해 주거 환경을 개선함으로써 직접적인 건강의 혜택이 파생될 수 있으며, 아동이 있는 가족의 주거 개선을 통해 특히 많은 건강 혜택이 가능하다.

이런 점을 염두에 둔 정책은, 역사적으로 박애적인 주거 프로젝트와 함께 초기의 위생과 공중보건의 개혁이 이루어진 전례를 가지고 있다

(Burridge and Ormandy, 1993). 보다 근래의 역사는 다양하다. 1979년 위원회 주택 지역의 관리, 서비스 전달, 물리적 환경과 같은 문제를 인식해 '우선순위 부동산 프로젝트'를 도입했다. 영국의 '모두를 위한 건강 네트워크(Health for All Network)'는 세계보건기구의 '유럽 건강 도시 프로그램(Europe Healthy Cities Programme)'과 '2000년까지 모두를 위한 건강(Health for All by the 2000)'에 감화를 받아 불평등 완화를 위한 높은 질적 수준의 물리적 환경과 주거 질 제공을 포함하는 도시 수준의 건강 전략을 추구했다. 같은 시기에 구매할 수 있는 권리의 법률 제정이 1980년 「주거법(Housing Act)」에 의해 이루어졌다. 자본 수용으로 새로운 집을 지을 수 없는 것과 신용 시장의 규제 완화는 주거와 건강 같은 기본적 복지 제공의 책임을 위험의 개인화 추세와 함께 개별 세대주에게 있다고 보는 거대한 움직임의 전형이다. 일반적으로 보수당 정부와 우세한 경향에 의해 성립된 사회적 주거 정책은 지속됐으며, 사회적 주거의 제공 책임은 지역 당국에서부터 등록된 사회적 소유주에게로 전환됐고, 사회 주거 주식의 투자는 더 나은 관리와 개인적 거주 지원을 위한 개혁과 관계됐다(Crane and Warnes, 2000).

근래에 공공 지출의 다른 형태보다 주택 투자가 더 많이 절삭되어 사회적 거주 프로그램의 총 투자 규모는 1993년에서 1998년 사이 7억 파운드에서 3억 파운드로 줄어들었다(Evans, 1998). 노숙인을 위한 정부의 전략은 새로운 사회적 주거를 2008년까지 50%(7만 5,000채) 늘릴 것을 제안했다. 현재 사회적 거주 프로그램 지출 규모가 국가 총생산의 0.2% 밖에 차지하지 못하고 있어 세 배 정도 더 늘려야 한다는 주장이 있다(Shelter, 2005b). 그러나 주거 개선 프로그램은 광범위한 쇄신 프로그램 내로 점차 포섭되어 가고 있다. 일례로 '택지 행동(Estate Action)'은 1994년 단일 쇄신 예산 과정에 편입되기 전까지 1988년부터 경제적 개발을 수용했고, 1992년부터 범죄 감소를 위한 수단을 장려했다. 1995년 도입된 '주거 플러스(Housing Plus)'는 주거 단지의 개선과 함께 사회적이고 경제적인 수단 - 사회적 기반 구조, 범죄 예방, 직업과 기술 격차의 감쇄, 지역에 돈이 더 돌게 하는 것과 같은 - 에 투자하는 것과 관련된 주거 지원으로 사회적 거주에 대한 투자가 더 지속 가능하도록 하는 것을 목표로 했다.

그러나 건강과 주거 간의 연관은 '영국의 정책 의제로서 확장'됐다(Marsh et al., 2000: 41). 「애치슨 보고서」에서 건강 불평등을 감소시킬 수 있는 주요한 부문으로서 주거와 환경을 강조했고, 이러한 경향은 거주를 건강에 영향을 미치는 주요한 환경적 요인으로 받아들이고 있는 국책 보고서 「수명 연장」(DM, 1999a)에서 이어진다. 또한 최소한의 기준도 모든 사회 주거를 2010년까지 상당한 수준에 이르도록 하고, 취약 집단이 소유한 개인 주택이 상당한 수준에 이르는 비율을 높이는 것을 목표로 하고 있다. 거주민 참여와 역량 강화에 대한 표준을 정립하는 것으로 요약되는 거주민 참여는 1999년 4월에 도입됐으며, 취약한 지역사회를 안정시키기 위한 주요한 요인으로 거주 관리를 공식적으로 인정한 지역 재개발 전략에 기여하기 위해 1998년 설립된 정책 행동팀 중 하나이다. 이런 맥락에서 '최상의 가치(Best Value)'는 서비스 공급자의 지위를 보장하는 것이 주요한 핵심 사항인데, 서비스 공급은 건강 서비스 공급자, 토지 소유주와 거주민 간의 확실한 연계를 제공하는 연락 능력이나 다른 서비스를 제공할 수 있는 관리자나 대리인 같은 다양한 범위의 제공자에게 접근할 수 있는 원스톱 숍을 의미한다. 그러나 환경적·사회적 서비스가 다양할수록 지역의 예금이 명확히 늘어난다는 사실을 고려하지 않더라도 비용은 거주 계정 아래로 떨어지는 경향을 보인다(NSNR, 1999).

사적 주거 시설의 열악한 환경에 의한 문제를 고려한 중재 사업이 없다는 비판이 제기됐다. 자기 주택 소유자의 절반 이상이 열악한 환경에 거주하고 있으며, 본인 스스로 수리·유지·개선을 해야만 하는 취약 가구의 수가 늘고 있다. 예를 들어, 개혁과 장애 시설 기금은 줄고 있으며,

주거 개선 기구의 분포는 불균등하고, 의학적 우선순위 재건축 구조를 대체할 만한 것이 없다는 것이 중요하다. 그러나 최소한의 기준은 현재 사적 거주는 주거에 1.6억 파운드를 투자하고, 주거 관리와 지역 주거 전략을 통해 낮은 수요와 유기를 예방하기 위해 8,000만 파운드를 지출한다(SEU, 2001). 또한 추위와 습기 찬 주거 문제의 중요성에 대한 인식도 있었다. 「에너지 백서(Energy White Paper)」가 제시한 네 가지 에너지 정책의 목표 중 하나는 노인과 아동이 있는 취약한 가구의 연료 빈곤을 근절하는 것이며, 2010년까지 연료 빈곤이 사라질 것으로 예측하고 있다. 사회적 주거의 에너지 효율 증가와 함께 '가정 에너지 효율 정책(Home Energy Efficiency Scheme)'과 그것의 성공적인 '웜 프론트(Warm Front)'는 다양한 에너지 효율 수단을 도입하기 위한 자금을 제공하고 있다. 2001~2004년 6억 파운드를 들인 웜 프론트의 활동 결과로 90만 세대가 혜택을 보았다(DEERA, 2004).

1997년 「노숙인 거주법(Housing Homeless Persons Act)」은 노숙인에 대한 지역 당국의 책임을 명확히 했고, 이러한 책임을 사회적 서비스에서 주거 부서로 전달했다. 가족과 아동이 있는 노숙인에 대해 주로 관심을 가지면서 독신과 가족 단위 노숙인 간의 전통적인 구분이 강화되고, 독신 노숙인은 여전히 자원 봉사의 영역으로 남게 됐다(Fitzpatrick et al., 2000). 노숙인에 대한 정책의 이분화는 1990년 '노숙인을 위한 사업(Rough Sleepers' Initiative)' 같은 다른 핵심적인 사업들로 이어지게 됐으며, 이 사업은 비법률적인 부문이 주거와 현장 활동, 정착의 제공 프로젝트를 기반으로 할 수 있게끔 지원했다. 반면 1996년 「주거법」은 주거 필요가 있는 독신을 도울 수 있도록 하는 프로젝트를 위해 자원 활동 기관을 지원했다. 한 가지 명백한 약점은 프로젝트들이 특별한 편향성을 가지고 있으며, 필요도보다 지원의 가능성을 좇아갈 수 있다는 점이다(Crane and Warnes, 2000). 그러나 이러한 측면은 2002년 「노숙인법」이 제정되면서 도전받았는데, 이 법률은, 지역 당국이 노숙 인구에서 과다하게 표현되는 취약 집단을 위해 도움을 줄 수 있는 능력을 키우고 2003년까지 노숙인 예방을 위한 전략을 가지도록 요구했다(ODPM, 2005a).

사회적 배제과는 노숙인을 가장 우선순위로 설정했으며, 정착과 협조, 예방을 병행해 2002년까지 영국에서 노숙인 인구를 2/3 수준으로 낮추는 것을 초기 목표로 삼았다. 1999년 노숙인을 위한 사업을 대체해 마련된 '노숙인 액션 프로그램(Homeless Action Plan)'은 변화보다 지속성을 위한 정책으로 표현되어 왔는데, 1999~2002년 런던에는 1억 4,500만 파운드, 잉글랜드의 기타 지역을 위해서는 3,400만 파운드의 프로젝트 기금을 3년 주기로 지속적으로 지원했으며 사회적 진료 시장에 의지했다(Crane and Warnes, 2000). 그러나 기존 정부 프로그램과 연계하고 단일 기금을 통해 다양한 프로젝트의 기금을 관리하기 위해 '노숙인과(Rough Sleepers Unit)'와 '청소년 노숙인 행동 파트너십(Youth Homelessness Action Partnership)'을 설립하는 것은 전략의 철학, 노숙인 관련 영역에서 활동하는 다기관의 문제로까지 확대됐다(Fitzpatrick et al., 2000). 1998년 「수명연장: 우리의 더 건강한 국가를 위해」가 출간된 이후 사회적으로 배제된 집단의 건강 행동과 지역사회 기반의 건강 증진을 위한 변화의 필요성이 심화된 정책적 주제가 됐으며, '약물과 알코올 특수 기금(Drug and Alcohol Specific Grants)'이나 사회보장부에서 서비스를 위한 기금이 지원됐다(Power and Hunter, 2001).

부정적인 주거와 노동시장의 경향을 고려하는 구조적 수준에서의 변화, 사회적 보장 급여에 대한 개입, 빈곤과 가족 재구조화의 증가된 수준 같은 요인에 따라 실제의 진보 수준이 이루어진다는 비판이 제기됐다. 이러한 지적은 최근의 5개년 계획인 '지속 가능한 지역사회: 모두를 위한 가정(Sustainable communities: Home for All)'에서 수용됐으며(ODPM, 2005b), 이에 수반된 노숙인 문제를 해결하고자 하는 전략에서 채택됐다

(ODPM, 2005a). 주거 기회를 '호스텔 개선 프로그램(Hostel Improvement Programme)'에 9,000만 파운드를 지원하는 등으로 확대하고, 취약 인구를 위한 지원을 제공하고, 노숙인의 광범위한 원인과 증상을 개선하고자 하는 (급여 개혁, 실업, 가정 폭력, 반사회적 행동을 포함하는 문제들을 해결하고, 약물, 알코올, 정신 건강, 법률 서비스 등을 포함하는 광범위한 서비스의 접근성을 향상하고자 하는) 노력, 길에서 자는 노숙을 줄이고 임시 거처에 의지하도록 하는 사업을 통해서 노숙인을 줄이고자 목표한다. 필연적인 결과로서 새로운 정책 목표는 2010년까지 임시 거주를 하고 있는 세대의 숫자를 절반으로 줄이는 것이다.

결론

이 장에서는 생애 과정의 전반기 과정에서 형성된, 건강의 변이를 야기할 수 있는 요인과 정책적 실천적 대응 간의 연결고리를 지속해서 다룰 수 있도록 고심하였다. <표 11.1>은 개인과 지역사회 수준에서 생활 습관 요인과 중재 사업과 관련된 가장 강력한 근거의 기반을 제시하고 있다. <표 11.1>을 구성하고 있는 많은 연구들은 근거 기반이 생애 과정의 초반부보다 성인기에서 더욱 뚜렷하다는 것을 제시하고 있는데, ① 식이와 신체 활동, ② 흡연과 음주의 두 가지 영역이 이 부분에서 유효하다. 식이와 영양, 신체 활동, 흡연과 음주의 영역에서 사람들로 하여금 좀 더 건강한 선택을 할 수 있도록 하는 개인화된 접근과 정보 제공, 서비스의 접근을 강조하는 최근의 공중보건 국책 보고서에 반영되었다. 그러나 역설적으로 다양한 연구에서 관찰되는 사회경제적이고 민족적인 격차에 대해 지속적으로 거부하고 있는데, 이는 그러한 중재 사업이 취약 계층과 다양한 위험 요인을 동시에 가지고 있는 사람들에게 적절하게 적용될 수 있는 중요한 특성에 대한 이해가 부족하다는 것을 의미한다. 예를 들어 낮은 사회경제적 계급의 여성과 과다 흡연자에게서 금연의 향상은 어떻게 도모될 수 있을까 하는 의문을 제기해 볼 수 있다. 행위적 선택과 구조적인 결정 요인 간의 관련이 모호하게 방치되고 있다는 점도 중요하다.

심리사회적 건강, 물질적 박탈(그리고 주거·범죄·고용과 같은 문제를 다루는 좀 더 전체적인 접근방법)에 대해 관심을 둘 때 근거는 더욱 빈약하며, 훌륭한 사업 모형과 평가는 단지 정부가 지원한 평가에서만 발견할 수 있을 뿐이다. 일례로 건강 결정 요인의 광범위한 사회적 결정 요인이나 소득의 재분배, 경제적 투자 유치, 실업을 해결하고자 하는 상향적 중재 사업에 대한 근거가 부족하다(Davey Smith et al., 2001). 게다가 이러한 영역을 다루는 정부의 대책은 멀리 내다보는 구조적인 개혁이나 주류 예산 편성의 개선보다 지역 기반 사업에 더 초점을 맞추는 경향이 있다. 통합적 정책 형성이라는 레토릭에도 불구하고 건강은 개혁 의제의 언저리에 여전히 남아 있다. 일례로 지역사회를 위한 뉴딜 프로그램과 지역 재개발 프로그램이 포함하고 있는 명확한 (건강)결과들은 동반된 투자나 평가를 받지 못하고 있다.

제14장에서는 개인화된 중재 사업에 기반을 둔 공중보건의 기존 근거와 건강 불평등을 해소하기 위한 지속적인 구조적 해결 방법의 요구 간의 부조화에 대해 다룰 것이다. 체계적 문헌 고찰에 대한 과도한 의존을 대신할 대안에 대해 토론할 것이며 공중보건 연구의 '황금 기준'은 비교 가능성(comparison)과 맥락(contextualisation)을 포함한 것이어야 함을 제안할 것이다. 제12장과 13장에서는 삶의 후반기의 건강 불평등을 다루기 위해 빈곤과 소득 양극화의 결과를 다루고자 한다. 이는 자주 간과됐던 연구 영역이다.

〈표 11.1〉 성인기 건강 불평등 완화를 위한 중재와 사업: 근거 기반 요약

영역	근거 자료
주거와 지역사회 쇄신	
재건축, 개장, 에너지 효율 측정, 습기 방제 등과 관련된 제한적인 중재 사업은 건강에 일정 정도 긍정적인 영향을 주나, 일반화는 어렵다.	체계적 문헌 고찰
재건축의 의학적인 영향은 생리적 건강보다 정신 건강의 향상이 더 크다.	문헌 고찰
고찰 수준의 근거 부족	
지역사회 쇄신 일반 인구 대상 주거 중재 사업 집 없는 사람 주거 지원과 현장 봉사 활동	
소득과 고용	
심각한 정신질환을 앓고 있는 경우 경쟁적인 구직을 위해 직업학교 입학 전의 훈련보다 고용을 지원하는 것이 효과적이다.	코크란 리뷰
작업장에서의 스트레스를 줄이기 위한 구조적인 중재 사업이 효과적이라는 근거는 부족하다.	체계적 문헌 고찰
고찰 수준의 근거 부족	
복지 (급여) 상담 직업 창출과 훈련	
식이와 신체 활동	
성인기 비만과 과체중의 치료를 위한 저칼로리·저지방·저에너지 식이의 효과성	문헌 고찰에 대한 검토
신체 활동은 중등도의 전체 체중의 감소에 효과적이며 식이 조절을 위한 효과적인 보조요법이다.	문헌 고찰에 대한 검토

의료와 지역사회 환경에서 개인을 대상으로 한 간단한 중재 사업(예를 들면, 조언과 정보 제공)은 6~12주에 걸친 신체 활동의 중등도의 변화를 야기할 수 있다.	문헌 고찰에 대한 검토
지역사회에서 운동 전문가에게 의뢰하거나, 시설에 관계없이 할 수 있는 걷기와 같은 중등도 강도의 신체 활동을 증진하는 중재 사업은 행위의 장기적인 변화와 연관된다.	문헌 고찰에 대한 검토

고찰 수준의 근거 부족

비만과 과체중의 예방을 위한 중재 사업
장기간의 체중 감소의 유지
식이와 신체 활동에 대한 상향적 중재 사업
운동 전문가와 스포츠 개발 공무원의 효능
금연과 우울증에 대한 운동의 역할

흡연과 음주

흡연

의료인이 있는 임상적 환경에서 최소한의 접촉으로도 금연 유지율을 증가할 수 있으며 31~90분에 이르면 효과는 증가한다.	문헌 고찰에 대한 검토
상담과 스트레스 조절 같은 행동 요법은 금연의 유지를 증대하며, 사후 지원, 사회적 지지, 치료비용의 지원, 대중매체 선전, 공중 교육 캠페인, 담배 가격 인상도 마찬가지 효과를 갖는다.	문헌 고찰에 대한 검토
흡연에 대한 금지와 제한은 간접흡연을 줄인다.	문헌 고찰에 대한 검토
종합적인 조직화된 흡연 제한은 공공장소에서의 흡연을 감소하는 데 효과적이다.	문헌 고찰에 대한 검토

음주

병원과 일차 의료 환경에서 간단한 5~20분의 중재의 결과로 향후 6~12개월간의 음주 조절은 과다 음주자에서 두 배 정도 높다.	문헌 고찰에 대한 검토

| 몇 번의 방문, 상담, 동기 유발 같은 확장된 간단한 중재 사업은 특히 여성에게서 효과를 증가시킨다. | 문헌 고찰에 대한 검토 |

「혈중 알코올 농도 법률」은 알코올로 인한 자동차 치명률을 감소시키고, 음주 호흡 측정은 치명적·비치명적 상해를 줄인다. | 문헌 고찰에 대한 검토

관리 지원과 질 높은 제공자 훈련은 참여자의 중독을 줄일 수 있다. | 문헌 고찰에 대한 검토

고찰 수준의 근거 부족
　지역사회 수준과 작업장에서의 중재 사업
　임신 시 음주

12

노년기의 건강 불평등: 연구 근거

서론

　대다수 건강 불평등 연구가 직업을 사용했기 때문에, 사회경제적 건강 불평등에 비해 인구사회적 불평등은 등한시됐다. 따라서 민족성과 같은 중요한 특성이 상대적으로 등한시되어 왔으며, 직업 분류의 사용은 연령 때문에 직업에 종사할 수 없는 사람들을 고려하지 못하는 불행한 결과를 낳았다. 그러나 제3장에서 토의한 바와 같이 노년기는 중요한 소득 빈곤의 시기이다. 게다가 자산의 분화는 노년기에 명확해지고, 부유한 연금 수령자와 가난한 연금 수령자 사이의 격차가 점점 커진다. 이런 사회경제적 변이의 증가는 이들 연령 집단 내에서 건강 수준의 변이에 중요한 함의를 지닐 것이다.

　이 장은 노년기에서 건강 불평등에 대한 빈곤과 소득의 양극화에 따른 결과들을 밝히고자 한다. 이 일 자체가 단순한 작업이 아니다. 콰우에 따르면, 노인 건강에서의 불평등은 많은 이유로 간과되어 왔다(Khaw, 1999). 첫째, 이미 앞에서 언급한 바와 같이, 직업 상태의 사용은 젊은 사람들에서 건강 불평등을 쉽게 확인할 수 있게 했으나 퇴직한 인구집단에서는 그렇지 못했다. 그러나 우리가 이 장의 첫 부분에서 다루게 되는 사망률과 유병률에서의 변이에 관한 연구 결과를 통해 볼 때, 과거 직업 정보는, 대상자의 퇴직 전과 후를 추적 조사할 수 있는 종단적 연구나 과거 주요 직업에 대한 정보를 정확하게 수집하는 조사를 통해 획득할 수 있으며, 과거 직업 변수는 노인 건강에서 주요한 영향을 가지는 것으로 알려져 왔다(Arber, 1996). 예를 들면, 주택 보유나 학력 같은 사회경제적 지위의 또 다른 지표를 사용하고 있는 연구들도 건강 불평등이 전 생애에 걸쳐 지속되는 것을 보여 주고 있다.

콰우에 의해서 확인된, 노인 집단에서 건강 변이에 대한 문헌의 상대적인 부재를 설명하는 두 번째 요인은 노인에서 건강 불평등은 중재 사업에 의해 성공적인 효과를 얻기 힘들다는 그릇된 인식이다(Khaw, 1999). 그녀는 "노년기에서의 생활습관과 환경 개선 또는 질병 치료는 노인의 건강에 상당한 효과를 가진다. 어떤 형태이든 다양한 중재는 사실상 노인들에게 더 큰 절대적인 영향을 줄 수 있다"(Khaw, 1999: 40)고 주장하면서 두 번째 인식에 이의를 제기한다. 우리는 이 장의 두 번째 부분에서 이런 개념 아래 노년기에서의 건강 불평등에 미치는 (식이·영양, 흡연, 운동 같은) 생활습관과 (주택, 지역 환경과 같은) 환경의 중요성을 보다 깊이 조사할 것이다.

세 번째로, 콰우는 노인의 사회에 대한 기여도가 적어 우선권이 낮기 때문에 건강 불평등이 간과되어 왔다고 주장한다. 즉, 노인은 일반적으로 가치 절하되어 왔다는 것이다. 고령 차별에 대한 관심은 중요한 연구 주제인데, 특히 보건의료 서비스에 대한 차별화된 이용에 대해 많은 연구가 진행됐다. 실제로 2001년 보건부는 '노인을 위한 국가 서비스 프레임(National Service Framework for Older People)'을 발족했고, 이 기관에서는 국영 의료 서비스나 사회 보호 서비스 접근에서 연령 차별의 근절을 핵심 요건으로 확립시켰다. 따라서 노인들 내에서의 변이보다 서로 다른 연령 집단에서의 불평등을 중점적으로 연구해 온 경향 때문에 노년기의 건강 불평등에 대한 정보가 부족한 것이 부분적으로 설명된다. 이 장의 세 번째 부분에서는 특히 보건의료 서비스의 접근에서의 불평등을 중점적으로 다루면서, 노인의 건강 배제에서 사회경제적 지위 자체보다 연령이 얼마나 더 중요한 원인인지 논의하고자 한다.

사망과 질병 수준에서의 불평등

제1장에서 언급했던 바와 같이, 조기 사망에서 사회계급의 차이는 성인기 초기에 가장 크고 연령이 증가할수록 작아진다. 이것은 부분적으로 성인기 초기의 사망이 상대적으로 드물고 위험 인자의 영향이 보다 제한적일 수 있다는 사실에 기인한다. 사회적 격차가 상대적으로 좁아지는 것은 연령이 증가함에 따라 사회경제적 측정의 타당도가 변화하기 때문이라고 설명될 수 있다(Marang-van de Mheen et al., 2001). 예를 들어, 공무원을 25년간 추적 조사 연구한 첫 번째 '화이트홀 연구(Whitehall Study)'에서, 직업 상태(퇴직 전 고용 등급)를 근거로 측정한 사망률에서 사회적 차이는 연령이 증가함에 따라 감소했다. 반면에 직업 이외의 측정, 예를 들어 자동차 소유를 근거로 한 사망률의 사회적 차이에서 그 감소는 적은 것으로 나타났다. 이것은 사실상 퇴직 전 직업을 기본으로 한 사회경제적 지위의 측정이 현재 사회경제적 상황을 충분히 설명하지 못한다는 사실을 반영한다. 퇴직 후 사망률에서 사회적 차이가 좁아지는 것은, 노동이 건강 불평등을 만드는 중요한 요소이기 때문일 수도 있다(Marmot and Shipley, 1996).

비록 연령의 증가에 따라 건강 불평등이 감소할지라도, 노인의 건강에서 사회적 격차는 사회경제적 지위에 대한 넓은 범위의 지표를 사용할 경우 나타나게 된다. 이러한 지표에는 직업, 교육, 주택 여부, 자동차 소유, 자원의 소유 등이 포함된다. 예를 들어 1971년 종단적 연구 코호트에서 60~74세 노인의 표준사망비(1971~1992)는 자가 주택 거주자는 77이었고, 지방 당국 소유 주택 임대자는 115로 나타났다(74세 이상 노인에서의 범위는 91~104였다). 두 대 이상의 차를 소유하고 있는 노인의 표준사망비는 77이었는데 차가 없는 노인은 115(74세 이상의 노인은 91~104)였다(Smith and Harding, 1997). 이 종단적 연구 코호트의 추가 분석에서 임대 주택에 사는 것과 자동차 접근이 안 되는 주택에 사는 것은 21년 동안 35~45%의 더 높은 사망률을 가져왔다(Breeze et al., 1999). 노인의 상대적인 불평등은 젊은 집단보다 꾸준히 적어지고 있다는 기존 근거들과는 다르게, 최근 연구에서는 교육 수준에 따른 사망률 차이가 잉글랜드와 웨일스에 살고 있는 중년층과 노년층 남성에서 나타났다. 다른 연구와 같이, 이 연구는 노인 집단에 사망률과 유병률이 집중되어 있기 때문에 혜택을 덜 받고 더 받는 집단 간 절대적인 사망률 차이는 노년층에서 증가했을 뿐 아니라 상대적인 차이가 감소했을 때도 절대적인 사망률 차이는 증가했다고 강조했다(Marmot and Shipley, 1996; Smith and Harding, 1997; Grundy and Sloggett, 2003). 이런 점에서 노인 인구집단에서의 건강 불평등은 주요한 공중보건 문제이다(Bowling, 2004).

증가하고 있는 많은 연구들은 노인의 사망률 불평등을 조사하는 것뿐 아니라 유병률의 불평등에도 중점을 두어 왔다. 그런디와 설제트는 '잉글랜드 건강 조사(Health Survey for England: HSE)'(1993~1995)의 자료를 사용해 65~84세 노인의 건강에서의 차이를 분석했는데, 소득 지원 수혜자는 불량하거나 매우 불량한 자가 보고 건강 상태, 장기간의 질병, 두 개 이상의 특별한 만성 질환, 의사가 처방한 약제 복용 개수, 정신질환 유병률 등과 유의한 상관성을 가지고 있었다(Grundy and Sulggett, 2003). 또한 주택 보유(특히 여성에서), 학력, 건강 상태에서도 상관성을 보였다.

그러나 사용된 어떤 지표도 소득 지원 수혜자 여부만큼 불량한 건강 상태와 일관된 상관성을 보인 것은 없었다.

65세 노인의 건강에 중점을 둔 2000년 '잉글랜드 건강 조사'에서는 훨씬 더 제한된 건강 지표들에서도 사회경제적 지위에 따른 건강에서의 차이를 발견했다. 개인 소유 주택에 살고 있는 노인 중에서, 이전에 비노동 직업을 가졌던 사람은 노동 직업을 가졌던 사람보다 건강이 양호하거나 매우 양호하다고 더 많이 대답한 것으로 나타났다(Falascheti et al., 2002). 그러나 장기적 질병 중 남성에서의 정신질환 유병률은 어떤 차이도 보이지 않았다. 여성 중에서 비노동 사회계층의 사람은 노동계층의 사람보다 정신질환 유병률을 더 많이 보고한 것으로 나타나기도 했다(Tait and Fuller, 2002). 2000년의 '잉글랜드 건강 조사'와 그 이전의 '잉글랜드 건강 조사' 사이에서 결과의 차이는 사회경제적 측정을 다르게 사용했기 때문일 것이다. 과거 상황(예를 들면, 직업적으로 정의된 사회계급이나 학력)과 연관된 지표들은 현재의 빈곤 지표(Grundy and Holt, 2001)와 함께 사용될 때 노인에게서 자가 보고 건강 상태에서의 변이를 가장 잘 예측한다는 연구가 있기 때문에, 2000년 '잉글랜드 건강 조사'의 분석에서 사회계급 자료의 사용을 통해 건강에서 몇 가지 차이를 간과했을 가능성이 있다.

이것은 노인에게서 정신질환 유병률의 유의한 사회적 격차를 발견한 연구들에서 확실히 제시됐다. 예를 들어, 런던의 두 개 일반 병원에서 65세 이상 환자를 조사한 결과, 직장 연금이 없는 사람은 신체장애 수준을 고려한 후에도 높은 우울증 점수를 가질 위험이 더 유의하게 높았다(Harris et al., 2003). '화이트홀 연구'의 대상자들을 추적 조사한 결과, 퇴직 전에 낮은 등급에서 중간 등급으로 이동했던 사람은 정신 건강이 나쁠 위험이 감소했으나 중년층에서 낮은 등급의 직업을 가졌던 남성은 고위 관리자에 비해 정신 건강이 나쁠 위험이 두 배 더 높았다(Breeze et al., 2001). '지역사회의 노인 평가·관리 연구(Trial of Assessment and Management of Older People)에 관한 의학연구위원회(Medical Research Council)의 평가'를 보면, 일하는 시기와 노년기 동안 임대 주택에서 살았던 노동계급에 있는 사람은 두 시기에 자가 주택 거주자였던 비노동계급의 사람과 비교할 때 의욕 저하의 위험이 75% 증가했다(Breeze et al., 2004a). 2000년 국가통계사무소가 수행한 영국 성인의 '정신질환 유병률 조사(Survey of Psychiatric Morbidity)'(ONS)에서도 이러한 결과에 강한 무게를 싣고 있다. 이 조사에서는 60~74세 노인에게서 우울증을 포함한 신경증이 노동계급에서 좀 더 우세함을 밝혔는데, 사회계급 I·II에 있는 사람 중 6%가 질환을 앓고 것에 비해 사회계급 V에 있는 사람 중 18%가 질환을 앓고 있었다. 가구 소득이 감소함에 따라 질환은 꾸준히 증가했다. 위험도는 주 정부 급여 수혜 여부와 연관성이 있었다. 사회계급, 가구 소득 감소, 낮은 학력, 주 정부 수혜의 의존 증가는 인지 기능의 감소와 연관성이 있었는데, 이는 정신 건강 문제의 위험도가 증가한 것이다(Evans et al., 2003).

노년에서 정신 건강과 사회경제적 지위 사이의 연관성은 많은 요인들에 의해 중재되는 것 같다. 이미 지적한 바와 같이, 정신 건강은 육체적 건강 특히 신체적 장애와 강한 연관성이 있다. 신체적 장애와 정신 건강 사이의 연관성이 어느 정도의 역인과적 관계, 즉 장애로 우울증이 온다기보다 우울증이 장애를 가져오는 것이 아닌가에 대한 의문점이 있다. 종단적 연구들은 초기 신체적 장애와 이에 따른 우울증 발생 사이에 강한 연관성을 보여 주며 신체적 장애가 노년에서 나쁜 정신 건강에 유의한 위험 인자임을 확인했다(Evans et al., 2003: 31). 그러나 지속적인 우울증 자체가 장애 효과를 가진다는 근거들도 있다(Ormel et al., 2002). 2000년 '잉글랜드 건강 조사' 같은 일부 연구를 제외한 대부분의 연구들에서 신체적 장애의 유병률은 사회경제적 지위에 따라 유의하게 다르다고 보고했다(Grundy and Glaser, 2000; Grundy and Holt, 2000; Melzer et al., 2000, 2001; Huisman et al., 2003). 따라서 가난한 사람에게서 높게 나타나는 신체적 장애를 통해 노인의 정신 건강 상태에 대한 사회경제적 변이를 설명할 수 있다. 돌보는 데 많은 시간과 노력을 기울여야 하는 경우는 걱정·불안 증상이나 정신적 스트레스와도 연관성이 있었다(Hirst, 2003). 그리고 가난한 사람들에서 더 높은 신체적 장애의 유병률 때문에 퇴직한 계층은, 중간 계급과 비교해 볼 때 배우자들의 보살핌을 받는 경우가 많은 것으로 나타났다(Glaser and Grundy, 2002).

또한 사회적 상호작용 유형의 사회경제적 차이는 노년기의 건강 불평등에 영향을 준다(Grundy and Sloggett, 2003). 많은 연구들에서 사회적 네트워크의 부족이 면역 능력의 손상(Bouhuys et al., 2004), 육체적 건강 상태의 악화(Janevic et al., 2004)뿐 아니라 우울증 위험의 증대를 가져온다고 지적했다(Blazer et al., 1991; Prince et al., 1997; Osborn et al., 2004). '국가통계사무소의 옴니버스 조사(ONS Omnibus Survey)'의 일환으로 수행된 최근 연구에서는 노인의 7%가 자주 또는 항상 외롭다고 대답했다. 응답자들은 외로움에 영향을 주는 세 가지 요인으로 사회적 네트워크의 훼손, 기능적 환경적 손상, 성격 등을 지적했다(Victor et al., 2004). 최소한 몇 가지 요인은 사회경제적 지위에 따라 다양하다. 예를 들어 '옴니버스 조사'에서는 낮은 학력을 가졌거나 나쁜 정신 건강 수준을 가진 노인은 특히 외로움에 더 민감한 것으로 나타났다. 노인은 젊은 사람보다 친밀한 이웃들과 더 많은 시간을 보내고 집과 주위 지역으로부터 민감하게 영향을 받는 경향이 있기 때문에, 외로움에 대한 개인적 위험은 인구집단의 잦은 교체, 범죄에 대한 두려움, 공공·사유 공간의 부족과 같은 지역 환경의 요소에 의해 더 악화될 수 있다. 경제사회연구위원회(Economic and Social Research Council: ESRC)'에서 지원받은 한 연구는 9개 빈곤 지역에 사는 노인을 중점적으로 조사했는데, 사회적 소외와 빈곤 사이에 강한 상관성을 확인했다. 응답자의 41%가 사회적 관계로부터 어떤 식으로든 소외되어 있었고, 16%는 심각하게 또는 매우 심각하게 외로워하고 있었는데, 이 비율은 좀 더 대표성 있는 '옴니버스 조사'보다는 유의하게 더 높았다(Scharf et al., 2004).

또한 2000년 '잉글랜드 건강 조사'에서 사회경제적 지위에 따라 사회적 지지의 차이가 큰 것을 발견했다. 노동계급에 속한 남녀와 저소득 집단에서, 인지된 사회적 지지의 심각한 부재가 더 많았다. 예를 들어 가장 높은 소득 집단의 남성 10%가 인지된 사회적 지지의 심각한 부재를 보고한 반면, 가장 낮은 소득 집단에서는 29%가 보고했다. 비노동계급과 높은 소득 집단의 사람은 친구들과 더 자주 연락하고 있었으나, 가족과의 연락과 사회적 계급이나 소득 사이에는 뚜렷한 상관성이 없었다. 인지된 사회적 지지가 심각하게 부족한 남성은 사회적 지지가 부족하지 않다고 인지하는 남성보다 두 배 더 나쁜 건강 상태를 나타냈는데, 인지된 사회적 지지는 자가 보고 건강 상태와 유의한 연관성을 보였다. 인지된 사회적 지지와 정신 건강 사이에서도 강한 연관성을 보였는데, 심각하게 사회적 지지가 부족한 경우 사회적 지지가 부족하지 않은 경우에 비해 (정신 건강이 나쁜) 오즈비(Odds Ratios: ORs)는 3.41이었다(Boreham et al., 2002).

노년기에서의 뚜렷한 건강 불평등은 사회경제적 불평등뿐 아니라 성별과 민족에 의해서도 관찰됐다. 비록 '영국 일반 가구 조사(The British General Household Survey: GHS)'의 자료에서 자가 평가한 건강 상태 보고와 제한적 장기간 질환 보고에서 성별 간의 차이는 거의 없었으나 여성 노인은 같은 연령대의 남성보다 이동성(mobility) 기능적 손상과 개인 자가 보호(personal self-care)를 상당히 더 많이 경험하는 것으로 나타났다(Arber and Cooper, 1999). 노인 여성은 또한 노인 남성보다 정신적 건강 문제에 대한 위험이 유의하게 더 높다. 정신적 질환에 대한 국가통계사무소 조사를 보면, 60~64세 남녀의 13%는 신경성 장애를 가졌다. 남성

중에서는 그 유병률이 65~69세 노인에서는 5%, 70~74세 노인에서는 6%로 떨어졌다. 반대로 여성 중에서는 65~69세 노인에서는 12%, 70~74세 노인에서는 11%를 보였다(Evans et al., 2003: 9). 노인 남성에서는 결혼이 우울증에 예방적인 효과를 가지는 반면, 노인 여성에서는 결혼이 우울증의 위험 요인이었다. 이혼이나 별거는 두 성별 모두에서 정신질환의 위험을 증가시켰다. 성별(sex)에 따른 정신 건강의 차이는 젠더(gender)가 정신 건강과 다른 위험 인자 간의 연관성을 중재한다고 제안할 수 있다. 예를 들어, 비록 사회적 지지가 심리적 안녕에 이롭다 할지라도 여성이 전형적으로 좀 더 넓고 지지가 되는 사회적 네트워크를 가지고 있다는 사실이 여성의 정신적 건강 악화를 막지는 못한다. 따라서 높은 빈곤율, 신체적 장애, 독거 등은 여성의 우울증 증가에서 주요한 위험 요인이 된다.

민족(ethnicity) 또한 노년기에서 건강 불평등의 중요한 결정인자로 등장한다. 사회계급의 변이와는 달리, 건강에서 민족에 따른 변이는 나이가 증가함에 따라 더욱 명백해진다. 1999년 '잉글랜드 건강 조사'와 '소수 민족에 대한 제4차 국가 조사(Fourth National Survey of Ethnic Minorities)'에서는 캐러비언계와 인도계 사람들에서 자가 보고 건강 상태의 특성은 서로 비슷한 것으로 나타났고, 30대 중반부터 40대 중반까지의 백인 잉글랜드계와 비교했을 때는 더 나빴다. 그러나 파키스타인계와 방글라데시계는 가장 나쁜 특성을 보였다(Nazroo et al., 2004). 다시 말해, 민족은 나쁜 건강과 어떤 위험 인자 사이의 관련성을 중재하는 것 같다. 예를 들어 '잉글랜드 건강 조사'와 '제4차 국가 조사'에서, 백인에게서는 그들이 지역 수준에 대해 응답한 등급 및 지역사회 참여 점수가 범죄와 육체적 활동에 대해 명백한 긍정적 영향을 나타내지 않았다. 따라서 재정적 자원의 이용에서 명백한 민족적 차이가, 특히 노인 코호트에서 더 중요한 역할을 할지도 모른다.

비록 노인 집단에서 정신 건강, 다소 좁은 범위로 자가 보고 건강에 대한 건강 불평등의 근거가 강력하다 할지라도, 육체적 건강에 대한 사회적 격차에 대한 근거는 다소 일치하지 않는다. '미국 국가 건강 면접 조사(US National Health Interview Survey)'에서는 높은 사회경제적 지위를 가진 노인은 만성 질환의 수가 적고 생애 마지막 해의 활동에 대한 제약도 적었다(Liao et al., 1999). 이와는 반대로, '베를린 노령 연구(Berlin Aging Study)'에서는 인지 기능과 정신 건강이 사회경제적 자원과 양의 상관성이 있었으나 기능적인 육체 건강에서는 상관성이 없었다(Mayer and Wagner, 1993). 육체적 건강에 대해 보다 특별한 지표를 이용해 연구한 다른 연구들도 일치하지 않는 결과를 보인다. 낮은 사회경제적 지위는 이른 폐경 나이와 급성 심근경색 이후의 더딘 회복과 연관성을 가졌다(Lawlor et al., 2003). 그러나 영국에서 노인의 높은 겨울 사망은 사회경제적 지위에 따라 다르지 않았다(Maheswaran et al., 2004; Wilkinson et al., 2004). 아동기의 낮은 성장률은 엉덩이 골절의 위험 요인으로 나타났고(Cooper et al., 2001), 청년에서는 골절 발생률이 지역의 빈곤 수준과 유의한 연관성을 가졌지만 이런 효과가 노인 집단에서는 보이지 않았다(Jones et al., 2004; West et al., 2004).

이런 결과들은 건강 상태의 차별이 중년 이후에 감소한다는 대부분의 연구자들의 결론을 지지하고 있다(Mishra et al., 2004). 이것은 낮은 사회경제적 집단에서의 높은 조기 사망, 노년기에서의 사회경제적 차별의 감소(최근 부유한 노인이 증가함에 따라 경향이 바뀌고 있다), 연령 증가에 따라 건강 결정 인자로서 사회경제적 지위보다 인구학의 중요성이 상대적으로 증가한 것에 기인한다. 그러나 앞서 언급했듯이 상대적인 건강 차이가 생애 후기에 감소한다고 해도 혜택을 더 많이 받는 집단과 혜택을 덜 받는 집단 간에 절대적인 건강 차이는 증가한다. 이것은 노인 집단에서의 건강 불평등이 주요한 공중보건의 과제로 남아 있음을 의미한다.

노년기의 건강 위험 요인

일반적으로 노인 집단에서 건강 변이는, 생애 동안에 받은 혜택 또는 불이익의 정도를 부분적으로 반영한다. 그러나 최근 노인 건강을 결정하는 데 현재의 사회경제적 상황이 어떤 역할을 하는지 관심이 높아지고 있다. 예를 들어, 영양과 노인에 대한 유럽의 종단적 연구인 '연합 행동 연구(Concerted Action Study)'는 노년의 식이, 육체적 활동, 흡연에서의 건강한 생활습관이 건강 상태의 악화를 지연시키고 사망률을 감소시켰음을 보였다(de Croot et al., 2004). 이 결과는 노인 건강이 이전 생애의 영향에 의해 고정되는 것이 아니라 생활습관과 환경의 중재를 통해 개선될 수 있음을 보여 주고 있다.

생활습관

식이와 영양

생활습관 요인이 노년기 건강을 유지하고 증진하는 데 중요한 역할을 할 수 있다는 개념은 노화의 활성산소 이론(free-radical theory)의 연구자들 사이에서 오랫동안 알려져 왔다. 이 이론에 따르면, 노화는 신체 세포와 조직의 산화적 손상의 축적된 결과이다. 산화적 스트레스의 증가는 죽상동맥경화와 암을 포함한 몇 가지 주요한 노령과 관련된 질환들, 에너지 생산에서 점진적인 감소를 일으키는 미토콘드리아의 DNA 변이를 통한 면역 체계의 손상, 기억·청력·시력·기력의 손실 같은 노화의 일반적인 증상과 관련 있다. 식이 항산화제는 노화의 산화적 스트레스를 조절하는 데, 노령과 관련된 질환에서 중요하다. 식이 항산화제로는 비타민 C, 비타민 E, 셀레늄, 식이 엽산, 알파 리포산, 카로티노이드가 있다(Dreosti, 1998; Richard and Roussel, 1999; Meydani, 2001, 2002; Miquel, 2001).

활성산소 이론의 지지자들은 칼로리 섭취의 제한도 옹호한다. 그러나 영국에서 노인의 주요 관심사는 영양 과다보다 영양 부족에 있다. 특히 입원하고 있거나 요양원[1])에 있는 노인들에서는 영양 부족이 실제로 중요한데, 입원한 노인 환자의 55%는 입원 시 영양실조 상태였고, 많은 노인이 병원에 있는 동안 더 악화됐다(Milne et al., 2002). 영양실조는 면역 반응과 심장 기능의 손상, 근육 소모, 이환 감소를 포함해 나쁜 건강 상태와 연관 있다(Avenell and Handoll, 2004). 또한 영양실조는 장기 입원, 오랜 회복 기간, 사망률 증가 같은 질병으로부터의 나쁜 건강 결과와 연관성이 있으나 이것은 영양 보충으로 개선될 수 있다.

만약 산화적 스트레스가 노화 및 노령과 관련된 퇴행성 질환의 발생에 주요한 역할을 한다면, 식이를 통한 항산화제의 적당한 섭취는 노년기의 건강을 유지시키고 주요한 질환 발생을 막는 핵심 전략이 될 수 있다. 활성산소 이론을 식생활에 적용해 보면, 다가불포화지방이 많은 식물성 오일, 붉은 색 고기류, 마가린은 제한해야만 하고, 항산화제가 풍부한 식품, 예를 들면 진한 색의 엽채류, 과일, 땅콩, 녹차의 섭취는 증가시키고 영양 보충제를 섭취해야 한다. 제10장에서 말했듯이, 과일과 채소가 풍부한 식사와 식물성 식품은 전체 사망률을 낮추고 심혈관 질환과 몇 종류 암의 사망률을 감소시킨다. 그러나 최근의 무작위 중재 시험은 심혈관 질환이나 암 발생 위험에 항산화 보충제의 효과에 대한 어떤 일관성 있는 결과를 발견하지 못했다(Stanner et al., 2004). 비록 75세 이상의 노인에게서 특히 나쁜 영양 상태와 산화적 스트레스의 증가 위험이 있었지만, 상대적으로 노인 집단에서의 연구는 적었다. '지역사회의 노인 평가·관리 연구에 관한 의학연구위원회의 평가'에서 예외적인 결과를 보

---

[1]) 개인 집에서 독립적인 생활이 어려운 사람들을 대상으로 단기 또는 장기간 동안 24시간 관리하는 시설. 시설 보호(residential home)와 너싱홈(nursing home) 등이 여기에 속한다.

였는데, 혈청 비타민 C의 낮은 농도가 75~84세 노인의 사망률을 강력히 예측하는 것으로 나타났다(Fletcher et el, 2003). '미국 심혈관계 건강 연구'에서는 서로 다른 식이 유형을 가진 노인들을 10년 추적한 결과, 비록 그들이 심혈관계 건강에서는 더 나은 건강 결과를 가지지 못했더라도 비타민과 무기질은 칼로리 섭취에 비해 상대적으로 높게, 지방과 알코올은 상대적으로 낮게 섭취한 노인이 다른 식이 유형을 가진 노인보다 더 오래 그리고 더 건강하게 살았다(Diehr and Beresford, 2003).

풍부한 식이를 항산화제 복용으로 대치할 수 있는지에 대한 논쟁과 함께 특별한 항산화제와 비타민 보충제의 역할에 대해 논의되고 있지만 관찰 연구에서는 산화적 스트레스와 불량한 건강 결과 사이의 연관성이 확인되고 있다. 따라서 활성산소 이론은 노인의 건강에서 관찰되는 사회적 격차를 설명할 수 있을 것이다. 65세 이상 노인을 대상으로 하는 영국 '국가 식이 영양 조사(National Diet and Nutrition Survey: NDNS)'에 따르면, 미량 영양소 섭취에서 중요한 사회적·지리적 불평등이 나타나는데, 낮은 사회경제적 지위의 노인과 영국 북부에 살고 있는 노인이 비타민 C, 비타민 B류, 셀레늄, 카로티노이드의 섭취가 유의하게 낮았다. 이는 이들 집단에서 채소류의 섭취가 낮음을 보여 준다(Bates et al., 1999, 2001; Thane et al., 2002). 이들 대상자에서는 중요한 미량 영양소의 섭취가 적은 것은 나쁜 건강 결과와 연관성이 있었다(Margetts et al., 2003).

비슷한 경향이 '지역사회의 노인 평가·관리 연구에 관한 의학연구위원회의 평가'에서도 나타났다(Fletcher et al., 2003). 노팅엄에 사는 노인을 대상으로 한 연구에서도 저소득과 낮은 사회계급은 낮은 과일 섭취량과 연관 있었고, 노인 연령과 저학력은 낮은 채소 섭취량과 연관 있었다. 남성에서는 혼자 사는 것이 과일과 채소 섭취를 감소시키는 것으로 나타났다(Donkin et al., 1998). 또한 '카엘필리와 스피드웰의 심장 질환 공동 연구(Caerphilly and Speedwell Collaborative heart Disease Study)'는 노인 남성에서 과일과 채소를 적게 섭취하는 것과 낮은 사회경제적 지위 간에 유의한 연관성이 있다고 밝혔다. 이들 중 4.3%만이 과일과 채소를 매일 5회 섭취하도록 권장하는 지침을 만족시켰고, 33.3%는 과일과 채소를 하루에 1회 또는 그 이하로 섭취했다. 과일과 채소 섭취는 항산화제의 혈장 농도를 반영했고, 이 항산화제 혈장 농도는 과일과 채소 섭취 빈도와 양의 상관관계를 가졌다(Strain et al., 2000).

사회경제적 지위가 낮은 노인이 과일과 채소를 적게 섭취하는 것은 생애 초기 식이 유형을 많이 반영하는 것 같다. 제8장과 10장에서 살펴보았듯이 사회적 혜택과 건강한 식이 사이의 강한 상관관계는 아동기로부터 근거해서 성인기까지 지속된다. 그러나 건강한 식품에 대한 접근성과 구매 능력, 식욕과 미각의 손실, 동기 부족(혼자 사는 노인에게 영향을 미치는 요인), 치아 상태를 포함한 다른 요인들도 노인기의 식이를 결정하는 데 중요한 역할을 할 것이다. 65세 이상 노인을 대상으로 하는 영국 '국가 식이 영양 조사'에서는 혈액에서의 비타민 C 수준이 자연치아의 여부, 개수, 분포와 유의하게 관련 있었다. 의치를 가진 대상자의 반 이상이 땅콩, 사과, 생당근 같은 식품을 먹는 데 어려움이 있음을 밝혔다. 자연치아를 가진 사람들 중에는 5명 중 1명이 음식물 씹기가 어렵다고 했는데, 이는 치아의 개수에 강하게 영향을 받는 것이다(Sheiham and Steele, 2001). 지역사회의 65세 이상 노인의 50%가 몇 개의 자연 치아를 가지고 있었으나 시설에 살고 있는 노인의 경우는 21%였다. 치아 상태는 연령이 증가하면서 나빠지는데, 총 대상자들에서 75세 이상 노인의 경우 단지 35%만 치아를 갖고 있었다(Whynne, 1999). 구강 보건 상태에서는 사회적·지리적 변이가 있었는데, 치아 손실은 영국 남부보다 북부에서, 그리고 낮은 사회계급에서 더 일반적이었다(Steele et al., 1996).

마지막으로 가장 빈곤한 연금 수령자들에서의 매우 낮은 소득은 건강한 식품을 구매하는 데 중요한 장애가 될 수 있음을 추측케 한다. 최근

경제사회연구협의회에서 기금을 보조받아 진행한 연구의 일환으로 사회적으로 소외된 노인을 대상으로 한 심층 면접 조사에서, 낮은 임금을 고정적으로 받는 사람은 다른 사람들이 기본 항목으로 간주하는 것을 사치품으로 생각하고 있었다. 두 명의 면접 대상자는 다음과 같이 말했다.

> 가장 싼 음식만을 사먹을 수 있어. 빵과 신선한 우유 이외에 때때로 난 당신들이 섕크(shank)나 가몽 섕크(gammon shank)[2]라고 부르는 것을 사. 그것들은 단지 약 1.24파운드이기 때문에 난 그것을 끓이지. 그리고 양배추도 같이 넣고, 그리고 몇 가지 다른 채소도 있지 …….

> 난 싼 식품들을 사러 다니지 ……. 내가 정말로 그럴듯한 음식을 먹는 유일한 시간은 일요일이야. 난 일요일 저녁이 좋아(Scharf et al., 2005: 17~18).

노인을 위한 요양원에서 제공된 식품의 질에 많은 관심이 있어 왔다. 그러나 취학 아동에 대한 식사 개선을 위해 영국에서 일어나고 있는 활동과 비교해 볼 때 이런 문제는 상대적으로 적은 관심을 받고 있다.

육체적 활동

영양 개선과 더불어 노년기에 건강을 증진시키는 데 중간 정도의 육체적 활동 – 걷기, 자전거 타기, 정원 가꾸기 등 – 이 유익하다는 근거들이 있다. 노인은 일반적으로 좀 더 산화적 스트레스에 영향을 받기 쉽기 때문에 활성산소의 생성 증가와 연관이 있는 격렬한 운동의 유익하면서 해로운 효과들 간의 균형이 필요하다(Polidori et al., 2000; Ji, 2001). 그러나 중

---

[2] 섕크는 소·돼지의 정강이 살, 가몽 섕크는 베이컨용 돼지 아랫배 고기이다.

간 정도의 운동은 노인의 삶의 질에 중요한 부분으로 작용하는 것으로 인식되고 있다. 그것은 연령과 관련된 근육 힘과 골밀도의 감소 속도를 늦추고, 체중 감소를 가져오며, 정신 건강을 증진시키고, 관상동맥 질환과 당뇨의 위험 요인을 개선시킬 수 있다.

근육 힘과 안정성의 손실로 인해 노인은 낙상하기 쉽기 때문에 육체적 활동은 칼슘과 비타민 D 보충제와 함께 낙상 예방의 핵심 중재 요인으로 알려져 왔다(제13장 참조). 노인을 위한 국가 서비스 프레임에 의하면, 영국에서 낙상은 75세 이상 노인의 주요 사망 원인이다. 영국의 40만 명 이상 노인이 사고 후 사고응급부(Accident and Emergency Departments)를 찾았고, 1년에 1만 4천 명이 골다공성 엉덩이 골절로 죽는다. 대부분의 낙상은 심각한 상해를 가져오지는 않으나 자신감과 이동성을 잃게 하고, 의존성과 장애를 증가시켜 결국 장기간 보호시설로 가도록 한다. 2000년 영국에서 엉덩이 골절로 연간 17억 파운드에 달하는 국영 의료 서비스 비용이 발생했다(DH, 2001: 76~77).

노인에게 적절한 건강과 기능을 증진시키기 위해 필요한 활동의 종류와 양에 대한 논쟁이 있다(Houde and Melillo, 2002). 예전에 여성은 운동 부족을 종종 힘든 가사 활동으로 충당했다(Lawlor et al., 2002). 그러나 영국 노인은 양호한 건강에 비해 많은 시간을 앉아서 생활하는 경향이 있다. 스코틀랜드에서 이루어진 활동 수준에 대한 조사에서는 65~84세 노인의 1/3 이상이 여가시간을 이용한 육체적 활동을 하지 않았고, 17%는 1주일에 2시간 이하로 육체적 활동을 하고 있었다(Crombie et al., 2004). '영국 여성의 심장과 건강 연구(British Women's Heart and Health Study)'에서는 육체적 운동을 하는 경우가 북부 지역에 살고 있는 사람과 낮은 사회경제적 계급을 가진 사람에서 가장 낮은 것으로 나타났다. 따라서 육체적 활동에서 사회경제적 차이는 노년기까지 지속된다. 이런 사실에도 불구하고 골다공증과 골다공성 골절의 발생률에 대한 영향을 조사한 연구들은 일치하지 않는 결과를 보인다. 피어슨 등은 일반의 환자등록부에서 모집한 노인 여성을 대상으로 한 연구를 통해 가장 가난한 지역에 살고 있는 여성이 골다공증에 걸릴 가능성이 유의하게 높았고, 이전의 골절 경험이 좀 더 있는 것으로 나타났다고 보고했다(Pearson et al., 2004). 그러나 다른 연구들은 노인의 빈곤과 골절 위험 사이의 유의한 연관성을 확인하지 못했다(Jones et al., 2004; West et al., 2004).

흡연

제10장에서 살펴보았듯이, 금연은 중년층에서 조기 사망을 회피할 수 있는 주요한 수단이다. 금연함으로써 수명을 연장할 수 있는 범위는 연령이 증가함에 따라 감소한다(Taylor et al., 2002). 영국 의사들의 흡연 관련 사망의 종단적 연구에 의하면 60세 노인 흡연자가 금연할 때는 평균 수명이 3년 연장되는 반면, 30세에 금연한 경우 평균 수명이 10년 더 늘어난다(Doll et al., 2004). 그러나 노년기 흡연의 상대적 건강 위험과 노년기의 금연으로부터 얻을 수 있는 이점에 대해서 논쟁이 있어 왔다. 한편에서는 장기간 흡연으로 축적된 손상이 너무 커서 효과를 바꿀 수 없다고 주장한다. 다른 한편에서는 흡연이 산화적 손상을 일으키고 혈액 비타민 C의 낮은 농도와 연관 있기 때문에 노년기에서의 금연은 항산화제가 풍부한 식이로 올 수 있는 이점과 같은 종류의 혜택을 줄 것이라고 주장한다.

노년기에서 건강에 대한 금연 효과의 불확실성은 이들 연령 집단에서 수행된 연구의 부족, 방법론적인 어려움(이전 생애의 요인과 '질병 때문에 금연한 경우'에 대한 효과의 고려 등), 특별한 질환에 의한 현재 생활습관의 상대적인 효과의 차이 때문인 것으로 설명한다. 예를 들어 노년기에서는 흡연과 관련된 암으로부터의 사망 위험을 감소시키는 것이 심혈관 질환의 위험을 낮추는 것보다 더 적은 효과를 가진다(LaCroix et al., 1991; LaCroix and Omenn, 1992). 실제로 몇몇 연구들은 노인의 심혈관 건강이 그들로 하여금 흡연을 포기하도록 함으로써 유의하게 개선됐다고 주장한다(Paganini-Hill and Hsu, 1994; Iso et al., 2005). 다른 질병에서는 노년기에서의 금연 효과에 대한 근거가 좀 더 불일치한다. 한 전향적 미국 연구에서는 60세 이후 담배를 끊은 흡연자는 계속 담배를 피우는 흡연자보다 더 나은 폐 기능을 가졌다고 제시됐다(Higgins et al., 1993). 다른 연구에서는 40세와 60세 사이에 담배를 끊은 노인의 폐 기능이 현재 흡연자보다 더 나았으나 금연 시점이 60세로 지연된 경우에는 그 이점이 명백히 적었다고 밝혔다(Frette et al., 1996). 초기 실험 대조군 연구들에서도 흡연이 알츠하이머 질환을 예방할 수 있다고 밝힌 반면, 최근 전향적 연구들에서는 흡연 노인은 치매에 걸릴 위험이 증가한다고 주장했다(Ott et al., 204).

결과들을 종합해 보면, 비록 금연을 가능한 한 초기에 하는 것이 중요하지만 그 이점은 노년기에 금연해도 여전히 얻을 수 있는 것 같다. 제10장에서 언급한 바와 같이 가난하고 불이익을 받는 사회 집단의 노인은 더 많은 혜택을 받는 집단의 노인보다 담배를 끊기 어렵기 때문에 흡연 발생률에서 연령 증가에 따라 사회적 분리는 증가한다. 1974년 이후로 흡연율에서 가장 큰 비율 감소는 60세 이상 노인에서 나타났고, 그 비율은 2002년에 34%에서 15%로 반 이상 떨어졌다(ONS 자료). 계속 흡연하고 있는 소수 민족은 낮은 사회경제적 집단에서 주로 나타났다. 따라서 노년기에서 흡연이 유의한 건강 유해 요인으로 계속 남아 있다는 사실은 이것이 노년기의 건강 불평등에 기여할 수 있다는 것을 보여 주고 있다.

주거 환경과 환경적 요인

노인은 70~90%의 시간을 집에서 보내기 때문에(ODPM, 2005; Baltes et al., 1990), 거주 환경은 특별히 노인 집단에서 건강과 안녕에 영향을 미치는 중요한 인자이다. 거주 환경과 건강 사이의 상관관계를 조사한 연구들은 제10장에서 설명했다. 요약하면, 앞선 연구들을 통해 표준 이하의 주거 환경과 나쁜 호흡기 건강, 과도한 겨울 사망, 오염 물질에 대한 노출, 사고 위험, 나쁜 정신적 안녕 사이의 연관성이 강조됐다. 특히 집에서 추운 환경에 있는 노인의 취약성에 주안점을 두었다. 추운 환경은 호흡기 문제의 위험 요인으로 작용하는데, 천식, 만성 폐쇄성 폐질환을 악화시키고, 잠재적으로 병원에서 퇴원할 만큼의 회복을 지연시킨다(Howden-Chapman, 2004). 세계보건기구는 노인의 거주에서 내부 온도를 18~20도 밑으로 떨어지지 않도록 권장한다. 그러나 2001년 '잉글랜드 주거 환경 조사'(ODPM, 2003)에 따르면, 60세 이상 노인의 29.3%와 75세 이상 노인의 31.1%가 적절한 난방이 되지 않는 집에서 살고 있었다. 매년 2만 명 이상의 노인은 겨울철에 사망한다(www.helptheaged.org.uk).

개인적으로 임대한 집들이 모여 있는 지역에 살고 있는 노인은 특히 나쁜 주거 환경 조건에 처해 있다(Izuhara and Heywood, 2003). 그러나 1980년 이후로 법제가 바뀌면서 이런 개인 임대 지역의 역할이 변했고, 장기간으로 임대하는 노인의 수도 감소했다. 따라서 노인 가구에서 자가 주택 거주자가 증가하고 있다. 2001년 65~74세 노인의 72%와 85세 이상 노인의 61%는 자가 주택 거주자였고(ONS 자료), 2011년에는 60~74세 세대주 가구의 80%가 자신의 집을 소유할 것으로 예측한다(RCLTC, 1999). 주택 보유가 사회경제적 지위의 대체지표로 흔히 사용되지만, 노년기에서는 자가 주택 거주자가 높은 소득이나 좋은 주택 환경을 반드시 의미하는 것은 아니다(Breeze et al., 2004a). 2001년 '잉글랜드 주거 환경 조사'에서는 자가 주택 거주자와 임대 형태로 사유 지역에 살고 있는 노인 가구(75세 이상의 노인이 포함된 가구)의 39%가 기준 미달 가구에 살고 있는 것으로 나타났다. 전체적으로 혼자 사는 노인은 배우자와 같이 사는 노인보다 주거 환경 문제를 더 갖고 있다. 60세 이상 노인 중에서 부부 가구의 31%와 혼자 사는 노인 가구의 38%가 온도 설비 부족으로 인해 기준 미달 가구에 살고 있다(ODPM, 2003).

비록 가난한 사람이 더 많은 혜택을 받는 집단보다 표준 이하의 주택에 살 가능성이 유의하게 높다 할지라도, 노년기에서 사회경제적 박탈감, 나쁜 거주 환경, 나쁜 건강 사이의 상관관계에 대한 경험적 근거는 부족하다(Aylin et al., 2001; Maheswaran et al., 2004). 이것은 공영 주택에 의해 제공된 보호의 정도를 보여 주고 있다. 비교적 최근에 지은 지방당국과 주택조합 거주지 특성은 매우 빈곤한 지역에서의 자가 주택 거주지보다 중앙난방시설이 좀 더 잘 되어 있는 것으로 나타났다. 이것은 왜 영국 노인에서 겨울 사망률이 사회경제적 박탈감과 연관이 없는지 부분적으로 설명해 줄 수 있다. 그러나 지방자치단체나 주택조합 거주지에 사는 노인은 만약 난방비가 높다면 추운 기간 동안 낮은 실내 온도에서 지낼 것으로 보인다(Wilkinson et al., 2001).

노인에게는 집 설계 면에서도 위험이 존재할 수 있다. 특히 노인은 집 안에서 많은 사고와 낙상을 경험할 수 있다. 앞에서 언급했듯이, 낙상은 단지 심각한 상해를 일으킬 뿐 아니라 노인 경우에는 심지어 사망에 이르기도 한다. 낙상은 독립적 이동 능력의 손실을 가져오고, 마지막에 가서는 요양원에 가게 만든다. 불충분한 조명, 적절하지 못한 계단 미끄럼 방지 장치, 난간이나 손잡이의 부족 등이 노인의 낙상 위험을 높인다 (Easterbrook et al., 2001). 그러나 구매 능력이 노인으로 하여금 집을 개선하지 못하도록 할 수는 있으나, 노인에서 골다공성 골절 발생률은 사회경제적 박탈감과 연관이 없는 것처럼 보인다(Jones et al., 2004; West et al., 2004). 반대로, 노인에서 보행과 관련된 상해는 사회경제적 지위와 유의한 연관성이 있다(Lyons et al., 2003). 이런 상관관계는 부분적으로 개인적 요인(즉, 개인적인 운송수단의 이용)을 반영한다. 그것은 또한 도시의 빈곤 지역에서 발생하는 높은 교통량에서 오는 결과이기도 하다. 노년기의 교통 관련 사고는 중요한 공중보건 문제이다. 도로에서 발생하는 사건에서 보행자 사망의 거의 절반을 60세 이상 노인이 차지하고 있다 (Brook Lyndhurst Ltd, 2004: 45).

앞에서 언급한 바와 같이, 노인의 우울증과 심리적 문제는 사회경제적 지위와 강한 연관성이 있고, 연구 결과에서는 주거 환경과 환경적인 디자인이 여기에 기여할 수 있다고 제안한다. 범죄의 두려움과 반사회적 행동은 집 안정성에 대한 염려, 지역 주변의 불량한 조명시설, 사람이 붐비는 경향(환경 설계가 잘못된 결과일 수 있다), 높은 지역 범죄율에 의해 더욱 악화될 수 있다. 지역 가게, 우체국, 일반 약국, 은행과 같은 기본 서비스를 안전하고 쉽게 이용할 수 있는 정도는 노인에게 사회적 네트워크를 유지하고 고립을 피할 수 있는 능력만큼 매우 중요하다. 몇 가지 이유로, 가난한 사람은 잘사는 사람보다 건강하지 못한 이웃에게 좀 더 영향을 받기 쉽다(Breeze et al., 2005). 첫째, 범죄, 반달리즘(vandalism), 훌리거니즘(hooliganism), 말썽부리는 10대에 대한 염려는 가난한 지역, 주로 공영 주택 지역[3])에서 만연되어 있다. 노인에서 높은 수준의 범죄에 대한 두려움은 피해가 지속적으로 낮은 것과는 상반된다. 그러나 특별한 지역 연구들에서는 가난한 노인의 범죄에 대한 두려움이 당연한 것으로 제시한다. 스카프 등의 연구에서는 면접 조사한 노인의 40%가 지난 1~2년간 범죄에 희생된 적이 있다고 응답했는데, 빈곤에 있는 사람이 거의 반을 차지했다(Scharf et al., 2002). 연약한 사람을 대상으로 한 범죄와 연관 있는 중요한 외상과 위험을 최소화하는 생활습관을 가지게 하는 안전성(개인적 자유에 대한 대가)은 두려움을 높이는 데 기여하기도 한다.

가난한 노인의 취약성을 증가시키는 두 번째 요인은 서비스의 빈곤이다. 비록 시골에서 사는 것과 흔히 연관된 문제이기도 하나, 기본적인 서비스에 대한 이용 부족은 주변의 의회 운영 지역[4])에서도 중요한 이슈

---

3) 공영 주택 지역(council-built areas)은 지방 의회에서 지은 집들이 있는 지역으로 일정한 모양으로 지은 집들로 이루어져 있다.

로서 강조되고 있다. 마지막으로, 사회적 네트워크를 개발하고 유지하기 위한 노인의 능력은 안전한 공공장소의 부족, 인구집단의 잦은 이동(이는 지역사회와의 친밀성을 떨어뜨린다), 개인적 운송 수단의 부족 등에 의해 떨어질 수 있다. 가난하고 나이가 많고 허약한 사람은 공공 운송 수단에 더 의존적이기 때문에 그들의 행동은 대부분 공간적으로 제한되는 경향이 있다. 이와는 반대로 부유한 노인은 가까이에 살고 있는 자녀나 친척과는 덜 가깝게 지내며 이는 사회적 고립과 사회적 지지의 부족을 증가시킬 수 있다.

가족의 친밀도와 기존의 사회적 연락망을 유지하고자 하는 욕구는, 집에서 살고 있는 대부분의 노인들, 심지어 상당한 장애를 갖고 있는 노인들조차도 계속 집에 머물고자 하는 욕구에 영향을 미치는 핵심 요인들이다. 그러나 65세 이상 노인의 20명 중 1명은 요양원에 있다. 1970년 이후로 장기 요양 시설에 있는 노인수가 증가했고, 그런 보호의 중심이 병원의 장기 요양 병동과 지방 당국 운영 보호시설[5]로부터 사립 보호시설인 요양원으로 전환되고 있다. 따라서 1970년과 2000년 사이에 지방 당국 운영 보호시설은 10만 8,700개에서 5만 9,000개로 줄었고, 병원 장기 요양 시설도 5만 2,000개에서 2만 400개로 줄어든 반면, 사립 보호시설의 수는 4만 4,000개에서 39만 개로 증가했다(Johnson, 2002; Laing and Buisson, 2000, 2001).

존슨이 제안한 바와 같이, 집은 사생활, 안전성, 독립성, 자율성과 밀접하게 연관되어 있고(Johnson, 2002), 시설 보호[6]로의 이동은 이런 것들

---

4) 외곽의 싼 땅들(자투리 땅)에 지은 집들.
5) 집이 없거나 형편이 어려운 사람을 위해 지방 당국에서 집 주인에게 임대료를 지불하며 운영하는 집.
6) 너싱홈(nursing home)은 주로 아프거나 다친 환자를 대상으로 자격을 갖춘 간호사에 의해 보호받는 반면, 시설 보호(residential home)는 독립적인 생활이 어려운 일반인 (노인, 정신장애·신체장애·학습장애·감각장애가 있는 사람들)을 대상으로 단기 또는

을 위협할 수 있다. 그러나 노인의 선택은 비용 면에서 제약이 있다. 이는 많은 노인이 요양원으로 들어갈 수밖에 없음을 의미한다. 재가 보호 지원(Home Care Support)으로의 유형 변화는 이런 중요성에서 비롯된다. 이른바 '낮은 수준의 요구(스스로 일상생활을 할 수 있게 하는 도움, 집안일, 도움과 개조의 제공, 이동, 그들이 집 밖으로 나갈 수 있게 하는 도움 등)'를 만족시키기 위한 도움은 노인에게 매우 가치가 있을 뿐 아니라 독립성을 유지하는 데 중요한 차이를 만들 수 있다. 그러나 1992년에서 2000년 사이 재가 보호 지원을 받는 가구가 25%로 감소했다(Tanner, 2003). 재가 보호의 감소는 사회적 서비스 경비에 대한 중압감 증가와 재가 보호와 시설 보호에서 비용을 지불하는 방식의 차이 때문이다. 시설 보호의 비용 절차는 급여, 연금, 그들의 집 가치를 포함하는 자본, 저축을 고려하는 반면, 재가 보호 서비스의 비용은 임의적이고 그들의 자산을 고려해 정하지 않는다. 결과적으로 자산은 많으나 소득은 적은 집 소유자를 집에서 보호받도록 하는 것은 자산을 파악하는 시설 보호에 비해 사회 서비스 부문에서 비용을 더 많이 부담해야 한다(Johnson, 2002). 일부 연구들은 그런 부적절한 인센티브에 따라서 부적절하게 배치하는 것에 우려를 나타냈다. 예를 들어, 북서부 잉글랜드에서의 한 연구는 시설 보호에 새로 온 71%가 독립성이 낮았는데, 그들 대다수가 집에서의 보호에 의해 지원받을 수 있는 상태였음을 보여 주었다(Challis et al., 2000).

중요하게도, 부적절한 인센티브의 영향은 사회경제적 스펙트럼에서는 일률적이지 않을 수 있다. 부유한 노인은 개인적으로 가정부를 고용하거나 사회 서비스 부문에 의해 제공된 재가 보호에 대해 비용을 지불할 수 있다. 그러나 평균 또는 그보다 낮은 급여를 받는 많은 연금 생활자는 필요한 주택과 간호를 제공하는 재가 보호에 대한 비용을 지불할

장기간 24시간 관리하는 시설이다.

수 없다. 그들이 가족·친척·친구에 의한 비공식적인 개인 보호에 의존할 수 없다면(Deeming and Keen, 2002), 재산이 적거나 보통 정도인 노인은 지역사회에서 보호를 받는 대신 사회 서비스 부문의 시설 보호로 가게 될 가망성이 높다. 비록 소득과 장기 보호 서비스의 사용 사이의 상관관계가 직접적이지는 않더라도, 사회경제적 집단으로 비롯된 보호 경로의 차이는 경험적 근거에 의해서 뒷받침되어 왔다. 제한된 문헌으로 이루어진 초기 문헌 고찰에서는 저소득 수준과 높은 서비스 이용률 사이에 연관성이 있으나 신체적 장애를 고려한다면 통계적인 유의성이 사라질 것이라고 지적했다(Almond et al., 1999). 알몬드 등의 조사에서 신체적 장애, 건강 상태, 비공식적인 보호의 유용성 같은 변수들을 고려했을 때 가장 낮은 소득 수준의 20% 안에 있는 노인은 가정부의 개인적 사용도 가장 적었고, 공적인 가정부도 가장 낮은 수준으로 지원받고 있었다(Almond et al., 1999). 장기간 보호를 받고 있는 400명의 노인을 대상으로 하는 '노인의 지역 보호 평가 연구(Evaluating Community Care for Elderly People Study)'에서도 저소득과 지역 기반 서비스의 사용 사이에 통계적으로 유의한 음의 연관성이 있다고 하면서 몇 명은 비용으로 인해 서비스 사용을 못할 수 있다고 주장했다. 이는 어떤 비용도 들지 않는 지역 간호 서비스가 소득과는 어떤 상관성도 보이지 않는다는 사실을 통해 더욱 분명하게 확인할 수 있었다(Almond et al., 1999). 이와는 반대로, 핸콕 등은 노인의 경제적 자원이 요양원에 들어가도록 영향을 미치는지에 대해 조사했는데, 소득에 대한 유의한 영향은 없음을 밝혔다(Hancock et al., 2002). 게다가 비록 재정적 인센티브가 집 소유자를 시설 기관에 가도록 했다고 할지라도 이들이 장기 보호시설에 들어갈 가능성은 적었다.

초기에 기술된 지역 보호의 시스템이, 시설 보호에 대한 편견, 예방에 대한 강조의 부족, 고객 위주 접근보다 서비스 위주 접근방식 채택 등의 이유로 심각한 비판을 받았다는 사실은 놀랍지 않다. 신노동당 정부가

들어선 이후 비용을 산출하는 절차가 바뀌었다. 따라서 2002·2003년 이후 현재, 보호시설 설립에 직접 지불되는 재정 지원은 시설 보호보다 집에서의 보호를 장려하는 지방 당국에게 분배됐다. 또한 중간 단계 보호 지침서와 지역사회 장비의 제공(제13장 참조) 같은 정책의 개발로 적극적인 회복을 통해 노인의 독립성을 유지하고 장기 보호시설의 입원을 예방하기 위해 지원하고 있다. 비록 새로운 정책이 '낮은 수준'의 요구에 있는 노인에게까지 어느 정도로 예방적으로 미칠지에 대한 의문은 남아있다 할지라도 많은 노인이 집에 있는 것을 선호하기 때문에, 이러한 정책 개발은 환영받고 있다(Tanner, 2003). 게다가 사회적 서비스를 현대화하려는 시도는 최근에 퇴직한 사람들에게 주요하게 편익을 가져다줄 것이다. 65세 이상 노인 가운데 약 50만 명이 장기 보호시설에 살고 있는데, 정책의 변화는 요양원의 폐업률을 심화시킬 수도 있다. 또한 요양원에서 나오는 것은 노인들을 매우 혼란하게 만들고 좌절시켜 결과적으로 '정신적 충격을 야기할' 수 있다(Scourfield, 2004; Murtiashaw, 2001). 만약 저소득층 노인이 돌봄을 받기 위한 첫 장소로 시설 보호에 들어갈 가능성이 높아졌다면, 이 시스템의 불안전성에 의해 희생양이 될 것이다.

보건의료 서비스의 이용

노인에게 서비스를 강화하고 있는 폭넓은 정책적 집중은 중간 단계 보호와 같은 사업에 투자됐던 자원을 통해 알 수 있다. 2001년 보건부는 노인을 위한 국가 서비스 프레임을 창설했는데, 이는 이전의 서비스가 노인의 요구를 만족시키지 못했고, 때로는 그들을 차별화시켰다는 것을 명백히 인지했기 때문이었다. 실제 프레임으로 들어왔던 8개의 기준 중에서 첫 번째는 국영 의료 서비스나 사회 보호 서비스의 이용에서 연령 차별을 근절하고자 하는 요구를 강조할 수 있는, 심장 질환자 보호와 암이 아닌 다른 질환을 앓는 말기 환자의 보호를 포함한 폭넓은 서비스를 근거로 이루어졌다.

국가 서비스 프레임은 서로 다른 연령 집단 사이에 보건의료 서비스의 이용이 다양함을 실질적으로 확인했다. 그러나 흑인과 소수 민족 집단의 노인에 대한 불이익(DH, 2001: 17, 90)을 제외하고는 노년기에서의 변이를 상대적으로 거의 언급하지 않았다. 이 부분에 대한 근거를 수집하지 못하게 하는 많은 요인들이 있다. 첫째, 실제 사용과 비교될 수 있는 보건의료 서비스의 요구의 기대치를 확립하는 데 방법론적인 어려움이 있다. 따라서 일반적으로 건강 상태에서의 불평등보다 서비스의 불평등에 대해 덜 알려져 있다. 둘째, 우리가 보건의료 서비스의 형평성에 대해 알고 있는 것은 특별한 연령 집단보다 전체적인 집단에 관한 것이다. 다시 말하면, 방법론적인 요인이 중요한 역할을 한다. 연령 표준화는 역학 연구와 보건의료 서비스 연구에서는 매우 일반적인데, 이들 연구에서는 연령, 젠더, 사회적 상태의 중요한 상호 작용이 자주 간과된다. 또한 이런 특성을 가지고 있는 연구들은 좁게 정의된 목적을 향해서 가는 경향이 있다. 따라서 고령자 차별을 조사하는 연구들은 넓은 집단 분포를 가지고 자료를 분석할 때 사회경제적 변수를 보정할 것이다. 반면 빈곤에 의한 불평등을 조사하는 연구들은 연령을 보정할 것이다. 결과적으로 노인에 의한 보건의료 서비스의 사용에서 사회경제적 불평등에 대한 직접적인 근거는 부족하다.

65세 이상 노인을 중점으로 보건의료 서비스의 형평성에 대해 영국에서 실시된 소수의 연구들은, 낮은 사회경제적 지위를 가진 사람은 병원, 일차 서비스, 지역 단위의 서비스에 대한 이용이 적다는 것을 보여 준다. 빈곤에 의한 불평등은 노인의 무릎 관절 복원(Milner et al., 2004), 복부 동맥류 이상 비대에 대한 선별 검사(Kim et al., 2004), 응급 입원(Bernard and Smith, 1998), 독감 예방 주사(Breeze et al., 2004b) 등에서 나타난다. 높은 사회경제적 지위에 있는 노인은 집에서 죽을 확률이 높은데, 아마 그들이 재가 보호를 받는 경우가 더 높기 때문일 것이다(Grande et al., 1998; Higginson et al., 1999; Grundy et al., 2004). 요구의 불만족 정도가 정신 건강 서비스의 이용을 높게 만드는 것에 대한 관심도 증가하고 있다. 정신병 이환에 대한 국가통계사무소 조사를 보면, 개정된 임상 상담 일정(Clinical Interview Schedule)에 따른 점수가 18 이상, 즉 치료를 필요로 하는 신경과민 증세의 수준을 가지고 있는 응답자의 41%가 이전 연도에 정신 건강의 고통을 안고 일반의를 방문했는데, 4%는 지역사회의 정신과 간호사를, 3%는 정신과 의사, 2%는 심리치료사를 방문했다. 이들 응답자의 78%는 일상 활동에 어려움이 있다고 보고했으나 단지 17%만이 어떤 형태든 지역사회의 관리를 받고 있었다(Evans et al., 2003: 50~51).

시설에 있는 노인이 지역사회에 있는 노인보다 정신 건강 문제에 대한 지원 부분에서 유의하게 더 좋은 상황인 것은 아니다. 비록 정신질환이 일반 병원에 있는 노인에게 흔하다고 할지라도, 일반 병동에 있는 노인에게 정신 서비스를 제공하고 있는 노인 정신과 의사에 대한 우편 설문 조사에서는 89%가 서비스에 만족하지 못했는데, 그 이유로는 서비스가 느리고 민감하게 작용하며, 일반병원과 정신과 간의 조정이 어려워서 노인의 정신과 육체 질환을 동시에 충분히 관리하지 못하기 때문으로 밝혀졌다(Holmes et al., 2003). 영국 요양원의 관리인에 대한 우편 조사에서도 비슷하게 정신 건강 관리 면에서 많은 문제를 확인했다. 요양원의 관리인 41%는 양로원에 거주하고 있는 노인의 최소 50%가 정신질환 진단을 필요로 하는데, 38%는 노인 정신과 의사로부터 어떤 방문도 받지 못했고 단지 반 정도가 현재 방문 빈도가 충분한 것으로 기술했다고 대답했다(Purandare et al., 2004). 앞에서 언급한 바와 같이 노인의 정신질환 이환의 발생률은 중요한 사회적 격차에 의해서 특징된다. 따라서 낮은 사회경제적 지위에 있는 노인은 이 부분에서의 서비스 제공에 많은 불평등을 지닐 가능성이 있다. 또한 흑인과 소수 민족 집단 노인이 낮은 서비스를 받고 있다는 근거들도 있다. 예를 들어 보위와 윌킨슨은 치매에 대한 서비스는, 남아시아 노인과 그들의 가족 및 보호자가 갖는 치매에 대한 견해와 경험 때문에 문화적으로 효과가 적다고 주장했다(Bowes and Wilkinson, 2003). 다른 집단의 노인과 비교했을 때 남아시아 노인은 시설 보호에 대해 훨씬 부정적 견해를 가지고 있으며 국영 의료 서비스 지원의 이용이 좀 더 제한적이어서 집에서 치매 말기를 보낸다.

일부 연구는 노인을 중점으로, 노년기에 불균형적으로 영향을 미치는 건강 상태에 대한 보건의료 서비스 이용 유형을 통해 사회경제적 불평등의 근거를 조사했다. 예를 들어 처음 녹내장으로 진단받은 환자(그들의 67%는 61세 이상 노인이었다) 중에서 낮은 직업 계급을 가지고 있고, 아프리칸-캐러비언계이고, 차를 이용하지 못하고, 저학력이고, 임대 주택에서 살고 있는 사람은 실명 가능성이 높다(Fraser et al., 2001). 알렌 등은 웰시 당국에 있는 두 개의 뇌졸중 재활 센터에 있는 성인을 위한 보호 서비스 이용을 비교하면서, 개인의 재정적 능력이 서비스 질에서 중요한 차이를 만든다는 것을 밝혔다(Allen et al., 2004). 네 가족 중 세 가족 정도가 자신의 보호 조치에 비용을 지불할 수 있었는데, 형편이 좀 나은 지역 당국에서 환자는 적절한 퇴원으로 인해 혜택을 받았고 그들의 퇴원 시기를 선택할 수 있었으며 그들의 건강과 사회 보호 기관 사이의 관계가 더 원활하게 운영됐다.

비록 암 생존율이 영국에서 증가하고 있다 할지라도, 가난한 환자에 대한 결과는 부유한 환자의 결과보다 더 나쁘며, 1980년대 후반과 1990년대 후반 사이에 생존에서의 빈곤 격차는 증가했다(Coleman et al., 2004). 이것은 가난한 사람이 치료의 차별화된 이용으로부터 오는 것인지에 대한 의문을 가지게 했다. 폴락과 빅커스는 직장암, 폐암, 유방암에 대한 효과적인 진단과 환자 의뢰에서 일차 의료가 빈곤 지역의 환자에게 잘 이루어지고 있지 않다는 점을 지적했다(Pollack and Vickers, 1998). 1990년대 초반 남동부 잉글랜드에서 14만 건 이상의 병원 입원 건수를 분석한 그들의 연구에서 빈곤 지역에서 온 환자가 부유한 지역에서 온 환자보다 응급 또는 일반 환자로 입원할 가능성이 더 높았다고 지적했다. 빈곤 지역에서 폐암과 유방암을 가진 환자는 수술을 덜 받는 것으로 나타났고, 그 지역의 직장암 환자는 특별 병동으로 입원을 적게 하는 것으로 나타났다. 이 결과는 빈곤 지역의 환자가 질환 후반기에 주로 인지됨을 보여 준다(Pollack and Vickers, 1998). 와인즈 등은 빈곤 지역의 환자가 직장암에 대한 선별 검사의 제안을 덜 받아들이는 것 같다면서 사회경제적 격차가 질병 진행의 예후에서도 나타날 수 있다고 제시했다(Whynes et al., 2003). 이와 비슷하게, 런던 남부 병원에 다니고 있는 65세 이상의 여성들에서는 비노동직 사회계급, 고학력, 주택보유, 고소득 등이 유방 뢴트겐 촬영법의 이용도를 예측하는 요인들이었다(Harris et al., 2002).

이들 결과들과 다르게 몇몇 연구들은 암 환자의 생존율에서 사회경제적 차이가 더 심각한 질환의 발생이나 치료의 차이에서 영향을 미칠지 의문을 제기했다(Schrijvers et al., 1995; Hole and McArdle, 2002). 웨섹스 건강 지역구(Wessex Health Region)에 있는 직장암으로 진단받은 4,000명 이상 환자를 대상으로 한 연구에서는, 그들의 75%가 65세 이상이었는데 빈곤 때문에 질환의 초기 발견 또는 치료에서 차이가 생겼다는 근거는 찾을 수 없었다고 서술했다(Wrigley et al., 2003). 북부와 북동부 스코틀랜드의 환자 연구에서는 사회경제적 지위가 직장암에서 첫 번째 의뢰와 치료 사이에 걸린 기간, 직장암의 치료와는 전혀 연관성이 없는 것으로 나타났다(Campbell et al., 2002). 글래스고의 부유한 지역 여성들이 유방암에서의 생존율이 높은 것은 병리학적 단계에서 감별로 설명할 수 없었고(Macleod et al., 2002), 방사선 치료법, 화학 요법, 내분비 치료법에서도 유의한 차이가 없었다. 이 모든 연구 결과에 따르면, 국영 의료 서비스의 보호 서비스 이용은 사회경제적 지위에 대해서는 상당히 형평성을 보인다.

가난한 사람과 노인은 보건 서비스 이용에서 불이익이 있다고 믿고 있기 때문에, 그들을 가장 불이익을 받고 있는 사람들로 생각할 수도 있다. 그렇지만 극소수의 연구에서 이들 집단에서 서비스 이용에 대한 불평등을 조사한 결과, 실질적으로는 평등한 것으로 나타났다. 그러나 사회경제적 지위에 상관없이 노인은 연령으로 인해 보건 서비스에 대한 차별을 받고 있다고 제안한 강한 근거들이 있다(Bowling, 1999; Dudley et al., 2002; Bond et al., 2003; DeWilde et al., 2003; Brown, 2004; Hacker and Stanistreet, 2004). 연령은 남성과 여성 사이에서 치료에 대한 차별을 일으키면서 젠더와의 상호 작용이 있는 것처럼 보인다. 예를 들어, 관상동맥 질환의 증상을 가지고 있는 여성은 남성보다 연령이 높은 것으로 보인다. 증상의 심각도와 중복 이환에서도 여성이 연령으로 인한 차별에 더 영향을 받기 쉬운 것으로 보였다(Wenger, 1997; Williams et al., 2004).

노인을 위한 국가 서비스 프레임의 좋은 의도와 중간 단계 보호(제13장 참조) 같은 새로운 서비스에 대한 부가적인 투자에도 불구하고, 국영 의료의 서비스 제공과 사용에서 고령자 차별을 없애기 위한 정책과 사업의 범위는, 현재 건강 관리 자원 분배에서의 접근방법이 연령 차별을 야기했을 가능성에 의해 영향을 받을 것이다. 병원과 지역사회 보건 서비스(Hospital and Community Health Service: HCHS)에 자금을 배분하기 위한 잉글랜드 방식은 건강 관리에 대한 필요도를 평가하기 위해 이용 기반 모델을 채택하고 있다. 이것은 서로 다른 보호 집단에서 서비스 이용의 과거 유형이 적절하다는 가정 아래에서 이루어진다(Mays, 1995). 이 가정은 건강 관리 이용에서 고령화 차별, 성 차별, 민족 차별, 사회경제적 편견이 일반적으로 존재한다면, 그리고 건강 관리 이용에서 이런 편견이 계속적으로 무제한 이용할 수 있도록 하는 시스템이라면 문제가 있다. 만약 노인 환자가 좀 더 집중적인 치료를 받을 수 있고 받아야 한다는 것을 가정한다면, 사람수당 이용 근거로 노인 집단에 자원을 분배하는 것은 보다 보수적으로 간주될 것이다. 이에 대한 몇 가지 경험적 근거가 있다. 아스나 등은 관상동맥 질환 환자의 치료를 위해 사람수당 이환 근거로 한 분배를 병원 지역사회 보건 서비스 분배(사람수당 이용 근거로 한 분배)와 비교했는데, 이환 기반 모델은 노인 인구집단을 지원하고 있는 지역으로 자원의 중요한 이동을 가져올 수 있음을 발견했다(Asthana et al., 2004). 이와는 반대로 이용 기반 방식은 자원이 이환에 의해 적용된 지역보다 젊은 인구집단의 특성을 가지고 있는 지역에 더 높은 수준으로 분배됐다.

잉글랜드의 대부분, 특히 서부에서는 농촌 지역이 도시의 빈곤 지역보다 인구학적으로 노인이 많기 때문에 지역적인 차이가 있다. 대부분의 건강 불평등 연구와 정책자들은 도시의 가난한 사람에게 좀 더 많은 자원이 가는 것에 우려를 표명한다. 따라서 건강 불평등 예산으로부터 이익을 기대할 수 있는 지역으로 자원을 할당하는 현재 방식이 처음에는 문제가 없는 것으로 보일 수 있다. 그러나 건강 관리 형평성과 건강 형평성의 목표는 매우 다른 정책적 대응을 필요로 한다. 이것은 일반적으로 국영 의료 서비스, 특히 국영 병원 서비스가 소득 분배, 교육, 주택, 생활 습관 같은 다른 변이 요소와 비교했을 때 건강 불평등의 감소에 대해 기여도가 상대적으로 적다는 것을 인정한다. 현재 자원의 할당 시스템의 중점 목표는 자원을 똑같은 건강 관리 요구에, 똑같은 이용의 기회를 보장하기 위해 지리학상의 지역으로 할당하는 것이다. 따라서 도시의 빈곤 집단 이상으로 그리고 이환을 강조하는 수준 이상으로 중점 서비스를 목표화하는 것은 건강 불평등에서는 비효과적일 것이다. 게다가 그것은 노인 인구는 좀 더 많으나 덜 빈곤한 집단의 요구를 과소평가함으로써 불평등의 새로운 형태를 가져오는 것이기도 하다.

정책적 함의

이 장이 이 책에서 짧은 장들 중 하나인 것은 중요하지 않다. 생애 주기에서 다른 주기와는 상반되게 노년기 건강 불평등에 대한 연구는 상대적으로 빈약했다. 그러나 노인에서의 빈곤 수준은 아동에서의 빈곤 수준과 비교할 만한 것이고, 젊은 연령 집단의 건강 위험에서 나타나는 많은 요인이 또한 노인의 건강 불평등에 영향을 미치고 있다. 이 장으로부터의 근거들은 건강 상태에서의 차별화는 혜택과 불이익의 생애 축적에서의 차이를 부분적으로 반영하고 있는 반면, 노인의 건강은 이전 생애의 영향에 의해 고정되지는 않다고 제시하고 있다. 건강한 생활습관은 건강 상태 악화를 막을 수 있고, 이를 통해 생활습관은 심지어 노년기에도 건강을 향상시키기 위한 요인이 된다고 제시한다. 미국에서는 '노령화 진행을 늦추자'라는 발상에 상당한 관심을 갖고 있고 강력한 노인 로비도 있는 반면, 영국에서는 이런 생각이 거의 주목을 받지 못하고 있다. 따라서 식이, 육체적 활동, 흡연 같은 요인들의 알려진 사회경제적 변이로 나타난 위험을 찾기 위해서는 이 집단 연령의 건강 상태에 영향을 미치는 생활습관 요인들의 역할에 대한 추가적인 연구가 필요하다.

생활습관 요인에 대한 상대적인 관심 부족과는 반대로, 노인에서 주거 환경과 건강과 안녕을 구성하고 있는 환경의 역할에 대한 연구들이 중점적으로 이루어지고 있다. 그러나 노년기에서 사회경제적 박탈, 열악한 주거 환경, 나쁜 건강 사이의 상관관계에 대한 경험적 근거가 강력하지는 않다. 그러나 노인에서 우울증과 심리적 문제가 높은 수준이기 때문에 주거 환경에 대한 중점 연구는 확실히 중요하다. 노인은 대부분의 시간을 집과 지역사회에서 보내므로 지역사회와의 친밀도 감소 같은 요인에 의해 특별히 영향을 받는다. 예를 들어 범죄에 대한 두려움은 위험을 최소화하는 생활습관을 가지도록 할 수 있는데, 이것은 사회적 고립을 증가시킬 뿐 아니라 육체적 활동의 기회도 감소시킨다. 그러나 대부분의 노인은 집에 있는 것을 원한다. 재산이 적거나 중간 정도인 노인은 재가 보호를 위한 비용이 없기 때문에 지역사회에서 보호받는 것보다 시설 보호로 가는 경향이 있다는 몇 가지 근거들이 있다. 따라서 독립적으로 살 수 있도록 지원하는 방법을 모든 사회경제적 집단의 구성원에게 제공할 수 있도록 하는 것이 중요하다. 비록 농촌 지역 노인에 대한 요구가 도시 지역 노인의 요구와 따로 고려되어야 할지라도 보건의료 서비스의 이용에서는 비슷한 문제가 존재한다.

제13장은 이 장에서 강조된 문제들을 고려해 설계된 중재의 근거를 조사한다. 흥미롭게도, 노인의 요구에 대한 강력한 정책적 대응들을 언급하고 있다. 아마도 이것은 노년기에 거의 관심을 갖고 있지 않는 건강 불평등 연구가들이 정책입안자로부터 많이 배울 수 있는 장이 될 것이다. 거주 환경, 의료와 사회 서비스의 제공, 서비스의 이용과 관련된 많은 긍정적인 사업을 구성하고 있고, 뒷부분에는 반노인 차별주의자 입장을 받아들여야 할 필요성과 이 연령 집단에서의 좀 더 포괄적인 접근들이 명시되어 있다. 상세한 내용은 다음 장에 좀 더 자세히 의논될 것이다.

13

노년기의 건강 불평등: 정책과 사업

서론

언제부터 노년기인가에 대해서, 그리고 노년기가 연대기적 연령이나 연약함으로 정의되어야만 하는지에 대해서 합의는 없다. 실제 '노인을 위한 더 나은 정부(Better Government for Older People: BGOP)' 같은 정책 사업은 50세 이상의 모든 사람을 노인으로 정의하기 때문에 노년기는 3세대를 포함할 수도 있다. 초고령 노인과 노인 단독 가구는 명백히 증가하고 있다. 이러한 인구학적·사회학적 경향은, 노년기 의료와 사회적 돌봄의 필요에 중요한 비공식 돌봄과 급성기 치료 비용에 영향을 주는 요인과 상관성을 가진다. 그러나 노년기의 의료와 사회적 돌봄의 필요는 전통적으로 연구 영역에서 간과됐던 분야이다(Bowling and Ebrahim, 2001: 223).「건강 불평등에 대한 애치슨의 독립적 조사」도 노인이 특별한 건강 요구를 가진다는 메시지를 강조한다(Acheson, 1998).

2001년 3월 노인을 위한 국가 서비스 프레임이 발표됐는데, 이에 따라 2006년까지 지역사회를 기반으로 하는 서비스를 위해 10억 파운드가 지원됐고, 이와 별도로 건강과 사회 서비스의 발전을 위해 14억 파운드가 지원됐다. 이 사업의 목적은 집에서 사는 노인 또는 가능한 멀리까지의 지역사회에 살고 있는 노인을 위한 지원을 포함해 그들의 독립성과 안녕을 증가시키는 것이었다. 이 목적의 달성을 위해서 여덟 가지 기준이 정해졌는데, 집 또는 지정된 보호시설에서의 중간 단계 보호 서비스, 전문적 낙상 서비스, 통합된 정신 건강 서비스의 이용, 예방의 관점, 건강과 안녕 증진을 포함해 다양한 영역에서 건강과 사회 보호를 개선시키기 위한 것이었다(DH, 2001a).

이들 기준은 현재 광범위하게 알려져 있는 네 가지 원칙을 토대로 하고 있다. 첫째는 통합된 평가, 사업 수행, 서비스 제공을 위해 국영 의료 서비스, 지방 당국, 독립 부서, 노인 자신과 보호자 간의 파트너십 접근 등이다. 둘째는 정보 공유와 일차 보호, 긴급 서비스, 지역사회와의 팀 작업 같은 영역을 포함해 요구도에 대해 적절하게 대응하는 것이다. 셋째는 연령과 상관없이 일선에서 일하는 서비스 공급자와 서비스 사용자로의 예산 이전과 다양한 서비스의 제공을 포함하는 개인 중심의 보호의 채택이며, 넷째는 건강하고 활동적인 삶의 증진이다.

전반적으로 노인에서 서비스 이용과 보호에 대한 불평등 강조의 필요성은 노인들 내에서 불평등을 증가시키는 것과는 별개의 관심으로 대부분 이루어져 왔다. 저소득자이면서 자산이 적고, 급여와 서비스에 대한 정보가 부족하고, 건강이나 주거 환경과 사회적 보호에 대한 다양한 필요에 대한 인식이 부족한 많은 흑인과 소수 민족의 노인과 그 보호자가 직면하고 있는 문제들은 하나의 예외사항이 될 수 있다(Katbamna et al., 1998; Patel, 1999; Evandrou, 2000). 그렇지만 저학력, 저소득, 노동직, 주택 보유가 노년기에서 높은 사망률 및 장애 발병률과 연관성을 보이는 많은 근거들이 있다(Breeze et al., 2004).

노인은 보건의료 서비스의 유용성이나 질보다 주거 환경이나 쉽게 돌아다닐 수 있는 능력을 포함한 독립성과 삶의 질에 대해 좀 더 관심을 가지고 있다고 연구들은 강력하게 주장한다. 이 장에서는 제12장에서 소개된 건강 위험 요인과 환경 요인을 가지고 예방적인 의제에 중점을 두고자 한다. 여기에는 삶의 질 증진과 지역사회와의 협력, 예방 또는 값싸고 집중적인 서비스의 지연에 중점을 둔다(Lewis et al., 1999). 또한 이런 의제들을 부각시키기 위해 관련 있는 핵심 정책자들에도 중점을 둔다. 따라서 나쁜 건강의 관리와 치료에만 중점을 두기보다 지역, 보건, 사회 보호 내에서 예방 및 의존성 지연의 전체적인 시스템 접근의 폭넓은 이해, 그리고 집단의 일반적 건강과 안녕을 증진시키기 위한 관심을 강조하는 것을 포함한다. 이것은 고령화 사회에 대한 정부의 최근 전략에서 좀 더 넓게 반영되는데, 높은 고용률의 목적과 함께 독립성의 유지와 기준에 적합한 소득 및 주거 환경을 근거로 한 사회에서의 적극적인 역할을 강조하고 있다(HM Government, 2005).

식이와 영양

제12장에서 설명했듯이, 항산화제와 식이 요인의 예방적 역할에 대한 근거를 통해 볼 때 빈곤한 노인이 진한 색의 엽채류, 과일, 견과류, 정제되지 않은 시리얼, 생선, 양질의 식물성 오일 등의 식품에 좀 더 접근할 수 있다면 건강한 생활을 영위할 수 있을 것이다. 영양 부족 문제는 생애주기 중 초년기와 더불어 노년기에서 주요한 관심사가 된다. 이어지는 내용은 노년기의 영양의 양과 질을 개선시킬 수 있도록 고안된 중재 프로그램의 근거에 대한 내용들이다.

건강 불평등 완화에 효과적인 근거와 사업

스코틀랜드에서 수행된 한 연구 결과, 노인의 식이는 전반적으로 일반 집단의 식이와 다르지 않았다. 노인은 지방, 당류, 소금을 과잉 섭취하고 있었고, 과일과 채소의 섭취가 부족했으며, 식이·영양에 대한 믿음과 행동 사이에 모순이 있었다(McKie et al., 2000). 따라서 지역사회에서는 식이 위험을 감소시키기 위한 영양 권장량과 사업을 포함해 식사 지침에 대한 목표를 가지고 있다. 그러나 노인은 거리, 유동성, 이동성, 재정적 제한과 같은 구조적 장애들을 극복하면서 본인 스스로 관리할 수 있는 방법으로 식품을 이용하기 위해 그리고 '적절한 식품'이라고 생각하는 것들을 사고 준비하기 위해 더 많은 시간을 투자해야만 할지도 모른다(Mckie, 1999). 전형적으로 노인의 독립성을 유지하는 데 식품이 중요한데, 식품 섭취와 구입은 사회적 네트워크에서 폭넓은 역할을 하며 그날의 한 형식을 제공하는 것으로 인식된다(Cooper et al., 1999).

노년기에서의 건강한 식사에 대한 체계적 문헌 고찰 결과, 충분한 영양, 영양 결핍, 질병 감소를 강조함에도 불구하고 그것을 평가한 연구는 매우 적음을 발견했다. 이로 인해 노인을 위한 건강한 식사에 대한 효과적인 전략 또는 정책도 제한적이었다. 그러나 사회적·육체적 활동과 병행된 영양 프로그램, 영양적인 요인을 같이 고려한 건강 증진 프로그램, 영양 결핍 또는 심혈관 질환의 높은 위험을 가진 집단을 대상으로 한 지역 프로그램 등과 같이 소집단의 프로그램들을 지지하는 몇 가지 근거들이 있다. 집단의 참여는 목표를 정하는 것과 더불어 중요한 요인으로 나타났다(Fletcher and Rake, 1998). 연구들은 연령, 식이 섭취, 에너지 소비량에 대해 제한적으로 보정(고려)함으로써 전형적으로 노인을 동질한 집단으로 간주하는 경향 때문에 제한적이었다. 예방 전략, 과정, 영양적인 내용의 범위는 미국의 중재 프로그램을 과도하게 중점적으로 다루면서 빈약하게 서술하는 경향을 가진다.

영양 불량은 지역사회에서 식이적 중재(예를 들면 가정으로의 식사 배달)와 식이와 상관없는 중재(우울증의 치료, 치아 문제의 개선, 운동 처방 등) 둘 다에서 개선시킬 수 있는 것처럼 보인다. 병원에서도 보충제에 대한 가능한 많은 장려와 지원을 한다. 노인의 구강 식이 보충제 효과에 대한 코크란 체계적 문헌 고찰에서는 그런 보충제들이 체중 증가의 정도는 적으나 지속적이었고, 사망률에서도 통계적으로 유의한 효과를 가졌음을 밝혔다. 병원에서의 입원 기간도 감소시켰다는 몇 가지 근거들도 있었다. 그러나 이런 중재들의 기간이 너무 짧아서 유병률, 기능적 상태 또는 삶의 질에서는 어떠한 개선된 부분을 찾지는 못했다(Milne et al., 2002). 몇몇 실험에서는 중재의 부분으로 몇 가지 식사 지침을 포함했으나 그것의 부가적인 효과는 평가할 수 없었다. 성인에서 질환과 연관된 영양 불량에서 식사 지침에 대한 코크란 체계적 문헌 고찰에서도 비슷하게 식사 지침이 영양 불량 환자의 건강 상태를 개선시켰는지에 대해서 확립된 근거가 불충분함을 발견했다(Baldwin et al., 2001). 그러나 체중 증가는 영양 보충제를 받은 사람들에서는 확실히 더 컸다.

병원에서 불량한 식품 섭취가 회복을 더디게 할 수 있다는 근거들과 함께 엉덩이가 골절된 노인은 골절이 있는 그 시기에 종종 영양 불량을 가진다. 엉덩이 골절 노인 환자의 영양적 보충제에 대한 체계적 문헌 고찰에서는 구강 단백질과 에너지 보충이 불량한 건강 상태(사망 또는 합병증)를 감소시킬 수 있고, 장기간의 합병증과 회복 시간을 감소시킬 수 있다는 몇몇 근거들을 찾았다(Avenell and Handoll, 2004). 그러나 전체적으로 근거들은 고찰된 연구들의 단점들, 특히 불충분한 대상자 수, 방법론, 결과의 평가 등으로 여전히 빈약했다. 비록 영양 불량 상태 또는 탈수를 가진 사람은 피부가 연약해지면서 좀 더 취약할 수 있다는 제안에도 불구하고, 제한된 근거로는 영양 보충제가 궤양 또는 욕창을 예방·감소시킨다는 효율성에 대해 어떤 결론도 내릴 수 없었다(Langer et al., 2003).

엽산의 식이 결핍증은 알츠하이머 질환과 혈관성 치매 둘 다에 대한 병인론에 기여한다고 주장되어 왔다. 그러나 엽산 보충제에 대한 제한된 몇 실험 연구에서는 건강한 노인이나 치매에 걸린 노인에게서 인지 기능 또는 정서에서 어떤 이점의 근거도 찾지 못했다(Malouf et al., 2003). 그러나 그 실험들은 신진대사적으로 엽산이 결핍된 노인에서만 이루어지지 않았었고 단지 짧은 실험 기간에 이루어졌다.

정책

특별히 노인들 위한 식이와 영양에 대해서는 정책적 공백이 있는 것 같다. 제11장에서 언급한 바와 같이 국영 의료 서비스 플랜(DH, 2000a), 국영 의료 서비스 암 플랜(DH, 2000b), 심혈관 질환과 당뇨에 대한 국가 서비스 프레임 모두는 행동을 위한 중요한 분야로 식이와 영양을 강조한다. 그러나 노인과 연관된 이들 문제들은 거의 언급된 바가 없다. 「수명 연장: 우리의 더 건강한 국가를 위해」(DH, 1999a)와 관련된 국가의 '하루 다섯 번 프로그램(Five a Day)'에서도 똑같이 적용된다. 비슷하게 「건강의 선택: 건강을 위한 보다 쉬운 선택」(HM Government and DH, 2004)은 개인적 수준에서의 생활습관 요인을 강조하는 중재에 중점을 두고, 비만을 감소시키고 식이와 영양을 개선하는 것을 우선순위로 하고 있지만 이런 내용들이 연령에 대한 기준을 가지고 다루어지고 있지 않으며 오히려 아동에서의 비만에 중점을 둔다. 실제로 공중보건 백서에 특별히 노인을 도울 수 있는 방법을 포함시키지 못한 것은 많은 비판을 받았다(Age Concern, 2005: 7). 이들 내용은 후속의 '실행 플랜(Delivery Plan)'에서도 수정되지 못했다(DH, 2005a). 그 계획에는 식이와 연관된 질환과 비만에 대한 강조를 포함하는데, 노인에게는 단지 한 가지의 기준만을 제시하고 있다. 이와는 상반되게 아동과 청소년을 강조하는 특수적인 여러 세부 내용들이 있고, 작업장에서의 영양 관련 내용도 있다.

이러한 의제 아래, 노인에 대한 몇 가지 전략들이 있다. 지방의 사업은 '하루 다섯 번 프로그램' 내에 노인을 포함시키고 노인이 건강한 식품을 이용하고 준비하면서 가질 수 있는 문제점들을 포함하고 있다. 심혈관 질환과 당뇨에 대한 국가 서비스 프레임은 2006년까지 심혈관 질환과 당뇨를 가진 환자에게 육체적 활동, 흡연이나 식이에 대한 적절한 권고를 포함하는 치료 처방을 일차적으로 제시하고 있다. 2003~2006년 보건부의 '우선순위와 계획 프레임(Priorities and Planning Framework)'에 의해 확립된 지방 수행 플랜은 식이와 운동을 포함하는 활동적인 노년을 강조할 것을 기대한다(ODPM, 2003).

보호시설에서 불량한 영양 상태를 포함한 영양 불량의 문제는 중점적인 중재와 지침으로 다루어져야 함에도 불구하고 병원, 시설 보호, 주간 보호 또는 노인이나 장애자를 위한 보호주택(sheltered housing)[1] 내에서도 비슷하게 정치적 의제에서 무시되는 것 같다. 보충제에 대한 좀 더 특수적인 분야 또한 보류의 대상자로 남아 있다. 국립 보건 임상 연구소의 낙상 지침서는, 비타민 D 결핍증과 낙상 경향성의 연관성 근거들이 등장하고 있다고 지적하나 그 근거는 낙상 감소의 보완으로 비타민 D 사용을 권장하는 데는 불충분하다고 밝히고 있다(NICE, 2004). 건강개발기구(Health Development Agency: HDA)는 포괄적인 약물성 골다공증의 예방적 프로그램은 일반 병원과 일차 의료 시설에서 도입되어야 한다고 주장하지만 예방적인 강조는 아직 실천적으로는 반영되지 않고 있다. 국립 보건 임상 연구소는 2006년까지 공중 임상 지침서를 출간하지 못할 것으로 보인다.

---

[1] 지역 보호와 시설 보호의 중간 수준에 위치하고 있는 보호 형태.

육체적 활동

운동은 생리적·심리적 기능을 증진시키고 개인의 독립성을 유지하도록 도우며, 단기간과 장기간 보호 서비스에 대한 요구를 감소시키면서 노인의 삶의 질에서 중요한 역할을 하는 것으로 알려져 있다. 또한 운동은 낙상을 예방하도록 해 주는 많은 요인들 중 하나이기도 하다. 낙상에 대한 부분은 특별히 후반부에서 중점적으로 다루어지는데, 노인 삶에서 낙상이 자주 발생하고 입원과 보호에 대한 요구를 야기한다는 점에서 낙상의 중요성과 다인성 인과관계는 좀 더 총체적인 예방적 의제에 대한 필요성을 설명한다.

건강 불평등 완화에 효과적인 근거와 사업

육체적 활동의 이점은 명백하나(DH, 2004a), 특별한 중재 프로그램을 매일 육체적 활동을 하도록 하는 권장과 통합하려는 요구, 이동, 적절한 운동 장소, 사회적 기대와 같은 구조적 장애를 고려하려는 요구(<글상자 13.1> 참조)를 강화시키는 것과 같이 실천에서 그 수준을 증가시키는 것은 종종 어렵다(Munro et al., 2004).

문헌 고찰 수준의 근거들에서 50세 이상의 성인을 위해 특별히 고안된 중재 프로그램들은 더 젊은 성인에서처럼 육체적 활동에서 단기간 변화를 가지는 데 효과적이었고, 중·장기간 변화에서도 효과적이라고 제안한다. 후자(중·장기간의 변화)는 중간 정도의 강도로 비지구력 육체적 활동(유동성 운동, 유연성 운동)을 증진시키고, 학급이나 집단만으로 이루어진 형식보다 집단과 집 둘 모두를 근거로 한 운동을 병합한 행동적·인지적 접근방법을 사용하고, 전화를 이용한 지원과 추적 관찰을 수행하는 중재 프로그램들에 의해 가장 잘 달성됐다(King et al., 1998). 오스트레일

〈글상자 13.1〉 건강과 안녕을 위한 운동

'노인에게 더 많은 운동을(More Exercise for Seniors)'(MBvO in Dutch)은 65세 이상 노인을 위해 특별히 고안된 주일 운동 프로그램이다. 1980년 이후로 넓게 채택된 이 프로그램에 현재 30만 명의 노인이 참가하고 있는데, 그 목적은 육체적·정신적·사회적 기능을 증진시키는 것이다. 그러나 최근에는 건강의 긍정적 결과에 대한 평가로 주목을 받았다. 65~80세이면서 독립적으로 살고 있는 참가자들은 10주 동안 지역사회 센터에서 일주일에 한 번 또는 두 번 45분간의 집단 운동에 참여하는 두 실험 집단으로 나누어졌다. 대조군은 건강 관련 교육 프로그램을 받았다. 육체적 활동이 실험 초기에는 중간값 밑이었던 사람들이나 일주일에 두 번 프로그램에 참가한 사람들에서 인지 기능, 사회적·육체적·감정적 기능을 포함한 건강과 관련된 삶의 질에서 개선 효과를 가졌다. 작업을 수행할 수 있고 일상생활과 연관된 사회적 역할을 충실히 할 수 있는 능력 같은 기능적인 상태에 대한 유의한 개선은 보이지 않았다. 개선이 보였던 짧은 기간이 개선의 속성에 방해가 되는 것으로 생각됐으나 운동 프로그램에 일상적인 육체적 활동에 대한 권장을 병행시킬 필요는 여전히 제안됐다(Stiggelbout et al., 2004).

리아에서의 연구는 노인이 일반의와 상담하는 빈도를 근거로 이루어졌는데, 일차 의료가 건강 증진 메시지의 효과적 정보가 될 수 있고 일반의 교육 사업의 결과로 일 년 동안 노인들은 걷기, 사회적 접촉, 자가 평가 건강 수준에서 유의한 개선을 보여 주었다(Kerse et al., 1999).

몇몇 소수 민족 집단, 저소득 가구의 사람, 낮은 사회계급을 가진 사람, 낮은 학력을 가진 사람 등이 (운동 비율의) 유병률 수준이 낮음에도, 불이익을 받는 집단에서의 효과적인 중재에 대한 고찰 수준의 근거들은 부족하다(DH, 2004a). 그러나 개별 프로젝트는 운동이 좀 더 불이익을 받는 사람의 정신 건강과 안녕을 개선시킬 수 있다고 제안한다. 예를 들면, 덜 활동적인 노인 집단에서 외로움을 감소시킬 뿐 아니라 육체적 활동을 늘리고 건강과 성장에 관한 지식을 키우는 것으로 알려진 건강 증진 프로그램이 터키 이민자를 대상으로 이루어졌다. 그 결과 55세 이상 대상자에서 정신 건강과 정신적 안녕이 개선된 것으로 밝혀졌다. 그러나 공교롭게도 아마도 제한된 기간 때문일지 모르지만 육체적 안녕이나 활동에서는 통계적으로 유의한 개선은 없었다(Reijneveld et al., 2003).

낙상 예방에 대한 총체적 접근에서의 운동의 역할

낙상에 관해 합의된 정의는 없으나 지역사회에 살고 있는 65세 이상의 약 30% 노인이 매년 낙상한다. 그 수는 시설에서 더 높다(McClure et al., 2005). 비록 열 건 중 한 건이 골절을 일으킨다 할지라도 낙상 발생률의 1/5은 의학적인 주의를 필요로 하며 특히 엉덩이 골절의 경우에는 자주 중간 보호 또는 장기간 보호를 필요로 한다. 따라서 낙상 예방 의제는 상당히 중요하다.

많은 위험 요인은 낙상, 낙상과 관련된 골절을 가지고 있는 사람에게서 개개인의 행동과 아주 밀접하게 상관있는 환경적 위험 인자들과 상호 작용하며 나타난다. 이스라엘에서의 연구는 낙상과 우울증 모두를 증가시키는 다섯 가지의 요인 ─ 나쁜 자가 평가의 건강 상태, 나쁜 인지 기능 상태, 기능적 신체장애, 지난 한 달 동안 두 번 이상의 병원 방문, 느린 보행 속도 ─ 을 확인했다(Biderman et al., 2002). 이런 다중 요인의 인과관계는, 가장 적절한 중재 프로그램은 노인 보호에서 의학적·기능적·심리적 분야 등 여러 전문 분야를 포괄해야 할 것을 제안한다.

이런 위험 요인을 기반으로 여러 가지 예방적 프로그램이 확립·평가되어 왔다. 이것은 운동 프로그램, 생리적 치료, 걷기 보조물의 제공, 우울증이나 시력 또는 약물 복용 같은 의학적 문제의 관리, 환경적 개선, 특히 가정 내 위해 요소의 감소(Day et al., 2002), 영양 또는 호르몬 보충제, 교육 등을 포함한다. 62개의 실험 연구의 체계적 문헌 고찰에서는 이러한 중재 프로그램이 비록 위험 감소가 적고 임상적 유의성과 비용효과 면에서 항상 명확하지는 않더라도 낙상과 관련해서는 어느 정도의 효과를 갖는다고 제안한다(Gillespie et al., 2003). 그러나 다중 위험 인자를 목표로 하는 중재 프로그램은 운동 중재 또는 물리적 치료, 가정 내 위해 요소의 개선, 향정신성 약제의 감소 등을 목표로 하기 때문에 그 효과가 약하다.

노인의 운동 프로그램에 관한 11개의 실험을 고찰한 결과, 운동이 어떤 조건에서 시행된다면 오랫동안 낙상을 감소시킬 수 있다고 결론 내렸다(Gardner et al., 2000). 그 조건은 너무 연약하지 않고 근육 힘과 안전성의 손실이 임계치에 있는 적절한 대상자, 힘뿐 아니라 강도·정규성·지속성·균형성을 포함한 핵심 변수들을 가진 효과적인 운동 방법을 포함한다. 센터 기반으로 한 운동은 사회적 상호 작용과 관련해 부가적인 이점이 있는 것으로 나타났다. 비록 중재의 결과로 의료 관리의 사용이 감소됐고, 두려움의 감소, 수면, 우울증, 심혈관 질환 등과 같은 건강 관련 분야의 개선이 있었다고 할지라도, 낙상 예방과 관련된 어떤 사업에서도 골절과 같이 낙상으로 인한 심각한 상해가 눈에 띄게 감소됐다는 결과에 도달한 연구는 없었다(<글상자 13.2> 참조).

상해 감소를 위해 집안 환경의 개선에 중점을 둔 체계적 문헌 고찰에서 노인의 낙상 자료가 지나치게 많음을 발견했다. 그러나 살펴본 열다섯 개의 연구 중에서 단 두 개에서만 낙상에서 통계적으로 유의한 감소를 보였고(집에 대한 개선의 근거가 있었다), 낙상의 감소가 실질적인 상해의 유의한 감소로 나타난 연구는 없었다(Lyons et al., 2004). 이러한 반직관적인 결과들은 이해와 지속성에 대한 유용한 정보 없이 대상자의 수가 적고, 전형적으로 프로그램의 수행 기간이 짧고 많은 개선 부분에 대한 파악이 적었기 때문인 것으로 설명됐다. 한 연구는 가정 내 위해 요소의 감소는 운동 트레이닝과 시력의 개선을 함께 사용했을 때 부가적인 영향을 가지는 것으로 나타났다(Day et al., 2002). 낙상 감소에 대한 많은 긍정적인 결과들은 지역사회의 노인에 대한 작업적 치료 중재의 체계적 문헌 고찰에서 관찰할 수 있었는데 대부분 비슷한 중점 사항을 가졌다. 그것

<글상자 13.2> 낙상 예방을 위한 운동

233명의 80세 이상 여성 노인(낙상에 대한 높은 위험을 가지고 있는 집단)이 낙상과 상해를 예방하기 위해 고안된 운동 중재 프로그램에 무작위 할당됐다. 그들은 네 번의 방문 과정에서 물리치료사로부터 힘과 균형을 갖게 해 주는 운동을 처방받았다. 대조군은 일반적인 보호와 함께 간호사가 똑같은 횟수로 사회적 방문을 했다. 6개월 후 중재를 받은 집단에서는 힘과 균형성 두 측정에서 모두 유의한 개선을 보였으나 힘, 보행, 지구력, 기능성 같은 여섯 가지 다른 실험에서는 어떤 유의한 차이도 없었다. 단지 육체적인 기능에서의 미약한 개선에도 불구하고 낙상과 중증도의 상해는 운동 집단이 대조군보다 더 감소했다(Campbell et al., 1997).

대상자의 자연 감소는 적었고, 첫해 마지막까지 남은 213명 참가자 대부분(71%)은 두 번째 해에도 계속 참가하기를 원했고, 물리치료사로부터 한 달에 두 번 전화를 받는 것에 동의했다. 계속 참가하기로 한 사람들은 참가를 거부했던 사람들과 비교해 볼 때 첫해 마지막에는 좀 더 활동적이고 낙상에 대한 두려움이 줄었으며 초기보다 더 적은 약물을 복용했다. 두 번째 해 마지막에는 중재 집단에 남아 있는 사람 중 31명(41%)이 여전히 일주일에 최소 세 번은 운동하고 있었고, 첫해 보여 주었던 낮은 낙상률도 지속됐다. 물리치료사의 방문을 자주 받은 경우와 일반의로부터 계속 운동할 것을 격려 받은 경우에는 운동의 순응도가 증진했다(Campbell et al., 1999).

뉴질랜드에서의 반복 실험에서는 잘 훈련된 간호사에 의해 중재가 이루어졌을 때 일반적인 임상적 실천으로의 전환이 가능했고, 남녀 모두 효과적임을 보여 주었다. 낙상은 운동 집단에서 30%까지 떨어졌고 상해를 일으키는 낙상도 더 적었다. 그러나 심각한 상해에서는 두 집단 사이에 차이를 보이지 않았다(Robertson et al., 2001).

은 집안에 있는 위험 인자 평가의 한 부분으로 보조 장치를 두어야 한다는 지침이었다. 몇 가지 근거들은 높은 위험에 있는 노인에게 낙상 발생률을 감소시키기 위해 가정 내 위해 요소의 평가와 병행해 기술 훈련이 필요함을 지지했다. 이것은 포괄적인 작업적 치료가 단지 기능적 능력을 개선시키는 것이 아니라 사회적 참여와 삶의 질을 증가시킬 수 있다고 제안했다(Steultjens et al., 2004).

인지적 장애와 치매를 갖고 있는 노인이나 너싱홈에 살고 있는 노인이 특히 낙상하기 쉬운 집단이라고 할지라도 이들의 낙상을 예방하는 것보다 지역사회에 살고 있는 인지적으로 정상적인 노인이나 낙상 이후 사고 응급부(Accident and Emergency Departments)에 등록되어 있는 사람들의 낙상을 예방하는 것이 더 쉽다(Shaw et al., 2003). 다른 많은 위험 인자로 인해 운동이 낙상의 발생률을 감소시킬 수 없다 할지라도 시설에 있는 사람들에게 육체적 기능을 증진시킬 수 있다(Gardner et al., 2000). 동시에 직원 교육, 환경적인 안전성에 대한 주의, 약물 복용의 고찰을 포함한 다요인적 프로그램도 지지되고 있다(Oliver and Masud, 2004).

비형식적인 돌봄 네트워크와 개인적 심리 요소는 독립성을 회복하도록 고안된 치료적 중재에 어떻게 노인이 접근하고 반응하는지 결정하는 면에서 차이를 가져온다. 너필드 건강연구소(Nuffield Institute for Health)가 대퇴부 골절을 가진 100명 노인의 보호 경로를 조사한 연구에서는 노인이 건강과 자신감을 가지도록 하는 점에서 그들 자신의 동기 부여, 가족과 친구로부터의 도움이 전문가보다 좀 더 중요한 것으로 밝혀졌다. 또한 이 요인들은 퇴원 후 독립적인 삶을 유지하기 위해 중요한 것으로 인식됐다(Herbert et al., 2000).

전체적으로 지역사회에서 몇 가지의 낙상 예방 방법들을 하나의 패키지로 도입한 집단 중재는 대규모의 변화를 가졌고, 지역사회에서의 사회적·물리적 구조에 스며들면서 좀 더 지속된 효과에 도달할 수 있도록 하는 잠재적인 이점을 가지고 있다. 그들의 적용은 앞에서 언급한 다중 요인적 인과관계와 위험 요인의 공통성에 의해 제안된다. 그러나 낙상 관련 상해를 감소시키는 데 중점을 둔 최근 코크란 리뷰(McClure et al., 2005)에서는 대조 지역의 사용을 포함해 충분히 방법론적으로 정확성을 가진 연구는 다섯 개로 확인됐다. 하나의 오스트레일리아 프로그램(<글상자 13.3> 참조)을 제외하고는 모두 스칸디나비아에서 이루어졌으며 세

〈글상자 13.3〉 인구집단을 기반으로 하는 중재 프로그램

'노인 재택 프로그램(The Stay on Your Feet)'은 오스트레일리아 뉴사우스웨일스 주의 농촌 해변 지역에 살고 있는 60세 이상 노인에서 낙상 예방으로 고안된 4년 동안의 인구집단을 기반으로 하는 프로그램이었다(Kempton et al., 2000). 약 8만의 대상 집단은 지식, 태도, 행동, 약물 사용, 신발류, 집 안에 있는 위험 인자의 감소, 낙상과 관련된 다른 위험 인자를 강조하는 다면 전략 지향의 중재를 받았는데, 이는 지역사회 교육과 정책 개발 둘 다에 활용됐다. 낙상과 관련해 병원 방문을 한 결과가 전체 기간 동안 중재 프로그램에 참여하지 않겠다고 동의한 멀리 떨어져 있는 농촌 해변 지역(대상 연령의 사람은 약 6만 2천 명)의 사람들과 비교됐다. 프로그램을 대조 지역사회와 비교했을 때, 중재 지역에서 낙상과 관련된 입원이 초기 낙상 관련 상해율을 보정한 후 유의하게 20% 감소했다. 대상 집단의 약 77%는 프로그램의 기간 동안 최소 중재의 한 분야에 연관되어 있는 것으로 추정됐다. 중재 프로그램은 보건부로부터 재정을 충당 받았는데, 총 비용은 약 60만 오스트레일리아달러가 들었다.

계보건기구의 안전 지역사회 모델을 근거로 하고 있다. 모두 6~33%의 낙상 관련 상해의 유의한 감소를 보여 주었으며, 이는 효과적인 공중보건 중재를 위한 기본을 형성할 수 있음을 제안한다.

근거 기반에 대한 제한점

공통된 주제들도 근거 중심의 유용성을 제한시킨다. 지역사회 기반 중재들을 제외하고는 유럽의 중재 프로그램보다 북아메리카의 프로그램에 중점을 두고 있다(van Haastregt et al., 2000). 낙상에 대해 일치된 정의가 없고 중재의 적절한 기간에 대한 어떤 동의도 없으며, 일반적 돌봄으로써 정의될 수 있는 것이 무엇인지에 대한 변이도 상당하다. 비록 낙상 위험의 특성과 개별 중재의 강조 둘 다 집단 또는 생활 터에서 특수적이라고 할지라도 고객의 특성을 근거로 한 중재 프로그램과 구분하기는 어렵다. 전형적인 다요인 중재 내에서 개별적 인자의 잠재적인 기여

도를 분리하는 것도 또한 어려우며, 무작위 추출 방법과 자가 보고는 요양원에서의 인지적 기능 장애의 높은 발병률 때문에 문제가 되고 있다 (Oliver and Masud, 2004).

정책

성인에 대한 육체적 활동(일주일에 5회 또는 그 이상으로 최소한 중간 정도 강도로 하루에 30분 정도의 활동)에 대한 정부의 정책은 노인에게도 똑같이 적용되는 것으로 보인다(DH, 2004a). 그러나 특별히 강조할 점은 실질적으로 많은 노인이 생활하고 있는 일일 활동량과 걷기(낮거나 중간 강도의 운동은 노인 집단에서 건강의 이점을 가져오고 상해를 막는 데 필요하다), 그리고 낙상 예방에 필요한 힘과 균형성을 증진시키는 활동을 통해 유동성을 유지해야 한다는 것이다. 이미 언급한 바와 같이 심혈관 질환에 대한 국가 서비스 프레임은 2006년까지 심혈관 질환과 당뇨를 가진 환자들에게서 육체적 활동, 식이, 흡연에 대한 적절한 지침을 포함하는 일차 의료 치료 처방을 필요로 하며, 육체적 활동 플랜(Physical Activity Plan)이 「건강의 선택: 건강을 위한 보다 쉬운 선택」에 기반을 둔 지원으로 실행될 것으로 기대된다(HM Government and DH, 2004). 또한 노인을 위한 국가 서비스 프레임의 8가지 기준도 노년에서의 활동적인 삶의 증진에 중점을 두고 있다.

낙상의 특별한 예방은 10년 동안 정책적 관심이 되어 왔다. 노인을 위한 국가 서비스 프레임 내에서 '낙상에 대한 지침'(DH, 2001a)의 기원은 「국가의 건강」(DH, 1992)과 1999 백서인 「수명 연장: 우리의 더 건강한 국가를 위해」(DH, 1999a)인데 중요한 고려 사항으로서 65세 이상 노인의 집에서 당하는 사고를 언급하고 있다(Easterbrook, 2002). 국가 서비스 프레임 자체는 낙상 이후에 사고응급부에 다녀간 노인에게 추가적인 낙상의 예방을 우선순위로 두었고, 낙상에 대한 중요한 위험 인자로 인지 기능의 장애를 인식했다. 국가 서비스 프레임은 보호시설 또는 너싱홈에서의 낙상 예방 사업들에 중점을 두었다. 그러나 이들 시설이 육체적 기능의 개선과는 반대되는 낙상을 감소시키기 위한 환경이라는 점에 문제가 있다.

영향을 미치는 인자들이 건강개발기구에 의해 인식되어 왔는데, 건강개발기구는 많은 공중보건 중재에 대한 근거가 강하고 성공 가능성도 높음을 확인하면서 집, 약물, 의학, 작업적 치료 평가가 낙상으로 사고응급부에서 치료를 받은 65세 이상의 모든 환자에게 의무적이어야만 한다고 제안하고 있다. 또한 건강개발기구는 일차 관리 시스템을 통해 훈련된 직원이 시설 보호에 살고 있는 70세 이상의 모든 노인에게 집에서 할 수 있는 운동 프로그램을 정규적으로 할 수 있도록 권장하는 운동의 역할을 강조하고 있다. 그러나 현재 그런 강제적인 접근방식이 1차 또는 2차 예방이든지 간에 많이 부족한 상태이다. 최근 낙상 지침서가 만들어졌다. 이 지침서는 가정 내 위해 요소, 시력, 약물의 평가와 함께 힘과 균형성을 훈련시키는 데 중점을 두고 있는 다요인 위험 인자 평가와 다요인 중재로 보건관리 전문가에 의해 사례별 위험 확인을 권장하는 근거 중심에서 도출됐다(NICE, 2004).

금연

금연 사업과 정책은 세 개의 핵심 대상 집단(여성, 청소년, 불이익을 받고 있는 성인)과 관련 있기 때문에 제5장, 제9장, 제11장에서 이미 밝혔다. 그런데 노인은 1998년의 백서 「스모킹 킬」(DH, 1998)에서나 후속으로 나온 지침서에서 우선순위로 인식되지 못했다. 단지 경제적 불이익에 대한 중점 사항이 노인을 포함하는 것으로 기대됐고, 실천에서의 중점 사항은 빈곤 지역 또는 흡연 관련 질환이었다. 따라서 노인을 위한 특별한 서비스의 발전은 거의 이루어지지 못했고, 이에 대한 평가에서 일반적으로 젊은 사람을 제외함으로 인해 연령의 문제를 강조하지 못했다. 비슷하게 노인의 장기간 약물과 알코올 치료에 대한 조사도 적었다(Satre et al., 2004).

연구들은 비록 노인의 흡연 관련 호흡기 장애가 중요함에도 불구하고 의사가 노인에게 금연 권고를 덜 하는 것으로 서술했다(Maguire et al., 2000). 그러나 연령 관련 자료를 포함하는 잉글랜드 금연 서비스의 모니터링 자료는 4주와 1년 기간 모두에서 60세 이상 흡연자가 젊은 사람보다 금연율이 더 높음을 보여 주었다. 16~30세의 41%가 4주 금연한 것으로 나타난 반면, 노인은 65%가 금연한 것으로 보고됐다(Raw et al., 2001).

잉글랜드 흡연 치료 서비스의 평가로부터 네 개의 일반적 교훈을 확인할 수 있었는데 다른 건강 시스템에서의 서비스 발전에 유용한 정보를 주는 것으로 고려됐다. 의미적으로 보면 이 교훈을 노인 금연에 적용해야만 한다. 네 가지 교훈은, 정부로부터의 초기 지침은 서비스가 근거 중심의 치료를 따르도록 장려하고, 치료는 흡연자에게 접근 가능하도록 지역적으로 유동성을 가지며, 니코틴 중독과 행동 치료가 같이 이루어져야 하고, 일정 자금으로 직원 모집과 유지를 달성해 지속적인 서비스의 확립이 이루어져야 한다는 것 등이다(Bauld et al., 2005). 사회적 네트워크, 지지 집단, 결정을 지원하는 친밀한 가족의 중요성은 특히 고령 노인과 소외된 노인의 금연에서 중요하다고 제안하고 있다.

주거 환경

노령화와 환경적 장애의 영향은 노인이 집에서 많은 시간을 보낸다는 것을 의미하며, 독립성의 중요한 요인이거나 문제의 원인이 될 수 있다. 제12장에서 언급한 바와 같이, 많은 노인 가구가 표준 이하의 주거 환경에서 살고 있다. 만족하지 못한 삶의 환경은 집에서 사는 것에 대한 두려움 및 의구심과 함께 시설 보호 입소에 기여하는 요인들이다. 그러나 대부분의 노인은 자신의 집에 머물러 있기를 원한다. 이 부분을 지원할 수 있는 방법은 기술적인 지원으로부터 좀 더 나은 난방, 사고의 예방, 기본적인 수리와 유지에 대한 지원 등이다. 또한 집은 장기간 보호의 대안으로 확인되는 보호의 네 가지 모델에서 중점 사항이 된다. 그 네 가지 모델은 특수 보호주택,[2] 기술적인 지원, 집중적인 가정 지원, 같이 살면서 보호하는 것이다(RCLTC, 1999a). 그러나 주거 환경은 그것의 중요한 역할에도 불구하고 최근까지 지역사회에서 보호 계획, 정책, 연구에서 무시되어 왔다(Tinker, 1999).

건강 불평등 완화에 효과적인 근거와 사업

주거 환경 개조와 집 수리 제도 같은 낮은 수준의 서비스는 노인이 집에서 독립성을 유지할 수 있도록 설계되어 있다. 체계적 문헌 고찰에서는 노인에 대한 이러한 사업의 효과를 강조한 어떤 연구 근거도 발견하지 못했고, 더 값싼 다른 서비스의 요구도가 줄어든 데 대한 사업의 효과를 강조하는 연구도 없었다(Godfrey, 1999). 그러나 연구들은 주거 환경에 대한 중재가 다차원적이고, 물리적 환경을 다루며, 낮은 수준의 예방적 도

---

[2] 퇴원 후를 대비한 보호주택.

움과 개인적 보호를 제공하고, 지역사회와 비공식적인 지원 네트워크에 대한 연결망을 발전·유지한다고 제안한다(Parkinson and Pierpoint, 2000).

앵커 트러스트(Anchor Trust)는 만약 물리적 환경이 거주자 요구를 만족시키는 건물에 맞추어졌다면, 장애 수준과 의존성 사이에 상관성은 거의 없었다고 밝혔다. 이것은 변화하는 신체적 기능 능력에 대응할 수 있는 능력과 종종 사용할 수 없는 환경으로 되어 가는 부엌이나 화장실 같은 핵심 특성의 개선을 필요로 한다(Parkinson and Pierpoint, 2000). 최근 한 연구에서 잉글랜드와 웨일스에서의 전형적인 장애 특성을 다양한 보호 패키지, 개조, 비공식적인 보호의 유용성을 고려한 가정들과 결합시켰다. 이 연구는 주거 환경 개조와 기술적인 지원이 비용효과적인 방식에서 공식적인 보호를 대체하거나 보완할 수 있다는 근거를 제공했다. 대부분의 경우에서 초기 투자는 비록 좀 더 나은 개조 및 시간이 가면서 증가하는 장애로 종종 상당히 증가하지만, 이는 참여자들의 평균 기대 여명 내에서 낮은 관리 비용을 통해 보완된다(Lansley et al., 2004). 조셉 라운트리 기금으로 수행된 국가 연구에서도 비슷하게 개조에서의 증가된 투자를 관찰했는데, 주요한 개조는 개인의 삶을 전환시키는 능력을 가지게 했고, 사소한 개조는 거의 모든 수혜자에게서 긍정적이고 지속적인 결과를 나타냈다(Heywood, 2001).

도움과 개조에 대한 설치는 병원에서 나가기를 기다리는 사람에게서 특히 문제를 일으킬 수 있다. 퇴원이 지연된 사람의 약 6%는 자신의 집이 개조되기를 기다리는 사람, 집에서의 보호 패키지를 받으려고 기다리고 있는 사람이었다(DH, 2002). 인증위원회(Audit Commission)는 설비 서비스가 "많은 노인 또는 장애인의 삶의 질을 가지게 또는 못 가지게 하는 잠재성을 가진다"고 강력히 주장했다(Audit Commission 2000). 병원에서의 퇴원 제도는 주로 자발적인 영역인데, 병원에 있는 사람을 위해 특별히 빠른 수리와 개선을 제공해 그들이 따뜻하고 습하지 않고 개조된 집으로 보내질 수 있도록 하는 것이 중요하다. 좋은 사업에 대한 문헌 고찰에서는 퇴원의 지연을 감소시킬 수 있는 제도적 능력뿐 아니라 삶의 질 개선과 작업적 치료에 대한 감소된 요구에 대응하면서 독립성을 필요로 하는 실질적 개조와 수리를 확인하고 활용할 수 있는 능력을 강조하고 있다(Adams, 2001). 이러한 제도들은 병원 재입원에 대한 예방에 성공적인 것으로 간주된다(Millar, 1996).

적절한 물리적 환경은 도움과 개조에 따라 달라질 수 있을 뿐 아니라 집 자체의 구조에 따라서도 달라진다. 주택개량기관(Home Improvement Agencies: HIAs)의 후원으로 지역적 보호와 수리, '수리도우미 제도(Handyperson Scheme)'는 개조뿐 아니라 수리·개축을 제공한다. 수리도우미 제도는 집에 설비가 되어 있지 않다면 심리적 스트레스와 불편함을 야기할 수 있는 문, 지붕의 홈통, 배관, 전기적인 작업 같은 작은 수리와, 손잡이, 목욕 보조 장치, 수도꼭지, 램프 같은 사소한 개조에 대한 지원을 제공하기 위해 1980년대 후반부터 도입됐다. 1990년 중반에 63개의 수리도우미 제도에 대한 조사에서 대다수 고객은 저소득의 혼자 사는 노인 여성이었다. 비록 많은 일들이 전형적으로 150파운드 이하의 비용이 드는 사소한 일이었다 할지라도 많은 노인이 집에서 지낼 수 있게 하고 방치된 것들에 대한 개선을 제공하는 핵심 요소였다(Appleton, 1996). 그러나 요구가 공급을 넘었음에도 불구하고 여러 제도는 확보하기 어려운 주류 자금과 함께 장기적인 자금 충당 면에서 불안정하다고 보고했다.

비슷한 시나리오를 가진 좀 더 총체적인 대응은 노인 재활 프로그램(Should I Stay or Should I Go Programme)이다. 이 프로그램은 (주택개량기관 총괄 부서인) '잉글랜드 보호와 수리(Care and Repair England)'에 의해 관리되고 주택연합 자선 트러스트, 주택조합, 농촌경관국(Countryside Agency), '노인 지원(Help the Aged)'을 포함한 국가적·지역적 수준의 자금으로 이루어진 국가적 시행 프로그램이다(<글상자 13.4> 참조).

따뜻함은 적절한 집의 또 다른 절대적인 구성 요소이다. 비용 지불 가능한 난방과 개선된 온도의 효율성은 추가 사망을 막기 위한 효과적인 예방 중재이다. 이것은 특히 노인 주거지에서 어떤 중앙난방도 없거나 불만족한 비싼 난방에서 살고 있는 노인 가구에 적용된다(Wilkinson et al., 2001). 단열이 되는 집, 효과적인 안전한 히터의 제공, 필요한 보조 전력은 노인의 건강과 안녕을 증가시키는 것으로 나타났다(Thomson et al., 2001).

보호주택은 그것의 내부에서 이루어지는 보호 활동과 집의 물리적 속성을 분리하는 것이 불가능함을 잘 반영한다. 보호주택은 전통적으로

〈글상자 13.4〉 보호와 수리

'노인 재활 프로그램(Should I Stay or Should I Go)'의 목적은 주거 환경에 대한 선택 서비스의 발전을 촉진시키는 것이다. 가난하거나 적합하지 않은 주거 환경, 이사를 고려하고 있는 저소득층 노인에게 정보, 지침, 지원, 실질적인 도움을 제공하는 제도이다. 주택 개량 기관, 노령 문제 프로젝트, 주거 환경에 대한 지침 센터(Housing Advice Centres)를 포함해 여러 기관 내에 있는 주거 환경의 선택 실무자들은 개조, 수리, 재정적 충고, 낙상 예방, 안전성이 있는 보호주택으로의 이동을 포함해서 노인의 미래 주거 환경의 요구도에 대해 개개인이 결정을 할 수 있도록 도와주고, 그 결정을 수행할 수 있도록 실질적인 도움을 제공하는 것을 목표로 하고 있다. 국가적 프로그램은 더 나은 실천과 수행 가능한 서비스의 모델을 확인하는 것을 목표로 하고 있다.

지역과 집단을 포함하도록 선택된 8개의 시범 사업 평가에서 사업들이 주로 평균 76세의 노인들, 개인적·정보적 접근방식으로 평가된 복합적인 건강 요구를 가진 연약한 집단을 대상으로 하고 있다는 것을 발견했다. 거의 반 정도가 혼자 살고 있고, 1/5 이상이 비공식적인 보호자를 가지고 있지 않았다. 주거 환경의 선택 실무자는 주거 환경과 사회 보호 정책(숙박 시설에 대한 좀 더 큰 선택 또는 지역사회 보호 자금의 유용성에 대한 요구)에 영향을 줄 수 있는 그들의 능력 또는 집에서의 보호 또는 주거 환경의 개조에 대한 요구를 포함하는 의뢰에 대한 다른 제공자들의 대응에 의해 제한되어 있다. 시범 사업에서는 한 실무자가 일 년에 100명의 노인에게 도움을 줄 수 있다고 제안했다(Mountain and Buri, 2005).

임대로 제공됐고, 노인을 위해 접근 용이하고, 사생활이 보장되고, 쉽게 유지되는 숙박 시설을 제공하기 위해 설계됐다. 또한 그것에는 건강과 사회 서비스의 지원이 제공된다. 특수 보호주택은 전형적으로 세탁실, 음식 조리실, 24시간 경비 서비스 같은 부가적인 공동의 시설을 제공한다. 표준 보호주택 제도는 종종 임대가 되지 않는 주거의 초기 단계에 쇼핑과 청소를 제공하기도 했다. 한 가지 중요한 문제는 고객의 특성들을 빠르게 변화하는 지원에 대한 요구도와 연결시키는 것이다(<글상자 13.5> 참조). 또 다른 문제는 유용성이다. 보호주택 지역의 약 3.5%만 특수 보호주택 범주에 속한다. 또한 자원의 비용 면에서는 집에서 머무는 것보다 좀 더 비싸다.

<글상자 13.5> 보호주택

루이섬(Lewisham)에 있는 소머빌의 특수 보호주택 제도는 지역사회에 살고 있는 사람을 위해 사회 보호의 범위를 확장하는 것을 목표로 했다. 24시간 감독과 개인 중심의 보호가 26개 플랫(flat)에 제공되며 주로 여성 대상자로 이루어져 있다. 평가에서 제기된 문제들은 가장 적절하고 비용효과적인 사람들, 따라서 총 평가에 대한 요구가 있는 사람들을 그 제도의 대상으로 삼는 어려움과 부가적인 보호제도에 있는 사람들보다 가정도우미 서비스를 통해서 좀 더 보호(관리)를 받고 있는 일반 보호주택에 있는 거주자를 대상으로 한 제도의 목적에 대한 혼란이다. 그럼에도 불구하고 거주자들은 일반적으로 제공된 패키지에 대해 행복해 했고, 1/3은 개선을 보였다(Tinker et al., 1999: 186; Seymour, 1997).

울버햄프턴(Wolverhampton)에서 비슷한 제도는 거주자 삶의 질이 보호시설에 있는 사람들보다 더 높고, 사회 서비스에 대한 순수한 비용은 보호시설 또는 지역사회에 있는 큰 보호 패키지의 약 반 정도가 되는 것을 발견했다. 제공자들은 거주자들이 이 제도가 아니라면 계속해서 받아 왔을 수 있는 보호와 비교했을 때, 이 제도의 첫 2년 동안 보호시설로 이동한 사람은 아무도 없었고, 36명의 거주자에 대해 12만 3,000파운드의 상당한 절약을 추정했다. 지역사회에서 거주자와 그들의 동료들 간에는 신체적 기능에서 거의 차이가 없었다. 거주자는 전형적으로 좀 더 긍정적인 건강 평가를 보고했으나 사회적 활동은 조금 덜 수행했다(Tinker et al., 1999).

앵커 주거 환경(Anchor Housing) 같은 주요한 주거 환경 제공자들은 현재 기존의 중간 단계 보호 제도와 새로운 보호주택 프로젝트를 개발하고 있다(Wistow et al., 2002). 그리고 보호주택은 병원에서의 퇴원 제도와 연결시켜 퇴원이 집 개조와 수리로 인해 연기되지 않도록 한다(Adams, 2001). 지원된 주거 환경은 지역 쇄신 의제(재활에 대한 의제)와 연결되어 구직의 기회를 증가시키고 지역사회의 관용 문화를 증진하며 차별과 소외를 없애는 부가적인 효과를 제공할 것이다. 이로 인해 특별히 사회적 활동, 모임, 식사, 기타 공동 시설을 사용하기 위해 제도에 들어온 사람과, 집안에서의 도움(청소, 세탁, 개인적 보호) 같은 보다 광범위한 서비스가 그 지역에 있는 취약한 사람에게 이루어질 수 있는 것이다. 이러한 보다 광범위한 경비 서비스는 주거 환경 관리 협약의 부분으로 자금이 충당될 수 있고, 만약 경비 서비스가 거주 기간 동안 효과적으로 보호주택으로 되게 하는 특성을 가지고 임대와 거주의 조건의 일부가 된다면 이는 주택 급여(Housing Benefit)에 적합할 것이다(Parkinson and Pierpoint, 2000).

정책

2000년 「지방정부법(Local Government Act)」은 운송수단, 노인의 독립성, 좀 더 나은 삶의 질을 증가시킬 가능성을 가지도록 지원된 주거 환경과 같은 요인들을 포함해 지역사회의 경제적·환경적·사회적 안녕을 증진시키기 위한 지방 당국의 의무를 제시하고 있다. 동시에 그들의 역할은 지역에서 일하는 전체 기관들 사이에서 서비스를 가능하게 하고 촉진시키는 방향으로 서비스의 직접적인 제공과는 다른 방향으로 변화했다(Lewis e t al, 1999). 이것은 국가 서비스 프레임의 수행을 감독함으로써 조직의 경계 범위에 영향을 미치는 정책에 프레임을 제공하는 지방 전략적 파트너십을 발전시키고 건강에 대한 총체적인 접근을 증진시키는 역할로 반영됐다(Audit Commission 2002a). 지방 의회에 대한 수행 평가 프레임과 국영 의료 서비스에 대한 공중보건 목표는 노인의 안녕, 독립성, 건강 증진이 잘 협력된 접근을 위한 부가적인 영역과 건강 불평등과 공중보건을 지역사회의 계획으로 가지고 오는 기회를 제공한다(DH, 2004c).

서비스 강화를 위해 지역사회에서 이루어진 이러한 방법과 인센티브들은 약한 것으로 비판받아 왔으나(ADSS et al., 2004), 총체적인 접근이 계속적으로 이루어지고 있으며 현재 노인을 위한 주거 환경에 특별히 연관되어 있는 지침서에도 제시되어 있다. 「양질과 선택의 목적, 노인의 주거 환경을 위한 전략적 프레임」(DETR·DH, 2001)과 그것의 뒤따른 문서들은(ODPM, 2003) 지방 정부에서의 주거 환경, 사회 보호와 건강 의제의 중요성 인식을 일으키는 것이었다. 모든 관련된 전략은 일치적인 방법(이전에는 많이 무시됐던 영역이다)으로 주거 환경 요인들을 포함하고 있을 뿐 아니라 노인을 포함하며 전략적 계획 및 사고와 관련 있다. 이것은 '지역과 지역 안전 전략(Community and Community Safety Strategies)', '최상 가치의 리뷰(Best Value Reviews)', '보호와 지원 서비스 플랜(Care and Support Service Plan)', '지역 교통 플랜(Local Transport Plans: LTPs)으로 확장된다. 다섯 가지 핵심 요소는 새로운 정책 및 서비스 발전으로 구현됐으며, 기술된 중재들을 행하는 모든 지역들에서 확인됐다. 다섯 가지 핵심 요소는 독립성(다양성과 선택)을 증진시키는 서비스, 정보와 지침의 유용성, 지역사회 설비 서비스처럼 요구 변화에 만족시킬 수 있는 개선된 유연성, 따뜻하고 안전하고 안정성이 있는 질 높은 주거 환경, 그리고 합동 작업이다. 이것의 목적은 집에서 독립성을 유지시키고 활동을 지원하며 숙박 시설에 대한 정보를 갖고 선택할 수 있도록 하는 것이다.

보건부에 있는 '건강사회보호변화관리팀(Health and Social Care Change Agent Team)'에 의해 조직된 세 개의 '학습과 개선 네트워크' 중 하나는 주거 환경에 대해 특별히 중점(나머지 두 개는 중간 단계 보호와 퇴원의 경로를 강조)을 두고 있다(DH, 2004b). 네트워크의 역할은 보호주택과 보호 및 거주를 제공하는 보호시설 사이에 있는 특수 보호주택 모델 같은 거주시설을 1,500개까지 새롭게 추가적으로 개발하기 위한 보건부 자금(2004~2006년간 8,700만 파운드)의 경비를 장려하고 지원하는 것이다. 또한 몇 개의 일차 의료 트러스트는 주택 개량 기관의 잠재적인 역할에 적극적인 관심을 가지기 시작했고, 특별히 낙상에 대한 국가 서비스 프레임의 표준 여섯 항목을 강조하는 연합 사업을 위해 자금을 모으기 시작했다(Easterbrook, 2002). 주거 환경에 대해 지방 당국은 병원 퇴원과 사고 예방 서비스를 포함하는 새 민간 부문의 부흥 정책을 계획할 때 건강과 사회 보호 파트너와 함께 일하도록 장려하고 있다(ODPM, 2003).

예방적인 건강, 사회 보호 의제에 대한 적은 투자로 인한 염려들이 오랫동안 제기되어 왔고 중간 단계 보호와 일차 예방 사이의 관계에 대한 의문이 계속 있는 가운데 독립성을 증진시키는 데 주거 환경이 오랫동안 무시되어 왔음을 강조하는 실질적인 노력이 시작되고 있다. 예를 들어, 2000년에는 주택 연합과 앵커 트러스트에 의해 이루어진 사례 연구에서 주거 환경의 예방적인 역할과 영역이 국가에서의 불평등한 분포에 의해 제한되어 왔으며, 이로 인해 많은 노인이 도움을 이용하지 못하고 있고 보유하는 것과는 상관없이 개조하거나 자금을 충당하는 데 계속 어려움을 가진다고 보고했다(Parkinson and Pierpoint, 2000). 그러나 개조와 지역사회의 경고를 포함해 주거 환경에서의 예방 서비스에 대한 자금은 '지원된 거주의 미래 기금(Future Funding of Supported Accommodation)'에서의 정부의 부서 간 고찰의 일부분으로 검토됐다. 이에 따라 2003년부터 지원 서비스에 대한 자금은 주택 급여와 지방 당국의 주택 재원금(Housing Revenue Account)에서 배제됐고, 대신 건강과 사회 보호 부문을 포함하는 지방 파트너와 연관해 연합 계획 메커니즘에 의해 결정되고 지역적으로 관리되는 지원 기금에서 자금이 충당되고 있다. 그러나 그 자금은 현금이 제한적이어서 비용효과와 서비스에서의 예방적 접근의 이점을 보여 줄 수 있는 수행 평가를 필요로 한다. 특별히 자가 거주자에 대한 기금은 2003년 7월에 중단됐고, 법정 장애 기금(Disabled Facilities Grants)과 함께 지방 당국이 수리를 돕도록 하는 일반적 재량권으로 교체됐다. '평생 주택 표준(Lifetime Home Standard)'을 2007년까지 새로 짓고 개선하는 것으로 통합하려는 의도는 개선에 대한 요구를 점점 감소시키는 것이다(HM Government, 2005).

연료와 관련된 빈곤 문제는 점점 총체적으로 기본 요인으로 다루어지고 있다는 근거가 존재한다. 제11장에서 언급했듯이, 정부의 목적은 2010년까지 노인을 포함해 취약 가구에서 연료와 관련된 빈곤을 근절하는 것이다. 이것에 대한 핵심은 웜 프론트 제도이다. 이 제도는 2000년에 수립됐고, 에너지 지침과 함께 민간 부문의 중앙난방과 단열재 같은 에너지 효율 측정 장치에 대한 기금을 제공한다. 이 제도는 연료와 관련된 빈곤층이 대상으로 충분히 고려되지 않은 점, 그리고 많은 취약 가구 특히 노인이 보장 급여(소득 지원, 주택 급여, 시 세금 급여)를 요구하지 않았다고 대상에서 제외한 점에서 비난을 받았다. 따라서 웜 프론트 제도에 '급여 자격 검사'가 적합한 자격 기준을 넓히기 위해 부가됐고, 2005년 향후 7년간의 사업 시행이 확대됐다(DEFRA, 2004). 웜 프론트 제도의 또 다른 단점은 어렵고 취급하기 힘든 특성 — 예를 들어, 많은 연료 빈곤 가구의 특색이라 할 수 있는 가스 미공급, 단단한 벽 등 — 이 있고 도시 지역에 집중되어 있다는 것이다. 1997년 60세 이상 가구주에게 일반적인 혜택으로 도입됐던 겨울의 연료비용 지불(Winter Fuel Payment)은 연료 빈곤 가구 노인의 특별한 요구를 다루지 못한다는 점에서 비슷하게 비판을 받았다(Phllipson and Scharf, 2004). 이와 대조적으로 '추운 날씨에 대비한 지불(Cold Weather Payments)'은 연금 대출을 포함해 자산 조사를 근거로 한 급여를 받는 저소득층의 난방비를 대상 목표로 삼고 있다.

사회 지원과 개인 보호

집은 낮은 수준에서 그리고 장기간 보호에 대한 대안으로서 사회 지원과 개인 보호의 초점이 된다. 그러나 사회 보호 관점에서 예방적 전략의 효과와 결과에 대한 근거는 부족하다(Godfrey, 1999). 실질적으로 많은 연구들이 의학적 모델은 사회 보호 영역으로 전가될 수 없고 사회 보호의 개인적 특성은 근거 기반의 구성에 반해 영향을 미친다고 주장했다(Baldock, 1997: 82). 추가적인 혼란 요인은 흔히 노인뿐 아니라 장애인, 중재가 진행되면서 노령화되어 가는 사람에게 중점을 두고 있다. 따라서 실질적인 물리적 개선이나 상황의 잠재적인 변화는 희박하다(Bours et al., 1998: 1084).

건강 불평등 완화에 효과적인 근거와 사업

가정 방문은 낮은 수준의 지원을 제공하고, 만족하지 못하는 많은 의학적·사회적 요구를 확인할 수 있게 하고, 더 많은 보건과 사회 보호 시스템의 이용을 중재한다. 건강 방문자에 의해 전형적으로 수행되는 기능들(감시체계, 지원, 건강 증진, 불건강의 예방)에 초점을 맞추고 있는 가정 방문 프로그램의 체계적 문헌 고찰과 메타 분석에서는 프로그램이 노인과 취약한 사람의 사망률 및 집중적인 보호를 위한 입원을 유의하게 감소시킬 수 있었고, 장기간 시설 보호의 입원 위험도 감소시킬 수 있음을 밝혔다(Egger, 2001). 그러나 조사된 다방면의 프로그램들은 그 과정에서의 통찰을 거의 제공하지 못했고, 따라서 중재의 요소가 실질적으로 효과적이었는지 그리고 집단이 대부분 혜택을 받을 수 있는지에 대해서는 거의 확인되지 않았다. 한 가지 가능한 핵심 요소는 다양한 기관들에 의뢰되고 있는 성공적인 가정 방문 프로그램이 가지는 폭넓은 대응이었다(Elkan et al., 2001). 또한 연구들은 가정 방문이 기본적으로 낮은 위험에 있는 사람에게 대부분 혜택을 제공할 수 있음을 보여 주었다.

좀 더 집중적인 집 지원은 정보(의뢰 기관), 평가, 보호의 관리와 협력, 핵심 서비스 요인에 의존적이다. 집 지원은 그것 자체가 서비스의 패키지가 아니라 보호시설의 입원율, 특히 병원 입원율과 육체적·인지적 기능 손상을 감소시키는 통합된 건강과 사회 보호 관리를 통한 조정일 수 있다(RCLTC, 1999a: 44)고 문헌 고찰에서 제안한다(<글상자 13.6>과 <글상자 13.10> 참조).

연구들은 노인의 삶의 질을 증가시키고 독립성을 유지하도록 돕는 집안일 및 세탁 같은 낮은 수준의 서비스 역할의 중요성을 강조했다(Clark et al., 1998). 가정 보호자는 육체적 지원뿐 아니라 감정적 지원을 흔히 제공하며 집의 외양은 안녕과 사회 참여에 긍정적인 영향을 미칠 수 있다고 제안한다. 그러나 지역사회 보호 의제에도 불구하고 집에서의 보호 서비스는 대부분 사회 서비스로부터 지원이 가장 필요한 사람에게 개인 보호가 중점적으로 이루어졌기 때문에 1980년대 이후로 많이 없어졌다. 이러한 제한적인 배경에서 1996년 「지역사회 보호법(Community Care Direct Payment Act)」은 노인이 직접 자신의 보호를 위해 수당을 받도록 함으로써 그리고 스스로 개인적인 도우미를 고용하도록 함으로써 자원의 배치에 유연성을 증가시키려고 시도했다.

1998·1999년 잉글랜드에 있는 보건 당국과 지방 당국에서 한 조사가 이루어졌는데, 그 목적은 예방적인 전략의 발전을 평가하는 것이었다. 이는 집 내부와 외부 둘 다의 중재를 포함하는 것이었고, 개인·사회적 보호를 제공하는 것뿐 아니라 실용적·물리적 지원을 제공하는 중재들이었다(Lewis et al., 1999). 과정은 기관 공동의 목표 설정, 노인의 리더십, 구체적인 예산과 직원, 통합된 목적 내에서의 협동, 노인의 참여, 지속성에 대한 협약, 지역사회 발전의 접근법 사용, 그리고 직원들이 유연하고

〈글상자 13.6〉 사회 보호를 위한 직접 수당(Direct Payment)

잉글랜드에 있는 세 개의 지방 당국에서의 연구들은 사회 보호를 위해 사용되는 직접적인 수당을 받는 노인은 전보다 더 행복감을 느끼고 좀 더 의욕이 있으며 삶의 질이 개선됐음을 보고했다. 사회적·감정적·신체적 건강에 대한 긍정적인 영향이 있었고, 이것은 문화적으로 친숙한 동일한 언어를 사용하는 개인 도우미를 고용하는 것 등을 포함해 지원 조정에 대해 더 큰 선택의 폭, 연속성, 조정에 기인된 것이었다(Joseph Rowntree Foundation, 2004). 노인은 서비스를 받는 때를 조정하고, 자신이 가장 중요하다고 여기는 요구를 만족시키는 서비스를 사용할 수 있었다 (Joseph Rowntree Foundation. 2001).

달링턴(Darlington)에서의 국영 의료 서비스와 함께 켄트(Kent), 게이트헤드 (Gateshead), 루이셤에서의 사회 서비스 부에 의해 제안됐던 대안 모델은 요양 시설에서 보호받을 수 있는 높은 위험을 가진 의존성이 높은 노인이 지역사회에서 살 수 있도록 직접적인 책임을 갖는 실무자에게 예산을 맡겼을 때의 영향을 조사했다. 예산은 보호시설에서 보호하는 비용의 2/3로 제한됐다. 평가 결과로는 삶의 질, 우울증, 불만족, 대처하는 능력, 사기, 사회적 활동, 주요한 작업을 할 수 있는 능력, 주요한 서비스에 대한 요구의 감소에서 중재군과 대조군 사이에 유의한 차이를 보였다. 이러한 보호 관리 접근이 관례적으로 이루어진 두 개의 대조 지역에서 평가됐을 때 비슷한 긍정적인 결과들이 나타났다(Tinker et al., 1999).

책임감 있게 상대적으로 독립적으로 일할 수 있도록 하는 것 등을 포함해 일반적 특성의 많은 부분과 연관되어 있다고 제시했다. 그러나 주요한 장애들은 주류 자금, 노인 차별주의 태도, 전문가와 일반 대중과 노인 스스로가 가지고 있는 낮은 기대치라기보다는 지폐나 단기간에 쓸 수 있는 돈에 대한 의존성이었다.

특히 한 명의 보호자가 있는 집에서의 가족 보호는 노인에게 가장 중요한 지원이다. 같이 사는 보호자의 반 이상은 배우자, 즉 대부분이 당연히 노인이다. 그들은 다른 가구에 살고 있는 보호자보다 건강과 사회 서비스를 덜 받는 것 같고 다른 보호자보다 더 가중한 보호의 부담을 갖고 있으며, 더 높은 스트레스 수준과 관련된 질환을 갖고 있고, 보호하는 것으로부터의 상해에 직면해 있다. 어떠한 개인 보호의 효과 또는 휴식 보호와 같이 그것을 지원하는 전략에 대한 체계적인 연구가 매우 빈약하며(Cotterill et al., 1997) 단지 휴식 보호, 주간 보호, 정보, 훈련이 일반적으로 단기적 지원이라는 것을 아는 정도이다(Katbamna et al., 1998; Jewson et al., 2003).

마지막으로 잘 알려진 사회적 상호 작용의 중요성에도 불구하고 친구가 되는 것, 집단의 지지, 집 공유 같은 활동에서 초래되는 잠재적인 건강 이점에 대한 연구는 거의 없다. 고드프레이는 사용자 경험과 만족 면에서 긍정적인 결과를 보이며 사회적 고립의 감소에 중점을 둔 9개의 연구를 조사했으나, 한 개만이 중재의 결과로 자가 보고 건강 상태의 유의한 개선을 보였다(Godfrey, 1999). 4개의 추가적인 연구에서는 자가 도움 또는 상호 지원 집단을 따로 비교할 수 없었으나, 긍정적인 결과가 두 집단, 즉 사별한 집단과 전화 상담으로 지지 받은 집단에서만 보였다. 즉, 대부분 소외되고 최근 시력 손실·감퇴로 큰 스트레스를 갖고 있는 사람들 사이에서 정신 건강에 대한 유의한 영향을 가지는 것으로 나타났다.

정책

1997년 이후 정부는 서비스 사용자의 요구를 반복적으로 강조하면서, 공공 서비스에서 좀 더 가깝게 이루어지는 조직과 정부 부서에 대한 필요성을 강조했다. 그것은 건강과 사회 서비스 내에서 전체적인 시스템 접근에 대한 증가된 강조와 사용자의 독립성을 최대화할 수 있도록 도와주는 서비스로 재설계할 요구에 의한 것이었다. 예를 들어, '취약한 사람을 위한 더 나은 서비스(Better Services for Vulnerable People)'(DH, 1997)와 인증위원회 보고서인 「다가오는 노령(The Coming of Age)」(Audit Commission, 1997)은 둘 다 노인을 위한 전체적인 보호라는 점에서 건강과 사회 보호 기관의 독립성을 인지하는 중요성을 강조했다. 노인을 위한 통합된 서비스의 요구는 2001년 노동당 성명 공약이 됐는데, 노인의 건강, 거주, 급여, 사회 보호의 더 나은 통합을 제공하기 위해 '케어 다이렉트(Care Direct)'를 세운다는 목표를 선언했다. 이것은 현재 연령 연계 프로그램으로 노동연금부에 의해서 진행되고 있는데, 지역사회 지원과 함께 사용자 중심의 정보와 지침을 제공하는 것을 목표로 사회 서비스로부터 지원을 필요로 하는 모든 노인을 대상으로 이루어진다(DWP, 2004). 또한 통합된 가정 방문 서비스(전체적인 보호, 급여, 난방, 집 관리 제공)의 개발도 목표로 하고 있다.

많은 다른 사업들이 같은 방향으로 정책을 움직이려는 의도가 있다. '노인을 위한 더 나은 정부'는 서비스 이용의 간편화, 기관들 간의 개선된 연계, 권리에 대한 명확하고 접근 용이한 정보, 노인의 요구에 보다 부응하고 그들의 견해를 들으며 그들의 기여를 격려하고 인지함으로써 노인을 위한 공공 서비스를 향상시키는 것을 목표로 한다. 28개의 시범 사업 프로젝트의 평가에서는 사업이 시민 중심의 거버넌스가 실천으로 이어지도록, 그리고 지역의 조직과 능력을 발전시킬 수 있도록 돕고 있다고 제시했다(Haydon and Boaz, 2000). 게다가 독립성, 능동적인 노년기를 증가시키기 위한 예방적 접근의 이점을 지적했다. 그러나 보다 능동적인 시민의식을 위한 주민의 요구를 실질적으로 고려할 수 있는 충분한 지방의 자치권이나 능력의 존재에 관해 의문이 남아 있다(Martin and Boaz, 2000). 일차 의료 트러스트의 발전은 특히 사회 서비스 부서와 연계되어 있는데, 기관의 경계 사이에서 지역적으로 통합된 보호와 재설계된 서비스를 이행하기 위한 영역을 제공하고 있다. 예를 들어, 건강 개선 프로그램을 발전시키기 위한 필수 사항은 건강에 대한 다양한 요인의 영향을 고려하기 위해 보건과 지방 당국이 서로 연합해 일하는 것이다. 이에 대해서는 이미 「지방정부법」에 의해 그 역할이 정해졌고, 중간 단계 보호의 발전은 이후 좀 더 자세히 토의할 것이다.

그러나 실천적으로 건강과 사회 보호를 통합하고 낮은 수준의 요구를 강조하는 예방적 의제를 만들어야 하는 과제가 남아 있다(Lewis, 2001). 사회 보호는 복지 국가 내에서 여분의 서비스로 계속 이어져 왔고, 1990년 국영 의료 서비스와 「지역사회 보호법」에서 충족시키기로 약속한 요구도는 서비스 수행에서 주요한 원칙은 아니었다. 실제로 자원들은 가장 의존성이 높은 사람을 중점으로 점진적으로 이루어졌기 때문에 사회 서비스로부터 집에서의 보호를 받고 있는 많은 가구들은 1999년부터 2002년까지 18%가 감소했다(ADSS et al., 2004). 따라서 저소득 집단의 만족되지 못한 요구와 가정 보호 비용은 중요한 문제였고(Deeming and Keen, 2002), 가족은 주요한 제공자로 계속 남게 됐다(Lewis, 1999). 킹스 기금(King's Fund)은 잉글랜드에 있는 노인의 사회 보호에 대한 장기간 수요와 공급의 조사를 완리스 사회 보호 리뷰(Wanless Social Care Review)에 위탁했다. 보고서는 2006년 봄까지 제출하도록 되어 있다(King's Fund, 2005).

1998년의 백서 「사회 서비스의 현대화(Modernising Social Services)」(Secretary of State for Health, 1998)는 독립성을 증진시키도록 설계된 사업들을 소개했다. 이것은 독립성 증진을 위한 파트너십과 예방 기금을 포함했고, 상대적으로 적은 돈(1997년 6억 5,000만 파운드와 이후 3년 동안 1억 파운드)에도 불구하고 초기 중재에 대한 주요 자금으로 명백하게 이동하고 있는 점에서 환영받았다(Lewis et al., 1999: 53). 그러나 낮은 수준의 요구를 가진 대상 집단을 일주일에 10시간 이하로 가정 보호를 받거나 일주일에 6번 이하 방문을 받는 사람으로 정의하는 것은 일차 예방보다는 2차 예방에 실질적인 초점이 맞추어져 있음을 보여 주었다(Wistow et al., 2002). 이것은 뒤따른 연구에 의해서도 제기됐는데, 낮은 수준의 예방과 지원 서비스를 발전시키기 위한 투자에 관한 근거를 거의 발견하지 못했으며, 이에 대한 전략도 거의 없었다(Phillipson and Scharf, 2004: 59). 이런 경향은 최근 「사회 보호 녹서(Social Care Green Paper)」에도 나타난다. 이것은 예방적 의제의 중요성과 좀 더 개인에 중점을 둔 사회 보호 제공의 중요성을 강조하고 있고, 예방과 통합된 건강과 사회 보호의 제공을 강조하기 위해 파트너십 프로젝트에 대한 예산(2006~2008년간 6,000만 파운드)을 포함하도록 하고 있다. 또한 이것이 현존하는 자금으로부터 만족되어야만 할 것을 강조하고 있다(DH, 2001a).

1995년 「보호자 법(Carers Recognition and Service Act)」은 보호자들이 보호 관계를 유지하는 점에서 자신의 요구 평가를 위해 사회 서비스를 요청하도록 하는 영역을 제공했지만, 잘 수행되지 못했다. 「사회 서비스의 현대화」는 국가적 차원의 보호자 지원 패키지와 비공식적인 보호자를 가지는 사람들에 대한 서비스의 증가를 위한 제안서들을 소개하면서 이러한 의제가 되돌아왔다. 보호자를 위한 국가 전략(DH, 1999b)은 보호자의 짧은 휴가를 촉진시키기 위해 '보호자의 특별 기금(Carer's Special Grant)'의 확립(1999~2001년간 1억 4,000만 파운드의 예산)을 포함해 정보제공, 보호자 스스로를 위한 지원과 보호를 목표로 두었다. 그러나 이것 또한 지방 당국에 의해 완전히 받아들여지지 않았다는 근거들이 제기됐다(Jewson et al., 2003). 1996년 「지역사회 보호법(Community Care Direct Payments Act)」은 2000년 2월에 노인까지 확대됐고, 정부는 자격이 되는 모든 사람에게 직접 수당을 제공하도록 잉글랜드에 있는 지방 당국에 의무를 두었다. 노인에 의한 사용은 천천히 이루어졌으나, 정부는 직접 수당을 사용하고 있는 노인이 증가하도록 노력했다(DH, 2005b).

지역사회에 대한 인식과 이동성

노인은 자신이 인접하고 있는 지역에 특별히 의존적이며 지역사회의 정체성에 대해 높은 민감성을 가지기 때문에 흔히 한 지역에 장기간 거주하게 된다(SEU, 2004a). 따라서 노인은 특히 경제적 쇠락의 과정과 지역 수준에서의 높은 인구 교체율에 영향을 받기 쉽다. 예를 들어 최근 지역사회 쇄신에 대한 노인의 견해를 모으기 위해 '노령 문제 인증위원회'에 의해 한 연구가 수행됐는데, 그 결과 교통, 지역사회의 안전성, 주거 환경의 수리 등의 중요성이 강조됐다. 많은 운동들이 지역 사랑과 지역사회 정신의 중요성을 확인하고 이를 조장하고 유지하는 데 중요한 역할을 하는 것으로 보였다(Audit Commission, 2002a). 이러한 요인들은 보호 서비스의 유용성과 질보다는 삶의 질에 좀 더 중요한 것으로 간주되는 경향이 있는데, 연구들은 그런 지역적 인지가 노인에서 건강과 육체적 활동의 다양한 측정과 연관성이 있을 것이라고 제시한다(Stuck et al., 1999; Pollack and von dem Knesebeck, 2004).

건강 불평등 완화에 효과적인 근거와 사업

최근 연구들은 가장 빈곤한 도시 지역에 사는 노인이 소외에 대한 다중적 위험, 빈곤, 사회적 고립, 범죄, 즐거움의 부족, 적대적 환경에 놓여 있다고 제시한다. 이런 위험은 영국 어느 지역에서 나타나고 있는 것보다 더 유의하게 높고, 연령, 성별, 민족으로 구조화되어 있다. 노인 여성은 남성보다 더 다중적으로 빈곤한 것으로 나타나며, 노인 연금 수령자 특히 소말리아와 파키스탄계 노인 집단에서 집중적으로 높은 빈곤을 보이며, 젊은 연금 수령자보다 더 빈곤한 것으로 나타났다(Scharf et al., 2002).

배제를 감소시키기 위한 많은 측정 방법들은 제11장에서 이미 설명됐다. 특별히 소득은 중요한 요인인데, 최저소득보장제도(Minimum Income Guarantee: MIG)는 요구도가 있는 많은 사람에게 미치는 못하고 있고 (NAO, 2002), 2002·2003년 노인에 의해 청구되지 못한 채 남아 있는 급여-주택 급여, 지방 의회 세금 급여, 장애와 관련된 급여-는 17억~29억 파운드 정도이며(SEU, 2005), 노인들의 사회 기금 신청은 현저히 감소하였다(Kempson et al., 2002). '복지 상담(welfare advice)'은 제11장에서 언급한 바와 같이, 노인 연령 집단에서 23개의 다른 급여를 확인하는 국가 인증 사무소(National Audit Office)에서 확인됐고, '노인을 위한 더 나은 정부'하에 있는 급여 기관에 의한 시범 연구에서는 노인들을 위한 원스톱 사무소 같은 다양한 모델, 가정 방문과 농촌 지역에서 지원자의 자치구 네트워크를 포함한 보다 넓은 지역으로의 서비스, 전화 전용 도우미는 급여 사용의 증가뿐 아니라 광범위한 지역에서의 요구를 만족시키는 잠재성을 가지고 있음을 발견했다(Sippings, 2000; Chang et al., 2001). 그러나 많은 연구들은 지속적으로 낮은 사용 수준이 작업장에서의 예방적인 방법들, 보험과 재산 양도에 대한 개선된 선택 사항, 연금자를 위한 더 높은 소득으로 초점을 이동해야만 한다는 것을 의미한다고 제안한다(ADSS et al., 2004; Joseph Rowntee Foundation Task Group, 2004; Phillipson and Scharf, 2004).

다른 해결책은 지역의 물리적 특성(거리 조명, 관리, 쓰레기와 낙서의 감소)과 지역 또는 거리 관리 같은 눈에 보이는 사회 통제를 포함한다. 비록 범죄 자체의 발생률에서는 미약하게 영향을 미친다고 할지라도 범죄의 두려움에 대한 감소, 지방 지역과 지역사회에 대한 만족도를 위한 사업들이 있다(Pain, 2000). 주택 개량 기관의 업무는 부분적으로 집에서의 안정성과 신뢰도를 증가시키는 것이다. 연구들은 정책 결정 과정이 명백하게 노인을 중점으로 이루어져야 하고, 전체적인 개선 과정에 그들을 적극적으로 참여시켜야 할 것을 확인했다. 예를 들면, 플리머스(Plymouth)에서 시행된 '보다 안전한 도시 프로그램(Safer Cities Programme)'의 부분인 안전한 주택사업(Homesafe Initiative)은 노인 집에 추가적인 안정성 장치는 (지방 단위에서 주거침입에 대한 명백한 감소와 함께) 거주자를 더 안전하고 안정적으로 만들며 그들이 이동할 수 있는 가능성을 감소시켰다는 것을 발견했다(<글상자 13.7> 참조). 그러나 노인은 집 밖의 공공장소에서 여전히 두려움을 느낀다(Mawby, 1999).

이동에 대한 능력은 지방 지역사회에 참여, 여가시간을 이용한 활동 참여, 독립성(가게에 갈 수 있는 능력), 운동, 사회적 상호 작용, 서비스 이용을 포함해 노인을 위한 중요한 많은 기능들을 제공한다. 반대로 이동성 부족은 낮은 도덕성, 우울, 외로움을 불러올 수 있다(Atkins, 2001). 노령화는 흔히 운전 능력의 감소, 운전면허증을 가지고 있는 배우자의 부재, 재정적 어려움으로 인해 이동에서 다른 사람들에게 더 많이 의존하도록 이끈다. 따라서 공공 교통수단은 고립을 막는 데 중요한 역할을

<글상자 13.7> 쇄신과 건강

켄싱턴(Kensington)과 첼시(Chelsea)의 런던 자치구 내에 있는 골본 단일 쇄신 예산(Golborne Single Regeneration Budget) 파트너십은 노인의 건강과 독립성을 개선시키는 것을 목적으로 하고 있는 지방 자선 단체인 식스티 플러스(Sixty Plus)에 의한 많은 프로젝트에 기금을 제공한다. 이들 중 하나인 정원 관리자(Garden Guardians)는 가정의 안정성을 개선시키고 특별히 소수 민족 노인의 소외를 감소시키기 위한 방법들을 제공한다. 주로 젊은 지원자로 구성된 팀은 가식적인 무시의 태도를 가지고 가정을 방문하고 있는 방문자를 그만두게 하는 것을 두 번째 목적으로 하고 노인이 그의 정원을 단정하게 유지하도록 도와주고 있다. 프로젝트는 또한 가구 안보(household security)를 증가시키고 문이나 담장을 수리한다(프로젝트 실무자는 매일 노인 거주자와 연락하는 과정에서 사소한 수리를 할 수 있고 집 안전과 안정 장치를 설치할 수 있는 기술자이다). 또한 지역에 버려진 땅을 깨끗하게 정리한 후 정원을 가지고 있지 않는 노인에게 건강한 정원 활동의 기회를 제공한다.

확인된 효과는 정원에 대한 즐거움의 증가, 세대 간의 연락, 범죄의 두려움 감소, 증가된 서비스의 인식 증가(사업 실무자와 고객 모두 비슷하게)를 포함한다. 정원 관리자들은 또한 프로젝트 고객에게 연기에 대한 알람을 제공하는 화재 서비스, 집에서의 안전성 점검 같은 일과 연결되어 있으며 프로젝트는 골본에 있는 '현명한 건강(Health Wise)'과 공동으로 건강한 식사 정보 영역을 같이 진행하고 있다 (www.renewal.net/documents/RNET/case%20study/Sixtyplus.doc).

할 수 있다. 그러나 낮은 접근성, 이동 정보의 부족, 높은 비용, 이동하는 사람들에 의한 요구도의 인식 부족과 같이 이동에서 장애가 존재한다. 예를 들어, 노인은 호출 탑승, 가게에서의 이동성, 할인 요금과 같은 특별 이동제도 등 유용한 지역사회와 자발적인 수송체계를 흔히 잘 알지 못한다. 애킨스는 지방 당국이 사회로의 소속을 최대화하고 좀 더 비싸고 목적 중심의 서비스에 대한 요구를 감소시키기 위해 주요 서비스의 유용성을 증가시키는 것을 목표로 해야 한다고 결론지었다(Atkins, 2001).

보행자의 안전은 차보다 걸어서 다니는 영국의 70세 이상 노인에게는 좀 더 중요한 문제이다. 시력과 청력의 감소, 육체적 이동성, 인지력, 나쁜 건강과 같은 요인들은 모두 보행자 사고와 연관해 노인 보행자의 위험을 증가시킨다. 그러나 육체적인 연약함이 심각하거나 치명적인 상해의 위험을 크게 증가시키므로 노인 운전자는 가능한 오랫동안 운전하도록 장려되어야 한다고 제안하고 있다(Mitchell, 2000). 불행하게도 그런 위험은 운전을 계속하면서 생기는 위험들이 더 커질 수도 있는 80세 이상 노인 집단에서 발생하는데, 이들에게서 위험이 가장 크다.

던바 등은 노인 보행자와 운전자를 위한 정보와 훈련, 도로 환경의 변화라는 두 개의 광범위한 제목하에 활동성 낙상을 가진 노인들의 안전성을 증가하기 위해 설계된 중재 프로그램을 고찰했다(Dunbar et al., 2004). 전체적으로 보행자에 대한 교육 프로그램은 거의 없었으며, 아동과 젊은 성인에서처럼(제7장 참조) 기능적 장애, 자가 인식, 보상에 중점을 둔 중재가 사실상 행동에 영향을 주거나 사고 위험을 감소시킨다는 근거는 거의 없었다. 도로 사용자, 특별히 운전자는 통합된 프로그램에 의해 좀 더 효과적으로 교육을 받을 수 있고, 이것은 보행자에 대한 사고 위험을 감소시키는 것으로 나타났다.

반대로 도로 환경의 변화들은 아동에서처럼 자동차 속도의 감소, 자동차와 보행자의 분리, 도로를 가로지를 때 제공되는 보호설치 등이 더

〈글상자 13.8〉 보행자 안전성: 지역사회 중재에 대한 잠재성

오스트레일리아에서 노인 집단은 낙상 예방의 관점에서 훈련을 받고 지방 지역들을 조사하도록 권장됐다. 확인된 위해 요인들을 조정할 수 있는 지방사업이나 지방정부와 같은 관련 기관의 관심을 끌었다(Powell et al., 2000). 노인들은 또한 정보를 주기 위해 지방단체를 방문하는 동료 교육자로서의 역할을 가진다. 잉글랜드의 포커스 그룹에 대한 연구 결과에서는 많은 노인들이 잠재적 위해 요인을 보고할 수 있도록(영국 컬럼비아에서 이용되어 왔던 방법인) 그들이 사용할 수 있는 중앙 전화선(central telephone line)을 원했다(Atkins, 2001)고 제안했다(Dunbar et al., 2004))

그러나 성공의 근거는 여전히 분명하지 않다. 많은 중재 프로그램들의 기원이 됐던 스칸디나비아의 지역사회 참여는 교육, 공학, 집행을 연결한 중재 사업(Bjerre and Schelp, 2000)과 개별 구성요소의 상대적인 효율성을 분리시키지 못했다는 평가로 오랜 기간 동안 총체적인 근거를 가지고 이루어지는 경향을 가진다. 성공은 개별적 문화로 해석할 수 없는 전통적인 집합적 활동과 넓은 참여를 반영하는 문화적 특이성이 있는 것 같다(Lindqvist et al., 2001).

효과적이다. 보행자와 자동차 둘 다의 가시성 개선도 효과적이다. 노인에서 특별히 중요한 영역은 재촉해서 걷는 것을 감소시키기 위해 양질의 보행 지역의 유지, 보행자의 존재와 속도를 감지하여 횡단하는 시간을 조정하는 횡단보도, 노인의 느린 걷기 속도를 고려한 횡단보도에서의 신호 시간 증가이다.

던바 등은 노인 또는 장애 보행자에 대한 안전성을 높이기 위해 지역사회의 참여를 추구하는 많은 중재들을 고찰했다(Dunbar et al., 2004). <글상자 13.8>에서 보는 바와 같이 낙상 예방과 동료 교육자의 이용에 중점을 두었다.

정책

루이스 등은 「수명 연장: 우리의 더 건강한 국가를 위해」(DH, 1999a)

를 통해 사람의 수명과 질병 없이 보내는 연수를 증가시키는 것을 포함한 예방적인 철학을 강조할 뿐 아니라 권한 부여와 지역사회 참여의 주제와 더불어 노인이 살고 있는 환경에 대한 특별한 강조, 그리고 건강한 지역으로 만들기에 얼마나 중점을 두고 있는지를 강조했다(Lewis et al., 1992: 2). 건강과 안녕에 영향을 미치는 사회적 요인에 더 큰 강조를 두고 있는데, 이는 헬스액션존과 '건강 생활 센터(Healthy Living Centres)'의 발전으로 요약된다. 이 두 사업은 (비록 생애 주기 동안 축적된 불이익의 영향보다 연령 관련 문제와 연령 차별화에 중점을 두고 있으나) 노인의 복지에 중점을 두고 있다(Phillipson and Scharf, 2004: 71).

이러한 경향은 재활 의제의 중요성에 의해 강조되어 왔다. 제11장에서 언급한 바와 같이 재활 의제는 건강 향상을 포함시키고 사회적 배제 의제와 함께 일선에서 더 많이 사용되도록 확대됐고, 물리적·사회적 환경을 재조정하기 위한 상당한 양의 기금과 관련 있다. 그러나 여전히 노인의 요구에 대해서는 체계적 관심이 거의 없으며, 그 과정에서 흔히 중요하지 않은 존재로 남아 있다(Phillipson and Scharf, 2004). 지방, 지역, 국가 정책이 노령화 사회의 전체적인 함의를 포함하고 있다는 근거도 거의 없다(Riseborough and Jenkins, 2004: 7). 개정에 대한 권장은 전략 계획과 서비스 디자인(노인들이 장기간 보호를 피할 수 있게 해 주는 광범위한 숙박 시설, 주거 환경 선택, 서비스 등)에서 노인의 포함 수준을 증가시킨다는 수행 목표에 대한 제안이나 이 장에서 의논됐던 많은 문제들(고용과 자가 고용 결정 과정, 지역사회의 능력 함량, 노인을 포함하고 노인들에 의해서 이루어진 많은 재활 사업)과 관련 있다. 또한 라이즈버로와 젠킨스는 소득세 관리의 부적절한 인센티브와 은퇴 나이가 넘은 노인이 계속해서 급여 노동직에서 일을 하지 못하도록 하는 연금 계획의 삭제를 제안했다(Riseborough and Jenkins, 2004).

현재 정부는 노동연금부가 노인 문제에 대해 책임자가 되도록 지명했고, 2002년에는 연금자를 위한 전용 급여 서비스를 제공하도록 연금 서비스를 확립했다. 이것은 좀 더 순향적이고 맞춤형 접근으로 급여를 사용하도록 만들었으며, 복합성, 정보의 부족, 수급권에 대한 혼란, 연금자의 가입 의존성 등과 같이 급여 사용에 대한 많은 지속적인 장애의 일부를 강조하고 있다(NAO, 2002). 비록 연금 대출이 연금 수급권의 다른 부분인 것으로 설계됐다 할지라도 재산 심사는 여전히 중요한 장애이다. 연금 서비스는 지방의회세(Council Tax)와 주택 급여를 받는 사람을 대상으로 기준을 조정하고, 사회 기금을 확장된 용도로 사용할 수 있도록 하면서 적당한 저축 또는 추가적인 소득을 가지고 있는 사람들에서도 사용이 가능하도록 했다. 총 265만 연금자 가구가 현재 연금 대출을 받고 있는데, 2006년까지 정부는 300만 가구를 목표로 하고 있다(Age Concern, 2005).

노인과 같은 취약한 집단에서의 범죄와 범죄에 대한 두려움을 목표로 삼고 있는 정책은 (높은 거주 침입률을 보이는 지역에 대해 3,200만 파운드를 제공하는) '주거 침입 감소 사업(Reducing Burglary Initiative)', '지역 관리(Neighbourhood Wardens)'(제11장 참조), (국가 평균 이상으로 거주 침입률을 나타내는 지방 당국에 있는 저소득 연금자의 안정성을 향상시키기 위해 고안된 범죄 감소 프로그램으로부터 800만 파운드 지원받는) '연금자 보호(Locks for Pensioners)', 2000년 내무부가 설립한 '주거 침입 관련 대책팀(Distraction Burglary Task Force)' 등을 포함한다(Phillipson and Scharf, 2004). 노동연금부는 가난과 사회적 배제를 해소하기 위한 프로그램의 일부로 노인의 삶의 질에서 범죄 두려움의 영향을 모니터해 왔다. 짧은 기간에 통계치가 생산됐는데, 1998~2000년간 10%로 거의 변동되지 않은 수준을 보이고 있다(Chivite-Matthews and Maggs, 2002).

1995년 「장애 차별법(Disability Discrimination Act)」은 저층 버스의 도입을 통해 공공 서비스 운송체에 대한 이용을 증가시키도록 했다. 이것은 백서「이동을 위한 뉴딜: 모든 사람을 위해 더 나은 방향으로(A New Deal for Transport: Better for Everyone)」(DETR, 1998)에 의해 더 진행됐는데, 사회적 정의로서 질 높은 공공 교통수단을 모든 사람이 사용하도록 고안되어야만 한다고 언급했다(Atkins, 2001). 이것은 성별, 나이, 민족, 종교뿐 아니라 접근성, 비용성, 개인적 안정성 같은 문제를 포함한다. '이동 2010(Transport 2010)'(DETR, 2001)은 좀 더 접근 가능한 버스·기차·택시를 제공하고 연금자에게 지방 버스 요금을 반 가격으로 제공함으로써, 그리고 미니버스와 택시 기본 제도와 같이 다양한 범위에서 유용성 있는 지역사회의 이동 프로젝트를 지원함으로써 노인을 돕는 것을 목표로 하고 있으며, 접근성 계획은 2006년까지 지역 교통 플랜의 다음 실행 계획에 포함시켰다(SEU, 2004a). 그러나 수송의 중요성 인식에도 불구하고 노인이 65세 이상 되면 여전히 장애 생활 수당(Disability Living Allowance)의 이동성 부분에서는 부적격으로 남아 있다(Howard, 2002).

서비스의 이용: 중간 단계 보호

노인을 위한 국가 서비스 프레임은 2001년 10월까지 임상적 배경에서 연령과 관련된 정책을 고찰하고 정당화하는 보건 조직을 필요로 했다. 이전에 연령 차별은 일반의의 의뢰, 심혈관 질환 관리, 심장 재활, 발 질환 치료 같은 지역사회 보건 서비스의 다양한 영역에서 나타났다(Roberts, 2002). 이후 연령 관련 정책들이 국영 의료 서비스에서는 덜 일반적이지만, (주로 젊은 사람을 대상으로 하는) 건강 증진, 차별화된 진단(특히 정신 건강 문제에서), 임상 실험에서의 포함(복합 약물과 만성 건강 문제에서는 근거 기준에서 많은 노인이 여전히 제외된다), 사고응급부로부터의 외래 진료 의뢰, 관절염과 같은 핵심 영역의 전문가 영역에서는 여전히 명백하게 나타나고 있다. 또한 정신 건강과 재활을 포함해 얼마나 병원에서의 실천이 노인의 기본 요구를 만족시키지 못하는지를 강조했던 보호 캠페인에 대한 '노인의 존엄성을 돕자(Help the Aged's Dignity on the Ward)' 이후로 거의 변화가 없는 상황에 대해 논쟁이 계속되고 있다.

많은 노인이 낮은 수준의 예방 서비스를 제대로 이용하지 못하고 있는 것처럼 대부분 노인에게 영향을 미치는 발 치료, 치과, 시력 보호, 우울증과 소외를 만들 수 있는 배설 절제 능력 같은 서비스의 이용은 여전히 어렵다(SEU, 2005). 일반 대중, 환자, 보호자의 관점을 전략적 계획에 통합하려는 현재 정책의 방향은 만약 그것이 잘 된다면, 비록 점진적인 발전과 분배가 급진적인 재분포에 반해 영향을 미치는 경향이 있다고 할지라도, 변화에서 중요한 견인 요소가 될 것이다(Roberts, 2002). 이 장에서 우리는 두 개의 특별 수준 서비스 중 첫 번째인 중간 단계 보호에 중점을 두려고 한다.

중간 단계 보호는 이름에서 제시하는 것처럼 병원과 집 사이의 중간에 놓여 있는 일련의 서비스이다. 이것은 긴급 환자 보호, 장기간 시설 보호의 부적절한 입소, 병원으로부터의 연기된 퇴원 등을 감소시키는 지역사회로부터 '스텝업(step up)' 또는 병원으로부터 '스텝다운(step down)'의 기능을 가진다. 그것은 신속한 대응 제도, 가정 병원, 시설에서의 재활과 회복으로부터 지원된 퇴원, 주간 재활까지 다양한 범위의 많은 지역사회 기반 서비스 모델을 포함한다(Roe et al., 2003). 이들 각각은 지방 보건과 사회 보호 지역의 요구를 반영하면서 많은 다른 형태로 존재한다(Martin et al., 2004). 그러나 지침서들은 중간 단계 보호가 시간적으로 제한(일반적으로 6주를 넘지 않는다)되어 있고 적극적인 치료, 다양한 전문가 치료를 받게 하며 환자가 집으로 돌아갈 수 있도록 하는 목적과 함께 독립성을 유지시키도록 되어 있다(DH, 2001c). 두 번째 명백한 목적은 긴급 국영 의료 서비스 자원의 사용을 막는 것이다(Wistow et al., 2002).

재활에 대한 정책 경향을 분석한 노콘과 볼드윈의 결과에서는 재활의 개념이 육체적·정신적 기능의 회복뿐 아니라 지역사회 내에서 개인적 역할의 회복을 포함한다는 점에서 점진적인 합의가 있음을 지적했다(Nocon and Baldwin, 1998). 따라서 재활의 사회 모델 제안자들은 재활에서 사회적·물리적 환경의 영향을 포함시켜야 한다는 논쟁을 확대시켰다.

건강 불평등 완화에 효과적인 근거와 사업

중간 단계 보호 제도에 대한 비용, 질, 효과 평가에 대한 연구들이 증가하고 있다(Parker et al., 2002; Richards and Coast, 2003). 그러나 중간 단계 보호 제도의 효과에 대해 과학적으로 타당한 근거를 만들기 위해 발표된 연구들은 대개 중간 단계 보호의 단일 모델을 가지고 무작위 할당 대조군 시험을 통해(Steiner et al., 2001; Wilson et al., 2003), 또는 의학적 모델 내에서 육체적 기능에 중점을 두고(Wistow et al., 2002) 환자의 결과를 비교했다.

이들의 결과들은 특정한 목적으로 이루어진 것이고, 훈련된 직원, 적극적인 재활의 수준, 시설의 위치 등 서비스 내의 변이 때문에 최소한 부분적으로는 모호하다(Fleming et al., 2004). 예를 들어, 가정 병원(Hospital at home)은 일반적으로 급성 병원의 환자 보호를 필요로 하는 상황에서 환자의 가정에서 건강 보호 전문가에 의한 치료를 제공한다. 전반적으로 중간 단계 보호에서와 같이 가정 병원도 시간에 제한적이다. 포괄적인 체계적 문헌 고찰에서 뇌졸중으로부터 회복하고 있는 환자들을 중심으로 하는 제도들의 결과가 불일치를 보여 주고 있는 반면, 의학적 질환들이 혼합되어 있는 노인을 중점으로 이루어지는 제도들에서는 환자의 건강 결과에 유의한 차이점이 없었다(Shepperd and Iliffe, 2001). 가정 병원으로 배치된 환자들은 병원에 있는 환자보다 보호에 더 큰 만족을 가졌으나, 보호자의 경우에는 그 반대 결과를 보였다. 가정 병원은 침대에 누워 있어야만 한다는 중압감, 장기간 병원 입원을 감소시킨 반면 전체적인 보호 기간은 증가시켰다(Shepperd and Iliffe, 2001). 비용은 보건 시스템 내 특히 일차 의료 내에서 이루어지며 자격에 대한 적합성은 낮았다(Shepperd et al., 1998).

뇌졸중 회복과 관련되어 있는 경우, 하나의 혼란 요인은 급성 시기에서의 차선적 보호이다. 뇌졸중 보호의 체계적 문헌 고찰에서는 사망, 의존성, 시설로의 이동 감소가 모두 협력된 다방면 재활, 뇌졸중의 교육과 훈련 프로그램, 의료진과 간호사의 전문성을 반영하고 있는 전문화된 뇌졸중 치료와 관련 있음을 확인했다(Stroke Unit Trialists' Collaboration, 1997). 퇴원과 동시에 초기의 전문화된 뇌졸중 치료와 보호시설에 대한 최근 노르웨이 무작위 할당 대조군 시험에서는 (뇌졸중 의사의 상담 서비스와 함께 물리치료사, 작업치료사, 간호사로 이루어진 이동 팀으로부터 지원이 이루어진) 중재 집단이 병원 입원 기간의 감소와 함께 1년 이후 더 나은 육체적 기능 결과를 가졌음을 밝혔다. 중간 또는 심각한 뇌졸중으로 고생했던 환자는 대부분 이점을 가졌다(Fjaertoft et al., 2003).

만성 폐쇄성 폐질환의 급성 발생에 대한 가정 병원의 효과에 대한 체계적 문헌 고찰(7개의 실험에서 6개가 60대 후반과 70대 초반에 있는 대상자를 중점으로 조사)에서는 비슷하게 2~3개월간 병원으로의 재입원이나 사망률에서는 유의한 차이를 보이지 않았으나 비용은 줄었으며, 침대에 누워 있어야만 한다는 중압감도 감소했다(Ram et al., 2004). 그러나 일반적인 보호의 특성이나 환자에게 흔히 관찰되는 보호의 빈도와 기간이 다양해서 서비스의 어떤 구성 요소가 효과적이었는지, 환자의 어떤 타입이 가장 이점을 가졌는지, 누가 이러한 중재를 가장 잘 이행했는지를 고찰 과정으로부터 확립하는 것이 불가능했다.

독립적인 생활을 지속시키기 위한 주간 병원의 능력에 대한 체계적 문헌 고찰(Forster et al., 1999)에서도 비록 사망, 기능적인 악화, 집중적인 보호 또는 심각한 장애에 대한 요구 같은 나쁜 건강 상태를 지닐 위험이 더 낮다 할지라도 상대적인 보호를 받지 못한 사람들과 비교했을 때, 주간 병원과 다른 서비스의 제공 사이에 유의한 차이를 보이지 않았다. 비록 결과들이 30년의 리뷰 기간 동안 발생했던 정책과 서비스 이행에서의 변화와 상대적인 보호를 받지 못하는 사람들의 추적에서 상당히 누락된 자료에 의한 것이었다 할지라도, 주간 병원 환자의 경우에는 보호 패키지를 가지지 않은 사람보다 시설에서의 보호를 덜 받는 것처럼 나타났다.

뇌졸중 환자(대부분 노인 주간 병원에서 치료를 받고 있는 집단)를 대상으로 한 좀 더 최근의 무작위 할당 대조군 시험은 이러한 치료와 가정 재활을 비교했다. 연구에서는 비록 사회적 기능과 정신 상태가 6개월 추적 시점에서도 여전히 낮았다 할지라도 가정 재활이 환자에게 효과적이었음을 보였다. 또한 이러한 중재에서 보건 서비스 비용이 감소했으나 사회 서비스 비용은 증가한 가정 재활과 비교했을 때, 비용 면에서는 차이가 없었다(Roderick et al., 2001). 따라서 환자의 특성과 개인 지원의 유용성에 따른 보호의 혼합된 모델이 제안됐다.

결론은 선택된 결과 측정에서 다양하다. 만성 질환자와 노인에서 병원 퇴원 후 제도의 효과에 대한 체계적 문헌 고찰은 비록 비용이 몇 연구에서 감소를 보였다 할지라도(Bours et al., 1998), 삶의 질에 대한 긍정적인 영향의 부족, 병원으로의 재입원의 위험, (태도와 약물 복용에서) 순응도에 대한 제한된 영향 등 너싱 애프터 케어(nursing after-care)를 지지하는 근거는 거의 없었다. 그러나 좀 더 최근의 고찰에서는 지원된 퇴원을 받은 환자가 일반적 돌봄을 받고 있는 환자보다 병원 입원 6~12개월 후에 집에서 살고 있는 비율이 더 높았고, 치료군과 대조군 사이에서 사망률의 차이는 없이 장기간 보호 입원에서의 감소와 연관성을 보였다며 '상대적인 확실성'을 주장했다. 추적 기간 동안 병원의 입원, 기능적 상태 또는 환자 및 보호자의 만족도에 대한 영향 같은 다른 결과들은 결론에 이르지 못하거나 혼합되어 있다(Hyde et al., 2000).

또한 입원 예방에 관한 근거들이 모호하다. 예를 들어, 만성 폐쇄성 폐질환은 유병률, 사망률, 보건 관리 체계에 대한 비용과 유의한 연관성이 있다. 약물, 대응 전략, 교육, 모니터링의 지원이 집에서 이루어질 수 있는 너싱 아웃리치 프로그램(Nursing Outreach Programmes)은 병원 서비스의 이용 감소를 가져온다. 그러나 체계적 문헌 고찰에서 경증 만성 폐쇄성 폐질환을 가진 환자가 사망률과 건강 관련 삶의 질에서는 너싱 아웃리치 프로그램으로부터 이점을 얻을 수 있는 반면, 병원 이용의 감소에 대한 유용한 효과에 대한 자료가 없었고, 그 이점들은 심각한 만성 폐쇄성 폐질환을 가지고 있는 환자에서는 나타나지 않았다고 밝혔다 (Smith et al., 2001).

역설적이지만, 과학적 명료성에서 이런 연구는 "중간 단계 보호의 중심 개념 중 하나, 즉 전체 시스템의 부분으로 그것의 기능에 대한 범

〈글상자 13.9〉 중간 단계 보호: 전체 시스템적 접근방식

콘월(Cornwall) 헬스액션존은 중간 단계 보호 서비스의 발전을 촉진시켰다. 이것은 긴급 간호 또는 집에서의 치료 평가를 제공하기 위한 빠른 대응 서비스, 보호의 적절한 패키지가 갖추어질 때까지 상황을 다루는 서비스, 주택, 거주와 관련된 과(residential Homeward Bound Units), 지역사회 병원, 요양시설로 묶여진 다양한 재활 옵션을 포함했다.

각 일차 의료 트러스트 내에 있는 중간 단계 보호 관리자는 환자가 그들의 평가와 보호 계획에 따라 시스템에서 가장 적절한 곳으로 배치되도록 역량과 업무에 대한 감독을 확실하게 한다. 이런 고객 중심의 접근은 다양한 보건 관리 전문가뿐 아니라 핵심 자원 기관들, 이동 시스템 제공자, 장비 지원자, 보호주택, 보호와 수리 같은 관련된 서비스와의 확립된 연계를 포함한다.

평가 결과에서는 거주와 관련된 과(Homeward Bound Units)는 서비스 사용자의 건강과 안녕을 향상시키면서 비용, 효과, 질에 대한 긍정적인 결과를 생산한다고 제안했다. 이것은 하부 조직과 파트너십 업무에서의 지방 투자를 보여 주면서 전체적으로 중간 단계의 보호에 대한 결과인 것이다.

위"(Asthana and Halliday, 2003: 15), 그리고 시스템의 다른 부분들이 서로 관련이 있는 방식에서 모호한 점이 있다. 실제로 이러한 접근의 가치는 문헌에는 알려져 있으나 규정보다는 실천에서 예외로 남아 있다(Vaughan and Lathlean, 1999). 한 가지 예외는 콘월에서 개발된 모델(<글상자 13.9> 참조)로, 이것은 다방면에서뿐 아니라 독립적인 삶의 광범위한 부분과 연결되어 있다(Herbert and Lake, 2004).

통합된 보호와 사례 관리가 연합된 영역의 접근방식이 있다(<글상자 13.10> 참조). 결과는 개인적 의존성과 보호에 대한 의존성이 감소했고, 메타 분석에서 포괄적인 노인병 평가가 그 과정에 기여했음을 지지하고 있다(Steiner, 2001; Stuck et al., 1993). 다섯 개의 다른 서비스 모델을 합한 결과에서는 노인병 평가관리과[Geriatric Evaluation and Management(GEM) Units] 와 가정 평가 서비스에서 사망률에 대한 전체적인 감소를 보였다. 노인병 평가관리과는 6개월과 12개월에서의 육체적 기능을 개선시켰고,

〈글상자 13.10〉 통합된 보호: 이탈리아의 예

다방면의 요구도를 가지고 있는 노인 200명을 대상으로 한 무작위 시험이 이탈리아 북부에서 수행됐다. 100명은 중재 집단으로 지역사회 노인병 평가와 일반의들을 연계해 훈련된 사례 관리자(case managers)에 의해 구성된 통합된 사회 보호 및 의료 보호를 받았고, 대조 집단은 전통적인 지역사회의 서비스를 받았다.
중재 집단에 속해 있는 환자는 병원 및 요양 시설과 같은 시설로의 입원 위험이 감소했고, 입원 기간도 감소한 것으로 나타났다. 그들은 빈번한 가정 방문이나 약물 치료를 덜 필요로 했다. 또한 인지 상태 저하의 감소와 육체적 기능에서 통계적으로 유의한 개선을 보였다. 이 모든 결과들은 중재로 1년에 한 사람당 1,125파운드의 재정적 절약(직원의 비용 고려)을 초래했다(대조 집단에서의 일인당 보건관리 비용보다 23% 더 적은 비용).
성공의 요인은 통합된 보호, 적절한 보호 계획을 구성할 수 있었던 훈련된 보호 관리자, 지역사회 노인병 평가관리과의 이용, 보호 관리자와 일반의 같은 부분들에서 이루어진 밀접한 협력체계 때문인 것으로 나타났다(Bernabei et al., 1998).

가정 평가 서비스와 가정 병원 평가 서비스(필수적으로 지원된 퇴원)은 거주 장소를 개선시켰다. 외래 환자나 상담 평가에서는 결과에 대한 어떤 유의한 차이도 보이지 않았다. 75세 이상 노인을 대상으로 한 3년간의 전향적 연구에서는 포괄적인 노인병 평가는 장애의 발전과 요양원 보호에 대한 영구적 입원을 지연시킬 수 있다고 결론 내렸다.

정책

국가 병상 연구(National Beds Inquiry), 국영 의료 서비스 플랜, 노인을 위한 국가 서비스 프레임 모두는 중간 단계 보호의 발전을 위한 원동력을 제공했다(DH, 2002). 국가 병상 연구는 겨울 사망에 대비하기 위한 병원 병동의 부족(긴급 병원 병동의 수가 30년 동안 감소했다)에 대한 정치적 대중 매체 관심의 증가에 대한 반응으로 1998년부터 2000년 사이에 이루어졌다. 1997·1998년부터 2000·2001년까지 겨울 대비 기금의 유용성은 당국이 병원 입원에 대한 지역사회의 대안을 개발시킴으로써 긴급 영역에서 역량을 최대화시키고자 시도했던 다양한 서비스의 발전을 가져왔다.

이것은 노인을 위한 보건 서비스 유형에 중요한 전환을 가지는 공약을 만들었다. 2000년 7월에 발표된 국영 의료 서비스 플랜은 재활과 비시설을 기반으로 한 지역사회 보호를 필요로 하는 노인의 중간 단계의 집단이 증가하고 있다는 문제를 명백히 인식했다(Lewis, 2001). 그것은 2003·2004년까지 긴급 병원 병동의 증가와 '집에 더 다가간 보호(Care Closer to Home)'를 향한 전환을 촉진시키기 위해 중간 단계 보호의 장기간 증가를 발표했다. 이것은 2003·2004년까지 중간 단계 보호에 9억 파운드의 추가 투자를 포함해 노인을 위한 건강과 사회 보호의 투자에 총 14억 파운드를 보장하는 '장기 보호에 관한 로열 커미션(Royal Commission on Long Term Care)'의 정부 대응 자원을 지원받았다. 또한 국영 의료 서비스 플랜은 건강과 사회 보호 기관이 신속한 대응 팀을 배치하도록 요구했다. 이러한 신속한 대응 팀은 불필요한 병원 입원의 예방, (병원에서 일반적으로 이루어지는) 집중적인 재활 서비스, 회복에 필요한 시설들, 가능한 더 가깝게 일할 수 있는 조직들, 사회사업가와 일반의, 노인의 독립성을 강조하는 통합된 재가보호팀을 돕기 위해 집에 있는 사람들을 위한 긴급 보호를 제공하는 것이다.

중간 단계 보호에 대한 정책 발전에서의 마지막 단계는 노인을 위한 국가 서비스 프레임이었다(DH, 2001a). 집 또는 지정된 보호 장소에서 중간 단계 보호 서비스의 이용은 프레임 내에서 여덟 개의 기준 항목 중의 세 번째이고, 1999·2000년에 유용한 제공과 더불어 5,000개의 추가적인 중간 단계 보호 병동, 1,700개 비시설에서의 중간 단계 보호 장소의 개발을 필요로 한다. 또한 추가적인 15만 명의 사람들은 병원에서 퇴원한 후 재활을 증진시키기 위해 중간 단계 보호를 받아야만 하고, 7,000명의 사람들은 불필요한 병원 입원을 예방하기 위해 중간 단계 보호를 요구했다. 또 다른 발전은 지연된 퇴원 문제를 해소하기 위해 2001년에 확립된 '건강과 사회보호 변화팀(Health and Social Care Change Agent Team)'이 최근에는 단일 평가 과정과 공통 보호 경로의 개선 등 좀 더 넓게 국가 서비스 프레임의 수행을 지원한 것이었다(DH, 2004c).

중간 단계 보호 서비스는 1년에 33만 3,000명(1999년 13만 2,000명 수준이었다)보다 더 많은 사람들에게 급성 회복기를 제공하고 있다. 이들은 현재 노인이 되는 사람들의 80%이다. 지연된 퇴원이 2001년 12월 6,400명에서 2004년 6월 2,600명으로 감소했고, 같은 기간에 중간 단계 보호 병동은 거의 두 배 늘었다(Philp, 2004). 잉글랜드 대부분 지역은 2000년에 400개의 별도 서비스가 존재했던 것과는 상반적으로 현재는 통합된 지역사회 시설 서비스를 수행하고 있다. 그러나 여전히 많은 문제점이 남아 있는데(Martin et al., 2004), 그중 하나는 서비스 과정이 환자 중심인지 아니면 조직 중심인지에 대한 것이다(Steiner, 2001). 예를 들면, 위스토 등은 노인은 남아 있는 긴급 병동 시설의 이용자가 될 것인데, 한편으로는 노인의 요구에 대한 총체적 접근과 다른 한편으로는 일일 정책과 실천에서의 가장 강력한 몇 사업들 사이에 갈등이 있다고 주장했다(Wistow et al., 2002: iii).

중간 단계 보호 서비스의 또 다른 필요한 요건은 의료 평가와 지원의 적절한 수준과 건강과 사회 보호 시스템의 다른 요소들과 함께 효과적인 통합을 이루는 능력이다. 예를 들어, 중간 단계 보호를 전문적인 노인병 재활과로의 대체, 환자를 위한 긴급 서비스와 진단 설비의 이용에 대한 문제점, 이중 제공, 부족한 자원을 시스템 내에서 단순히 바꾸는 것에 대한 위험 등에 관한 관심이 증가됐다(Grimley Evans and Tallis, 2001). 또한 결과의 공유, 공통 지침서, 엄격한 선별 검사와 평가 절차, 중간 단계 보호에서 이루어진 중재 종류에 대한 근거 중심의 부족 같은 영역에 대한 강력한 행정적 지원의 요구가 있다.

이러한 요건들은 2004년 1월에 발효된 「지역사회 보호법[Community Care (Delayed Discharges) Act]」에 의해 지원받지 못했다. 이 법은 지방 당국에게 긴급 병원 병동을 더 이상 필요로 하지 않는 환자들의 요구도를 평가하고 보호를 준비하는 데 이틀의 기간을 준다. 이를 어겼을 경우 퇴원이 주어진 기간을 넘어 지연이 된 날부터 하루에 100파운드의 벌금을 물어야 하는데, 그 비용은 국영 의료 서비스에서 긴급 보호 사례에 대한 새로운 세금제도하에서 서비스 이외의 비용에서 충당하고 지역사회에서 다시 받도록 함으로써 재정적 위험의 노출을 제한시킬 수 있는 공식적 기전을 가지고 수행하도록 했다(Rowland and Pollock, 2004: 5). 동시에 정부는 지방 당국이 지연된 퇴원의 결과로 국영 의료 서비스에 상환할 수 있도록 매년 1억 파운드를 할당했다. 이것은 지연된 퇴원을 피하고 선임급 관리자와 일선에 있는 직원이 그 문제에 전념할 수 있도록 하는 수단을 제공하기 위해 지역사회 기반 서비스에 투자를 유도할 것으로 기대된다(Henwood, 2004). 그러나 로랜드와 폴락은 이것이 지역사회 보호 부문에서의 낮은 자금과 현재의 함량 부족을 과소평가하고, 환자의 바람과 요구에 잘 따르도록 하는 과정에서 반영되지 않을 것이라는 사실을 간과했다고 주장했다(Rowland and Pollock, 2004).

서비스의 이용: 정신 건강

정신 건강에 대한 서비스 이용은 두 번째로 잘 알려진 서비스이다. 정신 건강은 정신분열증에서 심한 우울증까지 어느 한 시기에 심각한 정신 건강 문제를 가지고 있는 63만 명의 사람을 포함하는 중요한 과제이다. 65세 이상 지역사회에서 살고 있는 노인에게서 가벼운 우울증상이 보고된 발생률은 15%에서 20%이다. 비슷한 비율(영국에서 65세 이상 노인의 17%)이 다른 사람들과 매일 사회적 접촉을 가지고 있지 않은 사회적 고립에서 보여 준다(The Observer, 2005). 우울증의 부정적인 영향과 인지적 손상은 잘 인식되고 있으나 정신 건강 문제 그 자체는 무시되는 경향이 있고, 일차 의료에서 잘 치료되고 있지 않으며(Burns et al., 2001; Speer and Schneider, 2003), 우울증 증상으로 고통 받고 있는 대다수 노인은 어떤 치료도 받고 있지 않다(Biderman et al., 2002). 또한 연구들은 정신병 서비스의 이용이 여전히 노인 집단에서는 낙인의 대상이고(Livingston et al., 2002), 일차 의료는 선호하는 치료 환경이며 의료 보호 이용을 감소시키는 기회를 제공한다고 주장한다(Speer and Schneider, 2003).

효과적인 근거와 사업

문헌에서 등장하는 첫 권고 사항은, 선별 검사에 대한 절차가 개선되어야 하고 일반적으로 정신 건강 문제의 인식과 적절한 서비스의 이용을 증가시키기 위해 일차와 이차 의료 보호 둘 다로 확대되어야 한다는 것이다(Burns et al., 2001). 두 번째로는 이들 절차가 진단·평가·관리에서 질병 중심의 지침서에 의해 지원되어야 한다는 것이다(Trickey et al., 2000). 이러한 전환의 통합적인 부분이 되기 위해 훈련이 필요하다. (치매 환자를 위한 일상적인 보호의 상당한 부분을 제공할 가능성이 있는 집단을 대상으로 하는) 75세 이상 노인을 위한 체크(Over-75s Checks)에 대한 책임이 있는 일차 의료 간호사의 조사에서는 응답자의 1/5이 '75세 이상 노인을 위한 체크'의 부분으로서 공식적으로 인증된 인지 기능 테스트를 받아 본 적이 있고, 다양한 차선의 반응 결과를 야기하는 치매의 한 단면에 대한 반응들이 있다는 것을 밝혔다(Trickey et al., 2000).

한 연구에서는 만약 적절한 서비스의 사용이 보장된다면 특별히 주요한 우울증과 치매가 있는 노인들에서 많은 노인 정신 건강 중재들이 효율적이었다는 근거를 밝혔다(Bartels et al., 2002). 우울증의 경우에는 약물학적·심리사회적 중재를 같이 병행한 경우 좀 더 효과적인 것이라는 인지 행동 치료(Cognitive Behavioural Therapy: CBT)를 중점으로 한 항우울제와 심리사회적 중재에 대한 논쟁이 있었다. 그러나 최근 메타 분석에서는 처방 의사의 방문과 함께 플라시보(僞藥)의 처방이 부작용에 대한 논쟁 없이 의학 효과의 80%를 설명할 수 있음을 제안했다고 언급했다(Speer and Schneider, 2003). 또한 중요성에도 불구하고 미미한 우울증, 자살, 걱정에는 제한된 관심을 갖고 있음을 언급했다.

문헌 고찰에서는 노인에서의 우울증 예방과 관련된 연구가 단지 3개임을 발견했다(Godfrey, 1999). 이들 연구의 각각은 서로 다른 종류의 서비스 - 치료 집단(therapeutic group), 일차 의료 간호 중재, 음악 치료 - 를 고려했다. 따라서 긍정적인 결과들은 매우 제한적이었고, 적은 대상자 수로 우울증을 가진 노인의 '낮은 수준'의 중재에 대한 유익한 효과를 지지하는 근거들도 불충분했다. 그러나 문헌들은 우울증, 육체적 장애, 낮은 사회적 네트워크 사이에 강한 상호 연관성을 주장했다. 정신과 팀에 의한 중재의 두 가지 연구 - 한 연구는 노인 입원 환자에서, 한 연구는 집에 있는 노인에서 - 에서 이러한 중재가 육체적 기능의 개선, 병원 또는 요양원의 재입원 감소, 장기간의 체류 감소를 가능하게 한다는 것을 밝혔다(Banerjee et al., 1996; Slaets et al., 1997).

치매는 병원, 보호시설, 요양 시설에서 나타나는 육체적 취약함과 동반하는 것으로 밝혔고, 모든 종류의 요양원에 있는 대다수 거주자들이 치매를 앓는다. 예를 들어, 치매는 낙상 후 병원에 입원한 사람에게서 많이 나타나고, 낙상으로 인한 결과는 치매를 앓고 있는 사람들에서 더욱 심각한데, 이러한 노인은 병원에 오래 머물게 되고 이후 집으로 돌아갈 가능성이 적어진다(DH, 2002). 일반적으로 기억과 언어 문제 같은 치매의 인지 증상에 대한 심리사회적 치료는 임시적인 기본 치료 이상으로는 효과적이지 않다. 비록 콜린에스테라아제 저해제가 인지 기능 감소를 지연시키고 6개월에서 12개월 동안 경증의 알츠하이머 치매의 인지 기능을 향상시키는 근거들이 있다 할지라도(Bartels et al., 2002), 추가적인 실험이 여전히 필요하다(Wild et al., 2003; Sink et al., 2005). 이와는 반대로 경험적 근거는 흥분 및 우울증과 같은 치매의 행동적 증상, 특별히 운동, 음악, 외부 지역 또는 집 근처의 주변 지역에 대한 접근성을 높이는 환경적 개선을 강조하면서 심리사회적 중재의 가치를 지지한다(<글상자 13.11> 참조). 치매의 신경정신적 증상을 치료하기 위해 현재 사용되는 다양한 약물의 효율성에 대해서는 그 근거가 약하고, 항정신병, 경련방지제, 항우울제 치료에 대한 연구의 일치도도 낮다(Sink et al., 2005). 문헌

〈글상자 13.11〉 지역사회에서 집으로의 이동

> 치매를 앓는 사람을 시설 보호로 이동시키는 것은 그 시스템이 안정적이지 않고, 대처할 수 있는 그의 능력을 추가적으로 감소시킬 수 있다. 암스테르담 근처의 위에스프(Weesp)에 있는 호그웨이(Hogewey)는 '집 안의 집'에 대한 보호를 기본으로 자신의 집에서 더 이상 살 수 없는 치매를 앓는 사람에게 서비스를 제공한다. '라이프스타일에 따른 집단'은 네덜란드 내에서 일반적인 사회경제적·문화적 특성을 반영하는 7가지의 다른 라이프스타일을 근거로 이루어진다. 그들은 암스테르담과 같은 혼잡한 도시 지역에 살고 있는 생활 형태를 근거로 하는 '암스테르담스(amsterdamse)', 그리고 종교·부·가사·노동 부류의 라이프스타일이나 미술·고전음악·역사를 둘러싼 문화적 라이프스타일을 근거로 하는 집단, 인도네시아의 이전 식민지로부터의 사람들을 언급하는 '인디스체(indische)'를 포함한다. 서로 다른 집단들 사이에서 일상생활, 식품, 옷은 다양하다(Notter et al., 2004).
>
> 두 번째의 네덜란드 사업은 만성적으로 건강이 좋지 않은 사람을 보호시설(거주자가 사회 보호에 의해 꾸준히 지원받으며 주거 기능을 가지고 있고 공공으로 자금이 충당되는 자가 아파트에서 살고 있다는 점에서 영국의 보호주택과 광범위하게 비슷하다)로의 이동에서 정신 건강 보호를 통합하는 것을 목표로 한다. 대안적인 모델들은 집 안에 정신과 두기, 정신과 간호사의 포함(병원에 의해 고용되고 직접적으로 자원을 이용), 정신과 직원의 직접적인 고용 등이 있다(Depla et al., 2003).

들을 고찰한 연구자들은 근거 중심으로부터 일반화하고자 하는 시도들이 특별한 중재의 다양성, 다양한 진단의 포함, 결과를 엄격히 평가하는 것에 대한 어려움에 의해 제한되고 있음을 제시한다. 항산화제 약제의 사용은 충분한 실험 주제가 되지 못하고 있다(Sauer et al., 2004).

알츠하이머병에 걸려 있는 사람을 대상으로 한 치료 방법에 관한 문헌 고찰에서는 성별, 민족, 인종, 문화적 차이에 대한 강조의 부족, 인지 손상, 표본 추출이 쉬운 인구집단에서의 편의적 연구 대상의 선택, 음악 치료의 사용으로 스트레스 임계치를 낮추는 것과 같은 치료 활동의 선택을 이끄는 이론의 부재에 의해 결과들이 영향을 받고 있음을 밝혔다(Marshall and Hutchinson, 2001).

정책

정신 건강은 1999년 보건 서비스에서 정부의 상위 네 개의 우선순위 중 하나로 인식됐고(DH, 1999a), 최근 정책과 자원의 중심이 됐다. 그러나 정신 건강은 노인에게서는 항상 확대되지 못했다. 정신 건강과 사회적 배제에 관한 보고에서 알 수 있듯이(SEU, 2004b), 초기 국가 서비스 프레임의 하나인 정신 건강을 위한 국가 서비스 프레임은 65세까지 일하는 성인의 필요에 중점을 두었다. '정신 건강을 위한 국가 서비스 프레임'은 양호한 정신 건강을 향상시키고 치매와 우울증을 가진 노인을 지원하는 것을 목적으로 하는 '7가지 기준(Standard Seven)'과 함께 노인과 관련된 문제를 강조하고 자원화하기 위해 노인을 위한 국가 서비스 프레임으로 통합했다(DH, 1999c). 이것은 정신 건강에 문제가 있는 노인은 통합된 정신 건강 서비스의 접근성을 가져야 하며 노인과 그 보호자를 위해 효과적인 진단·치료·지원을 보장하도록 국영 의료 서비스와 지방 의회에 의해 제공되어야 할 것을 요구한다(DH, 2001a: 13). 이후의 지침들은 대다수의 노인이 정신 건강서비스 전문가를 만나지 않고 있으므로, 진단·평가·치료를 향상시키기 위한 지방 프로토콜은 일차 의료, 일반 병원, 보호시설, 사회적 서비스를 포함해야만 한다는 것을 언급하고 있다.

2001·2002년 인증위원회에 의한 조사(즉, 노인을 위한 국가 서비스 프레임의 영향이 기대되기 이전의 조사)는 서비스의 제공, 서비스의 협력, 계획에서 문제점을 발견했다. 세 영역은 서로 상관성이 있는 경향을 가짐으로써 영역들이 제공된 기준에서 상당히 벗어나 있다. 특히 많은 일반 의사는 우울증, 치매 둘 다를 가지고 있는 소수의 경우에만 사용되는 진단 보조 프로토콜이 치매의 초기 진단에 대한 충분한 중요성을 가지지 못했다고 언급했다. 또한 프로토콜에 대한 전문가 지원과 훈련에 문제점이 있었고, 2002년 4월까지 평가 과정에 대한 요건은 적절히 있어야 하

나 노인을 위한 유용한 전문적인 '정신건강팀'을 가진 경우는 절반 이하였다(Audit Commission 2002b). 또한 휴식 보호의 제한된 접근, 문화적으로 적절한 서비스의 부족, 정신 건강 문제를 가진 사람을 지원하기 위해 보호시설에서 일하는 훈련된 직원, 치매를 가진 사람을 위한 전문적인 가정, 노인의 희망사항을 반영하면서 지역사회로 향한 보호의 균형성을 이동시키기 위한 요건을 확인했다. 따라서 병원으로의 이동은 지역사회 서비스의 부족 때문으로 이루어졌다.

좀 더 최근 보고에서는 돈과 활동이라는 두 요인이 충족됨에도 불구하고 개선이 충분히 빠르게 일어나고 있지 않고 서비스 사용자의 삶에 실질적인 차이를 만들지 못한다는 일반적인 불안감이 있음을 알려주었다(Rankin, 2004: 5). 예를 들어, 보호자 참여에 대한 과정은 흑인, 소수 민족, 특히 가난한 사람에게 일반적인데, 자신의 보호를 위해 그들은 서비스 사용자이기도 한 혼합된 양상을 가진다(Phillipson and Scharf, 2004). '리싱크(Rethink)'와 연락하는 보호자의 조사에서는 거의 절반이 보호자를 위한 지원은 개선됐다고 믿는 반면, 6명 중 1명은 그들의 지역에 지원이 전혀 없었다고 밝혔다. 또한 독립성의 개념적인 해석은 노인의 정신적·심리적 건강보다 육체적 안전과 안녕에 강조를 두고 있다고 주장했다(Henwood, 2002).

그렇지만 이런 문제들은 계속해서 강조되고 있다. 국가 서비스 프레임은 일차 의료 트러스트가 2004년 4월까지 모든 일반적 사업이 우울증과 치매를 가진 환자의 진단·치료·보호에 대해 지역적으로 동의된 프로토콜을 사용해야 한다고 강조하고 있다(Audit Commission 2002b). 또한 정부는 인지 기능 손상을 포함한 정신 건강 문제를 가지고 있는 사람에서 중간 단계 보호 서비스가 특별히 집에서 제공받는 서비스와 똑같은 이점을 가질 수 있음을 제안하면서 중간 단계 보호 서비스를 이용해야만 한다고 주장했다(DH, 2002). 또한 '건강과 사회보호 변화팀'은 노인의 정신 건강 서비스들은 일반 병원과 지역사회 서비스를 통합하는 방식을 강조하면서 통합에 중점을 두어 왔다(DH, 2004c). 노인을 위한 국가 서비스 프레임의 사업 실행에 대한 첫 보고서는 2005년 말까지 제출될 것이다 (www.healthcarecommission.org.uk). 그러나 예비 결과에서 급성과 일차 의료에 대한 중점도가 여전히 너무 강하게 남아 있어 지속적인 직원의 부족, 정신 건강 요구를 가지고 있는 노인을 위한 중간 단계 보호의 부족, 불일치적인 프로토콜의 사용 등 충분한 자원이 정신 건강에 직접적으로 지원되지 않음을 보여 준다.

결론

<표 13.1>은 노년기와 관련된 근거 중심들을 요약한다. 근거들이 거의 없거나 존재하지 않는 많은 영역과 함께 매우 특수성을 가진 결과들(정신 건강과 관련 결과)이 있다. 이것은 노년기의 효과적인 중재에 대한 연구가 부족함을 반영한다. 다른 생애 주기에서 명백했던 영양과 육체적 활동에 대한 강조는 어느 정도 존재하나, 노년기에서 건강한 식이와 관련된 리뷰 수준의 근거 부족, 식이 지침의 효과 또는 심각한 낙상과 상해를 감소시키기 위한 중재 같은 근거는 부족하다. 아동기부터 분명히 나타난 흡연과 같은 다른 건강 행동에 대한 강조는 노년기에는 사라지고, 노인에게서 특별하게 여겨질 것으로 기대했던 영역, 예를 들면 주거 환경, 사회적 지원, 통합된 관리에 대한 총체적인 접근도 거의 없다.

그러나 이 장에서는 노인에 대한 긍정적인 많은 정책적 개발을 기술했다. 명백한 노인 차별주의의 입장과 독립성 및 안녕에 대해 인지하고 있는 노인을 위한 국가 서비스 프레임이 그 핵심이다. 다른 중요한 발전 사항은 국영 의료 서비스 플랜과 중간 단계 보호 분야의 발전으로 이들

〈표 13.1〉 노년기에서의 중재: 근거 기반 요약

영역	근거 자료
식이와 영양	
영양 불량 위험에 있는 노인에서 식이 보충제의 효과는 적지만 일치된 체중 증가를 가져오고 사망률과 병원 환자의 경우에는 입원 기간에 대한 유익한 효과를 가진다.	코크란 리뷰
구강 단백질과 에너지 섭취는 엉덩이 골절을 가진 환자에서의 사망 또는 합병증을 감소시킬 수 있다.	코크란 리뷰
고찰 수준의 근거 부족	
일반적으로 건강한 식이의 중재	
질병 관련 영양 불량에 대한 식이 지침	
인지 기능과 치매에 대한 엽산 보충제	
육체적 활동	
중간 정도의 비지구력 육체적 활동을 증진시키는 중재는 짧은 기간 동안에 육체적 활동을 증가시킬 수 있다.	체계적 문헌 고찰
행동적·인지적 접근, 집에서 하는 운동, 전화 지원은 지속성을 증가시킬 수 있다.	체계적 문헌 고찰
대상에 맞춘 운동 중재는 낙상 위험을 감소시키는 데 어느 정도 효과적이다.	코크란 리뷰
다방면과 다인성의 중재, 육체적 치료, 가정 내 위해 요인의 수정, 향정신제 약물의 감소는 이로운 효과를 갖는다.	코크란 리뷰
낙상자를 대상으로 중재가 이루어졌을 때 가장 효과적이다.	코크란 리뷰
낙상 관련 상해에 대한 지역 기반 접근은 효과적이다.	코크란 리뷰
고찰 수준의 근거 부족	
중기 또는 장기로 육체적 활동을 증가시키기 위한 중재	
심각한 낙상과 상해를 감소시키기 위한 중재	

금연		
고찰 수준의 근거 부족		
노인들에 대한 효과적인 금연 전략		
주거 환경		
고찰 수준의 근거 부족		
주택 개조와 집 수리 제도의 영향		
사회 지지와 개인 보호		
가정 방문 프로그램은 노인과 허약한 노인에서 사망률, 집중적인 보호를 위한 입원, 장기간 보호를 위한 입원을 유의하게 감소시킬 수 있다.	체계적 문헌 고찰	
고찰 수준의 근거 부족		
가정 방문 패키지 내에 효과적인 구성 요소		
독립성을 유지하는 점에서 낮은 수준의 서비스(예를 들면, 집안일과 세탁)에 대한 역할		
개인 보호와 휴식 보호 같은 관련된 지원 전략의 효과		
사회적 고립을 감소시키기 위한 사업		
지역에 대한 인식과 이동성		
도로 환경(예를 들면, 차 속도, 차와 보행자의 분리, 도로 횡단 시 부가적인 보호)의 변화는 안전성을 증가시킨다.	문헌 리뷰	
보호자와 차의 가시도(visibility) 개선은 효과적이다.	문헌 리뷰	
고찰 수준의 근거 부족		
사회 통합을 증가시키기 위한 중재		
지역사회 기반의 안전성 중재		
중간 단계 보호		
중간 단계 보호 패키지의 개별 구성 요인의 효과를 위한 근거	체계적 문헌	

는 모호하거나 매우 높은 특수성을 가지는 경향이 있다.	고찰
포괄적인 노인병 평가는 육체적 기능과 거주 위치를 개선시키는 몇 가지 모델로 사망률을 감소시킬 수 있다.	메타 분석

고찰 수준의 근거 부족

전체적인 시스템 접근

개별 구성 요인의 효과, 가장 이점을 얻을 수 있는 환자의 유형, 적절한 수행 모델

삶의 질과 비용 효과적인 면에서의 함의

정신 건강

인지 행동 치료에 중점을 두고 있는 항우울적·심리사회적 중재는 주요한 우울증에 효과적이다.	문헌 고찰에 대한 검토
약물학적·심리사회적 중재를 병행했을 때 더 효과적이다.	문헌 고찰에 대한 검토
치매의 행동적 증상에 대한 심리사회적 중재의 가치	문헌 고찰에 대한 검토
콜린에스테라아제 저해제와 같은 약물의 효과에 대한 근거는 미약하고 일반화하기에 제한이 있다.	코크란 리뷰

고찰 수준의 근거 부족

가벼운 우울증, 자살, 걱정에 대한 효과적인 중재

치매 치료에서 항산화제의 효과

치매의 인지적 증상에 대한 심리사회적 치료

이 오랫동안 논쟁해 왔던 건강과 사회 보호의 경계 둘 다를 강조하기 시작했고, 고정적인 기본 항목보다 간호와 의학적 관심을 필요로 하는 사람을 위한 유용한 선택 항목을 다루기 시작했다. '노인의 주거 환경을 위한 질과 선택(Quality and Choice for Older People's Housing)' 같은 전략

또한 총체적인 방법으로 노인들의 건강을 정의하고 있고, "만약 공공 서비스가 우리의 노령화 사회의 과제를 만족시켜야 한다면, 인식의 근본적인 전환이 필요하다"(ADSS et al., 2004: 1)는 것을 인식했다. 이것은 이동, 주거 환경, 교육, 레저, 지침과 같은 문제들을 포함시키기 위해 건강과 사회의 보호에서 확대된 광범위한 접근을 포함한다(Audit Commission and BGOP, 2004). 증가하고 있는 체중은 노인 스스로의 참여(직접 수당을 보호 서비스를 필요로 하는 노인에게까지 확대하려는 BGOP와 함께)나 비용 지출의 유형이 결정적 서비스에서 벗어나 예방 차원으로 이동하는 것과 관련 있다.

국가 인증 사무소는 정부가 좀 더 나은 협력 과정을 가졌음을 발견했는데, 정부는 노인과 관련된 자문위원회를 확립하고, 노동연금 장관을 정부의 노인을 위한 의장으로 지목하고, 노동연금부를 노인 문제의 구심점으로 지정하고, 연금자 전용 급여 서비스를 제공하기 위해 연금 서비스를 수립했다(NAO, 2003). 그러나 정부 관련 업무에 대한 전반적인 개념틀을 제공하기 위해 '노인의 전략(Older People's Strategy)'을 위한 요구를 포함해 협력, 자문, 정책 마련을 위한 근거 이용 면에서의 개선점이 추가적으로 필요함을 확인했다. 그 밖에 주거 환경, 건강, 사회 서비스, 교육을 포함해 예방에 대한 국가적 모형에 대한 논쟁이 있고, 안녕의 증진은 모든 기관의 중심 기능이 될 것을 권장하며, 기관들은 성공적인 노령화를 위한 주류 기금과 포괄적인 수행 평가 프레임을 강조하도록 촉구됐다(Parkinson and Pierpoint, 2000; Wistow et al., 2003; ADSS et al., 2004; Joseph Rowntree Foundation Task Group, 2004).

2003년 웨일스 입법부는 독립성, 시민의식, 안녕에 중점을 둔 전략을 소개했다(Welsh Assembly Government, 2003). 북아일랜드에서는 상담 단계에 비슷한 전략을 가진다. 노동연구부는 이후 2005년에 잉글랜드에 대한 국가적 전략을 소개했는데, 이는 정보를 공유하는 것을 목적으로 노년기

인구에 대한 관측기구와 함께 연령 차별을 고려하고 노인 노동자에 대한 태도에 도전하기 위해 '평등인권위원회(Commission for Equality and Human Rights)'의 설립을 강조하고 있다. 이 장의 서론에서 언급했듯이, 세 가지의 목적은 고용률과 경력의 유연성(무능력 급여에 대한 개혁)을 증가시키는 것, 노인이 사회에서 충분히 그리고 적극적인 역할을 할 수 있도록 하는 것, 독립성과 통제력을 유지하는 것이다(HM Government, 2005).

재정적 제한이 목표를 계속해서 손상시킨다는 우려가 있었다. 예를 들어, 일차 의료 트러스트로 위임하는 것은 적은 돈이 예방, 정신 건강 또는 중간 단계 보호 같은 새로운 우선순위에 대한 완전한 장애물이고, 따라서 대기자 명단에 대한 압박은 급성 서비스에 대한 강조를 유지시키기 위해 전체 시스템 접근으로 가지 못하게 하는 경향을 띤다는 것을 의미한다. 장기 보호와 재가 보호의 비용 또한 노인 스스로와 가족에 의해 대부분 지속적으로 지출된다. '장기 보호에 관한 로열 위원회'는 장기 보호에 대한 요구가 하나의 위험 인자이고, 이러한 위험은 인구집단으로 합해지며, 요구를 근거로 한 과세에 의한 비용 부담이 이루어짐을 강력히 주장했다(RCLTC, 199b). 그러나 정부는 이러한 권고 사항을 거부했고, 대신 지역사회 체제의 중간 단계 보호 서비스와 다른 예방적 재활 서비스를 더 선호하고 있다(DH, 2000d). 따라서 연금자 정책, 연금 수당(필수적으로 연금자에 대한 소득 지원), 간호 수당 같은 요인들이 중요하지만 삶의 질뿐 아니라 예방적이고 장기 보호의 접근성에 영향을 주는 점에서 연구가 미비하다.

결론적으로 이 장은 사회적 배제과에 관한 필립슨과 스카프의 분석과 강력하게 일치한다(Phillipson and Scharf, 2004). 정책은 노인의 인식에 대한 문화적 전환을 만들었고 노년기에서 집중적으로 보이는 특별한 문제를 해소하기 시작했으나 이 책의 중점인 특별히 가난과 연관되어 있는 건강 불평등과 뒤따르는 구조적 불평등, 즉 '노년기로 이행되는 불평등과 이들 코호트 내에서 특별한 출생 코호트와 집단의 경험을 반영하는 불평등'(Phillipson and Scarf, 2004)을 다루는 점에서는 성공적이지 못했다. 수사(rhetoric)는 화려하지만, 예방적 서비스는 광범위한 노인 집단보다 가장 취약한 15%에게 자원을 지속적으로 집중되는 것과 함께 재원도 여전히 충분하지 않으며 개발이 덜 됐다(Joseph Rowntree Foundation Task Group, 2004).

제3부
건강 불평등 완화를 위한 공중보건 영역의 근거 기반 개발

건강 불평등을 다루는 정책이 신뢰성 있는 근거에 기반을 두는 것은 중요하다. 이 책에서는 생애 과정의 다른 단계에 건강 불평등을 야기하는 경로, 과정을 목표로 하는 중재 사업의 효과에 대한 근거를 다루었다. 이런 과정의 마지막으로 다른 간행물, 별로 알려지지 않은 문건에서 논평 수준의 근거를 추가함으로써 다양한 근거를 끌어낼 것이다. 정식 근거에 의하면, 실제 무엇이 가능한지 확실하지 않다. 반면 현장에서의 견해에 의하면 지역적 중재가 건강 불평등을 완화하는 것이 가능하다. 이는 지역의 정책과 프로젝트를 만드는 데 높은 수준의 근거를 원하는 지역 정책가와 실무자를 궁지에 빠뜨린다. 경험과 지역에 대한 지식이 의미하는 것과 정식 근거가 지시하는 바가 다른 것이다. 공중보건 연구자들과 정책 입안자들은 공중보건 중재 사업 자체의 잠재적인 효과보다 근거 중심의 공중보건의 방법론이 더 강조되고 있는 것이 아닌가 하는 우려를 제기한다.

제14장은 체계적 문헌 고찰에서 두드러지게 계속되고 있는 공중보건 영역의 근거에 대한 협소하고 위계적인 접근방법에 대한 비판으로 시작한다. 이는 풍부한 자원, 과학적이고 통제된 의료 전달 과정에서 도출된 결과의 적절성에 대한 의심, 비용-효과 분석과 예방적 정책에서 곧 얻을 수 있을 것 같았던 근거의 여전한 부족, 평가의 실패와 프로그램 실패의 구별 능력이나 각각의 다른 프로그램 요소의 기여도 판단 능력의 저하, 특정 사회경제계층이나 취약계층을 위해 무엇이 중요한지 평가하는 것의 부족 등이다. 더 나아가 지역사회나 인구집단을 목표로 하는 사회적 접근보다 개개인을 중요시하는 의학적 접근방법이 우세했고, 영어로 서

술된 출판물이 많고 국제적 비교가 적으며, 현재 근거가 제안하는 실제적으로 적용 가능하고 전환 가능한 교훈을 평가 절하하는 오류가 있었다.

따라서 대안적 전략에 대한 탐색이 이루어지게 됐다. 이런 전략은 방법론적 다원주의의 필요를 강조하는데, 이는 좀 더 기술적이고 질적인 정보의 포함, 맥락의 중요성 인식, 다른 요인의 상호 관계를 이해하는 데 선형적인 관점에서 벗어나 비선형적인 모델을 적용하는 것 등이다. 대다수의 선도적인 건강 불평등 연구자들은 현재의 구체적이고 하위흐름 정책에서 소득분포, 직업, 교육, 주요 의료 접근도, 건강 위해 요인 노출에 대한 법률과 제제 같은 건강의 좀 더 광범위한 결정 요인으로 방향을 전환할 것을 강조하고 있다. 최근 근거를 수집하고 있는 연구들은 광범위한 영역의 서로 다른 정책과 조직적 배치를 평가하기에 불충분하다.

최근의 연구가 각각의 다른 입법·사회·정치·경제의 구조를 분석하기 위한 시야를 제공한다면, 우리는 상위흐름 정책의 근거를 모으기 위한 접근으로 제기되고 있는 다른 국가로부터 근거를 획득하는 자연 정책 실험(natural policy experiment)을 제안하고자 한다. 그러나 국제적 사건의 연대기를 작성하는 것은 국가별 특수한 기술적 사례 연구가 되거나 맥락이 없는 체계적 문헌 고찰이 되는 경향이 있으며, 이 모두가 정책 접근과 결과의 관찰된 차이를 야기하는 주요 변수에 대한 결론을 얻는 데 도움이 되지 못한다. 자연 정책 실험의 적용을 촉진하기 위해, 국제 공중보건 정책과 중재 사업에 대한 연구가 적어도 구조에 대한 구조적 평가를 포함하도록 했고, 건강 격차를 야기할 수 있는 구조와 조직적 배치에 대한 체계적 검토와 건강 불평등을 완화하기 위한 정책과 중재 사업의 실행과 효과를 평가하였다. 이런 배경에서 제14장이 기술됐으며, 근거 중심의 공중보건을 위한 새로운 연구 의제를 형성하게 됐다. 이중 하나는 사회정책의 비교 연구를 통해 발전한 것으로 공중보건 레짐(public health regime) 분석을 포함한다. 단일 국가에 대한 연구에서 이런 접근방법은 정책적 뼈대의 모든 수준에서 중재 사업의 종합적인 분석을 가능하게 한다. 좀 더 의욕적으로 공중보건 관리 양식의 국제 비교 분석에서는 각각 다른 상황에서 효과 있는 정책과 중재 사업을 구분함으로써 잠재적으로 일반화가 가능하다. 또한 우연히 발생한 상황적 요인에 의해 조건부로 성공적인 경우에도 적용할 수 있다.

영국(특히 잉글랜드에 초점을 둔다)의 공중보건 관리양식의 의미 있는 부분을 다루고, 이를 핀란드의 영양 불평등의 완화와 관련된 주요 영역과 지표와 비교함으로써 영국 정부의 건강 불평등 완화 전략이 정치적 수사에 불과했는지 의문을 제기하고자 한다. 2004년 공중보건 정책 보고서인 「건강의 선택: 건강을 위한 보다 쉬운 선택」은 정부의 건강 불평등 전략의 핵심 요소는 여전히 기본적으로 생활습관 중심과 개인주의에 머물러 있음을 보여 주며, 이러한 생활습관 요인 중심의 정부의 접근이 과연 이전 보수정당과 차별화되어 건강 불평등을 줄일 수 있을 것인지에 대해 중대한 의문을 제기한다. 정부의 광범위한 사회정책을 둘러싼 미사여구를 구별하는 데 주의를 기울여야 하며, 이는 건강 불평등을 야기하는 잠재적 요인의 이해에 도움을 줄 것이다. 또한 정부 기록 또한 근본적으로 수사적 과장에서 탈피하지 못했으므로 이러한 관점에서 접근해야 할 것이다. 구조적 개혁을 염두에 둔 공중보건 관리 양식의 틀을 활용한 분석을 통해 아직 영국은 스칸디나비아 국가들에 비해 건강 형평을 증진시킬 수 있는 사회적·정치적·문화적·경제적 구조를 더욱 발전시켜야 함을 알 수 있다.

14

근거 기반 공중보건의 새로운 틀을 향해

공중보건의 근거 기반

이 책에서는 주요 공중보건 문제를 대상으로 하는 사업의 효과에 관한 다양한 근거들을 검토했다. 여기에는 체계적 문헌 고찰의 엄격한 포함 기준에는 부합하지 않지만, 사업 실행의 복잡성과 성공적인 결과에 기여할 수 있는 요인에 중점을 두는 많은 비실험적 연구도 포함했다. 그러나 이러한 연구는 일반적으로 명확한 정책 가이드의 기반을 제시하기에 충분할 만큼 확실한 것으로 여겨지지 않는다. 따라서 공식적인 근거 기반 역시 검토했다. 여기에는 125가지 이상의 체계적 문헌 고찰 – 이 가운데 36가지는 문헌 고찰의 검토와는 달리 개별적으로 수행된 코크란 리뷰(Cochrane Reviews)이다 – 과 29가지 문헌 고찰에 대한 검토를 포함하고 있다. 이것은 보수적으로 추계해도 적어도 1,800개나 되는 실험 및 준실험 사업에 대한 문헌 고찰에 근거한 것이다. 이렇게 다양한 연구 자료원으로부터 얻어진 결과이기에 '무엇이 효과적으로 역할을 했는지'에 관해서도 상이한 결론들이 제시되는 경우가 많다.

무엇이 건강 불평등 해소에 효과적인가: 공식적 근거 기반 요약

체계적 문헌 고찰 결과를 요약하는 표는 각각의 정책·사업 관련 장에 제시되어 있다. 이것은 현재의 근거 기반이 전 생애 중 어린 시절보다 성인기에 시행한 사업에서 더 확실하게 나타난다고 주장한다. 그러나 이러한 근거들은 개인적인 차원에서 (식이요법, 신체 활동, 흡연 같은) 생활 습관 요인을 대상으로 하는 개입에 관한 것이 압도적으로 많다. 반면에 (주택 공급, 범죄, 고용과 같이) 폭넓은 건강 결정 요인을 제시하는 개입의 근거 기반은 매우 취약하다. 생애 초기에도 다른 시기에서와 유사하게 생활습관 요인을 대상으로 하는 사업에 중점을 둔다. 아동과 청소년의 흡연 및 음주, 임신 기간과 어린 시절의 금연과 영양 공급, 그리고 낮은 수준이기는 하지만 부모 역할 교육과 지원은 다른 분야와 달리 (최소한 50가지 실험에서 제시된 결과를 고려해 볼 때) 그래도 근거 기반이 광범위한 것처럼 보이는 유일한 분야이다. 그래서 이와 대체로 유사한 영역에 대한 관심이 전 생애에 걸친 연구에서 주류를 이루고 있다.

생활습관 요인에 중점을 두는 근거에서도 주제 분야에 따른 구분은 종종 특정 근거 기반이 얼마나 빈약한지를 보여 준다. 예를 들어, 그 효과를 평가하는 모유 수유 보건의료 전문가 훈련 과정은 공식적으로 거의 없으며, 영국에서 단지 두 개의 사업 수행 전후 비교 연구와 한 개의 무작위 할당 대조군 시험이 있을 뿐이다(NHS CRD, 2000). 다른 분야의 근거는 훨씬 제한적인 경우가 많다. 이러한 근거 부족으로 인해 건강개발기구의 연령을 특화하지 않은 권고 사항이 공중보건 개입 근거가 확실하고 성공 가능성이 높은 분야에 계속 치우치도록 만든다. 이런 영역으로는 흡연, 비만, 영양, 신체 활동과 관련된 권고 사항이 가장 자주 설명되며 (사고 예방을 위한 개입과 함께) 주택 공급은 가장 적게 나타난다.

마지막으로 이 책에서 특히 중요한 사항은 건강 불평등을 해소하는 개입의 효과와 관련해 기존의 근거 기반은 매우 빈약하다는 점이다. 전체적으로 볼 때 특정 사회경제집단, 민족 또는 취약집단과 복합적인 위험에 직면한 집단에게 어떤 사업이 효과가 있었는지에 초점을 두는 평가가 부족하다. 그 결과 무엇보다도 이러한 집단에 적합한 개입을 실시할 수 있는 특성에 대한 이해가 부족하다. 예를 들어 담배를 많이 피우는 사람, 사회경제적 하위 계층 여성에게 금연을 유도할 수 있는 요인이 무엇인지 잘 모르고 있다.

또한 일상적으로 빈번하게 언급되는 것이라 하더라도 인구집단 전체에 대한 근거 기반이 많지 않다면, 이러한 개입들의 효과가 없는 경우가 많다. 예를 들어 제5장에서는 문헌 검토 수준의 근거에 따르면 인구집단 기반 정책의 일환으로 임산부에 대한 철분 공급의 일상적 사용은 지지되지 않는다. 하지만 이것은 임신 초기 산모의 빈혈로 인한 조산 문제를 해결하기 위해 철분제를 사용하는 것이 효과가 없음을 의미하지 않는다. 실제로 요약 표에서 제시한 모든 분야에서 검토자들은 위험에 처해 있는 집단의 필요, 민족, 사회경제적 지위 같은 주요 차원에 더욱 관심을 기울일 필요가 있다고 권고한다. 이것은 비용-효과 분석에도 적용된다.

체계적 문헌 고찰의 한계

일부 논평자들은 건강 불평등을 해소하기 위한 범위에 대한 지침을 만드는 어려움 중 공중보건 개입 그 자체의 잠재적인 효과보다 현장에서 이것을 어떤 방법으로 시행할 것인지가 더 어렵다고 말한다. 제3장에서 논의한 바와 같이 이것은 근거 기반 의학에서 사용한 접근방법을 참고하고 있는데, 견고한 통계 기준을 충족하는 실험적·준실험적 연구와 관찰 연구의 소견들을 종합하는 체계적 문헌 고찰에 대해 특별한 가치를 둔다. 우리는 이미 위계적 및 논리적 검토 과정에 중점을 두는 체계적 문헌 고찰에 대한 비판을 소개했는데, 체계적 문헌 고찰은 이론의 역할을 소홀히 취급하고 있으며, 개입·사업의 질보다는 연구의 질에 기초해 연구를 선택하는 경향이 문제로 확인됐다(제3장 참조). 여기에서 우리는 이러한 비판의 연장선에서 공중보건의 근거 기반을 평가하는 데 우리의 경험에 의지했으며, 특히 사업 실행과 관련한 질에 중점을 두었다.

이전에 확인된 근거에서 격차가 나타나는 이유 중 하나는 방법론적으로 우수한 체계적 문헌 고찰 연구가 '실망스럽게도 매우 희박하기' 때문이다(Harden et al., 1999; Boaz et al., 2002). 흔히 관련 연구는 개입의 내용·기간·강도에 관해 보고하지 못하거나 서로 다른 프로그램 요소의 기여 요인들을 구분하는 데 실패해 비판을 받는다. 예를 들어, 문헌 검토 수준의 근거 차원에서 부모 역할 프로그램은 어머니의 단기적인 심리사회적 건강에 유의하게 기여할 수 있는 것으로 나타나지만, 어떤 요인이 성공적인 결과에 기여하는지 평가하는 것은 여전히 불가능하다(Barlow and Coren, 2003). 이와 유사하게, 가정 방문 프로그램을 고찰한 문헌 검토에서 과연 어떤 요소가 아동의 상처를 감소시키는 데 효과적이었는지를 파악할 수 없었다(Lucas, 2003). 그러나 건강개발기구는 다음과 같이 강조했다.

가정 방문은 단일 또는 일정한 형태의 개입이 아니다. 이것은 서로 다른 결과가 나타날 수 있는 다양한 형태의 중재 전달 메커니즘 중 하나일 뿐이다. 가정 방문 프로그램은 목표, 대상 수혜자, 전달 방식 및 시기, 이론 및 내용에서 다양하다. 이것은 부모 훈련·교육, 부모에 대한 심리사회적 지원, 유아 자극, 유아 및 어머니의 건강 감시 체계를 제공할 수 있다. 이 프로그램은 각기 다른 전문적 지식 기반을 가진 간호사, 조산사 또는 일반인에 의해 제공될 수 있다. 가정 방문은 시작 시기, 지속 기간, 해당 기간 동안의 방문 횟수 등에서 다양할 수 있다. 프로그램은 신생아가 있는 모든 가정, 혜택 받지 못한 환경의 가정, 특정한 문제가 있는 부모나 아동, '위험에 노출된 것으로' 확인된 아동의 부모에게 제공될 수 있다(Bull et al., 2004: 1).

성별, 민족, 가족 구성, 연령, 사회경제적 지위 또는 교육 같은 주요 혼란 변수를 무시하는 것이 또 다른 문제이다. 용어에 대한 미흡하거나 일관되지 않은 정의는 혼돈을 야기한다. 예를 들어 일반적으로 대조군은 세부 규정 없이 '일반적 돌봄(usual care)'을 받는 것으로 정의된다. 그러나 이것은 국가마다 다양하게 나타나며 일반적인 실험 시간과 차이가 있을 수 있다. 예를 들어 영국의 경우 출생 후 일반적인 돌봄은 출산 후 처음 10일 동안 조산사의 방문과 이후 10일 동안 순회 보건요원의 정기 방문을 포함하고 있는데, 이러한 개입의 적극성은 비교하고자 하는 다른 나라와 매우 다를 수 있다. 다른 영역들에서도 유사한 예들이 많이 있다. 예를 들어, '모유 수유'라는 단어는 모유 수유의 시작이나 지속에 대해 일반적으로 받아들여지는 정의가 없으며, 부분적 모유 수유와 완전 모유 수유가 구분 없이 사용된다. 이와 유사하게 흡연은 심한 흡연가와 가벼운 흡연가를 확실히 구별하지 않고 빈번히 그저 양분 변수로 취급한다(Amir and Donath, 2002). 측정과 관련된 문제도 있다. 체계적 문헌 고찰은 의료 영역에서 자가 보고의 비현실성에 대해 자주 언급한다. 예를 들어 식이 요법과 신체 활동에 대해 자가 보고된 방법은 종종 실제 행동에 대한 과소 추정치이며, 장기간의 회상에서는 왜곡되는 경향이 있다. 따라서 금연과 같은 영역에서는 흡연 상태를 실증하지 않는 연구의 잠재적인 기여에 대해 불신이 제기되어 왔다(Lumley et al., 2001).

비판적으로 볼 때 체계적 문헌 고찰은 불평등이나 불공평한 상태에 관해 거의 언급하지 않으며(Petticrew et al., 2004), 서로 다른 인구집단이 유사한 개입에 각기 어떻게 반응하는지에 대한 이해가 부족하다. 가장 확고한 근거들은 취약계층을 대상으로 한 사업보다 '단순한 형태의 개입과 집단 내에서 쉽게 접근 가능한 집단'(Rychetnik et al., 2002: 125)에서 얻어지기 때문이다. 더욱이 매우 적은 연구만 건강 불평등의 폭넓은 결정 요인에 초점을 맞춘다. 제3장에서 언급한 바와 같이 이용 가능한 대부분의 근거는 인과관계 사슬에서 훨씬 멀리 떨어진 것이며, 건강의 폭넓은 사회적 결정 요인보다 건강 행동과 임상적 문제를 제기하기 위한 '하위흐름' 제안에 중점을 둔다.

이러한 방법론적 한계와 핵심 문제의 무시는 무작위 할당과 할당 은폐(예를 들어, 주택 공급과 지역 쇄신에 관련된 중재에서는 불가능하다), 낮은 참가율, 높은 참여자 감소율, 대조군과 개입 집단 간 추적 조사 탈락 분율의 불균형 등과 같은 기술적 문제에 의해 혼란을 야기하게 된다. 체계적 문헌 고찰에 포함된 주간 보호에 대한 한 가지 연구에서 참여자 감소율은 81%로 나타났다(Zoritch et al., 2000). 참여자 감소, 신규 충원은 사회경제적 오류를 야기한다. 예를 들어 금연 프로그램에 대한 문헌 검토 수준의 근거는 감소율이 저소득층과 가장 이동성이 높은 집단에서 가장 높게 나타남을 보여 준다(Lurnley et al., 2001). 빈곤, 높은 스트레스 수준, 높은 아동 행동 장애 수준, 소수 민족 지위 등을 포함한 속성은 부모 역할 프로그램에서 탈락률을 높이는 원인으로 작용한다. 개입 방식을 따르지 않는 환자들 역시 예후와 관련해 차이를 나타내는 경향이 있다(Juni et al., 2001). 결과를 분석할 때 연구가 항상 이런 도전적 과제를 완벽하게 고려했는지의 여부는 명확하지 않다(Barlow and Parsons, 2003).

또한 공중보건 관련 개입에서 무작위 할당과 맹검법의 적용을 어렵게 하는 사전 고지된 동의(informed consent)나 예상치 못한 부작용 등과 관련한 다양한 윤리적 문제들이 존재한다. 예를 들어, 엄마의 수유 방식 선택을 무작위로 할당하는 것과 관련된 윤리적 문제로 인해 환자-대조군 연구나 코호트 연구 같은 실험적 디자인들이 실제 유일한 방법론적 선택이 될 가능성이 크다(Nicoll and Williams, 2002). 실제 문제는 여러 가지 무작위 할당 대조군 시험들이 병원이나 클리닉에 기반을 두고 있다는 사실과 관련 있다. 즉, 병원과 같은 잘 통제된 과학적이고 자원이 잘 갖춰진 환경에서의 결과를 일상적인 서비스 전달 체계에 과연 적용할 수 있을 것인가에 대해 의문이 제기된다(Kelly, 2004). 예를 들어, 임신 중 흡연에 대한 중재는 종종 임상 실험에서 실행된 것보다 현실 환경에서 효과가 그렇게 좋게 나타나지 않는다(Bull et al., 2003).

체계적 문헌 고찰의 일차 원자료는 동료 심사에 의해 저널에 발표된 논문인데, 이런 동료 심사에 의한 출간이 (체계적 문헌 고찰의 자료원으로서 논문의) 질 관리로 효과적인지 의문이 제기되어 왔다. 동료 심사에 의한 저널 발표는 전통적으로 연구의 질을 보증하는 것으로 간주되어 왔다 (Grayson, 2002). 그러나 현재 저널의 규정들은 실패한(즉, 유의한 결과가 나오지 않은) 프로그램을 분석에서 제외하고 맥락적 정보를 최소화하며 선택적으로 긍정적 결과에 관한 정보를 제공함으로써 문헌 고찰 과정을 왜곡할 수 있다는 것이 일반적으로 인정된다. 또한 영어로 된 출판물 중심으로 분석이 이루어져 국제적인 비교에 영향을 미친다(Egger et al., 2001). 특히 영국 정책에 대해 북아메리카 연구 결과를 적용하는 것이 적절한지에 대한 논쟁이 제기되어 왔다.

또한 평가를 목적으로 하지 않는 자료원으로부터의 경험적 근거를 무시하는 경향이 있다. 잠재적으로 적절한 연구는 의학적인 연구가 많고 동료 심사에 의한 자료원에서 나타나는 경우는 적은데, 이는 건강 및 사회정책에서 (충분한 근거를 확보하지 못해) 혼란을 가져오는 이유로 작용한다(Grayson, 2002). 또한 보다 다양한 문헌, 이차 문헌의 다양성과 변동성, 인터넷 자료의 이용 가능성 증가, 용어의 낮은 정확성 같은 문제가 존재한다(Grayson and Gomersall, 2003). 연구학자들은 문헌 고찰에 포함시킬지 여부를 결정하기 위해 질적 연구를 평가하는 새로운 수단을 개발하기 시작했다(Popay et al., 1998). 하든 등은 질적 연구와 양적 연구 각각에 대해 체계적 문헌 고찰에 포함시킬지 평가하는 도구를 개발했다(Harden et al., 1999; Boaz et al., 2002). 하지만 질적 연구와 양적 연구를 통합하기 위해서는 더 많은 능력이 필요하다. 여러 사업들이 묶여서 함께 제공되는 경우 개별 사업의 개입 효과를 평가하고, 하나의 담당 부서를 넘어서 전개되는 거버넌스, 전달, 정책 문제의 복합적인 맥락을 수용할 수 있는 방법론적 능력 역시 필요하다.

이론적 기반이 미흡함으로 인해 과정에 대한 정보가 부족하게 된다. "사업 디자인의 중요한 특성을 모를 수 있고 …… 이에 따라 사업 수행자들은 (적절한) 방법을 채택하는 능력이 감소하게 된다"(Speller, 1998; Kelly et al., 2004). 검토자들과 정책 입안자들 역시 평가 실패와 프로그램 실패를 구별할 필요가 있다. 그러나 중재 이론보다 연구 방법과 결과에 더 비중을 둔 역학의 전형적인 '블랙박스'[1]를 사용하기보다 인과적 요인을 더 강조해야 한다는 주장이 제기되고 있다(Rychetnik et al., 2002: 122).

무엇이 건강 불평등 해소에 효과적인가: 현장으로부터의 견해

문헌 검토 차원의 연구 소견에만 의존하는 것의 한계를 인식해 다른 발표 연구 및 연구보고서에 대해서도 '무엇이 효과적이었는가'를 조사했다. 특히 기술적이고 질적 연구를 포함함으로써 얻어진 방법론적 다원주의의 장점은 우리로 하여금 정책 입안의 규범적 기반에 더 가까이 갈

---

1) 질병의 원인을 밝히기 위한 역학적 접근방법 중 (분자) 생물학적 변수보다는 행동 변수들을 중요하게 여기는 접근방법을 일컫는 말. 1984년 피토(Peto)는 그의 논문에서 종양 역학과 예방에 대한 두 가지 접근방법을 제시하였는데, 하나는 생물학적 방법론에 기초한 기계론적 접근방식이고, 다른 하나가 행동 변수를 중요시 여기는 '블랙박스 전략'이었다. 이 표현과 관련된 역사와 논쟁은 위드(Weed)의 논문("Beyond Black Box Epidemiology", *American Journal of Public Health*. 1998, 88(7):12~14)에 잘 정리되어 있다(리사 F. 버크먼·이치로 가와치 엮음, 『사회 역학』, 37쪽 재인용).

수 있게 해 주었다(제3장 참조). 이러한 접근방식은 어떤 사업이 효과적이 었는지에 대해 임상가나 전략적 의사결정자의 견해만이 아니라 최일선 에서 일하는 실무자, 이용자, 보호자의 견해를 포함한 모든 이들의 권위, 정치학, 그리고 관심을 수용한다. 이것은 다양한 목표가 우선순위를 매 기기 어렵게 동시에 존재하고 조직 및 운영 환경이 복잡하며 빠르게 변 화하는 세상에서 얻은 보고들이다. 지역적인 것에 초점을 맞출 경우, 이 것은 빈번히 과정과 맥락에 대한 정보를 함께 제공한다. 이것은 기존의 의학 중심 판단과는 다른 사회적인 것에 초점을 둘 수 있고, 임상적으로 적합한 것이 무엇이고 실질적으로 적용할 수 있는 것은 무엇인지 구분하 는 통찰력을 제공할 수 있다. 또한 다양한 취약 집단에 대한 정보에 접근 할 수 있게 해 준다.

체계적 문헌 고찰은 주로 식이, 신체 활동, 흡연, 알코올의 생활습관 문제에 중점을 두는 경향이 있으며, 주거, 범죄, 고용과 관련된 근거는 매우 적고 확실하지 않다. 그 사업에 속해 있는 사람들의 인지에 큰 비중 을 두어 이끌어낸 어떤 사업이 효과적인가에 대한 넓은 관점은 이것이 이야기의 끝이 아니며 지역적 개입을 통해 건강 불평등을 줄이는 의미 있는 변화를 가져올 수 있음을 제시한다. '보호와 수리 제도(Care and Repair Scheme)', '복지급여 상담(welfare benefit advice)', 슈어 스타트는 서 로 다른 맥락과 제도적 구조에서 보여 주는 (각각 수동적, 허가적, 합법적) 사례들이며, 이때 현장으로부터의 견해는 지역적 수준에서 개입·사업이 효과적일 수 있음을 보여 준다.

앞서 제시한 바와 같이, 건강개발기구는 주택 공급 사업이 건강 불평 등을 감소시키는 데 단지 적은 효과의 가능성이 있다고 주장했는데, <표 13.1>에서 강조한 바와 같이 이것은 검토 차원 근거가 거의 없기 때문에 나타난 결과이다. 그러나 집은 특히 노인에게 독립성과 삶의 질 에 대한 중요한 근원이 되거나 또는 잠재적인 무능력의 결정적인 원인이 될 수 있다. 주택 개조, 집수리 계획 같은 낮은 수준의 서비스는 노인이 자신의 집에서 독립성을 유지할 수 있도록 설계된다(제13장 참조). 연구 결과 이것은 공식적인 돌봄에 대한 비용-효과적인 대안이나 보완 역할을 할 수 있으며, 특히 가족의 지원을 포함한 자원 부족으로 취약한 사람에게 중요한 역할을 하는 것으로 나타났다. 돌봄과 재활, 병원 퇴원 계획, 주택 옵션 계획 같은 패키지는 본질적으로 구성은 간단하지만 다차원적이다. 이것은 실질적인 요구를 확인하고, 물리적 환경(부엌과 욕실)의 권리를 획득하고, 낮은 수준의 예방적 도움과 개인 보호를 제공하고, 지역사회와 비공식 지원 네트워크 연계를 개발하고 유지한다. 이것은 노인을 위한 국가 서비스 프레임(National Service Framework: NSF)의 표현과 정확히 일치하며(DH, 2001), 요구 사항, 개인 중심의 보호, 건강과 삶의 질을 지원하는 개입, 파트너십과 관련한 요구들에 대해 시의 적절하게 부응한다. 하지만 이것은 여전히 자원봉사 차원, 불안정한 재원 상태, 주류 사업과 약한 연결 등의 특성을 갖고 있으며, 부적절하게 평가된 채 남아 있는 경우가 많다.

정부 정책은 빈곤역치 이하 수준 사람의 소득 증가에 도움이 될 경우 보다 잘 진행된다(제3장 참조). 복지 혜택을 받을 자격을 갖춘 집단의 혜택 취득을 증가시킬 필요성은 「애치슨 보고서」(1998)의 권고 사항 가운데 하나이며, 문제를 극복하기 위한 다양한 국가적 노력이 이루어져 왔다. 예를 들어 웜 프론트 제도의 일환으로 소개된 급여 자격 검토와 연금 대출 도입이 바로 그러한 예이다(제13장 참조). 비전통적 맥락에서 지역 수준의 복지 상담, 특히 (「애치슨 보고서」에서도 권하고 있는) 일차 보건의료에 대한 상담이 현장에서 보기에 건강 불평등의 해소에 분명히 기여한 또 다른 사례 중 하나이다. 이것은 흔히 노인이나 만성 장애인, 낮은 수준의 연금 혜택을 받는 사람, 빈곤 수준이 높은 사람을 대상으로 한다. 앞에서 언급한 주택 공급 개입과 마찬가지로 이것은 다양한 방식으로 전국적으로 도입됐으며, 미국에서보다 영국에서 더 효과적이었다.

실험적 설계2)를 가진 프로젝트는 매우 드물지만(제11장 참조), 연구 결과는 몇 가지 긍정적인 결과를 제시한다. 인지와 복지 혜택(소득)의 취득은 환자와 치료를 담당한 실무 인력의 자각을 높이고, (가정 방문을 포함해) 상담 요원에 대한 접근도를 향상시킨다. 건강 서비스의 합법화로 인해 낙인을 감소시킨다. 웨일스의 일차 의료 부문 복지 지원 서비스에 대한 평가를 보면, 1년 동안 저소득층 이용자의 소득이 추가적으로 거의 350만 파운드 증가한 것으로 나타났다(CAB, 2005). 또한 상담의 유용성으로 인해 환자의 건강과 삶의 질이 개선됐고, 복지 수혜 체계의 복잡함으로 인한 정신적 스트레스와 좌절을 감소시키고 국영 의료 서비스의 이용을 줄인 것으로 나타났다. 연구들은 대상 집단에 따라 상담 서비스를 다양한 여러 집단과 사업에도 활용할 것, 그리고 건강 증진에서 교육, 고용, 주택 공급 같은 구조적 문제에 이르기까지 총체적 개입의 일환으로 상담 사업을 활용할 것을 제안하고 있다.

여러 일회적 보고서들에서는 (해당 사업들에 대한) 매우 높은 수준의 사용자 만족을 제시하는 경우가 많다. 그러나 저집약적 주택 공급 서비스와 마찬가지로, 상담은 (시민상담실을 통해) 자원봉사적으로 이루어지고 영국에서는 주로 주류적 사업에서만 이루어진다. 「건강의 선택: 건강을 위한 보다 쉬운 선택」(HM Government and DH, 2004)은 건강 및 사회 봉사활동의 지원과 복지 상담에 대한 접근 권한을 제공하기 위해 일차 의료 트러스트가 지역 파트너와 협력하도록 '권장'한다. 현재 시민상담실이 거의 1,000여 곳의 건강 관련 장소(주로 의원과 건강센터)에 대한 접근 상담을 지원한다. 그러나 이러한 사업은 접근 권한을 전혀 제공하지

---

2) 실험적 설계는 A군에 대해서는 특정 서비스를 제공하고, B군에 대해서는 서비스를 제공하지 않는 설계를 택함으로써 그 사업의 효과를 검증하는 설계라고 할 수 있다. 이것은 윤리적인 문제의 발생으로 진행이 어려운 경우가 많아 관련 연구가 매우 적다.

않는 일부 일차 의료 트러스트로 인해 여전히 단편적이고 제한적으로만 이루어지고 있다. 이와는 대조적으로 '더 나은 건강, 더 좋은 웨일스(Better Health, Better Wales)' 프로그램은 주요 자금 지원을 받는 전국 22개 지역 당국에서는 모두 일차 의료에 대한 시민상담실 서비스를 제공하고 있다(CAB, 2005).

마지막으로 제5장은 부모 역할 교육 및 지원과 관련한 다양한 문헌 검토 수준의 근거를 밝혔다. 그러나 치료에 반대되는 일차 예방에서 이러한 프로그램의 역할, 관계 개입의 효능, 개별 구성 요소의 효과에 대한 검토 차원의 근거는 여전히 부족하다. 슈어 스타트(제3장 참조)는 이러한 여러 가지 문제에 답변을 제시할 가능성을 가지고 있다. 앞에서 논의한 두 가지 개입과는 달리 이것은 유의한 전용 예산과 인력 자원을 가지고 있으며, (연구 결과를 양성하는 각 지역 프로그램과 함께) 국가 수준 평가의 중요 대상이고 주류 사업에 해당한다. 또한 이것은 아동에 초점을 맞춤으로써 우호적인 정치적 환경의 도움도 받고 있다. 하지만 이것 역시 여러 가지 실행상의 문제, 특히 가장 취약 계층의 사람을 사업에 포함시키는 것이 어렵거나 사업이 가장 취약 집단보다는 오히려 취약하지 않은 집단에서 더 효과적인 것으로 나타나는 등의 문제에 직면하고 있다. 그럼에도 불구하고 생애 초기에 목표가 잘 맞추어진 지역사회 기반의 예방적 사업은, 수년간 자원이 잘 갖춰져서 유지되는 경우 양육 및 가족 지원을 제공해서 효과를 거둘 수 있다(하지만 종종 이런 프로그램이 개인 생활에 가져다준 실질적인 변화를 포착하지 못하는 경우가 많다).

그러므로 주류화가 슈어 스타트 사업을 고용 적합성 의제의 하나로 간주하게 만드는 것은 아이러니한 일이다(제5장 참조). 보육에 관한 강조가 커지면서 이것은 보다 초기의 아동 중심에 초점이 맞추어지고 지역사회 개발에 대한 관심으로 대치되어 왔다. 제3장에 언급한 바와 같이 슈어 스타트는 이후 몇 년 동안 슈어 스타트 아동 센터가 되고, 이러한 양상은 2010년까지 모든 지역사회에서 적용될 것이다. 이 전환 과정에서, 가장 많이 필요로 하는 것에 관한 초점이 분산되며, 프로그램의 핵심이 되는 자금 지원 수준이 감소하고, 의료 서비스가 주류가 되는 양상으로 되돌아가는 것으로 나타났다(Glass, 2005).

근거 기반 공중보건에 대한 새로운 대안적 접근방식의 필요성

체계적 문헌 고찰의 사용에 대한 비판이 증가하면서, 이 책에서 검토한 대부분의 근거가 충분하지 않아 정책입안자들이 건강 불평등을 해소하기 위해 할 수 있는 것이 별로 없다는 사실은 그리 놀랄 일이 아니다. 성공에 대한 불가능할 정도의 엄격한 기준(모든 실험, 모든 맥락에서 실험집단에 유리한 긍정적인 변화를 제시하는 프로그램)은 연구결과를 불가피하게 전혀 효과가 없는 것으로 만들어 버린다(Pawson and Tilly, 1997: 9). 이것은 정치적 무기력을 합법화할 수 있으므로 위험한 결론이다. 앞에서 언급한 바와 같이 현장으로부터의 견해는 국소적 개입이 변화를 만들 수 있음을 보여 준다. 그러나 공식적인 지침으로 이용하면서 지역적 근거를 제거하는 것이 가지는 문제는, 특정한 조건과 맥락에서 특정 집단에서만 효과를 보이고 그렇지 않은 경우 효과적으로 작용하지 않을 수도 있다는 점이다. 즉, 사업들은 조건적으로 '성공적이다'(Pawson and Tilly, 1997). 공중보건의 근거는 한정된 계층적 접근법으로는 쉽게 파악할 수 없다.

이러한 기본적 맥락과는 반대로 대안적인 전략에 대한 탐구가 진행되어 왔다. 이것은 사회과학에서 사용하고 있는 방법론적 다원주의와 '양적 연구에 비해 보다 부드러운' 질적 연구방법들을 수용하는 경향이 있다(Grayson, 2002). 특히 정책이 서비스나 거버넌스와 관련 있는 경우에 맥락이 중요한 것으로 받아들여지고 있다. 예를 들어 라이체트닉 등은 위험-질병 관계를 확인하는 1종 근거와 특정 사업·개입의 관련 효과를 확인하는 2종 근거(Brownson et al., 1999)에서 3종 연구 근거를 강조해야 한다고 주장했다(Rychetnik et al., 2004). 3종 근거는 사업의 실행과 계획, 사업이 실행된 맥락적 환경, 개입이 제공된 방법에 관한 정보에 대한 보다 설명적 또는 질적 정보를 포함하고 있다.

이런 생각은 건강 불평등을 해소하기 위해 구축한 복합적이고 지역적인 파트너십을 평가하는 데 변화 이론 접근법(theories of change approach)을 적용하고자 하는 헬스액션존 사업에 대한 국가평가팀의 결정 방식에 영향을 미쳤다(Sullivan et al., 2003). 결과에 중점을 두는 체계적 문헌 고찰과 실험적 평가와는 대조적으로 이론 기반 평가는 단기·중기·장기적으로 바람직한 결과와 개입 활동 간을 잠재적으로 연관시키는 이론을 '표면화'하는 것이 목적이다(Connell and Kubisch, 1998; Barnes et al., 2003). 이 접근법의 장점 가운데 하나는 블랙박스를 열고 (사업이나 평가의 수명에서 측정 가능하지 않을 수도 있는) 결과 그 자체보다 사업이 효과를 보이거나 실패하는 과정에 중점을 둔다는 것이다.

그러나 헬스액션존의 평가에 적용했을 때, 프로그램 설계 및 전달과 참가자들의 견해에 우선순위를 두는 상향식 접근방식은 (특정 활동과 결과를 연관 짓는 데 도움을 줄 수 있는 더 광범위한 견해를 통해 추론하는 것보다) 이론적 한계가 존재하는 것이 확인됐고, 그런 프로그램의 복잡함을 하나의 대표 이론 안에서만 포착하는 것이 불가능하다는 것도 확인했다(Barnes et al., 2003). 그러므로 이것은 평가 과정에 대한 효과적인 이론을 모색할 때 실재적 평가(realistic evaluation)와 복잡성 이론(complexity theory)을 포함해 수많은 다른 접근법들을 참조하도록 만들었다. 또한 건강개발기구는 이러한 접근법을 택했으며, 무엇이 어디에서 누구에 대해 효과적으로 작동하는지를 파악하기 위한 더 정교하고 '현실적인' 접근법을 필요로 한 국가 차원의 평가를 시행했다(Bowers et al., 2003, Kelly et al., 2004).

실재적 평가

실재적 평가는 경험적 일반화를 귀납적으로 수렴하는 방식보다 이론의 구축 과정을 통해 교훈의 전달이 이루어진다고 가정한다. 현실적인 평가에 대한 개념적 기반은 '맥락(context)+메커니즘(mechanism)=결과(outcome)'라는 공식으로 정의된다(Pawson and Tilley, 1997). 따라서 여러 가지 사업들의 인과적 영향력은 본질적으로 사업이 기초하고 있는 메커니즘, 프로그램 자원이 대상의 활동에 영향을 미치는 방법이나 또는 실제로 그것을 효과적으로 만드는 프로그램이 무엇인지에 대한 기본 이론에 달려 있다. 또한 이 메커니즘이 실제로 작동하는지 여부는 맥락, 대상과 프로그램 현장의 특성에 따라 결정된다.

이러한 견해에 따르면 중재 프로그램은 작동하는 '프로그램'이라기보다 변화를 만들어 내는 주제들을 제공하는 기저 이유 또는 자원인 셈이다(Pawson, 2001). 그 결과는 일관성 없는 결과에 대한 대표 이론이나 목록이 아니며, (접근법 'x' 또는 사례 'y'는 가장 성공적인 것으로 나타났다는 식의) '싸고 좋은 물건'은 더욱 아니다. 누구에게, 언제, 어떻게, 어떤 사업·정책이 효과적이었는지 또는 어떤 맥락에서 누구를 위한 어떤 종류의 문제·정책에 효과적이었는지를 보여 주는 지속적인 프로젝트에 대한, 섬세함에 기반을 둔(Parson, 2002: 57) '광범위한 제반 유형의 상징'이다 (Pawson and Tilley, 1997: 126).

포손은 제5장에 소개된 니코틴 대체 치료 사례를 이용해 그의 주장을 설명했다(Pawson, 2001). 여기에서 강조하는 것은 인센티브인데, 사업 초기에 담배를 대체하는 패치를 무료 공급함으로써 절약된 돈으로 이후 몇 주 동안 추가로 패치를 구매할 수 있게 지원하는 것이다. 의도했던 프로그램 메커니즘은 자체적으로 장기적인 행동을 형성하게 하자는 것이었다. 그러나 이러한 프로그램의 결과는 모호하다. 포손은 이 프로그램의 한 가지 결정적인 맥락적 조건을 균형추로 간주한다고 언급했다. 즉, 이 프로그램 이론은 가구의 재정 상태가 어렵기는 하지만 빚에 허덕이고 완전히 망가져 있다고 가정하지는 않는다(Pawson, 2001). 이럴 경우 정책 입안자와 실무자들은 '무료 처방'과 달리 '2주 무료' 규정에 대한 논의를 위원회에 넘기면서 후퇴하는 경향을 보인다. 그 대신 현실주의자들은 약간의 교훈을 얻고 혼란의 맥락적 제약에 대한 초기 이론을 개발하는 데 중점을 둘 수 있다. 중요한 것은 이 접근법 역시 성공을 모방하는 것만큼이나 예전의 오류를 피하는 데 상당히 의존함으로써 성공적 정책의 추구에서 오류들을 수용한다는 것이다.

복잡성 이론

복잡성 이론(complexity theory)은 인과관계에 대한 직선적 사고에서 탈피해 요인 사이의 상호 작용과 연관성을 파악하고자 하는 비선형 모델로 전환하는 것이며, 유사한 환경의 개입이 세부적인 차이로 인해 다른 결과를 낳을 수도 있다고 주장한다는 점에서 실재적 평가와 유사성을 가진다. 그러나 복잡성 이론은 전환 가능한 프로그램 이론을 결정하는 능력보다 (구성 요소만 참조해서 파악할 수 있는 새로운 특성인) 혼란과 차이의 역할에 중점을 둔다.

이것은 복잡한 역동적 사회체계가 예측 불가능한 방식으로 움직이므로 직선적 방식으로 인과관계를 정의하는 어떤 사업에도 동의하지 않으며, 따라서 중심에서 (사회를) 통제할 수 없다는 주장에 기반을 두고 있다(Sanderson, 2002). 그러므로 정책입안자들은 개인, 조직, 커뮤니티로 하여금 자기 조직화, 지속적인 적응, 지역적 지식 및 학습 경험의 이용이 가능하도록 지원할 필요가 있다(Parsons, 2002). 이러한 모델에서 강조하는 것은, 통제를 개선하기 위해 보다 나은 근거를 이용하는 것이 아니라 중심 영역의 공식적인 정책보다 더 나은 기회를 제공할 가능성이 있는 말단과 말단의 학습(periphery-periphery learning)을 강조함으로써 커뮤니케이션을 개선하고 왜곡을 감소하는 데 중점을 둔다.

이것은 특정 맥락에서 특정 프로그램을 설계·실행하는 사람의 적극적인 참여와 성찰적 학습을 필요로 한다. 여기에서 프로네시스(phronesis), 즉 실천적 지혜는 핵심적 역할을 한다(Sanderson, 2002). 또한 이것은 핵심적인 제도 구조와 거버넌스 레짐에 초점을 두며, 그것들이 개방적이고 흡수성이 높으며 탈중앙화하고 다양성을 확대하고 급진적인 혁신에도 적응할 수 있기를 요구하고 있다(Bentley, 2002; Parsons, 2002).

예를 들어 스테이시는 적절한 관리 메커니즘을 제안하기 위한 합의 확실성 매트릭스(agreement certainty matrix)를 개발하는 데 복잡성 이론을 이용했다. 합의와 확실성의 수준이 모두 높은 경우, 이 영역은 지침서, 사업 표준의 적용, 이행 관리 같은 계획 및 통제 메커니즘 개발을 준비한다. 두 가지 수준 중 하나라도 낮은 복잡한 시스템에서 사업에서의 변화는 (단지) 실험적 사업과 국지적 혁신 같은 다른 접근법을 따르는 것에 그칠 것이다(Stacey, 1999; Kelly et al., 2004). 이런 맥락에서 목표 부과와 성과 관리 틀을 통해 헬스액션존 같은 혁신적인 사업을 중앙에서 통제하려는 시도는 '사업 효과를 불안정하고 경직되게 만들었으며, 적응 능력을 훼손시켰다'(Barnes et al., 2003: 278).

평가 및 정책

원래 평가는 점차 근거 기반의 일상적인 요소가 되지만, 무작위 할당 대조군 시험과 체계적 문헌 고찰의 확장에서 알 수 있듯이 실질적·정치적·이론적 문제에 의해 너무나 많은 혼동을 야기할 수 있다. 이론적 기반은 충분히 개발되지 않은 채 남아 있는 경우가 많고, 그 결과는 특정 정책 개입 유형과 관련된 지식의 축적이라기보다 일련의 특별한 사업들의 특별한 보고서인 경우가 많다. 그러나 복잡한 지역사회 사업과 관련한 이론의 세밀한 구별 및 활용, 특히 정책입안자에게 교훈을 제시할 수 있는 능력에서는 여전히 유아적 수준에 머물러 있다.

보다 실용적인 도전 과제이지만, 이 책에서 의회 및 정부의 짧은 집권 기간(종종 2년)으로 인해 이들은 장기적인 실험을 선호하지 않으며 이러한 환경 속에서 정책들이 근거와 상관없이 이루어지는 경우가 많다는 것을 일관되게 보여 주고 있다. 예를 들어 제9장과 제11장에서 검토한 뉴딜 정책은 사전 시험 연구 과정이 끝나기 한참 전에 전체 또는 확장된 형태의 정책으로 실행이 지속적으로 이루어졌으며, 이에 따라 주요 정책 결정은 매우 초보적인 모니터링과 과정 평가의 초기 결과를 통해 얻어진 정보에 의존해 이루어졌다(Walker, 2001).

유사한 도전 과제는 정책 특성과 관련 있다. 여러 가지 목표의 동시 나열, 부정확하게 정의된 목표 같은 전형적인 문제들과 함께, 업무 분장을 둘러싼 여러 부서 간의 책임 미루기, 진전된 목표 설정 없이 이루어지는 실행 방식 등이 바로 그것이다. 실험적 평가에서 각 변이들의 출현은 효과적인 표본의 크기를 감소시켜 더 큰 규모의 연구를 필요로 하고, 이것은 더 많은 비용이 들어가는 사전 시험 연구를 필요로 하게 만든다. 초기 경험에 의거해 너무 서둘러 정책을 수정하는 양상도 흔히 나타난다. 이러한 맥락에서 사전 시험 연구는 본질적으로 예외적인 것으로 처리되는데, 왜냐하면 사전 시험 연구는 정상적인 정책보다 더 많은 자원이 투입되는 경향이 있으며, 진행 직원과 프로그램 참가자 중에 모험을 시도하는 사람과 여론 주도자가 포함될 가능성이 높기 때문이다(Walker, 2001). 이와는 반대로 이론 기반 실재적 평가의 지지자는 지식 기반에 추가될 가능성이 있는 다른 맥락－메커니즘－결과(context-mechanism-outcome) 배치의 시험을 가능하게 한다고 주장한다.

근거 기반 공중보건의 새로운 틀을 향해

각 근거의 출처가 각기 독립적으로 존재하는 한계에서 정책입안자들이 앞에서 설명한 다양한 접근법으로부터 요소들을 결합해 가장 경제적인 근거의 혼합물을 만들어 내는 것은 놀랄 일이 아니다. 예를 들어 건강개발기구는 '보다 통합적이고 체계적이고 실험적인 방식으로' 지침서를 만들어 내기 위해 방문 보건 인력, 학교 간호사, 교사, 의료 실무가, 매니저, 공무원 등의 실무자들을 참여시키는 일련의 효과적인 활동 브리핑을 진행했다(Kelley et al., 2004: 5). 이것은 변화 이론 접근법을 지지하며, 활동이 어떻게 변화로 이끌 것인지에 대한 이론적 이해와 이론에 근거한 결과 지표 선택을 강조해 제안했다. 또한 그들은 스테이시의 합의 확실성 매트릭스를 특정한 맥락에서 효과적일 가능성이 있는 일반적인 활용 유형에 관한 판단을 돕고, 그들로 하여금 언제 근거를 사용하고, 언제 정책 변화에 집중하며, 언제 사업 개발 접근법을 사용할 것인지 이해하도록 도움을 주는 데 이용했다(Kelly et al., 2004).

방법론적 엄격함에 대한 요구보다 정책적 적합성에 더 높은 우선순위가 주어질 때 근거에 대한 '혼합 경제적 근거'를 개발할 필요성이 현재 중간 정책가의 연구에 대한 인식(Petticrew et al., 2004) 그리고 건강 불평등 분야의 연구 주도자들의 견해 속에서 강조되고 있다(Whitehead et al., 2004). 후자의 경우 다양한 출처에서 사례가 제시됐다. 공식적인 관찰 연구와 개입에 대한 통제된 평가뿐 아니라 (특히 양적 데이터와 한 쌍을 이루는) 질적인 근거, 역사적 근거, 다른 국가나 지역으로부터 얻은 근거를 만들어 내는 자연적 정책 실험의 가치가 인정됐다. 이렇게 다양한 근원에서 '퍼즐 맞추기식'의 근거를 창의적으로 조합해 만드는 정보가 단일 근거가 제공하는 정보보다 정책에 더 가치 있는 정보를 제공하는 것으로 나타났다(Whitehead et al., 2004).

그러므로 이러한 방법의 활용은 현재의 근거 기반 평가가 보여 주고 있는 핵심적인 실패 가운데 하나, 즉 개인화된 개입이라는 문제를 해소하는 데 기여할 수 있을 것이다. 대부분의 건강 불평등 관련 유명 연구학자들은 교육, 고용, 주택 공급, 소득분배 같은 건강 불평등의 폭넓은 결정 요인을 대상으로 하는 상위흐름 정책의 개발 필요성을 강조한다(Acheson, 1998; Davey Smith et al., 1999, 2001; Hertzman, 1999; Townsend, 1999; Mackenbach and Stronks, 2003). 공중보건학적 개입은 '정부 및 비정부단체의 정책, 법률 및 규제, 조직 개발, 지역사회 개발, 개인 및 커뮤니티 교육, 엔지니어링 및 기술 개발, 서비스 및 공급 체계의 개발, 커뮤니케이션'을 포함한다(Rychetnik et al., 2004: 540). 근거를 수집하는 현재의 접근법은 이러한 광범위한 영역 내에서 서로 다른 정책과 조직적 배치의 효과를 평가하기에 충분한 준비를 갖추지 못하고 있다.

공중보건 사업에 관한 국제 연구

서로 다른 법률적·사회적·정치적·경제적 구조 — 가 재정 정책, 노동시장 정책과 유해 물질, 식품 지원 관련 입법화 등 — 에 대한 분석을 제공하는 국제적 연구는 상위흐름 정책에 관한 근거를 수집하는 데 유용한 접근법을 제공한다. 그리고 하위흐름 및 중간 흐름 개입의 효과를 결정하는 맥락의 역할을 이해하는 데 도움을 준다. 그러나 앞서 관찰한 바와 같이 공중보건 개입에서 나타나는 근거는 '하위흐름' 사업에 중점을 두는 경향에서 두드러진다. 특히 영어로 발표되는 논문들, 그중에서도 미국에서 나오는 연구 문헌에는 확실한 편중이 존재한다. 이러한 맥락에서 '건강 불평등 완화를 위한 정책 및 사업 유럽 네트워크(European Network on Interventions and Policies to Reduce Inequalities in Health)'(이하 유럽 네트워크)이 지향하는 목적은 중요한 의미를 가진다. 다양한 분야의 전문가들로 구성된 이 집단의 구성원은 1990년과 2001년 사이 그들 국가의 사회경제적 건강 불평등 해소를 위한 구조화된 정책들을 제시했으며, 건강 불평등을 감소시키기 위한 구체적인 정책과 개입의 효과에 대한 경험적 근거를 조사했다(Mackenbach and Bakker, 2003).

여기서는 다양한 지표에 걸친 비교 자료들을 만들어 내거나 정책적 접근과 결과에서 의미 있는 차이를 만들어 낼 수 있을 것 같은 핵심 요소들에 대한 결론을 유도하기보다 주로 특정 국가의 다양한 사례 연구를 제시하는 방식을 택했다. 그러나 유럽 네트워크 관계자들이 관찰한 바와 같이 정책 내용과 맥락의 차이로 인해 직접적인 비교는 쉽지 않았다. 예를 들어, 서로 다른 국가는 건강 불평등에 대해 매우 다양한 인식 상태와 대응조치를 보이는 것으로 나타났다. 또한 사업과 정치적 실행 가능성의 기반 위에서 이루어진 특정 국가의 사업들이 재현될 가능성의 정도 역시 다양하게 나타났다(Mackenbach and Bakker, 2003).

합법화의 문제도 있었다. 그러나 국가 간 비교의 어려움은 연구 설계에 반영됐다. 따라서 유럽 네트워크는 명확한 비교 틀 내에서 정책 분석을 진행하지 않았다. 효과적인 개입에 관한 문헌들을 찾는 검색 전략에서 공식적인 데이터베이스를 이용할 경우 각 국가의 국내 저널에 발표된 회색 보고서와 연구가 제외되고 초점의 개별화되며, 맥락적 중요성을 파악하지 못해 비판받아 온 유형의 연구들(예를 들어, 무작위 할당 대조군 시험, 통제된 실험 연구)을 과도하게 반영하게 되는 것으로 나타났다. 따라서 유럽 네트워크가 특정 영역에 대한 국제 비교 연구를 시도했을 때, 이것은 대부분 탈맥락적인 체계적 정책 리뷰 형태(Hogstedt and Lundberg, 2002; Mielck et al., 2002; Paterson and Judge, 2002; Platt et al., 2002; Prättälä et al., 2002)가 됐다.

한 가지 예외는 소득 유지 정책에 대한 설명적인 검토로, 이것은 에스핑안데르센의 중요한 연구(Esping-Andersen, 1990)를 바탕으로 서로 다른 복지 레짐과 관련해 정책 사이의 중요한 차이점을 강조했다(Diderichsen, 2002). 그러나 이 연구는 중요한 맥락적 특성을 강조하기는 했지만, 건강 불평등의 예방을 위한 서로 다른 복지 제도의 이행에 대한 명확한 결론에 도달하지는 못했다.

유럽 네트워크가 시행한 비교 분석 수준에 머물 경우, 국가 경험들에 대한 설명은 일부 경험적 근거에 의해 지지되는 효과적인 건강 불평등 감소를 위한 혁신적인 접근들의 예를 보건사업가들에게 확인시켜 주는 정도에 그친다. 예를 들어 네덜란드에서는 빈곤 지역에서 중간 결과 지표와 관련된 국가 목표, 만성 질환을 가진 사람의 노동 참여, 흡연 및 중노동의 예방이 건강 불평등의 완화에 효과적인 것으로 간주됐다. 영국과 비교해서 스웨덴이 펼치고 있는 만성 질환을 가진 시민을 대상으로 한 강력한 고용 보호 및 적극적인 노동시장 정책은 취약한 집단을 노동 시장에서 제외되는 것으로부터 보호하는 효과적인 방법으로 확인됐다. 한편 프랑스의 강제적인 산업 보건 서비스는 금연을 포함한 예방 활동을 전달하는 데 효과적인 방식을 제공한다. 식이와 같은 건강 관련 행동에서 학교와 일터에서 무료 또는 정부 보조에 의한 할인 가격으로 음식을 제공하는 정책을 포함해 핀란드에서 시행하고 있는 다양한 사업들은 건강 불평등의 완화에 효과적인 것으로 각광을 받고 있다. 효과적인 보건의료 서비스에 대한 보편적인 이용을 가능하게 하는 것은 사회적 불리함을 해소하는 중요한 전략으로 간주된다. 마지막으로 영국의 헬스액션존 사업과 같이 영역접근법 또는 지역 기반 사업을 이용하는 것은 혁신적이고 효과가 높은 접근법인 것으로 확인됐다(Mackenbach and Bakker, 2003).

어떤 사업은 효과적인 상위흐름 사업의 '근거 기반' 목록을 받아들일 때 주의를 기울여야 한다. 유럽 네트워크는 스스로 효과의 근거가 항상 최고의 과학적 표준을 충족하지는 않는다는 사실을 인정했다. 더욱이 다른 국가 경험의 자기 나라의 것으로 해석하는 것은 사회정책에 대한 국제 연구에서 나타나는 함정에 빠질 가능성이 크다(Cochrane et al., 2001). 다수의 영국 전문가들은 헬스액션존이 혜택 받지 못한 사람의 건강에 유의한 차이를 나타냈다는 주장에 이의를 제기할 것이고, 영국 정부의 건강 불평등 해소 전략이 포괄적인 사회정책의 역할을 수행하고 있지만, 그 전략의 실행 방식에서는 건강 불평등 정책 협력에서 보다 진보된 단계에 있다는 유럽 네트워크의 결론(Mackenbach and Bakker, 2002: 341)을 반드시 지지하지는 않을 것이다.

근거 기반 공중보건의 새로운 틀: 공중보건 레짐

유럽 네트워크의 경험은 자연적인 정책 실험의 활용이 많은 방식으로 개선될 수 있다고 제안했다. 첫째, 단일 국가 사례 연구는 공통적인 구조 및 제도 배치의 체계적인 평가를 통해 강화되며, 이것의 확인은 이론을 기반으로 한다. 다양한 범위의 건강 손상 노출 및 행동이 개인적인 차원에서 확인될 수 있지만, 폭넓은 사회경제적 맥락 속에 배태되어 있다는 것이 일반적으로 받아들여지고 있다. 그러므로 건강 불평등에 대한 정책적 반응도 건강 불평등의 보다 폭넓은 결정 요인을 대상으로 이루어져야 한다(즉, 상위흐름 정책의 개발을 통해 이루어져야 한다). 자주 간과되고 있는 것은 (사회·경제·정책과 관련된) 구조적 요인 역시 중위흐름 및 하위흐름 개입의 구성·실행·효과를 형성한다는 점이다. 따라서 국가적인 차원에서 공중보건 전략의 가능성을 파악하기 위해서는 맥락을 핵심적인 중점 분야로 두어야 한다.

서로 다른 생의 주기 단계에서 일어나는 건강 불평등의 경로에 대한 이해 속에서 정책·사업이 수행될 경우, 잘 설계된 단일 국가의 연구는 이론 기반 접근법을 이용함으로써, 즉 단기·중기·장기적으로 바람직한 결과와 개입 활동을 연관 짓는 명확한 이론을 '드러냄으로써' 그들로 하여금 잠재적인 정책 효과를 평가할 수 있게 한다(Connell and Kubisch, 1998). 그러나 그 나라의 맥락과는 무관하게 그 정책이 작동하는가를 확인하거나 다른 맥락에서도 그 정책이 효과적으로 작동하기 위해 필요한 조건을 확인하기 위해서는 맥락에 대한 이해와 비교가 필요하다.

복지 레짐에서 공중보건 레짐으로

국제 비교 공중보건 연구의 틀을 개발하려고 할 때 에스핑안데르센의 비교 복지국가 연구(Esping-Andersen, 1990)로부터 유용한 교훈을 얻을 수 있다. 국가의 정치 이데올로기와 복지 관련 정책과 제도 배치의 연관성을 중심으로 한 그의 연구는 복지 제공 체계 대한 국가적 반응의 이론적 유형만을 제시하는 것이 아니다. 대규모 통합 데이터를 사용할 경우 서로 다른 복지 제도와 (개인이 유급 고용 없이 수용 가능한 생활수준을 즐길 수 있도록 해 주는 사회정책의 수준 같은) 핵심 결과 변수들 사이의 관계를 검토할 수 있게 해 준다(Esping-Andersen, 1990: 37).

그러나 에스핑안데르센의 연구에 대해 비판이 없는 것은 아니다. 그것은 지리학적 초점이 (특정 지역에) 국한되어 있고 이상적인 유형의 제도와 복지 결과 사이의 연관성에 대한 결론에 논란이 있어 왔다. 예를 들어, 후속 분석에서 영국과 캐나다가 (낮은 수준의 국가 연금을 제공하는) 자유주의 복지국가로 분류됐지만, 중간 수준의 관대함을 보여 주는 복지 혜택을 제공하는 것으로 나타났다. 그런데 실제로 캐나다는 '자유주의' 호주나 미국에 비해 '보수적인' 프랑스나 '사회민주주의' 핀란드에 더 가깝다(Scruggs and Allen, 2004). 몇몇 연구에서는 에스핑안데르센의 유형화를 복지국가 변이에 대한 어느 정도 영구적인 특성인 양 무비판적으로 수용하고 있지만, 이것을 지지하는 복지 레짐과 핵심적인 정치적 가치는 1980년대 이후로 중요한 변화를 겪었다. 현재 세계화한 세계에서 미국의 자유주의 모델은 크게 영향을 미치게 됐으며, 복지를 개편하고 재구성하는 압력이 국제적으로 가해지고 있다. 따라서 사회 민주주의 모델이 손상되지 않은 스칸디나비아 국가의 경우에도 공공 사회적 지출 범위를 제한하고 비용에 포함시킬 필요성을 요구받고 있다. 대규모의 유럽 통합도 복지 제도에 영향을 미치는 것으로 나타났다. 유럽 통합은 서로 다른 복지 제도가 지속적으로 다양하게 존재할 수 있는 환경을 제공하기보다 집합적 특성을 증대시키는 요인이 되고 있다.

세계화의 압박은 불평등을 감소시키기 위한 공중보건 전략 분석에 세계화를 포함해야 하는 추가적인 맥락적 양상을 제공한다. 그러나 서유럽 복지 자본주의에 대한 세계화의 영향은 과장해서는 안 된다. 모든 서유럽 국가는 국가 부의 상당 부분을 여전히 복지에 투자하고 있다. 더욱이 지출 수준과 복지 제도가 구성되는 방식은 여전히 국가마다 의미 있는 차이를 보여 주고 있다. 그러므로 복지 레짐은 서로 다른 복지 제도의 체계적인 분석에 여전히 유용한 시작점을 제공한다. 이것은 사회 정책을 배태하는 보다 폭넓은 경제적·사회적·정치적 틀에 대한 명확한 검토를 가능케 한다. 예를 들어 서로 다른 복지 제도의 투입·수단·결과에 대한 비교 분석에 도움을 준다. 복지 레짐의 개념은 에스핑안데르센이 중점을 두었던 소득의 유지보다 훨씬 폭넓은 복지 정책에 적용될 수 있다. 따라서 우리는 복지 유형화 개념을 공중보건 분야에도 유용하게 적용할 수 있다고 주장한다.

공중보건 레짐: 분석 프레임 잡기

<표 14.1>는 맥락, 메커니즘, 결과 사이의 관계에 중점을 둔 실재적 평가(Pawson and Tilley, 1997), 요인 사이의 연관성과 상호작용에 중점을 두는 복잡성 이론(Sanderson, 2002), 건강 불평등을 야기하는 경로와 사회적으로 배태된 경로를 차단하기 위한 개입 방식에 대해 우리가 이 책에서 제시한 연구 내용을 포함하는 다양한 원천에서 도움을 받아 만들어졌

다. 우리는 광범위한 맥락적 요인이 사회경제적 건강 불평등 감소와 관련된 투입, 과정, 결과에 영향을 미칠 것이라고 주장한다. 공중보건 레짐의 큰 영역은 정치적, 법률적, 사회적, 경제적, 조직적, 문화적 영역으로 구성된다. 문화를 제외하고 각 영역은 개개인의 자기 결정과 시장의 역할에 대한 믿음, 불평등에 대한 용인과 정부 개입의 반감에서 시작해 평등, 사회정의, 연대에 대한 믿음과 국가의 강력한 역할에 이르기까지 다양한 스펙트럼을 보이는 일련의 핵심적인 믿음과 가치를 연결할 수 있다.

<표 14.1>의 두 번째 특성은 국가 각각의 공중보건 레짐 영역을 요약하는 지표를 사용한 것이다. 비교 분석을 시행하는 데 이들 지표는 질적 지표이거나 양적 지표일 수 있다. 지표의 선택은 이론을 기반으로 해야 한다(즉, 지표는 건강 불평등을 나타내는 인과관계 요인이나 개입의 효과를 만들어 내는 맥락적 요인과 관련을 가진다). 실제로 이론에 기반을 둔 지표 유도에 대한 요구는 이 접근법이 건강 불평등의 일반적인 조사보다 특정 위험 요인(예를 들면, 흡연 및 영양), 또는 예방 가능한 질병 및 상태를 목표로 하는 개입에 적용하기가 더 용이할 것임을 보여 준다. 따라서 <표 14.1>의 세 번째 특성은 서로 다른 용도에 따라 재단될 수 있는 정도인데, <표 14.1>에 제시된 특성은 영양 불평등을 대상으로 하는 사업과 정책 분석에서의 틀을 보여 준다.

지표는 핵심 정치 원칙의 스펙트럼에서의 상대적인 지위를 묘사하는 데 사용되지만, 이데올로기적 방향과 공중보건 결과 사이에 자동적인 상관관계가 있다고 가정하지는 않는다. 영역과 구성 지표는 단지 공중보건과 관련이 있는 핵심 구조, 제도, 결과에 대한 단일 국가 연구나 국제 비교 분석에 대한 맥락적 틀을 제시하는 데 사용한다. 단일 국가 연구에서 제안된 틀은 모든 정책 틀 수준(즉, 상위흐름, 중위흐름, 하위흐름)에서 개입의 포괄적인 분석을 가능하게 하며, 이것은 건강 불평등을 제시하는 경로에 대한 기존의 지식을 이용하는 이론적 기반을 제공하는 데 사용될

수 있다. 더 적극적으로 볼 때, 국제적인 분석은 공중보건 개입 결과의 규칙성과 차이점을 확인하고 건강 불평등을 감소하는 서로 다른 구조적 요인의 역할과 영향에 대해 의문을 제기하는 수단을 제공한다. 예를 들어, 공중보건과 관련된 국가 구조, 정책 및 조직적 배치의 핵심적인 차이점과 유사점은 무엇인가? 어떤 레짐과 영역은 다른 것보다 더 건강 형평의 촉진에 도움이 되는가? 공중보건 레짐에 따라 사업의 효과가 차이 나는지 구별하는 것(따라서 일반화하는 것)이 가능한가? 사업의 성공을 담보하는 (확인 가능하고 재현 가능한) 특정한 조건과 맥락을 제시하는 것이 가능한가? 국가적인 차원에서 가능한 구조가 없을 때 건강 불평등을 해소할 수 있는 지역 활동 범위는 어떠한가? 따라서 이 틀은 건강 불평등 완화에 관련한 맥락, 메커니즘, 결과에 대한 일련의 가설 도출에 사용될 수 있는데, 이것이 이 틀의 중요한 네 번째 특성이다.

다섯째, 경험적 평가에 의한 가설 제시를 통해 우리는 공중보건 레짐 분석이 건강 불평등 해소를 위한 정책 및 사업의 효과를 결정하는 각 영역의 상대적 역할에 대한 이해를 향상시킬 것이라고 제안한다. 영양 불평등에 관한 정책 사례를 살펴보면, 식품 선호도를 결정하는 데 법적·상업적 이해의 상대적 권력에 대해 확실한 의문이 제기된다. 기업이 식품 광고를 목적으로 사용하는 비용과 영국 정부가 식품 캠페인을 위해 사용하는 비용을 단순히 비교하면, 영국에서 소비자주의가 침해받고 있음을 알 수 있다. 2003년 식품, 음료, 체인점 레스토랑 상업 광고는 7억 4,300만 파운드 정도의 규모인 데 비해, 2004년 정부의 식품 캠페인 비용은 700만 파운드에 불과했다(HM Government and DM, 2004: 32). 또한 학교 대상 과일·채소 제도와 '하루 다섯 번 프로그램'은 새 기회기금으로부터 각각 4,200만 파운드와 1,000만 파운드를 지원받았다. 건강한 식습관 촉진을 목표로 정부가 시행하는 가장 중요한 이 두 가지 사업을 포함하더라도 식품 판촉비용에 비해 공공 부문의 지출은 비교가 안 될

〈표 14.1〉 공중보건 레짐의 분석적 틀: 영양 불평등을 대상으로 하는 정책 및 사업의 지표적 틀

영역	지표의 예	정치적 이데올로기		
		정치적 우파		정치적 좌파
정치적 영역				
복지 레짐	질적 설명	자유주의	조합주의적	사회민주주의
	GDP 대비 총 공공 사회 지출	<20%		>40%
복지 재정 및 제공에서 국가 역할	GDP 대비 순 공공 사회 지출(세금 및 연금 시	<20%		>30%
	템에 적합한)			
	탈상품화 점수	<15		>35
복지 서비스 접근도	무료 학교 급식, 고용 기반 시사에 대한 접근도	안전망	보조	보편적 제공
핵심 정치적 가치	해심 정치적 가치의 질적 설명	시장, 개인주의,		평등, 사회
		선택		정의, 연대
법률적 영역				
법제화의 강도	식품 광고, 식품 기준에 관한 통제의 성격	최소	자발적	필수
사회적 영역				
사회구조	소득 분배	높은 불평등		낮은 불평등
	상대 빈곤율	높음		낮음

	교육성과와 불평등 주요 사회 격차의 질적 설명	높은 불리함	낮은 불리함
경제적 영역			
시장화-소비자지향의 수준	음식 가격, 보조금, 세금정책 수단	약함	강함
법령 및 상업적 이해의 상대적 편의 정도	무역자유화 수준	자유화 경향	보호무역주의 경향
	법령 비율: 식품 판촉에 관한 상업 지출	낮음	높음
조직적 영역			
정책 개발 및 협력 수준	식품 정책 협력 메커니즘(예: 국가·지역 식품정책위원회)	약함	강함
	핵심 대응 조직의 초점(생물학적·환경적, 윤리적)	좁음	전체적
	정책 협력 및 실행 참여하는 이해관계자의 범위	좁음	폭넓음
문화적 영역			
식품의 사회문화적 의미	질적 분석		
전통적 현대적 음식 패턴	조사 및 감독 시스템 데이터		
식품 선호에 대한 세계화 정도	식품 수입 분석 등		

정도로 적다. 영국의 상업적 농업과 공중보건 이익의 상대적인 권력도 전자에 유리하게 확실히 균형이 유지되는 것으로 나타났다. 이와는 대조적으로, 유럽 통합 및 세계화가 기존의 정책과 법률을 일부 위축시키고 있지만 스칸디나비아 국가들은 공중보건과 환경적 관심을 식품 농업 정책과 성공적으로 통합·운영하고 있다(Lang, 2002).

이 단계에서 무역 자유화와 소비자주의가 반드시 공중보건 이익에 대립된다고 가정하는 것은 시기상조이다. 예를 들어 최근의 과일·채소 소비 증가는 식품 수입에 의해 긍정적인 영향을 받았다. 그러나 핵심 영역의 상대적인 역할과 상호 작용에 대해 부족한 현재의 지식은 정책이 효과적으로 작동하는 데 필요한 조건의 이해를 저하시키는 까닭에 우려를 야기하고 있다. 공중보건 레짐 틀을 이용한 정책 및 개입 분석은 지식에서의 격차를 해소할 뿐 아니라, 장기적으로 서로 다른 지표와 영역에 대해 (예를 들어, 스펙트럼이나 핵심 가치에 따라 지점을 표시하려고 할 때 서로 다른 선의 굵기로 표시되는 것과 같이) 가중치 부여의 기초를 제시할 수 있다. 이러한 접근법은 서로 다른 국가의 복지 및 공중보건 레짐에 대한 복잡하고 종종 모호한 상태를 유용하게 강조할 수 있다.

단일 국가 분석: 공중보건 레짐으로서의 영국

앞에서 언급한 바와 같이 공중보건 레짐 접근법은 단일 국가 연구나 국제 비교 분석에 적용될 수 있다. 이 두 가지 경우 모두에서 이 접근법이 가지는 잠재적인 편익 중 하나는 현대 정치 체계의 복잡성, 복지 레짐의 혼합적 속성, 그리고 어떤 국가이든지 건강 형평의 증진을 가능하게 하거나 강제화하는 구조를 만들어 낼 수 있다는 사실을 포착할 수 있다는 것이다. 예를 들어, 현재의 영국 정부 철학과 그것에 기초한 복지 정책이 복지국가의 속성에 미치는 영향에 대한 주목할 만한 논쟁이 이루어지고 있다. 신노동당의 이데올로기적 지향에 관한 혼란스러움은 부분적으로는 재분배와 신자유주의 당파 간의 지속적인 권력 다툼을 반영하는 것일 수 있다. 그러나 제3장에서 결론을 제시한 바와 같이 이데올로기적 모호함은 신노동당이 천명한 '제3의 길(Third Way)'의 본질적 특성이다. 평등 문제에서 책임이 따르는 기회로 그 강조점을 전환하는 것에는, 대처 집권 시기에 두드러지게 나타났던 개인화와 민영화 지향적 요소가 존재한다. 복지국가는 동정이 아니라 실질적인 도움(일자리)을 제공해야 한다.3) 또한 신노동당은 큰 규모의 정부 관료화가 서비스 전달에서 가장 효율적인 방식은 아니라는 보수당의 믿음에 동의하는 것으로 나타났다. 따라서 민간 부문 파트너십이 적극적으로 추구되어 왔다. 하지만 이와는 반대로 정부는 기회의 평등을 촉진하고 저소득 또는 혜택 받지 못한 집단이 빈곤 및 사회적 소외로부터 보호되도록 보장해야 한다고 믿었다. 이러한 불평등 해소의 필요성에 대한 수용은 정치적 좌파의 생각에서 보다 특징적으로 나타난다(Baldock et al., 2003).

상위흐름 사업들

공중보건을 향상시키려는 영국 정부의 접근법에는 모호성이 두드러지게 나타난다. 건강 불평등의 기초적인 원인을 목표로 하고 전반적인 활동을 통해 이를 달성할 필요성을 강조하면서, 신노동당은 건강 불평등에 관한 활동 범위 중 가장 진보된 단계, 즉 '포괄 협력 정책(comprehensive coordinated policy)'에 있는 것으로 나타났다(Mackenbach and Bakker, 2002: 341). 건강 불평등을 해소하기 위한 행동 프로그램에서 정부는 보다 구조적인 건강 결정 요인을 해결하기 위해 개발되어 온 수많은 정책들이 존

---

3) "일자리 제공이 최고의 복지이다. 시혜가 아니라 실질적인 도움을 주어야 한다(work is the best welfare, a hand up, not a hand out)"는 신노동당의 생산적 복지관을 잘 대변하는 표현이다.

재함을 확인한다(제3장 참조). 이것은 이러한 공중보건 접근법이 사회경제적 불평등과 건강 불평등 간의 연관성에 대한 명확한 인식과 평등에 기초한 집합주의적 이데올로기와 전통적으로 연결된 사회정의와 믿음에 대한 헌신에 의해 지지된다는 것을 보여 준다. 또한 핵심적인 불평등 차원과 관련이 있는 과정을 모니터하는 목표의 도입은 정부가 건강 불평등을 심각하게 고려하고 있음을 보여 준다. 신노동당의 목표와 공개적으로 유용한 '근거'의 이용은 정치적으로 투명하고 중요하게 고려될 용의를 나타내는 것이기는 하지만, (성공을 입증하려고 고의적으로 낮은 벤치마크를 이용하는 것을 포함해) 목표의 역기능적인 효과가 많이 보고되고 있다(Smith, 1995). 정책 입안 과정과 신노동당 정책 평가가 순수하게 독립적인 연구를 통해 이루어지는 정도에 대해서도 의문이 제기된다(Walker, 2001). 정부가 정책을 정당화하고 성과를 평가하기 위해 사용하는 근거를 설정할 때 정책의 성과에 대해 반드시 의문이 제시되어야 한다. 따라서 현재의 정책이 더 평등한 사회를 만드는 데 얼마나 성공적일 것인지 적절히 평가하려면 '아전인수식 왜곡'의 극복이 필요하다.

좀 더 면밀한 조사에서는 공중보건 레짐의 핵심 영역에 관해 신노동당이 정치적 수사나 대표 지표가 보여 주는 것보다 평등과 사회정의에서 훨씬 적은 진전을 이룬 것으로 나타났다. 예를 들어 제3장에서 확인한 바와 같이, 사회경제적 불평등을 야기하는 폭넓은 경제적 세력을 위한 정부의 지원이 두드러지는 신자유주의적 양상을 보이고 있다. 따라서 최상위층의 소득과 수입은 1997년 이후로 가장 빠르게 증가한 반면, 중간층의 소득은 최대 17%까지 증가했고 최저 소득층은 단지 10%만 나아진 것으로 나타났다(New Statesman, 2005). 실제로 전반적인 소득 불평등의 감소가 현 정부의 목표는 아니지만, 세금 및 연금 제도를 방치할 경우 부자와 빈자 사이의 불평등 격차는 현재보다 훨씬 더 커질 것이다(Joseph Rowntree Foundation, 2005). 그 대신 '자격이 있는' 빈자와 '자격이 없는'

빈자를 구분하던 빅토리아 시대의 잔재 방식으로 가장 부유한 집단에 대한 증가하는 경제적 보상을 허용하고 (아동과 연금수령자가 있는 가정과 같은) 선택적 집단의 상대적 빈곤에 중점을 두었다. 1997년 이후로 자녀가 없는 취업 연령군의 상대 빈곤율은 2002~2003년 기록적인 수준으로 증가했다. 더욱이 상대 아동 빈곤 수준은 유럽연합의 평균보다 여전히 높으므로 가장 두드러진 빈곤 퇴치 전략도 개선의 여지를 남겨 놓고 있다(Joseph Rowntree Foundation, 2005).

다른 분야에서도 불평등의 주요 영역에 대한 정부 정책의 효과가 공언에 못 미치는 것으로 나타났다. 현재 공식 실업률은 역사상 최저치를 기록하고 있지만, 영국의 북동 지역과 북서 지역에서 취업 인구의 10% 이상을 차지하는 무능력 급여(Incapability Benefit)의 신청자는 급격하게 증가했다. 특히 산업 침체 지역에서 신청자 비율이 높은 것으로 나타났는데, 2001년 이싱턴(Easington), 더럼(Durham) 주, 머서(Merthyr), 사우스 웨일스(South Wales) 등 과거 탄광지역에서 16~64세 남성에게 급여 신청자 비율은 25%를 초과하는 것으로 나타났다(Select Committee on Work and Pensions, 2003). 이러한 맥락의 고려 없이 최근 실업률의 변화가 건강 불평등에 미치는 영향을 해석하는 것은 매우 어려운 일이다.

이와 유사하게, 규격 미달 가구수가 감소하고 있다는 사실을 근거로 주택 부문의 개선이 이루어졌다고 주장한다. 그러나 자산에 기초한 부를 기준으로 하는 부자와 빈자 사이의 격차는 빅토리아 시대 이후 어느 때보다 더 넓게 나타나고 있다(Thomas and Dorling, 2004). 주택 공급 시장의 차별적 양상의 증가는 부분적으로는 자산 시장 운영에 정부의 개입을 줄였기 때문이다. 다른 유럽 국가보다 훨씬 높은 수준으로 안전망 역할을 해 온 사회적 주택 공급 부문에 관한 정책이 1980년대 이래로 쇠퇴를 보이고 있다(Stephens et al., 2002). 신노동당은 이를 변화시키기 위해 거의 아무런 활동도 하지 않고 있다. 한편에서는 대처 수상의 '구매할 권리

(Right to Buy)' 정책을 주택 관련 자산으로 확대하자는 제안이 있는데(The Observer, 2005a), 이 움직임은 임대 사회 주택 부문의 그나마 남은 기능을 악화시킬 것으로 예상된다.

교육에서의 커다란 사회계층 간의 차이 역시 지속적으로 유지되어 왔다. (직장에서의 성공에 점차 중요한 역할을 하는) 대학 교육에 대한 접근에서의 격차가 더 벌어지는 것으로 나타났다. 1980년대 초반에서 1990년대 후반 사이에 23세에 학위를 마친 가장 부유한 1/4 가정의 아동은 20%에서 거의 50% 가까이 증가한 반면, 같은 동안 가장 가난한 1/4 가정에서는 6%에서 불과 9%로 증가하는 데 그쳤다(The Observer, 2005b). 교육의 여러 영역 중에서 정부는 조기교육을 우선적인 중점 과제로 설정했다. '아동 보호 10개년 전략'(HM Treasury et al., 2004)은 일과 가정생활의 균형을 맞출 필요가 있는 부모를 둘러싼 일련의 긴장에 대한 매우 신선한 분석뿐 아니라 초기 발달 지원이 얼마나 편익을 가져다주는가에 대한 훌륭한 근거를 보여 준다. 부모에게 제공되는 지원과 보육 관련 서비스의 질적 자격 수준에서 영국은 다른 국가들보다 뒤떨어져 있다는 것은 잘 알려져 있으며, 따라서 현재의 공급 맥락 속에서 (하루 종일 돌봄을 제공해야 하는 시설에 아동 발달을 전공한 우수한 전문 인력을 배치하는 제도의 개발과 같이) 꽤 급진적인 것으로 보이는 전략을 제시하기도 한다.

그러나 자원을 제대로 갖춘 상대적으로 적은 수의 국가 보육원만이 민간 또는 자원봉사 방식의 제공자보다 더 질 높은 교육과 보육을 제공한다는 근거가 제시되어 있지만, 정부의 보육 전략은 직접적으로 국가가 서비스를 제공하는 것보다는 조기 아동 돌봄과 관련한 규제와 감찰 체계만 지속적으로 확대하고 있다. 국가에 의해 자금이 지원되지만 시간제에 기준을 두고 제공되는 3세와 4세 아동의 조기교육을 제외할 때 새로운 전략은 공급 측면에 중점을 두지 않는다. 그 대신 제공자들이 훈련과 품질을 개선하도록 하는 기전을 개발하기 위한 추가적인 투자나 수요 기반 지원에 중점을 둔다. 이때 '근로소득 공제제도'는 지속적으로 투자의 중점이 될 것이다. 이것은 부모의 보육비용 부담을 더는 데 도움을 주기 위해 ('누진적 보편주의'라고 불리는) 누적 척도 방식[4]으로 지원이 이루어진다. 그러나 사실상 제공된 지원은 보육원이 지속적으로 높은 지원을 받는 스웨덴 같은 국가보다 훨씬 많은 보육비용을 부모가 지불할 것을 요구한다. 또한 이 정책은 일하는 부모를 대상으로 하며, 이는 많은 취약계층의 아동이 고품질의 주간 보호 서비스에 접근할 수 없음을 의미한다.

물론 조기교육 서비스 제공을 개선하기 위한 방법은 많이 있다. 정부는 규제의 틀 내에서 민간 및 자원봉사 영역의 활용이 (전략의 주요 테마인) '선택과 유연성, 가용성, 품질과 구매성'을 획득하는 최고의 방법이라고 지속적으로 확신한다. 국제적인 근거를 통해 고품질의 접근성 높은 서비스가 높은 국가 개입 수준과 연관이 있음이 드러났는데, 이는 앞서 언급한 가정을 더 엄격히 검증해야 할 필요성을 제기한다.

중위흐름 사업들

정부가 건강 불평등을 해소하기 위한 상위흐름 사업에서 하위흐름 사업으로 중심을 이동함에 따라 몇 가지 유명한 프로그램의 결과가 완전히 혼재되어 정책과 지속적인 자금 지원의 변화로 이어져 왔다. 유럽 네트워크가 건강 불평등을 해소하는 데 잠재적으로 혁신적이고 효과적인 접근법이라고 강조한 헬스액션존은 크게 쇠퇴해 가는 양상을 보이고 있다. 한편 정부의 슈어 스타트 계획은 그 인기는 좋지만 기존 프로젝트의 지속에 필요한 장기적인 자금에서 불확실성에 직면해 있다. 그러나 그 사업은 (반드시 직접적인 양육은 아니지만) 부모 역할 및 건강 지원, 정보 및 조언을 제공하는 아동 센터 개발을 통해 유지될 것으로 보인다.

---

[4] 소득과 비례해 가난한 사람의 부담이 적거나 편익이 많은 방식.

헬스액션존와 슈어 스타트는, 빈곤 지역을 대상으로 하고 그 이후로 주요한 제공으로 통합되는 수많은 명확한 프로젝트(교육 및 고용 액션존 등) 가운데 두 가지에 불과하며 '너무 많은 조율되지 않은 사업들'을 발생시킨다. 정부가 착수한 지역 기반 사업들의 과잉은 서로 다른 자금 지원과 성과 기전, 목적, 일정하에서 활동하는 지역 조직들을 힘들게 만들고 있다. 단기 성과주의, 제도 간 핵심적인 협력 부족도 장애 요인으로 확인됐다(McGregor et al., 2003).

하위흐름 사업들

건강 불평등을 해소하기 위한 상위흐름 사업과 하위흐름 사업의 영향력이 큰 편차를 보이는 것에 대해 최근에 발표한 공중보건 백서인 「건강의 선택: 건강을 위한 보다 쉬운 선택」에서는 국가가 개인적인 차원의 생활습관 요인들을 변화시키는 데 중점을 두어 개입하는 것에 대해 강력한 관심을 보여 주고 있다. 백서의 제안에는 전화, 온라인, 디지털 텔레비전 정보 서비스에 의해 건강 선택에 관한 정보를 제공하기 위한 서비스 개발, 생활습관을 개선하는 방법에 대해 개인에게 조언을 제시하기 위한 국영 의료 서비스 교육자 이용, 개인화된 건강 지침서 개발 등이 포함되어 있다. 공공 상담 결과를 이용하는 데 정부 공중보건 전략이 기반을 두고 있는 가설은 "건강은 매우 개인적인 문제이다. 사람들은 자신이 생활하는 방식에 대해 누가 간섭하는 것이나 정부가 자신들과 관련한 결정을 내리는 것을 싫어한다"는 것이다(HM Government and DH, 2004: 12). 따라서 백서는 개인이 소비자로서 건전한 선택을 하도록 지원할 필요성에 주로 중점을 둔다. 시장 경제에서 정부의 역할은 사업을 촉진하는 상업에서의 그것과 유사한 형태여야 한다는데, 즉 이때 이것은 '건강 마케팅'이나 건강 선택권의 혜택과 공급에 대한 자각 향상의 문제가 되어 버린다.

정부가 전적인 권한을 가지는 국가와는 반대로 영국은 시장 운영과 긴밀한 관계를 가지고 있기는 하지만, 이러한 매우 개인주의적이고 행동적인 접근법은 더 폭넓은 틀 속에 배태되어 있다. 예를 들어, 정부는 '기업의 사회적 책임'을 진작하기 위해 기업에 (건강식품 개발, 라벨 부착, 판촉 및 가격 책정 등과 같은 일을) 함께 하자고 제안한다. 또한 아동에 대한 불량식품 광고의 자발적인 제한을 권장한다. 이와 유사하게 정부는 알코올 생산업체와 소매업체가 청소년의 음주에 더 많은 책임을 느끼도록 하는 자발적인 사회책임 계획을 함께 개발하자고 제안한다. 담배 광고에 대한 제한은 엄격하지만, 술집과 레스토랑 흡연의 부분적인 금지만 이루어지고 있다(이것은 보건 부문에 대한 반대에 의한 것이지만 이후 제한의 추가적인 강화가 이루어져야 하는 분야이다).

직접적인 국가 편익과 관련해 백서는 (보편주의와는 반대로) 자유주의적 복지 레짐과 관련된 전략인 검정(testing)과 표적화(targeting)의 사용을 제안한다. 예를 들어, 가임 여성, 모유 수유 산모, 저소득층 가정의 어린 아동은 신선한 과일과 채소, 우유와 조제분유와 교환할 수 있는 바우처를 발급받는다. 생애 초기 최적의 발달을 위해 식이 요법이 중요하긴 하지만 이 전략은 자산 심사 정책과 마찬가지로 낙인으로 인해 낮은 참여율을 보일 가능성이 크다. 학교 급식의 제공은 보편적 서비스의 직접적인 투자로 인한 편익이 발생하는 근거가 있는 또 다른 핵심 영역이다. 현재 학교에서 제공되어야 하는 식품 유형뿐 아니라 불량 식품의 양을 감소시키고자 하는 목적을 포함하는 국가 지침이 존재한다. 그러나 이것이 건강한 음식을 제공하는 것은 아니다. '생명을 위한 유기농 식품 프로그램(Soil Association's Food for Life Programme)'에 따르면, 학교 급식 관리 계약에 대한 '최상의 가치를 기반을 둔' 접근법은 아동의 학교 점심식사에서 전반적인 저투자를 초래했다. 유명 요리사 제이미 올리버가 추진해 세간의 이목을 끈 캠페인에서 강조된 바와 같이, 2004년에 지출된 1일

총액은 37펜스였으며, 이것은 균형 잡힌 건강한 식사를 제공하는 데 불충분한 수준이다. 이 캠페인에 대한 반응으로 정부는 한 끼당 자금 지원을 50펜스로 증가시키기로 약속했다. 그러나 이 전략은 여전히 학교와 지역 식품 제공업체의 식품 조달자와 요리 제공자 사이의 공공-민간 파트너십을 개선하기 위한 지침, 훈련, 지원 제공에 중점을 두고 있다. 현재 학교 저녁식사 제공의 위기는 1944년 교육법에 의해 확립됐던 보편적인 체계가 없어지고 지역 가격 책정과 경쟁적인 입찰 제도로 대체된 것에 기인한다. 따라서 보편주의와 소비자 중심주의가 뒤죽박죽 섞인 정부 정책이 아동이 필요로 하는 건강한 음식을 전달할 수 있는지 의문시되고 있다(Wilson, 2005).

앞에서 제시한 논의들은 새로운 공중보건 백서가 일반적인 복지와 특히 공중보건에 관한 현재의 영국 정부 정책의 모호성을 나타내는 사례를 제공한다. 수많은 정책 문서와 마찬가지로 분석은 매우 중요하다. 그러나 정부가 정책적 문제를 규정하는 방식이 항상 바람직한 해결을 이끄는 첩경은 아니다. 공공-민간 파트너십과 개인 책임의 확대를 통한 현대화가 21세기 건강 문제를 해결하는 열쇠를 쥐고 있다는 믿음은 객관적인 근거보다는 이데올로기에 더 확실하게 기반을 두고 있다. 결국 상위흐름, 중위흐름, 하위흐름 수준에서 정책 개발을 지지하는 핵심적인 가치는 정치적 좌파보다 우파 세력의 영향을 더 많이 받는 것으로 보인다.

이러한 평가는 이론적인 기반 위에서 건강 불평등의 해소를 목적으로 하는 정책과 개입을 평가하는 데 중요한 맥락적 배경을 제공한다. 예를 들어, (흔히 취약한 교육 수준 및 고용 전망과 관련된) 재정 불안은 흡연과 임산부의 스트레스에서 유아기와 청소년기의 불충분한 양육, 심리적 스트레스가 많은 가정환경, 낮은 교육적 기대 등등에 이르기까지의 여러 가지 위험 요인과 관련 있는 것으로 나타났다. 이것은 부모 역할 프로그램이 소득(궁극적으로 교육) 평등의 광범위한 프레임워크 내에서 이루어질 경우 더 효과적일지 의문을 제기한다. 이와 유사하게 불건전한 생활방식은 단순히 지식의 부족이나 돈의 부족에 기인한 것이 아닐 수 있으며, 사람이 빈곤의 경험을 관리하는 방법에 대한 더 복합적인 반응을 반영한 것일 수 있다(Wardle and Steptoe, 2003). 이와는 반대로, 건강 행동의 불평등은 개인의 행동이 심리사회적 환경과 물질적 박탈 사이의 상호작용과 관련을 가지는 방식을 명확하게 변화시키는 정책보다 건강한 선택의 접근도의 부담 능력 개선을 목표로 하는 정보 캠페인 또는 사업이 덜 효과적일 수 있다.

건강 불평등을 해소하는 경로에 관해 알고 있는 것과 이러한 경로를 만들어 내는 구조와 제도의 역할에 대한 구조적인 평가와 그것의 해소를 위해 설계된 사업들을 서로 연결시키는 것은 이론적 차원에서 영국 건강 불평등 전략의 잠재적인 효과에 큰 기여를 할 수 있을 것이다. 그러나 '제3의 길' 레짐이 만들어 낸 공중보건 결과가 다른 레짐과 진정한 비교가 이루어질 때까지 더 많은 건강 형평을 이루어 내고자 하는 영국 정부의 공공연한 목표 달성 정도는 여전히 의문으로 남아 있을 가능성이 크다. 다른 국가의 정책과 영국의 건강 불평등 정책을 상세하게 비교하는 것은 이 책의 범위를 넘어서는 것이다. 그러나 분석적 틀에 포함된 몇 개의 영역과 지표를 고려할 때 이 접근법은 그 자체가 잠재력을 성공적인 결과로 전환하는 주요한 맥락적 특성을 확인하는 데 도움을 주는 것으로 나타났다.

단일 국가 연구에서 국제 비교 분석으로

핀란드의 식품 및 영양 정책을 예로 들면, '사회 민주주의' 제도의 총 공공 사회 지출액은 영국보다 훨씬 높지만, 순지출은 각각 국내총생산의 25.6%와 24.6%로 거의 차이가 없다(Adema, 2001). 그러나 국가가 협력 활동을 조정하는 막강한 권한을 가지고 직접 복지 서비스를 제공하는 전통은 보다 나은 영양 건강이 '통합'되도록 보장하는 데 의미 있는 진전을 만들어 왔다.

핀란드의 복지 원칙을 이끌어 온 보편주의는 영양 사업을 핵심적인 사회제도로 편입시키는 데 훌륭한 기회를 제공해 왔다. 모범 사례는 학교 급식 서비스 개발 과정에서 보여 준 핀란드식 접근방법이다(Prättälä et al., 2002). 모든 초등학교 및 중등학교는 무료 학교 급식(free school meals)을 이용할 수 있으며, 대학생을 위한 급식이 제공되고 취업 연령 성인의 상당수(1997년에 22%)가 직장 매점에서 제공되는 음식의 혜택을 받는데, 이는 대부분 국가가 지원하는 것이다. 외식을 하는 것이 건강에 좋지 않은 식습관에 기여하는 경향이 있는 세계 다른 지역과는 대조적으로 핀란드에서는 직원 매점 같은 판매점에서 제공된 점심식사가 건강식으로 구성되도록 하기 위해 특별 식품 지침이 지켜진다. 예를 들어, 어류가 정기적으로 제공되고 자유롭게 선택하는 샐러드와 채소와 함께 따뜻한 음식이 제공된다. 직장 매점을 이용하는 직원은 더 많은 양의 어류와 채소를 섭취하는 것으로 나타났다. 그러나 이 시설은 수도에서 사회경제적 지위가 높은 사람이 더 많이 이용하는 경향이 있었다(Roos et al., 2004).

보편주의는 또한 '하위흐름'에 더 중점을 둔 사업들에 상대적 유효성을 부여할 수 있다. 폭넓은 범위의 공공 부문 기관이 영양 교육에 참여하고 있다. 학교 및 학생 건강 관리 서비스, 직업 건강 서비스, 산모 및 아동 건강 클리닉, 보건 센터, 병원, 자택 요양 치료 시설은 전체 활동의 일부로 영양 교육을 제공할 의무가 주어진다. 학교 내에서 영양 교육은 가정학, 생물학, 환경학, 보건교육학으로 통합된다. 7학년(약 13세) 남녀 학생은 모두 일 년 동안 일주일에 세 시간씩 가정학 수업을 받으며, 나이가 많은 학생은 이 과목을 선택적으로 들을 수 있다. 또한 식품산업, 호텔, 레스토랑, 급식 서비스, 가정학, 청소 서비스, 사회 및 건강 관리 서비스와 관련된 직업 과정에서 영양 교육이 실시된다(Lahti-Koski, 2001).

법적인 영역에서 핀란드의 식품 법률적 규제는 전 세계에서 가장 엄격한 것으로 나타났다. 그러나 유럽연합 통합이 가까워지고 국가의 정치와 경제가 재정 효율, 지방 분권, 보다 경쟁적이고 소비자 중심적 시장으로 이전이 이루어지면서 과거 식품 법률의 엄격한 규제가 느슨해지고 있다는 점에 유의해야 한다. 예를 들어 음식의 염분 함량은 여전히 라벨에 표시되어 있지만 이것은 더 이상 첨가제로 간주되지 않고 현재 영유아 식품에만 적용된다. 그러나 건강한 식이에 도움이 되는 가격 책정과 품질 요건을 개발하기 위한 지속적인 노력이 이루어지고 있다. 예를 들어 다양한 이해관계자의 참여에 의해 식품 생산이 윤리적이고 생태학적 품질을 유지할 뿐 아니라 소비자 중심적이고 높은 안전성을 유지되도록 보장하고자 하는 국가 농업 전략이 개발되고 있다.

핀란드 사회구조의 핵심 영역은 영양 불평등을 감소시키는 데 기여하고 있다. 국가의 교육 기준은 매우 높으며, 최근의 연구에서 국제 교육 성적이 일본과 한국 다음으로 핀란드가 세 번째인 것으로 나타났다. (하위와 중간 성과를 보이는 아동 간의 차이 정도로 표시되는) 상대적인 교육 불평등의 경우 핀란드는 가장 낮은 수준을 보이고 있다. 또한 핀란드는 16~25세 사이의 문맹률을 5% 이하로 유지하는 네 나라(노르웨이, 스웨덴, 덴마크, 핀란드) 가운데 하나이다(UNICEF, 2002). 높은 수준의 교육은 건강한 식습관과 관련 있기 때문에 (전반적인 소비에서) 핀란드 교육 정책의 영향력은 절대적이고, (사회경제적 지위에 따른 영양 불평등을 감소라는 지표로 볼 때) 상대적으로 매우 높다.

경제적으로 핀란드 정부는 정부가 민간 부문에 적극적으로 개입하는 역사를 가지고 있다. 1970년대로 되돌아가 보면, 식품 기업은 공식적으로 제시한 영양 권고 사항을 지키면서, 저지방 유제품, 고섬유질 빵, 채소기름, 특별 식품의 이용 가능성을 증가시키고 생물물의 염분 양을 감소시켰다. 이 기간 이후에 전형적인 핀란드 식습관은 신선한 채소, 치즈, 가금류, 무알코올 음료의 높은 소비로 매우 급격하게 변화했다. 이것은 주요 건강 지표의 유의한 개선과 관련 있다. 예를 들어 1972~1992년 사이에 관상동맥 질환으로 인한 핀란드 남성 사망률은 55%까지 감소했다(Pietinen, 1996). 그러나 국가의 정치 및 경제가 재정 효율, 지방 분권, 보다 경쟁적이고 소비자 중심적인 시장을 강조하는 방향으로 변화함에 따라 상위흐름 정책 입안과 실행 접근의 중앙 집권은 약화되고 있다(Milio, 1998). 소비자 선택과 외국 제품의 유입에 더 중점을 둔 시장 규제 완화는 아동과 청소년 사이의 음식물 지방 함량, 당분 섭취, 치아 건강, 비만 같은 주요 영양 지표에서 예전에 나타났던 개선의 반전이 이루어지고 있는 것과 관련 있다(Lahti-Koski and Mervi, 2004).

결론

핀란드의 식품 권고안은 계속 변화하지만, 잘 설계된 건강 불평등 사업은 복잡한 사회 체계 내에서 작동한다. 사업의 실행과 결과에 영향을 미치는 잠재적 변수들을 모두 통제한다는 것은 현실적으로 불가능하다. 유사한 사업의 효과가 맥락에 따라서는 변할 수 있음을 인정하면서, 우리가 해결해야 하는 과제는 잠재적으로 보편화할 수 있는 사업과 특정 조건하에서 성공적인 사업을 구분하고, 후자의 경우에 가능성을 성공적인 결과로 전환할 수 있는 핵심적인 맥락적 특성을 찾아내는 것이다. 이 책에 제시한 대부분의 질적 근거는 이런 목적에 유용하며, 더 구체적인 체계적 문헌 고찰에서의 결과와 함께 사용해야 한다.

또한 서로 다른 공중보건 레짐에 의해 채택된 정책과 사업의 국제적인 비교는 유용한 분석적 틀을 제공한다. 우리가 해결해야 하는 다음 과제는 이 틀 내에서 정책과 사업을 보다 체계적으로 분석하는 것이다. 공중보건 사업에 관한 정보를 얻기 위한 검색 전략은 양적 자료뿐 아니라 질적 자료, 그리고 국내 저널에 발표된 연구와 연구 보고서뿐 아니라 동료 심사를 거쳐 국제 저널에 발표된 연구에 이르기까지, 투입과 산출뿐 아니라 과정까지 철저히 고려하는 작업을 포함하는 모든 자료에 대해 '완전히 열려 있다'. 또한 서로 다른 공중보건의 조건하에서 핵심적인 공중보건 사업의 결과가 어떻게 다른지 분석하는 데 요긴한 국제적(기술적·통계적) 비교 가능 데이터도 점차 많아지고 있다. 근거 기반 공중보건 내의 흥미로운 연구 주제를 개발하고 시행할 가능성이 존재하고 있는 것이다. 핵심적인 문제는 공중보건 정책입안자와 연구학자들이 정책과 사업에 정보를 제공하는 현재의 위계적 접근의 한계를 인정하고, 공중보건 레짐의 개념을 이용해 '근거'의 상태를 분석하는 것을 받아들일 것이냐에 달려 있다.

참고문헌

제1장. 서론

Asthana, S., Halliday, J., Brigham, P. and Gibson, A. (2002) *Rural deprivation and service need: A review of the literature and an assessment of indicators for rural service planning*, Bristol: South West Public Health Observatory.

Bankhead C., Silman, A., Barrett, B., Scott, D. and Symmons, D. (1996) 'Incidence of rheumatoid arthritis is not related to indicators of socio-economic deprivation', *Journal of Rheumatology*, vol 23, no 12, pp. 2039-42.

Barnett, S., Roderick, P., Martin, D. and Diamond, I. (2001) 'A multilevel analysis of the effects of rurality and social deprivation on premature limiting long term illness', *Journal of Epidemiology and Community Health*, vol 55, pp. 44-51.

Blane, D. (1999) 'Adults of working age (16/18 to 65 years)' in D. Gordon, M. Shaw, D. Dorling and G. Davey Smith (eds) *Inequalities in health: The evidence presented to the Independent Inquiry into Inequalities in Health, chaired by Sir Donald Acheson*, Bristol: Policy Press, pp. 23-32.

Botting, B. (1997) 'Mortality in childhood' in Drever, F. and Whitehead, M. (eds), *Health inequalities: Decennial supplement*, London: ONS, pp. 83-94.

Britton, M. (ed) (1990) *Mortality and geography, Series DS 9*, London: OPCS/HMSO.

Brown J., Harding S., Bethune A. and Rosato M. (1998) 'Longitudinal study of socio-economic differences in the incidence of stomach, colorectal and pancreatic cancers', *Population Trends*, vol 94, pp. 35-41.

Carpenter, M. (2000) 'Reinforcing the pillars: rethinking gender, social divisions and health', in E. Annandale and K. Hunt (eds) *Gender inequalities in health*, Buckingham: Open University Press, pp. 36-63.

Charlton, J. (1996) 'Which areas are healthiest?', *Population Trends, vol 83*, pp. 17-24.

Dong W., Colhoun H., Lampe F. (1994) *Blood pressure. Health Survey for England 1994*, London: Joint Health Surveys Unit, UCL.

Donkin, A. Lee, Y.H. and Toson, B. (2002) 'Implications of changes in the UK social and occupational classifications in 2001 for vital statistics', *Population Trends, vol 107*, pp. 23-29.

Dorling, D. (1997) *Death in Britain: How local mortality rates have changed:*

1950s-1990s, York: Joseph Rowntree Foundation.

Dorling, D., Shaw, M. and Brimblecombe, N. (2000) 'Housing wealth and community health: exploring the role of migration', in H. Graham (ed), *Understanding health inequalities, Buckingham: Open University Press*, pp. 186-99.

Drever, F. and Whitehead, M. (1995) 'Mortality in regions and local authority districts in the 1990s: exploring the relationship with deprivation', *Population Trends, Winter, no 82*, pp. 19-26.

Drever, F. and Bunting, J. (1997) 'Patterns and trends in male mortality', in Drever, F. and Whitehead, M. (eds), *Health inequalities: Decennial supplement, London: ONS*, pp. 95-107.

Drever, F., Bunting, J. and Harding, D. (1997) 'Male mortality from major causes of death', in Drever, F. and Whitehead, M. (eds), *Health inequalities: Decennial supplement, London: ONS*, pp. 122-142.

Eachus, J., Williams, M., Chan, P., Davey Smith, G., Grainge, M., Donovan, J., Frankel, S. (1996) 'Deprivation and cause-specific morbidity: evidence from the Somerset and Avon Survey of Health', *British Medical Journal*, vol 312, pp. 287-92.

Faggiano, F., Partanen, T., Kogevinas, M. and Boffetta, P. (1997) 'Socioeconomic differences in cancer incidence and mortality', *IARC Scientific Publications, vol 138*, pp. 65-176.

Fernando, S. (1995) 'Social realities and mental health', in S. Fernando (ed) *Mental Health in a Multiethnic Society: a Multidisciplinary Handbook, London: Routledge*, pp. 12-35.

Fitzpatrick, J., Griffiths, C., Kelleher, M. and McEvoy, S. (2001) 'Descriptive analysis of geographic patterns and trends in adult mortality by cause of death', in Griffiths, C. and Fitzpatrick, J. (eds) *Geographic variations in health, London: The Stationery Office*, pp. 248-325.

Gibson, A., Asthana, S., Brigham, P., Moon, G. and Dicker, J. (2002) 'Geographies of need and the new NHS: methodological issues in the definition and measurement of the health needs of local populations', *Health and Placevol 8*, pp. 47-60.

Graham, H. (2000) 'Socio-economic change and inequalities in men and women's health in the UK', in E. Annandale and K. Hunt (eds) *Gender inequalities in health, Buckingham: Open University Press*, pp. 90-122.

Harding, S., Brown, J., Rosato, M. and Hattersley, L. (1999) 'Socio-economic differentials in health: illustrations from the Office for National Statistics Longitudinal Study', *Health Statistics Quarterlyvol 1*, pp. 5-15.

Harding, S. and Maxwell, R. (1997) 'Differences in mortality of migrants', in

Drever, F. and Whitehead, M. (eds), *Health inequalities: Decennial supplement*, London: ONS, pp. 108-21.

Hertzman, C. (1999) 'Population health and human development', in D.P. Keating and C. Hertzman (eds) *Developmental health and the wealth of nations*, New York and London: The Guilford Press, pp. 21-40.

Ismail, A.A.., Beeching, N.J., Gill, G.V. and Bellis, M.A., (1999) 'Capture-recapture-adjusted prevalence rates of type 2 diabetes are related to social deprivation', *QJM:* , vol 92, no 12, pp. 707-10.

Joshi, H., Wiggins, R., Bartley, D., Mitchell, R., Gleave, S. and Lynch, K. (2000) 'Putting health inequalities on the map: does where you live matter, and why?', in H. Graham (ed), *Understanding health inequalities*, Buckingham: Open University Press, pp. 143-155.

Kind, P., Dolan, P., Gudex, C. and Williams, A. (1998) 'Variations in population health status: results from a United Kingdom national questionnaire survey', *British Medical Journal*, 316, pp736-41.

Lampe F., Colhoun H., Dong W. (1994) *Cardiovascular Disease and Respiratory Conditions. Health Survey For England 1994*, London: Joint Health Surveys Unit, UCL.

Littlejohns, P. and Macdonald, L.D. (1993) 'The relationship between severe asthma and social class', *Respiratory Medicine*, 87, pp. 139-43.

Macintyre, S. (1999) 'Geographical inequalities in mortality, morbidity and health-related behaviour', in D. Gordon, M. Shaw, D. Dorling and G. Davey Smith (eds) *Inequalities in health: The evidence presented to the Independent Inquiry into Inequalities inHealth, chaired by Sir Donald Acheson*, Bristol: Policy Press, pp. 148-154.

Marmot, M.G., Davey Smith, G., Stansfeld, S.A., Patel, C., North, F., Head, J., Brunner, E.J. and Feeney, A. (1991) 'Health inequalities amongst British Civil Servants: the Whitehall II study', *Lancet*, vol 377, p. 1387.

McCormick, A., Fleming, D. and Charlton, J. (1995) *Morbidity statistics from general practice: Fourth national study, 1991-1992*, London: HMSO.

Meadows, P. (1995) 'Variation of diabetes mellitus: prevalence in general practice and its relation to deprivation', *Diabetic Medicine, vol 12,* pp. 696-700.

Montgomery, S.M., Morris, D. L., Thompson, N. P., Subhani, J., Pounder, R. E and Wakefield, A. J. . (1998) 'Prevalence of inflamatory bowel disease in British 26 year olds: national longitudinal birth cohort', *British Medical Journal*, vol 316, pp. 1058-1059.

Morrison, C., Woodward, M., Leslie, W. and Tunstall-Pedoe, H. (1997) 'Effect of socioeconomic group on incidence of, management of, and survival after myocardial infarction and coronary death: analysis of community coronary event

register', *British Medicine Journal, vol 314,* p. 541.
Nazroo, J., Bajekal, M., Blane, D. and Grewal, I. (2004) 'Ethnic inequalities', A. Walker and C. Hennessy (eds) *Growing older: Quality of life in old age'Buckingham: Open University Press,* pp. 35-59.
ONS (2004) *Mortality Statistics: Childhood, Infant and Perinatal. Review of the Registrar General on Deaths in England and Wales 2002. Series DH3 No 35, London: Office for National Statistics.*
Pamuk, E. (1985) 'Social class inequality in mortality from 1921 to 1972 in England and Wales', *Population Studies, vol 39,* pp. 17-31.
Payne, J.N., Coy, J., Milner, P.C. and Patterson, S. (1993) 'Are deprivation indicators a proxy for morbidity? A comparison of the prevalence of arthritis, depression, dyspepsia, obesity and respiratory symptoms with unemployment rates and Jarman scores', *Journal of Public Health Medicine,* vol 16, no 1, pp. 113-4.
Rimpela, A.H. and Pukkala, E.I. (1987) 'Cancers of affluence: positive social class gradient and rising incidence trend in some cancer forms', *Social Science and Medicine,* vol 24, no 7, pp. 601-6.
Rosengren, A. and Wilhelmsen, L. (2004) 'Cancer incidence, mortality from cancer and survival in men of different occupational classes', *European Journal of Epidemiology, vol 19,* pp. 533-40.
Saul, C. and Payne, N. (1999) 'How does the prevalence of specific morbidities compare with measures of socio-economic status at small area level?', *Journal of Public Health Medicine, vol 21,* pp. 340-47.
Sharp, L., Black, R.J., Harkness, E.F., Finlayson, A.R. and Muir, C.S. (1993) *Cancer registration statistics, Scotland, 1981-1990,* Edinburgh: Common Services Agency.
Shaw, M., Dorling, D., Gordon, D. and Davey Smith, G. (1999) *The widening gap: Health inequalities and policy in Britain,* Bristol: Policy Press.
Shaw, M., Davey Smith, G. and Dorling, D. (2005) 'Health inequalities and New Labour: how the promises compare with real progress', *British Medical Journalvol 330,* pp. *1016-21.*
Smith, D., Taylor, R. and Coates, M. (1996) 'Socioeconomic differentials in cancer incidence and mortality in urban New South Wales, 1987-1991', *Australian and New Zealand Journal of Public Health,* vol 20, pp. 129-37.
Smith, J. and Harding, S. (1997) 'Mortality of women and men using alternative social classifications', in Drever, F. and Whitehead, M. (eds), *Health inequalities: Decennial supplement, London: ONS,* pp. 168-183.
Stansfeld, S., Head, J. and Marmot, M. (1998) 'Explaining social class differences in depression and well-being', *Social Psychiatry and Psychiatric Epidemiology,* vol 33, pp. 1-9.

Van Loon, A.J., Brug, J., Goldbohm, R.A., van den Brandt, P.A. and Brug, J. (1995) 'Differences in cancer incidence and mortality among socio-economic groups', *Scandinavian Journal of Social Medicine*, vol 23, no 2, pp. 110-20.

White, C., van Galen, F. and Huang Chow, Y. (2003) 'Trends in social class differences in mortality by cause, 1986-2000', *Health Statistics Quarterlyvol 20*, pp. 25-37.

Whitehead, M. (1997) 'Life and death over the millennium', in Drever, F. and Whitehead, M. (eds), *Health inequalities: Decennial supplement*, London: ONS, pp. 7-28.

Woodward, M., Shewry, M., Smith, W. and Tunstall-Pedoe, H. (1992) 'Social status and coronary heart disease: results from the Scottish Heart Health Study', *Preventive Medicine*, 21, pp. 136-48.

제1부 | 건강 불평등 연구 및 정책 배경

Black Report(1980) *Inequalities of health*, Report of a Researuch Working Group, Chair, Sir Douglas Black, London: DHSS.

Mackenbach, J. and Bakker, M. (2003) 'Tackling socio-economic inequalities in health. analysis of European experiences', *The Lancet*, vol 330, pp. 1409-14.

Shaw, M., Davey Smith, G. and Dorling, D. (2005) 'Health inequalities and New Labour: how the promises compare with real progress', *British Medical Journal*, vol 330, pp. 1016-21.

제2장. 건강 불평등 연구

Acheson, D. (Chair) (1998) *Independent inquiry into health inequalities Report*, London: The Stationery Office.

Adler, N. and Snibbe, A. (2003) 'The role of psychosocial processes in explaining the gradient between socio-economic status and health', *Current Directions in Psychological Science*, vol 12, pp. 119-23.

Arber, S. and Ginn, J. (1993) 'Gender and inequalities in health in later life', *Social Science and Medicinevol 36*, pp. 33-46.

Barker, D. and Martyn, C. (1992) 'The maternal and fetal origins of cardiovascular disease', *Journal of Epidemiology and Community Healthvol 46*, pp. 8-11.

Barker, D. and Osmond, C. (1986) 'Infant mortality, childhood nutrition, and ischaemic heart disease in England and Wales', *Lancetvol 327*, pp. 1077-81.

Barker, D., Bull, A., Osmond, C. and Simmonds, S. (1990) 'Fetal and placental size and risk of hypertension in adult life', *British Medical Journalvol 301*, pp.

259-62.
Barker, D., Osmond, C. and Law, C. (1989) 'The intrauterine and early postnatal origins of cardiovascular disease and chronic bronchitis', *Journal of Epidemiology and Community Healthvol 43*, pp. 237-40.
Barker, D.J.P. (1994) *Mothers, babies, and disease in later life*, London: British Medical Journal Publications.
Berridge, V. (2003) 'The Black Report: interpreting history', in A. Oliver and M. Exworthy (eds) *Health inequalities: Evidence, policy and implementation, Proceedings from a Meeting of the Health Equity Network*, London: the Nuffield Trust
Berridge, V. and Blume, S. (2002) *Poor health. Social inequality before and after the Black Report*, London: Frank Cass.
Black Report (1980) *Inequalities of health, Report of a Research Working Group, Chairman, Sir Douglas Black*, London: Department of Health and Social Services.
Blakely, T., Kennedy, B., Glass, R. and Kawachi, I. (2000) 'What is the time lag between income inequality and health status?', *Journal of Epidemiology and Community Health, vol 54*, pp. 318-9.
Blane, D., Davey Smith G and Bartley, M. (1990) 'class differences in years of potential life lost: size, trends, and principal causes', *British Medical Journalvol301*, pp. 429-32.
Blane, D., Davey Smith, G. and Bartley, M. (1993) 'Social selection: what does it contribute to social class differences in health?', *Sociology of Health and Illnessvol 15*, pp. 1-15.
Blaxter, M. (1987) 'Evidence on inequality in health from a national survey', *Lancetvol 330*, pp. 30-33.
Bloor, M., Samphier, M. and Prior, L. (1987) 'Artefact explanations of inequalities in health: an assessment of the evidence', *Sociology of Health and Illnessvol 9*, pp. 231-64.
Bobat, M. and Marmot, M. (1996) 'East-West mortality divide and its potential explanations: proposed research agenda', *British Medical Journal, vol 312*, pp. 421-5.
Bourdieu, P. (1984) *Distinction: a social critique of the judgement of taste*, London: Routledge.
Brunner, E. (1996) 'The social and biological basis of cardiovascular disease in office workers', in D. Blane, E. Brunner and R. Wilkinson (eds) *Health and social organisation: Toward a health policy for the 21st Century*, London: Routledge, pp. 272-99.
Brunner, E. (2001) 'Stress mechanisms in coronary heart disease', in S. Stansfeld and M. Marmot (eds) *Stress and the heart: Psychosocial pathways to coronary heart*

disease, London: BMJ Books, pp. *181-99*.

Brunner, E. and Marmot, M. (1999) 'Social organisation, stress and health', in M. Marmot and R.G. Wilkinson (eds) *Social determinants of health*, Oxford University Press, pp. *17-43*.

Bunker, S., Colquhoun, D., Esler, M., Hickie, I., Hunt, D., Jelinek, V., Oldenburg, B., Peach, H., Ruth, D., Tennant, C. and Tonkin, A. (2003) '"Stress" and coronary heart disease: psychosocial risk factors', *The Medical Journal of Australia*, vol 178, pp. *272-6*.

Carr-Hill, R. (1987) 'inequalities in health debate: a critical review of the issues', *Journal of Social Policyvol*16, pp. 509-42.

Carstairs, V. (1981) 'Small area analysis and health service research', *Community Medicinevol 3*, pp. *131-9*.

Carstairs, V. and Morris, R. (1989) 'and mortality: an alternative to social class?', *Community Medicinevol*11, pp. 210-9.

Chandola, T., Bartley. M., Sacker, A., Jenkinson, C. and Marmot, M. (2003) 'selection in the Whitehall II study, UK', *Social Science and Medicinevol*56, pp. 2059-72.

Coburn, D. (2000) 'Income inequality, social cohesion and the health status of populations: the role of neo-liberalism', *Social Science and Medicinevol 51*, pp. *139-50*.

Coburn, D. (2004) 'Beyond the income inequality hypothesis: class, neo-liberalism and health inequalities', *Social Science and Medicinevol 58*, pp. *41-56*.

Curtis, S. and Jones, I.R. (1998) 'Is there a place for geography in the analysis of health inequality?', *Sociology of Health and Illness, vol 20*, pp. *645-72*.

*Davey Smith, G. (1998) letter following the independent inquiry into inequalities in health.

Davey Smith, G. (2003) 'Introduction: lifecourse approaches to health inequalities', in G. Davey Smith (ed) *Health inequalities: Lifecourse approaches*, Bristol: Policy Press, pp. *xii-lix*.

Davey Smith, G. and Kuh, D. (1996) 'Does early nutrition affect later health? Views from the 1930s and 1980s', in D. Smith (ed) *The History of nutrition in Britain in the twentieth century: Science, scientists and politics*, London: Routledge, pp. *214-37*; reproduced in G. Davey Smith (ed) *Health inequalities: Lifecourse approaches*, Bristol: Policy Press, pp. *411-35*.

Davey Smith, G., Hart, C., Hole, D., MacKinnon, P., Gillis, C., Watt, G., Blane, D. and Hawthorne, V. (1998a) 'and occupational social class: which is the more important indicator of mortality risk?', *Journal of Epidemiology and Community Healthvol*52, pp. *153-60*.

Davey Smith, G., Morris, J. and Shaw, M. (1998b) 'The independent inquiry into inequalities in health', *British Medical Journalvol 317*, pp. 1465-6.

Davey Smith, G., Morris, J. and Shaw, M. (1998c) 'Independent inquiry gives detailed recommendations. Authors' reply', *British Medical Journal, vol 318*, pp. 601.

Davey Smith, G., Hart, C., Blane, D. and Hole, D. (1998d) 'Adverse socio-economic conditions in childhood and cause-specific adult mortality: prospective observational study', *British Medical Journal, vol 316*, pp. 1631-5.

Davey Smith, G., Shipley, M. and Rose, G. (1990) 'Magnitude and causes of socio-economic differentials in mortality: further evidence from the Whitehall Study', *Journal of Epidemiology and Community Healthvol 44*, pp. 265-70.

Department of Health (2000) *The NHS Plan: a plan for investment, a plan for reform*, Cm 4818-1, London: Stationery Office.

Duncan, C. and Jones, K. (1995) 'Individuals and their ecologies: analysing the geography of chronic illness using a multi-level modeling framework', *Health and Place*, vol 1, pp. 27-40.

Duncan, C., Jones, K. and Moon, G. (1998) 'Context, composition and heterogeneity: using multilevel models in health research', *Social Science and Medicine*, vol 46, pp. 97-117.

Eames, M. Ben-Shlomo, Y. and Marmot M. (1993) 'deprivation and premature mortality: regional comparison across England', *British Medical Journalvol307*, pp. 1097-102.

Ellaway, A., Macintyre, S. and Kearns, A. (2001) 'Perceptions of place and health in socially contrasting neighbourhoods', *Urban Studies, vol 38*, pp. 2299-2316.

Eriksson, J.G., Forsé*British Medical Journal, vol 318*, pp. 427-31.

Evans, R. (2002) *Interpreting and addressing inequalities in health: From Black to Acheson to Blair to . . .?* London: Office of Health Economics.

Exworthy, M. (2002) 'The 'second Black Report'? The Acheson Report as another opportunity to tackle health inequalities', *Contemporary British Historyvol 16*, pp. 175-97.

Forsdahl, A. (1978) 'Living conditions in childhood and subsequent development of risk factors for arteriosclerotic heart disease: the cardiovascular survey in Finnmark 1974-75', *Journal of Epidemiology and Community Healthvol 32*, pp. 34-7.

Forsen, T., Eriksson, J., Tuomilehto, J., Reunanen, A., Osmond, C. and Barker. D. (2000) 'The fetal and childhood growth of persons who develop Type 2 diabetes', *Annals of Internal Medicinevol133*, pp176-182.

Forsyth, J.S., Willatts, P., Agostoni, C., Bissenden, J., Casaer, P. and Boehm, G. (2003) Long chain polyunsaturated fatty acid supplementation in infant formula and blood pressure in later childhood: follow up of a randomised control trial. *British Medical Journal, 326, pp953-8*.

Fox, A., Goldblatt, P. and Jones, D. (1985) 'class mortality differentials: artefact, selection or life circumstances?', *Journal of Epidemiology and Community Health vol 39*, pp. 1-8.

Gatrell, A., Thomas, C., Bennett, S., Bostock, L., Popay, J., Williams, G., Shahtahmasebi, S. (2000) 'Understanding health inequalities: locating people in geographical and social spaces', in H. Graham (ed) *Understanding health inequalities*, Buckingham: Open University Press, pp. 156-69.

Gibson, A., Asthana, S., Brigham, P., Moon, G. and Dicker, J. (2002) 'Geographies of need and the new NHS: methodological issues in the definition and measurement of the health needs of local populations', *Health and Place vol 8*, pp. 47-60.

Gillman, M. (2002) 'Epidemiological challenges in studying the fetal origins of adult disease', *International Journal of Epidemiology, vol 31*, pp. 294-99.

Ginn, J. and Arber, S. (1991) 'Gender, class and income inequalities in later life', *British Journal of Sociology vol 42*, pp. 369-96.

Goldblatt, P. (1988) 'Changes in social class between 1971 and 1981: could these affect mortality differential among men of working age?', *Population Trends vol 51*, pp. 9-17.

Goldblatt, P. (1989) 'Mortality by social class, 1971-85', *Population Trends vol 56*, pp. 6-15.

Goldblatt, P. (1990) 'Mortality and alternative social classification', in P. Goldblatt (ed) *Longitudinal study: Mortality and social organisation 1971-81*, OPCS Series L No. 6. London: HMSO, pp. 163-92.

Graham, H. (1993) *When life's a drag: Women, smoking and disadvantage*, London: HMSO.

Graham, H. (2002) 'Building an inter-disciplinary science of health inequalities: the example of lifecourse research', *Social Science and Medicine vol 55*, pp. 2005-16.

Graham, H. (2004) 'Social determinants and their unequal distribution: clarifying policy understandings', *The Milbank Quarterly vol 82*, pp. 101-24.

Graham, H. and Power, C. (2004) *Childhood disadvantage and adult health: a lifecourse framework*, London: Health Development Agency.

Gravelle, H. (1998) 'How much of the relation between population mortality and unequal distribution of income is a statistical artefact?', *British Medical Journal, vol 316*, pp. 382-5.

Grundy, E. and Sloggett, A. (2003) 'Health inequalities in the older population: the role of personal capital, social resources and socio-economic circumstances',

Social Science and Medicine vol 56, pp. 935-47.
Hallqvist, J., Lynch, J., Bartley, M., Land, T. and Blane, D. (2004) 'Can we disentangle life course processes of accumulation, critical period and social mobility: An analysis of disadvantaged socio-economic positions and myocardial infarction in the Stockholm Heart Epidemiology Program', *Social Science and Medicine*, vol 58, pp. 1555-62.
Halpern, D. (1995) *Mental health and the built environment*, London: Taylor and Francis.
Hart, C. and Davey Smith, G. (2003) 'Relationship between number of siblings and adult mortality and stroke risk: 25 year follow up of men in the Collaborative Study', *Journal of Epidemiology and Community Health*, vol 57, pp. 385-91.
Hart, C., Davey Smith, G. and Blane, D. (1998) 'Social mobility and 21 year mortality in a cohort of Scottish men', *Social Science and Medicine* vol 47, pp. 1121-30.
Hertzman, C., Power, C., Matthews, S. and Manor, O. (2001) 'Using an interactive framework of society and lifecourse to explain self-related health in early adulthood', *Social Science and Medicine*, vol 53, no 12, pp. 1575-85.
Illsley, I. (1986) 'Occupational class, selection and the production of inequalities in health', *Quarterly Journal of Social Affairs* vol 2, pp. 151-60.
Illsley, I. (1987) 'Occupational class, selection and the production of inequalities in health: rejoinder to Richard Wilkinson's reply', *Quarterly Journal of Social Affairs* vol 3, pp. 213-223.
Judge, K., Mulligan, J. and Benzeval, M. (1998) 'Income inequality and population health', *Social Science and Medicine*, vol 46, pp. 567-79.
Kawachi, I., Colditz, G., Ascherio, A., Rimm, E.B., Giovanucci, E., Stampfer, M.J. and Willett, W.C. (1999) 'A prospective study of social networks in relation to total mortality and cardiovascular disease in men in the US', *Journal of Epidemiology and Community Health*, vol 50, pp. 245-51.
Kawachi, I. and Kennedy, B. (1999) 'Income inequality and health: pathways and mechanisms', *Health Services Research*, vol 34, pp. 215-27.
Krantz, D. and McCeney, M. (2002) 'Effects of psychological and social factors on organic disease: a critical assessment of research on coronary heart disease', *Annual Review of Psychology*, vol 53, pp. 341-69.
Krieger, N. (2001) 'Theories for social epidemiology in the 21st century: an ecosocial perspective', *International Journal of Epidemiology* 39, pp. 668-77.
Kuh, D., Ben-Shlomo, Y., Lynch, J., Hallqvist, J. and Power, C. (2003) 'Life course epidemiology', *Journal of Epidemiology and Community Health*, vol 57, pp. 778-83.
Law, C., Barker, D., Bull, A. and Osmond, C. (1991) 'Maternal and fetal influences on blood pressure', *Archives of Disease in Childhood* vol 66, pp. 1291-5. Lynch, J.,

Davey Smith, G., Harper, S., Hillemeier, M., Ross, N., Kaplan, G. and Wolfson, M. (2004) 'Is income inequality a determinant of population health? Part I. A systematic review', *The Milbank Quarterly*, vol 82, pp. 5-99.

Lawson, T. (1997) *Economics and reality*, London: Routledge.

Lynch, J., Davey Smith, G., Hillemeier, M., Shaw, M., Raghunthan, T. and Kaplan, G. (2001) 'Income inequality, the psychosocial environment and health: comparisons of wealthy nations', *Lancet*, vol 358, pp. 194-200.

Lynch, J., Davey Smith, G., Kaplan, G. and House, A. (2000) 'Income inequality and mortality: importance to health of individual income, psychosocial environment, or material conditions', *British Medical Journal*, vol 320, pp. 1200-4.

Mackenbach, J. (2002) 'Income inequality and population health', *British Medical Journal*, vol 324, pp. 1-2.

Mackenbach, J. and Bakker, M. (2003). Tackling socio-economic inequalities in health: analysis of European experiences. *Lancet* 362: 1409-14.

Macintyre, S. (1997) 'Black Report and beyond: what are the issues?', *Social Science and Medicine* vol 44, pp. 723-45.

Macintyre, S. and West, P. (1991) 'Lack of class variation in health in adolescence: an artefact of an occupational measure of social class?', *Social Science and Medicine* vol 32, pp. 395-402.

Macintyre, S., Ellaway, A. and Cummins, S. (2002) 'Place effects on health: how can we conceptualise, operationalise and measure them?', *Social Science and Medicine*, vol 55, pp. 125-139.

Macintyre, S., Maciver, S. and Soomans, A. (1993) 'Area, class and health: should we be focusing on places or people?', *Journal of Social Policy*, vol 22, pp. 213-34.

Macleod, J. and Davey Smith, G. (2003) 'Psychosocial factors and public health: a suitable case for treatment?', *Journal of Epidemiology and Community Health*, vol 57, pp. 565-70.

Manor, O., Matthews, S. and Power, C. (2003) 'selection: the role of inter- and intra-generational mobility on social inequalities in health', *Social Science and Medicine* vol 57, pp. 2217-27.

Marmot, M. (1999) 'Acting on the evidence to reduce inequalities in health', *Health Affairs*, vol 18, pp. 42-4.

Marmot, M. (2004) *Status syndrome*, London: Bloomsbury.

Marmot, M. and Shipley, M. (1996) 'Do socio-economic differences in mortality persist after retirement? 25 year follow up of civil servants from the first Whitehall study', *British Medical Journal*, 313, pp. 1177-80.

Marmot, M. and Theorell, T. (1988) 'Social class and cardiovascular disease: the contribution of work', *International Journal of Health Services* vol 18, pp. 659-74.

Marmot, M., Davey Smith, G., Stansfield, S., Patel, C., North, G., Head, J., White, L., Brunner, E. and Feeney, A. (1991) 'Health inequalities among British civil servants: the Whitehall II Study', *Lancetvol 337*, pp. *1367-93*.

Marmot, M., Shipley, M. and Rose, G. (1984) 'Inequalities in death –*Lancetvol 323*, pp. *1003-6*.

Marmot, M. and Wilkinson, R. (2001) 'Psychosocial and material pathways in the relation between income and health: a response to Lynch et al.', *British Medical Journal, vol 322*, pp. *1233-6*.

Martyn, C., Barker, D., Jesperen, S., Greenwald, S., Osmond, C. and Berry, C. (1995) 'Growth in-utero, adult blood pressure and arterial compliance', *British Heart Journalvol 73*, pp. *116-21*.

Martyn, C., Barker, D. and Osmond, C. (1996) 'Mothers pelvic size, fetal growth, and death from stroke and coronary heart disease in men in the UK', *Lancetvol348*, pp. 1264-68.

Maynard, M., Gunnell, D., Emmett, P., Frankel, S. and Davey Smith G. (2003) 'Fruit, vegetables, and antioxidants in childhood and risk of adult cancer: the Boyd Orr cohort', *Journal of Epidemiology and Community Health, vol 57, no 3*, pp. *218-25*.

McCain, M.N. and Mustard, J.F. (1999) *Early years study: Reversing the real brain drain, Toronto: Ontario Children's Secretariat.*

McKee, M. (2005) 'Choosing health? First choose your philosophy', *Lancetvol 365*, pp. *369-71*.

Mellor, J. and Milyo, J. (2001) 'Income inequality and health', *Journal of Policy Analysis and Management, vol 20*, pp. *151-55*.

Mellor, J. and Milyo, J. (2003) 'Is exposure to income inequality a public health concern? Lagged effects of income inequality on individual and population health', *Health Services Research, vol 38*, pp. *137-51*.

Moser, K., Fox, A. and Jones, D. (1984) 'and mortality in the OPCS Longitudinal Study', *Lancetvol323*, pp. *1324-9*.

Moser, K., Pugh, H., and Goldblatt, P. (1988) 'Inequalities in women's health: looking at mortality differentials using an alternative approach', *British Medical Journalvol 296*, pp. *1221-4*.

Phillimore, P., Beattie, A. and Townsend, P. (1994) 'Widening inequality of health in northern England, 1981-91', *British Medical Journalvol 308*, pp. *1125-28*.

Pickett, K.E. and Pearl, M. (2001) 'Multilevel analyses of neighbourhood socioeconomic context and health outcomes: a critical review', *Journal of Epidemiology and Community Health*, vol 55, pp. 111-22.

Power, C., Manor, O. and Fox, A. (1991) *Health and class: the early years, London:*

Chapman Hall.

Quick, A. and Wilkinson, R. (1991) *Income and health,* London: Socialist Health Association.

Ravelli, A., van der Meulen, J., Michels, R., Osmond, C., Barker, D., Hales, C. and Bleker, O. (1998) 'Glucose tolerance in adults after prenatal exposure to famine', *Lancetvol*351, pp. 173-177

Robinson, R. (1992) 'Is the child father of the man?', *British Medical Journalvol 304,* pp. 789-90.

Rutter, M. (1995) 'Causal concepts and their testing', in Rutter, M. and Smith, D.J. (eds) *Psychosocial disorders in young people: Time trends and their causes,* Chichester: John Wiley, pp. 7-34.

Rutter, M. (1999) 'Resilience concepts and findings: implications for family therapy', *Journal of Family Therapy 21,* pp. 119-44.

Sapolsky, R. and Mott, G. (1987) 'Social subordinance in wild baboons is associated with suppressed high density lipoprotein-cholesterol concentrations: the possible role of chronic social stress', *Endocrinology, vol 121,* pp. 1605-10.

Saul, C. and Payne, N. (1999) 'does the prevalence of specific morbidities compare with measures of socio-economic status at small area level?', *Journal of Public Health Medicinevol*21, pp. 340-7.

Saxena, S., Eliahoo, J. and Majeed, A. (2002) '

Scrambler, G. (2001) 'Critical realism, sociology and health inequalities: social class as a generative mechanism and its media of enactment', *Journal of Critical Realismvol 4,* pp. 35-42.

Selwyn, J. (2000) 'Fetal development', in M. Boushel, M. Fawcett and J. Selwyn (eds) *Focus on early childhood: Principles and realitie, Oxford: Blackwell Science,* pp. 21-34.

Shaw, M., Dorling, D. and Brimblecombe, N. (1998) 'Changing the map - health in Britain 1951-91', *Sociology of Health and Illness,* vol 20, pp. 694-709.

Shaw, M., Dorling, D., Gordon, D. and Davey Smith, G. (1999) *The widening gap: Health inequalities and policy in Britain,* Bristol: Policy Press.

Shaw, M., Davey Smith, G. and Dorling, D. (2005) 'Health inequalities and new labour: how the promises compare with real progress', *British Medical Journalvol 330,* pp. 1016-21.

Shouls, S., Congdon, P. and Curtis, S. (1996) 'Modelling inequality in reported long term illness in the UK: combining individual and area characteristics', *Journal of Epidemiology and Community Health,* vol 50, pp. 366-76.

Singh-Manoux, A. and Marmot, M. (2005) 'of socialization in explaining social inequalities in health', *Social Science and Medicinevol*60, pp. 2129-33.

Sloggett, A. and Joshi, H. (1998) 'Deprivation indicators as predictors of life events 1981-1992 based on the UK ONS Longitudinal Study', *Journal of Epidemiology and Community Health* vol 52, pp. 228-33.

Sooman, A. and Macintyre, S. (1995) 'Health and perceptions of the local environment in socially contrasting neighbourhoods in Glasgow', *Health and Place*, vol 1, pp. 15-26.

Stafford, M. and Marmot, M. (2003) 'Neighbourhood deprivation and health: does it affect us all equally?', *International Journal of Epidemiology*, vol 32: pp. 357-66.

Stansfeld, S. (1999) 'Social support and social cohesion', in M. Marmot and R.G. Wilkinson (eds) *Social determinants of health*, Oxford University Press, pp. 155-78.

Stein, Z., Susser, M., Saenger, G. and Marolla, F. (1975) *Famine and human development: the Dutch hunger winter of 1944-45*, New York: Oxford University Press.

Strike, P. and Steptoe, A. (2004) 'Psychosocial factors in the development of coronary artery disease', *Progress in Cardiovascular Disease*, vol 46, pp. 337-47.

Subramanian, S., Blakely, T. and Kawachi, I. (2003) 'Income inequality as a public health concern: when do we stand? Commentary on 'is exposure to income inequality a public health concern?', *Health Services Research*, vol 38, pp. 153-67.

Thompson, C., Syddal, H., Rodin, I., Osmond, C. and Barker, D. (2001) 'Birthweight and the risk of depressive disorder in late life', *British Journal of Psychiatry*, vol 179, pp. 450-455.

Townsend, P. (1993) *The international analysis of poverty*, Hemel Hempstead: Harvester Wheatsheaf.

Townsend, P. (1999) 'A structural plan needed to reduce inequalities in health' in D. Gordon, M. Shaw, D. Dorling and G. Davey Smith (eds) *Inequalities in health: The evidence presented to the Independent Inquiry into Inequalities in Health, chaired by Sir Donald Acheson*, Bristol: Policy Press, pp. xiv-xxi.

Townsend, P. and Davidson, N. (1982) *Inequalities in health: the Black Report*, Harmondsworth: Penguin Books.

Townsend, P., Phillimore, P. and Beattie, A. (1988) *Health and deprivation: Inequality and the North*, London: Croom Helm.

Wadsworth, M. (1986) 'Serious illness in childhood and its association with later-life achievement', in R. Wilkinson (ed) *Class and health*, London: Tavistock Publications, pp. 50-74.

Wadsworth, M. (1997) 'Health inequalities in the life course perspective', *Social Science and Medicine*, vol 44, pp. 859-69.

Wahlbeck, K., Forsé *The Archives of General Psychiatry*, vol 58, pp. 48-52.

Wainwright, N. and Surtees, P. (2003) 'Places, people and their physical and mental functional health', *Journal of Epidemiology and Community Health*, vol 58, pp. 333-9.

Wannamethee, S. and Shaper, A. (1991) 'of health status and mortality in middle-aged British men', *International Journal of Epidemiology* vol 20, pp. 239-45.
Wannamethee, S. and Shaper, A. (1997) 'status within social class and mortality: a prospective study in middle-aged British men', *International Journal of Epidemiology* vol 26, pp. 532-41.
Weich, S., Twigg, L., Holt, G., Lewis, G. and Jones, K. (2003) 'Contextual risk factors for the common mental disorders in Britain: a multilevel investigation of the effects of place,' *Journal of Epidemiology and Community Health*, vol 57, pp. 616-21.
West, P. (1988) 'Inequalities? Social class differentials in health in British youth', *Social Science and Medicine, vol 27*, pp. 391-6.
West, P. (1991) 'Rethinking the health selection explanation for health inequalities', *Social Science and Medicine* vol 32, pp. 373-84.
Whitehead, M. and Diderichsen, F. (2001) 'Social capital and health: tip-toeing through the minefield of evidence', *Lancet 358:* 165-6.
Wilkinson, R. (1986) 'Occupational class, selection and inequalities in health: a reply to Raymond Illsley', *Quarterly Journal of Social Affairs* vol 2, pp. *415-22.*
Wilkinson, R. (1987) 'A rejoinder', *Quarterly Journal of Social Affairs* vol 3, pp. *225-228.*
Wilkinson, R. (1992) 'Income distribution and life expectancy', *British Medical Journal, vol 304, pp. 165-8.*
Wilkinson, R. (1996) *Unhealthy societies: The afflictions of inequality,* London: Routledge.
Wilkinson, R. (1999) 'Putting the picture together: prosperity, redistribution, health and welfare' in M. Marmot and R.G. Wilkinson (eds) *Social determinants of health,* Oxford University Press, pp. *256-74.*

제3장. 국가 정책의 배경과 맥락

Acheson, D. (Chair) (1998) *Independent inquiry into health inequalities Report,* London: The Stationery Office.
Atkinson, R. (2003) 'Urban policy', in N. Ellison and C. Pierson (eds) *Developments in British social policy 2,* Basingstoke: Palgrave Macmillan, pp. 160-176.
Baldock, J., Manning, N. and Vickerstaff, S. (2003), 'Social policy, social welfare and the welfare state', in *Social Policy*, 2nd edition, Oxford: Oxford University Press, pp. 3-28.
Barber, M. (2002) 'The next stage for large scale reform in England: from good to great', http://www.cybertext.net.au/tct2002/disc_papers/organisation/barber.htm
Barker, K. (2004) *Review of housing supply. Delivering stability: securing our future housing needs, Final report – recommendations,* London: The Stationery Office.

Barnes, J., Broomfield, K., Frost, M., Harper, G., McLeod, A., Knowles, J. and Leyland, A. (2003) *Characteristics of Sure Start local programme areas: Rounds 1 to 4*, London: NESS.

Bauld, L. and Judge, K. (2002) 'Introduction: The development of Health Action Zones', in L. Bauld and K. Judge (eds) *Learning from Health Action Zones*, Chichester: Aeneas Press, pp. 1-13.

Bauld, L., Judge, K., Lawson, L., Mackenzie, M., Mackinnon, J. and Truman, J. (2001) *Health Action Zones in transition: Progress in 2000*, Glasgow: University of Glasgow.

Black Report (1980) *Inequalities of Health*. Report of a Research Working Group, Chairman, Sir Douglas Black, London: Department of Health and Social Services.

Black, N. (2001) 'Evidence based policy: Proceed with care', *British Medical Journal*, vol 323, no 7307, pp. 275-279.

Boaz, A., Ashby, D. and Young, K. (2002) *Systematic reviews: What have they got to offer evidence based policy and practice?*, London: ESRC UK Centre for Evidence Based Policy and Practice, Working Paper 2.

Brehony, K. (2005) 'Primary schooling under New Labour: the irresolvable contradiction of excellence and enjoyment', *Oxford Review of Education*, vol 31, pp. 29-46.

Brehony, K. and Deem, R. (2003) 'Education policy', in N. Ellison and C. Pierson (eds) *Developments in British Social Policy 2*. Basingstoke: Palgrave Macmillan, pp. 177-193.

Brook Lyndhurst Ltd (2004) *Sustainable cities and the ageing society: The role of older people in an urban renaissance*, Report for the Office of the Deputy Prime Minister.

Bullock, H., Mountford, J. and Stanley, R. (2001) *Better policy making*, London: Centre for Management and Policy Studies.

Burke, S. (2005) Towards universal childcare. *Poverty 120*, Winter 2005, (www.cpag.org.uk /info/Povertyarticles/Poverty%20120/childcare.htm), accessed 11th July 2005.

Cabinet Office (1999a) *Modernising government*, London: Stationery Office: Cm 4310.

Cabinet Office (1999b) *Professional policy making for the twenty first century*, London: The Cabinet Office.

Cabinet Office Performance and Innovation Unit (2000) *Adding it up: Improving analysis and modelling in central government*, London: Stationery Office.

Church, J. and Whyman, S. (1997) 'A review of recent social and economic trends', in F. Drever and M. Whitehead (eds), *Health inequalities: Decennial supplement*, London: Office for National Statistics, pp. 29-43.

Commission on Social Justice (1994) *Social justice: strategies for national renewal*, London: Vintage.

CPRE (Campaign to Protect Rural England) (2004) *Housing the nation. Meeting the need for affordable housing – facts, myths, solutions*, London: CPRE.

Crawshaw, P., Bunton, R. and Conway, S. (2004) 'Governing the unhealthy community: Some reflections on UK Health Action Zones', *Social Theory and Health*, vol 2, no 4,

pp. 341-360.
Davey Smith, G. and Egger, M. (1998), 'Meta-analysis: Unresolved issues and future developments', *British Medical Journal*, vol 316, pp. 221-25.
Davey Smith, G., Ebrahim, S. and Frankel, S. (2001) 'How policy informs the evidence', *British Medical Journal*, vol 322, no 7280, pp. 184-185.
Davis, P. and Howden-Chapman, P. (1996) 'Translating research findings into health policy', *Social Science and Medicine*, vol 43, no 5, pp. 865-872.
Deacon, A. (2003) 'Social security policy', in N. Ellison and C. Pierson (eds) *Developments in British Social Policy 2*, Basingstoke: Palgrave Macmillan, pp. 129-142.
DfEE (Department for Education and Employment) (1997) *Excellence in schools*, London: The Stationery Office
DfEE (Department for Education and Employment) (2001) *Schools: achieving success*, London: The Stationery Office
DfES (Department for Education and Skills) (2003) *Autumn performance report 2003: Achievements against public service agreement targets*, London: DfES.
DfES (2005a) *Provision for children under five years of age in England: January 2005 (provisional)*, Statistical First Release, London: DfES.
DfES (2005b) *Participation in education, training and employment by 16-18 year olds in England: 2003 and 2004*, Statistical First Release, London: DfES.
DH (Department of Health) (1999) *Saving Lives – Our Healthier Nation*, London: The Stationery Office.
DH (2003) *Tackling health inequalities: A programme for action*, London: DH.
Dornan, P. (2005) 'Halving child poverty: a truly historic third term?', *Poverty* vol 121, pp. 17-18.
DWP (Department for Work and Pensions) (2002) *Pathways to work: Helping people into employment*, (Cm 5690), London: DWP.
DWP (2004) £220 million expansion of successful scheme helping people on incapacity benefits get back to work, *DWp. (Media Centre Press Release)* 2 December 2004.
DWP (2005a) *Client group. analysis. Quarterly bulletin on the population of working age on key benefits. February 2005*, London: Information Directorate, DWP.
DWP (2005b) *Department for Work and Pensions five year strategy – opportunity and security throughout life,* London: DWP.
Elliott, H. and Popay, J. (2000) 'How are policy makers using evidence? Models of research utilisation and local NHS policy making', *Journal of Epidemiology and Community Health*, vol 54, no 6, pp. 461–468.
Evandrou, M. and Falkingham, J. (2005) 'A secure retirement for all? Older people and New Labour', in J. Hills and K. Stewart (eds) *A More Equal Society?* Bristol: Policy Press, pp. 167-187.

Evans, M. and Cerny, P. (2003) Globalization and social policy, in N. Ellison and C. Pierson (eds) *Developments in British Social Policy 2*, Basingstoke: Palgrave Macmillan, pp. 19-40.

Exworthy, M., Stuart, M., Blane, D. and Marmot, M. (2003) *Tackling health inequalities since the Acheson inquiry*, Bristol: The Policy Press.

Finn, D. (2003) 'Employment policy', in N. Ellison and C. Pierson (eds) *Developments in British social policy 2*, Basingstoke: Palgrave Macmillan, pp. 111-128.

Flaherty, J., Veit-Wilson, J. and Dornan, P. (2004) *Poverty: the Facts* (5th edn), London: Child Poverty Action Group.

Foley, P. and Martin, S. (2000) 'A new deal for the community? Public participation in regeneration and local service delivery', *Policy and Politics*, vol 28, no 4, pp. 479-492.

Ford, J. (2003) 'Housing policy', in N. Ellison and C. Pierson (eds) *Developments in British Social Policy 2*, Basingstoke: Palgrave Macmillan, pp. 143-159.

Gewirtz, S., Ball, S.J. and Bowe, R. (1994) 'Parents, privilege and the education marketplace', *Research Papers in Education*, vol 9, pp. 3-29.

Gibson, A. and Asthana, S. (2000) 'Local markets and the polarisation of public-sector schools in England and Wales', *Transactions of the Institute of British Geographers*, vol 25, pp. 303-19.

Gordon, D., Shaw, M., Dorling, D. and Davey Smith G. (eds), *Inequalities in health: The evidence presented to the Independent Inquiry into Inequalities in Health, chaired by Sir Donald Acheson*, Bristol: Policy Press

Graham, H. (2004) 'Social determinants and their unequal distribution: clarifying policy understandings', in *The Milbank Quarterly*, vol 82, pp. 101-24.

Green, A. (2003) 'Is UK education exceptionally unequal? Evidence from the IALS and PISA surveys', *Forum*, vol 45, pp. 67-70.

Hatcher, R. (1998) 'Class differentiation in education: rational choices?', *British Journal of Sociology in Education*, vol 19, pp. 5-24.

Haynes, P. (2003) *Managing complexity in the public services*, Maidenhead: Open University Press.

HIU (Health Inequalities Unit) (2005) *Tackling health inequalities: what works*. London: Health Inequalities Unit, Department of Health.

Hills, J. and Stewart, K. (2005) 'A tide turned but mountains yet to climb?' in J. Hills and K. Stewart (eds) *A more equal society?* , Bristol: Policy Press, pp. 325-346.

HM Government and DH (2004) *Choosing health: Making healthy choices easier*, London: HM Government and DH.

HM Treasury (2001) *Spending Review 2000: Public Service Agreements 2001-04*. Cm. 4808, London: The Stationery Office.

HM Treasury (2004a) *Child Poverty Review*, London: The Stationery Office.

HM Treasury (2004b) *Choice for Parents: the Best Start for Children. A Ten Year Strategy for Childcare*, London: HM Treasury, DfES, DWP and DTI.

HM Treasury (2004c) *2004 Spending review: Public service agreements 2005-2008*, London: HM Treasury.

Holmans, A., Monk, S. and Whitehead, C. (2004) *Building for the Future: 2004 Update*, London: Shelter.

Johnson, C. and Osborne, S. P. (2003) 'Local strategic partnerships, neighbourhood renewal, and the limits to co-governance', *Public Money & Management*, vol July, no pp. 147-154.

Judge, K., Barnes, M., Bauld, L., Benzeval, M., Killoran, A., Robinson, R., Wigglesworth, R. and Zeilig, H. (1999) Health Action Zones: Learning to make a difference. A report submitted to the Department of Health, June 1999., (http://www.ukc.ac.uk/pssru) Accessed 15.3.2002.

Kelly, M., Speller, V. and Meyrick, J. (2004) *Getting evidence into practice in public health*, London: Health Development Agency.

Kempson, E., McKay, S. and Willitts, M. (2004) *Characteristics of Families in Debt and the Nature of Indebtedness*, DWP Research Report No 211, London: HMSO.

Lauder, H., Hughes, D., Watson, S., Waslander, S., Thrupp, M., Strathdee, R., Simiyu, I., Dupuis, A., McGlinn, J. and Hamlin, J. (1999) *Trading in Futures. Why Markets in Education Don't Work*, Buckingham: Open University Press.

Lawless, P. (2004) 'Locating and explaining area-based urban initiatives: New deal for communities in England', *Environment and Planning C-Government and Policy*, vol 22, no 3, pp. 383-399.

Lohmander, M. (2004) 'The fading of a teaching profession? Reforms of early childhood teacher education in Sweden', *Early Years*, vol 24, pp. 23-34.

Lupton, R. and Power, A. (2005) 'Disadvantaged by where you live? New Labour and neighbourhood renewal', in J. Hills and K. Stewart (eds) *A More Equal Society?* Bristol: Policy Press, pp. 119-142.

MacGregor, S. (2003) 'Social Exclusion', in N. Ellison and C. Pierson (eds) *Developments in British Social Policy 2*, Basingstoke: Palgrave Macmillan, pp. 56-74.

Macintyre, S., Chalmers, I., Horton, R. and Smith, R. (2001) 'Using evidence to inform health policy: Case study', *British Medical Journal*, vol 322, no 7280, pp. 222-225.

Marsh, A., Gordon, D., Heslop, P and Pantazis, C (2000) 'Housing deprivation and health: a longitudinal analysis', *Housing Studies*, vol 15, pp. 411-428.

Matka, E., Barnes, M. and Sullivan, H. (2002) 'Health Action Zones: 'creating alliances to achieve change'', *Policy Studies*, vol 23, no 2, pp. 97-106.

McKinlay, J. (1993) 'The promotion of health through planned socio political change: Challenges for research and policy.' *Social Science and Medicine*, vol 36, no 2, pp. 109-117.

McKnight, A. (2005) 'Employment: Tacking poverty through 'work for those who can", in J. Hills and K. Stewart (eds) *A more equal society?*, Bristol: Policy Press, pp. 23-46.

Meadows, P. and Garber, C. (2004) *Sure Start local programmes and improving the employability of parents*, London: The National Evaluation of Sure Start (NESS) Institute for the Study of Children, Families and Social Issues, Birkbeck, University of London.

Millward, L., Kelly, M. and Nutbeam, D. (2003) *Public health intervention research – the evidence*, London: Health Development Agency.

Mortimore, P. and Whitty, G. (1997) *Can school improvement overcome the effects of Disadvantage*, London: Institute of Education.

Myers, P., Barnes, J. and Brodie, I. (2004) *Partnership. working in Sure Start local programmes. Synthesis of early findings from local programme evaluations*, London: NESS, Birbeck, University of London.

NAO (National Audit Office) (2002) *The New Deal for young people*, London: The Stationery Office.

NAO (2004) *Early years: progress in developing high quality childcare and early education accessible to all*, London: The Stationery Office.

NESS (National Evaluation of Sure Start) (2004) *The impact of Sure Start local programmes on child development and family functioning: A report on preliminary findings*, London: The National Evaluation of Sure Start (NESS) Institute for the Study of Children, Families and Social Issues, Birkbeck University of London.

Oakley, A. (1998) 'Experimentation and social interventions: A forgotten but important history', *British Medical Journal*, vol 317, no 7167, pp. 1239–42.

Oatley, N. (2000) 'New Labour's approach to age-old problems', *Local Economy*, vol 15, no 2, pp. 86-97.

ODPM (Office of the Deputy Prime Minister) (2004) *The Egan Review - skills for sustainable communities*, London: The Stationery Office.

ONS (Office for National Statistics) (2004) *Labour force survey, national statistics*, London: ONS.

Painter, C. and Clarence, E. (2001) 'UK local action zones and changing urban governance', *Urban Studies*, vol 38, no 8, pp. 1215-32.

Parjanen, M. and Tuomi, O. (2003) 'Access to higher education – persistent or changing inequality?: A case study from Finland', *European Journal of Education*, vol 38, pp. 55-70.

Parsons, W. (2002) 'From muddling through to muddling up- evidence based policy making and the modernisation of British government', *Public Policy and Administration*, vol 17, no 3, pp. 43-60.

Pawson, R. (2001) *Evidence based policy: I. In search of a method*, London: ESRC UK Centre for Evidence Based Policy and Practice: Working Paper 3.

Pawson, R. and Tilley, N. (1997) *Realistic evaluation*, London: Sage Publications.

Petticrew, M. (2001) 'Systematic reviews from astronomy to zoology: Myths and misconceptions', *British Medical Journal*, vol 322, no 7278, pp. 98-101.

Petticrew, M., Whitehead, M., Macintyre, S., Graham, H. and Egan, M. (2004) 'Evidence for public health policy on inequalities: 1: The reality according to policymakers', *Journal of Epidemiology and Community Health*, vol 58, no 10, pp. 811-816.

Pickvance, C. (2003) 'Housing and housing policy', in J. Baldock, N. Manning and S. Vickerstaff (eds) *Social policy* (2nd edn), Oxford: Oxford University Press, pp. 486-518.

Powell, M. and Moon, G. (2001) 'Health Action Zones: The 'third' way of a new area-based policy? .' *Health and Social Care in the Community*, vol 9, no 1, pp. 43-50.

PricewaterhouseCoopers (2004) *Universal early education and care in 2020: Costs, benefits and funding options*, A report for Daycare Trust and the Social Market Foundation, London: PricewaterhouseCoopers.

Quarmby, K. (2003) 'The politics of childcare', *Prospect*, November, pp. 50-55.

Rychetnik, L., Frommer, M., Hawe, P. and Shiell, A. (2002) 'Criteria for evaluating evidence on public health interventions', *Journal of Epidemiology and Community Health*, vol 56, no 2, pp. 119-127.

Sanderson, I. (2002) 'Making sense of 'what works': Evidence based policy making as instrumental rationality?' *Public Policy and Administration*, vol 17, no 3, pp. 61-75.

Schön, D.A. (1983) *The reflective practitioner*, New York: Basic Books.

Scrambler, G. (2001) 'Critical realism, sociology and health inequalities: social class as a generative mechanism and its media of enactment', *Journal of Critical Realism*, vol 4, pp. 35-42.

SEU (2001) *A new commitment to neighbourhood renewal. National strategy action plan*, London: The Cabinet Office.

Shaw, M., Davey Smith, G. and Dorling, D. (2005) 'Health inequalities and new labour: how the promises compare with real progress', *British Medical Journal*, vol 330, pp. 1016-21.

Shaw, M., Dorling, D., Gordon, D. and Davey Smith, G. (1999) *The widening gap: Health inequalities and policy in Britain*, Bristol: Policy Press.

Smith, G. R. (1999) *Area-based initiatives: The rationale and options for area targeting*, Case Paper 25, London: Centre for Analysis of Social Exclusion, London School of Economics.

Speller, V., Learmonth, A. and Harrison, D. (1997) 'The search for evidence of effective health promotion', *British Medical Journal*, vol 315, no 7104, pp. 361-363.

Stewart, K. (2005) 'Towards an equal start? Addressing childhood poverty and deprivation', in J. Hills and K. Stewart (eds) *A more equal society?* , Bristol: Policy Press, pp. 143-165.

Sutherland, H., Sefton, T. and Piachaud, D. (2003) *Poverty in Britain: the impact of government policy since 1997*, York: Joseph Rowntree Foundation.

Swedish Institute (2001) *Childcare in Sweden*. Fact sheet on Sweden, Stockholm: Swedish

Institute.
Sylva, K. and Pugh, G. (2005) 'Transforming the early years in England', *Oxford Review of Education* vol 31, pp. 11-27.
Taylor, C., Fitz, J. and Gorard, S. (2005) 'Diversity, specialisation and equity in education'. In *Oxford Review of Education*, vol 31, pp. 47-69.
Taylor, R. (2005) 'Lifelong learning and the Labour governments, 1997-2004', *Oxford Review of Education*, vol 31, pp. 101-18.
Thomas, B. and Dorling, D. (2004) *Know your place: housing wealth and inequality in Great Britain 1980-2003 and beyond*, London: Shelter.
Thrupp, M. (1999) *Schools making a Difference. Let's be Realistic!* Buckingham: Open University Press.
Tomlinson, S. (1997) 'Diversity, choice and ethnicity', *Oxford Review of Education*, vol 23, pp. 67-76.
Tomlinson, S. (2005) 'Race, ethnicity and education under New Labour', *Oxford Review of Education*, vol 31, pp. 153-71.
Towner, E., Dowswell, T., Mackereth, C. and Jarvis, S. (2001) *What works in preventing unintentional injuries in children and young adolescents? An updated systematic review*, London: Health Development Agency.
Tunstall, R. and Lupton, R. (2003) *Is targeting deprived areas an effective means to reach poor people? An assessment of one rationale for area based funding programmes*, CASEpaper 70, London: Centre for Analysis of Social Exclusion, London School of Economics.
Tunstill, J., Allnock, D., Meadows, P. and McLeod, A. (2002) *Early experiences of implementing Sure Start*, London: National Evaluation of Sure Start Implementation Team.
UNICEF (2002) *A League Table of Educational Disadvantage in Rich Nations*, Florence, Italy: UNICEF Innocenti Research Centre.
Vegeris, S. and McKay, S. (2002) *Low/Moderate-Income Families in Britain: Changes in Living Standards, 1999-2000*. DWP Research Report No 164, London: HMSO.
Vegeris, S. and Perry, J. (2003) *Families and Children 2001: Living Standards and the Children*. DWP Research Report No 190, London: HMSO.
Victor, C. (1991) *Health and Health Care in Later Life*, Milton Keynes: Open University Press.
Walford, G. (2005) 'Introduction: education and the labour government', *Oxford Review of Education*, vol 31, pp. 3-9.
Wanless, D. (2002) *Securing our future health: Taking a long-term view. Final report*, London: H.M. Treasury.

제2부 | 생애 과정에 걸친 건강 불평등의 경로, 정책과 실천

제4장. 생애 초기의 건강 불평등: 연구 근거

Acheson, D. (Chair) (1998) *Independent inquiry into health inequalities Report,* London: The Stationery Office.

Allen, I. and Bourke Dowling, S. (1998) *Teenage mothers: Decisions and outcomes,* London: Policy Studies Institute.

Alwash, R. and McCarthy, M. (1988) 'Measuring severity of injuries to children from home accidents', *Archives of Disease in Childhood,* vol 63, pp. 635-638.

Arendt, R., Angelopoulos, J., Salvator, A. and Singer, L. (1999) 'Motor development of cocaine exposed children at two years', *Pediatrics,* vol 103, pp. 86-92.

Arenz, S., Ruckerl, R., Koletzko, B. and von Kries, R. (2004) 'Breast-feeding and childhood obesity - systematic review', *International Journal of Obesity Related Metabolic Disorders,* vol 28, pp. 1247-56.

Armstrong, J., Dorosty, A.R., Reilly, J.J., Emmett, P.M.; Child Health Information Team. (2003) 'Coexistence of social inequalities in undernutrition and obesity in preschool children: population based cross sectional study', *Archives of Disease in Childhood,* vol 88, no 8, pp. 671-5.

Armstrong, J., Reilly, J. and the Child Health Information Team (2002) 'Breastfeeding and lowering the risk of childhood obesity', *The Lancet* vol 359, pp. 2003-4.

Aubrey, C. (2004) 'Implementing the foundation stage in reception classes', *British Educational Research Journal* vol 30, pp. 633-56.

Barker, D.J.P. (1994) *Mothers, babies, and disease in later life,* London: British Medical Journal Publications.

Barker, D.J.P. (1997) 'Fetal nutrition and cardiovascular disease in later life', in M.G. Marmot and M.E.J. Wadsworth (eds), *Fetal and early childhood environment. British Medical Bulletin,* vol 53, pp. 96-108.

Barker, D.J.P., Forsén, T., Utela, A., Osmond, C. and Eriksson, J.G. (2001) 'Size at birth and resilience to effects of poor living conditions in adult life: longitudinal study', *British Medical Journal,* vol 323, pp1273-6.

Bates, D.V. (1995) 'The effects of air pollution on children', *Environmental Health Perspectives,* vol 103, suppl 6, pp. 49-53.

Bavdekar, A., Yajnik, C.S., Fall, C.H., Bapat, S., Pandit, A.N., Deshpande, Bhave, S., Kellingray, S.D. and Joglekar, C. (1999) 'Insulin resistance syndrome in 8-year old Indian children. Small at birth, big at 8 years, or both?', *Diabetes,* vol 48, pp. 2422-9.

Beck C.T. (1998) 'The effects of postpartum depression on child development: a meta-analysis', *Archives of Psychiatric Nurs*ing, vol 12, no 1, pp12-20.

Bifulco, A., Moran, P.M., Ball, C., Jacobs, C, Baines, R., Bunn, A. and Cavagin, J. (2002)

'Childhood adversity, parental vulnerability and disorder: examining inter-generational transmission of risk', *The Journal of Child Psychology and Psychiatry*, vol 43, no 8, pp1075-86.

Billson, H., Pryer, J.A. and Nichols, R. (1999) 'Variation in fruit and vegetable consumption among adults in Britain. An analysis from the dietary and nutritional survey of British adults', *European Journal of Clinical Nutrition*, vol 53, no 12, pp946-52.

Blackburn, S. T. (2003) *Maternal, fetal and neonatal physiology: A clinical perspective* (2nd edn), St Louis, Missouri: Saunders.

Blake, M. (2003) 'Infant health', in Sproston, K. and Primatesta, P. (eds) *Health survey for England 2002: Maternal and infant health*, London: The Stationery Office.

Bolton, H.L., Hughes, P.M., Turton, P., Sedgwick, P. (1998) 'Incidence and demographic correlates of depressive symptoms during pregnancy in an inner London population', *Journal of Psychosomatic Obstetrics and Gynaecology*, vol 19, no 4, pp. 202-9.

Brauer, M., Hoek, G., Van Vliet, P., Meliefste, K., Fischer, P.H., Wijga, A., Koopman, L.P., Neijens, H.J., Gerritsen, J., Kerkhof, M., Heinrich, J., Bellander, T., Brunekreef, B. (2002) 'Air pollution from traffic and the development of respiratory infections and asthmatic and allergic symptoms in children', *American Journal of Respiratory and Critical Care Medicine,* vol 166, no 8, pp1092-8.

Bremner, J.D. and Vermetten, E. (2001) 'Stress and development: behavioural and biological consequences', *Development and Psychopathology*, vol 13, pp. 473-89.

Bristow, A., Qureshi, S., Rona, R.J. and Chinn S. (1997) 'The use of nutritional supplements by 4-12 year olds in England and Scotland', *European Journal of Clinical Nutrition*, vol 51, no 6, pp. 366-9.

Bugental, D.B., Martorell, G.A. and Barraza, V. (2003) 'The hormonal costs of subtle forms of infant maltreatment', *Hormones and Behaviour*, vol 43, no 1, pp237-44.

Bull, J., Mulvihill, C. and Quigley, R. (2003) *Prevention of low birth weight: assessing the effectiveness of smoking cessation and nutritional interventions. Evidence briefing* (1st edn), London: Health Development Agency.

Bundred, P., Kitchiner, D. and Buchan, I. (2001) 'Prevalence of overweight and obese children between 1989 and 1998: population based series of cross sectional studies', *British Medical Journal*, vol 322, pp1-4.

Capt (2002b) *Children and accidents: Factsheet*, London: Child Accident Prevention Trust.

Capt (2002a) *Child accident facts: Factsheet*, London: Child Accident Prevention Trust.

Charmandari E., Kino T., Souvatzoglou E., Chrousos G.P. (2003) 'Pediatric stress: hormonal mediators and human development', *Hormone Research*, vol 59, no 4, pp161-79.

Chiriboga, C., Brust, J., Bateman, D. and Hauser, W.A. (1999) 'Dose response of fetal cocaine exposure on newborn neurologic function', *Pediatrics*, vol 103, pp. 79-85.

Copeland, L. (2003) 'An exploration of the problems faced by young women living in disadvantaged circumstances if they want to give up smoking: can more be done at general practice level?', *Family Practice*, vol 20, no 4, pp. 393-400.

Creighton, S.J. (1985) 'An epidemiological study of abused children and their families in the United Kingdom between 1977 and 1982', *Child Abuse and Neglect*, vol 9, no 4, pp. 441-8.

Cummins, S. and Macintyre, S. (2002) 'A systematic study of an urban foodscape: the price and availability of food in Greater Glasgow', *Urban Studies*, vol 39, no 11, pp. 2115-30.

Daniels, J.L., Longnecker, M.P., Rowland, A.S., Golding, J. and the ALSPAC Study Team (2004) 'Fish intake during pregnancy and early cognitive development of offspring', *Epidemiology*, vol 15, pp. 394-402.

Daniels, S. (1995) 'Can preschool education affect children's achievement in primary school', *Oxford Review of Education*, vol 21, no 2, pp163-78.

Dawson, G., Ashman, S.B., Carver, L.J. (2000) 'The role of early experience in shaping behavioral and brain development and its implications for social policy', *Development and Psychopathology*, vol 12, no 4, pp. 695-712.

Dejin-Karlsson, E., Hanson, B.S. and Ostergren, P.O. (1997) 'Psychosocial resources and persistent alcohol consumption in early pregnancy – a population study of women in their first pregnancy in Sweden', *Scandinavian Journal of Social Medicine*, vol 25, no 4, pp. 280-8.

DfES (2005) *Provision for children under five years of age in England: January 2005 (provisional)*, London: DfES.

DH (Department of Health) (2002) *Tackling health inequalities: 2002 cross cutting review*, London: DH.

Dezateux, C. and Stocks, J. (1997) 'Lung development and early origins of childhood respiratory illness', *British Medical Bulletin*, vol 53, pp. 40-57.

DiPietro J.A. (2000) 'Baby and the brain: advances in child development', *Annual Review of Public Health*, vol 21, pp. 455-71.

Dowler, E. (2002) 'Food and poverty in Britain: rights and responsibilities', *Social Policy and Administration*, vol 36, no 6, pp. 698-717.

Eckersley A.J., Blinkhorn F.A. (2001) 'Dental attendance and dental health behaviour in children from deprived and non-deprived areas of Salford, north-west England', *International Journal of Paediatric Dentistry*, vol 11, no 2, pp. 103-9.

Eriksson, J.G., Forsén, T., Osmond, C. and Barker, D.J.P. (2003) 'Obesity from cradle to grave', *International Journal of Obesity Related Metabolic Disorders*, vol 27, no 6, pp. 722-7.

Eriksson, J.G., Forsén, T., Tuomilehto, J., Winter, P.D., Osmond, C. and Barker, D.J.P.

(1999) 'Catch-up growth in childhood and death from coronary heart disease: longitudinal study', *British Medical Journal*, vol 318, pp. 427-31.

Evans, J., Heron, J., Francomb, H., Oke, S., Golding, J. (2001) 'Cohort study of depressed mood during pregnancy and after childbirth', *British Medical Journal*, vol 323, no 7307, pp. 257-60.

Evans, R. (2002) *Interpreting and addressing inequalities in health: From Black to Acheson to Blair to . . .?* London: Office of Health Economics.

Farrow, A., Greenwood, R., Preece, S., Golding, J. (1997) 'Nitrogen dioxide, the oxides of nitrogen, and infants' health symptoms. ALSPAC Study Team. Avon Longitudinal Study of Pregnancy and Childhood', *Archives of Environmental Health*, vol 52, no 3, pp189-94.

Feinstein, L. and Bynner, J. (2004) 'The importance of cognitive development in middle childhood for adulthood socioeconomic status, mental health, and problem behavior', *Child Development*, vol 75, pp. 1329-39.

Filippini, G., Farinotti, M. and Ferrarini, M. (2000) 'Active and passive smoking during pregnancy and risk of central nervous system tumours in children', *Paediatric and Perinatal Epidemiology*, vol 14, pp. 78-84.

Forsén, T., Eriksson, J.G., Tuomilehto, J., Osmond, C. and Barker, D.J.P. (1999) 'Growth in utero and during childhood among women who develop coronary heart disease: longitudinal study', *British Medical Journal*, vol 319, pp1403-7.

Forsyth, J.S., Willatts, P., Agostoni, C., Bissenden, J., Casaer, P. and Boehm, G. (2003) 'Long chain polyunsaturated fatty acid supplementation in infant formula and blood pressure in later childhood: follow up of a randomised control trial', *British Medical Journal*, vol 326, pp. 953-8.

Freeman, R., Oliver, M., Bunting, G., Kirk, J., Saunderson, W. (2001) 'Addressing children's oral health inequalities in Northern Ireland: a research-practice-community partnership initiative', *Public Health Reports*, vol 116, no 6, pp. 617-25.

Gaffney, K.F. (2001) 'Infant exposure to environmental tobacco smoke', *Journal of Nursing Scholarship*, vol 33, no 4, pp343-7.

Galboda-Liyanage, K.C., Prince, M.J., Scott, S. (2003) 'Mother-child joint activity and behaviour problems of pre-school children', *Journal of Child Psychology and Psychiatry and Allied Disciplines*, vol 44, no 7, pp1037-1048.

Galtry, J. (2003) 'The impact on breastfeeding of labour market policy and practice in Ireland, Sweden and the USA', *Social Science and Medicine*, vol 57, no 1, pp167-77.

Gibson, A. and Asthana, S (1998a) 'School performance, school effectiveness and the 1997 White Paper', *Oxford Review of Education*, vol. 24, no 2, pp195-210.

Gibson, A. and Asthana, S (1998b) 'Schools, pupils and exam results: contextualising school performance', *British Educational Research Journal*, vol. 24, no 4, pp. 269-82.

Gillham, B., Tanner, G., Cheyne, B., Freeman, I., Rooney, M., Lambie, A. (1998) 'Unemployment rates, single parent density, and indices of child poverty: their relationship to different categories of child abuse and neglect', *Child Abuse and Neglect*, vol 22, no 2, pp79-90.

Glaser, D. (2000) 'Child abuse and neglect and the brain - a review', *The Journal of Child Psychology and Psychiatry*, vol 41, no 1, pp. 97-116.

Godfrey, K., Robinson, S., Barker, D.J.P., Osmond, C., and Cox, V. (1996) 'Maternal nutrition in early and late pregnancy in relation to placental and fetal growth', *British Medical Journal*, vol 312, pp. 410-14.

Godfrey, K.M., Redman, C.W.G., Barker, D.J.P, Osmond, C (1991) 'The effect of maternal anaemia and iron deficiency on the ratio of fetal weight to placental weight', *British Journal of Obstetrics and Gynaecology*, vol 175, pp1356.

Graham, H. (1994) 'Gender and class as dimensions of smoking-behaviour in Britain - insights from a survey of mothers', *Social Science and Medicine*, vol 38, no 5, pp. 691-8.

Graham, H. and Der, G. (1999) 'Patterns and predictors of tobacco consumption among women', *Health Education Research*, vol 14, no 5, pp. 611-8.

Granger, D.A. and Kivlighan, K.T. (2003) 'Integrating biological, behavioural and social levels of analysis in early child development: progress, problems and prospects', *Child Development*, vol 74, no 4, pp. 1058-63.

Gregg, J. (1989) 'Attitudes of teenagers in Liverpool to breastfeeding', *British Medical Journal*, vol 299, pp. 147 – 148.

Habibian, M., Roberts, G., Lawson, M., Stevenson, R., Harris, S. (2001) 'Dietary habits and dental health over the first 18 months of life', *Community Dentistry and Oral Epidemiology*, vol 29, no 4, pp. 239-46.

Hales, C. and Barker, D. (2001) 'The thrifty phenotype hypothesis', *British Medical Journal*, vol 60, pp. 5-20.

Hales, C.N., Barker, D.J.P., Clark, P.M.S, Cox, L.J., Fall, C., Osmond, C. and Winter, P.D. (1991) 'Fetal and infant growth and impaired glucose intolerance at age 64', in D.J.P. Barker (ed) *Fetal and infant origins of adult disease*, London: British Medical Journal Publications.

Hamlyn, B., Brooker, S., Oleinikova, K. and Wands, S. (2002) *Infant feeding 2000. A survey conducted on behalf of the Department of Health, the Scottish Executive, the National Assembly of Wales and the Department of Health, Social Services and Public Safety in Northern Ireland.* London: Stationery Office.

Hannigan, J.H. and Abel, E.L. (1996) 'Animal models for alcohol-related birth defects', in H.L. Spohr and H.C. Steinhausen (eds), *Alcohol, pregnancy and the developing child*, Cambridge: Cambridge University Press, pp. 77-102.

Hanson, L.A., Korotkova, M., Haversen, L, Mattsby-Baltzer, I., Hahn-Zoric, M., Silfverdal,

S.A., Strandvik, B., Telemo, E. (2002) 'Breast-feeding, a complex support system for the offspring', *Pediatrics International,* vol 44, no 4, pp. 347-52.

Hanson, L.A., Korotkova, M., Telemo, E. (2003) 'Breast-feeding, infant formulas, and the immune system', *Annals of Allergy, Asthma and Immunology*, vol 90, no 6, suppl 3, pp59-63.

Harding, J. (2001) 'The nutritional basis of the fetal origins of adult disease', *International Journal of Epidemiology*, vol 30, pp. 15-23.

Hay, D.F., Pawlby, S., Sharp, D., Asten, P., Mills, A., Kumar, R. (2001) 'Intellectual problems shown by 11-year-old children whose mothers had postnatal depression', *The Journal of Child Psychology and Psychiatry*, vol 42, no 7, pp. 871-89.

Helland, I.B., Smith, L., Saarem, K., Saugstad, O.D. and Drevon, C.A. (2003) 'Maternal supplementation with very-long-chain n-3 fatty acids during pregnancy and lactation augments children's IQ at 4 years of age', *Pediatrics,* vol 111, no 1, pp. 39-44.

Herrick, J. and Kelly, Y. (2003) 'Maternal health', in K.Sproston, and P. Primatesta (eds) *Health survey for England 2002: Maternal and infant health*, London: the Stationery Office.

HM Treasury, DfES, DWP and DTI (2004) *Choice for parents: the best start for children. A ten year strategy for childcare,* London: The Stationery Office.

Hobel, C. and Culhane, J. (2003) 'Role of psychological and nutritional stress on poor pregnancy outcome', *Journal of Nutrition*, vol 133, no 5, suppl 2, pp. 1709S-1717S.

Hobel, C., Dunkel-Schetter, C., Roesch, S., Castro, L. and Arora C. (1999) 'Maternal plasma corticotropin- releasing hormone associated with stress at 20 weeks' gestation in pregnancies ending in preterm delivery', *American Journal of Obstetrics and Gynecology,* vol 180, pp. S257–S263.

Hoghughi, M. and Speight, A.N.P. (1998) 'Good enough parenting for all children - a strategy for a healthier society', *Archives of Disease in Childhood*, vol 78, pp. 293-96.

Honey, K.L., Bennett, P., Morgan, M. (2003) 'Predicting postnatal depression', *Journal of Affective Disorders*, vol 76, no 1-3, pp. 201-10.

Huizink, A.C., Robles de Medina, P.G., Mulder, E.J., Visser, G.H., Buitelaar, J.K. (2003) 'Stress during pregnancy is associated with developmental outcome in infancy', *The Journal of Child Psychology and Psychiatry*, vol 44, no 6, pp. 810-8.

Jarvis, M.J. and Wardle, J. (1999) 'The case of cigarette smoking' in M. Marmot and R.G. Wilkinson (eds) *Social determinants of health,* Oxford: Oxford University Press, pp. 240-55.

Johanson, R., Chapman, G., Murray, D., Johnson, I., Cox, J. (2000) 'The North Staffordshire Maternity Hospital prospective study of pregnancy-associated depression', *Journal of Psychosomatic Obstetrics and Gynaecology,* vol 21, no 2, pp. 93-7.

Kiess, W., Galler, A., Reich, A., Muller, G., Kapellen, T., Deutscher, J., Raile, K., Kratzsch, J. (2001) 'Clinical aspects of obesity in childhood and adolescence', *Obesity*

Reviews, vol 2, no 1, pp. 29-36.

Kinra, S., Nelder, R.P. and Lewenden, G.J. (2000) 'Deprivation and childhood obesity: a cross-sectional study of 20,973 children in Plymouth, United Kingdom', *Epidemiology and Community Health*, vol 54, pp. 456-60.

Kramer, M.S., Guo, T., Platt, R.W., Sevkovskaya, Z., Dzikovich, I., Collet, J.P., Shapiro, S., Chalmers, B., Hodnett, E., Vanilovich, I., Mezen, I., Ducruet, T., Shishko, G., Bogdanovich, N. (2003) 'Infant growth and health outcomes associated with 3 compared with 6 months of exclusive breastfeeding', *American Journal of Clinical Nutrition*, vol 78, no 2, pp. 291-5.

Kramer, M.S., Guo, T., Platt, R.W., Shapiro, S., Collet, J.P., Chalmers, B., Hodnett, E., Sevkovskaya, Z., Dzikovich, I., Vanilovich, I.; PROBIT Study Group (2002) 'Breastfeeding and infant growth: biology or bias?', *Pediatrics*, vol 110, no 2 pt 1, pp. 343-7.

Kramer, M.S., Séguin, L., Lydon, J. and Goulet, L. (2000) 'Socio-economic disparities in pregnancy outcome: why to the poor fare so poorly?', *Paediatric and Perinatal Epidemiology*, vol 14, pp194-210.

Kurstjens, S. and Wolke, D. (2001) 'Effects of maternal depression on cognitive development of children over the first 7 years of life', *The Journal of Child Psychology and Psychiatry*, vol 42, no 5, pp. 623-36.

Lang, R., Thane, C.W., Bolton-Smith, C. and Jebb, S.A. (2003) 'Consumption of wholegrain foods by British adults: findings from further analysis of two national dietary surveys', *Public Health Nutrition*, vol 6, no 5, pp. 479-84.

Leary S., Ness, A., Emmett, P., Davey Smith, G; ALSPAC Study Team (2005a) 'Maternal diet in pregnancy and offspring height, sitting height, and leg length', *Journal of Epidemiology and CommunityHealth*, vol 59, pp. 467-72.

Leary, S. Ness, A., Emmett, P., Davey, Smith G., Headley, J.; ALSPAC Study Team. (2005b) 'Maternal diet in pregnancy and offspring blood pressure', *Archive of Disease in Childhood* vol 90, pp. 492-3.

Lee, C. (1997) 'Social context, depression and the transition to motherhood', *British Journal of Health Psychology*, vol 2, no 2, pp. 93 – 108.

Leinonen, J.A., Solantaus, T.S. and Punamäki, R. (2002) 'The specific mediating paths between economic hardship and the quality of parenting', *International Journal of Behavioural Development*, vol 26, no 5, pp. 423-35.

Livingstone, M.B. (2001) 'Childhood obesity in Europe: a growing concern', *Public Health Nutrition*, vol 4, no 1A, pp. 109-16.

Locke, A., Ginsborg, J. and Peers, I. (2002) 'Development and disadvantage: implications for the early years and beyond', *International Journal of Language and Communication Disorders*, vol 37, no 1, pp. 3-15.

Lodrup Carlsen, K.C. (2002) 'The environment and childhood asthma (ECA) study in Oslo: ECA-1 and ECA-2', *Pediatric Allergy and Immunology*, vol 13, suppl 15, pp. 29-31.

Love, J.M., Harrison, L., Sagi-Schwartz, A., van Ijzendoorn, M.H., Ross, C., Ungerer, J.A., Raikes, H., Brady-Smith, C., Bollers, K., Brooks-Gunn, J., Constantine, J., Eliason Kisker, E. Paulsell, D. and Chazan-Cohen, R. (2003) 'Child care quality matters: how conclusions may vary with context', *Child Development*, vol 74, no 4, pp1021-33.

Lucas, A, Fewtrell, M.S., Davies, P.S., Bishop, N.J., Clough, H., Cole, T.J. (1998) 'Breastfeeding and catch-up growth in infants born small for gestational age', *Acta Paediatrica*, vol 86, no 6, pp. 564-9.

Lundberg, U. (1999) 'Coping with stress: Neuroendocrine reactions and implications for health', *Noise Health*, vol 1, no 4, pp. 67-74.

Maccoby, E.E. and Lewis, C.C. (2003) 'Less day care or different day care?', *Child Development*, vol 74, no 4, pp1069-75.

Macfarlane, A., Mugford, M., Henderson, J., Furtado, A., Stevens, J. and Dunn, A. (2000) *Birth counts: Statistics of pregnancy and childbirth*, vol 2, London: Stationery Office.

Makrides, M., Neumann, M.A., Simmer, K. and Gibson, R.A. (2000) 'A critical appraisal of the role of dietary long chain polyunsaturated fatty acids on neural indices of term infants: a randomised control trial', *Pediatrics*, vol 105, pp. 32-8.

Mancuso, R., Schetter, C., Rini, C., Roesch, S. and Hobel, C. (2004) 'Maternal prenatal anxiety and corticotropin-releasing hormone associated with timing of delivery', *Psychosomatic Medicine*, vol 66, pp. 762-9.

Marcus, S.M., Flynn, H.A., Blow, F.C., Barry, K.L. (2003) 'Depressive symptoms among pregnant women screened in obstetrics settings', *Journal of Womens Health*, vol 12, no 4, pp. 373-80.

Marmot, M. (1997) 'Inequality, deprivation and alcohol use', *Addiction*, vol 92, suppl 1, s13-20.

Marmot, M. and Wadsworth, M. (eds) (1997) 'Fetal and early childhood environment: long term health implications', *British Medical Bulletin*, vol 53, no 1.

Martin, R., Ben-Shlomo, Y., Gunnell, D., Elwood, P., Yarnell, J. and Davey Smith, G. (2005) 'Breast feeding and cardiovascular disease risk factors, incidence and mortality: the Caerphilly study', *Journal of Epidemiology and Community Health*, vol 59, pp. 121-29.

Mathews, F., Yudkin, P. and Neil, A. (1999) 'Influence of maternal nutrition on outcome of pregnancy: prospective cohort study', *British Medical Journal*, vol 319, pp. 339-43.

Mathews, F., Yudkin, P., Smith, R.F. and Neil, A. (2000) 'Nutrient intakes during pregnancy: the influence of smoking status and age', *Journal of Epidemiology and Community Health*, vol 54, pp17-23.

McCain, M.N. and Mustard, J.F. (1999) *Early years study: Reversing the real brain drain*, Toronto: Ontario Children's Secretariat.

McLeod, D., Pullon, S., Cookson, T. and Cornford, E. (2002) 'Factors influencing alcohol consumption during pregnancy and after giving birth', *New Zealand Medical Journal*, vol 115, no 1157, U29.

Meadows, S. and Dawson, N. (1999) *Teenage mothers and their children: Factors affecting their health and development*, Final report to the Department of Health, Bristol: University of Bristol, Graduate School of Education.

MRC (Medical Research Council) Vitamin Study Research Group (1991) 'Prevention of neural tube defects. Results of the Medical Research Council Vitamin Study', *Lancet*, vol 338, pp131.

Melhuish, E. (2004) *A literature review of the impact of early years provision on young children, with emphasis given to children from disadvantaged backgrounds*, London: The Audit Commission.

Mullen, P. Martin, J., Anderson, J., Romans, S and Herbison, G. (1996) 'The long-term impact of the physical, emotional, and sexual abuse of children: A community study', *Child Abuse and Neglect*, vol 20, pp. 7-21.

Murcott, A. (2002) 'Nutrition and inequalities. A note on sociological approaches', *European Journal of Public Health*, vol 12, no 3, pp. 203-7.

Murray, L., Sinclair, D., Cooper, P., Ducournau, P., Turner, P. and Stein, A. (1999) 'The socioemotional development of 5-year-old children of postnatally depressed mothers', *The Journal of Child Psychology and Psychiatry*, vol 40, no 8, pp. 1259-71.

National Audit Office (2004) *Early years: progress in developing high quality childcare and early education accessible to all*, London: The Stationary Office

NICHD (National Institute for Child Health and Human Development) Early Child Care Research Network (2003) 'Does amount of time in child care predict socioemotional adjustment during the transition to kindergarten?', *Child Development*, vol 74, no 4, pp. 976-1005.

Nelson, M. (1999) 'Nutrition and health inequalities', in D. Gordon, M. Shaw, D. Dorling and G. Davey Smith (eds) *Inequalities in health: The evidence presented to the Independent Inquiry into Inequalities in Health, chaired by Sir Donald Acheson*, Bristol: Policy Press, pp. 118-37.

Nelson, M. (2000) 'Childhood nutrition and poverty', *Proceedings of the Nutrition Society*, vol 59, pp307-15.

Nessa, N. and Gallagher, J. (2004) 'Diet, nutrition, dental health and exercise', in Office for National Statistics, *The health of children and young people*, London: ONS.

Newcombe, N.S. (2003) 'Some controls control too much', *Child Development*, vol 74, no 4, pp. 1050-52.

Nicolson, P. (1998) *Post-natal depression: Psychology, science and the transition to motherhood*, London: Routledge.

Noble, S. and the ALSPAC Study Team (2001) 'Maternal employment and the initiation of breastfeeding', *Acta Paediatrica,* vol 90, pp. 423-8.

Northstone, K., Rogers, I., Emmett, P. and the ALSPAC Team Study (2002) 'Drinks consumed by 18-month-old children: are current recommendations being followed?', *European Journal of Clinical Nutrition,* vol 56, no 3, pp. 236-44.

Nuesslein, T.G., Fischer, H., Welsing, E., Riedel, F., Rieger, C.H. (2002) 'Early rather than recent exposure to tobacco increases bronchial reactivity', *Klinische Padiatrie,* vol 214, no 6, pp. 365-70.

Nunn, J.H., Gordon, P.H., Morris, A.J., Pine, C.M., Walker, A. (2003) 'Dental erosion - changing prevalence? A review of British National children's' surveys', *International Journal of Paediatric Dentistry,* vol 13, no 2, pp. 98-105.

O'Connor, T.G., Rutter, M., Beckett, C., Keaveney, L., Kreppner, J.M. and the English and Romanian Adoptees Study Team (2000) 'The effects of global severe privation on cognitive competence: extension and longitudinal follow-up', *Child Development,* vol 71, no 2, pp. 376-90.

O'Connor, T.G., Heron, J., Golding, J., Glover, V.; ALSPAC Study Team (2003) 'Maternal antenatal anxiety and behavioural/emotional problems in children: a test of a programming hypothesis', *The Journal of Child Psychology and Psychiatry,* vol 44, no 7, pp. 1025-36.

Oddy ,W.H., Kendall, G.E., Blair, E., De Klerk, N.H., Stanley, F.J., Landau, L.I., Silburn, S., Zubrick, S. (2003b) 'Breast feeding and cognitive development in childhood: a prospective birth cohort study' *Paediatric and Perinatal Epidemiology,* vol 17, no 1, pp. 81-90.

Oddy, W.H., Sly, P.D., de Klerk, N.H., Landau, L.I., Kendall, G.E., Holt, P.G., Stanley, F.J. (2003a) 'Breast feeding and respiratory morbidity in infancy: a birth cohort study', *Archives of Disease in Childhood,* vol 88, no 3, pp. 224-8.

Ong, K. and Dunger, D. (2004) 'Birth weight, infant growth and insulin resistance', *European Journal of Endocrinology,* vol 151, pp. U131-9.

Ong, K.K. and Dunger, D.B. (2002) 'Perinatal growth failure: the road to obesity, insulin resistance and cardiovascular disease in adults', *Best Practice and Research Clinical Endocrinology and Metabolism,* vol 16, no 2, pp191-207.

Ong, K.K.L., Ahmed, M.L., Emmett, P.M., Preece, M.A., Dunger, D.B. and the Avon Longitudinal Study of Pregnancy and Childhood Study Team (2000) 'Association between postnatal catch-up growth and obesity in childhood: prospective cohort study', *British Medical Journal,* vol 320, pp. 967-71.

Owen, C.G., Whincup, P.H., Odoki. K., Gilg, J.A., Cook, D.G. (2003) 'Infant feeding and blood cholesterol: a study in adolescents and a systematic review', *Pediatrics,* vol 110, no 3, pp. 597-608.

Parsons, T., Power, C., Logan, S. and Summerbell, C. (1999) 'Childhood predictors of adult obesity: a systematic review', *International Journal of Obesity Related Metabolic Disorders*, vol 23, suppl 8, pp1-107.

Parsons, T.J., Power, C. and Manor, O. (2003) 'Infant feeding and obesity through the lifecourse', *Archives of Disease in Childhood*, vol 88, no 9, pp. 793-4.

Pershagen, G., Rylander, E., Norberg, S., Eriksson, M., Nordvall, S.L. (1995) 'Air pollution involving nitrogen dioxide exposure and wheezing bronchitis in children', *International Journal of Epidemiology*, vol 24, no 6, pp1147-53.

Piachaud, D. and Sutherland, H. (2002) *Changing poverty post-1997*, CASE paper 63, London: Centre for Analysis of Social Exclusion.

Pike, I. (2005) 'Maternal stress and fetal responses: evolutionary perspectives on preterm delivery', *American Journal of Human Biology*, vol 17, pp. 55-65.

Pitts, N.B., Boyles, J., Nugent, Z.J., Thomas, N., Pine, C. (2003) 'The dental caries experience of 5-year-old children in England and Wales. Surveys co-ordinated by the British Association for the Study of Community Dentistry in 2001/2002', *Community Dental Health*, vol 20, no 1, pp. 45-54.

Pitts, N.B., Evans, D.J., Nugent, Z.J. (1999) 'The dental caries experience of 5-year-old children in the United Kingdom. Surveys co-ordinated by the British Association for the Study of Community Dentistry in 1997/98', *Community Dental Health*, vol 16, no 1, pp. 50-6.

Pollard, J., Greenwood, D., Kirk, S. and Cade, J. (2001) 'Lifestyle factors affecting fruit and vegetable consumption in the UK Women's Cohort Study', *Appetite*, vol 37, no 1, pp. 71-9.

Power, C. and Jefferis, B.J. (2002) 'Fetal environment and subsequent obesity: a study of maternal smoking', *International Journal of Epidemiology*, vol 31, no 2, pp. 413-9.

Power, C. and Parsons, T. (2000) 'Nutritional and other influences in childhood as predictors of adult obesity', *Proceedings of the Nutrition Society*, vol 59, pp. 267-72.

Raaschou-Nielsen, O., Hertel, O., Thomsen, B.L., Olsen, J.H. (2001) 'Air pollution from traffic at the residence of children with cancer', *American Journal of Epidemiology*, vol 153, no 5, pp. 433-43.

Ramsay, L.J., Moreton, G., Gorman, D.R., Blake, E., Goh, D., Elton, R.A., Beattie, T.F. (2003) 'Unintentional home injury in preschool-aged children: looking for the key-an exploration of the inter-relationship and relative importance of potential risk factors', *Public Health*, vol 117, no 6, pp. 404-11.

Reading, R. and Reynolds, S. (2001) 'Debt, social disadvantage and maternal depression', *Social Science and Medicine*, vol 53, no 4, pp. 441-53.

Reilly, J., Armstrong, J., Dorosty, A., Emmett, P., Ness, A. Rogers, I. Steer, C., Sherriff, A.; Avon Longitudinal Study of Parents and Children Study Team (2005) 'Early life risk factors for obesity in childhood: cohort study', *British Medical Journal*, vol 330, pp. 1357-63.

Reilly, J.J., Methven, E., McDowell, Z.C., Hacking, B., Alexander, D., Stewart, L, and Kelnar, C.J.H. (2003) 'Health consequences of obesity', *Archives of Disease in Childhood*, vol 88, pp. 748-52.

Remacle, C., Bieswal, F. and Reusens, B. (2004) 'Programming of obesity and cardiovascular disease', *International Journal of Obesity Related Metabolic Disorders*, vol 28, suppl 3, pp. S46-53.

Rook, G.A.W. and Stanford, J.L. (1998) 'Give us this day our daily germs', *Immunology Today*, vol 19, pp113-16.

Rushton, L., Courage, C., Green, E. (2003) 'Estimation of the impact on children's health of environmental tobacco smoke in England and Wales', *Journal of the Royal Society of Health*, vol 123, no 3, pp175-80.

Rutter, M. and the English and Romanian Adoptees (ERA) Study Team (1998) 'Developmental catch-up and deficit, following adoption and severe global early privation', *The Journal of Child Psychology and Psychiatry*, vol 39, no 4, pp. 465-476.

Sammons, P., Eliot, K., Sylva, K., Melhuish, E., Siraj-Blatchford, R. and Taggart, B. (2004) 'The impact of pre-school on young children's cognitive achievements on entry to reception', *British Educational Research Journal* vol 30, pp. 691-712.

Sanchez, M.M., Ladd, C.O. and Plotsky, P.M. (2001) 'Early adverse experience as a developmental risk factor for later psychopathology: evidence from rodent and primate models', *Development and Psychopathology*, vol 13, pp. 419-49.

Schulkin, J. (1999) 'Corticotropin-releasing hormone signals adversity in both the placenta and the brain: regulation by glucocorticoids and allostatic overload', *Journal of Endocrinology*, vol 161, pp. 349-56.

Seguin, L., Potvin, L., St-Denis, M., Loiselle, J. (1995) 'Chronic stressors, social support, and depression during pregnancy', *Obstetrics and Gynecology,* vol 85, no 4, pp. 583-9.

Selwyn, J. (2000) 'Fetal development' in M. Boushel, M. Fawcett and J. Selwyn (eds) *Focus on early childhood: Principles and realities*, Oxford: Blackwell Science, pp. 21-34.

Sen, S., Manzoor, A., Deviasumathy, M. and Newton, C. (2001) 'Maternal knowledge, attitude and practice regarding folic acid intake during the periconceptional period', *Public Health Nutrition*, vol 4, no 4, pp. 909-12.

Shaheen, S., Newson, R., Henderson, A., Headley, J., Stratton, F., Jones, R., Strachan, D.; ALSPAC Study Team (2005) 'Prenatal paracetamol exposure and risk of asthma and elevated immunoglobulin E in childhood', *Clinical and Experimental Allergy*, vol 35, pp. 18-25.

Shaheen, S., Newson. R., Henderson, A., Emmett, P., Sherriff, A., Cooke, M.; ALSPAC Study Team (2004) 'Umbilical cord trace elements and minerals and risk of early childhood wheezing and eczema', *European Respiratory Journal,* vol 24, pp. 292-7.

Sharp, C. (2002) 'School starting age: European policy and recent research', Paper presented to the Local Government Association Seminar *When should our children start school?* LGA Conference Centre, Smith Square, London, 1st November, 2002.

Shea, A., Walsh, C., Macmillan, H. and Steiner, M. (2005) 'Child maltreatment and HPA axis dysregulation: relationship to major depressive disorder and post traumatic stress disorder in females', *Psychoneuroendocrinology* , vol 30, pp. 162-78.

Sheppard, M. (1998) 'Depression in female health visitor consulters: social and demographic facets', *Journal of Advanced Nursing,* vol 26, no 5, pp. 921-9.

Sherriff, A. and Golding J. (2002) 'Factors associated with different hygiene practices in the homes of 15 month old infants', '*Archives of Disease in Childhood* 87(1), pp. 30-35.

Sherriff, A., Golding J. and the ALSPAC Study Team (2002) 'Hygiene levels in a contemporary population cohort are associated with wheezing and atopic eczema in preschool infants', *Archives of Disease in Childhood,* vol 87, no 1, pp. 26-29.

Sidebotham, P., Heron, J., Golding, J, and the ALSPAC study team (2002) 'Child maltreatment in the "Children of the Nineties:" deprivation, class, and social networks in a UK sample', *Child Abuse and Neglect,* vol 26, no 12, pp1243-59.

Singhal, A., Wells, J., Cole, T.J., Fewtrell, M., Lucas, A. (2003) 'Programming of lean body mass: a link between birth weight, obesity, and cardiovascular disease?' *American Journal of Clinical Nutrition,* vol 77, no 3, pp. 726-30.

Skinner, J.D., Carruth, B.R., Bounds, W., Ziegler, P. and Reidy K. (2002) 'Do food-related experiences in the first 2 years of life predict dietary variety in school-aged children?' *Journal of Nutrition, Education and Behaviour* 34(6), pp310-5

Sparkes, J. (1999) *Schools, education and social exclusion*, London: CASE paper 29, Centre for Analysis of Social Exclusion.

Speight, A.N.P. and Hoghughi, M. (2000) 'Commentary on Taylor, J., Spencer, N. and Baldwin, N. Social, economic and political context of parenting', *Archives of Disease in Childhood*, vol 82, pp119-20.

Spencer, N. and Coe C. (2003) 'Social patterning and prediction of parent-reported behaviour problems at 3 years in a cohort study', *Child: Care, Health and Development,* vol 29, no 5, pp. 329-336

Stead, M., MacAskill, S., MacKintosh, A.M., Reece, J. and Eadie, D. (2001) '"It's as if you're locked in": qualitative explanations for area effects on smoking in disadvantaged communities' *Health and Place*, vol 7, no 4, pp. 333-43.

Sweeney, P.C., Gelbier, S. (1999) 'The dental health of pre-school children in a deprived urban community in Glasgow', *Community Dental Health,* vol 16, no 1, pp. 22-5.

Sylva, K. and Pugh, G. (2005) 'Transforming the early years in England', *Oxford Review of Education* vol 31, pp. 11-27.

Sylva, K., Melhuish, E., Sammons, P., Siraj-Blatchford, I., Taggart, B. and Elliot, K, (2003) *The effective provision of pre-school education (EPPE) project: Findings from the pre-school Period*, London: Institute of Education/Sure Start.

Taylor, J., Spencer, N. and Baldwin, N. (2000) 'Social, economic and political context of parenting', *Archives of Disease in Childhood*, vol 82, pp113-117.

Teicher, M.H., Andersen, S.L., Polcari, A., Anderson, C.M., Navalta, C.P., Kim, D.M. (2003) 'The neurobiological consequences of early stress and childhood maltreatment', *Neuroscience and Biobehavioral Reviews*, vol 27, no 1-2, pp. 33-44.

UNICEF Innocenti Research Centre (2002) *A league table of educational disadvantage in rich nations*, Florence, Italy: UNICEF Innocenti Research Centre.

van Odijk, J., Kull, I., Borres, M.P., Brandtzaeg, P., Edberg, U., Hanson, L.A., Host, A., Kuitunen, M., Olsen, S.F., Skerfving, S., Sundell, J., Wille, S. (2003) 'Breastfeeding and allergic disease: a multidisciplinary review of the literature (1966-2001) on the mode of early feeding in infancy and its impact on later atopic manifestations', *Allergy*, vol 58, no 9, pp. 833-43.

Wadhwa, P., Garite, T., Porto, M., Glynn, L., Chicz-DeMet, A., Dunkel-Schetter, C. and Sandman C. (2004) 'Placental corticotropin-releasing hormone (CRH), spontaneous preterm birth, and fetal growth restriction: a prospective investigation', *American Journal of Obstetrics and Gynecology*, vol 191, pp. 1063-9.

Wadhwa, P.D., Glynn, L., Hobel, C.J., Garite, T.J., Porto, M., Chicz-DeMet, A., Wiglesworth A.K. and Sandman C.A. (2002) 'Behavioral perinatology: biobehavioral processes in human fetal development', *Regulatory Peptides*, vol 108, no 2-3, pp149-57.

Wadsworth, M. (1999) Early life. In M. Marmot and R.G. Wilkinson (eds), *Social determinants of health*, Oxford: Oxford University Press, pp. 44-63.

Wardle, J., Farrell, M., Hillsdon, M., Jarvis, M., Sutton, S. and Thorogood, M. (1999) 'Smoking, drinking, physical activity and screening uptake and health inequalities' in D. Gordon, M. Shaw, D. Dorling and G. Davey Smith (eds) *Inequalities in health: The evidence presented to the Independent Inquiry into Inequalities in Health, chaired by Sir Donald Acheson*, Bristol: Policy Press, pp. 213-39.

Waterson, E.J. and Murray-Lyon I.M. (1989) 'Drinking and smoking patterns amongst women attending an antenatal clinic during pregnancy', *Alcohol*, vol 24, no 2, pp163-73.

Watt, R.G., Dykes, J. and Sheiham, A. (2000) 'Preschool children's consumption of drinks: implications for dental health', *Community Dental Health*, vol 17, no 1, pp. 8-13.

Watt, R.G., Dykes, J. and Sheiham, A. (2001) 'Socio-economic determinants of selected dietary indicators in British pre-school children', *Public Health Nutrition*, vol 4, no 6, pp1229-33.

Weinberg, M.K., Tronick, E.Z., Cohn, J.F. and Olson, K.L. (1999) 'Gender differences in emotional expressivity and self-regulation during early infancy', *Developmental Psychology*, 35, pp175-88.

Werner, E.E. and Smith, R.S. (1992) *Overcoming the odds: High risk children from birth to adulthood*, Ithica, NY: Cornell University Press.

White, A.., Freeth, S. and O'Brien, M. (1992) *Infant Feeding 1990*, London: HMSO.

Whitty, J.E. and Sokol, R.J. (1996) 'Alcohol teratogenicity in humans', in H.L. Spohr and H.C. Steinhausen (eds), *Alcohol, Pregnancy and the Developing Child*, Cambridge: Cambridge University Press, pp. 3-13.

Wilkin, T., Voss, L., Metcalf, B., Mallam, K. Jeffery, A., Alba, S. and Murphy, M. (2004) 'Metabolic risk in early childhood: the EarlyBird Study', *International Journal of Obesity Related Metabolic Disorders*, vol 28, suppl 3, pp. s64-9.

Wynn, S., Wynn, A., Doyle, W. and Crawford, M. (1994) 'The association of maternal social class with maternal diet and the dimensions of babies in a population of London women', *Nutrition and Health*, vol 9, pp. 202-15.

Zoritch, B., Roberts, I. and Oakley, A. (1998) 'The health and welfare effects of day care: a systematic review of randomised controlled trials', *Social Science and Medicine*, vol 47, no 3, pp. 317-27.

제5장. 생애 초기의 건강 불평등: 정책과 사업

Abegglen, J. A. and Schwartz, R. (1995) 'Enhancing self-care parenting', *Advanced Practice Nursing Quarterly*, vol 1, no 3, pp. 74-83.

Acheson, D. (1998) *Independent inquiry into inequalities in health report*, London: The Stationery Office.

Adams, C., Bauld, L. and Judge, K. (2000) *Leading the way: Smoking cessation services in Health Action Zones*, Glasgow: Report submitted to the Department of Health, November 2000 by the University of Glasgow.

Amir, L. and Donath, S. (2002) 'Does maternal smoking have a physiological effect on breastfeeding? The epidemiological evidence', *Birth*, vol 29, no 2, pp. 112-123.

Arborelius, E., Hallberg, A. C. and Hakansson, A. (2000) 'How to prevent exposure to tobacco smoke among small children: A literature review', *Acta Paediatrica*, vol 89, pp. 65-70.

Atallah, A. N., Hofmeyr, G. J. and Duley, L. (2001) 'Calcium supplementation during pregnancy for preventing hypertensive disorders and related problems (Cochrane Review)', *The Cochrane Library, issue 3*, Oxford: Update Software.

Baby Feeding Law Group (2004) *United Kingdom code violations. A survey of the international code of marketing of breastmilk substitutes and subsequent WHA resolutions*, Cambridge: Baby Milk Action.

Bailey, C. and Pain, R. (2001) 'Geographies of infant feeding and access to primary healthcare', *Health and Social Care in the Community*, vol 9, no 5, pp. 309-317.

Barlow, J. (1997) *Systematic review of the effectiveness of parent-training programmes in improving behaviour problems in children aged 3-10 years*, Oxford: University of Oxford.

Barlow, J. and Coren, E. (2003) 'Parent-training programmes for improving maternal psychosocial health (Cochrane Methodology Review)', *The Cochrane Library*, Chichester, UK: John Wiley & Sons Ltd.

Barlow, J., Coren, E. and Stewart-Brown, S. (2002) 'Meta-analysis of the effectiveness of parenting programmes in improving maternal psychosocial health', *British Journal of General Practice*, vol 52, no 476, pp. 223-233.

Barlow J. Parsons J. (2003) 'Group-based parent-training programmes for improving emotional and behavioural adjustment in 0-3 year old children', *The Cochrane Database of Systematic Reviews* 2003, Issue 2. Art. No.: CD003680. DOI: 10.1002/14651858. CD003680.

Barlow, J. and Stewart-Brown, S. (2000) 'Behaviour problems and group based parenting education programmes', *Developmental and Behavioral Pediatrics*, vol 21, no 5, pp. 356-70.

Battersby, S. (2002a) *The breastfeeding is best supporters project (BIBS): Spreading the word. A community initiative to promote breastfeeding awareness. A research and evaluation report for the Foxhill and Parson Cross Sure Start*, Sheffield: University of Sheffield.

Battersby, S. (2002b) *The breastfeeding is best supporters project: An evaluation of the merged breastfeeding peer support programmes. A research and evaluation report for the Foxhill and Parson Cross Sure Start*, Sheffield: University of Sheffield.

Bertram, P., Pascal, C., Bokhari, S., Gasper, M. and Holtermann, S. (2002) *Early excellence centre pilot programme - second evaluation report 2000-2001*, Birmingham: Centre for Research in Early Childhood.

Blundell, R., Brewer, M. and Shephard, A. (2004) *The impact of tax and benefit changes betwen April 2000 and April 2003 on parent's labour supply*, London: The Institute for Fiscal Studies.Briefing Note No. 52.

Bor, W., Sanders, M. R. and Markie-Dadds, C. (2002) 'The effects of the triple p-positive parenting program on preschool children with co-occurring disruptive behavior and attentional/hyperactive difficulties', *Journal of Abnormal Child Psychology*, vol 30, no 6, pp. 571-87.

Brewer, M., Clark, T. and Goodman, A. (2003) 'What really happened to child poverty in the UK under labour's first term?' *The Economic Journal*, vol 113, no pp. F240-F257.

Brewer, M. and Kaplan, G. (2003) 'What do the child poverty targets mean for the child tax credit?' *Green budget, January 2003*, London: Institute of Fiscal Studies, pp. 42-53.

Brewer, M. and Shephard, A. (2004) Has labour made work pay?, (www.jrf.org.uk/bookshop) Accessed 4.5.05.

Bryan, A. A. (2000) 'Enhancing parent-child interaction with a prenatal couple intervention', *American Journal of Maternal/Child Nursing*, vol 25, no 3, pp. 139-44.

Bull, J., McCormick, G., Swann, C. and Mulvihill, C. (2004) *Ante- and post-natal home-visiting programmes: A review of reviews,* London: Health Development Agency.

Bull, J., Mulvihull, C. and Quigley, R. (2003) *Prevention of low birth weight: Assessing the effectiveness of smoking cessation and nutritional interventions,* London: HDA.

Butz, A. M., Pulsifer, M., Marano, N., Belcher, H., Lears, M. K. and Royall, R. (2001) 'Effectiveness of a home intervention for perceived child behavioral problems and parenting stress in children with in utero drug exposure', *Archives of Pediatrics and Adolescent Medicine*, vol 155, no 9, pp. 1029-1037.

Campbell, J., Scott, G. and Thomson, E. (2003) 'Childcare: An investigation of labour market issues', *Regional Studies*, vol 37, no 9, pp. 957-967.

Campbell, S. (1995) ' Behaviour problems in pre-school children: A review of recent research', *Journal of Child Psychology and Psychiatry*, vol 36, no 1, pp. 113-149.

Coe, C., Spencer, N., Barlow, J., Vostanis, P. and Laine, L. (2003) 'Services for pre-school children with behaviour problems in a midlands city', *Child Care Health Dev*, vol 29, no 6, pp. 417-424.

Coleman, T., Pound, E., Adams, C., Bauld, L., Ferguson, J. and Cheater, F. (2005) 'Implementing a national treatment service for dependant smokers: Initial challenges and solutions', *Addiction*, vol 100, Suppl. 2, pp. 12–18.

Coleman, T., Pound, E. and Cheater, F. (2002) *National survey of the new smoking cessation services: Implementing the smoking kills white paper,* Nottingham: University of Nottingham.

CPAG (Child Poverty Action Group) (2005a) *Child Poverty Action Group's response to choice for parents, the best start for children: A ten year strategy for childcare,* London: CPAG.

CPAG (2005b) *Ten steps to a society free of child poverty. Child poverty action group's manifesto to eradicate child poverty 1965–2005,* London: Child Poverty Action Group.

Cunningham, C. E., Bremner, R. and Boyle, M. (1995) 'Large group community-based parenting programs for families of preschoolers at risk for disruptive behaviour disorders: Utilisation, cost effectiveness and outcome', *Journal of Child Psychology and Psychiatry and Allied Disciplines*, vol 36, no 7, pp. 1141-1159.

Danoff, N. L., Kemper, K. J. and Sherry, B. (1994) 'Risk-factors for dropping out of a parenting education-program', *Child Abuse and Neglect*, vol 18, no 7, pp. 599-606.

Davis, H. and Hester, P. (1996) *An independent evaluation of Parent-Link: A parenting education programme,* London: Parent Network.

Davis, H. and Spurr, P. (1998) 'Parent counselling: An evaluation of a community child mental health service', *Journal of Child Psychology and Psychiatry*, vol 39, no 3, pp. 365-376.

Davis, H., Spurr, P., Cox, A., Lynch, M., von Roenne, A. and Hahn, K. (1997) 'A description and evaluation of a community child mental health service', *Clinical Child Psychology and Psychiatry*, vol 2, no 2, pp. 221-238.

Dawe, F. and Goddard, E. (1997) *Smoking related behaviours and attitudes. A report on research using the ONS omnibus survey produced on behalf of the Department of Health*, London: The Stationery Office.

Day, C. and Davis, H. (1999) 'Community child mental health services: A framework for the development of parenting initiatives', *Clinical child psychology and psychiatry*, vol 4, no 4, pp. 475-481.

De Onis, M., Villar, J. and Gülmezoglu, M. (1998) 'Nutritional interventions to prevent intrauterine growth retardation: Evidence from randomised controlled trials', *European Journal of Clinical Nutrition*, vol 52, S1, pp. S83-S93.

Dempsey, D. A. and Benowitz, N. L. (2001) 'Risks and benefits of nicotine to aid smoking cessation in pregnancy', *Drug Safety*, vol 24, no 4, pp. 277-322.

DfEE (Department for Education and Employment) (1998) *Meeting the childcare challenge. A framework and consultation document*, Cm 3959, London: HMSO.

DfEE and QCA (Qualifications and Curriculum Authority) (2000) *Curriculum guidance for the foundation stage. Ref: Qca/00/587*, London: QCA.

DfES (Department for Education and Skills) (2001) *National standards for under eights day care and childminding*, London: DfES.

DfES (2003a) *Autumn performance report 2003: Achievements against Public Service Agreement targets*, Cm 6006, London: DfES.

DfES (2003b) *Every child matters*, Cm 5860. London: The Stationery Office.

DfES (2004) *Autumn performance report 2004: Achievement against Public Service Agreement targets, 2000-2004*, Cm 6399, London: DfES.

Department of Health (DH) (1995) Breastfeeding: Good practice guidance to the NHS, (http://www.babyfriendly.org.uk/finance.asp) Accessed 26.1.04.

DH (1998) *Smoking kills*, London: The Stationery Office.

DH (1999) *Saving lives: Our healthier nation*, London: The Stationery Office.

DH (2000) *The NHS plan*, London: The Stationery Office.

DH (2002) *Improvement, expansion and reform: The next 3 years. Priorities and Planning Framework 2003-2006*, London: DH.

DH (2003a) *Clarification of breastfeeding initiation data collection*, London: DH.

DH (2003b) *Tackling health inequalities: A programme for action*, London: DH.

DH (2004a) *4153/supporting local delivery*, London: DH.

DH (2004b) *Healthy start. Government response to the consultation exercise*, London: DH.

DH (2004c) *Maternity standard, national service framework for children, young people and maternity services*, London: DfES, DH.

Dolan-Mullen, P. (1999) 'Maternal smoking during pregnancy and evidence based interventions to promote cessation', *Primary Care*, vol 26, pp. 577-89.

Dorsett, R. and Marsh, A. (1998) *The health trap: Poverty, smoking and lone parenthood*, London: Policy Studies Institute.

Dosnajh, J. and Ghuman, P. (1998) 'Child-rearing practices of two generations of Punjabis: Development of personality and independence', *Children and Society*, vol 12, no 1, pp. 25-37.

Dowler, E. (1998) 'Families and food poverty', in N. Donovan and C. Street (eds) *Fit for school -how breakfast clubs meet health, education and childcare needs*, London: New Policy Institute, pp. 23-27.

Dowler, E., Turner, S. and with Dobson, B. (2001) *Poverty bites - food, health and poor families*, London: Child Poverty Action Group.

DSS (1998) *New ambitions for our country: A new contract for welfare*, Cm 3895, London: DSS.

Duffield, M. (2002) 'Trends in female employment', *Labour Market Trends*, vol 110, no 11, pp. 605-16.

DWP (Department for Work and Pensions) (2003) *Measuring child poverty*, London: DWP.

Dykes, F. (2003) *Infant feeding initiative. A report evaluating the breastfeeding practice projects 1999-2002*, London: Department of Health.

Earle, S. (2002) 'Factors affecting the initiation of breastfeeding: Implications for breastfeeding promotion', *Health Promotion International*, vol 17, no 3, pp. 205-14.

Einzig, H. (1999) 'Review of the field: Current trends, concepts and issues', in S. Wolfendale and H. Einzig (eds) *Parenting education and support*, London: David Fulton Publishers Ltd, pp. 13-32.

Eisenstadt, N. (2000) 'Sure Start: Research into practice, practice into research', *Public Money and Management*, vol 4, October- December, pp. 6-8.

El-Mohandes, A. A., Katz, K. S., El-Khorazaty, M. N., McNeely-Johnson, D., Sharps, P. W., Jarrett, M. H., Rose, A., White, D. M., Young, M., Grylack, L., Murray, K. D., Katta, P. S., Burroughs, M., Atiyeh, G., Wingrove, B. K. and Herman, A. A. (2003) 'The effect of a parenting education program on the use of preventive pediatric health care services among low-income, minority mothers: A randomized, controlled study', *Pediatrics*, vol 111, no 6 pt 1, pp. 1324-32.

Fairbank, L., O'Meara, S., Renfrew, M. J., Woolridge, M., Sowden, A. J. and Lister-Sharp, D. (2000) *A systematic review to evaluate the effectiveness of interventions to promote the initiation of breastfeeding*, London: DH, Health Technology Assessment Programme 2000 4 (25).

Farrington, D. (1996) *Understanding and preventing youth crime*, York: Joseph Rowntree Foundation.

Feldman, M. A. (1994) 'Parenting education for parents with intellectual disabilities - a review of outcome studies', *Research in Developmental Disabilities*, vol 15, no 4, pp. 299-

332.

Fennell, D. C. and Fishel, A. H. (1998) 'Parent education: An evaluation of STEP on abusive parents' perceptions and abuse potential', *Journal of Child and Adolescent Psychiatric Nursing*, vol 11, no 3, pp. 107-20.

Finn, D. (2003) 'Employment policy', in N. Ellison and C. Pierson (eds) *Developments in British social policy 2*, Basingstoke: Palgrave Macmillan, pp. 111-128.

Forehand, R. and Kotchik, B. A. (1996) 'Cultural diversity: A wake-up call for parent training', *Behavior Therapy*, vol 27, pp. 187-206.

Frost, N., Johnson, L., Stein, M. and Wallis, L. (1996) *Negotiated friendship. - Home Start and the delivery of family support*, Leicester: Home Start UK.

Gewirtz, S. (2001) 'Cloning the Blairs: New Labour's programme for the re-socialization of working-class parents', *Journal of Education Policy*, vol 16, no 4, pp. 365-378.

Gibbs, J., Underdown, A. and Liabo, K. (2003) *Group-based parenting programmes can reduce behavioural problems of children aged 3-10 years*, www.whatworksforchildren.org.uk: What Works for Children Group Evidence Nugget.

Goodson, B. D., Layzer, J. I., St Pierre, R. G., Bernstein, R. S. and Lopez, M. (2000) 'Effectiveness of a comprehensive, five-year family support program for low-income children and their families: Findings from the comprehensive child development program', *Early Childhood Research Quarterly*, vol 15, no 1, pp. 5-39.

Graham, H. (1998) 'Promoting health against inequality: Using research to identify targets for intervention - a case study of women and smoking', *Health Education Journal*, vol 57, pp. 292-302.

Graham, H. and Power, C. (2004) *Childhood disadvantage and adult health: A lifecourse framework*, London: Health Development Agency.

Gray, A. (2001) "Making work pay' - devising the best strategy for lone parents in Britain', *Journal of Social Policy*, vol 30, no 2, pp. 189-207.

Gray, J., Spurway, P. and McClatchey, M. (2001) 'Lay therapy intervention with families at risk for parenting difficulties: The Kempe Community Caring Program', *Child Abuse and Neglect*, vol 25, no 5, pp. 641-55.

Hall, D. and Elliman, D. (eds) (2003) *Health for all children* (Fourth ed) Oxford: Oxford University Press.

Hamlyn, B., Brooker, S., Oleinikova, K. and Wands, S. (2002) *Infant feeding 2000. A survey conducted on behalf of the Department of Health, the Scottish executive, the National Assembly of Wales and the Department of Health, Social Services and Public Safety in Northern Ireland*, London: The Stationery Office.

Henderson, L., Kitzinger, J. and Green, J. (2000) 'Representing infant feeding: Content analysis of British media portrayals of bottle feeding and breast feeding', *British Medical Journal*, vol 321, no 7270, pp. 1196-8.

HM Government and DH (2004) *Choosing health: Making healthy choices easier,* London: HM Government and DH.

HM Treasury (2001) *Tackling child poverty: Giving every child the best possible start in life,* London: HM Treasury.

HM Treasury (2004) *Child poverty review,* London: The Stationery Office.

HM Treasury, DfES, DWP and DTI (2004) *Choice for parents, the best start for children: A ten year strategy for childcare,* London: The Stationery Office.

Hoddinott, P. and Pill, R. (1999) 'Qualitative study of decisions about infant feeding among women in east end of London', *British Medical Journal,* vol 318, no 7175, pp. 30-34.

Hofhuis, W., de Jongste, J. and Merkus, P. (2003) 'Adverse health effects of prenatal and postnatal tobacco smoke exposure on children', *Archives of Disease in Childhood,* vol 88, no 12, pp. 1086-1090.

Hoghughi, M. and Speight, A. N. (1998) 'Good enough parenting for all children - a strategy for a healthier society', *Archives of Disease in Childhood,* vol 78, no 4, pp. 293-300.

Home Office (1998) *Supporting families: A consultation document,* London: The Home Office.

Horgan, G. (2005) 'Child poverty in Northern Ireland: The limits of welfare-to-work policies', *Social Policy and Administration,* vol 39, no 1, pp. 49-64.

Hovell, M. F., Zakarian, J. M., Matt, G. E., Hofstetter, R., Bernert, J. T. and Pirkle, J. (2000) 'Effect of counselling mothers on their children's exposure to environmental tobacco smoke: A randomised trial', *British Medical Journal,* vol 321, no pp. 337-42.

http://www.babyfriendly.org.uk Accessed 21.1.04.

Inter-Departmental Childcare Review (2002) *Delivering for children and families,* London: The Stationery Office.

Jackson, A. and Robinson, S. (2001) 'Dietary guidelines for pregnancy: A review of current evidence', *Public Health Nutrition,* vol 4, no 2B, pp. 625-630.

Jane, M., Nebot, M., Badi, M., Berjano, B., Munoz, M., Rodriguez, M. C., Querol, A. and Cabero, L. (2000) 'Determinant factors of smoking cessation during pregnancy', *Medicina Clinica,* vol 114, no 4, pp. 132-135.

Johnson, Z., Howell, F. and Molloy, B. (1993) 'Community mothers' programme: Randomised controlled trial of a non-professional intervention in parenting', *British Medical Journal,* vol 306, pp. 1449-52.

Johnson, Z. and Molloy, B. (1995) 'The community mothers' programme - empowerment of parents by parents', *Children and Society,* vol 9, pp. 73-85.

Joseph Rowntree Foundation (2004) *Findings: The financial costs and benefits of supporting children since 1975,* York: The Joseph Rowntree Foundation.

Karoly, L. A., Greenwood, P. W., Everingham, S. S. and al., e. (1998) *Investing in our* children: *What we know and don't know about the costs and benefits of early childhood interventions,* Santa Monica: Rand Corporation.

Katz, K. S., El-Mohandes, P. A., Johnson, D. M., Jarrett, P. M., Rose, A. and Cober, M. (2001) 'Retention of low income mothers in a parenting intervention study', *Journal of Community Health,* vol 26, no 3, pp. 203-18.

Keller, J. and McDade, K. (2000) 'Attitudes of low-income parents toward seeking help with parenting: Implications for practice', *Child Welfare,* vol 79, no 3, pp. 285-312.

Kelly, M. (2004) *The evidence of effectiveness of public health interventions– and the implications,* London: Health Development Agency.

Kilgour, C. and Fleming, V. (2000) 'An action research inquiry into a health visitor parenting programme for parents of pre-school children with behaviour problems', *Journal of Advanced Nursing,* vol 32, no 3, pp. 682-8.

Kirk, T. (1980) 'Appraisal of the effectiveness of nutrition education in the context of infant feeding', *Journal of Human Nutrition,* vol 34, pp. 429-38.

Kramer, M., Chalmers, B., Hodnett, E., Sevkovskaya, Z., Dzikovich, I., Shapiro, S., Collet, J.-P., Vanilovich, I., Mezen, I., Ducruet, T., Shishko, G., Zubovich, V., Mknuik, D., Gluchanina, E., Dombrovskiy, V., Ustinovitch, A., T, K., Bogdanovich, N., Ovchinikova, L. and Helsing, E. (2001) 'Promotion of breastfeeding intervention trial (PROBIT): A randomised trial in the Republic of Belarus', *Journal of the American Medical Association,* vol 285, no 4, pp. 413-20.

Kramer, M. S. (1987) 'Determinants of low birth weight: Methodological assessment and meta-analysis', *Bulletin of the World Health Organization,* vol 65, pp. 663-737.

La Valle, I., Arthur, S., Millward, C., Scott, J. and Clayden, M. (2002) *Happy families? Atypical work and its influence on family life,* Bristol: The Policy Press.

Leventhal, J. (1997) 'The prevention of child abuse and neglect: Pipe dreams or possibilities', *Clinical Child Psychology and Psychiatry,* vol 2, no 4, pp. 489-500.

Lewis, J. (2003) 'Developing early years childcare in England, 1997-2002: The choices for (working) mothers', *Social Policy and Administration,* vol 37, no 3, pp. 219-238.

Lloyd, E. (1999) *Parenting matters. What works in parenting education?,* Barkingside: Barnardo's.

Lloyd, N., O'Brien, M. and Lewis, C. (2003) *Fathers in Sure Start local programmes,* Nottingham: DfES Publications.

Long, A., McCarney, S., Smyth, G., Magorrian, N. and Dillon, A. (2001) 'The effectiveness of parenting programmes facilitated by health visitors', *Journal of Advanced Nursing,* vol 34, no 5, pp. 611-20.

Ludman, E. J., McBride, C. M., Nelson, J. C., Curry, S. J., Grothaus, L. C., Lando, H. A. and Pirie, P. L. (2000) 'Stress, depressive symptoms, and smoking cessation among pregnant women', *Health Psychology,* vol 19, no 1, pp. 21-27.

Lumley, J., Oliver, S. and Waters, E. (2001) 'Interventions for promoting smoking cessation during pregnancy (Cochrane Review)', *The Cochrane Library*, Oxford: Update Software.

Macdonald, G. (n.d.) *What works in child protection?*, Barkingside: Barnardo's.

Macdonald, G. and Roberts, H. (1995) *What works in the early years: Effective interventions for children and their families in health, social welfare, education and child protection*, Barkingside: Barnardos.

Macdonald, G., Sheldon, B. and Gillespie, J. (1992) 'Contemporary studies of the effectiveness of social work', *British Journal of Social Work*, vol 22, no 6, pp. 614-643.

McLeod, D., Benn, C., Pullon, S., Viccars, A., White, S., Cookson, T. and Dowell, A. (2003) 'The midwife's role in facilitating smoking behaviour change during pregnancy', *Midwifery*, vol 19, no 4, pp. 285-297.

McNeill, A., Raw, M., Whybrow, J. and Bailey, P. (2005) 'A national strategy for smoking cessation treatment in England', *Addiction*, vol 100, suppl. 2, pp. 1–11.

Meadows, P. and Garber, C. (2004) *Sure Start local programmes and improving the employability of parents*, London: The National Evaluation of Sure Start (NESS) Institute for the Study of Children, Families and Social Issues, Birkbeck, University of London.

Meltzer, H., Gatward, R., Goodman, R. and Ford, T. (2000) *Mental health of children and adolescents in Great Britain*, London: Office for National Statistics.

Mielck, A., Graham, H. and Bremburg, S. (2002) 'Children, an important target group for the reduction of socioeconomic inequalities in health', in J. Mackenbach and M. Bakker (eds) *Reducing inequalities in health: A European perspective*, London: Routledge, pp. 144-168.

Moffit, T. E., Caspi, A., Dickson, N., P., S. and Stanton, W. (1996) 'Childhood-onset versus adolescent antisocial conduct problems in males: Natural history from ages 3 to 18 years', *Development and Psychopathology*, vol 8, no 2, pp. 399-424.

Mooney, A., Knight, A., Moss, P. and Owen, C. (2001) *Who cares? Childminding in the 1990s*, York: Family Policy Studies Centre in association with the Industrial Society.

Moore, L., Campbell, R., Whelan, A., Mills, N., Lupton, P., Misselbrook, E. and Frohlich, J. (2002) 'Self help smoking cessation in pregnancy: Cluster randomised controlled trial', *British Medical Journal*, vol 325, no 7377, pp. 1383-1386A.

Moss, P. (1999) 'Going critical: Childhood, parenthood and the labour market', in S. Wolfendale and H. Einzig (eds) *Parenting education and support*, London: David Fulton Publishers Ltd, pp. 75-89.

Myers, P., Barnes, J. and Brodie, I. (2004) *Partnership. working in Sure Start local programmes. Synthesis of early findings from local programme evaluations*, London: NESS, Birbeck, University of London.

NAO (National Audit Office) (2004) *Early years. Progress in developing high quality childcare and early education accessible to all,* London: The Stationery Office.

National Heart Forum (2002) *Towards a generation free from coronary heart disease. Policy action for children's and young people's health and well-being,* London: National Heart Forum.

NESS (National Evaluation of Sure Start) (2002) *Getting Sure Start started,* Nottingham: DfES.

NESS (2004) *The impact of Sure Start local programmes on child development and family functioning: A report on preliminary findings,* London: NESS, Institute for the Study of Children, Families and Social Issues, Birkbeck University of London.

Newman, T. and Roberts, H. (1999) 'Assessing effectiveness', in E. LLoyd (ed) *Parenting matters: What works in parenting education?* , Barkingside: Barnardo's, pp. 39-63.

NHS CRD (Centre for Reviews and Dissemination) (1998) 'Smoking cessation: What the health service can do', *Effectiveness Matters,* vol 3, no 1, pp. 1-4.

NHS CRD (2000) 'Promoting the initiation of breastfeeding', *Effective Health Care,* vol 6, no 2, pp. 1-12.

NICE (National Institute for Clinical Excellence) (2002) *Guidance on the use of nicotine replacement therapy (NRT) and bupropion for smoking cessation,* London: NICE.

Nicoll, A. and Williams, A. (2002) 'Breastfeeding', *Archives of Disease in Childhood,* vol 87, no 2, pp. 91-92.

Oakley, A., Rajan, L. and Turner, H. (1998) 'Evaluating parent support initiatives: Lessons from two case studies', *Health and Social Care in the Community,* vol 6, no 5, pp. 318-330.

Oakley-Browne, M. A., Joyce, P. R., Wells, J. E. and et al. (1995) 'Adverse parenting and other childhood experience as risk factors for depression in women aged 18-44 years', *Journal of Affective Disorders,* vol 34, pp. 13-23.

Olds, D., Eckenrode, J., Henderson, C., Phelps, C., Kitzman, H. and Hanks, C. (1993) 'Effect of prenatal and infancy nurse home visitation on government spending', *Medical Care,* vol 31, pp. 155-174.

Osrin, D. and de L. Costello, A. M. (2000) 'Maternal nutrition and fetal growth: Practical issues in international health', *Seminars in Neonatology,* vol 5, pp. 209-19.

Owen, A. L. and Owen, G. M. (1997) 'Twenty years of WIC: A review of some effects of the program', *Journal of the American Dietetic Association,* vol 97, pp. 777-82.

Park, E.-W., Schultz, J., Tudiver, F., Campbell, T. and Becker, L. (2004) 'Enhancing partner support to improve smoking cessation (Cochrane Review)', *The Cochrane Library,* Chichester, UK: John Wiley & Sons, Ltd.

Park, J. (1999) 'The emotional education of parents: Attachment theory and emotional literacy', in S. Wolfendale and H. Einzig (eds) *Parenting education and support.,* London: David Fulton Publishers Ltd, pp. 90-103.

Patterson, J., Barlow, J. and Mockford, C. (2002a) 'Improving mental health through parenting programmes: Block randomised controlled trial', *Archives of Disease in*

Childhood, vol 87, no 6, pp. 472-477.

Patterson, J., Mockford, C., Barlow, J., Pyper, C. and Stewart-Brown, S. (2002b) 'Need and demand for parenting programmes in general practice', *Archives of Disease in Childhood*, vol 87, no 6, pp. 468-471.

Penn, H. (2000) 'Policy and practice in childcare and nursery education', *Journal of Social Policy*, vol 29, no 1, pp. 37-54.

Perkins, E. R. and MacFarlane, J. (2001) 'Family support by lay workers: A health visiting initiative', *British Journal of Community Nursing*, vol 6, no 1, pp. 26-32.

Pickstone, C., Hannon, P. and Fox, L. (2002) 'Surveying and screening preschool language development in community-focused intervention programmes: A review of instruments', *Child: Care, Health and Development*, vol 28, no 3, pp. 251-264.

Platt, S., Amos, A., Gnich, W. and Parry, O. (2002) 'Smoking policies', in J. Mackenbach and M. Bakker (eds) *Reducing inequalities in health: A European perspective*, London: Routledge, pp. 125-43.

Protheroe, L., Dyson, L., Renfrew, M., Bull, B. and Mulvihill, C. (2003) *The effectiveness of public health interventions to promote the initiation of breastfeeding*, London: Health Development Agency.

Pugh, G. (1999) 'Parenting education and the social policy agenda', in S. Wolfendale and H. Einzig (eds) *Parenting education and support*, London: David Fulton Publishers Ltd, pp. 3-12.

Pugh, G., De'Ath, E. and Smith, C. (1994) *Confident parents, confident children: Policy and practice in parent education and support*, London: National Children's Bureau.

Pullon, S., McLeod, D., Benn, C., Viccars, A., White, S., Cookson, T., Dowell, A. and Green, R. (2003) 'Smoking cessation in New Zealand: Education and resources for use by midwives for women who smoke during pregnancy', *Health Promotion International*, vol 18, no 4, pp. 315-325.

Rahilly, S. and Johnston, E. (2002) 'Opportunity for childcare: The impact of government initiatives in England upon childcare provision', *Social Policy and Administration*, vol 36, no 5, pp. 482-495.

Raine, P. (2003) 'Promoting breast-feeding in a deprived area', *Health and Social Care in the Community*, vol 11, no 6, pp. 463-469.

Rajgopal, R., Cox, R. H., Lambur, M. and Lewis, E. C. (2002) 'Cost-benefit analysis indicates the positive economic benefits of the EFNEP related to chronic disease prevention', *Journal of Nutrition Education and Behavior*, vol 34, pp. 26-37.

Rake, K. (2001) 'Gender and New Labour's social policy', *Journal of Social Policy*, vol 30, no 2, pp. 209-231.

Ratner, P., Johnson, R. and Bottorff, J. (1999) 'Smoking relapse and early weaning among postpartum women: Is there an association?' *Birth*, vol 26, no 1, pp. 76-82.

Reifsnider, E. (1998) 'Reversing growth deficiency in children: The effect of a community-based intervention', *Journal of Pediatric Health Care*, vol 12, no 6 Pt 1, pp. 305-12.

Renfrew, M., Dyson, L., Wallace, L., D'Souza, L., McCormick, F. and Spiby, H. (2004) *Breastfeeding for longer – what works? Summary paper*, London: HDA.

Renfrew, M., Dyson, L., Wallace, L., D'Souza, L., McCormick, F. and Spiby, H. (2005) *Breastfeeding for longer - what works? Systematic review summary*, London: National Institute for Health and Clinical Excellence.

Roberts, H. (2000) *What works in reducing inequalities in child health?*, Barkingside: Barnardos.

Roseby, R., Waters, E., Polnay, A., Campbell, R., Webster, P. and Spencer, N. (2004) 'Family and carer smoking control programmes for reducing children's exposure to environmental tobacco smoke', *The Cochrane Library*, Chichester, UK: John Wiley & Sons, Ltd.

Rowe-Murray, H. and Fisher, J. (2002) 'Baby friendly hospital practices: Cesarean section is a persisitent barrier to early intiation of breastfeeding', *Birth*, vol 29, no 2, pp. 124-131.

Rutter, M., Giller, H. and Hagler, A. (1998) *Antisocial behaviour by young people*, New York: Cambridge University Press.

Sanders, M. R. (2002) 'Parenting interventions and the prevention of serious mental health problems in children', *The Medical Journal of Australia*, vol 177, pp. S87-92.

Sanders, M. R., Markie-Dadds, C., Tully, L. A. and Bor, W. (2000) 'The triple p-positive parenting program: A comparison of enhanced, standard, and self-directed behavioral family intervention for parents of children with early onset conduct problems', *Journal of Consulting and Clinical Psychology*, vol 68, no 4, pp. 624-40.

Schultz, J. R. and Vaughn, L. M. (1999) 'Brief report: Learning to parent: A survey of parents in an urban pediatric primary care clinic', *Journal of Pediatric Psychology*, vol 24, no 5, pp. 441-445.

Schweinhart, L. J. (2001) How the High/Scope Perry preschool study has influenced public policy. Third International, Inter-disciplinary Evidence-Based Policies and Indicator Systems Conference. CEM Centre, University of Durham.

Schweinhart, L. J., Barnes, H. V. and Weikart, D. P. (1993) *Significant benefits: The High/Scope Perry preschool study through age 27*, Ypsilanti, MI: High Scope Press.

Scott, J. and Binns, C. (1999) ' Factors associated with the initiation and duration of breastfeeding: A review of the literature', *Breastfeeding Review*, vol 7, pp. 5-16.

Scott, S., Knapp, M., Henderson, J. and Maughan, B. (2001a) 'Financial cost of social exclusion: Follow up study of antisocial children into adulthood', *British Medical Journal*, vol 323, no 7306, pp. 191-194.

Scott, S., Spender, Q., Doolan, M., Jacobs, B. and Aspland, H. (2001b) 'Multicentre controlled trial of parenting groups for childhood antisocial behaviour in clinical practice', *British Medical Journal*, vol 323, no 7306, pp. 194-197.

Sikorski, J., Renfrew, M. J., Pindoria, S. and Wade, A. (2004) 'Support for breastfeeding mothers (Cochrane Review)', *The Cochrane Library*, Chichester, UK: John Wiley & Sons, Ltd.

Smith, C. and Pugh, G. (1996) *Learning to be a parent*, London: Family Policy Studies Centre.

Smith, R. (1997) 'Parent education; empowerment or control?' *Children and Society*, vol 11, no 2, pp. 108-116.

Soler, J. and Miller, L. (2003) 'The struggle for early childhood curricula: A comparison of the English foundation stage curriculum, Te Wha''riki and Reggio Emilia', *International Journal of Early Years Education*, vol 11, no 1, pp. 57-67.

Spencer, N. (2003) 'Parenting programmes', *Archives of Disease in Childhood*, vol 88, no 2, pp. 99-100.

Spinelli, M. G. and Endicott, J. (2003) 'Controlled clinical trial of interpersonal psychotherapy versus parenting education program for depressed pregnant women', *American Journal of Psychiatry*, vol 160, no 3, pp. 555-562.

Statham, J. and Mooney, A. (2003) *Around the clock: Childcare services at atypical times*, Bristol: The Policy Press.

Stewart, K. (2005) 'Towards an equal start? Addressing childhood poverty and deprivation', in J. Hills and K. Stewart (eds) *A more equal society?* , Bristol: Policy Press, pp. 143-165.

Stewart-Brown, S. (1998) 'Public health implications of childhood behaviour problems and parenting programmes', in A. Buchanan and B. Nudson (eds) *Parenting, schooling and children's behaviour*, Aldershot: Ashgate, pp. 21-33.

Stewart-Brown, S., Patterson, J., Mockford, C., Barlow, J., Klimes, I. and Pyper, C. (2004) 'Impact of a general practice based group parenting programme: Quantitative and qualitative results from a controlled trial at twelve months', *Archives of Disease in Childhood*, vol 89, no 6, pp. 519-525.

Stormshak, E. A., Kaminski, R. A. and Goodman, M. R. (2002) 'Enhancing the parenting skills of head start families during the transition to kindergarten', *Prevention Science*, vol 3, no 3, pp. 223-34.

Sure Start Unit (2002) *A guide to evidence-based practice*, Nottingham: DfEE.

Sutherland, H. and Piachaud, D. (2001) 'Reducing child poverty in Britain: An assessment of government policy 1997-2001', *The Economic Journal*, vol 111, no 111, pp. F85-F101.

Sylva, K., Melhuish, E., Sammons, P., Siraj-Blatchford, I., Taggart, B. and Elliot, K. (2003) *The effective provision of pre-school education (EPPE) project: Findings from the pre-school period*, London: University of London.

Taylor, J., Spencer, N. and Baldwin, N. (2000) 'Social, economic, and political context

of parenting', *Archives of Disease in Childhood*, vol 82, no 2, pp. 113-120.
Taylor, L., Wohlgemuth, C., Warm, D., Taske, N., Naidoo, B. and Millward, L. (2005) *Public health interventions for the prevention and reduction of exposure to second-hand smoke: A review of reviews*, London: NICE.
Taylor, T. and Hajek, P. (2001) *Smoking cessation services for pregnant women*, London: Health Development Agency.
Tedstone, A., Dunce, N., Aviles, M., Shetty, P. and Daniels, L. (1998) *Effectiveness of interventions to promote healthy feeding in infants under one year of age: A review*, London: Health Education Authority.
Tunstill, J., Allnock, D., Meadows, P. and McLeod, A. (2002) *Early experiences of implementing Sure Start*, London: NESS Implementation Team.
UNICEF UK BFI (1999) *Towards national, regional and local strategies for breastfeeding*, London: UNICEF UK Baby Friendly Initiative.
UNICEF UK BFI (2000) Baby friendly news - july 2000., (www.babyfriendly.org.uk/july00.asp) Accessed 26.1.04.
Vallenas, C. and Savage, F. (1999) *Evidence for the ten steps to successful breastfeeding*, Geneva: World Health Organisation.
Vimpani, G. (2002) 'Sure Start: Reflections from Down Under (editorial)', *Child: Care, Health and Development*, vol 28, no 4, pp. 281-287.
Watt, R., Dykes, J. and Sheiham, A. (1999) 'Socio-economic determinants of selected dietary indicators in British pre-school children', *Public Health Nutrition*, vol 4, no 6, pp. 1229-1223.
Webster-Stratton, C. (1999) 'Researching the impact of parent training programmes on child conduct problems', in E. LLoyd (ed) *Parenting matters: What works in parenting education?* , Barkingside: Barnardo's, pp. 85-114.
Webster-Stratton, C. and Hammond, M. (1990) 'Predictors of treatment outcome in parent training for families with conduct problem children', *Behavior Therapy*, vol 21, pp. 319-337.
Webster-Stratton, C. and Hammond, M. (1998) 'Conduct problems and level of social competence in head start children: Prevalence, pervasiveness, and associated risk factors', *Clinical Child and Family Psychology Review*, vol 1, no 2, pp. 101-24.
West, R., McNeill, A. and Raw, M. (2003) *Meeting Department of Health smoking cessation targets. Recommendations for primary care trusts*, London: Health Development Agency.
WHO (2002) *Infant and young child nutrition; global strategy for infant and young child feeding. Executive Board paper EB 109/12*, Geneva: World Health Organization.
Williamson, D. L. and Drummond, J. (2000) 'Enhancing low-income parents' capacities to promote their children's health: Education is not enough', *Public Health Nursing*, vol 17, no 2, pp. 121-31.

Winickoff, J. P., Buckley, V. J., Palfrey, J. S., Perrin, J. M. and Rigotti, N. A. (2003a) 'Intervention with parental smokers in an outpatient pediatric clinic using counseling and nicotine replacement', *Pediatrics*, vol 112, no 5, pp. 1127-1133.

Winickoff, J. P., McMillen, R. C., Carroll, B. C., Klein, J. D., Rigotti, N. A., Tanski, S. E. and Weitzman, M. (2003b) 'Addressing parental smoking in pediatrics and family practice: A national survey of parents', *Pediatrics*, vol 112, no 5, pp. 1146-1151.

Wolfendale, S. (1999) 'Parents as key determinants in planning and delivering parenting education and support programmes: An inclusive ideology', in S. Wolfendale and H. Einzig (eds) *Parenting education and support*, London: David Fulton Publishers Ltd, pp. 48-58.

Xiong, X., Buekens, P., Alexander, S., Demianczuk, N. and Wollast, E. (2000) 'Anemia during pregnancy and birth outcome: A meta-analysis', *American Journal of Perinatology*, vol 17, pp. 137-46.

Zoritch, B., Roberts, I. and Oakley, A. (2000) 'Day care for preschool children', *The Cochrane Library*, Chichester, UK: John Wiley & Sons, Ltd.

Zwi, M., Pindoria, S. and Joughin, C. (2003) 'Parent training interventions in attention-deficit/hyperactivity disorder (Protocol for a Cochrane Review)', *The Cochrane Library*, Chichester: John Wiley and Sons, Ltd.

제6장. 아동·청소년기의 건강 불평등: 연구 근거

Anderson, M. (1999) 'Waiting for harm: deliberate self harm and suicide in young people: a review of the literature', *Journal of Psychiatric and Mental Health Nursing*, vol 6, pp. 91-100.

Armstrong, C., Hill, M. and Secker, J. (2000) 'Young people's perceptions of mental health', *Children and Society*, vol 14, pp. 60-72.

Backett-Milburn, K., Cunningham-Burley, S. and Davis, J. (2003) 'Contrasting lives, contrasting views? Understanding of health inequalities from children in differing social circumstances', *Social Science and Medicine*, vol 57, pp. 613-23.

Baumer, J.H., Hunt, L.P. and Shield, J.P.H. (1998) 'Social disadvantage, family composition, and diabetes mellitus: prevalence and outcome', *Archives of Disease in Childhood*, vol 79, pp. 427-430.

Beautrais, A.L. (2000a) 'Methods of youth suicide in New Zealand: trends and implications for prevention', *Australian and New Zealand Journal of Psychiatry*, vol 34, pp. 413-19.

Beautrais, A.L. (2000b) 'Risk factors for suicide and attempted suicide among young people', *Australian and New Zealand Journal of Psychiatry*, vol 34, pp. 420-36.

Bhugra, D., Desai, M. and Baldwin, D.S. (1999) 'Attempted suicide in West London I: rates across ethnic communities', *Psychological Medicine*, vol 29, pp. 1125-30.

Biederman, J. and Faraone, S.V. (2002) 'Current concepts on the neurobiology of Attention-Deficit/Hyperactivity Disorder', *Journal of Attention Disorders*, vol 6, suppl 1, pp. S7-16.

Boreham, R. and Prior, G. (1998) 'Self-reported health', in P. Prescott-Clarke and P. Primatesta (eds) (1998) *Health survey for England: the health of young people 1995-1997. Volume 1: Findings*, London: The Stationery Office, pp. 33-66.

Botting, B. (1997) 'Mortality in childhood', in F. Drever and M. Whitehead (eds), *Health inequalities: Decennial supplement*, London: Office for National Statistics, pp. 83-94.

Bourne, J., Bridges, J. and Searle, L. (1994) *Outcast England: How schools exclude black children*, London: Institute of Race Relations.

Bramble, D. (2003) 'Annotation: The use of psychotropic medications in children: a British view', *Journal of Child Psychology and Psychiatry*, vol 44, pp169-79.

Britton, A. and McPherson, K. (2001) 'Mortality in England and Wales attributable to current alcohol consumption', *Journal of Epidemiology and Community Health*, vol 55, pp. 383-8.

Byrne, M., Agerbo, E., Eaton, W.W. and Mortensen, P.B. (2004) 'Parental socio-economic status and risk of first admission with schizophrenia- a Danish national register based study', *Social Psychiatry and Psychiatric Epidemiol*ogy, vol 39, pp. 87-96.

Budd, T. (2003) *Alcohol-related assault: Findings from the British Crime Survey*, London: Home Office.

Caldwell, C.H., Kohn-Wood, L.P., Schmeelk-Cone, K.H., Chavous, T.M. and Zimmerman, M.A. (2004) 'Racial discrimination and racial identity as risk or protective factors for violent behaviors in African American young adults', *American Journal of Community Psychology,* vol 33, pp. 91-105.

Caprara, G.V. and Rutter, M. (1995) 'Individual development and social change', in M. Rutter and D.J. Smith (eds) *Psychosocial disorders in young people: Time trends and their causes*, Chichester: John Wiley, pp. 35-66.

Capt (2002a) *Child Accident Facts: Factsheet*, London: Child Accident Prevention Trust.

Capt (2002b) *Home Accidents: Factsheet*, London: Child Accident Prevention Trust.

Caspi, A., Taylor, A., Moffitt, T.E. and Plomin, R. (2000) 'Neighbourhood deprivation affects children's mental health: Environmental risks identified in a genetic design', *Psychological Science*, vol 11, pp. 338-42.

Casswell, S., Pledger, M. and Hooper, R. (2003) 'Socioeconomic status and drinking patterns in young adults', *Addiction*, vol 98, pp. 601-10.

Christensen, P. and Prout, A. (2002) 'Anthropological and sociological perspectives on the study of children', in S. Greene and D. Hogan (eds) *Researching children*, London: Sage.

Christoffersen, M.N., Poulsen, H.S. and Nielsen, A. (2003) 'Attempted suicide among young people: risk factors in a prospective register based study of Danish children born in 1966', *Acta Psychiatrica Scandivica*, vol 108, pp. 350-58.

Crawford, M.J. and Prince, M. (1999) 'Increasing rates of suicide in young men in England during the 1980s: the importance of social context', *Social Science and Medicine*, vol 49, pp. 1419-23.

Coles, B. (1995) *Youth and social policy: Youth citizenship. and young careers*, London: UCL Press.

Connolly, V., Unwin, N., Sherriff, P., Bilous, R. and Kelly, W. (2000) 'Diabetes prevalence and socioeconomic status: a population based study showing increased prevalence of type 2 diabetes mellitus in deprived areas', *Journal of Epidemiology and Community Health*, vol 54, pp. 173-7.

Cooper, J., Appleby, L. and Amos, T. (2002) 'Life events preceding suicide by young people', *Social Psychiatry and Psychiatric Epidemiology*, vol 37, pp. 271-5.

Coppock, V. (1997) "Mad', 'bad' or misunderstood?', in P. Scraton (ed) *Childhood in crisis*, London: UCL Press, pp. 146-62.

Coupland, C., Hippisley-Cox, J., Kendrick, D., Groom, L., Cross, E. and Savelyich, B. (2003) 'Severe traffic injuries to children, Trent, 1992-7: time-trend analysis', *British Medical Journal*, vol 327, pp. 593-4.

Crawford, T.N., Cohen, P., Midlarsky, E. and Brook, J.S. (2001) 'Internalizing symptoms in adolescents: Gender differences in vulnerability to parental distress and discord', *Journal of Research on Adolescence*, vol 11, pp. 95-118.

Dennehy, A., Smith, L. and Harker, P. (1997) '*Not to be ignored: Young people, poverty and health*, London: Child Poverty Action Group.

DfT (Department of Transport) (2002) *General review of progress towards the 2010 casualty reduction targets*, London: DfT.

DfT (2003) *Road casualties in Great Britain: Main results 2002. Statistics Bulletin (03)25*, London: DfT.

Diekstra, R.F.W., Kienhorst, C.W.M. and de Wilde, E.J. (1995) 'Suicide and suicidal behaviour among adolescents', in Rutter, M. and Smith, D.J. (eds) *Psychosocial disorders in young people: Time trends and their causes*, Chichester: John Wiley. pp. 686-761.

DiGuiseppi, C., Roberts, I. and Speirs, N. (1999) 'Smoke alarm installation and function in Inner London council housing', *Archives of Disease in Childhood*, vol 81, pp. 400-403.

Doggett, A.M. (2004) 'ADHS and drug therapy: is it still a valid treatment?', *Journal of Child Health Care*, vol 8, pp. 69-81.

Dougherty, G., Pless, I. and Wilkins, R. (1990) 'Social class and the occurrence of traffic injuries and deaths in urban children', *Canadian Journal of Public Health*, vol 81, pp. 204-9.

Dowswell, T. and Towner, E. (2002) 'Social deprivation and the prevention of unintentional injury in childhood: a systematic review', *Health Education Research*, vol

17, pp. 221-37.

Drukker, M., Kaplan, C., Feron, F. and van Os, J. (2003) 'Children's health-related quality of life, neighbourhood socio-economic deprivation and social capital: a contextual analysis', *Social Science and Medicine*, vol 57, pp. 825-41.

Engström, K. Diderichsen, F., and Laflamme, L. (2002) 'Socio-economic differences in injury risks in childhood and adolescence: a nation-wide study of intentional and unintentional injuries in Sweden', *Injury Prevention*, vol 8, pp137-42.

Falaschetti, E. and Hirani, V. (2003) 'Blood pressure', in K. Sproston and P. Primatesta (eds) *Health survey for England 2002: The health of children and young people*, London: The Stationery Office.

Farrington, D.P. (1995) 'Teenage antisocial behaviour', in M. Rutter (ed) *Psychological disturbances in young people: challenges for prevention*, Cambridge: Cambridge University Press, pp. 83-130.

Feltbower, R.G., McKinney, P.A., Campbell, F.M., Stephenson, C.R. and Bodansky, H.J. (2003) 'Type 2 and other forms of diabetes in 0-30 year olds: a hospital based study in Leeds, UK', *Archives of Disease in Childhood*, vol 88, pp. 676-9.

Fergusson, D.M. and Lynsky, M.T. (1998) 'Conduct problems in childhood and psychosocial outcomes in young adulthood: a prospective study', *Journal of Emotional and Behavioural Disorders*, vol 6, pp. 2-18.

Fombonne, E. (1995a) 'Depressive disorders', in M. Rutter and D.J. Smith, (eds) *Psychosocial disorders in young people: Time trends and their causes*, Chichester: John Wiley, pp. 544-615.

Fombonne, E. (1995b) 'Eating disorders', in M. Rutter and D.J. Smith, (eds) *Psychosocial disorders in young people: Time trends and their causes*, Chichester: John Wiley, pp. 616-85.

Freeman, H.L. and Stansfield, S.A. (1998) 'Psychosocial effects of urban environments, noise and crowding', in A. Lundberg (ed) *The environment and mental health: a guide for clinicians*, Mahwah, New Jersey: Lawrence Erlbaum Associates, pp. 147-73.

Furlong, A. and Cartmel, F. (1997) *Young people and social change: Individualisation and risk in late modernity*, Buckingham: Open University Press.

Furnham, A. and Adam-Saib, S. (2001) 'Abnormal eating attitudes and behaviours and perceived parental control: a study of white British and British-Asian school girls', *Social Psychiatry and Psychiatric Epidemiology*, vol 36, pp. 462-70.

Graham, H. and Power, C. (2004) *Childhood disadvantage and adult health: A lifecourse framework*, London: Health Development Agency.

Gunnell, D., Lopatazidis, A., Dorling, D., Wehner, H., Southall, H. and Frankel, S. (1999) 'Suicide and unemployment in young people - analysis of trends in England and Wales, 1921-95', *British Journal of Psychiatry*, vol 175, pp. 263-70.

Haarasilta, L., Marttunen, M., Kaprio, J. and Aro, H. (2001) 'The 12-month prevalence and characteristics of major depressive episode in a representative nationwide sample of adolescents and young adults', *Psychological Medicine*, 31, pp1169-79.

Harrison, L. and Gardiner, E. (1999) 'Do the rich really die young? Alcohol-related mortality and social class in Great Britain, 1988-94', *Addiction*, 94, pp1871-80.

Harrison, G., Gunnell, D., Glazebrook, C., Page, K. and Kwiecinski, R. (2001) 'Association between schizophrenia and social inequality at birth: case-control study', *British Journal of Psychiatry*, vol 179, pp346-50.

Hawker, J.I., Olowokure, B., Sufi, F., Weinberg, J., Gill, N. and Wilson, R.C. (2003) 'Social deprivation and hospital admission for respiratory infection: an ecological study', *Respiratory Medicine*, vol 97, pp. 1219-24.

Hawton, K., Harriss, L., Simkin, S., Bale, E. and Bond, A. (2001) 'Social class and suicidal behaviour: the associations between social class and the characteristics of deliberate self-harm patients and the treatment they are offered', *Social Psychiatry and Psychiatric Epidemiology*, vol 36, pp. 437-43.

Hawton, K., Fagg, J., Simkin, S., Bale, E. and Bond, A. (2000) 'Deliberate self-harm in adolescents in Oxford, 1985-95', *Journal of Adolescence*, vol 23, pp. 47-55.

Hawton, K., Houston, K. and Shepperd, R. (1999) 'Suicide in young people. Study of 174 cases aged under 25 years based on coroners' and medical records', *British Journal of Psychiatry*, vol 175, pp. 271-6.

Healey, A., Knapp, M. and Farrington, D.P. (2004) 'Adult labour market implications of antisocial behaviour in childhood and adolescence: findings from a UK longitudinal study', *Applied Economics*, vol 36, pp. 93-105.

Helms, P.J. and Christie, G. (1999) 'Prospects for preventing asthma', *Archives of Disease in Childhood*, vol 80, pp. 401-5.

Hertzman, C., Power, C., Matthews, S. and Manor, O. (2001) 'Using an interactive framework of society and lifecourse to explain self-related health in early adulthood', *Social Science and Medicine*, vol 53, no 12, pp. 1575-85.

Hill, J. (2002) 'Biological, psychological and social processes in the conduct disorders', *Journal of Child Psychology and Psychiatry*, vol 43, pp133-64.

Hippisley-Cox, J., Groom, L., Kendrick, D., Coupland, C., Webber, E. and Savelyich, B (2002) 'Cross sectional survey of socioeconomic variation in severity and mechanism of childhood injuries in Trent, 1992-7', *British Medical Journal*, 324, pp. 1132-4.

Hjern, A. and Bremberg, S. (2002) 'Social aetiology of violent deaths in Swedish children and youth', *Journal of Epidemiology and Community Health*, vol 56, pp. 688-92.

Hollis, C. (2000) 'Adult outcomes of child- and adolescent-onset schizophrenia: diagnostic stability and predictive validity', *American Journal of Psychiatry*, vol 157, pp1652-9.

Ireland, L. and Holloway, I. (1996) 'Qualitative health research with children', *Children and Society*, vol 10, pp. 155-64.

Jensen, P.S., Kettle, L., Roper, M.T., Sloan, M.T., Dulcan, M.K., Hoven, C., Bird, H.R., Bauermeister, J.J. and Payne, J.D. (1999) 'Are stimulants overprescribed? Treatment of ADHD in four U.S. communities', *Journal of American Academy of Child and Adolescent Psychiatry*, vol 38, pp. 797-804.

Jones, J.M., Bennett, S., Olmsted, M.P., Lawson, M.L. and Rodin, G. (2001) 'Disordered eating attitudes and behaviours in teenaged girls: a school-based study', *Canadian Medical Association Journal*, vol 165, pp. 547-52.

Judge, K. and Benzeval, M. (1993) 'Health inequalities: new concerns about the children of single mothers', *British Medical Journal*, vol 306, pp. 677-80.

Karvonen, S., West, P., Sweeting, H., Rahkonen, O. and Young, R. (2001) 'Lifestyle, social class and health-related behaviour: a cross-cultural comparison of 15 year olds in Glasgow and Helsinki', *Journal of Youth Studies*, vol 4, pp. 393-413.

Kessler, R.C. and Walters, E.E. (1998) 'Epidemiology of DSM-III-R major depression and minor depression among adolescents and young adults in the National Comorbidity Survey', *Depression and Anxiety*, vol 7, pp. 3-14.

Koppel, S. and McGuffin, P. (1999) 'Socio-economic factors that predict psychiatric admissions at a local level', *Psychological Medicine*, vol 29, pp. 1235-41.

Kutchins, H. and Kirk, S.A (1997) *Making us crazy: DSM - The psychiatric bible and the creation of mental disorders*, London: Constable.

Lader, D., Singleton, N. and Meltzer, H. (2000) *Psychiatric morbidity among young offenders in England and Wales*, London: ONS.

Laflamme, L. and Engström, K. (2002) 'Socioeconomic differences in Swedish children and adolescents injured in road traffic accidents: cross-sectional study', *British Medical Journal*, vol 324, pp. 396-7.

Laing, G. and Logan, S. (1999) 'Patterns of unintentional injury in childhood and their relation to socio-economic factors', *Public Health*, 113, pp. 291-4.

Lalloo, R., Sheiham, A. and Nazroo, J.Y. (2003) 'Behavioural characteristics and accidents: findings from the Health Survey for England, 1997', *Accident Analysis and Prevention*, vol 35, pp. 661-7.

Leventhal, T. and Brooks-Gunn J. (2000) 'The neighborhoods they live in: The effects of neighborhood residence on child and adolescent outcomes', *Psychological Bulletin*, vol 126, pp. 309-337.

Linnet, K.M., Dalsgaard, S., Obel, C., Wisborg, K., Henriksen, T.B., Rodriguez, A., Kotimaa, A., Moilanen, I., Thomsen, P.H., Olsen, J. and Jarvelin, M.R. (2003) 'Maternal lifestyle factors in pregnancy risk of attention deficit hyperactivity disorder and associated behaviors: review of the current evidence', *American Journal of Psychiatry*, vol 160, pp1028-40.

London Development Agency (2004) *Rampton revisited: the educational experiences and achievements of black boys in London schools*, London: London Development Agency Education Commission.

Lynsky, M., Degenhardt, L., Hall, W. (2000) 'Cohort trends in youth suicide in Australia, 1964-1997', *Australian and New Zealand Journal of Psychiatry*, vol 34, pp. 408-12.

Lyons, R.A., Delahunty, A.M., Heaven, M., McCabe, M., Allen, H. and Nash, P. (2000) 'Incidence of childhood fractures in affluent and deprived areas', *British Medical Journal*, vol 320, p149.

Lyons, R.A., Jones, S.J., Deacon, T. and Heaven, M. (2003) 'Socioeconomic variation in injury in children and older people: a population study', *Injury Prevention*, vol 9, pp. 33-37.

MacGibbon, B. (1999) 'Inequalities in health related to transport', in D. Gordon, M. Shaw, D. Dorling and G. Davey Smith (eds) *Inequalities in health: The evidence presented to the Independent Inquiry into Inequalities in Health, chaired by Sir Donald Acheson*, Bristol: Policy Press, pp. 185-96.

Macmillan, R., McMorris, B.J. and Kruttschnitt, C. (2004) 'Linked lives: stability and change in maternal circumstances and trajectories of antisocial behaviour in children', *Child Development*, vol 75, pp. 205-20.

Madge, N. and Harvey, J.G. (1999) 'Suicide among the young - the size of the problem', *Journal of Adolescence*, vol 22, pp. 145-55.

Mash, E.J. and Wolfe, D.A. (2002) *Abnormal Child Psychology* (2nd edn), Belmont, California: Wadsworth.

Maughan, B., Brock, A. and Ladva, G. (2004a) 'Mental health', in Office for National Statistics (ONS), *The health of children and young people*, London: ONS.

Maughan, B., Rowe, R., Messer, J., Goodman, R. and Meltzer, H. (2004b) 'Conduct disorder and oppositional defiant disorder in a national sample: developmental epidemiology', *Journal of Child Psychology and Psychiatry*, vol 45, pp. 609-21.

Maynard, M., Gunnell, D., Emmett, P., Frankel, S. and Davey Smith G. (2003) 'Fruit, vegetables, and antioxidants in childhood and risk of adult cancer: the Boyd Orr cohort', *Journal of Epidemiology and Community Health*, vol. 57, no 3, pp. 218-25.

McCarron, P., Gunnell, D., Harrison, G.L., Okasha, M. and Davey Smith, G. (2003) 'Temperament in young adulthood and later mortality: prospective observational study', *Journal of Epidemiology and Community Health*, vol 57, pp. 888-92.

McMunn, A., Primatesta, P. and Bost, L. (1998) in P. Prescott-Clarke and P. Primatesta (1998) *Health survey for England: The health of young people 1995-1997. Volume 1: Findings*, London: The Stationery Office, pp. 109-150.

Meltzer, H., Gatward, R., Goodman, R. and Ford T. (2000) *The mental health of children and adolescents in Great Britain*, London: The Stationery Office.

Micklewright, J. (2002) *Social exclusion and children: A European view for a US debate*. CASE

paper 51, London: Centre for Analysis of Social Exclusion, London School of Economics.
Miles, S. (2000) *Youth lifestyles in a changing world*, Buckingham: Open University Press.
Montgomery, S.M., Cook, D.G., Bartley, M.J. and Wadsworth, M.E.J. (1998) 'Unemployment, cigarette smoking, alcohol consumption and body weight in young British men', *European Journal of Public Health*, vol 8, pp. 21-27.
Morrison, A., Stone, D.H., Redpath, A., Campbell, H and Norrie, J (1999) 'Trend analysis of socioeconomic differentials in deaths from injury in childhood in Scotland, 1981-95', *British Medical Journal*, 318, pp. 567-8.
Morrow, V. (2001) 'Using qualitative methods to elicit young people's perspectives on their environments: some ideas for community health initiatives', *Health Education Research*, vol 16, pp. 255-68.
Mulvany, F., O'Callaghan, E., Takei, N, Byrne, M., Fearon, P. and Larkin, C. (2001) 'Effect of social class at birth on risk and presentation of schizophrenia: case-control study', *British Medical Journal*, vol 323, pp. 1398-1401.
Nasman, E. (1994) 'Individualisation and institutionalisation of children', in J. Qvortup, M. Bardy, G. Sgritta and H. Wintersberger (eds) *Childhood matters: Social theory, practice and politics*, Aldershot: Averbury.
Nazroo, J. (1999) *Ethnicity and mental health: findings from a national community survey*, London: Policy Studies Institute.
Nigg, J.T. and Hinshaw, S.P. (1998) 'Parent personality traits and psychopathology associated with antisocial behaviours in childhood Attention-Deficit Hyperactivity Disorder', *Journal of Child Psychology and Psychiatry and Allied Disciplines*, vol 39, pp. 145-59.
Norris, C. and Lloyd, G. (2000) 'Parents, professionals and ADHD: what the papers say', *European Journal of Special Needs Education*, vol 15, pp. 123-37.
PACTS (Parliamentary Advisory Council for Transport Safety) (2003) *PACTS Briefing Paper: Drinking and Driving*, London: PACTS.
Patel, N. and Fatimilehin, I.A. (1999) 'Racism and mental health', in C. Newnes, G., Holmes and C. Dunn (eds) *This is madness: A critical look at psychiatry and the future of mental health services*, Ross-on-Wye: PCCS Book, pp. 51-73.
Pickett, W., Garner, M.J., Boyce, W.F. and King, M.A. (2002) 'Gradients in risk for youth injury associated with multiple-risk behaviours: a study of 11,329 Canadian adolescents', *Social Science and Medicine*, vol 55, pp1055-68.
Power, C. and Matthews, S. (1997) 'Origin of health inequalities in a national population sample', *Lancet*, vol 350, pp. 1584-9.
Prescott-Clarke, P. and Primatesta, P. (eds) (1998) *Health survey for England: The health of young people 1995-1997. Volume 2: Methodology and documentation*, London: The Stationery Office.

Primatesta, P., Bost, L. and McMunn, A. (1998) 'Respiratory symptoms and lung function', in P. Prescott-Clarke and P. Primatesta (eds) *Health survey for England: The health of young people 1995-1997. Volume 1: Findings*, London: The Stationery Office, pp. 151-190.

Primatesta, P. (2003) 'Respiratory health', in K. Sproston, and P. Primatesta, (eds) *Health survey for England 2002: The health of children and young people*, London: The Stationery Office.

Prout, A. and Hallett, C. (2003) 'Introduction', in C. Hallett and A. Prout (eds) *Hearing the voices of children: Social policy for a new century*, London: Routledge Falmer.

Raat, H., Bonsel. G.J., Essink Bot, M.L., Landgraf, J.M. and Gemke, R.J. (2002) 'Reliability and validity of comprehensive health status measures in children: the Child Health Questionnaire in relation to the Health Utilities Index', *Journal of Clinical Epidemiology*, vol 55, pp. 67-76.

Richardson, A. and Budd, T. (2003) 'Young adults, alcohol, crime and disorder', *Criminal Behaviour and Mental Health*, vol 13, pp. 5-16.

Roberts, H., Smith, S. and Bryce, C. (1993) 'Prevention is better . . . .', *Sociology of Health and Illness*, vol 15, pp. 447-63.

Roberts, I. and Pless, B. (1996) 'Social policy as a cause of childhood accidents: the children of lone mothers', *British Medical Journal*, vol 306, pp. 1737-9.

Roberts, I. and Power, C. (1996) 'Does the decline in child injury mortality vary by social class? A comparison of class specific mortality in 1981 and 1991', *British Medical Journal*, vol 313, pp. 784-6.

Rutter, M. (1995) 'Causal concepts and their testing', in M. Rutter and D.J. Smith (eds) *Psychosocial disorders in young people: Time trends and their causes*, Chichester: John Wiley, pp. 7-34.

Rutter, M. (1999) 'Resilience concepts and findings: implications for family therapy', *Journal of Family Therapy*, vol 21, pp. 119-44.

Rutter, M. and Smith, D.J. (1995) 'Time trends in psychosocial disorders in youth, in M. Rutter and D.J. Smith (eds) *Psychosocial disorders in young people: Time trends and their causes*, Chichester: John Wiley, pp. 763-781.

Sauvola, A., Rasanen, P.K., Joukamaa, M.I., Jokelainen, J., Jarvelin, M.R. and Isohanni, M.K. (2001) 'Mortality of young adults in relation to single-parent family background - a prospective study of the Northern Finland 1966 birth cohort', *European Journal of Public Health*, vol 11, no 3, pp. 284-86.

Sava, F. (2000) 'Is Attention Deficit Hyperactivity Disorder an exonerating construct? Strategies for school inclusion', *European Journal of Special Needs Education*, vol 15, pp. 149-57.

Schneiders, J., Drukker, M., van der Ende, J., Verhulst, F.C., van Os, J. and Nicolson,

N.A. (2003) 'Neighbourhood socioeconomic disadvantage and behavioural problems from late childhood into early adolescence', *Journal of Epidemiology and Community Health*, vol 57, pp. 699-703.

Simonoff, E., McGuffin, P. and Gottesman, I.I. (1994) 'Genetic influences on normal and abnormal development', in M. Rutter, E. Taylor and L. Hersov (eds) *Child and adolescent psychiatry* (3rd edn), Oxford: Blackwell Science, pp. 129-151.

Simonoff, E., Elander, J., Holmshaw, J., Pickles, A., Murray, R., Rutter, M. (2004) 'Predictors of antisocial personality - continuities from childhood to adult life', *British Journal of Psychiatry*, vol 184, pp. 118-27.

Smith, A.S. and Farrington, D.P. (2004) 'Continuities in antisocial behavior and parenting across three generations', *Journal of Child Psychology and Psychiatry*, vol 45, pp. 230-47.

Smith, D.J. (1995) 'Youth crime and conduct disorders', in M. Rutter and D.J. Smith, (eds) *Psychosocial disorders in young people: Time trends and their causes*, Chichester: John Wiley, pp. 389-489.

Smith, E.P., Walker, K., Fields, L., Brookins, C.C. and Seay, R.C. (1999) 'Ethnic identity and its relationship to self-esteem, perceived efficacy and prosocial attitudes in early adolescence', *Journal of Adolescence*, vol 22, pp. 867-880.

Sproston, K. and Primatesta, P. (eds) (2003) *Health survey for England 2002: The health of children and young people,* London: The Stationery Office.

Stanistreet, D. and Jeffrey, V. (2003) 'Injury and poisoning mortality among young men— are there any common factors amenable to prevention?', *Crisis*, 24, pp. 122-7.

Starfield, B., Riley, A.W., Witt, W.P. and Robertson, J. (2002) 'Social class gradients in health during adolescence', *Journal of Epidemiology and Community Health*, vol 56, pp. 354-61.

Stevenson, M., Jamrozik, K. and Spittle, J. (1995) 'A case-control study of traffic risk factors and child pedestrian injury', *International Journal of Epidemiology*, vol 24, pp. 959-64.

Stiller, C., Quinn, M. and Rowan, S. (2004) 'Childhood Cancer', in ONS, *The health of children and young people*, London: ONS.

Sweeting, H. and West, P. (1998) 'Health and age 11: reports from schoolchildren and their parents', *Archives of Disease in Childhood*, vol 78, pp. 427-34.

Sweeting, H. and West, P. (2003) 'Fifteen, female and stressed: changing patterns of psychological distress over time', *Journal of Child Psychology and Psychiatry*, vol 44, pp. 399-411.

Thapar, A., Fowler, T., Rice, F., Scourfield, J., van den Bree, M., Thomas, H., Harold, G. and Hay, D. (2003) 'Maternal smoking during pregnancy and attention deficit hyperactivity disorder symptoms in offspring', *American Journal of Psychiatry*, vol 160, pp1985-9.

Timms, D. (1998) 'Gender, social mobility and psychiatric diagnoses', *Social Science and Medicine*, vol 46, pp. 1235-47.

Tomlinson, S. (2005) 'Race, ethnicity and education under New Labour', *Oxford Review of Education*, vol 31, pp. 153-71.

Towner, E., Jarvis, S., Walsh, S. and Aynsley-Green, A. (1994) 'Measuring exposure to injury risk in schoolchildren aged 11-14', *British Medical Journal*, vol 308, pp. 449-52.

Wallace, S.A., Crown, J.M., Cox, A.D. and Berger, M. (1997) *Child and adolescent mental health*, Oxford: Radcliffe Medical Press.

Webb, L. (2002) 'Deliberate self harm in adolescence: a systematic review of psychological and psychosocial factors', *Journal of Advanced Nursing*, vol 38, pp. 235-44.

West, P. (1988) 'Inequalities? Social class differentials in health in British youth', *Social Science and Medicine*, vol 27, pp. 391-6.

West, P. (1997) 'Health inequalities in the early years: is there equalisation in youth?', *Social Science and Medicine*, vol 44, pp. 833-58.

West, P. (1999) 'Youth', in D. Gordon, M. Shaw, D. Dorling and G. Davey Smith (eds) *Inequalities in health: The evidence presented to the Independent Inquiry into Inequalities in Health, chaired by Sir Donald Acheson*, Bristol: Policy Press, pp12-22.

West, P. and Sweeting, H. (2004) 'Evidence of equalisation in health in youth from the West of Scotland', *Social Science and Medicine*, vol 59, pp. 13-27.

West, P., Sweeting, H. and Speed, E. (2001) 'We really do know what you do: A comparison of reports from 11 year olds and their parents in respect of parental economic activity and occupation', *Sociology*, vol 35, pp. 539-59.

Williams, J.M., Currie, C.E., Wright, P., Elton, R.A. and Beattie, T.F. (1997) 'Socioeconomic status and adolescent injuries', *Social Science and Medicine*, vol 44, pp. 1881-91.

Willoughby, M. (2003) 'Developmental course of ADHD symptomatology during the transition from childhood to adolescence: a review with recommendations', *Journal of Child Psychology and Psychiatry*, vol 44, pp. 88-106.

Wittchen, H.U., Nelson, C.B. and Lachner, G. (1998) 'Prevalence of mental disorders and psychosocial impairments in adolescents and young adults', *Psychological Medicine*, vol 28, pp109-26.

Zito, J.M., Safer, D.J., dosReis, S., Gardner, J.F., Boles, M. and Lynch, F. (2000) 'Trends in the prescribing of psychotropic medications to preschoolers', *Journal of the American Medical Association*, vol. 283, pp1025-30.

제7장. 아동·청소년기의 건강 불평등: 정책과 사업

Audit Commission (1999) *Children in mind. Child and adolescent mental health services (CAMHS) briefing paper*, London: Audit Commission.

Audit Commission (2004) *Youth justice 2004. A review of the reformed youth justice system*, London: The Audit Commission.

Australian Institute of Criminology (2002) *What works in reducing young people's involvement in crime?*, Canberra: Australian Institute of Criminology.

Baruch, G. (2001) 'Mental health services in schools: The challenge of locating a psychotherapy service for troubled adolescent pupils in mainstream and special schools', *Journal of Adolescence*, vol 24, no 4, pp. 549-570.

Bor, W. (2004) 'Prevention and treatment of childhood and adolescent aggression and antisocial behaviour: A selective review', *Australian and New Zealand Journal of Psychiatry*, vol 38, no 5, pp. 373-380.

Bower, P., Garralda, E., Kramer, T., Harrington, R. and Sibbald, B. (2001) 'The treatment of child and adolescent mental health problems in primary care: A systematic review', *Family Practice*, vol 18, no 4, pp. 373-382.

Bradley, S., Kramer, T., Garralda, M. E., Bower, P., Macdonald, W., Sibbald, B. and Harrington, R. (2003) 'Child and adolescent mental health interface work with primary services: A survey of NHS provider trusts', *Child and Adolescent Mental Health*, vol 8, no 4, pp. 170-176.

Bunn, F., Collier, T., Frost, C., Ker, K., Roberts, I. and Wentz, R. (2003) 'Traffic calming for the prevention of road traffic injuries: Systematic review and meta-analysis', *Injury Prevention*, vol 9, no 3, pp. 200-204.

Clarke, M., Coombs, C. and Walton, L. (2003) 'School based early identification and intervention service for adolescents: A psychology and school nurse partnership model', *Child and Adolescent Mental Health*, vol 8, no 1, pp. 34-39.

Coggan, C., Patterson, P., Brewin, M., Hooper, R. and Robinson, E. (2000) 'Evaluation of the Waitakere community injury prevention project', *Injury Prevention*, vol 6, no 2, pp. 130-134.

Coleman, P., Munro, J., Nicholl, J., Harper, R., Kent, G. and Wild, D. (1996) *The effectiveness of interventions to prevent accidental injury to young persons aged 15-24 years: A review of evidence*, Sheffield: Medical Care Research Unit, University of Sheffield.

Crime Concern (2002) Keeping young people safe and out of trouble. Joining up the community safety and youth offending agendas, (www.crimeconcern.org.uk) Accessed 14.4.05.

Crowley, P., Kilroe, J. and Burke, S. (2004) *Youth suicide prevention. Evidence briefing summary*, London: HDA.

Derisley, J. (2004) 'Cognitive therapy for children, young people and families: Considering service provision', *Child and Adolescent Mental Health*, vol 9, no 1, pp. 15-20.

DETR (Department of the Environment, Transport and the Regions) (1998) *A New Deal for transport: Better for everyone*, London: The Stationery Office.

DETR (1999) *Research into levels of activity relating to school travel initiatives*, London: DETR.
DETR (2000) *Tomorrow's roads: Safer for everyone*, London: DETR.
DfES (Department for Education and Skills) (2003) *Travelling to school: An action plan*, Nottingham: DfES.
DfES (2004) *Every child matters: Change for children in the criminal justice system*, London: DfES.
DfT (Department for Transport) (2004) *Tomorrow's roads - safer for everyone. The first three year review. The government's road safety and casualty reduction targets for 2010*, London: DfT.
DH (Department of Health) (1992) *Health of the nation: A strategy for health in England and Wales*, London: HMSO.
DH (1999) *Saving lives: Our healthier nation*, London: The Stationery Office.
DH (2003) Getting the right start: The national service framework for children. Emerging findings, (www.doh.gov.uk/nsf/children/gettingtherightstart) Accessed 1.7. 04.
DH (2004a) *3779/CAMHS standard, national service framework for children, young people and maternity services*, London: DH.
DH (2004b) *National service framework for children, young people and maternity services*, London: DH.
DiGuiseppi, C. and Higgins, J. (2001) 'Interventions for promoting smoke alarm ownership and function (Cochrane Review)', *The Cochrane Library, issue 2, 2004*, Chichester, UK: John Wiley & Sons, Ltd.
Dowswell, T. and Towner, E. (2002) 'Social deprivation and the prevention of unintentional injury in childhood: A systematic review', *Health Education Research*, vol 17, no 2, pp. 221-237.
Elkan, R., Kendrick, D., Hewitt, M., Robinson, J. J. A., Tolley, K., Blair, M., Dewey, M., Williams, D. and Brummell, K. (2000) 'The effectiveness of domiciliary health visiting: A systematic review of international studies and a selective review of the British literature', *Health Technology Assessment*, vol 4, no 13, pp. iii-234.
Farrington, D. (1996) *Understanding and preventing youth crime*, York: Joseph Rowntree Foundation.
Farrington, D. and Painter, K. (2004) *Gender differences in offending: Implications for risk-focused prevention*, London: Home Office Online Report 09/04.
Fonagy, P., Target, M., Cottrell, D., Phillips, J. and Kurtz, Z. (2002) *What works for whom? A critical review of treatments for children and adolescents*, London: The Guildford Press.
France, A., Hine, J. and Armstrong, D. (2004a) 'Implementing the On Track crime reduction programme: Lessons for the future', in V. Harrington, S. Trikha and A. France (eds) *Process and early implementation issues: Emerging findings from the On Track*

evaluation, London: Home Office, pp. 44-53.

France, A., Hine, J., Armstrong, D. and Camina, M. (2004b) *The On Track early intervention and prevention programme: From theory to action,* London: Home Office.

Ghate, D. and Ramella, M. (2002) *Positive parenting: The national evaluation of the Youth Justice Board's parenting programme,* Youth Justice Board: London.

Graham, H. and Power, C. (2004) *Childhood disadvantage and adult health: A lifecourse framework,* London: Health Development Agency.

Hawton, K., Arensman, E., Townsend, E., Bremner, S., Feldman, E., Goldney, R., Gunnell, D., Hazell, P., van Heeringen, K., House, A., Owens, D., Sakinofsky, I. and TräskmanBendz, L. (1998) 'Deliberate self harm: Systematic review of efficacy of psychosocial and pharmacological treatments in preventing repetition', *British Medical Journal,* vol 317, no 7156, pp. 441-447.

Hendry, L. and Reid, M. (2000) 'Social relationships and health: The meaning of social "connectedness" and how it relates to health concerns for rural Scottish adolescents', *Journal of Adolescence,* vol 23, no 6, pp. 705-719.

Hillman, M., Adams, J. and Whitelegg, J. (1990) *One false move... A study of children's independent mobility,* London: Policy Studies Institute.

Hine, J. and Harrington, V. (2004) *Delivering On Track,* London: Home Office.

HM Government and DH (2004) *Choosing health: Making healthy choices easier,* London: HM Government and DH.

Home Office (1998) *Crime and Disorder Act (Chapter 37),* London: HMSO.

Home Office (2003) *Anti-social Behaviour Act (Chapter 38),* London: The Stationery Office.

Jacobson, L., Churchill, R., Donovan, C., Garralda, E., Fay, J. and Members of the Adolescent Working Party, R. (2002) 'Tackling teenage turmoil: Primary care recognition and management of mental ill health during adolescence', *Family Practice,* vol 19, no 4, pp. 401-409.

Jones, O. and Little, J. (2000) 'Rural Challenge(s): Partnership and new rural governance', *Journal of Rural Studies,* vol 16, no 3, pp. 171-183.

Joughin, C. (2003) *Cognitive behaviour therapy can be effective in managing behavioural problems and conduct disorder in pre-adolescence,* www.whatworksforchildren.org.uk: What Works for Children group: Evidence Nugget; September 2003.

Kazdin, A. (1995) *Conduct disorders in childhood and adolescence,* Thousand Oaks: Sage Publications.

Kendrick, D. and Royal, S. (2003) 'Inequalities in cycle helmet use: Cross sectional survey in schools in deprived areas of Nottingham', *Archives of Disease in Childhood,* vol 88, no 10, pp. 876–880.

Kolvin, I., F.J.W, M., Scott, D. M., Gatzanis, S. R. M. and Fleeting, M. (1990) *Continuities of deprivation?:* ESRC/DHSS Studies in Deprivation and Disadvantage No 15, Avebury.

Kurtz, Z. and James, C. (2002) *What's new: Learning from the CAMHS innovation projects. Executive summary,* London: Department of Health.

Liabo, K. and Curtis, K. (2003) *Traffic calming schemes to reduce childhood injuries from road accidents and respond to children's own views of what is important*: What Works for Children group Evidence Nugget April 2003.

Liabo, K., Lucas, P. and Roberts, H. (2003) 'Can traffic calming measures achieve the children's fund objective of reducing inequalities in child health?' *Archives of Disease in Childhood,* vol 88, no 3, pp. 235-236.

Littell, J., Popa, M. and Forsythe, B. (2004) 'Multisystemic treatment for severe social, emotional, and behavioral problems in children and adolescents aged 10-17 (Protocol for a Cochrane Review)', *The Cochrane Library,* Chichester, UK: John Wiley & Sons, Ltd.

Lobley, D. and Smith, D. (1999) *Working with persistent juvenile offenders: An evaluation of the Apex CueTen project,* Edinburgh: The Scottish Office Central Research Unit.

Lucas, P. (2003) *Home visiting can substantially reduce childhood injury*: What Works for Children Group Evidence Nugget, April 2003.

Lucas, P. and Liabo, K. (2003) *One to one, non-directive mentoring programmes have not been shown to improve behaviour in young people involved in offending or anti-social activities*: What Works for Children group Evidence Nugget April 2003.

Lyons, R., Sander, L., Weightman, A., Patterson, J., Jones, S., Lannon, S., Rolfe, B., Kemp, A. and Johansen, A. (2004) 'Modification of the home environment for the reduction of injuries (Cochrane Review)', *The Cochrane Library,* Chichester, UK: John Wiley & Sons, Ltd.

Mackett, R. (2004) Making children's lives more active, (www.cts.ucl.ac.uk/research/chcaruse) Accessed 14.4.05.

Maughan, B., Brock, A. and Ladva, G. (2004) 'Mental health', *The health of children and young people,* London: ONS, pp.

McCann, J. B., James, A., Wilson, S. and Dunn, G. (1996) 'Prevalence of psychiatric disorders in young people in the care system', *British Medical Journal,* vol 313, no 7071, pp. 1529–1530.

Meltzer, H., Gatward, R., with Goodman, R. and Ford, T. (2000) *Mental health of children and adolescents in Great Britain,* London: The Stationery Office.

Millward, L. M., Morgan, A. and Kelly, M. P. (2003) *Prevention and reduction of accidental injury in children and older people: Evidence briefing summary,* London: HDA.

Morrison, D., Thomson, H. and Petticrew, M. (2004) 'Evaluation of the health effects of a neighbourhood traffic calming scheme', *Journal of Epidemiology and Community Health,* vol 58, no 10, pp. 837–840.

Murdoch, J. and Abram, S. (1998) ' Defining the limits of community governance', *Journal*

of Rural Studies, vol 14, no 1, pp. 41-50.
NHS CRD (1996) 'Preventing unintentional injuries in children and young adolescents', *Effective Health Care*, vol 2, no 5, pp. 1-16.
NHS CRD (2000) 'Psychosocial interventions for schizophrenia', *Effective Health Care*, vol 6, no 3, pp. 1-8.
Nicholl, J., Coleman, P. and Brazier, J. (1994) 'Health and healthcare costs and benefits of exercise.' *PharmacoEconomics*, vol 5, no pp. 109-122.
NSNR (2000) *Report of policy action team 8: Anti-social behaviour*, London: The Stationery Office.
Olds, D., Henderson, C., Cole, R. and al., e. (1998) 'Long term effects of nurse home visitation on children's criminal and anti-social behavior', *Journal of American Medical Association*, vol 280, no 14, pp. 1238–1244.
Parker, H., Aldridge, J. and Measham, F. (1998) *Illegal leisure. The normalization of adolescent recreational drug use*, London: Routledge.
Petrosino, A., Turpin-Petrosino, C. and Buehler, J. (2002) ' "Scared Straight" and other juvenile awareness programs for preventing juvenile delinquency (Cochrane Review)', *The Cochrane Library, Issue 3, 2004*, Chichester, UK: John Wiley & Sons, Ltd.
Preston, B. (1972) 'Statistical analysis of child pedestrian accidents in Manchester and Salford', *Accident Analysis and Prevention*, vol 4, no 4, pp. 323-332.
Pritchard, C. (2001) *A family teacher-social work alliance to reduce truancy and delinquency – the Dorset Healthy Alliance project*, London: RDS Occasional Paper No 78. Home Office.
Roberts, H. (2002) *What works in reducing inequalities in child health?*, Barkingside: Barnardos.
Roberts, I., Kramer, M. S. and Suissa, S. (1996) ' Does home visiting prevent childhood injury? A systematic review of randomised controlled trials', *British Medical Journal*, vol 312, no 7022, pp. 29-35.
Ronen, T. (1997) *Cognitive developmental therapy with children*, Chichester: John Wiley & Sons.
Rutter, M. (1999) ' Resilience concepts and findings: Implications for family therapy', *Journal of Family Therapy*, vol 21, pp. 119-144.
Schweinhart, L. J., Barnes, H. V. and Weikart, D. P. (1993) *Significant benefits: The High/Scope Perry preschool study through age 27*, Ypsilanti, MI: High Scope Press.
Scott, S., Knapp, M., Henderson, J. and Maughan, B. (2001) 'Financial cost of social exclusion: Follow up study of antisocial children into adulthood', *British Medical Journal*, vol 323, no 7306, pp. 191-194.
Shelter (2005) *Shelter inclusion project: Two years on*, London: Shelter.
Shiner, M. (2000) *Doing it for themselves: An evaluation of peer approaches to drug prevention*, London: Drugs Prevention Advisory Service, Briefing Paper 6, Home Office.

Simpson, J., Morrison, L., Langley, J. and Memon, P. (2003) 'The process and impact of implementing injury prevention projects in smaller communities in New Zealand', *Health Promotion International.*, vol 18, no 3, pp. 237-245.

St James-Roberts, I. and Samlal Singh, C. (2001) *Can mentors help. primary school children with behaviour problems? Home office research study 233,* London: Home Office Research, Development and Statistics Directorate.

Steer Davies Gleave (2003) *Evaluation of first yellow bus pilot schemes,* London: Report to the Department for Transport.

Thomson, J. and Whelan, K. (1997) *A community approach to road safety education using practical training methods. The Drumchapel project,* London: Department of Transport, Road Safety Research Report No 3.

Towner, E. and Dowswell, T. (2002) 'Community-based childhood injury prevention interventions: What works?' *Health Promotion International*, vol 17, no 3, pp. 273-284.

Towner, E., Dowswell, T., Errington, G., Burkes, M. and Towner, J. (2005) *Injuries in children aged 0-14 years and inequalities,* London: Health Development Agency.

Towner, E., Dowswell, T. and Jarvis, S. (1993) *Reducing childhood accidents. The effectiveness of health promotion interventions: A literature review,* London: Health Education Authority.

Towner, E., Dowswell, T., Mackereth, C. and Jarvis, S. (2001) *What works in preventing unintentional injuries in children and young adolescents? An updated systematic review,* London: Health Development Agency.

Towner, E. and Ward, H. (1998) 'Prevention of injuries to children and young people: The way ahead for the UK', *Injury Prevention*, vol 4, supplement 1, pp. S17–S25.

Utting, D., Vennard, J. and Scott, S. (2002) 'Young offenders in the community', in D. McNeish, T. Newman and H. Roberts (eds) *What works for children?* , Buckingham: Open University Press, pp. 164-185.

West, R., Train, H., Junger, M., Pickering, A., Taylor, E. and West, A. (1998) *Childhood accidents and their relationship. with problem behaviour,* London: Road Safety Research Report No. 7. Road Safety Division, DETR.

What Works for Children? (2002) Research briefing. Reducing offending in children and young people: What works?, (www.whatworksforchildren.org.uk/docs.briefings) Accessed 14.4.05.

Woolfenden, S., Williams, K. and Peat, J. (2001) 'Family and parenting interventions in children and adolescents with conduct disorder and delinquency aged 10-17 (Cochrane Review)', *The Cochrane Library, issue 3, 2004,* Chichester, UK: John Wiley & Sons, Ltd.

제8장. 아동·청소년기 건강 행위에서의 불평등: 연구 근거

Arai, L. (2003) 'Low expectations, sexual attitudes and knowledge: explaining teenage

pregnancy and fertility in English communities. Insights from qualitative research', *The Sociological Review*, vol 51, no 2, pp. 199-217.
ASH (2004) *Tobacco Advertising and Promotion*. Fact Sheet Number 19, London: Action on Smoking and Health.
Balding, J. (2001) 'Food choices and weight control', in J. Balding *Young people in 2000*, Exeter: Schools Health Education Unit.
Barter, C. (2003) *Abuse of children in residential care*, London: NSPCC.
Batty, G. and Leon, D. (2002) 'Socioeconomic position and coronary heart disease risk factors in children and young people: evidence from UK epidemiological studies', *European Journal of Public Health*, vol 12, pp. 263-72.
Biddle, S.J., Gorely, T., Marshall, S.J., Murdey, I. and Cameron, N. (2004) 'Physical activity and sedentary behaviours in youth: issues and controversies', *Journal of the Royal Society for the Promotion of Health*, vol 124, pp. 29-33.
Bjarnason, T., Davidaviciene, A.G., Miller, P., Nociar, A., Pavlakis, A. and Stergar, E. (2003) 'Family structure and adolescent cigarette smoking in eleven European countries', *Addiction*, vol 98, pp. 815-24.
Blake, M. (2003) Infant health, in K. Sproston, and P. Primatesta, (eds) *Health survey for England 2002: Maternal and infant health*, London: The Stationery Office.
Blane, D. (1999) The life course, the social gradient and health, in M. Marmot and R.G. Wilkinson (eds) *Social determinants of health*, Oxford: Oxford University Press, pp. 64-80.
Blenkinsop, S. (2003a) Drinking, frequency and purchase, in Boreham, R. and McManus, S. (eds) *Smoking, drinking and drug use among young people in England in 2002*, London: The Stationery Office, pp. 91-98.
Blenkinsop, S. (2003b) 'Prevalence of drinking', in Boreham, R. and McManus, S. (eds) *Smoking, drinking and drug use among young people in England in 2002*, London: The Stationery Office, pp. 71-90.
Bonell, C.P., Strange, V.J., Stephenson, J.M., Oakley, A.R., Copas, A.J., Forrest, S.P., Johnson, A.M. and Black, S. (2003) 'Effect of social exclusion on the risk of teenage pregnancy: development of hypotheses using baseline data from a randomised trial of sex education', *Journal of Epidemiology and Community Health*, vol 57, pp. 871-76.
Boreham, C. and Riddoch, C. (2001) 'The physical activity, fitness and health of children', *Journal of Sports Science*, vol 19, pp. 915-29.
Bost, L., Primatesta, P. and McMunn, A. (1998) 'Anthropometric measures and eating habits', in P. Prescott-Clarke and P. Primatesta (eds) (1998) *Health survey for England: the health of young people 1995-1997. Volume 1: Findings*, London: The Stationery Office, pp. 67-108.
Brand-Miller, J.C., Holt, S.H., Pawlak, D.B. and McMillan, J. (2002) 'Glycemic index and obesity', *American Journal of Clinical Nutrition*, vol 76, pp. 281S-5S.

Brenner, H., Rothenbacher, D., Bode, G., Marz, W., Hoffmeister, A. and Koenig, W. (2001) 'Coronary heart disease risk reduction in a predominantly beer-drinking population', *Epidemiology*, vol 12, pp. 380-82.

Brodie, I. (2000) 'Children's homes and school exclusion; redefining the problem', *Support for Learning*, vol 15, pp. 25-29.

Brodney, S., Blair, S. and Lee, C. (2000), 'Is it possible to be overweight and fit and healthy?', in C. Bouchard (ed) *Physical activity and health*, Champaign, IL: Human Kinetics, pp. 355-71.

Brown, A.E., Sadler, K.E., Tomkins, S.E., McGarrigle, C.A., LaMontagne, D.S., Goldberg, D., Tookey, P.A., Smyth, B., Thomas, D., Murphy, G., Parry, J.V., Evans, B.G., Gill, O.N., Ncube, F. and Fenton, K.A. (2004) 'Recent trends in HIV and other STIs in the United Kingdom: data to the end of 2002', *Sexually Transmitted Infections*, vol 80, pp. 159-66.

Budd, T. (2003) *Alcohol-related assault: Findings from the British Crime Survey*, London: Home Office.

Bundle, A. (2001) 'Health of teenagers in residential care: comparison of data held by care staff with date in community child health records', *Archives of Disease in Childhood*, vol 84, pp. 10-14.

Burack, R. (1999) 'Teenage sexual behaviour: attitudes towards and declared sexual activity', *British Journal of Family Planning*, vol 24, pp. 145-8.

Burgess, S. and Propper, C. (1998) *'Early health related behaviours and their impact on later life chances: Evidence from the US'*, CASE paper 6, London: Centre for Analysis of Social Exclusion.

Bynner, J. and Parsons, S. (1997) *'It doesn't get any better; the impact of poor basic skill attainment on the lives of 37 year olds'*, London: The Basic Skills Agency.

Campbell, K, Waters, E, O'Meara, S, Kelly, S and Summerbell C. (2004) 'Interventions for preventing obesity in children (Cochrane Review)', in *The Cochrane Library*, Issue 1, 2004, Chichester, UK: John Wiley & Sons, Ltd.

Casswell, S., Pledger, M. and Hooper, R. (2003) 'Socioeconomic status and drinking patterns in young adults', *Addiction*, vol 98, pp. 601-10.

Cawson, P., Wattam, C., Brooker, S. and Kelly, G. (2000) *Child maltreatment in the United Kingdom: A study of the prevalence of child abuse and neglect*, London: NSPCC.

Chan, W. (1999) 'Nutritional needs of school children', in N. Donovan and C. Street (eds) *Fit for School: How breakfast clubs meet health, education and childcare needs*, London: New Policy Institute, pp. 8-10.

Chevalier, A. & Viitanen, T. K. (2003) 'The long-run labour market consequences of teenage motherhood in Britain', *Journal of Population Economics*, vol 16, pp. 323-343.

Chinn, S. and Rona, R.J. (2001) 'Prevalence and trends in overweight and obesity in three

cross sectional studies of British children, 1974-94', *British Medical Journal*, vol 322, pp. 24-6.
Choi, W.S., Ahluwalia, J.S., Harris, K.J. and Okuyemi, K. (2002) 'Progression to established smoking: the influence of tobacco marketing', *American Journal of Preventive Medicine*, vol 22, pp. 228-33.
Chou, S.P. and Pickering, R.P. (1992) 'Early onset of drinking as a risk factor for lifetime alcohol-related problems', *British Journal of Addiction*, vol 87, pp. 1199-1204.
Cole, T., Bellizzi, C., Flegal, K. and Dietz, W. (2000) 'Establishing a standard definition for child overweight and obesity worldwide: international survey', *British Medical Journal*, vol 320, pp. 1240-53.
Creighton, S. (2003) *Child protection statistics: Child protection in the family*, London: NSPCC.
Creighton, S. (2004) *'Prevalence and Incidence of Child Abuse: International Comparisons'*, London: NSPCC.
Cunnington, A. (2001) 'What's so bad about teenage pregnancy?', *Journal of Family Planning and Reproductive Health Care*, vol 27, pp. 36-41.
Deverill, C. (2003) 'Fruit and vegetable consumption', in K. Sproston and P. Primatesta (eds) *Health survey for England 2002: The health of children and young people*, London: The Stationery Office.
DfES (Department for Education and Skills) (2004a) GCSE and Equivalent Results for Young People in England, 2003/04 (Provisional), London: DfES.
DfES (2004b) *National Curriculum Assessment and GCSE/GNVQ attainment by Pupil Characteristics in England, 2002 (final) and 2003 (provisional)*, London: DfES.
DfES (2004c) *Outcome indicators for looked after children: Twelve months to 30 September 2003, England.* SFR 13/2004, London: DfES.
DfES (2005). National Curriculum Assessment GCSE and Equivalent Attainment and Post-16 Attainment by Pupil Characteristics, in England 2004, London: DfES.
DiLillo, D. and Damashek, A. (2003) 'Parenting characteristics of women reporting a history of childhood sexual abuse', *Child Maltreatment*, vol 8, pp. 319-33.
Doll, R., Peto, R., Boreham, J. and Sutherland, I. (2004) 'Mortality in relation to smoking: 50 years' observations on male British doctors', *British Medical Journal*, vol 328, pp. 1519-33..
Dowler, E. (1999) 'Families and food poverty', in N. Donovan and C. Street (eds) *Fit for school: How breakfast clubs meet health, education and childcare needs*, London: New Policy Institute, pp. 23-27.
Droomers, M., Schrijvers, C.T.M., Casswell, S. and Mackenbach, J.P. (2003) 'Occupational level of the father and alcohol consumption during adolescence: patterns and predictors', *Journal of Epidemiology and Community Health*, vol 57, pp. 704-10.
Egginton, R., Aldridge, J. and Parker, H. (2001) 'Unconventional? Adolescent drug triers

and users in England', in H. Parker, J. Aldridge and R. Egginton (eds) *UK drugs unlimited: New research and policy lessons on illicit drug use*, Basingstoke: Palgrave, pp. 31-50.

Ellis, B.J., Bates, J.E., Dodge, K.A., Fergusson, D.M., Horwood, L.J., Pettit, G.S. and Woodward L. (2003) 'Does father absence place daughters at special risk for early sexual activity and teenage pregnancy?', *Child Development*, vol 74, pp. 801-21.

Erens, B. (2003) 'Alcohol consumption', in K. Sproston and P. Primatesta (eds) *Health survey for England 2002: The health of children and young people,* London: The Stationery Office.

Evans, J. (2003) 'Physical education and health: a polemic or 'let them eat cake'!', *European Physical Education Review*, vol 9, pp. 87-101.

Evans, J., Evans, B. and Rich, R. (2003) "The only problem is, will children like their chips': education and the discursive production of ill-health', *Pedagogy, Culture and Society*, vol 11, pp. 215-40.

Feinstein, L. (2002a) *Quantitative estimates of the social benefits of learning 1: crime),* London: Centre of Research on the Wider Benefits of Learning, Research Report No 5.

Feinstein, L. (2002b) *Quantitative estimates of the social benefits of learning 2: health (depression and obesity),* London: Centre of Research on the Wider Benefits of Learning, Research Report No 6.

Feinstein, L. (2003) 'Do schools counteract early performance differences between children from different social backgrounds?', *Economica*, vol 70, pp. 73-97.

Fergusson, D.M., Lynskey, M.T. and Horwood, L.J. (1995a) 'The role of peer affiliations, social, family and individual factors in continuities in cigarette smoking between childhood and adolescence', *Addiction*, vol 90, pp. 647-59.

Fergusson, D.M., Horwood, L.J. and Lynskey, M.T. (1995b) 'The prevalence and risk factors associated with abusive or hazardous alcohol consumption in 16 year olds', *Addiction*, vol 90, pp. 935-46.

Fergusson, D.M. and Lynskey, M.T. (1996) 'Alcohol misuse and adolescent sexual behaviors and risk taking', *Pediatrics*, vol 98, pp. 91-6.

Fergusson, D.M. and Woodward, L.J. (2000) 'Educational, psychosocial, and sexual outcomes of girls with conduct problems in early adolescence', *Journal of Child Psychology and Psychiatry and Allied Disciplines*, vol 41, pp. 779-92.

France, A. (2000) 'Towards a sociological understanding of youth and their risk-taking', *Journal of Youth Studies*, vol 3, pp. 317-31.

Frothingham, T.E., Hobbs, C.J., Wynne, J.M., Yee, L., Goyal, A. and Wadsworth, D.J. (2000) 'Follow-up study eight years after diagnosis of sexual abuse', *Archives of Disease in Childhood*, vol 83, pp. 132-4.

Geronimus, A. (1992) 'The weathering hypothesis and the health of African American women and infants: evidence and speculation', *Ethnicity and Disease*, vol 2, pp. 207-21.

Geronimus, A. (1997) 'Teenage childbearing and personal responsibility: an alternative view', *Political Science Quarterly*, vol 112, pp. 405-30.

Gibson, A. and Asthana, S. (1998) 'Schools, pupils and exam results: contextualising school performance', *British Educational Research Journal*, vol 24, pp. 269-82.

Gilvarry, E. (2000) 'Substance abuse in young people', *Journal of Child Psychology and Psychiatry*, vol 41, pp. 55-80.

Goddard, J. (2000) 'The education of looked after children', *Child and Family Social Work*, vol 5, pp. 79-86.

Graham, H. and Power, C. (2004) *Childhood disadvantage and adult health: a lifecourse framework*, London: Health Development Agency.

Green, A. (2003) 'Is UK education exceptionally unequal? Evidence from the IALS and PISA surveys', *Forum*, vol 45, pp. 67-70.

Green, G., Macintyre, S., West, P. and Ecob, R. (1991) 'Like parent like child? Associations between drinking and smoking behaviour of parents and their children', *British Journal of Addiction*, vol 86, pp. 745-58.

Gregory, J., Lowe, S., Bates, C., Prentice, A., Jackson, L., Smithers, G., Wenlock, R. and Farron, M. (2000) *National diet and nutrition survey: young people aged 4 to 18 years*, London: HMSO.

Griesbach, D., Amos, A. and Currie, C. (2003) 'Adolescent smoking and family structure in Europe', *Social Science and Medicine*, vol 56, pp. 41-52.

Hart, C.L., Smith, G.D., Hole, D.J. and Hawthorne, V.M. (1999) 'Alcohol consumption and mortality from all causes, coronary heart disease, and stroke: results from a prospective cohort study of Scottish men with 21 years of follow up', *British Medical Journal*, vol 318, pp. 1725-9.

HPA (Health Protection Agency), SCIED, ISD, National Public Health Service for Wales, CDSC Northern Ireland and UASSG. (2003) *Renewing the focus: HIV and other sexually transmitted infections in the United Kingdom in 2002*, London: HPA.

Hemmingsson, T., Lundberg, I. and Diderichsen, F. (1999) 'The roles of social class of origin, achieved social class and intergenerational social mobility in explaining social-class inequalities in alcoholism among young men', *Social Science and Medicine* 49, pp1051-9.

Hemmingsson, T. and Lundberg, I. (2001) 'Development of alcoholism: interaction between heavy adolescent drinking and later low sense of control over work', *Alcohol and Alcoholism* 36, pp. 207-12.

Herrick, J. and Kelly, Y. (2003) 'Maternal health', in K. Sproston, and P. Primatesta, (eds) *Health survey for England 2002: Maternal and infant health*, London: the Stationery Office.

Holly, A. and Wittchen, H.U. (1998) 'Patterns of use and their relationship to DSM-IV abuse and dependence of alcohol among adolescents and young adults', *European Addiction Research*, vol 4, pp. 50-7.

Ingham, R. (2000) 'Doctors should advise adolescents to abstain from sex: the case against', *British Medical Journal*, vol 321, pp. 1521-22.

Jackson, S. and Thomas, N. (1999) *On the move again? What works in creating stability for looked after children*, Ilford, Essex: Barnados.

Jaffee, S.R. (2002) 'Pathways to adversity in young adulthood among early childbearers', *Journal of Family Psychology*, vol 16, pp. 38-49.

Jebb, S. and Prentice, A. (2001) 'Single definition of overweight and obesity should be used', *British Medical Journal*, vol 323, pp. 999.

Jebb, S.A., Rennie, K.L., Cole, T.J. (2004) 'Prevalence of overweight and obesity among young people in Great Britain', *Public Health Nutrition*, vol 7, pp. 461-5.

Jefferis, B., Graham, H., Manor, O. and Power, C. (2003) 'Cigarette consumption and socio-economic circumstances in adolescence as predictors of adult smoking', *Addiction*, vol 98, pp. 1765-72.

Kelly, L., Regan, L. and Burton, S. (1991) *An Exploratory Study of the Prevalence of Sexual Abuse in a sample of 16-21 year olds*, London: PNL Child Abuse Studies Unit.

Kiess, W., Galler, A., Reich, A., Müller, G., Kapellen, T., Deutscher, J., Raile, K. and Kratzsch, J. (2001) 'Clinical aspects of obesity in childhood and adolescence', *Obesity Reviews*, vol 2, pp. 29-36.

Kobus, K. (2003) 'Peers and adolescent smoking', *Addiction*, vol 98, suppl 1, pp. 37-55.

Lawlor, D.A. and Shaw, M. (2002) 'Too much too young? Teenage pregnancy is not a public health problem', *International Journal of Epidemiology*, vol 31, pp. 552-4.

Lawlor, D., Batty, G., Morton, S., Clark, H., Macintyre, S. and Leon, D. (2005) 'Childhood socioeconomic position, educational attainment, and adult cardiovascular risk factors: the aberdeen children of the 1950s cohort study', *American Journal of Public Health*, vol 95, pp. 1245-51.

Lee, E., Clements, S., Ingham, R. and Stone, N. (2004) *A matter of choice? Explaining national variations in teenage abortion and motherhood*, London: Joseph Rowntree Foundation.

Lewinsohn, P.M., Rohde, P. and Brown, R.A. (1999) 'Level of current and past adolescent cigarette smoking as predictors of future substance use disorders in young adulthood', *Addiction*, vol 94, pp. 913-21.

Livingstone, M.B., Robson, P.J., Wallace, J.M. and McKinley, M.C. (2003) 'How active are we? Levels of routine physical activity in children and adults', *Proceedings of the Nutritional Society*, vol 62, pp. 681-701.

Lovato, C., Linn, G., Stead, L.F. and Best, A. (2003) 'Impact of tobacco advertising and promotion on increasing adolescent smoking behaviours', *Cochrane Database of Systematic Reviews,* 2003(4), ppCD003439.

Lucas, P. (2003) *Breakfast clubs and school fruit schemes: Promising practice*: What Works for Children Group Evidence Nugget, April 2003.

Ludwig, D.S. (2000) 'Dietary glycemic index and obesity', *Journal of Nutrition,* vol 130 (2S Suppl), pp. 280S-283S.

Macintyre, S. and Mutrie, N. (2004) 'Socio-economic differences in cardiovascular disease and physical activity: stereotypes and reality', *Journal of the Royal Society for the Promotion of Health,* vol 124, pp. 66-69.

MacKelvie, K.J., Khan, K,M,, Petit, M.A., Janssen, P.A. and McKay, H.A. (2003) 'A school-based exercise intervention elicits substantial bone health benefits: a 2-year randomized controlled trial in girls', *Pediatrics,* vol 112, p e447.

Marmot, M.G. (2001) 'Alcohol and coronary heart disease', *International Journal of Epidemiology,* vol 30, pp. 724-9.

Maynard, M., Gunnell, D., Emmett, P., Frankel, S. and Davey Smith G. (2003) 'Fruit, vegetables, and antioxidants in childhood and risk of adult cancer: the Boyd Orr cohort', *Journal of Epidemiology and Community Health,* vol. 57, no 3, pp. 218-25.

McCarthy, H.D., Ellis, S.M. and Cole, T.J. (2003) 'Central overweight and obesity in British youth aged 11-16 years: cross sectional surveys of waist circumference', *British Medical Journal,* vol 326, p 624.

McCarthy, H.D., Jarrett, K.V. and Crawley, H.F. (2001) 'Development of waist circumference percentiles in British children aged 5.0-16.9', *European Journal of Clinical Nutrition,* vol 55, pp. 902-7.

McCann, J.B., James, A., Wilson, S. and Dunn, G. (1996) 'Prevalence of psychiatric disorders in young people in the care system', *British Medical Journal,* vol 313, pp. 1529-30.

McCulloch, A. (2001) 'Teenage childbearing in Great Britain and the spatial concentration of poverty households', *Journal of Epidemiology and Community Health,* vol 55, pp. 16-23.

McLeod, A. (2001) 'Changing patterns of teenage pregnancy: population based study of small areas', *British Medical Journal,* vol 323, pp. 199-203.

McManus, S. and Natarajan, L. (2003) 'Drug use', in Boreham, R. and McManus, S. (eds) *Smoking, drinking and drug use among young people in England in 2002,* London: the Stationery Office, pp. 99-121.

Measham, F., Aldridge, J. and Parker, H. (2001) 'Unstoppable? Dance drug use in the UK club scene', in H. Parker, J. Aldridge and R. Egginton (eds) *UK drugs unlimited: New research and policy lessons on illicit drug use,* Basingstoke: Palgrave, pp. 80-97.

Miller, B.C. (2002) 'Family influences on adolescent sexual and contraceptive behaviour', *Journal of Sex Research,* vol 39, pp. 22-26.

Morris, I., Scott, I., Mortimer, M. and Barker, D. (1997) 'Physical and sexual abuse of children in the West Midlands', *Child Abuse and Neglect*, vol 21, pp. 285-93.

Munro, H., Davies, M. and Hughes, G. (2004) 'Adolescent sexual health', in ONS, *The health of children and young people*, London: ONS.

Murgraff, V., Parrott, A. and Bennett, P. (1999) 'Risky single occasion drinking amongst young people – definition, correlates, policy and intervention: a broad overview of research findings', *Alcohol and Alcoholism*, vol 34, pp. 3-14.

Natarajan, L. and McManus, S. (2003) 'Smoking prevalence and cigarette consumption', in R. Boreham and S. McManus (eds) *Smoking, drinking and drug use among young people in England in 2002*, London: the Stationery Office, pp. 23-38.

Nessa, N. and Gallagher, J. (2004) 'Diet, nutrition, dental health and exercise', in ONS, *The health of children and young people*, London: ONS.

Nicholas, B., Roberts, S. and Wurr, C. (2003) 'Looked after children in residential homes', *Child and Adolescent Mental Health*, vol 8, pp. 78-83.

The Observer (2005b) 'Class divisions bar students from university', *The Observer*, 16th January, 2005.

Paavola, M., Vartiainen, E. and Puska, P. (2001) 'Smoking cessation between teenage years and beyond', *Health Education Research*, vol 16, pp. 49-57.

Parker, H. (2001) 'Unbelievable? The UK's drugs present', in H. Parker, J. Aldridge and R. Egginton (eds) *UK drugs unlimited: New research and policy lessons on illicit drug use*, Basingstoke: Palgrave, pp. 1-13.

Parker, H., Aldridge, J. and Measham, F. (1998) *Illegal leisure: The normalisation of adolescent recreational drug use*, London: Routledge.

Parker, H., Aldridge J. and Egginton, R. (eds) (2001) *UK drugs unlimited: New research and policy lessons on illicit drug use*, Basingstoke: Palgrave, pp. 31-50.

Parsons, C., Godfrey, R., Howlett, K., Hayden, C. and Martin, T. (2001) 'Excluding primary school children: the outcomes six years on', *Pastoral Care*, December, pp. 4-15.

Petrak, J., Byrne, A. and Baker, M. (2000) 'The association between abuse in childhood and STD/HIV risk behaviours in female genitourinary (GU) clinic attendees', *Sexually Transmitted Infections*, vol 76, pp. 457-61.

Pierce, J.P., Distefan, J.M., Jackson, C., White, M.M. and Gilpin, E.A. (2002) 'Does tobacco marketing undermine the influence of recommended parenting in discouraging adolescents from smoking?', *American Journal of Preventive Medicine*, vol 23, pp. 73-81.

Plant, M. and Miller, P. (2001) 'Young people and alcohol: an international insight', *Alcohol and Alcoholism*, vol 36, pp. 513-15.

Plant, M. and Plant, M. (1992) *Risk takers. Alcohol, drugs, sex and youth*, London: Routledge.

Rees, R., Harden, A., Shepherd, J., Brunton, G., Oliver, S. and Oakley, A. (2001) *Young people and physical activity: A systematic review of barriers and facilitators*, London: EPPI-

Centre, Institute of Education.
Reilly, J.J., Methven, E., McDowell, Z.C., Hacking, B., Alexander, D., Stewart, L. and Kelnar, C.J.H. (2003) 'Health consequences of obesity', *Archives of Disease in Childhood*, vol 88, pp. 748-52.
Rich-Edwards, J. (2002) 'Teen pregnancy is not a public health crisis in the United States. It is time we made it one', *International Journal of Epidemiology*, vol 31, pp. 555-6.
Richardson, A. and Budd, T. (2003) 'Young adults, alcohol, crime and disorder', *Criminal Behaviour and Mental Health*, vol 13, pp. 5-16.
Roberts, R., O'Connor, T., Dunn, J., Golding, J. and the ALSPAC Study Team (2004) 'The effects of child sexual abuse in later family life; mental health, parenting and adjustment of offspring', *Child Abuse and Neglect*, vol 28, pp. 525-45.
Roberts, S.B. (2000) 'High-glycemic index foods, hunger, and obesity: is there a connection?', *Nutrition Reviews*, vol 58, pp. 163-9.
Robson, W.J. (2001) 'Alcohol misuse', *Archives of Disease in Childhood*, vol 84, pp. 95-97.
Rudolf, M.C.J., Greenwood, D.C., Cole, T.J., Levine, R., Sahota, P., Walker, J., Holland, P., Cade, J. and Truscott, J. (2004) 'Rising obesity and expanding waistlines in schoolchildren: a cohort study', *Archives of Disease in Childhood*, vol 89, pp. 235-7.
Rutter, M. and Maughan, B. (2002) 'School effectiveness findings 1979-2002', *Journal of School Psychology*, vol 40, pp. 451-75.
Saxena, S., Ambler, G., Cole, T.J. and Majeed, A. (2004) 'Ethnic group differences in overweight and obese children and young people in England: cross sectional survey', *Archives of Disease in Childhood*, vol 89, pp. 30-36.
Seguire, M. and Chalmers, K.I. (2000) 'Late adolescent female smoking', *Journal of Advanced Nursing*, vol 31, pp. 1422-29.
SEU (Social Exclusion Unit) (2003) *A better education for children in care*, London: ODPM.
Sidebotham, P., Heron, J., Golding, J. and the ALSPAC study team (2002) 'Child maltreatment in the "Children of the Nineties:" deprivation, class, and social networks in a UK sample', *Child Abuse and Neglect*, vol 26, pp. 1243-59.
Sparkes, J. (1999) *Schools, education and social exclusion*. CASE paper 29, Centre for Analysis of Social Exclusion, London.
Stamatakis, E. (2003a) 'Anthropometric measurements, overweight and obesity', in K. Sproston, and P. Primatesta (eds) *Health survey for England 2002: The health of children and young people,* London: The Stationery Office.
Stamatakis, E. (2003b) 'Physical activity', K. Sproston, and P. Primatesta (eds) *Health survey for England 2002: The health of children and young people,* London: The Stationery Office.
Stanistreet, D. and Jeffrey, V. (2003) 'Injury and poisoning mortality among young men—are there any common factors amenable to prevention?', *Crisis*, 24, pp. 122-7.

Steinbeck, K.S. (2001) 'The importance of physical activity in the prevention of overweight and obesity in childhood: a review and an opinion', *Obesity Reviews,* vol 2, pp. 117-30.

Stephens, J. (2002) *The mental health needs of homeless young people. Bright futures: working with vulnerable young people,* London: The Mental Health Foundation and Barnados.

Sweeting, H. and West, P. (2001) 'Social class and smoking at age 15: the effect of different definitions of smoking', *Addiction,* vol 96, pp. 1357-9.

Thomas, S. and Mortimore, P. (1996) 'Comparison of value-added models for secondary school effectiveness', *Research Papers in Education,* vol 11, pp. 279-95.

Trevisan, M., Dorn, J., Falkner, K., Russell, M., Ram, M., Muti, P., Freudenheim, J.L., Nochajaski, T. and Hovey, K. (2004) 'Drinking pattern and risk of non-fatal myocardial infarction: a population-based case-control study', *Addiction,* vol 99, pp. 313-22.

Tyas, S.L. and Pederson, L.L. (1998) 'Psychosocial factors related to adolescent smoking: a critical review of the literature', *Tobacco Control,* vol 7, pp. 409-20.

UNICEF (2002) *A League Table of Educational Disadvantage in Rich Nations,* Florence, Italy: UNICEF Innocenti Research Centre.

Walker, A., Gregory, J., Bradnock, G., Nunn, J. and White, D. (2000) *National diet and nutrition survey: Young people aged 4 to 18 Years. Volume 2: Report of the oral health survey,* London: HMSO.

Walker, I. and Zhu, Y. (2003) 'Education, earnings and productivity: recent UK evidence', *Labour Market Trends,* March, pp. 145-152.

Wannamethee, S.G. and Shaper, A.G. (1999) 'Type of alcoholic drink and risk of major coronary heart disease events and all-cause mortality', *American Journal of Public Health,* vol 89, pp. 685-90.

Wardle, H. and Hedges, B. (2003) 'Cigarette smoking', in K. Sproston and P. Primatesta, (eds) *Health survey for England 2002: The health of children and young people,* London: The Stationery Office.

Wellings, K., Nanchahal, K., Macdowall, W., McManus, S., Erens, B., Mercer, C.H., Johnson, A.M., Copas, A.J., Korovessis, C., Fenton, K.A. and Field, J. (2001) 'Sexual behaviour in Britain: early heterosexual experience', *Lancet,* vol 358, pp. 1843-50.

Wellings, K., Wadsworth, J., Johnson, A., Field, J. and Macdowall, W. (1999) 'Teenage fertility and life chances', *Reviews of Reproduction,* vol 4, pp. 184-90.

West, P., Sweeting, H. and Ecob, R. (1999) 'Family and friends' influences on the uptake of regular smoking from mid-adolescence to early adulthood', *Addiction,* vol 94, pp. 1397-1412.

Wight, D., Henderson, M., Raab, G., Abraham, C., Buston, K., Scott, S. and Hart, G. (2000) 'Extent of regretted sexual intercourse among young teenagers in Scotland: a cross sectional survey', *British Medical Journal ,* vol 320, pp. 1243-4.

Williams, J., Jackson, S., Maddocks, A., Cheung, W-Y., Love A. and Hutchings, H.

(2001) 'Case-control study of the health of those looked after by local authorities', *Archives of Disease in Childhood*, vol 85, pp. 280-85.

Withers, N.J., Low, J.L., Holgate, S.T. and Clough, J.B. (2000) 'Smoking habits in a cohort of U.K. adolescents', *Respiratory Medicine*, vol 94, pp. 391-6.

Woodward, L.J., Horwood, L.J. and Fergusson, D.M. (2001) 'Teenage pregnancy: cause for concern', *New Zealand Medical Journal*, vol 114, pp. 301-3.

Wouters, S., Marshall, R., Yee, R.L. and Jackson, R. (2000) 'Is the apparent cardioprotective effect of recent alcohol consumption due to confounding by prodromal symptoms?', *American Journal of Epidemiology*, vol 151, pp. 1189-93.

제9장. 아동·청소년기 건강 행위에서의 불평등: 정책과 사업

Acheson, D. (1998) *Independent inquiry into inequalities in health report*, London: The Stationery Office.

Aggleton, P., Oliver, C. and K, R. (1998) *The implications of research into young people, sex, sexuality and relationships*, London: Health Education Authority.

Anderson, A. (2001) 'The development and evaluation of a novel school based intervention to increase fruits and vegetables intake in children', in Food Standards Agency (ed) *Encouraging consumption of fruit and vegetables by young people through school based interventions. Report from the Food Standards Agency seminar (22.11.01)*, London: Food Standards Agency, p 2.

Ani, C. and Grantham-McGregor, S. (1998) 'The effects of breakfast on educational performance, attendance and classroom behaviour', in N. Donovan and C. Street (eds) *Fit for school -how breakfast clubs meet health, education and childcare needs*, London: New Policy Institute, pp. 11-17.

Barlow, J. and Coren, E. (2003) 'Parent-training programmes for improving maternal psychosocial health (Cochrane Methodology Review)', *The Cochrane Library*, Chichester, UK: John Wiley & Sons Ltd.

Barlow, J. and Stewart-Brown, S. (2000) 'Behaviour problems and group based parenting education programmes', *Developmental and Behavioral Pediatrics*, vol 21, no 5, pp. 356-70.

Baxter, A., Milner, P., Hawkins, S., Leaf, M., Simpson, C., Wilson, K., Owen, T., Higginbottom, G., Nicholl, J. and Cooper, N. (1997) 'The impact of heart health promotion on coronary heart disease lifestyle risk factors in schoolchildren: Lessons learnt from a community-based project', *Public Health*, vol 111, pp. 231-237.

Blair, M., Stewart-Brown, S., Waterston, T. and Crowther, R. (2003) *Child public health*, Oxford: Oxford University Press.

Botting, B., Rosato, M. and Wood, R. (1998) 'Teenage mothers and the health of their children', *Population Trends*, vol 93, pp. 19-28.

Breeze, J., Aldridege, J. and Parker, H. (2001) 'Unpreventable? How young people make and remake drug taking decisions', in H. Parker, J. Aldridge and R. Egginton (eds) *UK drugs unlimited. New research and policy lessons on illicit drug use*, Basingstoke: Palgrave, pp. 51-79.

Bundred, P., Kitchiner, D. and Buchan, I. (2001) 'Prevalence of overweight and obese children between 1989 and 1998: Population-based series of cross-sectional studies', *British Medical Journal*, vol 322, 7277, pp. 1-4.

C&YPU (Children and Young People's Unit) (2001) *Building a strategy for children and young people. Consultation document,* London: C&YPU.

Cabinet Office (1998) *Tackling drugs to build a better Britain. The government's ten year strategy for tacking drug misuse,* Cm. 3945. London: The Stationery Office.

Cabinet Office (2004) *Alcohol harm reduction strategy for England,* London: HMSO.

Campbell, K., Waters, E., O'Meara, S., Kelly, S. and Summerbell, C. (2002) ' Interventions for preventing obesity in children (Cochrane Review)', *The Cochrane Library*, Chichester, UK: John Wiley & Sons, Ltd.

Canning, U., Millward, L., Raj, T. and Warm, D. (2004) *Drug use prevention among young people: A review of reviews. Evidence briefing summary,* London: Health Development Agency.

Charlton, A. and Blair, V. (1989) 'Absence from school related to children's and parental smoking habits', *British Medical Journal*, vol, pp. 298-302.

Cheesbrough, S., Ingham, R. and Massey, D. (2002) *Reducing the rate of teenage conceptions. A review of the international evidence on preventing and reducing teenage conceptions: The United States, Canada, Australia and New Zealand,* London: Health Development Agency.

Chevalier, A. and Viitanen, T. K. (2003) 'The long-run labour market consequences of teenage motherhood in Britain', *Journal of Population Economics*, vol 16, no 2, pp. 323-343.

Clements, S., Stone, N., Diamond, I. and Ingham, R. (1998) 'The spatial distribution of teenage conceptions within Wessex', in K. Wellings (ed) *Promoting the health of teenage and lone mothers: Setting a research agenda*, London: Health Education Authority, pp. 71-81.

Coleman, T., Pound, E. and Cheater, F. (2002) *National survey of the new smoking cessation services: Implementing the smoking kills white paper,* Nottingham: University of Nottingham.

Coomber, R., Millward, L., Chambers, J. and Warm, D. (2004) *A rapid interim review of the `grey' literature on risky behaviour in young people aged 11-18 with a special emphasis on vulnerable groups,* London: Health Development Agency.

Coren, E. and Barlow, J. (2003) 'Individual and group-based parenting programmes for improving psychosocial outcomes for teenage parents and their children (Cochrane Review)', *The Cochrane Library*, Chichester, UK: John Wiley & Sons, Ltd.

Coren, E., Barlow, J. and Stewart-Brown, S. (2003) 'The effectiveness of individual and group-based parenting programmes in improving outcomes for teenage mothers and their children: A systematic review', *Journal of Adolescence*, vol 26, no 1, pp. 79-103.

Crome, I. B., Christian, J. and Green, C. (1998) 'Tip of an iceberg? Profile of adolescent patients prescribed methadone in an innovative community drug services', *Drugs: Education, Prevention and Policy*, vol 5, no pp. 195-197.

DCMS (2000) *A sporting future for all: The government's plan for sport*, London: DCMS.

De Vries, H., Mudde, A., Kremers, S., Wetzels, J., Uiters, E., Ariza, C., Vitoria, P., Fielder, A., Holm, K., Janssen, K., Lehtuvuori, R. and Candel, M. (2003) 'The European smoking prevention framework approach (ESFA): Short-term effects', *Health Education Research*, vol 18, no 6, pp. 649-663.

Dennison, C. (2004) *Teenage pregnancy: An overview of the research evidence*, London: HDA.

DfES (Department for Education and Skills) (2004a) *Autumn performance report 2004: Achievement against Public Service Agreement targets, 2000–2004*, Cm 6399, London: DfES.

DfES (2004b) *Every child matters: Change for children in schools*, London: DfES.

DfES (2005) *Every child matters: Change for children young people and drugs*, London: DfES.

DfES and DCMS (Department for Culture, Media and Sports) (2003) *Learning through PE & sport. A guide to the physical education, school sport and club links strategy*, London: DfEE and DCMS.

DH (Department of Health) (1992) *Health of the nation: A strategy for health in England and Wales*, London: HMSO.

DH (1999) *Saving lives: Our healthier nation*, London: The Stationery Office.

DH (2001) *The national strategy for sexual health and HIV*, London: DH.

DH, DfEE (Department for Education and Employment) and Home Office (2000) *Framework for the assessment of children in need and their families*, London: The Stationery Office.

DH and DfES (2003a) *National healthy schools standard. Confirming healthy school achievement*, London: DH, DfES.

DH and DfES (2003b) *National healthy schools standard. Drugs education (including alcohol and tobacco)*, London: DH & DfES.

DiCenso, A., Guyatt, G., Willan, A. and Griffith, L. (2002) 'Interventions to reduce unintended pregnancies among adolescents: Systematic review of randomised controlled trials', *British Medical Journal*, vol 324, pp1426.

Dowler, E. and Calvert, C. (1995) *Nutrition and diet in lone-parent families in London*, London: Family Policy Studies Centre.

Doyle, W., Jenkins, S., Crawford, M. and Puvandendran, K. (1994) 'Nutritional status of school children in an inner city area', *Archives of Disease in Childhood*, vol 70, no 5, pp. 376-381.

Drugs Strategy Directorate (2002) *Updated drug strategy*, London: The Home Office.
DWP (2001) *Towards full employment in a modern society*, London: (Cm 5084) Department of Works & Pensions.
Edgardh, K. (2002) 'Adolescent sexual health in Sweden', *Sexually Transmitted Infections*, vol 78, no pp. 352–356.
Edmunds, L., Waters, E. and Elliott, E. (2001) 'Evidence based management of childhood obesity', *British Medical Journal*, vol 323, no 7318, pp. 916-919.
Edmunds, M., Hough, M., Turnbull, P. and May, T. (1999) *Doing justice to treatment: Referring offenders to drug services*, DPAS Paper 2. London: The Home Office.
Ellis, S., Barnett-Page, E., Morgan, A. and Taylor, L. (2003) *HIV prevention: A review of reviews assessing the effectiveness of interventions to reduce the risk of sexual transmission*, London: Health Development Agency.
Ellis, S. and Grey, A. (2004) *Prevention of sexually transmitted infections (STIs): A review of reviews into the effectiveness of non-clinical interventions*, London: Health Development Agency.
Epstein, L., Wing, R., Koeske, R. and Valoski, A. (1985) 'A comparison of lifestyle exercise, aerobic exercise, and calisthenics on weight loss in obese children', *Behaviour Therapy*, vol 16, pp. 345-356.
Finn, D. (2003) 'Employment policy', in N. Ellison and C. Pierson (eds) *Developments in British social policy 2*, Basingstoke: Palgrave Macmillan, pp. 111-128.
Fonagy, P., Target, M., Cottrell, D., Phillips, J. and Kurtz, Z. (2002) *What works for whom? A critical review of treatments for children and adolescents*, London: The Guildford Press.
Foxcroft, D., Ireland, D., Lister-Sharp, D., Lowe, G. and R, B. (2003) 'Primary prevention for alcohol misuse in young people (Cochrane Review)', *The Cochrane Library*, Chichester, UK: John Wiley & Sons, Ltd.
Gordon, I., Whitear, B. and Guthrie, D. (1997) 'Stopping them starting: Evaluation of a community-based project to discourage teenage smoking in Cardiff', *Health Education Journal*, vol 46, pp. 42-50.
Gortmaker, S., Peterson, K., Wiecha, J., Sobal, A., Dixit, S., Fox, M. and Laird, N. (1999) 'Reducing obesity via a school-based interdisciplinary intervention among youth.' *Archives of Pediatrics and Adolescent Medicine*, vol 153, no 4, pp. 409-418.
Gossop, M., Marsden, J. and Stewart, D. (1998) *NTORS at one year. The national treatment outcome research study: Changes in substance use, health and criminal behaviours one year after intake*, London: DH.
Gossop, M., Marsden, J. and Stewart, D. (2001) *NTORS after 5 years. Changes in substance use, health and criminal behaviour during the five years after intake*, London: National Addiction Centre.

Graham, H. and Power, C. (2004) *Childhood disadvantage and adult health: A lifecourse framework*, London: Health Development Agency.

Gregory, J., Lowe, S., Bates, C., Prentice, A., Jackson, L., Smithers, G., Wenlock, R. and Farron, M. (2000) *National diet and nutrition survey: Young people aged 4-18 years*, London: The Stationery Office.

Harrop, A. and Palmer, G. (2002) *Improving breakfast clubs: Lessons from the best*, London: New Policy Institute.

HAS (The Health Advisory Service) (2001) *The substance of young needs: Review 2001*, London: HAS.

HDA (Health Development Agency) (2001) *Teenage pregnancy: An update on key characteristics of effective interventions*, London: HDA.

HDA (2002) *Cancer prevention. A resource to support local action in delivering the NHS cancer plan*, London: HDA.

HDA (2004) *Smoking interventions with children and young people*, Better Health for Children & Young People - HDA Briefing No. 6, London: HDA.

Hillier, L., Harrison, L. and Warr, D. (1998) '"When you carry condoms all the boys think you want it": Negotiating competing discourses about safe sex', *Journal of Adolescence*, vol 21, no 1, pp. 15-29.

Hills, J. and Stewart, K. (2005) 'A tide turned but mountains yet to climb?' in J. Hills and K. Stewart (eds) *A more equal society?*, Bristol: Polciy Press, pp. 325-346.

HM Government and DH (2004) *Choosing health: Making healthy choices easier*, London: HM Government and DH.

HMSO (1994) *Tackling drugs together*, London: HMSO.

Home Office (n.d.) *Tackling drugs as part of neighbourhood renewal*, London: The Home Office.

Hughes, K., Cragg, A. and Taylor, C. (1999) *Young people's experiences of relationships, sex and early parenthood: Qualitative research*, London: Health Education Authority.

Ingham, R., Clements, S. and Gillibrand, R. (n.d.) *Factors affecting changes in rates of teenage conceptions 1991 to 1997*, London: Teenage Pregnancy Unit.

Jefferis, B., Graham, H., Manor, O. and Power, C. (2003) 'Cigarette consumption and socio-economic circumstances in adolescence as predictors of adult smoking', *Addiction*, vol 98, no 12, pp. 1765-1772.

Kirby, D. (1999) 'Reflections on two decades of research on teen sexual behavior and pregnancy.' *Journal of School Health and Place*, vol 69, no 3, pp. 89-94.

Kobus, K. (2003) 'Peers and adolescent smoking', *Addiction*, vol 98, Suppl 1, pp. 37-55.

Lantz, P., Jacobson, P., Warner, K., Wasserman, J., Pollack, H., Berson, J. and Ahlstrom, A. (2000) 'Investing in youth tobacco control: A review of smoking prevention and control strategies', *Tobacco Control*, vol 9, no 1, pp. 47-63.

LeMura, L. and Maziekas, M. (2002) 'Factors that alter body fat, body mass, and fat-free mass in pediatric obesity', *Medicine and Science in Sports and Exercise*, vol 34, no 3, pp. 487-96.

Lister-Sharp, D., Chapman, S., Stewart-Brown, S. and Sowden, A. (1999) 'Health promoting schools and health promotion in schools: Two systematic reviews', *Health Technology Assessment*, vol 3, no 22, pp. 1-207.

Lowe, F., Horne, P., Tapper, K., Madden, P., Woolner, J., Le Noury, J. and Doody, M. (n.d.) Changing the nation's diet: A programme to increase children's consumption of fruit and vegetables. Working paper 3. University of Wales, Bangor.

Lucas, P. (2003) *Breakfast clubs and school fruit schemes: Promising practice*: What Works for Children Group Evidence Nugget, April 2003.

MacKintosh, A., Stead, M., Eadie, D. and Hastings, G. (2000) *NE choices: Results of a multi-component drugs prevention programme for adolescents,* London: Drugs Prevention Advisory Service Briefing Paper 14, Home Office.

Markham, W. A., Featherstone, K., Taket, A., Trenchard-Mabere, E. and Ross, M. (2001) 'Smoking amongst UK Bangladeshi adolescents aged 14-15', *Health Education Research*, vol 16, no 2, pp. 143-156.

May, T., Warburton, H., Turnbull, P. and Hough, M. (2002) *Times they are a-changing: Policing of cannabis,* York: Joseph Rowntree Foundation.

McBride, N., Farringdon, F., Midford, R., Meuleners, L. and Phillips, M. (2004) 'Harm minimization in school drug education: Final results of the school health and alcohol harm reduction project (SHAHRP)', *Addiction*, vol 99, no 3, pp. 278–291.

McKnight, A. (2005) 'Employment: Tacking poverty through 'work for those who can'', in J. Hills and K. Stewart (eds) *A more equal society?* , Bristol: Policy Press, pp. 23-46.

McKnight, A., Glennerster, H. and Lupton, R. (2005) 'Education, education, education...: An assessment of labour's success in tackling education inequalities', in J. Hills and K. Stewart (eds) *A more equal society?* , Bristol: Policy Press, pp. 47-68.

Measham, F., Aldridge, J. and Parker, H. (2001) 'Unstoppable? Dance drug use in the UK club scene', in H. Parker, J. Aldridge and R. Egginton (eds) *UK drugs unlimited. New research and policy lessons on illicit drug use,* Basingstoke: Palgrave, pp. 80-97.

Meyrick, J. and Swann, C. (1998) *An overview of the effectiveness of interventions and programmes aimed at reducing unintended conceptions in young people,* London: Health Education Authority.

Millward, L., Warm, D., Coomber, R., Chambers, J. and Kelly, M. (2004) *Evidence for effective drug prevention in young people. A summary of findings arising from research activity to date,* Wetherby: Health Development Agency.

Moore, L. (2001) 'Are fruit tuck shops in primary schools effective in increasing pupils' fruit consumption? A randomised controlled trial.' in Food Standards Agency (ed)

Encouraging consumption of fruit and vegetables by young people through school based interventions. Report from the food standards agency seminar (22.11.01), London: Food Standards Agency, p 5.

Moore, L., Paisley, C. and Dennehy, A. (2000) 'Are fruit tuck shops in primary schools effective in increasing pupils' fruit consumption? A randomised controlled trial', *Nutrition and Food Science*, vol 30, no 1, pp. 35-38.

Mulvihill, C. and Quigley, R. (2003) *The management of obesity and overweight. An analysis of reviews of diet, physical activity and behavioural approaches*, London: Health Development Agency.

Mulvihill, C., Taylor, L., Waller, S., with Naidoo, B. and Thom, B. (2005) *Prevention and reduction of alcohol misuse*, London: HDA.

Munro, H., Davis, M. and Hughes, G. (2004) 'Adolescent sexual health', in ONS (ed) *The health of children and young people*, London: ONS, pp.

NAO (National Audit Office) (2001) *Tackling obesity in England. Report by the Comptroller and Auditor General*, London: Stationery Office.

NAO (2002) *The New Deal for young people*, London: The Stationery Office.

Nessa, N. and Gallagher, J. (2004) 'Diet, nutrition, dental health and exercise', in Office for National Statistics (ed) *The health of children and young people*, London: ONS, pp.

NHS CRD (1997) 'Preventing and reducing the adverse effects of unintended teenage pregnancies', *Effective Health Care*, vol 3, no 1, pp. 1-12.

NHS CRD (1999) 'Preventing the uptake of smoking in young people', *Effective Health Care*, vol 5, no 5, pp. 1-12.

NHS CRD (2002) 'The prevention and treatment of childhood obesity', *Effective Health Care*, vol 7, no 6, pp. 1-12.

NICE (National Institute for Clinical Excellence) (2001) *Guidance on the use of sibutramine for the treatment of obesity in adults*, London: NICE.

NSNR (National Strategy for Neighbourhood Renewal) (2000) *Report of policy action team 12: Young people*, London: The Stationery Office.

Olds, D., Henderson, C., Cole, R. and al., e. (1998) 'Long term effects of nurse home visitation on children's criminal and anti-social behavior', *Journal of American Medical Association*, vol 280, no 14, pp. 1238–1244.

Parker, H., Aldridge, J. and Egginton, R. (2001) *UK drugs unlimited. New research and policy lessons on illicit drug use*, Basingstoke: Palgrave.

Parker, H., Aldridge, J. and Measham, F. (1998) *Illegal leisure. The normalization of adolescent recreational drug use*, London: Routledge.

Peterson, A. V., Kealey, K. A., Mann, S. L., Marek, P. M. and Sarason, I. G. (2000) 'Hutchinson smoking prevention project: Long-term randomised trial in school-based tobacco use prevention: Results on smoking.' *Journal of the National Cancer Institute*, vol

92, no 24, pp. 1979-1991.

Positive Futures (2004) *Positive futures impact report: Engaging with young people*, London: Home Office Drugs Strategy Directorate.

Pound, E., Coleman, T., Adams, C., Bauld, L. and Ferguson, J. (2005) 'Targeting smokers in priority groups: The influence of government targets and policy statements', *Addiction*, vol 100, suppl. 2, pp. 28–35.

Pratt, B. and Woolfenden, S. (2004) 'Interventions for preventing eating disorders in children and adolescents. (Cochrane Review)', *The Cochrane Library*, Chichester, UK: John Wiley & Sons, Ltd.

Prochaska, J. O. (2000) 'Stages of change model for smoking prevention and cessation in schools', *British Medical Journal*, vol 320, no 7232, pp. 447.

Riley, A. (2005) *Fact sheet: School meals*, London: Child Poverty Action Group.

Rivers, K., Aggleton, P., Chase, E., Downie, A., Mulvihill, C., Sinkler, P., Tyrer, P. and Warwick, I. (2000) *Setting the standard: Research linked to the development of the national healthy school standard (NHSS)*, London: Department of Health and the Department for Education and Employment.

Roe, L., Hunt, P., Bradshaw, H. and Rayner, M. (1997) *Health promotion interventions to promote healthy eating in the general population – a review*, London: Health Education Authority.

Rosato, M., Wiggins, M., Austerberry, H. and Oliver, S. (2004) *Summary of interim findings*, London: Sure Start Plus National Evaluation.

Rowan, S. (2004) 'Drug-use, smoking and drinking', in ONS (ed) *The health of children and young people*, London: ONS.

Rudolf, M., Sahota, P., Barth, J. and Walker, J. (2001) 'Increasing prevalence of obesity in primary school children', *British Medical Journal*, vol 322, no 7294, pp. 1094-5.

Sahota, P., Rudolf, M., Dixey, R., Hill, A., Barth, J. and Cade, J. (2001a) 'Evaluation of implementation and effect of primary school based intervention to reduce risk factors for obesity', *British Medical Journal*, vol 323, no 7320, pp. 1027-1029.

Sahota, P., Rudolf, M., Dixey, R., Hill, A., Barth, J. and Cade, J. (2001b) 'Randomised controlled trial of primary school based intervention to reduce risk factors for obesity', *British Medical Journal*, vol 323, no 7320, pp. 1029-1032.

Scott, S., Knapp, M., Henderson, J. and Maughan, B. (2001) 'Financial cost of social exclusion: Follow up study of antisocial children into adulthood', *British Medical Journal*, vol 323, no 7306, pp. 191-194.

SEU (1999) *Teenage pregnancy*, London: Cm 4342: The Stationery Office.

Shemilt, I., Harvey, I., Shepstone, L., Swift, L., Reading, R., Mugford, M., Belderson, P., Norris, N., Thorburn, J. and Robinson, J. (2004) 'A national evaluation of school breakfast clubs: Evidence from a cluster randomized controlled trial and an observational analysis', *Child: Care, Health and Development*, vol 30, no 5, pp. 413-27.

Shemilt, I., O'Brien, M., Thoburn, J., Harvey, I., Belderson, P., Robinson, J. and Camina, M. (2003) 'School breakfast clubs, children and family support', *Children and Society*, vol 17, no 2, pp. 100-112.

Shiner, M. (2000) *Doing it for themselves: An evaluation of peer approaches to drug prevention*, London: Drugs Prevention Advisory Service, Briefing Paper 6, Home Office.

Sondhi, A., O'Shea, J. and Williams, T. (2002) *Arrest referral: Emerging findings from the national monitoring and evaluation programme*, DPAS Briefing Paper 18. London: Home Office.

Sowden, A. and Arblaster, L. (1999) 'Mass media interventions for preventing smoking in young people (Cochrane Review)', *The Cochrane Library*, Chichester, UK: John Wiley & Sons, Ltd.

Sowden, A., Arblaster, L. and Stead, L. (2004) 'Community interventions for preventing smoking in young people (Cochrane Review).' *The Cochrane Library*, Chichester, UK: John Wiley & Sons, Ltd.

Stead, L. and Lancaster, T. (2004) 'Interventions for preventing tobacco sales to minors (Cochrane Review).' *The Cochrane Library*, Chichester, UK: John Wiley & Sons, Ltd.

Story, M. (1999) 'School-based approaches for preventing and treating obesity.' *International Journal of Obesity*, vol 23, suppl. 2, pp. S43-S51.

Street, C. (1998) 'Introduction', in N. Donovan and C. Street (eds) *Fit for school – how breakfast clubs meet health, education and childcare needs*, London: New Policy Institute, pp. 1-8.

Street, C. and Kenway, P. (1999) *Food for thought – breakfast clubs and their challenges*, London: New Policy Institute.

Summerbell, C., Ashton, V., Campbell, K. J., Edmunds, L., Kelly, S. and Waters, E. (2004) 'Interventions for treating obesity in children (Cochrane Review)', *The Cochrane Library*, Chichester, UK: John Wiley & Sons, Ltd.

Swann, C., Bowe, K., McCormick, G. and Kosmin, M. (2003) *Teenage pregnancy and parenthood: A review of reviews*, London: HDA.

Thomas, R. (2002) ' School-based programmes for preventing smoking (Cochrane Review)', *The Cochrane Library*, Chichester, UK: John Wiley & Sons, Ltd.

Tobler, N., Roona, M., Ochshorn, P., Marshall, D., Streke, A. and Stackpole, K. (2000) 'School-based adolescent drug prevention programs: 1998 meta-analysis', *Journal of Primary Prevention*, vol 20, no 4, pp. 275-336.

Tyas, S. and Pederson, L. (1998) 'Psychosocial factors related to adolescent smoking: A critical review of the literature', *Tobacco Control*, vol 7, no pp. 409-420.

University of East Anglia (2002) *A national evaluation of school breakfast clubs. Evaluation summary, part 1*, Norwich: University of East Anglia.

Vartiainen, E., Paavola, M., McAlister, A. and Pekka, P. (1998) 'Fifteen-year follow-up of smoking prevention effects in the North Karelia Youth Project', *American Journal of Public Health*, vol 88, no 1, pp. 81-85.

Walker, A., Gregory, J., Bradnock, G., Nunn, J. and White, D. M. (2000) *National diet and nutrition survey: Young people aged 4 to 18 years. Volume 2: Report of the oral health survey*, London: HMSO.

Warren, J. M., Henry, C. J. K., Lightowler, H. J., Bradshaw, S. M. and Perwaiz, S. (2003) 'Evaluation of a pilot school programme aimed at the prevention of obesity in children', *Health Promotion International*, vol 18, no 4, pp. 287-296.

Warwick, I., Blenkinsop, S., Aggleton, P., Eggers, M., Chase, E., I, S., Schagen, S., Zuurmond, M. and Scott, E. (2004) *Evaluation of the impact of the national healthy school standard*, London: Thomas Coram Research Unit and The National Foundation for Educational Research.

Wellings, K. (1998) 'Introduction', in K. Wellings (ed) *Promoting the health of teenage and lone mothers: Setting a research agenda*, London: Health Education Authority, pp. 1-31.

Wellings, K., Wadsworth, J., Johnson, A. and Field, J. (1998) 'Correlates of teenage birth', in K. Wellings (ed) *Promoting the health of teenage and lone mothers: Setting a research agenda*, London: Health Education Authority, pp. 32-42.

Wiggins, M., Austerberry, H., Rosato, M., Sawtell, M. and Oliver, S. (2003) *Service delivery study: Interim findings*, London: Sure Start Plus National Evaluation.

Williams, R., Chang, S. and Group, A. C. A. R. (2000) 'A comprehensive and comparative review of adolescent substance abuse treatment outcome', *Clinical Psychology: Science and Practice Summary*, vol 7, no 2, pp. 138–166.

Wincup, E., Buckland, G. and Bayliss, R. (2003) *Youth homelessness and substance use: Report to the drugs and alcohol research unit*, London: Home Office Research, Development and Statistics Directorate, Home Office Research Study 258.

Zoritch, B., Roberts, I. and Oakley, A. (2000) 'Day care for preschool children', *The Cochrane Library*, Chichester, UK: John Wiley & Sons, Ltd.

제10장. 성인기의 건강 불평등: 연구 근거

Acheson, D. (1998) *Independent Inquiry into Inequalities in Health Report* (The Acheson Report), London: The Stationery Office.

Adler, N. and Snibbe, A. (2003) 'The role of psychosocial processes in explaining the gradient between socio-economic status and health', *Current Directions in Psychological Science*, vol 12, pp. 119-23.

Andres, A. (2004) 'Determinants of self-reported mental health using the British household panel survey', *The Journal of Mental Health Policy and Economics*, vol 7, pp. 99-106.

Arber, S. (1996) 'Integrating nonemployment into research on health inequalities', *International Journal of Health Services*, vol 26, pp. 445-81.

Arber, S. and Lahelma, E. (1993) Inequalities in women's and men's ill-health: Britain and Finland compared', *Social Science and Medicine* 37, pp. 1055-68.

Asthana, S., Gibson, A., Moon, G. and Brigham, P. (2003) 'Allocating resources for health and social care: the significance of rurality', *Health and Social Care in the Community*, vol 11, pp. 486-93.

Asthana, S., Gibson, A., Moon, G., Brigham, P. and Dicker, J. (2004a) 'The demographic and social class basis of inequality in self-reported morbidity: an exploration using the Health Survey for England', *Journal of Epidemiology and Community Health*, vol 58, pp. 303-307.

Asthana, S., Gibson, A., Moon, G., Dicker, J. and Brigham, P. (2004b) 'The pursuit of equity in NHS resource allocation: should morbidity replace utilisation as the basis for setting health care capitations?', *Social Science and Medicine*, vol 58, pp. 539-551.

Aylin, P., Morris, S., Wakefiled, J., Grossinho, A., Jarup, L, and Elliott, P. (2001) 'Temperature, housing, deprivation and their relationship to excess winder mortality in Great Britain, 1986-1996', *International Journal of Epidemiology*, vol 30: pp. 1116-8.

Baker, A. and Rooney, C. (2003) 'Recent trends in alcohol-related mortality, and the impact of ICD-10 on the monitoring of these deaths in England and Wales', *Health Statistics Quarterly*, vol 17, pp. 5-14.

Bartley, M., Fitzpatrick, R., Firth, D. and Marmot, M. (2000) 'Social distribution of cardiovascular disease risk factors: chance among men in England 1984-1993', *Journal of Epidemiology and Community Health*, vol 54, pp. 806-14.

Bartley, M., Martikainen, P., Shipley, M. and Marmot, M. (2004b) 'Gender differences in the relationship of partner's social class to behavioural risk factors and social support in the Whitehall II study', *Social Science and Medicine*, vol 59, pp. 1925-36.

Bartley, M., Sacker, A. and Clarke, P. (2004a) 'Employment status, employment conditions, and limiting illness: prospective evidence from the British household panel survey 1991-2001', *Journal of Epidemiology and Community Health*, vol 58, pp. 501-6.

Ben-Shlomo, Y. and Chaturvedi, N. (1995) 'Assessing equity in access to health care provision in the UK: does where you live affect your chances of getting a coronary artery bypass graft?', *Journal of Epidemiology & Community Health*, vol 49, pp. 200-204.

Benzeval, M., Judge, K. and Whitehead, M. (1995) 'The role of the NHS', in M. Benzeval, K. Judge and M. Whitehead (eds) *Tackling inequalities in health: An agenda for action*, London: Kings Fund, pp. 95-121.

Berney, L., Blane, D., Davey Smith, G. and Holland, P. (2000a) 'Lifecourse influences on health in early old age', in H. Graham (ed) *Understanding health inequalities*, Buckingham: Open University Press, pp. 79-95.

Berney, L., Blane, D., Davey Smith, G., Gunnell, D., Holland, P. and Montgomery, S. (2000b) 'Socioeconomic measures in early old age as indicators of previous lifetime exposure to environmental hazards to health', *Sociology of Health and Illness*, vol 22, pp. 415-30.

Bethune, A. (1997) 'Unemployment and mortality', in F. Drever and M. Whitehead (eds) *Health inequalities: Decennial supplement,* London: ONS, pp. 156-67.

Billson H., Pryer, J.A. and Nichols, R. (1999) 'Variation in fruit and vegetable consumption among adults in Britain. An analysis from the dietary and nutritional survey of British adults', *European Journal of Clinical Nutrition*, vol 53, pp. 946-52.

Black, N., Langham, S. and Petticrew, M. (1995) 'Coronary revascularisation: why do rates vary geographically in the UK?', *Journal of Epidemiology & Community Health*, vol 49, pp. 408-412.

Blane, D. (1999) 'Adults of working age (16/18 to 65 years)', in D. Gordon, M. Shaw, D. Dorling and G. Davey Smith (eds) *Inequalities in health: The evidence presented to the Independent Inquiry into Inequalities in Health, chaired by Sir Donald Acheson,* Bristol: Policy Press, pp. 23-32.

Blane, D., Berney, L., Davey Smith, G., Gunnell, D. and Holland, P. (1999) 'Reconstructing the lifecourse: health during early old age in a follow up study based on the Boyd Orr cohort', *Public Health*, vol 113, pp. 117-24.

Blane, D., Mitchell, R., Bartley, M. (2000) 'The 'inverse housing law' and respiratory health', *Journal of Epidemiology and Community Health*, vol 54, pp. 745-9.

Blaxter, M. (1984) 'Equity and consultation rates in general practice', *British Medical Journal*, vol 288, pp. 1963-1967.

Blaxter, M. (1990) *Health and lifestyles*, London: Routledge.

Boniface, D. and Tefft, M. (2002) 'Dietary fats and 16-year coronary heart disease mortality in a cohort of men and women in Great Britain', *European Journal of Clinical Nutrition*, vol 56, pp. 786-92.

Bosma, H., Marmot, M., Hemingway, H., Nicholson, A., Brunner, E., Stansfeld, S. (1997) 'Low job control and risk of coronary heart disease in Whitehall II (prospective cohort) study', *British Medical Journal*, vol 314, pp. 558-65.

Bunker, S., Colquhoun, D., Esler, M., Hickie, I., Hunt, D., Jelinek, V., Oldenburg, B., Peach, H., Ruth, D., Tennant, C. and Tonkin, A. (2003) '"Stress" and coronary heart disease: psychosocial risk factors', *Medical Journal of Australia*, vol 178, pp. 272-6.

Campbell, K, Waters, E, O'Meara, S, Kelly, S and Summerbell C. (2004) 'Interventions for preventing obesity in children (Cochrane Review)', in *The Cochrane Library*, Issue 1, 2004, Chichester, UK: John Wiley & Sons, Ltd.

Carstairs, V. and Morris, R. (1989) 'Deprivation, mortality and resource allocation', *Community Medicine*, vol 11, pp. 364-72.

Chandola, T., Head, J., Bartley, M. (2004a) 'Socio-demographic predictors of quitting smoking: how important are household factors?', *Addiction*, vol 99, pp. 770-77.

Chandola, T., Kuper, H., Singh-Manoux, A., Bartley, M. and Marmot, M. (2004b) 'The effect of control at home on CHD events in the Whitehall II study: Gender differences in psychosocial domestic pathways to social inequalities in CHD', *Social Science and Medicine*, vol 58, pp. 1501-9.

Chandola, T., Martikainen, P., Bartley, M., Lahelma, E., Marmot, M., Michikazu, S., Nasermoaddeli, A. and Kagamimori, S. (2004c) 'Does conflict between home and work explain the effect of multiple roles on mental health? A comparative study of Finland, Japan, and the UK', *International Journal of Epidemiology*, vol 33, pp. 884-93.

Church, J. and Whyman, S. (1997) A review of recent social and economic trends. In Drever, F. and Whitehead, M. (eds), *Health inequalities: decennial supplement*, London: Office for National Statistics, pp. 29-43.

Claussen, B., Davey Smith, G. and Thelle, D. (2003) 'Impact of childhood and adulthood socioeconomic position on cause specific mortality: the Oslo Mortality Study', *Journal of Epidemiology and Community Health*, vol 57, pp. 40-45.

Copeland, L, (2003) 'An exploration of the problems faced by young women living in disadvantaged circumstances if they want to give up smoking: can more be done at general practice level?', *Family Practice*, vol 20, pp. 393-400.

Coulter, A. (1992) 'The interface between primary and secondary care', in M. Roland and A.Coulter, *Hospital referrals*, Oxford: Oxford University Press, pp. 1-14.

Crofton, J. and Simpson, D. (2002) *Tobacco: A global threat*, Oxford: Macmillan Education.

Curtis, S. and Taket, A. (1996) *Health and Societies: Changing Perspectives*, London: Edward Arnold.

Curtis, S., Southall, H., Congdon, P. and Dodgeon, B. (2004) 'Area effects on health variation over the life-course: analysis of the longitudinal study sample in England using new data on area of residence in childhood', *Social Science and Medicine*, vol 58, pp. 57-74.

Darmon, N, Ferguson, E. and Briend, A. (2003) 'Do economic constraints encourage the selection of energy dense diets?', *Appetite*, vol 41, pp. 315-22.

Darmon, N., Briend, A. and Drewnowski, A. (2004) 'Energy-dense diets are associated with lower diet costs: a community study of French adults', *Public Health Nutrition*, vol 7, pp. 21-7.

Davey Smith, G. (2003) 'Introduction: lifecourse approaches to health inequalities', in G. Davey Smith (ed) *Health inequalities: Lifecourse approaches*, Bristol: Policy Press, pp. xii-lix.

Davey Smith, G. and Kuh, D. (1996) 'Does early nutrition affect later health? Views from the 1930s and 1980s', in D. Smith (ed) *The History of Nutrition in Britain in the Twentieth Century: Science, Scientists and Politics*, London: Routledge, pp. 214-37;

reproduced in G. Davey Smith (ed) (2003) *Health inequalities: Lifecourse approaches*, Bristol: Policy Press, pp. 411-35.

Davey Smith, G., Hart, C., Blane, D. and Hole, D. (1998) 'Adverse socio-economic conditions in childhood and cause-specific adult mortality: prospective observational study', *British Medical Journal*, vol 316, pp. 1631-5.

DETR (Department of the Environment, Transport and the Regions) (1999) *Unpopular housing: report of the policy action team 7*, London: DETR. I went back to the web site to get the date for this and it was attributed to the DETR – I haven't put it into alphabetical order to flag the text revision

Dibsdall, L., Lambert, N., Bobbin, R. and Frewer, L. (2003) 'Low income consumers' attitudes and behaviour towards access, availability and motivation to eat fruit and vegetables', *Public Health Nutrition*, vol 6, pp. 159-68.

Doll, R., Peto, R., Boreham, J. and Sutherland, I. (2004) 'Mortality in relation to smoking: 50 years' observations on male British doctors', *British Medical Journal*: doi 10.1136/bmj.38142.554479.AE.

Drewnowski, A. (2004) 'Obesity and the food environment: dietary energy density and diet costs', *American Journal of Preventive Medicine*, vol 27, suppl 3, pp. 154-62.

D'Souza, R., Strazdins, L., Lim, L., Broom, D. and Rodgers, B. (2003) 'Work and health in a contemporary society: demands, control, and insecurity', *Journal of Epidemiology and Community Health*, vol 57, pp. 849-54.

Dunn, J. (2000) 'Housing and health inequalities: review and prospects for research', *Housing Studies*, vol 15, pp. 341-66.

Dunn, J. R. (2002) 'Housing and inequalities in health: A study of socioeconomic dimensions of housing and self reported health from a survey of Vancouver residents', *Journal of Epidemiology and Community Health*, vol 56, no 9, pp. 671-681.

Easterlow, D., Smith, S. J. and Mallinson, S. (2000) 'Housing for health: the role of owner occupation', *Housing Studies*, vol 15, pp. 367-386.

Eriksson, J., Forsen, T., Osmond, C. and Barker, D. (2003) 'Obesity from cradle to grave', *International Journal of Obesity Related Metabolic Disorders*, vol 27, pp. 722-7.

Evandrou, M., Falkingham, J., Le Grand, J. and Winter, D. (1992) 'Equity in health and social care', *Journal of Social Policy*, vol 21, pp. 489-523.

Evans, J., Hyndman, S., Stewart-Brown, S., Smith, D. and Petersen, S. (2000) 'An epidemiological study of the relative importance of damp housing in relation to adult health', *Journal of Epidemiology and Community Health*, vol 54, pp. 677-86.

Frankel, S., Davey Smith, G. and Gunnell, D. (1999) 'Childhood socioeconomic position and adult cardiovascular mortality: the Boyd Orr Cohort', *American Journal of Epidemiology*, vol 150, pp. 1081-4.

French, S. (2003) 'Pricing effects on food choices', *Journal of Nutrition*, vol 133, pp. 841S-843S.

Gibson, A., Asthana, S., Brigham, P., Moon, G. and Dicker, J. (2002) 'Geographies of need and the new NHS: methodological issues in the definition and measurement of the health needs of local populations', *Health and Place*, vol 8, pp. 47-60.

Gimeno, D., Benavides, F., Amick, B., Benach, J. and Martinez, J. (2004) 'Psychosocial factors and work related sickness absence among permanent and non-permanent employees', *Journal of Epidemiology and Community Health*, vol 58, pp. 870-6.

Goddard, M. and Smith, P. (1998) *Equity of access to health care*, York: Centre for Health Economics, University of York.

Graham, H. (1993) *'When life's a drag: Women, smoking and disadvantage*, London: HMSO.

Graham, H. (2002) 'Building and inter-disciplinary science of health inequalities: the example of lifecourse research', *Social Science and Medicine*, vol 55, pp. 2005-16.

Grant, D. and Maxwell, S. (1999) 'Food coping strategies: a century on from Rowntree', *Nutr Health*, vol 13, pp. 45-60. Can't find this journal

Green, G., Gilbertson, J. and Grimsley, M. (2002) 'Fear of crime and health in residential tower blocks: a case study in Liverpool, UK', *European Journal of Public Health*, vol 12, pp. 10-15.

Griffin, J., Fuhrer, R., Stansfeld, S. and Marmot, M. (2002) 'The importance of low control at work and home on depression and anxiety: do these effects vary by gender and social class?', *Social Science and Medicine,* vol54, pp. 783-98.

Grifiths, C. (2003) 'Deaths related to drug poisoning: results for England and Wales, 1997-2001', *Health Statistics Quarterly*, vol 17, pp. 65-71.

Gunnell, D., Davey Smith, G., Frankel, S., Nanchahal, K., Braddon, F., Pemberton, J. and Peters, T. (1998) 'Childhood leg-length and adult mortality: follow up of the Carnegie (Boyd Orr) survey of diet and health in pre-war Britain', *Journal of Epidemiology and Community Health*, vol 52, pp. 142-52.

Gunnell, D., Frankel, S., Nanchahal, K., Braddon, F. and Davey Smith, G. (1996) 'Life-course exposure and later disease: a follow-up study based on a survey of family diet and health in pre war Britain (1937-1939)', *Public Health*, vol 110, pp. 85-94.

Hajat, S., Kovats, R., Atkinson, R. and Haines, A. (2002) 'Impact of hot temperatures on death in London: a time series approach', *Journal of Epidemiology and Community Health*, vol 56, pp. 367-72.

Hallqvist, J., Lynch, J., Bartley, M., Land, T. and Blane, D. (2004) 'Can we disentangle life course processes of accumulation, critical period and social mobility: An analysis of disadvantaged socio-economic positions and myocardial infarction in the Stockholm Heart Epidemiology Program', *Social Science and Medicine*, vol 58, pp. 1555-62.

Hardy, R., Wadsworth, M. and Kuh, D. (2000) 'The influence of childhood weight and socioeconomic status on change in adult body mass index in a British national birth cohort', *International Journal of Obesity Related Metabolic Disorders*, vol 24, pp. 725-34.

Hardy R., Wadsworth, M., Langenberg. C and Kuh, D. (2004) 'Birthweight, childhood growth, and blood pressure at 43 years in a British birth cohort', *International Journal of Epidemiology*, vol 33, pp. 121-9.

Harper, S., Lynch, J., Hsu, W., Everson, S., Hillemeier, M., Raghunathan, T., Salonen, J. and Kaplan G. (2002) 'Life course socioeconomic conditions and adult psychosocial functioning', *International Journal of Epidemiology*, vol 31, pp. 395-403.

Hart, C. and Davey Smith, G. (2003) 'Relationship between number of siblings and adult mortality and stroke risk: 25 year follow up of men in the Collaborative Study', *Journal of Epidemiology and Community Health*, vol 57, pp. 385-91.

Haynes, R. (1991) 'Inequalities in health and health service use: evidence from the general household survey', *Social Science and Medicine*, vol 33, pp. 361-368.

Healy, J. (2003) 'Excess winter mortality in Europe: a cross country analysis identifying key risk factors', *Journal of Epidemiology and Community Health*, vol 57, pp. 784-89.

Hemingway, H. and Marmot, M. (1999) 'Psychosocial factors in the aetiology and prognosis of coronary heart disease: systematic review of prospective cohort studies', *British Medical Journal*, vol 318, pp. 1460-7.

Hertzman, C., Power, C., Matthews, S. and Manor, O. (2001) 'Using an interactive framework of society and lifecourse to explain self-related health in early adulthood', *Social Science and Medicine*, vol 53, pp. 1575-85.

Hippisley-Cox, J. and Pringle, M. (2000) 'Inequalities in access to coronary angiography and revascularization: the association of deprivation and location of primary care services', *British Journal of General Practice*, vol 50, pp. 449-54.

HM Government and Department of Health (2004) *Choosing health: making healthy choices easier*, White Paper, London: HM Government and Department of Health.

Holland, P., Berney, L., Blane, D., Davey Smith, G., Gunnell, D. and Montgomery, S. (2000) 'Life course accumulation of disadvantage: childhood health and hazard exposure during adulthood', *Social Science and Medicine*, vol 50, pp. 1285-95.

Hopton, J. and Hunt, S. (1996) 'Housing conditions and mental health in a disadvantaged area in Scotland', *Journal of Epidemiology and Community Health*, vol 50, pp. 56-61.

Howden-Chapman, P. (2004) 'Housing standards: a glossary of housing and health', *Journal of Epidemiology and Community Health*, vol 58, pp. 162-8.

Jacobson, B. (1999) 'Tacking inequalities in health and health care: the role of the NHS', in D. Gordon, M. Shaw, D. Dorling and G. Davey Smith (eds) *Inequalities in health: the evidence presented to the Independent Inquiry into Inequalities in Health, chaired by Sir Donald Acheson*, Bristol: Policy Press, pp. 100-117.

Jarvis, M. and Wardle, J. (1999) 'Social patterning of individual health behaviours: the case of cigarette smoking', in M. Marmot and R. Wilkinson (eds) *Social determinants of health*, Oxford: Oxford University Press, pp. 240-255.

Jebb, S. (2002) 'Dietary strategies to prevent and treat obesity', in T. Carr and K. Descheemaeker (eds) *Nutrition and health*, Oxford: Blackwell Science, pp. 48-54.

Johnson, I. (2002) 'Micronutrients, phytoprotectants and mechanisms of anticancer activity', in T. Carr and K. Descheemaeker (eds) *Nutrition and health*, Oxford: Blackwell Science, pp. 89-104.

Jonsson, D., Rosengren, A., Dotevall, A., Lappas, G., Wilhelmsen, L. (1999) 'Job control, job demands and social support at work in relation to cardiovascular risk factors in MONICA 1995', *Journal of Cardiovascular Risk*, vol 6, pp. 379-85.

Kilpelainen, M., Terpo, E., Helenius, H. and Koskenvuo, M. (2001) 'Home dampness, current allergic diseases and respiratory infections among young adults', *Thorax*, vol 56, pp. 462-7.

Korpi, T. (2001) 'Accumulating disadvantage. Longitudinal analyses of unemployment and physical health in representative samples of the Swedish population', *European Sociological Review*, vol 17, pp. 255-73.

Koskinen, O., Husman, T., Meklin, T. and Nevalainen, A. (1999) 'The relationship between moisture or mould observations in houses and the state of health of their occupants', *European Respiratory Journal*, vol 14, pp. 1363-7.

Kuh, D. and Davey Smith, G. (1997) 'The life course and adult chronic disease: an historical perspective with particular reference to coronary heart disease', in D. Kuh and Y. Ben-Shlomo (eds) *A life course approach to chronic disease epidemiology*, Oxford: Oxford University Press, pp. 15-41.

Kuh, D., Ben-Shlomo, Y., Lynch, J., Hallqvist, J. and Power, C. (2003) 'Life course epidemiology', *Journal of Epidemiology and Community Health*, vol 57, pp. 778-83.

Kuh, D., Hardy, R., Chaturvedi, N. and Wadsworth, M.E. (2002) 'Birth weight, childhood growth and abdominal obesity in adult life', *International Journal of Obesity Related Metabolic Disorders*, vol 26, pp. 40-7.

Kuh, D., Hardy, R., Langenberg, C., Richards, M. and Wadsworth, M. (2002) 'Mortality in adults aged 26-54 years related to socioeconomic conditions in childhood and adulthood: postwar birth cohort study', *British Medical Journal*, vol 325, pp. 1076-80.

Lahelma, E., Arber, S., Rahkonen, O. and Silventoinen, K. (2000) 'Widening or narrowing inequalities in health? Comparing Britain and Finland from the 1980s to the 1990s', *Sociology of Health and Illness*, vol 22, pp. 110-36.

Laitinen, J., Power, C. and Jarvelin, M. (2001) 'Family social class, maternal body mass index, childhood body mass index, and age at menarche as predictors of adult obesity', *American Journal of Clinical Nutrition*, vol 74, pp. 287-94.

Lallukka, T., Sarlio-Lahteenkorva, S., Roos, E., Laaksonen, M., Rahkonen, O., Lahelma, E. (2004) 'Working conditions and health behaviours among employed women and men: the Helsinki Health Study', *Preventive Medicine,* vol 38, pp. 48-56.

Lang, R., Thane, C.W., Bolton-Smith, C. and Jebb, S.A. (2003) 'Consumption of wholegrain foods by British adults: findings from further analysis of two national dietary surveys', *Public Health Nutrition,* vol 6, pp. 479-84.

Langenberg, C., Hardy, R., Kuh, D., Brunner, E. and Wadsworth, M. (2003) 'Central and total obesity in middle aged men and women in relation to lifetime socioeconomic status: evidence from a national birth cohort', *Journal of Epidemiology and Community Health,* vol 57, pp. 816-22.

Lawlor, D., Ebrahim, S. and Davey Smith, G. (2002) 'Socioeconomic position in childhood and adulthood and insulin resistance: cross sectional survey using data from British women's heart and health study', *British Medical Journal,* vol 325, 805-10.

Le Grand, J. (1978) 'The distribution of public expenditure: the case of health care', *Economica,* vol 45, pp. 125-142.

Le Grand, J. (1991) 'The distribution of health care revisited', *Journal of Health Economics,* vol 10, pp. 239-245.

Leeflang, R., Klein-Hesselink, D. and Spruit, I. (1992) 'Health effects of unemployment - II. Men and women', *Social Science and Medicine,* vol 34, pp. 351-63.

Leon, D. and Davey Smith, G. (2000) 'Infant mortality, stomach cancer, stroke and coronary heart disease: ecological analysis', *British Medical Journal,* vol 320, pp. 1705-6.

Lewis, G., Bebbington, P., Brugha, T., Farrell, M., Gill, B., Jenkins, R. and Meltzer, H. (2003) 'Socio-economic status, standard of living, and neurotic disorder', *International Review of Psychiatry,* vol 15, pp. 91-6.

Macintyre, S., Ellaway, A., Hiscock, R., Kearns, A., Der, G. and McKay, L. (2003) 'What features of the home and the area might help to explain observed relationships between housing tenure and health? Evidence from the West of Scotland', *Health and Place,* vol 9, pp. 207-18.

Macintyre, S., Maciver, S. and Soomans, A. (1993) 'Area, class and health: should we be focusing on places or people?', *Journal of Social Policy,* vol 22, pp. 213-34.

MacLoed, M., Finlayson, C., Pell, J. and Findlay, I. (1999) 'Geographic, demographic and socio-economic variations in the investigation and management of coronary heart disease in Scotland', *Heart,* vol 81, pp. 252-56.

Maheswaran, R. and Elliott, P. (2003) 'Stroke mortality associated with living near main roads in England and Wales: a geographical study', *Stroke,* vol 34, pp. 2776-80.

Majeed, A., Bardsley, M., Morgan, D., O'Sullivan, C., Bindman, A. (2000) 'Cross-sectional study of primary care groups in London: association of measures of socio-economic and health status with hospital admission rates', *British Medical Journal,* vol 321, pp. 1057-

1060.

Manson-Siddle, C. and Robinson, M. (1998) 'Superprofile analysis of socio-economic variations in coronary investigation and revacularization rates', *Journal of Epidemiology & Community Health*, vol 52, pp. 507-12.

Marmot, M. and Feeney, A. (1996) 'Work and health: implications for individuals and societies', in D. Blane, E. Brunner and R. Wilkinson (eds) *Health and social organisation: Toward a health policy for the 21st Century*, London: Routledge, pp. 235-54.

Marmot, M., Shipley, M., Brunner, E. and Hemingway, H. (2001) 'Relative contribution of early life and adult socio-economic factors to adult morbidity in the Whitehall II Study', *Journal of Epidemiology and Community Health*, vol 55, pp. 301-7.

Marmot, M., Siegrist, J., Theorell, T. and Feeney, A. (1999) 'Health and the psychosocial environment at work', in M. Marmot and R.G. Wilkinson (eds) *Social determinants of health*, Oxford: Oxford University Press, pp. 105-31.

Matthews, S., Power, C., Stansfeld, S. (2001) 'Psychological distress and work and home roles: a focus on socio-economic differences in distress', *Psychological Medicine*, vol 31, pp. 725-36.

Medina, S., Plasencia, A., Ballester, F., Mücke, H. and Schwartz, J. on behalf of the Apheis group (2004) 'Apheis: public health impact of PM_{10} in 19 European cities', *Journal of Epidemiology and Community Health*, vol 58, pp. 831-36.

Mindell, J. and Joffe, M. (2004) 'Predicted health impacts of urban air quality management', *Journal of Epidemiology and Community Health*, vol 58, pp. 103-113.

Montgomery, S., Cook, D., Bartley, M. and Wadsworth, M. (1999) 'Unemployment predates symptoms of depression and anxiety resulting in medical consultation in young men', *International Journal of Epidemiology*, vol 28, pp. 95-100.

Morris, S., Sutton, M. and Gravelle, H. (2005) 'Inequity and inequality in the use of health care in England: an empirical investigation', *Social Science and Medicine* vol 60, pp. 1251-66.

Morrison, C., Woodward, M., Leslie, W. and Tunstall-Pedoe, H. (1997) 'Effect of socioeconomic group on incidence of, management of, and survival after myocardial infarction and coronary death: analysis of community coronary event register', *British Medicine Journal*, vol 314, p 541.

Næss, Ø., Claussen, B., Thelle, D. and Davey Smith, G. (2004) 'Cumulative deprivation and cause specific mortality. A census based study of life course influences over three decades', *Journal of Epidemiology and Community Health*, vol 58, pp. 599-603.

New, S. (2002) 'Diet and osteoporosis: where are we now?', in T. Carr and K. Descheemaeker (eds) *Nutrition and health*, Oxford: Blackwell Science, pp. 121-129.

Niedhammer, I., Goldberg, M., Leclerc, A., David, S., Bugel, I. and Landre, M. (1998) 'Psychosocial work environment and cardiovascular risk factors in an occupational

cohort in France', *Journal of Epidemiology and Community Health*, vol 52, pp. 93-100.
North, F., Syme, S., Feeney, A., Shipley, M. and Marmot, M. (1996) 'Psychosocial work environment and sickness absence among British civil servants: the Whitehall II study', *American Journal of Public Health*, vol 86, pp. 332-40.
NSNR (National Strategy for Neighbourhood Renewal) (2000) *Report of the policy action team 8: anti-social behaviour*, London: The Stationery Office.
O'Donnell, O. and Propper, C. (1991) 'Equity and the distribution of NHS resources', *Journal of Health Economics*, vol 10, pp. 1-19.
O'Neill, M., Jerrett, M., Kawachi, I., Levy, J., Cohen, A., Gouveia, N., Wilkinson, P., Fletcher, T., Cifuentes, L. and Schwartz, J with input from participations of the Workshop on Air Pollution and Socioeconomic Conditions (2003) 'Health, wealth and air pollution: advancing theory and methods', *Environmental Health Perspectives*, vol 111, pp. 1861-70.
ODPM (Office of the Deputy Prime Minister) (2003) *English housing condition survey 2001; Building the picture*, London: HMSO.
ODPM (2004) *Mental health and social exclusion: Social Exclusion Unit report*, London: ODPM Publications.
ODPM (2005) *Sustainable communities: settled homes, changing lives*, London: ODPM Publications.
Oliver, S.E. and Thomson, R.G. (1999) 'Are variations in the use of carotid endarterectormy explained by population need? A study of health service utilization in two English Health Regions', *European Journal of Endovascular Surgery*, vol 17, pp. 501-506.
ONS (Office for National Statistics) (2001) *Psychiatric morbidity among adults, 2000*, London: ONS.
ONS and DH (Department of Health) (2003) *Statistics on smoking: England, 2003*. Statistical Bulletin 2003/21, London: ONS and DH.
Packer, C., Stewart-Brown, S. and Fowle, S. (1994) 'Damp housing and adult health: results from a lifestyle study in Worcester', *Journal of Epidemiology and Community Health*, vol 48, pp. 555-9.
Packham, C., Robinson, J., Morris, J., Richards, C., Marks, P. and Gray, D. (1999) 'Statin prescribing in Nottingham general practices: a cross-sectional study', *Journal of Public Health Medicine*, vol 21, pp. 60-64.
Pain, C., Frankovitch, F. and Cook, G. (1996) 'Setting targets for CABG survey in the North Western Region', *Journal of Public Health Medicine*, vol 18, pp. 449-56.
Parrott, S. and Godfrey, C. (2004) 'Economics of smoking cessation', *British Medical Journal*, vol 328, pp. 947-9.
Payne, N. and Saul, C. (1997) 'Variations in the use of cardiology services in a health

authority: comparison of coronary artery revascularization rates with prevalence of angina and coronary mortality', *British Medical Journal*, vol 314, pp. 257-61.

Peat, J., Dickerson, J. and Li, J. (1998) 'Effects of damp and mould in the home on respiratory health: a review of the literature', *Allergy*, vol 53, pp. 120-8.

Pelfrene, E., Leynen, F., Mak, R., De Bacquer, D., Kornitzer, M. and De Backer, G. (2003) 'Relationship of perceived job stress to total coronary risk in a cohort of working men and women in Belgium', *European Journal of Cardiovascular Prevention and Rehabilitation*, vol 10, pp. 345-54.

Pensola, T. and Martikainen, P. (2004) 'Life-course experiences and mortality by adult social class among young men', *Social Science and Medicine*, vol 58, pp. 2149-70.

Pickin, C. and St Leger, S. (1993) *Assessing health need using the life cycle framework*, Buckingham: Open University Press.

Pollack, C., van dem Knesebeck, O. and Siegrist, J. (2004) 'Housing and health in Germany', *Journal of Epidemiology and Community Health*, vol 58, pp. 216-222.

Pollard, J., Greenwood, D., Kirk, S. and Cade, J. (2001) 'Lifestyle factors affecting fruit and vegetable consumption in the UK Women's Cohort Study', *Appetite*, vol 37, pp. 71-9.

Powell, M. (1990) 'Need and provision in the National Health Service: an inverse care law?', *Policy and Politics*, vol 18, pp. 31-37.

Power, C., Stansfeld, S., Matthews, S., Manor, O. and Hope, S. (2002) 'Childhood and adulthood risk factors for socio-economic differentials in psychological distress: evidence from the 1958 British birth cohort', *Social Science and Medicine* 55, pp. 1989-2004.

Pringle, M, and Morton-Jones, A. (1994) 'Using unemployment rates to predict prescribing trends in England', *British Journal of General Practice*, vol 44, pp. 53-56.

Reilly, J.J., Methven, E., McDowell, Z.C., Hacking, B., Alexander, D., Stewart, L. and Kelnar, C.J.H. (2003) 'Health consequences of obesity', *Archives of Disease in Childhood* 88, pp. 748-52.

Robinson, D. (1998) 'Health selection in the housing system: Access to council housing for homeless people with health problems', *Housing Studies*, vol 13, pp. 23-41.

Robinson, S., Crozier, S., Borland,S., Hammond, J., Barker, D. and Inskip H. (2004) 'Impact of educational attainment on the quality of young women's diets', *European Journal of Clinical Nutrition*, vol 58, pp. 1174-80.

Rosvall, M., Ostergren, P., Hedblad, B., Isacsson, S., Janzon, L. and Berglund, G. (2002) 'Work-related psychosocial factors and carotid atherosclerosis', *International Journal of Epidemiology*, vol 31, pp. 1169-78.

Royal College of Physicians (1994) *Homelessness and ill health*, Suffolk: The Lavenham Press.

Rushton, D., Hoare, J., Henderson, L., Gregory, J., Bates, C., Prentice, A., Birch, M., Swan, G. and Farron, M. (2004) *The national diet and nutrition survey: Adults aged 19-64.*

Volume 4. nutritional status (anthropometry and blood analytes), blood pressure and physical activity, London: The Stationery Office.

Siegrist, J. and Marmot, M. (2004) 'Health inequalities and the psychosocial environment – two scientific challenges', *Social Science and Medicine*, vol 58, pp. 1463-73.

Shaw, M., Dorling, D., Gordon, D. and Davey Smith, G. (1999) *The widening gap: Health inequalities and policy in Britain*, Bristol: Policy Press.

Smith, C., Smith, C., Kearns, R. and Abbott, M. (1993) 'Housing stressors, social support and psychological distress', *Social Science and Medicine*, vol 37, pp. 603-12.

Smith, S.J. (1990) 'Health status and the housing system', *Social Science and Medicine*, vol 31, pp. 753-62.

SEU (Social Exclusion Unit) (1998) *Rough sleeping: Report by the Social Exclusion Unit*, London: SEU.

Somerville, M., Mackenzie, I., Owen, P. and Miles, D. (2000) 'Housing and health: does installing heating in their homes improve the health of children with asthma?', *Public Health*, vol 114, pp. 434-9.

Stansfeld, S., Head, J., Fuhrer, R., Wardle, J. and Cattell, V. (2003) 'Social inequalities in depressive symptoms and physical functioning in the Whitehall II study: exploring a common cause explanation', *Journal of Epidemiology and Community Health*, vol 57, pp. 361-7.

Stead, M., Macaskill, S., Mackintosh, A., Reece, J. and Eadie, D. (2001) "'It's as if you're locked in': qualitative explanations for area effects on smoking in disadvantaged communities', *Health and Place*, vol 7, pp. 333-43.

Stronks, K., van de Mheen, H., van den Bos, J. and Mackenbach J. (1995) 'Smaller socioeconomic inequalities in health among women: the role of employment status', *International Journal of Epidemiology*, vol 24, pp. 559-68.

Thomas, C., Benzeval, M. and Stansfeld S. (2005) 'Employment transitions and mental health: an analysis from the British household panel survey', *Journal of Epidemiology and Community Health*, vol 59, pp. 243-9.

Tod, A. (2003) 'Barriers to smoking cessation in pregnancy: a qualitative study', *British Journal of Community Nursing*, vol 8, pp. 56-64.

Townsend, P. and Davidson, N. (1982) *Inequalities in health*, Harmondsworth: Penguin.

Tudor Hart, J. (1971) 'The inverse care law', *The Lancet*, vol 297i, (27 February), pp. 405-412. (Strange volume number – OK?)

Uren, Z. (2001) 'Geographical variations in deaths related to drug misuse in England and Wales, 1993-99', *Health Statistics Quarterly*, vol 11, pp. 25-35.

Vahtera, J., Kivimaki, M., Pentti, J. and Theorell T. (2000) 'Effect of change in the psychosocial work environment on sickness absence: a seven year follow up of initially healthy employees', *Journal of Eidemiology and Community Health*, vol 54, pp. 484-93.

Van Doorslaer, E., Wagstaff, A., Van der Burg, H., Christiansen, T., De Graeve, D., Duchesne, I., Gerdtham, U-G., Gerfin, M., Geurts, J., Gross, L., Häkkinen, U., John, J., Klavus, J, Leu, R.E., Nolan, B., O'Donnell, O., Propper, C., Puffer, F., Schellhorn, M, Sundberg, G. and Winkelhake, O (2000) 'Equality in the delivery of healthcare in Europe and the US', *Journal of Health Economics*, vol 19, pp. 553-83.

Wadsworth, M. (1997) 'Health inequalities in the life course perspective', *Social Science and Medicine*, vol 44, pp. 859-69.

Wadsworth, M. and Kuh, D. (1997) 'Childhood influences on adult health: a review of recent work from the British 1946 national birth cohort study, the MRC National Survey of Health and Development', *Paediatric and Perinatal Epidemiology*, vol 11, pp. 2-20.

Wardle J. and Griffith J. (2001) 'Socioeconomic status and weight control practices in British adults', *Journal of Epidemiology and Community Health* vol 55, pp. 185-90.

Wardle, J. and Steptoe, A. (2003) 'Socioeconomic differences in attitudes and beliefs about healthy lifestyles', *Journal of Epidemiology and Community Health*, vol 57, pp. 440-443.

Wardle, J., Parmenter, K. and Waller, J. (2000) 'Nutrition knowledge and food intake', *Appetite*, vol 34, pp. 269-75.

Weich, S., Blanchard, M., Prince, M., Burton, E., Erens, B. and Sproston, K. (2002) 'Mental health and the built environment: cross-sectional survey of individual and contextual risk factors for depression', *British Journal of Psychiatry*, vol 180, pp. 428-33.

West, R. and Lowe, C. (1976) 'Regional variations in need for and provision and use of child health services', *British Medical Journal*, vol 272, pp. 843-846.

Whincup, P., Gilg, J., Emberson, J., Jarvis, M., Feyerabend, C., Bryant, A., Walker, M. and Cook, D. (2004) 'Passive smoking and risk of coronary heart disease and stroke: prospective study with cotinine measurement', *British Medical Journal* doi:10.1136/bmj.38146.427188.55.

Whitehead, M. and Diderichsen, F. (2001) 'Social capital and health: tip-toeing through the minefield of evidence', *Lancet*, vol 358, pp. 165-6.

Whitehead, M., Evandrou, M., Haglund, B. and Diderichsen, F. (1997) 'As the health divide widens in Sweden and Britain, what's happening to access to care', *British Medical Journal* 315, pp. 1006-1009.

Whitley, R. and Prince, M. (2005) 'Fear of crime, mobility and mental health in inner-city London, UK', *Social Science and Medicine*, in press, corrected proof, available online 23 May 2005.

Wilkin, D. (1992) 'Patterns of referral: explaining variation', in M. Roland, and A. Coulter, *Hospital referrals*, Oxford: Oxford University Press, pp. 76-91.

Wilkinson, D. (1999) *Poor housing and ill health: A summary of research evidence*, Edinburgh:

The Scottish Office, Central Research Unit.

Williamson, G. (2002) 'A brief review of the impact of dietary polyphenols on cardiovascular disease', in T. Carr and K. Descheemaeker (eds) *Nutrition and health*, Oxford: Blackwell Science, pp. 20-26.

Williamson, I., Martin, C., McGill, G., Monie, R. and Fennerty, A. (1997) 'Damp housing and asthma: a case control study', *Thorax*, vol 52, pp. 229-34.

Wright, C., Parker, L., Lamont, D. and Craft, A. (2001) 'Implications of childhood obesity for adult health: findings from thousand families cohort study', *British Medical Journal*, vol 323, pp. 1280-4.

제11장. 성인기의 건강 불평등: 정책과 사업

Abbot, S. and Hobby, L. (2000) 'Welfare benefit advice in primary care: Evidence of improvements in health', *Public Health*, vol 114, no 5, pp. 324-327.

Acheson, D. (1998) *Independent inquiry into inequalities in health report*, London: The Stationery Office.

Allen, T. (2000) 'Housing renewal - doesn't it make you sick?' *Housing Studies*, vol 15, no 3, pp. 443-461.

Ambrose, P. J. (2001) 'Living conditions and health promotion strategies', *Journal of the Royal Society for the Promotion of Health*, vol 121, no 1, pp. 9-15.

Amos, A., Gaunt-Richardson, P., McKie, L. and J, B. (1999) 'Addressing smoking and health among women living on low income iii. Ayr Barnardo's Homelessness Service and Dundee Women's Aid', *Health Education Journal*, vol 58, pp. 329-340.

Anderson, A. S. and Cox, D. (2000) 'Five a day - challenges and achievements', *Nutrition and Food Science*, vol 30, no 1, pp. 30-34.

Armstrong, H. W., Kehrer, B. and Wells, P. (2001) 'Initial impacts of community economic development initiatives in the Yorkshire and Humber Structural Funds programme', *Regional Studies*, vol 35, no 8, pp. 673-688.

Aston-Mansfield (2001) *The right to a healthy diet. Sustaining the fight against food poverty*, London: Aston-Mansfield.

Barlow, J., Gaunt-Richardson, P., Amos, A. and McKie, L. (1999) 'Addressing smoking and health among women living on a low income ii. TAPS Tiree: A dance and drama group for rural community development', *Health Education Journal*, vol 58, pp. 321-328.

Baxter, T., Milner, P., Wilson, K., Leaf, M., Nichol, J., Freeman, J., Cooper, N. and Nicholl, J. (1997) ' A cost effective, community based heart health promotion project in England: Prospective comparative study', *British Medical Journal*, vol 315, no 7108, pp. 582-5.

Benzeval, M. and Judge, K. (2001) 'Income and health: The time dimension', *Social Science and Medicine*, vol 52, no 9, pp. 1371-1390.

Best, R. (1995) 'The housing dimension', in M. Benzeval, K. Judge and M. Whitehead (eds) *Tackling inequalities in health. An agenda for action*, London: King's Fund Publishing, pp. 53-68.

Blackman, T., Anderson, J. and Pye, P. (2003) 'Change in adult health following medical priority rehousing: A longitudinal study', *Journal of Public Health Medicine*, vol 25, no 1, pp. 22-28.

Blane, D., Mitchell, R. and Bartley, M. (2000) 'The "inverse housing law" and respiratory health', *Journal of Epidemiology and Community Health*, vol 54, no 10, pp. 745-749.

Burridge, R. and Ormandy, D. (1993) 'Introduction', *Unhealthy housing. Research, remedies and reform*, London: E & FN Spon, pp. xv-xxxv.

Burton, P., Goodlad, R., Croft, J., Abbott, J., Hastings, A., Macdonald, G. and Slater, T. (2004) *What works in community involvement in area-based initiatives? A systematic review of the literature,* London: Home Office Online Report 53/04.

Burton, S. and Diaz de Leon, D. (2002) 'An evaluation of benefits advice in primary care: Camden and Islington Health Action Zone', in L. Bauld and K. Judge (eds) *Learning from Health Action Zones*, Chichester: Aeneas, pp. 241-249.

Cabinet Office (2004) *Alcohol harm reduction strategy for England,* London: HMSO.

Cameron, M., Edmans, T., Greatley, A. and Morris, D. (2003) *Community renewal and mental health,* London: King's Fund.

Campbell, M., I, S. and Walton, F. (1998) *Local responses to long-term unemployment,* York: York Publisihing Services for the Joseph Rowntree Foundation.

Carnall, D. (2000) 'Cycling and health promotion', *British Medical Journal*, vol 320, pp. 888.

Carr-Hill, R., Coyle, D. and Ivens, C. (1993) *Poor housing, poor health*: Unpublished Report funded by the DoE.

Chanan, G., West, A., Garratt, C. and Humm, J. (1999) *Regeneration and sustainable communities,* London: Community Development Foundation.

Chesterman, J., Judge, K., Bauld, L. and Ferguson, J. (2005) 'How effective are the English smoking treatment services in reaching disadvantaged smokers?' *Addiction*, vol 100 (Suppl. 2), pp. 36-45.

Chilvers, R., Macdonald, G. and Hayes, A. (2004) 'Supported housing for people with severe mental disorders (Cochrane Review).' *The Cochrane Library*, Chichester, UK: John Wiley & Sons, Ltd.

Citizens Advice (2001) *Summing up: Bridging the financial literacy divide,* London: Citizens Advice.

Citizens Advice (2003) *In too deep,* London: Citizens Advice.

Cole, I. and Smith, Y. (1996) *From estate action to estate agreement. Regeneration and change on the Bell Farm Estate, York,* Bristol: The Policy Press.

Crane, M. and Warnes, A. (2000) 'Policy and service responses to rough sleeping among older people', *Journal of Social Policy,* vol 29, no 1, pp. 21-36.

Crow, G. and Allan, G. (1994) *Community life. An introduction to local social relations,* Hemel Hempstead: Harvester Wheatsheaf.

Crowther, R., Marshall, M., Bond, G. and Huxley, P. (2004) 'Vocational rehabilitation for people with severe mental illness (Cochrane Review)', *The Cochrane Library, issue 3, 2004,* Chichester, UK: John Wiley & Sons, Ltd.

Curtis, S., Cave, B. and Coutts, A. (2002) 'Is urban regeneration good for health? Perceptions and theories of the health impacts of urban change', *Environment and Planning C-Government and Policy,* vol 20, no 4, pp. 517-534.

Davey Smith, G., Ebrahim, S. and Frankel, S. (2001) 'How policy informs the evidence', *British Medical Journal,* vol 322, no 7280, pp. 184-185.

Davis, A., Cavill, N., Rutter, H. and Crombie, H. (2005) *Making the case: Improving health through transport,* London: HDA.

DEFRA (Department for Environment, Food and Rural Affairs) (2004) *Fuel poverty in England: The government's plan for action,* London: DEFRA.

DETR (Department of the Environment, Transport and the Regions) (1998) *A New Deal for transport: Better for everyone,* London: The Stationery Office.

DETR (2001) *Local strategic partnerships government guidance. March 2001,* London: DETR.

DH (Department of Health) (1992) *Health of the nation: A strategy for health in England and Wales,* London: HMSO.

DH (1997) *The new NHS: Modern and dependable,* Cm 3807, London: The Stationery Office.

DH (1999a) *National service framework for mental health,* London: DH.

DH (1999b) *Saving lives: Our healthier nation,* London: The Stationery Office.

DH (2000a) *National service framework for coronary heart disease,* London: DH.

DH (2000b) *The NHS Cancer Plan,* London: DH.

DH (2000c) *The NHS plan,* London: The Stationery Office.

DH (2002a) *Five-a-day pilot initiatives. Executive summary of the pilot initiative evaluation plan,* London: DH.

DH (2002b) *Health improvement and prevention. National service frameworks: A practical aid to implementation in primary care,* London: DH.

DoT (Department of Transport) (1996) *National cycling strategy,* London: DoT.

Dowling, B., Powell, M. and Glendinning, C. (2004) 'Conceptualising successful partnerships', *Health and Social Care in the Community,* vol 12, no 4, pp. 309-317.

DTI (Department of Trade and Industry) (2003) *Our energy future – towards a low carbon economy,* London: DTI.

Dunn, J. R. (2000) 'Housing and health inequalities: Review and prospects for research',

Housing Studies, vol 15, no 3, pp. 341-366.

Dunn, J. R. (2002) 'Housing and inequalities in health: A study of socioeconomic dimensions of housing and self reported health from a survey of Vancouver residents', *Journal of Epidemiology and Community Health*, vol 56, no 9, pp. 671-681.

DWP (Department for Work and Pensions) (2003) *New Deal for disabled people (NDDP): First synthesis research report*, London: DWP.

Eakin, E., Glasgow, R. and Riley, K. (2000) 'Review of primary care-based physical activity intervention studies', *The Journal of Family Practice*, vol 49, no 2, pp. 158-168.

Easterlow, D. and Smith, S. J. (2004) 'Housing for health: Can the market care?' *Environment and Planning A*, vol 36, no 6, pp. 999-1017.

Easterlow, D., Smith, S. J. and Mallinson, S. (2000) 'Housing for health: The role of owner occupation', *Housing Studies*, vol 15, no 3, pp. 367-386.

Eaton, C. and Menard, L. (1998) 'A systematic review of physical activity promotion in primary care office settings', *British Journal of Sports Medicine*, vol 32, no 1, pp. 11–16.

Ebrahim, S. and Davey Smith, G. (1997) 'A systematic review and meta-analysis of randomised controlled trials of health promotion for prevention of coronary heart disease in adults', *British Medical Journal*, vol 314, no 7095, pp. 1666-1674.

Ebrahim, S. and Davey Smith, G. (1998) 'Effects of the heartbeat Wales programme: Effects of government policies on health behaviour must be studied.' *British Medical Journal*, vol 317, no 7162, pp. 886.

Ellaway, A. and Macintyre, S. (1998) 'Does housing tenure predict health in the UK because it exposes people to different levels of housing related hazards in the home and its surroundings?' *Health and Place*, vol 4, no 2, pp. 141-151.

Evans, G., Johansson, G. and Rydstedt, L. (1999) 'Hassles on the job: A study of job intervention with urban bus drivers', *Journal of Organizational Behavior*, vol 20, no 2, pp. 199-208.

Evans, J., Hyndman, S., Stewart-Brown, S., Smith, D. and Petersen, S. (2000) 'An epidemiological study of the relative importance of damp housing in relation to adult health', *Journal of Epidemiology and Community Health*, vol 54, pp. 677–686.

Evans, R. (1998) 'Tackling deprivation on social housing estates in England: An assessment of the housing plus approach', *Housing Studies*, vol 13, no 5, pp. 713-726.

Fines, A. and Griffiths, J. (2001) *Literature review on employability*, London: Health Development Agency.

Fitzpatrick, S., Kemp, P. and Klinker, S. (2000) *Single homelessness. An overview of research in Britain*, Bristol: The Policy Press and the Joseph Rowntree Foundation.

Foley, P. and Martin, S. (2000) 'A new deal for the community? Public participation in regeneration and local service delivery', *Policy and Politics*, vol 28, no 4, pp. 479-492.

Forrest, R. and Kearns, A. (1999) *Joined-up. places? Social cohesion and neighbourhood regeneration,* York: York Publishing Services for the Joseph Rowntree Foundation.

Freeman, H. (1993) 'Mental health and high-rise housing', in R. Burridge and D. Ormandy (eds) *Unhealthy housing. Research, remedies and reform,* London: E & FN Spon, pp.

FSA (2004) *Financial risk outlook,* London: Financial Services Authority.

FSA, LACORS and LGA (2002) *Food: The local vision. A joint statement by the LGA, LACORS and the FSA,* London: LACORS/LGA/FSA.

Fuel Poverty Advisory Group (2003) *First annual report,* London: DTI.

Gaunt-Richardson, P., Amos, A. and Moore, M. (1998) 'Women, low income and smoking: Developing community-based initiatives', *Health Education Journal,* vol 57, pp. 303-312.

Glenn, L., Beck, R. and Burkett, G. (1998) 'Effect of a transient, geographically localised economic recovery on community health and income studied with longitudinal household cohort interview method', *Journal of Epidemiology and Community Health,* vol 52, pp. 749-757.

Graham, H. (1993) *When life's a drag - women, smoking and disadvantage,* London: HMSO.

Graham-Jones, S., Reilly, S. and Gaulton, E. (2004) 'Tackling the needs of the homeless: A controlled trial of health advocacy', *Health and Social Care in the Community,* vol 12, no 3, pp. 221-232.

Greasley, P. and Small, N. (2002) Welfare advice in primary care. Nuffield portfolio programme report no. 17, (http://www.nuffield.leeds.ac.uk/downloads/portfolio/welfare.pdf) Accessed 14.10.04.

Hales, J., Taylor, R., Mandy, W. and Miller, M. (2003) *Evaluation of employment zones: Report on a cohort survey of long-term unemployed people in the zones and a matched set of comparison areas,* London: National Centre for Social Research.

Hall, S. and Hickman, P. (2002) 'Neighbourhood renewal and urban policy: A comparison of new approaches in England and France', *Regional Studies,* vol 36, no 6, pp. 691-707.

Halpern, D. (1995) *Mental health and the built environment: More than bricks and mortar,* London: Taylor and Francis.

Harris, V. (2002) *Domestic abuse screening pilot in primary care 2000-2002.,* Wakefield: Support and Survival.

Harvey, E., Glenny, A.-M., Kirk, S. and Summerbell, C. (2001) 'Improving health professionals' management and the organisation of care for overweight and obese people (Cochrane Review)', *The Cochrane Library,* issue 3, 2004., Chichester, UK: John Wiley & Sons, Ltd.

Hastings, A. and Dean, J. (2003) 'Challenging images: Tackling stigma through estate regeneration', *Policy and Politics,* vol 31, no 2, pp. 171-184.

Hillsdon, M., Foster, C., Naidoo, B. and Crombie, H. (2004) *The effectiveness of public health interventions for increasing physical activity among adults,* London: Health Development Agency.

Hillsdon, M., Thorogood, M., White, I. and Foster, C. (2002) 'Advising people to take more exercise is ineffective: A randomized controlled trial of physical activity promotion in primary care', *International Journal of Epidemiology*, vol 31, no 4, pp. 808-815.

HM Government and DH (2004) *Choosing health: Making healthy choices easier*, London: HM Government and DH.

Hogstedt, C. and Lundberg, I. (2002) 'Work-related policies and interventions', in J. Mackenbach and M. Bakker (eds) *Reducing inequalities in health*, London: Routledge, pp. 85-103.

Home Office (1999) *Living without fear: Multi agency guidance for domestic violence*, London: Home Office.

Hopton, J. and Hunt, S. (1996) 'The health effects of improvements to housing: A longitudinal study', *Housing Studies*, vol 11, no 2, pp. 271-286.

Hovell, M. F., Zakarian, J. M., Matt, G. E., Hofstetter, R., Bernert, J. T. and Pirkle, J. (2000) 'Effect of counselling mothers on their children's exposure to environmental tobacco smoke: A randomised trial', *British Medical Journal*, vol 321, pp. 337-42.

Hunt, S. (1993) 'Damp and mouldy housing: A holistic approach', in R. Burridge and D. Ormandy (eds) *Unhealthy housing. Research, remedies and reform*, London: E & FN Spon, pp. 69-93.

Hunter, G. and Power, R. (2000) *Assessing the feasibility of peer education among homeless people: Summary bulletin*, London: Health Development Agency.

IPPR (2002) *Streets ahead*, London: Institute for Public Policy Research.

Jackson, N. and Prebble, A. (2002) *Perceptions of smoking cessation products and services among low income smokers*, London: Health Development Agency.

Joshi, H. (2001) 'Is there a place for area-based initiatives?' *Environment and Planning A*, vol 33, no 8, pp. 1349-1352.

Judge, K., Barnes, M., Bauld, L., Benzeval, M., Killoran, A., Robinson, R., Wigglesworth, R. and Zeilig, H. (1999) Health Action Zones: Learning to make a difference. A report submitted to the Department of Health, June 1999., (http://www.ukc.ac.uk/pssru) Accessed 15.3.2002.

Kearns, A., Hiscock, R., Ellaway, A. and Macintyre, S. (2000) ''beyond four walls'. The psycho-social benefits of home: Evidence from west central Scotland', *Housing Studies*, vol 15, no 3, pp. 387–410.

Kelly, M. (2004) *The evidence of effectiveness of public health interventions- and the implications*, London: Health Development Agency.

Kemp, P. (1997) 'The characteristics of single homeless people', in R. Burrows, N. Pleace and D. Quilgars (eds) *Homelessness and social policy*, London: Routledge, pp. 69-87.

Kennedy, L. (2001) 'Community involvement at what cost?- local appraisal of a pan-European nutrition promotion programme in low income neighbourhoods', *Health*

Promotion International, vol 16, no 1, pp. 35-45.

Lawless, P. (2004) 'Locating and explaining area-based urban initiatives: New deal for communities in England', *Environment and Planning C-Government and Policy*, vol 22, no 3, pp. 383-399.

Lawlor, D. and Hopker, S. (2001) 'The effectiveness of exercise as an intervention in the management of depression: Systematic review and metaregression analysis of randomised controlled trials', *British Medical Journal*, vol 322, no 7277, pp. 1-8.

Lawlor, D., Keen, S. and Neal, R. (1999) 'Increasing levels of physical activity through primary care: GPs' knowledge, attitudes and self-reported practice', *Family Practice*, vol 16, no 3, pp. 250-254.

Lawlor, D., Ness, A., Cope, A., Davis, A., Insall, P. and Riddoch, C. (2003) 'The challenges of evaluating environmental interventions to increase population levels of physical activity: The case of the UK national cycle network', *Journal of Epidemiology and Community Health*, vol 57, no 2, pp. 96-101.

Leather, S. (1996) *The making of modern malnutrition: An overview of food poverty in the UK*, London: Caroline Walker Trust.

Lupton, R. and Power, A. (2005) 'Disadvantaged by where you live? New Labour and neighbourhood renewal', in J. Hills and K. Stewart (eds) *A more equal society?* , Bristol: Polic Press, pp. 119-142.

Lupton, R., Wilson, A., May, T., Warburton, H. and Turnbull, P. (2002) *A rock and a hard place: Drug markets in deprived neighbourhoods,* Home Office Research Study 240. London: Home Office Research, Development and Statistics Directorate.

Lynch, J., Due, P., Muntaner, C. and Davey-Smith, G. (2000) 'Social capital - is it a good investment strategy for public health?' *Journal of Epidemiology and Community Health*, vol 54, pp. 404-408.

Macintyre, S., Ellaway, A., Hiscock, R., Kearns, A., Der, G. and McKay, L. (2003) 'What features of the home and the area might help to explain observed relationships between housing tenure and health? Evidence from the west of Scotland', *Health and Place*, vol 9, no 3, pp. 207-218.

Mackian, S. (2002) 'Complex cultures: Rereading the story about health and social capital', *Critical Social Policy*, vol 22, no 2, pp. 203-225.

Marsh, A., Gordon, D., Heslop, P. and Pantazis, C. (2000) 'Housing deprivation and health: A longitudinal analysis', *Housing Studies*, vol 15, no 3, pp. 411-428.

Marshall, B. and Macfarlane, R. (2000) *The intermediate labour market: A tool for tackling long-term unemployment,* York: York Publishing Services for the Joseph Rowntree Foundation.

McGregor, A., Frerguson, Z., Fitzpatrick, I., McConnachie, M. and Richmond, K. (1997) *Bridging the jobs gap: An evaluation of the wise grou*p. *and the intermediate labour market,*

York: York Publishing Services for the Joseph Rowntree Foundation.

McKie, L., Gaunt-Richardson, P., Barlow, J. and Amos, A. (1999) 'Addressing smoking and health among women living on a low income i. Dean's community club: A mental health project', *Health Education Journal*, vol 58, pp. 311-320.

Morrow, V. (1999) 'Conceptualising social capital in relation to the well-being of children and young people: A critical review', *Sociological Review*, vol 47, no 4, pp. 744-765.

Morrow, V. (2002) 'Children's experiences of 'community': Implications of social capital discourses', in C. Swann and A. Morgan (eds) *Social capital: Insights from qualitative research*, London: Health Development Agency, pp. 10-28.

Morton, S., Myers, P. and Walton, E. (2000) *Health update. Environment and health: Housing*, London: Health Education Authority.

Mulvihill, C. and Quigley, R. (2003) *The management of obesity and overweight. An analysis of reviews of diet, physical activity and behavioural approaches*, London: Health Development Agency.

Mulvihill, C., Taylor, L., Waller, S., with Naidoo, B. and Thom, B. (2005) *Prevention and reduction of alcohol misuse*, London: HDA.

Naidoo, B., Warm, D., Quigley, R. and Taylor, L. (2004) *Smoking and public health: A review of reviews of interventions to increase smoking cessation, reduce smoking initiation and prevent further uptake of smoking*, London: Health Development Agency.

NAO (National Audit Office) (2001) *Tackling obesity in England. Report by the Comptroller and Auditor General*, London: Stationery Office.

National Energy Action, New Economics Foundation and Personal Finance Research Centre (2002) *Ending fuel poverty and financial exclusion. A factor four approach. Summary report*, London: NEA, NEF, Ofgem, PFRC, npower.

Nettleton, S. and Burrows, R. (1998) 'Mortgage debt, insecure home ownership and health: An exploratory analysis', *Sociology of Health and Illness*, vol 20, no 5, pp. 731-753.

Nettleton, S. and Burrows, R. (2000) 'When a capital investment becomes an emotional loss: The health consequences of the experience of mortgage possession in England', *Housing Studies*, vol 15, no 3, pp. 463-479.

North, P. (2000) 'Is there space for organisation from below within the UK government's action zones? A test of 'collaborative planning'', *Urban Studies*, vol 37, no 8, pp. 1261-1278.

NSNR (National Strategy for Neighbourhood Renewal) (1999) *Report of policy action team 5: Housing management*, London: The Stationery Office.

NSNR (2000a) *Report of policy action team 4: Neighbourhood management*, London: The Stationery Office.

NSNR (2000b) *Report of policy action team 6: Neighbourhood wardens*, London: The Stationery Office.

NSNR (2000c) *Report of policy action team 8: Anti-social behaviour,* London: The Stationery Office.

ODPM (Office of the Deputy Prime Minister) (2005a) *Sustainable communities: Homes for all,* Cm 6424. London: The Stationery Office.

ODPM (2005b) *Sustainable communities: Settled homes; changing lives. A strategy for tackling homelessness,* London: ODPM.

Osler, M. and Prescott, E. (1998) 'Psychosocial, behavioural, and health determinants of successful smoking cessation: A longitudinal study of Danish adults', *Tobacco Control,* vol 7, no 3, pp. 262-267.

Parkinson, M. (1998) *Combating social exclusion. Lessons from area-based programmes in Europe,* Bristol: The Policy Press.

Pevalin, D. and Rose, D. (2003) *Social capital for health. Investigating the links between social capital and health using the British household panel survey,* London: Health Development Agency.

Phillipson, C. and Scharf, T. (2004) *The impact of government policy on social exclusion among older people. A review of the literature for the social exclusion unit in the breaking the cycle series,* London: ODPM.

Platt, S., Martin, C. and Hunt, S. (1989) 'Damp housing, mould growth and symptomatic health state', *British Medical Journal,* vol 298, pp. 1673-1678.

Porter, R. (2002) *Cornwall domestic violence co-ordination project: Evaluation report,* Plymouth: Uinversity of Plymouth.

Power, R., French, R., Connelly, J., George, S., Hawes, D., Hinton, T., Klee, H., Robinson, D., Senior, J., Timms, P. and Warner, D. (1999a) 'Health, health promotion, and homelessness', *British Medical Journal,* vol 318, no 7183, pp. 590-592.

Power, R., French, R., Connelly, J., George, S., Hawes, D., Hinton, T., Klee, H., Robinson, D., Senior, J., Timms, P. and Warner, D. (1999b) *Promoting the health of homeless people. Setting a research agenda,* London: Health Education Authority.

Power, R. and Hunter, G. (2001) 'Developing a strategy for community based health promotion targeting homeless populations', *Health Education Research,* vol 16, no 5, pp. 593-602.

Press, V., Freestone, I. and George, C. F. (2003) 'Physical activity: The evidence of benefit in the prevention of coronary heart disease', *Quarterly Journal of Medicine,* vol 96, pp. 245-251.

Propper, C., Jones, K., Bolster, A., Burgess, S., Johnston, R. and Sarker, R. (2004) *Local neighbourhood and mental health: Evidence from the UK,* Bristol: University of Bristol.

Ralph, D. and Peterman, W. (2004) Community-led urban regeneration: Early lessons from the New Deal for communities, (ww.uic.edu/cuppa/cityfutures/papers/webpapers cityfuturespapers/session6_1/6_1communityledurban.pdf) Accessed 10.6.2005.

Raw, G. and Hamilton, R. (eds) (1995) *Building regulation and health* Building Research Establishment.

Reilly, S., Graham-Jones, S., Gaulton, E. and Davidson, E. (2004) 'Can a health advocate for homeless families reduce workload for the primary healthcare team? A controlled trial', *Health and Social Care in the Community*, vol 12, no 1, pp. 63-74.

Rhodes, J., Tyler, P. and Brennan, A. (2003) 'New developments in area-based initiatives in England: The experience of the single regeneration budget', *Urban Studies*, vol 40, no 8, pp. 1399-1426.

Riddoch, C., Puig-Ribera, A. and Cooper, A. (1998) *The effectiveness of physical activity promotion schemes in primary care: A systematic review*, London: Health Education Authority.

Ritchie, D., Parry, O., Gnich, W. and Platt, S. (2004) 'Issues of participation, ownership and empowerment in a community development programme: Tackling smoking in a low-income area in Scotland', *Health Promotion International*, vol 19, no 1, pp. 51-59.

Russell, H. and Killoran, A. (2000) *Public health and regeneration: Making the links*, London: Health Education Authority.

Saegert, S., Klitzman, S., Freudenberg, N., Cooperman-Mroczek and Nassar, S. (2003) 'Healthy housing: A structured review of published evaluations of us interventions to improve health by modifying housing in the United States, 1999-2001', *American Journal of Public Health*, vol 93, no 9, pp. 1471-1477.

Scott, M. (2004) 'Building institutional capacity in rural Northern Ireland: The role of partnership governance in the LEADER II programme', *Journal of Rural Studies*, vol 20, pp. 49-59.

Scottish Office (1996) *Eating for health: A diet action plan for Scotland*, Edinburgh: The Scottish Office.

Secker-Walker, R., Gnich, W., Platt, S. and Lancaster, T. (2004) 'Community interventions for reducing smoking among adults (Cochrane Review)', *The Cochrane Library, issue 3, 2004*, Chichester, UK: John Wiley & Sons, Ltd., pp.

SEU (Social Exclusion Unit) (2001) *A new commitment to neighbourhood renewal. National strategy action plan*, London: The Cabinet Office.

Sharpe, J. and Bostock, J. (2002) *Supporting people with debt and mental health problems: Research with psychological therapists in Northumberland*: Northumberland Health Action Zone and Newcastle, North Tyneside and Northumberland Mental Health NHS Trust.

Shelter (2005a) Housing department must treble gdp on social housing says shelter after major investigation, *Shelter Press Release* 17th March, 2005.

Shelter (2005b) *Shelter inclusion project: Two years on*, London: Shelter.

Shohaimi, S., Welch, A., Bingham, S., Luben, R., Day, N., Wareham, N. and Khaw, K. (2004) 'Residential area deprivation predicts fruit and vegetable consumption independently of individual educational level and occupational social class: A cross sectional population study in the Norfolk cohort of the European Prospective Investigation into Cancer (EPIC-Norfolk)', *Journal of Epidemiology and Community Health*, vol 58, no 8, pp. 686–691.

Skifter Andersen, H. (2002) 'Can deprived housing areas be revitalised? Efforts against segregation and neighbourhood decay in Denmark and Europe', *Urban Studies*, vol 39, no 4, pp. 767–790.

Smith, S. J., Alexander, A. and Easterlow, D. (1997) 'Rehousing as a health intervention: Miracle or mirage?' *Health and Place*, vol 3, no 4, pp. 203-216.

Smith, S. J., Easterlow, D. and Munro, M. (2004) 'Housing for health: Does the market work?' *Environment and Planning A*, vol 36, no 4, pp. 579-600.

Smith, S. J. and Mallinson, S. (1997) 'Housing for health in a post-welfare state', *Housing Studies*, vol 12, no 2, pp. 173-200.

Somerville, M., Basham, M., Foy, C., Ballinger, G., Gay, T., Shute, P. and Barton, A. (2002) 'From local concern to randomized trial: The Watcombe Housing Project', *Health Expectations*, vol 5, no 2, pp. 127-135.

Somerville, M., Mackenzie, I., Owen, P. and Miles, D. (2000) 'Housing and health: Does installing heating in their homes improve the health of children with asthma?' *Public Health*, vol 114, pp. 434-439.

Stewart, M. and Taylor, M. (1995) *Empowerment and estate regeneration*, Bristol: The Policy Press.

Swann, C. and Morgan, A. (2002) 'Introduction', in C. Swann and A. Morgan (eds) *Social capital for health: Insights from qualitative research.*, London: Health Development Agency, pp. 3-8.

Taylor, L., Wohlgemuth, C., Warm, D., Taske, N., Naidoo, B. and Millward, L. (2005) *Public health interventions for the prevention and reduction of exposure to second-hand smoke: A review of reviews,* London: National Institute for Health and Clinical Excellence.

Thake, S. (1995) *Staying the course: The role and structure of community regeneration organisations,* York: York Publishing Services/Joseph Rowntree Foundation.

Thomson, H., Petticrew, M. and Douglas, M. (2003) 'Health impact assessment of housing improvements: Incorporating research evidence', *Journal of Epidemiology and Community Health*, vol 57, no 1, pp. 11-16.

Thomson, H., Petticrew, M. and Morrison, D. (2001) 'Health effects of housing improvement: Systematic review of intervention studies', *British Medical Journal*, vol 323, no 7306, pp. 187-190.

Tudor Smith, C., Nutbeam, D., Moore, L. and Catford, J. (1998) 'Effects of the heartbeat Wales programme over five years on behavioural risks for cardiovascular disease: Quasi-experimental comparison of results from Wales and a matched reference area.' *British Medical Journal*, vol 316, no 7134, pp. 818-22.

Ussher, M., West, R., Taylor, A. and McEwen, A. (2002) ' Exercise interventions for smoking cessation (Cochrane Review)', *The Cochrane Library*, issue 3, 2004, Chichester, UK: John Wiley & Sons, Ltd.

Vahtera, J., Kivimäki, M., Pentti, J. and Theorell, T. (2000) 'Effect of change in the psychosocial work environment on sickness absence: A seven year follow up of initially healthy employees', *Journal of Epidemiology and Community Health*, vol 54, pp. 484-493.

van der Klink, J., Blonk, R. and Schene, A. (2001) 'The benefits of interventions for work-related stress', *American Journal of Public Health*, vol 91, pp. 270-6.

Walker, R. (2001) 'Great expectations: Can social science evaluate New Labour's policies?' *Evaluation*, vol 7, no 3, pp. 305-330.

Waller, S., Naidoo, B. and Thom, B. (2002) *Prevention and reduction of alcohol misuse: Review of reviews*, London: Health Development Agency.

Whitehead, M. (1995) 'Tackling inequalities: A review of policy initiatives', in M. Benzeval, K. Judge and M. Whitehead (eds) *Tackling inequalities in health. An agenda for action*, London: King's Fund Publishing, pp. 22-52.

Wilkinson, P., Armstrong, B., Landon, M. and al., e. (2001) *Cold comfort: The social and environmental determinants of excess winter deaths in England, 1986-1996*, Bristol: The Policy Press.

Wrigley, N., Warm, D. and Margetts, B. (2003) 'Deprivation, diet, and food-retail access: Findings from the Leeds `food deserts' study', *Environment and Planning A*, vol 35, no 1, pp. 151-188.

제12장. 노년기의 건강 불평등: 연구 근거

Allen, D., Griffiths, L. and Lyne, P. (2004) 'Accommodating health and social care needs: routine resource allocation in stroke rehabilitation', *Sociology of Health and Illness*, vol 26, pp. 411-32.

Almond, S., Bebbington, S., Judge, K., Mangalore, R. and O'Donnell, O. (1999) 'Poverty, disability and the use of long-term care services', in The Royal Commission on Long Term Care (ed) *With respect to old age: Long term care - rights and responsibilities. The context of long-term care policy. Research volume 1*, London: The Stationery Office, pp. 115-156.

Arber, S. (1996) 'Integrating nonemployment into research on health inequalities', *International Journal of Health Services*, vol 26, pp. 445-481.

Arber, S. and Cooper, H. (1999) 'Gender differences in health in later life: the new paradox?', *Social Science and Medicine*, vol 48, pp. 61-76.

Asthana, S., Gibson, A., Moon, G., Dicker, J. and Brigham, P. (2004) 'The pursuit of equity in NHS resource allocation: should morbidity replace utilisation as the basis for setting health care capitations?', *Social Science and Medicine*, vol 58, pp. 539-51.

Avenell, A. and Handoll, H. (2004) 'Nutritional supplementation for hip fracture aftercare in the elderly', *The Cochrane Database of Systematic Reviews 2004, Issue 1* Art. No.: CD001880.pub2. DOI: 10.1002/14651858.CD001880.pub2:

Aylin, P., Morris, S., Wakefield, J., Grossinho, A., Jarup, L. and Elliott, P. (2001) 'Temperature, housing, deprivation and their relationship to excess winter mortality in Great Britain, 1986-1996', *International Journal of Epidemiology*, vol 30, pp. 1100-8.

Baltes, M., Wahl, H-W. and Schmid-Furstoss, U. (1990) 'The daily life of the elderly at home: activity patterns, personal control and functional health', *Journal of Gerontology: Social Sciences*, vol 45, pp. 173-79.

Bates, C., Prentice, A., Cole, T., van der Pols, J., Doyle, W., Finch, S., Smithers, G. and Clarke, P. (1999) 'Micronutrients: highlights and research challenges from the 1994-5 National Diet and Nutrition Survey of people aged 65 years and over', *British Journal of Nutrition*, vol 82, pp. 7-15.

Bates, C., Cole, T., Mansoor, M., Pentieva, K. and Finch, S. (2001) 'Geographical variations in nutrition-related vascular risk factors in the UK: National Diet and Nutrition Survey of People Aged 65 Years and Over', *Journal Nutrition Health and Aging*, vol 5, pp. 220-5.

Bates, C., Thane, C., Prentice, A. and Delves, H. (2003) 'Selenium status and its correlates in a British national diet and nutrition survey: people aged 65 years and over', *Journal of Trace Elements in Medicine and Biology*, vol 16, pp. 1-8.

Bernard, S. and Smith, L. (1998) 'Emergency admissions of older people to hospital: a link with material deprivation', *Journal of Public Health Medicine*, vol 20, pp. 97-101.

Blazer, D., Burchett, B., Service, C. and George, L. (1991) 'The association of age and depression among the elderly: an epidemiologic exploration', *Journal of Gerontology* 46, pp. 201-5.

Bond, M., Bowling, A., McKee, D., Kennelly, M., Banning, A., Dudley, N., Elder, A. and Martin, A. (2003) 'Does ageism affect the management of ischaemic heart disease?', *Journal of Health Services Research and Policy*, vol 8, pp. 40-7.

Boreham, R., Stafford, M. and Taylor, R. (2002) *Health survey for England 2000: Social capital and health*, London: The Stationery Office.

Bouhuys, A., Flentge, F., Oldehinkel, A. and van den Berg, M. (2004) 'Potential psychosocial mechanisms linking depression to immune function in elderly subjects', *Psychiatry Research*, vol 127, pp. 237-45.

Bowes, A. and Wilkinson, H. (2003) ''We didn't know it would get that bad': South Asian experiences of dementia and the service response', *Health and Social Care in the Community*, vol 11, pp. 387-96.

Bowling, A. (1999) 'Ageism in cardiology', *British Medical Journal*, vol 319, pp. 1353-5.

Bowling, A. (2004) 'Socioeconomic differentials in mortality among older people', *Journal of Epidemiology and Community Health*, vol 58, pp. 438-40.

Breeze, E., Sloggett, A. and Fletcher, A. (1999) 'Socioeconomic and demographic predictors of mortality and institutional residence among middle aged and older people: results from the Longitudinal Study', *Journal of Epidemiology and Community Health*, vol 53, pp. 765-774.

Breeze, E., Fletcher, A., Leon, D., Marmot, M., Clarke, R. and Shipley, M. (2001) 'Do socioeconomic disadvantages persist into old age? Self-reported morbidity in a 29-year follow-up of the Whitehall Study', *American Journal of Public Health*, vol 91, pp. 277-83.

Breeze, E., Jones, D., Wilkinson, P., Latif, A., Bulpitt, C., Fletcher, A. (2004a) 'Association of quality of life in old age in Britain with socioeconomic position: baseline data from a randomised controlled trial', *Journal of Epidemiology and Community Health*, vol 58, pp. 667-73.

Breeze, E., Mangtani, P., Fletcher, A., Price, G., Kovats, S. and Roberts, J. (2004b) 'Trends in influenza vaccination uptake among people aged over 74 years, 1997-2000: survey of 73 general practices in Britain', *BMC Family Practice*, vol 5, pp. 8-14.

Breeze, E., Jones, D., Wilkinson, P., Bulpitt, C., Grundy, E., Latif, A. and Fletcher A. (2005) 'Area deprivation, social class, and quality of life among people aged 75 years and over in Britain', *International Journal of Epidemiology*, vol 34, no 2, pp. 276-283.

Brook Lyndhurst Ltd (2004) *Sustainable cities and the ageing society: The role of older people in an urban renaissance*, Report for the Office of the Deputy Prime Minister.

Brown, D. (2004) 'A literature review exploring how healthcare professionals contribute to the assessment and control of postoperative pain in older people', *Journal of Clinical Nursing*, vol 13, pp. 74-90.

Campbell, N., Elliott, A., Sharp, L., Ritchie, L., Cassidy, J. and Little, J. (2002) 'Impact of deprivation and rural residence on treatment of colorectal and lung cancer', *British Journal of Cancer*, vol 87, pp. 585-90.

Challis, D., Mozley, C., Sutcliffe, C., Bagley, H., Price, L., Burns, A., Huxley, P. and Cordingley, L. (2000) 'Dependency in older people recently admitted to care homes', *Age and Ageing*, vol 29, pp. 255-60.

Coleman, M., Rachet, B., Woods. L., Mitry, E., Riga, M., Cooper, N., Quinn, M., Brenner, H. and Esteve, J. (2004) 'Trends and socioeconomic inequalities in cancer survival in England and Wales up to 2001', *British Journal of Cancer*, vol 90, pp. 1367-73.

Cooper, C., Eriksson, J., Forsen, T., Osmond, C., Tuomilehto, J. and Barker, D. (2001) 'Maternal height, childhood growth and risk of hip fracture in later life: a longitudinal study', *Osteoporosis International*, vol 12, pp. 623-9.

Crombie, I., Irvine, L., Williams, B., McGinnis, A., Slane, P., Alder, E. and McMurdo, M. (2004) 'Why older people do not participate in leisure time physical activity: a survey of activity levels, beliefs and deterrents', *Age and Ageing*, vol 33, pp. 287-92.

Deeming, C. and Keen, J. (2002) 'Paying for old age: Can people on lower incomes afford domiciliary care costs?', *Social Policy & Administration*, vol 36, pp. 465-481.

De Groot, L., Verheijden, M. de Henauw, S., Schroll, M., van Staveren, W. and the Seneca Investigators (2004) 'Lifestyle, nutritional status, health, and mortality in elderly people across europe: A review of the longitudinal results of the SENECA study', *The Journals of Gerontology Series A: Biological Sciences and Medical Sciences*, vol 59, pp. 1277-1284.

DH (Department of Health) (2001) *National service framework for older people*, London: DH.

DeWilde,S., Carey, I., Bremner, S., Richards, N., Hilton, S. and Cook D. (2003) 'Evolution of statin prescribing 1994-2001: a case of agism but not of sexism?', *Heart*, vol 89, pp. 417-21.

Diehr, P. and Beresford, S.A. (2003) 'The relation of dietary patterns to future survival, health and cardiovascular events in older adults', *Journal of Clinical Epidemiology*, vol 56, pp. 1224-35.

Donkin, A., Johnson, A., Morgan, K., Neale, R., Page, R. and Silburn R. (1998) 'Gender and living alone as determinants of fruit and vegetable consumption among the elderly living at home in urban Nottingham', *Appetite*, vol 30, pp. 39-51.

Doll, R., Peto, R., Boreham, J. and Sutherland, I. (2004) 'Mortality in relation to smoking: 50 years' observations on male British doctors', *BMJ*, doi 10.1136/bmj.38142.554479.AE.

Dreosti, I. (1998) 'Nutrition, cancer, and aging', *Annals of the New York Academy of Sciences*, vol 854, pp. 371-7.

Dudley, N., Bowling, A., Bond, M., McKee, D., McClay, S., Banning, A., Elder, A., Martin, A. and Blackman, I. (2002) 'Age- and sex-related bias in the management of heart disease in a district general hospital', *Age and Ageing*, vol 31, pp. 37-42.

Easterbrook, L., Horton, K., Arber, S. and Davidson, K. (2001) *International review of interventions in falls among older people*, London: Department of Trade and Industry.

Evans, O., Singleton, N., Meltzer, H., Stewart, R. and Prince, M. (2003) *The mental health of older people*, London: The Stationery Office.

Falaschetti, E., Malbut, K. and Primatesta P. (2002) *Health Survey for England 2000: The general health of older people and their use of health services*, London: The Stationery Office.

Fletcher, A. Breeze, E. and Shetty, P. (2003) 'Antioxidant vitamins and mortality in older persons: findings from the nutrition add-on study to the Medical Research Council Trial of Assessment and Management of Older People in the Community', *American Journal of Clinical Nutrition*, vol 78, pp. 999-1010.

Fraser, S., Bunce, C., Wormald, R. and Brunner, E. (2001) 'Deprivation and late presentation of glaucoma: case control study', *British Medical Journal*, vol 322, pp. 639-43.

Frette, C., Barrett-Connor, E. and Clausen, J. (1996) 'Effect of active and passive smoking on ventilatory function in elderly men and women', *American Journal of Epidemiology*, vol 143, pp. 757-65.

Glaser, K. and Grundy, E. (2002) 'Class, caring and disability: evidence from the British Retirement Survey', *Ageing and Society*, vol 22, pp. 325-42.

Grande, G., Addington-Hall, J. and Todd, C. (1998) 'Place of death and access to home care services: are certain patient groups at a disadvantage?', *Social Science and Medicine*, vol 47, pp. 565-79.

Grundy, E. and Glaser, K. (2000) 'Socio-demographic differences in the onset and progression of disability in early old age: a longitudinal study', *Age and Ageing*, vol 29, pp. 149-57.

Grundy, E. and Holt, G. (2000) 'Adult life experiences and health in early old age in Great Britain', *Social Science and Medicine*, vol 51, pp. 1061-74.

Grundy, E. and Holt, G. (2001) 'The socio-economic status of older adults: how should we measure it in studies of health inequalities?', *Journal of Epidemiology and Community Health*, vol 55, pp. 895-904.

Grundy, E. and Sloggett, A. (2003) 'Health inequalities in the older population: the role of personal capital, social resources and socio-economic circumstances', *Social Science and Medicine*, vol 56, pp. 935-47.

Grundy, E., Mayer, D., Young, H. and Sloggett, A. (2004) 'Living arrangements and place of death of older people with cancer in England and Wales: a record linkage study', *British Journal of Cancer*, vol 91, pp. 907-12.

Hacker, J. and Stanistreet, D. (2004) 'Equity in waiting times for two surgical specialties: a case study at a hospital in the North West of England', *Journal of Public Health*, vol 26, pp. 56-60.

Hancock, R., Arthur, A., Jagger, C. and Matthews, R. (2002) 'The effect of older people's economic resources on care home entry under the United Kingdom's long-term care financing system', *Journals of Gerontology Series B: Psychological Sciences and Social Sciences*, vol 57, pp. S285-93.

Harris, T., Cook, D., Shah, S., Victor, C., DeWilde, S., Beighton, C. and Rink, E. (2002) 'Mammography uptake predictors in older women', *Family Practice*, vol 19, pp. 661-64.

Harris, T., Cook, D., Victor, C., Rink, E., Mann, A., Shah, S., DeWilde, S., and Beighton C. (2003) 'Predictors of depressive symptoms in older people—a survey of two general practice populations', *Age and Ageing*, vol 32, pp. 510-8.

Higgins, M., Enright, P., Kronmal, R., Schenker, M., Anton-Culver, H. and Lyles, M. (1993) 'Smoking and lung function in elderly men and women', The Cardiovascular Health Study', *Journal of the American Medical Association*, vol 269, pp. 2741-8.

Higginson, I., Jarman, B., Astin, P. and Dolan, S. (1999) 'Do social factors affect where patients die: an analysis of 10 years of cancer deaths in England', *Journal of Public Health*

Medicine, vol 21, pp. 22-8.
Hirani, V. and Malbut, K. (2002) *Health Survey for England 2000: disability among older people*, London: The Stationery Office.
Hirst, M. (2003) 'Caring-related inequalities in psychological distress in Britain during the 1990s', *Journal of Public Health Medicine*, vol 25, pp. 336-43.
Hole, D. and McArdle, C. (2002) 'Impact of socioeconomic deprivation on outcome after surgery for colorectal cancer', *British Journal of Surgery*, vol 89, pp. 586-90.
Holmes, J., Bentley, K. and Cameron, I. (2003) 'A UK survey of psychiatric services for older people in general hospitals', *International Journal of Geriatric Psychiatry*, vol 18, pp. 716-21.
Houde, S. and Melillo, K. (2002) 'Cardiovascular health and physical activity in older adults: an integrative review of research methodology and results', *Journal of Advanced Nursing*, vol 38, pp. 219-34.
Howden-Chapman, P. (2004) 'Housing standards: a glossary of housing and health', *Journal of Epidemiology and Community Health*, vol 58, pp. 162-168.
Huisman, M. Kunst, A. and Mackenbach, J. (2003) 'Socioeconomic inequalities in morbidity among the elderly: a European overview', *Social Science and Medicine*, vol 57, pp. 861-73.
Huisman, M. Kunst, A., Anderson, O., Bopp, M., Borgan, J-K., Borrell, C., Costa, G., Deboosere, P., Desplanques, G., Donkin, A., Gadeyne, S., Minder, C., Regidor, E., Spadea, T., Valkonen, T. and Mackenbach, J. (2004) 'Socioeconomic inequalties in mortality among elderly people in 11 European populations', *Journal of Epidemiology and Community Health*, vol 58, pp. 468-75.
Iso, H., Date, C., Yamamoto, A., Toyoshima, H., Watanabe, Y., Kikuchi, S., Koizumi, A., Wada, Y., Kondo, T., Inaba, Y., Tamakoshi, A.; JACC Study Group (2005) 'Smoking cessation and mortality from cardiovascular disease among Japanese men and women: the JACC Study', *American Journal of Epidemiology*, vol 161, pp. 170-9.
Izuhara, M. and Heywood, F. (2003) 'A life-time of inequality: a structural analysis of housing careers and issues facing older private tenants',
Ageing and Society, vol 23, pp. 207-224.
Janevic, M., Janz, N., Dodge, J., Wang, Y., Lin, X. and Clark, N. (2004) 'Longitudinal effects of social support on the health and functioning of older women with heart disease', *International Journal of Aging & Human Development*, vol 59, pp. 153-75.
Ji, L. (2001) 'Exercise at old age: does it increase or alleviate oxidative stress?', *Annals of the New York Academy of Sciences*, vol 928, pp. 236-47.
Johnson, J. (2002) 'Taking care of later life: a matter of justice', *British Journal of Social Work*, vol 32, pp. 739-50.
Jones, S., Johansen, A., Brennan, J., Butler, J. and Lyons, R. (2004) 'The effect of

socioeconomic deprivation on fracture incidence in the United Kingdom', *Osteoporosis International*, vol 15, pp. 520-4.

Khaw, K. (1999) 'Inequalities in health: older people', in D. Gordon, M. Shaw, D. Dorling and G. Davey Smith (eds) *Inequalities in health: The evidence presented to the Independent Inquiry into Inequalities in Health, chaired by Sir Donald Acheson*, Bristol: Policy Press, pp. 33-44.

Kim, L., Thompson, S., Marteau, T., Scott, R.; Multicentre Aneurysm Screening Study Group. (2004) 'Screening for abdominal aortic aneurysms: the effects of age and social deprivation on screening uptake, prevalence and attendance at follow-up in the MASS trial', *Journal of Medical Screening*, vol 11, pp. 50-3.

Lacey, E. and Walters, S. (2003) 'Continuing inequality: gender and social class influences on self perceived health after a heart attack', *Journal of Epidemiology and Community Health*, vol 57, pp. 622-7.

LaCroix, A., Lang, J., Scherr, P., Wallace, R., Cornoni-Huntley, J., Berkman, L., Curb, J., Evans, D. and Hennekens, C. (1991) 'Smoking and mortality among older men and women in three communities', *New England Journal of Medicine*, vol 324, pp. 1619-25.

LaCroix, A. and Omenn, G. (1992) 'Older adults and smoking', *Clinical Geriatric Medicine*, vol 8, pp. 69-87

Laing and Buisson (2000) *Care of elderly people market survey*, London: Laing and Buisson.

Laing and Buisson (2001) *Health care market review 2000-2001*, London: Laing and Buisson.

Lawlor, D., Taylor, M., Bedford, C. and Ebrahim, S. (2002) 'Is housework good for health? Levels of physical activity and factors associated with activity in elderly women. Results from the British Women's Heart and Health Study', *Journal of Epidemiology and Community Health*, vol 56, pp. 473-8.

Lawlor, D., Ebrahim, S. and Smith, G.D. (2003) 'The association of socio-economic position across the life course and age at menopause: the British Women's Heart and Health Study', *BJOG: an International Journal of Obstetrics and Gynaecology*, vol 110, pp. 1078-87.

Liao, Y., McGee, D., Kaufman, J., Cao, G. and Cooper, R. (1999) 'Socioeconomic status and morbidity in the last years of life', *American Journal of Public Health*, vol 89, pp. 569-72.

Lyons, R.A., Jones, S.J., Deacon, T. and Heaven, M. (2003) 'Socioeconomic variation in injury in children and older people: a population study', *Injury Prevention*, vol 9, pp. 33-37.

Macleod, U., Ross, S., Twelves, C., George, W., Gillis, C. and Watt, G. (2000) 'Primary and secondary care management of women with early breast cancer from affluent and deprived areas: retrospective review of hospital and general practice records', *British*

Medical Journal, 320, pp. 1442-45.

Maheswaran, R., Chan, D., Fryers, P.T., McManus, C. and McCabe, H. (2004) 'Socio-economic deprivation and excess winter mortality and emergency hospital admissions in the South Yorkshire Coalfields Health Action Zone, UK', *Public Health*, vol 118, pp. 167-76.

Marang-van de Mheen, P., Shipley, M., Whitley, J., Marmot, M. and Gunning Schepers, L. (2001) 'Decline of the relative risk of death associated with low employment grade at older age: the impact of age-related differences in smoking, blood pressure and plasma cholesterol', *Journal of Epidemiology and Community Health*, vol 55, pp. 24-28.

Margetts, B., Thompson, R., Elia, M. and Jackson, A. (2003) 'Prevalence of risk of undernutrition is associated with poor health status in older people in the UK', *European Journal of Clinical Nutrition*, vol 57, pp. 69-74.

Marmot, M. and Shipley, M. (1996) 'Do socio-economic differences in mortality persist after retirement? 25 year follow up of civil servants from the first Whitehall study', *British Medical Journal*, vol 313, pp. 1177-80.

Mayer, K. and Wagner, M. (1993) 'Socioeconomic resources and differential aging', *Ageing and Society*, vol 13, pp. 517-50.

Mays N. (1995) 'Geographical resource allocation in the English National Health Service, 1974-1994: the tension between normative and empirical approaches', *International Journal of Epidemiology*, vol 24, pp. S96-102.

Melzer, D., McWilliams, B., Brayne, C., Johnson, T. and Bond, J. (2000) 'Socioeconomic status and the expectation of disability in old age: estimates for England', *Journal of Epidemiology and Community Health*, vol 54, pp. 286-292.

Melzer, D., Izmirlian, G., Leveille, S. and Guralnik, J. (2001) 'Educational differences in the prevalence of mobility disability in old age: the dynamics of incidence, mortality, and recovery', *Journals of Gerontology Series B: Psychological Sciences and Social Sciences*, vol 56, pp. S294-301.

Meydani, M. (2001) 'Nutrition interventions in aging and age-associated disease', *Annals of the New York Academy of Sciences*, vol 928, pp. 226-35.

Meydani, M. (2002) 'The Boyd Orr lecture. Nutrition interventions in aging and age-associated disease', *Proceedings of the Nutrition Society*, vol 61, pp. 165-71.

Milne, A., Potter, J. and Avenell, A. (2002) 'Protein and energy supplementation in elderly people at risk from malnutrition', *The Cochrane Database of Systematic Reviews 2002* Issue 2: Art. No.: CD003288. DOI: 10.1002/14651858.CD003288.

Milner, P., Payne, J., Stanfield, R., Lewis, P., Jennison, C. and Saul, C. (2004) 'Inequalities in accessing hip joint replacement for people in need', *European Journal of Public Health*, vol 14, pp. 58-62

Miquel, J. (2001) Nutrition and ageing', *Public Health Nutrition*, vol 4, pp. 1385-8.

Mishra, G., Ball, K., Dobson, A. and Byles, J. (2004) 'Do socioeconomic gradients in women's health widen over time and with age?', *Social Science and Medicine*, vol 58, pp. 1585-95.

Murtiashaw, S. (2001) *The role of long-term care ombudsmen in nursing home closures and natural disasters*, Washington DC: National Long-Term Care Ombudsmen Resource Centre.

Nazroo, J., Bajekal, M., Blane, D. and Grewal, I. (2004) 'Ethnic inequalities', in A. Walker and C. Hennessy (eds) *Growing older: Quality of life in old age*, Buckingham: Open University Press, pp. 35-59.

ODPM (Office of the Deputy Prime Minister) (2003) *English Housing Condition Survey 2001; Building the Picture*, London: HMSO.

ODPM (2005) *Excluded older people: Social Exclusion Unit interim report*, London: HMSO.

Ormel, J., Rijsdijk, F., Sullivan, M., van Sonderen, E. and Kempen, G. (2002) 'Temporal and reciprocal relationship between IADL/ADL disability and depressive symptoms in late life', *Journals of Gerontology Series B: Psychological Sciences and Social Sciences*, vol 57, pp. 338-47.

Osborn, D. Fletcher, A., Smeeth, L., Stirling, S., Bulpitt, C., Breeze, E., Ng, E., Nunes, M., Jones, D. and Tulloch, A. (2004) 'Factors associated with depression in a representative sample of 14 217 people aged 75 and over in the United Kingdom: results from the MRC trial of assessment and management of older people in the community', *International Journal of Geriatric Psychiatry*, vol 18, pp. 623-30.

Ott, A., Andersen, K, Dewey, M. Letenneur, L., Brayne, C., Copeland, J., Dartigues, J-F., Kragh–Sorensen, P., Lobo, A., Martinez–Lage, J., Stijnen, T., Hofman, A. and Launer, L for the EURODEM Incidence Research Group (2004) 'Effect of smoking on global cognitive function in nondemented elderly', *Neurology*, vol 62, pp. 920-24.

Nazroo, J., Bajekal, M., Blane, D. and Grewal, I. (2004) 'Ethnic inequalities', in A. Walker and C. Hennessy (eds) *Growing older: Quality of life in old age*, Buckingham: Open University Press, pp. 35-59.

Paganini-Hill, A. and Hsu, G. (1994) 'Smoking and mortality among residents of a California retirement community', *American Journal of Public Health*, vol 84, pp. 992-5.

Pearson, D., Taylor, R. and Masud, T. (2004) 'The relationship between social deprivation, osteoporosis, and falls', *Osteoporos International*, vol 15, pp. 132-8.

Polidori, M., Mecocci, P., Cherubini, A. and Senin. U. (2000) 'Physical activity and oxidative stress during aging', *International Journal of Sports Medicine*, vol 21, pp. 154-7.

Pollack, A. and Vickers, N. (1998) 'Deprivation and emergency admissions for cancers of colorectum, lung and breast in South East England: ecological study', *British Medical Journal*, vol 317, pp. 245-52.

Prince, M., Harwood, R., Blizard, R., Thomas, A. and Mann, A. (1997) 'Social support deficits, loneliness and life events as risk factors for depression in old age. The Gospel

Oak Project VI', *Psychological Medicine*, vol 27, pp. 323-32.
Purandare, N., Burns, A., Challis, D. and Morris, J. (2004) 'Perceived mental health needs and adequacy of service provision to older people in care homes in the UK: a national survey', *International Journal of Geriatric Psychiatry*, vol 19, pp. 549-53.
Richard, M. and Roussel, A. (1999) 'Micronutrients and ageing: intakes and requirements', *Proceedings of the Nutrition Society*, vol 58, pp. 573-8.
Royal Commission on Long Term Care (1999) *With respect to old age: Long term care - rights and responsibilities*, London: The Stationery Office.
Scharf, T., Phillipson, C., Smith, A. And Kingston, P. (2002) *Growing Older in Socially Deprived Areas: Social Exclusion in Later Life*, London: Help the Aged.
Scharf, T., Phillipson, C. and Smith, A. (2004) 'Poverty and social exclusion – growing older in deprived urban neighbourhoods', in A. Walker and C. Hennessy (eds) *Growing older: quality of life in old age*, Buckingham: Open University Press, pp. 81-106.
Scharf, T., Phillipson, C. and Smith, A. (2005). *Multiple exclusion and quality of life among excluded older people in disadvantaged neighbourhoods*. London: Office of the Deputy Primary Minister.
Schrijvers, C., Mackenbach, J., Lutz, J., Quinn, M. and Coleman, M. (1995) 'Deprivation, stage at diagnosis and cancer survival', *International Journal of Cancer*, vol 63, pp. 324-9.
Scourfield, P. (2004) 'Questions raised for local authorities when old people are evicted from their care homes', *British Journal of Social Work*, vol 34, pp. 501-16.
Sheiham, A. and Steele, J. (2001) 'Does the condition of the mouth and teeth affect the ability to eat certain foods, nutrient and dietary intake and nutritional status amongst older people?', *Public Health Nutr'*, 4, pp. 797-803.
Smith, J. and Harding, S. (1997) 'Mortality of women and men using alternative social classifications', in F. Drever, and M. Whitehead (eds) *Health inequalities: Decennial supplement*, London: Office for National Statistics, pp. 168-183.
Stanner, S., Hughes, J., Kelly, C. and Buttriss, J. (2004) 'A review of the epidemiological evidence for the 'antioxidant hypothesis'', *Public Health Nutrition*, vol 7, pp. 407-22.
Steele, J.,Walls, A., Ayatollahi, S. and Murray, J. (1996) 'Major clinical findings from a dental survey of elderly people in three different English communities', *British Dental Journal*, vol 180, pp. 17-23.
Strain, J., Elwood, P., Davis, A., Kennedy, O., Coulter, J., Fehily, A., Mulholland, C., Robson, P. and Thurnham, D. (2000) 'Frequency of fruit and vegetable consumption and blood antioxidants in the Caerphilly cohort of older men', *European Journal of Clinical Nutrition*, vol 54, pp. 828-33.
Tait, C. and Fuller, E. (2002) *Health Survey for England 2000: psychosocial well-being among older people*, London: The Stationery Office.
Tanner, D. (2003) 'Older people and access to care', *British Journal of Social Work*, vol

33, pp. 499-515.
Taylor, D., Hasselblad, V., Henley, S., Thun, M. and Sloan, F. (2002) 'Benefits of smoking cessation for longevity', *American Journal of Public Health*, vol 92, pp. 990-6.
Thane, C., Paul, A., Bates, C., Bolton-Smith, C., Prentice, A. and Shearer M. (2002) 'Intake and sources of phylloquinone (vitamin K1): variation with socio-demographic and lifestyle factors in a national sample of British elderly people', *British Journal of Nutrition*, vol 87, pp. 605-13.
Victor, C., Scambler, S., Bond, J. and Bowling, A. (2004) 'Loneliness in later life', in A. Walker and C. Hennessy (eds) *Growing older: Quality of life in old age*, Buckingham: Open University Press, pp. 107-26.
Wenger, NK. (1997) 'Coronary heart disease: an older women's major health risk', *British Medical Journal*, vol 315, pp. 1085-1090.
West, J., Hippisley-Cox, J., Coupland, C., Price, G., Groom, L., Kendrick, D. and Webber, E. (2004) 'Do rates of hospital admission for falls and hip fracture in elderly people vary by socio-economic status?', *Public Health*, vol 118, pp. 576-81.
Whynes, D., Frew, E., Manghan, C., Scholefield, J. and Hardcastle, J. (2003) 'Colorectal cancer, screening and survival: the influence of socio-economic deprivation', *Public Health* 117, pp. 389-95.
Whynne, A. (1999) 'Nutrition in older people', *Nutrition and Food Science*, vol 5, pp. 219-23.
Wilkinson, P., Armstrong, B., Landon, M., et al. (2001) *Cold comfort: The social and environmental determinants of excess winter deaths in England, 1986-1996*, Bristol: The Policy Press.
Wilkinson, P., Pattenden, S., Armstrong, B., Fletcher, A., Kovats, R., Mangtani, P. and McMichael, A. (2004) 'Vulnerability to winter mortality in elderly people in Britain: population based study', *British Medical Journal*, vol 329, pp. 647.
Williams, R., Fraser, A. and West, R. (2004) 'Gender differences in management after acute myocardial infarction: not 'sexism' but a reflection of age at presentation', *Journal of Public Health*, vol 26, pp. 259-63.
Wrigley, H., Roderick, P., George, S., Smith, J., Mullee, M. and Goddard, J. (2003) 'Inequalities in survival from colorectal cancer: a comparison of the impact of deprivation, treatment, and host factors on observed and cause specific survival', *Journal of Epidemiology and Community Health*, vol 57, pp. 301-9.

제13장. 노년기의 건강 불평등: 정책과 사업

Acheson, D. (1998) *Independent inquiry into inequalities in health report*, London: The Stationery Office.

Adams, S. (2001) *On the mend. Hospital discharge services and the role of home improvement agencies,* Nottingham: Care & Repair England.

ADSS, LGA, Audit Commission, BGOP, Nuffield Institute for Health and Joseph Rowntree Foundation (2004) Public services for tomorrows older citizens. Changing attitudes to ageing, (www.nuffield.leeds.ac.uk) Accessed 1.6.2005.

Age Concern (2005) *The age agenda 2005. Public policy and older people,* London: Age Concern England.

Appleton, N. (1996) *Handyperson schemes: Making them work,* York: York Publishing Sevices for the Joseph Rowntree Foundation.

Asthana, S. and Halliday, J. (2003) 'Intermediate care: Its place in a whole-systems approach', *Journal of Integrated Care,* vol 11, no 6, pp. 15-23.

Atkins, W. (2001) *Older people: Their transport needs and requirements summary report,* London: DETR.

Audit Commission (1997) *The coming of age. Improving care services for older people,* London: The Audit Commission.

Audit Commission (2000) *Fully equipped,* London: Audit Commission.

Audit Commission (2002a) *Forget me not 2002. Developing mental health services for older people in England,* London: Audit Commission.

Audit Commission (2002b) *Integrated services for older people. Building a whole system approach in England,* London: Audit Commission.

Audit Commission and BGOP (2004) *Older people - independence and well-being: The challenge for public services,* London: The Audit Commission.

Avenell, A. and Handoll, H. (2004) 'Nutritional supplementation for hip fracture aftercare in the elderly', *The Cochrane Database of Systematic Reviews 2004, Issue 1,* Art. No.: CD001880.pub2. DOI: 10.1002/14651858.CD001880.pub2.

Baldock, J. (1997) 'Social care in old age: More than a funding problem', *Social Policy and Administration,* vol 31, no 1, pp. 73-89.

Baldwin, C., Parsons, T. and Logan, S. (2001) 'Dietary advice for illness-related malnutrition in adults', *The Cochrane database of systematic reviews 2001,* Issue 2, Art no.: CD002008. DOI: 10.1002/14651858.CD002008.

Banerjee, S., Shamash, K., Macdonald, A. J. D. and Mann, A. H. (1996) 'Randomized controlled trial of effect of intervention by psychogeriatric team on depression in frail elderly people at home', *British Medical Journal,* vol 313, no 7064, pp. 1058–1061.

Bartels, S. J., Dums, A. R., Oxman, T. E., Schneider, L. S., Areen, P. A., Alexopoulos, G. S. and Jeste, D. V. (2002) 'Evidence-based practices in geriatric mental health care', *Psychiatric Services,* vol 53, no 11, pp. 1419-1431.

Bauld, L., Coleman, T., Adams, C., Pound, E. and Ferguson, J. (2005) 'Delivering the English smoking treatment services', *Addiction*, vol 100, suppl. 2, pp. 19–27.

Bernabei, R., Landi, F., Gambassi, G., Sgadari, J., Zuccala, G., Mor, V., Rubenstein, L. Z. and Carbonin, P. (1998) 'Randomised trial of impact of model of integrated care and case management for older people living in the community', *British Medical Journal*, vol 316, no 7141, pp. 1348-1351.

Biderman, A., Cwikel, J., Fried, A. and Galinsky, D. (2002) 'Depression and falls among community dwelling elderly people: A search for common risk factors', *Journal of Epidemiology and Community Health*, vol 56, no 8, pp. 631–636.

Bjerre, B. and Schelp, L. (2000) 'The community safety approach in falun, Sweden - is it possible to characterise the most effective prevention endeavours and how longlasting are the results?' *Accident Analysis and Prevention*, vol 32, no 3, pp. 461-470.

Bours, G., Ketelaars, C., Frederiks, C., Abu-Saad, H. and Wouters, E. (1998) 'The effects of aftercare on chronic patients and frail elderly patients when discharged from hospital: A systematic review', *Journal of Advanced Nursing*, vol 27, no 5, pp. 1076-86.

Bowling, A. and Ebrahim, S. (2001) 'Glossaries in public health: Older people', *Journal of Epidemiology and Community Health*, vol 55, no 4, pp. 223–226.

Breeze, E., Jones, D., Wilkinson, P., Latif, A., Bulpitt, C. and Fletcher, A. (2004) 'Association of quality of life in old age in Britain with socioeconomic position: Baseline data from a randomised controlled trial', *Journal of Epidemiology and Community Health*, vol 58, no 8, pp. 667–673.

Burns, A., Dening, T. and Baldwin, R. (2001) 'Care of older people: Mental health problems', *British Medical Journal*, vol 322, no 7289, pp. 789-791.

Campbell, A., Robertson, M., Gardner, M., Norton, R. and Buchner, D. (1999) 'Falls prevention over two years: A randomised controlled trial in women 80 years and older', *Age and Ageing*, vol 28, no 6, pp. 513-18.

Campbell, A., Robertson, M., Gardner, M., Norton, R., Tilyard, M. and Buchner, D. (1997) 'Randomised controlled trial of a general practice programme of home based exercise to prevent falls in elderly women.' *British Medical Journal*, vol 315, no 7115, pp. 1065-9.

Chang, D., Spicer, N., Irving, A., Sparham, I. and Neeve, L. (2001) *Modernising service delivery: The better government for older people prototypes (DSS Research Report 136)*, Leeds: Corporate Document Services.

Chivite-Matthews, N. and Maggs, P. (2002) *Crime, policing and justice: The experience of older people. Findings from the British crime survey, England and Wales*, London: Home Office.

Clark, H., Dyer, S. and Horwood, J. (1998) *'That bit of help': The high value of low* level preventative services for older people, Bristol: The Policy Press in association with Community Care magazine and the Joseph Rowntree Foundation.

Cooper, H., Arber, S., Fee, L. and Ginn, J. (1999) *The influence of social support and social capital on health: A review and analysis of British data*, London: Health Education Authority.

Cotterill, L., Hayes, L., Flynn, M. and Sloper, P. (1997) 'Reviewing respite services: Some lessons from the literature.' *Disability and Society*, vol 12, no 5, pp. 775-778.

Day, L., Fildes, B., Gordon, I., Fitzharris, M., Flamer, H. and Lord, S. (2002) 'Randomised factorial trial of falls prevention among older people living in their own homes', *British Medical Journal*, vol 325, no 7356, pp. 128-131.

Deeming, C. and Keen, J. (2002) 'Paying for old age: Can people on lower incomes afford domiciliary care costs?' *Social Policy and Administration*, vol 36, no 5, pp. 465-481.

DEFRA (Department for Environment, Food and Rural Affairs) (2004) *Fuel poverty in England: The government's plan for action*, London: DEFRA.

Depla, M., Pols, J., de Lange, J., Smits, C., de Graaf, R. and Heeren, T. (2003) 'Integrating mental health care into residential homes for the elderly: An analysis of six Dutch programs for older people with severe and persistent mental illness', *Journal of the American Geriatrics Society*, vol 51, pp. 1275-1279.

DETR (Department of the Environment, Transport and the Regions) (1998) *A new deal for transport: Better for everyone*, London: The Stationery Office.

DETR/DH (2001) *Quality and choice: A strategic framework for older people's housing*, London: DETR/DH.

DH (Department of Health) (1992) *Health of the nation: A strategy for health in England and Wales*, London: HMSO.

DH (1997) *Better services for vulnerable people*, London: The Stationery Office.

DH (1998) *Smoking kills*, London: The Stationery Office.

DH (1999a) *National service framework for mental health*, London: DH.

DH (1999b) *The national strategy for carers*, London: DH.

DH (1999c) *Saving lives: Our healthier nation*, London: The Stationery Office.

DH (2000a) *National service framework for coronary heart disease*, London: DH.

DH (2000b) *The NHS Cancer Plan*, London: DH.

DH (2000c) *The NHS plan*, London: The Stationery Office.

DH (2000d) *The NHS plan. The government's response to the royal commission on long term care*, London: The Stationery Office.

DH (2001a) *Intermediate care. Health service circular 2001/01, local authority circular (2001)1*, London: DH.

DH (2001b) *National service framework for diabetes*, London: DH.

DH (2001c) *National service framework for older people,* London: DH.

DH (2002) *National service framework for older people - supporting implementation intermediate care: Moving forward,* London: DH.

DH (2004a) *At least five a week. Evidence on the impact of physical activity and its relationship to health,* London: DH.

DH (2004b) *Changing times: Improving services for older people. Report on the work of the health and social care change agent team 2003/04,* London: DH.

DH (2004c) *Local delivery plans 2005/08 - technical note,* London: DH.

DH (2005) *Independence, wellbeing and choice,* London: DH.

Dunbar, G., Holland, C. A. and Maylor, E. A. (2004) *Older pedestrians: A critical review of the literature. Road safety research report no. 37,* London: Department for Transport.

DWP (Department for Work and Pensions) (2004) *Link-age: Developing networks of services for older people,* London: DWP.

Easterbrook, L. (2002) *Healthy homes, healthier lives. Health improvement through housing related initiatives and services,* Nottingham: Care & Repair England.

Egger, M. (2001) 'Commentary: When, where, and why do preventive home visits work?' *British Medical Journal,* vol 323, no 7303, pp. 8-9.

Elkan, R., Kendrick, D., Dewey, M., Hewitt, M., Robinson, J., Blair, M., Williams, D. and Brummell, K. (2001) 'Effectiveness of home based support for older people: Systematic review and meta analysis', *British Medical Journal,* vol 323, no 7303, pp. 1-8.

Evandrou, M. (2000) 'Social inequalities in later life: The socio economic position of older people from ethnic minority groups in Britain', *Population Trends,* vol 101, autumn, pp. 11-17.

Fjærtoft, H., Indredavik, B. and Lydersen, S. (2003) 'Stroke unit care combined with early supported discharge. Long-term follow-up of a randomized controlled trial', *Stroke,* vol 34, no 11, pp. 2687-2692.

Fleming, S., Blake, H., Gladman, J., Hart, E., Lymbery, M., Dewey, M., McCloughry, H., Walker, M. and Miller, P. (2004) 'A randomised controlled trial of a care home rehabilitation service to reduce long-term institutionalisation for elderly people', *Age and Ageing,* vol 33, no 4, pp. 384-90.

Fletcher, A. and Rake, C. (1998) *Effectiveness of interventions to promote health eating in elderly people living in the community. A review,* London: Health Education Authority.

Forster, A., Young, J. and Langhorne, P. (1999) 'Systematic review of day hospital care for elderly people', *British Medical Journal,* vol 318, no 7187, pp. 837–41.

Gardner, M. M., Robertson, M. G. and Campbell, A. J. (2000) 'Exercise in preventing falls and fall related injuries in older people: A review of randomised controlled trials', *British Journal of Sports Medicine,* vol 34, no 1, pp. 7-17.

Gillespie, L., Gillespie, W., Robertson, M., Lamb, S., Cumming, R. and Rowe, B. (2003) 'Interventions for preventing falls in elderly people', *The Cochrane database of systematic reviews 2003, Issue 4. Art. No.: Cd000340. Doi: 10.1002/14651858. Cd000340.,* Chichester: John Wiley & Sons, Ltd.

Godfrey, M. (1999) *Preventive strategies for older people: Mapping the literature on effectiveness and outcomes,* Kidlington: Anchor Trust.

Grimley Evans, J. and Tallis, R. (2001) 'A new beginning for care for elderly people?' *British Medical Journal,* vol 322, no 7290, pp. 807-808.

Haydon, C. and Boaz, A. (2000) *Making a difference: Better government for older people evaluation report,* Warwick: Local Government Centre, University of Warwick.

Henwood, M. (2002) 'Age discrimination in social care', in Help the Aged (ed) *Age discrimination in public policy. A review of evidence.,* London: Help the Aged, pp. 72-88.

Henwood, M. (2004) *Reimbursement and delayed discharges. Discussion paper for the integrated care network,* Leeds: The Integrated Care Network.

Herbert, G. and Lake, G. (2004) *Developing the intermediate tier: Sharing the learning,* Leeds: Nuffield Institute for Health.

Herbert, G., Towsend, J., Ryan, J., Wright, D., Ferguson, B. and Wistow, G. (2000) *Rehabilitation pathways for older people after fractured neck of femur,* Leeds: Nuffield Institute for Health and York Economics Consortium.

Heywood, F. (2001) *Money well spent: The effectiveness and value of housing adaptations,* Bristol: The Policy Press for the Joseph Rowntree Foundation.

HM Government (2005) *Opportunity age. Meeting the challenges of ageing in the 21st century,* London: Department for Work and Pensions.

HM Government and DH (2004) *Choosing health: Making healthy choices easier,* London: HM Government and DH.

Howard, M. (2002) 'Age discrimination in social security', in Help the Aged (ed) *Age discrimination in public policy. A review of evidence,* London: Help the Aged, pp. 90-109.

Hyde, C., Robert, I. and Sinclair, A. (2000) 'The effects of supporting discharge from hospital to home in older people', *Age and Ageing,* vol 29, no 4, pp. 271-9.

Jewson, N., Jeffers, S. and Kalra, V. (2003) *Family care, respite services and asian communities in Leicester,* Leicester: Ethnicity Research Centre, University of Leicester.

Joseph Rowntree Foundation (2000) *Findings: Planning for older people at the health/housing interface,* York: The Joseph Rowntree Foundation.

Joseph Rowntree Foundation (2001) *Piloting choice and control for older people: An evaluation,* York: Joseph Rowntree Foundation.

Joseph Rowntree Foundation (2004) *Findings: 'it pays dividends': Direct payments and older people,* York: The Joseph Rowntree Foundation.

Joseph Rowntree Foundation Task Group (2004) *From welfare to well-being planning for an ageing society: Summary conclusions of the joseph rowntree foundation task grou*p. *on housing, money and care for older people,* York: Joseph Rowntree Foundation.

Katbamna, S., Bhakta, P., Parker, G., Ahmad, W., Baker, R. and Lilly, E. (1998) *Experiences and needs of carers from the south asian communities,* Leicester: Nuffield Community Care Studies Unit, University of Leicester.

Kelly, M. (2004) *The evidence of effectiveness of public health interventions— and the implications,* London: Health Development Agency.

Kempson, E., Collard, S. and Taylor, S. (2002) *Social fund use amongst older people. Research report 172, Department for Work and Pensions.,* Leeds: Corporate Document Services.

Kempton, A., Van Beurden, E., Sladden, T., Garner, E. and Beard, J. (2000) 'Older people can stay on their feet: Final results of a community-based falls prevention programme', *Health Promotion International,* vol 15, pp. 27-33.

Kerse, N., Flicker, L., Jolley, D., Arroll, B. and Young, D. (1999) 'Improving the health behaviours of elderly people: Randomised controlled trial of a general practice education programme', *British Medical Journal,* vol 319, pp. 683–7.

King, A., Rejeski, W. and Buchner, D. (1998) 'Physical activity interventions targeting older adults. A critical review and recommendations', *American Journal of Preventive Medicine,* vol 15, no 4, pp. 316-333.

King's Fund (2005) Wanless social care review, (www.kingsfund.org.uk/healthpolicy/wanless.html) Accessed 31.3.05.

Langer, G., Schloemer, G., Knerr, A., Kuss, O. and Behrens, J. (2003) 'Nutritional interventions for preventing and treating pressure ulcers.' *The Cochrane Database of Systematic Reviews 2003,* Issue 4., Art. No.: CD003216. DOI: 10.1002/14651858. CD003216.

Lansley, P., McCreadie, C. and Tinker, A. (2004) 'Can adapting the homes of older people and providing assistive technology pay its way?' *Age and Ageing,* vol 33, no 6, pp. 571–576.

Lewis, H., Fletcher, P., Hardy, B., Milne, A. and Waddington, E. (1999) *Promoting well-being: Developing a preventive approach with older people,* Kidlington: Anchor Trust.

Lewis, J. (1999) 'The concepts of community care and primary care in the UK: The 1960s to the 1990s', *Health and Social Care in the Community,* vol 7, no 5, pp. 333–341.

Lewis, J. (2001) 'Older people and the health-social care boundary in the UK: Half a century of hidden policy conflict', *Social Policy and Administration,* vol 35, no 4,

pp. 343-359.

Lindqvist, K., Timpka, T. and Schelp, L. (2001) 'Evaluation of inter-organizational traffic injury prevention in a who safe community', *Accident Analysis and Prevention*, vol 33, no 5, pp. 599-607.

Livingston, G., Leavey, G., Kitchen, M., Manela, M., Sembhi, S. and Katona, C. (2002) 'Accessibility of health and social services to immigrant elders: The Islington study', *British Journal of Psychiatry*, vol 180, no 4, pp. 369-373.

Lyons, R., Sander, L., Weightman, A., Patterson, J., Jones, S., Lannon, S., Rolfe, B., Kemp, A. and Johansen, A. (2004) 'Modification of the home environment for the reduction of injuries (Cochrane Review)', *The Cochrane Library*, Chichester, UK: John Wiley & Sons, Ltd.

Maguire, C., Ryan, J. and Kelly, A. (2000) 'Do patient age and medicical conditon influence medical advice to stop smoking', *Age and Ageing*, vol 29, no 3, pp. 264-6.

Malouf, R., Grimley Evans, J. and Areosa Sastre, A. (2003) 'Folic acid with or without vitamin b12 for cognition and dementia', *The Cochrane Database of Systematic Reviews 2003*, Issue 4, Art. No.: CD004514. DOI: 10.1002/14651858.CD004514.

Marshall, M. and Hutchinson, S. (2001) 'A critique of research on the use of activities with persons with alzheimer's disease: A systematic literature review', *Journal of Advanced Nursing*, vol 35, no 4, pp. 488-496.

Martin, G., Peet, S., Hewitt, G. and Parker, H. (2004) 'Diversity in intermediate care', *Health and Social Care in the Community*, vol 12, no 2, pp. 150-154.

Martin, S. and Boaz, A. (2000) 'Public participation and citizen-centred local government: Lessons form the best value and better government for older people pilot programmes', *Public Money and Management*, April-June, pp. 47-53.

Mawby, R. (1999) 'Providing a secure home for older residents: Evaluation of an initiative in Plymouth', *The Howard Journal*, vol 38, no 3, pp. 313-327.

McClure, R., Turner, C., Peel, N., Spinks, A., Eakin, E. and Hughes, K. (2005) 'Population-based interventions for the prevention of fall-related injuries in older people (review)', *The Cochrane Database of SystematicReviews 2005*, Issue 1, Art.No.: CD004441.pub2.DOI: 10.1002/14651858.CD004441.pub2.

McKie, L. (1999) 'Older people and food: Independence, locality and diet', *British Food Journal*, vol 101, no 7, pp. 528-536.

McKie, L., MacInnes, A., Hendry, J., Donald, S. and Peace, H. (2000) 'The food consumption patterns and perceptions of dietary advice of older people', *Journal of Human Nutrition and Dietetics*, vol 13, pp. 173-183.

Millar, B. (1996) 'Staying power', *Health Service Journal*, vol 11, January, pp. 14-15.

Milne, A., Potter, J. and Avenell, A. (2002) 'Protein and energy supplementation in elderly people at risk from malnutrition', *The Cochrane Database of Systematic Reviews 2002*, Issue 2, Art. No.: CD003288. DOI: 10.1002/14651858.CD003288.

Mitchell, C. G. B. (2000) 'Some implications of road safety for an ageing population', *Transport trends 2000*, London: DETR, pp. 26-34.

Mountain, G. and Buri, H. (2005) *Report of the evaluation of pilot local housing options advice services for older people,* Sheffield: Sheffield Hallam University for Care & Repair England.

Munro, J., Nicholl, J., Brazier, J., Davey, R. and Cochrane, T. (2004) 'Cost effectiveness of a community based exercise programme in over 65 year olds: Cluster randomised trial', *Journal of Epidemiology and Community Health*, vol 58, pp. 1004–1010.

National Audit Office (2002) *Tackling pensioner poverty: Encouraging take up. of entitlements. Report by the comptroller & auditor general,* London: Stationery Office.

National Audit Office (2003) *Developing effective services for older people. Report by the Comptroller and Auditor General,* London: The Stationery Office.

NICE (National Institute for Clinical Excellence) (2004) *Falls. The assessment and prevention of falls in older people,* Clinical Guideline 21, London: NICE.

Noble, B. (2000) 'Travel characteristics of older people', *Transport trends 2000*, London: DETR, pp. 9-25.

Nocon, A. and Baldwin, S. (1998) *Trends in rehabilitation policy. A review of the literature,* London: The King's Fund and the Audit Commission.

Notter, J., Spijker, T. and Stomp, K. (2004) 'Taking the community into the home', *Health and Social Care in the Community*, vol 12, no 5, pp. 448-453.

ODPM (2003) *Preparing older people's strategies: Linking housing to health, social care and other local strategies,* London: Office of the Deputy Prime Minister.

Oliver, D. and Masud, T. (2004) 'Preventing falls and injuries in care homes', *Age and Ageing*, vol 33, no 6, pp. 532-535.

Pain, R. (2000) 'Place, social relations and the fear of crime: A review', *Progress in Human Geography*, vol 24, pp. 365–387.

Parker, G., Bhatka, P., Katbamna, S., Lovett, C., Paisley, S., Parker, S., Phelps, K., Baker, R., Jagger, C., Lindesay, J., Shepperdson, B. and Wilson, A. (2000) 'Best place of care for older people after acute and during sub-acute illness: A systematic review', *Journal of Health Services Research*, vol 5, no 3, pp. 176-189.

Parkinson, P. and Pierpoint, D. (2000) *Preventive approaches in housing. An exploration of good practice,* Kidlington: Anchor Trust.

Patel, N. (1999) 'Black and minority ethnic elderly: Perspectives on long-term care', in The Royal Commission on Long Term Care (ed) *With respect to old age: Long term care – rights and responsibilities. The context of long-term care policy. Research volume 1*, London: The Stationery Office, pp. 257-304.

Phillipson, C. and Scharf, T. (2004) *The impact of government policy on social exclusion among older people. A review of the literature for the social exclusion unit in the breaking the cycle series,* London: ODPM.

Philp, I. (2004) *Better health in old age,* London: Department of Health, OPD.

Pollack, C. and von dem Knesebeck, O. (2004) 'Social capital and health among the aged: Comparisons between the United States and Germany', *Health and Place,* vol 10, no 4, pp. 383-391.

Powell, J., Wilkins, D., Leiper, J. and Gillam, C. (2000) 'Stay on your feet safety walks group', *Accident Analysis and Prevention,* vol 32, no 3, pp. 389-90.

Ram, F., Wedzicha, J., Wright, J. and Greenstone, M. (2004) 'Hospital at home for patients with acute exacerbations of chronic obstructive pulmonary disease: Systematic review of evidence', *British Medical Journal,* vol 329, no 7461, pp. 315-8.

Rankin, J. (2004) *Mental health in the mainstream. Developments and trends in mental health policy,* London: Institute for Public Policy Research.

Raw, M., McNeill, A., Watt, J. and Raw, D. (2001) 'National smoking cessation services at risk', *British Medical Journal,* vol 323, no 7322, pp. 1140-1141.

Reijneveld, S., Westhoff, M. and Hopman-Rock, M. (2003) 'Promotion of health and physical activity improves the mental health of elderly immigrants: Results of a group randomised controlled trial among turkish immigrants in the netherlands aged 45 and over', *Journal of Epidemiology and Community Health,* vol 57, no 6, pp:405–411.

Richards, S. and Coast, J. (2003) 'Interventions to improve access to health and social care after discharge from hospital: A systematic review', *Journal of Health Services Research and Policy,* vol 8, no 3, pp. 171-179.

Riseborough, M. and Jenkins, C. (2004) *Now you see me...now you don't. How are older citizens being included in regeneration?,* London: Age Concern England.

Roberts, E. (2002) 'Age discrimination in health', in H.t. Aged (ed) *Age discrimination in public policy. A review of evidence,* London: Help the Aged, pp. 48-70.

Robertson, M. C., Gardner, M. M., Devlin, N., McGee, R. and Campbell, A. J. (2001) 'Effectiveness and economic evaluation of a nurse delivered home exercise programme to prevent falls. 2: Controlled trial in multiple centres', *British Medical Journal,* vol 322, no 7288, pp. 701-704.

Roderick, P., Low, J., Day, R., Peasgood, T., Mullee, M., Turnbull, J., Villar, T. and Raftery, J. (2001) 'Stroke rehabilitation after hospital discharge: A randomized trial comparing domiciliary and day-hospital care', *Age and Ageing,* vol 30, no 4,

pp. 303-310.

Roe, B., Daly, S., Shenton, G. and Lochhead, Y. (2003) 'Development and evaluation of intermediate care', *Journal of Clinical Nursing*, vol 12, no 3, pp. 341–350.

Rowland, D. and Pollock, A. (2004) 'Choice and responsiveness for older people in the "patient centred" NHS', *British Medical Journal*, vol 328, no 7430, pp. 4-5.

Satre, D., Mertens, J., Areán, P. and Weisner, C. (2004) 'Five-year alcohol and drug treatment outcomes of older adults versus middle-aged and younger adults in a managed care program', *Addiction*, vol 99, pp. 1286–1297.

Sauer, J., Tabet, N. and Howard, R. (2004) 'Alpha lipoic acid for dementia', *The Cochrane Database of Systematic Reviews 2004*, Issue 1, Art. No.: CD004244.pub2. DOI: 10.1002/14651858.CD004244.pub2.

Scharf, T., Phillipson, C., Smith, A. and Kingston, P. (2002) *Growing older in socially deprived areas. Summary report*, London: Help The Aged.

Secretary of State for Health (1998) *Modernising social services: Promoting independence, improving protection, raising standards. Cm 4169*, London: The Stationery Office.

SEU (2004a) *Breaking the cycle. Taking stock of progress and priorities for the future*, London: ODPM.

SEU (2004b) *Mental health and social exclusion*, London: ODPM.

SEU (2005) *Excluded older people. Social exclusion unit interim report*, London: ODPM.

Seymour, P. (1997) *Evaluation of very sheltered housing. Lewisham social services. Strategy for services for elderly people. 1996-2001*: Lewisham Social Services.

Shaw, F., Bond, J., Richardson, D., Dawson, P., Steen, I., McKeith, I. and Kenny, R. (2003) 'Multifactorial intervention after a fall in older people with cognitive impairment and dementia presenting to the accident and emergency department: Randomised controlled trial', *British Medical Journal*, vol 326, no 7380, p 73.

Shepperd, S., Harwood, D., Gray, A., Vessey, M. and Morgan, P. (1998) 'Randomised controlled trial comparing hospital at home care with inpatient hospital care. Ii: Cost minimisation analysis', *British Medical Journal*, vol 316, no 7147, pp. 1791-1796.

Shepperd, S. and Iliffe, S. (2001) ' Hospital at home versus in-patient hospital care (Cochrane Review)', *The Cochrane Library, Issue 4, 2004.*, Chichester: UK: John Wiley & Sons, Ltd.

Sink, K., Holden, K. and Yaffe, K. (2005) 'Pharmacological treatment of neuropsychiatric symptoms of dementia: A review of the evidence', *Journal of the American Medical Association*, vol 293, no 5, pp. 596-608.

Sippings, M. (2000) *Benefits agency better government for older people evaluation report*, London: The Benefits Agency.

Slaets, J., Kauffmann, R., Cuivenvoorden, H., Pelemans, W. and Shudel, W. (1997) 'A randomised trial of geriatric liaison intervention in elderly medical inpatients', *Psychosom Med*, vol 59, pp. 585-91.

Smith, B., Appleton, S., Adams, R., Southcott, A. and Rufn, R. (2001) 'Home care by outreach nursing for chronic obstructive pulmonary disease', *The Cochrane Database of Systematic Reviews 2001*, Issue 3, Art. No.: CD000994. DOI: 10.1002/14651858.CD000994.

Speer, D. and Schneider, M. (2003) 'Mental health needs of older adults and primary care: Opportunity for interdisciplinary geriatric team practice', *Clinical Psychology: Science and Practice*, vol 10, no 1, pp. 85-101.

Steiner, A. (2001) 'Intermediate care - a good thing?' *Age and Ageing*, vol 30, Supplement 3, pp. 33-39.

Steiner, A., Walsh, B., Pickering, R., Wiles, W., Ward, J. and Brooking, J. (2001) 'Therapeutic nursing or unblocked beds? A randomised control trial of a post-acute intermediate care unit', *British Medical Journal*, vol 322, no 7284, pp. 453-60.

Steultjens, E. M. J., Dekker, J., Bouter, L. M., Jellema, S., Bakker, E. B. and van den Ende, C. H. M. (2004) 'Occupational therapy for community dwelling elderly people: A systematic review', *Age and Ageing*, vol 33, no 5, pp. 453-460.

Stiggelbout, M., Popkema, D., Hopman-Rock, M., de Greef, M. and van Mechelen, W. (2004) 'Once a week is not enough: Effects of a widely implemented group based exercise programme for older adults; a randomised controlled trial', *Journal of Epidemiology and Community Health*, vol 58, no 2, pp. 83–88.

Stroke Unit Trialists' Collaboration (1997) 'Collaborative systematic review of the randomised trials of organised inpatient (stroke unit) care after stroke', *British Medical Journal*, vol 314, no 7088, pp. 1151.

Stuck, A. E., Siu, A. L., Wieland, G. D., Adams, J. and Rubenstein, L. Z. (1993) 'Comprehensive geriatric assessment: A meta-analysis of controlled trials', *Lancet*, vol 342, no 8878, pp. 1032-6.

Stuck, A. E., Walthert, J., Nikolaus, T., Bula, C., Hohmann, C. and Beck, J. (1999) 'Risk factors for functional status decline in community living elderly people: A systematic review', *Social Science and Medicine*, vol 48, no 4, pp. 445-469.

The Observer (2005) Free enterprise, *The Observer* 23rd January, 2005.

The Royal Commission on Long Term Care (1999a) *With respect to old age: Long term care - rights and responsibilities,* London: The Stationery Office.

The Royal Commission on Long Term Care (1999b) *With respect to old age: Long term care - rights and responsibilities. Alternative models of care. Research volume 2,* London: The Stationery Office.

Thomson, H., Petticrew, M. and Morrison, D. (2001) 'Health effects of housing improvement: Systematic review of intervention studies', *British Medical Journal*, vol 323, no 7306, pp. 187-190.

Tinker, A. (1999) 'Helping older people to stay ay home: The role of supported accommodation', in The Royal Commission on Long Term Care (ed) *With respect to old age: Long term care - rights and responsibilities. Alternative models of care for older people. Research volume 2*, London: The Stationery Office, pp. 265-298.

Tinker, A., Wright, F., McCreadie, C., Askham, J., Hancock, R. and Holmans, A. (1999) *With respect to old age: Long term care - rights and responsibilities. Alternative models of care for older people. Research volume 2,* London: The Stationery Office.

Trickey, H., Turton, P., Harvey, I., Wilcock, G. and Sharp, D. (2000) 'Dementia and the over-75 check: The role of the primary care nurse', *Health and Social Care in the Community*, vol 8, no 1, pp. 9-16.

van Haastregt, J. C. M., Diederiks, J. P. M., van Rossum, E., de Witte, L. P., Voorhoeve, P. M. and Crebolder, H. (2000) 'Effects of a programme of multifactorial home visits on falls and mobility impairments in elderly people at risk: Randomised controlled trial', *British Medical Journal*, vol 321, no 7267, pp. 994-998.

Vaughan, B. and Lathlean, J. (1999) *Intermediate care: Models in practice,* London:: King's Fund.

Welsh Assembly Government (2003) *The strategy for older people in Wales,* Cardiff: The Welsh Office.

Wild, R., Pettit, T. and Burns, A. (2003) 'Cholinesterase inhibitors for dementia with Lewy bodies', *The Cochrane Database of Systematic Reviews 2003*, Issue 3, Art. No.: CD003672. DOI: 10.1002/14651858.CD003672.

Wilkinson, P., Armstrong, B., Landon, M. and al., e. (2001) *Cold comfort: The social and environmental determinants of excess winter deaths in England, 1986-1996,* Bristol: The Policy Press.

Wilson, A., Parker, H., Wynn, A. and Spiers, N. (2003) 'Performance of hospital-at-home after a randomised controlled trial.' *Journal of Health Services Research*, vol 8, no 3, pp. 160-164.

Wistow, G., Waddington, E. and Chiu, L. (2002) *Intermediate care: Balancing the system. Final report,* Leeds: Nuffield Institute for Health, University of Leeds.

Wistow, G., Waddington, E. and Godfrey, M. (2003) *Living well in later life: From prevention to promotion,* Leeds: Nuffield Institute for Health.

제3부 | 건강 불평등 완화를 위한 공중보건 영역의 근거 기반 개발

HM Government and DH (Department of Health) (2004) *Choosing health: Making health choices easier*, White Paper, London: HM Government and DH.

제14장. 근거 기반 공중보건의 새로운 틀을 향해

Acheson, D. (1998) *Independent inquiry into inequalities in health report*, London: The Stationery Office.

Adema, W. (2001) *Net social expenditure, 2nd edition. Labour market and social policy occasional papers no 52*, Paris: Organisation for Economic Co-operation and Development.

Amir, L. and Donath, S. (2002) 'Does maternal smoking have a physiological effect on breastfeeding? The epidemiological evidence', *Birth*, vol 29, no 2, pp. 112-123.

Baldock, J., Manning, N. and Vickerstaff, S. (2003) 'Social policy, social welfare and the welfare state', in J. Baldock, N. Manning and S. Vickerstaff (eds) *Social policy*, Oxford: Oxford University Press, pp. 3-28.

Barlow, J. and Coren, E. (2003) 'Parent-training programmes for improving maternal psychosocial health (Cochrane Methodology Review)', *The Cochrane Library*, Chichester, UK: John Wiley & Sons Ltd.

Barlow, J. and Parsons, J. (2003) 'Group-based parent-training programmes for improving emotional and behavioural adjustment in 0-3 year old children (Cochrane Review)', *The Cochrane Database of Systematic Reviews 2003*, Chichester: John Wiley & Sons Ltd.

Barnes, M., Matka, E. and Sullivan, H. (2003) 'Evidence, understanding and complexity: Evaluation in non-linear systems', *Evaluation*, vol 9, no 3, pp. 265-284.

Bentley, T. (2002) 'Letting go: Complexity, individualism and the left', *Renewal*, vol 10, no 1, pp. 9-26.

Boaz, A., Ashby, D. and Young, K. (2002) *Systematic reviews: What have they got to offer evidence based policy and practice?*, London: ESRC UK Centre for Evidence Based Policy and Practice. Working Paper 2.

Bowers, H., Secker, J., Llanes, M. and Webb, D. (2003) *The gap. years: rediscovering mid-life as the route to healthy, active ageing*, London: Health Development Agency.

Brownson, R., Burney, J. and Land, G. (1999) 'Evidence-based decision making in public health', *Journal of Public Health Management Practice*, vol 5, no pp. 86-97.

Bull, J., McCormick, G., Swann, C. and Mulvihill, C. (2004) *Ante- and post-natal home-visiting programmes: A review of reviews*, London: Health Development Agency.

Bull, J., Mulvihull, C. and Quigley, R. (2003) *Prevention of low birth weight: Assessing the effectiveness of smoking cessation and nutritional interventions*, London: Health Development Agency.

Citizens Advice (2005) 'Citizens advice bureau can help deliver health improvements' www.citizensadvice.org.uk/press50311

Cochrane, A., Clarke, C. and Gewirtz, S. (2001) 'Comparing welfare states', in A. Cochrane, C. Clarke and S. Gewirtz (eds) *Comparing welfare states*, London: Sage Publications in association with Open University Press, pp. 1-28.

Connell, J. and Kubisch, A. (1998) 'Applying a theory of change approach to the evaluation of comprehensive community initiatives: Progress, prospects and problems', in K. Fulbright-Anderson, A. Kubisch and J. Connell (eds) *Theory, measurement and analysis, new approaches to evaluating community initiatives 2*, Washington DC: The Aspen Institute, pp. 15-44.

Davey Smith, G., Dorling, D., Gordon, D. and Shaw, M. (1999) ' The widening health gap: What are the solutions?' *Critical Public Health*, vol 9, pp. 151-70.

Davey Smith, G., Ebrahim, S. and Frankel, S. (2001) 'How policy informs the evidence', *British Medical Journal*, vol 322, no 7280, pp. 184-185.

Diderichsen, F. (2002) 'Income maintenance policies. Determining their potential impact on socio-economic inequalities in health', in J. Mackenbach and M. Bakker (eds) *Reducing inequalities in health: A European perspective*, London: Routledge, pp. 53-66.

Egger, M., Dickersin, K. and Davey Smith, G. (2001) 'Problems and limitations in conducting systematic reviews', in M. Egger, K. Dickersin and G. Davey Smith (eds) *Systematic reviews in health care: Meta-analysis in context*, London: BMJ Publishing Group, pp. 43-68.

Esping-Andersen, G. (1990) *The three worlds of welfare capitalism.*, Cambridge: Polity Press.

Grayson, L. (2002) *Evidence based policy and the quality of evidence: Rethinking peer review*, London: ESRC UK Centre for Evidence Based Policy and Practice: Working Paper 7.

Grayson, L. and Gomersall, A. (2003) *A difficult business: Finding the evidence for social science reviews*, London: ESRC UK Centre for Evidence Based Policy and Practice: Working Paper 19.

Harden, A., Weston, R. and Oakley, A. (1999) *A review of the effectiveness and appropriateness of peer delivered health promotion interventions for young people*, London: EPPI-Centre.

Hertzman, C. (1999) 'Population health and human development', in D. Keating and C. Hertzman (eds) *Developmental health and the wealth of nations*, New York and London: The Guilford Press, pp. 21-40.

HM Government and DH (Department of Health) (2004) *Choosing health: Making healthy choices easier.,* White Paper. London: HM Government and DH.

HM Treasury, DfES, DWP and DTI (2004) *Choice for parents, the best start for children: A ten year strategy for childcare,* London: The Stationery Office.

Hogstedt, C. and Lundberg, I. (2002) 'Work-related policies and interventions', in J. Mackenbach and M. Bakker (eds) *Reducing inequalities in health,* London: Routledge, pp. 85-103.

Independent Inquiry into Inequalities in Health (1998) Report. London: The Stationery Office.

Joseph Rowntree Foundation (2005) *Findings: Policies towards poverty, inequality and exclusion since 1997,* London: Joseph Rowntree Foundation.

Juni, P., Altman, D. and Egger, M. (2001) 'Assessing the qualtiy of randomised contrilled trials', in M. Egger, K. Dickersin and G. Davey Smith (eds) *Systematic reviews in health care: Meta analysis in context,* London: BMJ Publishing Group, pp. 87-108.

Kelly, M. (2004) *The evidence of effectiveness of public health interventions— and the implications,* London: Health Development Agency.

Kelly, M., Speller, V. and Meyrick, J. (2004) *Getting evidence into practice in public health,* London: Health Development Agency.

Lahti-Koski, M. (ed) (2001) *Nutrition report 2000* Helsinki: National Public Health Institute.

Lahti-Koski, M. and Mervi, S. (2004) *Nutrition report 2003,* Helsinki: National Public Health Institute.

Lang, T. (2002) *Should the UK have a food policy council? A briefing for the agri food network*: Unpublished paper, Institute of Health Sciences, City University.

Lucas, P. (2003) *Home visiting can substantially reduce childhood injury*: What Works for Children Group Evidence Nugget, April 2003.

Lumley, J., Oliver, S. and Waters, E. (2001) 'Interventions for promoting smoking cessation during pregnancy (Cochrane Review)', *The Cochrane Library,* Oxford: Update Software.

Mackenbach, J. and Bakker, M. (eds) (2002) *Reducing inequalities in health: A European perspective* London: Routledge.

Mackenbach, J. and Bakker, M. (2003) 'Tackling socio-economic inequalities in health: Analysis of European experiences', *Lancet,* vol 362, pp. 1409-14.

Mackenbach, J. and Stronks, K. (2003) 'A strategy for reducing health inequalities in the Netherlands', *British Medical Journal,* vol 325, pp. 1029-32.

McGregror, A., Glass, A., Higgins, K., MacDougall, L. and Sutherland, V. (2003) *Developing people - regenerating place: Achieving greater integration for local area regeneration,* Bristol: The Policy Press.

Mielck, A., Graham, H. and Bremburg, S. (2002) 'Children, an important target group for the reduction of socioeconomic inequalities in health', in J. Mackenbach and M. Bakker (eds) *Reducing inequalities in health: A European perspective*, London: Routledge, pp. 144-168.

Milio, N. (1998) 'European food and nutrition policies in action. Finland's food and nutrition policy: Progress, problems and recommendations.' *WHO Reg Publ Eur Ser. 1998*, vol 73, pp. 63-75.

New Statesman (2005) 'Why we need a strong state more than ever', *New Statesman*, vol 17th January, 2005, pp. 6-7.

NHS CRD (2000) 'Promoting the initiation of breastfeeding', *Effective Health Care*, vol 6, no 2, pp. 1-12.

Nicoll, A. and Williams, A. (2002) 'Breastfeeding', *Archives of Disease in Childhood*, vol 87, no 2, pp. 91-92.

Parsons, W. (2002) 'From muddling through to muddling up- evidence based policy making and the modernisation of British government', *Public Policy and Administration*, vol 17, no 3, pp. 43-60.

Paterson, I. and Judge, K. (2002) 'Equality of access to health care.' in J. Mackenbach and M. Bakker (eds) *Reducing inequalities in health: A European perspective*, London: Routledge, pp. 169-187.

Pawson, R. (2001) *Evidence based policy: Ii. The promise of 'realist synthesis'?*, London: ESRC UK Centre for Evidence Based Policy and Practice:Working Paper 4.

Pawson, R. and Tilley, N. (1997) *Realistic evaluation,* London: Sage Publications.

Petticrew, M., Whitehead, M., Macintyre, S., Graham, H. and Egan, M. (2004) 'Evidence for public health policy on inequalities: 1: The reality according to policymakers', *Journal of Epidemiology and Community Health*, vol 58, no 10, pp. 811-816.

Pietinen, P. (1996) 'Trends in nutrition and its consequences in Europe: The finnish experience', in P. Pietinen, C. Nishida and N. Khaltaev (eds) *Nutrition and quality of life: Health issues for the 21st century*, Geneva: World Health Organisation, pp. 67-71.

Platt, S., Amos, A., Gnich, W. and Parry, O. (2002) 'Smoking policies', in J. Mackenbach and M. Bakker (eds) *Reducing inequalities in health: A European perspective*, London: Routledge, pp. 125-43.

Popay, J., Rogers, A. and Williams, G. (1998) 'Rationale and standards for the systematic review of qualitative literature in health services research.' *Qualitative Health Researcg*, vol 8, no pp. 341-51.

Prättälä, R., Roos, G., Hulshof, K. and Sihto, M. (2002) 'Food and nutrition policies and interventions', in J. Mackenbach and M. Bakker (eds) *Reducing inequalities in health: A European perspective*, London: Routledge, pp. 104-24.

Roos, E., Sarlio-Lähteenkorva, S. and Lallukka, T. (2004) 'Having lunch at a staff canteen is associated with recommended food habits', *Public Health Nutrition*, vol 7, pp. 53-61.

Rychetnik, L., Frommer, M., Hawe, P. and Shiell, A. (2002) 'Criteria for evaluating evidence on public health interventions', *Journal of Epidemiology and Community Health*, vol 56, no 2, pp. 119-127.

Rychetnik, L., Hawe, P., Waters, E., Barratt, A. and Frommer, M. (2004) 'A glossary for evidence based public health', *Journal of Epidemiology and Community Health*, vol 58, no 7, pp. 538-45.

Sanderson, I. (2002) 'Making sense of 'what works': Evidence based policy making as instrumental rationality?' *Public Policy and Administration*, vol 17, no 3, pp. 61-75.

Scruggs, L. and Allen, J. (2004) *Welfare state decommodification in eighteen OECD countries: A replication and revision*: Unpublished paper downloaded from http://userpages.wittenberg.edu/jallan/jesp1.1.pdf.

Select Committee on Work and Pensions (2003) *Hidden unemployment*, London.: the United Kingdom Parliament.

Smith, P. (1995) 'On the unintended consequences of publishing performance data in the public sector', *International Journal of Public Administration*, vol 18, no pp. 277-310.

Speller, V. (1998) 'Quality assurance programmes: their development and contribution to improving effectiveness in health promotion', in D. Scott. and R. Weston (eds) *Evaluating health promotion*, Cheltenham: Stanley Thornes, pp. 75-91.

Stacey, R. D. (1999) *Strategic management and organisational dynamics: the challenge of complexity*, New York: Financial Times/Prentice Hall.

Stephens, M., Burns, N. and MacKay, L. (2002) *Social market or safety net? British social rented housing in a European context*, Bristol: The Policy Press for the Joseph Rowntree Foundation.

Sullivan, H., Barnes, M. and Matka, E. (2002) 'Building collaborative capacity through 'theories of change'', *Evaluation*, vol 8, no 2, pp. 205-226.

The Observer (2005a) Class divisions bar students from university, *The Observer* 16th January, 2005.

The Observer (2005b) Milburn fuels 'right to buy' row, *The Observer* 16th January, 2005.

Thomas, B. and Dorling, D. (2004) *Know your place: Housing wealth and inequality in Great Britain 1980-2003 and beyond*, London: Shelter.

Townsend, P. (1999) 'A structural plan needed to reduce inequalities of health', in

D. Gordon, M. Shaw, D. Dorling and G. Davey Smith (eds) *Inequalities in health: The evidence presented to the Independent Inquiry into Inequalities in Health, chaired by Sir Donald Acheson*, Bristol: Policy Press, pp. xiv-xxi.

UNICEF (2002) *A league table of educational disadvantage in rich nations.*, Florence, Italy: UNICEF Innocenti Research Centre.

Walker, R. (2001) 'Great expectations: Can social science evaluate New Labour's policies?' *Evaluation*, vol 7, no 3, pp. 305-330.

Wardle, J. and Steptoe, A. (2003) 'Socioeconomic differences in attitudes and beliefs about healthy lifestyles', *Journal of Epidemiology and Community Health*, vol 57, pp. 440-443.

Whitehead, M., Petticrew, M., Graham, H., Macintyre, S., Bambra, C. and Egan, M. (2004) 'Evidence for public health policy on inequalities: 2: Assembling the evidence jigsaw', *Journal of Epidemiology and Community Health*, vol 58, no 10, pp. 817-821.

Wilson, B. (2005). 'Please sir, can I have some more?', *The New Statesman*, 18th July, 2005, supplement, pp. x-xi.

Zoritch, B., Roberts, I. and Oakley, A. (2000) 'Day care for preschool children', *The Cochrane Library*, Chichester, UK: John Wiley & Sons, Ltd.

찾아보기

【ㄱ】

가정 병원 (제도)(hospital at home schemes) 634, 635
가정 에너지 효율 정책(Home Energy Efficiency Scheme) 552
가정 폭력 다기구 포럼(Multiagency Domestic Violence Forums) 529
가족 강화 프로그램(Strengthening Families Programme) 419
가족 및 아동 연구(Families and Children Study, FAC) 110, 111
간섭 이론(artifact explanation) 48, 49, 51
간접흡연(passive smoking) 201, 202, 257, 260, 415, 458~512, 557
   생애 초기 위험 요인 201, 202
감사원(National Audit Office) 119
건강 불평등 완화를 위한 정책 및 사업 유럽 네트워크(European Network on Interventions and Polices to Reduce Inequalities in Health) 680~683, 695
건강 생활 센터(Healthy Living Centres) 102, 506, 524, 631
건강 이득 사업(Health Gain Initiative) 543
건강 자문 서비스(Health Advisory Service) 326, 427
건강 증진 학교(Health Promoting School) 105, 397, 402
건강 향상 프로그램(Health Improvement programme) 222
건강개발기구(Health Development Agency, HAD) 89, 205, 220, 599, 608, 662, 664, 669, 674, 679
   변화 이론 접근법 674, 679
건강교육 지역 당국 521
건강교육부(Health Educaiton Authority) 435
건강망(Wired for Health) 405
건강사회보호변화관리팀(Health and Social Care Change Agent Team) 616
건강의 평등화 356
건강한 학교 프로그램(Healthy School Programme) 312, 402, 405, 422
결정적 시기 모형(critical period model) 73, 451, 462
경로 모형(pathway model) 73, 77~79, 451, 469
경로 효과(pathway effects) 44, 154, 265, 456
경제사회연구위원회(Economic and Social Research Council, ESRC) 63, 90, 565
고등교육 정책(higher education policy) 127, 128, 129

844

고용센터 134
고용센터 플러스(Jobcenter Plus) 130, 133, 134
고용액션존(Employment Action Zones, EAZs) 132
고용액션팀(Employment Action Teams) 132
고중점 지역(High Focus Area) 424
공공 서비스 협약(Primary Service Agreement, PSAs) 84, 85, 100, 130, 205, 222, 241, 246, 253, 406, 436, 441, 525, 540
공공 서비스 협약 목표(PSA target) 100~101, 112, 222, 253
공공정책연구소(Institute for Public Policy Research) 115
공인 일반 사회계급(Registrar General's Social Classes: RGSC) 26
공중보건 레짐(public health regimes) 24, 94, 658, 683, 684~690, 692, 702, 703
과일 턱 숍(Fruit Tuck Shop) 394
관계 프로그램(relational programmes) 228, 229
관상동맥 질환(coronary heart disease, CHD) 20, 49, 64~69, 74, 142, 160, 169, 204, 408, 453, 454, 457, 458, 467, 468, 495, 496, 499, 503, 504, 509, 511, 574, 588, 589, 702
    식품과 관련 495, 496
    위험 요인 169, 453, 454, 468
관상동맥 질환을 위한 국가 서비스 프레임(National Service Framework(NSF) for Coronary Heart Disease) 408, 503
교육고용부(Department for Education and Employment, DfEE) 312, 402
교육기술부(Department for Education and Skills, DfES) 119, 124, 144, 222, 240, 247, 382, 402, 408, 425, 426, 436, 437
교육액션존(Education Action Zone, EAZs) 123, 124, 139, 392, 406, 439, 440, 447
교육유지수당(Education Maintenance Allowance: EMA) 128, 441
교통 도로 연구소(Transport and Road Research Laboratory, TRRL) 304
구성 효과(composition effect) 63
구술 합성(narrative synthesis) 88, 89
국가 가족과 부모 역할 기구(National Family and Parenting Institute, NFPI) 240
국가 건강 학교 표준(National Healthy School Standard, NHSS) 403, 426, 447
국가 과일 섭취 권장 정책(National Fruit Pilot Scheme and Five a Day) 215
국가 사회경제적 범주 통계(National Statistics Socio-economic Classification, NS-SEC) 23, 26, 34, 49
국가 식이 영양 조사(National Diet and Nutrition Survey, NDNS) 341~348, 351, 389, 461, 571, 572
국가 아동 발달 연구(National Child Development Study) 375
국가 아동 보호 전략(National Childcare Strategy) 245, 250
국가 영아 수유 조사(National Infant feeding Survey) 214, 219

국가 인증 사무소(National Audit Office) 408, 627, 653
국가 최소 영양 표준(National Minimum Nutritional Standards: NMNS) 403
국가 치료 결과 연구 조사(National Treatment Outcome Research Study) 419
국가심장재단(National Heart Foundation) 69, 207
국가적 차원의 학교 내 과일 섭취 권장 제도(National School Fruit Scheme) 408
국가통계사무소가 수행한 영국 성인의 정신질환 유병률 조사 564
국가통계사무소의 옴니버스 조사(ONS Omnibus Survey) 466, 565, 566
국립 보건 임상 연구소(National Institute for Health and Clinical Excellence) 89, 599
국립 임상 연구소(National Institute for Clinical Excellence, NICE) 89, 200, 399
국영 의료 서비스(National Health Service, NHS) 9, 19, 20, 41, 59, 89, 94, 95, 99~101, 106, 134, 141, 195, 200, 204, 218, 221, 232, 390, 407, 408, 438, 484, 486, 498, 499, 503~506, 511~514, 516, 541, 560, 574, 583, 586, 588, 589, 594, 598, 616, 621, 624, 633, 634, 640, 642, 647, 649, 671, 696
    근거 중심 의학 89~95
국영 의료 서비스 내 검토와 배포 센터(NHS Center for Reviews and Dissemination) 89
국영 의료 서비스 플랜(NHS Plan) 19, 94, 100, 195, 200, 204, 218, 407, 503, 598, 640, 649
국제 학생 평가 프로그램(Programme for International Student Assenssment, PISA) 377
근거 기반 의학(evidence-based medicine) 88~90, 483
근거 기반 정책(evidence-based policy) 42, 86, 87, 89, 90, 94, 96, 192, 299
    건강 불평등에 대한 연구 43~81
    한계점 23~24
근거 기반 정책과 사업정보 및 협력 센터(Center for Evidence-based Policy and Practice, CEBPP) 90
근로가족 세금 공제(Working Families's Tax Credit, WFTC) 109, 110, 118, 246~249, 253, 254
근로소득 세금 공제(Working Tax Credit, WTC) 102, 110, 118, 119, 249, 253, 254
급여(Benefits)
    노년기 113~117, 626~627, 630~631, 670~671
    복지 (급여) 상담 536~539, 628, 669
    복지에서 업무 복귀 정책 129~135
    아동 세액 공제, 뉴딜 프로그램, 근로 세액공제 참조
    애치슨 보고서 권고 106, 108, 670~671
    장애인 신청자 132
긍정적인 미래 프로그램(Positive Futures Programme) 423
기능적 가족 치료(functional family therapy, FFT) 318, 322, 331, 336

기본 기술 기관(Basic Skills Agency) 537
기초 목표 84

【ㄴ】
내무부 프로그램 개발과(Home Office Programme Development Unit: DU) 321
너필드 건강연구소(Nuffield Institute for Health) 605
노동당(Labour government) 19, 22
노동력 조사(Labour Force Survey) 374, 476
노동연금부(Department for Work and Pensions: DWP) 116, 130, 134, 222, 623, 631, 632, 653
노섬버랜드의 채무 상담(Debt Advice Within Northumberland, DAWT) 538
노숙인 담당과(Routh Sleepers Unit) 136
노숙인 액션 프로그램(Homeless Action programme) 553
노숙인과(Rough Sleepers Unit) 553
노숙인을 위한 사업(Rough Sleepers' Initiative) 552, 553
노인 재택 프로그램(The Stay on Your Feet) 606
노인 재활 프로그램(Should I Stay or Should I Go Programme) 612, 613
노인병 평가관리과(geriatric evaluation and management units) 639
노인을 위한 국가 서비스 프레임(National Service Framework for Older People) 560, 574, 583, 588, 593, 607, 633, 640, 641, 647, 649, 670
노인을 위한 더 나은 정부(Better Government for Older People, BGOP) 593, 623, 627
노인의 존엄성을 돕자(Help the Aged's Dignity on the Ward) 634
노인의 지역 보호 평가 연구(Evaluating Community Care for Elderly) 582
누적 모형(accumulation models) 77, 79
누적 효과(cumulative effects) 44, 77, 79, 154, 266
니코틴 대체 요법(nicotine replacement therapy, NRT) 200, 201, 257, 512

【ㄷ】
다기관 범죄 무질서 감소 파트너십(Multiagency Crime and Disorder Reduction Partnerships: CDRPs) 330, 332
다중 체계 치료(multi-systemic treatment, MST) 318, 319, 336
단일 쇄신 예산(Single Regeneration Budget) 495, 516, 522~525, 532, 533, 550, 628
단일 위험 요인 (접근)('single risk' approach to research) 76, 80, 169, 489
대표 통계치(headline statistics) 47
'당신도 끊을 수 있다' 사업(You Two Can Quit initiative) 200
더 나은 건강, 더 좋은 웨일스(Better Health, Better Wales) 672
더 나은 영국을 만들기 위한 약물사용의 해소(Tackling drugs to build a better Britain)

데이비드 코번(David Coburn) 54~55
데이케어 트러스트(Daycare Trusts) 123
도로 안전 전략(Road Safety Strategy) 311
도시 건강에 대한 왕립위원회(Royal Commission on the Health of Towns, 1840's) 36
'도시' 문제로서의 건강 불평등 경향 35
도시 프로그램(1968 Urban Programme) 523
도시 학습 센터(City Learning Center) 440
도싯 건강 연합 프로젝트(Dorset Healthy Alliance Project) 321, 322
드럼채플(Drumchapel road safety programme) 307, 313
등하교 플랜(School Travel Plans, STPs) 312, 313
따라잡기 성장(catch-up growth) 160, 165, 168, 214

【ㄹ】
리처드 윌킨슨(Richard Wilkinson) 55

【ㅁ】
마약 대책팀(Drug Action Teams, DATs) 422, 427, 531
맥락 효과(context effect) 63, 68, 70~72, 467
    대안적 정책 접근 683~684
    위험의 사회적 맥락 참조
메타 분석(meta-analysis) 88, 91, 92, 323, 325, 399, 412, 429, 619, 639, 644, 652
모두를 위한 건강 네트워크(Health for ALL Network) 550
모성과 영유아 영양 지원 사업 프로그램(Women, Infants and Children(WIC) Program)
    211, 222
모유 수유 75~76, 106~107, 143, 160~162, 180~181, 190, 199~203, 207,
    209~222, 256, 258, 434, 438, 662, 665, 697
모유 수유 권장 프로젝트(Breastfeeding is Best Supporters, BIBS) 212
몰가치적 연구(value-free research) 95
무능력 급여(Incapacity Benefit) 470, 654, 693
무료 학교 급식(free school meal) 60, 375, 377, 393, 403, 404, 688, 700
무작위 할당 대조군 시험(randomised controlled trials, RCTs) 88, 91, 93, 97, 185,
    217, 225, 256, 322, 393, 398, 400, 429, 446, 494, 503, 509, 635~637, 662, 666,
    677, 681
문화적·행동학적 이론(cultural explanation) 48, 51
물질적 박탈(material deprivation)
    생애 초기 교육 118~123
    성인기 51~54

애치슨 보고서 권고 108~113
흡연 52
미국 국가 건강 면접 조사(US National Health Interview Survey) 568
미국 심혈관계 건강 연구 571
미국 청소년 국가 종단적 연구(US National Longitudinal Survey of Youth) 374

【ㅂ】
바커 보고서(the Barker Report) 137
반사회행동과(Anti-Social Behaviour Unit) 333
반사회적 행동(antisocial behaviour)
  물질적 박탈 473, 527
  정신건강 281, 301, 316~317, 329
방과 후 학교 전략(Extended Schools' Strategy) 440
범죄 무질서 감소 파트너십(Crime and Disorder Reduction Partnerships, CDRPs) 529
법정 장애 기금(Disabled Facilities Grants) 618
베를린 노령 연구(Berlin Aging Study) 568
벨 팜 부동산(Bell Farm Estate) 546
변화 이론 접근법(Theories of Change approach) 674, 679
병원과 지역사회 보건 서비스(Hospital and Community Health Service: HCHS) 588
보건부(Department for Health, DH) 84, 100, 101, 141, 209, 212, 214, 218, 219, 222, 312, 328, 382, 392, 393, 402, 408, 436, 437, 497, 498, 507, 541, 560, 583, 599, 606, 616, 617
  공공 서비스 협약 목표 84, 101
  국영 의료 서비스 참조
  예비 아침식사 클럽(breakfast clubs pilot) 92~93
  우선순위와 계획 204, 218
  하루 다섯 번 프로그램 216, 407, 497, 505
보다 안전한 도시 프로그램(Safer Cities Programme) 531, 627
보수당 정부(Conservative government) 20, 98, 118, 124, 125, 135, 550
보수당의 믿음 691
보이드 오 연구(Boyd Orr Study) 344, 452, 455
보호 관찰 아동(looked-after children) 266
보호와 지원 서비스 플랜(Care and Support Service Plan) 616
보호자의 특별 기금(Carer's Special Grant) 625
보호주택(sheltered housing) 599, 610, 613~617, 638, 646
복잡성 이론(complexity theory) 674, 676, 677, 685
복지 식품 계획(Welfare Food Scheme) 76, 206, 222, 223
복지급여 상담(welfare benefit advice) 536, 669

부모 상담 서비스(Parent Advisor Service) 232
부모 역할 명령(Parenting Orders) 330
부모 역할의 문제(Parenting Matters) 229
부모 파트너십-부모 영아 네트워크(Parents in Partnership-Parent Infant Network, PIPPIN) 228
부서 간 아동 보호 검토(Inter-Departmental Childcare Review) 247
북부 지역 종단적 연구(Northern Regions Longitudinal Study) 362
비교 연구(comparative study) 287, 658, 662, 681
   공중보건 레짐 658, 682~688
   복지 레짐 682
비컨 프로그램(Beacon programme) 498

【ㅅ】
사고 상해(accidental injury)
   노년기의 낙상 574, 578, 600
   노년기의 낙상 정책적 중재 600~608, 630
   생애 초기 167, 182
   아동·청소년기 273~279, 358
   아동·청소년기 정책과 중재사업 302~315
   사고 상해에 대한 고찰 연구 92
사고응급부 574, 605, 607, 608, 633
사망(률)(mortality)
   건강불평등 측정 25~26
   사회경제적 지위 27~29
   사회적 격차 31~34
   아동·청소년기 27, 267~269, 274~275
   지리학적 패턴 34~35
사회 자본(social capital) 57, 490, 520
사회경제적 지위 23~32, 45, 46, 49, 56, 63, 70, 75, 80, 151, 168, 170, 173, 174, 179, 182~184, 190, 191, 195, 203, 225, 272, 273, 276, 295~298, 386, 401, 437, 454, 463~472, 475, 477, 480, 481, 484, 488, 503, 514, 560~572, 577~579, 584~588, 663, 665, 700, 701
사회적 다윈주의(social Darwinism) 50, 51
사회적 배제과(Social Exclusion Unit) 30, 136, 436, 470, 471, 482, 524, 525, 553, 654
사회적 선택 이론(social selection hypothesis) 48~51
사회정의위원회(Commisson on Social Justice) 103
사회화 과정(socialisation theory) 56

산후우울증 174~177, 232, 234, 259
상위흐름(upstream) 10~12, 24, 41, 62, 81, 85, 86, 93, 139, 147, 218, 252~255, 299, 491, 494, 658, 680~683, 686, 691, 695~698, 702
새 기회 기금(New Opportunities Fund) 102, 505, 513
샌드웰 지역사회 식품 프로젝트(Sandwell Community Food Project) 499
생명을 위한 유기농 식품 프로그램(Food for Life programme) 697
생물학적 자본(biological capital) 57
생물학적 프로그래밍(biological progromming) 39, 74, 156~159, 169, 207, 450
  연구의 제한점 169
생애 과정 관점(lifecourse perspective) 21, 43, 53
생애 과정 역학(lifecourse epidemiology) 41, 44, 72, 75, 79
생애 초기(early life) 경험 73, 149, 155, 168
생애 초기 경험 73
  생물학적 위험 요인 152~168, 189~193
  생애 초기 프로그래밍 73~77, 154, 169, 450
  위험의 사회적 맥락 169~193
  정책과 중재사업 189~193, 195~261
선도 그룹(Spearhead group) 84, 85
성 건강과 HIV 전략(Sexual Health and HIV Strategy) 438
성과와 혁신 담당과(Performance and Innovation Unit) 87
성인교육 128
성인기와 건강불평등(adulthood and health inequalities) 441-484
  질적 박탈 474~492
  사회경제적 지위와 위험 요인 451~466
  생애 초기 영향 451~456, 488, 489
  심리사회적 요인 467~473, 489~492, 515~532
  정책과 중재사업 488~492, 493~558
세계보건기구(World Health Organization, WHO) 140, 180, 209, 211, 213, 221, 252, 308, 309, 390, 402, 489, 497, 498, 550, 577, 605
  모유 수유 지침 180, 209
  비만 유행(obesity epidemic) 390
센트럴 스테프니(Central Stepney) 516
소수 민족에 대한 제4차 국가 조사(Fourth National Survey(FNS) of Ethnic Minorities) 29, 294, 567
쇼(Shaw, Mary) 35, 38, 46, 70, 99, 474
수리도우미 제도(handyperson schemes) 612
숨 쉴 공간(Breathing Space) 510
슈어 스타트(Sure Start) 11, 88, 118, 119, 138, 142~145, 186, 197, 205, 206, 212,

222, 230, 236~241, 246~253, 261, 332, 333, 392, 434, 437, 446, 447, 538, 669, 672, 695, 696
  금연 전략 205
  부모 교육 프로그램 230~231
  아동 센터(Children's Center) 121, 145
스코틀랜드 모유 수유 집단(Scotland Breastfeeding Group) 219
스코틀랜드 아동 건강 감시 프로그램(Scottish Child Health Surveillance Programme) 161, 166
스코틀랜드 학령전 아동 건강 감시 시스템(Scottish National Preschool Child Health Surveillance System) 182
스코틀랜드 협력 연구(Scottish Collaborative Study) 453
스크램블러, 그레이엄(Graham Scrambler) 53, 54, 56, 57, 58, 81
스탑핑 뎀 스타팅(Stopping them Starting) 415
스포츠액션존(Sports Action Zone) 406
시민을 위한 조언 사무국(Citizen' Advice Bureau, CAV)
  복지 상담 536~539, 627, 669
  채무 상담 532
식품 빈곤(food poverty) 52, 222, 343, 388, 389, 498
  노년기 569~573
식품 사막(food deserts) 183, 499
식품과 건강 행동 플랜(Food and Health Action Plan) 506
식품표준국(Food Standards Authority. FSA) 505
신노동당(New Labour) 42, 47, 87, 98, 104, 109, 117, 118, 123, 125, 132, 136, 138, 141, 142, 422, 443, 582, 691, 692, 693 노동당 참조
신정책기관(New policy Institute) 393, 406~407
심리적 자본(phychological capital) 57
심혈관 질환(cardiovascular disease, CVD)
  위험 요인 350, 454
  유병과 사망 345
  예방 415

【ㅇ】
아기에게 친근한 병원 만들기 사업(Baby Friendly Hospital Initiative, BFHI) 210, 211
아동 건강 설문(Child Health Questionnaire, CHQ) 269
아동 기금(Children's Fund) 240, 332
아동 보호 10개년 전략(Ten-year strategy for childcare) 120, 186, 248, 694
아동 보호 등록 체계(Child Protection Registers) 144, 372
아동 빈곤 검토 위원회(Child Poverty Review) 326

아동 빈곤 전략(Child Poverty Strategy) 103, 109, 147
아동 빈곤(child poverty)
　정책과 중재사업 196, 245~246, 252~256
아동 빈곤 행동 집단(Child Poverty Action Group) 114, 249, 405
아동 서비스 플랜(Children's Services Plans) 239
아동 세금 공제(Child Tax Credit, CTC) 102, 110, 118, 186, 255
아동 센터(Children's Center) 120, 144, 237, 239, 248, 332, 695
아동 트러스트(Children's Trusts) 239, 427
아동 학대 방지를 위한 전국 협회(National Society for the Prevention of Cruelty to Children, NSPCC) 222
아동·청소년기(childhood and youth)
　건강 불평등 2263~299
　당뇨 269, 295, 345
　정책과 중재사업 297~299, 301~337
　평등화(equalisation) 296, 339, 356, 383
아동·청소년기(childhood and youth) 건강 행동 339~386
　생애 궤적 373~383
　정책과 중재사업 383~386, 378~448
아동·청소년·모성 서비스를 위한 국가 서비스 프레임(National Service Framework (NSF) for Children, Young People and Maternity Services) 205, 237, 327
아동과 근로세액 공제(Child and Working Tax Credits) 101
아동과 청소년 담당과(Children and Young People's Unit) 87, 240, 332
아동과 청소년 정신 건강 서비스(Child and Adolescent Mental Health Service: CAMHS) 316, 323, 326, 327, 334
아동과 청소년 플랜(Children and Young People's Plans) 239, 425
아동양육 세금 공제(Childcare Tax Credit, CTC) 110, 119, 246, 248, 249, 254
아동을 위한 요리법(Cooking for Kids) 405
아비투스(habitus) 56
아시아 요리 클럽(Asian Cookery Club) 499
아침식사 클럽(breakfast clubs) 215, 391, 392, 393, 406, 407, 440, 444, 447
안전 캠페인(Play it Safe campaign) 306
안전한 주택사업(Homesafe Initiative) 627
안전한 통학로 사업(Safe Routes/Travel to School) 312, 405
알코올 소비(alcohol consumption)
　생애 초기 위험 요인 158~159, 171~172
　성인기 463~464, 510~512
　아동·청소년기 358~362, 409~411
　아동·청소년기 정책적 중재 411, 418, 425

아동·청소년기 청소년 사망   276, 358, 410
알코올 중독(alcoholism)   360, 409
알코올과 다른 약물에 대한 유럽 학교 조사 프로젝트(European School Survey Project on Alcohol and Other Drugs)   359
암과 함께 생존하기 사업(Living with Cancer)   513
애플스 연구(APPLES study)   397
액션 하트(Action Heart programme)   415, 509
앵커 트러스트(Anchor Trust)   611, 617
약물과 알코올 특수 기금(Drug and Alcohol Specific Grants)   553
약물에 반하는 지역사회 사업(Communities Against Drugs Initiative)   530
양질의 서비스를 위한 사회지원기관(Social Care Institute for Excellence, SCIE)   90
에드위나 큐리(Edwina Currie)   51
에이번 부모-아동 추적 연구 조사(Avon Longitudinal Study of Parents and Children, ALSPAC)   25, 46, 157, 159, 161, 165, 174, 178
엘마이라 가정 방문 연구(Elmira home visiting study)   227
역진료 법칙(inverse care law)   81
역진료 효과(inverse care effect)   478
연구/비공식적 보고서(grey literature)   89   659
연금 신용(Pension Credit)   115, 116
연료 빈곤(fuel poverty)   531, 552, 618
연료비용 지불(Winter Fuel Payment)   618
연합 행동 연구(Concerted Action Study)   569
영국 가구 패널 조사(British Household Panel Survey, BHPS)   114, 469, 470
영국 근거 기반 정책 및 사업 센터(UK Centre for Evidence-Based Policy and Practice: CEBPP)   90
영국 범죄 조사(British Crime Survey)   278, 529
영국 아동과 청소년 정신 건강에 대한 국가통계사무소 조사(ONS Survey on the Mental Health of Children and Adolescents in Britain)   280, 282, 283, 285, 286, 287, 288
영국 여성의 심장과 건강 연구(British Women's Heart and Health Study)   454, 455, 574
영국 자전거 연결망(UK National Cycle Network)   502
영국 지역 심장 조사(British Regional Heart Survey)   25
영국 지역사회치과연구협회(British Association for the Study of Community Dentistry)   167
영국 출생 코호트(British Birth Cohort)   161, 270, 455, 469
영국 코호트 연구(British Cohort Study)   168
영아기 모유 수유(breastfeeding in infancy)   160~162, 180~181, 190~191

금연 200~201
　　정책적 중재 209~214, 216~224, 256~258
오슬로 사망 연구(Oslo Mortality Study) 454
온 트랙(On Track programme) 252, 321, 330, 331, 332
완리스 사회 보호 리뷰(Wanless Social Care Review) 624
우선순위와 계획 프레임(priorities and planning framework) 204, 218, 599
워킹 버스(walking bus) 313, 314
웜 프론트 (제도/사업)(Warm Front Scheme) 552, 618, 670
위험 요인의 사회적 맥락(social context of risk)
　　생애 초기 170~189
유럽 암 연구(European Prospective Investigation into Cancer, EPIC) 499
유럽 학교 조사 프로젝트(European School Survey Project on Alcohol and Other Drugs) 362
유럽의 흡연 예방 프레임 접근방식(European Smoking Prevention Framework Approach) 413, 420
육체적 활동 플랜(Physical Activity Plan) 607
의학연구위원회(Medical Research Council) 564, 570, 571
이동성 105, 462, 566, 574, 596, 625, 628, 629, 633, 651, 666
이차 교육 수료자격증(General Certificate of Secondary Education, GCSE) 362
인증위원회(Audit Commission) 611, 622, 626, 647
인지 행동 치료(cognitive behavioral theraphies, CBTs) 319, 320, 325, 336, 644, 652
일반 가구 조사(General Household Survey, GHS) 25, 268, 463, 566
일반 건강 설문(General Health Questionnaire, GHQ) 287
일차 의료 트러스트(primary care trusts, PCTs) 20, 84, 85, 142, 205, 218, 513, 529, 617, 623, 638, 648, 654, 671
　　금연 전략 205
일차 정신 보건 종사자(Primary Mental Health Workers: PMHWs) 326, 327, 334
임신 중 우울증 174
잉글랜드 건강 조사(Health Survey for England: HSE) 25, 29, 46, 166, 170~177, 180, 268~270, 294, 295, 342, 346~348, 351, 354~356, 360, 361, 369, 461, 486, 562~567
　　노년기 562
　　산후 우울 174
　　생애 초기 170~175
　　성인기 비만 461
　　아동·청소년기 2668~270
　　아동·청소년기 물질 오용 354~365
　　아동·청소년기 비만 166

아동·청소년기 신체 활동 351~352
아동·청소년기 영양 342~343
의료 접근성 486
잉글랜드 보호와 수리(Care and Repair England) 612
잉글랜드 알코올 위해 감소 전략(Alcohol Harm Reduction Strategy for England) 425, 514
잉글랜드 주거 환경 조사(English Housing Condition Survey) 472, 478, 577
잉글랜드 청년의 흡연, 음주, 약물 사용에 대한 조사(English Survey on Smoking, Drinking and Drug Use among Young People) 354, 359
잉글랜드와 웨일스의 국가통계사무소 종단적 연구(ONS Longitudinal Study for England and Wales) 455

【ㅈ】
자전거 타기 91, 105, 275, 277, 303, 304, 310~314, 335, 501~504, 573
잠재 효과(latent ffects) 43, 77, 154, 263, 264, 265
장애 및 질병 수당(disability and sickness allowance) 135
장애 생활 수당(Disability Living Allowance) 633
장애 차별법(Disability Discrimination Act, 1995) 625
재활지원수당(rehabilitation support allowance) 35
절약 형질 가설(thrifty phenotype hypothesis) 156, 160
정신 건강을 위한 국가 서비스 프레임(National Service Framework(NSF) for Mental Health) 327, 647
정신분열증(schizophrenia) 30, 70, 280, 282, 293~294, 323, 643
정신질환 유병률에 관한 국가통계사무소 조사(ONS Survey of Psychiatric Morbidity) 281
정신질환에 대한 영국 조사(British Natinal Survey of Psychiatric Morbidity) 470
정원 관리자 (제도)(Garden Guardians scheme) 628
정책 행동팀(Policy Action Teams) 88, 505, 528, 547, 551
정책의 늪(policy swamp) 96
제3의 길 정책(Third Way policies) 103, 691, 699
제이미 올리버(Jamie Oliver) 404, 697
젠더에 따른 기대 여명(life expectancy) 차이 37
젠더와 건강 불평등 29, 37~38, 107
조기 우등 센터(Early Excellence Center) 188, 237, 244, 248
조지프 라운트리 재단의 지역 쇄신 연구 프로그램(Joseph Rowntree Foundation) 517, 518
주거 급여(housing benefit) 108
주거 침입 관련 대책팀(Distraction Burglary Task Force) 632

주거 투자에서의 비용-효과(Cost-effectiveness in Housing Investment) 516
주거 플러스(Housing Plus) 543
주거비 제외 후 소득(After Housing Costs, AHC) 108
주거비 포함 소득(Before Housing Costs, BHC) 108
주의력 결핍/과잉 행동 장애(Attention Deficit/Hyperactivity Disorder, ADHD) 190, 224, 291, 292, 322, 336
주택 급여(Housing Benefit) 115, 615, 617, 618, 627, 632
주택 재원금(Housing Revenue Account) 617
주택개량기관(Home Improvement Agencies, HIAs) 612
중간 고용시장 사업(intermediate labour market(ILM) programme) 533, 534
중위흐름(mid-stream) 11, 86, 138, 494, 683, 686, 695, 698
지방세금 공제제도(Council Tax Credit) 115
지속 가능한 지역사회 계획(Sustainable Communities Plan) 136
지속 가능한 지역사회: 모두를 위한 가정(Sustainable communities: Home for All) 553
지역 교육부(local education authorities, LEAs) 125, 126
지역 교통 플랜(Local Transport Plans, LTPs) 312, 313, 616, 633
지역 교환 거래 계획(Local Exchange Trading Schemes, LETS) 535, 538
지역 기반 사업(area-based initiatives, ABIs) 20, 42, 86, 123, 130, 138~145, 148, 237, 299, 337, 494, 523~526, 555, 682, 696
  건강 99~101
  고용 132
  교육 124
  지역사회 재개발 523~527
지역 엑셀런스 프로그램(Excellence in Cities programme) 124, 440
지역 엑셀런스(Excellence in Cities funding) 406, 440
지역 전략 파트너십(Local Strategic Partnerships, LSPs) 142, 147, 525
지역과 지역 안전 전략(Community and Community Safety Strategies) 616
지역사회 결속 보고서(community cohesion(Cantle) Report) 146
지역사회 관리 계획(Neighbourhood Warden Schemes) 528
지역사회 부모 지지 프로젝트(Community Parental Support Project) 236
지역사회 안전 파트너십(Community Safety Partnerships) 531
지역사회 어머니 프로그램(Community Mothers' programme) 233
지역사회 역량 강화 기금(Community Empowerment Fund) 525
지역사회 자금(Community Chest) 525
지역사회 재개발과(Neighbourhood Renewal Unit, NRU) 88, 524
지역사회 재개발을 위한 국가 전략(National Strategy for Neighbourhood Renewal, NSNR) 145, 519
지역사회 재투자 트러스트(community reinvestment trusts) 535

지역사회 효과(neighbourhood effect) 57, 63, 68, 71, 139, 284, 467, 514
지역사회를 위한 뉴딜(New Deal for Communities, NDC) 145, 146, 495, 524, 526, 531, 555
지역사회의 노인 평가·관리 연구에 관한 의학연구위원회의 평가 564, 570, 571
지역협력과(Regional Coordination Unit) 146, 524
지원된 거주의 미래 기금(Future Funding of Supported Accommodation) 617
직업 재활 사업(Jobcenter Plus Progress2work Initiative) 424
질 보호 프로그램(Quality Protects Programme) 382
질병의 지리적 분포 34
집단 기반 관계 중재(group-based relation interventions) 229
집단 기반 행위 중재(group-based behaviour interventions) 226, 259
집중 감독 감시 프로그램(Intensive Supervision and Surveillance programme) 329

【ㅊ】
청년 뉴딜(New Deal for Young People, NDYP) 130, 131, 442
청소년 노숙인 행동 파트너십(Youth Homelessness Action Partnership) 553
청소년 범죄 방지팀(Youth Offending Teams, YOTs) 239, 324, 329, 331, 332, 424, 425
청소년 생활 행태 조사(Youth Lifesyle Survey) 358
청소년 통합 프로그램(Youth Inclusion Programme) 329, 330
청소년기에 발생하는 제2형 당뇨 345
체계적 문헌 고찰(systematic reviews)
    한계점 96~102
체육 교육, 학교 스포츠, 클럽 연계 전략(Physical Education, School Sports, Club Links Strategy) 406
체질량지수(Body Mass Index, BMI) 160, 161, 166, 345~347, 460~462
초년기 발달과 아동 보호 파트너십(Early Years Development (and Childcare) Partnership) 246
최상 가치의 리뷰(Best Value Reviews) 616
최상 진료 지침서(best practice guidance) 85
최소 영양소 권장량(Lower Reference Nutrient Intake, LRNI) 208
최신 국가 약물 전략(Updated National Drugs Strategy) 424
최저소득보장제도(Minimum Income Guarantee, MIG) 115, 626
추운 날씨에 대비한 지불(Cold Weather Payments) 618
축적 모형(accumulation model) 451, 462, 469, 474
출생 코호트 조사(birth cohort study) 161, 270, 377, 455
취약 아동 및 가족 평가를 위한 프레임(Framework for the assessment of children in need and their families, DH) 426

취약한 사람을 위한 더 나은 서비스(Better Services for Vulnerable People) 622

【ㅋ】
카렐리아 북부 지역의 프로젝트(North Karelia Project) 415
카엘필리와 스피드웰의 심장 질환 공동 연구(Caerphilly and Speedwell Collaborative Heart Disease Study) 571
캠벨 협력 센터(Campbell Collaboration) 90
캠브리지 비행 발달 연구(Cambridge Study in Delinquent Development) 317
커넥션스(Connexions) 102, 239, 252, 332, 382, 424, 426, 427, 446
커브크래프트 제도(Kerbcraft schemes) 313
코크란 리뷰(Cochrane Reviews) 202, 235, 257, 258, 259, 336, 445, 446, 545, 605, 650, 652, 661
큰 복권 기금(Big Lottery Fund) 505
클라미디아 감염 369, 370, 431, 438
킹스 기금(King's Fund) 624

【ㅌ】
태아알코올신드롬(Fetal Alcohol Syndrome) 159
투게더 캠페인(TOGETHER campaign) 325

【ㅍ】
평등화 과정 296, 339, 383
평생 주택 표준(Lifetime Home Standard) 618
포괄 협력 정책(comprehensive coordinated policy) 691
표준(화)사망비(Standard(ized) Mortality Ratios, SMRs) 29, 31, 32, 34, 37, 46, 562
푸드 듀드 사업(Food Dudes initiative) 394, 395
프레이밍햄 연구(Framingham study) 457, 458
프로네시스(phronesis) 677
플래닛 헬스 사업(Planet Health initiative) 396
피임약의 제공(contraceptive services) 429~433
핀란드 의료 조사(Finnish Health Care Survey) 288

【ㅎ】
하루에 다섯 번 프로그램(Five A Day Programme) 407, 497, 499
하위흐름 (정책)(downstream policies) 10, 11, 12, 23, 41, 62, 76, 81, 85, 86, 98, 147, 192, 252, 299, 386, 494, 658, 666, 680, 683, 686, 695~700
하이/스코프 페리 학령전기 연구(High/Scope Perry Preschool Study) 227, 242
하트베어 웨일스(Heartbear Wales) 509

한부모를 위한 뉴딜(New Deal for Lone Parents, NDLP) 131, 437
합동 검토(Cross-cutting Review) 21, 491
합동 약물 예방 사업(Tackling drugs together) 422
합동검토위원회(Commissioning of a Cross-cutting Review) 84, 88, 99, 100
합의 확실성 매트릭스(agreement certainty matrix) 677, 679
항산화 보충제(antioxidant supplements) 570
행동 문제(behavioral problems)
    부모 교육 프로그램 223~241, 318
    사회의 비용 부담 224
    아동·청소년기 청소년 비행 감소 정책 301, 316~325, 329~333
    아동·청소년기 행동 장애 279~286, 318~319
    아동·청소년기 행동치료 318~320, 323
    조기 발견 223~224, 278~286, 318~319
행동을 위한 프로그램(programme for action) 99, 100, 101
행동치료(behavioural treatment) 310-312
    금연 508
허리둘레 측정(waist circumference measurement) 346, 347
허친슨 흡연 예방 프로젝트(Hutchinson Smoking Prevention Project) 413
헬스액션존(Health Action Zones, HAZs) 11, 42, 84, 99, 101, 139, 141~144, 199, 200, 204, 205, 392, 437, 447, 499, 524, 529, 631, 638, 674, 677, 682, 683, 695, 696
    금연 전략 199~201
    노년기 631, 695
    변화 이론 접근법 674, 677
헬시 스타트 사업(Healthy Start initiative) 223
현명한 사람들의 프로젝트(Wise People's Project) 521
호스텔 개선 프로그램(Hostel Improvement Programme) 554
홈 스타트 프로그램(Home Start programme) 233, 234, 239
홈 존(Home Zones) 314
화이트홀 연구(Whitehall Studies) 45, 49, 64, 68, 71, 454, 469, 475, 561, 563
    2기 화이트홀 연구 64, 71, 454, 469, 475
확대된 식품과 영양 교육 프로그램(Expanded Food and Nutrition Education programme, EFNEP (US)) 216
환경 중 담배연기(environmental tobacco smoke, ETS) 202
활성산소(free radical) 이론 569, 570, 571
회계연구소(Institute of Fiscal Studies) 114
효과적인 학령전기 교육 제공 프로젝트(Effective Provision of Pre-school Education Project, EPPE) 185, 186, 243

흡연 여성 대상 조산사 교육(Midwifery Education for Women who Smoke, MEWS) 199
흡연과 건강 행동(Action on Smoking and Health, ASH)   202, 357, 510

【백서, 녹서, 보고서】
「10년 주기 증보 자료(Decennial Supplement, 1997)   27, 30, 31, 100, 274, 475
「가족 지지(Supporting Families)」   240
「건강 불평등 해소(Tackling Health Inequality)」   21, 47, 100, 195
「건강 불평등에 대한 애치슨의 독립적 조사(Acheson Independent Inquiry into Inequalities in Health)」」(「애치슨 보고서」)   9, 19, 61, 62, 83, 84, 86, 98, 99, 100, 102, 104, 105, 108, 129, 136, 156, 195, 217, 222, 485, 551, 670
「건강의 선택: 건강을 위한 보다 쉬운 선택(Choosing Health: Making Healthy Choices Easier)」   47, 53, 100, 103, 206, 402, 404, 408, 491, 506, 513, 598, 607, 671, 696
「건강한 스코틀랜드를 향해(Toward a Healthier Scotland)」   506
「건강한 식이(Eating for health)」   506
「고용으로 가는 길(Pathways to Work)」   133
「교육법(Education Act)」   440
「국가의 건강(The Health of the Nation)」   20, 394, 401, 436, 493, 607
「노숙인 거주법(Housing Homeless Persons Act)」   552
「노숙인법」   553
「다가오는 노령(The Coming of Age)」   622
「모든 아동의 문제(Every child matters)」   236, 239, 240, 332, 424
「반사회행동에 관한 법률(Antisocial Behaviour Act)」   330
「범죄와 무질서법(Crime and Disorder Act)」 241, 329, 530
「보호자 법(Carers Recognition and Service Act)」   625
「블랙 보고서(Black Report)」   8, 9, 19, 22, 25, 41, 43, 44, 45, 46, 47, 48, 50, 51, 54, 58, 59, 60, 61, 62, 63, 72, 74, 83, 98, 457
「사회 보호 녹서(Social Care Green Paper)」   625
「사회 서비스의 현대화(Modernising Social Services)」   624, 625
「새로운 교통 정책(A New Deal for Transport)」   311, 504
「성공을 위한 배움(Learning to Succeed)」   128
「수명 연장: 우리의 더 건강한 국가를 위해(Saving Lives: Our Healthier Nation)」   47, 94, 100, 136, 218, 311, 402, 436, 494, 504, 551, 553, 598, 607, 630
「스모킹 킬(Smoking kills)」   203, 421, 512, 608
「아동법」(Children Act)
    1989년 240
    2004년 239
「양질과 선택의 목적, 노인의 주거 환경을 위한 전략적 프레임」 616

「에너지 백서(Energy White Paper)」 552
「엑셀런스 인 스쿨(Excellence in Schools)」 124
「이건 리뷰(The Egan Review: Skills for Sustainable Communities)」 147
「이동을 위한 뉴딜: 모든 사람을 위해 더 나은 방향으로(A New Deal for Transport: Better for Everyone)」 633
「장애 차별법(Disability Discrimination Act)」 632
「정부의 선진화(Modernising Government)」 87
「주거법(Housing Act)」 550, 552
「지방정부법(Local Government Act)」 615, 623
「지역사회 보호법(Community Care Direct Payment Act)」 620, 624, 625, 642
「현대 사회에서의 완전고용을 향해(Toward Full Employment in a Modern Society)」 442
「형사법(Criminal Justice Act)」 329

【숫자】
10대 임신 담당과(Teenage Pregnancy Unit) 87, 437
10대 임신 전략(Teenage Pregnancy Starategy) 436, 437
11~16세 청소년 서부 스코틀랜드 종단 연구(West of Scotland 11 to 16 Study) 269

지은이 _
시나 아스타나(Sheena Asthana)는 영국 플리머스대학교(University of Plymouth)의 법·사회과학 대학(School of Law and Social Science)에서 건강 정책(Health Policy) 교수를 맡고 있다. 주요 연구 분야는 의료 서비스, 농촌 지역사회의 건강과 의료, 의료자원 배분, 건강 형평 정책 등이다.
조이스 할리데이(Joyce Halliday)는 같은 기관에서 영국 연구재단(Research Council United Kingdom: RCUK) 연구 펠로우로 재직 중이다. 주요 연구 분야는 농촌 지역사회의 박탈, 의료자원 배분, 지역사회 중재 사업 등이다.

옮긴이 _
신영전
한양대학교 의과대학 예방의학교실 부교수
서울대학교 보건대학원 보건학박사
『사회 역학』(역서)
『보건의료개혁의 정치학』(역서)
『보건의료개혁의 새로운 모색』(공저) 등

김유미
한양대학교 지역사회보건연구소 전임연구원
한양대학교 의학박사
「한 농촌 지역 일반 성인의 휴지기 심전도 상 ST 분절 하강과 관련 요인」(공저)
「한국 건강불평등의 현황과 문제점」(공저) 등

김기랑
한양대학교 지역사회보건연구소 연구조교수
코넬대학교 영양학 박사
「한국인의 생애주기별 교육수준에 따른 영양상태와 식품 불충분성」(공저)
「식품 보장(food security)의 개념과 측정」(공저) 등

홍서아
한양대학교 지역사회보건연구소 연구원
한양대학교 의과대학 예방의학 박사과정
London School of Hygiene and Tropical Medicine 보건영양학 전공 (MSc)
「한국인의 생애주기별 교육수준에 따른 영양상태와 식품 불충분성」(공저)

한울아카데미 1178

건강 불평등을 어떻게 해결할까?
근거에 기반을 둔 생애 주기별 건강 불평등의 경로와 정책 및 사업

ⓒ 신영전 외, 2009

지은이 | S. 아스타나·J. 할리데이
옮긴이 | 신영전 외
펴낸이 | 김종수
펴낸곳 | 도서출판 한울

편집 책임 | 이교혜
편집 | 문용우

초판 1쇄 인쇄 | 2009년 9월 17일
초판 1쇄 발행 | 2009년 10월 5일

주소 | 413-832 파주시 교하읍 문발리 507-2(본사)
      121-801 서울시 마포구 공덕동 105-90 서울빌딩 3층(서울 사무소)
전화 | 영업 02-326-0095, 편집 02-336-6183
팩스 | 02-333-7543
홈페이지 | www.hanulbooks.co.kr
등록 | 1980년 3월 13일, 제406-2003-051호

Printed in Korea.
ISBN 978-89-460-5178-2 93510(양장)
ISBN 978-89-460-4144-8 93510(학생판)

* 가격은 겉표지에 있습니다.

* 이 도서는 강의를 위한 학생판 교재를 따로 준비하였습니다.
  강의 교재로 사용하실 때에는 본사로 연락해 주십시오.